自由中國

FREE CHINA

合訂本　第二十一集

（第二十二卷）

中華民國四十九年十月一日裝訂
址：臺北市和平東路二段十八巷一號

自由中國合訂本第廿一集要目

第廿二卷　第一期

第廿二卷　第二期

第廿二卷　第三期

第廿二卷　第四期

第廿二卷　第五期

第廿二卷　第六期

定價：精裝每冊七十元　平裝每冊五十元

自由中國

FREE CHINA

第二十二卷 第一期

社論

通訊

讀者投書

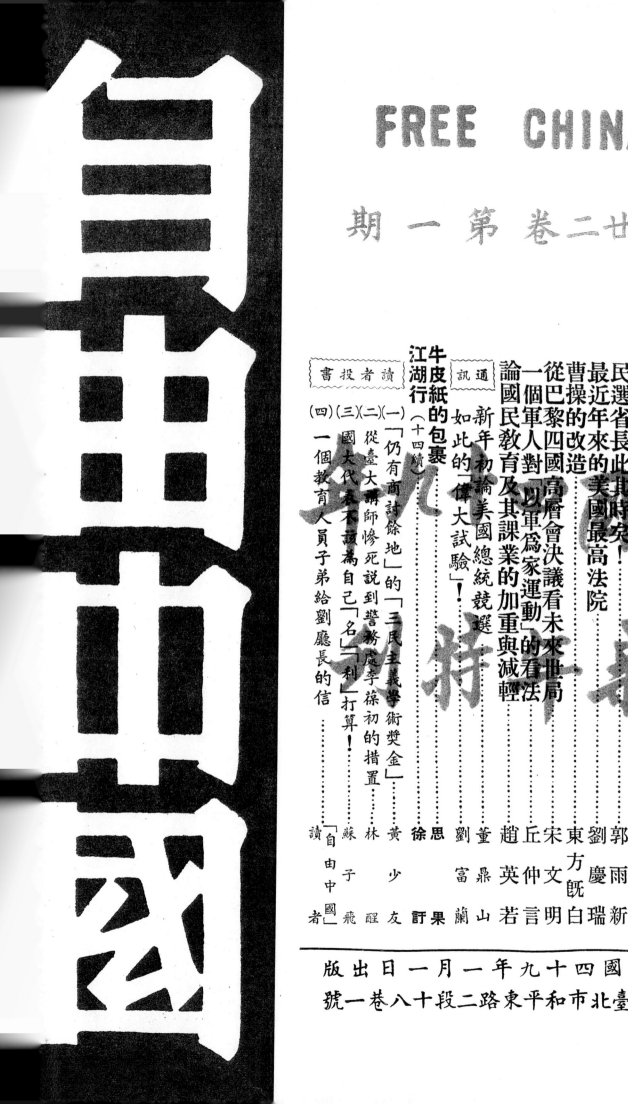

中華民國四十九年一月一日出版
社址：臺北市和平東路二段十八巷一號

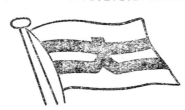

半月大事記

十二月十一日(星期五)

蔣廷黻在聯大發言，痛斥共產集團搗亂。

北大西洋公約組織軍事委員會每年一度的檢討會議結束，認為目前盟國軍事政策趨向軟弱，除非立刻予以阻止，將導致危險。

十二月十二日(星期六)

艾森豪與尼赫魯集中商討三項問題：東西方最高層會議的展望，裁軍，中共對印度的威脅，印度和巴基斯坦的關係，印度的糧食和經濟發展問題。

聯大表決阿爾及利亞案，法國在友邦支持下，擊敗由巴基斯坦等廿九個亞非集團國家的提案，法認聯大不應討論阿案的主張，終獲勝利。

十二月十三日(星期日)

赫特抵法，提出保證，美續支持北約聯盟。

艾森豪對印人演說，強調自由終將獲勝，促自由國家加強和平自由事業。

十二月十四日(星期一)

艾森豪抵伊朗德黑蘭。美伊元首聯合聲明，重申支持中約組織，並進一步承認美伊兩國雙邊協定的價值。艾森豪表示美將繼續援助伊朗。艾森豪於同日飛往希臘。

歐洲理事會十五國外長，在巴黎開始會談。

馬卡里奧斯大主教當選塞浦路斯島總統。

十二月十五日(星期二)

國民大會代秘書長谷正綱就職。

北約外長會議揭幕，赫特提出六點計劃，加強監國軍事經濟力量。

十二月十六日(星期三)

臺灣高等法院準備籌設財務法庭。

『自由中國』的宗旨

第一、我們要向全國國民宣傳自由與民主的真實價值，並且要督促政府(各級的政府)，切實改革政治經濟，努力建立自由民主的社會。

第二、我們要支持並督促政府用種種力量抵抗共產黨鐵幕之下剝奪一切自由的極權政治，不讓他擴張他的勢力範圍。

第三、我們要盡我們的努力，援助淪陷區域的同胞，幫助他們早日恢復自由。

第四、我們的最後目標是要使整個中華民國成為自由的中國。

中非遺僑問題談判，大體已獲協議。

日本最高法院裁定，美軍駐日並不違憲。

十二月十七日(星期四)

北約盟國外長通過東西高層會議議程，裁軍居首，次為德國問題。

艾森豪訪突尼西亞。

北約理事會議發表公報，為求加強軍經聯繫，盟國將訂十年計劃。

十二月十八日(星期五)

西方四國政府首長在巴黎舉行西方最高層會議，艾森豪、艾德諾、麥米倫今抵法。

中非遺僑問題談判，再度遭受困難，菲對發表協議的技術，提出新建議，我已予婉拒。

十二月二十日(星期日)

巴基斯坦總統警告，防止俄匪侵略印度及巴基斯坦。

美英法德四國首長，繼續舉行會談，決定建議赫魯雪夫明年四月到巴黎，舉行一次東西方最高階層會議。

十二月廿一日(星期一)

關於召開東西高層會事，西方三國駐俄大使已向俄提出照會，建議明年四月廿七日在法舉行。

西方五國外長發表會談公報，向俄建議明年三月在瑞士舉行裁軍談判。

四國首長會議閉幕，發表公報，重申一貫立場，決維護在柏林權益。

艾森豪抵西班牙。

俄表示贊同召開高層會議。

十二月廿二日(星期二)

北約理事會議發表公報，支持四國會議立場，強調盟國保持強大，同意明年三月開裁軍會的建議。

立法院三讀通過明年度所得稅稅率條例。

艾森豪與佛朗哥會商美國在西境內保持戰略空軍基地的必要性。

艾森豪與摩洛哥王發表會談公報，美國駐軍將自摩境撤離。

艾森豪結束十一國訪問，啓程返美。

十二月廿三日(星期三)

艾森豪返抵華盛頓。

光復大陸設計委員會第六次全會揭幕。

伊朗與伊拉克邊境情勢，美英表示關切，正為雙方晤談，盼使情勢趨平靜。卡塞姆指控伊朗「侵略」。

艾森豪發表耶誕文告，報告此次十一國旅行觀感，呼籲各國援助落後區人民。

十二月二四日(星期四)

光復大陸設計委員會六次全會閉幕。

十二月廿五日(星期五)

第一屆國民大會代表年會揭幕。

社論

(一)

藉團結以打開政治新局面

四十八年怱怱過去，四十九年業已來到。這一年間，國家的處境，總算沒有遭逢重大變故，但也沒有任何足以令人興奮的展開，祇勉强維持着一種脆弱的穩定而已，在此穩定之中，却已有多方面的危機在我們眼前浮動。並不是我們在此故意聳動聽聞，凡是憂時憂國之士，都已經意味到此種危機，正在苦思孤慮，尋求對案，祇有那些粉飾太平者流，才願意對這些危機採取鴕鳥政策，佯作不知，繼續在一種不現實的幻覺中自我陶醉。

中國是世界的一部分，當前的中國問題，更是與世局之發展息息相關，不可分割。這一點，應該是我們大家所共同瞭解的；沒有這項瞭解，幾乎就沒有可能在現實的基礎上討論問題。說到世局之發展，我們所最應該注意的，當然莫過於美、英、法、俄四國高階層會議之行將在本年四月二十七日（俄國要求在以前或以後）舉行。此種會議，最近十幾年間，俄國曾不止一次的要求舉行這樣的會議，却一直爲前杜魯門總統與艾森豪總統無條件的拒絕。但在去年，經英國麥米倫首相之奔走，美國終於委曲求全的予以同意，這不能不說是一個重大的變化。

我們雖不能預測西方國家經此次高階層會議是否會走上慕尼黑的路線，不徵得我國的同意出賣我國的利益。我們也不能預測此次高階層會議，能否對裁軍問題與德國問題等之解決有若干的成就。但我們可以說，這個會議，本來就是核子僵局的產物，會議並不能使這僵持的態勢發生根本的改變。話雖如此，我們卻仍不能斷言，高階層會議會對未來世局絲毫不發生影響。會議縱無具體成就，卻很可能使冷戰的緊張氣氛漸漸緩和下來；而氣氛之趨於緩和，卻正好是在西方國家之間孕育姑息主義的最佳條件。

姑息主義在西方國家，已經不能算是一股暗流，而已成爲一個日益明顯的運動。最近期間，如康隆報告的建議，如民主黨兩屆總統候選人史蒂文生的主張，如一部分國會議員的言論，乃至共和黨的首要洛克斐洛最近也有改變對華政策的高論，這些都已爲我國人所熟知。截至今日，我中華民國仍爲美國的盟邦，兩國間訂有共同防衛協定，而美國居然有這麽許多人公然提出要把我中華民國作如此不利的安排，實在是一件駭人聽聞之事。但儘管我們不滿，儘管我們反對，要我們想出一個有效方法遏制此種傾向之發展，却是煞費躊躇。

我們並不是說，如康隆報告之類所提的建議，在不久的將來定將成爲美國的政策。事情也許還沒有惡劣到這樣的程度，我們也許還來得及把這種局勢及時挽救。但我們却決不能抹煞了此種變化的可能性，而放棄了我們必要的努力。安全的幻覺將使我們無法抵擋災難之來襲。一切都必需從最壞處着想，才有機會作預先的布置。

以上說的是國際環境。再看看我們內部情況，也是問題重重，令人焦慮。在這篇短文之中，我們也無法把所有問題一一提出討論。事實上，我們已把每一個都提出來討論過，並貢獻我們的意見。我們並不敢說我們的意見一定完全正確，政府當局非採納不可，但這些問題至今還原封不動的擱在那裏，卻是一個國人所共見的事實。僅就其犖犖大者而言，譬如：

㈠如何有效的向大陸發動政治反攻？

㈡如何能走上以政黨政治爲基礎的民主常軌？

㈢如何加强地方自治，改善選舉，製定「省縣自治通則」，實行省長民選？

㈣如何改選中央級的民意機構？

㈤如何整飭政治風紀與司法風紀？

㈥如何減輕軍事負擔，消除財政浪費，以促進經濟成長，達到自力更生？

諸如此類的問題，都是非常重要，却是至今沒有獲得適當的解決。在這一聯串問題之中，有的並不難於解決，關鍵全繫諸政府當局一念之誠；也確實有些問題，盤根錯節，牽連廣泛，適當的對策並不是少數人的頭腦所能想得出來。但不論解決之難易，該解決的問題終歸是要解決的；倘着抱着一種得過且過的心理，聽其自然，終歸有一天會帶來嚴重的後果。到那時候想解決也來不及了。

我們於此，不擬對這些內外問題逐一的提出對策。關於其中一部分問題，我們已經發表過意見；關於另一些問題，坦白說，我們也未必能提出十分圓滿的對案。我們僅擬在此强調指出：不論是對外問題也好，是對內問題也好，要尋求解決有一個共同的前提，即政府必需以最大的誠意來尋求廣泛的團結，收攬人心，爭取海內外同胞最大多數的衷心支持。

首先，解除外來危機有賴於內部團結。這道理應該說是非常簡單的。國際方面之所以能提出「兩個中國」或尤甚於「兩個中國」（如成立所謂臺灣民主國）之類的建議，是基於我國政府並不爲廣大的人民所支持這個假定上面；他們如果企圖把一種外來的安排增加在我們身上，其唯一憑藉也就是在於我國政府與人民相互對立的這個假定。這樣的假定，誠可解釋爲造因於對我國實際情形之缺乏瞭解，但我們確也未能拿出一些堅强有力的事實，來向國際人士證明我們的舉國一致，這才使他們感覺有隙可乘。

就對內而言，無論是爲了解決那些盤根錯節的問題，或者是爲了推行大刀闊斧的改革，廣泛的團結都是必要的。有了廣泛的團結，對那些亟待解決的問題，就可集合衆人的智慧，尋求較佳的方案；即使所能求得的方案事實上仍不能十分圓滿，但因有衆人的支持，實施起來也會比較順利；最低限度，在推行改革之時，可以減少許多阻力與障礙。團結可以促成進步，進步更可以加強團結，此二者相輔相成，一定可以在內政方面一新世人耳目，並從而漸漸改變國際的觀感。

爲達成廣大的團結，我們願在此重申迅速召開反共救國會議的建議。我們並不是說，祇要開一次救國會議，就算是達成了團結，但在今日的情勢下，召開救國會議確是達到團結的必經之途，除此之外，我們實想不到再有更佳的推動方式。近聞政府當局已在再度考慮此一問題，並開始向海外人士試探，這項消息，使我們感覺欣慰。我們以爲要使救國會議順利召開，政府方面必需先能破除一種錯覺，不要以爲主張或參加這個會議的人士，都是別有用心，或是爲了爭權奪利而來。坦白的說，政府所準備邀請，而且也必然應該邀請的人士，對此一會議之召開，並不感覺强烈的興趣；如果肯來參加，祇是爲了國家處境如此困難，不得不貢獻一部分心力，擔當一部分責任而已。執政黨用不到因召開救國會議而替自己的政權憂慮。廣大團結是爲了維護法統，而決不是爲了破壞法統；政府作風倘能在廣大團結之下日趨開明，執政黨的政權祇有更趨鞏固而不可動搖。

我們無需憂慮中華民國的法統會被在野及海外人士所破壞，但是眼前卻有一件事使我們不得不恐懼這個神聖的法統，反而將爲執政黨自已所破壞。這件事，不僅使憲法的效力受到考驗，同時也使廣大團結的可能受到考驗。這就是明年二月間就要決定的第三任總統的問題。

對這問題，蔣總統曾經在去年以及最近召開的光復大陸設計委員會全體會議中一再表示，他反對在此時修改憲法。總統這種維護憲法的熱忱，我們感覺無比敬仰。不主張修改憲法，當然應該是意味着不連任第三任總統，因爲總統任期，憲法有非常明白而硬性的規定。但事實上卻又並不如此，在執政黨方面，仍在發出一聯串勸進之聲，即使不修改憲法，也要經由修改臨時條欵之類的方法，來達到使蔣總統連任的目的。修改臨時條欵，既採取修憲的程序，就明明白白是等於修憲，但執政黨卻一定說這並非修憲，如果依此解釋，不把臨時條欵認爲憲法之一部分，那就更是拿憲法之外的東西來破壞憲法的效力。同時，執政黨似又準備把國大「名額」問題作新的解釋，强詞奪理的把它說成可以足夠修改臨時條欵的法定人數；加以一部分國大代表所提出的臨時條欵修正草案，不僅涉及總統任期，並且還涉及其它問題，使憲法的其它條文亦爲之失效。似此情形，將來的國大，將隨時可以增列臨時條欵，使憲法一條一條都爲之失效，終至於名存實亡。似此情形，豈不是比修憲更危險萬倍。

儘管說，在目前是勸進之聲，洋洋盈耳，但如果作一番冷靜的觀察，就不難發現有許多忠貞謀國之士，都並不贊成用這樣的方法，使蔣總統得以連任。在勸進者羣中，迄今甚少有名流學者，及社會上具有影響力的人士列名其間；這種沉默的反應，已足使過於熱衷者流有所醒悟。海內外知識階級中的領導人物，如胡適之先生，張君勱先生，左舜生先生，潘公展先生等，又曾公開的表示了不贊成連任的態度，我們又不得不承認這幾位先生的態度，具有其相當的代表性。同時國際間對連任的觀感，也並不良好。據我們所知，駐聯合國首席代表蔣廷黻先生與駐美大使葉公超先生對國內的報告書，就曾指出連任將有不利的影響。我們於此且暫時撇開法理不談，祇就政治的角度來看這問題，如執政黨所安排的那一套作法，一定會妨礙了團結,並且使政府喪失了國際的同情。

我們支持蔣總統繼續領導反共，但蔣總統繼續導領反共並非一定要連任總統不可。過去蔣總統領導北伐，他並非居於元首的地位；他領導抗戰，絕大部分時間也並不居於元首的地位。由此可見，連任並非繼續領導反共的必要前提。相反的，如果蔣總統在此時毅然表示不再連任的決心，並制止勸進運動，就定能在國內外提高聲譽，贏得更爲普遍的支持與擁戴，使他將來的實際領導，更爲順利而方便。連任與不連任二者間的利害得失，如此顯然，爲國家前途計，也爲執政黨與蔣總統個人計，我們竭誠盼望蔣總統及早作一個明智的抉擇和確定的表示。

左舜生先生說：「搶救中華民國的時間已經不多了！」我們追懷過去，展望前途，實在不得不對左先生這句話深表同感。我們再不能犯嚴重的錯誤，一誤再誤，終必把這個有限的時間蹉跎過去；到那時候，我們這一輩人又如何向歷史交待呢？

社論

（二）「死亡宣告」可以適用於國大代表嗎？

國民大會如果要修改憲法或臨時條欵，依據憲法第一百七十四條第一欵規定，必須「由國民大會代表總額五分之一之提議，三分之二之出席，及出席代表四分之三之決議」。因此，所謂「代表總額」，顯然是國民大會修改憲法或臨時條欵時計算人數之基本根據。此項「代表總額」，按照憲法第二十六條及國民大會代表選舉罷免法第四條之規定計算，應該是三〇四五人，早已爲稍有法律常識的人所應知道的。

可是，最近陶希聖先生在中國憲政學會談到「國民大會的幾個問題」時，却認爲民法上「死亡宣告」的制度，可適用於「在海外或大陸的國代」。這可使得憲法第一百七十四條第一欵規定的「代表總額」，不必以三〇四五人爲依據，而「可以現在實際組織國民大會的代表人數爲根據」。至於陶先生所持的理由，據四十八年十二月十四日「聯合報」的報導是這樣：「若國家安定，可以順利選舉，自應以三〇四五人爲依據，此時政府撤退在臺，多數代表陷身海外或大陸，行蹤不明，在臺代表僅有一千多人，此種事實應該顧及。且在海外或大陸的國代，到明年已斷絕連絡超過十年，根據民法規定，失蹤十年以上者，即可宣告死亡，故國代人數總額問題，今後國民代表大會爲甚麼不可以根據實際情況，用新的計算法來加以解決。」

無疑的，陶先生此種說法，是一項很新鮮的說法。如果這一說法能夠成立，則今年能在臺出席國民大會的國大代表，便可以很輕易的湊足法定人數，而修改憲法或臨時條欵。據四十八年十二月二十一日臺北「中華日報」報導，陶先生已又在中國憲法學會年會發表演說時進一步表示：「國民大會得依據憲法的很多職權因受『人數』總額的限制而不能行使，明年國民大會中將很輕鬆的把這個『總額』問題解決，使國民大會能成爲完全能行使憲法上規定的國民大會。」事實上，近據傳聞所得，國民黨中央委員會的憲法研究小組，也正企圖採取此項說法，進而修改憲法或臨時條欵，這顯然是一個值得重視的問題。

現在，我們不妨根據純法律的觀點，對於這個問題加以扼要的分析，看看「死亡宣告」是否可以適用於國大代表？

談到「死亡宣告」，我們首先必須認清其法律範圍。按這種規定，效力僅及於私法關係，對刑法及其他公法關係，並無影響。事實上，這也只是載於民法而已。現在是否可以採「類推適用」的原則，推而用之於國民大會代表，顯然是一個值得懷疑的根本問題。其實，對於失蹤的國大代表之處理，早在民國四十二年九月二十五日，立法院已制定了「第一屆國民大會代表出缺遞補補充條例」。據該條例第三條規定：「行蹤不明三年以上，並於政府公告期限內未向指定機關親行聲報者」，卽「視爲因故出缺，由候補人依次遞補」。可見關於失蹤的國大代表問題，已獲得法律上的解決。在該條例制定時，其所以不同時採用「死亡宣告」者，卽也是認爲這種屬於私法上的辦法，根本不應「類推適用」於國大代表。

不過，現在不妨假定民法上「死亡宣告」，在法理上可以「類推適用」於國大代表，但這至少必須嚴守民法規定的要件，自不待言。因此，我們不妨進一步根據民法規定的要件，看看在事實上是否容許採取「死亡宣告」的辦法？

根據民法第八條第一項規定：「失蹤人失蹤滿十年後，法院得因利害關係人之聲請，爲死亡之宣告。」現在如果眞可以根據此項規定，類推適用於「在海外或大陸的國代」，則至少又發生了下列四個問題：

第一、甚麼人才可以當做「死亡宣告」對象的問題：「死亡宣告」的聲請，並非對於任何人都可以提出的。根據民法第八條第一項規定，此項聲請，唯有對於「失蹤人」才可以提出。所謂「失蹤人」，據司法院民國三十六年院解字第三四四五號解釋稱：「在外多年音訊不通之人，可認爲失蹤人。」這當然是指離鄉背井、一去不返、杳無音訊、以至連生死存亡都無從推斷的人而言。最高法院民國三十年上字第二三六號判例有「失蹤人……離去住所或居所」之言意義更爲明顯。然而，現在假使要把「死亡宣告」推而用之於陷身大陸的國大代表，我們却根本不能證明他們是否「離去住所或居所」，自然更談不上失蹤相反的，今天彼此之間，其所以音訊不通，倒是由於我們離開了大陸，乃至於「在外多年」。現在，如果我們這些自己「離去住所或居所」，而逃在臺灣做難民的人，竟可以對陷身大陸的國大代表，與我們「音訊不通」，便認定他們是失蹤，更進而宣告他們死亡，則今日的大陸，除掉毛澤東、周恩來、以至張治中之流，我們還可以從報上知道沒有死亡之外，對於整個大陸人民，又何嘗不可以認定是全部失蹤，而全體宣告死亡？所以，假使說「死亡宣告」可以以陷身大陸的國大代表爲對象，實無異自絕於整個大陸同胞，而宣告在臺政府的「死亡」。這雖不必是陶先生及其同調人的原意，却是他們提出此項說法邏輯上的當然結果。

第二、甚麼人才可以提出「死亡宣告」聲請的問題：「死亡宣告」的聲請，並非任何人都有權提出的。按照民法第八條第一項的規定，此項聲請，唯有「利害關係人」才可以提出。所謂「利害關係人」，是指對失蹤人的生死，在身分上或財產上有利害關係之人，諸如配偶、繼承人、法定代理人、債權人、保險契約的受益人等等。可是，如果要把「死亡宣告」適用於國大代表，請問究竟誰是「利害關係人」？這是指各該國大代表的「候補人」呢？抑或是各該縣市、地區、或團體的「選民」呢？假使說是指「候補人」而言，但對候補人已設有「第一屆國民大會代表出缺遞補補充條例」，而且事實上幾乎都已依次遞補，似乎又不在「利害關係人」之列。假使說是指各該縣市、地區、或團體的選民而言，但「死亡宣告」的結果，只是取銷各該國大代表的資格，而並不另行改選，對於選民只是有害而無益，似也不能成爲「利害關係人」。其實，縱然認爲選民是「利害關係人」，也只有產生該失蹤代表之地區或團體的選民，才有權提出「死亡宣告」的聲請。

第三、甚麼法院才可以接受「死亡宣告」聲請的問題：對於「死亡宣告」的聲請，並非任何地區的法院都有權接受的。依照民事訴訟法第六百二十二條規定：「宣告死亡之聲請，專屬失蹤人住所地之法院管轄。」也就是說，唯有失蹤人「住所地之法院」，才可以接受死亡宣告的聲請。事實上，據司法行政部民國四十一年指參字第九八一三號命令稱：「查民事訴訟法第六二二條就宣告死亡之聲請定有專屬管轄之明文，如依條該規定法院爲對於某一宣告死亡事件無管轄權而又不能爲同法第二十八條之裁定者，應以裁定駁回其聲請。」所謂同法第二十八條之規定爲：「訴訟之全部或一部，法院認爲無管轄權者，依原告聲請或依職權以裁定移送於其管轄法院……。」因此，現在如果要把「死亡宣告」適用於國大代表，也只有各該國大代表的住所地法院，才可以接受聲請。至於臺灣的法院，既無管轄權，又不能移送於有管轄權的法院，便只有「以裁定駁回其聲請」。

第四、甚麼程序才可以裁定「死亡宣告」的問題：法院對於「死亡宣告」的裁定，並非沒有一定的程序。依據民事訴訟法第六百二十四條及第六百二十五條之規定，法院必須先經「公示催告」的程序。此項「公示催告」，除失蹤人滿百歲者之外，必須登載於「公報或新聞紙」，而且「應有六個月以上」的時間。所謂「公報或新聞紙」，按同法第六百二十二條第一項及第六百二十五條第二項推論，理當是指失蹤人住所地者而言。這是因爲民法上的「死亡宣告」，可以使自然人在一定的法律關係上，發生與死亡相同的法律效果；而且此項效果是絕對的，不但及於聲請人，並同時及於一切利害關係人。所以，民事訴訟法規定「公示催告」的程序，以便失蹤人陳報其生存，以及凡知失蹤人生死者可將其所知陳報法院。但是，假使要把「死亡宣告」推而適用於國大代表，却勢不可能在失蹤人住所地之公報或新聞紙上，登載「公示催告」，更是一件顯而易見的事實。至於「公示催告」須有六個月以上的時間，尤不可能在本屆國民大會召開前完成，自又不需細說。

綜括以上所論，關於「死亡宣告」之說，無論從法律範圍上分析，或是從法定要件上推論，都不能成立。換言之，對於陷身大陸或流亡海外的國大代表，縱然都有十年以上，我們已無法査知他們的行蹤，也不能引用民法上的「死亡宣告」來處理。至於大法官會議，自然也無權另作其他「法外」的解釋。因此，憲法第一百七十四條第一欵所稱「國民大會代表總額」，仍然應該是三〇四五人。

現在，國民黨如果硬要利用那種似是而非、强詞奪理的說法，來打破國民大會修改憲法或臨時條欵人數的困難，自當首先負起「毀憲」和「破壞法統」的責任。

社論

(三)

康隆報告的實質及其根本錯誤

本年十月底，美國參院外委會發表了震驚一時的所謂「康隆報告」。這一由美參院外委會委託康隆學社所提出的報告書，在討論未來的美國的遠東政策，其中自然也談到美國的對華政策。由於在談到美國未來的對華政策時，這一報告書會公開建議要求美國逐漸承認北平僞政權，成立獨立的臺灣共和國，以及使印度與日本同時成爲安理會的常任理事國等等，所以這一報告書的發表，在美國國內及遠東方面立卽引起了劇烈的爭論。這一康隆報告書，只是美國參院外委會委託各學術社團及各大學研究機構對美國外交政策所作普遍檢討的十五個題目之一，由於其他各個報告書正在陸續向參院外委會提出，待這些報告書完全收齊後參院外委會尚須統編它自己的報告書，所以這些報告書所帶來的爭論，特別是康隆報告所帶來的對華政策的爭論，在眼見的未來不但仍將繼續，而且還會日漸擴大。我們知道一九六〇年是美國的總統選擧年，總統選擧年爲一反對黨拼命挖政府黨瘡疤的年代，所以在今年這一年，美民主黨政要及其控制下的參院，假若有意要利用這些美國「社會賢達」及「學界權威」所提出的外交政策報告，擴大渲染，以指責美國現政府外交政策的不當，實在是大有可能的。史蒂文生最近的言論，已明顯指出這一點。甚至就在共和黨內部，如現任紐約州長洛克菲勒亦於最近談話，認美對華政策在日後亦勢難避免加以重新檢討。這種情形，也使美對華政策的爭論更加複雜。

我們細讀這一康隆報告所提出的各種建議，可知這一報告的眞正動機，是在企圖爲美國擬定一個長遠的遠東政策，而非僅在急欲修改現時對華政策；是受了中國問題現實情況的影響，但並非僅以解決中國問題爲已足。如這一報告建議在遠東區內，除原有中國常任理事席位外，另允許日本與印度成爲安理會兩個新的常任理事國；建議重新檢討美在遠東的軍事基地系統；建議準備把琉球交還日本並在未交還前增强其政治自治地位；强調美日兩國聯盟關係的重點應置於經濟之上而非軍事之上；建議美日兩國共同予落後國家以財政支持，使日本在亞非地區特別是東南亞擔任一重要角色，以及反對保護貿易政策等；其着眼點顯然主要是放在整個的遠東地區，而非僅爲中國問題而言。所以我們要發掘這一報告書的眞正錯誤，以及這一錯誤是否要對我們發生眞正危害，其關鍵還不在它對美國的對華政策作了何種建議，而是要看它對美國的遠東政策作了何種建議。假若它對美國的遠東政策所提出的建議及這些建議所存在的基礎，在根本上的瞭解尙不大錯，那麼其中所包括的對華政策建議，不論如何錯誤，可能仍還有被採擇實行的機會；反之，如它所提出的美國遠東政策及其所存在的基礎完全站立不住，那麼其中所包括的對華政策建議，便根本沒有實行的可能。

從上面所擧出的這些要點中，我們可以看出這一康隆報告所提出的美國對遠東政策的建議，其基本精神不出以下三點：即㈠這一報告希望美國積極扶植日本與印度的強大，然後以日本與印度的聯合形勢來與大陸上僞政權相對抗，由此使今日美國與北平僞政權的直接衝突將由遠東自由國家與北平僞政權的衝突所代替。㈡這一報告希望美國把它的遠東主要基地撤退到太平洋第二線，把這一地區的前哨與初步防衞任務，由美國轉移到日本等遠東國家手中，如是一旦發生戰事，美國卽予這些國家以軍事支援，但在平常情況下，這一防務卽由這些遠東國家自行負責，由此使這一地區目前激烈的軍事鬬爭局面卽可逐漸爲政治鬬爭所代替。㈢這一報告希望遵循一種最簡便與輕易道路，在完全保持現狀的基礎之上，作適當的國際安排，以解決現時最棘手的中國問題。這一安排卽是由國際協議承認僞政權統治大陸的事實，及承認現時臺灣與大陸脫離的事實。這些表示康隆報告所追求的一項政策目標，究其實質加以徹底分析，我們便可發現其最基本的含義，祇不過是一項巧妙僞裝下的「擺脫主義」而已。要擺脫美國在遠東與僞政權長期衝突的危險，要擺脫美國獨自負擔遠東安全的危險，要擺脫美國擔當共黨全面宣傳壓力的危險。由於要求美國儘早設法從遠東擺脫，所以它所想出的下一步驟便是要求以自由亞洲來對抗共黨亞洲。說穿了來講，所謂康隆報告，實際便是美國遠東政策中「以夷制夷」方案的狂想曲。所以假若說康隆報告從根本上就犯了錯誤，這一錯誤的重點還不在它的要求美國逐漸承認北平僞政權，而是在於它完全沒有認淸美國現時遠東政策所以形成的歷史因素。我們玆指出這一報告所犯的幾種主要錯誤如下：

第一、這一報告要求美國積極扶植日本與印度的強大，以代替美國在遠東與共黨實行鬬爭的打算，以今天情勢來說，是一個完全不切實際的想法。因日美兩國間現仍存在的安全條約，已證明就是日本本身的防務，亦非要靠美國支持不可；最近艾森豪在印度國會的演講，所謂「美國強大軍備不僅爲美國自身，而且亦爲美國友邦與盟邦」，便暗示印度安全亦在美國的關懷之下。事實既屬如此，那麼日本與印度便不可能在短期內能取代美在遠東的現有地位，以平衡對共黨的均勢。何況今日遠東處境最危險的東南亞地區，爲日印兩國勢力所不及，如一旦美國在此影響受到削弱，共黨勢力立將乘機而入，很快席捲整個東南亞地區，果如是，則遠東就沒有一種力量足以阻止共黨這種進展。同時再從單純理論講，今日美國在西歐仍一再強調聯合戰略的重要，而在遠東則要求實行擺脫，也是完全違反現時美國這一基本國策。

第二、由於印度的一貫堅持在國際外交上的中立政策，所以卽使印度國力日益強大，它也絕不會在積極反對亞洲共黨這一任務上，扮演起一個重要的角色。因此美國若尋覓亞洲盟邦以取代其現行在遠東地位，其重擔最後勢將主要落在日本肩上。爲達此目的，美國又勢必不惜任何代價，全力支持日本在整個遠東的領導地位，一如這一康隆報告內一再所提示的。可是由於二次大戰期中日本在東南亞的種種作爲，以及日本過去對外侵略的歷史痕跡，日本在東南亞的聲譽迄未改善。所以美國若過份支持日本，以加強其在遠東的領導地位的結果，不僅不能達到使日本能代替美國積極實行反共的目標，反而引起遠東各國對日本的嫉視，造成不必要的紛歧，連帶使自由亞洲對共黨的共同陣線受到損害。

第三、今日東南亞各地一千多萬的華僑，大致上仍採取一個有利於自由世界的立場。這一結果主要得力於在今臺灣尙存在有一自由中國政府，得力於美國現行的對華政策。若一旦美國準備從遠東擺脫，開始改變現行對華政策，那麼東南亞境內華僑的心理傾向，便成了一個極大的問題。對於此一情勢，既不是由美國扶植日本或印度所能解決的，也不是經由其他步驟所能代替的。

第四、這一報告所以表現出美國對遠東現局的缺乏忍耐，要求以遠東自由國家的力量來對付共黨，主要是由於它對北平僞政權統治大陸的事實發生了錯覺。在編訂這一報告的人們看來，北平僞政權的統治大陸已成了一項無法輕易改變的事實；既不能輕易改變，則統治愈久，其實力亦愈強，美國若與之糾纏，結果必害多利少，得不償失，不如索性擺脫，另籌善策。可是事實上，北平僞政權的統治大陸，正如前美國務卿杜勒斯所說，只是一種過渡性質，外強中乾，絕難維持長久。外強在於它的龐大軍力及大規模的組織表現，而內荏在於它內部人心的普遍不滿及反抗。組織性的外表愈強大，而其內在的荏弱亦愈甚。一個理想的美國對華政策，就要針對北平統治的這種弱點，乘隙鑽進，致力擴大其內部危機，使共黨統治由強變弱，加速其崩潰過程，絕不該爲其表面統治所鎭懾，而逕自溜之大吉。而康隆報告對於中國問題的根本瞭解，就認爲大陸現狀已無可挽救，於是就基於這一失敗主義的立場，迅速作下結論，準備要對大陸既成事實予以承認。由於這一根本認識錯誤，所以它的其他想法亦隨之全盤皆錯。反之，這一報告假若能透視北平僞政權統治的內部弱點，而能採取一種攻勢立場，那麼這一報告的整個內容也就不會如此錯誤了。況且從國際道義上講，美國在過去，對於中國問題曾有過著名的「不承認主義」，今若捨此傳統，反其道而行，對於美國自己的聲望也是一種損失。

總之，這一康隆報告，從頭至尾完全是一個失敗主義者的報告，是一個要求美國在遠東實行擺脫主義的報告，而不是一個面對現實的報告。由於這一報告的根本立脚點站立不穩，所以這一報告所犯的最大錯誤，還不在於它對中共僞政權的姑息態度，而是在於它對美國在遠東的長遠領導地位缺乏信心；還不在於它不瞭解至今爲止的遠東局勢的眞相，而是在於它不瞭解從今以後的遠東大局的趨向。

民選省長此其時矣！

郭雨新

臺灣自從民國三十九年實施地方自治，至今已有近十年的過程。在這一過程中，民選縣市議員，成立縣市議會，民選縣市長，對於本省的縣市政建設，已有其輝煌的成就。至於省級的地方自治，自第二屆臨時省議會起，便已揚棄了間接選舉方式，與縣市長選舉，同時採行，普選。最近，第三屆臨時省議會，並經中央頒令改爲正式省議會。頻年以來，對於省政建設，也曾有其相當的貢獻。從這些方面來看，中央政府似乎確有秉承國父遺教，依循憲法精神，提高民權，準備逐步將政權交還給人民，這是全省民衆所歡欣與擁戴的。

目前，全省人民所念念不能忘懷者，還有民選省長這一個問題。當第一屆省臨時議會成立時，發表大會宣言，希望下屆成立正式省議會，因爲既稱「臨時」，自然不應延得太長。但事實上，「臨時」又「臨時」，一屆又一屆，這個宣言內容的實現，省民望眼欲穿。而配合正式省議會的成立，實行省長民選，使眞正的省地方自治能夠早日實現，尤爲全省人民所殷切期待者。筆者不敏，從臺灣省參議會時代起，歷經第一、二、三、三屆臨時省議會，至現在改爲正式省議會，轉眼十年，始終側身議壇。在這悠長的歲月中，不論在議會以內或議會以外，民意代表的間接陳情，或一般人民的直接呼聲，無不指望能夠早日舉行省長民選與實現完整的省自治。而今，在臺灣一省之中，縣市議會議員與縣市長，十年以前就已實施普選，正式省議會現又成立。此時此地，提出省長民選的要求，我想是適時而必要的。

臺灣實行地方自治所依據的法令，在縣市方面爲「臺灣省各縣市實施地方自治綱要」，這是經省議會審議通過，送呈行政院核定公布的；在省議會方面爲行政院所令頒的「臺灣省議會組織規程」。以上兩種法規，不過是補中央尚未頒訂「省縣自治通則」的一時之窮，與憲法所規定的程序未盡符合。中央何以至今尚不公布「省縣自治通則」呢？論者有認爲行憲後即遭遇共匪全面叛亂，在國事蜩螗不安的當中，戡亂已不暇給，一時自未能兼顧並進。然而中央播遷臺灣，至今已經十年了，對於若干重要施政，如「耕者有其田條例」，如「實施都市平均地權條例」，均已公布施行。這些法律在大陸時期，並無已成草案可資依據。而「省縣自治通則」草案，立法院在廣州時即曾二讀通過十數條條文，乃至今一擱十載，何以遲遲不肯完成立法程序？論者又有以大陸淪陷，情勢變易甚大，縱然通過公布，日後未必即能適用；土地改革爲當務之急，不能不提前實行，臺灣地方自治法令已有所補救；所以就延擱省縣自治通則的審議公布。筆者認爲上列兩種說法，都缺乏強力的理由。因爲現行土地改革的法律如耕者有其田條例和實施都市土地平均地權條例，所規定的各項內容，日後施行於光復後的大陸，也未必盡能適合。這兩種法律，既只能在臺灣實行，不宜於光復後的大陸，中央並不因而延緩訂頒，僅規定由行政院指定何省爲實施地區，俾能彈性適用。省縣自治通則，何以不能援用這種特定辦法呢？

至於土地改革法令的公布，是否急於民權主義的實現？如果有人確實有此主張，那不但昧於當前反共戰爭的情勢，而且違背國父遺教「欲畢三種革命於一役」之精神。政府既高唱政治反攻，正應以實行民權主義之表現，對抗共匪絕滅人性的專暴。同時，現在臺灣所實行的地方自治，只不過缺少訂頒法律的憲法程序，致貽人以並非眞正地方自治的譏評。事實上，縣市地方自治乃至省地方自治，已經規模粗具，省縣自治通則審議公布的延擱，實在大可不必。又有人以爲如果實行省長民選，則人選問題，中央頗有顧慮，尤其當前反攻軍事的準備階段，或將來實際行動時期，對於人力財力的動員，民選的省長，能否仰副中央的需求而無所違延。如果這些非公開的傳說，確非無稽之談，則我以爲時至今日，這些過慮實在是「杞人之憂」，茲特別說明於後。

臺灣光復已經十四年，我們知道，臺胞之歸還祖國懷抱，不論在當初抑或現在，都表現得十分自然而親切。在這十幾年過程中，中央對於臺灣的種種建設，在美援協助之下，都有顯著的進步，省民感激擁戴[illegible]實施民選省長，當選人即非臺籍人士，但既選自民間，[illegible]央亦必能加以信賴。萬一競選者如非臺籍，即不易當選，[illegible]不自光復始。遠在北伐時期，本省投奔祖國參加革命行[illegible]以後，中央對於臺籍人才，亦尚能加意培植。此類人材[illegible]負政府德意的必然不在少數。至於地方支應國家軍事需[illegible]屬中央委託省方應辦事項，省政府自應秉承中央意旨去[illegible]灣生存與發展的唯一生機，莫說在道義上，臺胞應報答[illegible]鬪，解救了臺胞脫離日本軍閥宰割統治的恩惠；在責任[illegible]一分子，國家興亡，匹夫有責，反攻復國的責任，是無可[illegible]的本質，臺灣人民都已有充分的認識，政治、經濟、社[illegible]全面動員，才能支持現代的總體戰爭。因此，無論從那[illegible]必多所顧慮。只要看目前民選的縣市長，和鄉鎭長們，執[illegible]政府委辦事項，是如何的熱心認眞，就可以推知省長民[illegible]灣省政府一樣，承上啓下，奉命唯謹，決不會有尾大不[illegible]

就國際的視聽與人民的觀感言，我們的國家，由於[illegible]總統，國大代表立監委員，省級的省議會議員，縣市地[illegible]表，沒有不是經過選舉產生的。只有省政首長這一席位[illegible]度，使人有憲政體制不完整，民主自治不切實之感，實[illegible]方自治立論，這一畸形現象，更是一個大缺憾。省政府[illegible]對省議會負責者少，甚至可以視省議會爲虛設，最多亦[illegible]而已。人民對省政府的重要官員，既無法選擇，亦無法制衡[illegible]項，省政府願意多做就多做，願意少做就少做，人民與[illegible]併議員的施政詢問，亦不願意多聽，任意加以限制。現[illegible]會與省政府之間，縱有爭議亦只能分向行政院呈訴。議[illegible]須執行的義務，不問決議的是自治事項，抑係中央委辦[illegible]定，依據省縣自治通則，召開省民代表大會，制訂省自[illegible]中央委辦事項的分際，選舉省長與省議會議員，分別行[illegible]分別賦予權力課以責任，地方自治，庶幾名副其實。

最近年來的美國最高法院

劉慶瑞

一　序論

美國是聯邦國家，聯邦有聯邦的權限，各邦有各邦的權限，互相不可侵越。同時美國是民主國家，憲法保障人民的權利，無論聯邦政府或各邦政府均非經正當法律手續，不得剝奪人民的生命、自由與財產。但如果聯邦侵犯各邦的權限或各邦侵犯聯邦的權限時，應當如何？又如果聯邦政府或各邦政府超過憲法的範圍而侵害人民的自由權利時，又應如何？在美國，解決這些問題的責任最後落在聯邦最高法院的身上。蓋美國自從一八〇三年 Marbury v. Madison 案件以後，就確立了司法審查制度 (Judicial Review)，即法院在審判過程中，得附帶審查其所適用的法律有無違反聯邦憲法，如認爲違反憲法，則可宣告無效而拒絕適用，而這些案件最後多由聯邦最高法院決定。因此，美國最高法院就須擔負兩重責任：其一，以聯邦與各邦之公正審判員之地位，維持聯邦與各邦之平衡，使兩者不致互相侵犯；其二，以人民自由權利之保衛人之地位，保護人民的權利，不受政府的非法侵害。這是美國最高法院的一個尊嚴任務，但要執行此項任務並非容易。因爲此項任務的執行，必牽涉到聯邦與各邦的權限問題，或國家權力與人民自由如何調和的問題，而這些問題多爲相當複雜的政治、經濟或社會問題，絕非一純粹的法理問題。所以最高法院執行此項任務時，却不能置身於激烈政治爭論之外，而不受批評或攻擊。在美國憲法史上，最高法院的重要判決受國會總統及一般人士的激烈批評，頗不乏其例。遠者如一八五七年 Dred Scott 案件宣告奴隸非爲美國公民而引起南北人士的激烈爭論，近者如羅斯福總統新政時期之最高法院反對新政，而引起總統、國會及一般人士的激烈攻擊等爲其顯著的例子。

現在的美國最高法院共有法官九人，以 Warren 爲首席法官，故通稱爲 Warren 法院。Warren 法院的法官九人中，由羅斯福總統任命者有三人 (Black, Douglas, Frankfurter)，由杜魯門總統任命者有一人 (Clark)，由艾森豪總統任命者有五人 (Warren, Harlan, Brennan, Whittaker, Stewart)。Warren 法院自一九五三年 Warren 就任首席法官至今，已有六年的歷史。在這六年間，Warren 法院所作的許多判決，引起了國會人士及一般輿論的激烈批評與攻擊。對於 Warren 法院的這種不滿，可以說自最高法院在一九五四年宣告黑白分校制度爲違憲時始，而於一九五七年最高法院在一連串案件中嚴格解釋 Smith 法案並限制國會調查權時（詳容後述），達其頂點。於是，國會議員乃紛紛向國會提出憲法修正案及法案，或欲限制最高法院的上訴管轄權，或欲變更最高法院法官之資格、任期與任命方法。美國最高法院的判決受如此廣泛的批評，而最高法院的地位與權限受如此深刻的檢討，在美國憲法史上除羅斯福總統新政時期的最高法院外，似尚無其例。本文於下節先說明美國最高法院最近年來的幾件重要判決，而後說明國會的反應。

二　最近年來的最高法院

自第一次世界大戰之後，美國政府漸感法西斯主義、共產主義等極權主義的威脅，開始採取種種措置，以限制此等極權主義的言論及活動。就聯邦政府而言，這種措置可分爲下列三種：一是法律的限制，例如一九四〇年 Smith 法案，禁止主張以武力或暴力推翻美國政府之言論、出版及結社；一九四七年 Taft-Hartley 法案，要求工會領袖須作非共產黨員之宣誓；一九五〇年國內安全法 (Internal Security Act)，加强對共產黨的控制；一九五四年共產黨管理法 (Communist Control Act)，剝奪共產黨之法人權利等是。二是國會調查權的行使，如衆議院於一九三八年設立非美活動調查委員會 (Committee on Un-American Activities) 以調查顚覆政府的活動是。三是行政措置，如一九四七年的杜魯門總統忠誠計劃 (Loyalty Program) 及一九五三年的艾森豪總統安全計劃 (Security Program)，調查聯邦公務員有無忠誠等是。在各邦方面亦有騷動法之制定、忠誠調查等相似措置。此等措置的目的，很明顯在於求國家安全，以免受極權主義的顚覆，其用意甚爲良善。但從另一方面言，其對於美國憲法所保障的言論出版及結社的自由，加以相當的限制，却爲不可否認之事實。於是此等措施是否合憲，便成爲美國憲法上的一個根本問題。關於這個問題，Warren未就任首席法官以前之美國最高法院（此最高法院之首席法官爲 Vinson，故通稱爲 Vinson 法院）採取肯定的態度，對上述措置一一承認其爲合憲，例如在一九五一年的 Dennis v. U.S. 案件中承認 Smith 法案爲合憲，在一九五〇年的 American Communications Association v. Donds 案件中承認 Taft-Hartley 法案爲合憲，在一九五〇年的 Bailey v. Richardson 案件中支持杜魯門總統的忠誠計劃，又在一九五二年的 Adler v. Board of Education 案件中承認禁止共產黨員就職公立學校敎職員之紐育州法律爲合憲等是。但自一九五三年 Warren 就任最高法院首席法官以後，美國最高法院的態度，漸次趨向於自由主義，而對於上述各種措施採取較嚴的解釋。茲就與此等問題有關的最高法院的重要判決，分項說明於左。

一　Smith 法案與言論自由

言論自由爲民主政治的基石，同時爲人類文化活動的源泉，所以美國憲法修正第一條明確規定國會不得制定法律以限制言論出版之自由。但言論自由並非絕對的權利，其內容自不可損害國家的安全。於是，在不損害國家安全的前提下如何充分保障人民的言論（尤其政治性言論），便成爲憲法上的一個重要問題。關於這一問題，卽關於在如何條件之下得合憲的限制人民的言論自由，美國最高法院法官 Holmes 在一九一九年 Schenck v. U.S. 案件中，提出「明白而立刻的危險原則」(Clear and Present Danger Doctrine)，作爲衡量限制言論自由的國會法律是否合憲，並衡量法院適用法律是否適當的標準。約言之，言論有引起明白而立刻的危險時，始得加以限制，否則不應加以限制。這個原則在第二次世界大戰期間由最高法院普遍地採用，不但適用於言論自由的案件，亦擴大適用於有關法庭侮辱罪(Bridges v. California, 1941)，信仰自由 (West Virginia State Board of Education v. Barnette, 1943)，勞工爭議 (Thornhill V. Alabama, 1940) 等領域（請參閱拙著「比較憲法」內之「論明白而立刻的危險原則」一文）。

第二次世界大戰之後，最高法院鑒於國際共產主義對美國國內安全的威脅日益加深，對於「明白而立刻的危險原則」的適用亦漸趨嚴格。最高法院之態度的變化在一九五一年的 Dennis v. U.S. 案件中可以明顯看出。此案件是關於一九四〇年 Smith 法案的第一個案件。Smith 法案係自一七九八年的騷動法 (Sedition Act) 廢止後第一次制定的聯邦平時騷動法，其第二節規定下列行爲爲違法：㈠故意唱導或教授以武力或暴力推翻美國政府；㈡印刷或散佈上項言論之文書；㈢組織以上項主張爲目的之團體或明知此種團體之目的何在而加入爲團員。此法案雖沒有特別舉出共產黨，但其主要用意係在於取締共產黨的言論及活動，乃是甚爲明顯的事。一九四八年杜魯門政府根據 Smith 法案檢舉美國共產黨領袖 Dennis 等十一人，其所檢舉罪狀有二：㈠組織美國共產黨，㈡倡導並教授以武力或暴力推翻美國政府之義務及必要。在此案件中，被告等除倡導外，並未採取明顯的革命行動。紐育聯邦地方法院法官 Medina 主持審判，費時八個多月（自一九四九年一月二十日至九月二十三日），結果宣告被告有罪。聯邦上訴法院維持原審判決，於是案件移送最高法院覆審。最高法院於一九五一年宣告判決，以六票對二票維持原審有罪判決。在這案件中，有八個法官參加判決，其中有五個法官提出意見書，而有四個法官提到「明白而立刻的危險原則」。首席法官 Vinson 宣讀法庭意見。Vinson 法官對 Holmes 法官提出之「明白而立刻的危險原則」，雖然仍表示尊重，但事實上卻採用上訴法院法官 Hand 所提出之「明白而可能的危險原則」(Clear and probable danger test)，以爲危險無須係立刻的，只要有團體在計劃時機一熟就採取行動，則可加以限制。Frankfurter 法官在其協同意見中主張言論自由並無特別優越的特權，所以國會既然認爲共產黨的活動會威脅國家安全而加以限制，法院實無理由推翻國會的此項判斷。Jackson 法官在其協同意見中亦說「明白而立刻的危險原則」對共產黨的言論及活動沒有適用的餘地。Black 法官及 Douglas 法官各提出反對意見，根據「明白而立刻的危險原則」，主張共產黨的勢力在美國微不足道，不構成明白而立刻的危險，若對其言論加以限制，則有違背憲法修正第一條。

美國政府得力於一九五一年 Dennis 案件的判決，更進一步對於第二級共產黨領袖及共產黨員加以取締。在一九五七年 Yates 案件宣告之前，政府根據 Smith 法案檢舉一百四十五個共產黨員，其中八十九個被判有罪，而最高法院對此等案件均採取承認之態度，而不允許覆審之申請。及至一九五五年十月，最高法院一反其過去態度，允許覆審 California 共產黨領袖 Yates 等十四人的案件。此等被告受檢舉的罪狀與 Dennis 案件大率相同，結果由加利福尼亞南區聯邦地方法院宣告有罪，各處五年有期徒刑及一萬元罰金。聯邦上訴法院維持原審判決。最高法院允許覆審此案，於一九五七年六月十七日，以六票對一票推翻被告十四人中五人之有罪判決，並令地方法院再審其他被告（贊成者爲法官 Warren, Black, Frankfurter, Douglas, Harlan, Burton，反對者爲法官 Clark，法官 Brennan 及 Whittaker 沒有參加判決）。法官 Harlan 宣讀法庭意見。他說：在這案件中被告被控的罪狀有二：一爲組織 (organize) 共產黨；二爲敎導用武力或暴力推翻政府。就第一罪狀而言，根據刑事法應作狹義解釋的原則，Smith 法案內所謂「組織」(organize) 一詞應解釋爲新團體的創設行爲，不應解釋爲包括團體成立後的改組行爲，而被告組織共產黨係在一九四五年，其被控訴乃在一九五一年，顯已失去決定起訴期限三年之時效，故不得再追求其法律責任。關於第二罪狀，Harlan 又說：抽象理論的倡導與實際非法行動的鼓吹應予分開，前者應受憲法修正第一條的保障，只有後者才受 Smith 法案的制裁。根據這個標準，最高法院詳閱長達一萬四千頁記錄之後斷定被告中 Connelly 等五人除其爲共產黨員之外，並無鼓吹實際革命行動等非法活動，故宣告無罪，至於其他九人被告因罪嫌較大，故令地方法院再審。法官 Black 及 Douglas 原則上贊成法庭意見，但進一步主張 Smith 法案爲違憲而要求宣告被告全體無罪。Yates 案件宣告後六個月，美國司法部因不能提出最高法院在 Yates 案件中所要求的證據，不得不要求審判法院撤回對其他九人被告之控訴。同樣基於 Yates 案件的判決，對 Pittburgh 共產黨員六人及 Puerto Rico 共產黨員十一人的控訴亦被撤回，而聯邦上訴法院也推翻地方法院對 Hawaii 共產黨員七人，Seattle 共產黨員四人，New Haven 共產黨員五人，及 Philadelphia 共產黨員四人的有罪判決。最高法院在 Yates 案件中雖沒有宣告 Smith 法案爲違憲而無效，但在實際上已使 Smith 法案簡直無用。

二　國會調查權與被調查人之權利

國會有調查權，美國憲法雖無明文規定，但調查權可視爲立法權的一種附帶權力。蓋國會係立法機關，爲順利執行其立法職務，宜有調查權以調查與立法有關的事項，作爲立法的參考。所以美國國會成立後不久，衆議院於一七八二年就有調查委員會的設立。至於國會調查權的範圍如何，美國最高法院在一八八一年的 Kilbourn v. Thompson (103 U.S. 168) 一案中提示幾個原則：第一、調查權的行使不得破壞三權分立的原則；第二、調查事項應限於國會立法權的範圍。不過，自從一八八一年以後最高法院關於國會調查權的範圍採取較寬的態度，很少發生最高法院限制國會調查權之事例。

及至第一次世界大戰之後，衆議院於一九三八年設立非美活動調查委員會此委員會最初只是一種特別委員會，後經一九四五年的改組，成爲衆議院常設委員會之一），與參議院政府工作委員會 (Senate Committee on Government Operations)內之調查小組委員會(Sub-committee on Investigations)並肩進行國內極權主義活動的調查。第二次世界大戰之後，美國與蘇俄之冷戰日趨激烈，而國際共產主義之顚覆運動的威脅亦日益加深，所以國會的非美活動調查在故參議院議員 JosephMc Carthy 領導之下推行得甚積極，傳喚不少政府官員及一般人民到國會作證並詢問。依一八五七年的聯邦法律，凡被國會傳喚的人，若在國會任何一院或其委員會拒絕證言或答覆，則可處一千元以下罰金或一年以下有期徒刑。由於此項法律，有不少的人因犯侮辱國會罪而受處罰。國會的此項調查工作若運用得當，對國家安全的貢獻當爲不少，但若運用失當或過度，則難免有濫用權力而侵犯人民自由之事。於是，國會調查權的範圍應如何，其與美國憲法所保障的正當法律手續及言論自由的界限應如何劃定，便成爲美國憲法上的一個問題。

第二次世界大戰後約十年間，美國最高法院對上項問題的處理相當愼重。在此期間，雖曾發生十幾件有關國會調查權的案件，但最高法院或拒絕覆審此等案件，或儘量避免牽涉國會調查權與言論自由的關係這一微妙問題。在這潮流中，最高法院於一九五七年 Watkins v. U.S. (354 U.S. 178)案件內對國會調查權所採取的嚴厲態度喚起了國會及一般人士的激烈反應，並非意外之事。此案件的內容大約如下：一九五四年有一工會職員名爲 Watkins 者應衆議院非美活動調查委員會的傳喚，到該委員會作證。Watkins對於他過去的一切活動均一一詳細答覆，並承認自一九四二年至一九四七年間曾與共產黨合作並參加其活動，但否認其爲正式共產黨員或曾接受共產黨之訓練。後來，調查委員會隨便舉示一些名單，詢問 Watkins 是否知悉此等人士係共產黨員。Wakins 以所詢事項非屬委員會之權限而拒絕答覆，結果被聯邦地方法院判爲侮辱國會罪，處一年徒刑及一百元罰金。聯邦上訴法院支持原審判決，最高法院因案件性質重大，允許覆審。一九五七年六月十七日最高法院首席法官 Warren 宣讀法庭意見。Warren 說：國會的調查權是立法權的附帶權力，其範圍相當廣泛，但決非漫無限制。國會若無職務執行上的正當理由，不能揭發個人的私事。Warren 又說：國會並非執行機關或司法機關。調查本身並不是目的，而必須與國會的正當職務有關而且有所幫助。人民固然有義務協助國會，提供其所知悉資料，以資立法之參考，故如被傳喚，應到國會作證或答覆，但一方面國會亦應尊重被調查人的憲法上權利。單爲誇揚調查主持人之個人聲譽或單爲處罰被調查人而實行的調查，是不能支持的。國會沒有單爲暴露而揭發他人私事的權力。Warren 繼說：美國憲法修正第一條規定國會不得制定法律以限制言論之自由。國會的調查雖非法律，但爲立法程序之一部分，故亦應受憲法修正第一條的限制，而不得侵害人民的言論自由。國會的調查如有威脅憲法修正第一條所保障的自由時，參議院或衆議院應明確規定調查委員會的權限及調查之目的，以確保調查只能利用於幫助立法工作。但在這案件中，衆議院關於非美活動調查委員會之權限的規定甚爲籠統而含糊，故被調查人員實難於辨別何種質詢係在委員會權限內事項，而何種質詢係在其權限之外。在此情形之下，逕以被調查人拒絕答覆其所認爲委員會權限外事項，而加以處罰，實有違反憲法修正第五條所保障之正當法律手續（按美國最高法院過去在不少案件中主張刑法之規定應爲明確，否則可視爲違反正當法律手續—請參閱拙著「比較憲法」內之「論美國憲法上之正當法律手續」一文）。根據上述理由，最高法院以六票對一票推翻聯邦上訴法院對 Watkins 的有罪判決（贊成者爲法官 Warren, Black, Frankfurter, Douglas, Harlan, Brennan，反對者爲法官 Clark，法官 Burton 及 Whittaker 沒有參加判決）。

最高法院在宣告 Watkins 案件之判決同日，又宣告 Sweezy v. New Hampshire (354 U.S. 234) 案件的判決。此案件雖非關係國會調查權而關係州議會之調查權，但其性質與Watkins 案件相似。New Hampshire 州議會授權州檢察長調查州內危險份子。Sweezy 係一大學教授，受州檢察長之調查兩次，對所詢事項大率答覆，只被詢及其在進步黨 (Progressive Party)內之活動以及其一九四八年在 New Hampshire 大學之演講內容時，竟以此項詢問違反憲法修正第一條爲理由而拒絕答覆，結果被處侮辱法庭罪。最高法院基於與 Watkins 案件相似理由，以六票對二票推翻 New Hampshire 最高法院的有罪判決(贊成者爲法官 Warren, Black, Frankfurter, Douglas, Harlan, Brennan，反對者爲法官 Clark, Burton，法官 Whittaker 沒有參加判決)。

Cornell 大學憲法教授 R. E. Cushman 說：最高法院在上述案件中所採取的理論，只是重申最高法院早已確立的一個原則。即國會調查權的行使，應明確限於對立法有所幫助之事項。惟在此等判決之限制下，國會的調查權（特別是非美活動之調查）可能受較大的限制，而國會的非美活動調查又與國內安全有密切關係，所以判決的結果竟引起了國會人士的不滿，及關心國家安全之一部分人士的激烈批評。後來最高法院的態度亦稍爲緩和，在一九五九年六月八日的 Barenblatt v. U.S. (79 S. Ct. 1081) 案件中，雖然仍維持 Watkins 案件的原則，但對國會調查權採取較寬的解釋。

三　其他案件

除上述案件外，最高法院在一九五六年一九五七年間所下的判決中，有不少案件引起很大的爭論。本文因受篇幅限制，僅擧出其一二例說明於下。

其一是關於被告可否要求政府提供聯邦調查局 (Federal Bureau of Investigation) 之檔案以資辯護的問題。根據美國憲法修正第六條之規定，刑事被告人在一切刑事訴訟中，有與對他不利之證人對質之權利。詳言之，證人應出席公開法庭而採取宣誓後始得證言，對其證言被告有反問的權利。此爲英美普通法上的一個原則，在一般刑事訴訟當不致發生問題。但如政府控訴人民，而其控訴所根據的證據須牽連到聯邦調查局保存的檔案時，問題就不簡單。在這場合，被告固可根據憲法修正第六條要求政府交出其檔案，但從政府立場言，聯邦調查局之檔案包括許多有關國家安全的機密文件，若一一公開或會損害國家的安全。關於這個問題，最高法院在一九五七年六月三日宣布的 Jencks v. United States (353 U.S. 657) 案件中，贊同被告的立場。Jencks 係一工會領袖，而根據一九四七年 Taft-Hartley 法案，所有工會領袖應作非共產黨員的宣誓，所以 Jencks 亦曾宣誓爲非共產黨員。後來聯邦調查局由於密探人員 Matusow 及 Ford（兩人均係共產黨員）的密報，知悉 Jencks 在宣誓時係共產黨員，故提起 Jencks 僞宣誓之訴訟。Jencks 在下級法院要求政府交出聯邦調查局所保存之 Matusow 及 Ford 兩人的報告書，以便對照此項報告書與此兩個證人在法庭所作證言有無前後矛盾。蓋 Jencks 若能指出報告書與法庭證言有矛盾，則可反控 Matusow 及 Ford 兩人的僞證。下級法院拒絕 Jencks 的此項要求，而案件移到最高法院審判。在此案件中政府主張被告若欲要求政府交出此項報告書，應事前證明報告書與證言有互相矛盾，同時亦提議將報告書提交審判法官以審查其與本案是否有關。對此辯論，最高法院說：Matusow 及 Ford 提出的報告書爲本案中的重要證據，被告如有要求，應當提示，而被告在未詳閱此項報告書之前，自無法發覺報告書與證言有何矛盾，所以政府要求被告須先證明其有矛盾而後始肯交出報告書，是無理的要求。繼之，最高法院又說：何種證據對自己的辯護最有利，被告知悉最詳而判斷最確，所以證據應直接交付被告，無須先交法官裁量。最高法院再說：政府在刑事案件中所當關切的不應在於求勝訴，而應在於求正義的實現。根據上述理由，最高法院以七票對一票推翻下級法院之判決，要求政府交出報告書，否則撤回控訴（贊成者爲法官 Warren, Black, Frankfurter, Douglas, Burton, Harlan, Brennan，反對者爲法官 Clark，法官 Whittaker 沒有參加判決）。法官 Clark 激烈的反對法庭意見，以爲最高法院的判決將使聯邦檢察機關無法執行法律。因爲聯邦調查局之檔案中，有不少與國家機密有關。若應被告要求一一交出，則會危害國家的安全；若顧慮國家的安全而不交出，又不能訴追；這樣將使聯邦檢察機關進退兩難。聯邦檢察長 Brownell 亦說最高法院的判決造成了法律執行上的嚴重危機，而向國會提出法案以限制這個判決的效果。國會贊成此項反對意見，極力批評最高法院的判決，於一九五七年九月二日通過法案 (Public Law 269, 85th Congress, 1st session, 71 Stat. 595)，以削減該判決的實效。根據這個法律，被告如要求政府交出證人的報告書時，第一審法院法官應先審閱報告書，並將與證人的證言無關的部分刪除。被告若受有罪判決而向上訴法院上訴，政府應交出全部報告書，由上訴法院審查第一審法院的刪除裁定是否正確。此時政府若拒絕交出報告書，法院應刪除證人之證言，或依其自由裁量宣告審判無效。一九五七年年底政府以 Matusow（按此時 Matusow 已因僞證而受刑）所提供之證據不充分爲理由，而撤回對 Jencks 的控訴。

其二是關於各邦可否制定與聯邦 Smith 法案內容相同的騷動取締法的問題。美國爲聯邦國家，聯邦政府只能行使憲法明文賦與的權力及暗示的權力，而各邦則保留其他權力。但屬於聯邦政府之權限事項，各邦可否同時行使（憲法明文禁止各邦行使者當不必討論），關於這個問題，則很難找出一個明確的答案。國會的立法，對於這個問題的答案不一，或允許各邦行使聯邦權限（如允許各邦法院辦理歸化手續），或禁止各邦行使其權限（如禁止各邦辦理郵務），而最高法院的態度亦沒有一貫，或承認與一九一七年聯邦間諜法內容相同的 Minnesota 州法爲合憲 (Gilbert v. Minnesota, 1920)，或謂 Pennsylvania 的外國人登記法有侵犯聯邦政府的外交權而宣告無效 (Hines v. Davidowitz, 1941)。關於這個問題，最高法院在一九五六年處理一個案件 (Pennsylvania v. Nelson)，其內容略爲如下：Pennsylvania 曾制定一部騷動取締法，處罰對美國政府及 Pennsylvania 州政府的顚覆活動，其內容與聯邦國會於一九四〇年制定的 Smith 法案大率相同。被告 Nelson 因觸犯 Pennsylvania 騷動取締法，而被 Pennsylvania 州下級法院處二十年有期徒刑及一萬元罰金。被告上訴於 Pennsylvania 州最高法院，州最高法院以聯邦國會既有 Smith 法案之制定，Pennsylvania 不能再制定相同法律爲理由，宣告被告無罪。於是案件由 Pennsylvania 州政府上訴於聯邦最高法院。在這案件中，最高法院說 Smith 法案不但取締對聯邦政府的顚覆活動，同時亦取締對各邦政府及地方政府的顚覆活動，其所包括範圍甚爲廣泛，而且政府顚覆活動常是全國性的而非地方性的，所以爲貫澈取締的實效，宜由聯邦政府統一執行，不能讓各邦各自立法並執行。根據這個理由，最高法院以六票對三票支持 Pennsylvania 最高法院對被告 Nelson 的無罪判決（贊成者爲法官 Warren, Black, Frankfurter, Douglass, Clark, Harlan，反對者爲法官 Minton, Burton, Reed)。被告 Nelson 在這案件中雖受無罪宣告，但却依 Smith 法案被處有期徒刑五年。當最高法院宣告此案件時，美國之四十二州以及 Alaska, Hawaii 均有此類騷動取締法，若謂 Pennsylvania 州騷動取締法有侵害聯邦領域而違憲，則其他各州的騷動法亦可同理視爲違憲而無效。這樣各邦的騷動取締法將受很大的限制，而且其牽連範圍廣泛，所以引起各方的激烈爭論。

三　國會的反應

綜合最高法院的上述判決，可得下列幾點結論：㊀一九四〇年 Smith 法案，只能處罰鼓吹人民採取暴力或武力行動以推翻政府之言論、出版或結社，不能處罰關於此種抽象理論的倡導。且該法案內所謂「組織」一詞，乃指結社的最初創設行爲，而不包括結社成立後的組織活動。故政府若要依 Smith 法案進行共產黨員的檢擧，必須提出明確證據證明該人有鼓吹他人採取直接革命行動；若要檢擧共產黨組織，必須在該組織創設後之一定起訴期間內爲之；否則不能控訴（Yates v. U.S.)。㊁國會調查權並非漫無限制，其調查事項應與立法有關，且須明確規定於調查委員會之組織規程內，否則不能以被調查人員拒絕答覆而逕處侮辱國會罪 (Watkins v. U.S.)。㊂聯邦國會既有 Smith 法案之制定，各邦不得再制定同一內容之騷動取締法，因此各邦不能依此類邦騷動取締法以處罰騷動行爲 (Pennsylvania v. Nelson)。㊃聯邦調查局檔案如遇被告要求，應交付被告閱覽，否則不能作爲被告有罪之證據 (Jencks v. U.S.)。

Warren 法院在此等案件中所採取的一貫態度，可以說是在於執行最高法院的一個尊嚴任務，卽保護美國憲法所保障的人權不受政府的非法侵犯，但其判決削減了總統、國會及各邦這幾年來爲國內安全所採取之各種措施的效果，却爲不可否認的事實。因此，對 Warren 法院的這種態度，議論紛紛，贊否不一。贊成者稱贊 Warren 法院的毅然態度，謂 Warren 法院再次恢復美國憲法所保障之人權的尊嚴。反對者則斥最高法院破壞聯邦制度，而過度偏重聯邦的權限，並謂最高法院破壞總統及國會爲保護國家安全所建築的長城。

國會對於最高法院的上述判決，反應甚爲强烈，議員紛紛提出法案以求削減最高法院的權力。這種反應在第八十五屆國會第一會期（一九五七年）最爲激烈，而經過第八十五屆國會第二會期(一九五八年)至第八十六屆國會第一會期(一九五九年)已漸近尾聲。在第八十五屆國會第一會期中提出的此類法案，大體上可分爲下列三種：㊀削減最高法院關於個別案件所作判決之實際效果：例如衆議院議員 L. Smith 提出法案 (H.R. 946) 以確認各邦法院得執行各邦騷動取締法；又衆議院議員 H. Smith 提出法案 (H.R. 3)規定法院解釋國會法律時應遵行的準則等；其目的在於對抗一九五六年 Pensylvania v. Nelson 案件之判決的效果，則甚爲顯然。蓋如上所述，在這案件中最高法院謂聯邦既有 Smith 法案，各邦不得再有同一內容之騷動取締法。㊁縮小最高法院的上訴管轄權 (appllete jurisdiction)：依美國憲法第三條第二項規定，美國最高法院除關於大使公使領事之案件及以邦爲訴訟當事人之案件有原始管轄權 (original jurisdiction) 外，對聯邦法院有管轄權的其他案件有上訴管轄權，祇有國會得設立例外並規定其規則。因此國會就有權力擴大或縮小最高法院的上訴管轄權，而對於過去國會行使此項權力，最高法院亦予以承認。第二種提案的目的是在於利用國會的此項權力，以縮小最高法院的上訴管轄權。屬於此類提案者有衆議院議員 F.E. Smith 提出之法案(H.R. 463)，L.M. Rivers 提出之法案 (H.R. 1228)，以及參議院議員 W.E. Jenner 的提案(S.2646)。㊂改變最高法院法官之任期、任命方法、及資格：美國憲法規定最高法院法官由總統提名經參議院同意任命，任期終身(第二條第二項第三條第一項)而沒有資歷之限制。關於法官之任期與任命方法，憲法有明文規定，故若欲改變之，則須以修改憲法之方法爲之，所以此種提案均採用憲法修正之形式。例如參議院議員 Eastland 提出之憲法修正案，限制最高法院法官之任期爲四年(S.J. Res. 114)，衆議院議員 Herlong 提出之憲法修正案限制其任期爲十年 (H. R. J. Res 415)，衆議院議員 Grant 提出之憲法 修正案 提議 採用法官民選制度（H.J. Res. 119)，衆議院議員 Fisher 提出之憲法修正案提議最高法院法官由各邦最高法院法官選任等是。關於最高法院法官的資歷，亦有種種提案，或規定其消極要件，如曾就職聯邦政府、國會議員、或各邦邦長副邦長者，在離職未經五年前不得任命爲最高法院法官 (H.R. 512)；或規定其積極要件，如最高法院法官須具有一定期間之司法經驗 (S. 171, S. 283)，須年滿三十五歲而在美國居住十四年以上，且須畢業法學院或曾執行律師達十年以上(H.R. 512)等是。

在第八十五屆國會第一會期中提出的上述各項提案，多未交付審查或討論。其中僅 Jenner 提案爲例外，故茲特就此提案之內容稍爲詳細說明。Jenner 提案 (S. 2646) 由參議院議員 W. E. Jenner 於一九五七年七月二十六日提出於參議院。依此提案，最高法院關於下列五種案件沒有上訴管轄權，卽關於此等案件最高法院不得審查下級法院之判決：㊀關於國會委員會之職務、管轄、或侮辱國會之案件；㊁關於聯邦政府執行聯邦公務員安全計劃之案件；㊂關於各邦騷動取締法之案件；㊃關於教育當局取締教員顚覆活動之案件；㊄關於各邦律師法之案件。此提案之內容，一看就可明瞭 Jenner 提出其提案的主要動機，是不滿於一九五六年至一九五七年間之最高法院的判決(例如上述 Pennsylvania v. Nelson, Watkins v. U.S. 等) 而發。一九五七年七月三十一日 Jenner 提案交付參議院國內安全委員會審査，但因國會於八月三十日休會，故未及向院會報告。第八十五屆國會第二會期於一九五八年一月七日開會，而繼續討論 Jenner 提案。委員會在此討論期間中，接受參議院議員 Butler 的建議，於四月三十日以十票對五票通過修正後的 Jenner 提案，於五月十五日向參議院提出報告。此修正後的 Jenner 提案內容較為緩和，僅保留原案中之第五項（即取消最高法院關於各邦律師法之案件的上訴管轄權之條項），而刪除其餘四項。Jenner 提案提交院會後三個多月，參議院並未採取行動而進入休會，所以欲限制最高法院之權力的企圖，在第八十五屆國會未能達成其目的。

到了第八十六屆國會第一會期（一九五九年），國會限制最高法院的運動已近尾聲，但却有兩個提案順利通過於衆議院。其一為 Smith 提案（H.R. 3），提出於一月七日。此提案的目的在於對抗 Pennsylvania v. Nelson 案件的判決，規定法院此後解釋國會法律所應遵行的準則。依此提案，國會法律對某種事項有所規定時，除非此法律有明文規定各邦不得規定同一事項或各邦法律有牴觸此項國會立法者外，不得解釋國會有意排除各邦對同一事項的立法。此提案第二節特別規定聯邦即使有騷動取締法之制定，亦不能解釋各邦不得制定同類法律。Smith 提案經司法委員會審查後，於六月二日交付院會討論，於六月二十四日以二二五票對一九二票通過衆議院而提交參議院審查。其二為 Walter 提案 (H.R. 2369)。此提案的目的在於對抗 Yates v. U.S. 案件的判決。蓋在這案件中，最高法院解釋 Smith 法案內所謂「組織」(organize) 一詞，乃指結社的最初創設行為，而不包括創設後之團體活動，如新團員之勸募等，而 Walter 提案乃欲規定 Smith 法案內之「組織」一詞，不但指最初的結社行為，亦包括結社後繼續所為之團體活動。此提案經司法委員會審查後，於二月十八日交付院會討論，於三月二日通過衆議院而提交參議院審查。惟在本屆第一會期國會休會（九月）前，參議院仍未通過此等法案，故其能否在一九六〇年的第二會期中通過，尚不能預測。

一般輿論及法學界人士雖然承認 Warren 法院的許多判決，可能損害國家的安全而應有糾正之機會，但對於國會限制最高法院之企圖，却不十分贊同。例如哈佛大學法學院院長 E.N. Griswold 說：最高法院的判決固可批評，但因不滿於其判決而欲以法律限制其上訴管轄權，實為不明智之舉，因為如此司法將不能再維持其獨立地位。Pennsylvania 大學法學院院長 J. D. Fordham 亦表示相似意見。關於這個問題，Chicago 大學憲法教授 C. H. Pritchett 舉出幾點反對理由：第一、限制最高法院之上訴管轄權雖不能說是違憲，但却破壞美國憲法上之一個根本原則，即司法之獨立；第二、Jenner 提案內之五項案件，均與美國憲法有牽連的重要案件，若剝奪最高法院對此等案件的審查權，而委諸十一個上訴法院各自決定，則最高法院將無統一審查此等案件之機會，結果可能產生同一法律在國內因各上訴法院管轄區之不同，而有不同適用的現象；第三、今不滿於最高法院的判決而欲剝奪其管轄權，如果將來對聯邦上訴法院的判決也不滿，應將如何，此風一長，其後果實不堪設想。現在國會控制最高法院的運動已近尾聲，而最高法院受輿論批評及國會攻擊之後，其態度亦似在轉趨緩和，所以最高法院與國會衝突的這一憲法上的危機也可能就此結束。美國憲法採取三權分立主義，將政府權力分為立法、行政、及司法，由三個不同機關個別行使，並使三個機關互相牽制，以收政府權力運用上的平衡，但各政府機關如過度固執其具有之憲法上權力，亦難免各機關之衝突，而破壞整個制度之圓滑運用。這次美國最高法院與國會之衝突告訴吾人一件事：就是說一個良好政治制度之運用，並不能單靠各政府機關充分運用其憲法上權力，且須靠各機關對自己權力的自制。

一九五九年十月二十六日　於美國哈佛大學。

本文參考資料：

United States Supreme Court Report.
Congressional Digest, Vol. 36 (1957), 37 (1958); 38 (1959).
C. H. Pritchett, The Political Offender and the Warren Court, 1958.
C. B. Swisher, The Supreme Court in Modern Role, 1959.
A. T. Mason, The Supreme Court from Taft to Warren, 1958.
R. E. Cushman and R. F. Cushman, Cases in Constitutional Law, 1958.
C. H. Pritchett, The American Constitution, 1959.

曹操的改造

東方既白

一

自從反右派運動以後，大陸的文壇一時非常岑寂，許多文人，爲怕牽涉政治，躲進古代文化研究的堡壘裏。後來由陳伯達掀起厚今薄古運動，號召文人們注意現代，一時那些專心研究古代文化的人們都受到了批判。

但是這薄古厚今的運動，並沒有使人敢於注意現今，人們祇是從響應「薄古厚今」的口號，走入了一條安全的甬道，這就是用共產黨的觀點，卽用現今的立場去批判古人的業績。

這類文章，第一不違背薄古厚今的原則，第二以如此悠長的中國歷史，自然有用之不盡取之不竭的材料，第三，不會出什麼大錯誤。最大錯誤不過是理解不深，分析不够，決不會有什麼反革命一類的大罪。第四，大家旣然熟於共產黨敎條上所用的名詞，祇要把這些名詞堆在古人的業績上，就可以成爲一篇四平八穩的文章。

因爲有這許多方便，所以大家都寫。當時最爲人所熟識，就是唐詩三百首之重新估價與重編，接着，大家就在唐宋的詩人詞客上做文章，一個一個提出來，用是否有「人民立場」有「現實主義精神」一類的公式按放在古人的頭上。論證旣然陳舊，見解尤其淺薄，成爲一種完全公式化與概念化的八股文，所以並沒有引起很多人的注意。

在重把歷史人物估價之中，曹操的問題也就被提了出來。因爲曹操是一個人人都知道的人物，而歷史上的評價又有各種不同，于是引起了廣泛的討論。這就變成了一個有趣的問題。

二

曹操這一個人物，論者本來可有許多不同的看法。西晉時，陸機就說過：「曹氏雖功濟諸華，虐亦深矣，其民怨矣。」陳壽在三國志魏志武帝紀的評語：一方雖承認曹操爲一個超世之傑，非常之人，另一方面也說他「矯情任算」。大概關於曹操的判斷，不外從其才能方面來看，或從其品德方面來看；從才能方面看，譽常多于毁，從其品德方面，則毁常多於譽。

資治通鑑裏，司馬光對曹操的評價是很高的，他說：

「王知人善察，難眩以僞，識拔奇才，不拘微賤；隨能任使，皆獲其用。與敵對陣，意思安閑，如不欲戰然，及至決機乘勝，氣勢盈溢。勛勞宜賞，不吝千金，無功望施，分毫不予。用法峻急，有犯必戮，或對之流涕，然終無所赦。雅性節儉，不好華麗。故能芟刈羣雄，幾乎海內。」

但在這樣的善評中，我們也看不出它對曹操的缺點如「虐亦深矣，其民怨矣」與「矯情任算」有什麼否定。「虐亦深矣，其民怨矣」是說曹操的凶暴殘酷，「矯情任算」是說曹操的虛僞奸詐。

這是純以曹操的爲人來說。至于他在歷史上的功罪，看法自然更可以有各種不同。說他當時統一北中國是功，可是打擊了當時農民革命的黃巾軍就是罪；說他興辦屯田于恢復生產有功，但屯田制實際上是一種用軍事手段强制束縛軍民在土地上進行官六私四或對半分的高度剝削的制度，也就是一種罪，這種功罪的評價可說正是矛盾的。如果三國時沒有這個曹操，中國以後的歷史是否還是一樣，我們是無法也無能去估計的。

但是，站在馬克斯恩克斯的唯物史觀來說，歷史的發展是生產力與生產關係的矛盾統一，質量互變的必然過程，人物的作用本不足重視，因爲人物也祇是經濟所決定的歷史的產物。

曹操問題之所以成爲一個問題，實際上已經是遠離馬恩唯物史觀的立場了。

三

大陸上討論曹操問題，始于新編京劇的「赤壁之戰」與郭沫若的歷史劇「蔡文姬」對于曹操的「翻案」，這裏所謂「翻案」是專指中國舞台上的曹操來說的。中國舞台上的曹操一直與史論裏曹操不同。論者以爲這是羅貫中的「三國演義」的影響，其實這也不可靠，因爲遠在北宋時，據蘇東坡的志林所載：「塗巷小兒薄劣，其家所厭苦，輒與錢令聚坐聽說古話。至說三國事，聞劉玄德敗，輒蹙眉，有出涕者，聞曹操敗，輒喜暢快，」可見當時民間的說話，已把曹操說成一個反面的人物了。所以三國演義倒反是根據民間的說話唱書一類的見解來寫的。

郭沫若于寫「蔡文姬」後，寫了一篇：「談蔡文姬的胡笳十八拍」，接着光明日報有翦伯贊的「應該爲曹操恢復名譽」，（副題爲：「從『赤壁之戰』說到曹操」）的響應，以後陸續參加討論的有許多文章。一直到三月底，郭沫若又寫了「替曹操翻案」一文，發表在人民日報上。在這篇文章裏，郭沫若把曹操說得像一個完人，他把曹操一切的罪惡，都作了冠冕堂皇的解釋，甚至對于他的打敗仗一類的史實，也說成是他預先料到或自願的一樣。這就引起了很多對他不同意的文章。一時變成了很熱鬧的討論。

討論曹操的問題所以能引人入勝，遠超過于其他的爲古人翻案的八股文章者，因其正面的或反面的論曹操的人，有意無意的字句間都把曹操象徵了毛澤東。有的對于曹操的殘酷凶暴虛僞欺詐的性格有小小的諷刺，有的對於曹操的罪愆有象徵性的原諒，還有的則簡直像是爲民請命，希望當局多多想到人民的疾苦了。

把曹操與毛澤東相比，有許多相像的地方。但是否還有其他的專制的皇帝更比曹操像毛澤東的，也很難說。可是毛澤東曾經寫了一首咏北戴河的詞，詞中顯然是以曹操同自已在比擬的，他的原詞如下：

「大雨落幽燕，白浪滔天，秦皇島外打魚船，一片汪洋都不見，知向誰邊？往事越千年，魏武揮鞭，東臨碣石有遺篇，蕭瑟秋風今又是，換了人間。」

郭沫若爲曹操翻案，是否爲毛澤東這首「浪淘沙」而對他奉迎，還是這祇是偶然的暗合，我們可以不必管他，但是，郭沫若對于毛澤東的統治，是並沒有看作與以前專制帝皇有什麽不同，這則是很明顯的。毛澤東在另外一首沁園春裏，曾經寫過這樣的話。

「……山河如此多驕，引無數英雄盡折腰。惜秦皇漢武，略輸文彩，唐宗宋祖，稍遜風騷；一代天驕，成吉斯汗，祇識彎弓射大鵰。俱往矣，數風流人物，還看今朝。」

郭沫若自然很淸楚地了解毛澤東一直是以帝皇自居，這所以郭沫若說，我們不但是要爲曹操翻案，而且還要爲秦始皇與殷紂王翻案呢。

四

關于曹操的功罪，同毛澤東相比，有許多有趣的對照。現在把它列舉在下面：

A 「得天下」與「統一中國」

東漢後期，豪强地主，據地稱覇，人民流離失所，災疫橫行，民不聊生。當時農民紛紛揭竿而起，各自稱王稱帝，如建康元年（一四四）九江馬勉自稱皇帝，永嘉元年（一四五）歷陽華孟自稱黑帝，建和元年（一四七）陳留李堅自稱皇帝，建和二年（一四八）長平陳景自號皇帝子，和平元年（一五〇）扶風裴優自稱皇帝，永興二年（一五四）蜀郡李伯稱太初皇帝，延熹八年（一六五）勃海蓋登稱太上皇帝，延熹九年（一六六）沛關戴異與廣陵人龍佁等稱太上皇，熹平元年（一七二）會稽許生稱陽明皇帝，中平五年（一八八）益州馬相稱天子，初平四年（一九三）下邳闕宣自稱天子，最大的是張角兄弟爲首的黃巾運動，當時也自稱黃天，預言：「蒼天已死，黃天當立。」黃巾運動，一時氣勢甚盛。曹操就是由於鎭壓黃巾運動而崛起的一個英雄。他于公元一八四年追隨皇甫嵩、朱儁鎭壓潁川黃巾軍，一九一年，受袁紹之命擊破黑山軍白繞于濮陽，一九二年擊破靑州黃巾軍于濟北。當時「受降卒三十餘萬，男女百餘萬口，收其精銳者，號爲靑州兵。」這支靑州兵就是曹操以後統一北中國武力的基礎。同時那些被裹脅的農民「男女百餘萬口」也卽爲曹操實行屯田制的資本。史稱：「及破黃巾，定許，得賊資業，當興立屯田。」屯田制是曹操軍糧的來源，而靑州兵是曹操武力的基礎，這二者都是靠剿取黃巾而來的。

曹操依靠這黃巾軍的基礎，才得獨立的發展，敗袁術，斬呂布，破劉備，取徐州，擊破袁紹於官渡，取袁潭袁尙，平定三郡烏桓。這支靑州兵在曹操領導下，南北征戰二十餘年，終于掃滅羣雄，統一了北中國，使社會安定下來，發展了農業的生產。

毛澤東的革命所依靠也正是農民，他的軍隊基礎起初也卽是裹脅一些爲生活所迫鋌而走險的農民。這些被裹脅的革命的農民軍，幾度都被國軍所剿，未曾成功。直到抗戰時期，毛澤東乃用土地革命之法，把糧食完全控制在手，裹脅所有的農村壯丁建立軍隊。這成了他以後統一中國的基礎。

B 屯田制

曹操的屯田制，實際上是一種土地「黨」有的制度，當時因天下紛亂，人民流離失所，土田荒蕪很多，曹操的屯田制就是把這些土地，交給軍隊來耕種，同時還吸收流離失所的農民，使其農奴化而爲其生產。這與毛澤東的土地革命是很相同的。

在實行屯田制與擴大土地「黨」有的過程中，很自然的曹操需要「鋤强豪，抑兼併」；這也就是毛澤東淸算地主的用意。驅除了地主的剝削，恢復了社會的秩序，是曹操得民心之處，然其以後使農民成爲毫無自由的農奴，對農民的剝削，殊不亞于以前的地主，這也正是毛澤東的政策所經歷的過程。

曹操于建立屯田制後，曾使這屯田的辦法不斷的擴充，史載：「新募民開屯田，民不樂，多逃亡。」這了了數語，也足見當時曹操如何强迫人民作他的農奴的情形。後來因爲逃亡太多，于生產有損，乃接受袁渙的建議，採取「樂之者乃取，不欲者勿强」的辦法，結果才和緩了當時的嚴重的情形。

批評曹操屯田制的話，可以用譚其驤教授作爲例子，他一方面誠然認爲屯田制是使農業有所發展，另一方面則說：

「但所謂屯田制，實際上是一種用軍事手段，强制束縛軍民在土地上進行官六私四或對半分高利剝削的制度，並且不論是佃兵（軍）或屯田客（民），由于他們的勞動生產得受政府設置的農官的直接管轄，身分因而降落，走上了農奴化的道路。所以初開屯田時，『民不樂，多逃亡』，後來曹操聽了袁渙的建議，才改用『樂之者乃取，不樂了勿强』的辦法（袁渙傳），這乃指民屯而言。至于在軍之士，爲了不堪受奴役，時有逃亡，曹操爲了防止逃亡，立法至殺其妻子，而『患又不息』，甚至想『更重其刑』，賴高柔諫而止。這就是曹操對待人民的態度，所以在他統一了黃河流域後不多幾年後，就不斷的爆發了以河間田銀蘇伯（建安十六年），南陽侯音（建安二十三年）陸渾孫狼（建安二十四年）等爲首的多次農民起義。陸機以『虐亦深矣，其民怨矣』二語指責曹氏的統治，洵非虛言。」（一九五九年四月十一日光明日報）

這一段話，如果我們用來批評毛澤東的土地政策，幾乎祇要改一二個地名人名就可以了。反對這個評語。爲曹操辯護的是怎麼說呢，我現在且引戎笙的話：

屯田客(兵)被曹操編製在荒田上進行生產，變成了國家農奴，不能隨便離開土地，確實是失去了一部份自由。但失去了這種自由的同時，也失去了『裸行草食』的自由，也失去了吃人與被人吃的自由，不能像過去一樣，可以在茫茫的大地上自由地走來走去。……作爲封建社會前期的三國時代，作爲『天下饑荒，人民相食。』的喪亂時代，我們應當考慮一下：究竟自由重要還是吃飯重要？從社會經濟發展的要求來看，把流民徧置在荒地上進行生產，這並不是一件壞事，更不是一件罪行。……」

這種立論，爲曹操辯護，又是多麼像爲毛澤東在辯護呢？

C、殺人問題

曹操殺人之多，歷史上有很詳盡的記載，在戰爭中甚至還有「圍而後降者不赦」的規定，郭沫若爲其辯護說，這些記載，應當從新考慮，他舉了一個例子，是說曹操與陶謙的戰爭的。他引魏志：陶謙傳的話：

「初平四年，(一九三年) 太祖征謙，攻拔十餘城。至彭城大戰。謙兵敗走，死者萬數，泗水爲之不流。」

郭沫若說：

「兩軍交戰是不能不死人的，這裏所說『死者數萬』是陶謙的兵。這裏有可能是戰死的，也有可能是敗走中被水淹死或者自相踐踏而死的，不一定是曹操所殺。但是這項史實落在曹瞞傳中則變了樣：

「自京師遭董卓之亂，人民流移東出，多依彭城間。遇太祖至，坑殺男女數萬於泗水，水不爲流。陶謙帥其衆軍武原，太祖不得進，引軍從泗南攻取慮、睢陵、夏丘諸縣，皆屠之，鷄犬亦盡，墟邑無復行人。」

郭沫若擧了這個例，認爲曹瞞傳是孫吳方面人寫的，所以要把他說成殺人魔王。

他又引了范曄所作的後漢書裏陶謙傳：

「初平四年，曹操擊謙，破彭城傅陽，謙退保剡，操攻之不能克，過拔取慮、睢陵、夏丘，皆屠之。凡殺男女數十萬，鷄犬無餘，泗水爲之不流。自是五縣城保無復行迹。初三輔遭李傕亂，百姓流移依謙者皆殲。」

郭沫若于是說，這就是不高興曹操的人引用了曹瞞傳而將其誇大的。

郭沫若這種說法，正如對報導毛澤東在土改時殺人數百萬之說是帝國主義的造謠，或說他是不滿意毛澤東者引用了帝國主義的話而誇大之一樣了。

與郭沫若相反的說法，我這裏引用譚其驤的話。他說：

「……郭老列擧了關于此事的三種不同的記載，他認爲說曹操坑殺男女數萬的曹瞞傳是吳人做的，明顯地包含有對敵宣傳作用在裏面，後漢書陶謙傳把殺人數字誇大成數十萬，更是典型的曲筆，因而祇有魏志陶謙傳可信，而魏志所載謙兵敗走，死者萬數，『這裏有可能是戰死的，也有可能是敗走中被水淹死或者自相踐踏而死的，不一定都爲曹操所殺』。照這樣一解釋，似乎曹操根本沒有殺什麼人。但曹兵兩次攻徐州，初平四年彭城一戰，據吳書所載，也是多殺人民，興平元年攻略琅玡東海諸縣，據魏志本紀所載也是『所過多所殘殺』，就算吳書出於吳人不可信，魏志本紀也不可信？同樣是魏志，難道陶謙傳可信，本紀就不可信？……關于究竟殺了多少人，我看曹瞞傳後漢書也不見得憑空扯謊，『萬數』本來也可以解作數萬。後漢書中的數十萬，那是包括攻屠彭城傅陽等五縣而言，不專指彭城之戰一役。」

這個說法，正像是指穿在所謂帝國主義者造謠外，大陸人民中也都知道毛澤東是「多所殘殺」了。

D、平定烏桓

烏桓是鮮卑的一支，二者都是半游牧性的種族，在漢末時興盛起來，他們的社會性質，據史實，還是奴隸制的初期。他們在漢末常擾亂中國的北疆，鮮卑人占領北匈奴的舊地，烏桓人占領南匈奴的舊地。當時的北匈奴已經西遷，南匈奴已經內附。所以，中國歷史上殷周以來北方的强敵，在漢末已經是鮮卑與烏桓。

曹操把三郡烏桓平定，據郭沫若說，是反侵略的戰爭，是得人民支持的。他提出一個證據，說這戰爭是得一位住在山海關附近山上的保境安民的開明地主全力支持。這位地主叫田疇，袁紹在權時曾屢次請田疇下山，他都拒絕，曹操行軍過境，適遇大雨，河水泛濫，道路不通，乃遣人請田疇，田疇就下山獻策。由他的「山民」作嚮導，北越長城，經熱河，襲烏桓後路。「塹山煙谷五百餘里」，一直到了柳城(遼寧朝陽縣南)使敵人措手不及，終于獲得了空前的勝利，消泯了邊患，救回被奴役的漢民。(詳魏志，武帝紀及魏志，田疇傳)

平定烏桓的結果，郭沫若說，是烏桓的其他部落的侯王大人們對曹操竟心悅誠服，服從他的指揮。烏桓的騎兵，在曹操麾下成爲了「天下名騎」。郭沫若于是說，在種族之間發生戰爭，能够收到這樣的效果，是很不容易的事。

郭沫若用一個豪强地主田疇的支持曹操征烏桓的證據，認爲是得人民支持，這在以地主爲敵人的共產黨看來可說是很可笑的論證，這且不說。這裏値得注意的是郭沫若宣揚曹操征烏桓正是西藏事變的爆發期中，毛澤東已經用軍隊遠征西藏了。

現在我們且看看反對者的意見，下面是四月二十一日人民日報上楊柄的「曹操應當被肯定嗎？」一文中的話：

「曹操同氏，烏桓等種族和部落之間的戰爭是一類情況比較複雜的戰爭，應當分別幾種不同的情況，曹操屠殺、刼掠、强徙外族的戰爭是非正義的戰爭；外族統治者捲入曹操等漢族統治者的非正義戰爭中者，無論站在哪一方面均爲非正義性質；曹操對侵入邊境的外族軍隊的戰爭,帶有反侵略的意義,但是這裏面情況更其複雜，還要作更加具體的分析。譬如曹操同三郡烏桓的戰爭，郭沫著同意認爲，曹操打了烏桓，而烏桓人民服從他，說曹操是民族英雄，應給「高度評價」。這種論斷不能使人同意，因爲：

「第一、曹操對三郡烏桓的戰爭在時間上既不是烏桓侵略邊疆之際，在目的上也不是爲了反抗異族侵略。……

「第二、曹操進行對烏桓和袁紹的戰爭是在二〇五年春到二〇七年秋，這兩年多一點的時間內繼續進行，在他四十餘年政治生涯和三十餘年軍事生涯中只占一個很小的比重。……

「第三、烏桓的犯邊對整個中國民族生存發生了根本的威脅沒有？沒有。既然沒有，那麼曹操征服烏桓也就沒有挽救民族生存的重大意義。並且，我們還進一步認爲：

「第四、當時漢族人民的深重災難，主要地不是來自外部，而是來自內部；當時基本問題不是外族人殺漢族人的問題，而是漢族人自已殺自己的問題——漢族的封建統治者殺本族人民的問題；當時使得漢族有絕種之險的，不是外族的犯邊，而是漢族封建統治者對人民的屠殺。這裏面有一個最重要的責任者便是曹操，從這個意義上說，曹操正是民族的罪人，怎麼會是應給『高度評價』的『民族英雄』呢？」

上面這些反對意見，不正是中共對鎮壓西藏問題的意見麼？或甚至包括了中共過去對韓戰的批評？尤其是「第四」，正像是對目前屠殺人民的政策的一種暗示性的抗議了。

五

曹操這個人物，在歷史上的評價有好有壞，已如上述，但就最好的方面看，對曹操的文才武略雖百般推崇，對其品性之忌刻殘酷，亦有微貶；就其最壞的看，對曹操之虛詐凶殘雖盡量刻劃，而對其文才武略，亦有褒揚。足見其中仍有一點客觀標準。不過一般說來，在宋以前，曹操並不完全是奸臣賊子的一個典型。

在唐代，中國偉大的詩人杜甫，在「贈將軍曹霸」的詩中，就寫過這樣的話：

「將軍魏武之子孫，于今爲庶爲淸門，英雄割據雖已矣，文采風流今尚存。……」

足見當時說一個人是曹操的子孫是恭維的話。宋以後，大概因爲民間說書唱書一類藝術，用三國故事作題材的越來越多，把曹操這個人物，慢慢地造成一個奸臣一個賊子，從上面所引蘇東坡的筆記也可以見到。足見羅貫中的三國演義，正是根據民間傳說確實地塑造了一個奸臣賊子的典型。搬上了舞臺，就變成了抹着白粉的奸詐無能的人物了。

曹操之名譽之所以壞起來，大陸的論者都認爲是漢朝正統論的關係。擧王昆侖的「歷史上的曹操和舞臺上的曹操」文中的話爲例，他說：

「宋朝的統治越來越糟，燕云十六州一直沒有收復，北方外族威脅越來越大，大概與論的變化就從民間先開始了。蘇東坡筆記裏說，街道上的孩子們聽說書，聽到曹操打敗就高興，聽到劉備打敗就傷心。足見『看三國，掉眼淚爲古人擔憂』這句話由來久矣。曹操現在逐漸變成人們寄托憎恨的對象了。元朝統治了漢族，關漢卿筆下的關羽是那麼一個大義凛然的英雄形象，魯肅就很不成樣子。人們的思想情感是把姓劉的代表漢朝，把漢朝代表了漢族的中國，于是過去八百年來的曹家正統移交給劉家了。此後傑出的歷史小說三國演義根據千萬史實又集中民間傳說，進一步明顯地劃定敵我界限，強調了大漢正統，更以藝術加工加重了人們愛憎的情感，它不但有一定的歷史根據，而且有羣衆基礎。……」

這種漢朝正統的理由實際上是很難成立，因爲我們正史的系統裏始終是以陳壽的三國志爲宗，羅貫中的三國演義並不能取三國志而代之。我覺得曹操在民間藝術之塑像中，之所以慢慢地形成完全反派的角色，有二個因素是很重要的。

第一、那是中國傳統上民間道德的判斷。曹操孫權劉備都是搶漢朝天下的人，爲什麼獨獨說曹操是篡漢呢？這因爲曹操以漢丞相的姿態出現，是做過漢朝的大官的。中國對于改朝易代，亂世打天下的人都可被視作英雄與偉大，唯有做個前朝大官的人來篡國，則總是爲人所輕視的。這與其說是被視爲對君不忠，不如說是被視作對友不義；在這方面,作爲曹操性格來說的話,與另外一個有名的故事放在一起來看是非常明顯的。這就是曹操殺呂伯奢一家的故事。呂伯奢是曹操的朋友，曹操爲逃避董卓的範圍，經過呂伯奢家時去拜訪呂伯奢，呂伯奢不在家，他的五個兒子，殺鷄宰豬的招待曹操，曹操以爲要謀害他，就把他們全家殺了，連夜逃走，路上適逢呂伯奢回來，他也索興把他殺了。這就是說，民間對于道德上的判斷是特別着重在曹操的背友棄舊上面。

我覺得中國民間的道德標準，其本原是幫會。幫會這個組織是痛苦無依沒有保障的人民互助互衛的產物，所以它在亂世特別盛行。因爲這個組織是民間的，所以總帶着一種神秘色彩的迷信。中國歷來的農民革命，其組織都是幫會性的，這因爲在散漫的農村，要形成一個力量，必須有這樣組織。漢末的黃巾起義，意義上是農民的革命，可是組織上也是神秘的幫會性的。太平道和張魯所領導的五斗米道同一淵源，在當時都被稱爲「黃老道」「以善道敎化天下」(見後漢書皇甫嵩傳)。張角所宣稱：「蒼天已死，黃天當立，歲在甲子，天下大吉。」就帶着迷信的神秘口號。這種幫會的意味，甚至在太平天國的革命運動也觸處可見，基督教的天父之教義，在洪秀全一羣人頭腦上也僅是幫會的「祖師爺」一樣的意義吧了。

這種幫會的道德標準最重要的是「義」。三國演義中，劉關張桃園結義正這是種幫會式的結合。對于關羽的頌揚，如華容道之義釋曹操，如過五關斬六將，古城會一類的描寫，都是着重義字。三國演義這本通俗小說，之所以如此為大衆所欣賞，而其中故事能成為舞台上百演不厭之平劇。其合于傳統上民間的道德標準之要求是一個主要的原因。曹操之成為反派角色，就因為他做過漢朝的大官而再謀奪天下。這就是不義。

第二、中國的通俗小說與戲劇之最大弱點，就是人物的平面性與典型化，因此任何人不是壞人就是好人，壞人一定一無可取，好人一定十全十美。中國過去對小說很不重視，因此寫小說的人多數不如寫歷史的人具有藝術才能。因此，正史中的人物往往是立體的有個性的，一到小說裏人物就成了平面的好人與壞人。所以曹操在正史中是一個眞實的人，有優點有缺點，一到小說裏與平劇裏就變成圖案化的壞人了。

六

這次大陸上提出了曹操問題，參加討論的文章有百來篇，有的是個人的意見，有的是集團的意見，如河北北京師範學院古典文學教研組，南開大學歷史系，安徽省哲學社會科學學會等都發表了他們共同討論的結果。對于歷史人物的評價，本來可以有不同的意見與判斷。在自由民主的學術界中，因為可由不同觀點與原則來處理材料與分析史實，其意見的不同是必然的；在中共治下，大家祇許由一個觀點根據一個原則來處理材料與分析史實，而竟也產生了這樣完全相反的結論，這也可見歷史判斷之不易。但是在自由民主世界中，我們願意而且歡迎各種不同的見解，而使其並存共榮的供人選取。在共產黨治下的世界中，則必須求其一個「矛盾的統一」，而其統一的方法，則是由黨的上級來評定，評定以後，眞理祇有一個，除非將來又有翻案的需要，也許會重新討論，重新評定，否則就不許有第二個意見存在的。蘇俄生物學界李森科事件不也就是這樣的一齣把戲麽？現在討論尚未結果，黨也尚未作最後評定。我們很可以看出郭沫若翦伯贊的為曹操翻案是秉承，至少是逢迎黨的意志的，但很難猜度這些寫反對文章的人中是否眞有存心諷喻毛澤東的人，或者想由這些諷喻使毛澤東稍稍想到人民的疾苦。不過有一點我敢很確定在這裏保證，那些反對文章中，措詞特別激烈，看起來像非常明顯的在諷喻毛澤東者，一定是黨中的人故意寫的，其目的是一種誘敵露面之計，使心中有不滿毛澤東政策的人投入陷阱，自動暴露，以便清算。這就是說，一個新的文字獄是正在醞釀了。

上面所說的當然祇是一種看法，還有一種看法乃是說這兩派不同的意見，正是代表黨內擁毛派和非毛派的兩種態度。

如果黨內眞有兩種態度，我們也不能說那一種的勝利，就是毛澤東或是非毛的——假如劉少奇的——勝利。因為在最高當局的團結或諒解的前提下，犧牲一羣下級與外圍的文化人在共產黨是很普通的事情。

其次，中共在反右派以後，始終沒有拆除「百花齊放，百家爭鳴」的口號，他們不斷的在鼓勵幹部與幹部間，文人與文人間的爭論而不予判斷，這也就是說，任其矛盾共存而不使其統一。這一方面可說是要這些幹部與文人多暴露自己，另一方面也正可使幹部與幹部文人與文人間互相控制着，使人人感到要更多的依靠上級。並且意識到自己的地位並不是永遠穩固，而隨時可以被清算與打倒的。這見于去年到今年的一些案件，如對于巴金老舍作品上的思想與意識的批評。如討論詩歌上不同見解的張光年田間等（文藝報）與何其芳卞之琳（「文學研究所」「文學知識」）的對立。在這些對立中，上級雖沒有作決定性的行動，但是始終顯着無上的威力凌駕着，而且一直掌握着眞正羣衆的意志，是隨時可以發揮而毀滅任何人的。

在曹操問題上，我們也可以看到，兩方面的說法都可以被認為正確，也都可以被認為錯誤，就在黨中央的的高興而已。

一九五九、五、二七。

從巴黎四國高層會決議看未來世局

宋文明

去年十二月十九日至二十一日，西方四國首長美總統艾森豪，英首相麥米倫，法總統戴高樂，及西德總理艾德諾，在巴黎舉行一爲期三日的高階層會議，商討即將與蘇俄總理赫魯雪夫舉行東西高階層會議及其他有關西方共同防務與協調貿易政策等問題。會議結束之後，四國首長分別發表兩項聯合公報，一是關於東西高階層會議者，另一爲有關西方共同經濟事務者。本文不擬討論後一問題，現祇就這一會議對有關東西高階層會議所作的決議及美英法三國接着所分別致送蘇俄的文書內容加以剖析，藉以明瞭今後世局的一般趨向。

這一會議對有關東西高階層會議所作的決議，爲：「與會的國家及政府首長同意有與蘇維埃社會主義共和國聯邦部長會議主席舉行四國會議的必要。該項會議的目的，將爲考慮若干共同關切的問題」。緊接着艾森豪在致蘇俄總理赫魯雪夫的信中(英首相麥米倫與法總統戴高樂均以大致相同函件分別致送)作了如下的聲明：「我們同意，四國首長在彼此境內時常集會以討論有關世界和平與安定之實現的主要問題，是所至願。因此，我謹此表示準備與你及戴高樂總統和麥米倫首相於儘早期間舉行會議。鑒於纏繞我們各人的事務，我們認爲這一提議中的會議的開始日期，可定於明年四月二十七日，而以巴黎爲首次會議的最適宜之地點」。由以上這兩項文件中，我們可以看出西方四國首長巴黎會議不僅明確決定了儘速與赫魯雪夫舉行東西高層會議及這一會議的日期和議程範圍，而且還作了足以影響今後世局的兩項重大決定。這兩項重大決定爲：一是這一會議把未來東西高層會議的地點，由原擬中的日內瓦而改爲巴黎；二是這一會議正式決定未來的東西高層階會議不止舉行一次，而是要舉行一連串的這種會議。由於第一項決定，所以繼即將到來的巴黎高層會議之後，今後這種會議將在倫敦、莫斯科與華盛頓各地輪流舉行；由於第二項決定，今後這種高階層會議將成爲各國首長間一項定期會議，時常舉行，如是一面使這種會議本身失去了往常所有的那種重要性，一面亦使其他各種國際會議相形減色。雖根據美國方面發言人所作表示，這種高階層會議的時間間隔及輪流次序尚未作決定，但除非在第一次會中發生重大意外，這種高階層會議顯然將要一次又一次舉行下去。

參與第一次東西高層會的國家，以今情勢來看，可能祇有美英法蘇四國，甚至連對德國及柏林問題最有關係的東西德，亦不致被邀列席。可是出席第二次東西高層會議的國家是否祇限美英法蘇四者，便不能沒有疑問。印度總理尼赫魯與艾森豪總統會晤後，對於有關東西高層會的問題，曾作了如下的談話：「印度希望舉行一連串的高層會議，在此階段它的參加可能使問題複雜，但是也許在一個隨後的階段，印度的參加可能很重要」。尼赫魯這一談話就已明顯的透露，最近在和尼赫魯的會談中，艾森豪不僅向尼赫魯諮詢過有關東西高層會的問題，而且還有意邀請印度參加隨後舉行的這種會議。既然印度要被邀請參加隨後舉行的第二屆東西高階層會議，那麼其他國家如義大利等是否亦要參加這種會議？更重要的，是否亦要允許中共參加這種會議的第三屆或第四屆會議？假若這種會議一次又一次繼續舉行下去，中共的終於參加這種會議，可能是一項無可避免的事情。

最近以來在國際間所發生的若干事實，使中共終於出現於這種高層會的可能性爲之增加。這種事實：㈠爲自赫魯雪夫訪美歸來與毛澤東會議以後，來自於東歐的一項消息，這一消息說赫已向毛保證除非中共參加高層會議，這種會議將不討論牽涉中共在內的遠東問題。東西高層會的第一次會議，大致上決定將不討論遠東問題，因此中共的參與問題將不致發生。但這種會議若要繼續舉行下去，遠東問題勢必觸及，屆時赫魯雪夫亦必將堅持中共的參加，並不惜實行抵制以圖達此要求。㈡爲最近美民主黨領袖史蒂文生所發表的言論，所謂「除非包括中共在內，任何裁軍管制將不會發生效力」的說法。假若這種東西高層會議繼續舉行下去，裁軍談判一至決定性關頭，史蒂文生這種說法，將益爲國際所重視，致允許中共參加這種會議的傾向將超過反對的傾向。㈢爲最近戴高樂向赫魯雪夫致送有關東西高層會的函件時，並授權法駐蘇大使向蘇俄外長邁羅米柯作如下說明，即法國希望在未來高層會議中能討論不干預他國內部關係的問題，其中主要一項，即爲不以軍火供應亞非國家的問題。戴高樂這一態度的眞正用意，即在以支持東西高階層會議爲手段，設法由此阻止共黨集團特別是中共，以軍火供應阿爾及利亞民族解放陣線。可是戴高樂這種作法，恰好爲日後中共的參加這種會議造成了一道橋樑。因現時中共既非爲聯合國一分子，又與法國無外交關係，自無法使它接受這種國際協定的約束，屆時中共若變本加厲認眞實行與阿爾及利亞臨時政府的軍事及財政協定，全力支持阿臨時政府反對法國，以從事敲詐，戴高樂可能祇有轉變態度，接受赫魯雪夫要求，爲允許中共參加這種會議開門了。所以戴高樂這一新的提議，無意中使中共終於參加這種高層會的潛在可能性多了一種方便。

因此，現在不論西方主張舉行這種一連串高階層會議的眞正動機是爲了什麼，我們相信這種會議勢將要繼續舉行下去。果如是，這種會議所要討論的範圍將愈來愈廣，參加的分子亦將愈來愈多，而每次會議本身，亦將不會有所謂成功或失敗，而祇是在經由漸進方式逐步解決問題。面對這種國際情勢，臺灣處境的將益加困難，是可以想像的。在此我很同意王雪艇先生最近由美返臺後在機場所發表的「世界的局勢相當嚴重」的談話，這一談話至少表示了一種負責態度，至少也對某些人發生了一種教育意義。王雪艇先生不愧爲一位具有遠見的外交家，他既能以嚴肅態度瞭解世局，我們也能相信他對於如何應付這種世局一定懷有卓見。

一個軍人對「以軍為家運動」的看法

丘仲言

自四十八年七月以來，國軍各級部隊，普遍的在倡導「以軍爲家」運動。因爲軍事當局在推行此一運動時，提出了：「我們永遠跟着總統走。共匪未滅，不離軍營」的口號。並且爲貫澈此一口號，每一官兵都須簽訂誓約的緣故，所以有些人便認爲這一運動，乃是軍事當局要在法令以外，來要求國軍官兵長期在營服務的一種手段。然而，筆者以爲：官兵在營服務的期限，和期滿後必須退役的退役、退伍的退伍，都是有法令（兵役法）明白規定了的。就在營服務而言：乃是國民對國家應盡的義務；就期滿退役退伍而言：則是國民應享的權利。身爲國民的，固然不可以逃避對國家應盡的義務；軍事當局又怎麼可以拿一種運動來剝奪國民應享的權利呢？依正常的想法：我們正在進步中的國軍，是決不應該有這樣的非法措施的。縱然那條口號在實質的意義上，確實有些費解，但可以當作一種普通的形容詞看待。

其次：又有些人因爲看到某一純粹黨辦的刊物上，大事宣傳：這一「以軍爲家運動」，乃是鞏固革命領導中心，並且是由「以黨爲家」作基礎發展而來的。同時對於軍中黨員作了許多排斥異己的指示：如說服偏激份子哪！糾正錯誤觀念哪！提高政治警覺哪！防止不法破壞份子哪！（軍中特種黨部對于非國民黨黨員且又不願逢迎黨的軍事幹部，通常都是認爲觀念錯誤的偏激份子而要加以防止的）便自然而然的想到這一運動，乃是國民黨特種黨部「加强黨化軍隊」的一種變相措施。然而筆者，以爲國民黨早已有了一個「以黨領軍」政策，明目張膽的控制了國軍的一切，是用不着再採取什麼變相的措施了的。雖然那個黨辦刊物的宣傳，不免有使人懷疑的地方，但我們只認爲是一種慣常的敎條而已，可不必代牠來宣傳有什麼新的意義。

再其次：便是一般報紙刊物，對於此一運動的報導。總括的說：則是穩定官兵情緒，加强部隊團結，充實作戰力量等。我們雖不懷疑這些意義的眞實性，但所謂「以軍爲家」，亦只能作爲一種形容詞看待。因爲一個家庭的建立和維繫，最主要的是靠着人類本能的情感、和傳統的倫理觀念。而一個軍隊的建立和維繫，卻是要以法制紀律爲主的。（如國防組織法、兵役法、部隊編裝標準、陸海空軍刑法……等）兩者在本質上原是不可一概而論的。假如要在法制紀律以外，把國家的軍隊當作普通的家庭，拉上總統來充當這個家庭的大家長，以形成軍事上的家天下，則不但是一種不合理的作法；而且是一種封建的想法。如所周知：民主國家的軍隊，乃是國家的武力，其主權屬於全體國民，軍隊無家長則已，如果有一個象徵性的家長的話，則惟有全體國民才稱得上是國軍的家長。至於總統呢？雖依憲法兼任全國陸海空軍大元帥，但只可說是國軍的最高統帥，而不可說是國軍的家長，（家長就是家庭的主人）此點一如總統並不是國家的主人，而僅是國民的公僕，是同樣的道理。而且在事實上，總統的任期乃是有時間性的。因此，其統帥權的行使，亦必隨總統職位的轉移而轉移，而絕不能像普通家庭一樣，做父親的永遠是其兒子的父親。卽此一點，便可知道軍隊是不能與普通家庭相提並論的了。

話說回來，把「以軍爲家」作實質的解釋，固然是說不通的，但如當作一種形容詞，來形容國軍官兵間的良好關係，並以一個運動，來促進此等關係，則是值得鼓吹的。不過卽使如此，而此一運動的爲成爲敗，也完全要看政府和軍事當局，能否面對現實，並有無合理的實際行動以爲準。說得明白一點，就是要看政府和軍事當局，是不是已認清了當前軍中以及社會上足以影響官兵情緒，妨害部隊團結，抵銷作戰力量的各種不良因素與現象；並是否能針對此等因素與現象，採取合理的改善措施。如果這一問題的答案是肯定的，則成功當可預期；假如是否定的，則失敗便是理所註定。

誰都知道：任何一種運動的產生，都必有其所以產生的因素。舉兩個簡單的例子：如不久以前，臺北扶輪社所倡導的「守時」運動，和以往警察當局所倡導的「不隨地吐痰」運動，乃是因爲原來有許多人「不守時」和「隨地吐痰」的緣故。假如社會上原先並沒有不守時和隨地吐痰的人，則這所謂「守時」運動，和「不隨地吐痰」運動，便是多餘的了。因此，國軍既然要倡導一個「以軍爲家」運動，來穩定官兵的情緒，加强部隊的團結，充實作戰的力量，那末，無可諱言的：便是國軍官兵的情緒已起了動盪，部隊的團結已起了裂痕，因而作戰的力量打了折扣。自然也就是官兵間的關係已不甚良好。這些不良現象的存在，我們無妨拿國軍官兵，常有逃亡、暴行、甚至自殺等情事的發生，來作爲事實的證明。如果諱言或竟否認這些事實的存在，那麼這一「以軍爲家」運動也就是多餘的了。

就我們所知：國軍自建軍以來，以往雖然沒有正式倡導過「以軍爲家」的運動，但一向是採用「以軍爲家」的精神來訓導官兵，來維繫部隊的團結的。例如：當黃埔建軍之始，黃埔軍校的校訓，便選定了「親愛精誠」四個字。近年以來，軍隊裏面更增加了一副「三軍一家，如手如足」、「三軍一體、如兄如弟」的標語，可不是早已强化了「以軍爲家」的精神嗎？爲什麼到今天我們官兵間的關係還沒有進入一如家人一樣的良好狀態，而在情緒上竟至有了動盪，在團結上竟至有了裂痕呢？這種不良的現象，究竟又是什麼不良的因素所促成的。依我們平時的觀察和聽聞所得，下列的幾點：實就是癥結之所在。

㈠軍人待遇不合理：國軍自建軍以來，對於軍人的待遇，一向沒有合理的標準。而尤以今天最爲顯著。因此使得大多數的中下級官兵，無時無刻不在受着生活的困擾。長期的困擾，便要影響官兵的情緒，乃是勢所必然的。

㈡高級將領未能確實與中下級官兵共甘苦：如所周知，古來名將，如吳起之與士卒最下者同衣食，爲士卒吮疽。如田單之與士卒分功，妻妾編於行伍之間，盡散飮食饗士。如李廣之飮食與衆共之，士卒不盡飮，廣不進水；士卒不盡食，廣不食。如徐達之與士卒共甘苦，財寶無所私。凡能建大功立大業，克盡保國衞民之職的將領，可說無一不是與士兵共甘苦的。今天國軍大多數的中下級官兵，固然是受盡了生活上的困苦煎熬，而少數的高級將領，却在盡情享受着豪華侈奢的生活。在這樣懸殊的生活狀況下，欲求官兵能上下一體，精誠團結，又怎麼可得呢!?

㈢黨在軍中所造成不良的影響：由於國民黨在軍中設立特種黨部，實施所謂「以黨領軍」政策，一方面在官兵中劃定了黨員與非黨員之間的鴻溝，使非黨員遭受了歧視和各種不平的待遇。(如重要職務的升遷、調任與深造，非黨員都不能與黨員有平等的機會)這樣，黨員與非黨員，彼此忌嫉之不暇，自然便談不上團結了。而另一方面：凡軍中一切措施，無論軍政的、軍令的，都要受國民黨特種黨部的操縱指使。所謂軍事幕僚與指揮官，一切都只有唯黨部之命是從。這樣，自然也就妨碍了軍隊原有的指揮和統御。軍隊的指揮和統御，既受了妨碍，則作戰的力量，自然要打折扣，只要稍有軍事常識的人，都是可以理解的。

㈣人事升遷賞罰欠公正：今天國軍中官位職位的升遷調任，固然有黨員與非黨員之間的不公平現象，而即使在清一色的黨員中，也是尙未確實做到人盡其材的，換言之，就是有能力的人不見得都有適當的升遷，而升遷的也不見得都是適材適所的。至於賞罰呢？雖然口號是「賞從下起，罰自上始」，但究其實際，則恰好相反。這裏不必列舉事實，也不勝列舉，但只要我們的軍事當局，隨便檢查一下各級單位有關賞罰的人事命令，便可發現，賞的厚與薄，無不是與受賞人官職的大小成正比；而罰的輕與重，則又無不是與受罰人官職的大小成反比；便可以得其梗概了。而且誰能受賞，誰要受罰，也是與上述升遷調任的關係有關連的。試想：軍人的升遷調任和賞罰，既都沒有公正的標準，則那有不影響官兵情緒，妨害部隊團結的道理。

㈤軍中政治工作未能收到預期的效果：就我們所知：軍中的政治工作，本來是以溝通官兵思想，疏導官兵情緒，鞏固部隊團結爲標榜的。然而，縱使目標沒有錯，但在執行的方法和技術上，却通常犯了固執不化的毛病。舉幾個簡單的例子：如某些自大陸來臺的官兵，有時爲了思鄉思親的關係，而與留在大陸的親屬通一封信，軍中政工機關發見了，不問其動機何在？便動輒以「思想有問題」的大帽子，戴在這些官兵的頭上，跟着便是無休無止的監視和考核。至於這些官兵由於思鄉思親所引起的心理上的鬱悶，情緒上的不安，則根本無人去理會，自然更談不上作合理的疏導工作了。再如：今天大多數的中下級官兵，因爲待遇微薄，生活困苦以及人事上的升遷調任和賞罰，(這些在軍中原是屬於所謂四大公開之內的，也是官兵所最重視的)常有欠公平的現象。因而希望待遇增加一點，生活好一點，人事業務的處理公平一點。我們以爲這都是人情之常。然而軍中政工機關，却不以爲然，硬說是官兵們觀念上的偏差。接着便編出一種叫做「澄清平等觀念」的政治教材，當作血清似的來注射到一般中下級官兵的身上，來澄清所謂偏差了的觀念。且無論「思想有問題」也好，「觀念有偏差」也好，如果經過監視、考核、澄清等手續之後，而仍認爲沒有達到預期的效果時，則跟着而來的下一步驟，則不止是帽子，而且是「莫須有」的罪名了。如偏激分子、頑劣分子、可疑分子、危險分子、動搖分子……等等。軍中政工機關一遇到了這些罪孽分子，唯一的處理辦法：便是簡其名而統稱之爲「戊等分子」(政工機關依官兵忠貞程度所區分的等級)，請他們進所謂「感化營」，受所謂「感化教育。」以這樣的態度和方法，來溝通官兵的思想，疏導官兵的情緒，鞏固部隊的團結，我們以爲其不招致相反的結果，便是萬幸的了。更那裏可以奢望千千萬萬的官兵都能把軍營當作家庭看待呢？

㈥社會不良風氣的影響：軍隊雖有固定的組織，和比較特殊的環境，但無論如何是不能與社會隔絕的。因此，軍人的情緒，軍隊的士氣，必受社會風氣的影響，乃是無可避免的。而今天的社會風氣，却無不是以虛浮與貨利是務。紙醉金迷的現象，不但不以爲病，反而認爲是社會的繁榮；聲色犬馬的生活，不但不以爲恥，反而可以增高其人的社會地位。所謂社會道德、社會是非，均無不是以貨利爲衡量的標準。因而妓女老闆可以被捧爲好人好事。(聯合報報導過的)地方惡棍兼私梟，可以當選議員和議長(人所共知的)。然而軍人呢？所處的環境，固多是肅殺枯燥的；所過的生活，又是貧窮困苦的。在這一切以貨利爲尙的現實社會之下，便自然是一文不值的了。軍人們，平時流汗，戰時流血，甚至於犧牲生命，本來是不待「敬軍運動」的倡導，而應該受人敬愛的；然而，有關當局和宣傳機關，爲搞敬軍運動，辦軍人之友社，費盡了九牛二虎之力，而社會上對於軍人的「敬」與「友」，却仍顯得非常的冷淡。即使熱情一點的，也不過是以之與妓女和酒家女相提並論罷了。(前此臺北某議員曾主張將妓女配給無眷軍人，及不久以前，報載彰化有幾位酒家女欠了老闆的錢還不出來，那位老闆聲明：只要她們願嫁給軍人，便自願放棄債權)軍人在社會上的地位竟低落到如此程度，欲其人人都能做到「富貴不能淫，貧賤不能移。」若果沒有佛家所說的：「我不入地獄，誰入地獄」的精神，則又怎麼可以辦到呢!?

我們竭誠希望：國軍官兵間，有如父子兄弟一樣的良好關係，部隊裏面的如普通家庭一樣的堅强團結。因此我們願爲此一運動而鼓吹，也因此而率直的舉出了上面這許多影響官兵情緒，妨害部隊團結的不良因素與現象。我們的政府和軍事當局，如能面對現實，針對這些因素與現象，切切實實的採取合理有效的改善措施，以作爲倡導此一「以軍爲家」運動的實質行動。而不徒喊些無謂的口號，搞些不切實際的簽約宣誓之類的工作，則不但此一短評顯得有其積極的意義，而且我們更將爲此一運動的成功而預祝！而歡呼！

論國民教育及其課業的加重與減輕

趙英若

十月十八日各日報載：關於中小學課程標準，教育部決予修訂。並稱，在該次會議中，獲得若干結論，其中一項爲：「國民學校各科課程分量，應就實際情形，酌予精簡，以減輕國校學生負擔」。多年以來，各方面均一再呼籲減輕學生課業負擔，而其負擔如故。茲請先申論國民教育的意義，進而探討課業負擔如何加重的原因與如何減輕之道。

一　國民教育的意義

國民學校的教育，即是國民教育，亦即是義務教育。國民教育的意義，簡言之，即是國家的基本教育。現行國民學校法第一條：「國民學校實施基本教育，注重國民道德之培養及身體健康之訓練，並授以生活必需之基本知識技能」。這便是說，在國民學校中，主要的教育便是爲兒童建立一切做國民的基礎，使兒童具備一切做國民應有的條件，決不是專在於知識的傳授，也不是替他作升學的準備。所以，國民教育並不是升學主義的教育，而是國民的基本教育。目前的教育工作者，常誤以國民教育爲升學教育，誤認國民學校的畢業學生，以升學爲已盡其能事，這當然是錯誤的。

「注重國民道德之培養及身心健康之訓練，並授以生活必需之基本知識技能。」這便是國民教育的一個概念，便是國民基本教育——亦即國家基本教育——的概念。其中「國民道德之培養及身心健康之訓練」一點，尤爲重要，而「授以生活必需之知識技能」，則在其次。誠以道德的培養與健康的訓練，實爲國民教育的根本，而尤以道德培養爲骨幹。試一設想，不以道德培養爲骨幹的國民教育將發生何種後果，當不難想像。

道德培養和教育的密切關係，無須解釋而自明。我們即使不採取海爾巴脫的解釋，把德性看做教育的最終目的，我們至少也不能否認，發展德性爲教育的重要目的。

一個人的沒有責任感，沒有是非感，只知確保個人利益，只有私是私非，沒有公是公非，乃至顛倒黑白，貪污舞弊橫行，這些都表現着「無恥」，這些無非都是一個道德問題。今日一般風氣的日趨敗壞，社會罪惡的層出不窮（筆者並非危言聳聽，此可由政府機關不斷的聲言要整飭風氣，以及所謂表揚好人好事等舉動可以獲得證明），已到了十分嚴重的程度，這些無非都表現出道德的日趨墮落。實情如此，又何怪今日問題學生與犯罪之多。所謂問題學生與犯罪少年也者，其本人與家庭固應負相當責任，而教育本身與政治風氣，自亦不能逃避其應負的責任。

所以，國民教育的任務，應該實實在在的做到國民學校法第一條所規定：「注重國民道德的培養及身心健康的訓練」這一點。前既言之，國民教育的主要任務，是在爲兒童建立一切做國民的基礎，使兒童具備一切做國民應有的條件，決不是全在替他作升學的準備。易言之，國民教育的主要任務，在使每一個兒童從國民學校畢業之後，能具有作爲民主國家社會一分子所必需的道德態度與實踐意志，具有做現代國民的健康身體，具有國民生活上的基本知識技能。這樣，才算完成了國民教育眞正的使命。也惟有做到這一步，他日國民學校的畢業學生，才能眞正被稱爲一個堂堂正正的國民。

總之，國民教育是國家基本教育，其重要性與影響之大，自不待言。梅貽琦部長說過：「臺灣的教育，最需要注意的是小學教育，如果小學辦不好，很多問題就會帶進中學和大學。」確是一針見血之論。但這僅就升學的學生言，小學教育沒有辦好，自必影響及於中學大學，而最可慮者，更有約百分之六七十的不升學學生，且將直接影響及於其終生，而間接影響及於國家社會也。

二　課業負擔加重的原因

今日臺灣的國民教育，就表面上看，似乎已很發達，但究其實質與效果，究其是否已完成了國民學校法第一條所規定的任務，則殊屬可疑。今日國民教育的實質與效果之可疑，原因甚多，而法令的繁複，教師與學生的負擔太重，爲其最大原因。此種負擔之大部分，實由教育主管機關所加重。舉其犖犖大者，諸如「民族精神教育」、「勞動教育」、「生產教育」、「衞生教育」乃至「反共抗俄」教育等等。國民教育是整個的，目前的情形，竟把整個國民教育弄得五花八門，支離割裂，分成許多種教育，實在是莫大的浪費。試申述之：

民族精神教育：想到整個大陸的陷於共匪之手，想到漢奸共匪的賣國求榮，想到南京首都乃至廣州重慶等地的不戰而退，想到在剿共戰役中效忠殉國將士之竟如鳳毛麟角，則民族精神教育似有强調之必要。不過，這不但是一種狹隘的教育觀念，且與我國的教育宗旨相牴觸。我國的教育宗旨爲：「中華民國之教育，根據三民主義：以充實人民生活，扶植社會生存，發展國民生計，延續民族生命爲目的。務期民族獨立，民權普遍，民生發展，以促進世界大同」。其最高目的爲「促進世界大同」，倘使强調狹隘的民族精神教育，豈不與我教育宗旨的理想相背？況且，按諸我國教育宗旨之義，則民族精神教育實已包括三民主義之中，而三民主義固已訂入現行國民學校課程標準矣。（就事論事，姑不問國民黨之應否介入國家教育政策）如今特地標榜，尤爲浪費（按實施民族精神教育之命令，係由臺灣省教育廳於民國四十一年頒布）。若痛於大陸之喪失，正氣之敗壞，而欲喚起所謂民族精神，希圖挽救於萬一，則筆者以爲只消認眞做到國民學校法第一條規定「注重國民道德之培養」一點足矣。

勞動教育與生產教育：所謂「生產教育」與「勞動教育」(此項命令，亦係由省教育廳於民國四十一年頒布），原來俱已包括在現行國校課程標準之內。教育主管機關人員不加細察，每好標新立異，以炫其功績，結果，不但增加了教者學者的負擔，而且徒滋紛擾。今日所謂生產教育、勞動教育者，實在應該稱爲勞動訓練與生產訓練。此項訓練，早經規定於現行勞作課程標準之內。查現行國校課程標準規定勞作課程的目標爲：㈠訓練兒童勞動操作，使有勤勞儉樸的習慣；㈡指導兒童製作實習，激發兒童設計創造的能力，使能手腦並用；㈢指導兒童明瞭生產和人生的關係，使有職業演進的觀念。由此可知整個勞作課程的目標，即是生產與勞動的訓練。再看一看它的課程綱要，又包括得如此之廣，計有工藝、農事、家事三個部分。擧其大要，則工藝部分計包括竹工、籐工、木工、金工、石膏細工、簡易玩具、實用器物，以及實驗模型儀器和課業用品等的製作。農事部分計包括蔬菜、花卉和主要農作物的栽培，家禽、家畜、魚蟲的飼養，以及本地方農產製造品的習作等。家事部分計包括房屋、場地的管理，家具、玩具的裝置、拆卸、修理，衣服方面的縫紉、編織、補綴，洗濯、熨燙、摺疊，飲食方面的食物烹調和點心製造等。勞作課程的內容如此廣博，乃所以適應全國各地方的伸縮採用。勞作課程的內容既如此廣博，倘能認眞教學，自只嫌其多，不嫌其少，實無巧立名目，再倡加强生產勞動教育之必要。

且在生產教育與勞動訓練的口號之下，反置正式的勞作課於不顧。目前學校中，很少重視勞作一科的教學而能發揮其價值者。這由於未能及早培植師資，自亦爲其原因之一。以致勞作一科，形同虛設，徒虛耗其光陰於標語式口號式的生產教育與勞動教育，以敷衍功令。此亦增加了學生負擔，而且無補於實際。

衛生教育：關於衛生方面的教育，也是包括在整個課程標準之內，其中有關生理衛生方面者，包括在「自然科課程」之內，有關健康、整潔等衛生習慣的訓練者，則包括在「公民訓練條目」之內。

今日國民學校中的所謂「衛生教育」，不知究由何種法令所規定(?)而予以獨立化者。在現行國民學校課程標準的科目中，找不出有「衛生教育」的地位。因此，在國校中的日課表上，當然也沒有「衛生」這一個科目。最奇怪的是出版商人竟持有經過官方審定的各種「衛生補充教材」之類的讀物向學校推銷，而轉售與學生。試想，所謂「衛生教育」本身，在國民學校的學科目中，尙且沒有它的地位，則所謂「衛生補充教材」者，自更難找到其立足之點。筆者認爲關於衛生方面的教育，旣已全部包括在自然課程及公民訓練規條之內，實不應再於部定學科目之外，另立「衛生教育」一個名目，更不應有「衛生補充教材」之類的審定與推銷。

反共抗俄教育：「反共抗俄」自爲今日自由中國的一大課題，但所謂「反共抗俄教育」，實不宜在國民學校中過分推行。過分推行的結果，不獨加重學生課業負擔，而且浪費，甚至發生反作用，以爲共匪旣是匪徒，何以國軍竟打不過他，何以整個大陸會被他拿去，何以到今天還不反攻過去呢？須知國民教育爲國家基本教育，關於「反共抗俄」一點，只消偶爾增强兒童之意識足矣，殊不宜過分宣傳，以致發生反作用也。

要之，國民教育是國家的基本教育，是整個的，不應使之局部割裂，而有所謂「民族精神教育」、「生產教育」、「勞動教育」、「衛生教育」……等等的標榜。蓋其所標榜者，悉已包括在課程標準中矣。

如此把整個國民教育分割而標榜的結果，不特加重了教者學者的負擔，而且還減損了整個國民教育的效果。此種情形，居然被教育當局的自我反省所覺察，四十三年八月間，教育部有「減輕中小學學生課業負擔實施方案」的頒布(在張其昀任內)，其中雖曾列擧課業負擔加重的原因，其中只有一項指出「課程本身的繁重」，惜未提及如上述種種官方所加於學生的負擔。其實課程是由人去活用的，課程本身並沒有多大責任，果有繁重的事實，則眞正負責者，自爲主編國民學校教科書及審定中小學教科書的教育部與國立編譯館。

現行國民學校教科書的編得不好，早爲識者所周知，自不待言。所以，今日當務之急，莫過於編好一套完善的國民學校教科書，問題並不在課程標準之修訂與否也。

奇怪的是在部頒減輕中小學學生課業負擔實施辦法第三項中，規定以作業簿來代替抄寫工作。於是中小學學生的各科作業簿一時盛行，書商競相送審推銷，學校競相採用，彼此均有利可圖，且又符合法令。其結果當然又增加了學生的負擔。其後令行不及三年，始又嚴厲禁止各中小學校採用作業簿。出爾反爾，朝令夕改(同在張氏任內)，可笑之至！由此可見一種政令之頒布，最忌不加考慮，輕率從事，待至發生嚴重後果，已不堪收拾矣。

三　減輕課業負擔之道

關於減輕學生課業負擔的問題，存在已久，而且減輕的口號已喊之多年，迄今似尙未獲致一妥善之結論。按學生課業的負擔，除了官方所加重者外，其次則是教科書與惡性補習的重負。惡性補習之爲害，衆所周知，此固由於升學主義所造成，教師於收受補習費之後，不得不多方注入塡入，俾對學生與家長有所交代。雖經教育機關三令五申予以取締，仍未能消除此積弊。

最近由教育部組成的修訂中小學課程標準委員會，經數次集議之後，日前決定以減輕學生課業負擔作爲修訂國民學校課程標準的重點之一（見十月十八日各報載稱）。足見教育當局，仍在朝向「減輕學生課業負擔」方面努力。

關於修訂國民學校課程標準問題，筆者前曾略抒管見，以貢獻於教育當局諸公（載本刊第二十卷第六期）。筆者始終認爲在目前而言修訂課程標準，實無必要。如必欲修訂，亦宜採取科學的、客觀的態度，而以分析的、實驗的方式進行，不宜僅僅委諸少數專家學者之手，只是坐在會議桌邊以主觀的、籠統的方法爲之。

旣曰課程標準，當然是全國性的，筆者認爲目前最重要的任務，在於如何參酌現行課程標準以訂定適用於臺灣地方的課程。他日反共復國成功之日，迫於全國情勢的要求，始有修訂全國性課程標準的必要。所以，今日而侈言修訂課程標準，豈不是絕大的浪費，毫無重要的意義可言。今日臺灣的局面，總非偏安之局，自不能作偏安的打算也。

再就減輕學生課業負擔言，亦不能求之於課程標準的修訂，如課程標準修訂委員會諸君所想像者。課程標準原是富有彈性的，自民國十七年迄四十一年間，公布了六次的國民學校課程標準，先後歷經五次修訂，都是富有彈性的，所以應全國各地方的需要。因此，今日的任務，與其以減輕課業負擔一事，期望於課程標準的修訂，毋寧就富有彈性的現行課程標準，以訂定一適用於臺灣地方的課程（現行國民學校課程標準中有一項規定：「各省市教育主管機關，應根據該項課程標準，分別編訂適用於各地方之課程」），再進而編成一套完善的教科書，這才是切合實際而有意義的工作。

目前的教科書，實在沒有編好。就國民學校言，以前由國立編譯館在大陸上所編者，固嫌其繁重而不合兒童心理，缺乏趣味。即最近數年間該館在臺新編之所謂暫用本者，除在形式上稍有新的表現外，其內容之繁重與陳舊如故。試以該館新編暫用本中最近編成之五六年級用各科課本，與前此舊本一相比較便知。此種課本，與其稱爲新編，還不如稱爲舊課本改頭換面的改編本，較爲恰當也。

課程標準是富有伸縮性的，適用於全國各地的，編寫教科書者，宜如何活用課程標準，與其失之繁重，毋寧力求簡易。此筆者所以主張速訂定一適用於臺灣地方的課程，進而據此課程以編成一套完善的教科書。

歸納起來，國民學校課業負擔的減輕，須從數方面着手：㈠廢止官方涉及加重課業負擔的功令，使整個國民教育歸於一元化。㈡訂定一適用於臺灣地區的課程。㈢編成一套完善的教科書。㈣切實改革中學入學考試辦法。本年度的中學入學考試，雖有改進的口號，但在實質上，却改而未進。今後更須進一步，作合理的、政策性的「改革」，此實大有助於國民學校課業負擔的減輕。

紐約通訊・十二月十五日

新年初論美國總統競選

董鼎山

一九六〇年對美國人而言，是一個重要的年頭。今年的重要新聞有高階層會議的舉行，及艾森豪總統的訪問蘇俄。但這些新聞將都不及一項國內新聞的重要，即是四年一度的總統大選。

今年總統大選的引人入勝，不但是由于大選的本身，但也由于本年民主共和二黨的鹿死誰手之前途結果難測。以一般趨勢而論，美國民意已倦于共和黨的爲政，去年國會上下院議員在各州選擧的結果即是明證。美國人民多數所擁護者乃是艾森豪個人，並不是共和黨或共和黨的政策。因此艾森豪如再作第三度競選，其取勝不成問題。可是在共和黨佔優勢時代的國會，鑒于羅斯福連任總統之前例，已投票制法，禁止現任總統的第三次競選。這對共和黨而言，不啻自打嘴巴，艾森豪即使不顧健康，自願再作競選，亦爲法律所不許。

在這種情勢下，爲使與民主黨作競爭，共和黨也不得不標榜開明主義 (liberalism)，捧出一個現任紐約州長的洛克斐勒。一向被認爲保守派的尼克森也言行大改，爲迎合民意而趨向開明的方向。目前共和黨內部競爭總統候選人的，只有洛克斐勒與尼克森二人。這情形又與八年前艾森豪與塔夫脫競爭時稍不同，當時艾森豪被目爲開明派，而塔夫脫爲極端保守派。

民意趨勢既然倦于共和黨的爲政，那末民主黨爲什麼還要怕失敗呢？其原因之一當然是因共和黨標榜開明主義，政綱幾乎與民主黨相似；原因之二是艾森豪的努力和平（如邀請赫魯雪夫訪美，同意擧行高階層會議，同意答訪莫斯科，及其此次週訪歐亞非十一國），對人民留下良好印象。可是最重要的原因還是在于民主黨沒有頭等大將，足可使人民寄予信心。

民主黨人有意競選總統者，目前可說有六個。即明尼蘇打州參議員韓福萊 (Humphrey)，密蘇里州參議員賽明頓 (Symington)，麻州參議員凱乃迪 (Kennedy)，加州州長勃朗 (Brown)，德克薩斯州參議員强森 (Johnson)，及二度競選失敗之史蒂文生。在這些人中，只有史蒂文生可說是頭流大將，其餘都是二流角色，是副總統競選人的材料，尚缺乏當總統的資格與聲望。

史蒂文生雖然會再三聲明不願再作競選，可是在其言辭中留有餘地。民主黨如不能獲得恰當人選，終而再拖史氏下山，他是不會拒絕的。史蒂文生聲望仍大，但因他會二度敗選，民主黨之黨政策劃者，一時不會截然擧他出山。控制黨內極大勢力之前總統杜魯門即是一例。杜氏于一九五六年民主黨大會最後一分鐘內，公開宣佈支持哈立曼，至今仍令人留下深刻印象。以黨之當局立場而論，所推擧的競選人必須替黨取勝。而史蒂文生會二度吃敗仗，其第三度出山取勝的希望似不大。史蒂文生在美國知識份子及受過教育人士之中仍聲望極高，可是美國總統大選乃是全民性的。教育程度較低者如農民之流，對史蒂文生的充滿智力的精闢言論與意見並不賞識。

杜魯門所欲支持者似爲賽明頓，這不僅是因爲賽氏是密蘇里同州人。賽明頓是一個較爲溫和的開明派，他在國會對各項法案投票的紀錄與一般開明派相近。而密蘇里州接近南方，似也可受到南方選民的支持。美國南方人民乃是傳統性的民主黨支持者，但他們思想守舊，尤其因爲人權問題及歧視黑人的偏見，對北方的開明派人士向覺頭疼。可是賽明頓取勝希望不大。他前曾任空軍部長，即在目前，也一直主張美國在飛彈製造方面加緊努力。如與尼克森競選，他非尼克森之敵。在共和黨「和平運動」之下，賽明頓將一敗塗地。

民主黨爭取提名之競選人中，惟一非開明派者爲南方德克薩斯州參議員强森。强森是目前參議院多數黨領袖。可是由于地理上的關係，他雖可獲南方選民的支持，却爲北方人民所不喜。共和黨方面，無論是洛克斐勒或尼克森競選，必將提出人權法案作爲共和黨重要政綱，而在這方面，强森極爲軟弱，休想獲得黑人人口與北方開明人士的擁護。十二月初，民主黨政策顧問委員會在紐約設宴慶賀羅斯福夫人的七十五歲生日，所有民主黨有意競選的人士皆在場，惟有强森缺席，更引起開明人士不滿。美國北部、西部、中西部的代表也不會支持强森。

强森的缺點是過份偏右，韓福萊的缺點則是過份偏左。他的缺點實際上是他的優點。這裏所謂「偏左」，當然並不是指「親共」，而是指他的言行思想乃是民主黨中之最開明者。對人權方面而言，他常公開高聲疾呼，反對種族隔離。就政治手法而言，這種態度有弊而無利，因他無形中造成不少保守派敵人。南方白人絕不會對他擁護。韓福萊年前在莫斯科與赫魯雪夫長談八小時的成績，對他有利。可是尼克森亦曾與赫魯雪夫作公開辯論，而且由電視廣播，對美國人民印象甚深。

凱乃廸的缺點是，在一般人的心目中，他僅是一個副總統的材料。他年紀甚輕，而且是一個天主教徒。美國人口多數爲耶教，有史以來從未有一個天主教徒的總統。最近轟動一時的生育節制問題，又使他大受打擊。教廷與美國天主教當局皆公開反對生育節制，使凱乃廸也不得不發表聲明附和。近來報章雜誌盛載有關世界人口過剩問題威脅之論文，特別指出印度與中國。美國人民對此問題已極具敏感。凱乃廸的聲明會謂反對政府以節育常識供給他國。而美國的耶教當局領袖則不斷發表聲明，攻擊天主教立場。這對將來選民的投票都大有影響。在其他方面，凱乃廸乃是一個開明派。由于他老早開始作競選運動，蓋洛普民意測驗將他列為民主黨競選者的第一位。可是這類民意暫時還不能目為正式。他的年紀又是一個不利點。美國人民所期望者乃是一個成熟的富有自信的總統，能够即席應付赫魯雪夫。因為未來四年中，美國總統無疑將不斷與赫魯雪夫會面舌戰，凱乃廸在美國人民心目中似尚無這種幹才。

勃朗也是天主教徒，因此也有同樣不利點。他欲爭取提名，但其活動並不够努力。其餘如密歇根州州長威廉姆斯 (Williams) 與紐澤西州州長梅納 (Meyner) 亦有意思，但並未正面出面表示。

×　×　×

在共和黨方面，爭取總統競選人的提名者僅尼克森與洛克斐勒。尼克森已開始競爭，洛克斐勒則謂將于一月六日正式宣佈是否競爭。洛克斐勒乃是尼克森的勁敵，但是一般而言，尼克森在目前稍佔上風。共和黨黨政當局希望洛克斐勒屈居副總統競選人，但洛氏已再三表示不願接受第二位。

與尼克森相爭，洛克斐洛必須明白表示其與尼氏相異的立場，表明他是一個眞實的開明主義者。因為在一般人心目中，尼克森乃是投機主義者，沒有確實政治信心，其言行隨潮流而變。洛克斐勒在競選紐約州長獲勝後，替共和黨帶來一股淸新之風，使人們認為共和黨此後將有新人，開闢開明大道。可是他最近所發表的有關核子試驗言論，又使對他具信心的人們大覺沮喪。一般人原認洛克斐勒為艾森豪開明政策的繼承者。可是正在艾森豪為和平與消滅冷戰努力之際，洛克斐勒謂，不顧蘇俄停止核子試驗與否，美國應該單獨恢復核子彈試驗。此言一出，使嚮往和平的美國人士對洛氏開明的印象又大打折扣。

尼克森的得人心，實是一件歷史性的諷刺。猶如英國政局一樣，麥米倫由于與赫魯雪夫談交情，獲得人民擁護而重新掌政，尼克森亦托了赫酋之福，贏得美國人民的同情。赫酋如果未邀尼氏訪莫斯科，如果未與尼氏作公開辯論，尼克森今日聲望不致如此之高。在民主共和二黨之競選總統有意人士中，尼克森為唯一靠了官方訪俄地位而獲利者。他與赫魯雪夫的辯論及應付得法，證明他甚能幹。一般美國電視觀衆所見到者，是一個能辯善戰的尼克森，應付赫酋甚為裕如。而這批觀衆對機會主義者的尼克森，不致深加研討。尼克森不但是政治上的機會主義者，而且靠了機會，在政治上取利。

洛克斐勒是不是能戰敗尼克森呢？為了利用他訪莫斯科的好運氣，尼克森不得不循行艾森豪的和平談判消除冷戰新政策。而洛克斐勒則反而採取對蘇強硬路線。矛盾的現象是：共和黨內開明人士並不贊同洛克斐勒的強硬路線，而共和黨間保守人士並不贊同尼克森的和緩路線。

但洛克斐勒有二個有利點：一、高階層會議結果如對世界和平無進展，尼克森的機會主義將告失敗。二、共和黨為一少數黨，如欲在總統大選取勝，必須博取大量民主黨票數，猶如艾森豪獲勝一樣。洛克斐勒既有開明派之稱，共和黨當局或將利用洛克斐勒聲望謀求民主黨票數。

×　×　×

下屆總統究竟是民主黨人，還是共和黨人，我們以第三者旁觀地位，實難猜測。從共和黨觀點而言，尼克森洛克斐勒正副同票，將極為有力。從民主黨觀點而言，所被推舉者既不是一個極端開明派，也不是一個保守派。我的推測是可能賽明頓凱尼廸正副同票。但可能出了一個史蒂文生冷門。

一九五九年十二月十五日于紐約。

讀者投書

(一)「仍有商討餘地」的「三民主義學術獎金」

黃少友

據十一月十三日報載，本年度的三民主義學術獎金，經教育部決定給予「民權主義新論」的作者林桂圃君。但教部聲明林著「民權主義新論」，經專家審查，認為「仍有商討餘地」。因本年度申請三民主義學術獎金著作者，林著仍不失為最佳者，故教部本於獎勵人民對三民主義為「學術」研究之旨，仍將本屆獎金給予林君云云。

自上項消息見諸報端後，輿論譁然，僉認國家學術獎金何等崇高，豈可視同兒戲？即教部既認為林著內容有問題，就不能因本年度沒有好作品而濫於授受。這樣做法，不僅不是獎勵學術，簡直是糟蹋學術。十一月十四日聯合報短評說得好：「一本闡揚民權主義的新著，經教育部綜觀全書，獎是決定給了。但說明專家指出國父並非『反對天賦人權』，五權憲法並非『不是制衡的原理』，書中措辭欠妥，易使人誤會。聞此批評，直使讀者大為糊塗，難道此書並非『具有高深研究』，祇當得『參考頗多，搜羅宏富』？這般給獎，授者似意在不可或缺，並防爭議，受者却不免啼笑皆非。」某名黨人在他創辦的刊物上登了一則「林桂圃民權主義新論」評介，表面上好像對於林著恭維備至，其實皮裏陽秋大可玩味。如：「這一看，就可知道本書是一本論文集，而非系統的著作。……我覺得在內容上和形式上，都是有缺點的：……如著者本其研究民權主義之興趣將論文集改為系統的著作，將更便於讀者對於民權主義之了解。同時參考國內有關民權主義的著作，亦很必要。」我看這些話不是捧場，實實在在教著作者林桂圃多讀點書再做文章。

筆者對於林著也有一點意見，不妨寫出來。第一，林著內容可議之處尚多，不僅僅如教部聲明所指出者。第二，林著是將「革命思想」上已發表過的十四篇論文，雜湊而成之書，毫無系統可言。第三，各篇內容重覆，文字嚕囌，亦欠通順。第四，全書內容，完全是炒冷飯，並無創見與新義可言。

以此一本雜湊的書，居然能邀國家「學術」上賞，眞够幸運，但這不是獎勵學術，而是糟蹋學術呵！所謂：名與器不可以假人，今教部竟不顧清議，而採「寧濫無缺」的作風，可謂勇敢之至，不知此種惡例一開，何以善其後乎？

香港通訊・十月二十日

如此的「偉大試驗」！

劉富蘭

說幾句開場白

在今天世界兩大壁壘對峙的情形之下，香港是少數形勢奇特的地方之一。在這篇通訊中我無意介紹香港，但對香港若干重要之點則不能不先談一談。

打開一冊世界地圖之後，假定人們要尋找在所處的形勢上類似香港之地方時，似乎是只能找到有限的幾處。這幾處地方是：德國的西柏林，奧國的維也納，和意大利的狄港。今日的澳門雖也頗像這幾個城市，但：第一、它地處偏僻，太不爲世人注意；第二、它雖是在葡萄牙人統治之下，而在某些作用上實無異於香港的外圍城市；第三、香港、柏林、狄港和維也納等幾個城市，如其中任何一個遭到來自鐵幕地區的侵襲時，都幾乎必然地要引起第三次世界大戰，但澳門則不至於。由於這種種不同，因此，我們還不能把它與香港或西柏林相提並論。

香港、西柏林等幾處地方雖未必是世界間諜戰最激烈的場所，但却是自由世界與鐵幕集團接觸最多的地方。在西柏林的周圍，在香港數十里之外，在狄港的城邊上，或是在維也納數百里之外，雖然都是鐵幕高張，乍一看上去，似乎是連神仙亦難通過；但這幾處鐵幕都抵抗了人們所創造的一種滲透作用。構成這種滲透作用的成素頗爲複雜繁多，但其中最主要的則是下面的三項：㈠人類的求生欲；㈡人類的理想；㈢金錢。在鐵幕之內的人提供頭一項，西方特別是美國人提供第三項，而全世界的非共者則提供第二項。這三項因素和一些其他的因素乃構成了一種難以抵擋的滲透作用。在這種強力的滲透作用浸蝕之下，西柏林周圍的鐵幕有了漏洞，狄港城外的鐵幕有了漏洞，奧地利邊境之外的鐵幕有了漏洞，而香港數十里之外的鐵幕亦有了漏洞。這就是爲甚麼赫魯雪夫鞭屍的秘密報告，可以及早地在維也納看得到，這就是爲甚麼毛澤東決定辭職的消息，可以及早地在香港聽得到；這也就是爲甚麼鐵幕之後的種種鬼臉，種種醜態，在維也納，在柏林，在狄港和在香港能够看得到的原因。

假定一個人願意並且肯花工夫的話，在香港他可以天天遇到從大陸上新出來的人。大陸上天天有火車來香港，而每列火車上都有從大陸上新出來的人。記得一個多月之前，「廣九路」突被大雨冲斷，火車不能開行了；而不料在幾天之中，每天竟有數十人乘雨水從鐵幕那邊飄渡過來。此外，在澳門周圍的大陸上每天也有百數十人逃抵澳門；而逃抵澳門者最後是十九輾轉來香港。以上僅就是本國同胞而言。但住在香港的人，除了每天可以看到新自大陸逃出來的本國同胞之外，也還經常可以看到來自大陸或訪問大陸回來的外國人。這些外國人的成分若分析起來，主要地是：

①來自新疆、東北、天津和上海等地的所謂「白俄」。據說，此刻大陸上仍有數千「白俄」，可能隨時分批遣送來香港。這些「白俄」大多數中國話都說得很好，因此，中國人和他們談起話來也非常方便。

②被驅逐出境的西方傳教士。這類傳教士都是曾被藉故關進監獄，迨監禁期滿之後，則加以驅逐出境。

③進入大陸訪問的印度、日本及西方的新聞記者及少數學者。

④常去大陸港口的外國水手。

記者住在香港幾年來，曾經和來自大陸或訪問過大陸的各色各樣的人談過話。至於所與談者其中是否有共產黨人在內，則不得而知。因爲在香港常常可以遇到共產黨人，只是他們的身分從來就隱藏得很好，我們看不出來罷了。

記者因爲幾年來接談過來大陸各地的各色各樣的人物；這其中雖難保沒有共產黨的地下工作人物，但絕大多數則都是很確定的反共者。來自大陸的反共者之談話，有的比較主觀，而有的則很客觀；有的所見甚爲淺薄，有的則相當深刻；有的似乎已不自覺地中了共產黨宣傳的毒害，而有的則仍頭腦清醒。爲了要弄清楚大陸上所發生的某些問題，或有關大陸的某些問題，我常常找各色各樣的來自大陸的人談天，而他們對同一問題的述說往往也不一樣。不過，情形儘管如此，但我們仍可以從各種來源不同的不同資料中，得出一個比較可靠的結論。

如此的「偉大試驗」！

有人說近代應用科學是在「try and error」的原則下發展來的。也或者是如此；但中共拿這個原則來搞所謂「共產主義的建設」，那確是使人受不了。所謂「偉大的試驗」，本來是「十月革命」後俄共們所喜唱的口號；他們常常說甚麼「偉大的蘇維耶試驗」一類的話頭。這一類的話頭猛一聽起來並不覺得有何刺耳，但一究其內蘊，則會發現在這一句話的後面，實拖着比地獄更可怕的玩意。

假定一種「試驗」不至危害到世人的生命和其他基本人權時，則其結果即使是失敗了亦無傷大雅。但共產黨所搞的試驗，無論是籠統的甚麼「社會主義的試驗」，還是各種個別的試驗，幾乎無不大量地傷害世人的生命，以及危害世人的其他基本人權。

共產黨所搞的一整套玩意，即是一個掀天動地的試驗，而它所冀望達到的社會，恐怕將是一個永遠無法經驗到的社會。因此，共產黨的每一種重要步驟；幾乎都是一個試驗；而被虛妄的理想主義所推動的共產黨人，則非經常地搞試驗亦不能過癮。

共產黨們的每一重要步驟既然都是一種試驗，因此，他們的試驗不但甚爲繁多，並且也分三六九等。過去十年來，中共所搞的最「動人」並且亦是最傷人的試驗則是：合作化的試驗；韓戰的試驗；少數民族自治區的試驗；「鳴放」的試驗，節制生育的試驗；取消宗教的試驗；全民煉鋼的試驗；「人民公社」的試驗等等。到現在爲止，上述的種種試驗幾乎無一不發生問題。其中只有「韓戰的試驗」算是勉强地拖過來了；但因此而被殺的人都在百萬以上。爲了說明中共所搞的「社會主義的偉大試驗」，還得容我對上述的幾個「動人的」個別試驗，分別地作進一步地敍述。

一、合作化的試驗：中共所搞的合作化的試驗究竟是成功還是失敗，現在已經成爲一個難以判斷的問題；原因是它把合作化的試驗只當作一個過渡階段，當作從「私有」到「全民所有」——黨有——的一個橋樑，假定合作化的試驗已完成了橋樑的任務時，則就共產黨的立場來說，這個試驗就算是成功了。現在在中共統治下的地區，正進行着「人民公社」的試驗，「合作化」早已成爲過去；而若就這一點來看，則中共過去所搞的合作化之試驗，就應該算是成功了。但實際上問題却仍有待討論之處，而值得討論者則是下面的兩點：第一、中共所搞的合作化之本身是否站得住？第二、從「合作化」到「人民公社」之轉變是否爲一有計劃之行動？

據來自安徽、江西和湖南等地的人說：那些地區搞農業合作化的結果，是農產品普遍地降低；而另一方面，在農業合作社本身，在社與社之間，以及社與「政府」之間，則經常發生難以解決的糾紛。因此，合作化搞到最後的結果，不但是參與的農民和工商業者認爲不是辦法，而一般的中共下級幹部亦漸感到不是辦法。安徽、江西、湖南等地的情形如此，則大陸其他各地之情形諒亦不會相差太遠。

合作化既搞到焦頭爛額，則必須另覓其他途徑。那麼，怎麼辦呢？是恢復從前的各別經營的私有狀態嗎？這是中共無論如何也不肯幹的；假定它如此做時，則無異承認共產主義的破產。不肯回頭，便只有鋌而走險。於是出現了「人民公社」。因此，後來中共之結束「合作化」所搞「人民公社」，亦不能不說是被形勢逼迫出來的。

「人民公社的試驗」既是在形勢逼迫下的鋌而走險，如此，則「合作化的試驗」當然得算是失敗。「合作化的試驗」之失敗，毛澤東們的心情固難免不感到沉重，但他却不很在意在「合作化」的過程中，中國人民究竟犧牲了多少生命，和未死者究竟經歷過如何的辛酸。

二、韓戰的試驗：中共之當年參加韓戰，基本上乃是與斯達林之間的一種交易，但從另一方面來看，則亦是一種試驗。據來自北平的人說，當時中共之參加韓戰乃是作下面的幾種試驗：第一、它要試驗「人海戰術」是否可以應付現代戰爭，但結果這一試驗是失敗了。第二、它要試驗美國人應付世界共產主義戰略的原則；這第二個試驗算是成功了。關於西方國家應付韓戰的原則之檢討，以及中國反共者的反攻問題，他日將有專文介紹，茲不贅述。這種僅指出下面的一點：記者綜合來自大陸各地的逃亡者所提供的數字，估計在韓戰中，中共官兵的傷亡約爲一百五十萬人。

三、「少數民族自治區的試驗」：中共所搞的「少數民族自治的試驗」，實是人類歷史上一件十分怪誕的事情。到現在爲止，世人還無法確知毛澤東搞這一套板眼的用意究竟如何。在沒有正式地談到中共搞「少數民族自治區的試驗」之用意，以及其試驗到現在爲止的結果如何之前，容記者先舉出中共「少數民族自治區的試驗」之幾個特點。這幾個特點是：

①在絕大多數的所謂「少數民族自治區」中，都是漢人佔多數乃至極端多數，而少數民族的人口則佔少數或極端少數。譬如在所謂「內蒙古自治區」內，據估計此刻的人口總數約爲七百五十萬人(註二)，而其中蒙古人最多不超過七十萬。換句話說，在一個所謂蒙古人的「自治區」中，漢人約佔百分之九十五左右，而蒙古人所佔的比數尙不到百分之五。再譬如在「寧夏回族自治區」中，漢人約爲一百八十萬左右，而包括回人在內的所有少數民族加在一起亦不超過七十萬。再以「廣西僮族自治區」的情形而論，在該所謂「自治區」中，僮人及漢人所佔的比數，其間相差雖不及內蒙古及「寧夏回族自治區」那樣大，但相形之下，漢族的人數仍遠超過僮人(註三)。

②中共搞少數民族自治區的第二個特點是設法復活已經死去了的少數民族之文字。除了蒙古人、藏人及新疆的維吾爾人之外，包括人口在兩百萬以上的藏族在內，全國絕大多數的少數民族之語言，幾乎都早已被自然地淘汰，但中共竟來一手「絕活」，硬要把那些已經被自然淘汰的語言復活過來。

③在所有的所謂「少數民族自治區」中，行政首腦例由少數民族中的親共人物擔任，但每一「自治區」的實際權柄則悉操於一個名不見經傳的共黨籍之漢人手中。

中共的這種搞法顯然不合理。由於這種搞法不合理，因此，在所有的「少數民族自治區」中，不但常常遭到漢人的反對，並且也遭到少數民族的反對。但除非整個大陸外面打進去，否則，反抗是沒有用的。過去的反抗都已先後爲中共所壓滅或在壓滅中（如西藏的情形），而將來的反抗亦必將遭到中共無情的壓制。中共在各少數民族自治區中整漢人的帽子是甚麼「大漢族主義」，或是「沙文主義」；而整少數民族的帽子則更是五光十色，應有盡有。至於毛澤東們究竟是甚麼主義，則世人却很不容易知道。

四、「鳴放」的試驗：關於當年毛澤東爲甚麼搞鳴放的問題，到現在爲止，研究中共問題者仍然分成兩派不同的看法：其中一派認爲「鳴放」乃是毛澤東所佈的陷阱，目的在誘不滿中共的人物入彀。譬如在「鳴放」期中逃出的前民主同盟秘書長周鯨文氏即持此見解。但記者所接談過的很多從大陸逃出來的學生及其他知識份子，則都說是毛澤東當時對中共的統治自信過强，認爲被統治者儘管「大鳴」「大放」，亦無傷大雅；而最後之所以以「反右派」告終者，乃是因爲估計錯行情，情勢已經發到不堪收拾。這乃是毛澤東後來不得不改變調兒的原因。就記者個人的看法而論，我是相信後一種看法。從大陸上出版的報刊上來看，中共最近又在搞「鳴放」。這就益發證明記者的看法不錯；否則，若是中共頭一次搞「鳴放」乃是爲了佈置陷阱時，則在人們蹈了陷阱還不到兩年的時間之內，它斷不會緊跟着又佈置一次。中共頭一次的「鳴放」也或者不是試驗；因爲，當時在毛澤東看來，中共的江山已有如鐵筒，任憑人們「鳴放」亦不會傷了它的毫毛。但今後的「鳴放」就一定是試驗了。

五、「節制生育的試驗」：在節制生育的試驗中，被犧牲者不是已有生命的人，而是扼殺了可能發展成生命的機會。好在關於這一試驗，現在已經暫時告一段落，而關於節制生育及大陸的人口問題，我將來尚有專文報導，這裏不贅述了。

六、「取消宗教的試驗」：對於宗教的問題，中共本來可以從一九一七以後的蘇俄學到一些經驗，但中共在剛佔領大陸不久之後，其領導人因認爲中國人是一向卽對宗教無甚興趣的民族；因而他們乃認爲，他們根本可以一開始就把宗教取消，而無須抄襲蘇俄，以致再多繞灣子。基於這種看法，因此，中共初佔領大陸時的做法是：出以運動的方式積極地把宗教取消。據從大陸上來的人說，從一九五〇年到一九五三的三年之間，大陸上的很多和尚、尼姑和道人都被迫還了俗。但後來中共發覺，他們雖可以施用種種手段逼迫少數僧道還俗，但却不能消滅人們信仰宗教的情俗。且不要說中國土生土長的道教，或是已在中國文化中生根的佛教不易消滅，甚而至於向來就和中國人及中國文化無甚牽連的基督教亦不易消滅。因此，他們「取消宗教的試驗」過了約摸三年左右的光景，乃發現「此路不通」，於是他們改弦更張，又設法把少數已經還了俗的僧道找回去，令他們仍操舊業。最近幾年來爲了對抗洋教，他們又反而設法培植佛教和道教的力量。而近若干年來的孔夫子之又受到歡迎，以及某些特殊祭祀的恢復，亦未始不是受了因須對抗洋教之賜。

七、「全民煉鋼的試驗」：所謂「全民煉鋼」的試驗，實在可以列入人類歷史上最大的滑稽劇之列，好在，這一幕滑稽而勞民財的試驗，已經於數月之前壽終正寢，否則，所有大陸上的中國人必將都被中共逼成神經。

毛澤東去年究竟爲何要搞「全民煉鋼」的滑稽劇，世人的瞭解不一。香港研究中共問題的人多認爲是：毛澤東固無法在蘇俄獲得大量的經濟援助，因而搞「全民煉鋼」，用在給赫魯雪夫們看：「老子不要你們的援助，一樣地可以幹。」但最近從大陸上逃出來的人都說，中共在「全民煉鋼」期中，又大大地撈了一票。原來，在「全民煉鋼」中所用的原料，多是民間現成的鋼或各種鐵器。當年秦始皇搜集天下鐵器鑄成十二金人。秦始皇的這種做法令人一看便知道他的用意；而今毛澤東則藉口建議，但結果仍然是把天下的鋼鐵之器都收來了。

八、「人民公社的試驗」：記者在前文中曾指出，「人民公社的試驗」乃是中共從來所搞的最「動人」也是最傷人的一種試驗。而今這個試驗在實質上雖然已經壽終正壽，然而在表面上它却仍是不肯服輸，好像是非繼續搞下去不可。不久之前中共諸高級領導人因在華中某避暑地區（亦說在西安附近某山上）集會，並且顯然是在討論包括「人民公社的試驗」在內的諸嚴重問題，由於這個消息的被傳出，因此若干西方觀察家乃認爲，中共在會後有宣佈放棄「人民公社」制度的可能。但記者的看法則與這頗爲不同。記者的看法是：……毛澤東既不會公開宣佈放棄「人民公社」的試驗，亦不會再繼續搞傳統的「人民公社」；他今後的原則必是一方面沿用「人民公社」之名，而另一方面則在舊名之下搞一套非驢非馬的東西。至於這個「非驢非馬」的怪物究竟是甚麼，則只有在試驗中或試驗之後，世人才能知道。

總之，共產黨整個的行徑，乃是拿着它統治下的人民之幸福和生命作試驗。而「試驗」既然和「錯誤」經常連在一起，因此，拿人的生命作試驗的玩意，總是經常要犧牲人的生命。假定反共者不能把共產黨的統治搞垮時，共產黨就要永遠搞各種各樣的試驗，亦卽是永遠要拿人的生命作犧牲。但假定世界上的人都被犧牲完了之後，那時候的共產主義之幽靈就勢將永遠是幽靈了；因爲它已經沒有再借尸還魂的機會。

註一：據印度人口問題專家錢特拉斯加自中共官方所得到的資料，指明一九五四年「內蒙自治區」的全部人口是六、一〇〇、一〇四人。在過去五年中，中共又强迫關內的青年大量地移向內蒙。每年的强迫移民如以二十萬人計，則五年之內，移民總數便已達百萬。此外在加上原來居民之增殖，因此，記者估計，此時「內蒙古自治區」的人口總數至少亦有七百五十萬人。

註二：此時廣西的總人口約爲兩千一百萬，而其中僮族約爲七百萬。

牛皮紙的包裹

思果

郵局送來一個牛皮紙包裹，我家收到的時候，引起了一陣騷動。這是朋友從遠方寄來的，在未開拆以前，是幸福的象徵，一個謎，一個神仙境界。這包裹的外面即使寫着：「易碎輕放」，或用箭頭畫出：「此端向下」，我們也無法推測到裏面裝的是什麼東西。最感興奮的是孩子，剛才所說的騷動，指的是孩子的爭嚷。小的一個把包裹佔據在手裏不肯放下，但又不會打開。姊姊大聲斥責他，「你又不會拆，又不肯給別人！」可是最大的哥哥只說了一聲，「等我來！」就一把把包裹搶過去了。在他拆封的時候，幾個頭聚攏在一起，就像一朵梅花，而且還攢動個不停，充滿焦灼和急切的神情。然後是齊聲尖叫出包裹裏的物件的名稱，接着當然是一陣更大的騷動。

我們平時收到的包裹，大多帶來順從心願的東西，爸爸在外國定來的書，親戚送給媽媽的衣料，孩子們的玩具……只有國王和首相那樣的人，偶而才會收到一顆一碰就會爆炸的炸彈。人生就像一個包裹那樣神秘，每一個人從生下來就面對許多奧妙的包裹，一個一個慢慢打開。未來絕不像過去那樣，所有的事知道得淸淸楚楚。但誰不會屢次地失望過？那人生的包裹，裏面雖不會常常裝着致命的炸彈，可總是藏着一些竹頭木屑，再就是紙糊的帽子。少數的人拆到一顆鑽石或金銀，不過只是少數人罷了。多謝一層層的厚牛皮紙，把平淡無奇的，令人失望的內容包了，使人還有耐性活下去，希望拆到末了，得點什麼。倘使人人都知道了他日後的收成，即使最勇敢的人也不會活下去，活下去也沒有意思了。

因此啓封這件事的意義，比包裹裏裝的東西還要重大。不用說孩子們了，連國王和首相都喜歡親自去打開包裹，可見凡是人都肯冒着生命的危險，去親自揭發那隱藏着的底蘊。無論什麼美麗的幻夢要等啓了封才能實現，但一件東西得着了以後的高興，遠不及知道了就可以得着它的歡喜來得强烈。即使是一顆金鋼鑽，對我們又有多大的意義呢？性急的人，要知道未來，就去請敎算命先生。當然有些人活得不耐煩，想聽到一些好話，拿錢去買希望。其實對於那個命運，我們還是不要知道的好，我們用不着不相干的人來替我們拆包裹。

有人說人生是賭博，這話不錯。如果我們承認賭博有趣味，人生的趣味也就在賭博上——我們不知道自己一生會拿什麼牌，也不知道別人手上會拿什麼牌。倘使我們知道了這些牌是什麼牌，還有什麼趣味呢？我們一方面希望打贏了對手，一方面也爲了不能確知勝負的結局而興奮。最够刺激的是敗中求勝，如果次次打勝而且次次的結果都知道，誰也不要打牌了。麻將打到精深的程度，知道別三家手上有什麼牌，趣味總差些，可是這樣的人總無法知道自己會砌些什麼牌，底下會摸到什麼張子，所以總可以博一下。「梭哈」最適合賭徒的胃口。因爲這種玩法只賭一張不揭開的牌。橋牌權威克爾伯臣 (Ely Culbertson) 說起五十二張紙牌來，認爲數學上的蓋然率 (probability) 並不大可靠，所謂在說一千五百八十億次牌的當中，有一次十三張是一式的事，完全是錯誤的。那個未知的成分——X——仍然存在。他說，「我們可以給橋牌下個定義：就當它是頭腦和未知的因素的鬪法。」在這兒，我們看到兩個願望在衝突；一個是人們喜歡遇到未知的因素；一個是把那個未知的因素弄得水落石出。一切謎語、塡字遊戲、甚至垂釣、打高爾夫球的趣味都寄托在這種衝突上面。

爲了人生的賭博不太明顯而且進行得太慢，我們用各種方式來作冒險的遊戲。投資和探險都是生命力旺盛的人幹的，偵探小說之所以擁有大量讀者，也是作者看破了人的弱點的結果；他把讀者引入迷途，最後再把眞相告訴他。美國有一個婦人貪看偵探小說，她丈夫恨她一天到晚失魂落魄似地，就把她預備看的每一本小說先看了末章，然後在故事開端的地方，寫上眞正兇手的名字，這樣一來，她就什麼趣味也沒有了。爲了這事，她告了丈夫一狀，請求離婚，法官居然准了。電影的導演製造「懸慮」，想盡方法不讓觀衆知道他的故事中情節的發展，這樣那片子才能賣座。那花了錢去看他的戲的人，就是給他作弄的對象，自己磨折自己的傻子。我們在電影院裏坐立不安，心直跳，急得手上出冷汗，眼看那銀幕上的主角，一分一秒都在生死邊緣掙扎，直到散戲前一分鐘他才轉危爲安。這種磨折是一種快樂，誰先給你說了結局，你寧願不去看這齣戲。

即使在日常生活的節目上我們也少不了劇情的穿插。早餐桌上的一分報紙是一種享受，沒有人不想先看一下。甲乙兩國的邊境糾紛怎樣了？鐵路罷工的工潮解決了沒有？頭條的新聞總是一件令人驚異的事，雖然不知道也不要緊。然後看看信箱裏有沒有來信。每一封信是一個謎語，除非那窮親戚寫來、用「來信無別……」開頭，千篇一律的借錢的，或是債主發來催債的信，總可以一看。那個寫「近鄉情更怯，不敢問來人」的人是什麼心情呢？即使有什麼噩耗，難道他不也想知道麼？

克銳司多弗・毛利 (Christopher Morley, 1890-1957) 寫過一篇有意味的小文「論門」(多妙的題目！)。他在裏面說，開門和關門是人生最有意義的動作。他又說「玻璃門根本不是門，只是一扇窗罷了。門的用意在把內幕隱藏；使人的心弔着。」這話給他說對了，對名副其實的門外漢來說，門把室內平凡的事物變成不可知的神秘，倘使不能做到這一點，還要門做什麼？現在有一種玻璃房屋，據報載那住在裏面的人因不怕被人看到他室內的活動被警方拘捕，提出控告。若是叫我住進這種房屋裏去，我一定要失眠，並且要得神經衰弱的毛病。那造成家的最主要的成分就是隱秘，我們恨不得自己有一座堡壘，如果沒有，我們希望法律幫助我們享有堡壘式的家的尊嚴。再者，我們雖然好奇並不十分喜歡知道宇宙全部的奧秘。我從來不想看別人遺失或棄置的信件、日記——除非是印了出來的。有時我站在等着向神父告誡的行列中，最怕聽正在告誡的人大聲說話。他如果不肯耳語，我只有出聲誦經或者用手指塞了耳朵。神父聽人悔過，給人指示，是不得不完成的任務，我可用不着去幹這件事。同樣，別人家裏的活動我也不想知道。我只希望我的隣人都有防衛周密的堡壘，不要把他們的隱秘向我公開。

我們每天回家站在自己的門口，在敲門以前不是總覺得有些喜歡，也有些害怕麼？我們下了車，不免三步併作兩步跑回家，怱忙打開門，裏面經過一天的時光，會有些什麼變化？誰患了感冒，有些寒熱，睡在床上。或者小的孩子膝蓋跌破了，蹌踉走來告訴爸爸。誰來過了，帶來他家鄉的土產，留下了話。總之我們喜歡每天總有些新鮮的事發生，即使是打死了一隻大老鼠也好的。有人家裏裝了電話，回家以前先和太太通個消息，那敲門以前的神秘就不會有了。不過無論怎樣，那最小的、說話不全的孩子，看見爸爸回來，一定會爬到他的膝上，搶着把家中一天的新聞，結結巴巴地告訴他。同樣，丈夫從外面回來，不也給太太帶許多新鮮的消息，胳肢窩下面可能還夾了一包東西？這許多小事點綴了人的一生。

每一門學問都是最迷人的X，我不去說它，而且我也不配去說。我只覺得人心深處的秘密最迷人，也最叫人害怕。每一個人不但穿了很多的衣服，而且那條通到那裏的道路十分曲折，心田的四周更有重重的屏障圍住。現代的精神分析學應該有助於我們對人心的研究，不過他們的成績恐怕抵不上一瓶汾酒。一個人喝到相當酩酊的時候，多少會把眞情吐露出來。中國人請客喜歡拼死拼命地把客人灌醉，不知道是不是由於好奇心重，要曉得別人的隱私。但也有產生悲劇的時候，就如客人醉了，把平日對主人的怨恨，毫不加以保留地，當着許多清醒的人傾吐了出來，弄得大家很窘。這是閒話，此刻不去提它。說起精神分析家來，這批人是很可佩服的人，也是很可怕的人。他們免不了把許多自己想像中的事物塡到被他們分析的對象的心裏。艾立額特(T. S. Eliot, 1888)幾年前寫了一篇文章，叫做「批評的界限」(The Frontiers of Criticism)，非常之有意思。文中他提起一本有趣的書來，裏面是新進的批評家各人拿他一首名叫阿爾佛烈德・浦魯佛洛克的情歌(The Love Song of Alfred Prufrock)的詩加以分析，有很多地方說他當時作詩的心情、背景、或用某一些字眼的動機和用意，很使他大吃一驚，因爲他回憶起來，全不知情。他認爲欣賞一首詩並不需要知道那些——雖然現代有些人認爲，不知道那些，就欣賞不了詩。這件事就好像大律師替疑兇辯護，疑兇在法院上倒自己全部認了罪，那叫律師有什麼辦法呢？只有死掉的古人最好說話，可以把許多事歸到他們身上。總之，人心裏的奧秘眞不容易猜到，我們若要免掉誤會，還是不要去自作聰明的好。

小孩到了晚上一個人不肯到黑暗的角落裏去，怕看到故事中的鬼。他們眼睛裏的包裹，也比成人更有吸引力。如果爸爸買了一盒糖回來，說是不許拆開，這是明天預備送給隔壁王伯伯的孩子的，這是一種殘酷的刑罰。在那幼稚的心目中，這一盒糖是最好吃的，而且糖的顏色也最好看。可憐他一定要口角流涎，一直不快樂下去，要等媽媽說，「算了，就拆吧，明天再買，」他才會立刻轉悲爲喜。人漸漸長大，拆的包裹多了，神仙的境界在想像中逐漸褪色，漸漸地口胃也差了，也想像不出那包裹裏會有些什麼了。少年老成，希望這不是說他對人生已經失去了興趣，反之凡有青春活力的人，幾乎無一不是對於新事物有興趣的人。拆開牛皮紙包裹的興趣是生命力的試金石；無疑地，一個人到了不想拆開它的時候，恐怕他的末日也快到了。

亞力山大・史密斯 (Alexander Smith 1830–67) 說過：「死者保守着他們的秘密，不久我們就和他們一樣聰明了——可也就一樣沉默寡言了。」這話很有趣。我們覺得沒有比死亡更神秘的事情，我們誰都想知道這個秘密，又很有些害怕它。幸虧它那一刻等着我們，是我們不知道的。等到這一個秘密揭破，我們就再沒有別的秘密要揭破了。

江湖行（十四續）

徐訏

七十八

我不知道，假如不是由于我當初送阿清的花綢圍巾，我們是否也能彼此相認。

我們雙方都變得太多。阿清由一個純潔簡樸的少女變成一個妓女，我則由一個土匪變成了一個作家。阿清燙了頭髮，搽了脂粉；我也由光頭養成偏分。阿清換上了都市的衣服，我也穿上了西裝。要是我們的裝束完全同以前一樣，我們的面貌也許還不是這樣難認的。

如今阿清已經告訴我她一家的遭遇了。

原來我走後的第二年，周泰成的眼睛完全壞了，他無法耕種，僱了一個長工。

我寄給他們的錢，周泰成也都買了田地，因爲這是他唯一懂得的儲錢方法，也是唯一懂得的化錢方法。

抗戰軍興，沒有多久，共產黨就來了，他們把周泰成當作地主，在清算鬥爭中死去。阿清的哥哥後來忽然出現，他是共產黨的一個小嘍囉，所以並沒有能力救他的父親，但有足够的經驗關照阿清同他母親逃生。

阿清同她母親原計劃到四川去依靠她們久疏的姨母，可是到了那面，竟發現姨母已經外遷；她母親忽然病倒，當時他們的旅費已經用盡；阿清爲醫治她母親的病，她想找工做，但是哪裏都沒有工給她，她倒是有一個女人勸她賣淫，那個女人答應她在她聽來可以馬上醫治她母親的病的一筆錢，她就聽從了那個女人。

阿清拿了賣淫的錢打發了許多房飯的債務，她爲她母親請醫吃藥。她母親自然很奇怪阿清忽然有這許多錢，阿清祇是支吾撒慌，可是有人把阿清賣淫的事情告訴了她母親。她母親就打了阿清兩個耳光，罵了她一頓，氣憤塡胸，痛哭不已，晚上就死了。

阿清于母親死後，爲葬她的母親，祇得又去賣淫。

幾個月以後，有一個司機喜歡她，就把她帶到湖南鄉下，安頓在他自己的家鄉。那位司機一二個月回家一次，倒也安定，可是後來忽然有半年多沒有他的消息，她吃盡當光，沒有辦法，四出打聽，有人說他還有一個家在衡陽，阿清就拼擋到了衡陽。各處打聽，才知道他已于很久前翻車死了。

阿清于是再度淪爲娼妓，一直到現在。

阿清的身世是當時很普通的一種遭遇，阿清也並沒有特殊的勇敢或堅貞，但不知怎麼，它竟是這樣奇怪的感動了我，使我覺得這一切的不幸都是由我而起的。

我後來想到阿清之所以引起我憐惜與愛的，完全是她見了我以後的樸質坦白與忠實，她把這一切經過告訴我，眞像告訴她自己的母親一樣，她沒有掩飾，也沒有做作。

一個做了多年娼妓的阿清，在見了我的一瞬間，又變成了一個質樸簡單的鄉村姑娘，就這一點，已經够使我感動了。

「阿清，你是不是也曾想到過我？」

「是的，有時候。」

「那麼，剛才你看見我，一直盯着我是不是有點認識我？或者想起我呢？」

「沒有，沒有，我沒有想到你；我想到的是我哥哥。你記得當初我們都認爲你像我的哥哥？的確，你的臉型眼睛嘴巴都很像我哥哥。」

「那麼你的那塊圍巾呢？」我說：「你是不是有意脫去那絨線衣要我看看哪塊圍巾呢？」

「我沒有，我沒有，我被你注視得很不安，借此想避你的眼光就是。」阿清說：「我保留那條圍巾，倒是因爲這是你，是我第一個情郎送給我的。可是帶在身邊久了，我也並不因爲這圍巾而想到你了。」

「阿清，你知道當初我眞是很喜歡你的。」

「我也是。」

「現在呢？」我問。

「現在我沒有資格說這句話了。」阿清低聲的說着，眼淚又流下來了。

這是夜。

油燈早已熄了，月光從窗外映入，已經從地上移到我們臉上了。

在小旅舍的斗室中，我和衣靠在床上，阿清靠在我的身上，我們低訴了一晚，如今眞是疲倦了。

「阿清……」我說。

「不要碰我，我想我是有病的。」她說：「我對不起你。」

「是我對不起你，對不起你父母，你們是我救命的恩人。」

「爲什麼你後來不回來呢？」

「是我不好。」

「現在什麼都完了。」

「阿清，讓我們從新開始。」我推開她身子說：「聽我說，今天我們去桂林；那面有醫院，你先去看病。等你病好了，我們結婚，我再不離開你了。」

「我配不上你，我是……完了。」她又啜泣起來了。

「一個人祇有蹤到死時才是算完了。」我說：「否則每天每時每刻都是生命的開始。過去的都過去了，過去的都算死了，現在讓我們開始吧。」

阿清沒有話說，祇是流淚。我拉着她潮冷的手，使我想到當年爲我端早點凍紅了的手了。我輕吻着她的手指，不知道說什麼好。

窗外的白光濃了起來，天已經亮了，我說：

「天亮了。回頭我們到你那裏先去理東西，再去買票。我們就去桂林好麼？」

阿清還是不響。

「你記得你給我的木梳麼？我帶在這裏。」爲調劑她沉悶的態度，我就起身拿我的行李。

我劃了洋火，點起油燈，打開行篋。

阿清的梳子一直在我身旁，但是同她梳子在一起的，則一直是哪束長長的頭髮，哪束紮裳的頭髮。

我爲了紮裳，捨棄了阿清。

如今紫裳捨棄了我，我也重新碰到阿清。天下還有比這公平的事麼？

我把那木梳給阿清，阿清把玩了很久，她忽然說：

「這是奶奶的，她的嫁粧。」

我又拿出了那束紫裳的頭髮，我說：

「這裏還有一束頭髮。我要帶到桂林去還一個人的。」

阿清接過哪束頭髮，散開來，看了看說：

「她一定是一個很漂亮的女人。」

「是的。」我說着把那束頭髮收了起來。

阿清沒有再說什麼，她一直把玩着她給我的木梳。忽然說：

「你眞的願意我跟你去桂林麼？」

「爲什麼還要問呢？」

「我在想，」她低着頭低聲的說：「如果你在第一次碰見我的時候就把我帶走，這是多麼好呢？」

「也許更不幸也難說，」我說：「以前種種譬如昨日死，過去是過去了，我們應當一直想未來，未來不是更值得我們想嗎？」

「好的，你要怎麼樣就怎麼樣，但千萬不要使我牽累你，這些年來，我什麼都經歷過了。你嫌我討厭時，隨時隨地不要管我就是了。」

「阿清，你說這話使我覺得我過去是多麼對不起你了。」

這時候，門外忽然有人敲門，我才發現天已經亮了。

「誰呀？」我問着，吹滅了油燈。

「我。」原來是史山的聲音。

我開了門。史山說：

「剛起來？」

「我沒有睡過？」我說：「您早。」

「你今天去桂林麼？」

「是的，聽說車票不容易買，是不？」

「我可以托人給你買去。」

「眞的，那就謝謝你了，但是我要兩張，她也同我一起去。」我說。

「現在我們一起去吃早點吧。」史山說。

「也好。」我說。

我們一起出門時，史山忽然私下問我說：

「她到底是你什麼人呀？」

「不瞞你說，是我的未婚妻。」

「咄！」史山笑一聲，以爲我開玩笑，但也不再問下去了。

七十九

車窗外是神奇的山景，我們于第二天早晨到達了桂林。

我把阿清與行李安頓在一家旅館後，去找韓濤壽。

韓濤壽住在一所老式的木房子的樓上，那房子像一個公寓，一個年輕的伙計，告訴我韓先生住在四號房間。

我從過廊走過去，就看到韓濤壽用圖釘釘在門上的名片。

我在名片上敲了幾聲。

「誰呀？」韓濤壽睡夢中迷糊地問。

「野壯子！」我說。

「誰？」

「我。」

門打開了，韓濤壽望望我，就拍着我的肩胛叫了起來：

「你什麼時候來的？怎麼先不通知我？」

「已經來了，還通知什麼。」

韓濤壽穿着睡衣，我看他胖了許多。我說：

「你好？你氣色看走來比以前好多了。」

「戒了那玩意兒，我重了三十磅。」他拿出紙烟，敬我一支，說：

「雙喜，這是這裏最好的。」

「我進來時，帶了兩百支烟。吸完了，我也想戒烟了。」

「你眞的戒香烟了？」

「我想戒，可是見了你我就不想戒了。」我說着接過他的紙烟，吸上一支。

「你的行李呢？」

「我住在通和旅館。」

「爲什麼，暫時搬到我這裏來吧。」他說：「這裏可以加一張床。」

「你怎麼知道我祇一個人。」

「怎麼？你還有朋友。」

「未婚妻。」

「怎麼！衣情同你一起來的？」

「你怎麼想到衣情？」

「我看報上說，潘宗嶽被暗殺了。」

「你難道以爲他是我暗殺的？」我說：「我那時候已經到了鷹潭了。」

「你這傢伙？把誰帶來了？」

「慢慢告訴你，你先告訴我紫裳與宋逸塵怎麼樣？」我說：「後來你怎麼也不寫信給我？」

「我寫過一封信的……啊，我記不起來啦。寫信路上要走這麼久，而且常常遺失，所以懶得動筆了。」

「他們怎麼樣了？」

「他們一直沒有給你信？」

「沒有。」

「他們到昆明去了。宋逸塵到西南聯大去教書。你不知道麼？」

「我不知道。」我說：「這樣也好，省得見面彼此……」

「你又有了未婚妻。」他說：「誰呀？」

「慢慢告訴你。」我說：「你先告訴我這裏的朋友們。大夏大冬怎麼樣？」

「啊，他們到延安去了，聽說在魯藝學院。」

「哪麼他們的父親呢？老耿？」

「老耿死了。」

「死了？」

「陸夢標呢？」

「他們去重慶，你看，這也祇好說是命運，他們一起去重慶，在貴陽過去，翻了車；死了十幾個人，老耿就在裏面。可是陸夢標祇受了輕傷，被送到貴陽的醫院裏，現在聽說早好了。」

「眞是！老耿這個人，好像一輩子沒都有享過福。」我說着，心裏浮起說不出的傷感。我忽然想到如果當初我不告訴他關于他的兒子的下落，不幫助他到上海，也許他不會有這樣下場。如果他一直在旅館中做一個茶房，也許倒可以平平靜靜過一輩子。找到已經得意了的兒子，換上綢袍緞掛，舒舒服服做老太爺，反而起了這許多波折，這不是誰也想不到的事情嗎？

「老耿的個性就是悲劇的個性。」

「也許，他同失意人做朋友，往往很好；同得意的人來往，就會弄不好了。」我說：「大夏大多知道他們父親死嗎？」

「知道，他們那時候還在這裏。老耿要去重慶，大夏大多勸他不要去，他一定要去。大夏他們就送他一點錢，讓他去了。誰知出了這樣的事情！事後，大夏大多還趕去貴陽爲他們父親料理後事的。」

這時，一個伙計拿了開水進來，又爲韓濤壽倒上一盆臉水。

「讓我洗臉，換了衣服，同你一起出去走走。」

「你們常逃警報麽？」

「這兩天好一點，前些日子差不多天天逃。但是市區倒還沒有被轟炸過。」

韓濤壽換衣服的時候，我才注意他的房中的什物。那間房子開間不小，光線很亮。除了一張床以外，有兩個書架，一個衣櫃，一個書桌，一個方枱，一個臉盆架子。

書架上有不少中國書，裏面大都是本草綱目等的中醫用書。書桌上很亂，書稿、烟灰缸、茶壺、報紙、筆墨……等，幾乎沒有一點空隙，牆上還掛着胡琴、月琴、簫笛之類的，我順手拿了一本書，看看又是一本中國的醫書，我就問：

「怎麽你在研究中醫？」

「我本來就會的。現在我正式行醫了。」

「行醫？」我說：「那麽你在哪裏診病呀。」

「在一個中藥舖，每天五點到七點半。」

「爲什麽這麽晚？」

「白天警報太多，不方便。」

「你眞是多才多藝。」

「我父親是一個中醫，你知道。我從小就學中醫，可是後來我幹了別的，就放棄了。現在內地西藥貴而少，中醫正需要。我想這比寫文章好，也比拉胡琴好，所以就掛牌了。」

「怎麽樣？生意好麽？」

「一天大概有二三十號。」

「那麽很發財了。」

「發財那裏談得到。」他說：「開始的時候我祇爲熟識的朋友開開方子，慢慢知道的人多了，才正式掛起牌子，現在倒慢慢做開了。有時候也常有出診。」

「這倒不錯。我拜你師父，怎麽樣？」我說，但是韓濤壽不理會我，他說：

「我住這裏，就因爲這裏有電話，可以接出診的生意。」

「你眞有本事。」

這時韓濤壽已經換好了衣服，他拿了一個警報袋，就同我一起出來。韓濤壽忽然問我：

「你眞的不是一個人？」

「眞的。」

「爲什麽你不帶她一同來看我。」

「我想先同你單獨的談談。」我說：「你知道他是誰麽？她就是阿淸。」

「阿淸？」

「啊，你忘了，我記得我曾經告訴過你的，」我說。

韓濤壽帶我到一家咖啡館，我們坐了足足一個鐘頭，我把我會見阿淸的經過詳細的告訴了韓濤壽。韓濤壽很同情的說：

「你眞的想娶她？」

「爲什麽不？」我說：「我是她第一情郎呢？」

「野壯子，你眞是想成家麽？」

「我現在第一步想送她到醫院去住幾天，她先需要一個全身檢查才好。你可以介紹一個醫院麽？」

「當然是省立醫院，我還認識一位醫生，隨時可以去。」

就在這時候，警報突然來了。我與韓濤壽忽忽離開咖啡座，趕到通和旅館，接阿淸一同出來，走向郊外。

桂林的山景是神奇的，那天天氣很好，祇是有點燥熱。

阿淸已經沐浴梳洗，換了一件很素淨的衣服，她雖然薄施脂粉，但掩不去她的黃暗的臉色，她的眼睛很大，但沒有神；在太陽下，她額角滲出了汗珠，不時用手帕按抹着。

我們並沒有跑得太遠，就在一個小丘旁坐了一回。韓濤壽忽然說：

「你預算在桂林就下來麽？」

「我還沒有想到這些。」我說：「但無論如何，我要先去重慶看看。」

「你可以把你的幾本著作在這裏重版，多寫些東西。」

「你說我可以靠寫作爲生嗎？」

「也許可以，但是你要成家，那就……」

「這裏的出版界情形，怎麽樣？」

「這裏先來的幾家書店聽說都發了財，他們把以前上海出版能銷的書都翻印了。有一家書店，也偷印了你的『盜賊之間』。後來我認識了他們老闆，同他提起，他說等你進來了給你版稅。他認爲翻印工作倒是爲作者保留讀者的印象呢？」

「這大概也正是『盜賊之間』的另外一種行業。」我笑着說。

「可是現在有資格出書的都是那些靠偷版起家的幾家書店。」韓濤壽說：「許多作家都要靠他們生活。」

「你的那些劍俠小說呢？」

「還在賣，不過銷得不多。」他說：「好在我現在做了中醫，比做作家可好得多了。」

「但是你勸我做作家。」

「你已經是作家了。難道是我勸你做的？你做『盜』不成，做『賊』又不成，又不能『盜賊之間』。你就祇好做作家了。」他笑着說：「宋逸塵一直說你有天才，你的寫作當然不是爲錢。藝術天才吃苦是應該的。」

在我們隨便瞎談的時候，阿淸一直坐在我的身旁，沉默地凝視着天空。這時候我偶而握到她手，我發現她手掌很熱，我說：

「阿淸，你不舒服嗎？像有點發燒。」

韓濤壽當時就爲阿淸按脈。我問他，他說：

「是有點燒。恐怕肺部不太好。我想反正下午到醫院去，如果可以找到病床，先去住三四天，一面養養身體，一面作一次全身檢查。我想這是最好的辦法。」

（待續）

讀者投書

（二）從臺大講師慘死說到警務處李蓧初的措置

林　醒

關于臺大講師俞仁寰慘遭輾斃一案，各報已迭有報導，我臺大師生，除對俞講師之慘死，同感傷心外，對于堂堂警務處副處長李蓧初，于其座車輾過死者後，竟逕行離去，並于事後控制新聞，更無不倍感憤慨。

頃據十二月二十五日「公論報」報導，立法委員楊寶琳和王述先，已在十二月二十日立法院內政委員會上，對此事痛加指責。

誠如楊委員質詢時說：「李蓧初身爲警政主管，竟然漠視法令，于案發時指令現場警員封鎖新聞，隱朦不報，更置瀕臨死亡的受害人于不顧，竟令座車離開，……此種慘聞，實無出其右。」「而俞仁寰係于行人斑馬線上慘遭輾斃，斑馬線爲警方專爲行人安全所設，今竟發生此一慘事，實對往後交通安全，無以交待。」

然而，對于李蓧初此種行爲，警政當局獨置若罔聞，誠如王委員在質詢中所云：「李蓧初於案發之初，顯曾利用職權封鎖新聞，而警方對李案的處置，亦未能如一般車禍案相同，此一措施，實使警察聲譽有莫大損害」。實則如此包庇行爲，警務處長郭永，顯已難辭其咎，孰料郭處長非但不自承錯誤，反在列席備詢中答覆云：「當日因風力稍大，　李蓧初副處長座車的車燈又不够明亮，致才發此一不幸事件。」又云：「李蓧初的座車曾將俞仁寰的身體在車下拖了一公尺多遠，才因路人驚呼發覺，李蓧初亦曾下車察看。」至于李副處長于座車輾人以後，爲何不用座車載送傷者到醫院急救一節，據郭處長答稱：「係爲了警察的身份不便，爲了責任關係，李的座車才逕行離去。」揆諸郭處長言下之意，李蓧初座車輾人，是由于「風力稍大」，「車燈又不够明亮」，「路人驚呼發覺」，故可于輾人後逕行離去，並可封鎖新聞，以求掩飾自己座車輾人之事實。至于郭處長所稱：「爲了警察身份不便，爲了責任關係」云云，實不知意何所指？警務處長竟出此言，實屬荒謬絕倫。

現俞講師慘遭輾斃一案，責任既在鑑定中，我臺大師生固可暫保緘默，靜候結論，然李蓧初此種封鎖新聞行爲，　實不容坐視，而必須呼籲有關當局嚴辦，更鑒于警政當局對于李蓧初此種行爲一味包庇，則在鑑定責任過程中，自不得不希望法院檢察當局，防範又一包庇行爲。

近年來，警察風紀之壞以及車禍之層出不窮，已令人言之痛心。今由堂堂臺大講師于慘遭輾斃後，李蓧初以警務處副處長之身份，身爲當事人，竟企圖以封鎖新聞加以掩飾之事視之，可見一切事態之所以造成，決非偶然。

然而，現此事已公諸社會，警政當局尙能包庇到底否？所謂人命關天，無論李蓧初應負何責，自不能因其爲警務處副處長即可逍遙法外。否則，警察風紀之敗壞，乃至行人生命之毫無保障，當見愈演愈烈，而不可收拾！

總之，臺灣省府應對這樣的警務處長和副處長先行撤職，聽候查辦。

（三）國大代表不該爲自己「名」「利」打算！

蘇　子　飛

國民大會代表聯誼會年會，最近已在臺北召開，時間是從十二月二十五日到二十六日。雖然只有短短的兩天，討論的問題倒相當多，可謂十分熱烈。其中最引起我這個小百姓注意的，倒不是什麽建議修改臨時條欵，促請蔣總統連任，因爲這類決議案之必然提出，早在大家預料中，已經絲毫不值得驚奇。

我個人對於國大聯誼會這次提案中所最注意的，是幾個號稱「尊重國民大會及代表地位」的提案。

據十二月二十七日臺北市公論報的獨家報導，國大年會這次通過了十三個案子，「建議有關方面尊重國民大會及代表之地位」，據該報批露的其中七個較重要案子是：

一、請在臺北設立國大代表招待所，以便住外埠國大代表開會時住宿案。

二、請政府規定國大代表兼任各級政府公職者，准在兼職機關支領車馬費或職務加給以昭公允案。

三、出席聯合國代表及顧問應有國民大會代表參加，以加强外交陣容，而符憲法精神案。

四、承購代建房屋等應繼續辦理，希勿失威信案。

五、爲建議有關方面尊重國民大會代表之地位與職權，以維憲政而維法治案。

六、爲承購行政院與建委員會代建房屋在未取得所有權以前，應請免繳房捐案。

七、請政府迅速簡化貸欵手續，完成貸欵建屋案。

其餘幾個案子的內容如何，固然不得而知，但僅就這七個案子而言，看了實在令人難免有失望之感。我個人實在懷疑，所謂「尊重國民大會及代表之地位」云云，竟是如此這般！

從上面七個案子加以簡單分析，就是「名」「利」兩字，其中尤其是注重在「利」字，例如貸欵建屋問題，幾乎成了一個最重要的案子。現在，代表們有的還沒有房屋住，有的已經領了第一期貸欵，還沒有領到第二期貸欵，在某些代表們看來，情形可能很嚴重，甚至不下于修憲的問題。但是，在我們小百姓看來，今天由大陸流浪到臺灣，沒有房屋住的，又何止是六百多個國大代表？假使國大代表可以向政府要求貸欵建屋，則我們做老百姓的，難道就該住在露天底下？但不知代表們在提出這些案子時，有沒有同時也替做老百姓的想想？

現在，國民大會第三次會議還沒有正式召開，我們便先在報上看到了國大代表已經在爲自己的「名」「利」打算，將來等到開會時，尤其是等到要根據某方面的要求，而進行修憲或修改臨時條欵時，又不知道會如何乘機提出怎樣的要求了！

讀者投書

（四）

一個教育人員子弟給劉廳長的信

「自由中國」一讀者

敬愛的劉廳長：

自從去年教育廳舉辦教育人員子女就讀大專學校的助學貸金以後，確已使教育人員子女的教育問題獲得了部份的解決。這不僅可使教育人員於教育他人子女時，不致因自身子女的教育問題發生後顧之憂，且可激勵有志於教育事業的人更加奮勉以赴。影響所及，減少了無力升學的可造靑年，鼓舞了教育人員的工作情緒，使久困人心的「提高學生程度」問題得到了根本的解決途徑。

然而，因貸助對象未能合理地普及，設置助貸金的理想與成果尙有缺憾，所以在助貸金給予的基本方針和技術上，似乎還有值得檢討研究再求改進的必要。

我認爲助貸金既要負擔償還責任(雖然是無息的)，就與以成績達到相當標準方可申請的淸寒獎學金，和以成績優秀而獲得的純粹獎學金，本質上截然不同。既非毫無條件的贈予，除了要求貸助金的受益人確實保證於學業完成後如數償還外，似無附加其他條件的必要。因此，去年以考試決定受貸對象的貸給方式，便無繼續存在的理由。

自由中國各大學的學生，都是由教育部主持監督的大專學校聯合招生委員會負責招考的。學生的入學考試達於錄取標準的及格成績，和各校每學年(期)所發成績單上記錄的成績，應是無可否認或懷疑的。因此，在聯合招生放榜後，應即准許教育人員子女以入學通知書請領助貸金，以後於每年第一學期繳費前接受申請，並完成貸助手續，以免因經濟拮据被摒於學校門外。唯一値得要求的即提交上學年的成績單，除非校方拒絕繼續入學，助貸金如決心辦理就應繼續貸給。如係就讀費用較多的系科(如醫科)，助貸金亦應按實際需要的量增加。像目前大學第一年無法貸取助貸金，各系科助貸金數目相同，強迫性的考選方式等，使助貸金的理想和預期效果大大地打了折扣。所以我竭誠希望助貸金既已舉辦，就應盡最大努力全面貸給，使教育人員子女能順利安心讀書，教育人員本身才能全心全意貫注精神於教學工作，間接受惠的是全國學生，同時亦就有大助於國家了。

如果全面給予助貸金，最初四年，助貸金的預算可能有大幅的增加，但在可以預見的將來，貸金不斷收回，便可納入正常的收支循環，技術及預算上可能發生的困難，是能够也應該設法克服的。

關於以考試決定貸給對象的方式，實在應該廢止。如能將考試取銷，教育廳亦可減少許多毫無必要的工作，節省了全省三個考區所支出的可觀費用。如果認爲不經考試不足以表示鄭重——這理由也難成立，考試的內容也應合情合理。以去年乙組的考試科目來說，計有國文、國父遺教、英文、中外史地、數學(高等代數、平面幾何、三角)，除了國父遺教較中學所必修的三民主義擴大了範圍外，其他各科，與大專入學試的乙組科目完全相同，實在看不出考這些科目對於一個中國文學系四年級的學生有什麼意義。我覺得就讀任何系科的學生，只要能得到所修系科的及格成績，就應無條件的給予請領助貸金的資格，更不必再加考試。如果考試是主事先生們所認爲必須而不可省略的，那麼，所有不幸進入大專學校眼巴巴盼望着助貸金的教育人員子女，只有咬緊牙根每年重讀高中課程碰造化了。

如果能將考試取銷而代以計收相當利息，使全體教育人員子女可以及時得到助貸金的實惠，相信絕大多數掙扎在匱乏線上而又有子女就讀大專的教育人員，會樂意贊成和接受的。這樣也可免除辦事先生們的許多煩勞和辛苦。

教育人員子女就讀中小學的，雖較少經濟上的負擔，按理亦應准免全部學雜費用，且不應以就讀父母親所服務的學校爲限。就讀私立學校的，由政府給校方相當津貼，以補償其因免收學雜費而受的損失。所用教科書如爲政府主持的機構所出版，最好亦能予以免費的優待。

本學期開學已久，希望下學期開學前能全面貸給半年助學貸金，明年暑假再按每年一次的貸金全面免試貸給。貸給欵額雖不能按實際需要再提高，(聽說去年是按每人每年三千元貸給的)各費用較大的系科，似有酌予調整的必要。因這是必須償還的貸金，自不必擔心錢貸出去收不回來。目前，只有擴大預算的困難，如眞有決心爲教育同仁解決最切身的子女教育問題，眞正爲國家的前途着想，擴大預算是不會成爲問題的。

如果您廳長身爲靠磨粉筆養家月入七八百元的中小學教員，沒有加班出差等額外收入，有兩三個孩子在大中學讀書，而您又不願陽奉陰違地助長惡性補習的火焰，唯一可以求助的助學貸金又是這樣難以取得，您的孩子讀書的費用從何而來？您還能安下心教書嗎？書教不好，那麼多學校存在的意義與價値豈不値得懷疑。事是人做的，書是人教的，人的問題不先求解決，那就只有從統計數字上，從大人先生們的談話裏，幻想當前教育的成果與國家民族的前途和希望了！可笑不？可悲不？

自從您就任教育廳長以來，已經有了許多値得喝采令人稱快的賢明措施了，全面免試發給助學貸金的事，我懇切地希望您能用您的教育熱忱與影響力量貫澈初衷，使教育人員子女得全面的解決。這不僅是教育問題獲得全面的解決。這不僅是教育人員子女受惠，亦是從根本上爲國家造福。

我眞不敢想，煮飯的人沒有飯吃，吃飯的人能安得下心?!煮飯的雖不致於把鍋打破，除非是聖人，遲早會煮出生飯來的。您說對不？

我是教育人員子女，已深深感受到經濟的威脅，相信像我一樣的人還很多。所以我才冒昧地把我所見到的一鱗半爪，向您提出坦誠的報告。希望能得到您的同情和援助。並請儘速賜予具體答覆。幸甚！此頌

公綏

「自由中國」一讀者敬上

四十八年十二月十九日

給讀者的報告

現在，四十八年已經匆匆過去，當此四十九年開始之日，我們除出版「特大號」迎接新年之外，特發表社論㈠「藉團結以打開政治新局面」，就國際環境和內部情況做了一次總的檢討，並提出打開政治新局面的意見。

國民黨中央常務委員陶希聖在最近發表演說時，認爲民法上的「死亡宣告」，可以用之於在海外或大陸的國大代表，我們特根據純法律的觀點，發表社論㈡「『死亡宣告』可以適用於國大代表嗎？」

我們在社論㈢「康隆報告的實質及其根本錯誤」中，指出此項報告的眞正動機、基本精神、及其主要錯誤之點。

關於臺灣省長是否應行民選的問題，我們早已表示過不少意見，現特發表臺灣省議員郭雨新先生「民選省長此其時矣！」的大作。

劉慶瑞先生「最近年來的美國最高法院」大文，是一篇純學術性的文章，主旨在說明美國最高法院最近年來的幾件重要判決，以及國會的反應。

東方既白先生在「曹操的改造」大作中，針對大陸上所討論的曹操問題，根據歷史證據，提出了極寶貴的意見。本文因編排困難，一再延擱，殊爲抱歉，請原諒。

宋文明先生在「從巴黎四國高層會決議看未來世局」大文中，對於未來的世界局勢，做了一番扼要的推測。

「以軍爲家運動」，是去年在國軍部隊中所發動。但是，此項運動的意義何在？以及產生此一運動的因素何在？其結果如何？丘仲言先生在「一個軍人對『以軍爲家運動』的看法」中，根據切身體驗，做了一番具體說明。

國民教育的意義何在？課業負擔加重的原因是甚麼？以及減輕課業負擔之道爲何？顯爲關心國民教育者一致重視的問題，趙英若先生在「論國民教育及其課業的加重與減輕」大文中，有詳盡的分析。

臺北徐××先生「檢垃圾的說國民黨」一稿已拜讀，對於先生這種悲憤心情，以及對國民黨的指責，我們都極爲瞭解，但先生竟不懼加罪，乃不惜在投書中公開聲明住址，我們極爲欽佩。我們考慮再三，認爲還是不發表爲宜。

桃園王治平先生的投書已收到，關於先生對大專聯合招生所提意見，很有値得商討之處，例如主張取銷乙組考數學一事，對於報考哲學系、經濟系、商學系的同學而言，因爲他們應有數學之修養，此事尙有考慮必要。故大作決定保留。

員林「一羣青年」的投書已收到，關於揭發××中學及××農校兩位校長先後與校長室女職員及女工友相姦成孕一節，事關個人名譽，投書人既未署名蓋章，自不能作發表之考慮。

自由中國　半月刊　第廿二卷第一期　總第二四四號

中華民國四十九年一月一日出版

發行人　雷震

主編　『自由中國』編輯委員會

出版者　自由中國社

社址：臺北市和平東路二段十八巷一號

Free China Fortnightly, 1, Lane 18, Ho Ping East Road (Section 2), Taipei, Taiwan.

電話：二八五七〇

航空版　友聯書報發行公司（香港九龍窩打老道一一〇號）電話：五九一六四、五九一六五

總經銷　自由中國社發行部

經售處

美國　紐約友方圖書公司 Hansan Trading Company, 65, Bayerd Street, New York 13, N.Y., U.S.A.

紐約光明雜誌社 Sun Publishing Co., 112, Mulberry St., New York 13, N.Y., U.S.A.

韓國　漢城裕昌德號

馬尼剌　新疆書店

緬甸　仰光振成書報店

印度　阿拉哈巴中印文化出版社

北婆羅洲　西利亞坡青年書店

星加坡　友聯書報發行公司（小坡大馬路四六九號）

吉隆坡　友聯書報發行公司（馬華公會大厦三樓七室）

怡保　友聯書報發行公司（希尼華沙甘街十六號）

檳城　友聯書報發行公司（林連登律七十二號）

澳門　友聯圖書公司

印刷者　精華印書館股份有限公司　厰址：臺北市長沙街二段七一號　電話：三三四二九

自由中國　第二十二卷　第一期　內政部雜誌登記證內警臺誌字第三八一號　臺灣省雜誌事業協會會員　四四

本刊經中華郵政登記認爲第一類新聞紙類　臺灣郵政管理局新聞紙類登記執照第五九七號　臺灣郵政劃撥儲金帳戶第八一三九號
(每份臺幣四元，平寄美金一角五分，航寄美金三角)

自由中國

FREE CHINA

第廿二卷 第二期

中華民國四十九年一月十六日出版

社址：臺北市和平東路二段十八巷一號

半月大事記

十二月廿六日(星期六)

第一屆國民大會代表聯誼會年會，通過由國大聯誼會邀請專家詳細研究達成蔣總統連選連任而修改憲法臨時條款、及實行創制複決兩權的提案及辦法，依法提出國民大會第三次會議討論案。

菲律賓已取銷入境禁令，中菲關係恢復正常。

伊朗陸軍增派隊伍入阿巴丹以北陣地，支持政府反對伊拉克領土的要求。

十二月廿七(星期日)

美共和黨總統提名，洛克斐勒於二十二日退出角逐，將爲尼克森競選開闢坦途。

十二月廿八日(星期一)

西方國家將提建議，明年五月開高階層會議，確定日期仍待美英法三國磋商。

十二月廿九日(星期二)

實施公務員退休法，元旦開始接受申請。

西方再度照會蘇俄更改高層會議日期，擬於明年五月十六日在法舉行。俄同意明年三月召開裁軍會議。

艾森豪在奧古斯塔聲明，美國解除自身限制，隨時恢復核子試驗。

十二月卅日(星期三)

英法德三使節晤赫特，對於高層會議，從事初步設計。西歐人士評美核子試驗聲明，認爲是對俄施壓力，正告蘇俄，不得拖延核子談判。

十二月卅一日(星期四)

俄誣韓艦攻擊俄船，韓國予以駁斥。

美北極星飛彈潛艇，今年將有四艘服役，能在水中發射氫彈頭飛彈。

赫魯雪夫發表聲明，高層會議題，以裁軍爲首。

四十九年元月一日(星期五)

> ## 『自由中國』的宗旨
>
> 第一、我們要向全國國民宣傳自由與民主的真實價值，並且要督促政府(各級的政府)，切實改革政治經濟，努力建立自由民主的社會。
>
> 第二、我們要支持並督促政府用種種力量抵抗共產黨鐵幕之下剝奪一切自由的極權政治，不讓他擴張他的勢力範圍。
>
> 第三、我們要盡我們的努力，援助淪陷區域的同胞，幫助他們早日恢復自由。
>
> 第四、我們的最後目標是要使整個中華民國成爲自由的中國。

非洲一新國家誕生，喀麥隆宣告獨立。

美國務卿赫特新年談話，共黨侵略本質不變，西方不能鬆懈戒備。

元月二日(星期六)

韓境聯軍總部發表聲明，證實韓艦未襲俄船。

美發展反飛彈防務，研製衛星飛行車廂，對敵人飛彈襲擊提供早期警報，衛星本身可具有發射飛彈能力。

艾森豪召有關首長，商核子戰民防問題。

元月三日(星期日)

赫魯雪夫對阿根廷報紙談話，重彈裁減軍備濫調。

美七十五架轟炸機，將自法移英。美二百架飛機完成撤離法國。

伊朗政府發表聲明，斥伊拉克違反約定。

反猶運動蔓延。英報傳有五萬納粹黨員正秘密受反猶太人訓練。

元月四日(星期一)

美國副國務卿狄倫表示，爲謀減少黃金外流，美不考慮削減援外，並表示美國無意削減駐在歐洲部隊。

元月五日(星期二)

艾德諾嫌惡反猶事件，決追緝幕後操縱者。西柏林逮捕十三名新納粹黨徒。

對於共同測探太空，赫魯雪夫同意與美簽訂雙邊協定。

元月六日(星期三)

美將在數日內以核子彈百餘顆運英。美在英核子武器將儲藏五百枚，作戰鬪使用時，需獲英首相同意。

艾德諾召開閣議，討論對付排猶運動。內閣特別會議決定，儘速制訂一項法案，防止鼓動種族仇恨，建議給予反猶罪犯相當判決。

元月七日(星期四)

美擎天神洲際飛彈，第十五次試射成功，彈頭擊中南大西洋目標區。

艾森豪提出國情咨文，强調保持龐大軍力，決心維持反共聯盟，艾氏並警告自由國家，不要誤信俄國謊言，表示美將以最鄭重態度與俄周旋。

在侈談世界和平聲中，俄宣稱要向太平洋試射新的太空火箭。

元月八日(星期五)

寮政治危機告結束，新內閣已宣誓就職。

元月九日(星期六)

尼克森宣佈角逐美共和黨總統提名。

西柏林三萬羣衆遊行，向新納粹分子抗議。

法宣稱將在非洲試爆第一枚原子彈。

元月十日(星期日)

法青年數千人遊行，抗議反猶運動。

美議員考察團提出建議，在美國內總統競選之際，美應警告俄帝匪共，不得藉機擾亂和平。

社論 (一)

歡迎吳廷琰總統並談中、越、韓合作

越南總統吳廷琰，定於本月中旬抵臺，作爲期五日的官式訪問。在此訪問期間，吳廷琰總統除了參觀此間在經濟及軍事各方面建設情況外，並將與自由中國政府當局舉行會談，藉以促進兩國更進一步的聯繫及合作。中越兩國年來關係頗爲友好，雙方縱有稍許問題，亦在一種融洽氣氛中隨時獲得解決。因此，這次吳廷琰總統的躬親訪問自由中國，不祇表示了中越兩國邦交的友好無間，而且亦使中越兩國間的合作從此開始了一個新紀元，建立起一個新里程碑。自由中國朝野對於吳廷琰總統的這次訪問，當然深感無限的欣慰，並以誠摯的心情，預祝其此行獲得圓滿收穫。

自一九五四年五月十六日吳廷琰總統首次出主越南政府以來，越南已獲得獨立與自由。換句話說，沒有吳廷琰總統，越南絕不會如此迅速獲得眞正獨立自由，更不會有今日這一向穩定民主與繁榮發展的越南。想當年，吳廷琰總統剛行出主越南政府之初，整個越南局勢因法軍在奠邊府的失敗及日內瓦會議的相持不下，正陷於危疑震撼與撲朔迷離的境地，再加上內有保大宮廷殘餘勢力的掣肘，外有法國的梗阻，使當時吳廷琰內閣的處境，可謂危機四伏，困難重重。可是，吳廷琰總統以其數十年來爲越南獨立奮鬪的長期經驗，及其偉大的精神及魄力，鎮定應付，終於使越南安全渡過了建國路程上的第一道難關。接着，在一九五五年二月初，美國已正式接替法國而負起訓練越軍責任；三月底至五月底，吳廷琰總統更以堅定敏捷手法，迅速制服了當時三教派聯合武力的反抗，使新生的越南得以避免一次內部分崩離析的危險；於是至是年十月二十六日，越南便正式廢除不孚人望的帝制，創立共和，吳廷琰總統亦便成爲這一國家的名實如一的眞正的負責人。任何一個稍讀過越南的這段歷史者，莫不承認從一九五四年夏至一九五五年夏爲越南建國途中最危險的時期，在此期間越南的掌舵者吳廷琰總統發揮了堅強奮鬪的偉大精神，也表現了非常的政治才華及修養。我們今日歡迎吳廷琰總統，不祇歡迎一位友邦的元首，而是在歡迎一個新興國家的新興的政治領袖。如今，他的這種精湛的思想，深沉的憂國情感，以及平易而堅定的民主風度，毫無疑義已在東南亞國際社會中形成了一種優良的風範。

我們很明瞭今日越南處境的艱困。因現時越南雖已獲完全獨立，可是從經濟及工業方面講，越南至今仍爲一落後國家，而且在眼見的將來它將依然如是。加以越南南北分裂，北部難民不斷湧入南部，使越南經濟所受壓力亦更大。因此今日擺在吳廷琰總統面前的歷史任務，除了如何設法儘速恢復國家統一，使現在共黨統治下的北越能早日重見自由與光明外，便是如何運用國際助力以開發越南的經濟，促進工業化，使越南能迅速走上現代化國家的道路。中越兩國近年來在經濟方面的合作，已日漸加強，我們並有若干技術人員已應邀前往越南協助其進行農工業建設。鑒於這次吳廷琰總統一行隨員中包括有很多重要的經濟官員，可見吳廷琰總統此行訪臺，對經濟方面亦非常重視。越南正如自由中國一樣，年來接受美援的極大支持，雙方借鏡之處頗多，如中越兩國今後能互相協助，多多交換技術及經驗，不僅兩國經濟同蒙其利，越南工業前途亦將無可限量。

可是中越兩國的合作，絕不止於經濟方面。遠在三年半以前，即四十五年八月一日，本刊即以「加強中韓越三國的合作」爲題，（第十五卷第三期）曾指明中越韓三國不僅都接受美援，面對一共同的共黨敵人，而且三國也都遭遇國土的分裂，基本處境完全相同。由於中越韓三國這種相同的不幸遭遇，所以在該一評論中，我們也接着提出如何加強中越韓三國軍事與政治合作的兩點具體步驟。這兩點具體步驟便是：㈠在軍事上，我們要求建立一個包括中越韓三國的聯合參謀部，㈡在政治及外交上，我們要求中越韓三國首長每半年召開一次高層會議，以商討三國共同有關問題。今天和三年半以前的情形來作比較，中越韓三國的基本不幸處境並未獲得改善，相反的，整個國際局勢和遠東局勢的惡化，卻比三年前更甚。因此，過去我們所提出的這兩點加強中越韓三國軍事與政治外交合作的建議，現在也比三年前更爲迫切。我們深深覺得，以今天國際及遠東情勢的變化，中越韓三國之間假若仍不採取具體步驟，以加強三國在軍事及政治外交方面的聯繫，三國的處境將每況愈下。三年半前當我們提出這一建議時，國際局勢的惡化不過剛行開始，我們還有餘暇作瞻顧徘徊；可是三年半以後的今天，國際局勢的惡化已日趨嚴重，假若我們仍不對三國間的合作採取行動，今後將不會有太多的時間與機會了。退一步講，即令現時仍沒有可能成立三國間的聯合參謀部，我們也希望三國能從最基本的軍事繫聯作起，先行交換軍事情報，交換軍事代表團，以建立軍事合作的基礎。假若現時三國首長不能在每隔半年期間舉行定期會議，我們同樣亦希望這種三國間的定期會議能在較低階層舉行，藉使三國間對國際局勢的一般發展，能保持一種經常的接觸。我們覺得以上這些最低限度的作法，在今天應該是不會有何困難的，假若連這些作法都無法實行，那麼加強中越韓三國合作便無從談起。

所幸吳廷琰總統對於這一作法，年來已盡了甚大的貢獻。由於吳廷琰總統的前年訪問韓國，以及韓國李承晚總統的回訪越南，越韓兩國間的首長接觸已經建立。較早時期李承晚總統也曾訪問過臺灣，再加上這次吳廷琰總統臺灣之行，可說三國間的往還已暢通無阻。現在吳廷琰總統在促進中越韓三國合作一事上，已處於一種非常有利的地位，假若吳廷琰總統能以他這次臺灣之行爲基礎，開始認眞努力，我們相信中越韓三國之間，今後在軍事政治及經濟方面合作的日趨密切，是可以預卜的。

總之，吳廷琰總統爲今遠東一位非常傑出的政治家，他不但一身繫越南的安危與榮辱，而且對於整個遠東的將來亦具有重大影響，今後遠東自由國家命運的如何演變，各反共國家間能否出現一成形的共同陣線，吳廷琰總統的作法將大有關係。這是我們敬重吳廷琰總統的原因，也是我們重視吳廷琰總統這次臺灣之行的原因，我們希望吳廷琰總統能珍視他這一訪問。

社論

（二）「臨時條款等於憲法」！

——根據第一屆國民大會第二次會議的記載

在今年二月即將召開的第一屆國民大會第三次會議，由於不能湊足憲法第一百七十四條第一款所規定的人數，所以無法修改憲法或臨時條款。這是一件很明白的事實，更該是國大代表所十分清楚的事實。可是，在上月二十六日舉行的國民大會代表聯誼會年會中，非但有國大代表十餘人提案修訂「臨時條款」，而且有不少國大代表進行修改「臨時條款」的連署活動。

其實，目前限於法定人數的不能湊足，臨時條款一如憲法之無法修改，我們已經說得很多。就在上一期「『死亡宣告』可以適用於國大代表嗎？」的社論中，我們還進而指明最近某些人提出的「死亡宣告」之說，由於法理上無法成立，仍不能用來打破修改憲法或臨時條款的人數之困難。這些話，自然不必再加以重複。

現在，我們只想就四十三年所召開之第一屆國民大會第二次會議的討論中，指出有關「臨時條款」的「舊案」，喚起國大代表的共同記憶。

依據臨時條款第四項規定：「第一屆國民大會應由總統至遲於民國三十九年十二月二十五日以前召集臨時會，討論有關修改憲法各案。如屆時動員戡亂時期尚未依前項規定宣告終止，國民大會臨時會應決定臨時條款應否延長或廢止。」但是，直至三十九年十二月二十五日，「動員戡亂時期」雖未依法宣告終止，卻因「大多數代表均淪陷大陸」，以致決定臨時會緩予召開。到了四十三年，第一屆國民大會第二次會議召開時，主席團便根據司法院大法官會議民國四十二年釋字第二十九號解釋，依憲法第二十九條召集之國民大會，得行使依憲法第三十條各款召集臨時會所行使之職權，而將臨時條款應否延長或廢止一案，提請大會核議。

就在四十三年三月十一日舉行的第七次大會中，出席會議的國大代表，終於對臨時條款一案，由討論而作成決議。

關於當時討論的經過，在「國民大會第二次會議紀錄」中，明白地記載着：「四十三年三月十一日，第一屆國民大會第二次會議舉行第七次大會，出席代表一四六三人，由秦德純主席。對本案討論時，發言代表一致認為『動員戡亂時期臨時條款等於憲法，依據憲法第一七四條修正憲法之規定，該條第一款「由國民大會代表總額五分之一之提議，三分之二之出席，及出席代表四分之三之決議得修改之。」現出席代表不足代表總額三分之二，依法不能討論，自不必討論，而應任其自然延長』。」

但是，到了當天下午繼續開會時，由賀衷寒擔任主席，卻有代表陳其業、莫德惠、王雲五等八十七人提出一項臨時動議：「……本條款不能廢止，固不待言；而針對目前情形，主張修改，亦有理由。但本條款是依照憲法第一百七十四條第一款的程序制定，必須有國民大會代表總額五分之一之提議，三分之二之出席，及出席代表四分之三之決議，方能廢止與修改，均難實現。本條款在未照憲法程序廢止與修改以前，自應繼續有效。惟國民大會集會於此動員戡亂最緊張的時期，對於本條款似不可無明確的表示。所以同人等建議大會決議，本條款未經正式廢止以前，自應繼續有效。……」此案提出後，由莫德惠代表報告提案理由，王雲五代表加以補充說明，然後經大會一致無異議通過決議謂：「動員戡亂時期臨時條款在未經正式廢止前，繼續有效。」這便是當時大會的決議，目的在表示無法依修憲程序廢止前，只有繼續有效而已！

以上所說的這一段討論和決議情形，王雲五先生近在元旦出版的「自由談」上，發表了一篇「第一屆第二次國民大會追述」，便說得相當清楚。如果有的國大代表已經不大記得清楚，不妨把「舊案」找來看看。

在四十三年三月二十四日，國民大會秘書處並將上項決議用代電通知總統府代秘書長許靜芝時，也特別指出：「……略以本條款係依照憲法第一百七十四條第一款之程序制定，必須有國民大會代表五分之一之提議，三分之二之出席及出席代表四分之三之決議，方得廢止與修改。目前由於大陸淪陷，總額三分之二之出席既不可能，則對於本條款之廢止與修改，均難實現。……經提付討論，當經大會決議：『動員戡亂時期臨時條款在未經正式廢止前，繼續有效。』等語紀錄在卷……」

到了總統府舉行四十三年五月份國父紀念月會時，擔任第一屆國民大會第二次會議秘書長的洪蘭友先生，還就「法」的觀點，提出了一項公開報告，題目是「第一屆國民大會第二次會議之回顧與國家民主法統之前瞻」。洪先生在說到「動員戡亂時期臨時條款的適當決議」時，還特別鄭重的宣稱：「在三月十一日第七次大會討論時，完全尊重憲法的尊嚴，僅只作了該條款自應繼續有效的決議，明顯的是受了憲法上人數的限制，而又顧念到時代的需要，作此僅能作到的決定，在討論時亦未發生逾分的爭議，這不能不算是適當與眞正守法的措施。而涉及修改憲法的案件，也就得到多數代表的體認，均未提出。」這一點，主要的便在說明第一屆國民大會第二次會議的守法情形。

綜括以上所說的這一個「舊案」，證明第一屆國民大會第二次會議時，對於臨時條款，其所以不能廢止與修改，便是由於嚴守憲法第一百七十四條修憲規定，而無法湊足法定修憲人數的緣故。現在由於有一些國大代表，似已把六年前的「舊案」忘得乾乾淨淨，居然進行修改臨時條款的活動，我們才不得不把「舊案」重提：「臨時條款等於憲法」一句話。

現在，距離第一屆國民大會第二次會議的召開，雖已時隔六年，可是臨時條款的規定沒有變，而國大代表的人數，由於老成凋謝，反較六年前更少。因此，姑不論臨時條款不應修改，但基於六年前無法湊足修憲人數的同樣理由，仍只有繼續有效，絕不能加以修改。

社論

(三)

對政經半月刊事件的觀感

上年十二月二十日出版的政經半月刊，發表了一篇以「『國大代』對不起中國人」爲題的文章，惹得一些國大代表大光其火，認爲這是對他們的大不敬。於是在國大代表聯誼會上有些人出來憤慨激昂地講了許多話，結果通過了一項提案，要求政府嚴辦。接着，內政部的主管官員對於這件事發表談話，說是「將依出版法規定，俟國大代表向法院控訴判決後，才能採取行動加以處理。」可是據本月八日聯合報消息，臺灣省警備總司令部已下令全省各地治安機關把那一期的政經半月刊查禁。罪名是「『國大代』對不起中國人」那篇文章「足以淆惑視聽」。

我們對於這件事的觀感是這樣：

㈠就政經半月刊的那篇文章講，其內容我們雖不能完全同意，但我們總覺得潔身自好的國大代表應該不會火光；如果眞的火光，其對象應該不在政經半月刊，而在自己的所謂「同仁」。至於「足以淆惑視聽」云云，簡直是一個隨意濫用的罪名。

我們之所以不能完全同意那篇文章，主要的一點，是作者說：「這批代表們早已無當年當選時的合法地位，如今只是憑曾經當選過的資格來伸手要錢，發揮其剩餘價值。」這一說法，是不對的。這一屆國大代表的任期延長，大家都知道，是經過大法官會議依據憲法含義的解釋而確定的。經過這一解釋，他們當年當選時的合法地位，也就延續到了今天。因此，我們不能否認其合法。至於就政治的意義講，我們確可以說這屆國大代表早已不能代表我們人民了。因爲他們已有十年以上未改選，而且在可預見的將來也似乎沒有改選的可能。這樣一批國大代表，自然是與人民脫節的。但這是從政治的觀點看。政治觀點與法律觀點我們必須分開。該文的作者沒有注意到這一點，這是一個錯誤。但是這也只是一個錯誤而已，說不上什麼「淆惑視聽」；更說不上「『足以』淆惑視聽」。因爲稍有公民常識的人對於現在國大代表合法地位的承認，決不會因那篇文章的一句話而動搖。倒是那篇文章本身因爲有了這一句話而貶值。

其次，那篇文章還可以引起訾議的地方，大都是在措詞方面的不够嚴謹。其中雖有兩處說是「其中偏有些……」「其中有些人……」，但從大體上看，似乎有點不分青紅皂白把所有國大代表都罵了的樣子。其實，就部分的國大代表來講，該文所指出的那些醜行，並不冤枉。過去，有些國大代表抬棺材請願，屢流氓打人，是事實；現在，小焉者「……咆哮法庭，……講說關節」，大焉者「到了緊要關頭，」「又要和政府討價還價，要錢要貨。」「想藉口總統連任的機會在設法增加自己的職權，擴大他們要錢的機會。」（括弧內的詞句都是原文）這些話如指一部分的國大代表而言，恐怕難得找到一位憑良心而不說謊的人出來否認吧。一個月以後，國民大會要開幕了。目前幕後的一切活動，海內外的人都睜大了眼睛在窺察哩。

這些年來，國大代表這一頭銜之所以遭到人唾棄，確確實實是受了一部分人劣蹟醜行的害。國大代表們如果要愛護團體的榮譽，照我們想，大可不必對政經半月刊的那篇文章來什麼熱烈的憤慨，而應該對團體內部的那些卑汚份子，給以冷酷無情的裁判。像現在國大代表聯誼會的這種作法，倒是給那些破壞團體榮譽的分子增加了更進一步破壞團體榮譽的勇氣。我們大家都知道，在國大代表當中可以數出若干人眞是德高望重，公忠體國的。所可惜者，這若干人終因種種關係不能站在國大代表的地位發生應有的領導作用，反而是卑汚分子可以時時假國大代表的身分肆行而無阻。說到這一點，又不止是關於個人的人格問題，而是個有所承襲的時代悲哀！

㈡就政府對於政經半月刊這一事件的處理來講，我們覺得內政部的態度，頗值得贊許。現行出版法，從實質方面講，固然要不得，但它畢竟是依照立法程序訂定的。我們不能不承認它是我們國家的法律。內政部官員說，這件事「將依出版法規定，俟國大代表向法院控訴判決後，才能採取行動加以處理。」這番話，不失爲一個法治國家的官吏所說的話。但是令我們奇怪的，臺灣省警備總司令部，忽又下令各地方治安機關把該刊查禁了。內政部是中央機關，臺灣省警備總司令部是一個於法無據的（關於於法無據這一點，見四十七年九月十六日立法委員劉錫五的書面質詢）省級治安機構。中央機關對於這件事所採的合法態度，而一個於法無據的省級治安機構竟敢以一紙命令抵觸之。就國家體制講，簡直不成話說。過去，這種治安機關非法查禁或扣押書刊的事情，本已屢見不鮮。如「祖國週刊」、「自由人半週刊」、「人間世月刊」等等均遭殃過。當時若干代表輿論的民營報刊如「聯合報」、「徵信新聞」、「公論報」、「自立晚報」、「民主潮半月刊」等都發表過批評的文字，而本刊也寫過一篇社論，專講「治安機關無權查扣書刊」的道理（第二十卷第六期——四十八年三月十六日出版）。我們立論的根據，是現行的出版法。照該法規定，主管書刊行政處分的官署，在中央爲內政部，在地方爲省(市)政府及縣(市)政府，決不容許一個於法無據的省級治安機構直接下令各地治安機關擅予查扣。我們政府經常在强調「法治」，但卻容許一個於法無據的治安機關經常在這裏破壞法治，這已經不是爲政以誠，而是示民以僞了。而這一次臺灣省警備總司令部，竟在中央機關內政部對於政經半月刊事件表明合法處理態度以後，還敢於直接下令與內政部的態度抵觸。「履霜堅冰至」，這未嘗不是中央政府往常縱容地方治安機關非法行動的後果。這件事，最受損害的，倒不是政經半月刊，而是我們的政府，我們的政府體制。

擁護蔣總統繼續領導而不贊同連任

——希望國大代表要負起歷史之責任！

曹德宣

蔣總統之連任問題：不但國人關切，即友邦亦非常注意。以自由中國今日情況，蔣總統如果要連任的話，則儘管連任下去，任何人擁護和反對，都是無用。事實如此，固勿待言。然若照國際形勢，和憲政體制來講；則似應特別考慮！蔣總統既一再堅決表示不修憲，國民黨中央常會又通過不修憲決議案，則國人接受其尊重憲法之指示好了。至主張修改憲法中之臨時條欵者，以替代修憲，俾蔣總統得以再連任，亦是換湯不換藥的掩耳盜鈴辦法，徒自欺而不能欺人耳！所謂「捨正路而不由」，反不如修憲之直接了當。彼擁護連選連任之主張，不外謂「今日反共抗俄非蔣總統繼續領導不可，此外殆無人勝任者」。用意雖善，然實不合乎邏輯。即退一步言，果眞如此，豈不有抹煞蔣總統多年領導國民黨的人才嗎？以彼掌政三、四十年之久，尚未培養出來一、二替身，似未免藐視其偉大人格吧？矧人生必有死，任何人不能例外。設一旦有變，果眞沒人領導反共抗俄，豈不是太危險嗎？事實決不會如此的！以自由中國人才之盛，足以繼任總統者當不乏人。若謂產生不出來第二任領導反共抗俄的總統來，又將誰信？故對此種看法，我實不敢苟同，諒亦爲有識者所同感。

況憲法對總統任期，既明文規定不得再連任，則必有深意存在：惟在注意預防擅權自私之總統，往往越乎常軌，尤其對於開國元勳之首屆總統，挾其創業餘威，因利乘便，更易濫用職權，破壞憲法，古今中外不乏其人。故當制憲之始，除對總統任期，嚴加限制，並無但書之規定外，復附以總統就職宣誓詞：「余謹以至誠，向全國人民宣誓：余必遵守憲法，盡忠職務，增加人民福利，保衛國家，無負國民所託，如違誓言，願愛國家嚴厲之制裁，謹誓」。是其用意側重預防行憲第一屆總統，可以想見。而說者謂「修改臨時條欵，可以使第一屆總統連選連任，不受憲法第四十七條之限制」。眞不知何所據而云然？若果出此，豈不公然使蔣總統違背其「余必遵守憲法」之誓詞嗎？其顯然違憲不問可知。國大代表既爲中華民國憲法制定者，自應尊重憲法，萬不可出爾反爾，任意曲解破壞，視憲法如兒戲。若此惡例一開，後患眞不知伊於胡底？諸公豈非將成爲憲政史上之罪人？所謂「一失足成千古恨」。又云「一言喪邦」，可不愼諸？彼華盛頓之所以堅拒部下擁戴再連任總統者在此。若夫袁世凱、曹錕輩又何曾不有所假藉，認爲情形特殊，捨我莫屬，而被部下擁戴欺騙、製造輿論、鑄成大錯，成爲中華民國之罪人？此爲革命黨人士所深惡痛絕者，迄今思之，猶令人切齒。故違憲勸進之歷史，絕對不可重演於今日多難的自由中國！此蔣總統之堅決不主張修憲，態度非常光明正大，博得中外人士一致之贊譽者亦在此。奈何竟反其道而行之？所謂「不以堯舜視其君者，是賊其君者也」。實爲愛護蔣總統者所不取。

今年是自由中國的選擧年：上自總統，下迄於縣市長，以及省縣市議會都要改選；同時也是國際變化，自由中國最多事、最難渡的一年。尤値得全國上下警惕，而善謀自處。回憶過去大陸選擧之失敗，弄得人人頭昏腦脹，致失掉人心，爲共匪所乘，而見棄於友邦。想國人記憶猶新，今日切勿再蹈其覆轍！因總統之改選而妨碍海內外人士之團結，因地方選擧而造成人民和政府的隔閡。審時度勢，正宜乘總統改選機會，予國人以楷模，表示大公無私，任何人均須守法，藉以鞏固政府威信，建立法治精神。否則上行下效，將何以服天下？其必消弱反共抗俄力量，固勿待言。我們看看近月來國內外之輿論，早已窺其端倪，國內既議論紛紛，莫衷一是；而友邦人士又別有主張：所謂「臺灣不是合法國家」，和「兩個中國」之謬論，甚囂塵上，已爲有識者所深憂！

吾人要深察人心之所向，要考慮海外輿論之趨勢。勿扭執成見，閉門造車，個人進退事小，國家安危事大。盱衡時局，權其輕重，要爲適當合法之措施，以利於反共抗俄之大業，實爲首要之圖。

蔣總統在國大聯誼會致詞中最末曾慨切的說明：「中正自維以身許國，生死毁譽，早置度外，十年以來，所以困心衡慮，而朝夕籌維之者，惟在如何以達成光復大陸，解救同胞之宏願，以贖前愆，舍此更無他念。」（見四十八年十二月廿六日中央日報）。於此益見其居心惟在復國建國，原不計其他。在常人認爲連任總統是了不起，而在蔣總統本人早已視若浮雲了。國人爲顧念其七十四歲的高齡老人，應特別愛惜其精力和健康，正宜避繁就簡，騰出一部份精神，專心致志軍國大計，俾能早日反攻復國，完成中興大業，以償其宏願，千萬不該再把國事蝟集於一身，以分擾其心思。誠以領導反共抗俄，固不在乎連任，與其連任而生紛擾，何若不連任而增加團結力量？更有助於反共抗俄之爲愈也。況以國民黨總裁之身份，凡事都可以透過黨而指揮從政黨員，以貫澈其主張，是其功效決不稍減於今日。如此既無違憲之嫌，又能加强反共抗俄力量，豈非公私兩全之道，又何樂而不爲？

國際人士對於自由中國往往有不可思議之想法，爲澄清此項猜測，蔣總統正宜乘此時候，不再連任總統，親手培養出來第二屆的中華民國總統，從旁協助推行政令，俾政府益臻鞏固，憲政越發進步，爲總統樹立楷範，爲國家奠立制度，使後人無論任何野心家，不敢違憲動搖國本。如此對於國家前途既有無限光明，而對蔣總統個人亦屬心安理得，對於歷史有所交代，將成爲中國之華盛頓。其豐功偉績，必炳耀人寰，留芳千古，較之一時連任總統，豈不有天壤之別哉？古人云「不爭一時，爭千古」，此國人所馨香禱祝者！

由於蘇俄之搶先把火箭先美國射到月球上去，使民主國家爲之震驚，於是遂接受了赫魯雪夫「和平共存」之說。以美國之强大號召，猶不能不與蘇俄委屈求全，有所轉變。是則抗俄談何容易？至於共匪實力，亦不可忽視，姑勿論其內部有何弱點與問題，然其勢力之膨脹，着着向東南亞伸張，已惹起民主國家之憂慮。是反共亦多困難。國際高層會議和十國裁軍會議，勢在必行。值此國際核子競爭均勢、冷戰僵持之局面下，裁軍會却有成功可能，若然則必讓中共參加，於是承認中共和中共入聯合國問題，當然隨之而來。此兩個中國問題之發生，殆絕非偶然的了。值此國際轉變不利之際，若我再不爭氣，自造糾紛，予輕視我者以藉口，則將來殆難逆料！大家要知道：美國外交是最現實、最富於彈性的，其千變萬變總以合於美國利益爲第一。由杜魯門之白皮書，而轉變到第七艦隊之進駐臺灣海峽，以至於艾森豪之中美防衛協定，無非適合於美國之利益的結果。今後國際形勢既轉向和平競賽，如果裁軍會議成功，則承認中共加入聯合國不過時間的問題。當此千鈞一髮之際，吾人更應提心吊膽，努力團結，爭取友邦同情，切勿自我陶醉，欺世盜名，使親痛而仇快，致再遭友邦之摒棄，悔之已晚！

蔣總統新年元旦文告說：「堅持團結，迎接戰鬪」。然如何做到團結？則必先由政府爲之提倡，蓋誠中形外，立桿見影，己正才能正人。由歷史經驗的教訓：當國家興隆之世，開國之君，無不寬宏大度，包羅萬有，化敵爲友，納天下人才於彀中，造成四海一家的燦爛黃金局面。至若衰敗末季，則鈎心鬪角，相習於僞，勇於私鬪，排斥異己，衆叛親離，以至於不可收拾。遠則如滿清，如袁世凱，近則如德日法西斯之失敗，都是最顯著的例子。彼希特勒何曾非一世之雄耶？然乘勝而驕，猜疑殘暴，任意殺戮部屬，而戰功卓著代表德軍靈魂之隆穆爾元帥，亦置之死地而後快。所謂「自毀萬里長城者」是。至於田中、東條等軍閥，亦均自負不凡，而剛復自用，蠻幹到底，後來明知大勢已去，而猶一意孤行，箝制輿論，欺騙國人，竟不容納近衞首相向英美中三國恰降之建議，而偏向蘇俄投誠，鑄成大錯，致自毀其國，且貽害於全世界。殆所謂認賊作父，以友爲敵者是。其愚蠻實無以加矣。所謂當局則迷，旁觀則淸，皆由自我作聖，惟我獨尊之「英雄萬能主義」，從中作祟之所致。悲夫！

鑒於此失敗的歷史，深覺得法西斯和共產黨的典型獨裁，及其盲從瘋狂的擁護作風，實在危險萬分！如此擁護領袖，適陷領袖於深淵而不能自拔。如此愛護黨國，適陷黨國於萬刼不復中。希特勒墨索里尼之死無葬身地，以及史達林之被鞭屍教訓，實促國人之深省！彼輩之身敗名裂，固咎由自取，而部下之盲從瘋狂毫無理智之擁戴作風，實有以逢長其君之惡，亦應共負禍國殃民之責任。

我們愛護領袖要出於至誠，謀國更要忠貞，今日首要之圖，不在擁護其如何連任總統，而在如何達成其「堅持團結，迎接戰鬪」之召示。故實現團結內部，齊一步驟，以提高國際地位，加强反共抗俄力量。如能作到此種地步，則蔣總統不連任亦可以領導反共抗俄，如不能做到此種地步，則雖連任下去，亦難免有問題，必影響反共抗俄之前途。此國是會議所以必須召開，否則團結從何團起？今則國大聯誼會對此重大問題漠不關心，殊屬憾事！

蔣總統既一再堅決不主張修憲謂：「我們維護憲法的有力行動，實莫過於光復大陸，我們光復大陸的武器，亦莫過於尊重憲法。至於此時而言修憲，立意固極高遠；然大敵當前，見仁見智，徒啓紛議；分心分力，轉增時艱」。是不啻公開表示其不連任，以表示尊重憲法之至意，則國人尤其是國大代表更應共體時艱，一致接受，以成其美。語云「君子愛人以德，小人則以姑息」。願國大代表諸公高瞻遠矚，懲前毖後，人人自當爲君子，而不效小人之所爲。則所有誤會皆可澄清，不惟可杜悠悠之口，且益彰蔣總統人格之偉大光明。如此增加反共抗俄之號召，提高國際之地位，博得海內外之擁護與友邦之同情援助，實予共匪以無情之打擊，且可樹立國家長治久安之道。所謂順天應人合法，一舉而三美俱，眞是利莫大焉。故依目前情形，最好循着抗戰時期成規，蔣總統專負軍事責任。或者採納潘公展先生意見，仿傚西德總理艾德諾辦法，實掌國權，而避虛名。如此既無損於個人之尊嚴，且有益於憲法之維護，對於反共抗俄又毫不受影響，豈非順理成章之事？

語云「得道者多助，失道則寡助」。又云「自助者天助」。凡事必先盡其在我而已。德宣職司風憲，身負言責，自問愛黨愛國，效忠領袖，決不後人。然愛之必以其道，事之必以其誠，爲防患未然，寧言之於事前，雖冒天下之大忌，排衆議而不顧；亦不肯陽奉陰違，口是心非，徒竊笑於事後，而自蹈謀國不忠，愛人不誠之咎；上負黨國領袖之栽培，下亦無以對國人有所交代，亦成爲國家民族之罪人，爲天下後世所唾罵。蒿目時艱，痛國難之方興未艾，心所謂危，碍難緘默，用敢直陳其一得之愚。蓋本知無不言，言無不盡之義，只求有利黨國，惟恐陷吾君於不義，雖焚身碎骨，亦所不辭！知我罪我，惟祈國人亮察！

民主與世界安全

楊基振

物質文明發展到今天，殺人武器及戰爭技術的進步，已經威脅到全人類的安全，但是在倫理哲學方面，雖則絞盡了千古聖哲的腦汁，付出了世界各民族戰禍相承、流離死亡的代價，至今還沒有找出一條人類和平相處的康莊大道。儘管有宗教性的慈悲博愛，政治性的休戰弭兵，都不過是一種精神願望，或爲折衝現實的權宜之計，決非人類社會長治久安的最高智慧。如果科學物質和倫理哲學的進步，永遠如此不平衡的持續，人類前途何堪設想？

要談和平，先要根究戰爭的來源，不是有了武器才戰爭，亦不是有了拳術戰略才打得成，主要是從好戰者心上發出來的慾望。爭奪食物，追逐異性用打，不成利害衝突的問題，而好戰者主觀成衝突，甚至於看著對方不如我意，亦無一不可以用打。上古時代的人，智識及生活方式和禽獸相差不遠，無疑是充滿了獸性。用打，可以解決問題，亦可以滿足心理上的慾望，打是極簡單平凡的事。文明進步，獸性未泯，仍舊用打。明明有理智可解決的事，好打者把同好者聚在一起，一哄而打，於是大家捲入漩渦，不得不跟著打，打的規模就越來越大。以小比大，以古例今，形成戰爭的過程是一樣的文明進步，反而更要打得兇。因爲有了政治組織，可以經常備戰，有武力的人們，可以掌握政權，通過組織，驅使人民出錢出力，從中攫取富貴，逞其威福。不打已成領袖，能打仗更成英雄，反正是以人民的自由福利和生命做資本，何樂不爲？天演人爲的歷史環境，始終是在培養武力鼓勵戰爭。雖然如此，我們還不能責備人民之意願爲芻狗。最可怪的是：幾千年來，人民受盡了戰禍的痛苦，對野心家的罪惡應爲人所共知了，但每一國的史籍却誇耀自己民族國家的武功疆土和英雄人物，而將殺人闖禍害人害己者標榜其千古美名，受盡崇拜。偏偏喝采者又是出於蒙禍的一般平民和智識分子，他們不誅伐戰犯，而反多衷誠擁戴。現身說法，我們雖自號爲酷愛和平的民族，却謳歌成吉思汗的武功。讀史者一般心理的反映，亦無不引爲民族的光榮。民主的政府至今供奉戰犯，其地位高於復國的明朝。試想這是代表些什麼意義？這種顯著的事例，其他國家民族亦不乏同例。人類的智慧和道德普遍墮落，如何不鼓勵多數野心家醉心戰爭，盡量製造戰禍呢？

到了二十世紀，人類承襲以上各種歷史因素，經常把世界分成兩個壁壘，經常的備戰，而一打就是全面大戰，半個世紀中已經有了兩次。第二次世界大戰後共產極權陣營的不斷擴張，大多數愛好和平的人民已經深感另一度大戰的威脅。懲前毖後，人類必須運用智慧，來消弭戰禍。

在歷史上我們可能發現的資料，如西洋人的烏托邦，只是一種理想的和平，人所共知爲空洞的懸想。我國的協和萬邦，黎民時雍，和天下爲公，世界大同，雖不失爲一種崇高的政治思想，自今觀之，尚缺乏實現的方法。例如儒家所理想的主張在井田制度下從五畝樹桑做起的一套辦法，兩千年來只做了讀書人的古典課本，反不如歐洲人所奮鬪的民權政治，林肯主張的人類一半自由一半奴隸不能並存的政治思想，以至近年英美推行的安全制度等等。集合起來，就是西洋人一貫政治思想的產物，其有助於人類和平，均不無績效。雖然西洋各國擾亂和平的殺人傑作，並不少於東方，但若我們不因對自己的國粹過於自滿，而完全輕忽了西洋倫理哲學之影響及其實踐之成果，或不難發現當前人類所仰賴的是什麼。

我們所恐懼的戰爭有兩種：一爲內戰，多屬於國內政權之更迭，一爲國際戰爭，多屬於對外權利之消長。前者自歐洲人提倡民權，英美各先進國的代議制度，經二、三百年的實驗而健全起來。到了二十世紀，才使民主人士確信民主政治的議會，已成爲消滅內戰的有效工具。今後眞正的民主國家，再也不必擔憂專制政權下的革命，不要追論軍閥火併，武人專權。政治問題有人民自己作主，用不著兵來干預，則我美麗文化史上歌頌的弔民伐罪，前途倒戈，東征西怨，西征東怨，這類祈求太平的古典理想，在現代民主國家裏已無足珍貴。中西政治理想，顯已發生遙遠的距離，我們需要靜心追求和深切的瞭解。

民主政治雖解決了內戰問題，但外戰如何消滅？亦即人民控制了自己的武力，如何能去控制外國的武力？議會解決了國內政治紛爭，何能解決國際利害的矛盾？現實的難題是國家不能廢除武備。有兵不向內打，亦要另向外打。我不向外打，別人就要打進來。因此民主國家亦不免無限制擴充國防。獨裁國家專制集團，更把人類智慧封鎖起來，正在喊著革命口號，靠戰爭討生活，世界和平從何說起？問題追求到這裏，我們只要看這幫依靠戰爭討生活的英雄們，在自己國內能得多少支持？在國際環境受到多少制裁？僅就最近四十幾年來自由思想發出的偉大力量，約略認辨，便可相信他們的迷夢，在今後是不容易實現的了。

在二十世紀初，各先進國的政治社會，還封鎖在資本主義的最高階段內。在國內對平民壓迫搾取，在國際爲資源及市場而爭奪，根本無人敢爲世界和平著想。馬克思的信徒亦正在振振有辭。自第一次世界大戰爆發，美國資本主義社會很快的轉向，日積月累，攙入社會主義的成份，這是將近代文明世界上最主要的動亂因素，很明智的自爲釜底抽薪，亦即充實了民主社會素質，而注定了她日趨健壯和繁衍的命運，從此美國具備了領導世界和平的政治資本。

美國在十九世紀，工業急劇發展，若無一九一四年從福特開始的經濟革命，則其社會基礎不堪設想，說不定馬克思在地下要不幸言中。如果美國人在立國之始，根本沒有平等、民權、自由及追求快樂等一套民主哲學做政治基礎，恐怕早已更成爲共產極權，發展動亂的園地。所以美國在今天，具備了經濟社會政治民主自由的條件，而領導世界和平，實在是負有服務人類之天賦。現在看他四十多年來的努力。

第一次大戰末期，威爾遜總統提倡國際聯盟組織，原期國際間有一折衝利害商討問題的公開場所，發生國際議會的作用，實際收穫雖未如願，但其脫出門羅主義而展開維持世界和平的遠大企圖，已使全世界自由民主人士在政治思想上受其重大影響。二次大戰期中，羅斯福總統以一身繫天下之安危與人類後世之禍福，明知陳陳相因，極權與民主之不能並立，而能以大智大仁，發揮其爲大政治家之最大抱負與忍耐。對於蘇聯之遷就，原期通過聯合國組織之運用，積以年月，使其馴服。對戰敗國之德日，非但爲繼絕存亡，而且竭盡其提携管敎之功，而培養成民主國家中健全之成員。其他國家在美國戰後一貫政策之下，受其扶植援助之事實，不勝枚舉。至今十四年間，通過聯合國之力量，爲殖民地解脫奴役，一一獨立自治，充實世界民主政治之陣容。自國際關係轉變後之今日言，彼對於蘇聯之估計雖完全錯誤，然其培養民主政治之方向大致不差，其事功依然是不可磨滅的。

爲世界人類服務的百世大業，當然不能急切强求，而重於環境改造之績效，自然更要一貫忍耐去做。民主政治實驗了大約三個世紀，資本主義之脫胎換骨，還不到半個世紀，看今天全世界人類所追求的自由福利和正義，日趨高潮，關閉在鐵幕內，奴役在極權政治下的人民，亦逐漸覺悟，努力爭取自由。這種心力的膨脹，就是全人類趨向民主，打擊極權，造成世界和平的最大力量。領導極權的人們，環顧內外，不能不有動於衷。史大林死後的蘇俄，幾度政變，斷定爲感受世界民主怒潮激盪的結果，並非誇張。所以共產主義和資本主義一樣要變質的。情勢的演變，環境的逼迫，使它不得不步步修正。極權政治的作風，亦顯見其跟隨轉向，尋求適應時代環境而生存的途徑。

我們再看戰後美國，聯合多數民主國家直接對世界和平的努力。軍事的堵，經濟的競賽，政治的折衝，都不是戰鬬性的而是敎育性的。民主國家以最大的忍耐對極權者和侵略者爭取和平，以敎育性的局部戰爭代替毁滅性的世界大戰。所以和平維持到今天，第三次大戰的威脅日漸減低。這其間盤根錯節，表現著美國主政者的懦弱呢？自私呢？抑其人民之耽於安逸而不能振作呢？誠然，以美國的國力，早可在任何一天，借任何一件事故，掀動全面戰爭，打倒極權暴力。但是人類的智慧，還找不出以武力解決問題的答案，美國人當不致愚蠢至此。十四年來，安定了多數地區的紛爭，雖因觀察者的視線角度不同，曾經引起了不少人的誤解，事實上亦儘有未如人意之處，但從大處遠處著眼，倘不爲斷章取義，可以顯見其確非曲求苟安，或以片面的利益作祭品。說得更深切些，爲實現世界和平的遠大目標，爲完成以民主取代極權的全面敎育，這是必須忍耐採取的過程。如果眼光太近太狹，對小的事故過於求全取勝，勢必以累年之建設，廢棄於一旦。我們今天幸而參加在民主國家的行列中，若拋棄世界和平的信念，而誤認美國一擧一動，係爲國際權利而角逐，那就不免於大錯特錯，而陷於自己永遠墮落的命運了。何況眼前大大小小的獨裁者，假民主者，背著民主潮流，心心念念的製造亂源，希圖混水摸魚猶不乏人在，全人類生存的命運，豈能容其毁滅？這又是美國須獨負持重之責任，而不能使好亂者逞其妄念。

民主敎育，人類和平的最高哲理，普遍到每一個人的心裏，以至佔據了每一個執政者的腦海。經濟、社會、政治，一切自然趨向民主，美國就是最好的榜樣。希特勒、史太林之流，到美國決不會發生絲毫作用，美國人亦決不容他們存在。眞正的民主國家，亦無不如此。民主怒潮推進了時代巨輪，如果人類不欲自滅，則全世界人民唯有選擇民主制度。這也就是我們相信共產極權必將失敗的理由。

依照眼前的趨勢，不妨重複說明，我們可以不必把各先進國家的性格，看作還滯留在二十世紀一、二十年代以前，而對極權武力的威脅亦不必先自氣餒。從來以武力征服世界的，沒有一次不遭慘敗。揭櫫著戰爭的神聖使命，而骨子裏靠犧牲人民討生活的，在現代文明中已屢見其自掘墳墓了。我們不必斷言野心家從此絕跡，但田中奏摺，黑衣藍衫，經過考驗，業經時代的否定。列寧，史大林的徒子徒孫，固然還不計其數，但是不戴民主面具，已不能繼續其最後的喘息。不管他們心坎上還能留存多少武力的信念，但其猙獰的面目緊接著需要收藏起來，發動武力的口號亦要自動撤回。這不是敎育潛力的表現嗎？這不是時代環境的約束嗎？民主力量無赫赫之功，而孕育世界和平的初步成就，已爲人所共見。績效的延展，就是世界上任何主義，必須在民主陣線上統一起來。

科學發達的今日，對人口的膨脹，物資的需求，却用不著戰爭來解決。利用信仰和主義來煽動戰爭的一套把戲，在民主環境中亦嫌陳舊了。國際間利害的衝突，事業的合作，儘可在國際的議場上共同解決。和國內各地區各團體的利害折衝於國會，沒有什麼差別。四十年前產生過的國際聯盟失敗了，有十幾年前聯合國的出現。聯合國至今未如理想，則依國際形勢的推演，民主政治的逐漸壯大，將來自有更適合要求的國際組織，協同擔負世界和平的大業。但求我們的覺悟與努力，毋須今日之過慮。

致力於世界和平，是從人類的智慧中出發的，並非是放棄了自己而空言對外。因爲世界和平以民主爲基礎，而民主必須先從內政做起，別無他途。人民接受了民主思想，則經濟、社會、政治等一切民主化，彌天塞地的民主空氣中，任何對內對外的主戰者都不能呼吸，世界和平，水到渠成。落後國家的人民，更須追求奮鬬。

（一九五九、十二、五、於臺北雙園）

看我國所漠視的可倫坡計劃如何被日本利用

羅堅白

一　趨向長期存續的國際經濟開發組織

可倫坡計劃第十一屆評議委員會從一九五九年十一月十一日起在印尼首都耶加達舉行，十四日業已閉幕。相當於其豫備會議之技術協力審議委員會的年會，則從十月二十六日起至十一月六日止先在評議會開會約一週前舉行完畢。

本屆會議除照例採決本年度的年次報告豫定於明年一月發表外，值得注意的決議，第一是將本計劃自一九六〇年七月以降延續五年；關於以後的再延長，俟一九六四年另行檢討。這意味着這個國際經濟開發組織，將要長期存續下去。

第二是日本代表團長菅野國務大臣兼經濟企劃廳長官提議第十二屆會議明年秋天在東京舉行，獲得滿場一致通過；使吾人認識日本對於該項國際組織的熱心，並感着日本在該組織中，業已爭取到相當的主導權。

筆者主張我國亦應設法參加該組織，故特介紹其概略，並貢獻筆者個人一些見解。

二　所謂可倫坡計劃的內容

可倫坡計劃的正式名稱，為「東亞及東南亞（這是英文的表現法，後文只括稱之為東南亞）共同經濟開發計劃」。一九五〇年一月在錫蘭的可倫坡舉行英聯邦外長會議，由澳洲外長斯賓斗提出該項計劃，經是年十一月英聯邦諮詢委員會正式決定付諸施行。

不待說該項計劃，最初只是英聯邦內一項擧措，豫定自一九五七年起至屆滿六年時終結。一九五五年在星加坡開會的評議委員會，決定將終結期延展至一九六〇年六月。又自美國參加以後，陸續擴充範圍開放門戶，成為包含十九個國家和兩個屬地的一種國際經濟開發組織。其組成分子在計劃施行地域內者，計為：錫蘭、印度、巴基斯坦、越南、寮國、柬埔寨、緬甸、尼泊爾、印尼、菲律濱、泰國、馬來亞、新加坡等十三國及英屬沙勞越，北婆羅洲兩地區。在計劃施行地域外者，計為：澳洲、加拿大、紐西蘭、英國、美國、日本等六國。後六者站在援助開發的立場，亦被稱為援助國；前十五者站在為開發而接受援助的立場，則稱為被援助國或被援助地。

所謂援助大別為二種：一為援助開發計劃所需要的資本，分別採取贈與或借給資金及供應物資三種方式。而所謂計劃者，並非樹立何種超國家的單一計劃，乃地域內各政府先自樹立開發計劃；然後就此等開發計劃，決定由地域外國家之某國或某某幾國分擔其援助；而由授受援助之各國互相協議如何實施。

在這個以計劃為名的國際組織裏，設有評議委員會，技術合作審議委員會及秘書處三個機構。以評議會為最後核定機構，由參加國派出內閣閣員級的人物任代表，每年開會一次，檢討過去一年間經濟開發與援助分擔的實績，及協議今後擴大強化的方針，並採決年次報告書；因出席會議者俱是閣員，所以有閣員會議的別稱。技術合作審議會乃豫備決策機構，由參加國派出技術代表赴可倫坡每年擧行政策會議兩三次，並每月開會一次，以監督調整實施技術合作各部門的活動。秘書處常設可倫坡，除擔任例行各事務外，並對照全般計劃，將技術援助及資本援助各經過，分別加以記錄。

三　日本與可倫坡計劃

日本自一九五四年當可倫坡計劃參加國在加拿大的渥太華擧行年會時，被允許參加為援助國；雖其援助規模初甚微小，然每年俱見擴大。

按可倫坡計劃自發軔以來迄去年六月，七年之間，援助資金總額達五十億美元，其中四十億美元為美國所出。又在此七年之間，派遣技術專家赴計劃實施地域內共為三二六三人，訓練由各該地域派出之技術研修生為一二七一一人。

對於此項實績，日本所貢獻者：截至本年六月底止，援助資金連同所提供機器類的價格，共計約為百五六十萬美元，合五億六千萬日圓；派遣技術專家赴受援地域一六九人，容納該地域派出的技術研修生二七八人。

就援助成果論之，在農林、水產、工業、交通四部門中，日本所佔有約近於百分之十。

以一戰敗於對外侵略的國家，而重至曾受侵略地域援助開發經濟，吾人雖不吝與人為善，相信其無再侵略的企圖。然捲土重來，總是意味着過去地位的恢復；而與主要戰勝國美英並肩援助他國，更無異於其所恢復之地位，已得有世界公認。

宜乎此次日本代表團在會議中風頭之健，及在幕後被受援地域爭取之熱烈，俱為得未曾有。如馬來亞、新加坡、沙勞越、北婆羅洲各代表等，俱曾找上菅野，談過具體而積極的經濟合作；其內容當然至少有一部分，會出現於各該國家及地區向下屆會議提出之計劃中。

再就日本方面論其可能收穫之實際利益，日本援助以技術為主，而技術援助，則提供技術人材與提供機器類相並重。至於援助資本，則不過偶而附帶予以貸欵，但欵額與他國所援助者相較，殊覺微乎其微。

提供機器類當然意味着機器類的輸出；其直接效果，是為日本機器在海外開闢銷塲。而尚有間接效果，是將較舊式的機器，連同附帶設備整套輸出，騰出資力及原裝地位再從頭設備最新式者，以促進本國的技術革新。

至於提供技術人材，其自然產生的成果，亦係推銷日本機器。蓋日本派去的技術專家，當然以採用日本機器爲其一切設計的基本。而在日本受過訓練之技術研修生，當然也會特別習慣於使用日本機器；故將來經彼輩手之一切建設及補充，永遠不能脫却日本機器的羈絆。所以這兩種技術人材，都無異於日本機器的有力推銷員。

若論到貸欵，則又是意味着爲機器以外之商品開闢銷場。蓋日本貸給者並非美金或英鎊，乃係一筆日圓支付能力，在名義上折合美金或英鎊若干。在貸出時，實際上不過是日本生產的商品；而收回時連同利息都變成美金或英鎊，毫無異於貿易的收入。

四　日本工業原料來源的佈局

此次可倫坡會議的最大課題，是關於受援地域換取外滙的僅有商品即原料，如何使其價格安定的問題。從來以原料品換取工業品，其價格不能期其公平，乃國際經濟秩序未能合理化以前，在經濟實態上甚至在經濟思想上的最基本問題之一。

東南亞各國的第一次生產品，即所生產的原料品，輸往工業先進各國被其殺價賤買，在戰後直至去年世界景氣中落，始由先進國因東南亞各國原料不起價致缺乏外滙，使其向該地域輸出陷於停頓的事態，稍稍引起人注目。現在景氣雖然回春，而先進國爲維持工業較高利潤，原料品的購價，只在維持各該國對東南亞輸出的範圍內略予上漲，遇有機會，往往不忘使之回跌；故問題依然無從解決。

錫蘭財政部長蘇以查在會議中力陳：「積極謀第一次生產品價格的安定，其重要遠過於援助。此項不安定的因素，倘不予克服，則經濟開發亦無意義。」然各援助國家實俱無誠意及決心，糾正賤買原料的傳統自私積習；結局只好以空洞的「國際合作」的安慰語，將此問題敷衍下去。

東南亞原料品價格的跌落，實應開始於各該原料對先進國工業依存關係確立之初；蓋既無競買對手，各先進國自然樂得殺價買進。不過當景氣繁榮時，先進國對於工業成本的計算未臻精刻；而存貨投資盛行中，又往往使其計算尚能保持某種程度之寬鬆。所以先進國對原料品殺價的作風，直到景氣中落，始圖窮而匕首見。

日本工業經過近年來的技術革新，生產潛力超過戰前最高水準若干倍；其所需要原料，當然最宜就近擴張來源於東南亞地域。故當其他先進國爲研究如何掩蔽對原料品殺價方在苦心焦慮之中，日本居然好整以暇，趁可倫坡計劃之機會，佈置進一步賤買東南亞原料之局。

如所周知：在可倫坡計劃援助下的產業，其所生產極大部分爲原料品；而日本所援助的產業，且多屬最初便垂涎其生產品作原料始予選擇分擔者。日本的辦法是與被援助國約定：凡經由日本援助而成立或改進的產業，其生產品須以特別優惠價格並特別支付方便賣與日本。所以日本又憑着援助，在最有利的條件下，得確保所需要的原料，以培養其輸出產業。

一般工業先進國家維持發展其工業，皆以商品銷場及原料來源爲其車之兩輪鳥之雙翼。今日日本在可倫坡計劃下，藉援助後進國產業之開發，除前文所述推銷機器類並其他商品外，且爲其本國工業如此開闢原料來源。値整個東南亞幾無一處不待開發之今日，日本用「一項援助確保一個來源」的方式逐漸推廣下去，將來其工業所需要原料的特別來源，當又不難佈滿於東南亞各地，而過去所謂大東亞共榮圈，亦無異於正在趨向局部恢復；而僅憑和平手段，且在「援助」「開發」等「非利己」的標榜下得到恢復，其意義尤非等閑。

五　中國不可自外於東南亞經濟開發

由於眼見可倫坡計劃對於日本工業具有如此莫大助力，爲其生產品之前驅兼後盾，故筆者想到我國亦應加以重視而要求參加。我自由中國既已踏上工業化之途，則需要可靠的商品銷場及原料來源，與日本初無二致。而我國對外貿易現在大半依存於日本，常見日方表示似不勝其負累，希望其疏散於遠近其他各國，則等於在臥榻之旁肘腋之側的東南亞，尤密切關係於我經濟前途。

且在東南亞地域數逾千萬的僑胞，雖有原被認爲根深蒂固的經濟力量，却受着當地狹隘民族主義排斥，正在岌岌可危，而無可奈何。我自由中國倘認，援護僑胞如解倒懸，應不放棄一切可能機會，則可倫坡計劃之趨向於長期存續，正是合理解決東南亞華僑問題最大的機會。

過去自由中國對於可倫坡計劃的漠視，殆由自顧既暫無餘裕援助他國；且最初該計劃只是英聯邦內一項臨時措施，我國當然亦不宜與其屬下諸地域並肩接受援助。然今日該計劃雖仍名爲「計劃」，但已逐漸永續機構化；且擴充範圍開放門戶的結果，在質與量，均將形成東南亞經濟開發的核心。日本在該計劃的組織中，現已握有相當主導權，爾後自將日益增加其重要性。若將來美英認爲開發業已告一段落而退出，尤極可能演變爲日本之獨舞臺。筆者非常杞憂：萬一日本利用可倫坡計劃從事國際經濟戰，縱不暗以經濟的封鎖或圍攻加諸自由中國及反共華僑，只須放手在東南亞進行獨善於日本的經濟開發，其自然結果，亦將排除中國及華僑於東南亞經濟主流之外。在自問與東南亞關係遠較日本對東南亞密切的中國及中國人，焉能不爲之寒心而氣短！

六　解決華僑被排斥問題之一助

我僑胞蓄積物力人力在東南亞全域，現在正宜趁自由祖國及僑居地所屬的新興國家開發經濟潮流，從零星的農商手工業蛻化爲近代方式大規模的產業。過去我政府曾多方設法吸收僑胞資金，回到自由祖國參加各項具有光明前途的經濟發展，亦曾計劃開導僑胞轉變在海外投資及從業之方式，以順應時潮。但因投資環境不良及其他種種原由，以致未能收得何種顯著效果。

現在，據聞從印尼及新加坡撤退來至香港之僑資，不下數億美元，大率成爲毫無出路之遊資。而在菲律賓及印尼，僑胞被奪去零星農商手工業及限制居住地後，幾於已無噉飯甚至存身之所。然東南亞各國，不論如何狂信狹隘的民族主義，只須自由中國不一味坐視其毀棄國際秩序，任意侵犯我僑胞之生命財產，則我大可以使僑胞協助各該國經濟開發爲條件，嚴正要求其尊重我僑胞之生存權並所有權；而爲具體的並統一的付諸實行，及爲實行以前從事所必要之交涉，均莫如利用現成的可倫坡計劃機構。蓋我國若果參加該項計劃爲援助國，則技術合作審議會應可在實際上指導我僑胞如何與僑居國的經濟開發合作；而評議會更將成爲我國關於以僑資援助開發對受援國折衝樽俎之事實上的舞台。我國不宜妄自菲薄，以爲現無資格談援助：蓋在技術方面，只提供機器覺猶不能與日本並駕齊驅；若論提供技術人材，我雖自覺數之繁多或不無問題，論質之優秀則對日本絕無愧色；（我國曾以製糖技術援助泰國、紡織技術援助越南、農業技術援助伊拉克，即其實例。）且可從現在配合選拔留學生出國深造，及教育訓練回國昇學僑生諸政策，急起直追以赴之。至於論到援助資本，則我可就地取給於華僑所擁有之遊資，却大非日方所能效颦；問題只在如何加以動員而已。

看本屆可倫坡會議後所發表之公報，有謂「地域內各國所希望的援助，倘專賴來自政府間的協定，顯將無法供應長期資金需求。是以各國俱在採取積極手段，以謀導入外國民間資本。」那是因爲在會議席上，有錫蘭、印度、印尼、緬甸、泰國各代表，俱曾強調導入外國民間資本之必要，顯示各國近來反省到對外國資本過於露骨的警戒，不啻自己阻障其國家經濟開發，已傾向於在合理條件下容納外資以圖共榮。

印尼代表團長沙勒主張在可倫坡計劃組織中增設一國際機構，吸收外國民間資金以應東南亞開發的需要。筆者覺其提議尤適宜於華僑資本之集結。倘我國一面參加可倫坡計劃，一面慫恿美國財界鉅子出而提倡領導該項國際集資機構，兼保障被集結資金本利之安全。筆者相信在美國信用號召之下，華僑資金必將脫穎而出，其對東南亞開發之貢獻，或許不太微末。則僑胞遊資既可在受人歡迎喝采聲中大顯身手；而因原有零星職業被剝奪以致陷於窮困的僑胞，亦可在我僑資援助開發之新企業中，分擔工作，獲得安居樂業。

吾人當不至忘却可倫坡計劃今日如此享有東南亞各國一致期待之信賴，實得力於美國之參加領導且投下鉅資在總額五十億美元中佔四十億美元。我國爲解決僑胞被排斥問題，只有善導僑資以與各該僑居地所屬國家謀互利；而爲有效運用僑資以達成此目的，筆者以爲絕對不可忽視可倫坡計劃近十年來所已築就之基礎。倘欲從新另行建立類此基礎，不僅非我國自力所能及，即美國循着被英聯邦拉入作主要援助國之前例，不吝再被我國借重，恐其亦將難如前此之慷慨輸將。日本能够充分珍視此項基礎，且知道如何加以儘量利用，但所費迄今不到二百萬美元；我自由中國何獨不能够，不知道？

——一九五九年十二月於東京

論國有化在國際法上的幾個問題

金惠民

共產國家的國有化，是根本地改變其國家原有的經濟結構，使它們的所有制從私人所有制改變爲社會主義所有制。如十月革命後蘇俄的國有化，第二次世界大戰後東歐附庸國的國有化，南斯拉夫與東德的國有化，以及中共竊據大陸後的國有化，北韓和北越的國有化。自由國家的國有化，是不變更其國家所有制私人所有制的經濟結構，不是以個別人民的財產爲目標，而是以若干類財產或者企業爲目標的。如法國於一九三六年——三七年把軍需工業和鐵路國有化，一九四六年——四七年把電氣、煤氣和銀行企業等國有化，英國於一九四五年工黨上臺後即把英格蘭銀行、煤礦、運輸事業等都國有化，敍利亞於一九五一年把水、電和公共運輸事業國有化，埃及於一九五六年把蘇彝士運河公司國有化。

雖然共產國家與自由國家的國有化性質並不相同，但是因國有化所引起的國際公法和國際私法上的問題，却是同樣的。本文所要研究的問題是：一、在國際私法上適用外國法，國有化法規是否適用？二、在國際公法上採取國有化措施的國家，對外國籍的原所有人有沒有補償的義務？

關於國際私法上適用外國法，國有化法規是否適用的問題，即是採取國有化措施的國家所頒布的國有化法規，其他國家國際私法上規定是否應適用的問題。國際私法乃是規定解決涉外法律關係之法規，亦即是就內外國之法律性質，而決定孰應適用之法律。由於涉外私法關係，有時涉於外國地，有時涉於外國人，故適用法律，亦有時適用外國法。惟適用外國法，並非漫無限制，如研究其法律性質對內國法益有發生危害時，則不能適用。所以各國立法例對於外國法適用之限制，有下列三種主義：

一、間接限制主義。此即內國法明文規定某種內國法爲絕對强行，如外國法與內國法抵觸，不適用之。例如法國民法第三條規定：「關於警察及公安之法律，凡在法國境內之人，均受其拘束」。荷蘭、比利時等國之民法，亦取此種主義。此種主義乃發生於屬人法主義，因爲屬人法主義認法律之效力得隨人而及於外國。

二、合併限制主義：此即於法典上明文規定某種內國法爲絕對的强行，同時復規定有危害內國公安之外國法不得適用，如意大利民法第十一條及第十二條，西班牙民法第八條及第十一條，即採此種主義。

三、直接限制主義：此即以內國法明文承認外國法之適用，但外國法如違反內國公安時，則以明文限制外國法之適用。此種主義爲現代多數國家所採用，如法國民法第五百四十五條規定：「尊重私有財產的原則，在法國是絕對的，有關公共秩序的原則，外國法如違反此一原則，應當適用法國法，而不適用通常應當適用的外國法」。德國民法施行法第三十條規定：「外國法如違反善良風俗或德國法律之目的者，不適用之」。日本法例第三十條規定：「外國法之適用，如違反公共秩序及善良風俗時，不適用之」。我國涉外民事法律適用法第二十五條則規定：「依本國法適用 外國法時，如其規定有背中華民國公共秩序，或善良風俗者，不適用之」。

以上三種主義，我們認爲以第三種較爲合理，因爲此種主義已於一八八〇年國際法協會議決議採用。其決議：「一國法律，在他國領域，如與其國之公共秩序相違反時，不論如何，該國不能承認其效力」。且此種主義使法官在涉外法律關係上，有一明確的原則，較爲容易決定應適用之法律。(註一)

英美法例亦多認爲外國法，如違反法庭地之重要公共政策 (public policy)；對法庭地人民有不公平或損害其利益情事；含有懲罰性質則不適用。民主國家的法院一般都認爲國有化法規 違反公共秩序而不適用，換句話說，都認爲一個國家所頒布的國有化法規，對於這種法規頒布時所存在於外國境內的財產，不發生效力，因爲該法規違反外國公共秩序，外國法院拒絕適用，所以該國有化國家對於這種財產是不能取得所有權。且英美的法院都把沒有補償的國有化措施視爲刑罰性的沒收，因此，拒絕適用此種法規。(註二) 在一七九七年巴克雷訴拉塞爾案的判決中，英國法院即有這樣的主張：「外國的沒收對於這裏的財產不能發生效力，因爲一個國家不能執行另一個國家的刑事判決」。(註三)

物權適用物之所在地法，是國際私法上的一大原則；在採取國有化措施的國家頒布國有化法規時以及在法院受理訴訟案件時，有關財產都不在採取國有化措施的國家境內，當然不應適用該國法律來解決，因此該國的國有化法規對於這種財產當然不能發生效力。即使這種財產是屬於一個公司設在外國的分公司所有，而該公司設在採取國有化措施的國家境內，並且具有該國的國籍，該採取國有化措施的國家，縱然依據該公司的屬人法，不論在按照法人成立地說，或者按照社會住所說，要求適用該國有化法規，亦爲國際私法上採取間接限制主義或者採取直接限制主義的國家拒絕適用，仍然不能取得這種財產所有權。例如帝俄於一九〇七年在紐約設立了第一俄國保險公司的分公司。十月革命後，蘇俄把第一俄國保險公司國有化。該紐約分公司在其總公司經蘇俄國有化以後，仍然繼續營業，蘇俄企圖依據該公司的屬人法，取得該公分司所有權。紐約法院認爲蘇俄的國有化法律，違反法庭地公共政策，對於該分公司不能發生屬人法的效力，乃於一九二五年命令把該分公司清理後，把它的財產盡先清償美國的債權人；其次外國的債權人，最後把餘欵交給該分公司董事會，以便分配給股東。(註四)

法國國際私法學家巴丹在其所著國際私法論中說：「一些相反的經濟制度和社會制度之間所存在着的基本矛盾，不容許承認外國的沒收措施，即使這種沒收措施，是一個政府在它的主權限度內所採取的，也是一樣。所以在這種情形，應當依據法國民法第五百四十五條所規定，適用法國法，而不適用通常應當適用的外國法，即採取國有化措施的國家所頒布的國有化法規。(註五) 法國國際私法學家尼波葉也在其所著國際私法要論中說：「適用外國法，以外國的制度同內國的制度有最低限度的相等爲前提。在國有化問題上，社會主義國家和資本主義國家既然並沒有最低限度的相等，資本主義國家就可以援用違反公共秩序，不適用社會主義的國有化法規」。(註六) 法國最高法院於一九五五年三月二日判例中，即採取巴丹氏尼波葉氏的主張，「認爲外國的國有化措施如果對原所有人不予補償，那末這種措施因爲違反法國的公共秩序，在法國就不能發生效力，即使外國國有化的財產在國有化當時是在該外國境內，也是一樣。因此，這種財產如果以後被轉移法國，原所有人可以在法國法院訴請追還」。

國有化法規之所以被民主國家的法院拒絕適用，其在法律上不外乎根據下列四個理由。第一、在乙國法院作爲訟訴客體的財產，在甲頒布國有化法規的時候，不在甲國境內，依照國際私法的原則，不適用甲國法，而適用物之所地法。第二、在乙國法院作爲訴訟客體的財產，在甲國頒布國有化法規的時候，雖然不在甲國境內，但甲國却依屬人法（例如總公司設在甲國境內分公司則設在乙國）主張取得此種財產所有權，依照國際私法直接限制主義的原則，不適用屬人法，而適用乙國法。第三、在乙國法院作爲訴訟客體的財產，在甲國頒布國有化法規的時候，是在甲國境內，以後被移至乙國，不論依照國際私法間接限制主義的原則，或者直接限制主義的原則，都不適用甲國法，而應適用乙國法。第四、國有化的財產在國有化當時是在實行國有化的國家境內，而以後被移入乙國，而在乙國法院作爲訴訟客體，依照國際公法的原則，一個國家不能執行另一個國家的刑事判決，也是不能適用該國有化法規的。不論按照第一個第二個或者第三個第四個理由，所得到的結果都是不適用國有化法規。因此，前所有人對國有化當時在國有化國家境內而被國有化的財產，以後被移入其他的國家，亦可以在其他的國家法院訴請追還。

英國法院雖然例外適用挪威征發法規把利登公司船舶判給挪威政府一案。在那案件中，挪威流亡政府在第二次世界大戰 期間內頒布了一個有償征發法規，把懸掛挪威國旗並且在原屬挪威但從德國佔領的領土內登記的一些屬於挪威人所有的船舶予以征發。當時在英國境內屬於挪威人所有的利登公司船舶，企圖規避挪威政府征發，因此，挪威政府訴請英國法院主張取得該公司船舶所有權，英國法院適用挪威征發法規，把不在挪威境內而在英國境內的利登公司船舶判給了挪威政府。(註七) 英國法院之所以例外的適用挪威征發法規，不但是由於英挪兩國經濟制度相等，該征發法規明白規定被征發的船舶限於挪威本國人的船舶，並且給予原所有人合理的補償；而且也是由於英挪兩國在第二次世界大戰中有對德作戰同盟的關係，英國法院適用這個征發法規，是英挪兩國爲了共同對德作戰的目的所共同要求的。

關於國際公法上採取國有化措施的國家，對外國籍的原所有人是否須予以補償的問題。對於這一個問題，各國國際法學家至今還沒有一致的意見。這些不一致的意見，可以歸納分爲三個說法：第一個說法是主張採取國有化措施的國家，對外國籍的原所有人無須給予補償。第二個說法是主張採取國有化措施的國家，必須給予外國籍的原所有人以補償，而且補償必須是充分的，有效的，迅速的。第三個說則是主張採取國有化措施的國家，有義務對外國籍的原所有人給予部分的補償。

第一個說法的理由是：從第一次世界大戰後，國家之所以採取國有化措施，常常是爲了實行規模宏大的經濟改革和社會改革。如果採取國有化措施的國家必須對外國籍的原所有人給予補償，那就必然妨碍它進行經濟改革和社會改革的主權，因爲它將無力或者很難負擔這個義務。所以這個說法主張採取國有化措施的國家，只有對外國人不加歧視的義務；如果它對內國的原所有人不予補償，那末它就沒有義務對外國籍的原所有人給予補償。英國國際法學家威廉斯，法國國際法學家弗里德門，意大利國際法學家納多利，丹麥國際法學家羅瑟，捷克斯洛伐克國際法學家比斯特里基都是主張這個說法的。(註八)

第二個說法又分爲兩種主張：第一種主張國有化措施的有效以採取國有化措施的國家對外國籍的原所有人給予充分、有效、迅速的補償爲條件；第二種則主張國有化措施的有效雖然不以給予這種補償爲條件，但是採取國有化措施的國家仍然有義務給予這種補償。第一種主張爲美國國務卿赫爾所採取的。一九四〇年四月三日，由於墨西哥把一些土地和石油企業國有化，涉及美國僑民的利益，赫爾曾對墨西哥致送照會說：……徵收財產的權利是同支付充分的、有效的、迅速的補償相結合的，而且是以這種補償爲條件的。英國法院也是採取這種態度。國際法學家如紹克勞斯，海克沃斯和海德也是採取這樣主張的。(註九) 民主國家大多數國際法學家則是採取第二種主張的。(註十)

第三個說法爲國際法學家奧本海，拉普拉德爾和勞特派特所採取的。這個說法雖然是從維護私有財產制出發，但是却考慮到採取國有化措施的國家支付補償的經濟能力，所以有傾向於折衷補償的趨勢。從第一次大戰後直到現在，各國之間由於國有化而訂立的外國人給予補償的協定，一般只是規定部分補償的事實，常被引用來支持這個說法的。

我們認爲第二第三兩個說法是正確的，是符合國際公法上國際索償(International Reclamation) 的原則。國家因本國人民遭受到外國的損害，而向外國提出損害賠償的要求，不但是保護本國人民，是行使國際公法授予國家的一種權利，而且也是維持國際公法的國際行爲。國家由於本國人民的財產，遭受到採取國有化措施的國家沒收，爲保護人民既得的利益，而向採取國有化措施的國家提出補償的要求，既是國家行使國際公法所授予的權利，而採取國有化措施的國家，自然也負有對外國籍的原所有人必須給予補償的義務。顯然第一第二兩個說法，是依據國際索償的原則而引伸出來的。我們再試從近五十年來幾個著名的國有化案與聯合國第三委員會最近的決議和外國人可以要求最高的待遇，來證明這兩個說法的正確性。

近五十年來幾個著名的國有化案件，分述如下：

一、烏拉圭人壽保險國營案：一九一一年，烏拉圭國會通過了一個人壽保險事業國營的法案。英國政府卽向烏拉圭政府提出抗議，其理「由是：由於這個法律，英國人設在烏拉圭的保險公司將被徵收，這些公司所有的『牌號』構成的資產將完全歸於消滅而毫無補償，因此，這個法律，有沒收性質。如果這個法律付諸實施，英國人所設立的人壽保險公司被國有化，烏拉圭政府應給予原所有人合理的補償。」結果，這個法律未經烏拉圭政府公布施行。(註十一)

二、墨西哥土地和石油企業國有化案。由於墨西哥把土地和石油企業國有化美國僑民的財產被征收，因而引起美國政府向墨西哥政府提出要求補償的法律觀點已經敍述如上。雙方所爭執的法律觀點雖然相持不下，但是最後由於墨西哥政府承認美國政府所持法律觀點符合國際公法上的國際索償的原則，而不得不在頗大的程度上退讓一步，同意美國政府的要求。(註十二)

三、蘇俄土地和企業國有化案：十月革命後，蘇俄卽採取國有化措施，無償沒收外國人的土地和企業，因而引起列國的抗議，和一九一九年至一九二二年的武裝干涉，並且列國曾經召開兩個會議——一九二二年的日內瓦會議和海牙會議——要求蘇俄遵守國際公法上國際索償的原則，對外國籍的原所有人必須給予合理的補償。但是蘇俄却援引法國大革命時不予補償的先例和協約國對蘇俄武裝干涉中使其所受的損害，而提出反要求。當時協約國堅持外國人被蘇俄國有化的財產必須給予補償，對蘇俄的反要求則不予承認。最後，雖然英國在原則上同意蘇俄根據英國的武裝干涉所提出的反要求，並且承認可以把英國人由於蘇俄國有化措施而對蘇俄提出的要求同蘇俄反要求互相抵銷。可是這個雙邊條約在工黨執政時不久，英國保守黨便上臺，對這個條約拒絕予以批准，因而並未發生效力，保守黨政府對蘇俄國有化問題上始終堅持外國人應予補償的法律觀點。一九二四年法國承認蘇俄，蘇俄亦同意法國保留它的要求，並且同意法國佔有蘇俄在法國的財產。法蘇間由於蘇俄的國有化措施而發生的爭執，也就因此迎刄而解了。蘇俄因國有化措施與列國發生爭執而讓步，雖然承認對外國籍原所有人員有給予補償的義務，而實際上亦恒視要求補償的國家國際社會地位强弱而異。蘇俄之所以承認法國佔有它在法國的大量財產，卽是因法國當時在國際社會有强有力的地位。(註十三)

四、東歐共產國家土地和企業國有化案：第二次大戰後，由於蘇俄在東歐擴張，使東歐各弱小的國家，淪爲蘇俄的附庸國。各附庸國因採取國有化措施外國人的財產被沒收，引起英美等國家爲了保護它們的國民的既得利益，而提出法律上採取國有化措施的國家對外國籍的原所有人應負有補償的義務。雖然由於各該附庸國家採取拖延的手法，藉口無力補償，使英美等國家都未能運用外交干涉的方法，在這些國家裏保護它們的國民的個人權利達到完全補償的願望。但是對實行國有化的國家，若採取及時的經濟上反對措施的條件下亦簽訂有效的補償協定，這種協定規定一定程度的補償。(註十四) 例如英國和南斯拉夫於一九四八年十二月二十三日簽訂的補償協定，英國取得了四百五十萬英鎊的補償；英國和捷克斯拉夫於一九四九年九月二十八日簽訂的補償協定，英國取得了八百萬英鎊的補償。南捷兩國之所以同意英國提出補償的要求，是因英國採取了及時的經濟上的反對措施的緣故。南斯拉夫對美國給予補償的情形也是類似的，由於南斯拉夫存在美國價值四千七百萬美元的黃金被美國凍結的緣故。(註十五)

一九五五年聯合國大會第三委員會，經過二十九次的會議以後，所通過的人權公約草案第一條第一第二兩欵規定說：「所有的民族都有自決的權利。根據這個原則，所有的民族都有自由決定它們的政治地位和自由從事於它們的經濟、社會和文化的發展。各民族可以爲了它們自己的目的，自由處置它們的自然財富和資源，但不妨碍從根據互利原則和國際法上的經濟合作所生產的任何義務。」(註十六) 從這條規定涵義看來，採取國有化措施的國家，在法律上對外國籍的原所有人顯然負有給予補償的義務。因爲國有化的措施，雖然是一個國家根據主權和自決的原則自由從事於它們的經濟改革，但是採取國有化措施的國家，既不能妨碍國際法上的互利原則和經濟合作所產生的任何義務，那末，採取國有化措施的國家，對外國籍的原所有人給予補償也就是當然的義務了。

在國際公法上，外國人可以要求最高的待遇，却不能視爲國家的主權遭受損害。如果認爲外國人要求最高的待遇，只能是等於內國人的待遇，而不可能超過內國人的待遇，否則外國人的地位將處於類似領事裁判權制度的特權地位，國家立權必將遭受損害。這種說法在表面上看來，似乎很有理由。但是就採取國有化措施的國家無償征收內外國人的財產來說，就發生了違反國際公法上國際索償的原則。如果按照外國人要求最高的待遇，不能超過內國人的待遇這一說法，採取國有化措施的國家對內國人的財產征收不給予補償，對外國人的財產征收當然也不給予補償，或者是對內國人的財產征收只給予部份的補償，對外國人的財產征收當然也只給予部份的補償，那末，外國籍的原所有人本國政府，則不能按照國際索償的原則，向採取國有化措施的國家提出合理的補償要求。國際公法上，外國人可以要求最高待遇，顯然亦是根據這一原則而引伸出來的。因此，把外國人要求最高的待遇，視爲損害國家主權的說法，不但是違反國際索償的原則，而且也是缺乏法律論據的。一九二八年國際聯盟經濟委員會在外國人待遇公約草案第十一條關於國家進行征收征發時補償的規定中說：「居住在一個國家裏並且享受它的法律的保護和它的行政利益的外國人，必須站在同內國人一樣的地位上分擔它所責令的負擔，即使這些負擔具有例外的性質並且包含着在某些情形下全部或者部分剝奪財產的那種犧牲，也是一樣。」這個規定在一九二九年巴黎舉行的關於外國人待遇的國際會議上，却未能獲得大多數國家的贊同。（註十七）也就是採取國有化措施的國家，對內國人的財產征收，不論其有無補償，對外國籍的原所有人必須給予補償最佳的說明。

從上述幾個著名的國有化案件，與聯合國第三委員會最近的決議，和外國人可以要求最高的待遇的法理上看來，證明採取國有化措施的國家，對外國籍的原所有人必須給予補償的第二第三兩說法的正確性。雖然採取國有化措施的國家恒視要求補償的國家國際社會地位强弱有所不同，而要求補償的國家對共是產國家必須採取及時的經濟上反對措施的條件下，纔能進行庸補的談判，但在法律上，却不論非共國家或者共產國家都，一致的承認對外國籍原所有人負有給予補償的義務。祇有中共和印尼採取國有化措施，沒收外國人的財產蔑視國際公法上此項補償的義務，使國際公法的尊嚴受到損害。

註一　參閱唐紀翔：中國國際私法論；洪應灶：國際私法；法國尼波叶：國際私法要論。
註二　參閱隆次：國際私法。
註三　參閱沃爾夫：國際私法。
註四　參閱美國國際法雜誌第三六卷。
註五　參閱法國巴丹：國際私法論。
註六　參閱尼波叶國際私法要論公共秩序章。
註七　參閱英國王座法庭判決錄，一九四二年，第二分册。
註八　參閱英國一九二六年國際法年刊。
註九　參閱海克沃斯：國際法彙編第三卷；美國國際法雜誌第四卷。
註十　參閱哥倫比亞法律評論。
註十一　參閱英國威廉斯：國際法與外國人的財產。
註十二　參閱聯合國條約集第一四八卷。
註十三　參閱法國弗里德門：國際私上的征收。
註十四　參閱美國國際法雜誌第五五卷。
註十五　參閱英國一九五〇年國際法年刊。
註十六　參閱美國國際法雜誌第五〇卷，海德：對自然財富和資源的永久主權。
註十七　參閱國際聯盟一九二八年第二分册，一九三〇年，第二分册。
註十八　參閱一九五〇年哈佛法律評論，哥倫比亞法律評論。

讀者投書

（一）

談臺灣大學的擁護連任運動

一羣臺大學生

前些日子，我們臺大的同學突然在佈告牌和牆壁上發現了許多擁護總統連任的標語。這些紅紅綠綠的標語，雖然貼得很多，到處可以看到，但並沒有太引起大家的注意。直到有一天，有幾位較易衝動的同學，因爲去撕標語而當場被逮後，我們才瞭解這些標語是「神聖不可侵犯」的，而不得不對它們及它們所代表的意義刮目相看。

我們由報紙的報導才獲知，「臺大同學」已經成立了一個「國立臺灣大學學生擁護總統連任運動委員會」，委員會的主任委員是一位名叫張少傑同學。我們隱約記得，在上學期（四十八學年第二學期）的期中考試時，法律系三年級有三位同學因夾帶舞弊，經校務會議決議，各予以大過一次處分的佈告中，便有張少傑的大名在內。我們不知道像這樣學識品行的同學，何以竟能「代表」臺大七千多位同學，而膺任什麼「主任委員」。而且據前幾天報載，臺大和全省各大專學校擁護總統連任運動委員會的代表，又已共同召開了一個籌備委員會，以學校爲單位，設籌備委員四人，並公推臺大爲召集人。這樣看來，這位考試作弊、大過在身的張同學，又要「代表」全省各大專學校的學生了。我們全體大專學校的同學，能有這樣一位「代表」，眞是何其有幸！

就我們所知，所謂「臺大學生擁護總統連任運動委員會」的設立，不過只是少數幾個人「奉命」辦理的組織，不僅未經同學的公決，甚至絕大多數同學從來不知有其事，不知道這幾位「委員」組成的委員會，何以竟有資格打出了臺灣大學全體學生的招牌，對外大肆宣傳、活動？

大學是學術研究的神聖園地，必須享有思想的獨立和自由。我們對那幾位撕標語同學的衝動，固然不表贊同，但對那些假借名義，對外招搖撞騙，又在校內亂貼標語的同學，卻更厭惡與鄙視。因此，爲求避免同學在校內再度有類似的不幸事件發生，以及爲維護學園自由起見，我們竭誠希望教育部長和錢校長制止同學或任何學生團體在學校裏假借名義，搞這些烏煙瘴氣的政治活動。

一羣臺大同學　同上

中國留學生的號角響了！

香港通訊・一月三日

方望思

「海外論壇」的創刊號，最近終于元旦這一天，在香港出現了。

這雖然是一本薄薄的刊物，總共也只有十六頁的十六開本；然而，它帶給海外文化界的刺激和希望，却遠非一般黨八股的報刊可比。因爲這是一本中國留美學生創辦的刊物，只不過由於香港印刷方便，委請這裏的友聯出版社印刷發行罷了。

這十年來，中國留學生愈來愈多，尤其留美學生，每年都有大量的增加。不過，在大家的印象中，都認爲大多數留學生，總是一去不返，對國家的事，不再關心。但現在由這一本小小刊物看來，大家不僅關懷國事，而且還抱有一定的遠見和原則。這眞是件可喜的事，更是件值得向臺灣讀者介紹的事。

現在，我想在下面做一點簡單的介紹工作，讓臺灣的讀者能對這一本刊物的動機、立場和言論主張，先獲得一個概要的認識，以求進而對今日留學生的想法有一些了解。

「衝出黑暗時代」是他們的發刊辭。他們在這篇文章中首先說明了他們的基本動機和立場：「這是我們少數留美學術工作者，感于祖國的變亂和世界潮流的動盪，從日常生活費用中抽出一部份欵項，業餘創辦的刊物，與任何政黨或社團概無關係。」接着他們便提出了他們所深信的原則：「我們深信一個國家的立國基礎和文化發展的方向，一定要根據政治民主，經濟平等，思想自由，和確保基本人權的大原則。凡是和這些大原則相抵觸的任何主義、制度、或政策，都必然經不起時代的考驗，而爲絕大多數的人民所唾棄。」正因如此，所以他們認爲：「我們不能聽憑少數人用武力來操縱民意，把我們的民族文化和國家體制，拖向反動毀滅的末路。因此，我們虔誠又熱烈地提出上面這幾項原則，來對一般思潮和國是，作坦率公開的討論和批評。」這是說，他們要用這一本刊物，對于當前的國是和思潮，提出他們的看法，而不再像過去保持緘默了。

他們遠在美國，所以可超脫于中國目前現實政治利害關係之上，而且對今日極權大陸和臺灣的情形，都有客觀而清晰的認識。因此他們在發刊辭中慨嘆的說：「近十餘年來，祖國的災難給我們的刺激太大了！試看今日當權的集團，或則專橫暴虐，飲鴆止渴；或則剛愎自用，閉門造車。長此以往，非但祖國同胞復蘇無望，我們飄流海外的人，亦將永遠寄人籬下，無家可歸！」所以，他們在最後堅決表示：「我們，都是熱愛祖國的中華兒女，斷不能坐視我們的民族，我們的國家長期在極權政治的『大黑暗時代』的漩渦中打轉；！中國不是幾個擁有武力的黨派和它們的領袖們的私產！國家的事，就是我們自己的事，全國人民，每一個人都應該過問也有權過問的。我們不能因爲在海外暫時有一枝可棲，便忘了對中國社會和全國同胞的責任。讓我們放棄過去對祖國情勢感到沉悶和絕望的心情，站到一起來，鼓舞一種研求眞理，討論國是的新風氣。」

總之，他們不願再永遠保持緘默了！

這一本刊物，就是他們的號角！

在這一期的創刊號裏面，除掉發刊辭之外，幾篇專論都相當精采，例如唐德剛先生的「中國現代化運動底各階段」，以及周策縱先生的「從『哀郢』論屈原的放逐」，便是不可多得的佳作。不過，限于篇幅，我却不能在這裏介紹，而只想把斯美先生在「從丁文江談到留美同學的責任」一文中所表示的意見，摘引幾段在下面：

斯美先生首先引述丁文江先生在「努力週報」發表的「少數人的責任」中的話，然後又談到丁先生和胡適先生等合辦「努力週報」以及發表「我們的政治主張」的事。接着，斯美先生在引用了丁先生在「少數人的責任」中說的幾句話之後，便發表自己的意見：「不僅在過去，而且到現在爲止，討論到中國的政治問題，大家都會說：靠我們『少數人』有什麼用？有的人自鳴清高，以爲政治是一件髒得不能再髒的東西；有的人以爲『不在其位，不謀其政』，把想說該說，想做該做的都不願說不願做了；又有的以爲政治就是做官，對做官有興趣，對眞正的政治原理原則却一竅不通。在這種情形之下，很少人能盡自己的責任，也沒有辦法平心靜氣的討論政治問題，更談不上能夠有具體的行動；反而讓另一些沒有負責任能力的『少數人』，上了政治舞台，演出令人啼笑皆非，甚至痛心疾首的悲劇來。」

正因斯美先生對中國政治現狀痛心，所以提到丁文江先生在「少數人的責任」中說過的幾句話：「只要有少數裏面的少數，優秀裏面的優秀，不肯束手待斃，天下事不怕沒有辦法的。……最可怕是有知識有道德的人不肯向政治上去努力。」接着便懇切地勉勵今天的留學生，要以「優秀裏面的優秀分子」自居，而且建議大家說：「在海外的青年學人，可以說是我國的『優秀裏面的優秀』分子，丁先生說只要有幾個人就可以轉變風氣，今日在海外的有幾千的留學生，各種各門的人才都有，如果大家都能對改革中國政治有共同的認識和目標，都能向這種目標來共同努力，督促政府，改良政治，不僅『風氣一開，精神就要一變』，建立一個眞正民主、自由、强大的新中國，也是一件可能的事。」

接着，斯美先生提到了蔡元培、丁文江、胡適等十六位先生發表的「我們的政治主張」中的一段話，然後對今天的留學生，提出了做政治生活具體準備的主張：「分居各地的同學，每地都可以有一個小團體，討論研究改革中國政治的途徑和方法！再和其他城市的同學聯絡約期交換意見，從小團體擴充到大團體；也許在某一年的暑假，便可以有一個全國性的聚會。只有組織，才能表現力量。只有這種不自私，不利己的組織，才能促使政府改革，才能實現大家理想中的新中國。現在有了準備，將來輪到自己去參加政治行動的時候，也不至于有：沒有定見，沒有方策，沒有人才的煩惱。」

說實在話，中國留學生如果眞有決心救中國，便該一步步的採取具體準備，展開民主運動，制止任何極權黨派用武力割據中國了！

現在，留學生的號角既然響了！我們且等待着「衝出黑暗時代」的有力行動吧！

臺北行

紐約通訊・十二月十五日

余伍源

四月底在紐約收到某方通知，囑往臺灣一行。這突來的任務，雖然在經濟上及職務上是一大負擔，但是義不容辭，何況還可借此機會回國觀光，探望多年不見的親友呢！於是便馬上承諾了。匆匆忙忙跑到主任教授那裏請了假，到移民局辦理出入境手續，再到飛機公司訂就來回機票。說來也眞令人不信，在收到回臺通知後的四十八小時之內，我已將一切手續辦妥，踏上了飛機，重渡太平洋了！

一　重入國門

飛機於午夜時分到達臺北松山機場，正逢着傾盆大雨，在免不了的一陣手續之後，到達旅舍房間準備就寢時，已經是清晨三點了。坐了兩天的飛機，本已十分疲倦，但初回故國的興奮，使人輾轉不得入眠。躺在床上只聽得屋簷下雨水奔如山泉，貼身有點潮濕的薄被，又是冷冰冰的，更是使人睡不着，不得已只好打開牀邊的收音機，忽然間聽到一個不大熟悉的腔調：「：四川×××的全體工人，對尼赫魯干涉我國西藏內政的無恥行爲，提出憤怒的抗議：」：「福州×××工人，一致表示堅決反對尼赫魯無恥地干涉我國內政：」奇怪了幾分鐘之後，才恍然大悟，此乃中共之廣播宣傳也。中共以武力犯臺不得逞，只好以電波進攻臺灣了！這個千篇一律的廣播節目，竟然繼續了半小時，還毫無結束的徵象，令人恨恨不已，只好另換收聽的電台了！其實全世界對西藏事件的經過，早有了根本上的認識，中共竟然妄想以橫蠻的口吻，疲勞轟炸的手段，一口騙盡天下人，這樣的宣傳手腕，也實在是低能的了！平心而論，整個西藏事件的重心是：西藏的人民是不是反對中共的統治？中共是不是在開槍彈壓制西藏人民對中共統治的反抗？中共只能避重就輕，大罵別人干涉內政，只顯得它自己的理短詞窮罷了！（其實尼赫魯又何嘗敢干涉中共的內政？）另一方面看來，只要理直氣也壯，在自由國度里，何所懼於中共的宣傳呢！正在胡七雜八亂想一氣的時候，忽然間天花板下吊燈搖起來了，房門也吱吱地自己開了，接着整個房子也搖起來了！又明明的不是在做夢！一個新奇的念頭跑上心來：地震！這次地震相當强，繼續了好幾分鐘才停止。我一直躺在牀上，無動於衷，只是在想：臺灣雖在大海之中，但終非世外桃源，天災共禍如此，不是可以長久偏安之地啊！

二　臺北街頭

臺北比十年前繁華多了！人口也增加了一倍，據官方的統計，臺北市有固定戶籍的人口，達八十三萬人，加上經常有的流動性人口，臺北人口已達百萬以上，現在仍以每年百分之五的速率在增加着。但臺北市所增加的房舍幾乎全是些臨時性的簡單建築，唯一新建的大廈，要算是國防部的三軍球場了！那是一個龐然大物，佔了總統府前廣場的一角，將原來總統府巍峩的氣慨抹殺了一半，新建的柏油馬路雖有幾條，但只有由總統府前開始，經過中山北路到陽明山去的一條大道，兩旁新草木並茂，可算是整齊美觀了！這條路上也有着新建的臺北市內唯一的越過鐵道的天橋。那天早上，約了一位朋友到街上觀光，路過此處時，只見五步一崗，十步一哨，儘是些武裝同志，還有便衣人員騎着脚踏車，來往巡查，不時點頭回答武裝同志的敬禮！見此情況，不覺大吃一驚！臺灣雖在戒嚴時期，但一時尙無外患之憂，地方秩序尙佳，何須如此戒備，如臨大敵呢？後來探知此係總統侍衞人員，只在總統經過時臨時站崗，心中方才釋然！唯一不解之處，乃是侍衞人員既着便衣，何故要自顯身份？既要自顯身份，又何必穿上便衣？

在臺北比人口增加得還要快的，只有市上的三輪車了吧！一到鬧市上，只見滿街三輪，又可跑得飛快，行人一不小心，就不免誤入虎口。三輪車夫職業之所以如此興旺，除了在臺北其他職業難找以外，就因爲三輪車夫的收入比較高了！臺灣公職人員薪金每月由三百元臺幣左右開始（軍人待遇比較低），到一個中級公職人員，其收入可達七八百元臺幣，其收入在一千元以上的，只有立、監委員、國大代表，及政府高級人員了！另一方面看來，三輪車夫收入每天總有二十到三十元台幣，每月的收入就要比一個初級公職人員好得多！於是從臺灣籍的年青小伙子，到白髮斑斑的退伍軍人，都樂而拉三輪車了！三輪車數目劇增，免不了彼此間之磨擦，近年乃有分區制度之建立，每隊三輪車，可以在指定的街頭接客，客人送到以後，空車拉回原處，再排隊等生意，於是便也秩序井然。雖然不免浪費人力，不是治本之方，但也可權過一時了！

臺北街頭也出現了不少出租汽車，很多是來自歐洲的新車，樣式小巧玲瓏。加以服務週到，索資不昂，可算是價廉物美了！出租汽車的出現，對三輪車夫的職業乃是莫大的威脅，三輪車夫乃聚衆對出租汽車之營業加以阻撓。汽車公司面對如此困難不得不向當局請求保護，其請願書中說：「三輪車夫對出租汽車反感甚深，致有阻攔行駛，毆打司機，侮辱及强迫乘客下車，包圍營業站不令出入等違法行爲。」總算是描寫得逼眞了！其實政府當局對此又何嘗有法可想！如果由政府出頭完全不要出租汽車，以保三輪車夫的飯碗，也實在講不過去，何況汽車公司還有僑資在內！於是乃有輔導三輪車夫轉業機構之成立。據此機構之調查，大部份三輪車夫都表示願就他業，問題是在有何他業可就！中央日報特爲此事寫一短評，認爲三輪車夫轉業之事，不僅是政府的責任，社會上工商業者也應擔負一部責任。此話固然有理，但在目前官方管制嚴格，官營工商業機構龐大的臺灣，微弱的民間工商業，可以出多少力量呢！

入夜，臺北的街頭更是熱鬧，除了大街上如浪的人潮以及大百貨商店的霓虹燈五光十色，點綴得如同昇平佳節以外，便是一些小街上，也是照耀得如同白晝。滿街儘是些臨時攤販，賣各種水菓，湯麵餛飩，以及百貨雜物，也算得上是五光十色！滿街攤販，對來往的車輛，眞是莫大的防礙，對維持秩序的警察來說，眞是做人難了！這天晚上，在街上閒步，偶然間聽到一個巡警同一個賣水菓攤販的對話，警察：「怎麽你還在這裏？你要我對你說多少遍？」攤販：「一下就走，一下就走！」警察：「快走，快走！」攤販：「老鄉！也是沒辦法啊！我是退伍軍人！」言下似乎有許多辛酸！

據官方報告，臺灣近年有九萬軍人退伍，人數雖然不多，但也佔了六十萬大軍的百分之十五了！其中的五萬人曾接受轉業訓練，另外的四萬人呢？擺在他們前面的，似乎只有兩條走不通的路！拉三輪車同擺小攤了！

三 中山堂晚會

一天朋友某君約往中山堂參觀晚會，臺北的中山堂曾經是立法院大會及國民大會選總統的會場，但現在已是多年未經修整，顯然有些破舊了。十年前曾是一度華貴的深紅絲絨軟椅現在也已千孔百瘡了！一進會場，便見舞臺上高掛一副橫條：支援西藏同胞抗暴運動及慶祝于公右任八十晉三壽辰，天呀！支援西藏抗暴及慶祝于公壽辰怎樣可以放在一起呢？再往舞臺上看去，只見另一行白字：中國國民黨臺灣省黨部主辦。既是省黨部主辦，定有高明節目，且瞧瞧再說！

晚會終於開始了，謝天謝地，這天並無訓詞。在幽雅的琴聲中，打扮得如天仙似的小姐們，從台上幕後跳出來了！乃聚精會神，儘量欣賞。不一會忽然覺得這些音樂舞蹈都很熟悉，沉下心來想了一陣，才恍然大悟，原來此乃是十二年前在北平讀書時，成天亂跳亂唱的新疆歌舞。節目一個個繼續下去，都是大同小異，不時還有一位新疆人士出來獨跳獨唱。大約是新疆與西藏毗隣吧，於是便以新疆歌舞的演出來支援西藏同胞的抗暴運動了！于右任先生陝西人也，陝西也離新疆不遠，新疆歌舞的演出，也可以慶祝于先生的壽辰了！也眞虧得黨部先生們想得出來！正在胡思亂想，不覺雙眼下垂，睡起覺來！忽然間聽得一連串掌聲，慌忙中睜眼一看，原來是監察院院長于右任先生，剛由兩人扶着走進禮堂來了。這天是于先生八十三歲壽辰，于先生仍是白鬚飄飄，精神燦然，但已經是舉步維艱了，先兩傍須人扶着，寸步而行。最近聽說有人想推于先生爲中華民國第三屆總統，這對于先生個人來說，是愛于先生呢？還是要害于先生？

晚會後，坐上三輪車在晚風裏回到旅舍，一路上一個問題廻旋在心頭，爲甚麽十年來臺灣就產生不出一點新東西來呢？

四 寂寞中的插曲

臺北的人口，雖然有了百萬，但在臺北住久了，卻不免有一種空虛寂寞之感！就物質生活來說吧！大多數人都是勉強渡日，談不到享受！就精神生活來說，雖然在書店裏以及街頭報攤上也有着上百種的報刊雜誌，可稱爲琳瑯滿目！但敢說其中有百分之九十與官方有關，當然官方出版的報刊並不見得就是程度低，沒有內容！但官方出版的報刊，是有它們統一的論調的，其內容是大同小異，有近於千篇一律！於是看了一份，也就够了！在書籍發行方面來說，出版界多以翻印古董爲主要業務。其他的文娛活動，也不過就如上文中提到的晚會。生活如此空虛，豈無寂寞之感？無疑的，十年來大陸來臺的同胞，一直在當局的諾言下懷着重回家園的一線希望，但自從中美公報發表，政府申明不用武力打回大陸之後，這一線希望似乎也煙消雲散了！

現實生活的空虛，未來希望的幻滅，幾乎是臺北社會上下一致的現象。在上者，少數人還可以追逐聲色自娛；在下者，如不甘渾渾噩噩渡日，便只有潛心宗敎，以求心靈的解脫了！於是回、佛、天主、基督各敎，風靡各地，極一時之盛！這裏只將佛敎上的一件大事略爲記述。五月六日爲佛敎慈航大師去世五週年，門徒遵慈航遺訓，將裝放遺體之缸打開檢視，發現慈航遺體仍是全身，於是轟動全島！其爲一時之大事，可由中央日報歷時數週的片斷報導上看出：「萬人爭看慈航法身」，「瞻仰人潮，長達數里」，「秀峯山上，觀衆多達十萬人。」除了連續的報導消息以外，中央日報並有專文評述此事，認爲慈航肉身不腐，有六大原因：一、戒力增上，二、心力增上，三、願力增上，四、信力增上，五、佛力加持，六、法力加持。筆者不敏，實在不懂這位記者先生說的甚麽！但近年科學發達，保存生物遺體的方法不知有多少。這位記者先生如果他去請敎一位生物學者，也許他會知道生物遺體的腐壞，是由於細菌的作用，但細菌的生長須要繼續不斷的水份，如果將生物遺體放在一個密不透風的缸內，缸內再放些石灰，石灰將缸內甚至於生物遺體內的水份都可以慢慢吸收乾盡，於是細菌就活不長了！生物遺體何止五年，便是十年也不壞啊！這位記者不信科學，硬要找出六大原因，眞是成心施用愚民政策！

生活在寂寞的臺北，偶而也有它緊張的鏡頭。兩件最普通的事，要算是黑市同黃牛了！美鈔黑市，經常比官價高三分之一左右，在鬧市上，如果向迎面來的或者站在路口上的陌生人望了一眼，他便會低聲說：「美鈔」？如是有心人，便可講好價錢，錢貨兩交了！黃牛活動的地盤，包括戲院同火車站附近，在臺北如有京劇上演，門票多半只好求諸黃牛。乘火車時如果不願受在車上站半天的苦，只好買對號車票，但對號車票常常是預售一空，便也只好求諸黃牛了！黃牛票價通常高於規定價格百分之五十到一百，黃牛本身多不自帶車票，先將買賣講妥，然後再去取票來，也可算是謹愼從事了！

五 再別了臺北

公務既畢，在離臺前五週，便開始辦理出境手續，終於在離臺前三天將出境證領到！原來既從美國返臺，便算是僑民，先須向僑委會申請出境，中華民國護照，已在回國時被檢查機關收去，此時須再向外交部申請發回，然後再向警備司令部申請出境，最後一步手續最繁，要從里鄰長處開始，經過警察派出所，警察局而到警備司令部，於是便辦了一個月，與在美時以外僑身份辦理出入境手續，只化了兩天，恰成一對照。

當飛機離開臺北機場，轉向新大陸時，從機窗內，俯覽山川縱橫的寶島，這中華民國復國的基地上，竟是人心消沉，精神萎靡。緬懷這人浮於事，事浮於人的祖國，不覺心境爲之沉重！「多難興邦」，是要有本身之振奮爲其先決的條件，不然的話，「水可載舟，亦可覆舟！」歲月蹉跎，救國的時機不多了啊！一九五九年十二月十五日寄於紐約。

鳳姐的結局—「一從二令三人木」

—試斷紅樓夢後書百餘年來之重要疑案

嚴　明

紅樓夢後四十回的疑點甚多，其中之一，便是鳳姐的結局。高本寫鳳姐的結局是「死了」，是病死榮府。廿餘年前我卽懷疑此點，兪平伯先生曾指明是誤，但是對於鳳姐的結局究屬如何，大家都不能肯定，平伯雖曾作「被休棄返金陵」的一個假設斷案，却仍始終不敢斷言。林語堂先生爲高鶚辯，攻平伯歪纒，而對於鳳姐的結局，只說此非高本作僞的什麼大證據。但仍有存疑之處。兩者都是由於鳳姐曲文中有一句「一從二令三人木」的啞謎，無法打出。

兪平伯、林語堂兩氏均作存疑懸案

兪氏在「八十回後的紅樓夢」一節中寫道：「我敢作『被休棄返金陵』這個假設的斷案，以此。但爲什麼不敢斷言呢？這是因爲『一從二令三人木』句無從解釋，一切的證據不能圓滿之故，這是沒有法子的事情，只得存疑了。」

又說「人木」是個「休」字，所以想起「被休棄」的假設斷案，但因全句無從解釋，固且不論。曾有人寫信告訴平伯說這「一從二令三人木」的謎底，應是「冷來」二字，但「冷來」二字又不能解。

至平伯雖有假設斷案，却始終不敢斷言，因而存疑了。

林氏在「平心論高鶚」的「客觀疑高鶚」一節中有一段：

「鳳姐的讖語是應了，曲文『機關算盡太聰明，反算了卿卿性命』是鳳姐的評，高本相符。但是冊文明明是拆字，『凡鳥偏從末世來，都知只愛此生才。一從二令三人木，哭向金陵事更哀。』第三句爲猜謎，至今無人猜出，是一微憾。但也不是高鶚作僞什麼大證據。（或曰二令爲冷，人木爲休，寓冷休意，頗近，但又漏『一從』及『三』字。）這條只算懸案，至於「哭向金陵事更哀」確是鳳姐臨死的情形。」

林氏於四十七年十二月在臺灣大學講「紅樓夢的考證問題」中，亦曾提及此點。

鳳姐結局之疑端在「哭向金陵」

兪、林二氏，對於這句猜謎，大意都猜了六七分了，兩相比較平伯猜的比較近眞，且與其假設的斷案頗似。林氏的「冷休」二字也頗近，但因與其論調不合，致這個「冷休」兩字與其所論不相關。毛病是在林氏所謂「哭向金陵事更哀」確是鳳姐臨死的情景，我認爲這錯了。我對鳳姐結局之疑，就在這句「哭向金陵事更哀」。我的懷疑是：

1.「哭向金陵」的這個「哭」字，惟有活人才能用得上，亦卽活人才能「哭」。如依高本說鳳姐病死榮府「屍返金陵」，則何能哭之。

2.鳳姐如病死榮府，所謂「屍返金陵」其可能不大，因爲沒有嫁出的女兒死了，其屍柩一定要回娘家原籍，卜葬娘家祖塋的道理。如說賈家祖地在金陵，則運柩同南，又豈祇鳳姐一人？

林語堂與高鶚錯在一起

高本寫鳳姐之死，或如林氏所說：不是高鶚作僞的什麼大證據，但究是高本的一個錯誤，錯誤一多，卽可以集成作僞之疑。高鶚之所以犯了這個錯誤，亦是因爲猜不出這句「一從二令三人木」之謎。就只有在「哭向金陵事更哀」這句上做文章了。高鶚的想法可謂與林語堂完全一樣，高氏認爲「哭向金陵事更哀」可以作爲鳳姐死時的情景，林氏亦認爲應是鳳姐臨死的情景，兩氏的想法相距一百七十年，不謀而合，錯在一起。

我在「紅樓夢後四十回的考證問題」中，亦曾提到此點，我認爲高本寫鳳姐的結局與「哭向金陵事更哀」不合，同時在一百一回鳳姐又有「衣錦還鄉」之籤，這句與「哭向金陵」更不合，我對鳳姐結局的疑問，主要在此。

林氏之辯牽强

林語堂認爲高本寫鳳姐病死，應了曲文「機關算盡太聰明，反算了卿卿性命」之評。我認爲這是看錯了文章，死是一個人的最後「結果」，鳳姐終究是要死的——有這個結果，而我們所研究的是她的「結局」——她怎樣地死去，臨死前的情形怎樣。指一個人最後要死去，這句話是沒有什麼意義的，所以這兩句曲文不能解成「雖然聰明算盡，終究一死」。我想這決非曹氏對鳳姐的結局所要暗示的，我認爲這兩句應解成俗謂的「聰明反被聰明誤」，第二句「反算了卿卿性命」是指「致命」之稱，這個致命之源，是由於「機關算盡太聰明」了，這是說鳳姐「聰明算盡，反成爲自己的致命」之累，故其曲文的題目爲「聰明累」。「聰明累」曲文，說出鳳姐的結局爲聰明所累，究竟被累的情形如何？結局怎樣？還必得在「一從二令三人木，哭向金陵事更哀」兩句來看。後句無須解釋，一看卽明，是指鳳姐回金陵娘家，而且說明不是好好的回娘家，而是哭哭啼啼的，並說這件事更爲可哀，這是說鳳姐在死之前很有一些哀痛之事。爲什麼鳳姐哭哭啼啼回娘家，兪平伯揣測鳳姐是被賈璉休棄，而後「哭回娘家」，我認爲平伯的推斷是對的，不過因爲他對上句

「一從二令三人木」這謎打不出，不知何指，所以未敢斷定，因此就不再將鳳姐被休事詳細推論考證下去。

此謎百餘年來有兩次猜得相近

我們現在要來論證鳳姐的結局，就必須先打出這句謎語，如果這句「一從二令三人木」謎語不打出，則後句「哭向金陵事更哀」仍只能如平伯一樣作假設的推斷，而不能完全肯定。

我曾說過這句謎語，原作者曹雪芹是知道的，此外脂評主人看過後部書知道鳳姐的結果，也知道這謎底的，所以脂評在這句「一從二令三人木」的謎語旁，批了「拆字法」三個字。這三個字提示了所有研究「紅學」的人知道這句是拆字謎，補書人高鶚當然也注意這句拆字謎，然而一百七十年來都因爲這個「拆字法」而被困惑住，高鶚也是因爲猜不出這謎，所以把鳳姐的結局補錯了。

這句謎語，有兩次猜得頗相近了：

一是猜「冷來」的，平伯曾說「也許對的」，然而「冷來」兩字又不可解，既不可解，則「冷來」又成一謎，又須再猜「冷來」二字之謎，反變成謎中之謎了。

一是猜「冷休」二字頗近，但又說漏了「一從」及「三」字，因其爲拆字法，不可漏字，致仍算懸案。

我認爲猜謎不難，不過首先要知道是什麼「格」，脂評既說明是「拆字法」，我認爲這謎是可以猜出的，現在我就不妨把它猜出來。

此謎謎底確指鳳姐被休

首先我認爲這句謎語，確是指鳳姐彼休，並且在被休前有「衆叛親離」的情事，這句謎語共七個字。我先說出後五個字卽「二令三人木」，這謎底應是「冷夫休」三個字。「二令」是「冷」字，會有人猜出，不錯。而「三人木」既不是「來」(因來字只是二人木)，也不是一個「休」字(「休」字是人木，缺「三」字)，而是「夫休」(夫是二人，休是一人一木，合爲三人木)，有「夫休」二字，鳳姐的結局已差不多可以定了。至於「一從」二字很妙，尤其這個「從」字最妙，妙在中國一般字中(除了特別寫法的字)其中的「人」字最多，共有五個之多，一個字含有五個人字，我遍查字典，只有「從」這個字。「從」字抽出「卜」，就剩下五個「人」字，五個人應稱成「众人」了(「众」字由三人卽成)，众人又是什麼人呢？這要看「從」字抽出五個「人」字，剩下「卜」字，如與「一」字拼起，就成爲「下」字或「上」字，卽是說這众人，指的是「上上下下的人」(亦卽尊卑老少以及鳳姐左右的心腹等)因而「一從二令三人木」由拆字法打謎，應是「上下众人冷，夫休！」可簡成「众冷夫休」，「众冷」卽「众叛親離」之意，再加上「其夫賈璉休棄」，這卽是鳳姐的結局，臨死前的情景。

鳳姐被休之證

現在既然認定鳳姐是被休哭回金陵，可再進而來求證鳳姐爲什麼被休，被休的情形如何。

平伯假設鳳姐「被休」除删詞外，曾列了三條原書的暗示：

1. 第二十一回，賈璉說：「多早晚才叫你們都死在我手裏」。

2. 第六十九回(戚本)賈璉哭尤二姐說：「終究對出來，我替你報仇」。

3. 第七十一回，邢夫人當着大众，給鳳姐沒臉。

平伯雖然擧了這三條，無奈終因「一從二令三人木」這句無從解釋，未敢斷言而存疑，因爲存疑就沒有詳證下去。我認爲平伯僅擧這三條，不足以爲鳳姐被休之證，因爲夫妻之間一時之惡言狠語，不一定卽演變到離異，縱然承認這三條與鳳姐被休不無關係，也只一些小處，我認爲鳳姐所以被休，應從三個重要方面來看：

1. 鳳姐有重大罪過，不容於封建大家庭

①私自貸放，重利盤剝

②驅使奴僕旺兒勾結張華，控告賈璉

③逼死尤二姐

④鐵檻寺弄權，私受賄賂，威逼退婚，害死二條人命。

够了，鳳姐這些罪狀，到抄家時，應都揭開，有這些罪狀，足够被休。且①②兩項定還連累到賈璉，使賈璉吃足了苦頭。

2. 鳳姐平素藏奸毒行

①第五十五回鳳姐向平兒說：「……若按私心藏奸上論，我也太毒行了，也該抽回退步，回頭看看，再要窮迫苦尅，人恨極了，他們笑裏藏刀，偺們兩個纔四隻眼睛，兩個心，一時不防，倒弄壞了，趁着緊溜之中，他們出頭一料理，众人就把往日偺們的恨可解了」。

②第十六回「……張李兩家沒趣，眞是人財兩空，這裏鳳姐却坐享三千兩，王夫人等連一點消息也不知道，自此鳳姐膽識愈壯，以後有了這樣的事，便姿意的作爲起來不消多記。」(庚本)(高本改爲「……以後所作所爲，諸如此類，不可勝數」意思差不多)此段之下，脂評有這樣批語「……阿鳳心機膽量眞與雨村是一對亂世之奸雄，後文不必細寫其事則知其生平之作爲，回首時無怪乎其慘痛之態……」

3. 鳳姐與翁姑丈夫之間平時的感情不佳

①鳳姐只知奉承賈母，翁姑丈夫皆不放在心裏。如第四十七回邢夫人爲賈赦要鴛鴦作妾之事說項，被賈母教訓了一頓之後，鳳姐和薛姨媽陪賈母鬬牌湊趣，適賈璉有事來回，又被賈母駡了一頓，此時鳳姐與賈母薛姨媽坐着鬬牌，儼然「座上客」；而其婆婆邢夫人因觸怒賈母站在鳳姐旁邊侍候不敢離開，猶如「階下囚」。其夫賈璉被駡

得一聲兒不敢說忙退了出來。此種情形雖說仗着湊趣賈母，究置翁姑丈夫於不堪之地，而鳳姐亦從未在賈母前爲邢夫人和賈璉進言解說。尤其鴛鴦之事，鳳姐有意脫身避嫌，其對自己的親婆婆如此玩弄手段，實在有欠人媳之道，邢夫人雖愚昧，但對鳳姐如此尖巧，心裏未嘗無怨，致七十一回有邢夫人當着大众給鳳姐沒臉之事，此皆平日積怨借故發洩也。

②鳳姐處處防着賈璉不以丈夫爲知己如第廿一回賈璉對平兒說道：「你不用怕他（指鳳姐）等我性子上來，把這醋罐子打個稀爛他纔認的我呢！他防我像防賊似的；只許他和男人說話，不許我和女人說話；我和女人說話略近些，他就疑惑，他不論小叔子、侄兒、大的小的，說說笑笑都使得了……」。

③在經濟方面，亦與丈夫壁壘森嚴鳳姐的私蓄，一向瞞着賈璉，賈璉擔任榮府總管，一時週轉不靈，也只有設法暗中求借賈母的金銀器押當，從未向鳳姐處通融，鳳姐雖私蓄不少亦從不爲丈夫解難，兩人雖屬夫妻，無甘苦同嘗之心。

④用人行事，多不合作，時且輕薄賈璉如第廿三回爲領管小和尚小道士事，鳳姐舉薦賈芹，而賈璉因賈芸向他求了二、三次要件事管管，並且已經答應在先，認爲正是機會，但結果還是鳳姐奪了過去給賈芹。賈芸雖得賈璉應允仍落了空，後來賈芸再走通鳳姐的路線，纔弄到一個差事。此事第廿四回有一段寫得很清楚。

賈芸向鳳姐笑道：「求叔叔的事，嬸娘別提，我這裏正後悔呢。早知這樣，我一起頭兒就求嬸娘，這會子也早完了，誰承望叔叔竟不能」。……鳳姐笑道：「你們要揀遠道兒走麼，早告訴我一聲兒多大點子事，還值得就誤到這會子」。

鳳姐如此輕薄賈璉，賈璉豈有不寒心，其對鳳姐的感情也就日趨平淡，遠不及與尤二姐之深切，尤二姐被鳳姐逼死，賈璉對鳳姐更是含恨，致有第六十九回賈璉哭尤二姐說：「終究對出來，我替你報仇的」憤極之言。

鳳姐只知承歡賈母，對於自己的親婆婆既不盡心，對於自己的丈夫，亦不體己，可謂婆媳不和睦，夫妻無眞情，而自己的爲人行事，又私慾薰心，奸詐百出，總結其行爲，可謂全犯「七出之條」：

1. 只生巧姐未生兒子——「無子」
2. 與賈蓉有私與寶玉亦有曖昧——「淫泆」
3. 對賈赦與邢夫人不盡孝心——「不事舅姑」
4. 辱罵尤氏，哭鬧寧府——「口舌」
5. 取賄賂，尅公份，貪婪私斂——「竊盜」
6. 酸鳳姐爲有名的酸罐子——「妒忌」
7. 鳳姐有下血之症——「惡疾」

賈母死後鳳姐回到邢夫人處

賈璉和鳳姐似與賈政、王夫人住在一起。這在第二回冷子興演說榮國府中曾說到

「若問那赦老爺，也有一子，名叫賈璉，現在乃叔政老爺家住，幫着料理家務……所以目今聚的是政老爺夫人王氏內侄女……。」

以書中所述，賈政、王夫人似又與賈母居在一起，成爲榮府主幹，而長房賈赦、邢夫人似和賈母隔離而居（如：邢夫人到賈母鳳姐處要坐車過來），反成偏局，這情形似乎有點不倫不類，不過此應由原書負責與高鶚無關。而我們所要知道的是賈璉和鳳姐「目今現在乃叔政老爺家住」應是臨時性質，終久是要回到賈赦邢夫人那邊，這點書中亦會提及：

「平兒道：何苦來操這心？……縱在這屋裏（王夫人處）操上一百分心，終久是要回那邊屋裏去的（邢夫人處）……」（第六十回）

賈府衰落，內務較清，再則賈母一死，鳳姐必得回邢夫人處，婆媳宿怨，夫妻積恨，加以家人叨唆，必有一番大鬧，結果鳳姐被休當是意料中事。

「众冷」之意甚爲簡明

鳳姐的冊子上畫有一座冰山，已示「众冷」之意。上下众人對鳳姐之冷落，此事甚爲簡明。鳳姐認爲這些家人們多是所謂「坐山看虎鬭」，「借刀殺人」，「引風吹火」，「站乾岸兒」，「推倒酒瓶不扶」的，而鳳姐平素爲人又何嘗不是如此。她治理榮府，結下恩怨不少。俗謂「當家三年狗也嫌」，更何況鳳姐平素待人苦尅兇狠，在其得勢時众人亦懼恨，一旦賈母死後失勢，豈有不一冷皆冷，甚至搬弄挑撥的道理？

鳳姐被休之前經過一番掙扎和苦鬭

1. 邢夫人行爲，鳳姐平素就不大瞧得起，自賈母死後，回到邢夫人處，婆媳之間，不能相容。
2. 邢夫人對鳳姐，素懷怨恨，一旦鳳姐回到自己手下，必尋釁報復，婆媳之間有一番爭鬭，以鳳姐的身份地位必居劣勢。
3. 在邢夫人和鳳姐的爭鬭中，賈璉居於舉足輕重的地位，婆媳兩人均假手於賈璉。邢夫人對鳳姐的惡劇，亦多逼着賈璉行之。鳳姐則寵絡賈璉以求得緩衝，甚至强着賈璉抵制邢夫人的脅逼。爭鬭的結果，邢夫人逼着賈璉休妻，這其間邢夫人可能又設法取得賈赦的手諭，賈璉本是個末代膿疱，不得主張，終於在父親的手諭和母親的面逼下「出妻」。
4. 鳳姐回到邢夫人處，深知邢夫人不能相容，並且知道自己的命運，兇多吉少，但仍作掙扎，施出各種手段，如寵絡賈璉，收買家下人等以與邢夫人抗。無奈家下人等見鳳姐權落勢失，多趨附邢夫人而冷落鳳姐，鳳姐雖然百般寵絡賈璉，無奈賈璉又是個强不起的蠢物，結果鳳姐大敗而去。鳳姐被休之後，雖然心志全灰，却是慷慨而行。鳳姐雖然終於被休，但在被休前却是有過一番掙扎，經過一

番苦鬪的。關於鳳姐和邢夫人的一場爭鬪後書應是有所敍述的，這卽是脂評所說：後卅回中有「王熙鳳知命强英雄」一事。所謂「知命强英雄」應卽是指：鳳姐雖知自己命運(身微運蹇)之可危，仍力圖掙扎，進行爭鬪之事。高鶚補書，未見此事，是其失誤。林語堂在「平心論高鶚」中說：脂評所見回目若『王熙鳳知命强英雄』後四十回有其事，而無其目」，不知林氏所謂「後四十回有其事」指第幾回書？查後四十回中，專寫鳳姐者有兩處，一是一百六回「王熙鳳致禍抱羞慚」此時賈母未逝未到鳳姐結局。一是一百十回「王鳳姐力詘失人心」想林氏所說「有其事」指此。果爾，則是林氏看錯了書，因是回描述鳳姐辦理賈母喪事，力不從心，所述確是「力詘失人心」之事，與「知命强英雄」之意不符，如說：因其回目不符文中之意，而由雪芹本人把回目改了，這也不見得，因為「王熙鳳力詘失人心」是與「史太君壽終歸地府」合一回，所敍是賈母逝世，鳳姐辦喪力詘之事，而脂評所示之「王熙鳳知命强英雄」是與「薛寶釵借詞含諷諫」同一回，脂硯主人此批是在第廿一回之總評，廿一回之事爲襲人箴寶玉而箴到，平兒救賈璉而救成，惟後書所述係寶釵諫寶玉而諫無效，鳳姐之强賈璉而强不過，前後對照，有人事全非之感。現將此段脂評錄下，細看便知。

第廿一回總評：「按此回之文固妙，然未見後卅回，猶未見此文之妙，此曰『嬌嗔箴寶玉，軟語救賈璉』後曰『薛寶釵借詞含諷諫，王熙鳳知命强英雄』。今從二婢說起，後則指其主，然今日之襲人之寶玉，亦他日之襲人他日之寶玉也；今日之平兒之賈璉，亦他日之平兒他日之賈璉也。何今日之玉猶可箴，他日之玉已不可箴耶？今日之璉猶可救，他日之璉已不可救耶？箴與諫無異也。……救與强無別也。甚矣！今因平兒救此日阿鳳英氣何如是也？他日之强何身微運蹇，展眼何如彼耶？人世之變遷如此光陰」。「今日寫襲人，後文寫寶釵，今日寫平兒，後文寫阿鳳，文是一樣情理，景況光陰，事却天壤矣！多少眼淚，洒出此書」。

看此一段脂評，可知後書確有一回專寫鳳姐如何「强英雄」和「身微運蹇」之事。脂評指明前書有平兒救賈璉，後書有鳳姐强英雄，並說明「救與强」無別，鳳姐「知命而强」，終因身微運蹇而强不過賈璉，由此一「强」字，鳳姐如何被休，如何經過一番掙扎苦鬪，可以想像矣！

5. 鳳姐既作「知命强英雄」，大約在被休之後，萬念俱灰，慷慨而行，且是獨自回南，所謂「哭向金陵事更哀」指此。我說鳳姐獨自回南，是指平兒和巧姐未曾隨行。從前「出妻」與現在離婚不同，現在夫妻離婚，兒女歸誰扶養可以協議，亦可訴之法院判決。從前「出妻」，兒女必得留下，至於平兒雖是鳳姐陪嫁過來，但因開了臉收了房，已爲賈璉之妾，亦無帶走的道理。

由「一從二令三人木」這個拆字謎，和「哭向金陵事更哀」之暗示，我們可以斷定鳳姐的結局，大致是如此。

高鶚補書之躊躇

高鶚對於鳳姐的結局，確是錯了，其錯是受了這句「一從二令三人木」謎語之影響。我想高鶚補書時，對於這句謎語是用心揣度過的，他所能確定的「二令」是個「冷」字，故在後四十回中，「冷」字確是着力寫了，如第一百一回賈璉爲王仁事對鳳姐大發雷霆，第一百六回秋桐在耳房抱怨鳳姐，第一百十回鳳姐辦賈母喪事，衆家人已個個變了樣子，邢夫人固屬冷譏熱嘲，卽連王夫人亦有諷怨之言，鴛鴦則更認爲鳳姐不盡心，老太太白疼了他。此種羣疑叢生，都爲寫這個「冷」字。至於「人木」是個「休」字，高鶚應是猜着的，但因爲又有一個「三」字不解，以至對這「休」字亦起了猶豫。我所指高氏猶豫，是說他曾經一度向「休」字上補的，最重要的證據是後書寫王子騰拜相回京，却在離京二百里地的「十里屯」得病死了。這一點非常重要，如果王子騰不死，進京拜相，則情形大不相同了，不僅王夫人、薛姨媽、鳳姐等添了不少風光，尤其是賈家衰落，而王氏喧赫，在這種情形下，鳳姐是決不致被休的，卽使被休也不必回南，而是入王子騰相府，所謂「哭向金陵」不會有其事。由於王子騰死了，子孫又不爭氣，王家亦敗，致邢夫人逼令賈璉休妻時，只要據「七出之條」，而無其他顧忌了。

我認爲高氏寫王子騰半途突然病逝，確曾作鳳姐被休回南的安排，只因高氏終於不能斷定這個「休」字，以至不敢定案寫出。如果高氏對「三人木」猜定爲「夫休」二字，則後書寫鳳姐的結局就與曹氏原意對了。

附論鳳姐有幾個女兒？

本文寫好於付印中，因看到趙岡先生最近「論紅樓夢後四十回的著者」一文，刋四十八年十二月廿五日出版的「文學雜誌」七卷四期。趙文認爲後四十回的作者爲脂硯主人，這個論點雖然問題很多，但不在本文所論範圍之內，應另文評論。惟趙文中有一段說：「鳳姐有兩個女兒，大的是巧姐，小的叫大姐兒」。此與本文有關，故特附加一節來談論一下，趙先生說高本後四十回寫巧姐的年齡之亂，是由於保持原書「鳳姐有兩個女兒」的伏線，並說這正是高鶚不曾續書的「鐵證」。又說「可惜林先生(語堂)沒有把握這個有力線索」。因爲林語堂承認後書巧姐年齡之錯亂，不過林氏曾指出紅樓人物年齡之亂，不僅後四十回，八十回中各人的年齡亦多錯亂，如寶釵、黛玉、寶玉等。(見林著「平心論高鶚」)，林氏爲高鶚辯，平心論書，而趙君爲林氏辯，却創此論，趙文中說鳳姐有一大一小兩個女兒，我想凡是研究「紅學」的人，都不能承認此說，趙文此說所擧脂庚本中二條證據爲：

1. 第廿七回：「鳳姐並巧姐、大姐、香菱」

2. 第廿九回：「奶子抱着大姐兒，帶着巧姐兒另在一車，還有兩個丫頭」。

趙文中又指出此兩條在戚序本中已被改成「鳳姐等同了大姐，香菱」，和「奶子抱着大姐兒，帶着丫頭們另在一車，還有兩個丫頭。」並說改得很笨。

我想趙先生既然讀過脂評本，應當知道在脂評各抄本中，抄錯和抄者隨便改錯的地方，處處可見，例如脂評評語中一半的句子中有錯字，和很多不通的字句，又如漏一行，重一行，跳一行以及橫直交錯等等，凡是私自藏有抄本的(包括景印本)大致都在錯處之旁，加以更正校注。

因爲趙文中所擧第廿七和廿九回的兩句，正是抄錯和抄者隨便改錯的地方，我敢斷定這是抄者之錯，決非原書本意，我的證據很簡單，請趙先生和讀者一看第四十二回卽知，此回寫劉老老二次入榮府，臨走向鳳姐辭行，有一段重要文字：

「鳳姐兒道：『……我想起來，他（指大姐兒）還沒個名字，你就給他起個名字，一則借借你的壽，二則你們是莊家人，不怕你惱，到底比我們貧苦些，你貧苦人起個名字，只怕壓得住他』。劉老老聽說便想了一想笑道：『不知他幾時生的？』鳳姐兒道：『正是生的日子不好呢，可巧是七月初七日。』劉老老忙笑道：『這個正好，就叫他做巧哥兒……姑奶奶定要依我這名字……必然是遇難成祥，逢兇化吉，却都從這個『巧』字上來！』」（以上係錄脂評庚辰本，至程高本雖有幾個字不同，但意思語句全同）

這段文字脂評本中除甲戌殘本缺四十二回外，己卯本、庚辰本、戚序本以至甲辰本都有，趙先生不看脂評本看程高本亦可，因程甲程乙本亦有這段文字，看了這段文字，再細看全書，可以知道巧姐在四十二回之前，都稱「大姐兒」或「妞兒」，到四十二回由劉老老題名「巧姐」之後，纔稱「巧姐」。這很明顯在四十二回之前，巧姐還沒有題名爲「巧姐」，當然無「巧姐」之名稱。否則四十二回劉老老題名這段文字，豈不白費，殊不知鳳姐求劉老老題「巧姐」之名，才是眞眞重要的一條伏線呢！

此外還有一點，卽趙先生所說的巧姐爲長女，大姐兒爲次女，實是將誤就誤，試問在俚語中有稱次女爲「大姐兒」的嗎？俚語中的「大姐兒」，應指長女，這是無須多說的。

很明顯地，趙先生所擧第廿七回和廿九回的兩句，實係抄本之誤，所以到戚序印本就把它改正了，（戚本亦屬脂評本之一種）戚序本雖然改得不好，究竟更正了錯誤，到程高本改成：「鳳姐等並大姐兒，香菱與衆丫嬛們……」和廿九回：「奶子抱着大姐兒另在一輛車上，還有幾個粗使的丫頭……」，就改好了，我曾說過程高本改前八十回有改壞的地方，亦有改好的地方，這裏卽是改得好的一處。

至於說「由於高本保留了原書鳳姐有兩個女兒而不顧巧姐年齡之錯亂，正是高鶚不曾續書的鐵證。」此更不然，試問在高本後書中寫：鳳姐之死（一百十四回）；賈璉向王夫人托孤（一百十七回）；平兒帶巧姐避難（一百十九回）等處，爲何對趙先生所說的那個「小女兒」竟一字不提？難道這個「小女兒」死了？跟人走了不成？果如此才眞是高鶚之過呢！

總之鳳姐只有一個女兒，此女未起名時叫「大姐兒」，既經劉老老題名後叫「巧姐」，高鶚補書對此點沒錯，尤其寫巧姐被狠舅奸兄所賣，在危急之中，適巧劉老老來搭救，合了巧姐冊文中「偶因濟村婦，巧得遇恩人」的「巧」字。高鶚補書審愼精細，雖然留下巧姐年齡之錯，但非大過，因八十回中人物，亦多年齡之亂。

來函照登

貴刊四十八年新年特刊讀者林醒投書「從臺大講師慘死說到警務處李葆初的措置」一文，內容殊多失實之處，兪仁寰君慘遭不幸，至感傷悼，惟查肇事軍車已由軍法機關法辦，另一肇事之一五—○四一四○號小轎車亦經由臺北市警察局第五分局將司機董與五隨案解送臺北地檢處法辦，全案自現場勘查，偵訊，鑑定，以至移送，均循一般車禍處理程序進行，並無因肇事之車輛爲本處副處長李葆初之座車，而有左袒或偏頗之處，且本案現正由司法機關依法偵查，責任誰屬，不難判明。至本處郭處長於去（48）年十二月二十五日在立法院答復立委質詢，並未說過「是爲了警察身份不便，爲了責任關係，李的座車才先行離去」及「當日因風力稚大，李葆初副處長的車燈又不够明亮，致才發生不幸事件」等語，有立法院之會議紀錄可稽。

貴刊讀者對本案投書內容，諒係傳聞之誤，至希惠予刊佈，俾正視聽。

此致

自由中國社

臺灣省警務處啓

四十九年元月八日

江湖行（十五續）

徐訏

八十

韓濤壽帶我們看省立醫院的孫大夫，孫大夫很誠懇的為阿清在二等病房裏安排一個床位。阿清于下午就搬了進去，預備第二天作一個全身檢查。

阿清進醫院後，韓濤壽告訴我根據中醫的診斷來說，阿清很虛弱，看來是有肺病的。我說我要她檢查身體，主要的是她的性病。韓濤壽說阿清很需要幾個月的療養，我應當讓她身體好一點後再說。

從韓濤壽的態度中，我發現他對于我與阿清的結合，很不熱心，我笑着說：

「你好像不贊成我娶她似的。」

「你想到你娶這樣的一個女人，會幸福麼？」

「為什麼想到我幸福，」我笑着說：「你怎麼不說她嫁給我這樣一個男人是否會幸福？」

「好一個多情種子。」韓濤壽露着諷刺的笑容說：「如果你不幸福，她怎麼會幸福？」

「但是，我總覺得我欠她太多了。」

「可是結婚，還是應當真有愛情才對，如果你不愛她，娶她也不一定就是幫她。」韓濤壽說：「而且，你知道她是真的愛你嗎？還是祇是因為你從火坑救了她。」

韓濤壽的話，使我一時無從對答，他又說：

「我想現在不必談這些。她還要養病，你也想先去重慶一趟。你很有時間來冷靜的考慮考慮。」

韓濤壽走後，我想想他的話，心裏很不安，我一個人關上門，靜靜的吸了一支煙，于是我想到我應該寫幾封信。我寫了一封信給黃文娟，我很詳細的告訴她我與阿清重會的種種。第二封信我寫給小鳳凰，我原意也是想把阿清的事情坦白地告訴她，但是一動筆，就不知道該怎麼寫了，我寫了好幾張紙，都一一撕去，後來我就索興不提阿清，于是一種很奇怪的感覺在我心裏伸張起來，我忽然想到韓濤壽的話是對的，我並沒有在愛阿清。我之願意娶她，好像完全是為報答當初她父母對我的恩惠，或者可以說是一種對自己的補贖。我不但沒有為我自己的幸福打算，也沒有為她的幸福打算，覺得自己完全為一時的充滿浪漫情調的重會所迷惑，好像我非同她結婚，才顯得故事的有聲有色。而阿清因為是絕路之中遇到了救星，也像是非嫁我不可？我不知道阿清是否還有愛情，但我可以確定，如果她的健康恢復，環境好轉，她一定也會發現她愛的並不是我。

這樣一想，我忽然覺得我應當特別審慎與冷靜才對。我很可以像父兄一樣幫助阿清，讓她安心療養，等她健康恢復後，再作別的打算。

一個人思想與感情的起伏真是自己都無法捉摸的，我不知道我下意識中，是否因為阿清淪為妓女而對她有所輕視。我也不了解自己的愛情，是否離開了憐憫報恩一類的情緒，我靜靜的看到了我所愛的是小鳳凰！總之，當我把這些思緒理清了以後，我心境一時很開朗，我得無拘束的告訴小鳳凰，我希望很快的可以到重慶去看她。

韓濤壽再來的時候，我已經寫好了信。他看了我信封上寫着劉容裳，他知道這是小鳳凰的名字，他就問我。

「小鳳凰怎麼樣了？」

「很好，她在念書。」

「我不是這個意思，我是說她對你怎麼樣了？」

「我不知道。」我說：「不過至少她是很同情我的。」

「同情你什麼？」

「她知道紫裳結婚對我有很大的打擊。」我說。

「現在你把與阿清重會的事情告訴了她？」

「沒有。」

「為什麼不？」

我一時不知道怎麼回答。韓濤壽忽然說：

「野壯子，你並沒有真想娶阿清，也許你也根本不想結婚。你不過想做英雄，覺得不娶阿清不足表示你的勇敢與俠義，其實你並不愛她，是不是？」

「也許像我這樣的人，已經不配說有什麼愛情了。」我說：「我愛過衣情，但是現在我討厭衣情，雖然我還同她養了一個孩子。你說我愛紫裳嗎？離開了紫裳，我也的確喜歡過小鳳凰。但是，我可以不瞞你說，我第一次吻小鳳凰，倒是因為她的嘴唇像阿清。」

「它像阿清。」韓濤壽笑了：「我可看不出來。」

「你不知道阿清。現在的阿清自然不是以前的阿清了。」我說着，很自然的想到我當初為什麼在小鳳凰身上看到阿清。這是一個奇怪的問題。但後來我知道這不過是我對于自己行為與愛情的一種合理的曲解而已。

「我想如果你是愛阿清的，你應當有勇氣告訴小鳳凰。」

「我承認沒有勇氣，我想我要當面同她講。」我說：「我正想把阿清安頓好了，先去重慶一趟。」我想看看舵伯與野鳳凰，我也想先看看小鳳凰。」

「這是對的，」韓濤壽忽然說：「你如果要成家立業，憑一時慷慨激昂的俠氣是不行的，你應當冷靜的考慮考慮。」

「謝謝你寶貴的意見。」我說。

韓濤壽一番話，對我影響多少，我不知道。但是他揭穿了我幼稚的英雄感，則是一針見血的話。我當時想到，我可以幫助阿清的方面很多，我可以當她妹妹一樣去照顧她，教導她。我沒有理由一定要娶她的。

韓濤壽問我是不是在桂林想找什麼人或者想接洽什麼事，我說什麼都沒有，我祇要他留意有什麼人想寄欵到上海，可以由我撥兌。我告訴他我有錢在黃文娟那裏。韓濤壽告訴我這個機會很多。說還有許多走單幫的人特別需要上海的欵子。他可以爲我留心。

韓濤壽告訴我晚上中山堂有慰勞前線將士的平劇公演，他要去幫忙，所以要提早吃飯。他知道我晚上沒有事，送了我一張票子，我們倆一起吃飯，飯後他忽忽忙忙的先走了，我因爲時間還早，在馬路上蹓了許久才去。

我到中山堂的時候，會場裏已經擠滿了人，我翻閱節目單，才知道那天公演中壓軸戲是玉堂春，而演員則是姚翠君。

姚翠君同我雖並不熟稔，但是她給我印象則是很深的。從那天觀衆的掌聲中，我發現姚翠君在這裏是很走紅的。

玉堂春上演的時候，胡琴手就換了韓濤壽。姚翠君的扮相很美麗，嗓子很好，水袖工夫也不錯。我雖是很早就知道她，但除了在電影中看到她做紫裳的配角外，沒有看過她的戲。我一直以爲她是唱紹興戲的，沒有想到在平劇上她也下過工夫，想來是在上海時學的。臺下觀衆情緒非常熱烈，每到她唱了一段就掌聲雷動。我很爲姚翠君驕傲，好像我是她的朋友一樣。

散戲後，我就到後臺去找韓濤壽，我要他帶我去看姚翠君。我滿以爲她不會記得我的，但是她竟很熟稔的對我說：

「周先生，你什麼時候來的？怎麼沒有聽人說起。」

「啊，我才到沒有幾天。」我說：「你還記得我？」

「怎麼不記得，而且紫裳一直同我談到你。」

「你們常通信麽？」我問。

「雖然不常通信，但是有她消息。」

「我希望她很幸福。」

「我想是的。」她說。

這時候有許多人過來找她，我就告辭出來；姚翠君說：

「有空同韓先生一同到我家來玩。」

「你應當爲他接風才對。」韓濤壽忽然說。

「自然我要爲他接風，」她說：「我們再約時間。」

我與韓濤壽走出來，韓濤壽說：

「我沒有想到你們是認識的。」

「本來也不很熟。」我說：「不過我很早就知道她了。我想她年紀也不輕了，可是看起來不過二十三四歲。」

「一個人走紅眞是奇怪。」韓濤壽說。

「怎麼，她現在很紅。」

「她在上海是一個電影演員，一直沒有怎麼紅。」韓濤壽說：「到了桂林，她成了平劇票友，做了交際花。現在變成這裏了不得的人物了。黨軍政商文化藝術各界，她都吃得開。」

「你常同她們來往？」我問。

「我們在上海就認識，但來往不多，這裏有幾個票房，我常去玩，所以我們就常常在一起。她的性格很豪爽，像一個男人。」

「女人眞比男人容易成功，是不？」

「但也容易失敗。」韓濤壽說：「女人有成功的條件時，缺少經驗；等有了經驗，條件就差了。」

「你是說青春與美貌？」

「青春與美貌不過是一筆遺產。」韓濤壽說：「有遺產的公子少爺，也不見得是容易成功的。」

我與韓濤壽一面說着，一面走到外面，路上觀衆還未散盡，許多人同韓濤壽招呼，我說：

「我先回去了，明天上午我來看你。」

八十一

阿清的健康檢查已經有了結果，很出我意料。我所擔心的性病倒並不十分嚴重，積極治療是不難除根的；嚴重的則是肺病，需要完全長期的休養。省立醫院的病床很擠，不能長住，所以必須找一家便宜清靜的療養院。

韓濤壽于是想到湖濱路底的協惠婦女療養院，是幾個護士辦的，同姚翠君很熟，他說通過姚翠君介紹，一定可以打一個折扣，我叫他不要提到我，祇說是他的一個朋友就是。

阿清于省立醫院出來後，在旅館住了兩天，第三天就搬進協惠婦女療養院。

協惠婦女療養院是一所很簡陋的木房，但很乾淨，而且地位很好，在一個坡上，前面臨湖，後面靠山。大概有七八個房間，最大的住八個病人，最小的住兩個病人。

因爲病人都是婦女，所以訪病的人不准進病房；祇准在接待室等病人出來，每天規定是在下午五時到七時。

療養院裏並沒有醫生，多數的病人是醫生介紹進去的。阿清雖是通過姚翠君的介紹，但仍是孫大夫的病人。孫大夫答應一星期去看她一次，一切針藥由他指示給療養院的護士長，由她們處理。

這是一個很理想的地方，我叮嚀阿清靜心療養，什麼都不要想，住半年以後再說。阿清則一直不安，說牽累我太多，我說，祇要她身體好起來，那就比什麼都使我快樂。我告訴她在療養院可以同別的病人做做朋友，或者學一點什麼，也就不至太寂寞。這一次，我同阿清的談話有一點不同，那就是我避開了我們的婚事問題。我不知道這有否使阿清感覺到不同。在我，則好像對她保持了一種秘密，有一種說不出的內疚。但等她搬進了療養院，我的心就輕鬆了許多。

韓濤壽叫我退了旅館，搬到他的房裏去住。我爲節省起見，也就搬了過去。我打算在桂林住兩星期就去重慶一趟。

韓濤壽爲我介紹那個偷印我盜賊之間的書商，付我一筆版稅。

我帶來的錢不多，撥兌出來的也快化完。爲付阿清療養院的錢，我已向韓濤壽移借一些。這時候，幸虧黃文娟找到了機會撥下一筆錢來。我也收到了她的第一封信。

黃文娟的信是在潘宗嶽被暗殺後寫的，但是還沒有收到我看到這個消息後的信。她告訴我潘宗嶽被刺時，葛衣情就在一起；潘宗嶽剛下汽車就遇到鎗殺，衣情因此就躲在車裏沒有敢下來，自然很受些驚嚇，病了一場，以後神經有點失常，時愈時發，一直沒有好過。但常常去看黃文娟並且問我近狀。

她還告訴我小江湖與唐光穀合作幹幹汽車生意很好。她也常與唐默蕾在一起，大家時常談到我。

信中還附了唐默蕾一封信，唐默蕾文字不很好，字倒還端秀。她說她父親現在收入還不錯，要她不做舞女；可是她因爲正走紅，不想放棄；她想稍微多積點錢，預備到內地看看，問我內地是否有什麼辦法。她信中似乎一點沒有想到國家在戰爭中，興趣很高的談自己的熱鬧生活。

讀了這兩封信，我有很多感慨，我覺得在這偉大的抗戰時候，像衣情與唐默蕾這樣的人，的確應當到內地來才對；衣情如果放棄潘宗嶽來了內地，也不會碰到這種不幸的事情。但是現在自然是更無法來了。至于唐默蕾，我相信她不是一個沒有國家民族觀念的人，可是在上海這樣環境中，她是無法自拔的。我因此很想寫信勸她進來。

可是我從上海到桂林，覺得愈到後方，抗戰的精神愈衰微，桂林住了幾天，自己的感覺也麻木起來。我所接觸的人不多，大多是文化界一些朋友同一些小商人。大家掙扎的還是一個生活，許多到內地來的人，以爲到內地可以做許多抗戰的工作，可是實際上竟是什麼都不能做。我當時發覺，如果我想做點抗戰工作，大概最多也不過寫些抗戰的宣傳八股了，那麼我叫唐默蕾到內地來又有什麼意義呢？

日子一天一天的過去，我什麼都沒有做。我覺得還不如在上海，我也許還可以寫點東西，因此我急于到重慶去。

當時從桂林到重慶是有飛機的，但是飛機的座是由航空檢查所控制，普通人想買一張票，就必須通過很多的人事。韓濤壽說，如果要搭飛機，祇有姚翠君可以幫忙。

恰巧那天接到姚翠君一張請柬，請我與韓濤壽到她家去吃飯。我還以爲她是實踐上次的話，吃飯一定是幾個熟人敍敍。誰知竟是一個意外的場合。

姚翠君住的是一所很大的花園洋房，據韓濤壽說，那以前是一位方將軍的別墅。方將軍已經過世，他的子女都在國外；這裏三樓住的是他們家族，他們把二樓與樓下租給姚翠君。

我們到了那裏，鐵門大開着，花園裏已經停了好幾輛汽車與許多包車，房子裏燈燭輝煌，人聲嘈雜。穿過花園，走上階梯，我就看見外廳裏許多人在談話。韓濤壽祇同幾個熟人招呼，就帶我到裏面。這才看見姚翠君。她穿一件白緞繡花的旗袍，戴着珠環鑽戒的過來招呼我，接着就爲我介紹了場中的人物。

這裏有當地軍警的要人，有商界的闊人，有年輕的空軍軍官，有政府的官吏，也有幾個新聞界文化界的朋友，還有名票與明星等等。他們一羣一簇的在交際應酬。

有的在談戰事，有的在談政治，有的在談當地的人事浮沉，有的在談平劇。

我對于這些都沒有興趣，祇在那裏站着閒聽。

佣人們來回在佈置酒席，我偷偷數了數，有六桌，我估計大約有六十多個人。

這時候，我看到有些人從裏面出來，我與韓濤壽走過去，韓濤壽同正走出來的一個人招呼，我才知道裏面還有人在玩撲克。

九點鐘的時候，外面有汽車響，這時候大家都站起來；姚翠君同幾個軍警界人物忙着迎了出去。韓濤壽告訴我是第幾方面的S司令長官。昨天才到桂林，今天特別是爲歡宴他的。

于是，我看到一個穿着軍裝的十分軒昂的人物進來了，他憑空的向大家概括招呼着：你好，你好。許多人簇擁着他，到了內廳，我忽然發現裏面的牌桌也早已停了，許多人都出來恭敬地站在前面。那位長官像檢閱一樣周圍走了一遍，于是就被邀入上席。

于是大家跟着入座，我與韓濤壽自然坐在最沒有人注意的地方。

席間，姚翠君站起來，請S司令長官說幾句話。我們大家鼓掌，于是那位長官站起來，用宏亮的聲音說：

「諸位，今天得參加姚小姐宴會同諸位見面，非常榮幸。我于昨天來這裏，後天就要去前線的。我來這裏的任務，事關軍事秘密，不能對諸位報告，但是有一點可以告訴諸位的，是前線的兵士都非常忠勇。希望在後方的同胞，多多鼓勵，響應與配合前方，那麼我們抗戰一定勝利。」

他把「一定勝利」四個字說得很響，于是大家鼓起掌來。接着他放低了嗓子，舉起杯子說：

「祝抗戰勝利！」

「祝抗戰勝利。」大家站起來，都舉起杯子乾了杯。

以後各桌又各自談人間的花絮起來。我們一桌恰巧坐着從裏面賭桌裏散出來的人，因此談的是一些賭經，這倒使我想到了唐默蕾，以及我與她到賭場的生活。我當時並沒有發言，祇是靜觀當場的人物與空氣。

司令長官于席未散時先告辭了，我們都站了起來；姚翠君同幾個主要人物送他出去。等園中汽車駛去後才回來，這時候空氣又重新輕鬆下來。

席散後，裏面的賭博又繼續下去。內廳有人拉起胡琴，許多人開始唱戲。外廳有唱機奏起爵士音樂，有許多年輕人跳起舞來。

我拉着韓濤壽，偷偷地向主人道謝，先告辭出來。姚翠君送我們到園中，韓濤壽就開始爲我託她幫忙購買飛機票的事情，姚翠君沒有爲難的就答應了。

外面街燈黯淡，看錶已近午夜。

在這宴會裏，我眞是一個不速之客，姚翠君所以把我約在裏面，我想一半是韓濤壽的關係，一半則是紫裳的關係。我總算看到了一個所謂交際花的氣派。

八十二

我收到了余子聰從重慶來信。這一位說話不多態度冷靜的人，信裏竟充滿了憤激的情緒。他提到了他一路上的經歷與到重慶後的見聞，他談到士兵待遇的低微，軍官的貪污，豪門的奢侈與官場的腐敗。他談到他路上所見到壯丁的情形，一羣一羣被繩子栓着，全身生瘡，衣服襤褸住在破廟裏，挨凍挨餓。他的話竟同我上次在一個刊物上讀到的一篇文章所報導的竟完全一樣。他接着又談到他在重慶的一些朋友，有的變成毫無志氣、祇在泥潭中鬼混，求升官發財；有的都傾向延安。他提到他的一位原來放印子錢的親戚，現在居然拍上豪門，官居局長，見了他很想拉他幫忙，他已經拒絕；他的讀書計劃也無法實現，所以現在在陽明中學教書。

余子聰的信給我許多感慨。我回他一封信，勸他不要祇在一個角度看事物。我說，一切老的舊的都會過去，國家的前途總是在年輕人手裏，如果我們可以使下一代的人有眞正的覺悟，那二十年後，天下也就不同了。

我的信寫得不長，但是我告訴他我可能于最近會到重慶。有一定的日子時，我再寫信給他。

黃文娟又有信來，她已經接到了我在鷹潭寄她的信。她告訴我衣情精神失常，迄未痊愈，她生活很亂。孩子交給佣人，也很少同母親接近，黃文娟接到我的信後，就勸衣情把孩子交給她養，衣情很高興，並且願意每月給文娟一筆錢。

小鳳凰也有信來，她很愉快活潑，說功課很忙，但同學來往很熱鬧，她們常常旅行，週末也常有許多家庭裏舉行的跳舞晚會，她認識了許多朋友。她常望我可以早點去重慶。她說舵伯與她母親也都盼我住在重慶。

在這些信中，我發覺人的關係靠信札來維繫實在很難。小鳳凰幾乎每封信都像是另外一個人一樣，她的文字很有進步。我無法捉摸她的內心的變化。余子聰也是，雖然我與他相識不久，但他的來信竟完全不像是我當初認識的人了。

我的生活現在眞是完全像一個旅客，我不能做什麼，我祇讀了些當時一些作家的作品，許多刊物報章約我寫稿，我也僅能寫了些報導式的短文。我已經碰到一些當初上海認識的文人，也交識了許多文化界的人士，我發覺他們的生活也正是同我一樣，大家似乎都很少做認眞的吃重的工作，而計較爭論的又都是文化界的一些小是小非。我發覺我需要離開這裏；我很想做一個新聞記者到前線去跑跑；或者我索興找一個安靜的鄉下，讀點書寫點什麼。因此我急于先去重慶。

阿清在療養院中已很習慣，氣色也有點好轉。我大概隔天去看她一次，去的時候常常拉着韓濤壽一起去，我們總是在會客室中坐一個鐘頭，這樣談談說說的，阿清也比較活潑起來。于是，我忽然發現了一個很奇怪的變化，那就是我對于阿清的感覺變成非常平淡，——當初在衡陽碰見時那種神秘浪漫的情味已經完全沒有。而韓濤壽對于阿清倒反而同情起來，他說，他想不到阿清淪落爲妓女這麼久，竟不像是一個妓女。

「妓女也是人，你說妓女應該怎麼樣？」我說。

「你不知道，一個人遭受了許多打擊淪爲賣淫，心裏上沒有一個是正常的。有的是恨，對一切都恨；有的是沒有廉恥，沒有情誼，不分是非，眞僞好醜；這些人我見過多了，我也幫助過多了。」韓濤壽說：「自然，上等一點的，如長三班子裏的姑娘還有好的。那些完全皮肉生涯的女人，眞是很難恢復正常的。」

「老韓，你的話也許有道理；但是如果你眞的好好重新教養她，開導她，治療她，當她是一個病人，自然還是可以挽救的。」

「可是，我們並不是個個都是心理治療的醫生，是不？」他說。

「但是，你爲什麼說阿清又不像是個妓女了。」

「眞的，她不同；我發覺她還是有眞的情感，有愛情有靈魂的女孩子。她還有鄉下姑娘的味道，而且我看她是愛你的。」

「啊，你眞是奇怪，一下又對她有了好感。」

「野壯子，但是我知道你並不愛她。」韓濤壽感慨地說。

不知怎麼，自從那次以後，韓濤壽對于去看阿清也熱心起來。後來我也同阿清談到我要去重慶一次，也許幾個月才能回來；不過韓先生會照常去看她的。阿清雖是沒有表示不願意，但是仍是有點依依不捨。

日子就是這樣的過去，姚翠君的飛機票還是沒有消息。如果她說沒有辦法，我也許就由陸路走了，偏偏她總是說沒有問題。

自從上次姚翠君請我們吃飯以後，我祇在別的宴會中同路上碰見過幾次，關于飛機票的事情，都是韓濤壽在催她。于是，有一天，韓濤壽說她又要請我吃飯，我說上次已經上了當，這樣的宴會我實在不想參加，韓濤壽說這次祇請我與他兩個人。

韓濤壽並沒有告訴我到底是爲什麼，我還以爲是關于飛機票，或者是上海撥錢的事情，——她曾經要我撥過幾次錢。誰知完全出我意外。

原來我與韓濤壽閒談之中，曾經談到我在上海時候的生活種種。我告訴他紫裳結婚的消息給了我很大的打擊，我每天去舞場與賭場；我也告訴他我認識唐默蕾，由她那裏學到了許多耍牌的技巧等等。韓濤壽一個人的生活，無聊或失眠時喜歡一個人打五關，所以他桌上經常有一付牌九牌同一付撲克牌，當我們談到賭經的時候，我就表演了幾種手法給他看看。這原是我們住在一個房間內閒談而來的。沒有想到他同姚翠君談起這些。

原來姚翠君這樣豪奢的生活，一半是靠賭博的挑頭。自然，有時候自己也湊搭了下場。這一陣，她忽然輸了很多。一位姓郭的單幫客人一直贏錢，她懷疑他一定有點花樣。韓濤壽同她講起過我，她要韓濤壽找我，所以她請我們吃飯，同我談到了這些。我說：

「我不過自已玩玩的，從來沒有下過正場。」

「本來我們這裏也都是玩玩，可是那一位郭先生……」姚翠君說：「我祇請你來看看，如果他眞有手脚，我希望你肯幫我們一些忙，把輸了的錢贏回來。」

「你們的錢？」我說：「不是你一個人的？」

「自然還有別的朋友，大家都是被騙，我應當把錢還他們。」

「大概多少錢？」

「四十幾萬。」

「四十幾萬？」我說：「這怎麼贏得回來？如果他發現他遇到了對手，他輸了一次就不來了。如果他的手法比我高明，也許還要再輸一點給他。」

「那麼你說怎麼樣？」

「我想我們祇能捉他，捉到他用手法，我們就反臉同他談判。」

「這不好，」姚翠君說：「說出去不好聽，而且這事情也不能報警察，也不能到法院。」

「我想你祇有把所有同他賭過的人都找來，或者坐兩桌三桌的，一到提出的時候，大家一齊來逼他。幾十萬元錢，他不見得就化光了，沒有化去，能交出多少就多少。」我說。

當時韓濤壽也覺得我的提議很對。姚翠君就沒有再說什麼，她約我星期六晚上六點鐘去。

飯後出來，我責備韓濤壽不該把我的事情告訴姚翠君，我說：

「這般人到底在幹什麼？國家在抗戰，他們窮奢極侈的過着靡爛生活。」

「這正是戰爭時候的生活。越是在亂世，人們的生活越是荒唐。」

「這總不是好現象。」我說：「我看不慣。」

「日子一多，你也就麻木了。」

「我所以想離開這裏。」我說：「我不懂，那天那位長官司令還到她家去吃飯，還卽席致辭。」

「哪裏不是一樣！重慶也許更什麼。老實說，這就是人生。你是小說家，什麼樣生活都該經驗經驗。」

「你似乎太玩世了。」

「也許，但是有什麼辦法，我們沒有能力改革社會。生氣發火有什麼用？」

韓濤壽的想法，使我有許多感觸，我想到這正如我接到余子聰的信後對他的勸慰。也許這是年齡的關係，一個人年齡大了，人情世故越深，對人生越來越看穿，對什麼都覺得不足奇；但也可以說這是一種麻木與僵枯。于是我說：

「那麼，這些不滿現狀而夢想革命的年輕人呢？他們不是求改革社會嗎？」

「年輕人應該有這種夢想；這對他們至少是一種幸福。」韓濤壽說：「可惜我年紀太大，連夢想的幸福都沒有了。」

「我想有夢想的幸福，也就有覺醒的痛苦。」

「這正是每一個人的過程。許多年長的人愛勸年輕人不要做夢，可是這是沒有用的。」

「你也曾經做過夢麼？」

「自然，自然。」韓濤壽眼睛望着天空，他說：「我也曾年輕過。當時因爲我父親不許我做夢，所以我一個人從家裏跑了出來，從此沒有回去過。」

「你後悔。」

「我曾經後悔過，但是現在我不再後悔；因爲這是命運。」

……

我沒有同韓濤壽再談下去。我想到自已的過去。我的生命也正是被夢想所引誘，一步一步的走到想不到的境域。而每一次覺醒也就產生了另一種夢想。等到完全沒有夢想的時候，那大概就是老了。

（待續）

書刊評介

美國風・美國人

穆　寧

邢公倜著，臺灣聯合書局印行
郵局劃撥儲金賬户七六七號・每冊定價新臺幣拾貳元

這是一本筆調輕靈，意識清新，和趣味盎然的小書。我喜歡這本小書，我也願意住在這個奇妙的島上的每一個成年人都喜歡它。

著者在自序裏說：「以前，我曾經兩度地在美軍中工作，一度在美國本土從事研究。這一切的經驗都是十分愉快而且極有價值。他們對于他們自己的缺點，不但肯讓我聽，肯讓我看，而且還肯讓我講；他們肯面對現實談實際問題，而不肯捧着一本美國史在作退縮的夢。這一種精神實在足够令我欽佩與喜愛。……」

實在說來，這個地球一天一天地變小了。許許多多人爲的界線將會逐漸消失。英國那位現年九十歲的老思想家羅素所想的未來新世界遲早會降臨人間。世界在變。人們要想活下去，而且要活得更好，只有吸收新思想，新方法。那「以不變應萬變」的老調，不僅「應」不了「萬變」，我恐只有同歸于盡。

美國當然不是一個盡善盡美的國度。人間本就沒有盡善盡美的國度。柏拉圖用他那「觀念」構造的「共和國」，從現代的眼光看來，並不怎樣令人欣賞。人間事物的優劣，是由比較而得來的。比起西歐許多寡民小國，美國在許多方面似乎遜色。可是，我們有理由相信，美國是一片和平自由而宜人生息的土地；我們更有理由相信，美國比俄國可愛些。這本書就給美國許多可愛之處以一些素描。

美國怎會有今天？原因自然很多。可是，基本的原因有兩點：第一，時常改正自己；第二，面對現實，因而不抱着一本歷史自我陶醉。

「護短」，與「虛榮」和「求存」以及「自我肯定」是聯繫在一起的。「護短」的方式和手段是怪多的：眞是一抓一大把。不過，在這些方式和手段之中，有的容易看出，有的不易看出，有的受人尊敬，有的不受人尊敬。小學生的算術考不及格，他怪老師沒有講清楚。這是一種護短的方式。這種護短的方式，除了他的媽媽以外，幾乎「路人皆見」。可是，搬出「不同的文化」，或「不同的國情」來作護短的手段，則似乎是大道理一把，頗受到一體尊重。這樣辦理護短事宜，確爲發揚文明古國的優良傳統，可惜，到頭來「裏子」卻吃了虧。美國確非文明古國，對于「護短學」似無研究。因此，他們從不拒絕，也聽得進，一切批評的言論。祇有聽得進批評言論的人，才有改進的希望。也祇有這種人，在今後世界的舞臺上，才有他的份兒。

我們只要一讀房龍著的「人類的故事」一書，就不難想像，自洪荒時代以來，人類想要免于淘汰而蕃衍下去，除了智慧以外，頗需要一點勇氣。勇氣的種類頗多。對別人拔刀相向不算非勇氣；可是，麻子自行宣示面部欠平，則爲勇氣中之尤可嘉者。人唯有能够「面對現實」，不迴避，不遶圈子，不設法遮掩，才能眞正改變現實。這種態度，應用到自然界，就是「人定勝天，人類征服自然」；應用到社會界，就是改進人生的動力。

這兩個基本優點，美國兼而有之。難怪它能成爲地球上最有苗頭，有前途展現無窮多的發展可能的國度。

我們耳朵裏時常風聞，政治形態有「民主」和「極權」之分。這一劃分的標準何在，筆者不太清楚。不過，據我猜測，大概「極權」政治就是「只許規規矩矩，不許亂說亂動」的政治；「民主」政治就是「犯上作亂」的政治吧！在這本書裏所描寫的「犯上作亂」的事兒可多哩！例如，「軍營中有壁畫，官腔被幽默」。「奇怪的是它能永留不朽，並沒有受到上峯的重視，來一個『奉諭洗毁，澈查嚴懲』的大風波。」

尤其「不成體統」的，是堂堂副總統，竟「正經事」擱置一旁，和小丑玩角比鼻子。赫赫杜勒斯竟玩起小孩玩具來。「大人物之中，像尼克森和杜勒斯這兩個人，該也算得上是官位不小了罷。但是在去年三月間，美國的軍人之友社 (U.S.O) 爲了感謝大丑角鮑伯霍甫 (Bob Hope) 在海外勞軍表演的功績，特別地爲他來了一個盛宴招待。酒醉肉飽以後，尼克森和鮑寶貝兩人竟然就在大庭廣衆之中，臉抵臉地在比鼻子，而使全場顯要都把褲帶笑斷了。至于杜勒斯，爲因鼻子不够尖聳，未能上去參加比賽。但是因爲他有一次說過，他在小的時候曾經想到要當一名鐵路工程師，所以他在這次大宴中，就拿到一點點小東西，那就是一節玩具火車。果然，他把玩具拿到了手中之後，也就像嬰孩一樣地笑了，全體的主客也都跟着笑了。」

美國人愛幽默。有許多人似乎認爲「幽默乃人生之要素」。我想這話等于說「吃酵母可以當飯」。不過，如果說「幽默乃人生的潤滑劑」，這話也許恰到好處。的確，不懂幽默的人，他的生活是太枯燥了，也可能消化不良。「有一次我在塔克薩斯州的小市鎭搭乘公共汽車，當車子在轉彎的時候，竟逼得一輛私車既不能進又不能退。就在這兩難之中，那位年輕小伙子就在裏面咆哮了起來。雖然他並沒有破口罵人，但是公車內的乘客們卻都在無人指揮之下，一齊來一個轟天的大哈哈。那人越聽越難過，越難過就越咆哮，而車子內的哈哈也就越轟越大，像都在臺灣中了第一特獎似的。到了最後，我的身傍的一位胖老太終于壓下了她的大哈哈，嘆了一口長氣，對我說：『呵，那個可憐的娃兒，他簡直沒有一點點的幽默感呵！』」

接着，著者發議論道：「如今，我想起她的這兩句話，覺得其中實在是有着無窮的人生哲理。人活在這個世界上，就不能沒有幽默感。如果丈夫與妻子之間，長輩與幼小之間，長官與部屬之間，朋友與朋友之間，都能表現出幽默感來，那一定會到處春風，天下太平。否則的話，一定會彼此都看不順眼，處處都有毛病，活得無味，死又可惜。對于個人的幸福，對于世界的和平，都有很多不好的影響。」這一劑「濟世良藥」，勝過十萬大道理，百萬大主義。

人類正在開始一個新的文明時代。談大道理，講主義已成尾聲了。它是狂人的麻醉劑。它是患虐待狂者的鞭子。

這本書美妙的鏡頭頗多。上面所列，不過是一個引子而已。如果讀者希望欣賞美景，這本書可對你有些幫助。人在一種空氣裏泡久了，可能不知天高地厚，把自己習見習聞的事物當作天下之大經大法。這本書算是替我們開了一個小窗子。讀者，你願意打開窗子吸點新鮮空氣嗎？

讀者投書

（二）萬般感慨卸征衫！

——從一份「保證書」說起

精希

筆者是國軍中一個現役的額外軍官，（有官位無職位的所謂部屬軍官）原也是受過國家三番五次培育了的職業軍人。雖然年齡還沒有到法定的退役年限，但只因是有官位無職位的額外人員，依照國防部頒定的「軍中額外人員處理辦法」，乃是即要卸去征衫，還我老百姓的本來面目的。不管這個辦法的所謂處理，是否就是趕人走路的別名，公正不公正？（軍人的基本職責在衞國保民，在此一點，應該是沒有額外的，我們的所以額外，乃不過是國軍的頻繁整編，和許多不堪想像的原因所造成的）也不管這個辦法所規定發給的那一點微不足道的退役金，合理不合理？然而我們體念國步艱難，政府在軍事上，也可以說在我們軍人身上，所背的包袱，實在太重了。故對於這一辦法的實施，縱沒有國防部人事服務處所發出的那份勸慰式的文告（國防部人事服務處的文告說明了，額外人員必須請退的理由，和退了以後的許多好處）至少筆者仍是竭誠擁護，並甘願以「退」的事實來支持的。惟此一辦法的實施原來應該是國家的既定政策。其主動在於政府，而並不是在我們這些額外人員。換言之：乃是政府要我們退役的，而並不是我們自己要退的。那麼要退，就乾脆的退我，為什麼要我找保證人，填保證書，還用來保證我們退了以後的生活能不發生問題呢!?

依我們的想法：一個軍人退役以後的生活有沒有問題？如果要有人來作保證的話，理該由政府來保證。雖不必填給我們每人一份保證書，但這個責任，是不可以逃避的。因為民主國家的政府，即使對於一般國民的生活，也是負有保證責任的。何況軍人，不管怎樣，總是對國家有過或多或少的功績和勞績。最低限度，我們可以為自己成家立業的少壯年華是為國家浪費過了的。（不敢自言功績，姑用浪費二字）退一萬步說：政府既沒有能力來保證我們，那麼乾脆不管好了，現在竟反要我們填一份保證書給政府，那實在令人莫測高深了。（這當然是不在額外而是額內的那些高明的幕僚先生所想的高明辦法）

在臺灣，今天人浮於事，謀生不易，即使做父母的，也甚難保證其兒女的生活不會發生問題，同樣的道理，做兒女的也是甚難保證其父母生活的。那麼又有誰來保證我們這些既無恒產，（雖然有戰士授田辦法，但要等到同大陸以後才有田可授，事實上是可望而不可接）且除擯槍桿之外，其他一無所長，而又大半都是年事半百了的阿丘阿八呢？

再根據規定的保證人資格，只要比被保人高一級就可以。例如，一個月薪二八五元的少校，便可以保證一個月薪二一五元的上尉，退役後生活不會有問題，有了問題，由少校負責。那可不是天大的笑話嗎!?因此，凡是對此一保證責任重視一點的人，即使與被保人有莫逆神交，也是碍難出為保證的。（其實這才是一種負責的態度）惟有那些近似玩世不恭，一切無所謂的人，才肯欣然應命呢。因為在此一類人的心目中，一切白紙寫黑字的東西，都是無所謂的。這一項保證責任，既然是寫在紙上的，不同樣可以作如是觀嗎？到頭來，他不履行保證責任，你政府拿了這份白紙寫黑字的保證書，眞的還可以循法律途徑起訴嗎？縱使可以起訴，但他自顧之不暇，法院又將以那一條法律來處他以應得之罪呢!?因此，我們認為政府的此一措施，言顧慮則周到有餘，（因恐軍人退役後如果生活不能解決，可能要引起社會問題，有了保證人，便可要他負起這個責任，政府的責任便可推得一乾二淨了）言實效，則無異也是一種不負責任的做法。

就我們這一些要退役的人而言，前面已經說過，無意加深政府的困擾，則退役以後的生活，究竟怎麼辦，本來已是準備了以過一天算一天的態度來處理的。如果政府沒有這一項保證的要求原也是心安理得，不會引起什麼感慨的。不料政府竟有此一惡作劇，使我們東找關係，西托人情，同時也說了許多不負責任的話：如「老長官、老同事、老兄老弟呀！請你放心吧！我退了役以後，生活是可以解決的，不會眞的要你負責的，這不過請你蓋一個章就算了」。有時還故意編出一套自欺欺人的計劃，說退役以後，我幹什麼可以維持生活，幹什麼可以發財。眞的有這樣的計劃和把握嗎？那只有天曉得。總而言之，乃不過是騙了人家，蓋下這個負有保證責任的名章再說。所謂「狗急跳牆」將來要不要連累人家，這時候誰也管不得許多了。這樣的行為，雖然也近似玩世不恭，但心情却是異常沉重的。

×　×　×

回想二十二年前，抗日戰起，投筆從戎時那種壯懷激烈的情境，雖未敢以天下為已任，但至少是曾以救國為職志，以班定遠自許的。何曾想到二十二年來，八年草鞋生活，（抗戰時中下級官兵都是穿草鞋的）雖打敗了個日本軍閥，而曾幾何時，大陸復完全淪入匪手，父母同胞皆變為匪俄的奴隸牛馬，凡我軍人固不必國人的責難怨謗，早已是慚疚無地的了。追隨政府來到臺灣，十載煎熬，亦無非以孤臣孽子之心，參與反攻復國之大業，以期雪恥而贖前慾。又那裏想到反攻復國之業未成，雪恥贖慾之願未償，竟至身為軍人而在額外，因額外而必受處理。使以往壯志雄圖，一切化為春花秋月。即此，已夠可哀的了。更那裏又想到，受處理後連最低限度的吃飯穿衣，還要厚着臉皮去找人來作保證，使軍人最起碼的一點自尊心也犧牲殆盡。人生落魄到如此地步，更那有不悲從中來，萬般感慨呢!?

話說回來，在營的弟兄們，可萬不要因我們的潦倒下場，而灰心而餒氣。若果如此，那麼筆者因為一紙保證書，而情不自禁的引起了這許多感慨，只便不是感慨，而實是一種罪過了。最後謹以至誠建議政府，要好好的培養軍人的正常情緒。因為正常的情緒，實就是士氣的根源。俗話說得好：「傷心人面前，勿說傷心話」，自然更不可做傷心事。我們這一代的軍人，無論對于國家，對于自身，都是足夠傷心的。因此，這一份只足以引起退役軍人萬般感慨，無限傷心，而一無是處的「保證書」，應該可以重新考慮其取捨了。

自由中國　第二十二卷　第二期　內政部雜誌登記證內警臺誌字第三八一號　臺灣省雜誌事業協會會員　七六

讀者投書

(三) 民族晚報的「斯人獨榮耀」讀後感

何　瀾

頃讀一月十日民族晚報新聞幻燈欄，以「斯人獨榮耀」爲題，介紹某一近由港來臺大開畫展之所謂「大畫家」其人云：「這個人原在江南一家小報館裏當副刊編輯，……汪僞粉墨登場時，……也取得『中央社記者』的頭銜。……有一年，汪精衞以僞主席的名義訪日本，他做了隨行記者。……這位『記者』把握時機，使出在僞中央社裏送水烟袋的功夫，跟汪『主席』兜搭上了。……不久，他由『記者』升爲『特派員』；又經過一陣活動，汪記政府委任令下，他成了銅山縣的『縣長』。……卅四年抗戰勝利後，……那位僞中央社出身的銅山縣長，則改名來臺，躲在一家現已停刊的報館裏，又當起記者來。其後，東南長官公署成立，陳誠將軍開府臺北，……立時寫了一本『陳誠傳』做敲門磚，打算拉拉關係。想不到陳辭修……根本就不理會那一套，這一來，『縣長記者』老羞成怒，常常在報上胡評亂罵。後來罵出皮漏，一溜烟跑到香港去了。……最近不知怎麼一弄，又成了『大畫家』到臺灣開起畫展來了。這位畫家的來頭的確很『大』，他從香港來臺後，顯要召見，名將歡迎，……許多政壇名流都替他的畫展捧場。……」

斯人也，而有斯事也，其品格如何，固不待論。然有一事足可補述者，斯人當年在港所作評論，於一九五七年三月，搜集合併出「××集」一册，其中有「論蔣介石」文七篇，第二篇題爲「獨裁無膽，民主無量」。文內曾云：「惟有今天在臺灣仍想關了門做皇帝，所謂『獨裁無膽，民主無量』的偏狹自私的老作風拖下去，是萬萬要不得，令人不能再恕一詞的。」然斯人於四十六年以文化界名義同臺觀光，今又以「大畫家」而來臺大開畫展矣！

然由此種不問斯人爲何如人之「遠交近攻」手法觀之，即可知今日政府，海外統戰工作爲何如矣！而其終不能得海外人心，又何足怪？

給讀者的報告

我們這一期共有三篇社論：一是對於越南總統的訪華，發表了社論㈠「歡迎吳廷琰總統並談中、越、韓合作」；二是根據四十三年召開的「第一屆國民大會第二次會議的記載」，發表了社論㈡「臨時條欵等於憲法」！三是對於政經半月刊爲一篇文章惹起風波的事，發表了社論㈢「對政經半月刊事件的觀感」。

這一期的專論共有四篇：其中監察委員曹德宣先生的「擁護蔣總統繼續領導而不贊同連任」一文，完全是肺腑之言，值得向大家特別推荐；抱這種想法的立、監委員、國大代表，想必不在少數，何妨也公開說說。其他三篇專論，也都很有分量，恕不詳細介紹。

屏東萬丹鄉三十位村長、鄉民代表的「報告書」副本已收到，諸位對於縣立萬丹初中的事，既已向縣政府及教育廳報請查究，我們限於篇幅，恕不發表了，請原諒。臺北冲破天先生「軍隊中的三大危機」投書，考慮再三，還是決定不發表；現已遵囑處理，請放心。臺南季××先生來函及玉照均收到，先生限於軍人身份，只能「站在各書攤旁站讀」本刊，事非得已，所以不能算是「不忠實的讀者」。臺北曉邦先生的來信早已拜讀，我們本想發表，但限於信中囑咐，只有保留，並遵囑轉達。其餘投書，容另行奉告。

自由中國　半月刊　第廿二卷第二期　總第二四五號
中華民國四十九年一月十六日出版

發行人　雷　震
主編　『自由中國』編輯委員會
出版者　自由中國社
社址：臺北市和平東路二段十八巷一號
Free China Fortnightly, 1, Lane 18, Ho Ping East Road (Section 2), Taipei, Taiwan.
電話：二　八　五　七　〇

航空版　友聯書報發行公司（香港九龍窩打老道一一〇號）
電話：五九一六四、五九一一六五

總經銷　自由中國社發行部

經售處
美國　紐約友方圖書公司 Hansan Trading Company, 65, Bayerd Street, New York 13, N.Y., U.S.A.
紐約光明雜誌社 Sun Publishing Co., 112, Mulberry St., New York 13, N.Y., U.S.A.
韓國　漢城裕昌德號
馬尼剌　新疆書店
緬甸　仰光振成書報店
印度　阿拉哈巴中印文化出版社
北婆羅洲　西利亞坡青年書店
星加坡　友聯書報發行公司（小坡大馬路四六九號）
吉隆坡　友聯書報發行公司（馬華公會大厦三樓七室）
怡保　友聯書報發行公司（希尼華沙甘街十六號）
檳城　友聯書報發行公司（林連登律七十二號）
澳門　友聯圖書公司

印刷者　精華印書館股份有限公司
廠址：臺北市長沙街二段七一號
電話：三　三　四　二　九

本刊經中華郵政登記認爲第一類新聞紙類　臺灣郵政管理局新聞紙類登記執照第五九七號　臺灣郵政劃撥儲金帳戶第八一三九號
（零售：臺灣每份臺幣四元，海外平寄美金一角五分，航寄美金三角）

自由中國

FREE CHINA

第二十二卷　第三期

中華民國四十九年二月一日出版

社址：臺北市和平東路二段十八巷一號

半月大事記

元月十一日(星期一)
美國、加拿大與歐洲各盟國在法開經濟會議。
十八國科學專家舉行太空會議，討論有關太空現象問題。
總統昨頒佈召集令，國大定下月廿日集會。

元月十二日(星期二)
美空軍參謀長懷特談話，美國整個防禦地位，比較蘇俄堅強多倍，認為北極星飛彈系統使美戰力加强，足以摧毀任何侵略國家戰爭能力。
匪機一架自路橋飛抵臺灣，迫降宜蘭南澳。

元月十三日(星期三)
美向經濟會議建議，成立新的經濟組織，俾挽救歐洲兩貿易集團之分裂，並協調對低度開發國家之援助。
艾森豪在記者會談話，對美防務深具信心。
美國政府下令，趕造農神火箭，俾探測月球及其他行星。
因俄封閉太平洋水域，日本向俄提出警告。
美國防首長向國會報告，美正增造洲際飛彈，保持對俄報復力量。
俄政府宣佈，撤銷內政部。

元月十四日(星期四)
美總統批准增加七個洲際飛彈中隊。
在俄最高蘇維埃特別會議中，赫魯雪夫揚言將裁軍一百二十萬人，並謂俄飛彈發展領先所有國家，擬停產轟炸機，以飛彈裝備蘇俄空軍。
美總統向國會提出共同安全計劃報告，强調美應支持遠東盟國。

元月十五日(星期五)
越總統吳廷琰訪華。

元月十六日(星期六)
美參院外委會發表報告，自由世界必須合作，方能對付蘇俄挑釁。
美太平洋艦隊總部宣佈，在俄火箭試驗區域，發現三艘俄補給船。
尼克森首途旅行，展開競選活動。

元月十七日(星期日)
美政府正式宣佈，艾森豪定六月赴俄訪問九天。

元月十八日(星期一)
美日共同安全條約，在華盛頓簽字，確定兩國平等權利，保證建立經濟及軍事合作關係，日境美軍基地之權利另有規定。
美下年度預算收支總額，收入為八百四十億元，支出為七百九十八億元。
匪俄最近簽訂密約，我國黑龍江省西北部約佔全省三分之一的土地，實際上已由中共割給蘇俄。
俄又照會美國重彈裁軍濫調。

元月十九日(星期二)
越總統吳廷琰離臺返越。
中越政府發表聯合公報，促請自由世界戒備，有效抵制共黨侵略。
美國防部長蓋茨戴寧對美國會作證，比較美俄兩國軍力，美洲際轟炸機力量仍佔優勢，未來俄長程飛彈將比美國多。

> ## 「自由中國」的宗旨
>
> 第一、我們要向全國國民宣傳自由與民主的真實價值，並且要督促政府(各級的政府)，切實改革政治經濟，努力建立自由民主的社會。
>
> 第二、我們要支持並督促政府用種種力量抵抗共產黨鐵幕之下剝奪一切自由的極權政治，不讓他擴張他的勢力範圍。
>
> 第三、我們要盡我們的努力，援助淪陷區域的同胞，幫助他們早日恢復自由。
>
> 第四、我們的最後目標是要使整個中華民國成為自由的中國。

美國參院外交委員會發表一項題為「中共內部的緊張情形」報告。是對於自從一九四五年中共在大陸設立偽政權以來，大陸所發展的壓力及摩擦的一部客觀分析。

元月二十日(星期三)
艾森豪向美國會提出年度經濟咨文，深信美經濟進步情形將持續下去，强調美有能力負擔廣泛國際義務。
岸信介在美參院，重申不承認中共，將不變現行政策。

元月二十一日(星期四)
艾森豪接受日邀請，六月廿日訪問日本。
蘇俄宣佈已將一枚大型的火箭，以每小時一萬六千哩速度，射至將近八千哩外太平洋試驗場的目標。
美發射載猴火箭，作為將人射入太空的預演。該火箭抵高空後藉降落傘下墜，太空脫險裝置試驗成功。
美製造超音速轟炸機預算為卅一億元。
美國防部長評稱：蘇俄發射火箭，美國防計劃將不受影響。
赫特在美參院外委會發表聲明，欲謀有效武器管制，須容匪幫參加協定，惟未許匪插足裁軍談判。

元月二十二日(星期五)
法總統戴高樂宣佈，將於二月五日訪阿爾及尼亞，解決阿境不穩情勢。

元月二十三日(星期六)
自由日六周年。

社論

(一)

敬向蔣總統作一最後的忠告

選舉下一屆總統的國民大會，馬上就要開會了。鬧了一年多的修憲與連任問題，容我們講話的時機已不多了。去年六月十六日，本刊（第二十卷第十二期）曾發表過一篇社論「蔣總統不會作錯了決定吧？」現在，我們再把以前沒有講過的話，趁這最後的時機，敬爲蔣總統陳述。

首先，我們要申明兩點：

第一、這篇文章的一個前題假定，仍然是假定蔣總統一再聲明的不修憲就是包括不連任在內；至少至少我們可以假定，截至現在爲止蔣總統自己對於連任與否的問題，還沒有作最後的決定；目前某些人所策動的擁護連任運動，如海外僑團通電，國內各團體乃至各學校的函件壁報等等，我們也假定只是攀附分子揣摩意旨的行爲，而不是來自蔣總統的明示或暗示。在這個假定沒有被實證否認以前，我們覺得我們的言責還沒有盡，我們覺得還有作這一次最後忠告的必要。

第二、關於這個問題的法律方面，我們講的話已够多了。一年來若干「法學權威」所發表的不忠於知識的言論，以及某些外行人對於法律的誤解或曲解，我們也都辯駁過。這篇文章再不觸及這方面，而只是從政治的觀點來談這個問題。

從政治的觀點來談這個問題，我們還得申明一點。就是我們意識中的政治，不是「過時代」的權力政治，而是我們大家今天所嚮往、所追求的民主政治。如就權力政治講，一切決定於權力。只要權力在手，就可爲所欲爲；同時權力的攀附者從而劫持民意，僞造輿論，乃至製造各形各色的政治神話，以掩飾權力者個人的意圖。這種政治，縱令可以倖致一時的安定，可是這種安定，也只是「厝火於積薪之下」的表面安定。其結局必然是流血、革命、民生塗炭、廬舍爲墟、社會解體、國家滅亡或瀕於滅亡。繼其後的，如果還是一個權力政治，其結局也必然如此。中外歷史上這一類循回往復的故事，已經足够昭示我們：這是人類最愚昧、最慘痛的紀錄。權力政治爲什麼有這一必然的結果呢？理由很簡單，就是英國歷史學家阿克敦 (Lord Acton 1834-1902) 所說的「權力必然使人腐敗；絕對的權力必然使人絕對腐敗。」可是政治是少不了權力的；問題只在如何防止權力的絕對化。要防止權力的絕對化，橫的方面爲權力的制衡，縱的方面爲權力的交替。權力的制衡與交替，構成了現代民主政治的兩大間架。今天，我們談任何政治問題，自當以民主政治爲標準。如必欲捨民主政治而回復到過時代的權力政治，那末，大家只好等着浩刼的再度來臨，我們還有什麼話可說呢！可是，我們現在尚沒有充分的理由要這樣悲觀。我們仍假定蔣總統歷年來以民主憲政來號召反共，是具有誠意的；我們仍假定蔣總統對於連任問題，至少尚未作最後的決定。所以我們還要趁這個最後時機向蔣總統作一最後忠告。

目前擁護蔣總統連任的人們，表面上所講的理由，大都是說蔣總統功高望重，爲反攻復國，非他繼續領導不可，再也找不着一個適當的人選了。這個堂皇的理由，似乎是不容正面辯駁的。我們承認蔣總統在中華民國的歷史上是有其重要地位的，尤其是堅持對日抗戰，使國家一度躍而爲世界五强之一的功績，眞可說是史無前例的。我們也承認蔣總統現在在國內所保持的威望，確實沒有第二個人可以比配。談領導，蔣總統之繼續領導，看起來還是有效的。可是我們如果再進一步想想，生前功高望重的人，到了晚年如果再致力於千秋萬世的建樹，其功威不是更可以保持於永久嗎？華盛頓完成了美國獨立革命，到晚年以身作則爲美國政治樹立一個權力交替的傳統而不連任三任總統；凱穆爾完成了土耳其獨立革命，到了晚年他爲土國政治樹立一個權力制衡的根基，親手扶植一個反對黨使之成長壯大。他們的事蹟，不僅是美土兩國歷史上的光輝，也是近代世界史上的佳話。華盛頓、凱穆爾爲他們的國家奠定了長治久安的基礎，而他們自己也成了世界性的偉人。完成了國民革命的蔣總統，曾經把國家一度提升到世界五强之一的蔣總統，難道說沒有這種更偉大的抱負嗎？近年來我們經常鼓吹反對黨的必要，爲的是政治上權力的制衡，同時也是希望蔣總統不讓凱穆爾獨美於前；今天我們不贊成連任，爲的是政治上權力的交替，同時也是希望蔣總統比美華盛頓。

其次，說到沒有第二人可以比擬蔣總統的威望，因而說仍非蔣總統繼續領導不可。這一點我們也可更進一層來想想。領導人物的長成，在正常狀態下，大都要靠已居領導地位者的加意培養與扶植。蔣總統執政已有三十多年，在這三十多年的悠長時間，應該可以培植幾個領導人物出來。如果說今天的政治人物都不足以勝領導之任，因而說非蔣總統繼續領導不可，這一說法，實際上並不是恭維蔣總統，而是暴露蔣總統盛德之虧。第二次大戰後英國保守黨的邱吉爾，不僅在黨內的威望是獨一無二的，在全國也是獨一無二的。如果他不加意扶植後起的領導人物，而又不尊重政治上權力的交替，那末，只要是保守黨的政府，他就可以霸住內閣總理的位置而至死不放。但是邱翁到了晚年，儘管霸才橫溢如故，壯志也不減當年，他畢竟把艾登推擧出來作了他的後繼者。邱吉爾這種作法，是爲國家前途着想，也是爲黨的前途着想。「人存政擧，人亡政息」這兩句話，我們不應當把它作爲論據來擁護蔣總統連任，相反地，我們正

（4）

應當把這兩句話作爲警惕，來敦促蔣總統在生前推出一個後繼者而從旁照顧。

再次，說到反攻復國的問題。三年前我們談這個問題的時候，卽已指出武力反攻大陸，在短期內可能性是很小很小的。目前國際形勢的轉變，這種可能性愈來愈小了。今後世界性反共鬪爭的趨勢，似乎不是走向第三次世界大戰，而是從軍事的重點轉移到外交、政治、經濟等方面。這一趨勢，我們早已指出，今天來得更爲明顯。多年前我們呼籲政府不要空喊反攻反攻，而要切切實實做些革新政治的工作。可是一年一年地過去，我們的政治不僅未見革新，而政風的敗壞，倒是一天甚似一天。政治風氣敗壞，社會風氣更糟，這其間很有些因果關係。蔣總統身居總統高位，兼之三十多年來積威之勢，使得左右的人只好承伺顏色，揣摩意旨，遇事不敢明辯是非，甚至還要顚倒黑白。今日臺灣各方面的實際情形，我們眞不知道蔣總統究竟能够知道多少。「知屋漏者在宇下，知失政者在草野。」可是宇下的人、草野的人如果對時政有所批評指責的話，則又常常被指爲「別有用心」，甚至「爲匪張目」。「別有用心」或「爲匪張目」的人所講的話，當然更不會得到蔣總統相信了。十年來的臺灣政治，就是在這種是非不明、黑白不分的情形下，一天一天敗壞下來的。我們也知道，十年來臺灣也有些進步的地方，但那些進步大都是屬於技術性的，與政治趨勢的主流無關；我們也知道，政府中人確也有些奉公守法，切切實實埋頭苦幹的，但他們的工作，究不足以挽救一面倒的政治頹勢。近年來，潔身自好的人，普遍地籠罩在灰色氣氛之下，消極悲觀，抱着苟全性命於亂世的生活態度。强暴驕悍的人，又被一股戾氣所侵襲，而他們自己又成爲戾氣的擴張者。這種情形如任其發展下去，前途是可怕的。當此人心怕亂而思變的時候，權力交替的模楷如果由蔣總統樹立起來，正是最合時宜的。因爲這是變而不亂的途徑。

今天，國民黨仍爲一個大黨。蔣總統如不連任，繼任者當然還是國民黨人，而不會落在黨外。到那時，蔣先生以國民黨總裁的地位，仍然可以透過黨的機能領導軍國大計。如果一旦客觀條件足够，反攻復國大業的完成雖不在蔣總統任內，而蔣先生精神領導之功，仍然是全國人民所不能忘的。而且權力交替的模楷，經蔣總統樹立以後，千秋萬世的功績更是永垂不朽。尙書多方篇上講，「惟聖罔念作狂，惟狂克念作聖。」這兩句話，是蔣總統平昔所維護的中國固有文化中的格言，我們願趁這一最後時機敬爲蔣總統誦之。

社論

（二）

紅白壽慶送往迎來

——從臺北市長黃啓瑞娶兒媳「大擺流水席」說到官場風氣

在一月六日的報紙上，我們還看到內政部田部長宣稱公務人員繼續實施節約生活，婚喪壽慶不宴客的消息。可是，時間過了不到半月，我們接着又在一月十九日的「聯合報」上，看到一則報導臺北市長黃啓瑞娶兒媳大宴賀客的消息。該報還特地用這三行大字做標題：「市長娶兒媳，大擺流水席，三天喜筵近百桌」。

據「聯合報」的報導，黃市長這次是預定分三天宴請賀客，預料有將近百桌之多，由於「黃家門前車水馬龍，小汽車及三輪車擁擠不堪」，弄到警察不得不「在場維持秩序」，以至於「市府單位主管李蘊權等人」，也不得不「在黃家兼任招待職務」；至於「黃市長夫婦忙於與賀客寒暄」，自然更不在話下。這一副氣派，已經够使小市民咋舌，但據說這還是由於「際此節約期間，避免鋪張」的結果。否則，黃市長如果不是爲了「節約」，少則一星期，多則半個月，恐怕「流水席」還開不完呢！不過市長也者，畢竟只是芝蔴綠荳大的官兒。現在，市長娶兒媳已經如此，難怪很多達官貴人子女結婚時，更要盡量的擺場面，裝闊氣，顯威風了！可憐的，只是一些靠微薄薪金過活的下屬，有時還不得不拿着養家活命的錢，哭臉裝笑臉，去向上官孝敬！據說一個月收入，有時還不够送禮，難怪紅紙請帖，要被人當做「紅禍」了！

現在，不過，關於黃市長娶兒媳的大宴賀客，究竟是存心跟田部長開個玩笑，抑或是無意而忽略了政府的規定？雖然不得而知；但若說黃市長是唯一公開反抗政府禁令的官員，卻不太公平。試想想，這些年來，政府高喊節約之類的調調，又豈止是黃市長一人沒有做到？更豈止是結婚不宴客一事沒有做到？

遠的不說，就從四十七年十月二日行政院通過的「公務人員實施檢樸生活要點五項」而言，便不難想像。按照此項要點規定，其中便包括有停止紀念會、慶祝會、晚會，及不得宴客、迎新送舊、奢侈、放蕩、冶遊、賭博、進酒家，以至到機場、車站、碼頭迎送、送禮、受禮等等在內。但是，在今天政府各部門，只有一些貧苦的低級軍公教人員，由於薪水過於微薄，已經儉樸得不能再儉樸。至於政府少數要員們，除掉像黃市長一樣沒有做到結婚不宴客之外，其他種種，又有那一項做到了？

現在，政府只要遇到元老或要員逝世，情形都千篇一律：照例立刻在某月某日開會，由某某某主持，組織治喪委員會，推定某某某爲主任委員，某某某等爲副主任委員，某某某爲總幹事，某某某等爲副總幹事；還要照例舉行「點主」儀式，由某某某任大賓，某某某等任介賓人，並佈滿輓聯、祭幛×××付，花圈、花籃×××個；接着又照例要進行「大殮」，由某某某主祭，甚至由某某某等四人在遺體上覆蓋一面國民黨黨旗或國旗，並由某某某等團體公祭；最後到了安葬之日，照例又由某某某等人執紼，以至送葬行列，長達數里。如此這般的經過了一連串程序，那些元老要員們雖已忙得精疲力竭，還只是暫告一段落，因爲還得呈請政府褒揚，出紀念集，以至於宣付甚麼館，才算功德圓滿。最近在不到一個月之內，我們便從報上看到，某一位元老連續擔任了兩次「點主」儀式的大賓。而有幾位元老要員們，又幾乎是常常擔任在遺體上覆蓋黨旗之類的責任；至於其他大多數元老要員們，治喪委員會總是少不掉有一份。風氣所趨，甚至對於一位去世已經二十三年之久的黨政幹部，元老們最近還抽空開個悼念會。至說實在話，當我們看到元老們老是爲喪事而過分操勞，便免不掉爲他們的健康擔心。不過，這樣重視喪葬的結果，除掉可以讓死者出盡「死」風頭之外，也非全無別的意義。至少如果沒有喪葬之類的消息在報上出現，大家便不容易記得還有那幾位元老健在。難怪一遇到喪葬，黨報官報的報導，總是不厭其詳。大約這也是借「死」人的光，替活人做點廣告，讓一些久已「冷藏」了的元老，也可以獲得一點透透風的機會吧？

至於祝壽之風，近幾年來，更是日盛一日。這可能是出於對死的恐懼，所以能多活一年，總感到特別興奮，而希望大慶特慶。因此，元老或要員們一遇六十、七十的整壽，固然要慶；即使是七十一或七十二，也絕不例外。唯一耐人尋味的，當事人照例要辭壽一番，顯出一副唯恐下屬、同仁、同志給他祝壽的神氣。不過，說也奇怪，結果是祝者照祝，一切照常進行，絕不會有甚麼節略。於是乎，以某某等元老，和要員領銜發起祝壽的通知出現了，接着是大家送賀辭，甚至在報上發表頌詞，出版甚麼言論集之類。到了壽誕日期，早就鬧得滿城風雨，當事人通常又照例要假猩猩作態，到某某山或某某潭避壽；但祝壽的人還是照例慶祝，有時還得一擁到府，來個簽名祝壽。提起簽名，意義眞是十分微妙：這是說你做壽我的確到了，如果不信，有字爲證。因爲這是元老和要員們彼此捧場的事兒，更是下屬向長官表演忠貞的好機會，所以，儘管當事人辭壽、避壽，元老和要員們還是不得不去祝壽，下屬們更不敢不去祝壽。流風所及，最近報載某先生過八十歲，也要出甚麼「言論集」，負責其事的祝壽籌備會，甚至還在報上刊登消息，搜集一些散佚一二十年的陳年舊作。說實在話，這些人越是做壽，我們却越是爲他們的來日無多而悲哀！當然，這種做壽的事兒，也是另有妙用的。別的不說，至少可以借這機會，又把當事人想當年過五關斬六將的事兒，再向小百姓宣揚一番，證明功在黨國，的確值得歌頌；尤其的確應該佔住要津，直等到走不動路，吃不下飯，以至嚥下了最後的一口氣爲止。至於大陸爲何慘敗，在臺灣十年爲何又搞不出半點成績來？這些責任，自不宜在祝壽時提出來追究，以免太煞風景。

至於送往迎來，現在更成了元老和要員們的日常工作。只要和出國或回國的人，稍微牽得上一點關係，便少不掉坐着小汽車，急急忙忙的跑到機場或碼頭，恭送恭迎如儀。大家儘管明知參加迎送的人，照例人山人海，結果擠來擠去，擠得一身臭汗，非但找不到絮絮話別的機會，甚至連拉拉手的空隙都找不到，但還是不得不照例去擠這一趟。在我們旁觀的人看來，這確是件辛苦的差使。好在大家雖然辛苦一點，結果還是有代價的。例如元老和要員們去擠了這一趟，明天報上登出來的迎送行列中，便會有自己的大名；又如下屬們去擠了這一趟，出國或回國大員的隨從登記簿上，便會登記上自己的姓名，而多了一次「拍馬」的紀錄，也就多了一分提升拔躍的保障。因此，有一些人就成天在飛機場上跑出跑進，有時在同一天的報紙上，大名便在兩三批歡送歡迎的名單中出現。如果不知底細的人，說不定會誤以爲他們就是以此爲職業，吃的是包迎包送的飯呢！記得就在去年某某某大使搭機赴任之時，以松山機場的歡送行列之大，弄到大小汽車擠得水洩不通，其中包括好幾位在四十七年十月二日舉手通過「公務人員實施檢樸生活」的大員在內。那一次，據說國民黨中央黨部的工作人員，幾乎全部出動，所以打破了歷年來歡送場面的紀錄，使得行政院似乎也有些不好意思，而不得不接着重申禁止迎送的前令。可是，話雖然是這麼說，反正大家心照不宣，所以每逢要員們出國或歸國，機場上還是一片人海。最近風氣所趨，爲了迎送外賓，唯恐僅僅是元老和要員乃至大小嘍囉還不够隆重，竟又硬把一些中學生以至小學生拉出來撐場面、壯聲勢，命令他們列隊站在外賓必經街道的兩旁，晒上大半天太陽，直等到外賓的汽車，疾馳而過時，便提高嗓子對着汽車帶起的灰塵搖旗吶喊。在政府官員的心目中，也許是只有如此，才足以證明「吾土吾民」的熱忱吧？

其實，以上所說官場中忙於紅白壽慶送往迎來的風氣，只是舉例言之而已。事實上，今日官場中沒有做到檢樸節約的事，又何止是這幾件？很顯然，除掉以上所說之外，其他諸如檢閱、慶典、展覽、酒會、晚會、舞會，以及巡視、考察、訪問之類，都與檢樸節約不符；等而下之，乃至於部長邀宴電影明星、高級將領捧女戲子、養女戲子、玩女戲子，都無一不是跟所謂檢樸節約之類的調調兒，恰恰相反。

請大家想想：除掉我們這個國家的官場中有這樣惡劣的風氣之外，世界上還能找得出第二個國家嗎？

關於此一官場風氣問題，如果要尋根究底的再追求下去，當然還可以一步一步的往下說。但是，我們只在這裏簡單地說幾句話作爲本文的結論。事實證明：這類問題絕不是下幾個節約檢樸之類的禁令所能解決。此一問題的癥結，已經牽涉到政治上領導階層的作風，因爲政治上領導階層的作風是特別注意人事關係，而非切切實實在本身職務上做事。紅白壽慶送往迎來之類，正是搞人事關係的好機會，以做官爲職志的又那能不一窩蜂的樂此不疲？

社論

（三）改善投資環境的基本問題

近年來，國人對於如何促進經濟建設所提出的意見，注意到「資本形成」問題，在知識上實在是一大進步；比過去一味主張統制經濟、管制金融、控制物資、抑制物價、限制設廠等淺薄粗暴的說法要高明得多。由於注意到資本形成，就察覺出國民所得低微以致儲蓄無多而資本不足。於是，除了設法動員閒置的資源，鼓勵對外貿易以提高國民所得而增加資本外，特努力於僑資外資之吸收，此一努力的方向也是極爲正確的。惟當局者從事於僑資外資之吸收，已歷有年所，其成績並不如理想，與鄰近的香港一地比較起來，簡直瞠乎其後。推究其原由，乃是投資環境不良之所致。於是，更進而力謀投資環境之改善，這可算找着問題癥結之所在了。

陳副總統兼長行政院以來，在歷次院會中，迭經指示，以僑胞及外人來臺投資，接洽手續太繁，亟須從速修改有關法令，並須立卽建立統一聯繫制度。行政院第六四三次院會席上，決議在美援運用委員會內，設立「工業發展投資研究小組」，規定該小組之任務如次：㈠研究各項改善投資環境及誘導資金之措施，包括有關投資法令之修訂，有關工廠設立及經營時行政手續之簡化及改正。㈡爲加强對投資之服務，提供有關資料。㈢對外介紹誘導外人及華僑來臺投資。上年十二月十日，美援運用委員會開會，卽將成立該小組之議案提出討論。同月十二日，陳兼院長復約集臺灣省政府及有關縣市首長與主管生產建設人員八十餘名開會，闡明「工業發展投資研究小組」設置之意義及政府與民間各方面應當努力之重點，並勗勉與會人員共同達成政府經濟建設政策，盼各方充分協助合作。本年一月十四日，美援會舉行四十九年度第一次委員會時，工業發展投資研究小組對於工作進展情形，卽提出詳細報告：㈠關於研究改善投資環境、誘導資金、修訂有關法令及簡化行政手續，均已指定專人研究。㈡卽將擬訂「改善生產投資環境條例」，內容包括「工業用地」、「資產重估」、「稅務問題」、「管制問題」及「獎勵問題」等多項，作爲促進投資發展生產之特別法。㈢建立聯絡網，廣泛接觸外人來臺投資事宜。㈣利用國有軍用土地，設立「工業區」。㈤簡化外人及華僑投資之行政手續，已擬有具體辦法，卽可付諸實施。㈥定自本年二月一日起，卽開始接受外間有關投資之服務工作。

由以上所述看來，當局者對於改善投資環境之工作，自發動以至開辦在短短的兩個月的時間內，卽已由「坐而言」進入「起而行」的階段了，而且也可以說是兼籌並顧面面俱到了。此可顯示出現內閣行政之有效率。但是，我們認爲在此時此地改善投資環境，除了稅捐之苛雜，接洽手續之繁瑣，人員出入境之困難，以及原材料供應之短缺等技術問題外，還有一個基本問題亟待提出，那就是當前的貨幣金融問題，而這個問題之解決，並非「工業發展投資研究小組」所能爲力。

關於貨幣金融問題，說來話長，此處只能擇其要點，簡略敍述。在金本位制時代，貨幣可以單獨的立論，在今日，貨幣與金融原應併爲一談。茲爲敍述便利計，仍先談貨幣問題。凡是貨幣，自應立於較穩定的基礎之上，雖然不像在金本位制之下，確定貨幣每單位含黃金幾錢幾分，有所謂「金平價」，但總得有個「平價」（學者有「滙兌平價」或「購買力平價」等名稱）。新臺幣發行之初，其發行辦法第五條規定：新臺幣對美金之滙率，爲新臺幣一元兌美金兩角。換言之，卽美金一元合新臺幣五元，此可視爲當時新臺幣之平價。現行的合併滙率，美金一元兌新臺幣三六·三八元，亦可視爲目前新臺幣之平價。惟滙率與平價，在本質上是有其分別的。滙率隨時都會有變動，縱然是在金本位制時代，所謂 cross rate 不是逐日變動嗎？至於平價則不可輕易變動。自然，平價也不是一成不變的。一九三三年，美元兌黃金由每一盎斯黃金兌美金二一元貶低爲三五元；一九四九年，英鎊兌美元由每一英鎊兌四美元貶低爲二·八〇美元，皆是平價的變動，學者們稱之爲「貶值」（devaluation）。滙率之變動，則稱之爲「漲價或跌價」（appreciation or depreciation），二者是不可混淆的。就目前的新臺幣而言，我們似應以每一美元兌新臺幣三六·三八元爲平價，而以結滙證價爲滙率。惟三六·三八元一經定爲平價，則須鄭重保持之，非至萬不得已時，決不輕言變更，千萬不可視之爲滙率而隨時任意變動。貨幣之有平價，本是很淺顯的道理，可是，在臺灣的人士，被前幾年的複式滙率或差別滙率搞得頭暈眼花，對此反爲弄得模糊不淸了。不久以前，臺北曾有發行新臺幣一元硬幣的謠傳，那正是漠視平價概念的產物。惟正在「呼之欲出」之際，却被財政部予以否認了。基於實際情形，因額面一元的紙幣，流通速度較大，授受次數頻繁，紙質不佳，易於損毀，爲便於整理及節省印製費用起見，實有改用金屬鑄造之必要。然而財政部爲什麼要予以否認呢？當時雖未說明其否認的理由，顯而易見的是當局者考慮到貨幣之平價問題了。蓋輔幣或「代幣」(token) 固可酌量用金屬鑄造，但面額一元的單位幣，爲無限法償，如用金屬鑄造，按貨幣素材之値計算，卽須顧慮到單位幣之平價爲何，這就不能不出之愼重了。重視貨幣之平價，並竭力維護貨幣之平價，纔能將貨幣置於較穩定的基礎之上。

貨幣穩定之重要性，盡人皆知，無待贅言。今日維護貨幣穩定之方法，最「簡捷了當」的就是防止通貨膨脹。美國總統艾森豪氏本年之國情咨文中，描述「通貨膨脹是一個僞裝重重的敵人，有時候頗難加以辨認」。我國財政當局既然重視貨幣之平價，也曾屢以反通貨膨脹爲言。但是，目前我國通貨膨脹之威脅，仍赫然存在。本年一月十四日，艾森豪總統向美國國會提出的共同安全計劃之報告中，略謂：「中華民國政府特別是其國家預算，由於對抗共黨侵略而負有沉重的經濟負擔，所以增加經濟援助以對抗潛在的通貨膨脹壓力已成必要」。這是對我國經濟研究而有心得者之見解，言簡意賅的道破了我國當前艱危之所在。由此可知，我們正在受着通貨膨脹的壓力，此種通貨膨脹的壓力是潛在的，且已達到了必須增加經援方能與之對抗的程度。而此種壓力又是來自「由於對抗共黨侵略所負沉重的經濟負擔」。寥寥數語，抵得一篇數千言的煌煌文告，人家眞是不含糊呵！這一段話，臺北的中央日報，也許是基於某種不得已的理由，沒有把它刊出；但其他公營民營的報紙如新生報及聯合報均已登載，讀者諸君可檢閱全文。這實在值得我們嚴加警惕。

穩定的貨幣何以是改善投資環境之基本問題呢？其理由也很簡單。我們在此處且免作「學究式」的解說，只舉出一個事例就可證明。最近臺灣糖業公司發行公司債，總額爲新臺幣三億六千三百八十萬元，註明按滙率合美金一千萬元，美其名曰「美金保值」。其特點就是：在債券面額新臺幣數目之下，加一括弧，括弧內註明按目前滙率合美金的數目，債券到期還本時，按債券面額下括弧內所載合成之美金數目，依到期日之滙率，折償新臺幣，屆時持券人如欲購買結滙證，並得同時憑「還本券」向該公司依括弧內美金數目換取新結滙證。此一債券具有此種特點後，投資者即可安心認購，而且其利息僅爲年率五厘。此一事例，大可證明貨幣穩定即易於吸收投資的道理。回顧財政部以堂堂中央政府之尊，發行四十八年度短期公債，利率高達一分八厘，並免扣利息所得稅，超過區區一公營事業之公司債利率三倍以上，且竟不容易推銷，這在臺灣金融市場上，實在是一種強烈諷刺性的對比。此無他，完全是貨幣穩定與不穩定對於投資之影響不同的緣故。有幾位秉性剛直飽學儒道的朋友，看見臺糖公司發行美金保值公司債，認爲有蔑視本國貨幣之嫌，對之頗有微詞。其實，這未便責怪該公司，誰叫你的本國貨幣不穩定呢！若果有穩定的貨幣，則不但該公司發行公司債不必「苦心孤詣」的費許多周折，而所有一切的工業及其他生產事業，如欲招收股本，募集公司債或借入週轉資金，皆有人安心踴躍投資，而且利息可在年率五厘以下，那該是何等優美的投資環境呵！

貨幣之穩定既係改善投資環境之基本，而本社論在前面已經說過，貨幣與金融應合併討論。蓋欲有穩定的貨幣，又必須建立完整的金融體系，茲更簡略說明之。關於金融與改善投資環境之關係，本年一月十一日自立晚報之社論中，曾有一段描述如次：

「……試一檢討我們的金融措施，貸款限制之嚴，條件之苛，與夫申請手續之繁瑣，工業界要得一筆貸欵，實在談何容易；至於承辦人員之百般刁難，曠日持久，非請託甚至暗盤條件，不易得之。……而且一遇風吹草動，就立即抽緊銀根……」

關於上述情形之分析，又要追溯到基本問題上去，那就是金融體系的問題。

我國當前金融體系之不完整，是無可諱言的。中央銀行既未復業，代理中央銀行的臺灣銀行，表面上閙已編列帳表，將中央銀行與普通銀行之業務劃分，但在實際上由於種種原因，未能發揮「銀行之銀行」的功能。因此其他各銀行及金融機關，均處於沒有中央銀行爲之衡制的狀態中，如有緩急不易獲得調劑，於是只有「各自營生」，設法兜拉存欵，視貸欵爲「奇貨」，就演出以上所述的不良現象來。在此種金融體系之下，工業所需短期週轉資金尙屬如此困難，其他專業金融及長期資金之調度，自然更談不到。每當農產品大量登場或財政上有鉅額之支出時，金融即鬆弛而泛濫；到了進口結滙或稅捐催繳時，金融則緊張而枯竭，整個金融市場，完全處於顚沛無秩序的狀態之下。完整金融體系沒有建立，金融之張弛無有衡制，得不着調劑，怎能保持貨幣之穩定呢？現在且進一步略談貨幣金融之調劑問題。

調劑貨幣金融之方法，非只一端，我們最悉知的美國聯邦準備制度所實施者，計有三項：㈠存欵準備金之增減，㈡貼現利率之升降，㈢公開市場之操作。我國目前只有存欵準備金之增減一項，略具雛形。其他兩項則「離題甚遠」，其中公開市場之操作一項，尤具有重要性，而我國在臺灣連證券市場亦付闕如。關於證券市場之設立，已是臺灣多年來「議而不決、決而不行」的懸案，大家對此費了不少唇舌，現在已經有點厭倦了。惟一月十一日大華晚報之每日談中，尙有一段議論如次：

「我們的政府，有時候做一件事，眞是審愼到了叫人吃驚的程度。證券市場之籌設，就是一個顯例。……首先是派遣人員，到美國去從事實地考察；……隨後又成立了一個包含有關單位代表與專家的十二人研究小組，從事研究。這個小組工作了足足半年，前後集議二十六次，提出了至爲詳細的報告；……政府還要聘請一位美國市場學專家佛利斯先生前來協助設計，這位佛利斯先生對我國經濟情況不十分熟悉，先要作一兩個月的研究，等到有確切了解以後，再提出他的方案……」

這眞是「慨乎言之」。但是我們認爲政府若是並無設立證券市場的誠意，只是爲了緩和輿情而採取拖延戰術以敷衍，那當然是「要不得」的。若果有誠意設立證券市場，則仍宜愼重將事。反正多的時間已經拖過去了，無妨更加審愼一點。就目前情勢而論，凡是較重要的政事，請有外國專家參加在裏面，總不失爲明智之擧，姑無論其是怎樣的外國專家。不過現在我國所面臨的，不僅是一個單純的證券市場問題，而是關乎全局的貨幣金融問題。那位佛利斯先生還是從速提出一個方案交卷，早一點回去罷。當局者可一方面另設一個小組，將那個方案交付審查，一方面還得再請一位懂得貨幣金融的專家來，把我國貨幣金融問題澈底檢查一番，而後設立證券市場，那纔能安全而有效果。

綜合以上所述貨幣平價、金融體系、證券市場三項，合起來是一個貨幣金融問題，也就是改善投資環境之基本問題。這個基本問題如不能獲得相當滿意的解決，則改善投資環境之努力，雖然不能說是「徒勞」，但其功效必然要大打折扣。

國事十問

胡越

「得民者昌，失民者亡！」這是中國古老的政治哲學，也實是「推之萬世而皆準，百世以俟聖人而不惑」的政治哲學。即在帝王專制的時代，猶有「天視自我民視，天聽自我民聽」的戒懼，不敢暴戾恣睢、故忤民意。到了民主世紀的今天，統治者乃人民之公僕，尊重民意，服從衆志，已成天經地義。

今天的自由中國，依照憲法是一民主國家。政府應該遵從民意，實不需多說。在一般民主國家，遵從民意主要表現在下列三項事實：㈠政黨之取得政權須經多數選民之同意，換言之，多數選民的意志，可以更換執政者；㈡執政者必須向民選的議會負責；㈢政府的措施，議會的立法，須受自由輿論的監督和批評。而今天的自由中國，由於大陸淪陷、國大代表及立監委的選舉已不能依照憲法定期舉行，加上執政黨的脅誘控制，民意機構乃日陷於痲痺；上述㈠㈡兩項民主機能正逐漸消失。在這種情形之下，民間輿論對政府的批評和影響，就成爲體現民主最重要的作用了。因此今天的執政當局，除非公開否定民主憲政，否則在施政上就應特別尊重輿論，採納輿論，以保持民主憲政的體統和精神，以與大陸上的極權專制涇渭分明。可是事實上如何呢？我們不禁感到惶惑與失望，十年來政府對輿論的態度愈來愈壞。不但談不上尊重輿論，採納輿論，並且仇視輿論，壓制輿論。到了最近壓迫「自由人」停刊，註銷「祖國周刊」內銷證，簡直是在消滅輿論了。

檢討近十年來，海內外輿論對政府提出許多匡時復國的主張，其中若干主張，都關乎國家的興衰存亡的，一直爲海內外所焦切關注的，但是執政當局都始終不睬不理。並且在某些施政上，則故違民意倒行逆施。如修改出版法一事，爲海內外輿論一致反對之事，而執政當局却孤行到底。

由於執政當局上述種種反民主的傾向，今天已逼成民間輿論與執政當局尖銳對立的形勢。最近國民黨當權派，正集中全力消滅民主言論，他們誤以爲只要把表達民意的報刊封閉了，就可以根本消除異己言論；在這裏他們竟忘了「防民之口，甚於防川」的古訓，壓制輿論的結果，只有造成民意與當局更大的距離，更深的隔膜；縱然在恐怖的壓制下，可以維持無聲的緘默，但是這種緘默正隱藏着爆炸的危機。我們得承認，共產黨最精於統制思想，封鎻言論，但是大陸同胞反共抗暴的怒火不是在日益高漲嗎？中共的崩潰危機、我們打回大陸的希望不都寄託在這一點嗎？我們爲甚麼要自造這種危機呢？

爲了消除執政當局和輿論的膈閡，爲了促發國民黨當局能面對現實、採納輿論，奮起改革以扭轉目前的困局；謹提十個問題，以就教於國人，並提供政府當局參考。

一　反攻大陸問題

這十年來政府當局幾乎天天在談反攻，可是直到今天仍無反攻行動。蔣杜會談既已聲明放棄使用武力反攻大陸了，可是又轉彎抹角否認這個聲明，仍繼續强調反攻大陸。究竟政府當局對反攻的決策如何？對蔣杜會談聲明的態度如何？應該有明確的宣示，以解消海內外同胞的惶惑。

二　反共救國會議問題

反共救國會議本是國民黨自己提出來的方案，意在團結海內外所有的反共力量，用意甚佳，因此受到輿論一致的贊揚，政府當局本可順應輿情及時召開這個會議，以實現反共大團結；可是一拖五年，至今音息杳然。而國民黨在實際行動上，不但未能開誠布公，容納異己以擴大團結，並且不斷製造內紛，銳意打擊反共友軍。這種自毁長城，使敵人稱快的做法，雖經港臺兩地輿論力竭聲嘶，呼籲諫止，仍未能促動當局注意；有識之士莫不痛心疾首，扼腕長嘆。從歷史上看，一個偏安處困的政權，如果要想蹶起中興，規復中原，須有廣納異己、化敵爲友的氣魄，豈能製造內紛、驅友爲敵？我不相信國民黨內大多數人會贊成這種盲目自毁的做法，希望這只是少數當權分子一時的意氣。

三　民意機關的改選問題

前文已經說過，由於大陸陷共，依照憲法定期改選中央民意機關陷於困阻，任期早已屆滿。目前這種自行延長任期的狀態，誠屬不得已，但是不能坐此以爲久安。況大陸變色已經十年，何時收復大陸尚未可期，政府當局應該急速設法打破這種癱瘓民主，凍結憲政的僵局。

四　國庫開支黨團經費問題

政黨是一種私人組合，不應該由國庫供支經費是顯著自明的道理。政黨從國庫支用經費，是極權國家的一個特徵。因爲在極權國家黨國是不分的，黨且騎在國家之上。自由中國既號稱行憲的民主國家，絕不應有這種黨國不分的現象存在。近年來青年反共救國團開支龐大，浪費國幣，尤深爲國人所痛憤。政府當局理應向國民有一個淸楚的交代。

五　保障自由人權問題

依照中華民國憲法，國民可享應有盡有的自由，但是實際上國民的自由處處遭受壓抑。以人身自由來說，是不是做到了憲法第八條的規定？在臺立監委員及民營報刊均有指摘，毋庸我來舉例。以出版自由來說，政府何以禁止創辦新的報紙？何以禁扣海外反共書刊的進口？以旅行自由來說，出入境手續的困難達到難以想像之地步。就一個出國的人來說，不但要到外交部辦護照，並且還要到警備司令部辦出境證。而領取出境證一事難如過鬼門關。據說許多赴美留學生，一去不回頭，就因爲惕念到出境之困難而才留居美國的，回到臺灣有關進牢籠的感覺。這種種妨害自由人權的現象，實乃自由中國的恥辱，海內外輿論對此問題的責議已經舌敝唇焦，政府當局再不能充耳不聞了。

六　軍隊國家化問題

軍隊是保衛國家人民的公器，其不可私有、黨有是不須多說的。而私有軍隊、黨有軍隊實是造成專制與禍亂的根源。遺憾的是直到今天，軍隊仍操在國民黨一黨之手，號爲國軍，實乃黨軍。這既有違憲法又害民主，不祥之至。

七　黨化教育問題

時人每批評孫中山先生聯俄容共之非，則認是促進了共產黨在中國的發展。其實聯俄容共最大的禍害是國民黨的思想中毒。中毒最深的是黨化思想。不但黨化軍隊，黨化司法，黨化言論，並且黨化了各級教育。自由教育的目標在培養有知有能、獨立自尊的公民，而黨化教育的目標則在訓練迷信主義、盲目服從的信徒。有獨立自尊的國民，才能有民主；盲目服從的國民，只能助長獨裁。不幸今天自由中國行的仍是黨化教育。黨團組織公然在學校活動，控制學生，紛擾教學。使聖潔的學園，充滿政治氣味。這是民主與進步的大障碍，非徹底棄除不可。

八　保護僑胞自由權利問題

大陸陷共，國勢陵替，政府在外交上遭遇諸多困難是不言而喻的。對於保護僑胞的自由權益問題，每感到力不從心。尤其面對東南亞新興國家風起雲湧的排華浪潮，實在也難以應付。但是如果能順應趨勢、善爲利導，不致於弄得今天這個地步。今天在東南亞一千多萬華僑，華文教育倍受摧殘，經濟權益橫遭侵奪，尤其印尼華僑所遭迫害最爲慘酷。面對上述情況，政府始終沒有積極有效的舉措。拋開無邦交的印尼不談，即對邦交甚好的南越、菲律賓也束手無策。實在使海外僑胞灰心失望。政府當局每以有一千四百萬華僑做後盾自傲，以拉攏僑胞，而對華僑的切身痛苦不能爲力，這種只求表面不顧實際的做法是非痛改不可了。

九　溶調省籍隔閡問題

大陸陷共以來，數百萬外省人湧入臺灣，使臺灣成爲反共抗俄的根據地；這與抗日戰爭時期，政府遷治重慶，大批外省人湧入四川，使四川成爲抗戰建國的根據地情形有些類似。但是當年四川同胞與外省同胞並無嚴重的隔閡發生，我們當然也希望今天臺省同胞與外省同胞也能水乳交融。可是據我所知，事實上並未如此，至少不够和諧。因爲政府許多措施未能照顧臺省同胞的心理。例如在地方選擧上，政府未能保障自由公平的競爭，致每發生一人競選的笑話；其次地方自治研究會不准成立，也給臺省同胞留下不愉快的記憶。我希望政府，能够見微知著，深思遠慮，多注意於隔閡的溶調。

十　總統連任問題

總統連任問題，是目前最使海外同胞困惑的問題了。自從蔣總統發表反對修改憲法的講話以後，陶希聖、史尚寬諸人卽强調修憲的必要；之後黨報就不斷刋載擁戴總統連任的論調，一隱名的官員曾分別向美聯社及合衆社記者透露，第三任總統非蔣連任不可，換了他人就不能統率三軍等談話。綜合這些言論，我們推測國民黨當局一直在進行修憲連任的準備。但是依照憲法的規定，目前修憲已無合法途徑。可是雖然如此，國民黨的宣傳機構仍在繼續製造擁戴連任的空氣，這給人一種印像，卽國民黨勢必違棄憲法來達成擁戴連任之目的。這種疑惑對國民黨是不利的，因此國民黨當局應該堂堂正正，對這個問題表示態度了。

以上十個問題，今天就像一堵巨墻、一條鴻溝阻隔着國民與政府。因此這十個問題能否解決，解決的程度如何，對今後自由中國的前途必有決定性的影響。假使政府依然如過去十年一樣，壓制輿論、一意孤行；則必將加深朝野之間的距離，甚至會激起不可調和的爭執，其後果是不堪設想的。反之如果政府有覺悟有決心，順應輿情，切實革進，可期政通人和，以實現擧國一致的反共陣容。如此，反共復國庶幾有望！

論兩種保險法規裏有關保險的錯誤

孫　洵　侯

法規是一種準繩，有關方面，遵照着它做。學者們，著書闡述；教授們，根據它教學，學生和考生們，潛心學習、背誦和記憶。但法規裏本身若有很大的錯誤，弄到大家一道錯，那眞是太嚴重了。本文僅就最近頒布的兩種保險法規，略述其中較大的錯誤。這兩種保險法規，就是民國四十七年一月公佈的公務人員保險法(註一)，和同年七月公佈的勞工保險條例(註二)。

以上兩種保險，用意本來都是很好的。尤其立法院對於保險法規的審議，一向都盡了維護被保險人利益的責任，正和一般工商業先進國家立法當局的作風相同。因爲保險是一個複雜的課題，無論在任何國家，被保險人大多數是外行。保險辦法或契約條文，都是由保險人一方面訂定，或根據保險人一方面的意思訂定的。被保險人只有接受或不接受的選擇，沒有商量更改辦法的餘地。至於有强迫性的社會保險，被保險人只能遵辦，連不接受的自由都沒有。例如勞工若不加入勞工保險，要「處二十元以上，一百元以下罰鍰。」（勞工保險條例第八十一條）。僱主或團體不辦勞工保險手續的，要「處二百元以上，三千元以下罰鍰」的。（同上第八十二條）。所以立法院對於保險法規的審議，傳統上都不能不一貫的在國民大衆的利益上着眼，這正是極正確而可佩的作風，使一般被保險的人們，得到很大的保障。不過在送到立法院去以前的保險法規草案裏，原已存在的，違背保險原理，不明保險名稱的地方，有時還遺留在三讀通過的法案裏。勞工保險條例，和公務人員保險法裏，就有這種情形。

公務人員保險法第三條說，「公務人員保險包括生育，疾病，傷害，殘廢，養老，死亡，眷屬喪葬七項。……」又第十四條說，「……發生殘廢，養老，死亡，眷屬喪葬……以被保險人當月俸給數額為計算給付標準。」勞工保險條例第二條說，「本條例所稱勞工保險，分生育，傷害，疾病，殘廢，老年，及死亡六種。」同條例第二十五條說，「……以現金發給之保險給付，按被保險人發生保險事故之當月一日起前六個月平均月給投保工資計算……」。又同條例第五章第四節標題為「疾病給付」。以上兩種保險法規裏所稱「疾病保險」或「疾病給付」，全屬張冠李戴性質；所列「養老」或「老年給付」，發生嚴重錯誤。分別說明於下。

保險的名稱和性質沒有攪清楚

所謂疾病保險，主要是在賠償被保險人因疾病不能工作，而喪失收入的保險，當然也大都附加賠償病人的醫療費用。至於「疾病給付」，無論在社會保險裏，或在普通商業性保險裏，指的都是償付被保險人因病不能工作，而喪失收入的一種給付。例如英國在二次大戰後，實行的國民社會保險，根據其一九四六年國民保險法所列，被保險人的疾病給付基數，每星期為二十六先令；有兒童的加七先令半，有依賴生活成年家屬的，加十六先令(註三)。因職業傷害，或罹患職業疾病，而不能工作的，每星期給付數為四十五先令（十八歲或超過十八歲者），有兒童依賴生活的加七先令半，有成年依賴生活的，加十六先令(註四)。至於免費醫療是另外的事，另有一九四六年國民健康服務法，人人可以獲得免費醫療。當時英國的物價，麵包一先令五磅，肉類一先令一磅，蔬菜平均價一先令兩磅，布料三先令一碼，呢絨料十二先令一碼(註五)。

疾病給付和醫療給付，或免費醫療，完全是兩件事。無論在美、德、法、比等國，都從來沒有混淆不清的。現在我們把人家的疾病給付，誤認為就是醫療給付；把自己的醫療給付，誤稱為疾病給付。因為上述兩種保險法規裏，又把醫療保險誤稱為疾病保險後，到處都把醫療保險，誤稱為疾病保險，例如報載某保險公司擬議的兒童疾病保險，究其實際，原來是兒童醫療保險。當然，兒童是不會因疾病不能工作，而喪失收入的。

我們再來看看美國一般保險公司經營的疾病保險，和民間團體經營的醫療保險。他們普通保險公司承保疾病保險，多數都和意外傷害保險一起保。例如保了意外傷害，再加保疾病保險，每星期疾病給付二十五元，連續時間五十二星期；醫護（醫院或護士）給付十二元五角，十星期為限；外科手術給付，視大小自五元至百元不等，這種疾病兼醫療給付的保費，每年約三十二元，就是說平均每個月還不到三元。如果各種給付數需要加倍，就是每星期疾病給付為五十元，醫護給付每星期二十五元以內等等，除時間不變外，其餘各項目都加倍，保費也只要加倍，就是每年六十四元。（給付額如果再加倍，保費當然也加倍）。在一個月薪四百美元的人來說，保這種每月疾病給付有兩百多一點，另加醫護給付每月不超過一百多一點美元，外科手術在外的險，也够了，平均每月所出保費約五元四角美元，僅佔他月薪的百分之一點三五。我們還不能忘記，這是普通保險公司辦的保險，公司還要納稅給政府呢！

再看美國最發達的，非商業性（不以營利為目的，政府亦不予課稅），承保醫療險（不是疾病險，也沒有疾病給付）的藍十字 (Blue Cross)。這是各地醫院聯合組織，獲得美國醫院公會核准的標誌。到一九五四年底，全國加入這類醫療保險的被保人數，連其眷屬在內，已有五千萬人之多。醫療給付，就是醫療服務（免費醫療）。各地區方案不同，大致免費住院每次或每年為廿一日或三十日，也有多於三十日的。病房伙食都免費，其他種免費服務設定最高限額。超過規定日數照定價減費收取，例如半價，再以一百五十日或更多之日數為限。最普通的一種，每次住院二十一天，二等病房；超過廿一天後的一百八十天內，照醫院普通價目減半收取。這種保險的保險費，團體每人每月美金一元六角；如為每一家庭，包括婦產費在內，每月四元三角六。如果要更好的待遇，如住特別病房等，當然保費也不同。我們再假定拿一個普通賺四百美元月薪的美國人來說，保這種普通的醫療險，每月付保費一元六角，只等於他月新的百分之零點四。全家保這種醫療險，付保費四元三角六，只等於他月薪的百分之一點〇九。疾病和醫療兩種給付的不同方案，多得很，保費也略有上下，以上的例是比較普通的（一九五六年左右的資料）。他們有那種價廉物美的保險，還可以由你選擇。

大家總愛侈談美國社會保險的落伍，而沒有看清楚她不必有英國那種國民社會保險的原因。同時我們好像根本就沒有看懂人家各種資料。這問題不在本文題目範圍內，自然不必多講。我們所要指出的，就是疾病保險是疾病保險，醫療保險是醫療保險，不是一件事。疾病給付，是賠償被保險人因病喪失經常收入的一種給付。醫療給付，是賠付被保險人因病診療的費用，或給予的醫療服務。現在勞保和公保法規裏，指的都是後者，而都用了前者的名稱。專家們把它弄錯了。

造成這一錯誤的最大原因，還是在沒有認識保險的原理和原則。保了險，固然不能使危險不發生；也不能使已受損失的標的物，恢復原狀。（火險保險人有復原之權，被保險人無要求復原權是另外一回事）。保險不過是用錢來賠償被保險人所遭遇的經濟上損失。在疾病保險來講，被保險人因疾病而遭遇的經濟上損失，第一就是因疾病不能工作而喪失的收入(卽所謂收入的損失 loss of income)，第二才是平白增加出來的醫療費用。現在一般受薪人員，生了病沒有錢醫，不是常態而是變態。照常理來說，薪給除供給一家衣食住行等等外，本來要有一部份充醫藥費或備蓄用的。如果因病斷絕了收入，非但沒有錢看病，連全家的生活都發生問題了。疾病保險是有其意義的。

在保險上，無論疾病給付也好，醫療給付也好，都是用錢來給付的。用服務來做給付，本來不算保險，而是服務。免費醫療就是服務。所以美國的藍十字(見前述)也好，藍盾(藍盾醫療計劃協會卽 Blue Shield Medical-Care Plans Association)也好，美國政府並不認它爲保險機構，而認作慈善機構。所以不要納稅。他們也不賺錢。藍十字是醫院聯合起來組織的，藍盾是醫師們聯合組織的。英國的免費醫療，也不是保險，而稱爲國民健康服務。

免費醫療，和醫療給付不同，尤其不是疾病給付。

嚴重的錯誤

以上所說的兩種保險法規裏，還有一個嚴重的錯誤，就是養老保險或養老給付。養老保險，本來是很平常的。養老給付，也是一般社會保險裏都有的項目。何以會成爲嚴重的錯誤呢？因爲公務人員保險和勞工保險裏的各種給付，是按照事故發生當月，或退休當月俸給爲標準給付的(公務人員保險法第十四條)。或者是根據事故發生當月一日前六個月的平均月給爲計算標準的(勞工保險條例第二十五條)。以事故發生當時或退休當月，或者以接近當月的薪俸或工資做給付標準，可以避免一些貶值的影響。本來是很好的。這是經過了幾十年慘痛經驗後，想出來的一個比較溫和的改良辦法。但是事故，是未來的事，老年給付更是遠期的事。未來的月給數額，在理論上不可能預知，而且是否有變動，何時有變動，有多少變動，都不能預知。老年給付是要依照計算，把歷年保費裏的一部份，預先積起來做給付準備的。你既不能預知未來的月給數額，尤其是多少年以後的月給數額，你照什麼數額來累積呢？所以這一種勞工保險和公務人員保險裏的老年給付和養老給付項目，成爲嚴重錯誤。非但違反保險必須有一定保額的原則，而且做了許多白費的計算，和累積老年給付準備的工作。聽說某部份還不遠萬里，重金禮聘了特別專家來，難道他也不知道這種基本錯誤麼？

這一嚴重的錯誤，早在三十九年二月廿八日，臺省府所頒的臺灣省勞工保險辦法裏，就開始有了。該辦法第四章第六節(第三十五條至第三十七條)，就是老年給付。第三十五條裏說，「被保險人……得於退休時按其上月末日之日給工資，一次請領退休金……個月」。(註六)當時負「保險法令之研究及擬訂事項」，和「保險費率及保險給付之審定事項」，(勞工保險管理委員會組織規程第四條第二及三項)等等(註七)的勞工保險管理委員會「設委員二十一人」，其中除各有關首長爲當然委員外，「聘請專家十一人爲委員」(同上第二條)。在二十一人的委員裏，專家超過半數，添列出這種辦法，不能不說駭人聽聞。

在退休時，或接近退休當月的月薪，或工資數額，現在固然不能知道，卽使在事前任何時間，都不能確定。當時月給數額既然不知道，現在規定的給付幾個月養老金，就是給付幾個不知道的月給數，還是個不知道的數額。(非但不能預知，連預先測定都不可能。)怎麼能在被保險人每月和每年的保費裏，提出一部份來，去累積一個不知道的數額呢？當然是件謬誤而不可能的事。但是上述兩種保險法規裏，明明列有養老或老年給付；保險費率裏，自然包含着這種給付的費率在內。那麼這一費率又是怎樣計算出來的呢？我想大概是假定退休時的月給，和現在的月給，數額相同的原則上計算的。那就根本忘記了「當月」，或「當月一日起前六個月」等極重要的規定。(要解決這個問題，當然不能在保費裏累積準備，而是要另謀辦法的。)

性質的解釋

勞工保險和公務人員保險裏，除了養老或老年給付以外，其他種保險給付，如生育，傷害，殘廢，死亡等等，也是拿事故當時月薪數額做標準的，好像也是個不能預先知道和不確定的數額。但是這幾種事故的給付數，都可以憑「損失率」來計算的。像公務人員保險的被保險人有十八萬多(註八)，勞工保險的被保險人有二十七萬多(註九)，每年的損失比率應該很穩定，甚至於各月都不能相差很遠。萬一不穩定，也可以用分保(再保險)方法來處理，必要時勞保和公保就可以五分。再有必要時，還可以利用再保險機構。但事實上恐已無此必要，因爲既無單獨的大保額，(就是每一保額都平均而不大。)人數又這樣多而分散，況且不包括兵險，沒有嚴重影響大數規律和平均率的因素。所以這一種按事故當月月給做給付標準的保險，事實上是一種定期一月，自動調整保額續保，到不做勞工或公務員爲止的保險。每月的月給數額，就是每月保額的標準。根本不能採用長期計算的方式。養老或老年給付，自然要「另案辦理」了。

這一種拿事故當時月薪收額，做給付標準的保險，早在民國三十五年十月，前經濟都保險事務所(四十二年院令結束，初稱資委會保險所)的國營生產事業員工互助壽險(兼傷害殘廢。加家屬喪葬等)辦法裏就開始了。不過是該所派兩三同人辦理的附屬業務。經過三十八年六月臺幣改革，並沒有受到任何影響，仍舊很穩定，就是因爲有上述那種性質，同時也沒有老年給付在內的關係。不料三十九年著名的善變政客，不知如何把這種辦法弄了去，加上老年給付，畫蛇添了足，大吹大擂的宣傳起來，竟拿來做他的政治資本，也可算得一件怪事。不能不附帶一提。因爲蛇身上的足(指老年給付辦法)，一直遺留到現在。

(註一)原條文見四十七年一月十八日中央日報(載第一版)等各日報。
(註二)原條文見四十七年七月十三日各日報，本文根據新生報所載者。
(註三)TS. 鈕門，『英國社會保險摘要』二五七節四八頁(一九四八年)
(註四)同右七六六節一四五頁。
(註五)英國新聞處，『英國社會安全制度』第二頁(一九四九年贈，非賣品)。
(註六)臺省新聞處編印，『勞工保險』第八八頁(民國三十九年五月，非賣品)。
(註七)同右第一〇三頁。
(註八)詳見四十八年十一月二十日各日報載，雷銓敍部長在立院內政委員會報告，本文根據者爲新生報。
(註九)詳見四十八年八月三日各日報載社會處發表之成果統計，本文根據者爲中央日報。

要者居先！

——美國民主黨領袖史蒂文生的看法

Adlai E. Stevenson著

董鼎山節譯

譯者前記：美國民主黨領袖史蒂文生之"Putting First Things First"一文係于今年一月號「外交季刊」發表，述其本人對美國一般外交政策之意見，其對中國問題之論述，特別引起國人的注意。當此美國總統大選年之時，史蒂文生甚可能為下屆美國總統，故其意見，值得重視，茲特據原文節略譯出，以餉讀者。

和平是今日世界最緊要的事務。這是世界人民最普遍的欲望，最有力的力量。人類羣衆似較統治者更明瞭戰爭的不智及其對整個人類的致命危險。我旅行所經，到處人民都知道，如果人類進入現代化戰爭，他們所有對自由、尊嚴及改良生活的企望，都將被毀滅。

美國曾是有關人類政治自由最具革命性最光榮思想的源流。我一向希望，在此革命世紀中，作為第一個分裂原子的國家之美國，應該是反對戰爭的不倦、不懼、不屈不撓的領袖。我仍認為，把持這個領導地位，熱情追求這個領導地位，應該是美國外交政策的最先要務。

自從韓戰以來，我們為什麼尚未實際上「領導」大戰後的世界？不少美國人為什麼懼怕我們已失去對國家民族宗旨的意識？知識與道德價值為什麼如此淆亂？美國人民為什麼對公共問題感覺發生遲鈍，整批沉醉于私人生活樂趣？我們是不是已將「繁榮」與「安全」混為一談？……

我個人認為，問題不是在于國家的活力、意志、與神經。如果富裕與舒適已使我們糜爛，我相信我們尚未抵達不可收拾的地步！問題的根源在此：我國面臨世界一連串的重大變化；這類變化將使我們不得不對世界採取新的看法，新的政策，及加緊的努力。但自從韓戰以來，我們的政治領導未曾明晰地固執地認識這個事實。因此，美國政策已在逐漸與我們週圍的現實脫節；美國人不受現實所擾，將其活力與理想主義轉移往次要事件。

美國軍事與外交政策的主要路線，仍為一九四七——一九五二年時期的路線。杜勒斯與艾森豪雖宣揚「解放」政策，批評進行政策時的「自滿」與「不道德」，但他們的政策不過是建立一個包圍共產主義的軍盟連鎖，僅是隨時在受威脅的地區企圖阻止蘇維埃勢力的蔓延。可奇的是，杜勒斯深信共產主義會因本身內部的矛盾而崩潰，與列寧的相信資本主義會自動崩潰相似。

為了在這種持久性的競爭中取勝，我們必須有優越的持久力。但是我們却並不努力改良或保持這項對稱，並不努力造成蘇維埃方面的摩擦或變化，而反着重保守性政策，在各方面都落後，而蘇聯及其他工業地區則正在以迅速的步伐進展。

簡而言之，我政府雖採用了杜勒斯的政策，却毫無作為，未能使這政策生效。不久以前，當我對蘇俄經濟發展速率提出警惕時，副總統尼克森竟指我不忠。(蘇俄經濟發展速率現為美國速率雙倍！)

美國對本世紀世界重大變化的反應在大體上僅採消極的守勢……可是我的用意並不是在指摘艾杜時代的小目標與大懼慮。事物必須變化。對近來我們外交政策行為的趨向活躍，我讚揚國務卿赫特。但是，我希望我們美國人不要將其總統的禮貌性旅行訪問誤認為談判與解決問題。

在這個革命紛多的時代，我們所要正視的現實是什麼呢？古老的殖民地統治已經消失。新興國家——與新興帝國主義——爭欲填入廣大政治革命的眞空。這些新興國家，多數都在謀求在數十年內，將他們的經濟擊破工業現代化的波音障礙。這是經濟革命。他們經濟革命的難關是具有爆炸性的人口問題。在下一年代內，落後地區的人口將加倍。所以這又是生理上的革命。同時，超音飛行、原子能，與飛彈已開闢了具有相等重大性的二個相對的可能前途——行是太空的探險，及地球本身範圍內的人民自決。所以這也是科學革命。

在這個令人迷惑的世紀中，我們未來前途如何甚難測知，但是可能較目前更為重要。在過去，北大西洋國家統制全世界。但他們不能控制他們自己，在數次世界大戰後，歐洲的勢力與影響已經消逝；蘇俄與美國突然變為二個握有統制權的强國。這種二强統制的短促時日也已漸成過去。在亞洲的古老灰燼中勃起新的强國中心。在本世紀末時，中國(譯者按，作者係指中共大陸)與印度將工業化，而中國人口將近十億。屆時歐洲將漸統一，也將重新成為一個强國中心。而誰可懷疑拉丁美洲與新興非洲也將形成地區上的統一呢？

因此，這並不是「美國世紀」的開端，也不是他國世紀的開端。我們應正視事實，我們美國人獨佔舞台中心的為期已不久長。但謙虛向是一件美德。如果我們的傳統不要我們成為世界的霸主，我們仍須積極保持西方世界的政治自由與法治秩序的偉大傳統。

為了引導我們通過無地圖指示的海洋，為了瞭解這個目前正在模造新世界的巨大力量，我們必須有求于我們的智慧、領導力、自制力的蘊藏。我要指出，這個現實列居于首，因爲我們尙不能證明，民主制度及勸說方法能不能與獨裁制度及中央計劃方法的效力相較量。

本時代政策的擬劃，因此必須以全球性多重性的變化作根據。另一個我們不願承認的現實是，當前變化局勢對共黨爲有利。世界的各項革命並非由共黨發明。所有各項革命都是在西方開始。但是在共產主義本身是「變的哲學」，它從這些革命中取利。共產主義利用所有反帝國主義的語辭，宣佈人類大同。共黨甚至在太空方面比我們佔先，並在月球上染上蘇維埃的顏色，共黨提出全權計劃爲促進經濟的惟一辦法。蘇俄的迅速現代化和迅速成爲強國的例子，對落後國家極具吸引力。

赫魯雪夫明白說明他的目的。他說，讓我們都丟棄武器吧；在和平共存競爭中，我們可將你們擊敗。他說蘇俄在生產方面能追越美國；在共產主義制度蔓延全球之時，中立國家亦將逐一歸隊，最終必將包圍資本主義在美國的最後避難地。蘇俄計劃者相信，猶如中國一樣，亞洲非共國家、中東、非洲及拉丁美洲的一部份，必不能解決其現代化及經濟發展的問題。而受了共黨貿易、經援、滲透的鼓勵，它們必將轉向共產主義。

我深信這是蘇俄目前認爲統制世界的最安全最可靠途徑。而赫魯雪夫在其本國及在美國所表的自信心，使我印象甚深。赫酋深信歷史對他有利，深信蘇俄制度能迅速變強，他國必須循行。我們過去曾拒絕相信希特勒之言，後悔無及。我們不應再履過去錯誤。

我們目前面臨的有二個最危險的現實，一是核子武器的增積，一是富國與窮國間生活水準的懸殊。所以我建議我們應該在四個重要方面來應付當前危機。第一、我們必須終止貧富懸殊的繼續加深。第二、要終止貧富懸殊，我們必須創造新的「超國家」的方式及合作機構。第三、在核子武器存在之日，核子武器運用的危險也存在。我們必須努力求取一個在法律下，在有組織的警衛實力下的解除武裝的世界。這是對毀滅性戰爭威脅的惟一最後答覆。第四、我們必須盡力展開一個共同世界 (open world) 的觀念。因爲只有在我們接納多樣不同思想的情勢下，我們始能順歷史的潮流而行。我們的信仰是：在長期相競中，全權主義者將逐漸皈依我們的想法，而不是我們皈依他們的想法。我們的目的不是僅僅在冷戰中取勝，而是在追求一個冷靜的世界。……

西方首先必須自有一個創造性的政策——不僅僅是一個遏止共黨的消極政策，而是一個反映我們對新生世界看法，反映我們對革命有瞭解的政策。西方大部份國家之自動終止殖民地主義，馬歇爾計劃，歐洲傾向合一的趨勢，及各種經援節目，皆已是戰後西方具有創造性的新策。……由于西方各國間意見之不同及蘇俄對東德的控制，西方在這方面努力之欲求一致，並不容易。……但我願提出幾個要點。

一 經濟發展問題

美國國民平均年入二千元有餘，世界三分之一人口年入不到一百元。這種懸殊的最糟一點是富國愈富，窮國愈窮。幸虧我們已逐漸理解這些問題的重大，我們必須援助落後國家人民，使他們能自給自足的成長，同時保持他們的獨立及政治民主進化的希望。……要達到成功，五個條件甚是顯明。我們這項援助節目至少需歷四十年。我們需要一批在這方面工作深懂語言及技能的專家。據靈通方面意見，這個節目每年需欵五十億元。我們必須與所有其他開化國家盡力在這方面合作。在這情形下，美國當然不能期望全部控制此類經濟發展工作的經費用途。

這五個條件不但未曾被政府接受，而且未曾獲得諒解。政府仍有人以爲，只要共黨行爲規矩，經援節目可以取銷。部分由于這個原因，政府的用人政策紛亂，敎導語言節目不合宜，而各種機構衆多複雜，反而阻礙工作的進行……

二 大西洋社會

我們聯盟的表面之下藏有危險。這些危機不能單由禮節訪問及與赫魯雪夫相會前的草率外交籌備克服。(譯者按，作者接着討論歐洲「共同市場」與「自由貿易協會」的將歐洲一分爲二。前者以法國爲首，由六國組成，後者以英國爲首，由七國組成。作者認美國應盡力設法克服西歐這類分界。)

我們也不能以劣等的軍事抵制能力來對付共黨的挑戰。我們如過份落後，或減削軍事實力——除非蘇俄同樣削減——我們也許會發現赫魯雪夫對談判的興趣消減。我們不應以軟弱來誘致俄人。我們必須不讓他們認爲有一舉擊滅我們報復力量的可能。即使如此，我們惟一安全的臆定仍是蘇聯將在不致引起大戰的地方用武力，猶如在匈牙利與東德。正如我曾告赫魯雪夫謂，力量的均等與險機的均等乃是裁軍討論的惟一出發點。……

我們應認識我們(盟邦)在經濟、政治、軍事上交互依靠的事實。一個握有實權的大西洋理事會可以造成共同政策，分擔我們的職責，使美國與西歐可以成爲眞實的平等的合夥。過去的成功——例如馬歇爾計劃——證明此擧可能，而我們目前所臨到的最巨大挑戰證明此擧乃屬必需。

我相信應該擧行一個北大西洋會議，擬定關于防禦、裁軍、太空探勘、錢幣後備金、關稅、擴大經濟範圍的共同新政策；對于落後地區的援助，我希望能予北大西洋公約組織及其他組織以新的意義。我認爲歐洲應該採取主動，創造這類新組織，應付各項重大問題，促成更有組織性的西方合作。……

一個有效的大西洋合作制度，除了能加強西方基本力量以外，尙可向其他地區——例如拉丁美洲與非洲——顯示，自治政權可與超國家合作制度合併。我們不能在分裂與分歧的情形下來對付共黨的挑戰。

三　武器控制

最要緊的是，一個强壯的大西洋社會可示裁軍與和平之路。戰爭與核子僵局的陰影，在莫斯科與在華盛頓一樣可見。我在美俄二地與赫魯雪夫相談後，感到共黨的若干固定態度已在改變；蘇俄領袖至少有若干已認爲「資本主義」國家在各方面並不與馬克思所形容的困苦絕境相吻合。赫魯雪夫甚至已經改變共黨一向的已定觀念，即美國如果減少武器方面的費用必將引起經濟蕭條。

共黨越是看到西方社會眞相，眞理越是顯明，越是對我們有利。大部份俄人在駭人的朦暗中過活，因此我主張盡量擴展交換節目及文化接觸。我認美國應該主動促成西方與蘇維埃雙方的共同合作。地球物理年的原則應該擴展爲一個國際地球物理聯合委員會。其他方面爲南極探勘與控制，海洋地理，醫藥與原子能研究，太空探勘，甚至在若干地區進行聯合經援。這類學者與技師的交往，能够使共黨對西方生活的現實，對「共同世界」社會的可能性醒覺。這些科學家可以作爲超國家合作及國際控制機構的先鋒隊。

在兩次世界大戰苦難之後，俄人不難發現和平爲何可貴的理由。此外，他們對良好生活的嚐味正在迅速發展。據說蘇俄在國防方面的費用佔全國總收入百分之廿五，美國僅爲百分之十。所以對他們而言，裁減軍備負擔的另一個理由，甚可將人力與物力轉用于改良人民生活狀況，加强蘇維埃經濟競爭及爭取中立國家等所需的元氣。

我深信俄人領袖至少有若干亟欲在核子危險難以控制之前，停止核子武器的試驗與發展。但我同樣希望蘇俄能同意國際偵察與控制，使一般性的裁軍得能實現。蘇俄之從閉門社會轉變爲開門社會爲期尙遠。但我們不應草率地譏諷地將赫魯雪夫的全球裁軍建議視爲無誠意的宣傳。問題不是在于共黨是否誠懇，而是在于他們是否有眞意。

東西緊張局勢的根源乃是懼慮。這種懼慮是否合理，是否應有，並非緊要。重要的是這種懼慮確實存在，特別是美國人與俄人，多年來久已互相疑懼。武器乃是國家之間懼慮緊張的象徵。因此，有人辯說，在政治問題謀得解決、互相信心恢復之前，裁軍不可能。

我不同意。我相信整批殺人的核子武器競賽是新的因素，它的本身是引起緊張局勢的原因。當然，我已說過，我們必須不斷以交換、談判、貿易、共同合作的方式來改良關係。但是在武器競賽停止之前，懼慮不會消失。我們必須同時並行的進行所有這些事務……

根據赫魯雪夫向我說的話，我相信他也同意這點。各方證據已證明俄人確實對無限期軍備競賽所含的政治與軍事危險及蘇俄的負擔，發生憂慮。這使我甚覺鼓舞。此外，美蘇二國所同意的聯合國裁軍決議案，也承認裁軍本身可促進國家間的互相信任。該決議案並宣佈裁軍爲今日世界最重要的問題。

簡而言之，裁軍問題已重新成爲世界議程中的最要者。我在一九五六年競選總統時曾促美國對此問題採取主動，我對美國的未作領導甚覺遺憾。正在裁軍僵局有首次打破可能之時，美國若干領袖最近竟主張恢復地下核子試驗，令我震驚。這種主張不但對前途命運澆了冷水，而且損壞我們的和平面像，加强共黨的宣傳，說他們是建設和平者，我們是好戰者。在談判有誠意之時，在蘇俄停止核子試驗之時，我們也應繼續停試……

赫魯雪夫及其克里姆林宮的同僚是不是確有誠意，可視俄人是否同意兩個要點而定：一、通常武器與核子武器的裁減應同時進行，使國家間的安全均勢不致發生動搖。二、每一階段的進展必須受有效的國際控制。

萬一全球裁軍實現，則有第三個必要點：正如我曾向赫魯雪夫述及，必須有一個超國家的武力，阻止强國如美、蘇、中國（譯者按：本文所謂中國作者係指中共）的威脅較小國家。這種超國家武力的組構、控制與運用當然又構成不少問題。

同時，在裁軍正在談判之時，我們應該彌補國防方面的缺點，至少須保持與蘇俄同等的實力。……

四　中國問題

我不信費用與冒險乃是北京決策的因素，在這個階段，「洋鬼子」的壓力，眞假無論，成爲大規模現代化節目中的節約與殘忍壓迫的藉口。在這種情緒中，中國甚可能準備冒戰爭之險。這對其繁榮的共黨鄰國乃是一件災禍。今日，莫斯科仍可以其軍援的控制來限制中國的侵略行爲。但中國的成長將使蘇俄這種勢力消失。因此，蘇俄是不是趁其目前仍有勢力之時欲對中共建立相當的控制樣式呢？我們不知。可是我們應設法查出。我們如果欲要在裁軍方面達到任何重要進展，蘇俄必須負有使中國也服貼的責任。

目前甚少合理對付共黨中國的可能性。亞洲人士對中共攻擊鄰國及藐視「和平共處五項原則」，顯然已覺失望和起疑。赫魯雪夫警告共黨勿用武力反對資本主義時，利用北京爲試探板的事實，使我覺有希望。赫魯雪夫的建議在遠東設立免原子區 (Atom-free zone)——北京不加理會——，使我更覺有希望。即在爲時已遲的今日，我主張我們向赫酋探求在遠東地區消除緊張局勢的可能性，以用談判(不用武力)解決各項問題——包括臺灣——爲基礎。

在共黨方面，讓步的條件應包括：國際裁軍偵察制度的展及中國；終止以武力威脅臺灣及政治滲透越南，中印邊界糾紛的和平解決；韓國在聯合國督導下進行自由選舉，臺灣人民應在聯合國督導下，投票自行決定命運。在我方所讓步的應包括：美國終止其對中共進入聯合國的遏阻（請勿與外交承認混爲一談）；撤出金門馬祖；將韓國與日本包括在免原子區及裁軍控制地區之內。

俄人與我國也許都尙未準備作這種具體的談判。但事實甚是顯明，裁軍控制如不包括中國，不能有實際價值。而中國如不是國際社會的一員，又如何能接受國際控制？此外，擁有世界四分之一人口的共黨中國，在成了聯合國會員之後，對世界意見將不得不負責任，不再是一個逍遙法外者。

從長期的觀點看，蘇俄願意和能够緩和中國帝國主義野心的程度，將是世界和平的重要因素。莫斯科在外交方面，可能與在內部發展方面同樣，已在達到一個非與西方和平共處積極合作不可的地步。蘇俄對西方的門必須大開，不然便應須重閉。

五　歐洲與中東

世界緊張的地區乃是列强的權益與安全發生摩擦的地區，談判如要生效必須專心進行。我不相信爲對付共黨所組成的當地軍事同盟能够解決問題。我們如找軍事顧客，蘇俄也可作同樣之舉。我並不是說受威脅的國家不應受保護。艾森豪主義(Eisenhower Doctrine)不過是我國應盡義務及杜魯門主義的重申，蘇俄如果直接侵攻伊朗，美國的干涉必不可避免。正因了此原因，蘇俄不致侵攻伊朗。但伊朗與巴基斯坦發生軍事聯繫後不一定更增安全。伊拉克的命運可表明，一個不獲民心的軍盟，可被用來破壞一個親西方政權。在列强權益衝突地區的中東，我認爲我們政策的方向應是裁軍、中立、政治與經濟合作。蘇俄……與西方國近來在中東的干涉政策，皆未獲利。我認爲我們目前應試行有組織性之不干涉政策……

在最近的將來，最具危機的緊張係在歐洲與德國。西方懼怕，撤出西柏林或西德將爲撤退歐洲「强力地位」的第一步。但蘇俄亦有相似的懼怕。俄軍如果撤回俄境，對蘇友好的各共黨政權將更覺不安全，結果將引起一個强有力的對蘇充滿敵意的德國的復活。蘇俄在數十年內二度被侵，其對重整軍備後德國的懼怕心理，不難瞭解。

對蘇俄的冒險可能比我們尤大。東德與東歐在十五年共黨統治之後，可能仍對蘇俄充滿敵意。在我們這方，共產主義則已在不斷失勢。能够自擇命運的歐洲將不會是共黨的歐洲，將是反俄的歐洲。爲了這個理由我相信我們在歐洲的處事應以强力出發。

我與艾德諾總理同意，解決歐洲問題的關鍵，在于一般性裁軍。解決分裂的柏林問題，惟一辦法爲分裂的德國重整。達到德國統一的途徑，乃在于蘇俄與西方互相懼慮的減少。而懼慮的減少，首先必須有裁軍的進展。在裁軍有相當進展之前，歐洲問題的解決將僅是暫時性的，或僅是展延時日。……

六　宗旨的意識

在所有這些國際政策的重大問題中——無論是有關世界合作援助落後國家歐洲的密切合作，與蘇俄的交換節目及長期謀求有控制的裁軍——西方的第一個要務是恢復採取主動。單是靠了採取守勢的態度，不會有持久的利益。……

今日我們並未握有主動。蘇俄則在武器方面追及西方以後，正在高喊裁軍與和平競爭。在目前，强壯而富含自信的蘇俄，已奪取了努力和平的領袖地位。挑戰者是赫魯雪夫——上起太空，下達柏林。而我們僅對他的政策作反應，我們外交策略的進行僅根據他所列的條件。

這情勢我們只能譴責自己。一個國家如果在國內已失去宗旨的意義，如何又能向國外顯示？美國當政者在國內的領導及其對國外世界的影響，兩者之間有密切的關係。威爾遜總統之能在國際指出一個深刻的新方向，是因爲他在國內乃「新自由」政策的創始者。羅斯福總統之能被世界一致公認爲自由開明巨力，是因爲他在國內創行「新政」，杜魯門總統繼承這個傳統，創行偉大的馬歇爾計劃與「四點」計劃。這種內外政策的聯繫，在今日更爲重要。如果我們不能恢復在本國國內政策的進步，創造的精神，我們便不能希望收復世界領導地位。……

在這個人類歷史上最劇變，最具革命性的時代，我國領導方面所最關懷的竟是消極的守勢政策。我們未曾超此偉大機會作積極行動。相反的，我們外交政策受了對共產主義懼怕的支配，我們內政政策受了對通貨膨脹懼怕的支配。對外經援只是爲了遏止共產主義，不是爲了協助他國在工程上的革命。研究太空科學不是爲了求知，而只是爲了對蘇俄先抵月球不服氣。我們對改良教育，對增進科學研究突然感覺興趣，不是爲了要盡量利用每一公民的才能，而是因爲蘇俄正在大量產生科學家與工程師。……

時間已到，我們應該終止這種不自然的怯懦。……這種不冒險的保守主義不能長期作爲自由思想的創造性意像。……我相信美國已準備一個新的醒覺，博取更偉大目標的成就。領導者的任務是支使我們的意志，向這個方向邁進。我們應從速開始，因時間已不容浪費。

——完——

看中共與蘇共之間的關係

王厚生

自赫魯雪夫訪美以後，世人的注意力有明顯的轉移，即由注視蘇共的動態轉而注目於中共，因爲赫魯雪夫宣稱要與資本主義國家「和平共處」，要用和平的方法解決一切國際間的爭端，而且，他不僅在柏林問題上放鬆了一點，更熱心於高層會議的早日召開。反觀中共，它無意於和平（在寮國、中印邊境製造糾紛），它對「美帝」的宣傳抨擊繼續如故。比較起來，蘇共的態度似乎溫和得多，中共的侵略性，因內部人口壓力或權力鬥爭而日益暴露；蘇共表示了談判的願望，故西方與蘇俄之間的關係，在今後若干時期中將進入一個新階段；中共則耀武揚威，蠻不講理，十足似同强盜政權，故在它未澈底改變其態度之前，西方拒絕它進入聯合國，自然，更不允許它參加日後的巨頭會議。

中共與蘇共之間的態度既有差別，於是中共與蘇共之間的關係成爲衆目睽睽的目標了。中共、蘇共之間的關係不協調，這是一部分觀察家的結論。當然，他們不免要擧出若干證據，作爲結論的基礎，這些證據中比較常被提到的有：赫魯雪夫不滿中共所推行的人民公社，認爲這種人民公社的農業生產組織在蘇俄十月革命成功之後不久亦曾試驗過，結果歸於失敗。其次，赫魯雪夫不滿中共今天在中印邊境上用武，認爲這是愚蠢的，對於「社會主義」的共同事業是悲劇。中共動武，適當赫魯雪夫宣言用和平方法解決國際糾紛之時，前者的擧動使後者不痛快，實爲意料中事。再次，赫魯雪夫在去年九月底訪問北平，參加「十一」慶祝，並與毛澤東、劉少奇等面談訪美經過，在赫魯雪夫返國時，中共、蘇共破例未發會談公報，說明赫、毛的意見未能融洽，對國際局勢的看法並不一致。此外，像中共未曾派遣强大的代表團參加蘇共第廿一屆代表大會，中共僅推薄一波主持蘇俄專家的招待會，和赫魯雪夫撤換駐中共大使尤金等，皆表示中共與蘇共之間的關係趨向冷淡。這一部分的觀察家於作出上述結論後，進而推測中共與蘇共之間關係決裂的可能性，在這一點上，多數的人咸抱保守的看法，認爲中共與蘇共的最後決裂是不可避免的，但決裂的時間不致太快，也許要等待十年或較長的日子。

與這一部分觀察家的結論相反者，是另外一部分人的看法，他們以爲目前中共、蘇共之間的分歧行爲不過是一齣雙簧戲，其用意在迷惑自由世界的心思，或癱瘓自由世界的反共精神，以及軍事上的防備工作。他們說：中共仍爲蘇共的附庸，聽命於克里姆林宮；中共與蘇共的目標是一致不變的，即最後赤化全世界，不過，在策略運用上，兩者稍有不同而已。作這樣看法的觀察家，自然不會作出中共與蘇共將來必定決裂的結論。

對於這個問題，我同意前面那一種看法，而不同意後者。我注意到：中共與蘇共之間的關係自史大林死後就格外顯得不協調。史太林未死時，不協調的情形實際已經存在，而且，不止一次地表現在中共內部的人事變遷和政策改變上。可是，由於史太林的聲威和殘忍，毛澤東的羽毛未豐，使中共不敢有獨立的主張和路線。史太林死後，情形當然有變。在作此看法之前，我們必須首先承認毛澤東是個現實主義者。如不承認這一點，毛澤東自然就不會變，史太林死與不死，與他的思想或路線便毫不相關，但是，任何沒有成見的人都會一致的說：毛澤東是個現實主義者。

史太林死後，中共內部的「獨立王國」案發，主角是高崗和饒漱石。當時，高麻子是「東北王」，而東北是蘇俄積極經營的地區，說高崗在東北的地位不受史太林的直接支持，乃是不可想像的。等到史太林一死，高麻子失卻後臺支持，毛澤東才敢下手，而且一擧成功。此後，李立三從總工會主席的高位上摔下來，被打入冷宮，與陳紹禹之始終未被重用，前後相映成趣。繼而，赫魯雪夫在蘇共第二十屆代表大會上清算史太林，毛澤東未表同情；毛澤東在大陸發起「百花齊放、百家爭鳴」運動，赫魯雪夫在莫斯科否認蘇俄社會中有所謂「人民內部的矛盾」；匈牙利反共革命爆發，中共開始時同情革命的匈牙利人民，後見赫魯雪夫下令派俄軍鎭壓，始改變口氣，誣蔑匈牙利人民受外國「帝國主義分子」指使；對於南斯拉夫的「現代修正主義」，中共的抨擊較之蘇共的批評尤爲嚴厲，甚至使赫魯雪夫忍耐不住，趕緊設法拉攏狄托，表示友誼永固，間接亦表示不滿於中共之過火動作。除此而外，蘇共削減對中共的援助，中共必須用糧食償付蘇俄的援助(非無私的)，蘇俄未全力支持中共攻取金馬，以及毛澤東勾結「反黨集團」分子莫洛托夫的傳說等等，都足以證明自史太林死後，毛澤東在人事上和政策上確有自行其是的傾向，不但在大陸內部是如此，即在國際事務上也是如此。

說了我同意前面那一種看法的理由之後，可以說一說我自己對於中共與蘇共之間關係的看法。據中共和蘇共在二、三年以前宣稱，它們有兩個基本上的相同之點，第一、它們的思想(馬列主義)一致；第二、它們的目標（赤化全世界）一致。最近一年多來，我看情形已經有變，在馬列主義的思想方面，它們的解釋已互不相同；在赤化全世界的目標方面，赫魯雪夫在說「埋葬資本主義」和十五年後追上美國的話時，他的信心已顯露衰微，因爲「資本主義」本身不像會有無產階級的革命發生，至多，不過是蘇俄式的「社會主義」表現其「優越性」罷了，赫魯雪夫如此，毛澤東憑什麼不心灰意冷？目前，毛澤東的一切對外移動，根本上與赤化全世界無絲毫關係，他不過時表現中共政權對國際事務的重要性而已。毛澤東是現實的，他企圖在這方面掠取一點好處。

中共與蘇共終會決裂嗎？在作此疑問的答案之前，我覺得應該先處理「決裂」二個字的含意，換句話說，「決裂」應作何解？「決裂」至何種程度？會不會引起兩者之間的武裝衝突？這是一個難於解答的問題，因爲這是未來的事，未來有未來的客觀形勢和因素，這些東西，現在我們不能逆料和掌握，因此，無法預言中共與蘇共將來「決裂」的實在情形或程度。互相冷淡或不理不睬而不訴之於武力，算不算「決裂」？互相用文字攻擊，各以爲是，算不算「決裂」？造成一種類似今天蘇俄和南斯拉夫之間的關係或局面，算不算「決裂」？自然，觀察家們心中的「決裂」，還要進一步，是指比較今天更加緊張的局面而言，或說，中共與蘇共之間的聯盟關係切斷，中共轉而對自由世界友好，尋找出路。我以爲，這樣「決裂」的可能性並不大，因爲實際的利害關係可以同時阻止中共和蘇共兩方的領導人造成以上形勢。即是說，中共與蘇共在思想理論上已分，在利害關係上難分，只有當思想理論上的分裂達於無可彌縫的地步時，利害關係才會受到侵蝕，不得不分。我因鑑於中共與蘇共在政策和理論上已有若干分歧，此種分歧且遲早影響利害關係，所以，相信中共與蘇共終會決裂。

它們會在什麼時候分裂？這同樣是一個未來的問題，很難確然的說。我現在用解答另一個問題的方式來答覆此問題。共產黨內部有無民主？在決定一項政策和原則時，共產黨內部可以爭辯嗎？下級黨員或黨部可以批駁上級黨員或黨部嗎？都不可能。衆所周知，有關原則的問題，共產黨內部不容爭辯，執行決議的方法則可以討論。上級有所決定，將文件頒發下來，下級只限於學習，不應提相反意見。如果有人提不同或相反意見，即犯所謂「原則性錯誤」，思想有問題，階級立場未站穩，帽子隨即飛來。所以，有民主，意見分歧不算稀奇，是家常便飯；無民主，意見分歧便很嚴重。拿此情況移用之於共產國家之間的意見分歧上，情況亦相似。即意見分歧可能導致思想問題，這是有關共產國家基本理論——馬列主義——的問題，有關立場的問題，思想和立場發生問題，便有資格戴各式各樣的帽子，陳獨秀戴過，張國燾戴過，李立三戴過，托洛斯基戴過，康米涅夫戴過，馬林可夫戴過，莫洛托夫戴過……，南斯拉夫共產主義者聯盟一篇新綱領，便被戴上「現代修正主義者」的帽子，中共內部有人反對總路線、大躍進和人民公社，便被稱爲「促退派」，戴上「右傾機會主義者」的帽子。在共產世界，最忌戴帽子，凡被戴上帽子者，即表示其人思想有問題，地位呈動搖。我若由此角度觀測中共與蘇共之間的意見分歧，便有嚴重的感覺，既然事屬嚴重，是否行將決裂？對此，我以爲作不致行將決裂的看法的人並沒有錯，因爲中共、蘇共之間究竟有三十餘年的歷史淵源和牽連，加上眼前的利害關係，斷然決裂，確非易事。但因雙方的思想分道，突然的變化也不是沒有可能性。共產世界的變化，往往是突如其來的，而且，突變已成爲共產世界解決難題和分歧的唯一方式了！

那末，中共、蘇共關係的現狀如何呢？這是大家注意的問題，也是推斷今後中共、蘇共關係可能突變的憑據。這裏，我舉兩件事來談。第一件是人民日報元旦的社論，題目叫做：「展望六十年代」。這篇社論的總意向是討好蘇俄，解釋中共本身的處境和立場，但在國際事務方面，中共仍稱「美帝國主義」，說美國佯裝和平的姿態，實際仍在積極備戰，這種說法仍與赫魯雪夫的行爲背道而馳，也好像在勸告赫魯雪夫不要上「美帝」的當。這篇社論說：「中國的社會主義事業，在一切基本原則方面，嚴格地遵循着馬克思列寧主義的普遍眞理，忠實地繼承着和發展着十月革命的光榮事業。同時，在許多具體步驟和形式方面，它又帶有自己的民族的和國家的歷史特點。這是必然的和當然的。……根據最近時期的經驗，找到了三個法寶，這就是：建設社會主義的總路線，大躍進的發展速度和人民公社的組織形式。」毛澤東還不肯承認人民公社犯錯誤，不過當人民公社在前年開始組織時，中共將它宣傳爲進向共產主義的生產方式，並且強調要由集體所有制改爲全民所有制。最近，中共已不要講這類富有刺激性的話了，且於這篇社論中一反前此的口氣，謂在未來的十年中，中共要建設的仍舊是一個「社會主義」的國家，而且無法超過英國。接着又說：「蘇俄共產黨在一九五九年一月至二月舉行的第二十一次代表大會，宣告了蘇俄已經進入全面展開共產主義社會建設的時期，通過了規模空前雄偉的發展國民經濟的七年（一九五九——一九六五）計劃的控制數字，規定要在七年內，在按人口平均計算的工業品產量上超過歐洲最發達的資本主義國家，並且在某些最主要的產品的絕對產量上，超過美國目前的水平。」從以上這些話中，可以見出中共已自認落後，承認蘇俄在經濟建設方面的領導地位，這是中共在宣傳上對蘇俄的一個讓步。中共爲現實的利害關係計，不想和蘇共鬧翻的另一表示爲社論中的另外二段話：「中國人民的社會主義事業，是以偉大的蘇聯爲首的社會主義陣營的整個事業的一部分，並且是在蘇聯和其他社會主義國家的慷慨援助之下發展的。」「無產階級領導的社會主義的人民中國，是一個忠於國際主義立場，忠於反帝國主義事業和和平共處五項原則的國家。」對美國，中共也許是因爲沒有資格參加未來的高層會議，所以，它的論調和蘇俄不同，社論說：「美帝國主義長時期以來，就把賭注押在新戰爭方面。……美帝國主義企圖用戰爭來挽救資本主義的沒落更是夢想。……在強大的和平潮流面前，美國同意了召開最高級會議，並且也表示希望『冷戰』冰塊的溶解。……但是人們不能不十分警惕的是，美國當局在它作出一些緩和局勢的表示的同時，却又加緊發展導彈武器，積極加强軍事集團，力圖恢復它的軍事優勢。」照中共這樣說來，赫魯雪夫所求的高層會議便顯得毫無價值了！這是中共和蘇共不協調的地方。中共也自知甚明，故於社論之末警告「帝國主義者和各國反動派」，休想「挑撥社會主義各國的團結，挑撥社會主義國家和亞非和平中立國家之間的團結。」另一件事是中共、蘇共互賀新年，並宣稱兩國的團結牢不可破。有人憑這一點來說明中共和蘇共之間沒有糾紛，至少不致於分裂。我以爲這個說法很勉强，因爲這種外交詞令可以言不由衷，同時，蘇共也曾致電南共，祝賀新年，並申友誼，我們決不應憑這一點以說明蘇共和南共之間的關係完全正常。再看中共、蘇共兩方的電文內容，中共電文中只有「爭取世界持久和平」的字樣，這話很空洞，是宣傳濫調，而蘇共電文中却有「……爭取緩和國際緊張局勢、爭取和平和世界各國人民之間的友誼」等字樣，這話比較具體，至少表明了蘇俄外交的意向，即使是假的，仍不失其爲意向。總之，在國際事務和內部建設方針方面，中共和蘇共之間確有意見分歧，誰的做法正確，誰符合馬列主義的最高原則，要待它們的相互鬭爭作決定。

四九、一、六、九龍

毛澤東在獨木橋上高呼「躍進」！

金思愷

五月六日人民日報的一篇「西藏的革命和尼赫魯的哲學」文章中，要求尼赫魯：「你走你的陽關道，我走我的獨木橋」，流露出了毛澤東一意孤行的心境。現在，他的這種孤獨境況看來已愈加顯著，他好像站在獨木橋上對着一隊飢餓交迫疲沓不堪的人馬高呼：躍進！這裏將他的這種境況作一全面性的討論，以供讀者們參考。

在內部情況

目前毛在中共內部的情況，可以分做下述幾個方面來說明：

一、政治上的孤立——在去年大躍進運動展開時節，猛烈的批判反對躍進者，以蘇俄經驗來反對躍進者被指爲「教條主義」，以西洋科學來反對躍進者被指爲「洋迷信」，喊出所謂「務虛」，要求以主觀能動性來克服客觀條件的限制，淸算「保守派」、「促進派」，批判「條件論」、「秋後算賬論」。算到結果，變成了這種政治情況：無人敢說，無人敢聽，也無人敢想，不但西洋科學方面的書籍無人敢讀，就是蘇俄出版的大部頭書也無人敢翻；只要「黨一聲號召，羣衆就保證完成」，中央一聲號召，地方保證完成；事實上能否完成則是另一件事。到今年四月，毛澤東大概看到了這種「思想僵化」的情況終究不成，於是提出了：「多謀善斷」、「從實際出發，實事求是」、既要「盡力爲之」又要「量力爲之」、「皆有餘地，掌握主動」、「要分析，不要絕對化」等等工作方法。從那時開始，中共上下的報章雜誌，要求「多謀于羣衆，虛心地考慮各種不同的意見，有個比較，有個選擇，才能更好地全面反映事物的各個側面，這是善斷的基本條件」。這樣一來，大陸的政治開始從「思想僵化」的境界活動了一些。

這一種「思想僵化」的情況稍一改善，立卽出現了所謂「右傾言論」，影響了大躍進，幹勁鬆弛了。

進入七月，「多謀善斷」的喊聲沉寂了；八月的八中全會上提出了「反右傾、鼓幹勁、厲行增產節約」的口號，周恩來的報告中着重的指出：「必須同一切實際存在的右傾情緒、右傾思想和右傾活動進行嚴肅的鬪爭。」這也就是說一切與躍進運動相左的言論、思想、活動都要遭到淸算，這種淸算的結果，不用說又回到四月以前的「思想僵化」的政治情況。

在這種政治情況之下，每個人的思想、言論、活動只能有一個方向，就是擁護躍進；儘管全國都是擁護躍進的聲音，也或者還有爲躍進而努力的行動，但他們的這種聲音與行動，不是眞正出于自願的，是「思想僵化」之下的產物。愈是躍進，躍進的呼聲愈高，則毛澤東的政治上的孤立愈嚴重。

這次人事調整，免去了自一九三七年以來就代掌兵權的彭德懷的「國防部長」職務，免去了自一九三五年以來替毛掌管糧秣金錢的黃克誠的總參謀長職務，代之者是另兩個親信林彪與羅瑞卿。現在固然還無證明，彭、黃之被免職是犯了林彪文章中所說的反對軍隊參加「國家經濟建設」，反對做以「武力鎭壓」爲主的「羣衆工作」，不「絕對服從黨」、「有個人野心」等等錯誤，但就前公安部長羅瑞卿在這次調動中擔任要角的情況來看，此後將在軍隊中加强特務統治，似可肯定的；其所以要如此做的原因，則該是軍隊中呈現了不隱狀態。這是中共政治上的新發展，亦可以說是毛澤東在政治上的孤立狀態已發展到軍隊之中。

軍隊是毛的命脈，他從井崗山的時候起，一直就未放棄過軍權，他的工作重心也一直就置在軍隊方面。現在，連軍隊中亦有問題，可見毛的政治上的孤立程度。

二、在經濟上欲進不能，欲退不得——對于去年的大躍進，不但中共內部有人反對，而且蘇俄也是側目而視的。去年七月蘇俄科學院研究所出版的「經濟雜誌」月刊，一篇題爲「中華人民共和國在第一個五年計劃各年工業化發展諸問題」的文章中說：「中國國民經濟發展的各種利益，正迫切要求最快解決工業與農業之間發展速度的正確相互關係問題。假使再不能保障兩者之間的合理發展，那麼毫無疑問，在不久的將來中國的一般經濟情況將呈現不穩定的結果。」赫魯雪夫對此亦有間接的批評，他在今年二月的黨第二十一次代表大會上說：「在制定七年計劃的時候曾經考慮到，要使這項計劃不需要過分緊張就能够完成。爲什麼這樣作？因爲一項緊張的計劃不能排除了別部門完不成計劃的情況，某些經濟部門可能得不到必要數量的原料、材料和設備，而這就可能使企業停工待料，從而帶來出產能力開工不足，工人停工以及由此而產生的一切後果。這就是經濟學家稱之爲比例失調的現象。」赫氏固然未曾直接指責中共的大躍進，但可以想見，在他的思想裏必然是認爲中共的這種做法是會導致比例失調的不良後果的。以目前的中共蘇俄間的關係來說，蘇俄大概不會直接干涉中共的大躍進，但私底下的批評是免不了的。

因此，去年毛的大躍進的中心工作是在農業，搞試驗田，進行人民公社運動，目的無非是想增加農業生產，以糾正工農業間的比例失調。去年十二月的六中全會上，宣佈其糧食生產已達七、五〇〇億斤，增長一〇三%；大喜若狂，認爲不是耕地少了，人口多了，而是耕地多了，勞動力少了。與高采烈地宣佈採取「少種、高產、多收」的農業方針。今年四月的「國家統計局」公報又宣佈：一九五八年工業總產值比上年增長六五％，農業總產值增長六四％；從工農業間的比例來說，較之蘇俄七年計劃的工業增長八〇％，農業增長七〇％還要協調。中共的大力宣傳其大躍進的成績，不特有向自由世界誇耀之意，而且還有向蘇俄反駁大躍進將引起比例失調的論點。

但是好夢究竟易醒，四月的七中全會之後，展開對去年成績的「核實」工作，農業生產數字最早垮下來。六月十一日人民日報社論，揚棄了「少種、高產、多收」的農業方針，轉而要求回復「多種多收」「廣種薄收」的老路，事實上已經承認農業高產的無可能性。接着，在八中全會之後，又發表一系列的數字的修改，承認去年的農產品一般都誇大了百分之幾十。這是一種極大的難堪，冷嘲熱諷來自四面八方；對國內人民的言論，毛可以高壓；對自由世界的輿論可以不理，惟獨對于來自蘇俄的批評可能使他最難堪。同時，假使毫無掩飾的揭露事實的眞相，毫無保留地承認躍進運動的失敗，則不特羣衆泄氣，幹部也將消極，說不定就此而全面垮下來。

因此，他採取了看到了失敗而硬不承認失敗的態度，一方面，把數字的修改一般都置之在高于上一年的水平上，以防止幹部羣衆的洩氣；另一方面，要「反右傾，鼓幹勁」，堅持躍進運動。周恩來對于其躍進速度的下降有一段自我解嘲的話：「應該說，工業每年增產百分之二十以上就是躍進，增產百分之二十五以上就是大躍進，增產百分之三十以上是特大躍進；農業每年增產百分之十以上就是躍進，增產百分之十五以上就是大躍進，增產百分之二十以上就是特大躍進。」今年的工業總產值預計增長二五．六％，根據他的這種說法，是在大躍進的邊緣上；農業預計增長一〇％，在躍進的邊緣上。這種邊緣政策是很危險的，特別是農業，要是增長的比例跌入一〇％以內，則根本不能算是躍進。

今年四月，李富春在「人代會」的報告中指出，夏收爲全年糧產的百分之三十；據八月二十九日人民日報報導，今年夏收糧食是一、三九〇億斤，佔修改後糧產計劃五、五〇〇億斤的二五．三％，距三〇％還差四．七％，此數當待秋收時塡補。因此在今夏提出「多種多收」的口號以後，要求屋前屋後大種糧食，要求擴大蕃薯之類的高產作物的種植面積。經過這種措施，或者能完增成長一〇％的任務，看來明年要再增產一〇％即維持農業躍進的可能性已經極微。

前面已經約談過工農業間的比例關係，由此當可理解，農業不能維持躍進，勢必要拖垮工業的躍進，今年或者能夠維持過去，明後年將受到嚴重的考驗。從稍長的時間來論，則躍進運動勢難保持的。我想毛澤東不會不明白這一點，但他要違背這種事實發展趨勢而反右傾，勉强的要去維持種躍進運動；這種做法，恰巧又暴露了他的在經濟上欲進不能欲退不得的心理狀態。

所謂右傾言論，各個部門都有，在大煉鋼鐵方面說「得不償失」，在農業方面說每年只能增產百分之幾等等，這種右傾言論正在被批判之中。但是，這種右傾言論的科學根據，據最近到港的「理論戰線」雜誌社論的透露，是：「價值規律論」與「生產力論」，這篇社論對于這兩項基本理論固然未能加以批判，其他全國的報章雜誌連提都不敢提。這種情況，又說明其反右傾的勉强性，毛澤東的這種做法眞可說是明知其不可爲而之；其結果，不用說亦將擴大其在政治方面的孤立。

三、人民公社要强行維持——去年十二月的六中全會決議，要求在以後的五個月中對人民公社作一次整頓；今年二月，又在鄭州擧行政治局擴大會議，專門討論人民公社整頓的具體措施。在以後的一個階段中，據其報章雜誌的透露，人民公社中有下述數項重大的變更：①取消吃飯不要錢亦不能私存糧食的制度，恢復具有私有本質的「三定」政策。按吃飯不要錢的制度是唯一體現人民公社的具有共產主義按需分配性質的制度，這一種制度一取消，當說明它完全退回社會主義性質的了。②要求公社停辦工廠，現在則又停止煉鋼。據說人民公社是工、農、商、學、兵結合的，不辦工廠就變成缺門的結合。③許多食堂解散。這一種食堂的解散不但表現對農民生活管制的鬆弛，而且還表現其勞動紀律的將鬆弛。④開放「公社市場」，這將助長私有制的復活。⑤零星土地、果木、雞鴨等又恢復私有。⑥縮小耕作的、生活的基本單位。八中全會對此有新的肯定，實行所謂生產資料的「三級所有制」，此即：「生產隊一級的所有權是基本的，公社一級的所有權是部分的，而生產小隊也應該有小部分的所有權。」同時又規定了生產隊是「基本核算單位」。這樣一來，公社變成了空架子，一切公社中的生產、管理、分配均以生產隊爲基礎，而生產隊的規模又同以前的高級農業合作社差不多。因此大陸上就有人說：「人民公社同高級農業生產合作社差不多，完全不需要多此一擧。」

八月二十九日人民日報爲了反駁這種論調，指出了高級社與人民公社間的不同，其中有兩點是主要的：一、「公社每年可以由生產隊提取積累，由社辦企業的利潤增加積累，加上國家的投資，屬于公社所有制的部分的發展將不是很慢而是很快的。」二、「高級社只是集體生產的組織者」，而「人民公社同時又是集體生活的組織者」。

爲了要表現這種不同，據九月二十二日人民日報報導，各地又在强迫農民進入公社食堂吃飯，據說河南省現又有九九％的農村人口參加食堂了；其餘四川、安徽、上海市郊、北平市郊、湖南、雲南、貴州等亦有各種程度的恢復。七月十二日工人日報報導：今年許多地方公社的夏種分配比例是，積累部分(包括農業稅、公社積累、生產費用等) 佔總收入的四〇％，分給農民的佔六〇％。去年這方面的比例則是，積累佔六五％—七五％，分給農民的只佔二五％—三五％。從八月二十九日人民日報社論看來，爲着加速公社的積累，今年秋收分配不會再像夏收一般的四〇％和六〇％，積累部分將增加，分給農民的部分將減少，似已無疑問的了。

由上發展可見，毛澤東的這種對于人民公社的强行維持的做法，分明又是明知其不能爲而爲之；其結果，無疑亦將使其在政治上更加孤立。

赫魯雪夫曾經作多次公開談話，反對中共的人民公社，毛澤東的這種强行維持人民公社的行動，分明不只是對內的，而且還有針對蘇俄批評的意義。

從前述政治、經濟、人民公社三方面來看，毛澤東的「反右傾，鼓幹勁」的乖張行動，全部是明知其不可爲而爲之的負氣行動，他的這種做法似可斷定，不特將使其在國內的政治地位更加孤立，而且還將影響于對蘇俄和共產國際間的關係，使得它在外交上的更孤立。

對外關係

毛澤東在國內的政策，固然將遭致外交上的更加孤立，但除此而外，他還在外交上採取更激烈的行動，直接刺激與其維持邦交的國家，這樣做，當使其在外交方面的孤立狀態更形嚴重。其所以這樣做的思想，根源是在于中共與蘇俄之間對于爭取和平的觀念具有差異，由此而發展至雙方所採取的行動有所不同。

去年八月三日，赫毛在北平發表一項公報，强調：「一切國際爭端應當通過和平談判來解決」，從其字面上去理解，似不應有什麼歧見。但是，八月四日人民日報爲此而發表社論，認爲：「我們堅持和平，但是我們決不害怕帝國主義的戰爭挑舋，而必須有徹底撲滅帝國主義侵略戰火的充分決心和信心」；並批判「把爲和平而努力當作麻痺人民鬪爭意志的和平主義」的思想。八月七日人民日報再發表社論，說：「帝國主義經常吓唬那些神經衰弱的人，要就是屈服，要就是戰爭。帝國主義者的代言人經常散布一種謬論，似乎只有仰承侵略者的鼻息，只有遷就侵略者，才能求得和平。有些軟心腸的和平主義者也天眞地設想，爲了使局勢和緩，就必須無論怎樣也不刺激敵人。因此他們不敢譴責戰爭挑撥者，不願追究戰爭危險的責任，不想在戰爭和和平問題上明辨是非。有些人沒有根據地斷定，只要對帝國主義者，殖民主義者的進攻放棄武力抵抗，不向他們進行針鋒相對的鬪爭，就可以取得和平。」認爲：「如果對侵略者不是採取堅決鬪爭的態度，而是採取動搖的態度，那末，大戰可能已經爆發」。「和平只能爭取，和平不能乞求」。「如果只是使人民沉溺于和平的幻想和戰爭的恐怖之中，那麼，一旦戰爭臨頭，便會人心惶惶，束手無策。」社論又猛烈抨擊：「對和平戰爭這個世界問題採取『各人自掃門前雪，莫管他人瓦上霜』的政策。」——這一種話，有理由相信是對蘇俄講的，雖然以後蘇俄採取了一些行動，以緩和中共蘇俄間的緊張狀態，但未爲中共所滿意，因此，接着在八月二十三日炮擊金馬，迫使赫魯雪夫寫出一封要求美軍滾回家在後來遭艾森豪總統退回的一封信。隨後，一方面在臺灣海峽受到國軍的堅强抵抗，使其毫無進展，另方面，對要挾蘇俄的目的已達，終于緩和了對金馬的炮戰。這是由于中共蘇俄對于爭取和平的理解不同，而發生的第一次行動。

今年八月七日，中共軍隊在中印邊境挑釁，把原由印軍守衛的幾個前哨佔領。這一椿事却巧發生在人民日報發表「克服右傾情緒，厲行增產節約」社論的次一日。接着，主使擴大寮國叛亂，又免除了曾先後當過「駐蘇大使」的張聞天與王稼祥的「外交部」副部長的職務。綜合起上述的一連串事實，看來它在印邊的行動，從內部來說，是在外交方面反右傾的結果；對蘇俄來說，是去年八月金馬炮戰的翻版，故意在赫氏行將訪美之前製造一個緊張局勢，警告他不要採取「和平主義」；對自由世界來說，表示中共自己不怕刺激敵人，後來又發表中部邊境的歷史文件，表示中共要追究戰爭危險的責任，它並不在中共。

在此時節，中共的這一種乖張的行動，倒不是刺激了正面的敵人美國，而是影響了蘇俄與亞非中立國家，若繼續的這樣搞下去，自必迫使中立國家採取行動，使其外交上的孤立更嚴重一些。閉關自守的時代早已過去，一個現代國家必須與其他國家友好往來，毛澤東不會不知道這種行動的後果如何，看來，這又是一項知其不可爲而爲之的行動。

九月二十八日，在其「國慶十周年」的慶祝大會上，敍利亞共產黨代表團長巴格達什猛烈抨擊阿聯總統納賽爾，遭致了阿聯的抗議，甚至傳說阿聯將對中共採取外交行動以報復之。巴格達什 這樣做，看來不是未曾取得中共同意的，要是如此，則中共又一次故意刺激中立國家，與其在印邊的行動具有同一意義。

九月三十日，赫魯雪夫從莫斯科趕到北平，參加「國慶十周年」的慶祝，並與毛澤東會談四項，從氣氛上來看，好像是協調，但臨行並未發表公報。從中共與蘇俄的全面關係來說，在此時節，作一徹底的解決看來是無可能的，縱然有所協議，亦只是暫時的，局部的協議，例如：蘇俄在某些方面讓步易取中共在某一時間內不搗亂。蘇俄對中共固然在一種無可奈何的情況之下，但它對于毛澤東的知其不可爲而爲之的最近作爲，當會比我們有更深刻的認識，從這樣的角度來看，赫對毛即有所讓步也不會太大的。

在這方面，要作結論還不是時候，不過，有理由可以認爲：中共的激烈對外政策、冷戰的行動是不會放棄而要强行維持的，蘇俄在這方面也不會有巨大的讓步；在未來階段，中共于外交上的孤立只會加深而不會減輕。

結論

由上可見，毛澤東最近的要强行維持其左傾政策，完全是一種知其不可爲而爲之的負氣行動，是一種站在獨木橋上，對着一羣饑餓瘦沓的人高喊躍進一意孤行的乖張行動。這種行動的結果，將使毛在國內政治上更加孤立，將使中共在國際外交上更加孤立。若從較遠的眼光來看，他的這種左傾政策是無法維持下去的，若硬要維持下去，則將促使其潰崩更迅速的到來。(四十八年十月六日)

印尼一瞥

王天民

二次世界大戰結束後，南洋舊荷屬東印度宣佈獨立，成爲新興的印尼共和國，其面積約一百九十餘萬方公里，由蘇門答臘，爪哇，婆羅洲，西里伯斯等主要島嶼外三千多小島所構成，人口約八千餘萬，其中華僑據估計約有二百餘萬人，爪哇一島占全國人口百分之六十，集中居住於島上，爲世界上有數的人口密度較高地區之一。爪哇島上到處都是房舍人家。印尼房屋的構造，極其簡單，所需材料是取自椰子樹，棕櫚樹以及竹木等，不用一個釘子即可編造一棟房屋。此處夏季旣無颱風，冬季又無冷天，終年溫熱，物產豐富，居民極易生活。

工廠·大學與貧民

因舉行亞非會議一躍而成名的萬隆，此處有印尼最大的奎寧（又名金鷄納霜）工廠，此場原係由荷人經營，於一九五七年經印尼政府接收後，現已成爲國營事業之一。該場經接收後完全由印尼工程師管理，產製藥劑。一九五七年奎寧產量達八十噸，一九五八年已增產至一百五十噸，占全世界產量的四分之一。該場設備相當完善，現除大量製造奎寧外，尙製造其他藥劑。

在萬隆於一九五七年建設了一所綜合大學，共有七個學院，收容學生四千餘人，教職員五百餘人，設備亦佳。過去在荷人統治的時期，祇有一所大學，現在綜合大學已有九所之多。一般普通教育似亦相當普及。但另一面一般民衆的生活水準，似亦甚低，爲不爭之事實。例如人們隨意向溪流裏拋棄骯髒的東西，而在這溪流上就有婦女洗衣或人們在溪裏面洗澡，此種光景，隨處可見。

經濟不安定

以標榜獨立爲口號的印尼共和國，其建國前途尙有種種艱巨的問題，如在蘇門答臘，西里伯斯，婆羅洲等廣大地區，革命軍仍在從事反政府的活動，此事是政府最感頭痛的。政府爲討伐革命軍，其軍事費已佔政府預算的百分之卅，而外島豐富的資源，又皆控制於革命軍的手裏，由其輸出換購其他物資，與政府繼續作戰，中央政府對此又無能爲力，影響經濟不安，致政府的財政基礎，不能穩固，是無可諱言的。但目前據政府負責人謂：國內治安情形已日見良好。蘇加諾(Sukarno)總統以强力推行其「指導的民主」，而不欲仿效歐美式的德謨克拉西(民主政治)的制度。

蘇加諾總統的領導力

在蘇加諾總統出席可崙坡會議(Colonbo Conference)之前，曾蒞臨約克雅加達市(Djokjakarta)，在三十餘萬民衆聚集於廣場之前，發表了長時間的演說。他的演說方式不是單方面的訓話，而是對話式的演說，在他演說的過程中，時常反問聽衆，說：「你們不以爲應該是這樣的嗎?」，聽衆則回答說：「是應該這樣的！」。在總統的演說進行中，會場的聽衆漸感興奮，最後竟連喊「獨立」「獨立」的口號達十數次以上。現在軍人在政府中雖然相當的跋扈，共產黨的滲透活動亦相當猖獗，但蘇加諾總統的領導在目前看來，還是相當有力量的。

通貨不斷膨脹

流通印尼的國幣，其基礎似不甚健全。本年八月政府對印尼幣採取新措施，規定一美元折換四十五印尼幣，但黑市價格日見下跌，十一月初已跌至一美元換一百五十印尼幣，未數日又跌至一百七十五印尼幣。此種情形，足以說明政府在不斷的增發通貨。八月印尼政府採取貨幣新措施之時，曾將一千盧比五百盧比票面的大鈔，使其貶值十分之一，當時的貨幣流通量由三百二十億印尼幣，驟降至一百七十億。但最近貨幣的增發量，是一日約爲一億之譜。似此情形，在一九五九年內其貨幣流通量勢必增至本年八月時所發行之數額，當無疑問。通貨膨脹的原因，是因爲政府財政收支不能平衡之故，因爲不足的開支祇有依賴銀行來增發通貨，用以彌補，當然這並非正常的辦法，其財政的前途實不容樂觀。

農村經濟已與都市經濟脫節

農村經濟與都市經濟關係甚少，形成孤立狀態。此事可由道路上沒有貨車來往一事見之。在道路上，隨處可以看到以人力搬運貨物或把東西頂在頭上的婦女。此種情形，說明了經濟單位祇限於在人能够步行的距離範圍以內，完成其自給自足的孤立經濟生活，與都市甚少聯繫，譬如同樣的菸酒，其價格由於銷售地區不同，其價格亦各異。雖然都市地區通貨膨脹的壓力很大，但鄉村的糧食價格却非常便宜，至水菓菜蔬等更是物美而價廉。通貨膨脹的情形，是集中的而並非是普遍的，如雅加達的建築費，竟高出其他都市的四倍之多。雅加達的生活指數，在過去一年之間上升百分之三十三，今後仍有繼續上升之勢。

道德水準大不如前

通貨膨脹的結果，威脅了一般民衆的生活，同時也影響了一般民衆的道德。如雅加達爲印尼首善之區，在經常有外國賓客投宿的旅館裏，發生竊盜事件，是司空見慣的事。即在雅加達的繁華街上，扒手、慣竊更是多得不得了。

華僑資金的逃避與出口貨物之不能增產

支持印尼國家經濟的是錫，橡膠，椰子，煤油等出口物資，以之賺取外滙的。但因國際價格時有變動以及國內動亂不安，致出口事業頗不順利；加之受印尼政府本身施行排斥華僑政策的影響，富有華僑，無不紛紛設法將資金轉移外地。印尼華僑二百餘萬人，有雄厚的經濟潛力，華僑交易的金額佔印尼全國交易總金額的百分之七十，足見華僑在印尼的經濟力量是如何的深厚。印尼政府不顧華僑過去幾百年以來對開發南洋的勞苦功績，今竟對華商採取強硬的限制措施，如最近已決定公佈自來年一月起，不准華僑經營零售商的法令。去年華商逃避國外的資金，傳聞已超過美金二千餘萬元以上。今年此種情形愈益激烈，據調查今年自一月至八月之間，印尼華僑在香港投資達二千五百萬元港幣之鉅（按港幣一元折合新臺幣七元計算時值新臺幣一億七千五百餘萬元），建設工場達五十餘所之多。此外以各種方式逃避之資金究有若干，因無統計，無法得知，唯實際上構成印尼民族資本骨幹的，實是華僑資本，因之華僑資金之逃避，其對印尼國家經濟上的影響，無可諱言是創鉅痛深的。

清潔的吉利本（Tjirebon）市

在中部爪哇的北岸，有一都市名吉利本，是北部地區中心的都市，人口約二十萬，有捲菸、製網等工廠，大街小巷都打掃得非常乾淨，馬路上看不見一點垃圾。據稱該市於上年市政府舉辦都市清潔運動，市政府積極加強處理垃圾汚物；另一方面市民亦均協力與市政府合作，市民之間並相與約束吸完的煙頭也不把它隨意投擲地上，施行的結果，非常澈底。本年十月，蘇加諾總統曾視察該市，對該市辦理環境衞生成績之優良，備加讚揚。其他各市因受其刺激，皆羣起仿效，發動都市清潔運動，以改善市民的環境衞生，提高文化生活的水準。

行政效率太低

最近蘇加諾總統曾邀請外賓至印尼各地參觀，但當外賓到達各地時，竟不能適時覓到適當的旅館投宿，足見各機關辦事弛緩，事前欠缺週密的聯繫，其行政效率之低，可以概見。但印尼人的技術水準較低與行政效率不高的原因，似乎是因為在過去荷蘭人三百年統治的期間中，印尼人根本即無機會參加政府組織以及產業機構服務，因之不知努力研究改進。此事絕非在短期內可期其成效的，須經過長時期的努力，始能獲預期效果的。

結語

印尼建國為時不久，其前途困難尚多，如各島間因語言不通而發生隔閡，蘇門答臘，西里伯斯等島外，均不願受爪哇人的支配，亦係實情，但蘇加諾總統曾預言於一九六五年以前，決定平息內爭，統一國家，恢復治安，積極努力經濟建設，改善國民生活環境。但去年二月印尼國內爆發革命叛亂後，其政府竟誣指我自由中國援助叛軍，並藉此排斥華僑，近來更是變本加厲，西爪哇的軍區司令竟規定華僑不得居住於縣以下鄉鎮地區，發生流血慘劇，二百萬華僑已陷入苦難的深淵。

南洋地區華僑最多，數百年以來慘淡經營，在經濟上居於相當重要地位，前已言及，印尼政府誠能正視此一事實與我反共僑胞通力合作，發展經濟，未嘗不是印尼國家一種強有力的安定因素，可惜蘇加諾總統眼光短視，對外標榜中立，甚且承認匪幫，誠為不智之舉。吾人切盼印尼及早停止其迫害華僑的措施，對內加強國內經濟建設，對外與自由世界各國合作，以免遭受共產侵略與顚覆，實為目前印尼之急務。

一九五九年十二月一日。

香港通訊・一月十二日

左舜生不出席國民大會了！

李樺

由於國民大會第三次會議行將召開，此間政治空氣驟趨濃厚。因國大代表居留此間者尚不乏人，而這些國大代表，又多為社會知名之士，政府固極希望彼等能全體出席，藉壯聲勢。

自谷正綱就任國大秘書長後，即分函港外國大代表以示聯絡，在香港方面，並有香港時報社長經常與各代表聯繫。惟此間各國大代表，均不贊成蔣先生連任三任，故在此事未明朗化以前，大家對於返臺開會一節，均有趦趄不前之勢。

近聞國民黨中央有鑒於此，擬加派中央委員胡健中來港，而其主要目標乃為「聯合評論」主持人之左舜生氏。惟左氏對於連任問題，態度早經明朗，現臺北方面已決心不恤人言，不顧憲法，左氏自不能前往參加國大會議。據聞左氏除已將滙來之旅費退回外，並將於最近赴日本一遊，藉避糾纏。因日本有幾個團體特約左氏去東京開座談會，研討反共策略，此由於左氏年來發表反共意見甚多，日人對其甚為重視。聞來往旅費及在日住宿均由某團體招待，故左氏遂欣然接受也。

紫君的婚禮

於梨華

依禮到華納街的禮拜堂時，人還不多。她就在靠右手的第二排坐下了，女方的朋友照例坐在禮堂的右邊。過不久人就陸續的來了，多半她都不認識的。她們的同學只來了幾個。她向她們點點頭。紫君在學校裏人緣一直很好，朋友很多的，但自那次事情以後，大家都不願接近她了，又能怪誰呢！

幾十排椅子快坐滿時，招待把雙方的家長領進來在兩邊的第一排坐下。紫君的父親回過頭來和她招呼了，她的母親則直着頸子挺坐着，連帽子上向前危垂的羽毛都不抖一下，還是那副凜然的神氣，說不定還在把紫君的事怪在她頭上呢！多幾個錢有什麼了不得！何況她那些錢還不是她丈夫在中國做官時刮來的！

琴聲一起，新郎隨着伴郎進來了，依禮偏着頭十分注意地打量他——她來參加婚禮的主因，她幾乎嚇了一跳，新郎的臉好熟呵！好像在那裏見過，却又想不起來在那裏，眞奇怪！他的臉型一切都比不上依法，不知紫君倒底看上了他那一點？比起依法來，他簡直是擺不出去嘛！

新娘進來時，賓客中起了一陣驚嘆的聲音。她雖然較一年前瘦了些，却更可愛了，白緞的禮服柔合地裹住她小巧的身材，裙邊隨着她的小步輕輕波動，閃着銀光。她垂着眼，一抹睫毛輕拂着臉，小嘴閉着，唇角輕牽一絲笑影，是依法最愛看的神情呵！

紫君慢步走過依禮的座位，在禮台前輕俏地站住了，她的身腰從後面看去更柔美小巧。她的身材好和她的運動好很有關係，在密大時她的網球是打得出名的好，反手球刷的一聲出去，又低，又急，又出人不意，對方總是接不到的。依法的網球在新加坡是數一數二的，到美國後練的機會又多，可是和紫君打起來也要費一番工夫才能把她制服。當然，他多少讓她一點。他對她的傾倒是全校傳爲笑談的；他請她出去有百次之多，而紫君只和他出去過一次，還拖着依禮一起去的。

別的男孩，中外皆有，對紫君欣賞的很不少，沒有一個人請得動她的，但別人沒有依法的傻勁，他們碰了幾次釘子就死了心，只有依法從不洩氣。紫君和依禮醫預科畢業，都進了費城一個女子醫學院，依法竟然抱着有志者事竟成的決心轉學到費大，每個週末跑到她們的小公寓去吃晚飯。但紫君十分靈黠，每次飯後不等依法開口，就借故說讓他們兄妹談談，笑眯眯地走了。

依法兄妹在見到紫君的家人以後，才恍悟到她不願接近男性的原因，紫君的母親對她猶如對一件她精心購買來的珍品一樣，不許他人多看一眼，一下飛機，她就看出依法對紫君的入迷，所以立刻對他仇視起來，不讓他接近紫君，對依禮她倒很友善，常帶她和她們一同出去玩，臨走的前一天還特別約她到旅館去和她們共餐，飯後紫君和她父親出去買東西，她就趁機對依禮說：

「唐小姐，我們紫君被她爸爸慣得一點不懂世事，雖然大學已畢業，還是和小孩一樣，現在幸虧和妳住在一起，妳比她懂事多了，希望妳多照顧她。」

「伯母太客氣，紫君不但書唸得比我好，人緣也比我好多了，同學們都喜歡她，我才不如她呢！」

「是嗎？和女同學們也混得不錯嗎？那還好，」她輕聲嘆說，「從前在西部讀書，交些不三不四的男朋友，我們急死了，才把她轉到密大去的。她年紀雖不小了，可是很不懂世情，交朋友不加選擇，我們只有她一個，不願她隨便上了別人的當，唐小姐，我今晚約妳過來的本意，就是想請你代我看看她，如果她和什麼來歷不明的人來往，請妳立刻通知我。」

依禮聽了老大不高興，怎麼竟當着她駡起她哥哥來了呢？怪不得紫君一向不願理睬男士們，原來是她母親在背後控制她。紫君怕她母親，明眼人一下就看出來了，可憐的紫君！本來她還以爲她故意向她哥哥搭架子呢！

她含糊答應了一聲就告辭了，原來請她吃飯，接近她，是有用意的。

紫君的家人走後，小公寓的生活又恢復到常態。她們兩人脾氣都不乖戾，很能合作，同時兩人都愛清潔，都喜歡燒飯煮菜，尊重彼此，所以過得很融洽，何況醫學院的課程忙得不可開交，也實在沒有時間去培育女人的小心眼。一年下來，兩人倒還不曾爭執過。

第二年，依禮的男朋友信仁從加州調到費城來，依禮一有空就和他在一起，並時常請他到小公寓便飯。紫君對他很友善，常燒一兩個別緻的菜請他吃飯，飯後她就識相地溜到樓下房東的臥室內看電視，讓他們倆人儘量享受沒有限制的小室的自由。有時依法來了，四個人就擠在兩個書桌併起來的飯桌上吃飯，有說有笑。紫君談吐舉止，十分乖巧，不使依法受窘，也不令他有非分之念。信仁每每轉彎抹角的鼓勵她和依法一起出去玩玩時，紫君總是情笑一聲說：「妳對我太關心，謝謝。」幾次以後，信仁當然也不會再說什麼了。

第三年開學以前，紫君說她有一個朋友將由西岸來，轉到她們學校，如果依禮不在乎的話，她想搬出去。因爲消息太突然，依禮很不高興，但也沒有辦法留她。想不到開學時，紫君又說不搬出去了，因爲她母親不允許。依禮當然暗地歡迎，因爲紫君的確是一個很理想的室友。

開學那天，紫君帶洛來看依禮。

依禮一看她就從心裏不喜歡她，一個女孩子長得寬高，就不够細緻，何況她剪的一頭短髮，實在太男性化。臉是正方型，毫不柔和，線條太直，繃硬硬的。她父親是丹麥人，母親是福建人，所以她說一口平上去入都合錯了的中國話，聽起來令人全身發麻，聲音粗沙沙的，一點也不悅耳。紫君一眼看出依禮對她的惡感，說是要去找房東，馬上就把她帶走了。房東一時沒有單房出租，洛只好和幾個高麗來的女孩子們住在一起。但除了晚上睡覺的時候以外，她和紫君兩人實在是形影不離，一個高大粗濶，一頭散亂的短髮，一個小巧秀美，一雙滴溜溜會說話的眼睛，一頭如雲的黑髮，走在一處，十分顯目，同學們就惡意的開依禮的玩笑。

「咦，妳的好朋友另有新歡了，當心啊！」

「不要胡說，她們原來就認識的。」雖然她裝出不在乎的樣子，心裏難免對洛有了恨意，因爲恨她，就覺得她和紫君的感情有點不正常。

果然，她的懷疑不久就被事實證明，開學後幾星期，紫君開始找洛來公寓吃飯，飯後兩人總是粘坐在一起看書，嘰哩咕嚕講話，刺刺地笑，就像兩個不懂事的小孩似的。依禮在另一書桌上看書，被她們吵得不能專心，但她礙于面子，沒有做聲，不料紫君就趁機天天找洛來吃飯，飯後兩人混到十二點，然後洛就在她們書房兼客廳的小室內的沙發上過夜，依禮因爲有時也留信仁在沙發上過夜，不好提出抗議。她常聽她們悄聲細語，聽她們吃吃癡笑，她的寒毛隨着她們的聲音一批一批地豎立起來，有一次，她無法再忍，用兩拳搥牆，書房就頓時肅靜下來了，但她却再也不能入眠。

「紫君，妳如果再和那個人鬼混，我只好請妳搬出去了，」依禮第二天吃晚飯時說，洛沒有來，想必是心虛，她想。

「爲什麼？」紫君說。

「爲什麼？」依禮還是板着臉說：「我看不慣妳們那種樣子！」

「什麼樣子？我們是好朋友。」

「好朋友？妳不要迫我講出難聽的話來吧，我從來沒有看見過好朋友好得這種樣子的。」

「那是因爲妳自己是一個冷淡的人，妳從來不曉得……」

「請妳不要轉移話題，我的性情如何和這件事毫無關係！」

「我們的舉動怎麼樣和妳也毫無關係，請妳不必多管閒事！」

「我多管閒事？妳們倆人吵得我不能看書不能睡覺，還不許我提出抗議？這個公寓是我找到的，並沒有請妳搬進來與我同住！話說明白，如果妳想住下去就請妳放莊重一點，而且不許帶那個人進來，否則我只好寫信據實報告妳的母親，或請妳搬出去了。」

紫君一時沒有話講，臉上直發靑。

「那個人，那個人，她的名字是洛！」最後她氣冲冲地說。

「我不認識她，她不配我叫她名字？認識妳已是天大的不幸了。」

「不幸？有的人，譬如令兄，還恨不得跪在地上求我和他接近呢！」

依禮氣得發抖，抖得說不出話來。

「哼！他是君子，以爲妳是正經人，要是他曉得妳倒底是一個什麼樣的人！」

「什麼樣的人？」

「妳自己有數！」依禮說完就衝出房門到學校去了。

爭吵以後，紫君跑到房東處商量，房東把她臥室邊一間小室讓出來給紫君，洛吃了晚飯就來，她們兩人就在樓下看書，嬉笑之聲，不斷地傳到樓上去，使依禮不能專心。她氣得莫奈何，就向房東提出抗議，房東貪錢，又偏愛紫君的婉麗可親，一點也不理會。依禮幾次想寫信向紫君的母親告狀，又苦于說不出紫君的眞正罪行，她母親不但不會反對紫君對另一女孩親熱，反而會暗笑她的小心眼。左想右想，想不出辦法去拆散他們，只好在紫君身上出氣。她與紫君一直是輪流燒飯洗碗的（樓下沒有廚房，所以她們兩人還是在一起吃飯），現在輪到她燒飯時，她故意做得少，吃得早，給紫君留了點冷飯殘菜，却堆了一廚房的油鍋油碗給她洗，輪到她洗碗時她只洗自己的一份。早晨，紫君還在睡覺時，她故意把洗澡間的水開得嘩啦啦的，使紫君不得不醒。總之，自她們不講話以後，依禮一反她平日友誼平易的態度，變得十分刻薄陰毒，處處使紫君難堪。但紫君從來沒有和她再公開爭吵過，用一種安靜的驕傲，忍受她種種的凌辱，這使依禮更加生氣。

紫君雖然沒有和她交談，卻從信仁處探聽到他們將要結婚的消息，聖誕節前兩天，她就在公寓裏爲依禮的喜事開了一個派對，請了依禮較好的朋友們。依禮事先一點也不曉得，一進房門簡直驚呆了。紫君趁她不在時，早已把三間房都佈置得十分雅緻，把同學們送來的禮物精緻地堆積起來，放在一把彩色的紙傘底下，在房東處借來了一套小巧的玻璃飲具，做了淺紅色的冷飲，做了奶白的雙層蛋糕，誘人地放在桌上，開了依禮最愛聽的音樂，公寓裏洋溢着一片一年來未有的和諧愉快的氣氛。同學們看見她回來了，都笑着圍着向她慶賀，紫君悄然站在一旁，微微笑着。依禮與她的眼光一接觸，從前她們兩人之間和睦親切的感情，烘然一聲在她心裏復活起來，她正要衝過去時，眼光接觸到紫君衣襟上洛送給她的一枚別針，她心裏的溫情頓時凍結起來了，僵直矜持地，她走到紫君面前。

「謝謝妳，其實妳不應該爲我麻煩的。」她板着臉說。

紫君臉上的企盼和笑影也突然消失了。

「妳太客氣了。」

一直到派對結束，她們都不再向彼此說過話。

同學們快走時，樓下有人在叫紫君。

「對不起，我要先走一步。」紫君急匆匆地披起大衣，向她的客人們說，「謝謝妳們來，」不看依禮一眼就走了。

「誰在叫她呀？」有人問依禮。

依禮平時說話很謹愼的，但是洛的叫聲和紫君急急忙忙的樣子，引起她對她們十分深刻的厭惡，她毫不思索地說：

「還不是那個混血 ，和她在鬧同性戀的那個人！」

「什麽？眞的？趕快告訴我們，妳怎麽知道的？」大家都迫不及待地要她說。

依禮在一種嫉妒、猜忌、失望的心情下，把紫君和洛之間不正常的關係以及她和紫君吵架的事一股勁的都說出來了。同學們走了，她像一個犯人突然被解脫鎖架似的輕鬆，但也有一種犯人重獲自由時茫然的感覺。她是否清白呢？她問她自己。她不是爲了嫉妒而傾吐她朋友的秘密嗎？

她與紫君的凍結的同室生活，還是照樣維繫下去。

有一天，學期將結束時，紫君從學校回來，依禮正好要出去，兩人在門口打了一個照面，紫君面無人色，勁直走到她書桌前，濕淋淋的大衣沒有脫，就捧着臉坐了下來。沒有戴手套的紅腫的手有點顫抖。

依禮有點心虛，就停了脚。

紫君似乎知道她在等待，過了一下她抬起頭，眼睛不看她，木然地說：

「學校叫我下學期不必回來了。」

「怎麽？妳成績這麽壞？」依禮邁前一步，毫不思索地問。

「不是成績，是品行。」

依禮像被人劈頭打了一棒似的，做聲不得。

「她們說我心理變態，沒有資格做醫生。」紫君的眼淚像悶雷後的大雨似的，激衝下來。「我生平最大的願望是做一個好醫生，其次是有一個好家庭。」她的聲音，透過淚光，振得破碎淋漓。把淚抹乾了，她才沉重地離開房間，留下依禮和她被紫君的淚光溶碎了的良心。

那年她們剛認識，紫君說：「那眞好，我也學醫……我姊姊死的時候我才十二歲，不過我從那時開始，就立志要做一個醫生」，我的慾望不多，做一個好醫生，做一個好妻子。」那些話像一把尖利的刀，劃開她的胸口，顯露出她有罪的心，不是她那晚有意攻擊紫君，消息怎麽會傳到學校當局去呢？

紫君走的時候，依禮不在，她留下的條子上只有幾句話：「我走了，祝妳一切順利。」條子上留了地址請她轉信。同一日，洛也離開了學校。好幾天，依禮和依法坐在那間到處閃動着紫君的影子的公寓裏，相對無語。依法對紫君的戀情，曾因後者和洛不正常的友誼而消滅，如今又被她臨行時的落落大方（雖然她明知依禮是罪魁）而復燃。紫君離校的一星期，他慫恿依禮寫信去請求原諒，同時也要她寫信給紫君的母親，解釋紫君被斥退的事應由她負責。

她母親並沒有回信，紫君也從不理睬依禮一再的道歉信。一年過去了，依禮結了婚，依法也有了女朋友，忽然，他們收到紫君的喜帖，依法當然不想去，但他却慫恿依禮去（信仁不在），看看新郎到底是什麽樣的人。

婚禮完了，依禮排在隊裏等着去握新人的手，趁機又細細打量一下新郎，在那裏見過的呢！這麽面熟，不但面熟，而且……啊，不可能，不可能。

她和他握手時，她幾乎驚叫起來。

「是的，他就是洛，」紫君伸過頭來對着她的耳朶悄聲說：「妳站到那個角上等我，我們切好蛋糕就過來。」

依禮目瞪口呆地站在角落裏等她。

紫君把賓客們都敷衍了一下，就獨自來見依禮。

「先要謝謝妳，依禮，沒有妳，我們還結不了婚呢。」

「倒底是怎麽搞的？怎麽洛又是妳 的丈夫了呢？」

「我們在中學時就好了的，後來一起進大學，媽嫌她是混血，家裏又窮，不許我和他好，看我們認起眞來，就忙着把我送到密大，又威脅我不許和他來往，否則她就不供我讀醫，妳是知道的，我一生最大的志願是做醫生。」

「不過妳現在……」

「妳聽我說呀！所以我就進了密大，想把他忘記，可是不成，別的同學，連妳哥哥在內，（對不起）和他一比失了色，那時候我簡直苦死了，想和別人出去又忘不了他。到費城後他偷着來看過我一次，就是第一個春假，妳記得嗎，就在那個時候我們決定試試他的計劃，由他改裝女的進我們學校。這中間細節我們以後慢慢告訴妳，她進了我們學校，我們就想私下結了婚，找一個公寓住下來，等我畢了業經濟獨立了，再當衆宣佈。到那時候媽也沒有辦法，學校也不能把我怎麽樣，對不對？想不到媽一定不許我和妳搬開，鬧來鬧去，弄出一個大笑話來，結果我醫生沒有做成，却先做起太太來！」

「妳母親？」

「她接到學校的通知和妳的信就去找我們，看見了洛，知道已經沒有辦法，只有讓我們結婚，她已向學校方面解釋清楚，也許學校會讓我回去，如果眞可以回去，那我眞是要大大謝謝妳了。我看見媽向這邊走來了，想必是來怪妳。」

「怪我什麽事？」

「聽她的吧，我要走了，回來後再給妳信。」

「啊，唐小姐，謝謝妳來，並謝謝妳的信，」紫君母親頭帽上的羽毛一抖一抖的向她走來。

「不敢當，伯母。」

「不敢當，哼！」她狠狠地飄了她一眼，「如果妳早半年寫信給我，那我倒眞會好好謝謝妳的。」

「早半年？」

「早半年把紫君和他的事 先告訴我呵？我倒情願把紫君嫁給妳哥哥哩！」

「哦……」

江湖行（十六續）

八十三

沒有再比賭博的際遇再像人生的際遇。幸運在人生中所安排的正如賭場中所安排的。許多走運的人都相信自己的本領，正如幸運的賭徒相信自己的賭術。但是有一點則是不同的，人生中的成功可以不擇手段，賭場中的勝利則絕對不容許欺騙。

我雖是在唐默蕾那裏學會了紙牌的機巧，但從未正式用過，也沒有看到別人在施用過。如今則要看看一個正式的場合。我可說是爲好奇心所驅使，才沒有拒絕姚翠君的要求。

我于星期六六點鐘到姚翠君家裏，裏面已經有一桌在賭。內廳裏坐着三個客人，姚翠君爲我介紹一下，其中一個姓丁的，我記得上次韓濤壽告訴我他是戴將軍部下的要員，派在這裏的，何以今天姚翠君則介紹他是一個什麼公司的總經理，她介紹得也很含糊，介紹後，姚翠君坐在我的旁邊，她輕輕的告訴我，那位對手叫郭鳴岐，還沒有來。我問她他是一個人還是有伴的，她說是一個人。一杯茶以後，姚翠君帶我到裏面，我看到在另外一間小屋子，已經放好了一個圓桌與賭具，她告訴我今天的策劃她沒有告訴別人，祇有我與她兩個人知道這件事。省得捉不出時別人多心。我說這樣很好。她問我捉出了以後應當怎麼處置，我說他們這裏人材濟濟，讓他們大家去決定，我的任務，祇是注意那位姓郭的是否作弊，發現了就將他揭穿。揭穿了我就借故走了，以後是他們的事情。我並且要求他事後也不要把我的眞姓名告訴別人。

六點半的時候，郭鳴岐來了，他是一個面目清秀、態度文雅、談話聲調非常柔和的人。我很奇怪姚翠君會疑心他是一個騙手。

接着另外三個客人也陸續到了，我們沒有什麼交談就開始入局。

我的座位在郭鳴岐斜對面，我很注意郭鳴岐洗牌發牌的動作，他並沒有露什麼破綻，但是他也沒有贏錢。

一個鐘頭以後，郭鳴岐開始贏錢；我非常注意當時牌局的進行，但是看不出什麼。于是，當輪到我切牌的時候，我親切地記得底牌是一張紅心十，可是當我的上家發好了牌，我發現那張底牌變了黑梅A。當時我的上家正是那個姓丁的。這付牌我在第二輪就放棄了，姓丁的在第三輪的時候也放棄，我的下家是一位姓曹的，他手上是三張K，他與郭鳴岐彼此加錢，姓曹的最後看了郭鳴岐，郭鳴岐手裏竟是三張A，而那張黑梅A已經在他的手裏。

這時候，我才想到我注意郭鳴岐是錯了，我相信他與那位姓丁的是搭擋的。飯後，由我搬位，我故意把我排在郭鳴岐的下手，我兩次發牌都用了手法，我使郭鳴岐拿到三張Q，二張J，我自己佈置好同花與順子，但是郭鳴岐一交手就放棄了，我相信他是知道我用了手法的。我也試那位姓丁的，兩次他都上了當，輸盡他的枱面。

中途我借着事故出來，我告訴姚翠君，我雖已發現了一些什麼，但是我無法揭穿什麼，明天將再同她詳談。那天我們賭到三點鐘，我沒有什麼輸贏。大贏家仍是郭鳴岐。

回到寓所，我把我所發現的告訴韓濤壽，韓濤壽覺得非常詫異，他先是怎麼也不相信，因爲那位丁某是姚翠君的一個大戶，也是後臺支持人，怎麼反而會是郭鳴岐的搭擋呢？可是後來我把切實經過細述了一遍，他才有點相信。他說這祇要問是誰把郭鳴岐介紹到姚翠君那裏去的，就可知道他們的關係了。他又說，假如眞有這樣的事情，我們也很難對姚翠君說穿，因爲第一是他的地位與權勢，第二是他與姚翠君的關係。說給姚翠君聽，姚翠君一定不會相信，而且也一定會告訴丁某，自然我們要被他懷恨，這種事情由我們去得罪人是太不値得了。但是我既然受姚翠君之託，似乎不能不說，我與韓濤壽討論很久，覺得祇有含糊地向姚翠君暗示一下。

第二天上午十一時半，姚翠君打電話給我，問我什麼時候有空，想同我單獨談談。我說什麼時候都可以，她于是就約我去吃中飯。

我于下午一點鐘到姚翠君那裏，她已經打扮得很整齊在等候我了。

那天天色陰沉，但仍是有點燠熱，姚翠君說她喜歡這樣的天氣，可以沒有警報。

姚翠君有一顆古典美人的臉龐，眼睛很俏，有一排整齊小巧白晳的牙齒。我猜想她的年齡比紫裳至少要大好幾歲，但是她仍保持着非常嬌嫩的皮膚。她同我斜對的坐在沙發上，問我那天的發現，我當時問她：

「那位郭鳴岐是誰介紹來的？」

「是一位姓劉的朋友。」

「那位劉先生那天沒有來？」

「他去重慶了。」

我沉吟了一回，開始問她：

「那位劉先生是那天那位丁先生的好朋友麼？」

「是的，你怎麼知道？」

「我想丁先生同郭先生也一定是很熟的。」

「啊！他們並不頂熟。」姚翠君否認我的話說。

我當時沒有再說什麼，歇了一回，我才再問她：

「你怎麼懷疑郭鳴岐打牌不老實呢？」

「有好幾個朋友這樣覺得，每次他總是先是小輸，後是大贏，總是在別人有大牌的時候，他也有更大的牌。」姚翠君說着忽然問：「你昨天看了他怎麼樣？」

「他的技術很高，但是我發現座中一定有人是同他通的。」

「你有沒有發現那個人是誰麼？」

「我沒有發現，」我說：「照我想那一個人一定是同郭鳴岐最熟稔的人。但也很可能，他們因爲要行騙，兩個人故意裝得很生疏。」

「那麼想多幾場來發現他麼？」

「我不是這個意思，我想你這裏來往的都是有地位身份的人；郭某一個人混進來，要沒有背景，他怎麼敢？」我說：「我想你不妨問問那位介紹他進來的劉先生，究竟是怎麼一回事，總之，在你這裏的人都是你的朋友，眞要提出來，弄得當面大家過意不去，這就很難下場；而且我是一個外人，當然不便得罪你的那些有面子的朋友。」

我的話是非常笨拙的。許多人總把說話的效果衡量說話者的辭令，而忽略聽話者的警覺；可是當我無法好好地表示我所說與該說的話，而發現對方已經完全清楚了解時，我就會知道對方是一個多麼聰敏的人了。姚翠君聽了我的話，一言不發；沉吟了半支烟的工夫，像是恍然大悟似的，她站了起來笑着說：

「你想喝點酒麼？」

我謝謝她，說上午我是從來不喝酒的。

「你什麼時候去重慶？」

「不是等你給我辦飛機票麼？」

「眞是！」她笑着說：「我再爲你去催去。」

接着佣人告訴我們飯已經開好，姚翠君就領我到了飯廳。這是另外一間房子，光線很好，她說：

「平常人少，我就在這裏吃飯。」

菜看不多，但很精潔；我們一面閒談着，一面吃飯，我覺得非常愉快。姚翠君再沒有提到郭鳴岐的事情，也沒有再要我去幫她對付騙手。

我慢慢發現姚翠君眞是一個聰敏絕頂的人，她很知道怎麼迎合人的心理。我同她談到紫裳，她說在上海時她同紫裳並不十分接近，可是到了內地，她們往還很多，她覺得紫裳是一個胸襟最廣肚量最大的女性，她說紫裳不驕傲，不妬忌別人，不談人家是非，這是影劇圈裏面所沒有的。我不知道她是否知道我與紫裳的關係，當我談到紫裳的婚事時。姚翠君說紫裳嫁給宋逸塵眞是出人意外，他們認識那麼久，一直是普通的朋友，不知怎麼，到了內地很快的就相愛了。當時我不知怎麼，竟無法自禁，把我愛紫裳的事實告訴了她。她很同情的勸慰我，說這祇能說是命運，天下眞的愛情永遠是很難團圓的。

姚翠君像是一個很能了解男人心理的人，就在這一餐飯的時間，我們像是成了可以互訴衷曲的朋友。

我當時告訴她我第一次看到她名字的日子。

「啊，哪時候，是的，哪個戲院，我那時還是一個小孩子。」她說。

飯後，我又坐了好一回才走，臨別的時候，姚翠君說：

「飛機票一有眉目，我會打電話給你。你有空隨時可以來坐。你知道我的電話麼？」

「我會問韓濤壽的。」我說。

「是的，他知道。」

從姚翠君那裏出來，我忽然感到我交這個朋友實在太晚了，如果在上海的時候有機會同她成一個朋友，我也許可以依賴她維持紫裳對我的愛情。現在，我告訴她我愛紫裳有什麼用呢？

姚翠君雖是使我對她的看法有所改變，但當我想到我們是在生死交關的抗戰中，我就覺得她的生存是多麼可惜地在浪費呢？

八十四

三天以後，姚翠君已經爲我辦好飛機票，她還請我與韓濤壽吃中飯，說是爲我餞行。我于一星期後搭飛機到重慶，記得那正是六月十五日。我于前一天打了一個電報給舵伯。所以野鳳凰帶同一個工友到機場來接我。

我與野鳳凰好久不見，她比以前又胖了些。但是並沒有什麼改變。她一見我就說：

「容裳在學校裏，所以我一個人來接你。」

「你氣色很好。」我說。

「你好像瘦了些，也黑了許多。」她看了我一回兒說。

野鳳凰帶我進了她的車子，我就看到了那抗戰的都城。

「這就是重慶了。」我說。

「我們住在南岸，離這裏很遠。」

「舵伯好？」

「他很好，祇是血壓高。現在很少出來。」野鳳凰說：「他很想你。你的腿怎麼樣了？完全好啦？」

「現在沒有什麼了，」我說：「紫裳怎麼樣？常有信麼？」

「她來過一次。上個月……住了一星期。」

「宋逸塵呢？」

「他沒有來，自然因爲學校走不開。」野鳳凰說：「我不了解你們鬧有什誤會。她很不願談起你。」

「她已經結婚，自然應當早點把我忘去才對。」我說。

車子在不平的路上顛簸，我一時沒有再說什麼。

「這次你來，我們希望你可以同我們在一起。舵老已經老了，他希望你不要再離開他。」

「謝謝你。」我說：「我還沒有想到自己該怎麼樣？」

「大家都說你寫作很成功。」

「那倒完全是紫裳與宋逸塵對我的鼓勵。」

「她們都說你有天才。」

「我的生活比較豐富些，這倒是實在的。」

我們的談話很廣泛，但是都沒有深入。野鳳凰對我很誠懇，但不知怎麼，我們間的情緒並不能像以前雅片榻上一樣的和諧。

下了車，又坐滑杆到江邊，過了渡，又坐滑竿，走了半個鐘頭，才到她家。是一所築在山坡上的平房，圍着不高的圍牆。

門側的牆上有一塊石刻的舵園兩個字，牆內有很大的園地，種着花木，菜蔬，還養着雞鴨。

舵伯站在屋前平臺上迎接我。他穿着寬大的白布衫褲，踏着黑緞粉底的鞋子，手裏還拿一把芭蕉扇。他的頭髮完全白了，眉毛也有點灰白。但是臉色紅潤，精神很煥發。

「舵伯：」我一面上坡，一面揚揚手叫他。野鳳凰在我的後面。

他用扇子對我招招。等我走近了他，他拍着我的肩膀說：

「野壯子，你眞像是一個文弱書生了。你的腿現在怎樣？」

「還好，還好。」我說着一面跟他走進屋內。

「現在你總算找到了自己。」

「怎麼？」

「聽說你在寫書，很成功。」

「那都是我一個老師的鼓勵。」

「很好，很好，」舵伯說：「那麼你現在可以好好安定下來了。」

「我也希望可以安定下來。」

「我們都在等你。」舵伯說着，這時候恰巧胡嬤端茶進來，他又說：「連胡嬤都每天談到你。」

胡嬤給我茶，她說：

「周先生，你才來。我們每天惦着你。」

「您怎麼樣？氣色很好，」我說：「你這裏住得慣麼？」

野鳳凰這時候進來，她說：

「胡嬤好福氣，她已經快抱外甥了。」

「怎麼？」

「翠妹去年嫁了人。」

「翠妹嫁了人？」我問：「男家幹麼的？」

「是在銀行俱樂部裏的。」

「還是你有福氣。」

「你還不娶太太？」胡嬤說。

「沒有人嫁給我。」我說。

這客廳很大，傢俱許多都是上海帶來的。房子雖比不上上海的舵園，但簡單雅潔。野鳳凰與胡嬤幫着照拂我的行李去了。舵伯同我談談上海的情形。

野鳳凰要我去看看爲我佈置的房間，她順便帶我參觀他們的房子。房子建築很樸質，正房大小也有九間，我的房間正在右端，兩面有窗，一面看出去是草地，遠處是山，一面則是一些花木，後面則是另外一排平房。我因爲搭飛機，有一個大箱子存在韓濤壽地方，隨身行李很簡單，這時候他們已爲我拿進來，野鳳凰叫我安頓了先去洗澡。

這是一個非常寧靜的世界，除了鳥鳴與蟬噪以外，祇有我們談話的聲音。我不知道是否該住在這裏，這也許是一個讀書寫作的環境，但不一定是一個生活的環境。我們在後方是爲抗戰，可是現在離戰爭好像越來越遠了。

在時間之中，我們每個人都像飄在水流裏的一些花瓣樹枝或落葉。人人都是隨時在變化。我們無法知道一個人在時間中會變得怎麼樣正像一朵花在水流中變成什麼形狀與什麼。色顏我們無法從認識的老年人中想像他年輕是怎麼樣的；我們也無法從認識青年身上想像他將來會變成怎麼樣。在舵伯身上，誰也找不出他當初做海盜時的影子；在野鳳凰身上，誰也無從想像她在十幾歲時做漁家女時的風采。除非在那個時候看見過他們的人。當我回憶到我與舵伯一同駛船經商的日子，我與野鳳凰一同躺在榻上吸煙的日子，這些像是近在目前的生活，也好像已經是隔世一樣。我有時眞覺得他們都不是我過去所認識的人了。

舵伯有一間書房，放置了許多瓷器古玩與書畫。其中多半是從上海帶來的。他對這些都已經很內行。野鳳凰變得很相信佛教，他佈置了一間經堂，每天晨晚兩課都在經堂裏。這間經堂很幽靜，一直留着供佛的香味。但是供的是一幅很精緻的佛身的畫像，前面還放着一座金身的佛像，這使我忽然想到她的那座玉觀音像。她告訴我這次紫裳到重慶時她送了給紫裳。她說她本來早想送她，因爲怕紫裳不相信佛，不會虔誠地去供奉，所以一直不曾送她，這次紫裳來重慶，答應野鳳凰會很尊敬的去安放牠，所以送了給她。桌上的那座金佛，則是紫裳送給她母親的。

舵伯的生活很平靜，大概半個月一次或兩次去市區，那面有銀行界的俱樂部，舵伯就在那面與社會往還，有時候也在那面打牌。平常總是在家裏，許多事情都由野鳳凰去處理。舵伯來重慶早，他把他的財力都購置地產，所以很發了些財。舵伯與上海銀行界自然很熟，現在大家集中在重慶，自然應酬很多，不過舵伯借着住在鄉下爲理由，有時可以不常去應酬的。

野鳳凰自然忙些，一星期總要進城幾次，不過她並不同別的太太交往。她不但戒了煙，而且到重慶後，紙烟也不吸了。她不但比以前胖，而且比以前輕健年輕，她喜歡種花草蔬菜，養雞養鴨，完全變成了另外一種人。我以前對她的稱呼沒有一定，組成班子到上海，我跟着陸夢標一些人叫她大班。現在更不知道怎麼稱呼。我同她談到小鳳凰，就說「小鳳凰」，她關照我見了小鳳凰千萬要叫她容裳，現在容裳久已沒有用她以前的藝名了。我當時就問她我應該叫她什麼。她說我可以叫她曇芳，我忽然想到曇芳這名字是我爲她取的，可是連我自己也忘了。我是紫裳的朋友，又是舵伯的子姪，她的年齡也比我大很多，叫名字自然不合式的。她于是提議我可以叫她舵媽，我說這把她叫得太老了。後來我想出叫她曇姨，她很贊成。

我在那裏靜靜的住了三天，一步都沒有出門。總算寫了好幾封寄上海與桂林的信。星期六容裳要回家。我想去接她。但是曇姨說她自己會來的。住在南岸的同學很多，她們會一起回來的，而且，她還不知道我已經到了重慶，貿然去接她，大突兀了。還是在家碰面好。

那天我于中飯後，一直在企待容裳，可是怎麼也等不到她。曇姨倒很放心，說她可能去看電影，也可能到同學家去了。看我很焦急，曇姨說：

「早曉得這樣，還不如讓你去接她好了。」

太陽西斜下去，天色慢慢的暗下來，我實在等得有點焦燥，于是就順着走過去，大概走了一里路的光景，我忽然看到兩個穿中學生制服的女孩子走過來，我希望其中有一個是小鳳凰，所以就站住了等着她們，可是她們走得越近我越覺得不像。她們兩個一面談話，一面走着，我等她們在我身邊走過時，右面一個才從她的眼睛中認出是小鳳凰。可是她並沒有認出是我。我就隔了幾步之遙跟在她們後面。她們談的是四川話，好像是關于排球賽的花絮。我沒有興趣去注意。我所注意是小鳳凰，她已經完全不是以前的小鳳凰了。

她粗壯了許多，穿着制服，好像矮了一些；她不但沒有施脂粉，而且汗汚滿面，頭髮早已剪短，也沒有好好的梳理。手上提着一個灰布的包袱。制服是灰色的愛國布的上身，玄色的裙子。脚上是平底蠻頭黑皮鞋，都是泥巴。

我怕她發現我在跟她，所以把距離拖得遠一點。這樣走了大概十分鐘的辰光。小鳳凰的同學在一個支路上轉彎兩個人分手了。小鳳凰再向前走，這時候，我們的房子已經在望。我跟在後面，于是搶前幾步，就叫她：

「容裳。」

她沒有理我，我于是大聲的叫：

「小鳳凰。」

她回過頭來，我已經搶步到她的面前。我說：

「你不認識我了。」

「野壯子！」她叫着忽然臉紅了一陣，眼睛有點潤濕似的望着我。

「容裳！」我用手圍着她的身軀。一手接過她手上的包袱。我說：「我幾乎不認識你了。」

「讓我看看你好不好？」我說着站到她的面前。

「髒死了。」

「我可以……」我說。

她閉上眼睛，我輕輕地吻了她，于是我挽她一面走，一面說：

「你不認識我了。」

「我想不到是你，」她說：「眞的，你瘦了一些。你來了幾天了？」

「三天。」

「三天，你不通知我。」

「應當讓你驚奇一下，是不？」

「怎麽，你的腿完全好了？我先還以爲是小傷，上次姊姊來才知道你傷得很重。」

一提起紫裳，我總覺得對小鳳凰有點慚愧。我曾經爲紫裳而疏遠她，而在紫裳結婚後又想接近她。不知怎麽，一瞬間我竟很想虔誠地對她坦白與懺悔起來。

走到家裏，天色已暗；小鳳凰急于去梳洗，我對曇姨說：

「我不認識她了。她遠比以前年輕，更像是一個小孩了。」

舵伯這時從書房裏出來，他開亮了燈，拍着我的背說：

「野壯子，你這次可不要辜負你的曇姨了。」

（待續）

勘誤

本刊廿一卷十一期「江湖行」第二七頁末三行應移到二九頁之前，特此更正。

——編輯部

來函照登

編輯先生：

貴刊第二十二卷第一期刊載趙英若先生「論國民教育及其課業的加重與減輕」的大文，趙先生關懷國民教育，提出許多改進的意見，本廳非常感激，不過，對於趙先生所說的今日臺灣國民教育所實施的「民族精神教育」「勞動教育與生產教育」「衞生教育」及「反共抗俄教育」，都是官方加重於國民學校學生的課業負擔，這種說法與事實頗多不符，不得不加以說明。

民國四十一年教育廳爲配合當前國策，改進教育內容，曾頒佈了幾個教育改革方案，在這幾個方案裡除了「各級學校加強民族精神教育實施綱要」「各級學校加強生產訓練及勞動服務實施綱要」外，還有「各級學校課程調整辦法」一種。後者正是惟恐實施教育改革時，會增加學生課業負擔，所以將原有課程及每週授課時數予以刪減。此外，教育廳復於四十三年九月奉部令轉頒「減輕中小學生課業負擔實施方案」一種，（刊登四十三年九月十八日秋字第六十九期省公報），督飭各縣市國校遵照實施，其項目包括㈠改善作業辦法，㈡減少校外活動，㈢改進考試技術，㈣緩和升學考試競爭，㈤改善升留級制度。由此可見教育部及本廳在小學課程方面，不但未增加教學時數，而且經不斷採取種種措施，以謀減輕中小學學生的課業負擔。

教育應該順應時代的潮流，更應該配合當前國家及社會的需要。本廳所以加強實施「民族精神教育」「勞動生產教育」「衞生教育」及「反共抗俄教育」，只是爲了把握此一目標，對教育人員提示有關工作重點，以期達成改進教育內容的任務。並非如趙先生所說的「標新立異」，「以炫其功績」，更不是把國民教育「分成許多種教育」。今天國民學校學生課業負擔重的原因很多，但並非如趙先生所說的是由於官方所加於學生身上的。同時我們還要說明的：關於各級學校課程標準的訂修，係屬中央主管範圍。教育部最近成立了一個國民學校課程標準修訂委員會，已聘請專家對現行國校各科課程從事修訂中，相信不久將有具體可行的改進辦法付諸實施。

專此敬頌

撰安

臺灣省政府教育廳秘書室啓

元月十四日

臺灣伸鐵股份有限公司

標準產品規範一覽表

軋製鋼品規範

Specification of Rolled Steel Products

名稱 Name	(尺寸) 公厘 Size (m/m)	化學成份 % Chemical Composition 碳 C.	錳 Mn.	矽 Si	磷以下 P. max.	硫以下 S. max.	物理性質 Physical Properties 拉力強度 T S kg/mm² (min.)	降伏點 Y.P. kg/mm² (min.)	延伸率 % (min.)	硬度 Hardness
圓鋼 Round Bars	6. 9. 13. 16. 19. 22. 25.	0.15-0.40	0.30-0.80	0.15-0.40	0.06	00.6	38以上	21以上	18以上	—
竹節鋼 Deformed Bars	28. 32. 35.	〃	〃	〃	〃	〃	〃	〃	〃	—
方鋼 Square Bars	38. 41. 44.	〃	〃	〃	〃	〃	〃	〃	〃	—
六角鋼 Hexagonal Bars	48. 50.	〃	〃	〃	〃	〃	〃	〃	〃	—
扁鋼 Flat Bars	3×25—25×150	〃	〃	〃	〃	〃	〃	〃	〃	—
三角鋼 Angles	25×25×3～100×100×13	〃	〃	〃	〃	〃	〃	〃	〃	—
槽鋼 Channels	100×50×5	〃	〃	〃	〃	〃	〃	〃	〃	—
鋼軌 Light Rails	6K.9K.12K.15K.	0.35-0.60	0.50-0.90	0.20max.	0.07	0.07	55	--	10	—
魚尾鈑 Joint Bars	6K.9K.12K.15K.22K.30K.37K.45K.50K.	0.35-0.50	0.50-0.80	0.20max.	0.06	0.06	55	—	10	—
彈簧鋼 Spring Steel Bars	各種尺寸 All Size	0.50-0.65	0.60-0.90	1.50-1.80 1.80-2.20	0.04	0.05	145	130	8	(白氏) BHN.388
鋼鐵鑄品 Iron & Steel Castings										
高錳鑄鋼襯鈑 High Mn-Steel Plate	各種尺寸 All Size	1.10-1.30	12—14	0.50-1.00	0.08	0.05	45—50	—	30—50	
鑄鋼軋輥 Cast Steel Rolls	200—450ø	0.90-1.10	0.50-0.70	0.30-0.50	0.07	0.05	—	—	—	蕭氏(Shore) 45-55
冷鑄鐵軋輥 Chilled iron Rolls	200—500ø	2.70-3.60	0.20-0.40	0.50-0.80	0.40-0.50	0.07-0.15	—	—	—	蕭氏(Shore) 55-68
其他製品 Other Products										
冷軋帶鋼 Cold Rolled Hoop	0.2—1.6×19—120	0.12max.	0.25-0.60	0.35max.	0.04	0.04	34	--	21	
鋼球 Steel Balls	25—65ø	0.60-0.80	0.80-1.00	0.20-0.30	0.04	0.05	—	—	—	洛氏(RC) 37—45
鍍鋅製品 Galvanized	各種鍍鋅扁鋼及三角鋼等 Galvanized Plates&Angles	熱浸鍍法 By Hot Dip Method								

地址：中華民國臺灣省臺北縣三重鎮重新路二段九號

電話：臺北四四〇七八・四三八〇八

電報掛號：臺北〇一三五

Address: No. 9, Chung Hsing Road, 2nd Section San Chung Chen,
Taipei Hsien, Taiwan, China
Tel: 44078, 43808 Taipei
Cable Address: 0135 Taipei

讀者投書

(一) 望不要張冠李戴！

章若虛

最近，看到香港「亞洲畫報」第八十一期上，有一篇張國與「論所謂蔣總統的『連任』問題」。我看過張先生的文章，除了對張先生所謂代表反對意見的刊物，如香港的「祖國周刊」、「聯合評論」、及臺灣的「自由中國」，是「破壞蔣總統和中華民國政府信譽的熱誠却和共產黨一樣」，存心血口噴人一點，不屑加以駁斥外。至少對于張先生文內所謂：「有人說：英國國會做事不會錯(Parliament can do no wrong.)」一點，却不得不加以小小的糾正。

據我個人所知，張先生引用的那句有名的英國成語原文是：The King can do no wrong. 中文書籍通常譯作「國王不會做錯事」，或「英王不能爲非」，幾乎已經是凡讀過一點政治學的人所熟知的一句成語。

這句成語的意義，據戴雪 (Dicey A.V.) 在其所著「英憲精義」一書中解釋說：「這一句格言，依法院所詮譯，當解成兩個意義。第一意義是：國法沒有規定任何訴訟程序，使任何人依據將英國君主起訴。……第二意義是：無人能以元首的命令或長官的命令爲託詞，希圖脫卸由自身所做出的過錯而惹起的法律責任。……這都是法律，都是英憲的法律，但並不是成文法律。」

當然，我可能是由于孤陋寡聞，以前還沒有聽說過「英國國會做事不會錯」這句成語。張先生所謂「有人說」，不知道是那一位大學者在那一本著作中所說？還希望張先生說出來聽聽。否則，假使張先生這一點最起碼的政治學常識都沒有，最好還是捧捧電影明星比較好，千萬不要信口「胡說」，至少把政治學概論或政治學大綱之類的書翻翻再「說」。

(二) 請國民黨國大代表切記谷正綱之言

張心剛

國民大會代理秘書長谷正綱氏於月十五日上午在婦女之家招待國大聯誼會幹事，報告第三次國民大會籌備經過，甚爲詳盡。谷氏報告畢，即有執政黨代表某君致詞，某君主張，在大會前由秘書處發給每位代表黨史一部、鋼筆一支、及二十五史一部及其他各物品等等。

當有民社黨代表錢天任致詞略謂：剛才聽到谷氏秘書長報告籌備大會經過及一切措施，甚爲周詳，本席非常欽佩；尤其是這次大會期內，應當用的錢要用，不應當用的錢一文也不許用兩句，更爲感動。我國本年度的財政，恐怕更加困難，我政府的一切開支，應當十分撙節，方可渡過難關。這次大會如果能够開得好開得圓滿，不獨可導致大陸同胞的內向，更可提高我國在國際上的地位。我們是民意代表，一切應該做人民的表率，我們在大陸上的選民，在共產奸匪奴役之下，在那邊啃樹皮、吃草根，我們痛心之不暇，豈可侈談享受。本席代表民社黨敬告谷代秘書長，關於本黨代表的福利問題，請少加考慮。

在我看來，國民黨代表某君，應該多想想民社黨代表錢天任的意見：更希望國民黨的國大代表，都能切記谷正綱先生的意見。

省教育廳答本刊投書質疑

自由中國社請轉王明生、貴刊一讀者兩先生：王明生先生在 貴刊第二十一卷第十二期所發表的「對『教職員婚喪互助辦法』的意見」，及另一讀者先生在 貴刊第二十二卷第一期所發表的「一個教育人員子弟給劉廳長的信」兩文，我們都先後閱讀了。茲將本廳推行之省立中小學校教職員婚喪節約互助辦法，及本省公立中小學教職員福利金籌集管理委員會所舉辦之中小學教職員子女肄業大專院校助學貸金辦法，予以簡略的說明，藉以明瞭本廳倡行教職員婚喪節約互助的用意，及教師福利金籌管會舉辦助學貸金的實際情形。

一、王明生先生認爲，本廳所倡行之「中小學教職員婚喪節約互助辦法」未能顧及到權利和義務的機會均等，主張結婚應改爲「婚姻費用週轉金辦法」，喪亡應改爲「喪亡救濟辦法」。記得在去年元月廿四日，本廳所召開之全省省立中等學校校長暨各縣市教育科局長座談會中，討論「教職員婚喪節約互助辦法」時，也有人提出與王先生相同的主張，經座談會予以慎重考慮並反覆論辯，最後始一致通過仍採取「節約互助」辦法，並建議本廳付諸實施。當時座談會通過「節約互助」辦法的用意，一爲矯正目前社會上結婚宴客的奢侈風氣，以減少教育人員因同事結婚送禮之負擔，而符政府厲行戰時節約之旨。一爲本同情互助的精神，使教育人員一旦不幸喪亡時，其遺屬之生活及子女之教育問題，可以獲得部份解決。該項辦法如僅就權利義務對等的觀念作狹義的解釋，誠如王先生所說，「互助」二字有欠允當。然自該項辦法實施以來，本省大多數省立學校及社教機構所屬人員，均能深切瞭解該辦法之用意與作用，充分發揮同情互助的精神，依照該項結婚節約辦法實施。至喪亡互助辦法，則省立中小學校及社教機構均一體參加，絕大多數教育人員均認爲在今天政府無法增加教育人員待遇的情況下，此項辦法確實有助於安定教育人員之生活。但王先生的卓見，仍然是寶貴的，我們當留供今後研究改進之參考。

二、貴刊另一讀者先生建議全省公立中小學教職員福利金籌集管理委員會舉辦大專助學貸金，應取銷考選方式，而代以計收相當利息，俾使全體公立中小學教職員肄業大專子女均可獲得助學貸金。此一意見，也很寶貴，唯目前本省教職員福利會每年所能籌集之福利金數額有限，一時尚無法全面貸與，茲將實際情形略述如左：

目前教師福利金的來源有三：㈠提撥中小學學生家長會費五分之一，㈡中小學生自由捐獻，㈢本省特種教育基金每年補助三十萬元。三項合計每學期約可籌集四百萬元，而舉辦的事項頗多，助學貸金不過是其中的一項而已。他如年老教師退休與教職員緊急災害的補助，以及資助教育人員出國進修考察與康樂事業的籌辦等，在在都需要大筆經費才能舉辦。根據調查統計，現全省公立中小學校教職員子女肄業大專院校者共有一、七六三人，如果全面貸與助學貸金，每人每年以三千元計算，共需新臺幣五、二八九、〇〇〇元，因此，對是項貸金之舉辦，不得不審度福利金收入情形，量入爲出，規定名額，以示限制。

因爲名額有了限制，其貸給之標準，如果以學生在學成績來決定，誠恐校與校間之成績標準不同，有失公允，故不得不採取比較公平合理的公開考選方式。我們也感覺到四十八年度二百名名額未免太少，所以本年度決定再增加一百名，共計三百名，如果經費許可，以後還想逐年增加。但仍恐僧多粥少，致使部份教職員子女因落選而失望，因此目前我們正準備發動社會人士、機關團體以及公私營事業機構，踴躍捐贈是項助學貸金，如果進行順利，希望將來能够全面貸借。

至於考選方式的改善，的確值得研究。現在已決定本年度考選提前辦理，同時，考試科目方面，亦已請專家重行研究。以期做到比較合乎實際。

總之，以上兩位先生的建議，我們非常感激。我們站在行政的立場，對本身業務有關的事，總沒有不希望辦好的。今後尚請多加指教。

臺灣省政府教育廳人事室
臺灣省公立中小學教職員福利金籌集管理委員會 同啓 一月十四日

自由中國　第二十二卷　第三期　內政部雜誌登記證內警臺誌字第三八一號　臺灣省雜誌事業協會會員　一〇八

給讀者的報告

這一年多以來，我們對於修憲連任問題，已經陸續發表過若干社論、專論、通訊，以及讀者投書，現在，國民大會卽將召開，容許我們說話的機會不會太多了，所以，我們特又在這一期發表社論㊀「敬向蔣總統作一最後的忠告」。

這些年來，儘管政府一再高唱節約之類的調調兒，但臺北市長黃啓瑞最近娶兒媳時，却「大擺流水席」。因此，使我們想到今日官場風氣，大體可以「紅白壽慶送往迎來」八個字來說明，也就用這八個字做標題，而發表了社論㊁。

我們在社論㊂「改善投資環境之基本問題」中，根據純經濟的觀點，指出貨幣平價、金融體系、證券市場三項，便是基本問題之所在。

胡越先生的「國事十問」大文，所談問題均極爲重要。這原是應本刊「創刊十周年紀念特刊」徵文所撰，但因當時郵寄「遺失」（？），後輾轉托友人帶來，故迄今始能刊出，特此敬向作者和讀者致歉。

孫洵侯先生的「論兩種保險法規裏有關保險的錯誤」大作，是就最近頒布的兩種保險法規，指出其中較大的錯誤。孫先生是保險學的權威學者，我們希望主管當局能虛心接受孫先生的意見，並設法改正。

美國民主黨領袖史蒂文生在「外交季刊」上發表的一篇文章，曾引起我國廣泛注意和批評，我們鑒於國內報刊未能加以詳細報導，特發表董鼎山先生的節譯稿，希望能更促起大家的重視。

中共與蘇共之間的關係如何？各人看法不同。王厚生先生在「看中共與蘇共之間的關係」一文中，根據一些比較新的資料，提出了一些個人的看法。

臺北縣永和鎭張和生先生的油印打字函件已收到。關於先生所述「惡婿逆女傷道背德、毀敗倫常，違背人性之種種欺辱，致使年邁夫婦、幼兒、稚女一家五口，生活精神陷於惶惶不安之境地」種種，如屬實情，則惡婿逆女的行爲，的確值得輿論界先加以輿論制裁。但是，本刊限於篇幅，並鑒於先生已向各報呼籲，所以暫時不想發表了，尙請原諒。

臺北板橋王一明生先生「何不聽青年們的意見呢！」一稿早收到。先生對於問題青年和少年犯罪的看法，都相當正確，但因最近各報發表的專家學者意見已很多，所以斟酌再三，決定把來函保留了。

嘉義新營龔鋙明先生來稿早收到，我們覺得先生所談，雖然很有道理，但像那樣一位先生的文字，實在不値得讀過以後再提出來「就敎」，所以決定不發表，相信先生一定能加以諒解。

高雄吳××先生來信已收到，我們對於高中以上學生直接訂閱本刊，一向是照定價對折優待，請附上學生證件，向郵局撥欵好了。至於「海外論壇」，臺灣還買不到，因爲還沒有獲得政府批准進口。

臺南丁××來信已收到，先生的「投書」當照改後刊登，但因篇幅較長，本期還不能刊出，到時恐尙需略加删節。至於貴同事建議把「讀者投書」改爲「民間疾苦」四字，以及專製圖案一節，立意固然很好，但恐怕政府認爲太刺激，還需從長考慮。

自由中國　半月刊　第廿二卷第三期　總第二四六號

中華民國四十九年二月一日出版

發行人　雷　震

主編　『自由中國』編輯委員會

出版者　自由中國社

社址：臺北市和平東路二段十八巷一號

Free China Fortnightly, 1, Lane 18, Ho Ping East Road (Section 2), Taipei, Taiwan.

電話：二　八　五　七　〇

航空版　友聯書報發行公司（香港九龍窩打老道一一〇號）電話：五九一六四、五九一六五

總經銷　自由中國社發行部

經售處

美國	紐約友方圖書公司 Hansan Trading Company, 65, Bayerd Street, New York 13, N.Y., U.S.A.
	紐約光明雜誌社 Sun Publishing Co., 112, Mulberry St., New York 13, N.Y., U.S.A.
韓國	漢城裕昌德號
馬尼剌	新疆書店
緬甸	仰光振成書報店
印度	阿拉哈巴中印文化出版社
北婆羅洲	西利亞坡青年書店
星加坡	友聯書報發行公司（小坡大馬路四六九號）
吉隆坡	友聯書報發行公司（馬華公會大厦三樓七室）
怡保	友聯書報發行公司（希尼華沙甘街十六號）
檳城	友聯書報發行公司（林連登律七十二號）
澳門	友聯圖書公司

印刷者　精華印書館股份有限公司

廠址：臺北市長沙街二段七一號

電話：三　三　四　二　九　號

本刊經中華郵政登記認爲第一類新聞紙類　臺灣郵政管理局新聞紙類登記執照第五九七號　臺灣郵政劃撥儲金帳戶第八一三九號

（零售：臺灣每份臺幣四元，海外平寄美金一角五分，航寄美金三角）

自由中國

FREE CHINA

第廿二卷第四期

中華民國四十九年二月十六日出版
社址：臺北市和平東路二段十八巷一號

半月大事記

元月廿四日（星期日）

阿爾及爾歐人遊行示威，擁護馬蘇，高呼反對戴高樂口號。

美參院發表報告，赫魯雪夫是在五個「高級決策者」的協助下統治蘇俄，最接近者爲第一副總理米高揚，第一副總理柯茲洛夫，共產黨書記基里敍科，及共產黨書記阿里斯托夫。

元月廿五日（星期一）

法政府發表聲明，決繼續推行對阿政策。戴高樂要求極端份子放下武器。

元月廿六日（星期二）

法總理戴布瑞提出警告，阿爾及利亞秩序如不恢復，將使法國蒙受災難。

英在塞浦路斯設立中東指揮部，管轄地中海地區陸空軍，負有支援中部公約組織會員國的任務。

元月廿八日（星期四）

阿爾及利亞情勢險惡，戴高樂決飛阿境，親自阻止叛亂蔓延。

日本拒絕蘇俄對日本加以「恐嚇」的正式照會，該照會警告說，俄將不歸還日本北部齒舞島及色丹島，除非日本廢除新修訂的美日安全條約。

元月廿九日（星期五）

阿境法總督狄勞瑞業已退出阿爾及爾，法軍總司令査雷將軍同時離去。

戴高樂發表强硬演說，堅持法國對阿政策，拒絕反叛分子要求，命令法國軍人服從領導，並恢復阿境秩序。

元月卅日（星期六）

阿境法軍司令査雷頒發民團總動員令，陸軍並已封鎖反叛分子防區。

元月卅一日（星期日）

日本衆院議長加藤辭職。日參院一政黨綠風會宣佈解散。

世界銀行正式公佈，成立國際開發協會，提高低度開發國家生活水準，資金十億美元，由六十八個會員國認捐，預定自本年九月十五日開始展開業務。

阿爾及爾反叛份子拒絕投降，法國當局緊急集會。

蘇俄及其東歐各附庸國共酋在莫斯科集會。

二月一日（星期一）

以色列和敍利亞邊境衝突又起，非軍事區發生激戰。

阿爾及爾叛亂平息，戴高樂獲勝利。

埃及軍隊進入緊急狀態，沿以色列邊境全線佈防。

美國防部長蓋茨在美參院軍事撥欵會作證：美國報復力量雄厚，俄如攻擊，自招毀滅。

艾森豪要求美國會，增加太空計劃經費。

二月二日（星期二）

法國召開特別會議，將授戴高樂特權，安撫阿爾及利亞。

美太陽神洲際飛彈，美空軍宣告發射成功。

二月三日（星期三）

聯合國混合停戰委員會，命令敍利亞部隊，撤出以色列非武裝區。

艾森豪表示願與盟國共同掌握原子武器。

二月四日（星期四）

以敍邊境續有衝突。巴格達發生大規模反政府示威。

共黨華沙集團國發表宣言，揚言與俄步調一致，並再度表示隨時準備與北大西洋公約組織簽訂一項互不侵犯公約，並要求單獨與東德簽和約。

艾森豪原子分享政策，將觸發美國會爭論。

美總統批准援外顧問建議，增加對華援助計劃。

二月五日（星期五）

艾森豪召集國防官員，在白宮舉行會議，商討美國安全問題。美國防部要求以一億七千萬元，供本年海外基地軍事建設之用。

俄集團所言與東德締約，美國務院發表聲明，嚴予駁斥。

匪將黑龍江省邊疆讓俄，我指斥其賣國行爲。

戴高樂政治勝利，法國內閣改組。

二月六日（星期六）

艾森豪指派十一人，成立國家目標委員會，研究提出當代美國重大問題，並對今後國家政策提出建議。

二月七日（星期日）

美衆院違反美國利益活動委員會提出報告，揭發俄帝宣傳伎倆，警告美決策人士及人民，勿爲俄「和平」謊言所愚，「共存」含義，只是由共黨統治世界。

二月八日（星期一）

美國防官員在衆院作證時表示，美已擬就作戰計劃，助東約國抵抗侵略。

艾森豪發表演說，美決全力維護自由，若自由在世界任何地方受壓制，美爲爭取自由之奮鬪絕不停止。

艾森豪要求美國會，增加太空計劃經費，藉以發展「農神」超級推送器。

『自由中國』的宗旨

第一、我們要向全國國民宣傳自由與民主的真實價值，並且要督促政府（各級的政府），切實改革政治經濟，努力建立自由民主的社會。

第二、我們要支持並督促政府用種種力量抵抗共產黨鐵幕之下剝奪一切自由的極權政治，不讓他擴張他的勢力範圍。

第三、我們要盡我們的努力，援助淪陷區域的同胞，幫助他們早日恢復自由。

第四、我們的最後目標是要使整個中華民國成為自由的中國。

社論

(一)

敬告我們的國大代表

——團結・法統・政治買賣

中華民國行憲後的第一屆國民大會，在這一次開會的時候，其實質應該不會變到像民國初年袁世凱所製造的國民代表會議，也應該不會變到像曹錕時代豬仔議員所構成的國會；那班人爲我們國家留下的慘痛禍根，爲他們子孫留下的奇恥大辱，應該是今天的國民代表們所深深牢記的。我們基於這一點想頭，才有興趣在國民大會開幕的前夕發表這篇文字。

這次國民大會之所以受國人重視，其主要原因就是由於鬧得烏烟瘴氣的修憲連任運動要在這次國民大會裏面揭曉。關於修憲連任問題，本刊已經再三再四地從法律觀點、政治觀點討論過，同時我們也坦率地公開地給蔣總統個人提過兩次忠告。作爲國民代表的先生女士們對於民間刊物負責任發表的言論——無論贊成或反對，照理，總應該已經參考到。在這篇文字中，爲避免重複已經講過的話，我們只藉本月八日新生報社論中所提及的幾點作爲話題，寫出來向國大代表請教。

本月八日新生報的社論，似乎也是爲國民代表大會寫的。但其內容，既沒有說事，也沒有說理，而是用一大堆火藥性的字彙堆積起來的。在那短短一千多字的篇幅中，「敵人」二字就出現了十多次。但所謂的「敵人」，既沒有說明指的是共匪，也無法說出是指的反對修憲連任的人們。執筆者筆下的氣勢儘管很兇，但他良心上的苦痛，我們從這種地方，深深瞭解而感到難過。

現在我們就這篇文章中所提到的「團結」、「法統」、「政治買賣」這三點作爲話題，來和國大代表們談談我們的看法。

「團結」，是多年來政府所叫喊的口號，也是民間所一致的希求。可是說到「團結」，我們首先要了解「團結」二字的政治意義。政治上的團結，其要義在於政見的調和，並不是「强制」某一方面犧牲其政見而龐集一堂分享利祿。調和政見，使調和的結果具體地表現於實際政治，這一責任是在政府；在野的人士沒有這種責任，也沒有這種權力。只要了解這點，大家就可以知道，團結不成，是誰之過；破壞團結，是誰之罪。如果說有「敵人」在破壞團結的話，這個敵人是生活在執政黨某些人士的內心深處。

其次，談到「法統」問題，關於這個問題，我們再就程序與實質兩方面來講。先就程序方面說，目前搞修憲連任運動者，一方面要顧到蔣總統「不修憲」的聲明，一方面又要達到使蔣總統得以「不違憲」而連任的目的。於是他們特別强調臨時條欵不是憲法，想經由臨時條欵的增加以撤消憲法第四十七條總統只得連任一次的限制。這種說法我們有兩大理由來駁斥它。第一、既存的動員戡亂時期臨時條欵第一句的原文是寫着：「茲依照憲法第一百七十四條第一款程序制定動員戡亂時期臨時欵條如左」。憲法第一百七十四條的原文是：「憲法之修改應依左列程序之一爲之。」本條第一欵的原文是：「由國民大會代表總額五分之一之提議，三分之二之出席，及出席代表四分之三之決議，得修改之」。這一條欵的原文明明白白寫的是修改憲法的程序，而臨時條欵的制定既是依照這一條欵的程序作的，那麼你怎能說制定臨時條欵不是修改憲法呢？第二、依照憲法第二十七條規定，國民大會的職權只有四項：㈠選舉總統副總統，㈡罷免總統副總統，㈢修改憲法，㈣複決立法院所提之憲法修正案。十二年前本屆國民大會第一次會議所以有權制定動員戡亂時期臨時條欵，就是因爲制定臨時條欵即是修改憲法，制定條欵之權是來自憲法第二十七條第三欵。如果說制定臨時條欵不是修改憲法，那末，國民大會就根本無權制定臨時條欵，因爲在國民大會的職權中沒有明定「制定臨時條欵」這一項，制定臨時條欵就是行使修改憲法這項職權。這第二個理由，是我們以前沒有講過的，現在再補充出來。制定臨時條欵即是修改憲法，這一論斷基於上述的兩個堅強理由，應該是不容爭辯的了。現在再說到修改憲法的合法人數問題，這個問題的癥結就在憲法第一百七十四條國民大會代表「總額」二字。據說大法官會議所擬就的解釋，是把「總額」解釋爲「依法選出而能應召集會的人數」。這一解釋，就技術方面講眞可說是煞費苦心；但對於政治上的後果，大法官們在良心上未免太不負責任。（我們可以想像到，這一解釋一成立，政治上禍亂的根源又增加了一個。大法官解釋憲法的時候，不貴在技術方面的圓滑，而貴在具有政治責任感，貴在具有歷史的抱負而不屈服於現實的政治權力。司法權之所以要獨立者在此，大法官這一頭銜之所以應該受人尊敬者在此。可是今天的情形，竟是如此這般！）關於這些話似乎有點離題了，我們不必多講。現在再就實質方面來講法統問題：

中華民國憲法是具有民主精神的。民主精神的要件有二：㈠權力制衡，㈡權力交替。前者體現於憲法第五十七條行政院對立法院負責；後者體現於憲法第四十七條總統副總統任期的限制。如果破壞或取消這兩個要件或兩個要件之一，就是民主憲法的精神死亡。今天搞修憲運動（增訂臨時條欵即是修憲，上面已經講過）者，正是要取消憲法第四十七條的限制。儘管說取消是「臨時的」，終歸還是取消。（而且所謂「臨時」，並沒有一個確定的時限，現存的動員戡亂時期臨時條欵，已經「臨時」了十幾年！）取消了權力交替的規定，憲法的民主精神也就崩潰，還有什麼「法統」可言呢？

要維護法統，程序方面就要嚴格遵守憲法的規定，不容把制定臨時條欵解釋爲不是修改憲法；國大代表總額的解釋，要具有政治責任感，而不屈服於現實的權力；在實質方面，要絕對地維護憲法上權力制衡與交替的要件或民主精神，不容藉「臨時」二字毀壞這種精神或要件。否則就是破壞法統。

說到這裏，大家請想想，目前維護法統的是誰，破壞法統的是誰？如果說有「敵人」在破壞法統的話，這個「敵人」是不是正生活在執政黨某些人士的內心深處呢？

最後，說到「政治買賣」。「政治買賣」本來是我國近代史中的一大特色。李劍農「中國近百年政治史」對於袁世凱的評論是這樣寫的：「他（指袁）一生的本領，就是使貪使詐；他最大的罪惡也是養成社會貪詐之風，務使天下的人才，盡腐化於他的貪詐洪爐中；至於攬權竊位，猶其罪惡之小者。」（李著三八九頁）袁世凱的「使貪」，是我們近代政治史中做政治買賣的倡導者。民國數十年來的政治買賣，眞可說是源遠流長。可是在這次國民大會召開的時候，儘管我們聽到一些關於少數代表個人的某些不名譽的行爲，我們從未提到「政治買賣」這個名詞，現在官方報紙，竟然說到政治買賣，這不免有點叫人驚奇。因爲既名曰買賣，必然有買者與賣者兩方面，既名曰「政治」買賣，那末買者是誰，賣者是誰，這該不難思索吧！我們想，今天的國大代表們應該大多數是有氣節之士。可是道路傳說，已經有了許多叫人掩鼻的臭聞。不僅是道路傳說而已，去年十二月二十日出版的「政經」半月刊還載着：有些代表們「到了緊要關頭」，「又要和政府討價還價，要錢要貨」，「想藉口總統連任的機會……擴大他們要錢的機會」。民間傳聞和見諸文字的報道是如此，而官方報紙又提到「政治買賣」這件事，這眞叫人悲憤了。中華民國近代政治史汚臭的篇頁太多，潔淨的篇頁太少。這一次國民代表大會的召開，我們希望爲我們的歷史添上潔淨的篇頁。中華民國幸甚！代表們的子孫幸甚！

社論

(二)

美日安全新約與太陽旗的重新升起

上月十九日，日本首相岸信介在華府與美國簽訂了兩國間的一項新的互助安全條約，及其他七項附件。這些附件有的在解釋安全條約中的某些條欵，有的在補充這一條約所牽涉到的其他行政事項或有關琉球及小笠原羣島等問題，幾與安全條約本身有同等重要性。這一美日安全新約的簽訂，一方面結束了十幾個月來美日間有關這一問題的長期艱苦談判，使美日兩國關係從此開始了一個互惠平等的新階段，另一方面這一條約也使整個遠東國際關係由此發生了極大的變化。它解決了許多問題，也帶來了許多問題。

在簽署這一條約的典禮上，當場觀禮的艾森豪總統曾發表演講說：「我熱切希望今日所簽新約，將引導我們踏進美日兩國及其他國家人民所企盼的繁榮與和平的第二個一百年」。接着，日首相岸信介說：「我確信我們正在作最良好的開始，進入美日關係的第二個世紀」。隨後，代表美國簽字的赫特國務卿說：「我深信今日簽訂的條約，將在政治經濟及安全領域內，爲未來許多年的我們的共同利益，建立一種密切合作的基礎」。根據這些說法，這一在美日兩國第一個友好與商務條約一百週年所簽訂的新的安全條約，勢將影響與決定未來另一個一百年的美日關係。簽署這一安全新約的美日兩國當局，確有這種想法與看法，其他的國家也存有這種想法與看法。所以我們要正確估量這一美日新約對整個遠東所發生的全部意義，絕不能着眼於三年五年的時間，而應着眼於五十年和一百年的時間。

這一安全條約的第四欵曾載明：「兩國將就條約的執行，及每當日本的安全或遠東的國際和平與安全受到威脅時進行協商。」接着第六欵亦規定：「爲了促進日本的安全及保持遠東方面國際和平與安全之目的，美國得由其陸海空軍使用日境的設備及基地。」對於這兩項規定，在艾森豪與岸信介所發表的聯合公報，以及岸信介抵東京後對記者的聲明中，曾作了更進一步的解釋。艾岸公報說：「他們重申他們的信念，他們對於有關亞洲的未來發展方面，應該保持密切的接觸與商討。他們一致同意，日本能多參加有關亞洲問題的國際討論，將對自由世界有所裨益。……於討論開發比較不足地區的經濟發展時，艾森豪總統特別提及日本人民在自由亞洲的經濟發展方面所居的地位日形重要。……美國政府就依據新約首先進行商討方面的問題，無意採取有悖於日本政府各項希望的行動」。岸信介首相抵東京時對記者的聲明稱：「日本對於美國將其留駐日本作戰部隊調往國外一事，等於享有否決權。……我認爲在事先的商討中，凡事必須雙方同意，如果一方不予同意，則協議不能成立；如關於美國將其留駐日本作戰部隊調往他國的問題日本不予同意，則美國不能採取有悖於日本希望的行動」。

由這些規定和解釋中我們可以明顯看出，這一安全條約除了規定美日兩國得以共同行動衛護日本的安全外，日本也由這一條約獲得了其他方面的許多特別利益。第一，由於美日兩國間這一安全條約，今後遠東及自由亞洲地區的和平與安全受到威脅或發生其他事故時，美國得先與日本舉行諮商。第二，今後美國若在自由亞洲的開發不足地區採行任何重大經濟步驟時，亦得先與日本商討。第三，美國駐日本作戰部隊若調往遠東其他地區時，得先經日本同意，若日本不予同意此一調動，美國不得採取有悖日本政府所希望的行動。根據第一點的意思，由這一安全新約的簽訂，今後日本對於其國力原所不及的整個西太平洋事務，從此具有了一種發言權。這種發言權所及的範圍雖然沒有嚴格的規定，但從條文內容窺其含義，可知祇要美國在西太平洋區的作法直接間接與日本發生關聯，或其所應付的對象是屬於蘇俄及中國大陸上的共黨政權，日本就有權利要求參與這種商討。根據第二點的意思，今後日本對整個東南亞的經濟開發，具有一種發言權，有了這種發言權，日本就可在美國的充分協助之下，全力發展東南亞的市場。根據第三點的意思，日本今後對韓國及臺灣海峽的軍事情勢具有一種發言權，甚至具有一種否決權。今後若不能先行取得日本的衷心同意，美國要想在韓國及臺灣海峽作完全自由的軍事行動，為事實所不可能者。鑒於日本在韓戰期中所發生的重大作用，以及防衛西太平洋安全的美第七艦隊主要基地的在日本，我們益加相信如此。假若有人不相信我們這一說法，不相信日本因這一安全條約獲得了上述各方面如此大的發言權，那麼我們就請他比較一下美日條約與中美、美韓兩種安全條約之間的差異。說句老實話，由於這一個潛在影響籠罩整個西太平洋的美日安全條約的簽約，已使先前簽訂的中美聯防條約與美韓聯防條約相對的減低了它們的意義，幾形成了美日安全條約的一個附屬條約。

另外，這次美日兩國對於硫球、小笠原、火山羣島、南鳥島及大東島等八個島羣所簽訂的附件中，日本方面曾作如此聲明：「關於依照對日和約第三條現在美國治理下的島嶼的地位問題，雖未在此次條約談判中成為一項討論的題目，本席願强調日本政府及人民對於這些島嶼上人民安全的强烈關切，因為日本對於這些島嶼具有潛在主權。倘使這些島嶼受到武裝攻擊或武裝攻擊的威脅，兩國自將依照共同合作及安全條約第四條之規定，進行密切磋商」。根據這一附件的說法，不僅美日安全條約的適用範圍已在某種程度內擴大到了這些現仍由美國管理下的島羣，而且再一次的重申了日本對這些島羣的潛在主權。由這一附件，再加上美日安全條約對扶持日本强大所包含的其他意義，我們可說這些島羣的終將由美國之手移交日本，只是一個時間問題。不僅這些島羣最後將一律交還日本，甚至原由日本委任統治而現由美託管的中太平洋那些島嶼的前途，美國將來究作何處理，從這次美日安全條約中我們也似已看出了一種新的暗示。

由於以上這些事實和資料，我們已獲得了一種總的印象，即這次美日安全新約的簽訂，㈠是確定了或正在確定日本在整個西太平洋區的盟主地位，使日本具有了一種如李普曼所希望和韓國所恐懼的凌駕其他國家的聲勢，開始把它的勢力影響擴展到日本以外。㈡在過去以前，美國在遠東地區實行一種多元外交，同時與日本、韓國、自由中國，及非律賓等各國進行單線聯繫；可是從今以後，美國便要開始放棄這種零碎的多元作法，而把重點置於日本之上，實行一種一元主義的大國外交路線，以期謀取擷綱提領之效。㈢過去美國在遠東，完全按照其自己的要求及急需，隨時獨行其是，機動決定政策，不受任何方面的牽掣；可是從今以後，由於許多事情要先與日本諮商，首須徵求其同意及合作，所以美國的遠東政策已不再是一種純粹獨立的外交政策，而是美日兩國共同所制定的聯合政策了。換句話說，由於這一美日安全條約的簽訂，美日兩國長期反共同盟的正式建立，這一戰敗不及十五年的日本，已跟着美國艦隊及航空隊之後，把它的勢力伸張到國外，使日本的太陽旗在西太平洋高空重新升起。

想當年，中國參加莫斯科外長會議及開羅會議，羅斯福總統曾竭盡所能扶植中國為世界四强之一，欲使中國成為遠東的安定重心，以代替日本過去的地位，對中國的希望不謂不大，中國的國際聲望亦不謂不隆，但不旋踵間，這一切成就及美麗的遠景，悉成明日黃花。看了今日這一美日安全條約，再來回顧一下過去十數年的中國情況，使我們不禁發生無限的感慨。這一美日條約剛行簽訂後，紐約每日新聞駐華府記者歐坦納爾曾撰文稱：「我們在遠東最强大的盟邦，仍是蔣總統領導下的中華民國」。此說表示這位記者頗能瞭解美日安全條約的歷史意義，但此文在世界一般人心目中所發生的作用，與其說是在讚揚我們的政府，還不如說是在諷刺我們的政府。

由於這一美日條約對於西太平洋及中韓兩國的問題，具有如此大的潛在意義，照理在這一條約談判期中，應多少先行徵詢一下中韓兩國的意見，中韓兩國也應自動向美國表示它們的看法；而事實却完全不然。一俟這一條約成立，全部內容公諸於世，韓國當局還深切表示對此條約的關切及憂懼，而我們執政黨的「中央日報」却說：「對於美日間此一幾經折衝而卒獲協議的新安全條約的簽訂，我們無疑的深表欣慰」。我們實在不知「中央日報」欣慰什麼？是欣慰日本的再度成為遠東盟主？還是欣慰我們自己國際地位的再度低落？

時間是最殘酷無情的。僅僅十五年的短短時期，日本由跌倒而爬起，而重新强大，而我們却到了今日這個地步。無語問蒼天，難道我們還不反省一下這一責任究竟何在嗎？

護憲乎？毀憲乎？

——望國大代表作明智的抉擇！

傅正

現在，國民大會已定於二月二十日召開，作爲我們立國基礎的中華民國憲法，就將面臨嚴重的考驗了！護憲呢？毀憲呢？國大代表也到了該作明智抉擇的時候了！

近一年多以來，海內外的每一個中國人，已經眼睜睜的看到：那股十年來一直在興風作浪的反自由、反民主、反憲法的勢力，又在有計劃、有步驟、有組織之下，企圖破壞憲法的效力，以求完成修憲連任運動的任務。這一切，相信各位國大代表也必定看得一清二楚。海內外每一份自由反共的民營刊物，眼看着自由中國遭受這樣大的風波，如不能及時平息，後果將不堪設想；所以都不忍裝聾作啞，却願坦坦白白地提供意見，盡一點言論界應盡的責任。這一年多以來，對於這問題，大家根據法理和事實，儘可能地把民意反映出來，希望能喚起修憲連任運動者的覺悟。可是，現在由於各種跡象暗示海內外中國人民，某些人所搞的修憲連任似已成爲定局，有的人也就不想再說甚麼。不過，在這大錯尚未鑄成的前夕，一切還來得及挽救。因此，個人願在國民大會召開之前，就某些人所搞的修憲連任運動，向各位國大代表做一次總的陳述，希望各位代表能認清事實的全部眞相，粉碎修憲連任運動的企圖，而擔負起「護憲」的責任。

想必大家還能淸淸楚楚的記得，在四十七年十二月二十三日的光復大陸設計委員會上，蔣總統曾親口向大家明白的宣佈：

「我可以代表中國國民黨、代表政府來說，我們不僅是沒有修改憲法的意思，並且反對修改憲法。……反共復國的武器，如軍事、政治、經濟、文化等等，莫不皆是，而憲法則尤爲反攻復國的有力的武器，所以我們必須尊重它，而且維護它，才能達到反共復國的目的。」

當時海內外看到這段話，都認爲是蔣總統直接反對修憲，而間接表示不願連任第三任總統，所以同聲讚美。大家總以爲以蔣總統今天在國內的地位，尤其以蔣總統在國民黨黨、政、軍各方面所具有的高度威望，必可在修憲連任一事上，發生澄淸作用。而近三十年由蔣總統一手培植的黨、政、軍幹部，一向以效忠領袖、服從領袖爲中心信條，更必能貫徹蔣總統反對修憲不願連任的主張。

可是，由最近一年多以來的事實證明，結果恰恰相反。由某些人所搞的修憲連任運動，却緊接着蔣總統反對修憲不願連任的公開聲明之後，一天比一天起勁，一月比一月明朗；與蔣總統的聲明，成了强烈的反照。關於這一過程：可以在這裏做一次概括的敘述：首先是在蔣總統發表聲明後十天的四十八年一月四日，臺北幾家官報上，便同時出現了一篇蔣經國先生發表的「我們爲勝利而生的！」文字，特別强調海明威「老人與海」一書中老人所具有的「永不灰心，永不放手」的精神，似在與蔣總統聲明作相反的暗示。所以，香港一些對政治較爲敏感的人便推測，臺灣將有「政治颱風」。不過，當時我總以爲蔣經國先生那篇文章的發表，多半只是偶然的巧合，理該不至於眞的企圖暗示甚麼，尤其不至於是修憲連任運動的揭幕。眞是大出意料之外，接着而來的，却是修憲連任運動的逐步展開。於是乎，四十八年一月十五日的「聯合報」上，史尙寬先生以大法官姿態發表的「目前憲法是否有修改之可能與必要之商榷」出現了。那時候，儘管史先生說話時還有些扭扭揑揑，但表示：「有賴於蔣總統之領導，故非修改憲法不可」的話，却已經說得淸淸楚楚。接着在四月二十四日和五月二日，美聯社從臺北發出了兩次反映修憲連任運動者意見的電訊，其中便透露政府某一不願發表姓名的「官員」的談話說：「蔣氏一生不應被任何人替代。」同時又說：「人們深信，國內外並無其他角色能比得他。」到了七月四日，「中央日報」上又出現了國民黨中央常務委員陶希聖先生「有關修憲及大選問題」的答問，認爲「修改臨時條欵並不是修改憲法本身。」明年的國民大會第三次大會有權這樣辦。」另一方面，對於海外一些與修憲連任運動相反的意見，又採取了一連串壓制的做法：起初是對於經常報導海外反對意見的「自由人」，在六月十日和二十日連續兩次予以非法查扣；繼而對於持反對態度最堅決而且在海外具有領導地位的左舜生先生，也由「中央日報」從六月二十九日開始，發動了一次大規模的圍剿工作；終至於對隨時刊登反對主張的「祖國周刊」，也由連續非法查扣而乾脆在九月裏註銷其內銷登記證。然後，從雙十節開始，修憲連任運動者又掀起了運動的高潮，由慶祝國慶大會的上總統電及十萬人「效忠領袖」遊行起，海外以至國內的擁戴書和代電，便每天在黨報官報上出現。到了十二月十三日，國民黨中央常務委員陶希聖先生，又趁着這一運動的高潮，提出民法上「死亡宣告」的辦法可以適用於陷身大陸的國大代表，而降低國大代表總額的新鮮主張。最近傳聞所得，修憲連任運動者已將國民大會總額問題，交由大法官洪應灶、黃演渥、徐步垣等三人，先行找出解釋爲「現有總額」的理由，然後透過大法官會議的解釋，作爲法律上的根據；進而透過國大代表之手，完成修憲連任運動的任務。凡此種種，都是海內外每一個中國人所熟知，想必也是各位國大代表所深知。修憲連任運動者如此有計劃、有步驟、有組織的把海內外鬧得亂鬨鬨，好像國際局勢的日趨惡劣，國內經濟困難的漸見嚴重，乃至八七水災給臺灣造成的嚴重災難，都不重要；只要修憲連任，便可立刻反攻復國，便可打倒中共。

然而，綜觀所有以上各種說法和做法，却沒有一點能在法律上和事實上站得住脚。關於這一層，海內外的民營報刊，已隨時提出了嚴正的駁斥。例如對於史尚寬先生就憲法第一百七十四條第二欵所提出的若干意見，「自由人」便發表過很多篇辯正的文章；而修憲連任運動者之終未敢採史先生之說，而經由立法院來修憲，便不失爲有力的反證。至於某不願透露姓名的官員的談話，僅僅由去年五月十五日香港「聯合評論」（見去年五月二十日「自由人」）全體同人的意見觀之，便知道「只能作爲蔣總統不適於續任的鐵證，而決不能作爲非他續任不可的論據。」至於陶希聖先生所謂「修改臨時條欵並不是修改憲法本身」云云，去年七月十五日「自由人」所載潘公展先生「修憲問題」一文中便提出相反的看法；「自由中國」非但在去年七月十六日出版的這一期（第二十一卷第二期）上發表過一篇社論，指明這只是一種「舞文弄法的謬論」；而且進而在今年一月十六日出版的這一期（第二十二卷第二期）上發表了另一篇社論，根據第一屆國民大會第二次會議的記載，指出即使連當初制定臨時條欵的國民大會，也早已承認「臨時條欵等於憲法」。至於非法查扣「自由人」並迫使其停刊，及非法查扣「祖國周刊」並註銷其內銷登記證，以求壓制反對言論的做法，曾引起臺灣民營報刊如「徵信新聞」、「公論報」、「聯合報」、「民主潮」、及「自由中國」的一致抨擊。至於中央日報對左舜生先生發動的圍剿工作，當時更引起臺灣民營報刊的普遍不滿。說到從去年雙十節起連續出現於黨報官報的擁戴書和通電之類，也只是些政治上的魔術。關於此事在海外的情形，去年十月二十六日出版的「祖國周刊」便坦白地指出：「就香港來說，這裏聚居着三百萬中國人，是海外華僑人數較多，政治水準最高，反共意志最强，而且最能自由表示其對中國政局意見的地區。……可是住在香港的人心裏都一清二白，究竟有那一個眞正有代表性，在這個社會有影響力的社團發過這樣的函電呢？最近胡適之先生返臺，在機場答覆記者的詢問中，已直截了當的說紐約華僑（在美國華僑人數最多之地），無人擁護修憲連任。……就本港的報刊而言，除了黨辦或由黨津貼的少數報刊之外，我們還沒有看見任何一個民營報刊（那怕是一直批准入臺的報刊）發表過贊同修憲連任的主張。反之，反對修憲連任的主張，則一直連續不斷的洶湧着。」（見「自由中國」第二十一卷第十一期方望思先生的「請重視海外對總統連任問題的看法」通訊）至於此事在臺灣的實際情形，僅想想最高學府臺灣大學的「所謂『臺大學生擁護總統連任運動委員會』的設立，不過只是少數幾個人『奉命』辦理的組織，不僅未經同學的公決，甚至絕大多數同學從來不知有其事」，而且其主任委員是找一位因考試時夾帶舞弊而被記大過一次的同學擔任（見「自由中國」第廿二卷第二期一羣臺大學生的「談臺灣大學的擁護連任運動」投書）；則其他各社會團體的所謂擁護連任運動，還難想見嗎？至於陶希聖先生之主張以民法上「死亡宣告」的辦法，引來適用於陷身大陸的很多國大代表，「自由中國」已在今年一月一日出版的這一期（第二十二卷第一期）上，發表過一篇『「死亡宣告」可以適用於國大代表嗎？』的社論，根據純法律的觀點，指出「無論從法律範圍上分析，或是從法定要件上推論，都不能成立。」至於最近企圖利用大法官洪應灶等三人之手，把國民大會總額解釋爲「現有總額」一事，各方面早經提出的反對論斷姑且不談，僅就洪大法官自己的說明而論，便不難證明。依照洪大法官在其所著「中華民國憲法新論」一書中早已明白的指出：「按國大代表總額爲三〇四五名。」（見上引洪著第一二七頁）這是根據四十八年十一月三版增訂本，相信洪大法官該不至於僅時隔兩三月，便公然做另一種完全不同的解釋。事實上，無論是第一屆國民大會第一次大會或第二次大會召開時，都是以三〇四五人爲法定總額，這又豈是任何大法官所能利用解釋權加以降低的！總而言之，修憲連任運動者所搞的這一套，都是在法理上和事實上不能成立的。所以，這一年多以來，修憲連任運動者常常暴露出途窮技盡的窘態，而被全國海內外人民所笑罵！

這一年多以來，由於修憲連任運動者的所言所爲，都是不顧法理，抹煞事實，因此在海內外引起了强烈的反感。當然，臺灣的環境比較特殊，大家在發表反對意見時，總不敢百分之百的有一句便說一句，而不能不有所顧慮和保留。然而，即令如此，大家由於此事關繫反共前途及自由中國安危者至大，終不忍保持緘默。諸如「民主潮」、「民主中國」、以及「自由中國」等，便誠懇委婉的提供過很多相反的意見。這一切，姑不再敘。現僅由監察委員曹德宣近在「自由中國」發表的「擁護蔣總統繼續領導而不贊同連任」（見「自由中國」第二十二卷第二期）一文觀之，那種因修憲連任運動者所反激出來的悲憤之情，已充分流露於字裏行間，便不難想見臺灣人心爲如何了！說到海外的情形，則以香港方面反對得最爲激烈，諸如「自由人」、「祖國周刊」、「聯合評論」等自由反共的民營報刊，都一直在爽朗的提出反對意見。例如據去年五月二十日「自由人」的報導，在海外最具有代表性的「聯合評論」，在五月十五日第一次破例用「全體同人」名義發表的那篇轟動一時的文章，正題便標明「反對修憲」，副題也標明「不贊成蔣連任第三任總統」。在十月二十三日的「聯合評論」上，左舜生先生又發表了「對蔣總統連任問題一個最後的陳述」，坦白表示「不贊成蔣總統連任」的理由，並指出：「如蔣總統終於非再度連任不可，則無論用任何方法，都是對憲政的莫大打擊。」（見「自由中國」第二十一卷第十一期方望思先生的「請重視海外對總統連任問題的看法」通訊）由於左先生的這篇文章發表之後，「立刻在海外引起了廣泛的共鳴」，難怪「新聞天地」也要破例介紹給臺灣的讀者了。甚至遠如美國，潘公展先生還連續發表過「修憲問題」及「蔣總統今後的出處」等文，來提出反對意見，乃至於堅決的說：

「請恕我說一句更狂妄的話，除非發生革命（那是另一個問題），否則只有等待光復大陸之後，依據憲法改選新的國民大會代表，然後方能堂堂正正的修改憲法。」近據二月七日臺北「自立晚報」報導：胡適先生近又明白說明「他個人不贊成以大法官會議解釋方式，減低國大代表法定總額人數；也不贊成修訂勵員戡亂時期臨時條欵，而達成某一目的。」因此，「假如國民大會上討論到修憲的問題時，他自然要反對；而且反對不成，便只好退席了。」其他如張君勱之以蔣總統不連任三屆總統為囘國條件；左舜生先生在國民黨派胡健中先生專程赴港疏通後，仍未改變反對修憲連任之激烈態度；蔣匀田先生之說明民社黨認蔣總統不宜連任三屆總統，且勢難輕易改變態度：陳啓天先生之不同意修憲或修訂臨時條欵及總統三度連任，雖面臨國民黨威脅性的攤牌局面，不僅毫無屈服的意思，而且連口氣也並未放鬆。另據二月十一日臺北「公論報」報導：當年制定臨時條欵的提案人莫德惠先生，也不贊同在此時修憲；同日香港「星島日報」又以頭條地位載法新社臺北電訊說：「副行政院長王雲五，亦抨擊國民黨專家之將修改臨時條文，以使蔣總統連任第三屆一點，解釋為非修憲行為。王氏與其他反對者，認為臨時條文亦屬憲法之一部份。」以上說到的各位先生，都是知名之士，在社會上具有代表性；而其中曹德宣和潘公展兩先生，又都是人所共知的國民黨內聲譽很高的人物。可見今日反對修憲連任，已經是地無分臺灣、香港、美國，人無分青年黨、民社黨、無黨無派、乃至國民黨，可謂人同此心，心同此理了。因此，如果修憲連任運動者眞要不恤人言，罔顧民意，還不懸崖勒馬，則後果豈不顯然可見？尤其在海外所將造成的結局，恐將不堪設想！

近幾年來，政府所採取的種種反自由、反民主、反憲法的手法，儘管引起了海外自由反共人士的普遍不滿，乃至於具有領導地位的左舜生和李璜兩先生，早就發出「對臺灣不宜多存幻想」及「與臺灣各行其是」的主張。然而，事實上仍沒有與臺灣走上最後決裂之途，而是一忍再忍，苦口婆心的仍向政府當局進忠言。可是最近消息傳來，現由於修憲連任運動者竟不惜撕毀我們立國基礎的中華民國憲法，非但左舜生等先生，已決定不出席可能被迫毀憲的國民大會；且迫使海外的自由反共人士，決定發表宣言：如果臺灣竟聽任修憲連任運動者一味硬幹到底，則將不再承認自由中國政府為合法的政府了！

不過，個人站在誓死反共的基本立場，始終主張海內外一切反共非共力量的團結，絕不願這種澈底決裂的局面出現；尤其站在愛護政府的一貫立場，當此兩個中國甚囂塵上的今日，更不忍見自由中國政府陷於完全孤立的地位；因此不能不把最大的希望，寄托於國民大會。事實很明顯，不管修憲連任運動者企圖用何種非法手段來完成其任務，只要國大代表能認淸後果的嚴重，堅決的維護憲法，局面還是可以挽救的。

時至今日，海內外每一個愛自由、愛民主、愛憲法的中國人，都眼巴巴的把兩個眼睛看着各位代表，希望代表們在這緊要關頭，負起「護憲」的責任。到今天為止，大家總是這樣想：儘管修憲連任運動者企圖利用種種藉口來毀憲，說甚麼修改臨時條欵不是修改憲法，或說甚麼國民大會總額可以降低為現有總額；但因為臨時條欵非但是各位代表按照修憲程序所制定，而且根據四十三年第二次會議的紀錄，也承認「臨時條欵等於憲法」；而過去第一次第二次兩次大會的召開，又都是以三〇四五人為國民大會總額。所以誰都有理由相信，各位代表絕不會接受那些完全違背法理和事實的說法。否則，無論各位代表用任何理由來解釋，都不能不使人懷疑：各位是被修憲連任運動者所收買，做了「毀憲」的最後工具。至於因此而造成的任何結果，是海內外的澈底決裂也好，是我們這一代中國人反共的最後失敗也好，各位便無從逃避責任。果不幸而如此，則各位代表勢將被這一代受苦受難的中國人所永遠唾駡，甚至各位代表的子子孫孫也將因此而蒙受永恒的羞恥。民初曹錕賄選時，議員們在「紅羅廠賣身」的結果，終留下「猪仔」議員的駡名，便可謂殷鑒不遠！

總之，今天民意是反對修憲連任，各位是來自民間，便該代表民意。今天憲法或臨時條欵是無法修改，而這部憲法又是由國大代表所制定，各位的權力又是來自這部憲法，更該能維護憲法。因此，蔣總統在前年十二月二十三日所說的那幾句話：「憲法則尤為反攻復國的有力武器，我們必須尊重它，而且維護它，才能達到反共復國的目的。」現在已經必須請各位代表用行動使它眞正的兌現了。

擁護蔣總統繼續領導的我見

——貢獻國大同仁並敬告國人

楊金虎

擁護蔣總統，擁護蔣總統作爲國家的領導，這是我當臺灣投歸祖國懷抱之日蘊涵心裏的一種濃厚眞摯觀念。這一觀念，自民國三十七年我們代表臺灣民意，到南京去參加行憲的國民大會第一次會議，在舉行第一屆總統選舉時，我很坦率地投下選舉蔣總統的一票，便衷心表現出來。越年，國勢逆轉，政府遷臺，我人爲了臺灣的安定，爲了反攻復國的企望，這一觀念，自然繼續；有加無已。時至今日，蔣總統連任一次任期即將屆滿，反攻復國大業，尚未實現，國際變化，又是自由中國最難渡過的年關。這一觀念繼續存在，自然更希望蔣總統有繼續領導的機會，擁護蔣總統繼續領導國家展開奮鬪到底。這一觀念繼續存在，自然更要仰體蔣總統尊重憲法的至意，來認識蔣總統一生出處光明，珍惜其偉大的人格；而不要相率趨向違憲毀憲途徑，來擁護總統再連任。因爲蔣總統三十餘年領導國家奮鬪，大部份時間是未做過總統，都認眞地負起國家的使命。我人眞心擁護蔣總統繼續領導，應該不是爲了他在做總統，應該是他沒做總統時而更加强擁護！

由於國人熱望蔣總統繼續領導國家，而值蔣總統連任一次即將滿任，依照憲法第四十七條規定，總統只能連選連任一次。如果再要連任，便須修改憲法。如果不修改憲法，便不能再連選再連任。於是便有人誤認蔣總統須做總統，才能領導國家，沒做總統，便不能領導國家，把蔣總統崇高的人格看低下去。因而有一部份人，醞釀進行修改憲法或臨時條款。因此，也引起了國內外憂時愛國人士，相繼懇切著論晰明此時此地不能修改憲法或臨時條款。

事實告訴我們，憲法或臨時條款不能輕言修改，早有鐵證可考。對修改憲法：蔣總統一連兩年在光復大陸設計委員會席上已經一再公開聲明，代表政府與執政黨反對修改憲法，並強調「我們維護憲法的有力行動，實莫過於光復大陸。我們光復大陸的武器，亦莫過於尊重憲法。」而且復經國民黨中常會臨時會議通過決議，對該黨領袖所作不贊成修改憲法的主張，予以重申。這樣執政黨的總裁和其黨中央權力機關至再至三的反對修改憲法，強調維護憲法。執政黨自來以服從領袖，尊重組織作黨員唯一的守則，在理應該不會再有修改憲法勸進連任的想法和作法。對修改臨時條款：臨時條款等於憲法，只是附有時間限制的條件而已。根據我們第一屆國民大會第二次會議的記載，便足證明臨時條款係屬憲法的一部份，以及修改臨時條款必須依照修憲的程序，早爲我們國大代表所公認。玩法即是毀法。現在而復有輕言修改臨時條款，無異拿自己的手掌打自己的嘴巴，如何得向國人交代？

時至今日，國際逆流動盪，趨勢是對我們不利。誠如蔣總統說過，「此時而言修憲，徒啓紛議，分心分力，轉增時艱。」所以，國人如果眞心擁護蔣總統繼續領導，便應該鎭靜心情，認眞地體認、尊重蔣總統生平的人格和言行。現在蔣總統既已一再反對修改憲法，自然是眞誠維護憲法，無意準備繼續連任第三任總統；何況他是一位英明睿智的領導人物，自然更不願有自己因久居高位，致涉破壞國家根本大法，影響到國際的視聽、國家的地位。大家斷不應該一味遷就事實，假借勸進，迫使整個國民大會成爲歷史罪人，陷蔣總統於不義，給予後代歷史肆行褒貶。像這樣圖謀修改憲法或臨時條款來使蔣總統得再連任第三任總統，如果說沒挾帶偏私成見，有心人是不應該出這公私交受其害的下策。因此，我在這首先同意「自由中國」第廿二卷第二期刊出監察委員曹德宣先生「擁護蔣總統繼續領導而不贊同連任」的主張。爲了貫徹我一向尊重蔣總統的偉大人格，衷心希望蔣總統卸任總統之後，繼續以中國國民黨總裁身份作爲政治領導。希望蔣總統卸任後繼續率領執政黨來實踐自己昭示過的：「堅持團結，迎接戰鬪。」來領導國家，爭取光明，確保勝利。這樣做，我們才能够保全僅有的一部憲法，持向國人號召，持向將來反攻復國召開第二屆國民大會交代。這樣做，我們才能够眞正喊出尊重憲政，來扭轉國際的視線，阻遏國際的逆流，這才是眞正的擁護蔣總統繼續領導。

時至今日，國家形勢已瀕於一髮千鈞的驚險。國家形勢的能否扭轉，第一步迫切地已交在國民大會第三次會議的我們國大同仁肩上。這責任的沉重，實在比較我們國民大會第一次第二次會議是有一萬八千倍而不止。這責任的沈重是在大會開得好，開得圓滿，便足挽回國運。如果大會開得不好，開得不圓滿，便足貽國家於不堪預言的境界。換言之，我們的大會開得成功，功在國家。大會開得不成功，罪亘萬世。因此，我得進一步向我們國大同仁作正面的要求。今年是我們的選舉年，這個選舉年，是需要過着公正、光明、安詳的日子，在國人除開尚具有土地人民關係的臺灣地域代表外，不少正對我們國大代表的代表性發生懷疑；和對代表總額無法達到包括修改憲法或臨時條款的工作所必需人數時，修憲確已沒有合法途徑。如果我們國大同仁還有人「不恤與論」、「不顧國家」、不斷作準備修改憲法或臨時條款動搖國本的進行，那不是世間再愚蠢不過的事嗎？因爲反對修憲是蔣總統和執政黨一再聲明過，現在還要進行準備修憲，或臨時條款當然不能說是受了蔣總統和執政黨的指示。試問諸公進行修憲或臨時條款還有什麼著落？如果我們國大同仁還有人不斷作準備修憲或臨時條款的進行，在物慾滿天飛的傳說下，臺灣地域的選民，倘有人起來指責我們甘心違憲修憲，是爲私不爲公、爲己不爲國，試問叫臺灣地域的代表，如何向其選民作違心的洗說？

時至今日，大會開幕迫及眉睫，我得再不憚煩言，衷誠地、懇切地、向我們國大同仁作最忠實的要求，要求諸公認眞地維持這個選舉年的開始要做到公正、光明、安詳。要求諸公快樂地悉照第一次第二次會議，依法辦理選舉第三任的新總統，不要作違憲修憲或臨時條款的企圖，來陷蔣總統於不義。讓蔣總統享受一生崇高的威望，卸任後繼續以國民黨總裁身份領導政治，才是對自己有益，才是眞正擁護蔣總統的領導。

國民黨興衰之關鍵在選舉！

——爲國民黨建黨六十五週年紀念而作

曹大我

一、國民黨建黨已六十五年了。在六十五年以前的中國，實因爲滿清政府專制腐敗，無能自私，致對外失敗，對內失掉民心，而又擅作威福，不識時務，昧於世界大勢，不知變法圖强，以應付新潮流，拒絕立憲，摧殘愛國志士，祇爲鞏固政權，惟恐失了江山，不惜嚴刑峻法，倒行逆施，箝制輿論，壓迫人民，遂激起國人之公憤，羣起反抗，國父孫中山先生乃順天應人，登高一呼，天下響應，此國民黨之所以興，辛亥革命之所以成功，實由於當時客觀環境所造成，大勢所趨，莫之能禦。撫今追昔，國民黨本其已往歷史的經驗，應該深深的能夠體悟到此點。

國民黨在這六十五年過程當中，有其輝煌光榮的歷史，也有其沉痛悲哀的厄運。推翻君主，打倒軍閥，抗戰勝利以迄於行憲；這都是國民黨的黃金時代。可是盛極而衰，行憲以後，即急轉直下，形勢惡化，由於政治的失敗，影響到軍隊之瓦解，致爲共匪所乘，大陸淪陷，使全國同胞呻吟於鐵幕中，政府播遷來臺，困居一隅，反攻無力，造成今日動盪不安的局勢。實爲國民黨悲哀厄運的時期。傳云：「否極泰來，多難興邦」。國民黨果能自我檢討，改革作風，本其天下爲公、犧牲自我之精神，開誠佈公，與國人更始，則「殷憂啓聖」，尚大可以有爲。然其關鍵惟在選舉。

二、回憶行憲當時政治失敗的原因，雖有多方面，而辦理選舉的失敗，實爲其主因之一。假設當初蔣總統不當選，由他人來替代的話，則當時局勢可能不致太惡化。以蔣總統之威望，而有功不居，避名就實，埋頭於戡亂剿匪工作，必得國人特別之擁護，和友邦之同情援助，剿匪就易於奏效，且能夠以身示範，可以控制得住全國黨員，不致爲選舉而鬧得大家離心離德，能夠團結對外，上下一致剿匪，則大陸絕不會淪陷，而招致不可收拾之局面。此雖事後之言，却可以作今後之鑒，所謂「前事不忘，後事之師」也。「失敗爲成功之母」。國民黨果能以前車之覆爲戒，則今後選舉，必須審時度勢，作到公平、合理、守法，遵重憲法之規定，而使人心服。決不可專講權勢、控制、把持、包辦、弄得天怒人怨，得不償失，實在太划不來。

三、政府遷臺以來，對於各方建設，的確有相當成就，如三七五減租和耕者有其田之實施，確已使臺省人民生活改善，文化水準提高，較諸日據時代實有天壤之別。可是臺灣同胞並不感謝國民黨此種德政，反爾懷念日據時代之往事，究其癥結所在，雖有多端，而其主因，不能不歸咎於地方選舉辦理不善之所致，吾人切勿諱疾忌醫，文過飾非。如一人競選，防碍他人競選，因競選而被開除黨籍，以及限制登記和亮白票等；違背法令、妨害自由，不但使當事者深感不平，即在所有旁觀者亦皆不滿。因而激起公憤，越是國民黨提名支持的人，越被地方選民反對，越是國民黨不准提名反對的人，就越得到地方選民擁護，一定要投他的票，如李茂松，如王地，如高玉樹，比比皆是，此種副作用，幫倒忙的作風，已造成地方選民與國民黨形成敵對之陣容，實屬一大失敗。

最近報載此次彰化縣水利委員會長競選人李功垂，本是國民黨最忠勇同志，而又屢有功績之一位幹員，多年對於彰化水利有所貢獻，過去競選也曾讓賢一、二次，而這次他要求國民黨部提名支持，但竟出意料以外，黨部竟拒絕其所請，而另外提出和水利毫不相干的某省議員來競選，遂激起擁護李功垂的多數會員代表一致反對，致造成相持的僵局。國民黨爲加强控制選票起見，遂有「亮白票」之規定，即投票人一定要將選票公開給監票人看看，若果有這情事，簡直是公然違憲。因而李功垂憤憤不平，雖開除黨籍亦所不顧。是非顚倒，賞罰不明，似此作風，豈非化友爲敵？焉有不失掉人心，招人深惡痛絕？不但違反憲法，破壞民主，且將所有德政，都被辦理選舉，而一筆鈎消了。詎非國民黨最大的致命傷嗎？故曰國民黨的興衰厥在選舉。然此種流弊，皆由國民黨下級幹部欺朦邀功之所造成。既不是高頭之指示，更違反國民黨總裁的意旨，可以斷言。

四、查國民黨所施者，均屬大衆普遍應得之事，好像人對於空氣、日光、水火、道路等；人人固皆受其惠，可是「大德不感」，都認爲當然的了。國民黨所靳者均屬個人應得要得，而偏不讓他得到的事，因此招致「不平則鳴」和「不自由毋寧死」，「公仇原可恕，私恨最難消」，種種不良之後果。所謂「毒之於人深矣」。故得之者，並不思感恩圖報，而失之者則無不痛恨切齒，終身莫忘，結果弄得國民黨遂爲衆怨之所歸，人人懷恨在心，敢怒而不敢言，無形中造成臺灣人和大陸人之隔閡。再加以匪諜之挑播離間，暗中煽動。若一旦有事，焉有不乘火打刼之理。語云「履霜堅冰至」，可不惧哉！

彼日據時代對臺灣之統治，其所行者完全帝國主義的殖民政策：剝削、榨取、壓迫、奴役、被征服而外，殆無一足道。而當時人民皆敢怒而不敢言，伏首帖耳，惟命是聽，積威暴政之下，不得不爾。至其所予者，則皆爲一般難得與不應得，而偏得到之事，如改籍賜姓，如特勅貴族議員，特准娶日本女人等；得之者咸感意外，認為光宗耀祖，得不到的人亦無不平和怨言，所謂「一飯之恩而有千金之報」。可是父母養育子女終身勤勞，愛護備至，然偶因事故，如反對戀愛和爭家產之類，而演成骨肉間之悲劇者，亦往往有之，尤值得吾人深思者！

五、老實說來，從客觀環境的觀察，國民黨似勿須乎對於選舉如此的控制，本可放寬尺度，大膽作去，任人民願舉誰就舉誰。今日臺灣同胞除了少數民族敗類漢奸的匪諜分子而外，所有的選民，無不竭誠擁護中央，服從政府，效忠領袖的。祇因為辦理選舉未合民意，反倒驅使一部份人士，改變態度，走向背道而馳的方向，這實在是國民黨的不智。所謂「天下本無事，庸人自擾之。」也非徹底改正，則將無以善其後！

據中央日報載「蔡火炮的教訓」短評欄謂：「蔡火炮身為市議會議長，竟涉嫌利用各方面關係，從事這樣危害國家治安及經濟行為，對基市選民將何以交代？這幾年來，民選縣長因貪贓枉法而被判下獄者，報不絕載，而各級民意代表尤不乏包庇受賄之事。這說明若干民選官吏及民意代表必須接受更嚴格的自律和輿論的監督。從覃勤最近判徒刑，到蔡火炮遭扣押究辦，可見國家法治業已確立，希望自蔡火炮的事件，能為本省地方民意政治帶來一個有意義的教訓」(見十一月卅日第三版)。所謂帶來有意義的教訓者，在我看來就是由於當初國民黨提名之太濫，不慎人選。這類當選人都是在地方惡勢力、有金錢、能活動、能賄賂無所不為，地方國民黨負責者，不免被其包圍、利誘，而造成此種後果。由此也可以證實地方選民為什麼反對國民黨的控制選舉之所在了。誠以這些人們的素日行為，早為地方人民所不齒，故一旦當選得勢，殆如虎附翼，當然利用權力地位，而作些違害國家利益之事。殆為選民之早已料及。所以它們把一切的罪惡都寫在國民黨和政府的身上，追源溯本，孰為為之？孰令致之？國民黨又何能辭其咎哉？

由這種事實的經驗告訴吾人，國民黨今後對於選舉，與其加緊控制把持操縱，不如放寬尺度，大膽作去，少事干涉之為妙。與其事前堅持提名而造糾紛失掉人心，造成黨內離叛，不如選舉後來努力爭取之為愈。如此則國民黨對於競選之人，一視同仁，不分黨派，任人民之選擇，任黨員之投票，惟在努力使選舉公平合法合理而已。若是則無論任何人當選，自應熱烈擁護政府，誠心服膺三民主義，正欲接受國民黨領導之不暇，惟恐不得作一個領袖忠實信徒。焉有貌合神離，退有怨言，甚至不惜公然反抗，雖犧牲黨籍而不辭呢？凡此種種，國民黨均應詳加考慮，而澈底予以改善者。

說者，謂國民黨如果對選舉採取放任態度，任人民之競選的話，則產生的人選必意見紛歧，主張不一致，豈不益滋糾紛難於控制了嗎？對於此點似勿庸顧慮，凡民主國家一切都以法令為準繩，主張儘管不同，而其決定則必符合國家利益，和政府法令，對於政策推行並無妨碍。況事實上主張紛歧者並不盡為黨外人士，而國民黨內本身同志反多有問題，兄弟鬩墻，不惜倒戈相見，如開除黨籍，如不惜脫黨，甚至暗中助黨外人士競選，專以打擊本黨為能事者亦間有之。故經一番選舉，即多一番糾紛，而國民黨內部亦無形中即分家一次，民心因而失掉，國民黨威信隨之下降，實在是最令人痛心疾首之事！

現在地方選舉又在開始了，地方水利會，鄉鎮長等，正在鬧選舉糾紛，形形色色的醜態又隨之而發生，什麼鄉長無一人登記啦，水利會選舉又要「亮白票」啦，選舉剛開始即有不祥之兆。至明年地方首長之選舉，省縣議會之選舉以及大總統之選舉等；如果專講控制包辦，而不依法進行，縱然一時能達到如意算盤，其奈失人心喪威信，有碍團結何？

我們政府一切多賴美援維持，聯合國之地位亦賴美國一手支撑，現在美援已公開宣佈減少，美國人的心情亦在起變化，如果再因選舉而使盟友失望，則更予彼邦像「康隆學社」之一般人士之非難口實，更要變本加厲的對我惡化下去！抗戰時史廸威之憤憤以去，和抗戰勝利後馬歇爾和談之失敗而歸，因而產生杜魯門之白皮書的歷史教訓，記憶猶新，國人更當十分警惕！切勿專注意選舉得失，而置國內外輿論於不顧！

我是國民黨的黨員，我愛護國民黨，愛護政府和領袖決不後人，我並誠懇的希望國民黨要恢復抗戰時期精神，要建立楷範的民主憲政的政黨，同時並趕快培植一個勢均力敵的在野政黨，免掉被外人之誤解，徒增加無謂的紛擾。同時更盼禱我們總裁要本照抗戰時期的作法，領導全國人民剿匪戡亂完成反攻復國之大業，作中華民國的華盛頓和凱末爾，將永垂於無休！

吾人深知我們的總裁一生獻身革命，公忠體國，利害得失在所不計；更深知今日反共抗俄最艱鉅時代，尤非總裁來領導不可，此殆為國人所公認。總裁對於黨國大事，個人進退，自能高瞻遠矚，通權達變，措置裕如。如於去年十二月二十三日在光復大陸設計研究委員會席上明確表示不贊成修改憲法，今年五月舉行的國民黨第八屆二中全會，並對不贊成修憲作成政治決議文。今年十二月七日國民黨中央常務委員會舉行會議時，曾通過一項重要決議，對今年五月國民黨第八屆二中全會不贊成修改憲法的主張予以重申。由此可知不贊成修改憲法，已是國民黨現階段一貫的主張，自為國人一致的擁護。

最後提醒國民黨同志注意者：今日我們的惟一使命就在反共抗俄，達成反攻復國之目的。切勿為選舉一時之得失，致影響反共抗俄之大計。大家要知道所有一切措施，均在團結海內外人心，加强反攻復國力量。故凡有：

1. 失掉人心者不作。
2. 妨碍國人團結者不作。
3. 違法、違憲者不作。

4. 破壞國家體制，喪失政府威信者不作。

5. 遭致民主國家反感，影響外援者（物資和精神）不作。

蓋政府之舉辦選舉，爲的是發揚民權，健全地方自治，爲地方造幸福，爲人民謀利益打算，如此才能團結人心增加反共抗俄力量。憲法明文規定要建設「民有、民治、民享之民主共和國。」故黨員一人之得失，和國民黨一時之得失，關係尙小，至國家全民之得失，實在關係太大了。國民黨既是革命的黨，建國的黨，又是執政行憲的政黨，則所有訓政時期的作風一定要擺脫，所有憲政民主法治的精神一定要發揚。政黨的措施不能超過國家之法令，違反地方自治之規定，以在朝執政的黨，而反破壞其政府本身之所有法令規章，豈非自相矛盾？焉能令國人佩服，而得到全民之擁護？外人對我之種種誤解，亦實由於我們的作風不美，有以致之。當局則迷，旁觀則淸，只緣身在廬山中，反倒不知道廬山的眞面目了。尤値得吾人反省，而亟待改正者！

我們過去在大陸之失敗，厥在勝利後之接收和選舉，把持控制太甚，致使國人之不滿與友邦之失望。譬如某一兒童手中拿一麻雀，恐怕羣兒爭奪，而緊緊拳這一麻雀，結果竟將麻雀拳死了，大陸之失敗恰似如此。今日在臺灣的選舉，又豈可再蹈其覆轍！語云「壁立千尺無欲則剛，海納百川能容乃大」。又云「宰相肚子能撑船」。必得大度包容，納天下人於搆中，是爲成功要着。此齊桓公之所以用管仲而稱霸，唐太宗之所以用魏徵而有貞觀之治。彼在君主時代，猶須如此，況今日民主國家，實施全民政治，更應包容一切，容納異己，化敵爲友，大公無私。甚盼我賢明的總裁和全體負責的同志，本照總理天下爲公之精神，遵循歷史成功之大道，以完成革命之使命，而達到反攻復國之目的，實爲國家民族之幸事！

四十八年十二月五日

駁某畫報「論所謂蔣總統的『連任』問題」

紀　仁

遠在四十七年十二月，便看到在臺因故延遲發行的四十七年八月份亞洲畫報上，刋登了一篇張國與先生的文章，題目是「亞洲畫報第一屆『國是論壇』的綜合與分析」（以下簡稱第一篇文章）。張先生在這篇文章的「憲法應否修改」一節中，曾經大膽的提出了所謂「凍結」憲法的主張。最近，又在四十九年一月份的亞洲畫報上，看到張先生在另一篇題爲「論所謂蔣總統的『連任』問題」的文章中（以下簡稱第二篇文章），重申所謂「凍結」憲法之說，而主張蔣總統「繼續行使其職權」。

在一年多以前，看到張先生在第一篇文章中，儘管自稱「是從純粹的憲法及法律觀點來討論此項問題」，事實上却連普通的法律常識還缺乏。當時總以爲像張先生這樣的人，不至於全無自知之明，以後理該不會再强不知以爲知。可是，最近看到張先生的第二篇文章時，發現在這一年多以來，張先生的法律常識，非但毫無進步，其所顯露的强不知以爲知的情形，却更爲嚴重。最令人驚奇的，張先生却又自稱是「純粹依照憲法與法理的觀點研究這個問題」。因此，儘管這是登在一本以「風流尤物」、「噴火女郎」之類爲號召的消遣性刋物上，不至引起社會上多大重視，但因爲總統連任問題，是目前流亡在海內外的中國人所共同重視的問題，尤其是一個應該眞正純粹依照憲法與法理的觀點來研究的問題，所以深恐有極少數亞洲畫報的讀者，不幸而被張先生的所謂「憲法與法理觀點」所愚弄，才不得不提出來加以駁正。

現在，先指出張先生解釋國大代表任期問題的錯誤。因爲這不但是張先生在第一篇文章中所談到的，而且是第二篇文章立論的基礎，所以有先行駁正的必要。據張先生在第一篇文章中談到國大代表「有沒有資格仍任代表」時說：「立法院已通過一項法案，延長國大代表及立法委員任期，直至能舉行新的普選爲止。」於是便進而自以爲理直氣壯的反問：「但這一法案，在憲法上又有多少合法性？立法院是否眞正有權通過這一法案？立法院是否有權延長另一個民意機構的任期？」其實，立法院並未通過此項法案。因此，如果立法院向張先生反問：「立法院是在那年那月那日通過了延長國大代表任期的法案？」相信張先生必啞口無言。現在，張先生在第二篇文章中，雖不敢再說國大代表任期是立法院通過法案延長的，但對於此一問題的法律根據，仍然沒有眞正瞭解。張先生以爲只是：「對於國民大會代表之任滿，並無公布解釋，而國大代表也認爲無需解釋。他們的理由是說雖照憲法第二十八條規定任期爲六年。但也講明其任期可展延至次屆國民大會開會之日爲止。」因此，張先生便大膽的下結論說：「是由國大代表自己解釋。」其實，這是在四十二年九月二十三日，根據總統答覆行政院並同時通知國民大會秘書長洪蘭友的代電而決定的。按此項代電稱：「……據行政院呈報，本院第三〇五次會議決議：『查第一屆國民大會代表將屆六年改選之期，依照憲法須卽改選，惟審度目前情勢，整個大陸尙爲匪幫盤踞，選民無法行使選舉權，致無法辦理選舉，基於此等事實上之故障，第二屆國民代表大會之選舉，現實無法進行，按憲法第二十八條第二項規定：「每屆國民大會代表之任期，至次屆國民大會開會之日爲止。」第二屆國民大會代表未能依法辦理選舉集會以前，第一屆國民大會代表自應適用該項條文之規定，俟將來形勢許可，再行辦理改選，應卽由院呈報總統鑒察。』等情；查所呈次屆國民大會代表選舉，旣因事實上之故障，無法進行，第一屆國民大會代表之任期，自應准如所請，適用憲法第二十八條第二項之規定，至次屆國民大會開會之日爲止。……」可見事實並非如張先生所說：「是由國大代表自己解釋」。

至於張先生在第二篇文章中，對於蔣總統應否「連任」問題提出的三點意見，所暴露的法律常識之缺乏，更爲嚴重，現不妨依次逐一駁正如下：

第一、在張先生看來：「現有的國民大會代表是否仍有資格選舉新總統？」這固然是一個值得研究的問題，但並非如張先生所說：是「根據他們自己對憲法的解釋」。誠如上述，這是根據總統的代電。不過，如果依照張先生的說法，第一屆國大代表的「六年任期到一九五四年便已終止」，問題便不發生在是否「有資格在一九六〇年選舉總統」，而是早該發生在民國四十三年是否有資格選舉第二任總統。因此，假使張先生所說能成立，則據以推論的結果，現任總統和副總統，便成了違憲的產物。不過，對於這種說法所可推得的結論，我還不敢大膽的貿然贊同，至少還須由大法官會議加以解釋。因爲憲法第二十八條關於國大代表任期之規定，較有彈性，而非如憲法第四十七條關於總統任期之規定，出於硬性，早已爲法學界公認的事。觀之於四十二年九月二十四日司法院長王寵惠在接見記者時的公開談話，以及各種有關中華民國憲法的著作，便不難瞭解。然而，不管大法官會議的觀點如何，假使張先生眞想以否定國大代表選舉總統資格的說法，來主張蔣總統連任，則根據以上的分析，實際上是連蔣總統現在的法律地位都否定了。反之，如果張先生說這話的原意，本來便在連蔣總統現在的法律地位都加以否定，只是借用這種筆法，轉彎抹角的提出來，則像我這種只知道老老實實說話的人，倒不能不佩服張先生說話的技巧了。

第二、在張先生看來：「卽使現有的國大代表有資格選舉總統，但他們是否有足够的合法人數從事選舉呢？」這一個問題，在一年多以來的修憲連任聲中，還沒有聽到別人提出過。其實，這是對於總統選舉問題稍有法律常識的人，便不會提出的問題。可是，爲何張先生以爲這是問題呢？而且不惜利用最大篇幅，引用很多數字，來提出這個問題呢？原來張先生以爲：「雖然國民大會組織條例在一九五四年曾經修正，將合法出席會議人數超過總額半數減爲超過總額三分之一，可是選舉總統仍需要有超過總額半數以上的大多數。」於是，張先生又大膽的據此而推得一項結論：「總計國大代表名額是三千零四十五位，半數就該有一千五百二十三人，亦卽競選者至少要獲得一、五二四票才算超過總額之半數。那麼出席參加選舉總統的國大代表，最少也該有一、五二四人。」接着，張先生便爲今年的總統選舉而擔心：「萬一其中有少數幾個人因特別事故屆時不能出席時，那又怎能湊足人數去選舉總統？假如事出幸運，屆時果有一、五三〇人出席，又誰敢說某一位總統候選人能孚衆望而穩得全部一五三〇位代表，或至少獲得選舉所要求的最低限度一、五二四位代表的投票呢？筆者懷疑卽令是蔣總統本人亦未必能够獲得這樣多的票數，如果連他都得不到，則還有誰能够得到？」很明顯，張先生所擔心的總統選舉「是否有足够的合法人數」問題，是包括兩方面：一是出席選舉總統大會的人數，二是總統當選的票數。其實，這是由於張先生缺乏有關總統選舉的法律常識，才有這種不必要的擔憂，而自以爲是一個新發現的問題。現在，便就這兩方面逐一的加以分析：

先就出席選舉總統大會的人數而言：據三十六年三月三十一日公布的國民大會組織法第八條規定：國民大會非有代表過半數之出席，不得開議。可是，到了第一屆國民大會第二次會議召開前夕，因鑒於在臺灣及海外的國大代表，其人數超過半數有限，爲便易於開會起見，立法院終於在四十二年十二月二十九日將國民大會組織法第八條加以修正。據四十三年一月六日公布的修正案規定：「國民大會非有代表三分之一以上人數之出席，不得開議。……」其中對於總統選舉，並無例外規定。非但在張先生引用的國民大會組織法（張先生在第二篇文章中寫的是「條例」而不是「法」，想必是張先生把「條例」和「法」混用的結果。）中，找不出此項例外規定，而且另查憲法及總統副總統選舉罷免法，也同樣的找不出此項例外規定。因此，張先生所謂：「選舉總統仍需要有超過總額半數以上的大多數。」眞不知何所據而云然？至於張先生據此而推得的結論不正確，以及連帶而有的擔心不必要，自不消細說了。現在，國民大會選舉總統時，只要「有代表三分之一以上人數之出席」，便達到法定人數。國大代表總額是三〇四五人，三分之一是一〇一五人。今年召開的大會，要湊足一〇一五人以上的人數出席，大約是不會有問題的，又那裏用得着過分擔心呢？不過，最令人驚奇的，張先生提出這一問題時，如果是由於根本沒有看到民國四十三年一月六日公布的修正案，還可以說是一時的疏忽，似乎還情有可宥。但是，張先生在提出此項問題時，却明明說了「國民大會組織條例在一九五四年曾經修正」的話，顯然是看過修正案的。按道理說，凡是能看得懂法律條文的人，只要看過修正案，便不該再提出這樣一個問題。可是，張先生却以爲這是個很嚴重的問題而提了出來。這又怎能不使人懷疑：張先生所具有的法律知識，是否有看懂這條條文的能力？假使張先生連這點小小的能力都沒有，居然還要口口聲聲說是「純粹依照憲法與法理的觀點」，那就不能不叫人佩服張先生的大膽了！

次就總統當選的票數而言：據三十六年三月三十一日公布的總統副總統選舉罷免法第四條規定，總統之選舉，原則上雖以「得代表總額過半數之票數者爲當選」，但如投票三次仍無人能得到此項票數時，進行第四次投票時，便「以得較多票數者爲當選」。但是，此項規定，原是假定候選人在三人以上。等到第一屆國民大會第二次會議召開前，深恐造成兩人競選乃至一人競選的局面，爲了簡化投票程序，立法院終於在四十三年三月十二日將總統副總統選舉罷免法第四條予以修正。現據同年三月十三日公布的修正案規定：「……如候選人僅有二名，第一次投票無人得代表總額過半數之票數時，就該二名重行投票，圈選一名，以得較多票數者爲當選，票數相同時，重行圈選一名，以得較多票數者爲當選。如候選人僅有一名，第一次投票未得代表總額過半數之票數時，重行投票，以得出席代表過半數之票數爲當選。如所得票數不足出席代表過半數時，重行投票。」因此，總統當選的票數，雖仍以「得代表總額過半數之票數」爲原則，但現在在下列三種情形下都可例外：一是如候選人在三人以上，則在進行第四次投票時，便「以得較多票數者爲當選。」二是如候選人僅有二人，則在進行第二次投票時，便「以得較多票數者爲當選。」三是如候選人僅有一人，則在進行第二次投票時，便「以得出席代表過半數之票數爲當選。」因此，張先生所謂：「競選者至少要獲得一、五二四票才算超過總額之半數」，根本是一種於法無據之談，可見張先生的擔心，眞是多餘之至。現在，國大代表在選舉時，無論總統候選人爲一人，二人，或三人以上，都不必擔心其因無法獲得「代表總額過半數之票數」，以致不能當選。事實上，不管候選人是如何的不孚衆望，最後終可以「較多票數」或「出席代表過半數之票」而當選。因此，假定今年總統候選人只有兩位，縱然由於兩人都不孚衆望，第一次投票的結果，沒有一個能獲得「代表總額過半數之票數」，但在第二次投票的結果，只要其中一人比另一人多一票，也就可以當選爲總統。例如只有張三和李四競選時，到了第二次投票之後，假定張三得到五票，李四得到六票，則李四便可依法坐上中華民國總統的寶座。可見總統當選的票數，根本不成其爲問題。

第三、在張先生看來：「我們忠於憲法，但對憲法的實行應從遠處着眼，解決目前憲法的難題，不應只顧到一九六〇年而應兼顧到一九六六年或一九七二年，不管這次國大代表是否仍具有選舉總統的資格，到了一九六六年他們一定不足法定人數」。張先生根本不瞭解「法定人數」，上面已經說得很清楚，自不必再說。因此，張先生據此而推定「一九六六年他們一定不足法定人數」，更顯然只是一種武斷的假想。假使張先生知道出席選舉總統大會的「法定人數」是一〇一五人，也許便不敢做這樣的推論了。至於張先生這種「應兼顧到一九六六年或一九七二年」，甚至於還要想到「一九七二年以至更遠」的說法，實在荒謬得令人不忍辯下去。

至於張先生主張：「何不就依照立監委延長任期的權宜辦法」，「仍由蔣總統繼續擔任中華民國總統職務，則他並不是『連任』，而只是與立監委一樣的『繼續行使其職權』至下屆總統選出爲止而已。」因而便認爲：「由大法官公佈一項解釋，使蔣總統的『繼續行使其職權』合法化就够了。」其實，無論是立法委員或監察委員，都是人民代表。這與總統之爲國家元首，職權性質，截然不同，自不宜任意相提並論。且根據司法院大法官會議民國四十三年釋字第三十一號解釋，認定立、監委員之所以「繼續行使其職權」的主要理由是：「事實上不能依法辦理次屆選舉時，若聽任立法監察兩院職權之行使陷於停頓，則顯與憲法樹立五院制度之本旨相違。」然而，根據前面所說，現在出席選舉總統大會的人數既無問題，而總統當選的票數更無問題，則第三任總統的選舉，自可依法辦理。這與立、監委員之「事實上不能依法辦理次屆選舉」的情形，又恰恰相反，自更不宜一概而論。事實上，四十三年召開第一屆國民大會第二次會議時，總統選舉之所以仍然依法辦理，便是一個很好的反證。

至於張先生在第三點意見的末尾說：「如果他（指蔣總統——筆者註）退任而要另選總統，則憲法反而需要修改，最低限度選舉法規定國民大會出席代表必須超過總額半數才能選出總統這一條就必需修改，或者將人數減低到目前所能出席者的半數。」這完全是根據對出席人數的錯誤解釋而來，上面已經駁正，不必再加以重複。很明顯，以此爲理由來主張蔣總統「連任」，當然也是一種錯誤的理由。

綜括以上所說，張先生是根據了一些自以爲是的法律觀點，來研究蔣總統連任問題的。所以，張先生的最後結論：「爲了維護憲法，我們必須要求蔣總統繼續留任。」也是一個在法律上無從求得的結論。至於張先生居然鄭重聲明：「是純粹依照憲法與法理的觀點」研究這個問題，那實在是欺人之談。至於這是否張先生企圖以精通憲法與法理的姿態，存心欺騙或愚弄亞洲畫報的讀者，那就不得而知了。但修憲連任運動者之缺乏法律常識，一至如此幼稚的地步，實令人可笑、可憐、而又可悲。

至於張先生這次在第二篇文章中所說的那些題外之言：「參予討論（指討論連任問題——筆者註）者其中也有許多是存有惡意而帶有政治色彩的分子，特別是在香港的所謂『第三勢力』，他們的看法多囿於根深蒂固的黨派成見與舊的恩怨關係。代表這一批意見的刊物，在香港有『祖國周刊』，『聯合評論』，在臺灣有『自由中國』，他們自稱爲反共人士，可是他們破壞蔣總統和中華民國政府信譽的熱誠却和共產黨一樣。」相信聰明的讀者們看了這一段話，便不難作一次公正的裁判：究竟是誰「存有惡意而帶有政治色彩」？對於張先生的這些無關題旨之言，假使我也屑於採用類似的筆法，當然很容易做到。不過，如果我眞的這樣寫了，則很多爲我所敬愛的尊長、老師、朋友、以及讀者先生們看到，必將因爲我的學下流而驚駭，甚至爲我所受的教育而悲哀而傷心，所以不願以惡言相加，而只是眞正的「純粹依照憲法與法理的觀點」，指出張先生的錯誤。

洪憲帝制期間各方申討之文獻

葛文侯

一

民國史上的洪憲帝制時期，通常是指自民國五年元旦袁世凱準備登基改元之日起，至是年三月二十二日下令撤銷承認帝位止，一共祇有八十三天，故世人每以此嘲笑袁世凱的皇帝夢，未免做得太短。其實，要明瞭袁世凱叛國的前因後果，應該推溯到民國三年十二月二十八日大總統選舉法的修正，以迄民國五年六月六日袁世凱的憤恚身死，才足以說明這一幕醜劇的全貌。在這一年半的期間，起始由於袁世凱對總統任期五年修改爲十年乃至無限期連任，他還是感到不過癮，才有帝制運動的暗中醞釀。到民國四年八月十四日籌安會的成立，不過是由暗中醞釀進入於公開活動罷了。籌安會成立後，到是年十二月十二日袁世凱的接受推戴承認帝位，時間相距不過三個月，而在此一期間，由於籌安會和全國請願聯合會的策動，出現了各式各樣民衆團體以及自稱各省人民代表上書請願變更國體和勸進推戴的文電，可說是紛如雪片，極光怪陸離之致，但按其內容，無不千篇一律，除阿諛歌頌之詞外，幾乎一無所有。可是在另一方面，反對帝制的各方政治勢力，如國民黨；進步黨；以及北洋嫡系；其立場儘管不同，而自始至終所發出聲討駁斥袁世凱的宣言文告以及私人函電之類，或則義正詞嚴，筆力千鈞；或則正面規勸，促其退位；如此滙合起來，極其鼓盪人心，便成爲沛然莫之能禦的浩大聲勢！因此，在文字宣傳戰上，袁世凱由於理不直氣不壯名不正言不順，自始卽落於下風，除了自我欣賞陶醉而外，決無法與反對帝制派相匹敵。後來袁世凱在軍事上雖曾派遣十餘萬大軍「平亂」，然竟不能消滅滇黔起義的護國軍數千疲敝之師，就不得不歸功於反對帝制派文字宣傳力量能够先聲奪人之所致。語云：「千夫所指，無疾而死！」袁世凱祇是專爲「一姓家天下」打算，腦筋中根本沒有絲毫民主共和的觀念，一經反對帝制派多方面的指斥，就無形中發生摧枯拉朽的作用，而必然歸於失敗之一途。所以，袁氏叛國時期的若干反袁文獻，在當時已有不少傳誦人口，而就歷史的意義來說，實有無上寶貴的價值。現在，偶就瀏覽所及，擇要分別加以摘抄，並予簡單說明，以供大家欣賞：

二

國民黨成立於民國元年八月二十五日，是由同盟會聯結其他幾個小黨派——統一共和黨、國民共進會、國民公黨、共和實進會——合併組成的。這是同盟會由秘密的革命黨組織轉變爲公開的普通政黨之始。其時孫中山先生辭去臨時大總統讓位於袁世凱不久，袁和革命黨人之間的關係，彼此格格不入，以致政潮迭起。及至是年冬天，各省選舉國會議員結果，國民黨幾佔參衆兩院議席五分之三以上，獲得壓倒性的多數，頗爲袁世凱所深嫉，於是而有民國二年三月二十日袁遣特務暗殺宋教仁之事發生。宋時任國民黨代理理事長，因而激起全黨的公憤，再加以四月八日國會開幕後，參衆兩院一致否認袁世凱的善後大借欵，國民黨與袁的關係，遂告破裂。袁爲先發制人計，乃於六月間先後下令免除江西都督李烈鈞、廣東都督胡漢民、安徽都督柏文蔚三人的職務。由是而有國民黨策動二次革命起兵討袁之役，不幸與袁之北洋軍隊交戰失利，戰事僅歷月餘卽告全部潰敗，國民黨首要自孫中山，黃克強而下，均亡命日本。是年十月，袁世凱經國會推選爲正式大總統後，旋卽下令解散國民黨，至民國三年一月，又先後下令解散國會及各省省議會，並停辦地方自治會；五月，復公布新約法，廢棄民國元年臨時約法，假採行總統制之名，行獨裁專制之實，一切任意爲之，悍然不顧。至是孫中山先生改組國民黨爲中華革命黨，於六月二十三日在東京成立，以重振革命精神，積極從事武力討袁爲職志。惟黃克強對國民黨之改組，表示反對，乃離日遠赴美洲。而國民黨中之溫和派，素來表同情於黃者，遂另組歐事研究會以相對立，是爲國民黨內部之分裂。然歐事研究會一派於反袁工作亦甚積極，其後滇黔護國軍起義，有關西南各省之策劃響應，及肇慶軍務院之成立，卽爲該會主要分子與進步黨人合作之成果。

中華革命黨成立後，卽推派陳其美、朱執信、鄧鏗、居正、蔡濟民、田桐、范鴻仙、夏之麒、夏爾嶼等負責長江方面及粵、魯、鄂、皖、贛、浙各省軍事行動責任，並於是年十月發表「爲討袁告同胞書」，認爲「袁氏竊柄，以詐取，以術馭，以殺止亂，以力防民，以權利餌政客，以牢籠待將士，以金錢買軍心，以資格取官僚，以命令代法律，以諂媚策外交，萬機出自親裁，庶政不由與論。」這是數說袁世凱統治手腕所造成之種種罪惡。其次，又認爲「立憲國之有政黨，所以養成多數者政治上之智識，而使人民有對於政治上之興味，其主體作用，在掌握政權或左右政權者。若恣助君主酷燄，以爲固寵希榮之地位，是爲妾婦之行。袁氏之政體，暴君政體也，寡頭政體也，較之專制政體之解釋，其程度猶有不逮。而民黨之欲以武力破壞之者，實預斷其不能達於完全法治也。」這是說明武力討袁的宗旨，完全在爭取民主法治。因此，最後提出呼籲：「願我同胞，知困知窮，知奮知起，一鼓作氣，凌厲無前，燭彼奸謀，聲罪致討，共樹白日旌旗，掃除獨夫兇燄，行者充役，居者助糧，重建共和，共襄義舉！」「則吾人眞正共和之目的能達，自不難組織代表民意機關，訂定優良憲法，以爲永遠萬世遵循之準則。」這篇「告同胞書」，是國民黨二次革命失敗以後，重整討袁旗鼓，首次對全國人民公開發表的正式文告。其一貫爲民主政治奮鬭之決心，及不屈不撓之精神，是值得令人敬佩的。

及至民國四年，中華革命黨除積極向南洋方面聯絡及籌欵外，並派遣同志回國策劃軍事討袁，故曾有刺殺上海鎮守使鄭汝成及肇和軍艦起義等壯舉之發生，惟以袁黨爪牙對各地防範甚嚴，一時尙難於大舉，而袁世凱之帝制逆謀，則日漸顯露，於是孫中山先生乃以個人署名發表討袁宣言，有謂：「辛亥之役，流血萬里，人盡好生，何爲而然。苟知袁之暴戾，更甚於清，則又何苦膏血萬戶，以博一人皇帝之雄哉！所以寧死而不悔者，誓與共和相始終耳！今袁背棄前盟，暴行帝制，解散自治會，而閭閻無安民矣！解散國會，而國家無正論矣！濫用公欵，謀殺人才，而陷國家於危險之地位矣！假名黨獄，而良懦多爲無辜矣！有此四者，國無不亡。國亡則民奴，獨袁與二三附從之奸，尙可執挺嚮壁，以保富貴耳！於戲！吾民何不幸，而委此國家生命於袁氏哉！自袁爲總統，野有餓莩，而部下之笙歌不撤；國多憂患，而郊祀之典禮未忘，萬戶涕淚，一人冠冕，其心尙有共和二字存耶？旣忘共和，卽爲民賊。吾儕昔既以大仁大義，鑄此巨錯，又焉敢不犯難誓死，戮此民賊，以拯吾民？……書曰：『民惟邦本，本固邦寧。』又曰：『紂有臣億萬，惟億萬心，予有臣三千，惟一心。』正義所至，何堅不破，願與愛國之豪俊共圖之！」及至是年十二月袁世凱接受推戴正式承認帝位之後二日，黃克强亦自美洲致電美國駐華公使請勿贊成袁氏稱帝，謂：「袁世凱廢共和，行帝制，中國必立起革命，聲討其罪，此時吾定返中國，再執干戈，隨革命軍同事疆場，竭盡吾最後之氣力，驅逐國賊，另舉賢能，保全國民，使吾國人民得共享自由共和政體之益。中國五千年來，至今乃得改爲共和政體，國民始得享自由幸福，吾國民斷不能坐視袁氏任意復行帝制。」可見其雖未加入中華革命黨，而反袁的態度仍是非常堅決的。

不久，護國軍起義滇黔，全國人心大振，袁世凱倉卒應付，頓感手忙脚亂。中山先生復於民國五年發布討袁檄文，歷數罪狀；謂其「假中央集權之名，行奸雄竊國之實。驕兵悍將，騷擾於閭閻；宵小僉壬，比周於左右，甚至賄收報館，賂遺議員，淸議銷沈，監督溺職，而嗾殺元勳濫借外債之禍作矣！……又其甚者，改毀約法，解散國會，停罷自治，裁併司法，生殺由己，予奪唯私。偵諜密布於交衢，盜匪縱橫於邑都。頭會箕斂，欲壑靡窮，朋坐族誅，淫刑以逞。鑛產鬻而國財空，民黨戮而元氣盡。……殉國烈士飮恨於九泉，首義勳賢投荒於海外，而覘國者遂以爲自由幸福非吾中國國民所應享，此眞天下之大奇辱也。而吾國民亦偷生視息，莫之敢指。馴此以往，亡國滅種，匪伊異人，國交之危，其見端耳！……此仁人志士，所爲仰天椎心，雖肝膽塗疆場，膏血潤原野而不辭也。軍府痛宗國之陸沈，憤獨夫之肆虐，爰率義旅，誓殄元兇，再奠新邦，期與吾國民更始。……」

民國五年四月，孫中山先生自日返滬，時中華革命黨人已在廣東惠州、潮汕、欽廉；山東濰縣、周村；江蘇江陰、吳江；安徽大通等地發動起兵討袁，而桂、粵、浙三省軍事當局亦繼滇、黔兩省之後宣告獨立。未幾，獨立各省組織護國軍軍務院於肇慶，由岑春煊，梁啓超等主持，而歐事研究會一派如李根源、楊永泰等亦均參與，實爲進步黨人與舊國民黨溫和派之合作。惟中華革命黨雖反袁目的相同，而彼此意見殊不一致。因是中山先生復於五月九日發出第二次討袁宣言，鄭重提出維護約法之主張：「……顧獨居深念，以爲袁氏怙惡，不俟其帝制之昭揭；保持民國，不徒以去袁爲畢事。討賊美舉，尤當視其職志之究竟爲何，其所表示尊重者爲何，其策諸方來與建設根本者爲何，而後乃有犧牲代價之可言，民國前途，始有攸賴。今獨立諸省通電，皆已揭櫫民國約法以爲前提，而海內有志後援，研求國是者，亦皆以約法爲衡量。文殊慶幸此尊重約法之表示，足證義軍之擧，爲出於保衞民國之誠。袁氏破壞民國，自破壞約法始，義軍維持民國，固當自維持約法始。是非順逆，區以別矣！夫約法者，民國開創時國民眞意之所發表，而實賴前此優秀之士，出無量代價以購得之者也。文與袁氏，無私人之怨，違反約法，則願與國民共棄之。與獨立諸省及反袁諸君子，無私人之惠，尊重約法，則願與國民共助之。我國民亦既自愛其寶，而不爲獨夫民賊之所左右，則除惡務盡，對於袁氏必無有所姑息。以袁氏之詐力絕人，猶不能不與帝制同盡，則天下當不復有襲用其故智之人。至袁氏今日，勢已窮蹙，而猶徘徊觀望，不肯自歸於失敗，此固由其素性貪利怙權，至死不悟，然見乎倡義者之有派別可尋，覬覦自生。……今日爲衆謀救國之日，決非羣雄逐鹿之時，故除以武力取彼兇殘外，凡百可本之約法，以爲解決。共和之原，甚非野心妄人所得假借者也。文始意以爲旣已負完全破壞之責，故同時當負完全建設之責。……民國元首，祇有服務負責之可言，而非有安富尊榮之可慕，國民當共喻斯義。文之所持，凡可以祈嚮眞正之和平，故雖嘗以身當天下之衝，而不自惜也！……民國成立，五族共和，方幸其目的之達。乃袁氏推翻民國，以一姓之尊而奴視五族，此所以認爲公敵，義不反兵。今是非已大白於天下之人心，自宜猛厲進行，無遺一日縱敵之患，國賊旣去，民國始可圖安。若夫今後敷設之方，則當共事者，所宜一切根據正確之民意，乃克有濟。……袁氏未去，當與國民共任討賊之事；袁氏旣去，當與國民共荷監督之責。決不肯使謀危民國者復生於國內，唯父老昆弟察之。」蓋中山先生鑒於袁世凱之大勢已去，而各方反袁之黨爭未泯，彼此政見猶有距離，恐引起猜忌，不能用全力以討賊，故提出維護約法之主張，以爲解決國是之準繩，而納政治於正常軌道，其忠誠謀國之苦心，殊非常人所能及。

中山先生發表上項宣言後，適黃克强亦自美歸國，行抵日本，特於六月一日致電譚人鳳一致討袁，謂：「袁逆謀叛，凡屬國民，均宜聯合一致，同事撻伐；中山先生在滬宣言，豁然大公，無任欽仰。與屢通函，共起討袁，並黨界亦消滅，何門戶之可言，特披腹心，卽希鑒察！」同日，黃克强以袁世凱雖撤銷帝制，而仍戀棧總統，乃致書勸其引退，以弭兵端。略謂：「國人未嘗負公，公實負國，公生平以權謀奸詐愚弄一世，以此騙取總統，以此攘竊帝位，然卒以此敗，豈非天哉？……公知大勢已去，始下令取消帝政，不得爲皇帝，猶冀爲總統，公之厚顏無恥，毋乃太甚；公之反覆無信，已至再三，人民不復爲公所愚！……公雖善於變化，不拘泥名分，然由慾望未滿之皇帝，化身爲總統，在公爲降尊，在國爲奇辱，在世界爲笑柄。公如負固，不卽行引退，人民必將訴最後之武力。……今公衆叛親離，左右皆敵，公縱不知愛國爲何義，亦當知所以保身保家之道，若見機早退，猶得略息人民之怒，稍留去後之思，不然怨毒鬱結，何所不洩。勢機切迫，稍縱卽逝，望速抉擇，毋貽後悔！」這封信辭鋒銳厲，把袁世凱怙權貪位的戀棧心理，完全揭發出來，使其無地自容，故僅僅隔了五天，袁終於憤恚身死，帝制醜劇，於焉告終。

三

進步黨是民初國會內第二大黨，其議席僅次於國民黨，由共和黨、統一黨、民主黨三方面合併，於民二國會召開後之五月二十九日正式成立。其構成分子，多爲清末著名之立憲派，以梁啓超、湯化龍等爲領袖。以其政治主張注重現實，採取溫和的改良主義，與激烈的革命派素來鑿枘不合。民國成立，袁世凱以孫中山之推讓，當選爲臨時大總統，立憲派人多傾向於袁，袁亦利用之以牽制被謚爲「暴民專制」的革命黨人。以是在國會中，進步黨實爲政府之與黨，與國民黨處於敵對之地位。時參議院正副議長爲國民黨之張繼、王正廷，衆議院正副議長爲進步黨之湯化龍、陳國祥。故國民，進步兩黨之聲勢，幾乎相埒。及至國民黨二次革命失敗，袁世凱任命熊希齡爲國務總理兼財政總長；梁啓超爲司法總長；汪大燮爲教育總長；張謇爲工商兼農林總長；一時有「人才內閣」之稱，是爲進步黨全盛時期，亦卽與袁世凱合作最密切的時期。可是不到五個月的時間，袁卽假手熊內閣的副署，下令停止參衆兩院議員的職務，以爲其分負摧殘國會的責任，而進步黨遂亦失去活動之依據。至是進步黨始覺悟與袁合作之非，到民國三年二月，熊希齡、梁啓超、汪大燮等遂相繼提出辭職，而與袁世凱的關係，也就從此日漸疏遠了！

當民國四年春初，帝制已在暗中醞釀，袁氏父子自然仍很希望進步黨爲之效力，首先注意要網羅的就是能文善辯筆端具有魔力的梁啓超先生。據梁氏民國五年所著「國體戰爭躬歷談」一文中，曾經追述帝制問題之經過，說到「帝制問體之發生，其表面起於古德諾之論文及籌安會，實則醞釀已久，而主動者實由袁氏父子及其私人數輩，於全國軍人官吏無與，於全國國民更無與也。先是去年正月，袁克定忽召余宴，至則楊度先在焉！談次歷詆共和之缺點，隱露變更國體求我贊同之意，余爲陳內部及外交上之危險，語既格格不入，余知禍將作，乃移家天津，旋卽南下，來往於廣東上海間，而馮將軍國璋（時任江蘇都督）遣人來言，謂此問題已有發動之兆，相約入京力爭。六月遂北行，住京旬餘，晤袁氏數次，袁氏語我及馮將軍，皆矢誓不肯爲帝，其言甚懇切，馮將軍據以宣布於各報，謂此議可暫寢矣！乃僅閱一月，遂有籌安會之事。籌安會發起後一星期，余乃著一文，題曰：「異哉所謂國體問題者」，其時亦不敢望此文之發生效力，不過因舉國正氣銷亡，對於此大事無一人敢發正論，則人心將死盡，故不顧利害死生，爲全國人代宣其心中所欲言之隱耳！當吾文章成尙未發印，袁氏已有所聞，託人賄我以二十萬元，令勿印行，余婉謝之，且將該文錄寄袁氏。未幾，袁復遣人來，以危詞脅喝，謂君亡命已十餘年，此種況味亦既飽嘗，何必更自苦？余笑曰：余誠老於亡命之經驗家也，余寧樂此，不願苟活於此惡濁空氣中也，來者語塞而退。覺袁氏之所以待我者如是，可以知當時各省勸進之文，及北京各報館鼓吹之論，皆由利誘威逼而來，無一出自本心也。其時余尙有數函致袁氏，苦詞力諫，袁雖不聽，但袁方欲收攬人心，不肯與大獄，余亦居天津租界中，未一次入京，故袁亦無從加害於余，然偵探因日日包圍於吾側也。」從這裏可以看出袁世凱陰謀帝制所用手段之卑劣，而梁啓超不爲利誘不爲威屈的嚴正態度，不失其爲眞正讀書人的本色，是足以令人肅然起敬的。

自梁啓超對於袁氏帝制問題表示堅決反對以後，卽暗中和蔡鍔，戴戡等積極從事於倒袁之部署，袁世凱雖偵騎密布，亦毫無覺察，戴、蔡二人遂先後脫走京津，間道前往滇黔，策動起義。迨袁世凱於四年十二月十二日接受推戴，下令承認帝位，梁啓超亦於是日自津廬南下去滬，謀與各方聯繫。瀕行，封寄「上大總統書」一通，其中有謂：「……大總統高拱深宮，所接見者，惟左右近習將順意旨之人，方且飾爲全國一致擁戴之言，相與徼功取寵，而豈知事實乃適相反，卽京朝士夫，燕居偶語，涉及玆事，類皆出以嘲諧輕譃，而北京以外之報紙，其出辭乃至不可聽聞。山陬海澨，閭閻市廛之氓，則皆日皇皇焉若大亂之卽發於旦夕。夫使僅恃威力而可以祚國也，則秦始隋煬之胤，宜與天無極；若威力之外，猶須恃人心以相維繫者，則我大總統今日豈可不瞿然自省，而毅然自持也哉！或謂既張皇於事前，忽疑沮於中路，將資姍笑，徒損尊嚴，不知就近狀論之，則此數月間之營營擾擾，大總統原未與聞。況以實錄證之，則大總統敝屣萬乘之本懷，既皦然屢誓於天日，今踐高潔之成言，謝非義之勸進，益章盛德，何嫌何疑？或又謂玆議之發，本自軍人，强拂其情，懼將解體。啓超竊以爲軍人服從元首之大義，久已共明，夫誰能以一己之虛榮，陷大總統於不義。但使我大總統開誠布公，導之軌物，義正詞嚴，誰敢方命？……昔人有言，凡舉事無爲親厚者所痛，而爲見讐者所快，今也……吏治未澄，盜賊未息，刑罰失中，稅斂繁重，祁寒暑雨，民怨沸騰，內則敵黨，蓄力待時，外則强鄰，狡焉思啓。我大總統何苦以千金之軀，爲衆矢之鵠。……啓超誠願我大總統以一身開中國將來新英雄之紀元；不願我大總統以一身作中國過去舊奸雄之結局。願我大總統之榮譽，與中國以俱長；不願中國之曆數，隨我大總統而同斬！是用椎心泣血，進此最後之忠言，明知未必有當高深，然心所謂危，而不以聞，則其負大總統也滋甚，見知見罪，惟所命之。抑啓超猶有數言，欲忠告於我大總統者：立國於今世，自有今世所以生存之道，逆世界潮流以自封，其究必歸於淘汰。願大總統稍捐復古之念，力爲作新之謀。法者上下所共信守，而後能相維於不敝者也。法令一失效力，則民無所措手足，而政府之威信亦隳。願大總統常以法自繩，毋導吏民以舞文之路。參政權與愛國心，關係至密切，國民不能容喙於政治，而欲其與國家同體休戚，其道無由。願大總統建設眞實之民意機關，涵養自由發抒之輿論，毋或矯誣遏抑，使民志不伸，翻成怨毒。中央地方，猶榦與枝，枝條盡從彫悴，本榦豈能獨榮？願大總統一面顧念中央威權，一面仍留地方發展之餘地。禮義廉恥，是謂四維，四維不張，國乃滅亡，使舉國盡由妾婦之道，威逼利誘，靡然趨炎，是則國家將何以與立？願大總統提倡名節，獎勵廉隅，抑貪競之鄙夫，容骨鯁之善類，則國家元氣，不盡消磨，而緩急之際，猶或有恃矣！以上諸節，本屬常談，以大總統之明，豈猶見不及此。顧猶拳拳致詞者，在啓超芹曝之獻，未忍遏其微忱；在大總統藥石之投，應不厭於常御，伏維采納，何幸如之！去闕日遠，趨覲無期，臨書惻愴，墨與淚俱！」梁氏這封信，原本「君子愛人以德」的眞誠，希冀袁世凱能够懸崖勒馬，及時中止帝制之進行，故措詞極爲沉痛，以進其最後之忠告，但袁氏已決心置其身於爐火積薪之上，不至敗亡不止，當然是不會接受他的勸告的了！

按梁啓超自清末戊戌政變失敗後，卽亡命國外十餘載，至民元始歸國。然梁氏歸國後，從沒有發表過反袁的議論，大致在政治上總是站在袒袁的一方面居多。但當他的「異哉所謂國體問題者」一文發表出來，頗震動各方的耳目，大家知道進步黨首領人物的言論態度，不僅袁世凱已表示極端失望，而且也到了瀕於決裂的邊緣。在梁氏未自津起程南下之前，曾於十一月十八日有一封信給他的同志，籍亮儕、陳幼蘇、熊鐵厓、劉希陶四人，說明他的心境，有謂：「……夫己氏之不足以奠定此國，自昔固已共憂，徒以顧全大局投鼠忌器之故，甘犧牲一切與之戮力。一年以來，假面旣揭，醜形暴露，凡百政家，衆目具瞻，無俟覼舉。就令無今玆叛國之舉，而聽其浸淫腹削，亦終必率全國士夫，皆爲禽獸，剝全國之氓庶，盡成枯臘，長夜漫漫，亦復何望。……而全國士夫，方沈迷於利祿之中，不復知人間有羞恥事，不問何方面何種類之人物，皆供其蹂躪利用，無不如意。吾黨二三子若猶是不自振拔，餔糟啜醨，則天下之大，更復何望，亡國之罪，實與彼中分之矣！是以義不反顧，計不旋踵，劍及履及，以從今役。……惟更有數義，欲與諸賢窮折之者：第一；吾黨夙昔持論，厭畏破壞，常欲維持現狀，以圖休養，今以四年來試驗之結果，此現狀多維持一日，則元氣多斲喪一分，吾輩擲此聰明才力，助人養癰，於心何安？於義何取？……第二；吾儕自命穩健派者，失敗之蹟，歷歷可指也！曾無尺寸根據之地，惟張空拳以代人吶喊，故無往而不爲人所劫持，無時而不爲人所利用，今根基未覆盡者，祇餘此區區片土（指滇黔），而人方甚詗於其旁（指國民黨），當此普天同憤之時，我若不自樹立，恐將有煽而用之，假以張義聲者，我爲牛後，何以自存？……第三；夫己氏淫威所播，先聲奪人。……比來不解何故，百凡舉措，皆失其常，如彼弈棋，專下亂着。卽如此次潛號之舉，生吞活剝，倒行逆施，以彼巧人，有此笨筆，非天奪魄，何以及玆！……凡此諸義，與諸君子討論旣熟，詢謀僉同，今方分途趨功，而植基之謀，首在南服，蓂賡（指滇督唐繼堯），如周（指黔督劉顯世）兩將軍，風義韜略，久所欽遲，自當見義勇爲，當仁不讓，惟諸公更有所決而力替之，天下幸甚！」在這封信裏，說明進步黨人由袒袁而至於反袁的心理轉變，有兩點極値得注意：一是省悟了過去採取穩健態度與袁合作之非，徒然供袁利用，爲虎作倀。現在，捨積極倒袁而外，國事決無前途；二是帝制問題一經發生，現狀決不能維持，他們如不改變態度，站在倒袁的一面，則國民黨單獨行動，竟告成功，將來他們所受到的排斥，更是毫無立足之地。所以蔡鍔，戴戡到達滇黔後，能够迅速發動兩省起義討袁，就是緣於這兩種心理有所激發而成的。

雲南起義，是在民國四年十二月二十五日，距離袁世凱承認帝制，甫及兩週。次年一月二十七日，貴州響應獨立，相距亦不過月餘時間。當時滇黔兩省由唐繼堯、蔡鍔、李烈鈞、任可澄、劉顯世、戴戡等共同署名，發表討袁檄文，有謂：「袁氏受國民付託之重，於玆四年，在政治上未嘗示吾儕以一線之光明，而汲汲爲一人一家怙權固位之私計。以陰柔之方略，操縱黨派。以狠鷙之權術，蹂躪國會。以卑劣之手段，誅鋤異己。以誘脅之作用，淆箝輿論。以朋比之利益，驅策宵小。以虛憍之名義，劫制正人。受事以來，新募外債，逾二萬萬，其用途無一能相公布。歐戰發生，外債路絕，則專謀搜括於內，增設惡稅，强迫內債，逼勒苛捐，更懸重賞，以獎勵掊克之吏，不恤民力，竭澤而漁，以致四海困窮，無所控愬。……盜賊充斥，未或能治。寃獄塡塞，未或能理。摧殘敎育，昌言復古。壟斷實業，私爲官營。師嬴政務愚黔首之謀，尊弘羊利出一孔之敎。法令律條，紛如牛毛，朝令夕更，自出自犯，使人民無所適從，而守法觀念，馴至澌滅以盡。用人則以便辟巧佞爲賢，以苛酷險戾爲才。忠讜見疏，英俊召嫉。遵妾婦之道，則立躋高明；抱耿介之志，或危及生命。以致正氣銷沈，廉恥掃地，國家元氣，斲喪無餘。凡此政象，萬目俱瞻，以較前清，黑闇泯棼，奚啻什倍。我國民既懲破壞之不祥，復諒建設之匪易，含辛忍痛，冀觀後效，掬誠側望，亦既數年。……何圖彼昏，百事弗恤，惟思覬覦神器，帝號自娛，背棄口宣之誓言，干犯公約之憲典，內罔吾民，外欺列國，授意鷹犬，徧布爪牙，刼持國人，使相互和，良士忠告，充耳弗聞，輿論持正，翻成罪狀，以致怨毒沸騰，物情惶駭。……數月以來，淫威所煽，勸進之辭，所在多有，彼方假借，指為民意，冀以竊譽當時，掩罪後史，實則羣公之權宜承旨，或出於顧全大局投鼠忌器之苦心，或懷抱沈機觀變待時而動之遠識，豈以心悅誠服，甘作貳臣，狂走中風，殉茲戎首。堯等或任職中樞，或濫竽專閫，為私計則專顯逾分，更何所求，與袁氏亦共事有年，豈好違異，徒以勢迫危亡，間不容髮。邦之杌隉，實由一人，亦既屢進痛哭之忠言，力圖最後之補救，奈獨夫更無悔禍之心，卽兆衆日在倒懸之域。是用率由國憲，聲罪致討，剪彼叛逆，還我太平。……至於成敗利鈍，非所逆睹，惟行乎心之所安，由乎義之所在，天相中國，其克有功，敢布腹心，告諸天下。」這篇檄文，也是梁啓超的手筆，把袁世凱罵得淋漓盡致，眞是大快人心！

梁啓超所撰有關護國之役的文電及論文極夥，後來他曾彙集起來編印一部「盾鼻集」行世，並且收入飲冰室全集中，現臺灣中華書局有單行本出售。在盾鼻集裏面，有一篇「袁世凱僞造民意密電書後」，是將袁的黨羽向各省機關指示進行推戴的各種秘密文電，加以綜合分析，宣告中外，內中有一段批評袁世凱在政治上所種的隱毒，說得非常深刻：「護國軍總司令蔡將軍之言曰：『吾儕今日不得已而有此義擧，非敢云必能救亡，庶幾為我國民爭回一人格而已！』嗚呼！我全國父老昆弟及我友邦公正賢達之士，曾亦知將軍此言，其中含有幾斗之血幾斛之淚者。嗚呼！我四萬萬人之人格，至今日已被袁世凱蹂躪而無復餘。袁氏自身，原不知人之所以異於禽獸者何在，以為一切人類通性，惟見白刃則戰慄，見黃金則膜拜，吾挾此二物以臨天下，夫何其不得者。四年以來，北京政府，曷嘗有所謂政治，惟有此二物之魂影縱橫披猖，盤旋薰灼於人人心目中而已。夫無論何國，皆中人資居大多數。中人之者，導之善，則可以向善；導之惡，則可以向惡。袁氏據一國之最高權，日日以黃金誘人於前，而以白刃脅人於後，務使硬制軟化一國之人以為之奴隸，自非眞強立之士，其不易自拔也有固然矣，……蓋四年以來，我國士大夫之道德，實已一落千丈，其良心之麻木者，十人而七八，此無庸為諱者也！而此種罪業誰造之？吾敢斷言之曰：袁氏一人造之。袁氏窺破人類公共之弱點，乃專務發達此弱點以資利用。其有能自制其弱點而不甘受彼利用者，則必設法屠殺之，驅逐之，窘蹙之，使其不能自存。當前清之末，袁氏執政，已專用此策以自植勢力；我國政界惡濁之空氣，實自茲播種。及其為總統，乃益煽而揚揚。試思以此種人為淘汰之術，挾大力以鼓鑄社會，之何可當。使袁氏帝國成立，賡續行此政策數年乃至數十年，其必善類日漸滅絕，惟惡種獨能流傳，其不至使全國人民盡喪失其為人類之價值焉而不止也！」可見民國初年政治風氣之敗壞，完全是袁世凱一手白刃一手黃金利用人類弱點的統治方式所造成的，但袁世凱之終於失敗，也就失敗在這一點上，所謂自種惡因，自食其果，是絲毫不爽的。

四

以上所引述的國民黨和進步黨的討袁文電，都是站在反帝制的敵對立場而發，這為事理之所必然的。但袁世凱平素所倚為腹心的北洋嫡系，後來眼看他大勢已去，也跟着反袁，發出若干文電，迫其退位，這就大出乎他的意料之外了！當袁世凱進行帝制期間，除了遵行「妾婦之道」的楊度，孫毓筠、段芝貴、朱啓鈐、袁乃寬、張鎭芳等那班人，企圖攀龍附鳳，竭力慫恿袁氏稱帝外，他如具有風骨和遠識而為袁氏所信服的師友僚屬，若農商總長張謇，機要局長張一麐，肅政史費樹蔚等，俱曾苦口諷諫，或上書勸阻，而袁氏均不見聽，遂先後相繼辭職。至於他一手培育且握有北洋實際兵權的段祺瑞、馮國璋，則自始卽對帝制持消極反對態度，段且憂讒畏譏，託病辭去陸軍總長之職，養疴西山。馮則遠在南京，遇事模稜，專為自己打算，表面對袁恭順，實則不為袁助。迨至袁氏為西南護國軍所逼，於五年三月下旬下令撤銷帝制，猶冀保留總統名位，曾擬請黎元洪、徐世昌、段祺瑞三人出面調停，致電西南言和，要求停戰，而蔡鍔的覆電則甚為強硬，說是「默察全國形勢，人民心理，尙未能為項城曲諒，凜已往之玄黃乍變，慮日後之覆雨翻雲，已失之人心難復，既墮之威信難挽。若項城本悲天憫人之懷，為潔身引退之計，國人軫念前勞，感懷大德，……崇奉豈有涯量。」到四月中旬，獨立各省會銜答覆黎徐段的電文，措詞更為嚴厲，有謂：「項城違反約法，自召兵戎，若僅削除帝號，復稱總統，廉恥既亡，威信全失，愈益國家之憂，莫慰中外之望，無術可以調停。請轉項城，速行宣告退位。」於是袁世凱的處境，更為狼狽。

不料就在這個時候，馮國璋復於四月二十六日致電黎徐段，請其勸袁退位，說是「國璋耿直性成，未能隨時俯仰，他人肆其搆讒，不免浸潤日深，遂至因間生疏，因疏生忌，倚若心腹，而秘密不盡與聞，責以事功，而擧動復多掣肘。減其經費，削其實權，全省兵力四分，統系不一，設非平日信義能孚，則今日江蘇已為粵浙之續矣！顧國璋……默察國民心理，怨誹尤多，語以和平，殊難饜望，實緣威信既墮，人心已渙，縱挾萬鈞之力，難為駟馬之追，保存地位，良非易易。若察時度理，已見無術挽回，毋寧斂屣尊榮，亟籌自全之策。……苟長此遷延，各省動搖，國璋縱不忘舊誼，獨以擁護中央相號召，亦恐應者無人，則大總統孤立寡援，來日殊不堪設想。……諸公誼屬故人，近參機要，請以國璋電文上陳省覽。」這個電報對袁的打擊太大了，連多年一手培植起來的自己人，都附和獨立各省的主張，逼其退位，在他看起來，人心變化莫測，是太可怕的。

接着，陝西省陝南鎭守使陳樹藩，於五月九日逐走將軍陸建章，自稱都督兼民政長，並發出電報說：「秦人反對帝制甚烈，數月以來，討袁討逆各軍，蜂起雲湧，樹藩因欲縮短中原戰禍，減少陝西破壞區域，業以陝西護國軍名義，宣告獨立。」及至五月二十二日，四川將軍陳宧也發表通電，謂「川省當滇黔兵戰之衝，人民所受痛苦極鉅，瘡痍滿目，村落為墟。憂時之彥，愛國之英，皆希望項城早日退位，庶大局可得和平解決。宧既念時局之艱難，又悚於人民之呼籲，因於五月三日逕電項城，懇其退位，爲第一次之忠告，原冀其鑒此忱悃，回易視聽，當機立斷，解此糾紛，乃覆電傳來，則以妥籌善後之言，爲因循延岩之地。……是項城所謂退位之者，決非出於誠意，或爲左右羣小所挾持。宧爲川民請命，項城虛與委蛇，是項城先自絕於川，宧不能不代表川人與項城告絕。自今日始，四川省與袁氏個人斷絕關係。袁氏在任一日，其以政府名義處分川事者，川省皆視爲無效。……」五月二十九日，湖南將軍湯薌銘，更發表措詞激烈之電文，促袁退位。其第一電云：「前接馮上將軍通電，籲請我公斂屣尊榮，誠見我公本有爲國犧牲之宣言，信我公之深，愛我公之摯，以有此電。循環三復，怦怦動心。國事棘矣！……非可以武力爭也。武力之勢力，可以與武力相抗，今茲之勢力，乃起於無絲毫武力之人心。軍與以來，徧國中人，直接間接，積極消極，殆無一不爲我公之梗阻。……既已至此，靖人心而全末路，實別無他術出乎斂屣尊榮之上。我公所謂爲國犧牲者，今猶及爲之，及今不圖，則我公與國家同犧牲耳。議者謂我公方藉善後之說，以爲延岩之計，誠不免妄測高深。顧我公一日不退，即大局一日不安，現狀已不能維持，更無善後之可言。湘省軍心民氣，久已激昂，……無可再抑，茲徇全湘民衆之請，宣布獨立，與滇黔桂粵浙陝川諸省，取一致之行動，以促我公引退之決心，以速大局之解決。」其第二電則謂：「自籌安會發生，樞府大僚，日以叛國之行爲，密授意旨，電書雨下，怵誘兼至，傀儡疆吏，奴隸國民，疇實使然，路人共見。……須知公即取消帝制，不能免國法之罪人。薌銘雖有知遇私情，不能忘國家之大義。……電請退位息爭，既充耳而不聞，彌附心而滋痛。大局纍卵，安能長此依違？……如必舉全國而犧牲，惟有以干戈相見。」陳宧和湯薌銘是袁氏一手所培植起來的地方疆吏，原爲帝制勸進的派的健將，袁用之坐鎮川湘以對付西南，孰知其竟倒戈反噬，也站到西南反袁的一面去，向袁勸退，所以袁看到陳湯的電報，痛恨其反覆無常，有如萬箭穿心，較之國民黨人和進步黨人的罵他，還要切齒萬倍，但又絲毫無如之何。這是促成他不久即氣憤逝世的最大原因。

袁世凱逝世之日，張謇聞訊，在其日記中有幾句非常感慨的話批評他說：「三十年更事之才，三千年未有之會，可以成第一流人，而卒敗於羣小之手。謂天之訓廸吾民乎？抑人之自爲而已！」的確，以袁世凱的雄才大略，和他在民國初年統治全國的聲望權力，是很可以做到像美國開國總統華盛頓那樣地名垂不朽，然終以設於帝制之一念，遂致及身而敗，使後來讀到這些反袁文獻的人，是總不免有無限的感喟的。

——一九六〇年一月五日寄於香港。

巧姐的年齡問題

——敬答嚴明先生

趙岡

在「自由中國」廿二卷二期中讀到嚴明先生大作「鳳姐的結局——從二令三人木」。嚴先生在文後對於「鳳姐有幾個女兒」這個問題，提出了幾點意見與批評。如果僅是爲了這個問題的本身，我沒有爭論的必要。鳳姐究竟有幾個女兒，無關宏旨。但不幸這個問題却與一個更大的問題有密切的關係，那就是紅樓夢後四十回著者爲誰的問題。紅樓夢是世界名著，但是它後四十回究竟是誰作的，到現在還沒有一個完全令人滿意的答案。從研究中國文學史的立場來看，大家應該就能力所及，設法廓清這個問題，因此我覺得對嚴先生的意見有答辯的必要。

「鳳姐有幾個女兒」這個問題，是探討眞正續書人的一個有趣的線索，不過這個問題不能孤立來討論。紅樓夢續書問題牽涉甚廣，不是幾萬字之內所能說清的，所以我先後寫了五六篇文章，從不同的角度來看這個問題。「文學雜誌」七卷四期拙著只是其中一篇，其他各篇能否有機會登出來供讀者判斷，我到現在還沒有把握。因此在與嚴先生討論這個問題時，我是處於不利的地位。如果那幾篇文章都早被登出，則說不定嚴先生會接受了我的意見。起碼我可以不必再寫這樣一篇答辯的文章，因爲嚴先生提到的問題在那幾篇文章中早有解釋。在這裏我用最簡單扼要的方式把整個問題說明一下。萬一我那幾篇文章此後永遠沒有與讀者見面的機會，有興趣而且有發表文章機會的讀者，可以根據這些線索來重新探討紅樓夢的續書問題。

㈠脂本廿七、廿九兩回中「鳳姐有兩個女兒」錯誤的來源問題：這不是「抄書人抄錯」所能解釋的。抄手錯抄，有各種各樣的情形，但不會把四十二回才出現的「巧姐」之名，錯抄在廿七、廿九兩回中。我覺得這是雪芹「五次刪改」所留下的痕跡。較早的本子可能是有巧姐與大姐兒兩個人，後來改成只有一個人，而且在四十二回中補上劉姥姥命名一段。但是廿七、廿九兩回中的「巧姐」名字却被遺漏，而未曾改掉。這與第十三回可卿死後「彼時合家皆知無不納罕」一句屬於同一性質。由此可以推知後四十回本來是根據雪芹較早的一個本子所續下來的。旁證還有：

①第一百十一回鴛鴦死時可卿以縊鬼姿態出現。

②後四十回中賈母有個丫頭叫珍珠，但脂硯齋重評本以後的本子中，賈母的丫頭珍珠在第三回中已改名襲人。

㈡其他高鶚不曾續書的證據：

①第一百廿回最後「空空道人」一段，點明此是「續書」。此點與高鶚意見完全相反。

②第八十八回賈珍協理榮國府一段不但無頭無尾，而且應屬於第九十五回。

③第一百十八回中「那賈芸聽見賈薔的假話，心裏便沒想頭」那一段以前，應另有一大段文字遺失，可見高鶚當時所得確是殘本。

④後四十回中賈府被抄的時間（元宵節前）與曹頫藉家的時間相合。

⑤此外還有零星的證據證明高鶚不曾續書。

我個人的結論是(1)高鶚不曾續書，(2)後四十回是根據雪芹較早的本子續下來的。(3)此續書人可能知道曹家的眞正史實。至於續書人究竟是誰，目前很難確定。脂硯本人值得懷疑，蘇凌阿（蘇大司寇）和現這一線索也值得探索。

西德通訊・二月一日

從中德復交談蔣總統連任

岳賽夫

二次世界大戰後，德國遭遇着比中國更悲慘的命運。德國是戰敗國，我國是戰勝國，而且當時還是所謂五强之一。一九四九年，大陸變色，國府播遷寶島；同年，美英法三佔領區合而為一，成立了西德聯邦政府，並以民選方式選出了總統。十年來，德國人幹勁大、鬬志强，不但將一片廢墟的西德建設起來，工業生產已超出了戰前水準。尤其是西德政治更走上了民主自由的光明大道，對內一致團結，對外爭取與國。而臺灣國民政府，由於退守臺灣，不僅失去了「一等强國」的光榮名銜，而今日連代表「中國」的資格，亦搖搖不定，危險萬分。

基於西德遭有和中國同樣的歷史考驗，況且自由中國在亞洲有不可忽視的反共力量，因而西德本着爭取反共友邦的原則，一年前派遣以馬約尼加(Mayonika)率領的代表團訪問自由中國，為中德復交進行舖路工作。然而他們歸國後，將他們所見的回報外交部，並將部份訪問實情以報章雜誌、無線電和電視加以分析報導和廣播。德國人民之普遍反應是：自由中國是一個一黨專政、民主政治沒有上軌道、出版言論不自由的國家；認為在國民黨領導下的國民政府不但沒有希望反攻大陸，收復失地，而且代表「中國」的資格也將成為問題。由是，中德復交的速度因此「報告」而受了很大的影響。西德代表團對臺灣所能感到樂觀的是：臺灣還有充份的宗教信仰自由，而且，他們還認為「自由中國」雜誌能够在國民黨統治下，發表反對政府的言論，似乎還為臺灣的言論自由保存了一線希望。

西德政府曾準備於一九五九年年底再打發一個訪問團到自由中國訪問考察，希望改變德國人民對臺灣國民政府的看法，並於可能範圍內建立邦交。這是由於德國天主教神父們經常在德國報章雜誌上介紹自由中國如何進步的情形所致。而且西德政府的要員如艾德諾、總統呂畢克(Lübke)、外交部長卜蘭達諾(von Brentano)和國防部長司特魯司(Stauß)皆為天主教教徒。和中國遭有同樣命運的西德，本着基督博愛精神的外交政策，非常同情自由中國，願和中國拉起手來，共同抵抗共產主義。但由於中共炮轟金門和最近美蘇現實政治的特殊發展，使西德不得不慎重考慮，而將復交一事置於腦後。根據一西德外交政治觀察家魏克曼(Dr. Ludwig Wegmann)的分析：中共炮轟金門勤機之一，即爲打擊中德復交。中共炮轟金門的消息曾在西德各大報紙首面大登特登，另外刊登了不少漫畫；漫畫描寫了中共的强大和國民政府的無能怪像。因此，西德社會民主黨反對中德復交(社會民主黨為西德目前執政黨——基督民主同盟——的對立黨)，而基督民主同盟黨的一國會議員史本巴(Schirpenbach)也曾指出：德國於戰後，對外政治有很多難題須待解決，如果和臺灣國民政府恢復邦交，無異困難中找困難；不但使西德對蘇政治多了一個包袱，而且將增加「德國走向統一」的障礙。

國民政府為中德復交也不斷在努力。為了糾正德國人對臺灣的認識和加强兩國人民友誼，進而為中德復交舖路，臺灣國民政府曾派一位專員在西德辦了一個德文版的「自由亞洲」(Freies Asien)。不過，遺憾的是，其內容皆為黨八股的宣傳文字。不但德國人不感興趣，就是替「自由亞洲」宣傳或找主顧的德國友人及中國同學也提不起精神。「自由亞洲」的主持人不諳德文，雇了兩名秘書就敢出刊德文雜誌，主持對德宣傳，其成果可想而知，追論內容又是一律八股!?這位專員在去年聖誕節發給中德友人的賀年片上，居然還印上了他帶着他老婆孩子的全家福照片，自我宣傳。而臺灣國民政府對留德同學不聞不問，未加重視，未能善予運用，亦何嘗不是一莫大的損失！

一波未去，一浪又起！正當中德復交難關重重的當兒，蔣總統的連任問題又引起了德國新聞界一陣熱潮。西德午報(Der Mittag)第二版曾在本年一月二十一日登載了理查、胡依斯先生(Richard Hughes)一篇「臺灣的老人」(Der alte Mann auf Formosa)的專題報導，文中指出蔣總統於本年五月任期將滿，但還要修憲連任，此舉無異葬送了臺灣的民主政治，而且使西方民主國家不得不對臺灣重新估價。此篇特寫曾引起西德人士的普遍討論，一致認為蔣總統「破壞憲法的行為」將改變德國人對自由中國的觀感和信任，並使德國人對中德復交的前途擔憂。今年對中德兩國都是極其重要的一年，五月間的東西高層會議將決定德國的前途。從赫魯雪夫最近在莫斯科的演說和潘戈(Pankow)寫給艾德諾的文件，可知蘇俄「兩個德國」政治企圖必須成為事實。而康隆報告和美國外交政策委員會也在蘊釀並促使「兩個中國」的實現。如果蔣總統連任終於實現，這不僅是民主政治的笑話，亦是民主政治的悲劇。臺灣國民政府的前途以及蔣總統個人的聲譽，都將因「連任」而蒙上一層暗影。俾爾麥先生(Dr. Biermeyer)曾悲痛的說：「十年來臺灣國民政府反共事業有何成績？如果蔣介石還要連任，中華民國將患不治之病，其壽命最多只能活到五十歲！還有什麼中德復交可言？」

一月二十一日下午，幾個關心中德復交的德國新聞記者和筆者談到蔣總統連任問題，是時又來了幾位駐西德的外籍記者。做為一個中國人，當然要替自己中國人說話，本着家醜不外揚的原則，筆者力辯今天的自由中國需要蔣總統繼續領導。可是人家都不是瞎子，修憲連任與繼續領導豈能混為一談!?最後筆者只好面紅耳赤啞然無聲。一位德國記者說：「不是你沒有道理，而是蔣先生封上了你的嘴。如果他眞是獨裁者，倒也無話可說。因為獨裁者根本無法律可談！可是他偏要戴上民主的帽子，做些不民主的事。從當前的國際情勢發展來看，德中的處境皆日陷困局；如果蔣先生非連任不可，我們只有為你們祖國的前途擔憂，並為德中的復交悲！」

國民黨的李國俊配當基隆市長候選人嗎？

基隆通訊・二月三日

包　平

自從基隆市議會議長蔡火炮因涉嫌走私而被捕下獄後，有關蔡火炮與市黨部主任委員李國俊的一段秘密，乃不脛而走。國民黨的內部，也因此發生了「內鬨」的醜劇。如具名基隆市第四區黨部某某小組黨員×××致「劉用中」先生的檢擧書，就有四本，其中陳列李國俊的「妙事」，眞是奇文共賞，讀後使人不勝感慨。因此，臺北各報駐基記者，曾陸續不斷地在「公論報」、「自立晚報」、「民族晚報」、「民主潮」與「鈕司」等報刊，加以「有限度」的透露。

該檢擧書指出：李國俊是「一般民衆最不擁護者」，因爲他爲人「虛僞」，在地方上「欺騙」民衆，「自造派系」，且有「瀆職」的事實，於是就「笑話百出」了。

玆就李某「瀆職」部份而言：基隆海水浴場，係由基隆市民衆服務所（國民黨黨部對外稱呼）經營，而民衆服務處的理事長，就是由中國國民黨基隆市黨部主任委員李國俊所擔任，在「以黨領政」的口號下，市政府將海水浴場經營權交給民衆服務處了。但海水浴場因經營不善而虧本，服務處始終未公佈虧本的原因，市議會雖有質詢，市民亦煩言嘖嘖，而主管監督的機關，却充耳不聞不問，其情其景，實爲我推行臺灣地方自治的一大諷刺。

海水浴場一篇糊塗賬，不但「外人」不滿，即國民黨黨員「自己人」也看不順眼，而起來說話，要求公佈賬目。那筆糊塗賬，就在衆口之矢下列出來了。乃至國民黨內部所成立的「海水浴場營委會審核小組」也看不過去，而加以批駁了。以下就是該小組批駁理由書，我們能幸運地看到那筆爛賬，不禁爲我們的民主政治前途而悲！

民衆服務處經營海水浴場四十七年檢送單據核銷意見報告書：

一、薪津部份：㈠員工薪津及伙食津貼清冊，印章未蓋齊，應予補蓋。㈡臨時工資，應有註明領欵人住址。㈢加班費應註明事由及起訖日期。

二、經審核與規定不符，不得列支者應予刪除部份：㈠清理糞池慰勞金，盂憲合津貼費與規定不合，不得列支。㈡看管財物補助費，查已領有薪津，不得另發補助費。㈢車票郵票，均未送車站郵政局蓋章，應予刪除。㈣依規定十元以上單據，應取得統一發票，核與規定不合甚多。㈤收據未塡住址者甚多。㈥搬運費應註明搬運地點、日期、物品名稱。㈦印花稅由經手人出據，單據不合規定，應予刪除。㈧單據抬頭有市黨部塗改爲海水浴場，與規定不合。㈨四十七年七月十日購文具一批千餘元，六月卅日購文具一批七百餘元，何故用此大批文具，不無浮濫之嫌。㈩地價稅單據係民衆服務站，不得在海水浴場項內開支。⑪其中大部份憑證未能取得統一發票，而由經手人自行出據報銷者，均應予以刪除。⑫招待餐費單據六十三張，計六千二百三十六元六角，均係用便條隨便塡寫，既無抬頭又無商號名稱，究因何事招待何人，均無詳細名單且未詳敍事由，核與規定不合，於法難以採取，擬予刪除。⑬零星購買香煙等單據一一一張，計一千六百零三元，均與法令規定不合，不能取得統一發票，亦應開具證明蓋章齊全，有關主管印章，以符報銷手續。⑭開列市黨部抬頭招待餐單據十七張，計五、五七八、八〇元，應向市黨部報支核銷。⑮李主任委員支領四十六年五月至九月份，交際費一千五百元；張書記支六月至九月份，交際費一千二百元；車陽明一千五百元；查四十七年度工作計劃，並無此項規定，究係何項名義及何種規定支領，應申復理由。⑯市黨部修理汽車、汽油桶、宿舍、水池水溝、吊扇、新購自行車、新購汽油費等萬餘元，核與海水浴場業務無關，且單據均列市黨部抬頭，不應在海水浴場經費列支。⑰李主委招待費二千元（單據三張），言明實報實銷，但無報銷單據，如未曾擧辦，應將原欵繳還。⑱遊日月潭旅費四千四百六十一元，係何人何事，均未詳敍，核屬不經濟支出，擬予刪除。⑲李主委慰問徐哲仁、辜家樹計一千元，事與海水浴場業務無關，擬予刪除。⑳職員返往搭乘三輪車，不合規定，應予刪除。㈡印刷費單據應補附樣本。㈢購買唱片等設備，應列入財產，補編財產目錄。

三、收入部份：核無原始憑證，據稱由市黨部逕行收取，其數字無從審核。

以上應行補辦手續者，先行補辦，再行送核。

委員吳廷賢，視導員魯沫。

若是海水浴場營委會審核小組核銷意見報告書不錯的話，則身爲國民黨基隆市黨部負責人，即民衆服務處主持人的李國俊，已涉有觸犯刑章之嫌。

其實，李氏之爲基隆地方所評議者，還不止此。例如破壞國民黨的人事制度，任用因强姦婦女而被開除黨籍的私人，暨黨內選擧第四屆市代表（四十七年三月二十三日）舞弊等情，但這都是國民黨內部的事，姑且不論。

根據國民黨黨員檢擧書「基隆市黨部主任委員李國俊工作表現第二冊」第四頁「乙」項「蔡火炮欠市黨部二十八萬元」部份稱：「㈠第一筆八萬元；此欵係四十三年間由全市黨員（包括向黨外人士所募捐）所捐獻，定名爲『黨員經濟生活輔導基金』，本（四十八）年五月間全數撥交蔡火炮經營華光印刷廠』，現任議員王礪固任經理，蔡火炮任董事長，又是此八萬元的保人，但開業不滿半年，而竟在本（十二）月份倒閉了，此欵究竟如何處理，文（審查人姓名）不明白。㈡第二筆二十萬元：此欵係李國俊本（四八）年度要求市議會通過的，由市政府撥給市黨部。原名爲『市黨部員工福利基金』，後改名爲『市黨部緊急應變費』，撥欵時是蔡火炮到市政府取回銀行支票，李國俊加蓋印章後，交給蔡火炮將欵取去了，但欵被蔡用，未立憑據……」云云。

基隆市黨、政、議會三位一家，倒霉的是納稅人與選民，但像這樣聲譽掃地的人，竟獲得國民黨中央的賞識而提名爲基隆市長候選人，這就難怪國民黨在基隆市民心目中也聲譽掃地了。

不過，像這樣的市長候選人，難道我們基隆市民還該瞎着眼睛投他一票嗎？

人生如球戲

——美語新詮之一

喬志高

人多學英文，未曾聽說有學「美文」的。英美雖同文，然而美國人傳達思想，表露感情，自有其字句辭藻，與正宗英文逈然不同。已故美國新聞記者兼文藝批評家孟肯 (H. L. Mencken) 著有「美國語文」一書，再版四次，補充又兩次，研究美語與英語的「源流」和分歧，認爲美國語言從開國到如今早已有其獨立性。晚近美式文化傳播全球，美國新聞通訊、雜誌文章、電影、電視、無線電等等，風行遐邇，其中所用語句，多有爲異邦人費解者，即精通古典英文亦往往不知所云，翻查字典辭源也多半不得要領。茲彙集典型美國語句，擇其通行而有趣者，無論俚語、俗語、俏皮話、口頭禪或美語美用，分類加以詮釋，並在可能範圍之內，就個人見聞所及，用中文語句對照，以博讀者一粲，供自修「美國話」之助云爾。

一 人生如球戲

壘球(或稱棒球)是美國最普遍的運動(臺灣因日本人影響，亦相當注意)，其中術語多有廣泛應用到日常生活的，以下諸語頗耐人尋味：

「玩球」(play ball)。雙方隊員準備上場，公證人喊一聲「玩球！」即開始競賽。美國社會上通常用此語，則有與人合作、週旋、互相幫忙、甚至狼狽爲奸之義。例如，甲對乙說：「你要想升官發財，非同上司『玩球』不可。」

「球上功夫」(something on the ball) 或 (a lot on the ball)。壘球賽中投手爲全隊樞鈕，投手技術高明的能投「急球」、「慢球」、「曲線球」、「轉球」等，花樣繁多，出奇制勝。故通常稱某人「球上有點功夫」或「球上很有功夫」，意同中國話：某人「很有本領」，「很有辦法」，或「很有兩手」。

「兩擊不中」(two strikes against him)。壘球賽中，打手輪流上場，每次可打三棒，三擊不中即無法登壘。故通常比喻一人做事出馬不利，機會不均等，或先天不足，成功的可能性少，即謂「他一上來已經兩擊不中了。」例如：「黑人在美國南方尋找職業，還未開始已經『兩擊不中』了！」

「一壘都跑不到」(can't get to first base)。壘球比賽打手一擊命中後可跑到「一壘」、「二壘」、或「三壘」，跑回「家壘」即爲本隊贏得一分。故跑到一壘是得分的起碼條件，一壘都跑不到表示「毫無辦法」，「一籌莫展」。例如：「我的朋友某某在香港想追一位電影明星，可是他跟她「一壘都跑不到！」

「叉到左場去了」(reaching out into the left field)。壘球場狀似金剛鑽，分「內場」與「外場」兩部，外場又分中場、左場、與右場，由守方派球員三人分別站崗防衛。球場大小各有不同，然左場往往距離打手所在地之「家壘」最遠，遠球打到左場，守衛者接住後每須用盡全力才能投回內場，故逢人討論事物，彼此爭辯，有論據離題太遠，不着邊際者，即譏之曰：「你這句話簡直是『叉到左場去了』！」與中文「易君左矣！」的說法，可謂巧合。

「擊球平均數」(batting average)。在美國，壘球爲職業體育競賽中球迷最多的一種，每年春天壘球季開始，報紙也連篇累牘刊載「球經」。壘球有史以來，每隊及各著名球員，無論攻守，皆有精密的數字統計，其中最重要者爲每人的「擊球平均數」，指每一球季該員以打手姿態出場多少次，其擊中又多少次的百分比。球藝高明的百分比在「點三〇〇」左右。在日常生活中亦即以此喻一人做事的成績水準。例如：「某某做了外交部發言人兩年，雖然不是有問必答，但是他的『擊球平均數』總算相當高。」

除壘球外，美式足球(上海人稱「橄欖球」)、高爾夫、拳鬪、打彈子等體育項目，對美國語文多多少少都有貢獻。報紙體育欄記者固然有枝生花妙筆去描寫緊張的競賽場面，相反的，普通人說話能用幾句體育術語來做比喻，也可以言之有力，使人馬上會意而印象深刻。舉例來說，美國壘球季的最高潮乃是每年十月初兩大錦標隊七賽四勝的決戰，美其名曰「世界連賽」(World Series)。近年來紐約的「洋奇」球隊十九奪得此項「世界錦標」，可是比賽的過程中往往雙方勢均力敵，幾乎每場都成爲勝負關鍵。在緊要關頭有記者訪問「洋奇」球隊的軍師，綽號爲「老教授」的老頭兒史丹格爾，要請他預測究竟鹿死誰手。「老教授」的回答很妙，他說：「別忙！咱們打一場算一場。」(We play 'em one at a time.) 蔣廷黻博士任聯合國代表，近年來每屆大會要過所謂「中國席位」問題的難關。去年（一九五八）大會以四十四票對二十八票(九票棄權)的比較，再次決議不討論中共入會問題。事後美國記者包圍蔣廷黻，七嘴八舌問他對來年的瞻望如何。蔣代表也用幽默的口吻套用「洋奇」壘球隊「老教授」的話回道：「別忙！『咱們打一場算一場』。」記者聞之絕倒，第二天紐約時報用方格登出，傳爲佳話。

一九五九年聖誕節前三天於華府。

江湖行（十七續）

徐訏

八十五

這裏沒有人知道我爲什麼會失去了紫裳。曇姨還以爲紫裳發現了我愛容裳，所以嫁給了宋逸塵。但這祇是我從她的語氣中猜想，我們並沒有詳細談這件事情。好幾次曇姨想同我澈底談談我與紫裳的經過，因爲看我不想提起，所以沒有談下去。

我還不知道容裳是不是還是像以前一樣的愛我，但是我心中竟還有一個沒有告訴她的故事，那是在桂林療養院裏的阿清。

爲衣情的關係，我失去了紫裳；我怕爲阿清的關係，我會失去容裳。到重慶以後，我幾次三番都想把我與阿清的種種告訴曇姨，但是我竟不敢開口，不用說，我是更沒有勇氣去告訴容裳了。

容裳從裏面出來，她已經沐浴梳洗，換了一件白色的旗袍。但是她還是一點不施脂粉，她的皮膚是一種健康的棕紅色，眼睛清亮如水；她頭髮已經剪短，也沒有鬈燙，但蓬鬆有致。她眞的已不是以前的小鳳凰了。

「你爲什麼一直看我。」她笑着，露出她整齊的潔白的稚齒說。

「你知道麼？」我說：「你眞是同以前不同了。」

「我應當感謝你的。」她說：「你鼓勵我讀書。」

「學校生活怎樣？」我說：「你過得慣？」

「我很快活。」她說：「我先過不慣，現在早習慣了。」

曇姨叫我們吃飯，在燈光下與熱氣騰騰的飯菜中，我眞是感到一種從來沒有過的溫暖，這使我想到了許久以前我父親沒有瘋沒有病的日子。

舵伯穿白衣短衫袴，曇姨也換了一套黑紗的衫袴。她與容裳都沒有戴一件首飾。我發現我們的身上都是布衣，眞像是鄉村裏一個家庭。

曇姨告訴我因爲舵伯血壓高，很少吃肉類；她又是吃素的，所以平常多半都是素食。今天爲我與容裳殺了一隻鷄。她又說桌上大部份的菜，都是自己種的，鷄自然也是自己養的。

舵伯晚上愛吃幾杯酒，現在也並不能完全放棄，但曇姨給她一定的限量，我每夜陪他喝一杯或兩杯。今天大家都高興，曇姨自己也喝了幾杯，容裳也喝了兩杯，我們談談說說，眞像在夢中一樣。

飯後，容裳要我到她房裏去看照相。她的房間就在曇姨房間的隔壁，是一間長方形的房子。牆上掛着她自己一張照相，也已經是到了內地以後照的。有好幾個洋娃娃，有的還是從上海帶來的。她給我看的相片都是學校裏的生活。她的照相簿裏竟沒一張是她過去的照片。我說：

「怎麼，你以前的照片呢？」

「我都燒了。」

「爲什麼？」我說。

「我已經是劉容裳了。」

「我倒很想有你一張以前的照片。」

「爲什麼？」

「一張沒有剪去頭髮的照片。」我說。

「學校裏不許我們留長頭髮的。」

「我想得到。」

「剪去的時候我眞不捨得。」

「你沒有寫信告訴我。」

「我想，我要重新開始。剪去也好。」

「你剪去的頭髮呢？」我說：「你不想送給我麼？」

「我交給了母親。」她笑着說：「我本來要送給你，後來我想，我要你重新認識我。」

「爲什麼你這樣不要你的過去呢？」

「過去我是一個唱大鼓的。」

「這有什麼不好？」我說：「這不是什麼恥事。」

「可是……可是學校裏誰都不知道我……」容裳沒有說下去，但是她的臉有點泛紅。

我馬上想到這是社會傳統的偏見，她的同學或是老師如果知道她是唱大鼓的，一定會用特殊眼光去看她的。也可能生出許多無聊的謠言。把讀書一定看作高于別種生活的偏見，恐怕正是教育的失敗。我當時說：

「容裳，在我腦筋中，你永遠是你，你怎麼變還是你。你怎麼變還是可愛的你。」

「但是我的確不是以前的我了。」她忽然笑着說：「你知道我對什麼功課最有興趣嗎？」

「音樂，是不是？」我說。

「不是，我最感興趣的是化學。」

「化學？」

「眞的？」

「我想中學畢業後去讀化學系。」

「你眞的這樣相信讀書了？」

「你這話是什麼意思？」

「我祇是發覺了你對讀書眞是發生興趣了。一個人對于讀書發生興趣，就像戀愛一樣。」

「我還沒有到這個程度。不過每當我煩惱的時候，我拿一本書看看，或者到化學實驗室去洗洗瓶子，就什麼都忘記了。」

房中有一個小小的書架，容裳放着許多雜七雜八的書。我看她讀書相當廣泛，我就隨便同她談談一些流行的社會問題，她也很有意見。她正在知識慾盛旺的年齡，她有許多出我意料之外的問題。

胡媽邀我們到舵伯房間裏去吃水菓，我們又在舵伯書房中坐了一回。鄉間生活，習慣上都睡得很早，容裳下午又打了球，說特別疲倦，所以不到十點鐘，大家就去就寢。

回到自己房裏，我一個人躺在床上，可怎麼也不能入睡。

我不知道我是否在愛容裳，也不知道容裳是否在愛我，但我竟覺得容裳離我是比以前遠了。她進了學校後突然年輕起來，而我在生活中折磨，眞的已經老了。尤其我的腿傷，有時候還是隱隱作痛，這不能說不影響我的精神。我從容裳想到紫裳，從紫裳想到衣情；又從容裳想到阿淸，從阿淸想到紫裳；一個人情感的創傷正像肉體的創疤，我的心靈的隱痛也正像腿部的隱痛。

不知怎麼，我一時竟有許多奇怪的傷感，過去的壯志雄心已烟消雲散，我覺得我唯一可努力的應當還是寫作。那麼我何不決定在這裏住下來，倘若容裳眞是愛我的，那麼我爲什麼不向她求婚？而在這裏安逸地成家立業呢？舵伯年齡老了，他需要我；曇姨同我也投機，她也許正希望我同容裳可以結合，那麼不是一個最美麗最幸福的團聚麼？我還要去追求什麼？

我于是想到應當把這個意思告訴韓濤壽，要韓濤壽照拂阿淸，半年或一年後，等她健康恢復，再慢慢的把我的事情告訴她，或者介紹她一些朋友，使她可以把我祇當作她的父兄。我還應當找機會把阿淸的事情同曇姨談談，免得她與容裳將來對我誤會。我相信上海撥兌出來的錢是足够幫助阿淸的。我這裏需錢不多，在這個環境中，我大可埋頭寫作，也借此養養身體。這樣一想，我倒開始安詳一點。

窗外傳入蟋蟀的低吟，月光照在我的床前，我翻身聽着我枕邊的錶聲，就入睡了。

醒來是七時，窗外已經可以看到陽光。外面有胡媽與容裳的語聲，我翻身起來。盥洗完畢，到了外面，發現舵伯曇姨等都已起來，正在吃早點。

「爲什麼不多睡一回？」曇姨說。

「已經睡晚了。」我說。

「我現在都早睡早起，同以前完全倒了過來。」曇姨說。

「那完全是我把你改過來的吧！」舵伯說。

「咱們倆也不知道誰改誰的？你也一直不是早起的。」曇姨說。

「舵伯在上海不也是很晚才睡麼？」

「到重慶我每天五點半就起來了。起來我打半小時太極拳，一直在花園裏，到七點鐘才進來。」舵伯說：「不過下午我要睡一個半鐘頭。」

「這到是很好。」我說：「我要住在這裏，也跟你學。」

「在鄉下，很容易習慣。」曇姨說：「容裳她們在學校裏也是六點就起床了。」

「晚上幾點鐘就寢？」

「九點半。」容裳說。

早餐吃的是稀飯，可是舵伯餐後要喝一杯咖啡，咖啡在重慶當時是很珍貴的。我不十分喜歡咖啡，曇姨也不愛喝；所以只有容裳陪他喝。

早餐後，容裳說帶我到外面走走，說小山後有一個小溪，風景不差。

那時已是滿野陽光，但還不很熱。我們從屋後越過小山，下坡走過好些別墅，穿過一個小小的山徑，才走到一個叢林，于是我看到了坡下一灣小溪。溪邊有幾株黃桷樹，容裳就帶我到黃桷樹下面。她說：

「這裏不是很好麼？」

我看到小溪的對岸有許多杜鵑，正開着深紅淺紅的花朶，遠處是一些樹林，隱約可以看到一個村落。黃桷樹下有幾塊亂石，石上露水還未全乾，我把手帕揩了一下，我們就坐下來了。

「容裳，你記得你動身來四川前我送你上船時的情形麼？」

「我自然記得。」

「你現在還是像那時一樣的愛我麼？」

「你呢？」

「我比那時更愛你了。」我說：「你知道爲什麼？」

「因爲紫裳已經嫁人了。」

「也許，但也因此我更了解自己了。」

「我現在也比較了解自己，」容裳忽然說：「我覺得我的愛你是很不自然的。」

「怎麼？」

「因爲那時候我妬忌紫裳，一切她有的我都想要。」

「那麼現在呢？」我說：「是不是她不要你也不要了。」

「我不是這個意思。你記得我們一起看紫裳的電影，我覺得太可笑麼？」

我點點頭。

「我當時總覺得我是強于她的，她會的我都會比她好。」容裳說：「你說我多可笑。」

「那麼現在呢？」

「現在我知道她有的，我永遠不會有，我有的她隨時可以有。」

「爲什麼？」

「這因爲她是一個天才，我只是母親教育的。」

「你好像變成很崇拜她了。」

「是的，也許我是受舵伯與母親的影響。」

「怎麼？」

「母親一直以爲紫裳會不再認她爲母親，或者會恨她，不願見她，可是紫裳竟什麼都沒有計較，她愛母親完全同我一樣。舵伯說紫裳在上海時許多人都妬忌她破壞她，她可從來沒有說過人一句壞話。特別是對衣情，她始終沒有恨過衣情，雖然衣情做過許多破壞她的事情。」

「她上次回來你見過她？」

「自然。」

「她同你談些什麼？」

「她勸我好好讀書。」

「沒有談起我。」

「沒有。」她說：「一句都沒有。」

我沒有再說什麼。

「你一直愛着她的，是不是？」容裳忽然說。

「是的。」

「但是你還愛着我。」

「我不知道自己。」我說：「我大概因爲已經覺得她是高不可攀了。」

「你不過是拿我去替她就是了。」

「也許你可這麼說，我也無法說明我的感覺，在上海，有一度你知道她已經是我的太太了，那時候，我只想把你愛成我的妹妹一樣。可是後來…………」

「你不要說下去了。」容裳說着忽然眼眶裏露出淚水。

「現在，這些都過去了。我已經回到你的身邊。我覺得，如果我可以有點幸福的話，那只有你可以給我了。」我說着很想接近她。但是容裳避開了我。她說：

「假如你是愛我的話，我們就這樣做個好朋友；我現在不想戀愛不想結婚，我只想多讀幾年書。」

「是的，你還年輕，可是我已經老了，我需要一個家，一個……」

「但是，」容裳截斷了我的話，說：「如果你是愛我的，你可以等我，如果你只想有一個太太，那麼，我可不要找一個並不是因爲愛我而想娶我的丈夫。」她一面說着，一面站起來，又說：「不要說了，我們回去吧。」

「是的，我知道我太自私。」我說：「只要你願意我等，我等你，一直等你不要我時候爲止。」

八十六

容裳于當天星期日下午就回學校去了，她不要我送，因爲她要先去同學家裏結伴回校。

她去後，我一個人想想她對我談的種種，覺得我自己急于要結婚成家也許只是一種對紫裳報復的心理。我現在正可以做點我想做的事，寫點我想寫的東西。我覺得我一個人住在舵伯家裏沒有什麼，結婚以後自然不能同她們住在一起了。照我現在的情形，我也實在還沒有能力成家，而且還有阿清的問題；容裳想讀書，我可以同她做一個朋友，這不是最幸福的事情嗎？

這樣一想，我倒覺得非常愉快；容裳雖已不是過去的小鳳凰，但我們還是彼此了解的。我好像新交了一個我喜歡的朋友，可是又關聯着我過去的舊情。

這一次會見容裳，對我最大的影響，是我像確定了在重慶住下去了。當我在桂林動身的時候，我總以爲我是很快會回去的，現在好像再沒有這個打算。

我于星期一去市區，看了幾個朋友，我又去訪余子聽。余子聽在上清市中華中學教書。中華中學在一個山坡上，環境很好。我去看他很出他意外，他說他正發出一封信給我。

中學教員待遇很辛苦，不過余子聽有一間很幽靜的房間，使他可以讀書寫作。他非常誠懇招待我，拉我一同去吃晚飯。他說，他正同一家新文書店合作預備恢復宋齊堂先生主編的文學雜誌。他寫信給我，就是希望我可以早點來重慶一同辦這個雜誌。爲紀念宋齊堂先生，以前的撰稿朋友可以重新集合起來，也是很有意義的事。我當時聽了非常興奮。飯後他就同去那間新文書店，爲我介紹負責人戴光祚。戴光祚又請我到心心茶室喝茶，很具體的談這本文學雜誌，同時還希望重版我的「盜賊之間」幾本小說。

戴光祚打算根據我們所講的擬兩張合同，擬好了大家同意，就可以簽訂。他一面先要我們着手進行文學雜誌的編務。我們談得很久，後來他們又談到當時重慶文化界出版界的種種，我因爲完全不懂，像是走進了一個新的世界，所以聽起來，覺得很有趣。

從心心茶室出來，已經很晚，余子聽邀我住在他那裏，當晚我們商談文學雜誌的進行，我們手頭上沒有文學雜誌可查，只憑記憶想到以前寫稿的人，開列名單，其中有的都在這裏別的報章寫稿，有的在大學或中學裏教書，另外有些人，余子聽說間接可以打聽到。還有一些在上海沒有出來的，自然無法去約他們。我答應回到南岸先做這寫信的工作。由余子聽與戴光祚接洽，進行另外一些事務的工作。這樣我于第二天就回到南岸。

這是我重慶生活的開始，這是一個有工作的生活，同桂林的生活自然很不相同。

一個半月以後，文學雜誌就出版了。我第一篇文章就是紀念宋齊堂的，我寫出他的爲人，爲學，報導了他眞正致死原因。最後我敘述我與他的關係，以及我受他的教益與鼓勵。這篇文章雖只有兩萬字，但是因爲所寫的都是眞的事實與眞的感情，所以很受一切認識宋齊堂先生的人的誇讚。早來內地的人，許多人連宋齊堂死去都不知道，自然更不知道他致死的原因。讀了我的文章都紛紛來信詢問，本來找不到地址的朋友，看到這本刊物也都聯絡上了。這本刊物出版就很成功，其原因就因爲它是宋齊堂多年心血所培養的。

余子聽因爲教書忙，編輯工作結果都由我負責，以後我就規定了一星期兩次進城到新文書店去處理編務，當時我的小說也陸續在新文書店出版，再加上許多應酬接洽，所以這兩天工作往往很忙，有時候就要住在余子聽那裏。不過我們工作得很起勁，余子聽不但同我合作得很好，而且還給我許多鼓勵。

但是不管怎麼忙，我總不願意把星期六下午的時間支配出去，我必須同容裳在一起。通常下午我陪她去看電影，戲散後就伴她回家，第二天早晨我們總是散步到那個溪邊去玩。學校的暑假到了。先是容裳預備考試兩星期沒有回來，接着她就放假了。

放假那天，曇姨同我都去接她，這是我第一次到她學校。當我幫同校役把容裳的行李什物放到車上時，我心裏感到非常快樂。因爲我現在竟有兩個月長長的暑假可以同她在一起了。

容裳汗漬滿面，笑容可掬，與同學嘻嘻哈哈的告別，最後提着大包小包的上了車子。我說：

「做中學生可眞是快樂。」

「你第一次來這裏吧？」

「可不是？」

「想不想參觀參觀？」

「下回再來參觀吧。」曇姨說：「你看你在學校裏這麼髒。」

「每天考試，誰有工夫去打扮。」容裳笑着，用手抹抹額上的汗說。這時手上的墨水反染上了前額，我用手帕爲她揩着說：「你好像瘦了些，考得很好吧？」

容裳頑皮地笑了笑，她說：

「馬馬虎虎。」

那天晚上我與容裳在家裏睡得很晚。我們談東談西，吃這樣那樣的，時間過得很快。她忽然告訴我明天晚上有一個舞會，在同學家裏，要我帶她去參加。她說平常舞會都在霧季，明天因爲那位同學的哥哥們從成都回來，又逢到她們放假，所以她的家裏有人發起這個晚會。她的哥哥是空軍，所以一定有許多空軍的朋友。我到重慶後還沒有跳過舞，我自然很高興的答應了她。

我來重慶後，容裳一直一點沒有打扮，完全是一個骯髒的中學生。現在，就在我們參加舞會的那一天，她忽然打扮起來，這眞是很令我驚異。她穿一件銀灰色的旗袍，配一雙銀色的高跟鞋，臉上又塗上了脂粉口紅，瞬間我覺得她突然成熟起來了一樣。

那天因爲舞會是在城裏舉行，我們恐怕晚到，所以先到了市區，在歐美同學會吃晚飯。在飯桌上，容裳忽然說：

「你還記得在上海第一次帶我跳舞的情形麼？」

「你也記得？」

「我每次跳舞時都想到。」

「在費蒙達，是麼？」

她看我一眼，點點頭笑了。她臉上淡淡的笑渦與淺淺的黑痣以及充滿了青春的眼睛，一瞬間顯得奇怪的美麗，我忽然想到我來重慶後還是第一次兩個人相對在一個小桌上吃飯。這使我回想到我們第一次在費蒙達的情味。我說：

「你是更加年輕與美麗了。」

「我黑了許多，是不是？」

「也健康了許多。」

她又看我一眼，點點頭，臉上閃着微笑。

「你知道 你打扮起來完全是另外一個人。」我說。

「我這些衣服沒有機會穿，除了這樣的晚會。」她說：「秋天起我們有很多晚會。好像一年多一年似的。」

我沒有說什麼，一直看着她。

「我們來的時候，好像只是聖誕節同新年，或者歡迎成都來的一些空軍才有舞會。第二年就多了，現在好像秋天一到就是舞季，每星期都有。」

「你都參加？」

「我並不都參加，不過我喜歡跳舞；還有，借此我也可以打扮一次。」容裳說：「冬天我們要考試，我就不參加了。」

「你認識很多空軍？」

她點點頭，笑笑。忽然說：

「他們都很可愛。」

「自然囉，年輕、健康、活潑。」

「除了舞會，我很少同他們來往，我要讀書，不過有的我同他們通信。」

我沒有說什麼，心理感到一種說不出的不舒服，我知道這是一種嫉妬，我一面極力想擺脫這種嫉妬的情緒，一面還是鬱着這奇怪的不舒服，我說：

「你不怕我妬忌。」

「你以爲我不應該多交一些朋友麼？」

「自然你應該多交一些朋友。」我說：「我不過同你開玩笑。其實我有什麼資格嫉妬呢？」

飯後我們就到棗子嵐椏江家去參加舞會。這是我第一次參加重慶的舞會。我碰到了許多活躍的太太與小姐與英俊的空軍。容裳一一爲我介紹，有許多都會經讀 過我的作品，我們有很多話可談。

在許多小姐之中，容裳顯得非常出色，她同許多人都很熟，這很使我詫異。因爲她在學校裏很少同人接觸，怎麼竟能認識這許多人。在她們交際談笑以及後來跳舞中，我突然發現我的年齡像是已經不在他們的時代裏面了。

在許多傾慕容裳的男人中，我注意到一個姓孔的空軍中尉，他好像特別對她傾倒。他年輕漂亮，身材高高的，有一個孩子的面孔，笑起來嘴唇微彎，像是有點含羞。大概因爲容裳會經跑過碼頭，她能大方應付這些男人。我于開始時和容裳幾跳過隻舞，以後我一直同一羣年紀較大的人在一起，那時候我心境非常開朗，我沒有被嫉妬的情緒所打擾。因爲我們住在南岸，所以十二點半就先告辭。到了外面，容裳說：

「你不喜歡？」

「怎麼會不喜歡。」

「你舞跳得很少。」

「你不覺得我年紀同你們不同麼？」

「好幾個老頭子都在跳，你年紀大得了多少？」

「容裳，你想這裏多少人是對你傾倒的，你來參加舞會，我自然不要霸佔你才對。」

「我不是說對我，裏面這許多小姐，你不跳舞。」

「但是……但是我不是說過我只是等你麼？」我半玩笑似的說。

容裳沒有再說什麼。

回到家裏已經一點三刻，可是我們還在客廳躭了很久，容裳拿出餅乾來吃。

「容裳，你不睏。」我說。

「我下午睡了兩個鐘頭。」

「你好像是爲我才回來的，不是許多人都希望你通宵麼？」

「我只通宵過一次，很不舒服。還有我母親也不許我通宵。」

「明天早晨我們還去散步麼？」我問。

「自然，爲什麼不？」

「怕你起不來。」

「我一定起來，下午我可以午睡一回。」

吃了些餅乾，喝了點茶，我們于三點鐘才去就寢。

這眞是一個奇怪的夜晚，當我一個人躺在床上的時候，我非常清楚的意識到，我是眞的在愛容裳了。這個感覺很突兀，我之喜愛容裳由來已久，爲什麼偏偏在這個時候讓我意識到這樣一種無法描述的感覺呢？

第二天在散步的時候，我把我這個感覺告訴了容裳，她說：

「我現在感到很快樂，如果你也是快樂的，那麼我們應該是在戀愛中的。」

「但是我也痛苦。沒有苦澀決不是愛情的滋味。」

「快樂產生于愛，痛苦產生于慾。」

「你那裏聽到這樣的話的。」

「你看，你自己都不知道了！這是你自己小說裏的話。」

「你也看我的小說？」

「自然。」

「沒有聽你談起過。」

「爲什麼要談起。」

「你應當給我一點意見，是不是？」

「我怎麼够資格。」她忽然笑着說。

「意見還有什麼資格不資格。」我說：「寫文章同唱戲一樣，作品也是一種表演，誰都有資格說歡喜不歡喜，你想聽戲的人不一定眞懂戲，但有權利批評。」

容裳于是開始說出她對我作品一點意見，慢慢的我們談到了思想上藝術上一些問題。這是我第一次與容裳談到學問思想，正如我回到上海時與大夏大冬交換意見一樣，我發覺容裳眞是長大了。

年輕的成長，因爲環境不同，氣質不同，每個人的歷程往往不同。這正如不同的花草一樣，它們因爲土壤不同，環境不同，尤其是本質不同，成長的速度與過程往往是不同的。

容裳的許多思想與意見同大夏大冬有不同的來源。她對于抗戰有本能的信心，對于政治沒有興趣；講到社會的改革，如平等自由一類的概念，也還模糊。可是她對于藝術的標準有非常肯定的主張，她有許多很精闢的意見，但有時也互相矛盾；她的知識慾非常旺盛，她也熟識當時流行的所謂左派思想，她不贊成；但不贊成的理由只有一個，就是說他們把一切當作工具，一切都是手段，所有是非美醜都以現實的政治來定標準。容裳能見到這一點，的確很使我驚奇，我們間不知不覺竟有許多意見可以互相交換了。（待續）

書刊評介

「追求幻想的人們」

方　恩

這是香港友聯出版社四十八年四月出版的一本小冊子。三十二開本，二〇二頁。作者蕭平，是上海一個著名教會大學的畢業生，留學美國多年。中共統治大陸以後，他幻想「能看到一個獨立富強和安定的中國。」於是他於一九四九年毅然決然從美國回到大陸。那時他的想法「是在共產黨的統治下，雖物質生活將遠遜於美國，但能把所獲得的知識貢獻給祖國和人民，精神上將會感到愉快。」

這位抱着愉快的心情回到大陸的作者，起先是被派在上海他的母校裏教書，後來在工業界服務。由於他工作努力，而又學會了共產黨的「忍」和「等」，八個年頭的勞績，使他的榮譽和地位一天一天提高。一九五六年底，他曾得到機會與其他十數位工商業者到蘇俄旅行了兩個月。到了一九五七年，作者利用他的聲譽、地位以及中共對他的信任正在最高峯的時候，得到有關當局的核准，離開大陸來到香港。這本書就是他到香港以後，根據他本身八年的經歷寫出的。

八年當中，中共統治下的人是怎樣生活的，尤其是資本家和知識份子是怎樣生活的，讀者可以在這本書裏面得到答案。因爲作者所報道的事實都是根據他親身所經歷的，因爲他先後在教育界和工業界服務。所以他筆下的人物——由幻想而到幻想破滅的人物，大都是屬於兩方面的人。這並不意味着除了這兩方面的人以外，貧苦的農工對共黨還存什麼好感，同樣地他們也是由幻想而到幻想破滅。只因作者嚴格地只寫他親身所經歷的事，親身所體驗的事，而不涉及間接的傳聞或臆度。所以這本書並不因爲沒有寫到大陸各階層的生活而貶值，而且正因爲沒有寫到他所未親歷的事而愈見其眞實性。

中共這些年來在國際宣傳上，確實收到了一點他們所期望的效果。可是蒙在鼓裏的國際友人，看了這本書第五章「招待外賓」的密謀與詭計，我想他們也該啞然失色了。共產黨的起義與共黨政權的持續，靠的是暴力與欺騙。能用暴力對付的就用暴力，不能用暴力的就用欺騙。國際友人是中共用騙術的主要對象，我想，如果出版這本書的友聯出版社或其他機構能夠把本書第五章譯成各國文字發表，對於我們反共宣傳該可收到相當效果。

中共近年來在工礦交通等方面的建設，其成就確實驚人。國際方面，看到他們實地拍攝的照片，每每爲之驚服。我們做反共宣傳工作的人，似乎對於這一點棘手無策。其實，那些建設成就，無一不是中共政權滔天罪惡的具體記錄。本書因爲作者受他本身經歷範圍的限制，對於這方面寫得很少。只在寫「反右派」運動（這是一次對付知識份子的運動）的時候，提到一點。他寫着：「其餘絕大多數的『右派份子』則受『勞動教養』的處分。這是中共所創的另一新名詞，以示與『反革命份子』的『勞動改造』有所區別。其實，兩者都是不折不扣的奴役勞動。惟一區別則爲『勞動改造』是完全無價的，而『勞動教養』則每月有極微的象徵性『工資』。這樣，反『右派』運動就替『偉大的社會主義建設事業』增添了數十萬勞動大軍。有一位朋友說得好：『要看中共建設的速度，只要看運動的次數和規模好了。』的確，每一次運動都毫無例外地替中共帶來了一批奴工。」（一九七頁）

手段要與目的一致，這是我們有理性的民主社會所遵守的信條。建設的目的應該是爲提高人民生活水準，但中共的建設，爲的是炫耀它的成就，而所採取的手段，又是消滅千千萬萬人民生活的生命。這不是滔天的罪惡嗎？關於這一點，我們反共的宣傳機構，似乎沒有把握住。而年前，臺北演過一次「金字塔」的電影。銀幕上顯現出來的那一羣一羣的奴工，在鐵鞭子驅策下袒露着上身，曳着繩子拉龐大的石塊，那種慘絕人寰的景象，到現在我一想像到就感覺心酸。這種電影是可以使詩人們在夕陽西下欣賞金字塔的愉快心情一變而爲痛恨當時的暴君的。類似「金字塔」那種電影的反暴力作品——小說也好，報道文學也好，爲什麼我們的反共宣傳機構拿不出一點來呢？現在，國際方面正被中共建設的成就所迷惑，我們也該針對這一點來做點事吧。

讀者投書

正視現實與解決問題

——有感於退除役軍人變賣「戰士授田證」

文信國

軍人的生活，是「堅苦卓絕」的，在平時是操課繁忙，晝夜緊張，在戰時是衝鋒陷陣，九死一生。由於軍人的使命，對於捍衛國家具有極重要的決定性，因此世界各國對於軍人，無不注重提高其生活待遇。我政府雖處於連年戰亂國庫支絀異常，但仍無時不在積極設法逐步提高官兵的生活和待遇，並另訂定各種獎勵辦法，應有盡有；比之西方國家，有過之無不及。「戰士授田證」的頒發，即是上述各種獎勵辦法之一種，旨在對官兵戰後實施授田，以安定其晚年生活。這是國家贈與的一種榮譽和利益，緬懷國恩，我們實有無限之興奮，同時亦最爲之感激每飯不忘者也。

依照「反共抗俄戰士授田條例」而言，此項戰士授田，是要在光復大陸之後始能實施。良以政府爲鼓勵士氣也，乃於四十五年提前頒發官兵授田證。繼又關懷於退除役官兵在臺灣因客觀條件與環境所形成的就業謀生之困難，旋於四十八年中秋節遂將分佈臺灣全省各地農場的公有土地，正式分與在場耕作榮民，平均每一個官兵獲得了價值總在五萬元以上的田地、房屋、農具的財產，不僅大家生活愉快，且不少官兵已經相繼的立業成家了。例如我有好幾個在農場的同事，就是在因爲獲得了這筆爲數可觀的不動產之後，才給寶島姑娘的愛神之箭射中了而締結了良緣啊！飲水思源，實皆我政府賢明措施之賜也。

不過，「人」總是最富思維的動物，他底感情究非經濟學的「邊際效用」可以衡量，今日尚有大部退除役官兵，手邊還是一張輕飄飄的「約紙」啊，饑不能餐，渴不能飲，觸景增懷，於是乎問題發生了。

㊀今日臺灣地狹人稠，後日授田的機運是越形越小了，等回大陸麼？就當前的形勢看來，這個指望似乎還很遙遠呢？也許就在明天，只是這不同於接收，那時的大陸是刼後瘡痍，百廢待舉，勢必還得再「等下」去呵？

㊁今日退除役官兵，本就大多也已半百之齡了，晚景無多，對於「將來希望」，此生似乎是很難及「身」而「待」的。要說留給自己的直系親屬去領嗎？上一輩的父母，有的已早名登鬼籙；其沒有死而陷身大陸的，也是十年了；縱不老死，在共匪的暴政下，能够倖存殘喘的，也已是少的萬分之一還弱。下一代的子女嘛，除了極少在臺灣結婚了的可望有繼承人外，其餘大多是孤家寡人一個，一旦兩脚殭直，何來繼承呢？

基於以上兩種意識形態，便很自然地產生一種「將來希望」無補「現實艱難」的心理。就我所知，有些人便在貧困交迫無可奈何的情景下，遂挖肉補瘡的將授田證以二三十元一張的代價便賤賣掉了，國家的榮譽，何堪沒落啊！

今日不止是有人出賣授田證，而且嚴重到還有商人介入進行向退除役軍人套購授田證呢！因此授田證由二三十元一張一度漲價到可以賣八十至一百元一張了。起初我還不明白，這些商人爲甚麼竟願花錢來搞這種無聊的事情，後來一打聽，才知道問題並不簡單，原來這些敏感的商人，看到此次海埔新生地放領，發生「民意代表」勾結官吏舞幣情事，經政府宣佈海埔新生地放領辦法廢止暫停放領後，便認有機可乘，改變戰術，轉向退除役軍人動腦筋。先用點錢將授田證買過手來（也有抵押的），然後裝做猫哭老鼠同情退除役軍人生活困難，以有利的條件來引誘當事人，用其名義找些人來聯名向政府申請開闢海埔新生地。由商人幕後出資，大規模的開辦牧場、魚塭、以高薪八百至一千元的月薪，長期僱用當事人甯他擔任管理，並經雙方協議爲期五年後，由商人一次補給對方一萬至三萬元的土地價欵，辦理土地所有權的轉移手續。

由於這種協議，對於當事人不但工作有了，薪水又高，生活安定，且五年後復有一筆鉅欵收入，頗切實際與理想。所以不少人樂此不疲，難怪都願意與商人「密切合作」了。現在刮地皮成了時髦，利之所趨—大學上的「有土此有財」，不特今日「民意代表」假冒漁民、田舍郎奪租地皮的情事，層出不窮；連商人也不甘寂寞，轉動退除役軍人的腦筋，就是相信「有錢能使鬼推磨」，花個一千八百在商人等於吃一次花酒，可要收買多少授田證啊！今設使這些大腹賈的詭計獲得實現成功，不出數年，即可兼併一大批土地，轉眼變成幾千百萬的暴發戶。然而這是周瑜打黃蓋，一個願「打」一個願「挨」的，倒叫人有啼笑皆非之感！

人間悲劇的發生，泰半導源於生活煎迫，多少人鬻妻賣子，無非逼於饑寒！今日此等「窮斯濫矣」的出賣授田證，我的注意力倒不在他的貧病無奈，或想發財（我覺得這兩個字眼用的是過重了），而是深深地感覺到這種下意識的作爲，顯然都是對授田證失去信心的關係，所謂哀莫大於心死是也。大凡一種問題的形成循演到發生，這裏面必然是有着很多錯綜複雜的因素！面對問題，自然只有針對現實，設法解決，纔是辦法。因此，我們討論問題，不消極放空砲，而是積極貢獻善意的建議，俾供政府參考。

就當前客觀的情形說來，我們覺得政府委實有折價收回授田證的必要（無需先以爲折價收回授田證要先付出一筆開支，我們在下文中要提述藉局部過渡到全部實施授田，來推動輔導就業工作有效的進展，在相對中減輕政府的負擔及許多麻煩和困難。）此項授田證折價的比率，自然以當事人原籍所在地的地價爲標準。因地有肥、磽，像邊疆地區多爲不毛之地，訂價的比率，自然比平原肥沃地區至少需高一倍以上。至於折價的起點，雖不能比照現行農場榮民授田的價值總和五萬元爲起點標準，但至少以一萬到二萬的臺幣爲基數，似不可離譜過低。關於償付的方式，因政府現時財力有限，不妨採取對號(授田證編列的字號)償付辦法，每次償付一至二百名(政府視財力許可時自可酌量增加)，每年定期償付一次。所需財源問題，我們建議有兩個辦法：一種是政府將投資公營或民營事業的官股所獲的盈利抽調一部出來開支，另一種就是將愛國獎券每年發行的盈餘每年劃撥兩期出來就綽有餘裕了（這是我借用貴刊已發表的「老兵的悲哀」一文投書人余布衣先生的辦法，合併聲明，示不掠美。）。後一種是候補的，以備第一種辦法政府萬一有不方便(?)的時候，就把第二種辦法遞補上去，爲的是顧慮週到。這樣看來，財源沒有問題，每年頂多不過撥出四百萬元（須全部都是邊疆地區的人中籤才有這個支出數字，事實上這幾乎是絕對不可能的。）出來，就可實施這個鼓勵士氣的辦法了。(註一)

當前國家的財政支絀，主要是政府的負擔過重！今日就養就醫的退除官兵，爲數委實不少，假定以兩萬人來說，所需的全部給養費用及因此增列的開支，每人每月平均以三百元來計算，每年便需七千二百萬元（這是最保守的估計），無疑這是政府今日財政上一筆很大的負擔。政府雖盡力輔導就業，也有力不從心之感（有些地方是方法上的缺憾，我們在下文中有改進的對策。），而當事人又多能力有限，遂不敢貿然離家自謀生活。於是形成一大堆人「混吃等死」，長期伴食國家的局面，相對的減少了社會一部生產力量！不僅如此，而且一個人尤其是一大堆人聚集在一起，精神沒有正當的排遣，因此所不免發生的副作用就可多了。無論如何，我生活在這些團體中，此中實況，要比當局切實的瞭解的多，孤臣孽子，這是我始終所正視也認爲是一個最感嚴重的問題。

要打開這種僵局，唯一有效的具體辦法，我們認爲只有獎勵自謀生活。怎樣獎勵呢？即今後自謀生活者，除按原「自謀生活獎勵辦法」一次發給三個月獎助費外，另予提前實施授田。換句話說，就是乾乾脆脆的把授田證折價欵做成一次連同三個月獎助費一起發給他或每年發給二千市斤淨乾稻谷，從此自謀生活，今後政府再也不要負任何善後的責任了。同時愛屋及烏，對於已經離家自謀生活了的榮民，趁此時機也予提前實施授田，把折價欵補發給他們或每年發給二千市斤淨乾稻谷(其有願就「保留權利」辦法的則聽便，照我們看來，這是絕無僅有的，也就將政府的許多麻煩和困難減去到零度。)，這一方面是表示政府關懷市恩，在另一方面實在就是排除了他的保留權利，而擺在政府面前的許多麻煩困難(註二)便都完全一一的解決了。所需財源問題，我們建議政府：從四十九年一月份起，把此次「八七」水災，全省各影劇院附加的娛樂捐欵，劃撥出來作爲實施獎勵自謀生活授田折價的專欵用途，問題便告迎刄解決。剩下稻谷部份的財源，可以責成當事人戶籍所在地的縣市政府，在其田賦收入項下撥付（按市價折合現金亦可）。因這項開支並不集中，各該縣市政府負擔微乎其微，證諸臺灣每年均有大宗食米出口，這個辦法實施，可以說幾乎完全就沒有一點的困難。

以上論列，無論在方法上，財源上，都沒有什麼妨礙難行之處，可以說是條條大路通羅馬。只要政府採擇一種實施，不但授田政策便由局部過渡到全部實現，同時還推動了輔導就業工作的有效進展，從此那些有損國家榮譽的下意識作爲，便會不戢自止。而且授田政策因爲是在臺灣全部實現，這在宣傳上又是多響亮的口號。尤其是藉局部實施授田，來獎勵自謀生活，在今日更顯得有及時實施的必要。我深信這個辦法一經政府宣佈實施，自謀生活的人，必日益踴躍。因爲這個辦法的特長，主要是普遍的適合了所有退除役官兵（殘廢年邁的例外）每一個人的性能。在水準以上能搞「等因奉此」的人，他可以選擇領稻谷的辦法，從此一生便無虞後顧之憂。在水準以下志在「陶朱事業」的人，他可以選擇領折價的辦法，今後小本經營，就是引車賣漿，這一輩子亦足可以自立更生了。如此各「適」其「趣」，自謀生活的人，自必也就最多最踴躍了；自謀生活的人亦多，政府的負擔也就隨之減輕了。千言萬語，本來戰士授田與獎勵自謀生活，這是截然不同的兩件事，只是政府今日有困難——輔導就業力不從心，我們只能降格下來，把兩者揉合在一起，發生調劑的功能，爲的是因應時宜，共濟時艱。所謂鼓勵士氣，減輕政府負擔。在現階段中，這是我們一點很膚淺的看法，不知能不能邀得當局諸公的同意？

(註一)戰士授田，在理論上是退除役以後才能實施，因此現役軍人中籤，可先將欵提存銀行孳息，俟當事人正式退除役後發放。這一方面是對現役軍人一種極興奮的鼓勵，退除役後正可運用這筆錢自立更生，在另一方面對政府今後輔導就業工作上，也減去了很多的麻煩和困難。

(註二)在全省農場田地尚未分授與榮民之前，當局對於發生「保留權利」的自謀生活榮民的安置工作，尚可權通往農場去堆，如今已迴非昔比，連堆的地方也有了問題。再加以對「榮民就業輔導辦法」第十條：「離家就業之榮民，非因疾病失去工作能力時，得憑榮譽國民證逕向輔導會申請重返榮家安置，但以離家屆滿一年者爲限。」有意畫蛇添足，說什麼要滿六十歲以上或傷殘了的才可返回榮家。想想看，今後當事人要是哭天不應時，便不免有兩種笑料將要發生：不是到處請願，就是請大法官解釋原條文。凡此，能不謂是一些麻煩和困難！

自由中國　第二十二卷　第四期　內政部雜誌登記證內警臺誌字第三八一號　臺灣省雜誌事業協會會員　一四〇

給讀者的報告

新竹林××先生及臺北陳××，袁×兩先生的來信，都早已收到。林先生對我們的嘉許，眞是愧不敢當。關於三位先生都建議我們把本刊所載有關修憲連任運動的文字搜集合出單行本一事，還需要仔細研究。至於陳袁兩先生認爲我們對於修憲連任問題刊登的文字還太少，這是由於篇幅的限制，以及若干沒有全根據法理或事實，以至於太刺激的文字都加以保留的緣故。但這一年以來，我們鑒於此一問題之重要，尤其是鑒於各位的關心和要求，已儘可能的刊載有關此一問題的文字；截止上一期爲止，總計已有社論七篇，專論四篇，通訊四篇，其題目和刊期如下：

一、社論是：「欣幸中的疑慮～～關於蔣總統反對修憲的聲明」（廿卷一期），「蔣總統不會作錯了決定吧？」（廿卷十二期）「好一個舞文弄法的謬論～～所謂『修改臨時條欵不是修改憲法本身』」（廿一卷二期），「重申我們反對修憲的意見」（廿一卷十二期），「『死亡宣告』可以適用於國大代表嗎？」（廿二卷一期）「臨時條欵等於憲法～～根據第一屆國民大會第二次會議的記載」（廿二卷三期），「敬向蔣總統作一最後的忠告」（廿二卷三期）等七篇。

二、專論是：李聲庭先生的「論憲法之修改及其程序」（廿卷六期），宋功仁先生的「論臨時條欵與憲法」（廿一卷二期），傅正先生的「修憲已經沒有『合法途徑』了！」（廿一卷五期）曹德宣先生的「擁護蔣總統繼續領導而不贊同連任～～希望國大代表要負起歷史之責任！」（廿二卷二期）等四篇。

三、通訊是：方望思先生的「請看香港發出的政治颱風」（廿卷四期），「海外對總統三任問題的反應」（廿卷十一期），「請重視海外對總統連任問題的看法」（廿一卷十一期），李樺先生的「左舜生不出席國民大會了！」（廿二卷三期）等四篇。

現因國民大會已定於二月二十日召開，我們特再在這一期發表社論㊀「敬告我們的國大代表～～團結・法統・政治買賣」，以及傅正先生的「護憲乎？毀憲乎？」楊金虎先生的「擁護蔣總統繼續領導的我見」，曹大我先生的「國民黨興衰之關鍵在選舉！」紀仁先生的「駁某畫報『論所謂蔣總統的「連任」問題』」等四篇專論，和岳騫夫先生的「從中德復交談蔣總統連任」的西德通訊一篇，以便大家對於修憲連任問題，獲得進一步的認識，藉知國民大會所負責任之重大。

至於社論㊂「美日安全新約與太陽旗的重新升起」，是討論美日安全新約的。葛文侯先生的「洪憲帝制期間各方申討之文獻」，是一篇敘述民初歷史的文字，值得大家警惕。

最近由於有關修憲連任問題的文字，必須提前刊出，因此有很多寶貴的專論都一再延擱下來了，特向各位讀者和作者先生致歉。

一羣退除役士兵逡來的「當兵不是人～～兼駁工商日報記者造謠」一稿早拜讀，所言雖均屬實情，但文字過於刺激，且字數太多，恕不發表了。假使能寫得溫和簡要一點，當盡可能刊出。

任××先生「請看臺灣的警察」一稿，早收到，其中所述「警察人員的欺凌、敲詐、迫害」等事，確值得重視，本想發表，但因爲這方面的文字已經發表不少，而本刊在第二十卷第十一期社論㊀「當前臺灣警政問題的嚴重性！」中，又已有全盤的檢討，所以決定保留。

臺北李××先生「臺灣省教育廳亦樂於冀兕扼殺青年前途嗎？」所述雖不失爲一個問題，但先生的看法卻有值得商討餘地，所以不想發表了。

臺東陸××先生來信已收到，承蒙嘉許和鼓勵，謝謝！

自由中國 半月刊　第二十二卷第四期　總第二四七號
中華民國四十九年二月十六日再版

發行人　雷　震
主編　『自由中國』編輯委員會
出版者　自由中國社
社址：臺北市和平東路二段十八巷一號
Free China Fortnightly, 1, Lane 18, Ho Ping East Road (Section 2), Taipei, Taiwan.
電話：二　八　五　七　〇

航空版　友聯書報發行公司
（香港九龍窩打老道一一〇號）
電話：五九一六四、五九一六五

總經銷　自由中國社發行部

美國經售處　紐約友方圖書公司
Hansan Trading Company, 65, Bayerd Street, New York 13, N.Y., U.S.A.
紐約光明雜誌社
Sun Publishing Co., 112, Mulberry St., New York 13, N.Y., U.S.A.

韓國　漢城裕昌德號
馬尼刺　新疆書店
緬甸　仰光振成書報店
印度　阿拉哈巴中印文化出版社
北婆羅洲　西利亞坡青年書店
星加波　友聯書報發行公司（小坡大馬路四六九號）
吉隆坡　友聯書報發行公司（馬華公會大厦三樓七室）
怡保　友聯書報發行公司（希尼華沙甘街十六號）
檳城　友聯書報發行公司（林連登律七十二號）
澳門　友聯圖書公司

印刷者　精華印書館股份有限公司
廠址：臺北市長沙街二段七一號
電話：三　三　四　二　九號

本刊經中華郵政登記認為第一類新聞紙類　臺灣郵政管理局新聞紙類登記執照第五九七號　臺灣郵政劃撥儲金帳戶第八一三九號
（零售：臺灣每份臺幣四元，海外平寄美金一角五分，航寄美金三角）

自由中國

FREE CHINA

第廿二卷第五期

三版

社論

(一)不要再玩政治魔術！

(二)豈容「御用」大法官濫用解釋權？——告國民黨當局

通訊

讀者投書

中華民國四十九年三月一日出版
中華民國四十九年三月四日再版
中華民國四十九年三月八日三版
社址：臺北市和平東路二段十八巷一號

半月大事記

二月十日(星期三)

國民大會代表開始報到。

艾德諾告西德國會，在整個德國問題解決前，柏林地位任何的改變，西德政府均表反對。

二月十一日(星期四)

法加強對阿境控制，改組駐阿軍警部隊，提高地方行政長官權力。

二月十二日(星期五)

關於國大代表總額疑義，大法官通過解釋案，以依法選出而能應召在中央政府所在地集會之國民大會代表人數為國民大會代表總額，其能應召集會而未出席會議者，亦應包括在此項總額之內。

內政部公佈國大代表人數，本次大會能應召出席者共一千五百七十六人。

二月十三日(星期六)

法在撒哈拉沙漠爆炸第一枚原子彈。戴高樂發表公報宣佈爆炸成功。

二月十四日(星期日)

國大代表醞釀簽署提案，促成蔣總統繼續連任。

二月十六日(星期二)

艾森豪要求美國會以四十一億七千五百萬元的新援外款項保衛自由世界，對抗「龐大的共產帝國主義集團」。

行政院長陳誠列席立院，報告政府施政重點，並告立委政府希望召開反共救國會議。

二月十七日(星期三)

赫特為援外案作證，要求國會全數通過援外款項。

國大代表進行簽署提案，修正憲法臨時條款。此項提案，為莫德惠、張知本等人聯名提出。

除非有充分的視察制度，美國會將永不批准禁止試驗核子條約。

二月十八日(星期四)

美英空軍合作卓越成就：美雷神飛彈部署於英國的基地的工作，將於短期內完成。

二月十九日(星期五)

俄發給西方軍事代表團駐在東德人員的新通行證，西方拒絕接受。俄重彈西柏林國際化舊調。

美主管遠東事務助理國務卿柏森斯談美對華政策，駁斥「兩個中國」的政策，認美必須促進自由國家發展強大。

二月廿日(星期六)

首屆國民大會第三次會議揭幕。

對於東德境內用新通行證，西方決採堅定立場，美英法如被迫撤退軍事代表團，將同樣驅逐西德境內俄代表團。

二月廿一日(星期日)

艾森豪赴南美前發表演說，美國巨大嚇阻力量，成為和平可靠保障。

二月廿二日(星期一)

艾森豪前往南美訪問巴西、阿根廷、智利、烏拉圭四國，促進美國與拉丁美洲國家之關係。

國民大會首次預備會，商討主席團選舉辦法。

印度克萊拉邦組成反共政府。

二月廿三日(星期二)

西方正沿鐵幕邊緣建設空前警報系統，北美防衛網將連接北約電訊網。

北約盟軍電訊系統巨大工程即將完成，自挪威開始跨越北約九個盟國，一旦遭遇突襲可立即提供警報。

蘇俄國防部長馬林諾夫斯基宣稱：俄國現「被迫加強它的防禦力量」，因為其他國家未接受它的裁軍計劃。

二月廿四日(星期三)

美軍事首長促國會繼續對華軍事援助。

尼克森分析美俄軍力，俄如攻擊美國，將為俄擧國自殺。美生產力比俄大一倍。

艾森豪對巴西國會演說，支持泛美工作計劃，艾氏表示美將以裁軍節省的錢用於龐大建設性和平發展計劃。

美衆議院通過法案，增列太空總署經費。

國大主席團候選人已全部推定。

「自由中國」的宗旨

第一、我們要向全國國民宣傳自由與民主的真實價值，並且要督促政府(各級的政府)，切實改革政治經濟，努力建立自由民主的社會。

第二、我們要支持並督促政府用種種力量抵抗共產黨鐵幕之下剝奪一切自由的極權政治，不讓他擴張他的勢力範圍。

第三、我們要盡我們的努力，援助淪陷區域的同胞，幫助他們早日恢復自由。

第四、我們的最後目標是要使整個中華民國成為自由的中國。

社論

(一) 不要再玩政治魔術！

——告國民黨當局

在國民大會召開前夕，修憲連任運動者的眞面目，已經接近最後暴露的階段了。

時至今日，大家都知道得淸淸楚楚：我們憲法的民主精神，第四十七條總統連任的限制，卽爲其重要的一點，修改這一條，實等於毀憲，其爲海內外人民所不容，十分明顯。這一點事實，修憲連任運動者也非完全不瞭解。所以，這一部分人並不敢公然主張修憲，却像玩魔術一樣，始終企圖利用修改臨時條欵並不等於修改憲法的荒謬說法，來欺騙世人。可是，現在連國民黨籍的國大代表也堅決否定此種說法了！

我們站在反對修憲連任的一貫立場，固然也不贊同國民黨籍代表最近發表的若干主張，但像他們所已提出的種種理由，相信那些只知修憲連任運動者，必定是張口結舌，無言答對。老實說，與其主張轉灣抹角的修改臨時條欵，倒不如採取李承晚的辦法，堂堂正正修改憲法。否則，如果眞有誠意反對修憲，並確有誠意貫澈蔣總統反對修憲的主張，則連臨時條欵的修改，也必須澈底反對。因爲修改臨時條欵，本來就等於修改憲法。如果說修改臨時條欵不等於修憲，請問爲何可由修改臨時條欵的途徑，使憲法第四十七條限制總統「連任」的規定失效，而發生修憲的結果？又爲何在三十七年制定臨時條欵時，須依照憲法第一百七十四條規定的修憲程序？諸如此類，大家已經說得很多，是今天凡有法律知識的人所知道的，但修憲連任運動者偏偏硬說修改臨時條欵並不等於修改憲法。現在已到惹火燒身的地步，該知道這種說法之不能騙人，甚至不能騙自已了！

但是，修憲連任運動者還不知道改弦更張，居然用召開反共救國會議做幌子，對海內外自由反共人士以及希望政府團結反共的中國人民，大玩另一套政治魔術。

其實，說起反共救國會議，大家只要稍微冷靜的回憶一下，便不難知道召開反共救國會議之說，是遠在民國四十二年，由國民黨黨政當局一口叫出來的。那時候，海內外的自由反共人士，竟天眞地信以爲眞，誠懇而又熱烈地紛紛響應，並提供了一些意見。到了四十三年一月十八日，當時的行政院長陳誠，還邀集了各黨派中央負責人乃至無黨派人士，舉行過一次座談會，到了同年二月九日本屆國民大會第二次會議召開前夕，陳院長在向立法院提出施政報告時，又用一種極爲負責的態度和肯定的語氣說：「召開國民大會和反共救國會議，是今年要做的兩件大事。」可是，事實怎樣呢？現在已經過了整整的六年，本屆國民大會召開第三次會議了，反共救國會議却並沒有召開。到了四十七年，反把召開反共救國會議的事，說成爲海外民主人士的陰謀，乃至於是導致「勢非要約共匪參加不可」的政治協商會議。

大家在認淸國民黨黨政當局倡導反共救國會議的眞意後，便不願再提，也不敢再提。想不到時隔一年多，修憲連任運動者却又透過中央通訊社，把總統府秘書長張羣在國民大會報到時對記者說的話加以斷章取義，在二月十四日製造了一則這樣的消息：「從消息靈通方面得悉，臺北各黨派人士經若干次談洽，業已成立一種諒解。他們交換意見的中心課題，是今後將在憲政體制的中間，開拓一條海內外反共勢力及愛國人士交換意見、集中意志、爲反共復國而共同努力之途徑。據記者得悉，這一新途徑，將不是一個常設機構，亦不止於一種會議，各方面所主張的小型談話會乃至反共救國會議均包括在內。預料政府將採取主動，作必要而可能的安排。」最近所謂召開反共救國會議之說，便是利用這樣一則消息而製造，並加以渲染，使若干天眞的記者所相信，而說得活龍活現。可是，直至二月十六日，行政院長陳誠在立法院經立法委員佘凌雲質詢後，也不過表示：「政府不是不重視此事，政府是考慮如何開得成功。」試想想：六年以前，陳院長已經肯定的表示，要在四十三年召開，結果還沒有召開；現在說出這樣不肯定的話來，怎麼反而會眞的召開呢？

其實，大家只要把總統府秘書長張羣所說的話，全部仔細推敲，便知道事實並不如中央通訊社所報導。請大家冷靜的想想，張秘書長所謂：「國大就是一個好的形式，這次國大集會之後，如有必要而召開一次反共救國會議，那也是不錯的。」言下之意，不正是認爲沒有召開的必要嗎？事實上，大家只要再看看「新生報」這份官報在二月八日的社論中，還通篇以「敵人」「敵人」的字句，來談所謂「團結」，也不難獲得更進一步的瞭解了。所以，這次當修憲連任運動者企圖再利用此來緩和反對修憲連任的空氣時，臺北各黨派人士便不得不加以拆穿了。很明顯，最近的所謂反共救國會議云云，只是修憲連任運動者企圖用來緩和海內外反對修憲連任運動的情緒，尤其是阻止海外自由反共人士發表堅決反對修憲連任的聯合宣言而已！

事實上，這一套說法，早就沒有利用價値。誠如二月十六日香港「星島日報」的社論中所說：

「目前，官家宣傳機構，雖謂已得各黨各派諒解，事實上，並不如是。各黨各派人士，仍然多持反對意見，反對修憲，反對修改臨時條欵。海外人士，更多反對，且有搞『海外中華』之說。似此情形，豈能謂已獲諒解？國府如眞欲謀大諒解，大團結，應首先黜免奸佞，開誠佈公，團結海內外同胞，共謀國是，共赴國難；反攻復國。國府一定先要用事實去表示誠意，表示決心。這當是最後一次了，國府應決意拿出誠心來，拿出勇氣來，作勇敢的抉擇。成敗利鈍在此一舉！」老實說，國民黨、黨政當局如眞有誠意團結反共，便該首先接受海內外同胞和自由反共人士的意見，中止修憲連任運動的「毀憲」活動。否則，僅僅從海外自由反共人士共同發表的聯合宣言：「我們對毀憲策動者的警告！」一事觀之，縱然將來眞的召開反共救國會議，恐也未必會達成團結的目標！

總之，修憲連任運動者不知道接受海內外人民的眞正公意，而懸崖勒馬，實在是可悲的事。坦白地說，政治魔術縱然玩得好，也只能騙某一個人或某少數人，很難欺騙所有的人；充其量也只能收到一時的效果，絕不能收到永遠的效果。何況修憲連任運動者所玩的這兩套政治魔術，手法又是如此的低劣呢！所以，最後願借此機會誠懇的勸告國民黨當局：不要再玩了！還是收起來吧！

社論

(二) 豈容「御用」大法官濫用解釋權？

「憲法所稱國民大會代表總額，在當前情形，應以依法選出而能應召集會之國民大會代表人數爲計算標準。」這便是大法官會議在二月十二日通過的第八十五號解釋。

現在，修憲（或臨時條欵）連任運動者以爲經過此項解釋，所謂國民大會代表總額問題，已獲得合法的解決。不過，我們要在這裏特別指出的：按照憲法第七十八條規定，司法院固然握有解釋憲法、統一解釋法律及命令之權，但大法官會議行使此項權力時，本身却必須守法。否則，此種解釋的本身，便是違法行爲。可是，我們根據法律觀點研究的結果，却發現此次大法官會議所作解釋，至少有下列三點非法之處：

一、甚麼條文才可以聲請解釋的問題：大法官會議的解釋權，並非對於任何條文都可以行使，而必須嚴守法定的範圍。依據司法院大法官會議法第三條規定：「大法官會議解釋憲法之事項如左：一、關於適用憲法發生疑義之事項。……」因此，對於沒有疑義的憲法條文，便無權解釋。關於國民大會代表總額，按照憲法第二十六條規定計算，依法應選出之人數爲三〇四五人，並無疑義可言。其實，國民大會代表總額之應爲法定名額，也是行憲前司法院根據法理所解釋過的。據三十五年十二月六日司法院對制憲國民大會代表總額以院解字第三三一二號所作解釋說：「計算國民大會組織法第十二條所謂出席代表之過半數與三分之二總名額，在依選舉法選出之代表，以其應行選出之名額爲準；在由國民政府遴定之代表，以經國民政府遴選公布者爲準。」又據三十五年十二月十五日司法院對上項解釋以院解字第三三二〇號解釋稱：「院解字第三三一二號所謂應選出之名額，係指法定名額而言。」所以，行憲以來，關於國民大會代表總額之計算，本屆國民大會在民國三十七年召開第一次會議時，固然是以依法應選出之人數爲標準；就是在民國四十三年召開第二次會議時，仍舊是以此項人數爲標準。我國在行憲十二年後之今日，共所以發生所謂疑義，實在是由於修憲(或臨時條欵)連任運動者的故意曲解。事實上，即連大法官會議此次通過所謂解釋時，在解釋理由中還公然承認：「査憲法及法律上所稱之國民大會代表總額，在國民大會第一次會議第二次會議時，雖均以依法應選出代表之人數爲其總額」，並未指出憲法某一條條文有何疑義，而只是說出「但自大陸淪陷」之類。但是，所謂「大陸淪陷」之類，是屬於事實問題，而非疑義問題。對於一項沒有「疑義」的憲法條文，大法官會議依法是沒有權力加以解釋的！

二、甚麼機關才可以聲請解釋的問題：憲法條文縱然有疑義，也非任何機關或個人都可以聲請解釋的，而只有法定的機關或個人才有權提出。依據司法院大法官會議法第四條規定：「有左列情形之一者，得聲請解釋憲法：一、中央或地方機關於其行使職權適用憲法發生疑義，或因行使職權與其他機關之職權發生適用憲法之爭議，或適用法律與命令發生有牴觸憲法之疑義者。……聲請解釋憲法不合前項規定者，大法官會議應不受理。」因此，任何機關對於憲法之疑義或爭議，如不與其行使職權發生關係，便無權聲請解釋。例如按照憲法第二十八條規定：「國民大會代表每六年改選一次。……」又據憲法第二十九條規定：「國民大會於每屆總統任滿前九十日集會，由總統召集之。」因此，到了第一屆總統任滿前，國民大會代表既無法改選，到底是否應召集第一屆國民大會代表集會，這便是總統「行使職權適用憲法發生疑義」，所以，得由總統向司法院聲請解釋，大法官會議才有權接受其聲請。又如按照憲法第八十七條規定：「考試院關於所掌事項，得向立法院提出法律案。」然在監察一章內，並未作有無提案權之明白規定。因此，到了三十七年，監察院向立法院提出監察法案，而遭受立法院拒絕，這便是各該院「行使職權，與其他機關之職權發生憲法之爭議」，都得聲請解釋。所以，到了監察院向司法院聲請解釋，大法官會議才有權接受其聲請。關於國民大會代表總額，假使眞已發生疑義，則因此所可能造成的問題，無論是選擧總統副總統、罷免總統副總統、修改憲法、複決立法院所提之憲法修正案、以至於領土之變更，都只與國民大會行使職權有關，自應俟國民大會集會後，自行決定是否有向司法院提出解釋聲請之必要，絕不容其他機關越俎代庖，擅行預爲聲請解釋。可是，此次向司法院提出聲請解釋的，却是行政院和國民大會秘書處。其實，就行政院而言，既無參與總統副總統選擧或罷免之權，也無干預修憲或複決憲法修正案之權，更無參議領土變更之權，可見國民大會代表總額是否有疑義，與行政院行使職權無關，請問行政院究竟憑何種地位聲請解釋？至於國民大會秘書處，按照國民大會組織法第十二條之規定：「國民大會設秘書處置秘書長一人，副秘書長二人，其人選由主席團提請大會決定之，承主席團之命，處理全會事務。……」便說明國民大會秘書處是一個「事務」性質的單位，其職權僅止於處理全會事務而已。至於代理秘書長，更須由主席團提請大會決定後，才可正式任命，在大會閉幕期間，原是由政府暫行派代，其職權更只應限於籌備大會事務。可見國民大會代表總額是否有疑義，也牽涉不到國民大會秘書處的職權，請問國民大會秘書處又憑甚麼地位聲請解釋？根據上述，行政院和國民大會秘書處既均無權提出此項聲請，大法官會議依法自應不予受理。

三、甚麼理由才可以用來解釋的問題：憲法條文縱然有疑義，聲請解釋的機關縱然又有權提出，但大法官會議也並非可恣意解釋，而必須以法律爲根據。按照司法院大法官會議法第十二條規定：「大法官會議解釋案件，應參考制憲及立法資料。……」因此，關於國民大會代表總額，依法縱有解釋必要，也不能完全拋開制憲及立法資料於不顧。依據憲法第二十五條規定，國民大會是要「代表全國國民行使政權」的。所以，另據憲法第二十六條規定，國民大會是以全國各縣市、地區、及職業、婦女等團體共同選出之代表而組織，並說明其名額以法律定之，且據而於國民大會代表選擧罷免法第四條將名額加以分配，並進而在國民大會代表選擧罷免法施行條例所附應選國大代表名額分配表中，做了一次詳細的規定。可是，大法官會議却公然把此等最主要的資料拋開，甚至連上引司法院院解字第三三一二號和第三三二〇號的解釋，也一併不予援引，而採取一些這樣的話作爲另一種解釋的理由：

「……但自大陸淪陷，國家發生重大變故，已十餘年，一部分代表行動失去自由，不能應召出席會議，其因故出缺者，又多無可遞補，而憲法所設立之機構，原期其均能行使職權，若因上述障碍，致使國民大會不能發揮憲法所賦予之功能，實非制憲者始料所及。當前情況，較之以往既顯有重大變遷，自應尊重憲法設置國民大會之本旨，以依法選出而能應召在中央政府所在地集會之國民大會代表人數爲國民大會代表總額，其能應召集會而未出席會議者，亦應包括在此項總額之內。」

對於大法官會議此項說法，據二月十四日臺北「公論報」報導：就在解釋案公布的當天，薩孟武教授向該報記者發表的書面談話中，便明白的指出：「大法官之職權爲解釋法令；解釋法令，應根據法理，不應根據事實，卽因遷就事實亦應根據法理說明之。……此次大法官會議解釋，完全講事實，未說明法理，這是吾人所覺得遺憾的。」難怪「司法界人士，對這個問題，都認爲薩孟武先生的看法是正確的。並且指出：凡是民主國家，有解釋憲法職權的機關，在解釋憲法時，必須說明『法理』。」同時，本刊發行人雷震先生且進而就大法官會議本身的事例而提出批評說：「……根據司法院組織法第三條規定：『司法院設大法官會議，以大法官十七人組織之，……』……至民國四十一年三月，確定大法官出缺者七人，因而於同月由總統提請監察院同意，以黃正銘等七人補充遺缺，連同原在臺之大法官胡伯岳、蘇希洵二人，始達法定開會人數。僅由此一事例證明，所謂總額之計算，應以法定總額爲根據。否則，如以此次大法官會議解釋國大之理由，認定『應以依法選出而能應召集會之國民大會代表人數爲計算標準。』則四十一年三月卽不須補充大法官七人，便達法定人數。」

不過，我們還要進一步指出：大法官會議的解釋，非但沒有根據法理，而且所根據的事實，也不成其爲理由。因其所根據的事實，是以所謂「當前情況，較之以往既顯有重大變遷」爲基礎，進而認爲「自應尊重憲法設置國民大會之本旨」，也就是以免「使國民大會不能發揮憲法所賦予之功能」，都是似是而非之談，有些近乎揑造事實。現在，我們可以逐一分析如下：

說到「當前情況，較之以往既顯有重大變遷」，這「以往」兩字，必須加以明確的界限。今天任何一個稍有頭腦的中國人，諒必都知道一項事實：民國四十九年的中華民國，較之民國三十七年的中華民國，確有「重大變遷」；然比到四十三年，却說不上「重大變遷」；倒是四十三年較之三十七年，才有「重大變遷」之可言。可是，本屆國民大會在四十三年召開第二次會議時，仍與三十七年召開第一次會議時一樣，是以法定總額三〇四五人爲國民大會代表總額。所以，曾擔任大會秘書長職務的洪蘭友先生，在總統府四十三年五月份國父紀念月會上，以「第一屆國民大會第二次會議之回顧與國家民主法統之前瞻」爲題而提出報告時，便就「法」的觀點特別說到這一點：「法定代表的總額是三千〇四十五人，過去雖實際上未經產生足額，但仍舊依此爲計算標準。中經非常之變亂，政府由大陸遷到臺灣，遭遇許多不可想像的困難，而決不有所牽强，決不改變方針，始終循法律的途徑，去解決會議人數方面不容易解決的問題，而又決不輕易放棄這一個憲法上規定的基本總額的數字，以免啓人以違棄法律牽就事實的反感。」很明顯，在四十三年尙且不以「重大變遷」的事實爲理由，到了四十九年，怎反能以此爲事實上的理由？

至於「自應尊重憲法設置國民大會之本旨」，以免所謂「使國民大會不能發揮憲法所賦予之功能」云云，便須從國民大會究竟有些甚麼功能來說明。按照憲法第四條、第二十七條之規定，屬於國民大會的職權共有五項：一是領土之變更，二是選舉總統、副總統，三是罷免總統、副總統，四是修改憲法，五是複決立法院所提之憲法修正案。現在，儘管能應召集會的國民大會代表人數，距離法定總額很遠，但對於職權之行使却並非完全有妨碍。依據國民大會組織法第八條規定，領土變更之職權，仍可以行使。又據國民大會組織法第八條及總統、副總統選舉罷免法第四條、第五條之規定，選舉總統、副總統之職權，也可以行使。又據總統、副總統選舉罷免法第九條、第十條、第十二條之規定，罷免總統、副總統之職權，也可以行使。至於複決立法院所提之憲法修正案，現在立法院在事實上並未提出修正案，目前似無行使此項職權的必要。在這五項職權中，唯一在事實上無法行使的，就是修改憲法。然而，今日全國海內外，却一致反對修憲；即連執政的國民黨黨、政當局，也口口聲聲的反對修憲，所以國民大會似也無行使此項權力的必要。很顯然，除非大法官會議認爲今天已到非修改憲法不可的地步，請問又怎能以「尊重憲法設置國民大會之本旨」云云，作爲事實上的理由？

根據以上所說的三點看來，此次大法官會議的解釋，無論就解釋的條文、聲請解釋的機關、以及解釋的理由上分析，都是非法的！

其實，像這樣淺顯的法律道理，諒必出席解釋會議的十五位大法官不至不知道。那麼，一個依法該是維護憲法尊嚴的大法官會議，爲何做出此種解釋呢？我們想來想去，只想到一個理由，那就是大法官已放棄自己的超然立場，做了「御用」的工具，實行所謂「司法配合國策」！關於這一點，請大家只要把二月十二日臺北「聯合報」所載國民黨發表的「關於國民大會幾個問題的說明」中提出的所謂「理由」，與二月十三日各報所載大法官會議解釋的所謂「理由」相對照，便可發現大法官原來是仰承「黨」的「御旨」，以黨的「理由」爲「理由」了！

總之，「御用」大法官已爲中華民國司法史上寫下了最可恥的一頁，現在便只有聽候一切公正的制裁了！我們認爲：除掉輿論界給予這批大法官道義的制裁，以及歷史家予「御用大法官」以最後的裁判外，監察院對於此種違法行爲，實在該依法提出彈劾了！

我們對毀憲策動者的警告

當「兩個中國」的國際陰謀日趨顯著、中華民國的國際地位岌岌可危之際，我們發現國民黨當權派，不作努力救亡之學，反而非法進行毀憲連任的活動；面對着這個嚴重的危機，我們不得不對毀憲者提出沉痛的警告。

蔣總統在民國四十七年冬曾宣佈反對修改憲法，其後並會一再重申此意，海內外同聲贊許，以爲蔣總統能一改舊習，尊重憲法，而不作違憲連任之計。不意最近數月來，各種跡象表明國民黨當權派正擬利用行將召開的國民代表大會，修訂臨時條款，以使蔣總統能獲連任。依照憲法規定，目前已無修憲的合法途徑，而修改臨時條款即是修憲，亦即是毀憲，其理甚明，目前蔣總統本人對此尚無明確表示，但就勸進者的各種活動看，我們有理由判定變相的「毀憲連任」，已可能在最近將來成爲事實。

我們認爲：如果國民黨當權派竟然如此行動，無異是自己喪失了中華民國法統下的合法地位，即將使本以憲法爲根據的政府，變成一個毀憲的非法政權；同時給「兩個中國」的陰謀造成有力的口實；並將毀滅中國反共的團結基礎，使中華民國蒙受不可補償的損害。

我們深信，自由與民主是反共運動的基本指導原則。自由理念的實踐首重寬容，民主憲政的實踐首重守法。國民黨當權派近年則擅改出版法以統制言論，既已毀棄寬容的原則。目前再有毀憲連任的行動，而又自陷于非法。倘若這一個可悲行動不能阻止，則堅持民主憲政的反共力量，必將與臺灣的國民黨當權派徹底分裂。後果必是，使反共力量分裂成兩半，一方面少數人「私立」政府，自陷于「反民主」，另一方面堅守民主憲法的人將無法予以承認。這是一個令人不忍想像的結局。我們相信每一個有良心，有理想的反共者，斷不願中國反共運動墮入如此可痛的境況。

我們深知，反共運動的全面遠景，不致因一時的國際陰霾而消失。但中國的反共陣營如自分自毀，其毒害之可怕將百倍於外面敵人的威脅。縱使世界反共運動終有所成，我們也可能先已自毀，而若世界反共運動因此受害，我們更將罪不可贖。所以，我們今日對毀憲者的警告，不僅是爲了保全中國反共運動的生機，而且是爲了鞏固自由世界反共的力量。

我們在這裏，警告國民黨當權派及在臺灣的國大代表：我們要認清，這一毀憲連任的事件，在歷史上將成爲分別邪正和決定成敗的大關鍵；它考驗中國人的智慧，也考驗中國人的良心。我們切盼國民黨當權派能夠懸崖勒馬，也深望各位代表能夠自愛自重，不要做毀憲禍國的歷史罪人，不要讓敵人稱心快意而坐收其利。

中華民國已臨存亡關頭！國民黨當權派究將毀憲毀國以逞連任的私圖，抑或捐棄私念以保全憲政法統。這是一個歷史性的選擇，何去何從，繫於你們之一念。

現已簽名者（按姓氏筆劃爲序）

王安世　石卓紀　李達生　吳克非　徐則鳴　張君勱　許冠三　湯和隆　劉覺民　闞伯鐸
王厚生　任益年　李金暉　吳　超　梁友衡　張發奎　黃宇人　萬夫雄　劉本源
王惕亞　司徒浩　李以昇　金思愷　梁思元　張　理　曹恩明　廖建邦　謝扶雅
王得勝　岑盛軒　李明香　周成訓　孫寶剛　張警言　勞思光　裴卓元　謝可風
牛盛昌　伍藻池　汪康瑞　胡祖生　馬煥然　黃浩然　彭　愉　趙　聰　蕭輝楷
左舜生　李金髮　汪震華　胡　越　陸　游　章志楚　彭　章　劉子鵬　蕭振輝
申思意　李　璜　余立民　段建中　陳完如　張覺初　程源民　劉裕畧　羅永揚
史誠之　李燄生　邱　年　徐亮之　陳傑三　許子由　程　旭　劉甫林　羅濟世

另一方式的修改憲法

夏濤聲

減少國大代表總額，修改臨時條款，使蔣總統獲得連任，現已成爲定局。在這種局勢之下，我們知道，任何相反的意見，都不會發生絲毫作用，本可以不必再說。然而事實是事實，眞理是眞理，我們雖無法扭轉事實，但我們也不願放棄眞理。因此，我們仍要說明我們的信念。

首先要說明的，就是我們爲什麽不贊成修改憲法。主要的理由有二。

一、民主不能離開法治。法治的重要精神之一，就是只能使人從法，不能枉法從人。憲法是國家的根本大法，也就是法治的一切基礎，假使這一基礎發生動搖，法治必無從建立。我們爲着追求民主，自不能不遵守法治；我們要遵守法治，就不能不自尊重憲法始。而憲法之能否受到尊重，就要看當權者能否以身作則，樹立楷模。蔣總統是這部憲法的保姆，我們可以說，假若沒有蔣總統的毅力領導，也許就根本沒有這部憲法；而這部憲法能否做到「永矢咸遵」，蔣總統實具有示範作用。說得更明白些，蔣總統如能「以至誠遵守憲法」，以身示範，則後來者決不敢再有違憲毁憲的企圖，使中國的法治樹立一不拔之基，這不僅可以表現蔣總統的偉大，國家亦必蒙無窮之庥。反之，如爲着遷就一時的事實，遂不惜枉法從人，則其結果，不僅使憲法本身受到損害，國家法治的軌道，亦必因之無從建立。

二、我們這部憲法，是在大陸制定的。當時制憲的國民大會，具有充分的全國代表性。就地域言，它包涵有全國各縣市各區域的代表；就社會性質言，它包涵有全國各種職業團體的代表；就種族言，它包涵有構成中華民族的各少數民族的代表；就政治性質言，它包涵有各黨各派（除共黨外）及無黨派人士的代表。這些代表，他們來自各階層，各地區，各職業，各黨派幾經折衝與商討，才制定這部憲法，筆者是參加制憲國民大會的代表之一，旣深知這部憲法之得來不易，更確信這部憲法是全國人民意志的總表現。爲保障這部憲法的穩定，所以特於憲法本文中，規定修改的程序：如經國民大會修改，須有「國大代表總額五分之一之提議，三分之二之出席，及出席代表四分之三之決議」；如經立法院動議修改，須有「立法委員四分之一之提議，四分之三之出席，及出席委員四分之三之決議」始得爲之。這就是說明代表全國人民意志的憲法，必須代表全國人民絕大多數的意志才能修改。現在大陸淪陷，同胞均在刼持之中，他們的意志旣無從表達，我們就只有好好的維護這部憲法，以維繫他們對我們的期待。我們此時此地，不但不能修改憲法，也不應修改憲法。我們從大陸帶了這部憲法來，我們必須把這部憲法帶回大陸去。這樣，我們才對得起大陸同胞，對得起我們自己。

再說明我們爲什麽不贊成修改臨時條款。

我們認爲臨時條款是憲法的一部分，我們旣不贊成修改憲法，當然不贊成修改臨時條款。對於那種主張臨時修欵不同於憲法的兩種說法，我們不得不再加駁正。

一說憲法爲固定性，而臨時條欵具有適應性，在目前戡亂時期，自不得不修改臨時條欵，以適應實際的需要。

憲法上載有臨時條欵或過渡條欵的，比比皆是，不僅中華民國憲法爲然。但任何國家沒有不承認臨時條欵或過渡條欵爲憲法的一部分。所謂適應性，都是對「時」或對「事」而設的，沒有對「人」而設的。我們憲法的臨時條欵，規定有「動員戡亂時期」字樣，就是對「時」而設的一例。依據臨時條欵的規定：「總統在動員戡亂時期，……得經行政院會議之決議，爲緊急處分，不受憲法第三十九條或第四十三條所規定程序之限制」。這是說明在「動員戡亂時期」，總統有此特權，不論是蔣總統做總統或他人做總統，均是如此，不涵有對「人」的觀念。現在要修改臨時條欵，只是爲着要使蔣總統連任。完全因「人」而設，一般憲法的臨時條欵或過渡條欵旣無此先例，也破壞了法治的主要原則。

另一說法是：憲法好比一座大房子，臨時條欵是大房子旁邊另修的一間小房子，所以這一小房子的加造或修改，並不影響大房子的本身。假使這一比喻可以成立，這問題尤其值得我們考慮。總統是國家的元首，對外代表國家，對內表率羣倫，他的地位是如何的尊崇，自必須堂堂正正的依據憲法而產生，才足以昭鄭重。我們在任何禮節上歡迎總統，都必須大開中門，愼重將事，走旁門且不可，更何能從小房子走進！

臨時條欵是憲法的臨時條欵，不論從程序上或實質上講，都是憲法的一部分。從這次爲要修改臨時條欵，就不得不降低國大代表總額以遵行憲法程序看，更可得一確證。若說「修改臨時條欵不是修改憲法」，這是自欺欺人之談，決不能令人心服的。

最後，我們要說的，就是用大法官會議解釋國大代表總額的失策。

大法官會議雖有解釋憲法之權，但就法理上講，亦自有其限制。第一、解釋應限於疑義。而國大代表總額之爲法定名額，司法院過去已有解釋，旣毫無疑意可言，國民大會第一第二兩次集會，又均毫無疑意的適用過，此刻不容突生疑意。第二、解釋不是修改。現在大法官會議這一解釋，不僅曲解了國大代表總額，而且無形中把憲法第二十六條修改掉了。憲法規定國民大會或立法院修改憲法如彼之難，明白指明我們的憲法是剛性憲法，藉以確保它的穩定性；今少數大法官就可以隨意曲解憲法，在實質上把憲法修改了。這豈是當時制憲的本意？這豈是憲法精神之所許？此例一開，將來任何有權者均可依樣行事。若猶謂憲法不因此而毁，憲政基礎不因此而動搖，其誰能信？

修憲、毀憲與責任

朱文伯

關於修憲與連任問題，我在民主潮雜誌已經一論再論三論，原已不擬再多說話，茲聞海外反共民主人士發表了一篇宣言，標題是「我們對毀憲策動者的警告」，又引起我研討修憲毀憲責任問題的動機來，本「春秋責備賢者」之義，略抒所見。

現行中華民國憲法得來實在不容易。民國初年，軍閥竊國，政權轉移，全憑武力。國民黨北伐成功，統一全國，崇奉三民主義者竟不肯還政於民；實行訓政，一拖就是二十年。抗戰勝利以後，經過在野黨派力爭與協商，才制頒了這部憲法。行憲伊始，共匪倡亂，由於政治經濟積弊過深，人心離失，致大陸全陷匪手。政府遷臺以後，賴有這部憲法，中華民國法統得以維繫，在聯合國的地位得以保全，海內外的人心得以團結。回憶制憲史實，展望復國前途，對於這部憲法，自應特別珍視與維護。

十年以來，部份國民黨籍的國大代表們，無日不在呼籲修憲，企圖使「五五」憲草復活，以擴大國民大會職權。幸而朝野各政黨均不同意，更幸而在臺國大代表不足修憲法定人數，憲法的完整始能保持到今天。反對修憲，表面上，朝野意見似乎一致，實質上則大有區別。當權政黨所希望保全者，僅是憲法的軀殼，而非憲法的靈魂，所要避免者僅是修改憲法之名義，而不是修改憲法之實質。行憲以來，不僅人民的權利與自由未能獲得充分保障，就是政府的組織與體制亦與憲法規定頗有出入，舉凡政治經濟國防文化等各部門行政措施，違反憲政原則者更所在多有，形式上沒有修憲，實質上不願守憲，事證昭昭，不遑列舉。蔣總統連任兩屆，到今年五月任期屆滿，依據憲法第四十七條規定，不能再行連任。最近召開國民大會第三次會議，任務就是選舉下屆總統副總統。乃當權政黨一方面反對修改憲法，一方面却積極準備修改動員戡亂時期臨時條欵，期使蔣總統能繼續連任。他們說修改臨時條欵不是修憲，詭詞强辯，時論多予駁正。臨時條欵如不等於憲法，何以能限制憲法條文的效力？臨時條欵如不等於憲法，何以修改必須國民大會？又何以必須援用憲法第一七四條的修憲程序？「名不正則言不順」，不僅我們表示反對，國民黨籍的大多數國大代表們爲了使總統連任主張與其修改臨時條欵走小門，不如修改憲法走大門，也認爲修改臨時條欵與修改憲法本質上是相同的。

憲法並非不能修改，現行憲法就有關於修憲程序的條文。現代民主國家的憲政史上，修憲也並不是稀有之事。何以時論要說修憲就是毀憲呢？現行憲法是制憲當初各黨各派協商折衷的產物，雖然內容不能盡如人意，但與民主的原則尙屬相符。國民黨籍的國大代表與國民黨的論客們，藉口與孫中山先生遺敎頗有出入，又與五五憲草大異其趣，尤其行政院須對立法院負責，與國民大會職權縮小不能經常集會，認爲國民黨人的羞辱。三十七年國民大會第一屆首次會議，行憲剛才開始，他們就想大修特修，經青民兩黨合力反對，未能成爲事實。政府遷臺以後，因國大代表不足修憲法定人數，無法集會修改，形成一種僵局，他們疾首痛心，念念不忘，只要有機可乘，立刻舊案重提，將過去各黨派協商的制憲原則一筆勾銷。過去的修憲主張，還可能局限於少數一二條，但此例一開，則大修小修必將賡續而來。這次國民大會第三次會議，國民黨當局原僅擬修改臨時條欵，凍結憲法第四十七條總統只能連任一次的規定。一部份國大代表們却乘機要求同時解除第二十七條對國民大會行使創制複決權的限制，並進一步要求每年集會一次。如果成爲事實，則行政院對立法院負責的中央政府體制完全改觀，將增加今後行政立法的更多紛擾。說修憲就等於毀憲，是有其理論與事實的根據的。

十年以來，憲法條文之所以尙能倖獲保持完整者，雖然由於國民黨領導階層，爲了維繫垂絕的政府法統與團結海內外人心，不願輕言修憲。如前所述，最大的保障還是國大代表在臺人數的不足。只要這一層保障不被突破，憲法的完整不致成爲問題。不幸，因爲今年總統任期屆滿，國民黨要員們爲了總統連任，於發動各方面文電擁護以外，決定修改憲法臨時條欵。鑒於修改臨時條欵也要依據修憲法定程序，限於代表人數不足，又不肯補足立法委員或國大代表缺額，於是提請司法院大法官會議解釋，將法理上事例上均應爲三〇四五名的國大代表總額，改爲實際可能應召出席的人數。就今年的國民大會第三次會議而言，代表總額祇有一五七六名，幾乎減低了一半。此關一破，於是修改臨時條欵，修改憲法條文的提案一湧而進。假以時日，好好一部中華民國憲法，必將修改得體無完膚。如果大法官先生們能有孟子所謂大丈夫精神，「富貴不能淫，貧賤不能移，威武不能屈」，保持法治的獨立精神，顧念國家的久遠利害，不像現階段高地兩級法院的一般法官們，那樣唯組織之命是從，維持國大第一二兩次會議所依據的代表總額不予降低，則今日國民大會代表們擴大職權的糾紛，海外民主反共人士們警告毀憲的宣言，就都不會有。

「我雖不殺伯仁，伯仁由我而死」。中華民國憲法今日的變爲待宰的羔羊，如果要談責任問題，則蔣總統的遲遲不肯聲明連任與否，國民黨要員們的策動總統連任；國大代表的堅決主張修憲，雖然都難辭其咎；而大法官先生們的不依法理遷就現實的解釋國大代表總額，實在應負最大的責任。

敬向國大代表同仁說幾句話

雷　震

我，看到前幾天的「中國郵報」下面一段紀載，眞是悲憤塡膺，我不得不向國大代表同仁說幾句話。

「某權威方面稱：那些要求『創制複決』權的反對派國大代表(其中許多爲國民黨員)，在得到改善「生活情況」的允諾之後，已轉而支持莫德惠、張知本的提案。」(二月二十四日)

中國郵報是臺灣唯一給外國人看的日報。我還是承友邦人士詢問到，方注意到這一條新聞，深感某權威的說法，實在是玷汚了國大代表的人格。我不相信要求創制權和複決權的代表們，會這樣輕視自己。國大代表每月支領一千元生活費，其境遇非常艱苦，國民黨負責人早該知道，爲何不早日設法改善，偏偏在此時此地說出這些話？

×　×　×　×

「我可以代表中國國民黨，代表政府來說，我們不僅是沒有修改憲法的意思，並且反對修改憲法。……反共復國的武器，如軍事、政治、經濟、文化等等，莫不皆是，而憲法則尤爲反攻復國的武器，所以我們必須尊重它，而且維護它，才能達到反共復國的目的。……」

以上這一段話，是蔣總統以中國國民黨總裁和中華民國總統的雙重身份，在前年十二月二十三日光復大陸設計研究委員會第五次大會上，用斬釘截鐵的語氣而公開宣佈的。去年十二月二十三日，光復大陸設計研究委員會第六次大會上，蔣總統又重申反對修憲的主張，並且鄭重強調說：

「我們維護憲法的有力行動，實莫過於光復大陸。我們光復大陸的武器，亦莫過於尊重憲法。」

這些話，都是今天出席大會的絕大多數代表同仁所親耳聽到，而且熱烈鼓掌支持過的。蔣總統不修憲的主張，在國際間，一致解釋爲不再連任。從我們憲法規定來看，這是當然的解釋。

在歷史上我們常常看到，一個掌握政治權力太久的人，往往容易迷戀權力，最後甚至不惜用種種手段把持權力。民國初年的袁世凱，便是人所共知的一例。像蔣總統這樣掌握中國政治權力有三十多年之久的人，能認爲「憲法則尤爲反攻復國的有力的武器」，而堅決反對修憲，這種間接透露不願爲了自己連任「三任」總統，而破壞爲中華民國人民所共有的憲法的態度，的確值得我們十分欽佩，並值得歷史家所推崇。

然而，這一年多以來由於修憲連任運動者的種種說法和做法，恰恰與蔣總統當初反對修憲、不顧連任的態度，背道而馳，因而使得海內外的中國人由惶惑、而失望、而懷疑，連帶的使蔣總統因那兩次講演而獲得的聲譽，也大爲貶損。不過，在蔣總統一天沒有接受第三任總統候選人提名以前，我仍然希望蔣總統不爲週圍左右的那些阿諛取寵的言詞所蠱惑，始終能貫澈自己公開宣佈過的主張，用事實來證明當初的誠意，而成爲中華民國歷史上的華盛頓。

個人基於擁護蔣總統反對修憲、不願連任的立場，對於國民黨內少數當權分子所策動的修訂臨時條欵案，把總統只能連任一次的憲法限制加以修改，當然希望我們代表同仁起來反對。因此，我對於國民黨籍的很多代表同仁，最近紛紛反對國民黨少數當權分子時所提的意見，諸如各位認爲修改臨時條欵就是修改憲法，以及修訂臨時條欵等於違章建築，將使總統成爲臨時總統，中華民國政府成爲臨時政府之類，都願意由衷的支持。我們大家想想：所謂臨時條欵不等於憲法，修改臨時條欵不等於修改憲法，這是何等欺騙世人的說法！修改臨時條欵既不等於修改憲法，爲何要經由修訂臨時條欵的途徑，使憲法第四十七條總統只得連任「一次」之限制失效？又爲何在三十七年制定臨時條欵時，要依照憲法第一百七十四條規定的修憲程序？又臨時條欵既不等於憲法，則依憲法第二十七條規定，國民大會就無權制定或修改了。這一切，凡是稍有知識(不必要法律知識)的人都可以瞭解，也是稍有一分良心的人，決不肯作如此說法，也決不肯採取如此做法的！這不僅騙不到今日世界人士，尤其騙不到後世的歷史家。我們是民主世界的一員，今天和共產黨鬬爭，也是世界性的鬬爭，我們今天決不可關上門做皇帝，自己欺騙自己。倘若眞的按照國民黨少數當權分子的做法，修改臨時條欵以達到總統三任的目的，則今後中華民國在國際上的地位發生動搖，作成這一決議的國大代表們，也要同樣負責任的。近年來，我們的國際地位一天一天低落，國際聲譽一天一天敗壞，而今日國際局勢對我們極爲不利，如果小心翼翼來應付，是否能渡過難關，還成問題，怎可有一點毀憲的行爲？因此，這一次國民大會必須表現出我們正在遵守憲法的前提下，爲政治大革新開一新局面。修憲連任、毀憲連任，都是反其道而行之。

其實，我們切不可以爲擁護蔣總統連任，就是愛護蔣總統。今天蔣總統不必居總統名位，仍能實際領導的道理，我們過去已在「自由中國」雜誌上說得很多，不必重複。我現在可以斬釘截鐵的說一句，萬一蔣總統連任三任，則五年十年之後，大家便可以明白：究竟是擁護連任三任的人愛護蔣總統，還是反對連任三任的人愛護蔣總統？「人必自侮而後人侮之！」我們可以看看國際上的反應，海內外的輿論，乃至於歷史家的最後裁判！

這幾年來，除掉極少數當權的特殊代表外，大多數代表同仁的處境和心

(10)

情，我是十分清楚的。所以，對於若干代表同仁眼見憲法反正將受到國民黨少數當權分子的摧毀，而希望同時擴大國民大會職權的想法，更具有同情的瞭解。不過，我們只要冷靜的想想，不管國民黨少數當權分子的企圖如何，也不管我們自己的處境和心情如何，既作爲一個國大代表，在「代表中華民國國民行使政權」時，便要認清中華民國國民的共同意志，特別切記憲法乃是全體國民共同意志的具體產物。

事實很明顯，我們現在的這部憲法，是當初制定憲法的國大代表，代表全中華民國國民的共同意志所制定。所以，也唯有這部憲法的每一條條文，才是今天在中共統治下的大陸同胞所承認的。這十年以來，儘管政府退守在臺灣這幾個小島，已經喪失了百分之九十以上的土地和人民，但還能代表中華民國，始終屹立於聯合國而沒有動搖。其中最主要的原因，就是唯有我們這個政府，是以代表全國國民意志的憲法爲根據而建立的，也是今天在大陸上的國民當初所承認的。現在，由於事實上無法改選的困難，我們這一屆國大代表的任期才延長下來，現在已經是參加第三次會議了。我們這部憲法，是否確有修改的必要，按道理說，我們不能但憑國民黨少數當權分子的意見，也不能僅根據我們代表自己的想法，而必須依據我們所代表的全體國民的意志。可是，我們現在卻無從徵求我們所代表的絕大多數國民的意見，更無從擅斷今天被關在鐵幕裏的百分之九十以上的國民，已經改變了當初制憲時的意志。所以，爲了尊重絕大多數失去自由的國民之意志，我們必須維護這部憲法的完整，不使它爲解除總統連任限制，而經由修改臨時條欵的途徑，使這部憲法的基礎發生動搖。其實，我們這部憲法之所以爲民主，最主要的有兩點：一由於政權的交替，憲法第四十七條已有嚴格的限制；一由於行政院對立法院負責的關係，憲法第五十七條又有明確的規定。此兩項牽涉憲法基本精神的規定，自不容任何人假借任何理由而破壞。近代的民主政治，其所以重在法治，這就是一個重要原因。

我個人作爲一個第一屆國大代表，現在居然要參加第三次會議，眞有說不出的感慨。今天，尤其當我想到我們所代表的百分之九十以上的中華民國國民，還在極權暴政之下掙扎，而政府不知道切切實實的從事反攻復國的準備，卻聽任國民黨少數當權分子連原有的憲政基礎，也加以逐步摧毀，眞使人感到悲憤！時至今日，國民黨少數當權分子，竟又企圖利用我們代表同仁的神聖權力，去修訂臨時條欵以完成修憲連任運動的任務，讓我們代負起「毀憲」的責任和罪名。所以，我才敬向我們代表同仁說了這一些話，希望能提醒全體代表同仁。

幾點國是意見

王厚生

本稿原係去年應本刊「創刊十週年紀念特刊」而撰，因郵遞延誤，迄今始能刊出。——編輯部

民國三十八年六月一日下午，我與楊毓滋、楊浚明二位先生同乘英國航空公司班機從廣州到香港，從那一天起，離開了祖國的領土，開始流亡的生活。計算時間，已是十年以上。十年的歲月對人類綿延的歷史來說，不能說長，但對個人來說，也不能說短。十年了，政府有反攻大陸的實際動作否？加之，政府今天所採用的反共方法仍有不少地方值得檢討。在此情形下，禁不住要對政府有所批評。

今年八、九月間，我曾在臺灣住了一個多月，承國民黨和政府的好意，讓我作了一次走馬看花式的參觀，我所獲得的印象，大致上是實際情形比想像的爲好，至少在表面上是如此。但是，自由中國的政治現狀仍不合理想，這一層，我在臺灣的時候，亦會坦白地與國民黨的朋友們說出。今乘「自由中國」半月刊十周年的機會，將我的意見加以補充說明：

第一、我首先想說的，是臺灣的環境和氣氛與海外的環境和氣氛十分不同。在臺灣，領土是自己的，政府是自己的，加上每年三熟的農作物和藉美援興建的工業，人們的心中有一種安定感；相反的，流亡在海外的人，受異族的統治，加上生活的顚沛，人們沒有安定的感覺，而別有一番亡國的滋味在心頭。二種不同的環境和氣氛，產生二種不同的心理，進而形成二種不同的論調，而海外的論調自然比較激烈和尖刻。在海外人士看來，臺灣的安定感不但要不得，且十分危險，因爲臺灣政府肩負反共復國的重大責任，本身不應有安定感。本身的安定感可以引致二個不幸的後果：一個是擯絕海外對政府的批評，以爲批評政府，足以破壞臺灣現有的安定；實際上，臺灣只有虛的安定，沒有眞的安定，拒絕海外的批評，臺灣也不見得的確安定。另一個是造成政府本身的怠惰和腐化。怠惰和腐化情況之形成，也是由於缺少批評的緣故，至少，是政府藐視批評，蔑視輿論，一意孤行到底。這裏，又可以看出二種情形，一、政府沒有接受批評的雅量，二、輿論的力量還不够强大。不過，輿論力量之不能强大起來，與政府的態度極有關係，如政府運用其權力，從事對輿論的壓制，輿論力量自然難於長大。但是，話說回來，輿論力量不能强大起來，連政府本身也要吃虧，這就是政府本身的怠惰和腐化，久而久之，人民對政府的信心完全失去，吃虧的豈不是政府本身？所以，把反對的輿論壓縮了，對政府

並沒有好處，獲得好處的，是那些爲非作歹的官僚分子，此輩官僚爲自身利益，完全不顧政府的威信和聲譽，如果政府因人民日漸不滿而搞垮了，他們早有準備，可以腰纏百萬，高飛遠走，到國外做寓公去！我想，在這方面，大家應該已受充分教訓——痛心疾首的教訓。因此，爲了臺灣的政治有進步，反攻大陸終能成功，我覺得政府需要有刺激物，需要有外界的挑戰力量；這種刺激物或挑戰力量叫做反對的輿論或反對黨都可，但其基本作用却是一個，就是刺激政府，使政府振奮起來，毋忘反攻復國的大任和努力。以上所說的刺激物或挑戰力量分明對政府是有益的，其能自發自動的建立起來固然甚好，其不能自發自動建立起來時，政府爲本身的穩固和利益計，也應盡點努力，幫助其建立。就我在臺灣觀察所得的印象，有幾件事可以說：首先，我要提出「自由中國」半月刊來說。在臺北的馬路兩旁，報攤很少，書攤很多，這與香港的情形剛巧相反。還有，香港的報攤很多兼賣期刊而不賣書籍，而臺灣的書攤是兼賣期刊而少賣報紙。我曾注意到，臺北的書攤幾乎都賣「自由中國」半月刊和「自由人」半周刊（現已停刊），這二種刊物被放置在很顯著的地位上，吸引讀者的購買；而且就形式、編排、和內容來說，臺灣的期刊很少能比得上「自由中國」的，因此我就想到，「自由中國」半月刊的存在，無形中對臺灣所出版的其他期刊，發生一種挑戰和刺激的作用，而使其他期刊不敢太過馬虎和墮落。單就這一點講，「自由中國」半月刊對國家對社會已有貢獻。至於內容，「自由中國」十年來的努力，在臺灣這個環境中，已充分盡到應盡的職責。在臺灣時，有一位國民黨的朋友告訴我說，「自由中國」的言論有時確能擊中政府的要害，使政府無法辯駁。從這句話中，我們可以體味到「自由中國」對國家的貢獻，不過，這一位國民黨朋友又說，「自由中國」專說政府的壞話，對政府的好處一概抹煞不提，說政府壞話時，常用挑動人民對政府惡感的文字，同時，很少提到中共問題。後面這幾句批評「自由中國」的話，我也寫在這裏，以供「自由中國」的編輯先生們參考。

第二件事是土改。臺灣的和平土改相當成功，這使中共的流血土改爲人所不齒。這幾年來，大概因爲新聞記者、作家、學者發表了許多文章，比較臺灣和中共大陸的土改，以及農民的實際生活情況，每每指摘中共流血土改的殘忍，與農民現實生活的艱苦，使中共在國際間大失面子。所以，中共最近對臺灣的和平土改開始抨擊，說這是「恩賜」式的土改，大陸農民有所不受。中共的抨擊旨在挑撥，企圖達到臺灣農民對政府不滿的目的。我以爲中共這種心思都是浪費的，不會有結果的，臺灣農民有自已的田地可以耕種，不再受地主的剝削，從此生活一年比一年改善，還值得考慮其他？土改的實施和成功，在我看來，是孫中山先生的三民主義感召了今日的國民黨人，但國民黨人過去在大陸爲什麼不實行和平土改而敗退到了臺灣後才施行呢？一言以蔽之，中共的挑戰力量和自身失敗退卻的刺激，喚醒了國民黨人的權力迷夢，明白不實行土改，不僅臺灣站不住，恐政府也將難保了。儘管中共這個挑戰力量與政府勢不兩立，但其刺激政府，使政府猛然醒悟的事實，却不能抹煞。

再說今年中、南部的水災，這是一種天然的挑戰力量，給政府一個大考驗。我曾往臺灣南部參觀，路經災區，親見政府重建災區的工作做得十分積極，且十分迅速。雖然，水災帶來巨大損失，但它能刺激政府積極而有效的做事，仍可說是不幸中的幸事了。

第二、蔣總統是否連任，應即作一次公開的聲明，俾大家可設想今後的問題；換言之，現在可以預作準備，避免臨時籌措發生困難。全國人皆知蔣總統對國事的責任感極強，如果現在公開聲明，使國事有所遵循，亦是一種責任感的充分表示。我在臺北時，曾聽見政府某高級官員說，蔣總統連任與否，須待明年二月間國大開會時揭曉，因爲現時宣佈，恐被敵人利用。我覺得被「敵人利用」的理由不够正當，甚至根本就不成其爲理由，因爲這個謎底終有揭開的一日。假定敵人眞有利用此事而不利於我方的地方，則遲早必被利用；我倒以爲，遲被利用不如早被利用，早被利用，我們可速謀對策，速謀補救之方，而遲被利用，我們不知中共將如何利用，要煞費苦心去猜度。何況，這件事在我看來，中共無利用之必要，對它沒有好處。

我既希望蔣總統公開宣佈是否連任，自應對蔣總統反對修憲有一種個人的看法，我是用歷史的眼光來看這件事的。世人皆說歷史是人造的，我即根據這「歷史是人造的」一句話，來看蔣總統反對修憲一事。我認爲：蔣總統反對修憲，是遵守中華民國憲法，則反對修憲這個舉動的本身即是歷史。去年年底，蔣總統代表國民黨和政府反對修憲的演說，即是歷史文件。蔣總統反對修憲，即是不連任的表示，無可否認的，今天希望和要求蔣總統連任的仍大有人在，而蔣總統仍決然不幹，即可構成爲歷史上的突出事件，美國第一任總統華盛頓退休時的情形即是如此。對於國民黨人來說，蔣總統的歷史地位愈高，他們所蒙受的光榮也愈大，在有蔣先生的繼續領導和榮譽感之下，我覺得所有的國民黨人都可心安理得了。

第三、在最短期內，我更希望蔣總統能夠主動地邀請海內外反共非共人士，在臺北召開一次國是會議，這個會議的主要目的有二：一、全盤地澈底地討論國內外新局勢，在新的局勢之下，中華民國今後應採取之方針是怎樣，今後反共復國的道路應作怎樣打算。二、實踐國民黨政府前此所作召開反共救國會議之諾言，國民黨政府到了今天的困難地步，信用是最重要的，說過的，必須做到，否則，無法再號召國人反共。

這個會議須由蔣總統主動發起，因他是目前自由中國政治的領導者和負責者，自然應負發起之責；同時，蔣總統肯這樣做，即表示他有與海外反共非共人士合作團結之願望。不然，海外人士見蔣總統無表示，即認爲他老先生毋需要大家的合作，這樣一來，不僅不願發言，且生反感，覺得蔣總統獨斷獨行，沒有循民主憲政的常軌行事。但是，反感是一回事，救國是另一回事，今日流亡海外，人人有救國之心，且如上面所說，海外流亡者的心情比較政府尤爲燥急，又恐蔣總統沿用老法反共，不特無效，且將誤事，於是，心所謂危，不得不言，蔣總統和國民黨政府遂不免成爲指責的對象。這種現象固然不好，但責任並非完全在在野人士，蔣總統也須負一部分責任。因此，我衷心希望蔣總統能有明白的表示，願與在野人士開誠合作，並藉國是會議的發起和召開，談商一切可談應談的問題。

另外，很重要的一點，即在海內外有許多人承認，除非蔣總統自願完全退休，否則，他對今後國家的政治仍負有相當重要的領導責任。就蔣總統的負責性格而論，他之完全退休，事實上恐辦不到，因而，在蔣先生繼續負擔反共復國大任的前提下，他今後的領導地位應如何，他發揮領導作用至何種程度，凡此問題，都是可以在會議中坦誠交換意見的。這不是說，今後蔣先生的領導地位要由這個會議來決定，相反的，這個會議是在支持蔣先生的領導。蔣總統的一生事功，歷史上自有應得的地位，他今後對國事的領導如有海內外各方人士之共同支持做背景，則他的領導將愈見重要，將愈見堅固，其能發揮的作用也將愈見巨大。說句老實話，在今天，唯有反共復國成功，領導地位才有意義，才有光榮可言。反之，如反共復國渺無頭緒，路途遙遠，而一個人的生命又如此有限，則所謂領導地位究有何意義？究有何光榮？而欲使反共復國成功（事實上是我們拖不得，非在可見的將來成功不可），唯一的途徑在於團結海內外一切力量，結合衆力，從各方面（政治、文化、軍事、宗教等）和各地區從事不息的戰鬪，不停的反攻。

記得，蔣總統已好幾次公開表示，任何在大陸上從事反共工作的黨派或個人，政府不究既往，一定於光復大陸後，對它們或他如何如何的獎勵和行賞一番。這是個很好的政治號召，應該這麼說。但如果蔣總統和國民黨政府今天連流亡在海外的人士，都不願意與之誠心合作和團結，則蔣總統的號召還有什麼價值？無疑地將被大陸上的反共地下團體或個人視爲一種宣傳，一種心理作戰，或者，一張不兌現的支票，除打擊中共外，別無可信的地方和價值。這猶之乎，今天不實行民主憲政，說同大陸以後一定實行民主憲政，有誰相信？今天不實行三民主義，說同大陸以後一定實行三民主義，有誰相信？政府在臺灣自稱已實行三民主義，如土改如地方自治（地方選舉大有問題），那末，爲什麼今天就常究既往、不與海外人士合作團結呢？人們總容易相信：凡現在能實行的，將來也一定能實行，而且，唯有趁現在實行，始有偉大的號召力，從而提早反共復國的勝利來臨！

第四、我們不要諱言，自由中國今後的處境十分艱險。臺灣不會丟，這一點，很多人有此信心，毛澤東妄想用武力奪取臺灣，絕無可能；赫魯雪夫企圖在美國面前代中共說情，也不易達到目的。可是，臺灣雖不致淪落中共手中，但臺灣內部的問題，不容我們漠視。譬如說，臺灣大學畢業生的就業問題，人口繁殖問題，而且只舉出一、二點而已，此外的問題尙多。這還是從內部來看臺灣的問題，則可發生一個臺灣此後的地位問題，這個問題比較麻煩和複雜，不是完全憑我們自己的力量所能決定一切的。如果我們從外部來看臺灣問題，國際局勢比現在還要緩和，或有繼續請想一想，倘使明年東西首腦會議召開，緩和下去的趨勢，則整個世局自然對自由中國不利，反之，對中共有利。如那種情勢出現，我們在聯合國機構中的地位將如何？目前支撐我們的國家，屆時是否能爲「國際道義」而不變初衷，仍舊支撐我們呢？假使我們在聯合國機構中的地位發生不穩或動搖的現象，是否跟着會使臺灣的地位發生問題呢？

我不是杞人憂天，而是綜覽世界局勢的演變及其可能產生的後果，以及此後果對自由中國可能發生的不良影響，才說上面的話。我也希望世界局勢不要朝不利於我們的方向轉變，但是，這已超出了我們的能力範圍，自由中國沒有這樣大的足以左右世局的力量。我們單是希望，於實際無補。我們應取的正當態度是：準備最壞局勢的到來。只往好的方面想，自我陶醉，安慰人心，這也是一種態度，但這種態度當最壞的局勢到來時，將徬徨失措，挽救無方。總結一句話，我們要用全力加强外交，特別是我們在聯合國機構中的地位，準備行將來臨的外交爭奪戰！

四十九年十月廿三日九龍。

主義與政治

陳咸森

一

主義的性質，就常識與經驗言之，大體可以分爲兩類。第一類是哲學與思想上所稱的主義，第二類是近代政治家革命家與政治野心家所稱的主義。對第一類主義的服膺與信仰，和私人信仰某種宗教一樣，完全是個人的事，是一種純私人的愛好或信仰，與一般人世生活則全不相干。這種對某一思想與哲學上的主義信仰的人多了，也可以自然而然地形成學派，形成門戶之見，以至門戶與門戶之間，會發生偏愛的辯護與爭論。但這種局限於思想與哲學範圍以內的爭論，僅限於個人私衷愛好的辯護，就思想學術自由言，不僅無害，且可說是一件好事。假如這類主義的門戶之見超出了思想與哲學的範圍，超過了個人私衷愛好與服膺的領域，去和權力機構的政治相結合，那就是由第一類的主義變爲政治性的第二類的主義了。第二類主義的服膺者掌握了政權下的政治，就是主義化的政治，主義與政治權力合而爲一的政治，其結果必然成爲教條化的極權政治，共產主義統治下的蘇俄與鐵幕國家的政治，以及過去法西斯主義統治下的德意等國的政治，就是這類主義化政治的典型。

二

主義與政治結合，其情況和宗教與政治結合類似，主義的信條變成了教條，由主義宣傳與服膺而來的主義化的政治，就類似宗教化的政治，且其爲害與流弊更要超過宗教化的政治。因爲：㊀宗教對於人生是有很多好處的，是人生取得意義與價值的重大工具，可以影響個人的人格，轉換個人的氣質，充實生活的意義，間接地可以促進社會政治更趨於良善。宗教其所以能改變個人的氣質與人格，因宗教徒所追求的理想境界的必經途徑，須要個人的內省、篤信、謙卑、自剋、認罪等修養工夫爲起點。所以宗教徒們在其我執的偏狹、武斷的傾向中，總還有幾分的自謙；在其自以爲是的自滿中，總還有幾分的虛心。至於主義的信徒們的我執與自滿的心理，既沒有自謙與虛心的修養工夫相調節，更加以同一信仰的人集體化了，組織化了，一個信徒環顧左右前後，無往而不是同一信仰的人，無往而不是同志，會覺得眞是人同此心，心同此理。於是其自以爲是的心理與偏狹、武斷、不寬容的態度更會畸形的發展起來，而最後則不惜假手武力與暴力來屠殺他們所認爲的敵人。「對敵人的寬容，就是對自己的殘忍」，很可表明了主義與政治結合的偏狹與殘暴的態度，於是人民悲慘了。㊁宗教與政治的結合，其間的聯繫是較爲鬆懈的，如歐洲中古時代的宗教與政治，宗教方面有宗教的領袖，政治方面有政治的領袖，而彼此之間是互相敷衍的合作與利用，並不是眞正的合而爲一，並且有的時候他們彼此之間還有點相互的牽制與抵銷的作用。至於主義與政治的結合，其間的聯繫關係事實上等於合一，眞正的合而爲一，兩回事變成一回事。「黨國」一名辭的通用，正可以表明了黨與國家，主義與政治的打成了一片。而上文所提到的偏狹、武斷、暴力與屠殺等弊病的發生，更是勢所必然，無可避免的了。㊂宗教與政治的結合，對於其理想境界的追求與努力，總是比較的迂緩，有時甚至於只是對神的意志的一種期待。主義與政治的結合，對於其理想目標的追求與努力，總是求其速成的，一切的措施，總是求其速效的，「爲目的不擇手段」，常不惜集中一切權力以求一逞的。如此往往革新的成績未見，而其災害早已陷人民於水深火熱肝腦塗地的境地中了。今日大陸上共匪所統治下的政治，屠殺人民數千萬，陷全國人民於奴工的慘境，就是主義與政治合而爲一所賜與的災難！

三

政治性的主義所預懸的理想與目標，無非是追求大衆的最大幸福，經濟生活的改善，一般生活水準的提高等等。這在任何政治性的主義間，以至於各種宗教的派別間，都是大體相同而沒有什麼大差別的。所以主義與主義之爭，就實質說，不是理想之爭，不是目標之爭，則是低一層次的手段之爭，卽追求理想之實現所採用的手段不同之爭。這還是就主義的理論之爭的時候說。及至由理論之爭演變爲行動之爭、權力之爭，以至於武力暴力之爭的時候，事實上已和主義內容的擁護不大相干，主義祇剩得一個空名義了。到了某一主義集團取得了政權，主要的工作是在如何維護政權，鞏固政權。當權者是在想如何擴大權力，未當權的信徒們是在想如何向當權者爭寵，以取得部份權力。在上者要信徒們忠於主義，服從領導，在下者爲表示忠誠，隨時隨地的「擁護」「萬歲」的呼聲不絕於耳，於是上下交互的到處充滿教條口號。主義到此更祇剩得一個空洞的名義與口號，且有不知其數的權力爭奪的罪惡與暴行，假此名義與口號以行。如蘇俄史達林當權時代，不知其數的同僚同志被其整肅，都是以反主義反黨的名義處死的。斯達林死後，馬林可夫處死貝利亞，赫魯雪夫罷黜馬林可夫等，都是以同一名義出之，這就證明了在主義化的極權政治下，當權者用暴力淸除政敵和異己，總是假主義的空名與口號以行的。至於一般地位較低的信徒黨徒們，無人不是假主義之名義，作爲個人向上爬的終南捷徑，演出各種醜態，向當權者表示阿諛、奉承、忠誠，以冀得到寵愛歡心，俾可步步升遷，直到飛黃騰達。眞是「主義！主義！不知多少罪惡假汝名以行！」

在主義化的極權政治下，有時也會發生主義的解釋問題，其最高權威的主義解釋者仍就是最高權力的掌握者。偶而亦有所謂權威的學者理論家出現，實際上仍不過是當權者的御用工具，常常摘幾句當權者的言論，作爲主義的指導原則加以詔諛的發揮。如此等御用的所謂理論家遇到失寵時，他的詔諛的解釋和理論，仍不免要遭受到清算鬭爭的。所以在主義化的極權政權下，實質上無所謂主義的解釋問題與理論問題。如有，那就是當權者的意見和言論，主義本身實是一個空洞的名義或口號而已。

四

主義的信仰與服膺，是純個人的私事，前文已提到過；既是個人的私事，就應該由個人自己自由地抉擇，由個人隨時修正補充，甚至於改變。信仰是個人的私事，也就是每個人自我的一部分，好比身家性命的所以爲自我的一部分一樣，不容他人干涉，不容他人過問。信仰之無法求其統一，好像不能求人與人間在質量上完全整齊劃一相同。共匪在大陸上以暴力強迫人民接受洗腦與勞動改造，是強求不可能的信仰統一於統一。推行人民公社，沒收了人民的一切私有，拆散了每個人的私有家庭，是強求人與人間的不可能的質量上的整齊劃一於劃一。強不可能爲可能，除給予了人民以更大更慘的災難外，其失敗是必然的。所以近幾年來大陸上人民的反抗叠起，抗暴運動前仆後繼，迫使共匪改變人民公社的內容。這就是共匪想強求信仰的統一，和人與人間質量上的整齊劃一的失敗的證明。

政治，中山先生解說得好，是管理衆人的事。既是衆人的事，便應當以衆人的旨趣爲旨趣，以衆人的心爲心，以滿足衆人的要求爲目標；換句話說，就是政治的實施以人民大衆的好惡爲取捨。人民大衆的心，旨趣，要求與好惡，有時表現於輿論的趨向，有時取決於選舉，有時表達於人民代表的議會。政治家的才能與技術，能從各方面去瞭解大衆的旨趣與好惡，然後才能把握大衆的心爲政治的依據；如此才可以順乎民心把政治—衆人的事—辦得好，這樣才算是眞正的良好的民主政治，這於主義有何相干？若不以衆人，以一己或某種主義爲依據的政治，已不是眞正的民主政治，亦不會有良好的政治出現。近來有人給政治一個更簡單的定義，說政治就是一種業務，一種管理衆人的業務。當政的人就如近代大規模工商企業的董事長或經理先生，人民就是股東，董事和經理先生們如果眞能尊重股東們的意向，維護股東們的權益，廉明謹愼的做去，那企業一定可以發達的，凡屬與企業有關的人員—員工和股東，都可以實受其惠的，這又於主義有何相干？

政黨，在民主政治的運行上是不可缺少的一環，它的結合與其追求實現的，應該是一些與實際政治設施有關的政策與綱領，而不應該是信仰。這樣，各黨的黨員才能與一般的國民一樣，有其各自的信仰與思想的完全自由。亦惟有在這種精神上，各黨的並存之間才不至於成爲森嚴的壁壘，黨與黨之間才不至於成爲不可逾越的鴻溝，政爭不至於由黨爭而演爲內戰；也唯有這樣，各黨黨內才能有民主，而政治的民主才能維持與發展。美國民主共和兩黨的交替執政，都是以政綱政策向選民競爭，從不以主義信仰相標榜的。英國在保守自由兩黨交替執政時代，也是祇有政綱政策相競爭，沒有什麼主義信仰問題；直到工黨興起，才以所謂社會主義爲標榜；就其執政時期的設施說，也祇有其公營政策與重工業國營政策和保守黨不同，與其空洞的主義實不甚相干。工黨在執政時期，因其強調宣傳主義，也表現一股偏狹、武斷的態度，所幸英國有其民主的深厚傳統，民主政治才未被那種武斷偏狹的態度所動搖；最後那種主義化的偏執態度和國有化的政策，都爲人民所厭惡了，最近兩次選擧的失敗，即是鐵一般的事實證明。過去德國的希特勒取得政權，是由民主的方式在議會取得絕對的多數而當政的，因其強調納粹主義爲政治的依據以統治德國，結果其他政黨都被其消滅，德國的民主政治亦被其毀滅了，德國亦由民主國家變成了極權國家。民主政治的基礎，是建築在兩黨或多黨的和平競爭之上的。如政黨以主義相號召，必然會由信仰的偏狹，武斷的態度，演變爲相信自己的黨的發展，是以犧牲別黨的利益爲條件，甚至於認爲別黨的毀滅及奴役爲已黨繁榮之必經途徑，於是各黨滅亡，已黨獨尊獨榮，民主政治就毀滅了，獨裁的極權政治隨即誕生。如此我們知道，政黨在原則上是不需要主義的，至少不可強調主義作爲束縛黨員信仰的工具，黨員能有信仰思想的自由，黨內才有民主，而民主政治才不致落空。

五

由於上文對於主義政治的討論，我們可以得到下面兩點結論：㈠主義與政治應該分開，不宜結合，不可合一。如若主義與政治結合爲一，其流弊與爲害要超過宗教與政治合一下的政治。㈡政黨的集合及其所追求實現的，應該是一些政綱政策不應是主義的信仰。如若一個政黨強調主義，其結果會毀滅了其他政黨和黨內的民主，最後亦會毀滅了民主政治。

中國不幸，陷於主義與政治的紛擾中已數十年了，而更不幸的是整個大陸淪於共匪的主義與政治合一的暴政下，使數億人民陷於水深火熱肝腦塗地的慘境中。我們的反攻大陸的準備工作，除了軍事力量的加強以外，在政治上亦應該有準備與做法。應該把握着以自由對奴役，以民主對極權的原則，換言之就是以民主政治對主義化的極權政治；而不是以主義對主義，以組織對組織；以教條對教條的極權原則；然後才可以團結所有海內外愛好自由民主的人士，進而才可以鼓勵大陸的人心。這樣，到光復大陸以後，方不致使將近一世紀以來許多先烈所嚮往的民主政治再行落空。

接受過去兩次庚子年的教訓

金承藝

按照我國的夏曆，今年適逢庚子年。如果我們翻開近代中國的歷史，看一看近代史中出現的兩次庚子年，實在令人悚目驚心，因爲在過去的兩個庚子年裏，中國都曾經得到過最慘痛的教訓。

寫伊里亞特的荷馬曾說：「一個獃子在事後也是聰明的。」獃子所以能在事後聰明，乃是由於人類有檢討錯誤、修正錯誤的能力。今日之無分中外，何以把歷史列爲中學和大學的必修課程？其原因主要就是要我們去參考祖先失敗和成功的經驗，用以做爲後輩人充當時代舵手時寶貴的指針和借鏡。

星移物換，現在第三個庚子年又出現了。一百二十年的時光，從歷史中匆匆滑過去；這期間我們是否虛心的、誠懇的記取錯誤的經驗？檢討失敗的教訓？

一、第一個庚子（一八四〇年）——英國向中國叩關

公元一八四〇年卽清宣宗道光二十年，這一年，誠如李鴻章所說，是「開中國三千年未有之變局」的一年。由於中西誤解的累積，再加以林則徐查禁鴉片的近因，英國終於遣遠征軍進犯中國。

一八四〇年英國最初派到中國來的遠征軍，大概最多不超過四千人，可是結果如何呢？英國軍隊的所到之處，已經把中國軍隊的一切抵抗都給粉碎了。較有趣的是，直到現在，居然還有人說，如果英軍進攻廣州與林則徐相戰，則局面恐將不同。其實英軍當時的進攻計劃，卽不預備在廣州登陸，這恐怕是林則徐的福氣，也正因爲這樣，總算在我們的歷史上，保持住一位名臣的聲譽，讓後人覺得他一直還是一位了不起的偉人。倘若英軍進攻廣州，林則徐所率領的弓馬刀矢的軍隊，其能否抵抗有猛烈炮火的英軍，則不問可知。現在我們看起林則徐當時所寫的「猰夷」是「大黃、茶葉不得卽無以爲生、各種絲斤不得卽無以爲織」的觀念，又是何等幼稚、愚昧！

在這次斷斷續續兩年的戰爭中，中國先後動員的大員，計：欽差大臣兩廣總督林則徐、兩江總督鄧廷楨、浙江巡撫烏爾恭額、大學士直隸總督琦善、御前侍衛內大臣靖逆將軍奕山、戶部尙書隆文、湖南提督楊芳、統籌東南沿海防務揚威將軍奕經、浙江巡撫劉韻珂、兩江總督牛鑑、乍浦副都統伊里布、欽差大臣耆英，他如戰死者尙有欽差大臣兩江總督裕謙、江南提督陳化成、廣東水師提督關天培、壽春總兵王錫朋、處州總兵鄭國鴻、定海總兵葛雲飛等。中國傾全國之謀臣勇將而出，但他們給予英軍是甚麼樣的威脅呢？我現在只引羅家倫先生在民國二十年三月武漢大學「社會科學季刊」上所寫「研究中國近代史的意義和方法」一文中，說到他在英國參考鴉片戰爭的很多史料與中國書籍所載差異處的一段話，就可以得知了；他說：

「講到中國近代史方面，則鴉片戰爭的各個戰役，中國那次不戰敗。敗到可掩飾的地步，當然文書上是轉敗爲勝，敗到不可掩飾的地步——如砲臺或城池的失守，也是我兵雖敗，但夷船被砲打沉了幾隻，夷兵溺死無算，甚至於海上飄流了夷帽甚多。好得事在海上，『朝廷』是無法追究的。如一八四一年虎門之戰，中國方面的水師提督關天培戰死，砲臺失守，這是瞞不了的事；但是官報和私家著述，都說是夷兵死傷亦四五百人。英方的負責報告，則虎門攻陷，得砲三百八十門，中國官兵傷亡約五百人，英兵無一人陣亡。（在其他戰役，英兵傷亡者都有名册可查，因此我認爲這種報告眞確。）所以中國方面所謂四五百人，恐怕只是『夫子自道』罷！」

這一段話，看起來似乎對我們是有點「泄氣」，但我以爲羅先生並沒有「長他人銳氣，滅自己威風」。試想靖逆將軍奕山、戶部尙書隆文率領各路軍馬進援廣州時，沿途搜集猪、羊、狗血、大糞、穢物等，以備大破「猰夷妖術」之用，這種看法、這種做爲、這種軍隊，卽使在「民氣可用」下，（其實當時一再强調「民氣可用」的一般人全是糊塗蛋，英法聯軍之役，英軍陷廣州，俘兩廣總督葉名琛，老百姓非但不奮起抵抗，而且幫着英國人把藩臺衙門的庫銀抬往英國船上。）又怎麼能予英軍以絲毫威脅哪？無怪面對着萬兒八千的英國軍隊「諸帥膽裂」，終於訂城下之盟。

蔣廷黻先生在他的「中國近代史大綱」中說得很對：「鴉片戰爭的失敗的根本理由是我們的落伍。我們的軍器和軍隊是中古的軍隊，我們的政府是中古的政府，我們的人民，連士大夫階級在內，是中古的人民。我們雖拼命抵抗，終歸失敗，那是自然的，逃不脫的。從民族的歷史看，鴉片戰爭的軍事失敗還不是民族致命傷。失敗以後還不明瞭失敗的理由，力圖改革，那才是民族的致命傷，倘使同治光緒年間的改革移到道光咸豐年間，我們的近代化就要比日本早二十年。遠東的近代史就要完全變更面目。可惜道光咸豐年間人沒有領受軍事失敗的教訓。戰後與戰前完全一樣，麻木不仁，妄自尊大」。

近代史中的第一個庚子年我們受到了這樣大的打擊，除了對「猰夷」更加憤恨之外，絕不去虛心的檢討失敗，檢討自己，急起直追。甚至筆者在民國二十多年上小學的時候，歷史教科書中，一講到鴉片戰爭時，還只認是中國的第一件國恥，還憤恨英國人，還不承認那時的愚昧、頑固和可笑。中國的教育、中國的國策，一直都不能拋棄民族自大狂的「包袱」，從小就不養成一個人的科學的批評精神和客觀的檢討態度。這種教育的結果，是很自然的養成中國人

妄自尊大、以自我爲中心、忽視世界實際情況的心理障碍的基礎。我記得直到大學畢業後，由於自己喜愛近代史的鑽研，才瞭然鴉片戰爭的實際情況；才恍然於當年在小學時代得到的鴉片戰爭的觀念之錯誤。但我的跳出小時注入的觀念之圈囿，跳出有宣傳色彩的知識藩籬，已經是我第一次得到有關鴉片戰爭知識的二十年之後了。

以中國的這種情形和日本對於遭受西方力量挑戰後的情形來比，那態度就完全不同了。在一八四〇年英國向中國用兵之後十四年，一八五四年時，美國海軍提督培理 M.C. Perry 率領美國艦隊向日本叩關。那時日本和中國是一樣的蔽固，海斯 J.H. Hayes、穆恩 P.T. Moon、威蘭 J.W. Wayland 在他們合著的「世界史」上，說日本在「十九世紀之初，這個小小島國之排外，與中國無異。……日本人感覺他們無需乎向西洋人學習任何東西。他們想難道還有甚麼『野人』能可以較日本武士更勇敢、更純熟地揮舞那長而彎曲的劍？日本繪畫家與陶器匠的藝術，難道還有任何人可以匹敵？日本古宗教(神道教)及其文化，豈不較任何其他民族所有的更優越？」但是在培理提督的軍艦大砲之下，日本不得不屈服了。日本在受到了這個打擊之後，覺悟到應該學習的東西太多了，於是很快的決心向新觀念的世界邁進。

幾年以前，日本在紀念培理提督叩關一百週年的時候，日本人一點也不恨這件事，並且認爲培理提督是促使日本從自滿而沉滯的環境中覺醒過來的第一個外國人。它們不以培理叩關、日本屈服爲恥辱，而且認爲這次事件是日本歷史上劃時代的里程碑，從此以後，日本才看到新的世界，才走向現代化。記得幾年前在報紙上看到這項報導的時候，看到日本人這種大悟大澈的精神，一回想我們對於國民教育的態度，頓感電掣雷轟、發人深省。任何事情，凡能有多一分的悟澈和瞭解，自然也就有多一分的做爲。日本在近代史中走在中國的前面，乃是理所當然了。

我以前在向學生們講書的時候，偶當提起鴉片戰爭時，曾向學生們講：「鴉片戰爭，英國把中國打敗了，我一點兒也不恨英國人。我只恨鴉片戰爭發生在一八四〇年是太晚了。如果英國人更提前五十年或一百年來打我們，也許我們的國家比現在要好得多。如果鴉片戰爭遲到今天還沒有發生，試想我們在這個世界上將要落伍成個甚麼樣子！」在我講這種話的時候，我注意觀察學生們的反應，我發覺他們多半都是睜大了眼睛、用驚異的眼光看着我。我看得出來，他們感覺我說的話太「大膽」、太「反傳統」，這不是他們習慣的知識和觀念所能突然接受的。

我國自古聖先賢所講求的「反省」、「虛心」、「誠實」、「承認自己不如人」的精神之淪亡，這是近代不進步的最大原因。一百二十年前的庚子，我們雖遭遇了「三千年未有之變局」，可是直到今天，我們對於這種精神的重建，我們在這一方面的努力，仍然是有限的。

二、第二個庚子(一九〇〇年)——保守與反動力量的大結合

第一次庚子之後，在同、光年間，並非沒有革新的趨向，曾國藩、李鴻章、左宗棠、文祥等人在恭親王奕訢的支持之下，都曾爲了把古老的中國推向新世界而努力。試看同治五年（一八六六年）恭親王於奏請同文館內添設分館招考優秀人材肄習天文數學之奏摺中稱：「……若夫以師法西人爲恥，此其說尤謬。夫天下之恥，莫恥於不若人。查西洋各國數十年來講求輪船之制，互相師法，製造日新，東洋日本近亦遣人赴英國學其文字，究其象數，爲仿造輪船張本，不數年亦必有成。西洋各國雄長海邦，各不相下者無論矣，若夫日本蕞爾小國，尙知發憤爲雄，獨中國狃於因循積習，不思振作，恥孰甚焉？今不以不如人爲恥，而獨以學其人爲恥，將安於不如，而終不學，遂可雪其恥乎？」恭親王在甲午中日之戰（一八九四年）前三十年，就有這種透澈的看法和見解，我們實在已經不能再苛求了。

可是，這些人的努力，並抵不過頑固、守舊力量的强大。咸、同時代的大理學家——大學士倭仁反駁恭王說：「竊聞立國之道，尙禮義不尙權謀；根本之圖在人心不在技藝。今求一藝之末，而又奉夷人爲師，無論夷人詭譎，未必傳其精巧，卽使教者誠教，所成就者不過術數之士，古今未聞有恃術數而能起衰弱者也。天下之大不患無才，如以天文數學必須講求，博采旁求，必有精其術者，何必夷人？何必師事夷人？且夷人我仇也，……能一日忘此仇恥哉？……今復學聰明儁秀、國家所培養而儲以有用者，變而從夷，正氣爲之不伸，邪氣因而瀰熾，數年以後，不盡驅中國之衆咸歸於夷不止」。這些話，確比恭王的言論更能得到士大夫和一般知識份子的擁護。所以同、光間的革新努力，始終無法順利的推進。

光緒二十四年（一八九八年）也曾經有過一次更積極的改革，卽光緒帝與康有爲之變法。但這次變法本身卽是一個「其根不存，其萎可立而待也」的舉動，故終難免一現曇花的歸於失敗，且使開明和前進力量遭遇了重大的摧折。

近代史中的第二個庚子年（一九〇〇年），正是頑固守舊力量大獲勝利的時候。先是於一年又四個月前，「太后老佛爺」三度垂簾主政（第一度垂簾在同治初，第二度垂簾在光緒初，戊戌政變後乃三度垂簾。），維新諸人，殺的殺，貶的貶，守舊派和「太后老佛爺」的弄臣、親信們好不快哉。在庚子年元旦前五日，更勒令光緒帝下詔諭自貶說：「朕沖齡入承大統，仰承皇太后垂簾訓政……迨親政後……乃自上年以來，氣體違和……前已籲請皇太后訓政一年有餘，朕躬總未康復。敬溯祖宗締造之艱難，深恐弗克負荷。且入繼之初，曾奉太后懿旨，俟朕生有皇子，卽繼承穆宗毅皇帝爲嗣。系統所關，至爲重大，憂思及此，無地自容，諸病何能望愈。用再叩懇聖慈，就近支宗室中愼簡賢良，爲穆宗毅皇帝立嗣，以爲將來大統之畀。再四懇求，始蒙俯允，以多

羅端郡王載漪之子溥儁繼承穆宗毅皇帝爲子。欽承懿旨，欣幸無名……」以備做進一步的行動。(觀察我國的官方文字，玩弄虛矯、欺世的手段，好像已經成了公式。明明是曹丕想做皇帝，却偏偏讓羣臣及漢獻帝再三勸進。明明是慈禧后欲圖廢立之舉，却偏偏勒令光緒帝下詔自貶。一個國家裏有領導作用的統治階級，經常使用這種奸詐的手段，一般士大夫凡圖倖進就必須「窺意」以行，在此種情形下，正直之心，廉恥之心，平日卽掃地以盡，而當國家民族逢到危急存亡的時候，却要人民保持民族正氣，要官吏們忠貞赴義，恐戞戞乎難矣哉！)

慈禧后本想在庚子年行廢立，而歐西各國不僅保護康、梁，並廢立之舉亦表反對，自然引起她和端王載漪等的憤怒，故思能出奇蹟以雪恥泄憤。這時適義和團起山東、直隸間，一羣無知的土匪愚民，手裏拿着混天大旗、引魂旛、雷火扇、陰陽瓶、九連環、如意鈎、火牌、飛劍，嘴裏唸着「天靈靈、地靈靈、奉請祖師來顯靈，一請唐僧猪八戒，二請沙僧孫悟空，三請二郎來顯聖，四請馬超黃漢升……」，打起「扶清滅洋」的旗號，就這樣大言的說能殺絕洋人。當時頑固守舊的諸大臣如徐桐、剛毅、崇綺、毓賢等，力荐於慈禧后及端王載漪前，於是頑固反動的力量遂有了一次空前的大結合。

是年五月慈禧共召集四次御前會議，並殺言「拳匪不足恃」的內閣學士聯元、戶部尚書立山、兵部尚書徐用儀、太常寺卿袁昶、吏部左侍郎許景澄，力排衆議，在二十四日終決意向全世界宣戰。

如果是爲了求得情緒上的滿足，中國人實在也够値得驕傲了；遠在六十年前，我們卽會向全世界宣戰過。不過向各列強宣戰後，義和團與那個自稱「臣無他能，惟能殺洋人耳」的董福祥甘軍，合兵數萬攻區區的北京東交民巷使館區，自五月至七月竟不能下。而他們對於國人的禍害，可眞不小，被拳匪波及的省縣村鎭洗刼掠殺，毁工廠、鐵路、礦山無算，卽北京一地，拳匪縱火燒正陽門以西四千餘家(北京商業中心)，火延城樓，三日不滅，數百年精華，一朝而盡。在城中又亂施搜掠，連貝子溥倫、大學士孫家鼐、大學士徐桐、侍郎陳學棻、閣學貽穀、副都御史曾廣鑾等皆被掠，一般的居民，就可想而知了。

這次庚子年，頑固守舊勢力本想因「太后老佛爺」三度垂簾執政，不僅可消滅新黨於無形，且可雪恥復仇，從此揚眉吐氣。誰想到這回驚人的反動表演之結果，非但未能雪恥復仇，而且招來八國聯軍陷京都，瓦德西開政鑾儀殿，中國幾乎慘被列強所瓜分；後雖倖免，但次年訂辛丑條約時，僅戰費一項，中國便賠償四億五千萬兩。喪權辱國，貽笑世界。一個決策者的自私與領導無方，竟給國家帶來了這樣大的災害，而看惲毓鼎「崇陵傳信錄」載，那拉氏在向各列強宣戰之前，曾顧謂羣臣曰：「今日之事，諸大臣均聞之矣，我爲江山社稷，不得已而宣戰，顧事未可知，如戰之後，江山社稷仍不保，諸公今日皆在此，當知我苦心，勿歸咎予一人，謂皇太后送祖宗三百年天下。」眞令人贊嘆！何自古以來的統治者，都竟是一樣的聰明!?明明是因爲一己的剛愎自用、迷戀權位，彼倒行逆施的結果，臨到事敗時，却都有一番動人的說詞，好像他們一切都是爲了「江山社稷」；至於致敗之由，與他們全無干係。

我們在事後看庚子拳變，固然是個沉痛的笑話，惟這種義和團式的想法對中國人的影響，並不算不深。猶記民國二十六年蘆溝橋事變爆發時，當時北方人士均認爲日本兵最怕二十九軍大刀隊。現在想來，這和當年義和團的想法，又有甚麼分別？時下甚多人輕易卽侈談第三次大戰，而全無考慮核子武器、長程飛彈的進步，所謂大戰卽全球人類的毁滅。這種希望大戰以求中國問題的解決而全不計及後果、全不睜開眼睛看一看世界客觀形勢的一廂情願的想法，和當年義和團的幼稚，又有甚麼分別？

不過，義和團雖然是胡鬧，當時一批老朽、昏庸的大臣雖然頑固、守舊，可是他們對於國家、對於愛新覺羅王朝、對於「太后老佛爺」，總還說得上是滿腔熱血、一片愚忠，必要時，均能犧牲以赴國難。庚子之役，大學士徐桐、承恩公崇綺、莊親王載勛、禮部尚書啓秀、軍機大臣剛毅、刑部尚書趙舒翹、直隸總督裕祿、山東巡撫李秉衡、提督聶士成……等軍政大員，先後死難者不計其數。這如果比起後來的一些達官顯宦們，在國難之時，把子女金錢移置國外，本身早已狡兎三窟，而回過頭來，叫別人家的子女要「玉碎」、要「成仁」、要「與斯土共存亡」、要「發揮犧牲精神」，那自然又有程度上的差異了。

三、今年(一九六〇年)——近代史中的第三個庚子

今年，是近代史上出現的第三個庚子年了。如就國家所遭逢的災難，國際局勢的晦暗而言，今天的中國實比前兩個庚子年爲尤甚。大陸沉淪已十一年，重光之日尙不可期；本年夏季高階層會議召開，國際局勢能否對我有利？也在不可知之數。

處在這樣的環境中，我們應該怎麼辦呢？

有些人認爲我們應該乘着當前大陸發生西藏抗暴、公社失敗、共酋整風、人心思漢的時機，採取單獨行動，逕行反攻以光復大陸。事實上這是未能對自身做一番檢討的意見。試想，每年我們無「經援」卽無法渡過財政難關，無「軍援」卽不能更換新武器，在這種情形下談「單獨行動」，豈不是放言高論？

然則，我們是否就「困守愁城」、坐待他人爲我們決定命運呢？這又不然。從前兩次庚子年的教訓，我們應當很清楚的看出：凡無視時勢，背逆世界的潮流而行，其結果必將招致禍患。反共復國，是何等艱巨的事業，我們必須把眼光放遠；把我們的命運，緊密的與自由世界聯繫在一起，準備長期的苦鬭。前年十月二十三日，蔣總統接受杜勒斯的勸告，發表「中美聯合公報」，鄭重聲明中國願不憑藉武力而以政治競賽之取得優勢來光復大陸。實在是非常明智的

舉動。

如何才能把我們的命運緊密的與自由世界聯繫在一起？怎麼樣與中共從事政治競賽？這工作就要求之於我們自己了。今天如果想起孔孟於地下，用倫常名教致中國於富强，這是開歷史的倒車，是百年前大學士倭仁型的愚腐見解。絕不能使我們邁進有近代自由觀念的民主世界。（這裏應該指出的是優良的民族精神和社會道德，不是用宣傳和提倡就能提高的，我們總「講道德、說仁義」，但却發生民意代表接受賄賂就集體投選曹錕做總統的事；這種歷史上遺臭千古的驚人醜行，在並不「講道德、說仁義」的英、美諸國，尙未之前見。政治腐敗、不上軌道，而期望社會道德水準高是不可能的事。）至於提倡學習共產黨的組織、控制的手段，乞靈於極權國家的技倆，那更是自毁前途，將使我們失去了據以奮鬪的理想，終爲自由世界所擯棄！

睜開眼睛來看看，「民主」是世界大時代不可抗拒的潮流趨向。蘇聯、中共等極權政府，儘管反其道而行，可是它們尙不敢不借著這兩個字的美名。我們列身爲自由世界的一員，當務之急，就是加强我們的民主制度，使我們成爲一個十足兌現的民主國家。要我們能與自由世界緊密的聯繫在一起，就是讓自由世界不覺得我們是「異類」，不覺得我們是它的疵瑕與贅瘤！

一個國家，並不是只有了形式上的憲法、形式上的選舉，就能稱得上是民主了；眞的民主必須是民主精神運用於整個的社會間。一七九八年美國第三次選舉總統時，以華盛頓的聲望之高、對美國貢獻之大，再度被選，是理所當然的事；可是華盛頓鑑於民主制度在初建的美國還沒有深厚的基礎，爲了以後不致走入歧途，堅辭再做候選人。他的做爲，使美國的民主制度在創始之初得能良好的運行，爲憲政立下萬世千秋的典範。這種精神，很值得我們的人民與人民的公僕去善爲體察。任何對憲法和民主制度思從中尋求縫隙、圖加假借和曲解的行爲，儘管詭辯解釋得如何合理，但這都是反民主！這都是和當年慈禧后與她的黨羽們一樣是時代的逆流！

實現民主的理想，掌握住自由的火炬，整個的自由世界就會站在我們的背後。這是我們「捨此無他」的現在與中共做政治競賽、未來用以擊敗中共最重要的武器。胡適先生常說：「我們在民主、自由方面多努力一分，我們在自由世界的地位就增加一分；我們在民主自由方面多努力一分，就多有一分號召力量，多收回一部分人心。」目前如果要能找到一句「一言興邦」的話，我想恐怕就是胡適先生的這一句金玉良言了。

前事不忘，後事之師。前兩次庚子年的教訓還不够慘痛嗎？所謂「秦人不暇自哀，而後人哀之。後人哀之，而不鑑之，亦使後人而復哀後人也」，這是悲劇。我們難道還要重蹈覆轍，讓後世子孫來惋惜和笑罵嗎？

眼前的道路只有一條，向民主標的努力以赴。在還能來得及的時候，不要再浪費時間；在可以做最好抉擇的時候，不要再徬徨踟躕！

今日何日？國難迫於眉睫；存亡繫於一髮。每個愛國家、愛自由的中國人，我們是去做歷史罪人？還是走向生機？無情的第三個庚子年，等待着我們渡過。

讀者投書

(一) 望國大代表勿爲國民黨所收買

陶心和

邇來迭據報載，國民黨籍國民大會代表，正因修憲抑或修訂臨時條欵問題，與國民黨中央黨部意見相左，乃至爭論層出不窮。鄙意初以爲此等爭論，僅爲法理主張之爭，彼此亦必能以法理主張說服對方。然近已屢見報間透露，此一爭執，竟已涉及國大代表之生活問題，且國民黨中央黨部亦擬循此方面解決問題，實令人驚駭莫名！

此項消息，初見於二月十八日「徵信新聞」「瞭望台」。據稱：「政府已在考慮未來代表生活補助費酌予提高。惟限於事實困難，亦爲影響公教民心，其數額將不致達所求之標準。雖然如此，在政府已極盡籌措苦心，而代表諸公，當亦不無小補。」

然當時仍以爲此種消息，當係傳聞失實，未可信以爲眞，蓋國大代表生活如何爲一事，修憲與否則又爲一事，絕不容混爲一談。然近據二月二十五日「徵信新聞」於「瞭望台」一欄，又透露國民黨中央在二月二十四日假國防大學邀集全體黨籍代表座談時，又有所謂：「中央對於國大代表之生活甚表關切，因多數國代均係公教人員，俟七月份公教待遇調整之時，同時改善。」云云。且據同日「公論報」指出，國民黨中央對付力主修改憲法而反對修訂臨時條欵之國民黨籍代表，乃採取「邀宴」方針云：「國民黨當局所採取的方法是三天一宴，使得修憲派的重要份子，在面子上無法推脫。如廿三日國民黨中央黨部秘書長唐乃建在自由之家舉行餐會，被宴者都是領導修憲的國大代表。……同日在革命實踐研究院受訓的國大代表，也被張曉峯請到玉樓東去聚餐。因此，有部份國大代表即一趕二了。」此實無以名之，唯有姑名之曰「封嘴」攻勢。

由上以觀，無論爲改善代表生活，提高代表生活補助費，抑或爲「三天一小宴，五日一大宴」，其爲「收買政策」，已昭昭在人耳目。

現姑不論政府當局對於全國下級軍公教人員生活如何忽視，但就其爲達成修憲連任目的，不惜採取此等「收買政策」而論，實亦爲對各位代表人格之侮辱，以及對國家公帑之任意浪費。

國民黨中央黨部諸公，何竟別無善策，而唯有出此「下策」？我實不禁爲國民黨悲！

海外人士的十二點國是意見

香港通訊・二月十九日

方望思

國民黨當權派可能是由于修憲連任運動究不能全憑製造民意來完成，特別是對于海外的激烈反對，終不得不有所顧忌，才在上月底特派中央常務委員胡健中先生專誠來港，進行疏通工作。

這次國民黨選派胡先生的原因，可能是由于當權派之中，沒有幾個是爲海外自由反共人士所歡迎的，唯有胡先生，雖然說不上在海外有什麼號召力或特殊關係，至少和左舜生先生當年在參政會還同過一段事。加之于去年六月二十九日對「聯合評論」上左先生的那篇「搶救中華民國的時間已經不多了！」一文發動圍剿的，又正是胡先生所主持的「中央日報」，現在派他來，多少又包含了親自來港負荊請罪的意思。

但是，這次胡先生自一月二十一日至二十四日之間，儘管僕僕于張發奎公館和「聯合評論」社之間，先後與「聯合評論」社的自由反共人士，個別的和集體的作過若干次長談，對于當前爲海外所關心的各種重大問題，彼此交換了很多意見，但因外界知道不多，因此也就引起了若干猜測。

然而，胡先生現在是回臺了，帶回的究竟是些什麼呢？想必是臺灣的讀者們所急于想知道的。我不妨就我個人所知，做一次扼要的報導。

事實最明顯的，就是左舜生先生等堅決拒絕到臺北來出席國民大會。這道理很簡單，國民黨當權派既沒有帶來什麼具體的改革主張，且又無意接受海內外的眞正民意，中止修憲連任的毀憲活動，自只有讓徐堪這類的人以「海外歸來」的姿態，去表示擁護修憲連任運動的熱忱了。提到徐堪，住在臺灣的讀者，也許有的人眞以爲像他這樣的「不遠千里而來」，眞是表示海外民心之歸向吧！實則像他那樣的人，在海外偶爾提起，只有叫人齒冷罷了！例如在二月十五日出版的「祖國周刊」上還有人說到：「這個徐堪不知是不是大陸撤守時未辦交待自行逃走，並且在澳門入了葡萄牙國籍，持有葡萄牙護照去美國作寓公去的那個徐堪。假若正是此人，我們要問，這是那一國的國民大會，如若是中國的，爲什麼讓葡萄牙人出席的？」因此認爲：「大會爲什麼不作成決議，函請內政部撤銷他的資格，通緝歸案法辦？只是這樣混在一起，魚龍混雜，牛驥同皂，搞來搞去，雖然未至國人皆曰可殺之境，但使人人提起搖頭嘆息，卻已成定局了。」

不過，要說胡先生化了四天的工夫，費了不少唇舌，結果，竟一無所獲，倒也不合實情，因在胡先生同臺復命前，此間「聯合評論」社的自由反共人士，深恐胡先生在港期間所陸續聽到的意見，說不定有所遺忘，甚至在回臺後說明時在語氣上有重大出入，以致對此間自由反共人士的眞正意見未盡瞭解，所以還特地用書面方式，歸納成十二要點交給胡先生，使他向國民黨當權派復命時方便一些。

「聯合評論」現已在二月十九日出版的這一期上，以「記最近我們和國民黨當權派一度的商談」爲題，用「本社同人」的名義，把交給胡先生帶回的十二點原文，一字不改的發表。我現在爲了存眞起見，也一字不改的按原文直抄在下面：

一、確立反攻復國爲基本國策，政府應憑自力急求于最短期間採取適當的方式，對大陸展開軍事行動，並對大陸各地反共鬪爭無條件予以支持。

二、確守憲法，一切與憲法抵觸的機構及違憲措施，應即廢止。憲法所列舉的各項自由（包括組黨自由），不得以任何藉口予以非法的侵害。

三、反對蔣總統再連任以維護憲法的常軌，而免政府因違憲選舉或違憲留任而自陷于非法的地位；但仍認爲總統在現局之下有其重要性，切望其在不任總統的立場上，對于反攻復國及憲政前途繼續作更多之貢獻。

四、撤銷入境管制，容許流亡在外之同胞自由入臺，爲防止共諜乘機滲入，得在入境後施行調查。

海外反共書刊，應一律容許入臺。

五、在憲法的範圍內尋求因時制宜的選舉辦法，改選國大代表及立監委員，以維憲政常軌，並容納海內外新起之人才；同時，暫行縮小此三機構之範圍，並加增臺灣同胞及海外僑胞之席次。

六、改善軍公教人員之待遇，務使其能憑薪給以維生活，藉以培養新的軍政風氣。

七、實行軍隊國家化，不得以任何軍隊爲一黨一派的武力；同時建立軍隊人事制度，確定以學識、才能，及服務成績爲升遷的標準，任何人不得妄加干涉。

八、不得利用教育行政權力在各級學校發展一黨一派之組織。

九、取銷一切不合理的經濟管制，確保投資及有計劃的吸收僑資及外資，發展臺灣經濟，增加就業機會，招致海外留學生回國服務。

十、整飭駐外機構，重建政府的對外信譽。

十一、尅期實現臺灣地方自治，樹立重建中華民國的楷模。

十二、廣羅海內外堅決反共的人士，舉行反共救國會議，制定反共救國綱領，建立舉國一致的反共形勢。

反共救國會議非爲常設的國家機構，其通過之決議由政府依循法定程序付諸實施。

以上這十二點，可以說是代表了海外絕大多數自由反共人士內心的想法與看法。所以假使說胡先生此行眞有什麼收穫的話，這應該就是胡先生的最大收穫。國民黨當權派只要在這十二點書面意見上，便可以概括扼要的瞭解今天流亡在海外的自由反共人士對國是的意見了。假使國民黨當權派眞能因此有所覺悟，並有所改革，那末，胡先生此行的功績就太大了。

最後，爲了使臺灣的讀者朋友能更進一步的瞭解海外人士公開發表的反對修憲連任運動者毀憲的「聯合宣言」——「我們對毀憲策動者的警告」，絕不如臺灣某些報紙所傳，是搞什麼「海外中華」，特寄上一份已在二月十九日「聯合評論」發表的原文，請「自由中國」仿照「中央日報」的老辦法，加以全文轉載，恕不多加介紹了。

一九六〇年二月十九日寄于香港。

看國民大會的明爭暗鬥！

臺北通訊・二月二十四日

袁治本

國民大會第三次會議於二月二十日集會之後，外間「飛長流短」的閒言閒語，甚至不堪入耳的話，就有許多種不同傳說。這些傳說，有的成爲民營報紙的「花邊」，有的是「道途傳聞」的馬路新聞，有的還正在醞釀中，因此，這次國大是不是開得好呢？有很多人都表示懷疑的態度。一般關心政治的知識份子，莫不期待國大代表們要負起歷史的責任，更不能辜負中華民國全體國民的重託！

從目前的表面上看，國大的確有許多問題在困擾着。如修改憲法，修訂臨時條欵，議事規則，經費稽核及程序委員會的成立，秘書長人選的同意，行憲後第三任總統副總統選舉等等。而這些問題的來由，乃係基於國民黨當局希望獲總統繼續「連任」而來的。在這些問題中所發生的問題，不是青年黨籍(中國方面)的國大代表，或者是民社黨籍的國大代表及社會人士在鬧；而是國民黨籍部份國大代表在和國民黨的中央發生「內閧」，這才鬧出所謂「汪政權」、「大世界」等不名譽的醜聞來！故有人說：「好戲還在後頭!?」

國民黨籍部份國民大會代表，爲了爭取創制法律與複決法律的兩權，公然「違抗」黨的命令，不支持黨的「政策」和不服從組織的領導，竟使中央黨部束手無策。國民黨修憲連任運動者，爲了完成連任的重大任務，乃於二月十五日下令全體黨籍國大代表同志(公論報)，在動員戡亂時期臨時條欵中增訂一項：「憲法第四十七條限制連任之規定，在動員戡亂時期尚未終止前，暫停適用」。這個命令下達之後，國民黨當局分別以中興學術研究會和中央委員會的名義，又發下兩道命令，命令代表們必須支持由國大黨團幹事會所擬：「爲適應國家當前實際需要，擬請順應海內外反共愛國同胞之共同期望，修正動員戡亂時期臨時條欵，以鞏固國家領導中心，確保反共復國大業之必勝必成案」的提案。這個提案交給莫德惠、張知本、曾寶蓀三人領銜提出。同時，國民黨當局主持人，爲使該提案能够得到代表同志一致踴躍簽署支持起見，乃由全體中常委親自出馬，舉行各種不同形式的會議，加强說服的工作。此外，派出中央要員，分乘三十五輛汽車，深更半夜，到各代表家中拜候，希望代表同志支持中央的政策，維護黨的威信，踴躍簽名。國民黨中央黨部費盡九牛二虎之力，所得到的效果如何，目前尚難逆料。

國民黨籍部份修憲派的國大代表同志，不但不買中央的賬，且在極機密而又迅速的情形下展開一連串的行動，表示抗議。在這些行動中，修憲派不但在各種會議中提出反質問，而且不斷地舉行「小型國大會議」，商討對策。國大聯誼會於二月十九日在中山堂保壘廳，舉行第十二屆第九次幹事會議，出席會議的代表們，在進行討論事項第六案時，咸認爲莫德惠代表等所擬修正臨時條欵的提案，因詞意含混，可能解釋爲此後不需選舉，而任意延長任期，無異將代表的選舉權，無形中予以剝奪。所以當天的會議中決定：聲明反對莫德惠代表等所擬修正臨時條欵提案，並通知各代表不予簽署。通知各單位常幹，於三天內召集緊急座談會，說明該案失當，與對代表本身的影響。由全聯會推選代表，携意見書晉謁總統。這項決議，表面上是反對莫德惠等三人的提案，實際上是給中央黨部難堪，並表示不支持。

修憲派的另一行動，是分別在新店民衆服務站、臺北一女中、二女中及光復會等地，舉行「國民大會代表修憲座談會」，研討修憲的方法與技術。在同心合力之下，將五件修憲案，合併起來，成立研究小組，草擬修憲提案。同時，修憲派爲了避免黨的紛擾，消極的則避不見面，積極的則在各種會議中，分開揭「瘡疤」或「罵山門」。像姚琮代表就在修憲座談會中，公佈中央黨部派徐柏園到他家裏去，要他在修正臨時條欵提案上簽署的秘密。而凌鐵庵代表則說：我們是代表中華民國全體國民的，不是代表「汪政權」和「大世界」的。至於翟宗濤代表，極力主張提案，要政府從速清除「漢奸」。像這種話，眞是不勝枚擧。

現在，修憲派由地上而轉入地下，化整爲零，作有計劃的和黨部週旋，進行修憲運動。修憲派的「士氣」爲什麼會有這樣的激昂？可能是因爲大家在爭權力。

如果沒有人在搞修正臨時條欵連任運動的話，則國大代表總額，多半也不會依「當前情勢」而解釋。解釋法律不依法理而解釋，這就難怪名教授薩孟武表示「遺憾」了。如果國大代表總額依法理而解釋的話，則國民黨中央黨部與代表同志的「龍爭虎鬪」的醜事，也不會「外揚」了。

就當前情勢的演變看，修憲派是不會屈服的，因爲他們咸認爲爲修憲而死，這是光榮的。於是，又有人在醞釀，準備提「折中案」。所謂折中案者，就是雙方讓步：一方面遵從黨的命令；一方面解除創制複決權的限制，但該案是否爲雙方所能接受，在目前，可能言之太早，僅有這樣趨勢而已。國大代表爲什麼要爭創制複決權呢？有人說，這是基於報「一箭之仇」，雪「國會之爭」之恥，果如此，這也是國民黨自己搬石頭打自己的脚，怪誰呢！

總之，如果國民黨不採納民意而再一意孤行的話，則這場「內鬪」，將可能導致一場更大的紛爭。最倒霉的要算我們選民了。

臺大通訊・二月十六日

烏烟瘴氣的政治活動在臺大！

極光

> 給我金權、兵權與警察權，即使我是世界上最壞的壞蛋，我也有本領造作出看起來好像世界上的人都全體一致通過擁護我的偉大場面。
>
> ——無名氏

一羣臺大學生的「談臺灣大學的擁護連任運動」投書尚未刊佈於「自由中國」雜誌（第二十二卷第二期）以前，已經有不少臺大校友及社會人士不斷地向我們問起所謂臺大的「擁護連任運動」及逮捕學生的事件。自該投書刊佈以後，向我們問起的人比以前更多。本來，我們不屑置顧這在臺灣已司空見慣的呼風喚雨的「牆壁政治」與「通電政治」。但是，在這次所謂臺大的「擁護連任運動」中却發生了在自由的國度裏不容許發生的非法逮捕學生的嚴重事件。因而，我們不得不把這次「運動」與事件的始末公諸於世，一則表示我們嚴重的抗議，二則藉此呼籲當局切實維護學園自由及保障人權，今後永遠不要在學校裏再發生類似的事件。

去年十二月中旬，策動連任當局爲配合十二月二十五日召開的第一屆國大聯誼會的修憲連任運動，突然於一兩天內在學校裏的佈告欄和牆壁上，貼滿紅紅綠綠的「擁護連任」的標語。這些標語的語意之肉麻，簡直像中世紀時代婢奴向主人乞憐什麼似的，根本不像有獨立人格的人寫的。除了一小部分平日連補考的佈告都懶得看的同學對這些標語絲毫不起反應外，大部分同學對它都有異常嫌惡之感。一位法學院的同學說：「我簡直要閉起眼睛過走廊。」一位農學院的同學說：「我看了簡直要嘔吐。」一位文學院的同學說：「卑鄙！」另一位文學院的同學說：「我看了簡直要出疹子。」等等。

這眞是奇怪的現象，因爲在學校裏亂貼政治標語，這不算第一次。譬如從前「匈牙利革命」、「沉艦投軍」、「西藏抗暴」、「自由日」等，都貼過五花八門的標語，但對那些標語，大部分同學只有無關心的中性反應而已。（現在的大學生大部分患了時代昏睡症，平日除幾位專好活動的同學外，大部分同學都不理睬這些事，雖然肚子裏却裝滿一股悶氣。）然而對這次的「連任標語」，大部分同學却產生極端的負性反應。考其原因，無非是前者是「國家的」，後者則是「個人的」。「個人的」事要假借我們大家的大學從事活動，當然爲同學們所不許。

這次的標語就我們所看到的說，大部分是以學校裏的各社團（這裏的社團是指在學校訓導處登記成立的社團，與民商法上向主管官署登記成立的社團不同）名義製作的。據說，有一天這些社團的負責人（學校裏社團的負責人百分之八十以上是國民黨籍，但據我們估計，全校學生參加國民黨的却不會超過百分之二十。請注意，我們作這種比例劃分，絕沒有說參加國民黨的是好是壞，或不參加國民黨的是好是壞。只在說明一個非國民黨籍的同學要想當社團負責人，往往要受課外活動組的阻止。我們手中握有好幾個實例，以後將說出來證實它。）受「上級」（這「上級」兩字用引號提起是說在眞正民主的國家，這種上級是不許存在的。）之命集合開會。這個會我們曾親眼看到有教官參加。開會結果便決定先貼標語。

至於說臺大學生已經成立一個所謂「國立臺灣大學學生擁護總統連任委員會」的事，直至一羣臺大學生的投書刊佈以後我們才曉得。本來我們以爲該投書撒謊，因爲我們從未在我們每天所看的報上讀到任何臺大學生「擁護連任」的消息。後來才從同學處探知，原來這些消息是從官黨辦的中央日報得來的，難怪我們不知道，因爲這個報紙我們已很久沒有看的習慣了。至於說所謂「國立臺灣大學擁護委員會」的「主任委員」是由一位考試夾帶作弊被學校記過大過的張某同學擔任，更是駭人聽聞的事。考試作弊是學生最不誠實最恥辱的表現。這樣的學生現在卻「榮膺」什麼「主任委員」。這是我們這個時代的一個特徵，也可以說是一個病態。這個病態現在居然從學校發衍出來，眞是一個可怕的現象。

這位我們根本不認識的大過在身的而卻要「代表」我們的張某同學，究竟如何成爲「主任委員」呢？據說這個「頭銜」是由一部分社團負責人開會「奉獻」的。這種由不到二十人出席（這些人又根本不是由全體同學層層選出的）開會決定的「主任委員」卻要「代表」臺大七千多位同學，我們不知他到應該「代表」什麼。

正當吶喊的標語在學校狂貼之際，我們曾從旁聽到有一批同學想用「全稱否定」的標語，在一夜之間貼到那些「肯定」的標語上。不過，我們始終沒有看到這種標語出現。也許他們「未卜先知」，知道一定有人暗中「保護」這些狂喊的標語。結果沒有出乎意料。

有一天，同學中間忽然傳出有同學因撕標語而被逮捕的事情。聽到的同學，莫不異常憤怒。據說，學校裏亂貼的政治標語，到處會被人塗過。於是便衣警察便到處埋伏，暗中監視。某夜，有一位同學走過走廊，順手撕去那些政治標語之際，當場被埋伏在旁邊的便衣警察捉去。這時恰好有幾位同行的同學看情形不對，就跑去找教官。當時教官又不在，他們便跑去找校警。「自投羅網」，那知校警已和該便衣警察「勾結」在先。這幾位熱心「報案」的同學也一併被捉去了。等到第二天，捉人機關才打電話告訴學校。

事後該撕標語的同學的家長（據說是南部某鎮的鎮長）自南部趕來向學校要人。據說錢校長只做一個口頭保證，「保證不寃枉」。

這就是這次臺大所謂「擁護連任運動」及非法逮捕學生事件的梗概。以下我們將對這次「連任運動」及非法逮捕學生的事件所涉及的問題，陳述我們的看法。

㈠錢校長的口頭保證，「保證不寃枉」已經太遲了。因爲非法逮捕本身就是寃枉。校長是一校之長，他不僅有教育學生的責任，並且有保護學生的責任。我們不知道當錢校長聽到他的學生被人非法逮捕時是否像學生的家長一般急切地想營救他。有而且只有把他的學生視如親子愛護的師長，才是我們愛戴的和敬仰的師長。在此，我們肯切地希望錢校長趕快把那些會捉學生的可怕的便衣警察趕出學校，今後切實保護我們，不讓人非法逮捕我們。

㈡這次非法逮捕事件發生的前幾天，聯合報東京特派員司馬桑敦在十二月二十日左右的聯合報上會有「日警和兩名犯罪學生」的兩篇特寫。兩名大鬧國會的日本學生，日警手中握有「逮捕令」，還要在校外侍候了十三天，等該兩名學生跑出校門時才出示「逮捕令」，請他們坐上日警的車。當時我們很多同學，非常欣賞日警的這種作風。很不幸的，就在這個時候在我們學校裏卻發生了這樣的非法逮捕學生的事件。兩相比較，同學們都有無限的感慨。當時有位研究歷史與法律的日籍臺大客座教授也知道了我們的事件。他很驚奇地說：「如果在日本則不會發生這種事情。」而我們以反極權反獨裁爲標榜的自由中國卻會發生這類事情。這是何等的諷刺呀！

㈢那位撕標語的同學是一位天眞無邪的理學院的學生。他的同學說，他不僅平日待人很好，並且功課也非常好。這與那位考試作弊的「主任委員」相比，其中所象徵的意義，相信大家一定明白的。

㈣我們要提醒臺大課外活動組負責人和各社團負責同學。請你們從你們各社團的組織章中去詳細地找，看看章程中有沒有賦與你們搞這些政治活動的權利。假如你們找不到，我們要忠告你，你們搞這些政治活動的行爲是違反章程的。違反章程的行爲課外活動組應及早設法糾正。假如不糾正，就是失職。失職則應受行政處分。這一點請錢校長特別注意。

㈤正如我們無權強迫任何人反對連任，我們也無權強迫任何個人贊成連任。但是，對假借特殊組織在學校裏策動學生團體假借名義製造擁護連任的氣氛，基於我們是學校的一分子，我們是有權反對的。無論是「反對團體」抑是「贊成團體」都不能代表我們的意見。我們如有意見，我們自己會說。

㈥我們沒有絲毫政治利害關係的青年學生，對這次總統選舉的看法很簡單。我們認爲要而且只要合乎下面兩個原則就行了。

A總統的候選人不是同時也不能是絕對的，即使就目前的情勢說，也不需是絕對的。如其不然，我們就不是「民有民治民享之民主共和國」。

B.總統的選舉必須是眞正合法的。任何「偷關漏稅」的辦法也不行。

寫到這裏，我們有幾點感想。

1.政治上的「鈎心鬪角」或「虛飾」，在一定限度內是被認許的。但超過這個限度，便是「破壞」與「欺詐」。「破壞」與「欺詐」我們不能容忍。

2.現時國家的這批「領班人員」差不多是我們父輩或公輩的人。我們希望這次的總統選舉，這些人要做出堪得上稱爲我們父輩或公輩做的。請這些人千萬別陷入錯覺做出被史家或被明眼人看來，以爲是我們的兒輩做的事情。

3.依照盎格魯薩克森人的說法，人是自私的動物。因而人只爲自己的利害關係打算，原本無可厚非。大哉華夏，非同凡響，我們自稱是「四維八德」的動物。基於這個自認，我們責令大家，尤其是國家的「領班人員」稍稍收斂自私的本相，多爲中國的民主政治前途着想，恐怕沒有人會有異議吧！

推銷員的精神

邢公僩

一般說來，在美國所出版的美文報都可以算得上是洋洋大觀，聲勢赫赫，就是連那上面的經濟廣告通常也會是花樣繁多，一次竟佔去幾版的篇幅，而其中的「求才」一欄却也是大吹大打，充滿了求才若渴的氣氛。如果你再仔細地讀它一下，你又會發現那些被渴求得最厲害的却是些甚麼男推銷員(salesman)或女推銷員(saleswoman)。難怪有一位極有政治抱負的中國青年在美國讀書的時候，就不忍看美文報，他時常會指著這類的廣告對別人說：「推銷員，推銷員，推銷員，到處都是推銷員。在一個社會中，一個人的職業高低不是根據士、農、工、商的次序排列，而偏偏要根據商、工、農、士的次序來排列，這個社會還會成為一個甚麼社會？」

當然，這位仁兄所說的前半截的確是事實，的確是受了很多的刺激以後才說的。在美國社會中，每一個人幾乎都可以說是各式各樣的推銷員。現在就讓我來列舉一點事例，作為證明。

學校該是一個純粹的「學而後官」的大試驗室了吧？但是他們的學校却並不如此。有一些學生是在那兒的學生商店中賣貨物，有一些學生是在那兒的餐廳中賣食品，有些學生是在下課之後替香煙公司在奉送樣品，有些學生是在教室或宿舍中替一些雜誌在拉訂戶，還有一些學生却在放學回家之後就立刻打扮得十分神氣，提起一個皮包或皮箱去沿街叩門，大賣洗衣機或油漆，或者去到公司商店中去當售貨員去了。如果你肯仔細地打聽一下，這一類的學生却大都是優秀的學生，有的家境也很好，但他們却都是推銷員。

學校之中如此，家庭之中又何嘗不然。很多做父親的主要飯碗就是當推銷員；其中有的在推銷保險車，有的在推銷電視機，有的在公司行號內推銷，有的是經常地到外地流動推銷。除這些而外，也有很多父親是兼差的推銷員。他們却只能利用餘暇，抓起電話，或親自出馬，去向認識或不認識的人家去推銷雜誌、食物或其他的日用品等等。你時常會碰到不少的紳士派頭的人，幾句話一談，他就會拿上一張名片給你，原來他也是一位推銷員。

做丈夫兼父親的人既是如此，做太太兼媽媽的人又何嘗不然。她們為了要爭取平等與獨立，所以就在民主與共和兩大政黨之外，自己也來組織了一個史坦尼慷慨黨(Stanley Hostess Party)，自任黨魁，自由活動。通常都是利用上午或下午主婦們休息的時間中，把自己的隣里友好召集起來，一方面喝咖啡吃捲餅，二方面大談張家長與李家短，三方面就研究黨魁桌上所陳列的二百五十種家用物品，等到宣告散會之後，衆人皆滿載而歸，歡天喜地。據說：在目前美國，每天都有一萬二千多個慷慨黨在開會活動，翻翻她們的資歷，這些黨魁們除了是賢妻良母之外，而且是成績極佳的推銷員。

慷慨黨是在一九三一年經濟恐慌最嚴重的時候創立，到如今實在是日益興盛強大，令人欽羨之至；于是乎其他的主婦們也立起直追，另創招待黨(Home Party)，也是自任黨魁，自由活動，利用餘暇在家中大請其客，只不過桌上所陳列的僅是一種家用的碗(tupperware)罷了。黨員不但可以向黨魁購買，還可以由自己或介紹別人直接向公司去買，在買的時候只要說是某某黨魁介紹來的就行了。據說在一九五六年之中一共有一百多萬的招待黨在開會活動，掛名而又活動的黨員約在一千五百萬名左右。她們是怎樣的人？主婦是也，推銷員是也。

除了上面所說的這類主婦們在推銷實際的貨物而外，還有一些主婦們却在另外推銷抽象的觀念。比如說：在某一個大學之中，洋學生們在舉行甚麼聯誼會或舞會了，有些美國太太也就恭臨捧場，混在一起，問長說短，邊吃邊玩了一陣以後，就掏出紙筆，將洋學生的姓名宿舍及電話號碼抄了下去，等到星期日或感恩節或聖誕節的時候，她們就根據事先約好了的辦法，開了車子來接洋客。到了家中以後，除了吃喝玩樂而外，還把所有的家當紀念品和史蹟都搬了出來，讓彼此來讚美欣賞。有時，還由男主人或女主人開車，大家去郊遊一番，欣賞一下當地的山川偉大。有一位發了財的先生在名義上是當地交響樂團的董事，因為錢貼得多，所以每次樂團在演奏之前，就一定分到一些好座票，他的太太因此就大請洋學生的客，洋學生也就大請土女學生的客。這樣一來，美國人的生活方式就算賣給洋學生們了，如果你問一問土學生；這一類有閑情閑錢的太太們是幹甚麼的？他們一定說她們都是推銷員。

洋學生們不但在少數的美國人的家庭中享到口眼之福，而且還在學校之中佔到一點學習的便宜。依照美國人的看法，學校中的教師就是推銷員，學生能不能得到益處與推銷術的好壞是有一部份關係的。有一次，一個大學內的一位名教授帶了一位中國學生參加一處的餐會，跨進門口每人就要繳出餐費五元，由於這位學生是口快手快，十分順利地就敬了師會十元的帳，那位老教授把這件大新聞告訴了隣座上的一位光頭以後，那位光頭不禁大笑一陣，拍著他的大肚子說：「哈哈，你平時倒是一位有名的推銷員，如今，你却不行，而要讓你的中國學生來做推銷員了。」的確，這位老教授一上了講臺，人家都說他是一名了不起的推銷員。

書呆子做推銷員猶有道理，只是在公私機關中有官有職人也不肯擺架子，而要做推銷員，那可就令人費解了，比如說：在博物館中當一名職員該是不算小的官了罷？可是有一次，有一位外國人在一個炎熱的下午去參觀紐約的兒童博物館 (Children's

Museum）的時候竟然流連忘返，過了關門的時限還不知道出來。等到再過幾分鐘他發現了時間已遲，他就向一位穿制服的職員打了一個道歉的招呼，接著就拔腿要跑，殊不知那位職員卻滿面笑容，把他留下來說：「別慌，小伙子，我們這兒規模小，遲幾分鐘關門也不要緊。像這種的兒童博物館在別的國家幾乎都是沒有，你如果將來在回到本國之後也辦一個，那倒是很有價值的。」如果根據中國人的說法：他是吃飽了飯沒事幹才來管閑事，如果根據美國人的說法：他卻是一個了不起的推銷員。

不但當一名堂堂的館員是這樣，就是當一名威風凜凜的警察也是這樣：記得在一九五六年勞働節後的一週，我正在美國的東海岸旅行，為了想留點錢與了解一下美國人，所以我就決定不買票坐車，而用大姆指在公路邊來招搭便車（hitch-hiking）。開始的兩天運氣倒也不錯，長程短程都能搭得上去，省了不少的車費與旅館錢，但是到了第三天的清晨一點多鐘，我就因方向不同而被車主放在一條超級公路的路邊上站住了。那時由前來往的車子是漸漸地少，而且都不肯停了下來。好容易等了五十分鐘以後，一輛大轎車終于在我的大姆指下停住了，走出來的卻是兩名穿童子軍服的公路巡警，其中一人先問我到那裏去，並且說我在超級公路上召車是犯法的。再等到談了幾句以後，那人就說要把我送到八十哩外的市鎮 New Haven 去看耶魯大學。于是乎我們三人在路上有說有笑，十分高興，到了那兒以後，他在車上把耶魯大學每一個建築的歷史與用途都清清楚楚地背給我們聽。這樣一來我與另一巡警都給怔住了，在我們的追問之下，他才說他從前就是這兒的校警，因為耶魯是個了不起的大學，所以就索性帶我來看一看。我在恍然大悟之後就立刻向他保證：說我將來一定把我的兒子送來讀耶魯。而他的同事也拍着他的肩膀說：「好小子，原來你也是在當推銷員啊。」

以上所講的都是關于世俗間的事物與觀念，如果轉過來看看天上，美國人的看法又怎會有甚麼不同呢？近十年來，誰都知道他們有一位葛培理牧師（Billy Graham）者，他是在一九一八年出生于一個農民之家，修完了神學之後，就開始佈道，結果就在一九四九年洛山磯市那一次的佈道會上大大成功，以後遂名聞全世界，足跡遍數洲之地。他更將他的工作組織化起來，大規模籌欵，雇用一些助手，購買大廣播公司播放中的重要時間，作寰球的廣播，租用最大的場地，以容納够多的聽衆，所以每次佈道完畢之後，總有數以千百計的聽衆上前悔改信奉耶穌。根據美國一般信徒們的說法，他就是上帝所派來的最了不起的推銷員。

好了，到此為止，你就可以知道美國人是如何重視推銷員這一個名詞，在借用它的時候還賦予他很多的尊敬之意。這恰巧與我國人所用的「賣狗皮膏藥的人」這一名詞成為一個很有趣味的對比。至於為什麼他們會始終都在重視尊敬推銷員這一個名詞呢？當然，這完全是由于推銷員在以往成績的表現，而這些成績的表現卻又以他們的本身條件為基礎的。

你當然會知道：各式各樣的保險在目前的美國已經是家喻戶曉，它不但保障了每個人的安全感，並且還促進了整個社會的繁榮快樂。要知道他們的第一家人壽保險公司（The Prudential Friendly Society, Newark, N.J.）在一八七五年十月十三日初創的時候，完全是毫無社會基礎，到處都碰到懷疑與抨擊，當推銷員騎著自行車下鄉去推銷保單的時候，那些農婦們不是用掃帚來把他們趕走，就是用一桶水來迎頭潑上，可是他們卻憑著他們的信心與耐心，結果是以事實說服了那些頑固份子，漸漸地為保險事業打下了黃金天下。這一頁可歌可泣的早期推銷員的奮鬪史，使任何人讀了都不得不對他們這一行業肅然起敬。

還有一個很大的飼料王國（Ralston Purina Co.）的造成也是靠著一些早期推銷員的汗馬功勞的。它的創辦人（William Danforth）有一次清晨正在辦公室內看公文的時候，突然間公司裏的一位青年推銷員敲門走了進來，一開口就說不想幹了。問他為甚麼，他說他自己實在無膽量，無能力，名義上是推銷員，實際上是糟塌薪水；可是這位老闆一聽，立刻就跳了起來，指著那小子的鼻子說：「假若我自信我有識人的本領的話，我就認為你够推銷員的資格，我現在就要你立刻大膽地走出這辦公室，到了夜間再來找我，並且帶來你一生中所能拉到最多的訂單。」果然，在那夜間那小子真地笑嘻嘻地又回到這老闆的房內。他勝利地交了差，後來就成為該公司的大功臣之一，而使得這位老闆經常地用這個故事來鼓勵成千成萬的美國後生小子。

凡是這一類的推銷員都是具備了成功的條件的。早期的推銷員這裏暫且不談，就以上面所講的現代的史坦尼慷慨黨與招待黨來說罷，她們入黨的條件倒並不太簡單，最起碼的是：對人熱忱，為人所喜愛，有好信用與名譽，有雄心大志而肯奮鬪。太太們在家中創黨的條件是如此的高，先生們在外跑碼頭碰生人的條件當然是更加不用說了。

有些大的公司行廠除了注重推銷員的考選而外，並且還要予以嚴格的訓練，要他們熟悉所推銷的貨品的一切性能，明瞭本公司的歷史與組織，能與其他的推銷員取得密切的合作，自己的言行還要和本公司內的進貨銷貨，以及會計等等部門的政策相一致。此外還要知道在社會上那些人是推銷的好對象，在那些地方可以找到他們。

等到推銷員開始出去工作的時候，那種緊張的情形幾乎和上戰場作戰並沒有什麼不同。他必須把頭髮梳好，領帶摸正，皮鞋擦得光亮，預備好了滿臉的笑容與一嘴柔和親切的語句，然後才敢輕輕地去按人家的門鈴，甚至于還準備着要碰一個釘子。見到了對方以後，更要細心看，細心聽，如果對方是性子慢的人，自己就說得不太急，如果對方是性子急的人，自己就隨時注意速度。不但自己的態度要誠懇，而且所推銷的貨色也要真的是價廉物美。否則的話，下次再也無法找老主顧了。所以在一本書上就說：「推銷員是以勞務為人服務，幫助消費者好好地花錢，使其得到最大的可能的滿足。」

推銷員既然是爲消費者服務，所以對于消費者就負有很大的責任，要將他們所喜惡與利害放在第一、而將自己的榮辱與苦樂放在最末尾。因此之故，在自己的腦中也只記得一句話，那就是「主顧們永遠是對的」(Customers are always right.)，而自己却永遠是他們的侍僕。很多的大公司爲了這一點，還特別成立一個專門單位使顧客們心滿意足，如果有顧客寫信來發牢騷，他們就在兩天或三天之內予以滿意的答覆，有一個飲料公司 (Pepsi-Cola Co.) 還訂了一個「二十四小時之內即覆」的政策，他們的董事長說：「顧客們肯來信已經算得上够看得起我們了，我們怎好讓他們坐著久等回信呢？」

據說：美國的所有航空公司如果在業務上有所改進，那都是因爲受到了顧客們寫信的影響的。比如說：有一家航空公司 (United Air Lines) 的一些乘客埋怨以往在機上總感到吃飯與睡覺不能隨心所欲，很不方便。公司方面知道了以後，立刻就設計好兩塊小牌子，一個上面寫道：「做夢並不要緊，請喊我起來吃飯，」另一個上面却是：「吃飯並不要緊，請勿擾我好夢。」這樣一來，乘客可以自由選一塊掛在座邊，吃飯與做夢都可得到滿足，空中小姐亦因之而容易爲客人服務了。

爲了要了解顧主們的需要，他們都是要依賴專家們所舉辦的一些調査與統計所得到的結論的，凡是顧主們的興趣與市場上的供需關係也都由計算機上報告出來，並不是自己在閉門造車，不管公衆歡迎與不歡迎的。因此之故，他們都是要接近大衆，介紹自己的貨物，同時還關切大衆的困難與需要，擔負起自己對社會所應負的責任，因此之故，公共關係一詞就由他們創用而且還被運用得十分圓滿，學凡社會上的公益活動，大公司廠商們都是爭着捐贈廣告，有號召力量的工商鉅子都自動地出來組織委員會予以領導，用他們雄厚的物力與人力，配合上官方以及社會福利專家們的輔導鼓勵，任何項目捐獻都能如期達成目標，使地方上任何福利事業都辦得有生氣，有成績，事實上，社會安定繁榮了以後，一般人的購買力必定提高，他們的推銷員的理想不也就同時達到了嗎？

除了社會公益活動而外，他們還積極地獎勵他們的職員們研究政治，主動地參加各項活動與投票，給他們公假去到全國總商會所舉辦的實用政治學講習會中去上八小時的課，很多的大老闆也熱心于此道，幫助政黨的各項活動。但這都是以個人的身份參加，而不將整個公司捲入政治的漩渦之內。關于這一點，他們的一個大廠 American Motors 的董事長兼總經理就說得很清楚：「就道德政治與社會的觀點來說，如果一個公會或公司用其經濟力量或關係來達成其政治上的目的，那是一點也不對的。」誠然，他們的熱心于政治乃是以公民的身分來享受其應有的權利，同時也是負擔起應負擔的義務的。果眞那些具有聰明才幹的公民都熱心政治，積極參加政治環境的改良，政治清明了以後，社會與經濟的條件自然會立刻改好，他們的推銷員不也就同時也有了大顯身手的機會了嗎？

此外，他們的興趣還要更進一步將敎育與文化的事業也都包括在內。美國私立大學最多，而且辦得也最好，其中主要的因素就是由于工商界人士的熱心愛護支持所致。那樣多的大大小小基金會差不多都是在花大錢幫助公私學術機關團體在提高學術文化的水準；有的時候，他們的幫助還超越了國家界限。他們的交響樂團不致餓飯而終，他們的書呆子能够有一塊研究的乾淨地盤，他們的學生能够得到外間經濟上的援助，他們的大規模研究報告能够做的頭頭是道，這一切的一切都不能不歸功于那些有眼光有氣魄的工商界鉅子們的領導與支持。事實上，也唯有美國學術文化的水準提高了以後，美國的工商業才能有進步。沒有他們在目前的耕耘，那怎會有推銷員們在日後的收穫呢？

由于以上種種的事例看來，本篇文章開頭時所說的那位中國仁兄的牢騷的確是頗有根據了。美國人因爲重商，所以推銷員也就被人重視與尊敬，他既然有了社會上的地位，所以也就在態度與行爲上表現的很好，而更引起社會人士的重視與尊敬，這樣一來，推銷員這一光榮的頭銜都可以送到任何一個好人的頭上去，于是乎人人努力，個個奮鬪，大家都要立志做一個更好的推銷員，大家都是各式各樣的推銷員以後，那兒還會有什麼官腔橫飛官氣嚇人的不良風氣呢？所以推銷員能够在美國抬頭以後，美國人對官僚就沒有了興趣，所以美國的政治就容易制度化，清明化，而整個的社會也就得到莫大的益處，如果說美國人的富强康樂是得力于他們的一種推銷員精神，我想這一句話也不能算是過火。

當然，這一種的推銷員精神有時也難免不是虛僞的，有些推銷員的骨子裏也難免不是充滿了美鈔的驕氣與臭氣的。尤其是他們之中的少數人在金元王國長大了以後，就開了一部金汽車到世界各地去做推銷員，可惜他們是既不會當地人民的語言，又不了解當地人民的困難與需要，因之容易引起反感，推銷不能成功，這也是他們所要反省的。

可是，以倣國的情形來說，推銷員的精神是不是值得予以提倡呢？

一粒灰塵

司馬中原

黃昏，瘦削的扶杖人從街道轉角走了過來。

一盞燈開始閃跳，無數盞燈跟着閃跳。城市中所有的行人，所有的車輛，全像是逃避什麼或者迎接什麼，在燈海裏流動着，流動着，輕快而且匆忙，令人很容明聯想起唱盤上旋轉的唱片，發出一組調和的，屬于這城市的聲音。

一支狂暴的流行樂曲，從一家電器商行裏傾瀉出來，統治了這條街道；一個未成年的報童，撮起嘴，吹出同樣的口哨；一對阿飛型的男女，借用光滑的水門汀走廊，帶着半舞蹈的姿態行走。

嘟，嘟——　鈴鈴鈴鈴鈴……

嘟——嘟——　鈴鈴鈴鈴鈴……

瘦削的扶杖人脚步有些踉蹌，他抬起臉，略略停頓一下。橫過街道的電線那邊，掛着灰沉沉的死去的黃昏。也許是那種慘淡的光景感染了他，使他蒼白的臉上掠過一絲難以覺察的黯影。他把身體斜壓在拐杖上，騰出手掏出半支揉皺了的烟捲，合起手掌擦亮火柴，深深地吸了一口。

黃昏中飛來一隻鳥，誤把電桿當成樹木，大大方方的落下來，捲起舌頭唱牠在森林中常唱的歌；但等牠聽見狂暴的音樂時，便自慚形穢的飛開了。

扶杖人望着飛開的鳥，困惑的皺着眉，發出一聲微嘆。那彷彿並不是鳥，而是他心上一個小小的黑點。那邊是圓環中的夜市，昇騰起噪雜的浪花，那些車輛，那些人流，繞着圓環旋轉，不停地旋轉旋轉……圓環中一棵孤伶的棕梠樹的黑影，在遠處一座平頂洋房上搖曳。扶杖人在一家靠近火車軌道的飯舖兒裏，揀了靠牕的座位。

「啊！您…您…您……」年青的跑堂彎下腰，衝着他笑，彷彿儘力想在您字下面，加上一個帶姓的稱呼，才够像是歡迎老主顧。但跑堂的記憶力，彷彿給油膩的空氣膩往了，一連說了好幾個您字，還記不起這位老主顧尊姓，便尷尬的伸手掀了掀鴨舌帽沿，接着說：「先生，您有好些時……」

扶杖人打斷他的話，把烟蒂扔出牕口：「一瓶福壽，帶一小盤滷菜……」

緊跟着，平交道口有節奏的鈴聲又打斷扶杖人的話。他想起來，這正是北上快車經過的時辰。

叮鈴！叮鈴！叮鈴！

那聲音彷彿在叫喚着他：杜大椿！杜大椿！杜大椿！他搖搖頭，想搖掉了某一種游離思緒的幻覺性的誘惑。好幾年前，一個被火車鐵輪輾碎的屍體在他眼前搖晃，望熱鬧的人圍繞着，像爛肉上的蒼蠅，發出無用的同情、憐憫和喟嘆，他擠進人叢，彷彿那人正是自己。他一定在思想着什麼！杜大椿始終肯定他的想法。事實上，在這裏活着的人們，很少有人思想，更少有人注意電桿以上的天空。

嗚——嗚——通隆，通隆，通隆！

夜快車吼叫着駛過；一閃一閃的牕光，一閃一閃的人影，從他眼前掠過去，一絲嘲弄的笑容，在他臉上浮起又平復了。杜大椿！杜大椿！杜大椿！杜大椿！獨眼的怪物空自叫喚着他，撞向那邊的黑暗。

跑堂推給他一瓶福壽酒，並端上一盤切碎了的、動物的屍體。

杜大椿爲自己斟酒，並不看眼前的酒盞，祇聽着液體晃盪的聲音。如果我躺到鐵軌上去，他想：我將只有一堆空虛的同情，憐憫和嘆息，城裏缺乏別的，却不缺乏這個，而這却是爲死者專門預備的。酒在杯緣上慢慢的溢出，一道細細的水流搖着頭，尋找桌面的凹處。

雨點打在飯舖簷前的白鐵皮上，一些斜斜的雨線，掛在燈光與燈光中間。剎時，車輛的喇叭聲跟着急驟起來，繞着圓環的人流，也愈旋愈快了。杜大椿舉起酒，對着他眼前的空間，對着他心裏的另一個自己，飲了一杯。十年了……廿年了……，每當他在唇間滑出這些已經流過他生命的時間時，總會昇起一種無可奈何的凄然的情緒，回溯像一圈圈看不見的輪子，藍的，紫的，黑的，一點一點，一塊一塊，一團一團，軟體動物一般的蠕動着，他不能從那裏面抓住任何一種固定的東西，相反的，它們却常常帶給他一種酩酊的感覺；爲了想逃避那種痛苦的醉感，他才學會用另一種醉來代替，而代替的結果，每每是醉上加醉。

嗡……嗡……嗡……

一架巡夜的飛機，在一些挨擠的，不規則的建築物上空掠過；一羣避雨的蚊蚋，繞着燈光旋舞——這就是他生活了整整十年的城市。他並不大，也不過卅多歲，却有廿年的時間，分別以兩座城市的塵埃洗臉，使他深感蒼老和疲倦。愈想在過去的時光中抓住一點兒什麼，那感覺愈緊靠着他；自己眞的老了！他常追想到童年時刻，在北方，曾有那麼一個屬于自己的溫暖的窩巢，在迢遙的記憶中，那應該是比玄黑更深一層的顏色：河邊盪動的柳線，深秋曠野上的風聲，黑門熠耀的銅環，樑間喜燕的空巢……雖然他帶着特殊的感情懷念它，但那對他已再沒有什麼關連了。

讓時光再拉近一些，他把道路當做家，也像所有亂世中的青年人一樣，他懷着一股激情，咀嚼和消化一切陌生的東西，學習，工作，並且吶喊！他讀過許多學校，換得許多零碎的、沒有證書、沒有文憑的學籍，然後，一陣不可抗拒的旋風，把他旋進一座江濱的城市。

杜大椿又滿飲了一杯酒，另一支輕快的圓舞曲的流水，淹沒了那邊的街道。雨落得很急，很斜，行人們的頭頂上，已浮起一些荷葉形的傘；另一扇牕口外面，那棵孤伶的棕梠樹，瘋女似的披着髮，對着它自己的影子舞蹈起來。沒有人欣賞那場舞蹈，連生了病的路燈，全扭過蒼黃的臉。一道慘白的閃電，從高樓背後掠起，緊接着，響起一聲沉雷，整個街道在慘白之後，恢復了陰暗和潮溼。一個小女孩的嗓子從喇叭裏爆出來，唱着一支流行的曲子：「啊……這就是天……堂，天堂，天……堂！」

那也許是歌曲的結尾，是一組壘疊的高音，小女孩儘量把嗓子提高、揑尖，聲音像一隻受驚的貓叫。

「天，堂！」杜大椿有些醉了，顫抖的身子斜向一邊，用手指蘸着桌上的餘酒，劃下這兩個字。「天，堂！」他突然淒淒的笑了起來……他不止一次告誡過自己，做一個典型的城裏人，生活，生活，生活，不要思索，不要夢想空間。誰知這竟是極端困難的事，廿年的時間活在城裏，仍然不能生根，不管在任何時間，不管他走着，站着，坐着，睡着，總有一種異樣飄浮的感覺。

「天堂……是的……天堂！」他喃喃。

酒盞中現出他的臉，另一道慘白的閃光照亮那張臉，恰像是從慘白的深淵裏仰望的幽靈。他確也這樣想望過自己輾出來的、通向天堂的道路，仰望過自己建造起來的天堂。在十多年前。在江濱的那座城市。

一個沒有證書、沒有文憑的學生。一個流浪人。那城市讓他呼吸垃圾的臭氣，已經是最寬厚的條件了；他並沒懷有比起碼生存更高一點的熱望，一門苦行業選擇了他。

壓路工。對了！壓路工杜大椿！

那時，壓路機一類的機械還很少見，他們十幾個人推着拖着那隻粗重的壓路巨輪。生活很單純，單純到使人心安理得的程度；別人全說那行業「苦」，他却不覺得苦在哪裏!?煤炭渣，石子兒，黃土，黃土，石子兒，煤炭渣，即使有「苦」，也被輾碎了，埋下去了！當一條條平坦的道路直貫那濱江大城的心臟，他常昂起臉，有一種征服什麼的感覺一種光榮的征服。

有一隻蜢蟲子落進酒盞，抖搧着翅膀，徒然地掙扎一陣，翅膀上的粉屑浮散在盞面上，牠的身體打一個旋，便安靜的結束了。杜大椿傾掉殘酒，又斟上一杯。

爲了不能跟壓路的鐵輪堆在一起上銹，另一種苦行業又選擇了他。建築工，是的。建築工杜大椿！在那串長長的歲月裏，他眼中祇晃動着無數無數支柱，鐵樑，鋼筋，磚塊，和瓦片！他騎在那些高聳的建築上，絞動滑車下滿盛材料的吊籠，混和了洋灰，一塊一塊的砌着磚頭。從高處下望城市，他仍然懷有一種征服什麼的感覺——他在爲別人建造天堂。

杜大椿抬起頭。城市的唱片在雨中旋轉得正急他有些暈眩……也許不該到這兒來汹酒的。十年前，也是落雨的夜晚，他帶着那座城的記憶來到這座城；就在這個圓環，就在這家飯舖兒裏，靠牕的座位上，他痛飲着烈酒和自己的眼淚。太傻嗎？那座濱江的城市並沒給予他什麼，也並不是他的家鄉；他祇住在一條狹窄、陰黯的小巷裏，尼姑庵旁邊的房子，小得像一口槎木棺材。尼姑庵前有座香火塔，紙灰常落滿他的床舖；彷彿他是一個孤魂！太傻嗎？一點也不！好些夜晚，他站立在江岸邊，手撫着鐵欄，迎着撲面的江風，獨聽滾滾江濤的怒吼！許多條灑着他汗水的道路，許多座灑着他汗水的建築，使他以主人的心情在孤獨和微寒中清醒地體會歡樂。可是那些轟隆轟隆的炮火趕走了他，像趕走更多寄生動物一樣！他的汗水，生命，被無情的紅紅綠綠的硝烟撕裂，變成火，變成灰燼。

他不能不懷念，不能不思想，也不能不痛恨——如果每一個人，爲着道路，爲着建設，爲着他們良心自覺，做點兒什麼，幹點兒什麼，他想：敵人的炮火與暴力，決不會從天外加到那城市的頭上。

酒力從心底上昇，杜大椿的臉上浮起激憤的紅暈，但很快就消失了。他掏出紙烟盒，取出最後一支紙烟，燃上火，深深的吸起來。

叮鈴，叮鈴，叮鈴！杜大椿！杜大椿！杜大椿！

那聲音又在叫喊他了：你這肺病鬼！殘廢的木脚人！孤伶的失業者！這次，他祇向窗外投射了鄙夷的一瞥，他不想死，一點也不想死！他思想，他痛苦，但他需要生存！沒有人配了解他，他也不需被了解，他痛苦，並非爲了病、殘廢和失業，而是他覺得，自從那一摔之後，不能再爲別人建造天堂了！

微帶痙攣的手搖着酒盞。酒完了。他也該走了。

在這座城市裏，他主動的選擇行業，還是建築工杜大椿！他已習慣於咀嚼和消化一切陌生收束西，這就是他不屈服的表示。他開始運用他的雙肩和雙手，挑磚，抛瓦，騎鋼筋，牽吊桿，建築這座城市，在他，這不是單純的混嘴的職業，每當他戰悸着，俯身下望的時候，就有一種發自靈魂深處的强烈的衝動，逼使他簡直要向廣大人羣發出驚天澈地的呼喊：每個人！是的，每個人！他一直沒改變過他的想法，他感覺到，海那邊的城市向他招手，廢墟等他重建；鐵欄，江風，以及波浪那邊，更遠的，已經沉入黑暗裏的家鄉……每個人！是的，每個人！……但他祇是這城市中卑微的角色——建築工杜大椿！在別人眼中，是個蟲豕！酒徒！或者是精神病患者！

閃在亮。雨在落。雷在爆裂。城市的唱片，在旋轉旋轉旋轉旋……杜大椿付了賬，拾起他的拐杖。

雨水洗臉總比塵埃爽快，他內心的火燄黯下去了。

「十年…了，十…年了！」他尋思什麼似的，囈語着。在人羣當中，雨當中，艱難的行走。

一年一年的過下去，他覺得自己並不再强烈的痛恨什麼，也不再强烈的希望什麼了；心安理得的生活，心安理得的悲哀；他並沒在自己這份兒上消沉。面對着狹巷的紅燈，綠燈，廉價的肉體與廉價笑；面對着曼波、香蕉船和狂瘋的搖滾，一個夢想世界已逐漸的遠去，遠去，每個人！每個人！不！一個人，是的，一個人！他成了不隨和的怪漢，沒有道院的修士，沒有唸珠的苦行僧。思想多起來，像一條索子，牽帶着無數索子，結成一張大網，這裏也是結，那裏也是結，自己解不開，旁人也解不開；却送他一個綽號——神經病！從那起，一個眞正的自己被囚禁在自己的心裏，囚禁在心上的結裏。這感覺，在他用水泥砌牆時，顯得分外的明朗，他不像是砌磚塊，却像是砌進了自己；一塊一塊，一組一組，一羣一羣的凝固，變成一個堅固的整體。

杜大椿舐舐唇上的雨水，他聽見拐杖觸地時篤、篤的聲音。這算是什麼樣的感覺，彷彿所有的磚塊，全壓在他一個人的身上!?不能動！一個聲音呼叫着：不能動！杜大椿抬起頭，尋找那聲音，一座新建成的摩天大厦吸住了他的視線；就爲了建築這座大厦，他從半空摔落下來，跌碎了腰骨，又奉送了一條腿。如今，在地面上望它，是高不可及的了！大厦的每一個牕口，全亮着輝煌的燈火，無數霓虹在追逐，紅的，綠的，紅的，綠的，在追逐，在追逐；一對情侶偎倚在最高的牕欄上，遙指着這城，這夜，這燈，這雨，這一片雨中的風景；…杜大椿費力的仰望着，眼睛凄凄的潮溼了。就是那隻牕欄，染有他的鮮血。

「願幸福屬于他們……」

他已不能回憶起那一次他是如何摔下來的了。一堆砂救了他，使他成爲現在這樣的一個廢人。當他被送進充滿白色恐怖的醫院時，他想到過解脫，那並非眞正理智的想法，祇是感情游絲的牽引；在感覺上，他眞恐懼著有一天老死或病死在異鄉。杜大椿！杜大椿！杜大椿！那聲音夜不停的，從四面八方向他叫喊，越是如此，越激起他一股反抗的情緒，他從死亡的聲音當中，聽見了生存的聲音……

綠燈滅了，紅燈亮了，燈光在水窪中被飛旋的車輪輾碎了。杜大椿茫茫然的穿過馬路，一支警棒擋住了他。「瘋子！瞧你渾身溼成這個勁兒，剛出水似的！」一條粗暴的嗓子朝他叫喊。

「瘋……子？瘋子……」杜大椿無聲的狂笑起來。

暈眩像浪一樣的襲向他，一剎間他彷彿眞的瘋了！這是什麼地方？這是城？這是夜？這是雨？這是天堂？人羣在游動，車輛在游動，燈光在游動，各種音樂，各種鬧聲，在游動，在游動，紅的、綠的、黃的、紫的，黑的，啊，紅的，綠的，黃的，紫的，黑的，嘩嘩嘩，一個牕子和另一些牕子張開大嘴，爆出雨的笑聲。嘩嘩嘩，一個人…是的，一個…人，眼前一切都彷彿都飄遠了，飄遠了，飄入一個可看不可觸及的世界，而在這個世界裏，祇留下他一個人，忍受孤獨和寒冷……紅的，綠的，黃的，紫的，黑的，追逐的霓紅，飄動的牕幃，巨幅電影廣告上的槍、馬和許許多多裸像……這裏，那裏，這些，那些，全是絢麗的彩色，全是從自己生命中飛出去的彩色！杜大椿想伸手攫住什麼，但那些彩色都化成一串串搖擺着上昇的泡沫，飛昇，飛昇，飛昇……又跌落下來，落在無數車輪輾過的水窪中碎了，搖晃，搖晃，搖晃……

哦！瘋了!?還是醉了!?他撞着一宗冷硬的物體，便倚住它喘息。那是一根走廊的石柱。

一個新的、安靜無聲的景象吸引了他；在水紋一樣波動着的青色日光燈的光線裏，一個微笑着的花布洋囡囡，手中牽着一大串汽球，每個汽球上畫着不同的滑稽的笑臉，在不安的擺動着，彷彿要掙斷那條細線，飛翔到空中去的樣子。

「唔，應該讓他們飛……」

一個娃娃臉的女店員，本立在一大堆玩具中間，忙着招呼旁的顧客，現在，却抬起頭看他，朝他笑。「要買麼？先生。」他走過去，驚動了櫥牕裏的一隻玩具狗，從方匣子裏伸出頭來，呲起牙，像要對他狂吠的樣子。他從女店員手上，牽過那串汽球，仍然退到石柱旁邊，鬆開手裏的線。呀呀，汽球！汽球！什麼聲音在叫着。杜大椿唇邊掛着笑。娃娃臉又抬起頭，望望一隻在長廊上亂碰亂撞的汽球，又望望他；一種驚異的婉惜的表情。一種出奇的笑。

「瘋子……」她用她會說話的眼睛說。

泡沫，泡沫，雨，雨，雨……聲音，聲音，雷和閃……

一個年青的、看來却是衰老帶病的婦人，領着一個五六歲的小女孩，從泡沫、雨、聲音和雷電中逃到走廊下來，匆忙的經過那家玩具店。母親的臉，小女孩的臉，全被燈光染綠了。那小女孩顯然被那些可愛的玩具吸引，很快的停住脚步，牽往母親的衣角。

「媽，我要……」小女孩仰起臉，漆黑的瞳仁閃着光，彷彿透過什麼魔術似的，去看那些玩具。

「啊，這邊，一隻狗！——多好的一隻狗！」

做母親的顯然被她的糾纏激惱了，大聲的叫喊什麼，扯住小女孩的辮子。小女孩不走，她哭。做母親的還在數說什麼：貧，病，吐血的…她摸遍了渾身的口袋，祇摸出一枚小小的鎳幣來，塞給她的女兒，硬把她拖走了。

杜大椿還是默默的倚在石柱上。那小女孩邊走着，還不時回過頭，望着逐漸遠離了的希望——一隻狗。猛然間，杜大椿從那眼神裏看見了一點兒什麼，他覺得他跟她同在一個世界，他並不孤伶。

「嘿，一隻…狗…」杜大椿說。他舌尖捲曲，口齒也很含糊了：「這隻，嗯，這…隻。」

娃娃臉不笑了。伸出一隻手。「五塊！先生。」

——那是一個靈魂要購買她的希望的代價。杜大椿從口袋中取出他僅膾的五塊錢，娃娃臉遞給他所要的：一隻慘綠的玩具狗，僅有一個被彈簧支起的狗頭，每開一次匣口，狗頭便伸出來叫一聲。他試了一試，他的手是顫抖的。

現在，他想要去追上那小女孩，把她自己的希望送給她。這是他惟一能做的事了。他抬起頭，小女孩已走遠了。他的心很想奔跑，身體却不能。她們走在長廊的那一端，又已走進雨裏。他望着她們的背影，她們正走向他適才經過的路。他踉蹌走着，走在那些常在他思念中的，却又已無關緊要的記憶裏。明明暗暗的圓形廊柱的影子從他身旁閃過。

那母女和他相隔三根電桿，雨絲在他與她們中間。

一幅巨大的廣告上畫着的「固立特」車胎，彷彿要脫離畫面，斜滾過來壓碎她們，杜大椿差點要狂叫起來，纔而搖搖頭，驅逐了那種幻覺。他走過那座染着他鮮血的高樓，並不再望它一眼。城市的唱片，還在那裏永無休止的旋轉，許許多多人，在避雨的傘下抬頭，企慕的仰望着那座燈火輝煌的天堂。

「喝！偉大的工程！」一個說。

「應該說是偉大的雙手！」另一個糾正說，一面伸出他潔白的嫩手，摹擬牠們的「偉大」；他正撞了杜大椿的肩膀。由于某一部份的疼痛，使他想起他自己的血。

母親和她的女兒從唱片上滑出，折進小街，他跟着。

他立刻認出這條小街來；他上工，下工，都曾穿過它。小街很窄、很窄；有一種擁擠和充實的感覺；可惜雨和夜把它弄得骯髒陰溼了，到處都是汚泥和水窪。街兩面的燈光交搭成一座光蓬，射透了一街的傘，那些抖顫着的活動的迴光，照亮了傘中人的臉。雨絲漏下來，在傘面上跳躍，在街面上跳躍，擊碎水窪中的燈影。他看見沒有傘的母親緊摟着她的小女兒，他想着她們寒冷。

而他自己也寒冷起來了。許多隻驚異的眼睛，望着他和他手上的玩具狗。

時間在上昇的泡沫與下降的寒冷中流過去，他吐出一口痰，(實在是一口血)，他覺得從未有過的乏疲；雨水從他衣衫上流下，使他寒冷。麻木。但他心中仍燒着一堆火，一堆小小的金色的火。他沒有想到自己爲什麼定要把那隻狗送給那小女孩，也許是瘋了！醉了！但他的理智却從沒有像今夜這般淸醒……

遠遠的音樂，遠遠的人，城市在雨中慢慢的安睡了。最後一盞路燈閃過去，母親和她的小女兒走進沒有路燈的狹巷裏。

突然間，一道慘白的大閃，使整個巷子全跟着慘白一下，似乎搖晃一下。杜大椿身體傾側一下，似乎也旋轉一下，跟着慘白後的黑暗跌下去了。他想喊叫，但叫不出聲。嘩嘩嘩嘩，雨在狂笑。

慘白，

黑暗。

慘白，

黑暗。

旋轉，旋轉，旋轉。上昇和陷落。瘋，醉，淸醒。

閃光再亮的時候，杜大椿看見他摔落的拐杖以及那隻慘綠色的玩具狗；拐杖上染着他吐出來的鮮血，那隻玩具狗不安份的從方匣裏伸出頭來，吱——的一聲，對他狂吠。在慘白與慘白緊夾着的黑暗中，又有聲音從四面八方來，喊叫着：杜大椿！杜大椿！杜大椿！

「啊！不，不！」他心裏有一種聲音，彷彿是雷聲，在反抗的回叫：「我要生存！」

他想把過去的一切聚攏起來，一切，是的。一切的記憶和感覺：遙遠的黑暗裏的窩巢……粗重的壓路巨輪……縱橫交叉的鋼樑的影子……炮火，笑……烟……烟霧和其它什麼……每個人！每個人!!他手上工具代替他喊出的聲音……但是另一些彩色，另一些聲音代替了它們，一切他想聚攏的，全被冲散了……一塊一塊，一片一片，一團一團，飛散的飛散，飄流的飄流……

狹巷那邊，教堂的燈光透過七彩長牕，歌聲飄過風鈴花的短籬，他們唱着：「天堂在至高之處，不屬人間……」

慘白，

黑暗。

慘白，

黑暗。

他不知從什麼地方平添了一股力量，發出一聲叫喊。慢慢的，脚步的聲音來了，他彷彿透過許多泡沫，從慘白的閃光中看見那個小女孩的臉。她蹲下身，眼睛一眨不眨的望着他：「媽，看他——這個人，他要死了！」

「不，不！」他心裏的聲音說：「看那隻狗，那隻玩具狗，它是妳的，妳的……」

「是的，他就要死……了……」母親說：「可憐的……人……」她聲裏有一種寒冷的顫慄與平靜的哀傷。

「不，不！」他的眼睛放出那樣的光：「那隻玩具狗，那隻……那……」

小女孩眞的在另一道慘白的閃光裏看見那隻狗。她並沒有去檢拾它，却向他展露出一個驚奇、喜悅，獲得什麼似的笑容。他閉上眼，在無邊無際的黑暗中，又聽見聖歌飛翔的聲音，有一朵笑靨，如一朵潔白的花，慢慢的開放了。「啊，天…堂……」他心裏響起最後一句話。然後，一切都混亂而朦朧了。

…………

「他是誰!?他是誰!?」

「…………」

「一定是一個瘋子，一個醉漢！」

「嗯。——一個瘋子，醉漢。」

都市的唱片又在另一個夜晚旋轉了。他不算什麼！他祇是一粒灰塵——一粒唱片上被拭去了的灰塵。

讀者投書

（二）

再談誰是包庇臺北市城東供銷場大違建幕後人物？

甘火文

編輯先生：

誰是包庇臺北市城東供銷場大違建的幕後人物？敝人已在十二月十六日貴刊出版的第廿一卷第十二期報導過幕後包庇大違建的四大支柱。現還有臺北地檢處及臺北地院對此種大違建之處理不公，以及退役軍官吳如川的從事恐嚇包庇等事實，尙須報導於國人之前。

法律之前，應該是人人平等的，檢舉犯罪，應該是檢察官的職責，而臺北地檢處對處理違建案件的實情，則顯有不平之處。茲舉其事實如左：

例如爲執行拆除小型違建在新生北路所醸成的死亡慘劇，地檢處對違建人宋光耀等及意圖包庇違建的市議員僉士雄，均依法提起公訴，不稍寬假。可是地檢處對城東供銷場大違建自經各報揭發其內幕後，始終未見地檢處秉其職責，自動依法對違建當事人提出偵查，亦未見自動對主管建築當局違背法令，濫發執照，反不予依法取締之瀆職行爲提起公訴。觀乎此，又豈得謂「法律之前，人人平等」？無怪乎今日臺北市之違建，黑幕重重。尤足令人驚奇不置的是：敝人會因周大鵬大事違建，因而侵佔留作巷路之空地。敝人會向警察第五分局提出告訴，旋由五分局移送地檢處偵辦，不意地檢處承辦檢察官陳光宇不傳詢工務局何以對法院查封之土地，仍予核發執照？又不將敝人房屋建造之時間調查清楚，竟將敝人由原告而同時列爲被告，即在48年不字第三三七九號不起訴書上盲目妄指：「甘火文於前開（四八年一月）時間竊佔本市臨沂街六六巷二一號之土地」。遂遽認「周大鵬供稱該巷路係屬周益森所有，渠向周租用」爲可信。遂以「民事相鄰」相推，而將雙方予以不起訴處分。如此混淆是非、黑白不分、顯然正中周大鵬「以反誣抵擋告訴」之詭計。竊查臨沂街六六巷二號之土地係經法院查封在案，又那有「渠向周租用」之可言？按敝人房屋係四十六年十月所建造。又那有「於前開時間（四八年一月）竊佔」之可言？由此足見檢察官陳光宇對該大違章侵佔之處理不公，顯於無形中助長惡勢力之抬頭，彰彰明甚！更有甚於此種不平事實的：敝人同時會向五分局控告違建人周大鵬爲達成其違章強占之目的，實施恐嚇、公然侮辱、誣告等案。旋移地檢處偵辦時，不意該承辦檢察官陳光宇在48年起字第二七九七號起訴書中，竟將敝人亦同時列爲被告。幸虧刑庭能辦是非、諭知敝人無罪，判決被告周大鵬恐嚇屬實。可是陳檢察官在其起訴書上所引用的起訴刑條，即不無避重就輕之嫌！明明周大鵬所犯的是刑法第三四六條之恐嚇罪。詎該檢察官竟捨此刑條不用，而另引刑法第三〇五條之妨害自由罪起訴，竟把被告所犯的恐嚇侵占重刑，變爲最輕的妨害自由罪刑。旋經刑庭判決後，敝人以其所引刑條未當，具狀申請檢察官變更刑條上訴。執料嗣後接到北檢往字第一三三一六號通知，竟謂「周大鵬等竊佔一案經核原判決尙無不合，申請上訴一節，應毋庸議」等語。由此把原先引用錯誤的妨害自由刑條，竟又再變而爲「竊佔」。此種牛頭不對馬嘴的通知，實在令人有「啼笑皆非」之感！最令人懷疑的是：該陳檢察官兩次將無罪之原告、均列爲被告；不知是不是惡霸周大鵬之神通已伸展到了法院？否則何不明是非乃爾？而且敝人在同時所告周大鵬的公然侮辱及誣告二罪嫌，迄今時逾十月，壓着不予偵察，形同無疾而終！因上述檢察官之處理不公，因而無形中助長了周大鵬的氣餤，肆無忌悍，屢次教唆市議員陳連祿，族人周益森公開侮辱及公開恐嚇。又指使無賴族人周逸榮率衆毆辱民妻，以及勾結退役軍官吳如川大肆恐嚇，等等不法情事。究其惡霸之所以敢作敢爲，均出於檢察官之處理不平所致。

想不到臺北地方法院對包庇大違建的判決，其不公之處，遠非地檢處可與倫比，茲將事實敍述如左：

緣敝人因鑒於主管建築業務的工務局局長林永倉與市長黃啓瑞等對東門大違建不但事前違法失職，濫發執照；而且事後不予依法取締，顯有暗地接受違建人周大鵬之「××」之嫌，敝人與劉燈榮迫不得已，遂向臺北地院控告黃啓瑞等違法失職，包庇違建，不意地院始則拖延不予傳訊，突於兩月後（元月十八日）送來四十八年度刑判字第一〇一八八號刑事判決一件，其判決理由，一則謂：「提起自訴之人以有行爲能力之犯罪被害人爲限。」再則謂：「經查該一罪名（指瀆職及僞造文書）均係侵害國家法益之犯罪」。三則謂：「直接被害者尙非自訴人等」。竊查：敝人等年齡均已四十，兒女成羣，不知該判決所謂：「提起自訴之人以有行爲能力之犯罪被害人爲限」之說，究竟作何解釋？再查刑法上之瀆職條文與僞造文書條文，均未見載明「爲係侵害國家法益之犯罪」，又不知該判決所謂：「爲係侵害國家法益之犯罪」之說，究係根據何處法典出此？果如原判決所云「係侵害國家法益之犯罪」？又何不令檢察官對被告等提起公訴，既不令檢察官提起公訴，又謂自訴人等不得提起自訴，敬請明智的國人想一想，這是什麼判決？尤是令人費解的是：所謂：「直接被害者尙非自訴人等」。明明因被告黃啓瑞等包庇違建，致將自訴人等之土地侵去，明明自訴人等係直接被害人，而居然謂「直接被害者尙非自訴人等」。寧非怪事？

年來有最少數不守法之軍人，動輒使用卡賓槍，大肆屠殺，致使人民聞「軍」色變，詎該違建人周大鵬竟利用敝民此一弱點，勾結退役軍官吳如川（中校），使用此一絕招——公開恐嚇包庇。吳於四十八年十一月一日上午八時，率一屠夫（即殺豬人）闖入敝人屋內，氣勢洶洶的向佣人黃信雄說：「你去叫甘火文出來，我要把他拖出去打死，幹掉他的性命……」等語。當時幸虧敝人不在家，得免遭毒手。嗣後敝人聞此，惟恐身罹慘禍，殃及全家，不禁惶恐不安，乃具文分呈警備總部、警務處等治安機關，請求保護，防患於未然，謹此報導於國人之前，藉以提高治安機關對此一恐嚇事件之注意，以免發生意外，庶幾治安幸甚。

最後還有一最重要的事情，須向國人報導的是：違建人周大鵬在臺北市工務局向敝人大施恐嚇時說：「你檢舉我的違建，逼得我到處活動，花了我很多錢，害得我破產了，你這不要命的傢伙，我非幹掉你不可……」等語。究竟他所說的所謂：「到處活動，花了我很多錢，害得我破產了」的話，不知他所花的錢，是不是花在那些幕後人物去了？只有請明智的國人去作正確的判斷了。否則，他的大違章建築，迄未拆掉一絲一毫，那又有「破產了」之理呢？

甘火文四十九年一月二九日寫於
臺北市臨沂街六十八巷一號。

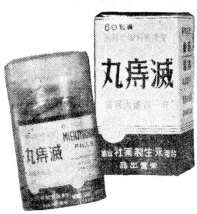

自由中國　第二十二卷　第五期　內政部雜誌登記證內警臺誌字第三八一號　臺灣省雜誌事業協會會員　一七二

給讀者的報告

現在，國民大會雖已於上月二十日在臺北開幕，但一切有關修憲連任之類的謎底，却將在這個月正式揭曉。因此，在這樣一個重要關頭，海內外的中國人，仍把注意力集中在國民大會。我們爲求對於大家所關心的事，能多反映一點民意起見，仍以最大的篇幅，來刊登與此問題有關的文字。

我們這一期的兩篇社論，一篇叫做「不要再玩政治魔術！」——這是就國民黨當局所搞修訂臨時條欵和召開反共救國會議而立論，用來「告國民黨當局」的；一篇叫做「豈容『御用』大法官濫用解釋權？」這是專就大法官會議的解釋，從法律觀點指出其非法。同時，我們要特別指明的：假使沒有大法官會議非法解釋，則今天國民黨當局，便無從利用國民大會來完成修憲連任運動的「毀憲」任務。所以，此次大會如有任何修改憲法或臨時條欵「毀憲」的行爲，大法官會議是無法逃避責任的。

這一期的專論，共有六篇，比平常要多到一至兩篇。其中前面的四篇，包括夏濤聲先生的「另一方式的修改憲法」、朱文伯先生的「修憲、毀憲與責任」，雷震先生的「敬向國大代表同仁說幾句話」，以及王厚生的「幾點國是意見」，都直接間接討論修憲連任問題。至於金承藝先生的「接受過去兩次庚子年的教訓」，雖然談的是歷史，但也能使我們對於當前問題的抉擇，獲得一點歷史的啓示。至於陳咸森生先生的「主義與政治」，雖與修憲連任問題無關，也可以給我們另一些啓悟。

其餘還有三篇通訊，都與修憲連任問題有關，其中特別是方望恩先生的「海外人士的十二點國是意見」很可以幫助我們對海外自由反共人士的反映，獲得具體而可靠的瞭解。至於若干讀者先生所查詢，和關心的海外人士的「聯合宣言」——「我們對毀憲策動者的警告」，湊巧已由方先生附隨通訊稿寄到，我們特仿照去年六月二十九日「中央日報」用過的老辦法，全文轉載在第二篇社論之後。並特此奉告豐原的一位「長期定戶讀者」。「江湖行」小說因原稿遺失暫停一期，特此謹向作者和讀者致歉。

臺北一位署名「一位中華國民」先生寄到國民大會堂轉給本社發行人雷震先生的信，已由國民大會秘書處轉到，先生對國大代表所提意見都極正確，本想公開發表，但因我們歷次發表的文章中，已經提出過相同意見，限於篇幅，只有保留了。

高雄徐××的信已收到，承提示三點意見，謝謝！「文藝欄」當盡可能照尊意辦理，但「短評」的恢復和印刷問題，尚需另行研究。南投張××先生來信已收到，關於所談貴縣縣立圖書館長修改「借書規則」一事，因未把事實敍述清楚，故不便發表。「基隆市中正國民學校教員一同」的油印打字函件已收到，所述貴校總務劉××「利用職務、貪汚枉法」情事，五件如屬實情，不妨依法告發。因來件既未署名，故不擬查明刊登。臺中吳××先生油印打字函件已收到，所述李××各節，因情節重大，內容複雜，一時無從查明，只有暫行保留。基隆黃××先生來信收到，所談自不能謂爲無見，然因究係私人事件，且當事人又非官吏之利用職權，故不擬發表了。中壢謝××先生「也談一個對『以軍作家』的感想」已收到，先生所談，自不失爲一種看法，因限於篇幅，恕不發表。高雄某先生「惠賜收悉」，特此致謝。

自由中國　半月刊　第廿二卷第五期　總第二四八號

中華民國四十九年三月八日三版

發行人　雷　震

主編　『自由中國』編輯委員會

出版者　自由中國社

社址：臺北市和平東路二段十八巷一號

Free China Fortnightly, 1, Lane 18, Ho Ping East Road (Section 2), Taipei, Taiwan.

電話：二　八　五　七　〇

航空版　友聯書報發行公司（香港九龍窩打老道一一〇號）電話：五九一六四、五九二六五

總經銷　自由中國社發行部

經售處

美國　紐約友方圖書公司 Hansan Trading Company, 65, Bayerd Street, New York 13, N.Y., U.S.A.

紐約光明雜誌社 Sun Publishing Co., 112, Mulberry St., New York 13, N.Y., U.S.A.

韓國　漢城裕昌德號

馬尼剌　新疆書店

緬甸　仰光振成書報店

印度　阿拉哈巴中印文化出版社

北婆羅洲　西利亞坡青年書店

星加坡　友聯書報發行公司（小坡大馬路四六九號）

吉隆坡　友聯書報發行公司（馬華公會大廈三樓七室）

怡保　友聯書報發行公司（希尼華沙甘街十六號）

檳城　友聯書報發行公司（林連登律七十二號）

澳門　友聯圖書公司

印刷者　精華印書館股份有限公司　廠址：臺北市長沙街二段七一號　電話：三三四二九號

本刊經中華郵政登記認爲第一類新聞紙類　臺灣郵政管理局新聞紙類登記執照第五九七號　臺灣郵政劃撥儲金帳戶第八一三九號

（零售：臺灣每份臺幣四元，海外平寄美金一角五分，航寄美金三角）

自由中國

FREE CHINA

第二十二卷 第六期

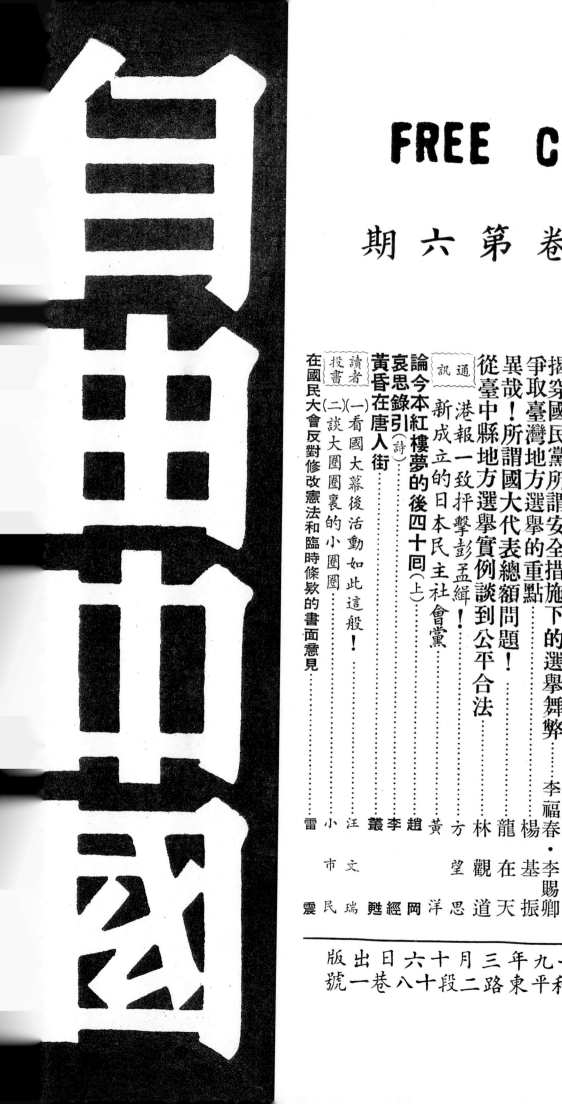

中華民國四十九年三月十六日出版

社址：臺北市和平東路二段十八巷一號

半月大事記

二月廿五日(星期四)

去年年底全臺灣省人口有一千零四十三萬人，比前年增加卅九萬餘人。

二月廿六日(星期五)

國大開二次預備會，選舉大會主席團。

法國防部正式宣佈，將成立原子裝備師，每師分三旅能單獨作戰，法並同意與北約統一空防系統。

埃及軍隊集結西奈，西方國家表示憂慮。

二月廿七日(星期六)

國大主席團開首次會，通過大會會議日程。

艾森豪在阿根廷演說，指出任何自由國家如受威脅，必危及全世界一切自由國家。

二月廿八日(星期日)

美國國會聽取報告，俄對南美滲透日亟，美國必須加以警惕。

俄國與印尼簽訂一項所謂經援協定，由俄給印尼貸欵二億五千萬元。

蘇卡諾向赫魯雪夫保證，印尼決不參加東約組織。

二月廿九日(星期一)

國大正式集議，舉行第一次大會。

美國與阿根廷兩國總統聯合聲明，美洲國家相互合作，促進國際和平友誼。

艾森豪離阿根廷飛抵智利訪問。

三月一日(星期二)

艾森豪告智利國會，美洲國家如遭侵略，美決履行條約義務。

赫魯雪夫飛印度，與印度及緬甸總理會談。

國大第二次大會通過全部議事日程。

三月二日(星期三)

太平洋軍總司令費爾特强調太平洋地區重要性，認爲太平洋美軍原子威力足以應付一切局勢。

歐洲盟軍統帥諾斯達宣佈，設立特種混合武力。

國大舉行第三次大會，修正臨時條欵等案，完成第一讀會程序。

『自由中國』的宗旨

第一、我們要向全國國民宣傳自由與民主的真實價值，並且要督促政府(各級的政府)，切實改革政治經濟，努力建立自由民主的社會。

第二、我們要支持並督促政府用種種力量抵抗共產黨鐵幕之下剝奪一切自由的極權政治，不讓他擴張他的勢力範圍。

第三、我們要盡我們的努力，援助淪陷區域的同胞，幫助他們早日恢復自由。

第四、我們的最後目標是要使整個中華民國成為自由的中國。

三月三日(星期四)

艾森豪離烏拉圭返美，結束在拉丁美洲的訪問。

三月四日(星期五)

美海軍軍令部長勃克稱，兩北極星飛彈潛艇，本年年底參加服役。兩艇共裝備三十二枚核子飛彈，可攻擊一千二百哩處敵人目標。

美核子潛艇「鯛魚」號完成北極探險航行。在此極潛航卅一天航行六千哩，曾浮出原達三呎冰層共二十次。

國大第一審查委員會審議有關憲法各案，決定修改臨時條欵，否決修改憲法主張。

美國下年度對外防務支援，我與韓國、越南、巴基斯坦、土耳其五國將獲五億七千萬元，佔防務支援總數百分之七十三。

三月五日(星期六)

赫魯雪夫返抵莫斯科，他曾訪問印度、緬甸、印尼及阿富汗。

國大第四次大會，修正通過議事規則。增訂臨時條欵等案，大會決定交付審查。

三月六日(星期日)

美全國正裝置核子警報系統。

古巴將哈瓦那港內一艘軍火船的爆炸案諉責於美國政府，美向古巴提强烈抗議。

五月七日(星期一)

美國空軍正在發展彈道飛彈警報系統，按預定計劃在三雷達基地進行，可追蹤三千哩外飛彈飛行路線。

國大第一審查會決議，修訂臨時條欵各案，成立小組綜合整理。

三月八日(星期二)

美擎天神飛彈引導系統，試驗發射獲得成功，飛躍大西洋六千三百哩，可以不懼敵方電訊干擾。

美兩「長曲棍球」飛彈營將派赴歐洲增防。

國大第一審查會集會，通過修正臨時條欵。動員戡亂時期總統及副總統得連選連任。

艾森豪廣播訪南美觀感，認美與拉丁美洲國家必須保持堅定合作。

三月十日(星期四)

國大二讀修正臨時條欵，議決通過新增條文，總統連任不受限制。

社論

(一)

怎樣才使國大的紛爭平息了的！

作爲一個行使政權的國民大會，在這國命垂危的時候，應該開得好，開得順利。這是全國人民一致的希望，也正是我們辦政論刊物的人所一向祈求的。本月三日國民大會裏面那一場流血毆鬥，沒有釀成更大的決裂，而且很快地平靜下來，到了第二天審查三件最大紛爭的提案時，其中莫德惠等所提的修改臨時條欵使蔣總統得以連任的提案，在原則上居然得到大多數的贊成通過。這一急轉直下，無疑地可以使國民大會這次會議得以順利開下去。僅就會議得以順利開下去這一點來講，我們應該說，這是好事。

可是「物有本末，事有終始。」，我們一究國民大會本月三日形勢的急轉，其關鍵在那裏，我們又不得不爲國家的前途憂：所可憂的，一方面是預伏了一個政潮掀起的因素；一方面是毒害了原已不振的世道人心。

本月四日及五日英文中國郵報 (China Post) 關於國民大會會外活動的報道，可以使我們看出這件事的關鍵來。

據本月四日該報載：昨天下午（即三月三日，國大代表毆鬥的那一天）蔣總統召集了一千多國民黨籍的國大代表舉行一個座談會。在那裏，蔣總統對於面臨國民大會的「實際上」所有的問題提出五點意見：

㈠關於總統連任問題，蔣總統說，「如果是黨的意思，我將接受第三任。」

㈡關於修改憲法問題，蔣總統重申「此時此地不宜於修改憲法」的主張。

㈢關於創制複決權問題，蔣總統說，在這次國民大會結束以後，將成立一個特別委員會研究這個問題。

㈣在今後六年以內的適當時期 (at an appropriate time and within the next six years) 召開國民大會臨時會議，討論修改憲法及行使創制複決權問題。

㈤國大代表的待遇 (pay scales) 將和立法委員的待遇相等。

本月四日，莫德惠案的原則順利通過於國民大會審查委員會以後，五日中國郵報又報導：這個案子的順利通過，據政治觀察家看，是得力於蔣總統近日來對於那些持異議的國大代表們的幾度會談，也得力於國民黨幹部的「幕後活動」。蔣總統在星期四（即三日）曾經對一千多位國民黨籍的代表們說，反對本黨的決定，就「等於反對我」。如果不接受黨的政策而想脫黨的話，儘可自由表示。最後，但不是最不重要的（原文是"Last but not the least"—這點值得大家玩味），蔣總統允許把國大代表的待遇提高到與其他民意代表的待遇相等。以上是中國郵報見諸文字的報導。至於國民黨幹部的「幕後活動」，究竟包括些什麼，該報沒有進一步透露，可是善讀新聞的人，對於「幕後活動」四字，是不會輕易放過的。

現在我們根據上面的報道，分述我們的觀感。

關於蔣總統本月三日對國民黨籍的國大代表所提出的五點意見，其中第一點及第二點，我們講過的話已經够多，現在可以不說了。第三點及第四點的作用，是在安撫那些主張行使創制複決權的代表們。（憲法上規定的行使創制複決權的程序，應不應該變更，如果變改，對於憲政的實施有何嚴重影響，關於這一方面，不是短短篇幅說得清楚的，我們在這裏不討論。）第三點的關係還不算重要，第四點召開臨時國大會議的諾言，我們覺得可能是今後隨時發生政潮，使我們的憲政隨時發生動搖的一個危險因素。儘管所謂「適當時期」是一不確定的說詞，儘管臨時會的召集權握在總統，但在今後六年內，國大代表們有了這一口實，就可以隨時發動促開臨時會的運動。到那時，政府又採如何途徑或手段來應付呢？政風敗壞，政治道德墮落，會不會因今後政潮的起伏而更加惡化呢？這一顧慮，我們希望它是過慮。不必再往下多講了。

關於第五點提高國大代表的待遇與立法委員相等。這一點給我們的觀感，可分幾個層次來說：

第一、國大代表原爲無給職，除開會時期可領若干公費以外，沒有按月支薪的規定。因爲國民大會不是常設的機關。國大代表除開會期間、行使法定的職權以外，在平時並不「代表」什麼「人民」，也不須要他們代表人民執行任何經常職務，他們的身份和普通人民一樣，不多也不少。他們可以做官，可以教書，可以經商，可以幹任何他們願意幹的行業，而不受法律的限制。國大代表與立監委員不同的地方在此。立監委是有給職，國大代表是無給職，其理由也在此。現在國大代表每月從國庫領收一千元，這是一個變例，這是逃難期中的生活救濟費。嚴格地說，不應該說是「俸給」。既不是「俸給」，就不能與任何方面的俸給相比。至於立監委員的待遇是否過高，這是另一問題。我們在這裏只是說性質不同的東西，不能類比。這是一個思想法則。

第二、我們再退一步說，即就大家的現實生活來說，國大代表們的生活大都是淸苦的。但是今天軍公教人員俸給之微薄，月薪在一千元以下的人數總要以萬計。尤其是軍隊裏面中級以下的軍官和士兵，以及中小學的教員，他們每月的俸給有多少？請大家想想看。就上一次（民國四十七年一月）軍公教人員待遇調整的情形來說，那一次的調整是經過大家呼籲了很久，叫苦了很久，才決定實施的。可是調整的結果只是兵餉增加百分之五十（調整後二等兵的餉每月四十元），士尉校官的加成遞減，自百分之五十至百分之二十五不等。官兵副食費每月增加十元。中央及地方文職人員則照原支薪給加發一個月，原爲十三個月，調整後加了十三分之一，也即原支薪給的百分之七點七弱。現在國大代表們一下子取得了比照立法委員支薪的諾言，他們的收入一下子可以增加百分之一百以上。就公平的觀點來看，這何以服人心？

第三、我們再退一步說，國大代表的待遇，即令可以比照立法委員的待遇來調整，但是爲什麼要在這個時候給以諾言呢？中國郵報在報道這個諾言的時候，加上一個短句——「最後，但不是最不重要的。」這一暗示，叫人不得不發生一個疑問：國民黨領導權的維持，究竟靠的是什麼？主義嗎、政策嗎、威望嗎、還是國庫裏面的金錢？這個問題不僅是關係國民黨的一黨的黨德，而是密切地關係世道人心。

總而言之，這次國民大會內部紛爭的得以解除，就其本身來講，未始不是好事；但爲目的而不擇手段，就國家的前途想，所付的代價，未免過於慘重了。

社論 (二)

論無記名投票——進步的民主制度

上月二十九日，國民大會中曾因修憲案採用無記名投票與記名投票的兩種辦法，發生很大的爭執。雖然現在這種爭執已經又像「修憲」與「臨時條欵」的爭執一樣，在國民黨當權分子的勸誘之下，使大多數代表大聲疾呼所爭取的無記名投票的提議，得到了折衷的解決（卽：交由大會主席決定）。但是爲了明辯是非，我們仍然願意向國人陳述今日之國民大會中應當採用無記名投票的理由。

綜合國民大會中少數人認爲議案應採用「記名投票」的理由有下列各點：

一、不記名投票產生於一八五六年，到現在不過百餘年歷史；但記名投票則自英國創制大憲章時卽啓用，迄今已有八百年的歷史。

二、國大組織法上曾規定主席有酌定表決方式的權力。如規定以無記名投票表決時，尙需修改國大組織法。

三、不必硬性規定以無記名投票表決，因無記名投票在慣例上只用于表決對人事的決定，記名投票則多用于表決對事的決定。

四、今日歐美各民主國家的議會，尙多採用記名投票，因記名投票可以表示政黨的明確立場和負責任的精神。

對於這些意見，我們認爲實在都不足以構成使國民大會不採用無記名投票的理由。這是因爲：

一、不錯，無記名投票是澳洲在一八五六年才發明使用的（所以這種投票法，就叫澳洲式投票法），這種投票法雖然只有一百多年的歷史，但由於它最能不受威脅的自由表達投票者的意見，現在已經普遍的被世界各民主國家所採用。美國在一九五六年澳洲發明無記名投票一百週年的那一天，還隆重的舉行紀念儀式，認爲這種投票方法是民主政治的一大進步。一種優良的、進步的方法，絕不因爲它的「資歷短淺」就減少了它的價值；就不值得我們去擇善而從。相反的，時代是進步的，一種落伍的制度，亦絕不能因它的歷史悠久就值得我們執意保存。如果用時間的久暫來衡量價值，則中國有三千年的帝王統治，我們爲甚麼不去保留，而去選擇五十年前中山先生的共和理想呢？這不就是一項充分的說明嗎？

二、在我們的憲法上，明文規定着總統連選得連任一次的條欵。而且所以有這樣的規定，乃是爲了保障民主精神的不致被侵奪。對於這樣重要的條欵，卻可以用盡方法來變更，現在爲了建立一種更進步的表決方法，爲甚麼就不可以修改國大組織法呢？用「尙需修改國大組織法」的理由來推拖，我們認爲這實在是一個可笑的托詞。

三、我們從來沒有聽說過「無記名投票在慣例上是用於對人的決定，記名投票是用於對事的決定」的說法，不要說近年美國各州對於禁酒或婦女參政等問題於表決時是採用無記名投票的，就是在第一次大戰與第二次大戰後薩爾區域的兩次有關歸屬問題的投票，與一九五八年的塞浦路斯的公民投票，這些都是對事的決定，但都是無記名投票。可見無記名投票，絕不只是用於對人事的決定。

四、雖然歐美諸國的議會，對於一些問題至今尙多採用記名投票法，不過我們不能忽略了一個重要之點：卽它們多已是民主政治上軌道的國家，議會中至少有兩個或兩個以上旗鼓相當的政黨，在這種情形下爲了立場的標明，是可以用記名投票來表示態度的。可是我們的情形就不然了，無論在國民大會或是在立法院中，國民黨都佔到百分之九十以上的比率。在這種一黨壟斷下的議會，只有用無記名投票，才能幫助投票人避開了黨的控制，因而能够更多的反映出民意來。

在一個一黨絕對控制下的議會裏，用無記名投票表決議案，很明顯的有兩種好處。

一、它至少和記名投票一樣的能使投票人自由的表達意志。

二、它比記名投票能使投票人免於任何威脅、那怕是微小的威脅。一項無記名的、秘密的投票，在投票的一刹那，投票人可以說是無黨派的；他的考慮和決定，可以超出黨派對他的影響，而寫出公正的、良心的決定。

我們想像不出來國民大會爲甚麼不採用這種進步的、更能反映出民意的表決方法？除非是只有一種解釋，就是可以控制國民大會的國民黨，深怕不記名投票反映出民意的結果與國民黨所預求的不符。所以才用記名投票的方法來挾持代表們不得不投票贊同國民黨既定的政策。

國民黨一直在宣傳「擁護總統連任」、「修改臨時條欵」是「全國一致的要求」。既是全國一致的要求，那麼無記名投票與記名投票又有甚麼分別呢？國民黨儘可以放心的贊同無記名投票，因爲它並不會發生兩樣的投票結果；如果國民黨當權分子認爲這之間有分別，並不敢放心無記名投票是否能獲致多數代表的支持，那顯然他們所說的「擁護總統連任」、「修改臨時條欵」是「全國一致的要求」就大成問題了。尤其是我們不要忘記了國大代表中百分之九十以上是國民黨籍的，國民黨當權分子都不敢相信在無記名投票下自己的黨員是否會支持黨的意見，這眞是國民黨的悲哀！

社論

(三)

對於地方選舉的兩點起碼要求

臺灣省下一屆的省議員暨縣市長選舉，即將於下月份舉行。近幾個月以來，國民黨由候選人登記、至審核、至發表候選人名單、乃至於進行所謂「徵調」，種種有關競選佈署的消息，已接二連三的傳出。可是，現在雖只剩下一個月的時間了，無論是民社黨或青年黨，非但沒有發表候選人名單，而且連是否參加競選，尚無正式表示，顯然還停留在「等待」的階段。

按理說，無論是民社黨或青年黨，在此地方選舉屆臨的前夕，都必會嚴陣以待，與國民黨一決雌雄，現在爲何反而有些躊躇不前呢？據我們所知，那完全是因爲國民黨仍企圖把持選舉中的「管理」和「監察」工作，所以才不敢昧然決定出來做陪選活動。

其實，平心而論，下一屆的地方選舉，如果眞要做到公平合法，由各政黨以及無黨無派候選人共同派選管理員和監察員，實在是最起碼的要求。現在，我們僅就這兩點起碼的要求，逐一提出我們的理由。

關於管理員問題，根據臺灣省各縣市公職人員選舉罷免事務所組織規程第十三條規定，投票或開票管理員的職掌共有六項：一、維持投票秩序；二、掌管公民名册及投票匭並經發選舉票或罷免票；三、維持開票秩序；四、查點投票數目；五、計算候選人得票數目或罷免投票結果；六、其他由選舉或罷免機關委辦事項。凡此種種，都證明管理員的職掌，足以直接間接影響選舉的結果，假使聽由任何一黨把持，則其他政黨以及無黨無派候選人，便失去了公平合法的競選基礎。

可是，在過去，國民黨却始終把持了管理工作，利用各投票所開票所的管理員做下種種違法舞弊的行爲。遠的不說，就以四十六年舉辦的第三屆地方選舉爲例，管理員違法舞弊事件終被揭發的，便不在少數。例如當時住在雲林縣二崙鄉油車村七號的瞎子選民李定瑞，投票時便請求投票所的職員李吉代爲圈選青年黨籍的候選人王吟貴爲雲林縣長，並且鄭重聲明說：「我要選北港王吟貴，不要圈錯了！」但李吉竟欺騙那位瞎子選民，代圈國民黨籍的候選人林金生爲雲林縣長，當場被另一選民李萬教拆穿之後，該投票所主任管理員潘志中反將李定瑞和李萬教扣押，等到羣情憤激才釋放。這事後來鬧得很大，以至鬧到監察院，然此僅爲管理員舞弊較爲顯著的一例而已！

現在，國民黨如有誠意把選舉做到公平合法，首先便該同意由各黨及無黨無派候選人共派管理員。對於這一點，也許國民黨會藉口說，這是屬於地方行政業務範圍。可是現在各縣市政府，十分之九都掌握在國民黨手裏，加以健全的文官制度又沒有建立起來，地方行政工作人員，更不得不仰承國民黨地方黨部的意旨而辦事，這却是大家知道得清清楚楚的事。其實，只要國民黨當局不企圖把持管理工作，既沒有非派國民黨忠實同志擔任管理員不可的必要，自然也就沒有非拒絕其派管理員不可的理由了。

然而，根據過去的經驗，假定僅僅是共同辦理管理工作，仍不足以防止國民黨的違法舞弊，至少還必須進一步共同辦理監察工作。

說到監察工作，關係最重要的部分，當然是各投票所開票所的監察員。根據臺灣省各縣市公職人員選舉罷免事務所組織規程第十四條規定，監察員的職務共有三項：一、監察投票開票管理員辦理投票開票有無違法情事；二、監察投票人投票時有無違法情事；三、其他依規定應行監察或會辦之事項。所有此等規定，都說明設置監察員的用意，是在防止投票所開票所的違法舞弊情事，以求保障選舉的公平合法，如果聽任某一黨把持，則其他政黨及無黨無派候選人，也就喪失了公平合法的競選保障。

但是，在從前，國民黨却始終把持了監察工作，利用各投票所開票所的監察員，掩護或幫助管理員違法舞弊，甚至直接從事違法舞弊。第一屆和第二屆的選舉情形，姑且不談，就以四十六年舉辦的第三屆地方選舉爲例，僅僅是監察員直接從事違法舞弊被公開揭發的，便到了駭人聽聞的地步。例如當時在國民黨的所謂「安全措施」之下，由清一色的監察員代選民秘密投下大量選票，在高雄和嘉義兩地，弄得眞正的選民反而領不到選票，早已成了地方選舉上最可恥的一頁！至於臺北市在四十六年四月二十一日投票的當天下午，由於監察員的不公平，便有一位老翁，手持長幅白旗一面，用毛筆寫着「監選不公平」五個斗大的字，然後坐着三輪車遊街，引起七百人以上的羣衆隨之附和，弄到治安人員只有借「瓦斯棍」的威力來鎭壓，早成了臺北市選民印象中最深刻的事。

今天，國民黨如有誠意做到選舉的公平合法，便該在共同辦理管理工作之外，進而同意由各黨及無黨無派候選人共同聘請監察員。關於這一點，可能國民黨又會藉口說，現已另設有觀察員辦法。不過，我們雖不反對設置觀察員，但必須特別指明一點，就是觀察員絕不等於監察員，所以絕不容以允許各黨及無黨無派候選人同派觀察員來搪塞和敷衍。事實上，所謂觀察員的設置，既限制其人數，又限制其職權，連走馬看花的觀察任務都未必能達成，遑論發生監察員的同樣功效？其實，只要國民黨當局不企圖把持監察工作，利用監察員掩護或幫助管理員違法舞弊，甚至直接從事違法舞弊，實在沒有非拒絕共請監察員不可的必要了。

總之，國民黨是否同意由各黨及無黨無派共辦管理工作和監察工作，便是國民黨有無誠意做到選舉公平合法的初步考驗。因此，這也是在野黨和無黨無派的起碼要求。假使連這兩點要求都不能達到，自不如聽由國民黨一黨包辦，根本不必出面做毫無意義的陪選工作。如果國民黨允諾共同選派管理員和監察員，民青兩黨及無黨無派人士即令競選成功的希望不多，也該拿出爲地方自治而努力的決心和勇氣，堂堂正正的參加競選。

赫爾回憶錄序

胡　適

這裏收集的「赫爾回憶錄」是赫爾先生的自傳一部分，專記他十二年的國務卿生活（從一九三三到一九四四年）。我在北方報紙上得讀中央日報社的譯本，今天很高興的寫這篇短序。

在美國的政治制度裏，國務卿的重要只次於大總統，他是總統制之下的首席閣員，在最近十幾年裏他是世界最大強國的外交首領。當一九三三年二月廿一日羅斯福總統發表赫爾先生爲國務卿的時候，全國報紙的社論差不多一致贊揚總統的知人善任。在國會裏，反對黨的老參議員波拉（Borah）先生也公開的贊美赫爾的任命。

這樣一致的輿論擁護，是赫爾先生在國會二十多年的成績得來的社會信任。

這位田納西州來的參議員那時六十一歲半，已做過二十二年衆議員，又做過兩年參議員了。他的國會生活可分做前後兩個時期：前一期從一九〇七到一九二一，是民主黨從在野到當政的時代，是從塔虎脫到威爾遜的時代。後一期從一九二三到一九三三，是民主黨又從在野轉到逐漸恢復政權的時代。

自從林肯總統就職（一八六一），直到威爾遜總統就職（一九一三），整整五十二年之中，民主黨只有克里夫蘭當選做總統（一八五五——八九；又一八九三——九七），先後兩次執政八年。其餘四十四年，全是共和黨當國的時期。（林肯被暗殺之後，副總統詹生繼任，他雖然號稱民主黨，但民主黨人並不承認他。故詹生總統的一任不能算是民主黨的執政時期。）到了一九一〇年的國會選舉，民主黨開始抬頭，在衆議院得到多數。這時候，總統還是共和黨的塔虎脫。

在新國會召集之前幾個月，民主黨的衆議員之中，有四個議員發起了一個不動聲色的議會革新運動。這四個人是

吉青（Kitchin, N. C.）
海（James Hay, Va.）
休斯（William, Hughes, N. J.）
赫爾（Hull, Tennessee）

這四個人決心要改革幾十年來衆議院裏的議長專斷制度，他們秘密集會，擬定了「衆議院規則」的修正案，商定了各分股委員會主席的人選，並決定了新國會裏民主黨的立法政策。

等到民主黨的議員到齊開會商議如何改組衆議院的時候，只有這四個人袖子裏有現成的方案，有準備好的理論，有滿人意的人選名單。別人都沒有準備，於是這四個人日夜辛苦努力的結果全被通過了，都成了民主黨的全體主張。赫爾先生從這個經驗裏得着一個最有益的教訓：在議會制度裏，幾個人的決心與苦幹往往可以得着很大的收穫。這時候，赫爾先生剛滿了三十九歲。

兩年之後（一九一二），共和黨內部分裂，老羅斯福（Theodore Roosevelt）創立了進步黨。三黨競選的結果，一位大學教授叫做威爾遜的，被選出做了大總統。國會的兩院都是民主黨佔多數。民主黨革新政治的機會到了。

在威爾遜的領導之下，民主黨做到了很多的改革。其中最重要的一大組是賦稅法的革新，包括關稅的修正，所得稅的實行，遺產稅的建立。在這三個方面，赫爾先生都有很大的貢獻。

赫爾先生從少年時代就相信直接稅是最合理的抽稅方法。美國在南北戰爭時代曾暫行徵收所得稅，戰爭完了，所得稅也取消了。十九世紀末期，麥米林（Benton McMillin）在一個民主黨佔多數的國會裏提出一個所得稅法案，通過國會，成爲稅法了。但最高法院在一八九五年，用五對四的判決，宣告所得稅與憲法抵觸，故無效。那位製定所得稅法的麥米林是赫爾幼年時代最崇拜的鄉先輩，所以赫爾早年就成了直接稅的信徒，平日搜集並研究各國關於所得稅和遺產稅的資料與方案，他在國會裏早就被大家公認爲「直接稅專家」。每有機會，他總要攻擊共和黨的保護關稅政策，提倡他的直接稅法。到了一九〇九年，共和黨也改變方針，塔虎脫總統提請國會提出憲法修正案，承認聯邦政府可以徵收所得稅。這個修正案（所謂第十六個憲法修正案）通過國會之後，須送到各州議會去複決，須有全國四分之三的州的複決始可成爲憲法。直到一九一三年二月底，這個憲法修正案才得到法定的複決。赫爾先生就提出他用心準備的所得稅法，作爲關稅修正案的一章。關稅減低的結果，政府每年要減少七千萬美金的收入。赫爾的所得稅第一年可得七千萬元，正可以補足此數。他在議場上指出，若照英國當時的所得稅率，美國每年可收四萬萬元。他的目標只要使政府與人民接受並了解所得稅的原理和細則，所以他把所得稅率定的特別低，單身男女每年收入在三千元以下，已婚男女每年收入在四千元以下，都免出所得稅。這個法案在通過國會的歷程中，赫爾先生出力最多。所以美國人至今稱他做「中央所得稅法之父」。

這樣開始的所得稅，不到幾年，就成爲美國最重要的一筆稅收。所得稅法頒布後一年（一九一四），歐洲戰事就爆發了；再過三年（一九一七），美國也參加戰爭了。所得稅法在一九一六年又由赫爾領導，經過一次重要修正，特別注重「過分利潤」的徵稅。從此以後，所得稅成爲戰時籌欵的一個主要方法，在六年之中，給美國國庫增加了一百五十億金元！

威爾遜總統的八年，是赫爾先生的立法事業最得意的時期。那個時期的許多財政立法——如遺產稅法，如戰時發行的「自由公債」條例，如一九一八年的戰時籌欵法，——都是他領導制定的。

威爾遜總統的世界和平理想失敗後，共和黨又取得政權了，民主黨在一九二〇年遭遇空前的慘敗，許多民主黨議員都落選了，赫爾先生在那暴風雨裏也丟了他的衆議員位置。民主黨的全國總部窮到不能還欠債。從此以後，民主黨又得坐十二年的冷板凳了。

民主黨在那最失意的時期，想要推出一個新的領袖來收拾人心，重整旗鼓。那時候，黨內各地領袖不免互相埋怨，互相責備。只有赫爾先生是大家沒有異議的。所以「民主黨全國委員會」選出他來做主席，主持整頓全國黨務的工作。赫爾先生做了三年多的民主黨全國委員會主席。他還親自主持一個民主黨宣傳機關，設在華盛頓，只在一條小街上租兩間小房子，只僱用一個女書記，一個每星期薪俸廿五元的外勤新聞幹事。赫爾每天到這裏辦公。這就是民主黨的中央宣傳部了。

兩年之後，赫爾仍在他的原區當選作衆議員了。國會裏的民主黨議員也從上屆的一百三十二個衆議員增加到二百零七個了，從上屆三十七個參議員增加到四十三個了。

一九二四年的大選又快到了，田納西州議會要提出赫爾先生做總統候選人。赫爾先生很堅決的謝絕了。那年七月中，民主黨提名大會推出台維斯 (John W. Davis) 爲總統候選人。候選人推出之後，赫爾先生才把全國委員會主席的事交與他的繼任者。他交代時曾說：「我很高興，我現交出的組織是沒有債負的，舊欠二十三萬五千金元全還清了，居然還有幾千元的盈餘。這個組織現在是一個很進步的機構，從今以後在每個主要方面都能够工作了。」

但那一年大選的結果，民主黨還是失敗了。直等到八年之後(一九三二)，羅斯福作總統候選人，民主黨才得到向來沒有的大勝利。

這是赫爾先生作國務卿以前的政治事業的小史。當威爾遜總統領導民主黨中興的時代，赫爾是威爾遜的「新自由」的革新運動的一員健將。當威爾遜以後的十二年民主黨倒霉的時代，赫爾是坐鎭大本營的元老，整頓黨務的功臣。羅斯福總統曾做威爾遜政府的海軍次長，他很認識那位在國會裏替人民說話，爲直接稅奮鬭，主張國際經濟和平，反對關稅壁壘的南方自由主義者赫爾先生(參看回憶錄第六、八兩章)。赫爾先生在國會兩院有了二十多年的經驗，最受兩院議員的愛敬。羅斯福總統正需要一位能得國會信任的國務卿，所以他毫不遲疑的請求赫爾先生做他的首席閣員。

羅斯福是美國史上任職最久的總統，赫爾是美國史上任職最久的國務卿。一九三三以下十二年的大事，就是這部回憶錄的內容，不用我多說了。

※　※　※

我讀這些回憶錄，常常使我懷念華盛頓的許多朋友，特別使我懷念赫爾先生。

在第三章裏，他告訴我們，他反對傳統的社交酬應，所以他在國務卿任內，從不出來參加午宴或晚宴。華盛頓的各國使節都尊重他這個決定，平時宴會總不請他。他自己說，「這個決定有很大的便利。我在晚上的時間可以比較自由，研究我帶回家的文件；白天也可以有更多時間和各國大使公使以及國務院人員商談。」我自己也是最怕社交酬應的，所以我很佩服赫爾先生能在十二年中貫澈他的主張。

他是最勤勞又最謹愼的公僕。他在第三章裏說每天的忙碌生活，都是華盛頓人人知道的事實。他自記他接見外國大使公使的態度與情形，也都是很確實的記載。他那間辦公室，我至今記得。他對人的誠懇與和藹，我至今也記得。我退休之後，曾有人問我對於赫爾與副國務卿威爾斯的評判，我說：「我們同威爾斯先生商談，他最痛快，最有決斷。他肯說：『這件事辦得到。』或說：『這是辦不到的。』我們退出來，可以直截了當報告我們的政府。但我們同赫爾先生商談，他只肯說：『我一定同國務院的同事們商量商量。』他從不輕易說『可』或『否』。從外交官的立場說，我應該喜歡威爾斯。從我的大學教授立場說，我佩服赫爾的小心謹愼。客觀的看來，赫爾先生是一個偉大的國務卿，正因爲他不輕易說可與否，而必須先請教國務院的專家。」

我現在讀赫爾先生自己的話：「做事求快的人有時會說我太多考慮，其意即是說我做事太慢。對於這個批評的明白答覆便是；羅斯福當政時期，我在處理公務上的錯誤，大部份是由於匆忙和欠缺考慮，而我生平的主張却是多加考慮，並且及時加以考慮。結果許多消息最靈通的人士都說，我的公務紀錄中並無重大錯誤。」這段自述使我回想到兒童時代讀的朱子小學裏那個「勤謹和緩」四字訣的故事，尤其是那個「緩」字的意味。擔負天下第一强國的外交政策，而能以「多加考慮」的態度行之，這正是赫爾先生的勤謹和緩，這正是他的偉大。

※　※　※

中國讀者讀這部回憶錄，當然特別注意第廿五章、第廿六章第廿七章。回憶錄裏，只有這三章記的是對日本的外交，又只限於一九四一年一月廿七日到十二月七日的事情。這未免太少了。這當然是因爲這些在紐約南京上海報紙上發表的回憶錄，不過是赫爾先生的長篇自傳裏摘出的一部分，我盼望他的自傳裏有更多的資料，可以使一般讀者明白赫爾先生在一九三三年繼史汀生 (Henry L. Stimson) 作國務卿，就繼承了史汀生先生的「不承認」主義，不承認日本在中國用暴力造成的局面。我盼望他的自傳裏有充分的資料，可以使我們了解美國政府在一九三三以後，曾經在很困難的境地裏，給中國種種可能的援助，給日本種種可能的打擊。

這種補充的材料是很需要的。不然，一般中國讀者就不懂得爲什麼日本要那樣仇恨美國，就不懂得爲什麼日本要襲擊珍珠港，毀滅美國海軍了。

我所謂「很困難的境地」，赫爾先生在回憶錄裏也略略說了幾點，第一是當時美國的孤立主義的氣燄高張。第二是一九三五年到一九四〇年的中立法案如何束縛白宮與國務院的外交權力。這些回憶錄摘本原是給美國人看的，故沒有詳細敍述那幾年的中立法案的內容。但我盼望中國讀者至少能細讀第十章「孤立主義與風作浪」，與第十五章「孤立派鼓動了希特勒」。這兩章裏描寫兩個孤立主義的領袖；一個是參議員奈伊 (Senator Nye)，一個是參議員波拉 (Senator Borah)。這兩章雖然簡略，很可以幫助我們了解美國在那個時代爲什麼完全沒有力量制裁侵略國家，也完全沒有法子幫助和平國家維持和平。

在第十章裏，赫爾先生說：

「奈伊委員會的調查給予孤立主義者一個跳板，引出了我們的第一個中立法。……這種中立法把行政機關束手縛脚，並且告訴任何未來的侵略國家如德義或日本，教他們儘可以對他們心目中的侵略目標去宣戰，我們將力求我們的人民不把軍火賣給被侵略國家。……(中立法)預先告訴世界，如果一旦發生戰爭，某些事是我們不會做的。這樣的中立法會阻礙我們運用力量防止戰爭。」

在第十五章裏，赫爾先生告訴我們，在歐洲大戰爆發之前一個多月，羅斯福與赫爾用了全力，還勸不動參議院裏的孤立派領袖，還沒有法子改動中立法一個字！

其實依我看來，美國的孤立主義與中立法確是鼓勵了一切侵略者。試看下列的對照表：

①一九三五年八月三十一日，第一個中立法頒布。
同年十月，墨索里尼開始他的阿比西尼亞的侵略戰。

②一九三七年五月一日，第二個修正而更嚴密的中立法頒布。
同年七月七日，日本開始大規模的華北戰爭；八月十三日，日本開始上海戰爭。

③一九三九年七月十八日，白宮討論修正中立法的會議無結果而散。
同年九月一日，希特勒的軍隊進攻波蘭；九月三日，英法對德宣戰。

這都不是偶然的巧合

在那樣嚴重的孤立主義與中立法的層層束縛之下，羅斯福赫爾的政府還能夠做到他們所曾做的；還能夠使一切侵略國家都仇恨他們，怕他們；這就是這些回憶錄要告訴我們的故事了。

一九四八、三、一夜。

附註：序裏關於赫爾先生的事蹟，主要參考書是 Harold B. Hinton 的赫爾傳記 ("Cordell Hull: a Biography." 1942. New York)。

致全體國大代表書

——關於修改憲法及總統連任問題

董時進

這是以國民一份子的資格，向全體國大代表們進一個忠告。

近聞國大代表們正在苦心研討，如何能不修改憲法而選蔣先生繼續任總統，並已大體決定，不修改總統連任的條文，而增加一臨時條欵，停止實施憲法上限制總統任期的一條，以爲那便是不修憲而又能延長總統任期。這一消息，既使人駭異，又使人好笑。憲法上明明規定了總統只能連任一次，你們把它改爲可以連任二次（或無限次），這還算是沒有修改，請問怎樣才算是修改？直接改條文是改，用臨時條欵來改也是改。譬如殺人，用槍或用刀，同是殺也，怎能說一個是殺，一個不是殺？何況臨時條欵，既稱臨時，只應儘早刪除，以便憲法好全部發生實效，乃現在不但不刪去，反而再增加，越更縮小憲法的效力或實施的範圍，這不僅是改憲，簡直是毀憲。今天既可以加一臨時條欵來停止甲條的實施，明天豈不可以再加一欵來停止乙條的實施。如此推演下去，非到全部憲法被束縛或割裂不會終止。

假使你們認爲中華民國的總統只有蔣先生一人才可以充當，非要他再幹下去不可（人們當然會連想到他百年之後怎樣辦），那末，倒不如堂堂正正地修改憲法，何必用掩耳盜鈴的笨拙手段。假使你們認爲憲法是爲應用於一般情況和久長時間的，不能因爲要適合任何一個人而開輕易修改的惡例，那末，就應該堅持不修改憲法，另選一人做總統，即使找不出同樣英明睿智的人選，也只好不得已而求其次了。孫中山是領導革命的，然而他死之後，北伐不是也成功了麼。

再一個辦法；假使你們認定憲法決不能修改，而又非蔣先生連任不可，那就只好繞一個圈子來達到目的。不拘選一個什麼人出來做總統，而選蔣先生做副總統，選出或就職之後，教總統立即辭職由副總統遞補。不過我要聲明，這種辦法只是解決法律上的困難而已。

各位代表們，在忙於總統選舉問題之外，可亦曾想到更重大的問題和責任否？中華民國只剩下指拇大一點兒，時間已經過了十多年，收復大陸的希望不但未接近，反而更遙遠。你們每六年開會一次，現在已經是第三個六年了。人生有幾多個六年？諸君，對於復國的根本問題作何打算？蔣先生在國大開幕時，曾經表示無面見先烈，語實沉痛。諸君身充國民代表，必須保存顏面，見國民。先烈已死，先烈只少數人，國民尚在，國民人多，如何有臉見國民，這倒是要緊的。

二月二十九日於美國加州倍克萊

一個要求．一條大道

——盼國民黨當局愼重考慮問題

王嵐僧

本月四日中央日報的社論，有如下的幾句話：

「但是我們仍須加倍警覺，臺海基地的對面是朱毛奸匪的戰爭威脅，側面又有所謂『海外中華』的政治鬪爭，卽在我們反攻復國基地之內，亦有一種陰謀顚覆工作在策劃之中，伺機而動，與這兩方面互爲策應，無時無事，不以破壞國民大會爲快意」。

中央日報這一篇社論裏這一段話，使我們讀了之後，不勝駭異。它所指出搞「海外中華」運動的一羣人，不言而喻，當然是指的「我們對毀憲策動者的警告」宣言上所簽名的人士；它所指出在反攻復國基地之內，亦有一種陰謀顚覆工作在策劃之中，以我推想，現在居住在臺灣的人，凡是不贊成修改憲法或臨時條欵，以及主張蔣總統繼續領導反俄反共的全局而不必一定居於總統地位的這一些人，都是它所指的陰謀顚覆工作的對象。這樣的任意汚蔑他人！這種大膽的假設，凡是現在身居臺灣任何一個不贊成修改憲法或臨時條欵的人，對中央日報社論裏這種歪曲的指陳，不能不予以駁正。它簡直認爲所謂搞「海外中華」的一羣人以及在臺灣內部陰謀顚覆的一些人，變成朱毛匪幫的兩支別動隊，是「伺機而動」，是「互爲策應」，這種黑白不分，任意給人加帽子，這給予降低國大代表總額修改臨時條欵，擁護蔣總統連任各方面是是非非的反應的意見中，它這種說法是沒有私毫好處的。而且，對於反共，對於團結，只有加深相互的誤會與憤怒，只有更刺激每一個愛國反共人士的感情，只有把朝野間對國是的意見拉得愈來愈遠。因此，像我這樣一個不願意多寫文章，也不願意多說話的人，也不能不向國民黨當局提供我基本的見解，表示我基本的態度，誠誠懇懇地請國民黨當局，予以愼重考慮。

我們國家不幸在八年抗戰之後，一切癱瘓的局面，尙未能完全復元，而赤俄處心積慮滅亡我國，乃策動朱毛匪僞，乘我們疲勞殘缺、喘息之餘，起而全面叛亂。我們當時也是百孔千瘡，無一是處，終于被迫不能不放棄整個大陸，撤退來臺。中華民族這一次的大悲劇，如果追究其責任的話，在朝黨所負的責任，應該是較多較大，也是在朝黨莫大的恥辱。但是我們毫無怨言，也未推諉責任，因爲我們知道這是世界史上一個大時代，是人類生存史上一次最大的洪流，是整個時代出了毛病，也是我們每一個知識份子，每一個黨派本身的不健全，所以我們來到臺灣之後，倒反而心平氣和，既不怨天，也不尤人，我們祇望總統蔣先生政躬康泰，堅强地領導海內外同胞，繼續反俄反共。我們又希望執政的國民黨，應該澈底改變在大陸時代的不良作風，從培養政治風氣開始，來改變社會風氣，收拾人心。而我們更有一個最基本的觀念，就是救國必須反共，反共必須民主，民主必須憲政，因此，在做法上，我們就要首先澈底實施憲政。就這一部憲法內容而言，雖然是遷就多方意見，不能滿足任何一方的理想，惟其如此，也才揉和各種片面的想法，而成爲全體人民共同調和的意見。我想今天在臺灣的全體國大代表，立監兩院全體委員，在朝在野各政黨，今天有一個共同的義務和責任；要把這一部憲法完整地帶回大陸，必須完璧歸趙，我們才對得起大陸上全體的同胞。憲法當然可以修改，但必須回到大陸後，才能根據全國人民的公意，來加以修改，因此，前年及去年十二月廿三日，蔣總統在光復大陸設計委員會的講話，先後一再强調：

「……而憲法則尤爲反攻復國的武器；所以我們必須尊重它，而且維護它，才能達到反共復國的目的。……」

「我們維護憲法的有力行動，實莫過於光復大陸；我們光復大陸的武器，亦莫過於尊重憲法」。

蔣總統當時所發表的這些話，博得海內外人士一致的讚揚，這可以證明，擁護這一部憲法，是海內外人民一致的公意，已用不着多所辯白。

當我們撤退來臺之初，我們也主張用我們的全力整軍經武，堅强我們的戰鬪精神，乘朱毛匪幫統治未穩的時候，而俄國又要積極向亞洲各地擴張，一旦世界風雲有變，我們也可以早日反攻大陸，拯救苦難中的同胞。但因原子科學昌盛以後，核子武器、人造衞星、太空火箭、先後發明，美蘇相互競賽，使戰爭型態發生重大的變革，也使我們對於光復大陸，不能不受世界形勢的影響，單獨直接用武力反攻大陸，可能的公算太少，我們的光復大陸問題，成爲世界反共問題的一部份；我們的反俄反共，與世界各民主國家的反俄反共已密切關連而不可分；我們反共的成與敗，和世界反共的成與敗，更息息相關；且世界的反共，必須有我們堅强的存在；才容易對付朱毛匪幫。我們萬萬不能失敗，我們失敗了，世界反共前途，必將近一步陷入艱苦可悲之境。因此，我們對於如何光復大陸的設計，以及如何適應世界潮流的趨勢，並準備世局繼續冷戰過程中，對我萬一有不利事件的產生，我們陷入更孤苦的境遇，則我們如何表現我們海內外堅强團結，奮鬪圖存的精神，這才是我們當前的急務。我相信在朝黨的多數人，海外的反共者，以及在臺灣國民黨以外我們若干篤信民主自由的朋友們，對於這一些簡單的分析和見解，是不會有多大的差別的。我們面對現實，我們熟慮深思，爲我們反俄反共，光復大陸，作長計久安的考慮和打算，我認為只有澈底實施憲政，擴張民主自由制度，才是對症的知良藥。對這一個信念，必須誠誠懇懇，坦坦白白。在朝黨須要有這種瞭解，也須要有這種度量，在野的人更要確守這種分際，應該講的話不必含默，更不怕得罪任何人。民主、自由、憲政，既是反攻反共惟一的有力的武器，問良心、問責任，我們為什麼要放棄這一個有力的武器呢？整個大陸的放棄，平情而論，知識份子也不能辭其咎。今日國事艱難，固尤甚於大陸時代，但知識份子，只圖苟合當局的意旨，放棄應守的立場與應該表示的態度，這才眞是哀莫大焉。因此，我祇有一個要求，就是厲行民主、自由、憲政，才可以反共，也才可以救國，我向在朝黨要求者在此，向海內外在野人士要求者也在此。

總統蔣先生領導國民革命、完成北伐、統一全國；統率全國軍民，從事八年對日抗戰，獲得最後勝利，躋國家於世界五强之林；更由於他的堅定與號召，才制定了這一部憲法；他老先生的豐功偉績，歷史上劃時代的人物，也很少能與比擬，凡是愛國而稍有良知的人，誰還不敬他愛他呢？我們看他於雙十二事變後，安全回返南京，當時全國軍民，欣喜若狂，處處鞭炮，家家歡娛。第一屆國民大會第一二兩次會議，他被推選為總統，可謂羣情悅服，一致擁護。我想，假定憲法第四十七條，沒有連選得連任一次的限制的話，則他這一次連任第三屆總統，仍然是衆望所歸，絕無異言，他如謙退，必然羣情惶惑，敦請連任。無奈憲法第四十七條對總統任期有硬性的規定，所以蔣先生先後兩次在光復大陸設計委員會發言不贊成修改憲法的主張，我當時也以為蔣先生不致再考慮連任總統，雖然社會上傳言龐雜，議論紛紛，但我還是根據我自己的推斷，認為連任之說，未必可靠。我認定憲法既有硬性規定，而蔣總統又一再聲明，不願修憲，故我當時對於反對連任之說，視同無的放矢，甚無必要。而且，我認為這是國家一件大事，蔣總統及國民黨若干主要負責人不會不早為周詳的考慮，並有以安排。我更有一個老實的想法，蔣總統如果不願意連任，也不必幹什麼行政院長或副總統之類的事，以他的威望而又是執政黨的總裁，足可領導全局，做世界第一流的大政治家。蔣總統如果為對歷史負責，而不計一時的毀譽，必須繼續連任總統的話，則採取何種方式，也必須較早的決定，一方面使國民黨籍國大代表先生服從黨的領導，意見一致。另一方面，也得與海內外在野人士交換意見，反復說明，博取同情。青民兩黨及無黨派國大代表人數雖然僅約十分之一，但共同制憲，共同行憲，已歷十有四年，且今日反俄反共，風雨同舟，利害一致，對於國家如此之大事，斷斷乎不可各行其是，自陷於分歧與對立。我認為這些都是純常識的考慮，沒有什麼高深的理論，及至風傳由大法官解釋國大代表的總額，再由於總額降低可以修改臨時條欵，根據這一個臨時條欵，選舉蔣先生繼續進任，我至此才大吃一驚！有兩夜輾轉反側，不能入眠。理由非常簡單：一、國大代表總額低至如此，則今後修憲已無問題，國民黨代表人多，可以為所欲為，我們所以能和國民黨長期合作者，這一部憲法維繫的關係甚大，今後隨時可以修憲，我們和國民黨合作的關係，如何維持下去？二、海內外持反對的意見，必然不乏其人，而事前等於不加理會，我行我素，這如何能免除紛擾？三、在野黨本身步調已不易一致，如再發生擁護者有人，反對者也有人，在野黨最後如何了局？四、同是社會名流，有反對，有贊成，而且當帽子亂飛的時代，你罵我勸進派，我就罵你匪幫同路人；你以革命精神，强制執行；我就以不合作的態度，繼續反對；這些都是顯而易見的後果，說實在話，我是一個非常樂觀而且也很達觀的人，但是我確實寢食不安，至今無以自解。

今天第一屆國民大會第三次會議正在緊鑼密鼓的進行之中，本文和讀者見面的時候，國民黨總統副總統候選人或已提出，投票的結果，當不出國民黨當局所預期，有人還希望國民黨當局作最後的考慮，看來，大局已定，不會再有出人意外的結果，因此，再對修改臨時條欵及連任的問題，有所辭費，未免多餘。不過，我要鄭重指出，這一個時代是歷史上最黑暗也最艱難的時代，我們這一時代的人所負的責任最重，所受的痛苦也最多。我們可以創造更新的時代，也可以為時代所埋葬，個人的得失，一黨一派的榮枯，已單單不足道，目前這一個紛擾影響十分嚴重，其是非功道只有讓歷史去證明。就是對我們對毀憲策動者的警告的簽名人士中，我雖所識不多，但就我所知的若干位朋友，其愛國反共的熱情與抱負，也絕不在我們之下，所謂「海外中華」之說，實是莫須有中的莫須有，他們從無此企圖。這種隨便臆測是不應該的。但是，中國人的反共力量，斷斷乎不可以分裂成兩半，因為今天我們祇有一條反共的道路，分道揚鑣，就是自取滅亡，我想海外反共的有識之士，也一定有所同感。然而意見的分歧，何以構通？感情的憤激，何以平服？風雨同舟的信心，何以重建？這須要國民黨當局，重作愼重的考慮。我總以為執政黨當局應該有一個起碼的信心，今天名與位，絕不足以服人，但必須讓在野者多盡言責，良藥苦口，千古皆然，只有廣開言路，容人有批評的自由，不要以為順我者皆是忠貞，不順我者皆是壞蛋。至於團結之道，尤須執政黨先有信心，示人以誠，如一聞反對之言，不誣為策應匪共，便指為陰謀顛覆，試問，世界上有那一個民主國家對於共同奮鬥的在野人士，隨意如此侮辱？我確信：愛國必須反共，反共必須民主，民主必須憲政，這是我們惟一要求執政黨能予同意的。我也確信，主張愛國民主的中國人，也祇有反共的一條大道。（三月九日）

揭穿國民黨所謂安全措施下的選舉舞弊

李福春
李賜卿

臺灣省第二屆省議會議員及第四屆各縣市長選舉，將於四月廿四日由全省選民在各縣市分別改選。但爲何全省有意問鼎於縣市長或省議員的非執政黨人士，到目前大多數仍然如此臨深履薄躊躇不前呢？理由很簡單，因鑒於第三屆全省縣市長及省議員選擧中，會轟動一時招到海內外震驚的所謂「安全措施」的陰魂到現在尙濃濃厚厚的籠罩在它們心中；使世界上無一個傻瓜願孤注一擲於預知必輸的賭局，所以對於選擧是不會有人願意已由對方「安全措施」而註定必敗之下參加競選的。因此所謂「安全措施」所含的實在內容如何？全省各縣市雖不乏其例，但爲容易明瞭起見，我們先從政府發表的有關第三屆臺北市長及省議員各候選人所得選票統計表中蛛絲馬跡找出一些端倪！

該表內容如下：

市長部份

黃　啓　瑞	（國民黨、臺籍）	一七六、二三八票
高　玉　樹	（無黨籍、臺籍）	一二一、五〇八票
林　清　安	（無黨籍、臺籍）	一一、五五九票
廢　　　票		八、三六三票

省議員部份

郭　國　基	（無黨籍、臺籍）	七〇、九二四票
陳　天　來	（無黨籍、臺籍）	一四、八九七票
林　春　土	（無黨籍、臺籍）	一二、三五五票
李連麗卿	（無黨籍、臺籍）	八、四五七票
陳　和　錦	（無黨籍、臺籍）	一三、二五五票
蔡　奇　泉	（民社黨、臺籍）	一一、九五八票
以上無黨無派籍省議員總計		一二一、八四六票
李　良　榮	（國民黨、福建）	七五、九五四票
胡　克　柔	（國民黨、湖南）	二一、〇八四票
陳　大　拔	（國民黨、江蘇）	三二、二〇〇票
莊　琮　耀	（國民黨、臺籍）	三、五六〇票
李　丙　心	（國民黨、臺籍）	一六、一八九票
陳　茂　榜	（國民黨、臺籍）	二五、〇七一票
以上國民黨籍省議員總計		一七四、〇八五票
廢　　票		一一、三四六票

（廢票中無黨籍候選人的票至少佔九成半）

閱覽此表，妙就妙在無黨派的郭國基、陳天來、林春土、李連麗卿、陳和錦、蔡奇泉等五位省議員候選人的所得票數統計(一二一、八四六票)和國民黨幾位省議員候選人所得票數總計（一七四、〇五八票）剛剛和無黨無派的市長候選人高玉樹所得票數（一二一、五〇八票）及國民黨籍市長候選人黃啓瑞所得票數（一七六、二三八票）差不多相符！好像人民的政黨政治意識已達到爐火純青，凡投給國民黨籍省議員候選人一票的選民，就不會投給無黨無派籍市長候選人的票，而投給無黨無派省議員候選人一票的選民，也不會投給國民黨籍市長候選人的票！這是多麼巧合的奇蹟呀！假如此間沒有不少選民將省議員票投於國民黨籍而市長票即投給無黨無派籍或相反的話，何以黃啓瑞的市長票僅多於國民黨籍省議員票的總計只有二千餘票，而高玉樹的市長票僅少於無黨無派籍省議員票的總計只有二百餘票呢？又如假定投給國民黨籍省議員候選人票中有同時投給無黨籍市長票三萬票，那麼、投給無黨無派省議員票中，亦必有最低三萬票最高不超出三萬一千票投給國民黨籍的市長票，兩者之間所參差票數的票差必在一千票左右，始符合選務所發表的數字，這是多麼微妙的安排呀！除非對選票有一番費盡心機的特別加工外，似乎不會有 如此偶然巧合的可能，手法的粗魯，可謂幼稚之至。根據選民心理以及參考當時國民黨對黨內宣傳文件至黨團小組會議等的議決，強力督促內地籍選民儘量投給內地籍候選人，並且千方百計的爲該黨內地籍省議員力爭臺籍選民的選票的事實，我們可以判斷，內地籍選民差不多投給內地籍候選人，而臺籍候選人所得票源係多數來自臺籍選民的！此間如有若干之出入，是可以相抵計算的。

按臺北市政府發表，四十四年度臺北市臺省籍與他省籍人口之比，爲六二%對三八%；又四十五年十二月底臺北市人口總數，爲七四〇、五二七人，但至四十六年四月二十日，忽增至七四三、六七九人。其中選民人數，四十五年爲三六六、〇七五人，內臺省籍選民爲二一四、一〇六人，他省籍選民爲一五一、九六九人，至四十六年選民人數，則增至三七六、八七〇人。

再從四十五年底臺北市民政局長報告市長臺北市選舉有權者人口表文件（如附表）爲三五六、九三四人的數字研究，自四十五年底至四十六年四月，僅僅四個月之間，選擧有權者人數，忽然暴增至將近二萬人。（卽376.870－356.934＝19.936人，且新遷市民，非滿六個月，絕對無享受選擧權之可能。）

此種暴增人數將近二萬人之選擧有權者數字，卽係所謂「安全措施」的「幽靈人口」之數字也。

（附表）臺北市民政局長報告四十五年底臺北市選擧有權者人口數字。

其次，以省議員票數也可證明，政府所發表的市長選票中有不少弊病。我們從選票的性質上，可斷定投給郭國基、陳天來、蔡奇泉、李連麗卿、陳和錦、林春土的票，百分之百投給高玉樹，當然此項票數中，有部份票是會投給黃啓瑞的，因投給內地籍省議員票中亦難免有高玉樹的票，（如完全由省控制的軍眷區，兵工廠亦發見高玉樹的票）所以我們採用互相抵消的計算法是合乎情理的，此項票數計一二一、八四六票。而再加李丙心、陳茂榜、莊琮耀等總計四四、八二〇票的七成及廢票一一、三四六票中的九成半計一〇、七七八票，則高玉樹所得票數可能達一六三、九九八票之多。概上述統計中，將陳、莊、李的得票認定七成可能投高玉樹是有根據的，因爲第二屆市長及省議員候選人的得票明細表（臺北市府發表）可給我們佐證的：

市長部份

高玉樹	（無黨、臺籍）	一一〇、四一五票
王民寧	（國、臺籍）	九七、六一三票

省議員部份

陳逢源	（國、臺籍）	四三、九五〇票
周百鍊	（國、臺籍）	五四、〇九三票
陳和錦	（無、臺籍）	三七、七三五票
劉戈青	（國、內籍）	三七、三一一票
林王少華	（國、內籍）	一一、四〇五票
浦陸佩玉	（國、內籍）	九、三六一票
胡克柔	（國、內籍）	四、六八六票
劉呂潤璧	（國、內籍）	四、四六〇票
吳梅雲	（國、內籍）	三、一一〇票

對於上表，我們可與檢討第三屆選擧同樣看法加以分析。該時國民黨內地籍省議員候選人如劉戈青、林王少華、浦陸佩玉、胡克柔、劉呂潤璧、吳梅雲等合計有七〇、三三三票，此項票數全部可歸王民寧，而尚差總數的二七、二八〇票，即從國民黨臺籍候選人的周百鍊、陳逢源所獲的合計九八、〇四三票中得來的。據此數字可證明臺籍的陳、周二位的得票中，只有三成投給國民黨籍市長候選人王民寧。換句話說，投給無黨籍市長候選人竟達七成之高。**此即**我們估計於第三屆投給陳茂榜、李丙心、莊琮耀的選票中約有七成同時投給高玉樹的根據。再以黃啓瑞立場計算，李良榮、陳大拔、胡克柔所得選票總計，一二九、二三八票（以百份比計算），加以陳茂榜、李丙心、莊琮耀所得選票的三成一萬三千四百四十六票及百份之五的廢票（廢票與無效票不同）五六八票，總計有一四三、二五三票，高黃之間相差約有二萬餘票。如將投給李丙心、莊琮耀、陳茂榜的總票數，以保守的計算六成爲高玉樹得票，即於總計比較，黃啓瑞的得票還不及高玉樹，如降到五成計算，黃、高之間，始告平手。

陳、李、莊得票中分給

黃啓瑞	三〇%一四三、二五二票	四〇%一四七、七三四票
	五〇%一五二、二一六票	
高玉樹	七〇%一六三、九九八票	六〇%一五九、五一六票
	五〇%一五五、〇三四票	

據上表，二人所得票數高玉樹不但勝於黃啓瑞，以保守計算，雙方可在伯仲之間了。絕不會如臺北市選擧事務所發表高比黃少到五萬餘票之鉅。據以上的分析，我們很自然的有下列幾點疑問；據上述計算高玉樹可把握到約十五萬票至十六萬餘票，和政府發表數目約有三萬餘票之差，那麼此洋洋大觀的三萬多票，究竟存身何處呢？對以上的疑問，我們却可從以下的事後傳說找出一點答案。據說國民黨事先準備二萬五千票的埋伏票，而認爲萬無一失，不料一開票（國民黨先從高玉樹有基本票地區的市長投票箱先開，則將省議員投票箱後開，但於比較無把握的內地籍選民居住地區則相反，以防萬一）到當天下午八時左右，初步根據廣播電臺播送已超過十三萬票。因此國民黨突然停止開票，也不發表經過，而於計算器非常發達的今日竟「寃費」了二天的工夫，才正式發表高玉樹的得票係十二萬一千票，爲此我們可斷定高玉樹有三萬多在故意未發表二天之間變質了，票跑到黃啓瑞那裏去了。這也就是所謂「安全措施」的妙法了。那麼，所謂「安全措施」的究竟眞相如何，其廬山眞面目却非局外人所能獲悉的。我們爲了窮究原委起見，特綜合全省非國民黨籍候選人的親歷其境及所飽受的折磨略列於後，有痛定思痛之機會。

㈠代蓋指模！冒領選票：即在投票過程中，找到選民投票斷續的隙縫，由投票所某些人員在選擧人名冊上，代捺指印冒領大批選票，圈投黨方人物，幫助其非法當選，例如高雄縣第一四〇投票所選擧人名冊例有一、〇六三人，開票結果，投票縣長者達一、〇六一票，投票省議員者計一、〇六〇票，但是當天下午四時許有二百餘選民持身份證到投票所已經無票可領，後雖經司法行政部調查局的公正鑑定證實有非法冒領行爲，但臺南高等法院却於判決書中謂「只是一投票所之舞弊，與整個選擧無關」爲理由，拒絕全部改選，但我們認定此類情形絕不僅如此，高雄縣第一四〇投票所，不過是冰山之一角。

㈡藉指導爲名强制投票：即於各投票所的選務人員或監察人員對文盲者不管其本人意旨，當場用種種矇蔽手段，使其蓋在國民黨候選人表格上，例如臺北市建成區華陰街觀音媽廟投票所，於投票日上午有一婦人在市長選票上圈蓋高玉樹，傍邊一個監票員突把選票搶過來，擅自再加圈蓋黃啓瑞，該婦人不肯干休，發生糾紛，引起投票所外之不滿，數百選民包圍投票所，那位監票員見勢不妙，從後門溜走(聯合報)。

㈢兌票(換票)：即於開票中知悉國民黨籍候選人得票不多，似有落選預測，就忽然停電，或移動票箱，以偷天換日之方法，將預先準備已圈選國民黨籍候選人的額外票，兌換正式的非黨籍候選人選票，此手法之辣可見一般。例如參加北市省議員選擧陳天來區長謂：投票後第二天，有人交他四百零四張的選票，選票從何而來，不得而知，後來交到市黨部才解決，結果不了了之。此事可證國民黨爲何要費掉二天的工夫，始能發表各候選人得票數目的弊病。

㈣埋伏票：即於國民黨比較容易控制區域的投票所(內地籍選民居住地區或軍眷區)，將已圈選國民黨候選人的額外選票於投票開始前，或投票後放入投票箱，塡滿可能不參加投票的選票，因要顧及投票所的環境至勿使投票率超出百%的理由。此項票數在臺北市概難超過二萬五千票(據確悉，上屆國民黨先埋伏約二五、〇〇〇票，投票率幾達八十一%之高，理由在此)。

㈤代領投票：即在套好暗號或標示，使投票所辦事人員識別投票人係一丘之貉，任其出入代理因事不參加投票的選民投票。此事國民黨能控制的軍眷區最多，如桃園縣黃玉嬌議員所說：有帶一大疊國民身份證去投票，到下午四時沒有身份證的人，是十個一組一組的進投票所投票，有一個人連蓋四十二張選票出來時，還說他已蓋得手指發痛。如此混水摸魚，値得時人稱爲「人海戰術」。

㈥故意製造廢票：即明係非執政黨候選人之票，惟因選民圈印過重，有些走樣，即判定廢票，如臺北市長選票有八千餘廢票，差不多全部是高玉樹的選票。

㈦故唱錯票：明係非執政黨人的選票，而於開票時「張冠李戴」故意唱爲國民黨候選人姓名，如下屆國民黨於臺北市提名競選省議員有一位名叫郭岐，如果郭國基再出馬，於唱票時，可能將郭國基唱郭岐，在場選民如有提出抗議，站崗於投票所的警察，即以擾亂選擧加以取締。

㈧監視投票及威脅投票：即如對黨員怕他違紀圈選黨外人士，在投票所外經常有若干人配合投票所內的人員以有形與無形方法加以暗示及監視，如查出投黨外候選人的可能，則待其投票後當面指責甚至毆打，而對教育程度較低的臺籍選民則用種種方式使其發生恐怖心理，如蓋選黨外候選人卽搶票過來，再蓋國民黨候選人，製造廢票。

㈨用薄道林紙做選票：於第一屆第二屆臺北市長選擧的選票紙質是用厚大的紙印製的，而且票型是折開的，但到第三屆選擧所用選票紙質型突然改以小型的薄道林紙印製，其用意不外爲監視及統計而且方便兌票之預謀。記得第三屆選擧每投票所的投票箱邊，一定有人站住於投票人身後，此人雖美其名曰「指導選員」，但其實在任務却監視及統計，選票因選票紙型薄而小甚便將大批「額外票」隱藏於身上並施「兌票」魔術，而選民於圈蓋印色會透過紙背亦便於覬覦，可按每半小時一次將選情向其上峯報告，以資及時確立對策補救選局的不利。但國民黨人却對外宣傳派人監視投票箱，係對付高玉樹助選員可能以香煙火投於投票箱的預防策！强詞奪理不値一笑。

以上只將有關選票方面的安全措施不含半點渲染或誇張列擧例證外，又如第一、二屆投票所辦理人員是全部由市政府、區公所、國民學校教員組成的，未知此批人員是否可靠，到第三屆除少數黨性特別堅强的人員外，此批人員一概不用，另調一羣身份不明，來處未詳的人員擔任投票所各項事務，此批人清一色係爲國民黨黨員，曾受「必勝選擧」的洗禮。不但具有偷天換日本領，且有守口如瓶的技能。此項傑作係「安全措施」的另一花樣，如欲談到選擧前後的國民黨對付選擧辦法，眞的應有儘有，粗柔兼施，不惜任何代價，顧爲「安全措施」而犧牲一切，其手法之妙，範圍之大，實驚世奇聞。

因此，我們難怪民、青兩黨屢次與國民黨洽商，甚至攤牌要求選務應允民、青兩黨參加，並於每一投票所任民、青兩黨及無黨派公正人士參加監視，而要求共同管理選務，實爲政黨應有的態度。我們並不須列擧英美法等歐美先進國家辦理的選擧情形，僅據非律賓即可借鑑。菲律賓的選擧，一切的選務及監視，完全由執政黨派出的二人與非執政黨公正人士派出的各一人計四人小組負責指揮監督，從檢名冊、發選票、算票、唱票、檢票、到封票等一切，於此四人小組面前及當衆目睽睽之下很公正的推行。但爲何我們執政的國民黨一貫不肯接受呢？令人不無「非存心作弊、何需如此」之感。平心而論，國民黨的拒絕，小則使人民失去對選擧的信心和觀念，大則會對執政黨及政府發生麻木和反感。因此國民黨再執迷不悟，專對友黨斤斤計較，不想爲反共復國而努力，終必自誤誤人，甚至誤民誤國。今天是反共復國爲大前提，民、青兩黨以及無黨無派的候選人，都是中華民國新生命中的骨幹，應重視它的熱情和誠意，爲了區區幾位國民黨籍候選人的勝利，執政的國民黨不惜犧牲幾十年來的黨譽，透過執政便宜，搞出營私舞弊的「安全措施」而盡失民心，實爲愛惜國民黨的人所婉惜的。黨籍及無黨籍的候選人皆是中華民國國民，不應薄彼厚此。事實上選擧勝敗無須計較，民心歸向才有關國家百年大計。際此全省縣市長及省議員改選日期近於眉睫，國民黨應放下「安全措施」念頭，致意實事求是。學海外民主先進諸國，不接受野黨及公正人士參加監選，黨之信譽，人心之收攬，易如反掌。當然不但不需用慘酷手段，奪取選票，更不須演出遺臭萬年的所謂「安全措施」了。

（編者按：本文筆者李福春、李賜卿，均爲臺北市議員，在北市議壇素有敢言之稱。）

爭取臺灣地方選舉的重點

楊基振

近年許多朋友或是口頭的或是書面的督促我：今年選舉年，希望有點意見發表。誠然，我自民國四十六年臺灣省第三屆縣市長暨省議員選舉以後，曾從經驗中得到些知識，又從現實的事例中求得了證據；解答了我多年來對臺灣省地方自治所保留的問題，又使我重新考慮我所相信過的事物和懷抱過的希望。逮至今茲，我深深覺得爲選舉而再談選舉，實在怕犯頭痛醫頭和隔靴搔癢的錯誤。臺灣省地方自治，明明是國民黨風格和其現階段政策所塑造成就的政治定型，而歷屆選舉的現象，又不過政治整體上一個側面的外映而已。滿腸衷曲，從何說起？況以譾陋，何補時艱！

所幸臺灣人民自光復以來，獲得了自由和民權，而增長了智慧。在所謂地方自治的經驗中，凡曾投過神聖一票的人，對選舉却有了良知的辨認。尤其在近三年來所能聽到的民意，無論是出於何黨何派或無黨無派的人，又無論是否已見之於文字刊播，大都和現實存在的一股反民主的惡勢力相抗衡。多數人的意思，就是力量，對於本屆地方選舉，我借此機會扼要介紹幾句話。

臺灣人民在覺悟清醒之中，眼看著一股反民主的勢力，遞年增長，至於今茲而登峯造極。在選舉前，選舉中，選舉後，無時無地不在張牙舞爪，控制一切，使用如極權國家的手法，決不是眼前赤手空拳的在野黨和無黨無派候選人所能稍容喘息的。選民同樣沒有例外，明知選舉之能否公平，與政治之是否民主，兩者永遠是平行不離的，單在選舉方面呼號、奮鬪，已經經驗過不少次的慘敗。但是選舉終久是樹立民主政治之基礎，放鬆了選舉而爭取民主，決沒有其他取巧的途徑可循。懾服於歷屆選舉的威脅而對勢力投降，麻醉於反動勢力的反宣傳，以爲選舉法令的修改是爲公平選舉，而鬆懈了每一個人的警覺，都無異乎我們自己在臺灣民主政治的戰線上爲懦弱而可恥的退却！我們將放縱專制，把我們的子子孫孫都埋葬下去！所以下決心，爭取民主，仍須從選舉下手。

處於臺灣現階段的情況下，希望這第四屆縣市長暨省議員選舉要比前幾屆爆出絲毫公平的奇蹟，是極幼稚的想法。執政黨在臺灣專政，十年來徹底黨化一切，對地方選舉發動政、軍、警、教、學、司法、公營事業、自治人員等等，用一切公私人力物力財力控制選票。在本屆如執政黨要故技重展，或變本加厲，依舊可以爲其所欲爲。

自由中國是民主國家，名義上是在實施民主政治，但實質上就臺灣的現狀分析，到底有幾分民主成分？構成現代民主政治的兩大間架，從基本原則講，橫的方面爲權力的制衡，縱的方面爲權力的交替。這是最起碼的政治常識，上期「自由中國」社論中亦曾特別提示。現在臺灣呢？橫的方面，行政、立法、司法、考試、監察五個政治權力的分立制衡作用，罔說在形式上曾否表現過其民主政治之理想，實際自國民黨改造以來，在黨團控制之下成熟了她一元的決策，則五權根本喪失了制衡的性能，也就無從發揮其制衡的作用。這從監察院彈刻俞內閣，立法院看不見國家總收入和軍費支出數字的全貌，檢察處奉命不上訴，直到緊急命令等，都是實例，不必多敘，這說明民主成分已經喪失百分之五十！再看我們自由中國的政治權力，縱的交替如何？代表民意的中央機構，立法委員、監察委員、國民代表十幾年來因不改選，而變成民意之象徵，根本上是癱瘓的。與論所唾棄的出版法，竟能通過修改，人民所需求的省縣自治通則，則故意延不付議等等，早已脫離民意，權力的腐化，已成顯然的事實。在國民黨傳統的一黨專政之下，事至今日，更可以爲所欲爲，還談什麼政權交替。所以依臺灣政治現狀而言，如果假定中央與地方權力分量是三比二，那麼民主成分又喪失百分之三十。所剩地方自治在民主政治中的重量，只得百分之二十。再向下檢討到地方自治，縣市長民選而省長不民選，省、縣議會並未賦予憲法所規定的權限，縣市府主任秘書及各單位主管要省府派下來，或經國民黨縣市黨部通過才能保薦，鄉鎮公所各主管，村辦公處幹事人選，都得國民黨地方黨部推薦，或先經黨部政治小組通過等等。由此看來，地方自治在民主政治中又要大打折扣。從寬計量，只剩下百分之十。這是說地方選舉能夠做到十分公平，那估值等於百分之十的一張民主招牌才能實收啊！我們是民主國家，而生存在十分之一的民主政治之下，還不該萬分珍惜嗎？

臺灣已歷經三次的地方選舉，在每次選舉中，政府及執政黨所表演過的，確實使人民大失所望。現在對選舉過程中的其他問題，暫不必說，只要實行公平選舉，起碼的條件是在投票開票的場所，必須有參加競選的各黨各派和提名候選的無黨無派人士所推薦的監察員共同在場監察，方足以互相箝制，共同取信，方得公平。就在投票那一天，對那一切預先布署的和機動措施的演出，我們要儘量揭發，當場阻止。這非普遍參加每一縣市幾百個投票所的實際監察工作，是無法辦到的。這是公平選舉最起碼的必要條件。再具體言之，亦就是從第三屆選舉至今所一貫主張而還沒有爭到的，每一投票所須有在野黨及無黨無派候選人推薦監察人員至少二人，屆時蒞場協同執行監察任務。明知執政黨對各投票所的監察權必須完全把持，不肯絲毫放鬆或分割的，但是我們仍須繼續民國四十五、六年之努力而加緊爭取，而且堅持爲在野黨及無黨無派人士提名參加競選的先決條件。我們必須讓投票所開票所舞不出弊，我們必須使「安全措施」不發生效果，這是我們對選擧最起碼的要求。若不然，選擧無法保持公平，不公平的選擧，徒然是盜竊民意，不如不選擧。假民主不如不實行。何況臺灣只是點綴著十分之一的民主政治呢！

在野黨和無黨無派候選人希望眞正民意能夠確確實實在選票上表現出來，而不被惡勢力所簒奪。每個選民亦希望他所投的神聖一票，不會在開票時被惡勢力所調包。所以，這些候選人和純良選民的要求是一致的。今天我們要求推薦監察員，更需要選民集中力量，一致聲援。爲什麼？執政黨的地方政權是建築在「安全措施」的基礎上的。若說地方政權是從選擧中建立起來，毋寧再說是從歷屆選擧的魔術中盜竊而來。魔術最怕被人拆穿，盜竊最忌被人揭破，所以執政黨對監察員的推薦問題，從虛諾、施延、搪塞、藉口、以至圖窮匕見的食言拒絕。愈是怕公開，愈是把得緊，我們就愈要爭取。本屆選擧所爭取的重點，就是在此。

我們當初主張由各黨各派和無黨無派候選人分別推薦監察員的理由是，政治既經標榜民主，執政黨如有誠意開放政治轉向民主，則應當使各黨各派和無黨無派候選人有競選均等的機會。自選擧事務所以至各投票所所有一切大小執事人員，連同監察人員在內，一律從執政黨卵翼下的所謂民衆團體和御用的政府機關、法院、學校等人員中選拔而來，對監察員則冠其名稱曰「公正人士」，實質上是國民黨所稱「黨性特强」的分子，當然都成爲現場協同舞弊和保障「安全措施」的選手！監察人員名爲選擧事務所聘請，實際爲執政黨的專賣品。這不顯然是執政黨存心預爲舞弊的安排嗎？否則，執政黨正好借此爭執機會，順情公開，昭信國人，何致當初舌疲唇焦，事後遷延數年，而終久是固執到底呢？

更有需要辨別的，究竟「公正人士」作何解釋？誰能稱爲公正人士而合乎監察員的標準？誰非公正人士而不合乎監察員的標準？這完全是立場的問題，而不是品學修養人格標準的問題。全縣市分爲兩派在鬪爭時，是否有眞正「公正人士」？公正人士是否與選擧有對立的觀念？所謂「公正人士」在黨的紀律和利害關係之下，又將公正到那一方向去呢？這是最簡單明瞭的道理，而爲人人所能辨識的。執政黨和一黨專政下的政府，還能硬說謊話欺人嗎？說平俗一點，雙方球賽而由單方面推派「公正人士」做裁判，對造提出異議而公然拒絕，這樣的球賽誰能參加？參加了能得公平的結果嗎？這個道理竟然固執於臺灣歷屆地方選擧，是不是滑天下之大稽，而爲民主政治之諷刺和民族德性之侮辱！凡我臺灣的每一個公民，焉得不爭？

話說至此，且看執政黨對在野黨和無黨無派人士要求推薦各投票所監察人的故事，是如何無賴過去的。除「自由中國」半月刊第十六卷第十期所載蔣勻田先生「緊握收拾人心的機會」文內所叙從虛諾到食言的全般經過，並指出各關係人物姓名及其不守人言之證據，至今無人敢出頭辯白否認，已爲人所共知者，不再重複外，就我個人經驗到的是：四十六年三月十一日爲第三屆選擧而由民社黨青年黨和無黨無派的省議員及縣市長候選人在臺中市醉月樓擧行候選人聯合座談會，目覩情況危急，當場決議建議五點，推代表三人（臺中市長候選人何春木彰化縣長候選人石錫勳和臺中縣長候選人的我）向省府提出懇切之聲請，案由是「提供政府當局修改選擧法規意見，冀達選擧公平案」，其中包括要求推派各投票所監察人。經當晚正式備函發出，十餘日中，始終不得要領，直到投票過後，我回到臺北，方接省府嚴主席四十六年四月二十一日(肆陸)留民二字第二〇七號通知，略以「……由縣市監察小組聘請各該縣市內民意機關及公正人士擔任之……均係依法令辦理選擧實際事務，自不宜以黨派身分爲聘任之依據……」等語，一套言不由衷的官腔，在時間上已無商洽之餘地。由此證明，蔣勻田先生痛斥的以踢皮球手段掩護「安全措施」更加眞實，而政府玩弄人民的手法，就在推薦監察員這一點，已經是原形畢露了。選擧法令經過修改，總該不限於「時間的考慮了吧！」現在如何？執政黨和政府的居心如何？大家心裏都雪亮了。

還有可笑的，新改選擧法令中增加了一種所謂觀察員，觀察員人數限制每縣市不超過二十人，但是要觀察全縣市幾百個投票所，可能嗎？足見完全爲走馬看花的妝飾品！何況觀察員受選擧事務所的節制，行動既受限制，職權亦甚模糊，爲什麼？不幸選擧事務所所表現過的，正是玩弄魔術的司令臺，投票所玩弄了魔術，監察員一面倒還嫌不夠保障，因爲安全措施畢竟是被擧證揭發，弄到盡人皆知，司法配合行政亦難爲掩護，爲彌補以往的遺憾，今後祇可利用走馬看花的觀察員之並未發覺，而作安全措施的護符！誰能擔保其原始用意不是爲此？

每一個憂國愛鄉的同胞，眼看著國際的風雲，最近如何急劇的變化！眼看著臺灣的國際地位和政治反攻的圖景，又作如何估量？念茲在茲，欺騙自己嗎？硬是自甘墮落嗎？今年選擧年，是不是再要演出一番喪盡國體的把戲，爲親者痛，爲仇者快呢？第三屆總統選擧的大事，好像託付在一千多位代表手裏了，內外紛紜，不知胡底，區區何容置喙？人窮思本，尤貴自量，我十數年前雄峙東亞的戰勝强國，至今國土只剩了臺灣，能夠珍惜臺灣一省的地方自治，能夠珍惜這十分之一的民主政治，畢竟是保全了政治反攻的全套資本。假使政府不要人心，我們人民到那裏去呢？悠悠昊天，我今天謹對臺灣省第四屆省議員暨縣市長選擧，簡單說出心頭上感到萬萬沉痛的幾句話，願與國人共勉之！

一九六〇、二、九。

異哉！所謂國大代表總額問題！

龍在天

第一屆國民大會代表第三次集會前，政府方面對於代表總額問題忽然發生了困擾，各方對此亦頗多不同的說法，其實「總額」就是指「國大代表總名額，而此項總名額，爲現行法律所規定者」，與實際上存在的代表人數不能混爲一談，此實爲一常識問題，而不能成爲法律疑義。因爲國大代表來自中華民國各地區（縣市區域代表、邊疆代表），海外（華僑代表），各職業團體（農、工、商、自由職業代表），各民衆團體（婦女代表）其名額均由法律規定得明明白白，集合這許多代表成立國民大會，行使憲法上所賦予之職權。但在行憲之初，大陸已有若干地區爲中華民國政府政令所不及，如東北九省，河北、山東、江蘇、河南、察哈爾、熱河等省的全部或一部爲共匪所盤據，不能依照正常程序進行選舉，產生代表，於是有若干地區的國大代表是以「離鄉投票」的方式產生的，因爲當時憲法實施之準備程序第八條規定：「依憲法產生之國民大會代表……在第四條規定期限屆滿，已選出各達總額三分之二時，得爲合法之集會及召集。」此所謂總額，係指憲法第二十六條之各項規定，國民大會代表選舉罷免法第四條所規定各欵及爲以法律規定分配之各項各欵之名欵總數而言，應爲三〇四五人，而其合法集會和依法組織國民大會之代表人數至少應選出總額三分之二，亦卽二、〇三〇人，事實上當時選出之代表爲二、九六一人，故十二年前國民大會得以如期集會，並合法成立。

國民大會組織法第三條規定：「國民大會以依法選出之國民大會代表組織之。」其人數應爲二、九六一人，是爲組織國民大會的原始人數，而其行使職權之人數則又異於此。據修正前之國民大會組織法第八條規定：「國民大會非有代表過半數之出席不得開議，其議決除憲法及法律另有規定外，以出席代表過半數之同意爲之。」此所謂過半數之標準，指代表總額而言，抑指已選出之代表而言，抑指現存之代表人數而言，這在法律上不無疑義，但是依照民國三十五年十二月六日司法院解字第三三一二號解釋：「計算國民大會組織法（指制憲國民大會）第十二條所謂出席代表之過半數與三分之二之總額，在依選舉法選舉之代表以應選出之名額爲準，在由國民政府遴選之代表，以遴選公佈者爲準。」又同月十五日解字第三三二〇號解釋：「院解字第三三一二號解釋所謂應選出之名額，係指法定名額而言。」是知「代表總數」在解釋上應指法定名額而言，如果法條上說明爲「代表總額」，則其應爲法定名額，當更無疑義。

自行憲國民大會成立以來，歷時十年，對於代表總額迄未發生疑問。卽如三十八年中華民國政府撤離大陸，其情勢之變遷，不能不謂爲重大，多數國大代表淪陷在大陸，渡海東來的不足半數，到了四十三年第二次集會時，人數已感不足。因此，一方面設法遞補一部份，一方面修改國民大會組織法第八條，將出席人數由二分之一降低到三分之一，以應當時情勢的重大變遷；但對於國大代表的總額人數迄無變更，因爲總額人數爲一顯明的事實，無法使之變更。其爲三〇四五人，實毫無疑問。六年前第一屆國大代表舉行第二次會議選舉總統時，蔣總統第一次得一千三百八十七票，當由大會主席胡適宣佈：「本屆代表總額爲三〇四五人，過半數爲一五二三人，總統候選人二人，所得票數均未至法定過半數之票數，故重行投票。」其次，前內政部部長黃季陸於四十二年九月十七日列席立法院內政、法制、民刑商法三委員會聯席會及同月二十五日列席立法院院會答詢時說：「代表總額爲三〇四五人，過半數爲一五二三人。」此外，立法院院長張道藩於四十二年十一月九日陪同美國副總統尼克森赴國民大會代表及立監委員聯歡會途中也親口對尼克森說：「中國國民大會代表共計三〇四五人，其中女性佔六〇〇人，現在居留臺灣一、四〇〇人，居留海外二〇〇人，合有一、六〇〇人，早已超過代表總額一半。」這些事實，都是遷來臺灣政治形勢經過重大變遷以後的事實。證明大家都一口咬定國大總額爲三〇四五人，從未發生爭議，因爲這是一個常識問題，而不是法律解釋問題。

依照憲法第二十七條規定，國民大會之職權雖有四項：㈠選舉總統副總統；㈡罷免總統副總統，㈢修改憲法；㈣議決立法院所提之憲法修正案，但行憲十年以來，僅選舉了兩次總統副總統，罷免了一次副總統（李宗仁）。關於選舉總統副總統，國民大會出席代表的法定人數雖然沒有特殊規定，可是依照總統副總統選舉罷免法第四條第三項第一欵之規定：「國民大會代表，應就選舉票上所列各候選人中，以無記名投票法圈選一名爲總統，以得代表總額過半數之票數者爲當選。」如單就此項規定言：國民大會選舉總統之出席代表如不及總額半數以上卽無法選出總統。但就同條第二欵言：「如無人得代表總額之過半數票數時，就得票比較多數之首三名重行投票，圈選一名，如無人當選時，舉行第三次投票，圈選一名，如仍無人當選時，就第三次得票比較多數之首二名圈選一名，以得較多票數者爲當選，票數相同時，重行圈選一名，以得較多票數者爲當選。」依照此項規定，直到第四次或第五次投票時，才能以得較多票者當選。事實上國民大會兩次選舉總統時，每次當對於「代表總額」半數以上的選票之計算，都是以三〇四五人爲總額。

至於國民大會自行修改憲法，憲法上明白規定（第一七四條第一項）：「由國民大會代表總額五分之一之提議，三分之二之出席，及出席代表四分之三之決議，得修改之。」換言之：修憲的國民大會應該有代表總額三分之二的出席，和代表總額過半數之決議才能成立修憲案，也就是說，應該有代表二〇三〇人的出席，一五二三人的決議才能成立修憲案。以現存代表人數言：不僅出席的人數無法湊足，就是決議的人數也大成問題。總之，以拖了十多年的現存國大代表人數已經無法行使憲法第二十七條所賦予國民大會的修憲職權了！（憲法第四十七條第四款複決立法院所提之憲法修正案一項，雖無出席人數之特殊限制，但目前尚無由此途徑修憲的打算）修憲的途徑既因國大代表總額的限制而遭蔽塞，則和憲法有同等效力的動員戡亂時期臨時條款的修改，也將因代表總額的限制而行不通，可是第一屆國大代表第三次集會的任務，不僅選舉總統副總統，而且決心修改憲法第四十七條總統「連選得連任一次」的限制，俾蔣總統得以連任下去。

國民大會成立迄今已經十二年了，第一屆國大代表也任職十二年了，這些代表永久留任下去，姑不論其合法不合法，合情不合情，合不合乎民主政治的眞諦。可是歲月不饒人，在第二次集會時，因爲若干代表陷匪的陷匪，死亡的死亡，遞補了一部份代表缺額，才勉强湊足二次集會時一六四三人之數。一轉眼又是六年，缺額愈來愈多，可是人雖不存，缺額仍在，因爲選舉罷免法並沒有變動，即無法抹去其名額，政府遷臺以後基於此一原因補足了若干缺額，如果說時至今日，缺額愈多，補無可補，原有法律已無法適應，則應修改法律，以求切合事實。誠如國民黨中央委員會所言：中華民國憲法乃制憲國民大會滙合全國各民族、各地區、各團體、各職業、各黨派共同意見所制定，則此國民大會代表又何嘗不應該滙合各民族、各地區、各團體、各職業、各黨派的代表而組成？可是這些代表陷匪的陷匪，死亡的死亡，其現存人數，久已不足國民大會初成立時代表總額三分之二的人數，而吾人今日仍抱殘守缺，硬要其行使憲法上所賦予的職權，實百思而不得其解。

爲了硬要使這個殘缺不全的國民大會能够「合法」行使憲法上賦予之職權，始則減少出席代表人數由二分之一降低至三分之一，（國民大會組織法第八條）但仍不能解決問題，於是就想從「總額」上打開死結。曾經有許多朋友很天眞而以頑笑的態度說：以現存代表人數爲總額，豈不直接了當？當時大家無不一笑置之。可是最近司法院大法官會議解釋總額即以此爲藍本，作成解釋文，雖然使用能應有出席會議的字樣，實際上與「現存」的意義，相去無幾。大法官竟然能把一個常識的名詞，認爲是法律上的疑義來加以解釋，而其必須加以解釋的理由，則爲「情勢重大變遷」，挖空心思，作了如此不可想像的解釋；不僅可應以用於今日，即使將來「情勢再有重大變遷」時，仍可適用；故大法官之此一解釋，雖不能放之六合而皆準，但卻可以傳之百世而無礙；尤有進者，即將來一二十年後國大代表鞠躬盡瘁，而僅有三五十人或三五人時仍可應召集會，維持法統，立意既深，用心百苦，寄語國大代表諸公，可以放心爲國珍重，只有死而後已的一條路了！

依照憲法第七十八條規定：「司法院解釋憲法，並有統一解釋法律及命令之權。」司法院解釋法律或命令，必須以法令在應用上發生疑義爲前題，因此，司法院解釋法令疑義，必須根據法理或立法原義對於條文或名詞術語加以解釋，俾運用時不致無所適從，並不能對於客觀事實特別强調，尤其不應歪曲法律去遷就客觀事實。如果因「情勢重大變遷」，法律已不能適用，就應該另訂法律或另想辦法來適應事實，但此非最高司法機關之事，而係立法機關與行政機關之事。換言之，適應重大變遷以後的情勢，爲政治問題，而非法律問題。應否屬於大法官會議解釋法令的職權以內，殊屬疑問。而大法官會議竟然把行之十餘年，舉世所不爭的國大代表總額三〇四五人解釋爲「依法選出而能應召在中央政府所在地集會之國民大會代表人數爲國民大會代表總額。」其所以作如此解釋的原因，完全爲了適應事實，爲了使這個殘缺不全的國民大會能够「合法」行使憲法上所賦予的修憲職權，其不知大法官本身已經犯了重大錯誤：㈠不是解釋法令疑義，而是變更法律意義以遷就事實；㈡將「代表總額」與「現存代表人數」混爲一談；㈢變更了憲法第二十六條的規定；尤其第三點，則大法官會議的違背憲法的解釋應否有效，極堪研究與重視！

(17)

在國民大會反對修改憲法和臨時條款的書面意見

雷　震

浙江長興籍代表雷震對於莫代表德惠等九百三十人所提的修正動員戡亂時期臨時條款案，表示反對。請主席團把我的意見，代向諸位同人報告，並列入紀錄。

本人的主張是反對修憲（包括臨時條款）。

本人之所以如此主張者，乃鑒於國內外當前的情勢，只能要求在尊重憲法民主精神的大前提下，政治革新。

在自由世界當中，近年來我們的國際地位一天一天低落，國際聲譽一天一天敗壞，要挽救這一頹勢，這一次國民大會必須表現出我們正在遵守憲法的前提下爲政治大改革開一新局面。

就國內言，我們所賴以號召大陸同胞及海外一切反共人士向心我們的政府者，是這一部從大陸帶來的民主精神的憲法。我們要絕對維護憲法上這種民主精神，否則就法統上講，就道義上講，我們政府都不足以負起領導反共復國的重任。

時危事急，爲對國人負責任，爲對歷史負責任，我們不得不剴切而簡要地提出我們的主張，敬請我們代表同仁予以深長慮考！

從臺中縣地方選舉實例談到公平合法

林觀道

臺灣省府周主席在去年十二月省議會中答覆省議員質詢時，說到我們要把選舉辦好，必須從三方面着手：一是政府根據法令很公平的執行，不偏不倚；二是候選人都能遵守選舉法規的規定，不作非法的活動，而能很光明的競選；三是選舉人均能本自由意志投下神聖一票。對於周主席以上的說法，我們不僅深具同感，而且十分的贊成。雖然說臺灣實施地方自治尚在學步階段中，但從三十九年開始，迄今亦有十年了，十年來，從縣市鄉鎭長、縣市長、縣市議會議員、到省議會省議員的選舉，發生了許多選政上的弊端。一是黨政力量與惡勢力的干預選舉；二是選「賢」變爲選「錢」，亦即是銀彈攻勢成爲選戰中的主要武器。而各種不合法不合理的惡劣作風，更是每屆必有，並未見減除。但大多數的老百姓，總是願意向好的地方去想，希望國民黨及政府當局能覺悟到今日國際形勢的險惡，國家前途的艱危，和人民企求眞正民主自治的熱望，痛下決心辦好這已經是第四屆的鄉鎭長及縣市長與省議員的選舉，務必袪除積弊，整肅選舉風氣，以收攬民心，改善自由盟邦人士過去對我們政治措施惡劣觀感。

可是，我們且來看看這次臺中縣第四屆鄉鎭長及縣長選舉的眞實情況如何？舉一亦就可以反三了！先說四屆鄉鎭長的選舉，在辦理候選人登記階段中，便曾一再地發生了轟動全省聽聞的不法巨案：其一爲沙鹿鎭長候選人登記者之一的陳守枝，（黨外人士現任縣議員）突被「綁架失踪」，其子在悲痛下，遂向中縣警察局報案，請求追尋其父下落，並籲請報界主持正義，以維選舉風氣。其二爲梧棲鎭公所秘書（兼任選務所主任）楊澄清利用職權，違法刁難，並抗拒上級長官命令，不發給另一將出而登記鎭長候選人尤世景（黨外人士）之戶口謄本，關起選舉大門，獨家包辦，違憲玩法。其三爲大里鄉國民黨所提名的鄉長候選人林漳淇，臨選舉前突被取銷提名資格，而惹出七雄混戰並牽連到國民黨地方黨部辦理候選人提名接受賄賂的種種傳說。當十一月十三日鄉鎭長選舉時，梧棲鎭民李銅前往該鎭第二投票所投票，身份證竟被投票所主任管理員林望錫（梧棲鎭民衆服務站主任）撕毀，李氏不堪受辱，請求梧棲警察分駐所處理，該所置之不理，一時悲憤，竟跑到海邊去跳水自殺；經人救起後，第二天心有未甘，乃找投票所林主任管理員理論引起打架，遭受警察扣押；旋於交保後，繼又被地方有力人士誣告殺人，警察再度予以追捕。事後（十二月十八日）商工日報竟獨家刊登「尤世景糾衆數百人圍阻警察解送囚犯」新聞乙則，顚倒是非，淆亂社會聽聞。嗣經尤世景調查，據悉該則新聞稿係國民黨臺中縣黨部某幹事所爲。迨至選舉結束以後，潭子鄉又發生有冒充刑警人員，公然向善良選民恐嚇欺瞞，傳喚到潭子鄉民衆服務站訊問，勒令在空白十行紙上蓋章，僞造事實，誣告黨外人士當選鄉長之林大亨違法競選，故意製造選舉訴訟。尤其是在各鄉鎭開票時，竟然發現潭子鄉的選票不翼而飛到大雅鄉去的古今中外奇聞。由以上的種種事實看，所有發生的糾紛，均是黨外人士參加競選的鄉鎭，眞是巧合之至！

其次談到第四屆縣長選舉，按理說，依照選舉規程，凡屬軍警公敎及自治人員，不得協助選舉活動，候選人競選活動應自候選人名單公告之日起至投票前一日爲止始爲合法。但是臺中縣國民黨提名縣長候選人何金生，却自今年春節以後，便已拋頭露面地開始競選活動，由他的助選團人員（當然包括有黨方及軍警公敎自治人員在內）陪同分別到各鄉鎭普遍的訪問地方人士，及農工漁會鄉鎭公所衛生所暨各機關社團，向所有見到的人一一握手拜托，進行拉票。執政黨的輔選小組更代爲安排各鄉鎭集會，讓何氏以「講師」的身份出席作公開的競選講演；所乘用的交通工具，則是軍用吉普車；所以何金生的競選臺中縣長，可以說是聲勢浩大，無論「人力支應」與「財力援助」皆無虞匱乏的。近日除了以自己膽印的宣傳品外，復收買某某週報寄贈各鄉鎭代表與鄰里村長，除了大肆吹捧自己之外，一面又以現任臺中縣議會議長王地（黨外人士）作爲競選假定「敵人」，大加惡意攻訐。其實迄至目前爲止，王地並未表示競選縣長之意，何金生如此作法，明白的是恐懼王地將來眞的會出來與渠競選縣長，而先下手爲强，運用種種手段予以打擊，使他知難而退，造成一人不競而選的局面。

法律之前本該人人平等，但是覆按我們過去所辦的選舉，以及現在所看到的事蹟，執政黨的黨員乃有例外。因爲依照主管全省選舉業務民政廳長與國民黨省黨部主委先後所發表的談話，公敎軍警人員如在職務以外，以黨員身份協助同志競選，就不算是違反公敎軍警人員不得爲他人助選的法令規定。這可以說是世界上的奇聞。至於候選人名單公告前，不得競選活動之法令限制，執政黨提名候選人可不去遵守，活動由我活動，我行我素，他人便不敢奈何！儘管是國家法令有明文的規定，政府主管當局的一再聲言改革選舉風氣，但是事實仍然如此。這種以黨政力量干預選舉的結果，試問那裏還談得上公平合法的競爭？老百姓的眼睛是衡量是非公道最好的天秤，他們即使口頭不說，肚子裏還是有數的。所以希望政府與國民黨當局，把前此所說的「言論」和所做的「行動」，自己切實對照一下，是不是做到眞正的「公平」「合理」「守法」？

港報一致抨擊彭孟緝！

香港通訊・二月十八日

方望思

國軍參謀總長彭孟緝上將，近應菲律賓的邀請，率領了副參謀總長馬紀壯上將，國防部次長兼主計長徐鳳鳴中將，作戰參謀次長室助理次長執行官胡炘中將，計劃參謀次長助理次長毛瀛初中將，聯絡局局長胡旭光少將等一行多人赴菲律賓訪問。

就在二月八日，彭氏等一行剛剛從臺北飛抵馬尼刺機場時，卻在答復記者詢問中，發表了一項政策性驚人的談話。據路透社馬尼刺八日電訊報導說：「彭氏被問及蔣總統有無計劃統一中國。彭氏答稱：『我們有責任從痛苦中救出大陸上的人民，但我們的計劃，並非要推翻我們盟國的計劃與安定。換言之，我們方面並無意發動任何戰爭。』」另據合衆社馬尼刺在八日發出的電訊也報導彭氏確說：「雖然蔣總統計劃最後把中華民國與中共統一起來，但『這計劃是可在沒有戰爭中推行的』。」且據中央社馬尼刺在八日發出的電訊證實彭氏說過：「中華民國準備粉碎共匪任何新的進犯企圖，但無意發動戰爭。」由上面引述的三個通訊社的消息證明，彭孟緝以政府參謀總長的身份，的確在剛到菲律賓時便說過這樣的話，既非任何通訊社誤傳，更非任何通訊社造謠。

但是，當這項消息傳到香港時，立刻引起了各報的驚駭，甚至於不惜用頭條新聞的地位來刊登了，接着幾乎是一致的加以嚴厲抨擊。我爲了節省篇幅，只想略引兩三份比較具有代表性報紙的意見。

就在二月九日各報刊登彭孟緝此項談話的同時，此間「星島日報」便首先發表社論「參謀總長彭孟緝竟公然說不戰！」提出了極爲嚴厲的指責說：「驟聆之下，使人不勝詫異。就上述(指彭氏談話)而言，參謀總長彭孟緝豈不是洩漏了一大軍事秘密？身居參謀總長，爲什麼這樣輕易把這樣大的軍事秘密宣洩？從另一方面言，這如果是事實，當屬最高國策之類！最高國策，豈能任由軍人去宣露？」該報接着認爲：「上述消息，如果屬實，對自由中國同胞，以及海外同胞，甚至大陸同胞，無異投下一枚氫彈。全國海內外同胞，除了中共、投共、附共者外，誰不日夕盼望反攻大陸？大陸同胞，希望反攻大陸，比誰更急切。今『不發動戰爭』之說，竟出諸參謀總長之口。你說使人多麼沮喪？」繼而該報又提出一項意見：「我們以爲國民政府應注意此事，對于參謀總長彭孟緝上述談話，加以追究。同時對于此事的責任，亦應查明辦理。這樣的說話影響太大了，我們相信海內外同胞，都一致不肯放過。」最後，該報又極爲憤慨的說：「今國軍參謀總長彭孟緝竟公然說『不發動戰爭』，『企圖不戰而統一中國』，國人聆之，誰不怒髮衝冠？如果眞是這樣，誰能够不失望？誰能够不沮喪？參謀總長彭孟緝何以對國家？何以對國民？」

正由于彭氏的話太使我們這些香港做了十年難民的人過于失望，過于傷心，所以此間一向以態度傾向政府著稱的「工商日報」，終于也在二月十一日發表了一篇社論，正題是「論『和平』的錯誤觀念」，副題更乾脆標明「並對參謀總長彭孟緝在菲失言警告」。該報首先如同「星島日報」一樣，提出了希望政府追究的話：「蔣總統的『計劃』，是否即如彭氏所說的？彭以一軍人身份，是否即可以代表蔣總統答覆這一有關國策大計的問話？彭氏所謂『該項程序』，又是什麼『程序』？照路透社所述，記者祇問『蔣總統是否有統一中國之任何計劃』，並不是問蔣總統有無『戰爭與趣』，並不是問蔣總統有無軍事反攻大陸的計劃，彭氏何故超越的說什麼『無意發動戰爭』，『吾人對于發動戰爭並不感興趣』？這些，我們認爲最高當局是不能不予究問的。」該報並認爲，彭氏的此種說法所可能造成的結果：「不啻是助長了共黨的宣傳，加深了盟國人士的錯誤觀念，削弱了中華民國當前神聖任務的力量，斷絕了中國人民士兵的希望，不止洩氣，抑且自毀，是我們負有輿論責任者所不忍默爾的。」

然而，儘管我們住在香港的人都感到震驚，特別是香港的報紙，已經異口同聲的希望政府追究，但卻始終沒有看到政府有什麼反應。也許臺灣的要員們，都忙于搞修憲連任的活劇去了吧！

我們這些在香港的人，對政府的這種態度眞是感到失望，也許就因爲這緣故，此間的「星島日報」又在二月十四日的「新聞週評」中，再對彭氏所說提出了新的批評，認爲彭氏說這些話的意思：「即是表示臺灣國府，已放棄着反攻大陸的計劃與行動。以一個國軍參謀長亦作此說，則難怪有些美國人，認爲臺灣的兵團多，軍費更多，而要大加裁減了。如臺灣國府，認爲安于現在小朝廷之地位，即心滿意足，則實在不必養着如許大量的士兵，連參謀總部亦該廢除，祇憑警察的力量，便可維持地方治安與秩序了。美國既然擔任着臺灣海峽的安全，則中共如來進攻，自有美軍與之作戰，是則『無意發動任何戰爭』之國府，殊無豢養一兵一卒之必要。」該報最後很憂慮的說：「中共要員曾說：『不用武力解放臺灣』，今臺灣要員亦說：『沒有興趣對大陸動武』，眞是『如響斯應』，這是唱雙簧呢，還另有其原因？」那自然只有彭氏自己心裏有數了！

最近在二月十七日創刊的「自由報」上，馬五先生也以「軍人妄談政治」爲題，對彭氏提出了嚴厲的指責。馬五先生認爲彭氏這話：「眞是荒乎其唐，不知所云」，最後並且坦白的指出：「對于參謀總長這番『高論』，國內的反應如何，我不知道，在海外華僑社會中，卻遍聞駭異憤慨之聲，其洩氣的情緒，無可言遍。」並且進而認爲：「這毛病殆由于軍人不安份，罔顧職守，妄談政治，以爲這談話很可以迎合友邦人士的『和平』胃口，殊不知適所以敗壞自己的立場，動搖國本。我希望政府今後嚴申禁令，制止軍人隨談政綱政策，否則懲處不貸，這樣至少可以免掉在國內外常常丟人也。」

我把港報的批評敘述到這裏，相信臺灣的讀者必可想像到彭孟緝的那一番談話，在香港以至于海外，引起了如何惡劣的反應了。

寄語臺灣的軍事要員，不要再擅行發表有關軍事政策性的談話，以免擾亂海外人心，最後並希望政府當局，先對彭氏之言，加以追究。

一九六〇年二月十八日寄于香港。

新成立的日本民主社會黨

東京通訊。二月十日

黃　洋

新黨成立的經過

去年十月間，從日本社會黨脫黨的西尾末廣等一派人，經過三個月的籌備，竟於一月二十四日在東京成立了「民主社會黨」，選出西尾末廣爲首任中央執行委員會委員長，並發表組黨宣言，聲稱：「維護議會主義，以國民之中產階級化爲目標」。新成立的這個社會黨現在擁有的人馬，雖然不過是衆議院議員三十八人及參議院議員十六人，爲數並不多，但是，因它的出現，致使過去由於自民、社會兩黨形成的日本兩大政黨政治體制竟告崩潰，而變成三黨鼎立的形勢。尤其是在日本國會爲了批准日美新安保條約而局勢緊張之際，此一新社會黨對於政局的影響極大。

日本社會黨在去年春季擧行的地方選擧及參議院改選中失敗，黨內譁然，就中一向對於社會黨的過份偏向工會中心主義而被工會組織操縱感到不滿的右派—西尾派，曾猛烈的抨擊黨執行部及左派的「階級政黨主義」，致使該黨未能獲得國民各階層的支持；且要求堅持議會主義；與共產黨脫離關係。當時以「總評」等左傾工會爲後盾的左派起而反擊，並表示決與西尾等右派的「國民政黨主義」一決雌雄，且公開提議開除西尾。

日本社會黨的「重建大會」，於去年九月十三月晚，以左派中的全部派別一致贊成將西尾末廣提交統制委員會懲戒，成爲西尾派及右派工會組織「全勞」決心另組新黨的直接原因。西尾派認爲：這是「總評」與黨內容共分子企圖支配黨的陰謀，拒不出席社會黨大會，且於大會最後一天—九月十六日，提倡「依據民主社會主義重建社會黨」，並組織「社會黨再建同志會」。此一組織，表面上雖是「有志重建社會黨的議員之集會」，但實質上卽是「籌備新黨的同志會」，於社會黨大會閉幕後，乃以對抗左傾的鈴木主力派爲目的，標榜「由右派成立完全的野黨」，傾注全力拉攏另一右派—河上派。

此一「全右派」工作，由於鈴木派唯恐社會黨發生分裂而向後退縮，百分之九十獲致成功。可是，好景不常，河上派出身的淺沼書記長於十月重開黨大會前不久表明「對鈴木委員長合作」，致使所有心血盡付東流，「再建同志會」竟於十月十八日發表脫黨聲明，且於臨時國會召開前一天—十月二十五日，脫離日本社會黨，成立「社會俱樂部」。

西尾派的集體脫黨，給予留在社會黨內的河上派以衝擊與動搖，十一月二十五日今澄勇、島清等河上派國會議員十一人也相約脫黨，以和西尾派合併爲目標，組織「民社俱樂部」。進至十一月底，「社會俱樂部」「民社俱樂部」「全勞」以及農業、中小企業、婦女、青年團體等支持新黨的人，成立「民社新黨準備會」。新黨的籌備工作，自十二月起開始正式進行，於去年內首先決定黨名爲「民主社會黨」，迨至新年後擬竣「暫定綱領案」「活動計劃」及各種政策，且內定西尾末廣爲中央執行委員長，水谷長三郎爲國會議員團長，曾禰益爲書記長，完成了一切籌備事宜，於一月二十四日擧行組黨大會，正式宣佈新黨成立。

民主社會黨的性格

依照「暫定綱領」，新成立的「民主社會黨」，乃以「與資本主義及左右兩方全體主義相決鬭，從一切壓迫與搾取中解放社會的全員，建設保證個人的尊嚴與人格的自由發展之社會」作爲其使命，而黨的性格，是原則上屬於「國民的政黨」。這卽是西尾從前年年底以來一直提倡的「國民政黨」，而是從正面否定由日本社會黨左派及「總評」提倡的「階級政黨」。因此，它擬一方面和擁護資本主義的自民黨作戰，另一方面克服「階級政黨性」的日本社會黨，而取社會黨而代之。

民社新黨的新綱領，是以舊右派社會黨的綱領爲基礎，並將西德社會民主黨的新綱領作爲參考，且借助於蠟山政道、關都立大學教授等「民社聯盟」思想委員會學者集團而成的。以個人的尊嚴與人格的自由發展爲基礎，而在國內國際情勢上坦率的承認現狀，作現實性的分析，乃是其最顯著的特徵。「黨之理念」是以「建設個人的尊嚴獲得尊重，人格能够自由發展的社會」爲民主主義的最後目標，而社會主義是謀求此一目標實現的手段。這也就是蠟山政道的主張，卽：「民主社會主義，是一種爲實現民主主義的最後目標及價值計，依據視社會主義爲打破從現實的各種條件而來的制約之手段，而考慮目的與手段間的平衡及融合，透過議會而將此實現的理論。」它是從舊右派社會黨綱領的「祇有民主性的社會主義才能給日本帶來自由與幸福……」的規定向前推進一步，而與社會黨現行綱領的「社會主義依民主主義始獲達成，民主主義在社會主義之下始獲完成。寬裕的生活、自由、人的尊嚴亦在社會主義之下，方能確立」的規定相比較，有着目的與手段完全相反的顯著的差異。並且，更否定了實質上的「階級政黨」（社會黨）及「階級性的大衆政黨」（舊右派社會黨），而明白的提倡「國民政黨」，宣稱不擬强迫國民接受某一特定的世界觀。

另一方面，關於國際情勢，認爲：「世界和平，由於東西兩陣營武力之均衡而獲得維持」，又稱：「當前爲自衞國家計，必需最小限度的措置（防衞）。」由此，可以看出它受到西德社民黨承認「爲保衞國土而重整軍備」的新綱領之影響。對於現狀的分析，也和日本社會黨相反。社會黨認爲「日本在形式上雖是一個獨立國家……但經濟上、政治上的要害都被控制，全體上不能不服從美國（事實上的從屬國）」；新黨的綱領則坦率的承認日本是一個獨立國家。因此，對於社會黨的特別提倡民族獨立鬪爭而强調「遺忘階級上的立場，不接受社會主義領導的單純的民族鬪爭，必將半途而廢」，以及所謂「黨不得墮於單純的議會主義，必須充分評價國會外的民衆鬪爭、民主組織所具有的重大意義與任務」，並採取國會內與國會外雙管齊下的鬪爭體制的這套觀點與作法不表同意。新黨綱領明白的指出：「民衆運動雖是表明民衆意思的一個方法，但運動的推進方法仍有一定的限度。」

此種現實性的現狀分析，逐步求改革的態度，的確是批評現行社會黨綱領的人們容易接近的。不過，儘管强調以個人之尊嚴、人格之自由爲基礎的人道主義，但作爲一個革新政黨而決與保守黨相決鬪的決心、對憲法的態度、基本上的外交路線等却未會明瞭的表示出來。這些地方雖然在運動方針、外交方針及政策中有所表明，因此，仍使社會黨被批評稱爲：「行動的目標曖昧，缺少魄力，益暴露保守第三黨的眞面目。」

最後，新黨綱領在結語中標榜：「我們絕不僭稱除此之外毫不需要改革即可實現完美的社會。目的在於培育逐步改革現在的社會制度，並對任何制度都具有能够找出缺點而加以克服的知識，又富有道德上熱情的行動性人物。」這種在新黨綱領上表現出來的對國內國際情勢現實性的分析，可以說是一種謙恭的倫理觀，博得好評。

對各方面的影響

誠如膺選新黨首任黨魁的西尾末廣表示他的抱負所稱：「新黨的成立給陷於動脈硬化的兩大政黨制吹進一陣新風。」由於新黨誕生，不但在日本政界，也在勞動界及其他各方面引起極其複雜的反應。有些方針可以期待新局面的展開，又有些方面預料可能發生紛亂與分裂。

從一九五五年秋季左右兩派社會黨重行統一，保守黨實行合併以來，日本政界即由自民、社會兩黨形成兩大政黨對立的政治體制。此種兩大政黨制，已於去年十月由於「社會俱樂部」組成而即告崩潰，今日終有第三黨正式成立，從本屆經常國會起，日本國會即開始出現眞正的三黨鼎立的情勢，而在此新情勢下，有關新安保條約的審查將如何發展，極受人注目。如果社會黨未發生分裂，則在安保條約的審查成爲爭論中心的本屆國會，自民、社會兩黨必將發生激烈的衝突，毫無妥協的餘地。社會黨拒不參加審查，甚至行使實力；自民黨求條約之成立心切，不惜强行單獨審查，這種情形的產生，原先大家預料是勢所難免的。但，現在新黨出現，情勢將更趨複雜。

新黨在本屆經常國會中的國會活動基本方針，是堅持議會主義及導致衆議院解散。「議會主義」與「反共」成爲新黨的兩項口號。因此，新黨恐將儘可能避免行使拒不參加審查的戰術。因爲除此之外，新黨缺少發揮它與社會黨不同的地方。不過，儘早把握解散衆議院、重行普選的機會，也是新黨領袖們殷切的希望。「在新黨景氣未消失前及時選擧，俾能在全國各地奠立新黨的基礎」——這種迫不及待的情緒，現已在新黨內出現。如果從此觀點來打算，則「在安保條約問題上，迫使政府黨陷於祇好單獨審查的地步，因而激起自民黨的內鬨，乃是解散衆議院、重行普選的捷徑」的想法也可能成立。根據此種想法，西尾等新黨幹部對是否拒不參加新安保條約的審查的一點，雖始終避免作明白的表示，但由於其在「活動計劃」中曾標榜「排斥審查拒否權之亂用」，則也未嘗不可作暗示必要時仍可能採用拒不審查的戰術。

從新黨言，傾向自民黨或者社會黨的那一方都不行。今天保守、革新兩派形成兩大勢力，如果新黨只反對並批評社會黨，結果將被視爲「保守第三黨」。相反的，如果和社會黨一起攻擊自民黨，則難免失去「國民政黨」獨特的新鮮味。但是，如果專事調解，則也難免受到非議，結果，必需運用巧妙的戰術，以應付此種面對的複雜形勢。因此，本屆國會，從全體上言，勢必呈現在兩大政黨制下未會有過的極其錯綜的局面。又，因爲政府黨——自民黨——內現已開始醞釀政變，新黨有關安保條約問題的動向必將成爲政局轉變的關鍵。

再就革新勢力來看，由於新黨成立，社會黨的分裂似已暫告一段落。不過，社會黨的動搖並未完全獲得收拾。爲了河上派要求黨部三最高幹部辭職，事態反趨嚴重。即使在鈴木、河上兩派間，這個問題獲得解決，該黨也還是必須經過一次重建的。因爲除了人事之外，對於綱領、政策重加檢討的要求，從黨內各派提出，是勢所難免的。

至於勞動界，從去年秋季的社會黨大會開端，「總評」與「全勞」的爭執趨於激烈，而「總評」內部的動向，最近最受人注目。新黨與「全勞」刻在努力，想在「總評」系各產業工會內發展新黨勢力，目前預定於二月十七日擧行的國家鐵路工會中央委員會之發展，成爲注視之的。該工會中由副委員長佐藤魁代表的「新生民同派」，業於去年十月決定要求主力派(民同左派)將從來的支持社會黨改爲支持社會及民社兩黨，據聞這項要求如果未獲接受則不惜分裂。結果，國家鐵路工會內的兩派，從新年起分別開始積極的活動。又，在私營鐵路、鋼鐵等有力量的工會中現已產生支持新黨的空氣，而刻在觀望國家鐵路工會的發展。

此種情勢應該如何對付？由太田議長等「總評」幹部組織的「勞動者同志會」，早已開始認眞的討論，希望獲得一有效的辦法，以阻止工會的傾向新黨。不過，問題不僅在新黨問題，還有從去年「總評」大會以來繼續不斷的有關支持政黨之論爭；從春季鬪爭失敗而產生的有關「民同派」領導限度的論爭等等，這類在內部難以獲致意思統一的問題也不少，這都將成爲「總評」幹部的煩惱。

上述情形之產生，不祇是在工會，連「護憲聯合會」等所謂「和平運動團體」也在醞釀分裂及重編。「護憲聯合會」，因其代表之一——片山哲（前首相）—參加新黨，致在幹部中發生歧見，一般預料片山必將辭去「護憲聯合會」會長，而以新黨爲中心，另組護憲組織。結果，原有的「聯合會」面臨困難，將被迫從根本上對於其運動重加檢討。除此之外，有關禁止原子氫彈、日匪復交等運動，也難免面臨新黨的反共攻勢。這種由於新黨成立引起的動搖，也影響到日本的各社會主義研究團體。如一月十日由蠟山政道主持的「民主社會主義研究會議聯盟」決定改爲「民主社會主義研究會議」即是因此而來。

如上所述，日本革新陣營，在此爲了阻止新安保條約獲得批准而必須展開鬪爭之際，却因新黨的出現，被迫不能不重編陣容。過去的統一現已不復存在，而進入社會、民社、共產三黨對立的時代，一般預料他們的爭執必將極其激烈。尤其是關於那一方才是革新陣營的主力，這種爭執必將比較他們對於共同的敵人—自民黨—的作戰更爲嚴重，而演出兄弟鬩牆之爭，是極爲明顯的。

去年十月間，「總評」在幹部會上批評稱：「新黨絕不是社會主義政黨」，同時呼籲全組織擊潰「全勞」的分裂工作。社會黨也發表聲明稱：「新黨是一個具有可能墜落爲保守第三黨的性格之黨。」共產黨更攻訐稱：「西尾新黨是以分裂民主勢力爲目標的反動派的傀儡。」這些攻訐，都是以新黨反對片面的廢棄日美安保條約及即時解散自衞隊等事而擬採現實性的態度作爲理由；但是，無可否認的，對於新黨勢力反對社會黨及「總評」而「造反」的反感却佔着大部份。對此，西尾等新黨的幹部們仍意氣軒高的反駁稱：「究竟那一方才是眞正的社會主義政黨，可以透過國民大衆的批評來作爲定論。」

新黨的前途

去年十月，當西尾派的「再建同志會」脫離日本社會黨而組織「社會俱樂部」時，他們總數不過是參衆兩院合計三十三人而已，而估計於十一月間將達五十人以上，並預定於一月底正式成立新黨。以此當初的目標來看，新黨不但如期成立，又擁有衆院三十八人，參院十六人，合計五十四人，更連同尚在社會黨中而似有意脫黨的河上派議員計算在內，可以說新黨工作業已獲得預期以上的成果。

從社會黨中被迫離開的新黨勢力，爲什麼在短短三個月的時間能够獲得這種成就呢？第一，日本社會黨雖於一九五五年由於左右兩派重行統一而成立，但是，兩派的系統組織依然存在，互不相容，右派對於左派的反感意料之外的强烈，而左派及「總評」的領導引起的反感，變成支持新黨的力量。其次，和從來社會黨分裂時不同，這次有擁有工會會員一百萬人的「全勞」傾全力支援新黨。再者，國民大衆對於日本社會黨感到失望，期望另一個新的革新勢力出現，尤其是與論界始終譴責日本社會黨左派而對於新黨表示同情，加强了新黨的力量。最後，現代社會主義政黨在西歐也陷於窮境，紛紛求蛻變，尤其在日本，因爲經濟的好況，生產的提高，開始產生了「中產階級」，更成爲新黨一帆風順的時代性背景。

然而，新黨於成立後是否能够作爲一個具有基礎的政治勢力而繼續獲得伸張，此時雖尙無從測定，不過，顯然的，一切繫於它如何處理對外對內問題。對外者如上所述，對內者，須待解決的問題也不少。如將其抽象的綱領及政策如何具體化？新成立的黨機構應該如何運用？黨組織是否能够擴展？由於人事問題而開始出現的派別爭執是否能够消弭？當前在重開的國會，對於有關安保條約的審查應該採任何態度？

不過，儘管對外對內問題這麼多，但是首任委員長西尾還是表示樂觀稱：「預料國會將於五、六月間解散。而屆時我們的衆議院勢力可達五十人之數，更在下屆普選增至一百人，成爲在野黨的第一黨。」

毋庸贅言，新黨以民主社會主義爲基本理念，擬透過議會主義逐步的實踐社會主義，對以階級至上主義爲依據的馬克斯主義視爲歷史上的遺物而加以否定。這種立場，現由英國工黨及西德社民黨的表現，成爲世界性的社會主義政黨之新傾向。新黨的創立人們認爲：「我們配合這股歷史上的潮流，前途是光明的。」此時，社會黨的領袖們却批評：「將英德等富國和生活水準低的日本一概而論，是錯誤的。」究竟那一種主張正確，唯有待歷史去審判，不過，新黨的前途，作爲日本社會主義政黨的新方向，是值得注目的。

現實上，新黨是否可能伸張，各個見解不一致。社會黨主力派認爲：「不相信新黨能够飛躍的伸張。社會黨的選票是以組織勞工爲中心，他們支持社會黨極其堅定。因此，新黨祇能攫取保守派的散票，但這也是有限度的。如果在下屆普選中新黨毫無伸張，其後祇是日走下坡而已。」對此，新黨信心却非常堅强，他們認爲：「對自民黨既不滿意，也不能傾向社會黨的國民情緒，將替新黨打開生路。新黨不僅是勞工，也可獲得知識份子、農民、中小企業者等國民各階層的支持。」另一方面，也有社會黨內一部分人，預料一旦掀起了「新黨景氣」，他們必能極有成就。

總之，無論如何，在下屆普選中新黨能够獲得多少議席，乃是判斷新黨將來命運的關鍵。而決定新黨在下屆普選中的成績的，乃是當本屆經常國會審查，新日美安保條約及國家新預算時新黨表現如何？它的行動，將使它的性格獲得明瞭，由而決定它的評價。

一九六〇年二月十日於東京。

論今本紅樓夢的後四十回（上）

趙　岡

（一）

今本紅樓夢的後四十回既不是曹雪芹原著，又不是高鶚所續。續書者究係何人一時還查不出來。不過我總覺得這位續書者很可能是與雪芹十分親近的人，甚至於可能是曹家本家的人。甚至於這四十回很可能是根據雪芹原著後數十回所改寫，其中說不定包括一些雪芹原來的文筆。因此書中有許多不亞於前八十回的精彩文章，而且對於前八十回有許多細微週到的關照。俞平伯在其「高鶚續書底依據」一文中已經指出許多前後關照的地方。這些前後關照是根據前八十回的本文。現在脂評本石頭記出現了不少，如果我們讀了脂批以後再讀後四十回的續書，我們可以發現許多更細微、更耐人尋味的線索。這些線索，雖然算不得什麼證據，但是起碼可以幫助我們推想。現列舉幾條如下：

（A）前八十回文字對於賈雨村此人並沒有什麼太大的微詞，但是脂評却對此人大罵。這許多脂批都暗示雨村在後數十回中的事情與結果。第一我們知道賈雨村是個忘恩負義的人，賈府之敗落與他不無關係。甲戌本第一回中有一條脂批：

「……予若能遇士翁這樣的朋友，亦不至於如此矣，亦不至似雨村之負義也。」在第一百零七回中就有雨村負義，陷害賈府，以至抄家的一段情節。該回中賈府已被抄家，包勇在街上聽到人家談起，那個「現任府尹前任兵部」的賈雨村奉命查明御史參奏有關寧榮兩府的劣跡。下面接着說道：

「你道他怎麼樣，他本沾過兩府的好處，怕人說他迴護一家兒，他倒狠狠的踢了一脚，所以兩府裡纔到底抄了。」

後來包勇正碰上賈雨村喝道而來，包勇心裡懷恨，趁着酒興，便大聲說道：「沒良心的男女，怎麼忘了我們賈家的恩了。」

第二，賈府在抄家以前，賈雨村幫助賈府之人欺壓良民，造成日後賈府獲罪的原因之一，在第十七回有脂批：

「……此處漸漸寫雨村親近，正爲後文地步，伏脈千里。」

在第十八回戲目「豪宴」之下有脂批：

「一捧雪，中伏賈家之敗」。

這就是用「一捧雪」中的古玩來比照雨村賈赦害死石獃子，抄沒扇子一節。後來在第一百零七回中有：

「北靜王便述道，主上因御史參奏賈赦……惟有倚勢強索石獃子古扇一欵是實的……今從寬將賈赦發往臺站效力贖罪。……」

第三、脂批常稱賈雨村是「奸雄」，是「莽操遺容」。在第一回中「因嫌紗帽小，致使鎖枷杠」一句的旁邊有夾批：

「賈赦，雨村一干人。」

到了今本第一百二十回中果然有：

「且說那賈雨村犯了婪索的案件，審明定罪，今遇大赦，遞籍爲民。」

（B）甄家在後四十回的事情也是很好的線索。裕瑞和其他若干人一致攻擊這部續書，後來搬出甄家，而且甄賈寶玉見面，是完全違反雲芹的原意，我們有過脂批後就知道完全不是這麼回事，甄家之出現完全是雪芹的原意，至於出現的方式與情節是否與雪芹原書相同則不得而知。根據脂批我們知道甄寶玉後來有「送玉」一段。又有一條脂批寫道：

「甄家之寶玉乃上半部不寫者。」

另外在第七十一回有一條脂批：

「好，一提甄事。蓋眞事欲顯，假事將盡。」

這兩條脂批似乎是表示，甄家的事在上半部不寫，但在下半部却要出場，而且出場的時間不會太少。後半部「假事將盡」，眞事便出現。脂評又一再說甄家事是「大關鍵，大過節」，所以我們不應等閒視之。根據名字來看，甄家的事跡應該比賈家的事跡更接近曹家的眞象，所以才用「甄」來影射「眞」。從前八十回來看也是如此。「江南甄家」接駕四次，正是曹家的眞正事情。又庚辰本第五十六回說「甄夫人帶姑娘進宮請安」。這如果不是指曹寅二個當王妃的女兒，就一定是眞有一個類似元春那樣的一個皇妃，否則甄夫人不會帶姑娘進宮請安，在同回中又寫明甄家送給賈府的禮物是：

「上用的粧緞蟒緞十二疋，上用雜色緞十二疋，上用各色紗十二疋，上用宮紬十二疋，宮用各色緞紗紬綾二十四疋」。

這是無意之中把曹家的織造身份洩露出來。否則那有普通的官員太太專門以上用官用之緞紗送禮的人。既然甄家事跡更符合曹家之眞象，我們就應該特別注意後四十回甄家的事跡。如果後四十回甄家的事跡果然很與曹家相吻合，我們就可以推斷這位續書人的身份。不幸目前有關曹頫以下的曹家史實，發現的材料並不多，尚不足以證明此點。雖然如此，後四十回中有關甄家的事還有幾點是很有意義的。第一，雪芹在書中所使用的人名地名都是用雙關的隱語，這是他一貫的手法。甄寶玉父親的名字一直到第九十三回才出現，名爲「甄應嘉」。我們很快就可以從這個名字聯想到它的含義，它是影射「眞應假」。或是「眞影假」。這完全是彷照雪芹的手法。第二，在第九十三回寫甄應嘉被抄家，本人「待罪邊隅」。到了第一百十四回甄應嘉送家眷來京，然後自己隨「安國公」前往海疆。讀者可以參看雍正六年隋赫德的奏摺。雍正五年十二月底曹頫與孫文成並罷織造任，旋即抄家。曹家在南京的住房被賞給隋赫德。隋之套摺中有一段：

「曹頫家屬蒙恩諭少留房屋，以資養贍；今其家屬不久回京，奴才應將在京房屋人口，酌量撥給。」

李玄伯根據隋摺而推斷說：

「只云家屬而不云頫，頫當係前卒，否則至少亦如賈赦之充軍矣。」

李玄伯的推斷相當有道理。如果眞是如此，豈不是與甄應嘉的情形很吻合嗎。

當然，今本後四十回與雪芹原著的後數十回不相同。譬如說甄寶玉送玉這一段當初雪芹究竟是怎麼寫的，實在很難推想。我個人猜想有三個可能。第一，甄寶玉送玉促成賈寶玉出家的動機。也許就是甄寶玉先出家，然後來點化賈寶玉。脂批說「邯鄲夢伏甄寶玉送玉」。這塊玉就相當於「仙枕」，使賈寶玉醒悟。所以脂硯將「送玉」一段與「元妃亡」，「賈家敗」，「黛玉死」三件事並列而稱之爲全書的四大過節。第二個可能是賈寶玉已出家後，甄寶玉來到賈府送玉。這符合眞假不能互相碰面的原則，也就是所謂「假的不去，眞的不來」。第三個可能是「伏甄寶玉送玉」是一個顚倒了的說法，例如庚辰本脂批「伏黛玉死」就是寫顚倒了。這就是說，是賈寶玉給甄寶玉送玉，而不是甄寶玉給賈寶玉送玉。根據甄眞賈假的原則，甄寶玉的結局應該更符合雪芹的事跡。雪芹本人未曾出家，所以甄寶玉也一定沒有出家。賈寶玉出家後，覺得不再需要那個玉，於是送給了甄寶玉。

(C)前面舉出幾點說明紅樓夢後四十回是如何的儘量關照前八十回的線索。不但如此，後四十回還儘可能的彌補前八十回的漏洞。這種情形不止一處。現在我舉出一個最明顯的典型例證。我們都知道賈蓉的妻子秦可卿在第十三回中已經死掉。但在第五十三回中却寫道：

「……這日寧府中尤氏正起來 問賈蓉之妻 打點送賈母這邊針線禮物。……賈珍進來吃飯，賈蓉之妻迴避了。……」

當然賈蓉的這個妻子一定不是秦可卿，而是後來續絃的。但是在八十回中雪芹從來沒有提賈蓉是什麼時候續娶的妻子。賈蓉是寧府的長孫，也是唯一的親孫。他再度結婚應該是賈府中的一件非常大的事。雪芹寫過寧府中的許多瑣碎小事，但從未提過這件事。榮府中的人，包括管事的鳳姐夫婦，也從來未提過這椿婚事和慶宴等。其次榮寧兩府中不但各房的太太小姐的姓氏或芳名，就是下面的丫頭名字都是一一明白寫出，唯獨這個賈蓉的新妻子連姓什麼都不知道。這眞不能不算是一個大大的漏洞。這個漏洞後來却在第九十二回中補上。這是借馮紫英與賈政的對話中補述的：

「紫英又問道，東府珍大爺可好麼？我前兒見他說起家常話兒來，提到他令郞續娶的媳婦遠不及頭裏那位秦氏奶奶了。如今後娶的到底是那一家的？我也沒有問起。賈政道，我們這個姪孫媳婦兒也是這裏大家。從前做過京畿道的胡老爺的女孩兒。……」

雪芹在他原作的八十回中常用補述前文的筆法，而且都很自然妥貼。這裏利用馮紫英和賈政的對話來補充前面的漏洞，其技巧並不遜於雪芹。我們現在不知道雪芹在他原著後三十回是否就是如此寫的。如果這不是出於雪芹自己筆下，則這位續書人也算是十分細心了。

(二)

紅樓夢後四十回的續書者確是十分仔細的在設法關照前八十回，利用前八十回的各種細微的伏線。但是他却又有許多地方完全違反前文的伏線。這種情形使人懷疑這位續書人可能是根據雪芹的原著所改寫的，凡是與前文伏線不吻合的地方，則是出於續書人的故意，也就是被改寫的部份。後四十回也有許多錯亂的地方。但是我們萬不要因爲這些錯誤就認爲這位續書人低能，例如低能到連人不能「暴長暴縮」的常識都沒有。反之，這許多錯誤正可以供我們探求眞象，就如像心理學家研究人類的口誤筆誤的原因。錯誤一定有所以錯誤的原因。後四十回紅樓夢除了許多情節上的矛盾是由於續書人要故意改寫成如此情形以外，其他許多錯誤在核對脂評本後多少都可以發現他們的成因。當然還有許多錯誤到現在爲止還不易解釋。這主要是因爲原續書人續書的根據很可能不是目前我們所看到的八十回本石頭記。曹雪芹曾刪改過五次，我們看到的脂評本都是改後的本子。至於這位續書人是根據那個時期的本子，目前不易肯定。其次，後四十回是經過高鶚改動過，很多地方可能是原書有其道理，但是却被高鶚改錯了。高鶚的過錯是他在校改紅樓夢時沒有同時寫下校勘詳情。否則他是不會如此蒙寃達一百多年之久。現在我們試舉兩個很有趣的錯誤。

(A)後四十回中有一個錯誤，被兪平伯挑了出來，以證明高鶚續的書。這就是水月庵和饅頭庵的問題。在第九十三回平兒誤把水月庵說成饅頭庵，害得鳳姐急的吐了一口血。其實水月庵就是饅頭庵，第十五回中已經明明說過。這是一個明顯的錯誤。不過據我看這是高鶚校改出的毛病，而不是原續書者的錯。原續書者對於書中的人物關係，房屋院宇的方位等等都非常清楚，全部四十回沒有犯過第二個類此的錯誤。他很不可能在這一點上弄這麼大一個笑話。但是高鶚則不然。他不過是以一個普通讀者的身份，在得到後四十回文稿後幫助程小泉校對前後文，他在短短幾個月的時間內未必能注意到前八十回的一切詳情細節，校改的結果自然會弄出錯來。程高二人在程乙本中將後四十回中的許多地方改壞了，改錯了的情形很多。這正足以說明程高二人不會續書。現在讓我們看一看第九十三回的原文：

「鳳姐因那一夜不好，懨懨的總沒精神，正是惦記鐵檻寺的事情，聽見外頭貼了匿名揭貼的一句話，嚇了一跳，忙問，貼的是什麼？平兒隨口答應。不留神就錯說了道沒要緊，是饅頭庵裏的事情。鳳姐本是心虛，聽見饅頭庵的事情，這一嚇直嚇怔了。一句話沒說出來，急火上攻，眼前發暈……平兒慌了，說道，水月庵裏不過是女沙彌女道士的事。奶奶着什麼急？鳳姐聽是水月庵纔定了定神道，嗳，糊塗東西，到底是水月庵呢？是饅頭庵呢？平兒道，是我頭裏錯聽了饅頭庵，後來聽見不是饅頭庵是水月庵。我剛纔也就說溜了嘴，說成饅頭庵了。」

我們可以從前後文看出，這一段話中所有的「饅頭庵」都是由「鐵檻寺」改成的。而改的人大半就是高鶚。原來續書中都是寫的「鐵檻寺」。在這一段文中只有一個「鐵檻寺」沒有被改掉。現在讀者如果把所有的「饅頭庵」又都改回「鐵檻寺」，一切問題便都解決了。鳳姐前一夜沒睡好，正在惦記鐵檻寺的事情，聽了匿名揭貼，心就虛了。平兒說溜了嘴把水月庵說成了鐵檻寺，鳳姐本是心虛，於是一嚇就暈了過去。所謂鐵檻寺的事情就是指第十五回中鳳姐在鐵檻寺內弄權，受賄三千金，折散一段姻緣，害死一男一女兩條人命。在第八十八回中說水月庵的師父（按指靜虛老尼）某夜被一男一女兩個鬼用繩子套在脖子上。躺在地上滿口吐白沫，救醒後還是不能吃東西，所以派人來向鳳姐「討兩瓶南小菜」。這一男一女就是當年被害死的兩個人之寃魂，前來報仇。所以鳳姐聽後嚇呆了，當晚一夜睡不着覺，覺得「身上寒毛一乍……越發起滲來」。第二天也是因「夜中之事心神恍惚不寧」。從這裏就接上九十三回鳳姐聽到「風月案」的消息。所以九十三回有鳳姐「因那一夜不好，懨懨的總沒精神，正是惦記鐵檻寺的事情」。所謂「那一夜」就是八十八回「那一夜」，所謂「鐵檻寺的事情」就是男女二鬼前來報仇之事。鳳姐正在心虛，否則我們再也找不出鐵檻寺還發生過什麼事能令鳳姐惦記得睡不好覺。高鶚把「鐵檻寺」都改成「饅頭庵」，也有他的道理。這件事的起因是饅頭庵的老尼淨虛請求鳳姐辦的。高鶚根據這一點覺得應該把「鐵檻寺」改成「饅頭庵」。但是他沒有看到水月庵就是饅頭庵的那一句話。其實這一句話很短，而且毫不引人注意，所以直到一百多年後才被俞平伯發現這個毛病。現在我們要問，如果當時原來的續書寫的都是「鐵檻寺」是否應該算錯呢？其實也不算錯。第十五回的回目就是「王鳳姐弄權鐵檻寺」。可見雪芹與這位續書者一致的把這段公案標題爲「鐵檻寺」的公案。再進一步講，這一點本來就很容易混淆不清。鐵檻寺和水月庵，（脂本都作水月寺）本來就在一起。水月庵又名饅頭庵。雪芹的意思是要點明「縱有千年鐵門限，終須一個土饅頭」這一句話（脂批曾明白指出）。賈家的人，或者說曹雪芹自己，就常常把鐵檻寺與水月庵混用。譬如說，九十三回水月庵的風月案是賈芹與水月庵中的女尼女道士的風月案。在九十三回以前只有一處提到賈芹與這些女尼女道士的事，那就是在第二十三回中。在第十八回中賈府爲了籌備元妃省親，讓林之孝買了十二個女沙彌，十二個女道士，（庚辰本第十八回是每種各十人，共二十人，甲辰本則都改正爲每種十二人，共二十四人。想來十二是成數，可能對的）。這些女尼女道是爲了應承元妃，所以都是女的，第十八回中說「小尼姑道姑也都學會了幾卷經咒……於是賈政方擇日題本」。這些女尼女道都住在大觀園中的「玉皇廟」和「達摩庵」中。元妃遊幸大觀園時，會親至該處「焚香拜佛」，又題一匾云「苦海慈航」，並且「又額外加恩與一般幽尼女道」。到了第二十三回雪芹稱這些女尼女道爲「小和尚小道士」。我們可以斷言這些是指那批女尼女道而言。他們是爲了元妃而設的，當然不會是男的。而且住在大觀園內的寺庵，大觀園是由東西兩府的「內花園」改建成的，爲元妃省親而造，「外男」不得擅入，更不能居住。這是這二十四個女尼女道的來源和用處。第二十三回鳳姐建議把這些女沙彌女道士送到家廟中去養着，以備將來元妃召喚之用，同時又派了賈芹去掌管他們。讀者打開庚辰本第二十三回就可以發現當時鳳姐是建議把這些女沙彌女道士送到「家廟里鐵檻寺」養着去。後來賈芹也是用車把廿四人送往城外「鐵檻寺」去了。按理說這裡應該寫送往「水月庵」去，因爲這廿四人是女子。但是因爲鐵檻寺和水月庵在一起，所以兩者被混用了。把鐵檻寺與水月庵混用沒有關係，但是把水月寺和饅頭庵看成了兩個不同的庵則變成了笑話。

（B）在今本紅樓夢第一百十六回中寶玉重遊太虛幻境。書中將「太虛幻境」書做「眞如福地」。於是有人提出此點，認爲高鶚續書十分笨拙，連「太虛幻境」都搞不清楚，而誤寫成「眞如福地」。讀者細想一想，一百十六回寶玉再入幻境，二度閱册，完全是比照前面第五回的情形所寫，高鶚總也算是進士出身，再笨也不會把那麼重要的「太虛幻境」四字誤寫成「眞如福地」。讀者可以細細比較第一百十六回與第五回的文字。將「太虛幻境」寫成「眞如福地」是一個有計劃有用意的結果，不但如此，第一百十六回中所有的對聯匾額，甚至人物都與第五回不同，現將它們對抄如下：

第五回
石牌上書「太虛幻境」
兩邊一付對聯：
「假做眞時眞亦假
無爲有處有還無」
宮門上四個大字：「孽海情天」
一付對聯大書云：
「厚地高天堪嘆古今情不盡
痴男怨女可憐風月債難償」
一處配殿匾上寫：「薄命司」
兩邊對聯寫着：
「春恨秋悲皆自惹
花容月貌爲誰妍」

第一百十六回
「眞如福地」

「假去眞來眞勝假」
「無原有是有非無」
「福善禍淫」

「過去未來莫謂智賢能打破
前因後果須知親近不相逢」

哀思錄引

死生總負侯生約，欲滴椒漿淚滿襟

李　經

（一）

是同樣單調的鼓聲，
是同樣無可奈何的眼睛。
白日將死，黃昏的口中
寒暑表頹然下降。
血汚的臉又塗上了僞善的條文，
一種罪惡終於化作兩種無恥。

他的愛在我的血液裡循環，
每一次心臟的搏動
爭着喚醒我新的痛楚。
　在那不可知的終點
　一切的時間流滙？
　在那不可測的幽冥
　一切的生命聚會？
而，此刻；只有，期待？

（二）

爲他人洒盡淚珠的人，
沒有淚洒自己的運命。
何必懷着異代的悲傷，
你自己的已够負載。

戀戀然，却終於放下
建築華美樓臺的手；
剩一行一行雕上雛鳳的柱頭，
在失怙的山林裏永遠啼喚。

（三）

一切，一切都不過是一場
無線電裏的爭辯。
吳市的簫管已經上過電視臺，
和呵欠一同排遣半個禮拜天。

興盡的專家，聽說，已經點完
最後半柱烟；但，那隻
裝滿灰塵的腦袋，居然
重新又發現自己的優點。
廟堂裏多的是竊食的羣鼠，
托缽僧仍固執着木魚。

（四）

寬容的大鷲裏
容不下一把陰私的短匕。
潯陽樓頭的詩，
易水畔的酒和瑟，
早已交代給紅伶和名導演。

與時代同走索於
徬徨的河叉，
憂喜的是：
看熱鬧的萬家燈火。
而落日如血，新月如眉。

（五）

地球懸吊在半空，地球
在眞空裏打滾。
恭謹的市民們每天
按時起床爲了按時睡眠。
要扣緊那顆風紀扣，
出門時更忘不掉挺挺下頷。
向天師購買保險的符兒，又
小心地將地球交託給神龜之背。
而，我們，此刻，已發現
　自己的磁場。
高空的星辰組成燦爛的行列，
在互信和自信的軌道裏默默運轉。

「引覺情癡」

「喜笑悲哀都是假
貪求思慕總因癡」

從這兩回中出場的人物看也是如此，在第五回現身於太虛幻境的是警幻仙姑，癡夢仙姑，鍾情大士，引愁金女，度恨菩提，警幻仙姑之妹可卿，木居士，灰侍者等人，沒有一個是賈家人。但是在第一百十六回中却全班人馬面目全非。警幻仙姑只有人提起一次，並未出場。仙境的負責人換成了貌似黛玉的瀟湘妃子，其他的人則像賈府的尤三姐，鴛鴦，晴雯，鳳姐，秦氏，迎春等人。這很明顯是故意的佈局。尤其是那些對聯上的字句，完全是按原式原樣而改換成的。也許此續書所根據的前八十回原本中第五回的對聯匾額就是這樣寫的。也許是雪芹後三十回書中也有這麼一節，其中對聯匾額是如此改寫的。更可能是出於續書人的故意改動，表示仙境中的匾額對聯可以視環境之需要而變。無論如何，這絕不能歸咎於續書人的錯誤。在這裏我可以附帶提一點線索。明義在雪芹家中親自續到紅樓一書，並有「題紅樓夢」長詩一首。這首詩中有兩句「紅樓春夢好模糊，不記金釵正幅圖」。這表示明義當年在雪芹家中讀到的紅樓夢中，其正十二金釵的圖是模糊的。到了今本紅樓夢第一百十六回寶玉再度閱册時，正十二金釵的圖幅也是模糊不淸，只有字跡尚可摹擬。這點「巧合」也是頗耐人尋味的。（待續）

來函照登

自由中國社編輯先生：

頃閱　貴社二月十九日香港通訊方望思先生所作「海外人士的十二點國是意見」一文內，引述某週刊報導，涉及本人出國護照及財部交代各節，全與事實不符，玆特聲明如下：㈠本人赴美，係領用我外交部三十八年十月二十五日頒發之三八二字第二五三四〇號護照，經三十九年一月十二日美國駐港領事館簽證，到美後，每於期滿時，均依照規定，向紐約我總領事館展期，至今收執，從無領取葡萄牙護照之事。㈡本人於三十八年十月卸任財政部長時，依照規定，一一造册，交代淸楚，取有後任收據存證。用特函請　惠予更正爲荷順頌　著綏

徐　堪　拜啓　三月八日

黃昏在唐人街

叢甦

我從修帕馬克特(註一)走出後，滿懷滿摟地抱着牛奶，麵包、巧克力和沙丁罐頭。風在我髮邊吹着，我聽到一個聲音在我耳邊低語：我很饑餓。是的我很饑餓。我的腿是軟的，像踏在七月起着風浪的海上。我走回了公寓，走進了地下室，走進我的房間。在淨亮的穿衣鏡子前，我看到了我的眼睛：我是饑餓的，我是饑餓的，我對自己低語。於是我拋開了漢明威的短篇小說集，喬治·愛洛特和勉更司也暫時走開吧！牛奶、巧克力加利福尼亞運來的橘子也讓它們暫時在電冰箱裏僵縮吧？僵縮吧，這一切！

我是饑餓的，我確信如此。於是我來到了唐人街。

唐人街却浸在十一月的暮色與落葉裏。

幼時我就有着浪漫主義者的幻想和對美的嚮往。我幻想在古老的松樹林裏有提着燈籠跳足尖舞的小仙子，在遙遠的海上有水手悲愴的歌唱，和人魚們金色的髮浪。在幻想裏，即使豎立着藍鬍子的海盜對我都是仁慈的。對人性我一直是理想主義者，我試着從不去想到絕望。於是我幻想着當我回到了唐人街，我就回到了古老的夢、和回憶裏。

然而唐人街却浸在十一月的暮色與落葉裏。

我第一次來到唐人街是在十一月裏一個閃着陽光的午後。一位旅加的叔伯輩的華僑和他的家屬由溫哥華來西雅圖度週末。在頭一天晚上電話裏他約好次日和我見面的時間。第二天，在電車司機的協助下，我終於來到了唐人街。

遠遠的我看到「叢林旅舍」的灰色招牌在空裏搖提。我走着，一邊留心着脚下在風裏飄動的字紙、煙蒂、半浸在水溝裏的「西雅圖晨報」，和隨時自黑人口中吐出的黏痰、口香糖。黑人在我四週倘佯，在灰舊的汽車裏，在張着血色格子布帷的酒吧間的窗口，在暗赤色的屋角轉彎處。我看到了一張張臃腫的腐豬肝色的大臉，暴突的眼睛，翻起的嘴唇和雪白的牙齒。黑人塞滿了唐人街？我納悶，一邊加速了脚步。慌忙裏，我感覺一隻耳環墜落在紅磚的行人路上。當我回轉身尋覓時，一隻黑色的大手伸在我面前。我瞥見一張浮腫的黑臉，敞開的漿紫色茄克，和一個露出白牙的狡黠的笑容。他凝視着我的臉，我的眼睛，我的手。我突然厭惡地轉過身去，用小跑步走開了。背後傳來帶痰意的挑釁的笑聲。

在走近「叢林旅舍」的時候，一個矮小的身着破舊暗黃色大衣的東方人自對面走來。雖然在此地美國人永遠分不清中國人、韓國人和日本人。但是直覺地，我感到這矮小又潦倒的中年人是和我來自同一個民族。走近我時，他停下了脚步。

「你是中國人嗎？」他用英語和我交談。

「是的，」我熱切地回答。當那黑人含侮辱性的笑聲猶響在耳際的時候，「四海之內皆兄弟也」對我就縮小成「凡中國人皆兄弟也」。

「哦，你是剛來此地吧！你不想到溫哥筆去玩嗎？」

他改變了他行走的方向，和我並排走着。

「什麼？」我不太了解他最後一句話的用意。

「哦，哦，我說我可帶你到加拿大去玩，我住在……」他邊用手勢幫助解釋他「破碎的英語」。

他笑着。我吃驚地站住了脚步，對他注視着。

突然我發現他那皺摺的臉上的奇怪的笑容是我熟習的。是的，我記起了，我方才見過它，在另外一張同樣浮腫的臉上。它們代表着同樣的意義和威脅。不同的只是：一次是在一張黑臉上，這次却在一張黃臉上。

我頭也不回地向前走着，他在背後跟着，喃喃低語。當我走進「叢林旅舍」的大門時，他在門口停住了脚步，把臉貼在玻璃門上張望片刻後走開了。

當我坐在旅舍底層的休息室的皮椅上時，我的思想飛轉很快，由傑克倫敦的冒險故事裏被『上海』(註二)的水手想到人性的問題。我不禁搖頭，這光怪陸離的成人世界，對於我這剛剛進入它的准成年人是陌生而複雜的。

「叢林旅舍」的老闆是中國人。在底層管接電話和招呼客人的是一位四十左右的太太。她的顴骨很高，塗得很白，下巴瘦削，但兩隻胳臂和腰間却挺粗壯、臃腫。她告訴我我要會見的客人在半小時以後才會下樓。在這段時間裏，她用『破碎的』英語，我用『破碎的』粵語和她交談着。她用手指幫忙着，告訴我她來西雅圖四十年了，前三年才進夜校學習英語，直繼續到現在。最後她問我是否有意在此地長久住下。

我微笑不語。

她責備似地抗議：

「阿美利加好呀！好多人來這裏結婚，生小囡、小仔，就變成阿美利加了。」

我沉思片刻後問：「你不思念你的祖國？」

「什麼？」她問。

我的話太文了，我又重覆了一遍。

「哦，哦，想呀！就是住下了，住下了，不好搬動呀！」

我問她是否認識中文，她熱切地連連點頭。爲了證實她的誠實，她拖我到一個牆角，在一張用毛筆寫着「本店主人告白」的紅紙條前站下，她用贅牙的廣東話生硬地念着。念時她臉上顯出一股驕傲的光彩，那是我在她說「阿美利加好呀」時所沒有看到的。念完後當我稱讚她時，她興奮地拍着手，像個小孩子。那種興奮和驕傲也許是四十餘年前，當她誕生在她祖先的土地上，開始喃喃學習她祖先所慣用的語言時所曾經感受過的，也繼續被她記憶着的。

當我坐回牆角的皮椅時，我想，只要一個民族的文化和語言被它的構成份子繼續使用，也繼續引以爲驕傲的時候，我們沒有理由爲它的前途感到悲觀或者絕望。

在鄰近我的屋角的長椅上，坐着兩個乾瘦的小老頭子。他們是中國人，我猜想。他們看來像兩個乾瘦的花生米，長得很相似，額角都堆滿了皺紋，佝僂的身子裹在破舊的黑泥大衣裏，只剩一堆失却形狀的軀體。我猜不透他們的年齡，但我能確定生命在那破舊的黑色大衣下已所餘無幾了。他們細細的瞇在一起的眼睛也是相似的，甚至於他們脚上深褐色的皮靴子頭也都發着白，而固執地朝上撅着。他們唯一的分別是一個身旁斜倚着一個包白鐵皮頭的褐色拐杖，另一位却把兩手沒着落地放在膝上。望着這兩位像老猫一樣踡縮着而孤獨的老人，我的心溫熱起來了。

「對不起，我可以問你是中國人嗎？」我搭訕着想打開話題。

那位有手杖的把手杖往懷裏挪動一下，怔怔地望着我。這位臨近我的却迅速的眨動了一下眼睛，算是回答。當我再試着想說點什麼的時候，他憤憤地望着我，然後不耐煩地掉轉頭去，擠擠眼睛，望着對面屋角裏電視上正在進行得如火如荼的足球賽，最後索性閉起了雙眼。

他們不再搭理我，但我却憐憫地望着這兩個老人，竭力想從他們僵縮的軀體裏描繪出當年那個肩頭背負着小包袱，揮別了粵江口和勾漏山，想憑着兩條凸起肌肉的臂膀來北美新大陸打天下的年輕小伙子的影子來。當年，他們也許都曾有着美洲人到阿拉斯加淘金的那股狂熱，他們也許也都曾有過閃爍的理想和夢。而如今他們只能踡縮在這皮椅裏，在這古舊的、散發着潮濕氣味的旅店裏，當外面的世界正在喧囂、旋轉、飛躍，當對面電視銀幕上正殺聲震天，而那些驕傲的六呎巨人們正全身迸發着生命與活力，在跳竄、在狂喊、在征服，當這古舊的醬紫色地毯，當這貼着暗赤色「高陞發財」大字的牆壁都在開始發霉，他們，這兩枚被生命拋棄的乾瘦的花生米是否也開始枯萎？他們現在都閉起了眼睛。我不知道他們都在想些什麼。也許在那萎縮的軀體裏，思想和生命是同樣的遲滯，同樣的凋蔽，只剩下片斷的回憶，在古老的日子裏，在粵江三角州的荔枝園裏，在雷州半島的七星岩上。

晚飯後，這位許姓的華僑帶着我去參觀他們的宗祠會館。會館壁上掛滿了山水、字畫、和「祝開幕」之類的橫匾。橫陳的照片裏有揮手含笑的華埠小姐「伊莉莎白某」和中國舊曆年的舞龍。

中國人走到世界的任何一個角落裏都不會忘記他是中國人的。但是在唐人街，在黃昏中踽踽獨行的身影裏，在灰色的街道上白色的紙片隨風的飛舞裏，在鄰街傳來黑人猥褻的笑聲和醉鬼的歌聲裏，我敏感地想到許多問題，也感到一種深沉的悲哀和寂寞。

我聽說有一種纖細的植物，當你把它由肥沃的黑土移植到沙土中時，如果它的潛力和韌力能使它繼續生存，它的生命不會像它在生長的土地上時那般煥發，而略帶秋意。也許我們僑校中大綱式的「一，二，三，四」「我是中國人，我愛中國」的教育不足以滿足這些移植的種子的先天性的文化饑渴和民族優越感的需求？所以我看到的生命是遲滯的、疲憊的、饑渴的。

由於饑渴，我來到了唐人街。而在這裏，我看到了另外一批饑餓的人——他們和我來自同一塊土地。

我第二次到唐人街是和許多朋友一起聚會的一次晚宴上。當我告訴他們我有過獨自「問俗」的經驗時，他們的驚訝和責備的目光使我感到我所做的比我赤手空拳闖進非洲黑森林更爲冒失。有人讚嘆我的勇氣。而我只感到痛苦。這一次我又看到了那佝僂的身影，小店裏拿着粵語片說明書細細研讀的小學徒，污黑的水溝和黑人的白齒和浪笑。

唐人街，你爲什麼如此冷漠、疲憊、踡縮而又抑鬱呢？難道你不能再迸發着生命和活力，睥睨一切地歡笑在這異國的藍天下？難道我們可以向本地人眩耀的中國文化只是李鴻章的吐痰藝術，金陵酒家的炒麵、北京鴨，和我們華埠小姐身上緊身的綉花旗袍？你爲什麼如此沉默呢？唐人街，雖然這不是我們的土地，雖然黑暗裏黑人在犯罪、狂笑，雖然在你週遭的世界裏白膚色的六呎巨人們正昂起了頭驕傲的飛躍，唐人街，你，當你想到在古老的東方，在古老的黃金色的日子裏，在那片美麗的秋海棠形的土地上，雲雀曾經歌唱，而且也終將再歌唱，唐人街，你爲什麼不歌唱呢？你爲什麼不歌唱呢!?

民國四十八年十二月廿八日夜於西雅圖

(註一)Supermarket，如直譯則爲「超市場」，實爲菜場，其中由日用品牙膏、牙刷簡單用具，到各類生熟食物及至於電影雜誌等都可買到，此類市場，在美各地皆是。

(註二)拐騙

讀者投書

（一）

看國大幕後活動如此這般！

汪文瑞

中華民國第三任民選總統副總統，不是根據憲法產生，而係依動員戡亂時期臨時條款選出，已成定局，殆無疑問。因所謂法學家認為「修訂臨時條款並不等於修改憲法」，所以有人說：第三任總統將是依臨時條款產生了。

國民大會第三次大會主要的任務，是解除憲法第四十七條的規定，俾行憲首任總統得不受此限制，而能連任三次，四次……。尤其國民黨搞連任運動者與黨籍國大代表的看法，都是一致的擁護蔣總統連任三任總統。所不同者，而搞連任運動者不主張修改憲法，而主張修改臨時條款，可是國民黨籍國大代表，反對修改臨時條款而主張修改憲法，因為有這兩種不同的主張，所以才有「內閧」的新聞，使國民大會第三天次會議非但不能圓滿成功，而且蒙上一層陰影。

國民黨黨員不服從黨的領導，蔑視黨的決策，在國民黨自有黨史以來，恐怕要以黨籍代表這次的「表演」為最。黨籍代表與搞連任運動者，在鬪爭的過程中，遠事姑且不說，就以近事而言，就足以駭人聽聞了。如本月十日國民大會第五次會議，日程是討論修改臨時條款案，國民黨決策者原來預定該條款案在十日的那一天，必須完成二讀會，然而黨籍代表偏偏不聽話，硬要給國民黨當局難堪。當該案進行二讀會之前，即廣泛討論時，反對派代表便手執「自由中國」半月刊（三月一日出版的三版）說：「自由中國」雜誌反對臨時條款的「臨時」二字，從該刊再版兩次來看，於此可見社會人士的重視。

至於臨時條款案進行二讀會時，為什麼在討論「設置機構，研擬辦法」（該案第四條）而不連續討論呢？因為散會時間已到，故主席宣佈是不是「延長時間，繼續開會」而進行表決？表決的結果，同意繼續開會者只有三百多人，所以只好散會了。為什麼大部份代表不支持國民黨的預定計劃，而繼續開會哩？這其中不是沒有因素，且聽慢慢道來！

話得從五次大會舉行的前一天說起。九日的晚上，國民黨搞連任運動者，會分別採取幾種不同凡響的步驟。國民黨為了使臨時條款能夠「光榮」而「順利」的通過，乃派出「政府要員高官」，以各種不同的關係，分別拜訪黨外的青年黨與民社黨反對修憲及反對修改臨時條款案的國大代表，名為拜訪交換意見，實際上是進行遊說並探聽反應，以便對付或抵消反對的意見。同時為了對付黨內同志代表的反對，一方面用中興學會的名義，邀集「護航」的代表，在三軍軍官俱樂部舉行「護航」會議。是項會議，係由一位卸任秘書長所主持的。這位過時的秘書長，在會中假獻殷情，大賣膏藥。他說黨中央對代表同志們清苦的生活，至為關懷，目前正在設法，由三月至六月，代表同志的待遇，將比照立監委的待遇補發，這筆欵子是由招待費項下撥出的，已經沒有問題了。而且從本年七月份起，即調整待遇，本年度預算也編列了，我可以保證沒有問題云云。一方面由國民黨秘書長唐縱與谷正綱秘書長，在亞盟中國總會，於九日晚上九時，邀約整理「莫案、凌案、顏案、郎案」小組委員，即反對修改臨時條款案的十三位重要份子，進行幕後磋商。據與會的楊揚代表說：「（按：楊代表於十日下午五時許，在中山堂三樓國大聯誼會會客室，公開說的話）谷正綱希望：臨時條欵修正案，在十日的那天，能夠『一趕三』，完成三讀會的法定程序為最佳，因為他的反對，才改變為預定完成二讀會。當時，唐縱和他『咬耳朶』說：『余井塘……』，他以『我曉得……』答復，給唐縱碰壁。」故另外一位代表則感慨而言，此會為「對保會」了。據說：雙方吵得很不愉快。

此外，國民大會聯誼會幹事會，也於九日下午八時，在中山堂保壘廳，擧行臨時會。據說：會中討論國大代表今後「權」和「利」的問題。一是爭權；國民大會行使創制複決權，必須在此次大會閉會後，立即「設置機構」，從事「研擬辦法」；一是爭利，國大代表與立監委同為國會議員，其待遇與福利就必須一律平等。當時推派四位代表，於十日上午向國民黨中央黨部交涉云云。然而事實却出乎黨籍代表的意外，結果是敗與而返。此訊傳出後，已經是十日中午，於是代表同志們譁然了。搞連任運動者怕影響代表情緒，進而影響臨時條欵案的讀會，乃施以壓力，不得通知全體代表同志。但終於被反對修改臨時條欵案的代表曉得了，所以當天沒有完成二讀會的程序。

反對派的代表，指「護航」的代表為「報屁邀功隊」，因為反對派代表的一擧一動，一言一行，他們都要去報告，甚至放個臭屁，亦不例外。據傳說；「護航」的代表，在大會發言支持修改臨時條欵案等等，均可獲得另外的好處。惟護航者所得到的好處，也不是公平一律的。這便是一些幕後活動的一部份。

來函照登

敬啓者：頃閱　貴刊四十九年二月十六日第廿二卷第四期基隆通訊有關基隆海水浴場各節之報導，查與事實不符，茲分述於次：

一、本市海水浴場係由基隆市政府聘請有關機關主管及市議員等十三人為委員組成管理委員會負責監督浴場之業務經營及所有該場經費預算決算之審核。

二、本市海水浴場前曾交體育會及租與商人經營，均未臻理想，為配合觀光事業之發展，乃於四十六年度函准市議會決定以場養場自給自足為原則交與基隆市民衆服務處經營，該處於接辦之後，會向土地銀行貸欵十萬元作為該場修建及增加設備購置等費，將近十五萬元，加強秩序管理改善環境衛生，業務確有進步，至四十八年因遭受颱風，浴場房屋損壞頗鉅，該場無力修復，始呈准本會收回自營。

三、基隆市民衆服務處接辦海水浴場之第一年（四六年）所有計劃報告以及經費之收支均按規定手續報核至四十七年度以部分賬目手續尚欠完備送審後經本會於四八年八月十七日以基浴字第六號代電通知民衆服務處照審核意見分別更正申覆，檢據報核，並經民衆服務處於四十八年九月十六日以子佳民字第四號代電申覆（另附該處代電參閱）復經本會48年九月廿五日第三次委員會議決定「根據以場養場原則（四七）年度該場營業已無虧損，經費收支情形既經申復經核尚符，准予核銷」紀錄在卷，除於（四八）年十月三日將處理情形函達市議會查照外，並於四十八年十月九日以（48）基浴字第七號代電通知該處在案。

四、本案處理情形外界不察，多有誤會，甚有借此攻擊黨部及提名候選人者，頗感遺憾。本會職責所在，特略學事實經過，函請惠予刊露，藉明眞象為荷。

基隆市海水浴場管理委員會兼主任委員　余建中

讀者投書

(二)談大圈圈裏的小圈圈

小市民

敬愛的自由中國社編者先生：

這裏有我一些微弱的歎息，想借貴刋一角披露。我是今日臺灣千千萬萬以勞力謀生者之一，可是使我最難排遣也最感苦悶的是星期日，因爲平時我可以借繁重的工作來痲木我腦子的活勸，可是一到禮拜天，問題就來了，就在家裏苦悶，看電影當然喜歡，可是一想到一張電影票幾乎要使我工作一整天，也只得搖搖頭而不作此妄想了。

家裏就厭了，想到我們總統所倡導「育」「樂」兩篇裏的「樂」的問題，所以想趁着假日到陽明山去看看杜鵑花，出乎意料地奇蹟在此發生了（或許在臺灣這不算是奇蹟），陽明山後山「公園」裏的一塊最精華的花山，却掛上了「遊人止步」的木牌，很多人還站在外面「引頸興歎」呢。

我當時還以爲這是「公園」裏的什麽軍事機密地或是什麽國防要塞呢，後來又覺得不大對；旣然是有關國防機密的地方，又何必偏要設在萬人矚目的「公園」中呢？最後經詢旁人才知道是什麽「賓館區」，但我還是不懂什麽叫「賓館區」。後來他們說：「你知道從前北京城大圈圈裏的小圈圈嗎？」至此我才恍然如置身在滿淸皇朝時代的紫禁城外。

編者先生！在家裏我們納過稅，進「公園」我們買過票，圓山飯店固然去不得，想不到最平民化的「公園」還有走不通的路，我祇好徒歎莫奈何了。謹此敬請

撰安！

小市民敬上　二月廿七日

本刊增價啓事

敬啓者：本刊發行以來，已經十年有餘，在這十年的過程中，承蒙各界先進指導、鼓勵和支持，致使本刊獲得今日之成果，同仁等實深感激，謹此致謝。

惟本刊自四十一年十月十六日每册定價臺幣四元以來，倏忽已達八載之久。一般物價雖已上漲數倍，但本刊爲了減輕讀者負擔起見，則定價迄未調整。然現以實際情形實在難以維持，尤其最近半年以來印書紙張（按配售紙僅供本所需三分之一）及印刷費上漲甚鉅，本刊銷路雖然逐漸增加，但仍入不敷出，經再三研討，不得已乃決定自四月一日起調整定價爲每册臺幣五元，長期訂閱一年者，爲臺幣壹百元，訂閱半年者爲臺幣五十五元。然爲優待讀者，凡在四月一日以前訂閱者，仍照舊價收費，外埠當以郵戳爲準，事非得已，謹請

諒察爲荷。

自由中國社謹啓

本刊海外訂費一覽表（從49年4月1日起）

地區	期數	訂費	郵費		總計臺幣		折合美金	
		臺幣	航空	普通	航訂費	普訂費	航訂費	普訂費
歐美非洲	一年	100.00	252.00	28.80	352.00	128.80	8.00	3.60
亞洲	一年	100.00	180.00	28.80	280.00	128.80	6.50	3.60
港澳	一年	100.00	72.00	9.60	172.00	109.60	4.00	2.50
付款方法	1. 在臺灣交臺幣者請交當地郵局撥交臺北郵政儲金帳戶第8139號自由中國社。 2. 在外國交美金者請以掛號信內附現鈔即可，但以不超過160美元爲限。							
地址	中文：臺灣臺北市和平東路二段十八巷一號自由中國社 英文：Free China Fortnightly, 1, Lane 18, Ho Ping East Road (Section 2), Taipei, Taiwan							

自由中國　第二十二卷　第六期　內政部雜誌登記證內警臺誌字第三八一號　臺灣省雜誌事業協會會員　二〇四

給讀者的報告

今天的臺灣，一方面是國民大會還在開會，一方面是下屆省議員和縣市長卽將改選，因此我們這一期把重點放在這兩方面。

我們發表與國民大會有關的文字，有社論二篇和專論三篇。社論是社論㈠「怎樣才使國大的紛爭平息了的！」和社論㈡「論無記名投票——進步的民主制度」；專論是董時進先生的「致全體國大代表書」，王嵐僧先生的「一個要求．一條大道」，和龍在天先生的「異哉！所謂國大代表總額問題！」我們在社論㈠中指出國大紛爭平息的因素，並因此可能在政治上發生的嚴重後果。我們在社論㈡中說明了無記名投票的進步性，以及國民黨爲何恐懼此一制度。至於董先生的大文，是向全體國大代表說的幾句簡要具體的話；王先生的大文是勸告國民黨當局，不要亂飛帽子；龍先生的大文是針對國大代表總額問題，提出了一些具體的說明。

至於我們發表與下屆省議員和縣市長選擧的文字，有社論一篇和專論三篇。我們在社論㈢「對於地方選擧的兩點起碼要求」，指出爲達到選擧的公平合法，國民黨沒有拒絕各黨及無黨無派要求同派管理員和監察員的理由。至於李福春和李賜卿兩先生的「揭穿國民黨所謂安全措施下的選擧舞弊」，是根據實際參加地方自治的經驗而指出。兩位李先生都是現任臺北市議會以敢言而著稱的議員，意見自値得特別重視。楊基振先生的「爭取臺灣地方選擧的重點」，林觀道先生的「從臺中縣地方選擧實例談到公平合法」，也都是據親身經驗和現實事例而提出，同樣値得我們重視。

胡適先生的「赫爾回憶錄序」，大文雖然是胡先生在十多年前寫的，因他覺得「此文寫赫爾在議會一大段，似値得重提」，所以最近特交本刊發表。

徐訏先生的「江湖行」稿，因遺失後尚未能補寄到，故本期尚不能刊出，至歉。

某先生寄下「中等學校教官工作座談會意見彙要表」一份已收到，謝謝！臺南克×先生來函已收到，關於先生引證某報南部版消息，而封修憲問題所發評論，雖極爲可貴，但因本刊已發表文章甚多，恕不發表了。屛東安×先生「我們居於五等三的時代」投書已收到，所評國大代表總額問題，所見和我們不謀而合，因本刊上一期社論㈢及本期龍在天先生專論已有詳盡評論，恕不發表了。

中壢龍岡郵政七五四八附一信箱李××、中壢郵政七六九九附九號高××、嘉義市陳××、嘉義水上孫××、內埔李××、臺中郵政第七五九〇號黃××、陳××等七位先生來信均收到，各位都是對本刊第廿二卷第一期丘仲言先生的「一個軍人對『以軍爲家』運動的看法」表示不同甚至相反意見。各位先生的意見，儘管有的措辭很激烈，甚至用若干惡毒的字句罵丘先生乃至本刊，但我們總因爲這篇文章之引起各位一致重視而特別檢討。經過我們再把丘先生的文章反覆細讀，發現各位先生之中，有的是誤解了丘先生的意思，有的是沒有針對丘先生的意見辯難，所以都不想發表了。不過，我們正考慮是否另請丘先生再寫一文，使各位不至發生誤會。最後，並希望各位把本刊所載丘先生的文章，翻出來再平心靜氣的看看。

自由中國　半月刊　第廿二卷第六期　總第二四九號

中華民國四十九年三月十六日

發行人　雷震

主編　『自由中國』編輯委員會

出版者　自由中國社
社址：臺北市和平東路二段十八巷一號
Free China Fortnightly, 1, Lane 18, Ho Ping East Road (Section 2), Taipei, Taiwan.
電話：二八五七〇

航空版　友聯書報發行公司
（香港九龍高打老道一一〇號）
電話：五九一六四、五九二六五

總經銷　自由中國社發行部

經售處
美國　紐約友方圖書公司 Hansan Trading Company, 65, Bayerd Street, New York 13, N.Y., U.S.A.
紐約光明雜誌社 Sun Publishing Co., 112, Mulberry St., New York 13, N.Y., U.S.A.
韓國　漢城裕昌德號
馬尼刺　新疆書店
緬甸　仰光振成書報店
印度　阿拉哈巴中印文化出版社
北婆羅洲　西利亞坡青年書店
星加坡　友聯書報發行公司（小坡大馬路四六九號）
吉隆坡　友聯書報發行公司（馬華公會大厦三樓七室）
怡保　友聯書報發行公司（希尼華沙甘街十六號）
檳城　友聯書報發行公司（林連登律七十二號）
澳門　友聯圖書公司

印刷者　精華印書館股份有限公司
廠址：臺北市長沙街二段七一號
電話：三三四二九號

本刊經中華郵政登記認爲第一類新聞紙類　臺灣郵政管理局新聞紙類登記執照第五九七號　臺灣郵政劃撥儲金帳戶第八一三九號
（零售：臺灣每份臺幣四元，海外平寄美金一角五分，航寄美金三角）

自由中國

FREE CHINA

第二十二卷 第七期

社論

讀者投書

中華民國四十九年四月一日出版
社址:臺北市和平東路二段十八巷一號

半月大事記

三月十一日(星期五)

總統明令公佈戡亂時期臨時條欵。

國大四讀通過修改動員戡亂時期臨時條欵案。

美所射太空探測星球，順利進入太陽軌道。

在赫魯雪夫赴法之前，麥米倫應邀赴法，與戴高樂舉行密談。

三月十三日(星期日)

義大利境內飛彈基地，業經秘密建成，可逕射擊俄及東歐鐵幕國家。

俄機高空拍照，秘攝全英實景。

三月十五日(星期二)

艾德諾晤艾森豪，說明柏林問題立場。艾德諾反對與俄成立臨時協議。

十國裁軍會議在日內瓦揭幕。

三月十六日(星期三)

東西方在裁軍會議中，分別提出裁軍建議，雙方堅持本身建議作談判基礎。

艾森豪談裁軍問題，謂西方計劃較俄為優，但他小心地避免批評或拒絕共產集團的建議。

李承晚第四度連任韓國總統。

艾德諾建議：西柏林在高層會前，舉行一次公民投票，讓人民表示對柏林前途的意見。美認該建議很有意義。

三月十七日(星期四)

美向裁軍會提出主張禁止武器射入太空。

三月十八日(星期五)

匪非法監禁華里柱主教，美國務卿發表聲明，斥匪迫害天主教徒。

三月十九日(星期六)

俄在裁軍會議建議，簽訂一項部份禁止試驗核子的條約，但以美英兩國答允在一個無定期的期間內和俄一致不進行任何試驗為條件。

三月廿日(星期日)

美國務卿警告：對高層會議，不能過份樂觀。

三月廿一日(星期一)

國大開首次選舉大會投票選舉總統。

蔣中正當選連任中華民國第三任總統。

三月廿二日(星期二)

國大第二次選舉會，陳誠當選副總統。

西方在裁軍會議提出建議：設立周密控制制度，達成核子裁軍協定。

赫特在參院外委會為援外作證，斥俄侵略目標未變，促美切勿鬆弛戒備。

匪迫害華里柱主教，美提出強烈抗議。

三月廿三日(星期三)

赫魯雪夫抵法訪問，與戴高樂秘密會談。

三月廿四日(星期四)

裁軍會議對管制裁軍條約，暫行同意六項原則，然而雙方對於自該等初步原則如何進行的意見，仍極分歧。

美國務院發表文件說明，柏林共同佔領區，不屬任何國家領土，不承認是東德一部份的說法。

對監禁華里柱主教一事，匪拒絕美抗議。

三月廿五日(星期五)

對俄所提禁試建議，麥米倫圖促美接受妥協辦法，俾避免危及最高層會議。

赫魯雪夫與戴高樂繼續舉行會談。

國民大會第三次會議閉幕。

美國務卿強烈表示，反對蘇俄所提基於信用而不基於視察的禁止小型地下核子試驗的計劃。

三月廿六日(星期六)

麥米倫赴美訪問，會商禁試核子問題，協調盟國禁試核子的計劃。

赫魯雪夫抵法國波爾多。

美一列軍用火車駛往西柏林，俄藉故阻撓。

『自由中國』的宗旨

第一、我們要向全國國民宣傳自由與民主的真實價值，並且要督促政府(各級的政府)，切實改革政治經濟，努力建立自由民主的社會。

第二、我們要支持並督促政府用種種力量抵抗共產黨鐵幕之下剝奪一切自由的極權政治，不讓他擴張他的勢力範圍。

第三、我們要盡我們的努力，援助淪陷區域的同胞，幫助他們早日恢復自由。

第四、我們的最後目標是要使整個中華民國成為自由的中國。

社論

(一)

蔣總統如何向歷史交待？

經由這一次國民大會修訂憲法臨時條款，蔣總統終於當選連任了。我們基於對將來的期望，在這裏，鄭重地表示慶祝之意。

蔣總統這一次的當選連任，大家都知道，是付了很大代價的，包括有形的和無形的，精神的和物質的。這一份重大的代價，究竟可以換來一些什麼，歷史家的天秤將會絲毫不爽地秤出來。秤出的結果，是雙方平衡，還是一個差額，如果有差額的話，差額是個正數，還是一個更大的負數，這都要看蔣總統在今後這一任期當中的作爲了。

有人說，憲政根基的維持和民主傳統的培養，固然要緊，反攻復國、解除大陸上五六億同胞的苦難，同時使海外一千多萬同胞有一個可以歸宿或精神寄託的祖國，更是要緊。兩事相權，寧可在民主憲政方面犧牲一點，使反攻復國的大業得以早日完成。這一說詞，無疑地是以蔣總統在今後六年以內能夠打回大陸去爲前提的。如果這個前提有充分而堅強的客觀論據，我們想，除掉共匪黨徒以外，只要是中國人大概都樂於接受這一說詞。反攻復國，打回大陸去，這太叫人興奮了，任何犧牲，我們也當在所不惜。可是本着我們的認知，我們實不敢過於作天眞的樂觀。多年來我們寧可受到多方面或眞或假的指摘和毒罵，一貫地反對空喊反攻口號，而主張在民主法治的前提下，切切實實革新政治，爲建國樹模楷，爲復國作準備。到現在，我們的態度還是如此。所以當着我們慶祝蔣總統再度連任的今日，我們也不裝出以大義責人的樣子，責備蔣總統要在這一任期內完成反攻大業。如果眞的在今後六年以內反攻復國了，自然是我們所歡欣鼓舞的。但是我們本着知識的責任，不願引用官方經典中幾乎每篇都可看到的「革命精神」、「精神勝於物質」這一類的話，來苛責政府即日發揮革命精神打回大陸去。有人認爲，這樣作對於我們的刊物倒是有利的，說眞話，反而惹人毒罵。但是，我們決不這樣作，也不這樣想。歷年來我們責備於政府的，只是些可爲而不爲的事，至於不能做到的事，我們絕不故唱高調來和政府爲難。過去如此，現在還是如此。

我們既不責備蔣總統在今後的任期內非完成反攻復國任務不可，那末，我們還期望些什麼呢？

爲建國樹模楷，爲復國作準備。概括地說，我們還是這一句話。

這一句話，現在做起來，比六年前蔣總統就任第二任的時候，要難得多了。因爲近年來臺灣在經濟方面固然有些進步，如農業技術的改進，電力的大量增加等等；可是黨政方面寡廉鮮恥的作風，一天甚似一天，司法界的貪污腐化，一天普遍一天，爲目的而不擇手段的事件，出之於官方的一天多一天，以致世道人心敗壞到不堪聞問的地步。在這種情形下，任何好的改革方案，不見得能夠實行，實行起來，也很難保證不變樣。蔣總統經常以「廉恥」「責任」訓誡文武屬僚，但聽訓者大都陽奉陰違，面從而心不服，這不只是關於某些個人的品德問題，而是時代的病根太深了。所以我們說在今天要做點「爲建國樹模楷，爲復國作準備」的切實工作，比六年前要困難得多。

儘管如此，但我們決不能一味地消極悲觀。壞，是由「人」搞壞的；好，也得由「人」來作好，靠人爲而不委之於天命，我們才有出息。所以我們仍得鼓起勇氣，對今後的政治方向和政治措施，備要地說一說。

就政治方向講，民主憲政是我們政府所一向標榜的。在法制方面，民主憲政若干必備的條件，大體上也不太缺乏。問題只在實際政治每每與法制背道而馳。這是最根本的癥結所在。爲政最忌的是示人以「僞」。政府示人以「僞」，則天下相率爲僞而心照不宣。政風敗壞，社會道德墮落，都以此爲根源。如果不從這個根源上矯正，則近年來日趨下流的政治趨勢，恐怕別無辦法可以挽回。所以說到政治方向問題，政府所一向標榜的民主憲政是再正確不過的，我們只要求在這一標榜下，做到名實相符——存誠去僞。

目前正在進行中的臺灣省地方選舉，正可考驗政府有無實施民主憲政的誠意。關於這方面，本刊已經常注意它的發展，根據各方的報道，分別予以評論，這裏不必多說。

至於其他方面的政治措施，關涉的部門很多，但當前最顯得危機嚴重的，財經問題是其中之一。我們在上面提到的近年來經濟方面的一點進步情形，那究竟是屬於局部的，對於整個財經問題的日趨嚴重化，不能發生扭轉作用。整個財經問題的嚴重化，不是枝枝節節的改進所可挽回，而要從財經大計方面重新考慮。西德是靠美援而復興的，南越運用美援也頗得法。我們的財經無可諱言還是在靠美援來支持。西德與南越的經驗，爲什麼不可以作爲我們的借鏡呢？「軍事第一」「國父遺教」這些大帽子的口號主義、教條主義，使我們在許多方面不能面對現實作應有的改革，而財經方面更顯得是如此。財經問題最直接地關係到人民的日常生活，也最關係到政治風紀。所以我們要特別提出這個問題扼要地講幾句話。

應有的革新，當然不限於財經方面。兩年多以前我們曾發表過一序列的

「今日的問題」。在那裏幾乎包括了當時急待解決的問題的全部。可是時間經過了兩年多，當時的「今日」的問題，現在還是「今日」的問題。不僅絕大部份原封未動，而且有些更比當時惡化。我們不敢說，在那些文章中我們所發表的意見，完全正確，至少至少也當可以提醒當局面對那些問題認眞地考慮。可是事實上不是如此。近年來政治上的措施，似乎是一味地以粉飾爲能事，以虛張的宣傳來自我陶醉。實際的問題，從不從根本上去檢討。其實，居高位的官員們並不一定都是不懂問題的人，但他們所置身的政權，既是只以維持政權本身爲目的，所以他們也就以保持自己的官職爲要務。於是只好在例行的公事上面因循敷衍，不敢作根本改革的企圖。這也難怪我們過去所提及的「今日的問題」，到現在還是「今日的問題」。

我們希望過去的盡成過去。所以我們重提兩年多以前所談的那些問題，希望在蔣總統第三任期中，能够把過去的種種積弊澈底檢討，切切實實地做些「爲建國樹模楷，爲復國作準備」的工作。

「天下爲公」，是說要「無私」；「民無信不立」，是說要「去僞」。這兩點是一切革新所必須的主觀條件。我們希望蔣總統在他的第三任以內大大地發揮其領導作用，以事實示天下以「無私」，以事實示天下以「無僞」，把政治風氣開朗起來。於是才可爲建國復國顯出一道曙光。

後世的歷史家對蔣總統的功過，不能憑空增加一分，也不能憑空減損一分。今後的六年，大概是蔣總統向歷史作最後交代的階段。功過相抵，我們慶祝他在中華民國史中仍能享有豐功偉績的榮譽。

社論

(二)

韓國的流血選舉與反對派的榜樣

上月十五日，大韓民國舉行一九四八年獨立以來的第四次大選。在這次選舉中，自由黨的李承晚總統以八十五歲的高齡，競選第四屆連任；反對派民主黨自其總統候選人趙炳玉於選舉前夕病逝美國後，未獲充分時間提出新的候選人。副總統的競選陣容仍如上屆選舉，由民主黨的張勉對自由黨的李起鵬，但投票剛行開始以後，這位在上屆選舉中大獲全勝的民主黨副總統，却突然宣布完全退出競選。於是這次韓國大選結果，便成了一面倒的選舉，一面倒的勝利。

韓民主黨副總統候選人張勉博士所以突然退出競選，原因當然並不簡單。從遠的方面講，韓國獨立以來雖只舉行四次總統選舉，但執政黨方面爲了能完全控制選舉，使其候選人的當選絕對萬無一失，曾根據當時情況一再修改憲法。一九四八年首屆選舉，總統副總統是由議會選出的；嗣後議會與政府爲難，執政黨失去了對議會的絕對控制，兼以當時李承晚總統以領導韓戰，在國民大衆中聲望極高，所以一九五二年選舉，總統副總統選舉便由議會改爲人民直接投票。可是爲時不久，這一情勢又完全倒轉，於是一九五六年選舉前後，韓執政黨一再設法，企圖要把這一憲法修改回去，終以未能在國會掌握三分之二的絕對多數，而未克如願以償。因此在本年這次選舉籌備期中，韓執政黨以大權在握，運用一切可能的手段，圖使反對派民主黨處於絕對不利的地位。如選舉日期由原定的五月突提前在三月舉行，使當時身患重病的民主黨總統候選人根本無法進行競選，便是這種手法中最明顯昭著者之一。再從近的方面講，自本年競選活動開始以後，韓國各地即不斷發生流血事件。先是有兩名民主黨助選人被殺，數人受傷，隨後在正式投票前夕，在韓國東南方的海港馬山，當地警察竟向示威的民主黨學生羣衆實彈射擊，結果造成了二十人死亡，九十八人受傷的大流血。一時漢城、釜山、光州等各大城市，羣衆大規模示威，激烈抗議政府這種暴行。可是執政黨對選舉的全面操縱，正如反對派民主黨人所指出，不但未因這種暴行的公諸於世而稍行斂跡，反而更變本加厲，肆意控制到底。諸如在正式投票前以自己選票先行塞進票櫃，禁止民主黨監票人接近投票場所，實行三人集體投票，從中監視，眞是弊竇百出，不一而足。在這種情形下，韓國民主黨除了毅然退出競選，讓執政黨一手包辦，以保持自身的榮譽與清白外，試問還有何途徑可資選擇？

三月十八日，當韓國執政黨召開議會，正式宣布李承晚與李起鵬當選結果時，出席議會的五十多位民主黨議員，立即由其國會領袖郭尚勳作代表，先行登臺發表了一項簡短有力的聲明：「李博士的自由黨，深知該黨由於過去十二年來的劣政無法經由自由選舉恢復權力，故在三月十五日的選舉中，採取非法和極邪惡的手段，完全摧毁了民主基礎所繫的選舉制度。由於這次大選是一項偷竊人民的主權的行動，因此我們宣布三月十五日的選舉完全非法和無效」。然後，民主黨的全體議員，一面齊聲高呼口號：「三月十五日的選舉是無效的，非法的」，「殺人犯的政府應該辭職」，「讓我們再舉行一次總選舉」，一面大家一齊走出了議會。就在這同時，在漢城出版的親民主黨及獨立派的報紙，於報導來自美國、英國、法國和日本批評韓國這次選舉的新聞時，各報不約而同地都刊出橫貫全版的大標題：「最骯髒污穢的選舉」。由於這些事實，所有關心韓國這次選舉的人士都一致感到：韓國這次選舉雖已告結束，但其後果如何尚未判明；尤其一般民主先進國家對韓國這種行爲所發生的觀感，絕不會在短期內消除的。

在此，我們只舉出一些來自美國的例證。㈠三月十四日，當韓國各地發生一連串暴力行動時，美國務院發言人懷特便嚴正聲明：「美國對於大韓民國的公正選舉及民主政治的命運，深爲關切。大韓民國肩負有一個艱鉅的任務，就是在鐵幕邊緣維繫民主政治於不墜」。㈡接着，艾森豪總統本人對記者說：「我對韓國選舉發生暴行，深爲遺憾」。㈢三月十六日，赫特國務卿在召見韓國駐美大使梁裕燦時，曾面告這位韓國使節說：「李承晚總統的當選連任，因韓國各地所發生的暴行而受汚損。這實在是一件非常不幸的事」。這三位美國人物的談話，沒有脫離慣常的外交辭令，但就在這極盡潤色的外交辭令背後，我們不難發現美國政府對這次韓國選舉的憤怒。尤其像艾森豪總統這樣一位穩健而寬厚的人物，今對韓國選舉竟發表那種談話，足見他對此事的深惡痛絕已到了不可掩飾的地步。韓國大使梁裕燦先生晤見赫特國務卿後說：「赫特並無批評李承晚政權之意」，也許如此；但赫特國務卿顯然沒有對韓國這一行動表示恭維。照一般外交慣例，李承晚總統當選四屆連任，作爲韓國最重要盟國的美國總統，應該致電一通表示恭賀之意，但遲至選舉揭曉後兩週期中，我們還未看到艾森豪發出這一賀電。美國這一態度，也足夠韓國執政黨深思了。

大韓民國自獨立以來，所號召於韓國人民及世界的，便是說大韓民國有民主自由，而北韓傀儡只有極權獨裁；過去數年聯合國每次討論韓國問題時一再所堅持的，也是要整個韓國必須經由自由公正的選舉而獲統一，反對共黨所提的韓國自行協商辦法。可見自由民主、公正選舉爲大韓民國所賴以立國的根本精神，有了這種基本精神，大韓民國現時縱然還未獲得統一，整個人心總是向着韓國政府的；反之，若這種基本精神一旦失掉，則大韓民國不僅將失去聯合國內各國的同情及韓國所代表的道義力量，而且亦將使大韓民國與北韓政權進行長期鬪爭的地位爲之大加削弱。正如美國務院發言人懷特所暗示，經過這次不公正的選舉，作爲鐵幕邊緣自由櫥窗的韓國民主政治已奄奄一息，試問今後大韓民國將以何種號召來影響韓國人心？將以何種說辭來爭取聯合國大多數會員國的同情？將以何種理由來堅持韓國要在自由選舉中實行統一？平心靜氣來看，韓國這次選舉的結果，眞是以一黨的利益，犧牲了國家的利益，執政的自由黨總算繼續維持住了自己的政權，但受損害的却是整個大韓民國。

韓國此次選舉所以要發生這些弊端，根本起因也許在於執政黨候選人的堅持四次連任。本來一國總統的選舉祇要憲法未作嚴格的限制，連任四次五次，甚至七次八次，都未嘗不可。但這種連任必須要眞正符合國家的實際利益，必須要爲大多數選民所愛戴。至於大多數選民是否眞正愛戴這一候選人，其唯一可靠的測驗，便是同時允許一個旗鼓相當的對手，在絕對公正安全與自由的條件下實行平等競選，讓人民作自願的選擇。如一個候選人眞正爲大多數人民所愛戴，他正如羅斯福總統一樣，絕對會經得起這種考驗，絕對會當選四次連任。假若一個候選人並不眞正爲選民所愛戴，他就會怕這種考驗，就會運用別的花巧使自由選舉變成爲不可能。結果即使連任十次一百次，也不過爾爾。從這一標準來看韓國這次選舉，顯然看出它並不是一個成功的例子，而是一個失敗的例子；不是一個使人敬仰的例子，而是一個使人惋惜的例子。

這次韓國選舉對民主政治所產生的最重要的意義，也許還不在選舉期中發生了流血暴行，而是在於反對派民主黨所表現的精神和風度。說選舉舞弊，韓國這次選舉絕不是在東方僅見的一次；說反對黨所表現的精神和風度，韓國民主黨這次却作了一次最佳的榜樣。我們試想想，在這次選舉期中，韓執政黨把持了一切政府權力，民主黨的競選與助選人員有隨時隨地喪失生命的可能，而各級民主黨幹部竟在這種威脅利誘之下，不怕艱困，堅持原則，光榮競選，光榮退却，實在可貴極了。所以這次韓國選舉結果，自由黨雖獲得了它所追逐的政治目標，但已失掉了人心；民主黨雖全盤敗北，但已建立了一個可貴的模範。任何政權絕不會長遠繼續維持，韓國自由黨假若有朝一日失敗，這種失敗就種因於這次選舉；韓國民主黨假若有朝一日獲勝，這一勝利的動力也是得自於這次選舉。

社論

就地方選擧向國民黨再進一言

（三）

關於卽將在這個月內擧行的地方選擧，我們在上一期的社論「對於地方選擧的兩點起碼要求」中，說明了應由各黨及無黨無派候選人共同推派管理員和監察員的理由。事實上，那是保證此次省議員和縣市長選擧能公平合法的起碼要求，早就是在野黨和地方人士所一致公認，而且已經一再向國民黨提出了。

可是，直至三月十六日出版的「民主中國」上，蔣勻田先生發表的「面臨選擧話滄桑」一文中却透露：國民黨非但堅決拒絕共派管理員的合理要求，而且連已經承諾了的共聘監察員、並「擴大監察系統的職權」一事，還在使用「推」「拖」的一貫手法。現在，大家爲求此次選擧能做到公平合法，自只有堅持共同參加監察工作的條件，並要求國民黨實踐諾言，眞正「擴大監察系統的職權」。最近，消息傳來，關心地方選擧的在野黨及無黨無派人士，在一次三十多人的座談會中歸納所得的十五點意見裏，便特別注重監察工作方面的要求。在這次參加座談的三十多人中，除掉民社黨的蔣勻田、青年黨的夏濤聲、朱文伯等少數幾位之外，其他像李萬居、吳三連、謝漢儒，高玉樹、楊金虎、石錫勳、何只經、陸雲皆、郭雨新、林丕讓、李福春、郭發、王地、李秋遠、李源淺、葉炳煌、黃千里、許世賢、郭國基、李賜卿、余登發、宋霖康、楊玉城等各位先生，非但是地方上知名之士，代表了各方面，而且是過去或現在實際獻身地方自治，並多數準備參加這次省議員和縣市長競選的；僅此一點，便可知道所提意見之值得重視了。很明顯，假使大家連參加監察工作的最後要求，也像四十六年的第三屆地方選擧一樣，遭到國民黨的無理拒絕，則發表聲明，集體退出競選之說，便很可能在投票前夕出現。

不過，上面所提到的同辦監察工作，最主要的目的，還是在防止國民黨於投票開票時違法舞弊。其實，在投票之前的一段過程，國民黨的違法行爲，仍足以破壞整個地方選擧，自不容忽視。

現在，候選人的登記工作正在進行，到四月三日便可截止；接着在四月十四日便要公告候選人名單，同時展開競選活動。我們鑒於過去的種種事例，希望國民黨當局，千萬不要指使或縱容自己的幹部，採取違法手段，阻撓競選。

說到登記，依照現行地方自治有關法規的規定，無論何人參加省議員或縣市長競選，只要具備法定資格，便可按照法定程序辦理申請登記手續。可是，在去年十一月臺中縣梧棲鎭選擧鎭長前，非國民黨的鎭民尤世景準備辦理鎭長候選人登記時，該鎭公所秘書兼選務所主任楊澄淸，居然利用職權，故意刁難，不發給戶籍謄本，使尤君無法依限持戶籍謄本辦理登記工作，以至使得縣議會、省議會、縣政府、省政府，乃至輿論界都爲之震驚。在此次辦理省議員和縣市長申請登記過程中，但願類似的醜聞，不再發生。

至於任何非國民黨提名的候選人，一經依法登記之後，不管其在選民中的聲望如何高，以至當選的希望多麼大，國民黨自只有聽其依法競選。然而，在過去，國民黨却利用兵役行政機關的權力，把臺中縣縣長候選人王地徵調服役；甚至利用軍民聯歡大會的方式，把臺南市長候選人葉廷珪的六名助選員扣留，直等到選擧完畢後才放行；諸如此類，已屬駭人聽聞。可是，到了去年年底選擧鄉鎭長時，居然更變本加厲，連一位登記爲臺中縣沙鹿鎭鎭長候選人的陳守枝，竟被「綁架失蹤」，弄到兒子不得不向警察局報案，請求追尋下落。流風所及，到了去年年底，國民黨爲了臺北市中華路龍華里一個小小里長的競選，在政府所在地甚至也不惜採取類似的手法，對付一位不接受黨的「勸導」而參加里長競選的尹毅。據四十八年十二月十四日「公論報」指出：「在選擧的三天前，尹毅還被請到五分局去，爲表示效忠，除保證不作競選活動外，還寫下了萬一當選得準備下來的一張辭呈。」此種透過警察機關，以求威脅和制止自己「同志」的手法，當然也是絕對違法的。近從各報的報導中看來，國民黨員鑒於黨內提名候選人之不公正和不民主，並鑒於不獲提名反獲選民支持而當選的種種實例，已紛紛準備脫黨競選。因此，我們非但希望國民黨不再用「綁架失蹤」的手法阻撓非國民黨籍的候選人，也希望不再用透過警察機關的手段，去威脅非黨內提名的脫黨競選人員。

至於候選人競選活動中的發表政見，是屬於競選的主要途徑，只要沒有違法之處，自不容妄事限制或干涉。可是，在過去第三屆省議員競選和第四屆臺北市市議員競選時，非國民黨的候選人郭國基和助選人郭雨新，便由於在發表競選政見和助選政見時，對政府的施政得失，以及官吏的違法瀆職，提出了較爲率直的嚴厲抨擊，便被黨報、官報、乃至治安和司法人員指爲「違背國策、詆譭政府」。所幸兩位郭先生留有錄音片，才沒有受到國民黨所企圖加之於身的「莫須有」罪名。現在，由於「臺灣省妨害選擧罷免取締辦法」中，除對競選活動增加了若干不必要的限制外，又特別明定發表政見不得「違背國策或無事實謾罵政府」；另據三月十八日臺北市第二屆省議員和第四屆市長選擧事務所公布的「候選人政見發表會實施辦法」規定，又在所謂「違背國策或無事實謾罵政府」之外，另增加「或攻訐誹謗他人之言論」一項。一個辦理選務的事務所，是否有權力擅作規定，希望有關當局査究，姑不置評。然而，事實十分顯然，凡此種種限制，涵義原極籠統，標準更難確定，但願在此次競選中，國民黨不至利用此類條文，干預或制止非國民黨提名的候選人發表政見。

以上所說，還只是一些屬於低調的意見，其他如不得再用軍、警、公、敎人員助選，以及用獎助金之類名義賄選，也同樣的重要，但我們只想留待以後再說了。

臺灣地方選舉的「三黨主義」

朱文伯

一、前言

「三黨主義」，這個名詞是我杜撰的，和三民主義之爲孫中山先生所創造的一樣。因此在進入本文以前，不能不先將這一名詞的意義解釋一番。

首先要申明的，這裏所謂三黨，不是指現階段自由中國的三個合法政黨——國民黨、青年黨、民社黨。和三民主義之爲民族主義民權主義民生主義的綜合體一樣，「三黨主義」乃是「黨族主義」「黨權主義」「黨生主義」的綜合體。簡明言之，「三黨主義」，就是「黨族主義」、「黨權主義」、「黨生主義」。

孫中山先生說：三民主義就是救國主義，是就其總括的目的而言。以此類推，三黨主義也可以說就是「黨天下主義」。

孫中山先生分述三民主義的目的是：

民族主義在求國際地位平等；

民權主義在求政治地位平等；

民生主義在求經濟地位平等。

我也「遵古法製」，分述三黨主義的目的是：

黨族主義在求政治權力的獨佔；

黨權主義在求選舉權力的獨佔；

黨生主義在求經濟權力的獨佔。

下文再分項說明。

二、黨族主義

臺灣光復後沒有好久，我就來到臺灣，並且擔任過新竹縣縣長和省政府委員。就我冷眼觀察，臺灣人民對於政府本來是普遍具有好感的，尤其對於蔣總統領導抗日戰爭，獲得最後勝利，使臺灣同胞能够脫離日本的統治，重回祖國的懷抱，年長的人多感激得流眼淚。爲了維持這種好感，辦理選舉有兩種途徑可循。一種是用簽署提名的方式，讓人民自由競選，政府和政黨均不加干預。這樣辦選舉，地方派系之間雖難免沒有恩怨糾紛，但政府「天下爲公」的作風，在民間可發生好感，在國際也可獲得好評，至少限度，不會引起「不民主」與「假自治」的責難與煩言。另一種是政黨提名的方式，三個合法政黨在平等的地位上，各別推薦候選人，並共同辦理選舉，共同監察選舉，勝負全憑選票，不恃權力。這樣辦選舉，縱有是非得失之辯爭，但只是法律的與政策的指責，由於各黨黨員中有本省人，也有外省人，民主政黨相互間，用和平手段作理智鬪爭，情感上不會激憤到橫決的程度，並且可以冲淡了本省人與外省人之間的地域性的疑忌與隔膜。不幸這種建設性的建議，不爲政府與執政的國民黨當局所接納。他們基於壟斷與排他的心理，爲了獨佔政治權力，推行選舉的「黨族主義」。所謂政治權力，不外議會的立法權與政府的行政權。國民黨的輔選方策，是縣市鄉鎮的行政首長，必須全數爲國民黨提名的候選人當選；省以下各級民意機構，必須爲國民黨同志所絕對控制，所佔席次至少應有百分之七十。爲了準備今年四月臺灣省四屆縣市長與省議員的選舉，遠在一年以前，國民黨中央就頒發有「總動員命令」式的黨內通告，其結論是：

「選舉是黨的總體戰，從黨的中央到地方，從黨的組織宣傳情報以至民衆運動，所有全黨的人力財力智慧都集中於組織，爭取選舉的勝利。同時選舉也是黨的力量的總檢查，組織是否健全，宣傳是否有效，情報是否靈通，民衆對本黨是否信任，都通過選舉作綜合的考驗。明年第四屆省議員暨縣市長的選舉，轉瞬即屆，預料各種情況，吾人均須提高警覺，其成敗關係反共抗俄革命事業之前途亦至鉅。我們應團結一致，集中全黨的力量與智慧，爭取選舉的全面勝利，並奠定臺省民主政治的優良基礎。」

綜觀整篇通告，主旨只在盡全智，竭全力，以求全勝，對該黨總裁蔣先生所公開昭示的「節約守法」，與一般人民所希望的「公平公正」的選舉原則，却一字不提。求得勝利本來是競選的目的，可是不守法不公正的勝利，既不民主，也不光榮。「上有好者，下必有甚焉者。」上級黨部爲了目的，竟不諳誡黨幹們選擇手段，注意守法，地方黨部自然就無所不爲了。關於候選人提名的方式問題，是政黨內部的事，局外人不便過問。提名以後，因爲只許勝利，不許失敗，高級黨政人員雖也官樣文章的公開希望黨外人士踴躍參加競選，但地方黨幹却唯恐他人逐鹿問津，千方百計造成「一人競選」的局面，使候選人能不競而當選。過去的事實告訴我們，不僅同黨的人不許違紀競選，就是對黨外的人，也要運用特殊權力誘脅有志競選的人「讓賢」。如果不聽勸導，競選的時候，活動必受到種種阻撓，即使擊敗黨定候選人而當選，由於「司法配合國策」，在選舉訴訟時也多被判決當選無效。縱或通過法院這一關，就職以後，如係行政首長，任期以內，一方面因所有重要僚屬均是黨員，故意不聽約束，行政方面無法自由指揮；一方面因同級議會完全受黨控制，受氣挨駡，自然不在話下。如係民意代表，則因發言的限制，質詢的限制，議事規則的束縛，紀律委員會的嚇阻，除點綴民主以外，無法克盡言責。總而言之，國民黨的輔選方策，是動員所有軍警機關、公教機關、事業機關、司法機關的黨員，在組織指揮之下，佈成天羅地網，使行政首長不致落於非黨定候選人之手，民意機關亦只能留出少數席位，讓黨外人當選，以裝飾門面，給外來人看看而已。黨定候選人必須當選，提名等於官派，非黨員不許染指，謂爲「黨族主義」，誰曰不宜？

三、黨權主義

「黨權高於一切」，「一切權力屬於黨」，這種高度集權主義，是國民黨聯俄容共時期黨的領導原則。三十多年來，由容共而淸黨，由淸黨而反共，但集權主義的領導原則，始終沒有改變。不過本文所謂黨權主義是狹義的，就地方選擧中該黨獨佔選擧權力而言。

有關選擧的權力問題，可以分兩方面來說。就人民方面說，有選擧權與被選擧權；就政府方面說，有辦理選擧與監察選擧的兩種事權。就前者而言，由於國民黨有意造成行政首長的一人競選，與民意代表的同額競選，實行前述選擧的黨族主義，使候選人通過黨的提名以後，就等於宣告當選，實際上無異剝奪了人民的被選擧權，由於選擧投票變成了形式，也等於剝奪了人民的選擧權。這就是說國民黨獨佔了人民的選擧權力。就後者而言，辦理選擧與監察選擧，在臺灣，也被國民黨獨佔了，玆分別說明如下。

民國三十六年元旦，中華民國憲法公布實施。當年冬天，全國辦理國民大會代表與立法委員的選擧，從中央到地方，各級選擧事務機構都有國民、靑年、民社等三個合法政黨參加，共同辦理各種選擧事務。這是民主國家選擧行政的常道，藉示天下爲公，人民爲主。但民國三十九年臺灣實行縣市地方自治，辦理選擧業務，則由政府民政主管機關專責辦理，不讓各政黨參加，而實際上則是排斥靑年、民社兩個在野黨。當時我們曾經要求援照國大立委選擧辦法，由三黨派員參加。政府當局藉口辦理選擧純係事務性質，選擧的是否公正守法，全在監察方面，因而最初的選擧監察機構組織規程，確也明白規定邀約三合法政黨派員擔任各級監察人員。至選擧事務則堅持由政府辦理。實則目前各級政府的民政主管人員，全有國民黨黨籍，受命於當地同級黨部。名爲官辦，實則財力物力方面雖由政府按預算支撥，人事安排，則須服從組織指示。換句話說，就是由國民黨一黨包辦了。三年以前第三屆省臨時議會議員暨縣市長的選擧，所謂「安全措施」的所以能暢行無阻，就是一黨包辦之故。選擧票多印多發，俾開票員可以便宜行事的傳說，卽其一端。

首屆臺灣地方自治的選擧，選監機構的組織規程，如前所述，確曾明定三黨派員參加。但當第一次修改地方自治有關法規的時候，一面拒絕在野黨派的要求，將政黨提名制度列入選擧規程以內，一面將選監機構組織規程內的三黨字樣改爲有關機關與公正人士，雖然實際上臺灣省選擧監察委員會及各縣市選擧監察小組，目前尙有象徵性的在野黨代表，但已沒有法的依據，而因爲該小組委員會內國民黨籍的委員佔絕對多數，最重要的各投票開票所的監票人員，全由選政機構稟承組織指示，提出所謂「公正人士」的全部名單，交由選擧監察小組作形式上的通過。第三屆臺灣省臨時議會議員暨縣市長選擧的時候，國民黨邀約靑年民社兩黨共同公開提名競選，原曾允諾在野黨派可以推派投開票所的監察員作爲公正選擧的客觀保證，詎料投票前夕，臺灣省政府民政廳廳長兼選擧監督，竟聲明「法無明文規定」，公然予以拒絕。這可證明，政府與執政黨，不僅決心包辦選擧，而且頗有自知之明，投開票所的黑幕是見不得人的。去年三度修正臺灣省地方自治法規，行政院鑒於輿論界多方指責選擧弊端，曾有於投開票所由候選人推派觀察員的指示，但臺灣省政府擬定設置觀察員辦法提交省臨時議會審議時，限制其名額與職權，更規定觀察員必須隨同監察小組委員巡迴觀察，使觀察員的設置變爲徒具形式，雖經黨外議員提請修正，國民黨省黨部竟壓迫其議會黨團予以否決。這是說明他們指導選擧，沒有公正守法的誠意。

人民的政權，政府的治權，有關選擧部分，全被國民黨黨部壟斷包辦了，謂爲「黨權主義」，誰曰不宜？

四、黨生主義

「順黨者生，逆黨者亡」，這一種「革命民主」的指導原則，政治上如此，經濟上亦復如此。經濟性而兼具政治性的，如公營事業機構，如各行業各職業的人民團體，更是如此。在政治上，非黨定候選人不能當選，當選了不能到職，到職了不能久於其任，縱然寬大爲懷，不在任期內迫使去職坐牢，也將使你不能充分行使職權，已如前述。縣市政府縣市議會，雖然名爲自治機構，非黨員不能插足任職，縱有少數無黨籍的老人厠身其間，在人事與安全機構雙重壓迫排擠之下，難以升官，更難任主管。憲法所規定的人民服公職的權利，在號稱行憲與自治的國民黨政府之下是被凍結了的。

國民黨的組織，複雜龐大而又無孔不入，軍隊有軍隊黨部，警察有警察黨部，乃至公路黨部，鐵路黨部，産業黨部，無所不有。這些特別黨部，在其所屬機構以內的控制權力，比普通地方黨部更大。在選擧季節，這些機構以內的選民，是人所皆知的國民黨「鐵票」，可以左右選局的。統制經濟政策，除扼殺人民經濟生活的自由外，對於選擧，不僅掌握大量選票，還可以對抗命競選與協助非黨定候選人競選者，用經濟力量予以制裁；另一方面，順從黨意「讓賢」與協助黨定候選人競選，自然也能得到經濟事業方面的報酬。

農會與水利會，在臺灣，原是純經濟性的人民團體，但國民黨的控制，比控制政府機關更爲嚴密。藉口輔導改進，從會員資格審查起，就以黨見黨利爲取舍標準，到了選擧，違法舞弊更是在光天化日之下，衆目睽睽之前，公然爲之。雖經別人檢具事證向政府主管機關控訴，政府也裝痴作聾，不加聞問。其中最爲省民的注視者，如南投農田水利會選擧理事長，在地方黨幹導演之下，公開買票，集體出遊，同時入場，選票亮相；如草屯鎭農會選擧理事長，在地方黨幹監證之下，標售選票。這兩處的選舉，都是在省政府所在地的中興新村附近，選舉當時，又有黨政要員臨場監督，均因候選人是黨定的，雖然事證確鑿，賄選當選人仍然「好官自爲」，別人莫可奈何。另一方面，臺灣最大的嘉南大圳水利會選舉常務評議委員，由於百分九十以上的黨籍評委，不接受黨的指示，另行支持唯一非黨員的評委，黨部竟一而再再而三的不許集會投票，到今天，拖延三月。也不能解決。至於水利會長依法令不應兼任議員，而有黨籍者竟有不遵守此種規定的不公平待遇，猶其餘事。

實行統制經濟，控制人民生活，與民主自由的原則一不合也；人民組織職業團體，會員資格須經政府與單一政黨派員審查，與民主自由的原則二不合也；取得會員資格，取得理事資格，而選舉權與被選舉權不能自由行使，與民主自由的原則三不合也；有此三不合，還要烏煙瘴氣的搞選舉，公開縱容違法舞弊，以貫澈名爲選舉實等官派的輔選方策，達到控制經濟團體獨佔經濟權力的目的。謂爲「黨生主義」，誰曰不宜？

五、結論—黨天下主義

黨政要員中，並非全都不認識民主選舉的重要性，例如前總統府臨時行政改革委員會有關地方選舉的建議案中，曾說：「選舉辦理是否完全公正，不但關係地方自治之順利推行，即對國本民心，亦有甚大影響」。最近臺灣省政府以召集的選務座談會席上，內政部司長高應篤也說：「當前國際情勢並非與我有利，需要國人上下一致努力，期能有所轉移，如果這次選舉辦理失敗，則將影響國家前途」。可惜，他們的建議，他們的言論，不爲黨政機構負責人所接納。去年臺灣省地方自治法規的修正，仲張官權如故，控制民權如故。前述國民黨中央黨部「總動員命令」式的黨內通告，也是行政改革委員會建議案奉蔣總統核定以後三個月頒發的。高應篤司長雖然在臺灣省選務座談會席上代表田部長說了上述語重心長的話，座談會的結論，對於如何使本屆縣市長與省議員的選舉眞正做到公平守法，沒有任何具體有效的措施。在野黨派最近向國民黨要求共同辦理選舉共同監察選舉，作爲共同公開候選人提名的先決條件，國民黨中央始終支吾搪塞，不肯作確實肯定的答復。國民黨各級黨幹所珍惜的是他們的所謂「革命事業」，不是民主法治的原則；他們所要爭取的是黨的利益，而不一定是國家的利益，更不一定是人民的利益。因爲在他們的信條中，主義領袖是高高在國家之上的。他們也知道民主國家的選舉，是人民對於執政黨是否信任的一種考驗，却不肯冷靜客觀的接受考驗，也不想在革新政治方面努力去爭取人民的信任，只是假手黨、政、軍、警、司法、的權力，採用威迫利誘的手段，造成選舉的全盤勝利，造成人民信任執政黨的表面形勢，以圖矇混國際的視聽，與社會的觀感。但是大家眼睛是雪亮的，這種表裏不一致的作法，畢竟欺騙不了人。

我們所不能已於言者：國民黨掌握中國政權三十多年，對於所崇仰的三民主義，並沒有認眞實行。過去在大陸，還可推說內亂外患紛至迭乘，無法埋首從事建設。播遷臺灣以後，雖然大陸陷匪，志切復國，但就寶島地方而言，社會秩序非常安定，人民也多能奉公守法，政府也一再聲言建設臺灣爲三民主義模範省，但十年以來，言民族主義，則風氣敗壞，官民離心；言民生主義，則統制經濟與自由經濟尚在聚訟紛紜之中，生之者寡而食之者衆；言民權主義，更令人啼笑皆非，人民無權，政府又未必有能，而相反的，如本文所述，違反民權主義原則的所謂「地方選舉的三黨主義」，却推行得無微不至。共產匪黨，實行極權，奴役人民，大陸上是共產黨的一黨天下，是盡人皆知的。可是臺灣呢，國民黨又何嘗肯揚棄「黨天下」的作風？電影院裏，交通車上，乃至酒樓食堂，到處是爲「反極權」「爭自由」「爭人權」的標語口號，這些標語口號，究還有多少意義呢？

過去的讓他過去吧，現在國民大會正在開會，據說總統選舉新政府成立以後，政府將有「新政策」「新作風」。遠的且不談，一個多月以後的臺灣省第四屆省議員與縣市長的選舉，必須一改過去「三黨主義」的輔選方策，代以民主自由的公平競賽，讓在野黨無黨派候選人有權推派管理選舉監察選舉的足够人員，告訴海內外的人民，自由中國從此走向民主法治的大道，庶幾團結救亡尙有光明前途。否則，口頭上縱有新號召，實際上仍是老作法，「國本民心」，均將大受影響，又怎能怪海外知識份子對政府不再存幻想呢？

二月二十日

(9)

從把握時機促進團結說到地方選舉

楊金虎

就「團結」的涵義來說，應是具有自發的感覺來準備隨時去應付一切的。如果要待外來的刺激，才發出號召，便落第二著。像我們的政府，最近十年來，不知喊過多少次團結，而竟任多少次的時機消逝掉，那更屬於空言無補。

讓我先擧述最近兩個報載的消息罷。

據十月三十日路透社華盛頓的電訊，美國加州一個研究機關康隆學社接受參議院外交委員會的託付，提出一項遠東問題的研究報告。內容不但主張美國改變對華政策，並且涉及我們國家的根本存在問題，實在值得我們的警惕，尤其值得我們的注意。我國的民間報刊已經甚爲關切，紛紛著論評述，但官方尙未有表示過應付的方法。

又據十二月十一日聯合報載，反共情勢漸趨有利，我應把握時機促進團結新聞一則，報導亞盟中國總會理事長谷正綱最近赴澳洲訪問歸來，應立法院外交委員會之邀，列席報告亞洲反共形勢及訪澳觀感。即席呼籲在目前亞洲反共形勢日趨有利的時候，我們應把握當前情勢，一方面促進亞洲反共國家的團結合作，一方面應建立東北亞集體組織。谷氏又稱，亞洲反共情勢正向有利方面發展，我們中國人民，只要在總統領導之下團結、堅定、進步，一定可以打出一個新的局面來。

就我們國家當前的處境言，應該拓展反共範圍，谷先生的看法是對的。不過，平心而論，要想人們能够切實和我們合作，必要我們自己先有眞的堅定進步的團結表現出來，才引得起人們的熱心。儘管亞洲反共形勢日趨有利，更要我們自己積集了眞的可靠的力量，才能受得起有利的考驗。求人要先求己，這次序是萬萬不容絲毫倒置的。何況我們國家當前的局勢，如果眞的已面臨像「康隆報告」的趨向，我們非先拿出切切實實有效的辦法來抵擋這一股逆流，是無法鼓得起人們的勇氣來和我們談合作。

所以話說回來，我們固然相信康隆報告在目前還不致於影響美國對華政策有任何劇烈的改變。因爲在康隆報告之前，美國參議院外交委員會早已有所謂「美國外交政策研究」一書的編印，意思是與康隆報告大同小異。現在的問題，祇是讓這種「兩個中國」的觀念，在美國由暗流變爲明流，盪漾迴旋，對我們實不能不說是一個潛在的危機。因此，我們各方憂國碩彥，莫不急起疾呼，要我們政府拿出「盡其在我、自立自救」的有效辦法，而極簡捷指出：軍事上的主動，反攻摧毀匪共政權。如果感覺當前還沒有把握的可能性，便應在政治上力求改革。盡量發展民主自由制度，使國際認識我們的政府，是中華民族反共的總集合力量，並在政治意義上認識我們是中華文化統一和生活自由的象徵和希望。建設臺灣成爲眞正民主自由的燈塔，照徹大陸，照徹世界。尤其最爽朗、最懇切的建議，是「自由中國」半月刊，在其十週年紀念特刊社論所主張「㈠對中國問題任何處理方案，都必需先得到中國大多人民的同意。㈡中國人民的意旨，必須由他們自己來自由表達，決不能糊裏糊塗的把強加在人民身上的暴力政權，認爲足以代表人民。處理中國問題，必需以人民的意旨爲歸依，我們不僅希望美國人有此瞭解；而且更希望我們自己的政府有此瞭解。不必等到國際間那一股對我不利的逆流滋長，首先自動提出這一個響亮的、正大的、爲任何人所無法反駁的政治號召；而同時以廣大的、全面的民主改革，來爭取全國以及海外人民的支持。這是爲抵擋那股逆流唯一有效的作法。我們可以向世界證明，我們是禁得起民意考驗的，而共匪則禁不起此種考驗。唯有如此，才能打消國際間那種對我至爲不利的意念。」因爲美國人萬不至背棄他們的崇高民主理想，我們拿出美國獨立宣言中所揭櫫的「人民同意」的主張，和徹底實行民主政治，一定得到美國人的同情。同時我們的民主制度得建立起來，也自然容易得到自由世界的協助。

時至今日，舉世已顯示切望和平，而恐懼原子競爭。有人正深憂，可能促使慕尼黑事件的重演，形成自由世界的悲劇。我們政府當局，自非提高警覺，決心「盡其在我、自立自救」，眞誠建設民主自由的政制，進行團結海內外人心，實在是再沒有可行的途徑，去迎接自由世界潮流，和應付整個世局變化。須知民主政治，即是民意政治。如果我們能够把全國的民意完全建立起來，這力量的堅銳無前，實在不是槍砲炸彈所能比擬得過。可是民意的表達，世界民主先進國家成效顯著，除靠眞正輿論之外，都賴有最主要最成功的選舉。廣大的人民，不能人人直接去發揮意見，所以採用選舉方法，其目的正是我們政府今日對選舉所號召的「選賢與能」一樣。眞正成功的選舉，也正是切切實實達到選賢與能。今日我們政府，對內聲言團結，對外籌謀應變，先決問題，正是需要有成功的選舉時期。

不過，成功的選舉，不是一個口號，而是一個標的。現在又值選舉年，一屬於最基層的全省縣轄市、鄉、鎭、選舉，已分期在上個月竣事，算小選。屬於最高層的第三屆總統選舉，定三月間舉行，爲大選。屬於中堅層的省議員及縣市長選舉，也定四月底舉行，稱中選。全國大中小級的選舉，都在一個短時間進行。因此，爲了爭取公平選舉，促進人心團結，與其稱爲選舉年，不如改稱國運年來得乾脆。

事關扭轉國運，我得先述點過去的回憶。政府遷臺十年以來，施行地方自治，已經舉辦過三屆選舉。由於歷屆選舉未能達到公平，自第一屆起卽已挑起人民憤恨怨嘆不滿之聲，無形中積成心理上的瘡傷。三年一屆，瘡傷未復，又來一次動盪刺激，幾乎是一次比一次劇烈。這種以往的情況，都有當年的報紙可考，並沒有半點虛構事實，謠言中傷。如果政府過去肯對選舉作風認眞改正，人心瘡傷早自消失，自然也用不着不放心。這是我的體驗，現在深怕讓他演化下去，將會變到政府和人民失去互信，其危機定比「康隆報告」消息來得更驚人，所以，坦率說給大家參考。

現在又值選舉年，全省關心民主政治進度的人們，莫不對下屆選舉，尤其對省議員及縣市長的選舉，寄以殷切的期望。以爲下屆選舉是否辦理得好，選舉的結果是否能够符合人民的理想，關係整個民主政治成敗與地方政治前途甚大。卽執政黨有關選務人員，也老早發出「公平選舉」的呼聲。像這樣的表示，固然承認了過去選舉辦得未滿人意，也是希望未來選舉要做到人民的理想。證明面臨這一選舉年，大家都在重視選舉公平。但是數月以來，公平選舉只聽到呼聲，而沒有指出公平選舉重點所在，和確保公平選舉的方法，像民社黨所發表對選舉的聲明，來得公道。因此，我得申述個人一點意見來增加事理的需要。

臺灣施行地方自治十年，選舉法規迭有修正。卽最近已由十三種法規縮編爲七種，據說如何精簡。這都是有關選舉行事應有的舉措，內容縱有仍未完密之處，絕對不致影響到選舉的成敗。因爲選舉公平之所繫，是在選民得有選舉自由、投票秘密。這點不是口頭保證可以得來，務須做到每個投票所之設置合理，投票所人事之派用公道，才能達到眞正公平目的。我們知道，歷屆選舉，投票所裏面的管理員、監察員，都是國民黨一黨佔盡，在組織權力高於一切之下，何待多所苛責。因此，大家既已明白，再任直落下去，沉沒是不可能避免。所以，時至今日，要想做好選舉達到眞正公平地步，我以爲在當前的情勢，應該先由三黨—國民黨、民社黨、靑年黨—平心靜氣，坐下一談。節約時期，客套可免，相信開門見山，一甌淸茶還沒有冷去，大事便能够解決。因爲商談目的在公平選舉，確保公平選舉關鍵在投票所，大家開手祇就每個投票所的人事公開安排，便可迎刃而解。最低限度，每個投票所裏面的投票開票監察員，過去由監察小組召集人推薦地方人士提會派用，現在協定，最保守辦法，每個投票所的投票開票監察員，要有三黨負責各推薦一人，送交監察小組召集人提會派用。無黨無派參加時，得由無黨無派候選人推薦增加一名至二名。並限定每一監察員，都要在投票開票結果的報告書連署，簽名蓋章以資證明，共負選舉責任。三黨協議完畢，卽將協議結果作成協議書，繕寫四份，各執一份，一份送請政府作成命令，通行所屬一體遵行。這樣，旣不損害政府尊嚴，也不用勞動修改法規，簡捷公允。在執政黨首先號召公平選舉的願望，一定可以達到。民靑兩黨雖然礁着苦差，專事證明，爲了確保選舉公平，亦屬應盡義務。三黨共認下屆選舉有關國運，衷心協議有成，宣傳出去，一定贏得國人一致讚揚。

中國史載秦國富強，是曾用過搬運一根木頭，來爭取人民的信任。現在我們如果決定了公開投票所的人事，來樹立復興的基礎，發揮眞正民意，表達民主精神，對內一定振起全國人心，對外一定刷新國際耳目。公開投票所人事，是一件輕鬆、正大、人人能擧的事，人人願辦的事。深望執政黨當局，不要以爲投票所問題渺小忽視不談；小問題不談，適足顯示是包藏有大作用。不要以爲民靑兩黨是在野身分，不願與談；在野正足爲在朝作證。在國內對小問題不談，如何能與國外談反共合作，建立集體組織？在國內對小問題不談，更如何能够抵擋國際兩個中國的逆流，打消國際一種對我不利的陰霾？像這樣一個小問題而能够影響一切大關係的發展，執政黨當局，旣以民主標榜自由世界，復以公平選擧號召國人，當然不會再有躊躇或藉口，來讓這一個扭轉國運的時機消逝掉，而況投票所的一個管理員或監察員，並非等於政府的一個委員或部長，除非蓄意舞弊，値不得緊抓不放。

由地方選舉看民主政治的前途

王嵐僧

在民國四十六年一二月裏，爲策劃臺灣省第三屆省議員及縣市長的選擧有關問題，在野的靑年民社兩黨，和在朝的國民黨曾一再派人互相交換意見，洽商有關選務的各項理論與實際問題。當時在野黨人士的見解：以爲中華民國建國以來，將近五十年，不幸國家多故，災難迭起，過去無論中央選擧或地方選擧，均未能建成一個有秩序的選擧環境；以及頒佈一套公平的選擧制度，讓選民自由、自主去投它良心的一票。因此，「選擧」這一個名堂，在我們全國人民的心目中，祇認爲是少數權力集團在那裏分配與包辦，所謂民主、民權等等字樣，祇是喊喊口號而已。誰都知道，民主政治，就是政黨政治；而政黨政治，又必須在人民自由意志的選票下去決定一個政黨力量的消與長。這樣，才能在和平的氣氛中轉移政權，而澈底消滅以武力爲政爭的工具，或流血革命造成整個國家和社會秩序的大破壞。這是所謂現代民主政治體系下所有的人民應有的最基本、最起碼的瞭解和認識。中華民國開國以來，以迄於三十八年的撤出大陸，這將近四十年的時間，一方面固由於內亂外患之層出不窮，建國的環境不如理想，一方面也由於當權的人，過份重視權力，旣無誠意又不瞭解民主政治的理想及其所須構成的條件。因此，過去在大陸上，每有一次政治性選擧實施，便使國家多受一次政治災難；從而使人民對於經過選擧制度達到民主政治的理想底願望或目的，找不到有證據的說明及信任，這是我們政治理想上一個最大的損失，至今還蒙受其害。

政府撤退來臺之後，對於反俄反共的抱負，以及光復大陸的願望；不分在朝在野，也不分國內海外，確是萬衆一心，毫無虛假，但建國須以民主政治爲理想，反共又須以民主政治爲武器，今天我們在臺灣，處境雖然異常艱危；秩序與環境尙允許我們合力同心，促進民主政治的改革，奠定民主政治的基礎，爲我們復國和建國樹立良好的軌範。由於根據這一些認識爲理由，所以靑民兩黨人士在民國四十六年一二月間，便有一些率眞的想法；以爲在那年四月裏所擧行的臺灣省第三屆省議員和縣市長的選擧，只要對於選擧監察權的行使，讓在野黨和在朝黨有同樣比重的參加機會，使候選人對於選票的獲得完全決之於選民的自由意志，在朝黨不以任何不正當的手段和方法去影響選民的話，則在野黨也應該鼓勵同志，踴躍參加競選，實行政黨提名，以一新人民的耳目。不幸當時在各縣市的選擧過程中，糾紛迭起，黑白顚倒，在朝黨所提出的候選人極大多數是眉飛色舞！有志竟成。非在朝黨參加競選的候選人，除極少數當選者外，多數是含寃叫屈，呼籲不平，事後引起許多紛擾，因而使在野黨鼓勵其同志參加競選的理由，全部落空。在野黨以及無黨派參加競選的人所受經濟上與精神上的損害，無法自解，紛紛擾擾，爭論多時，在野黨員負責主持選務的人士，受到無窮的責難，這不啻給在野黨當頭一棒！看你們要不要對臺灣省地方選擧再存率眞的想法？至今時過三年，創痕猶在！而臺灣省第四屆省議員及縣市長的選擧，又將於本年四月份再度實施。雖在朝黨主持選務以及主持省政的負責人一再聲明，必將合理合法辦理本屆選舉，呼請在野黨及無黨派人士，踴躍參加本屆地方選舉，又將地方選務列爲本年度地方重大中心工作之一，用心不能說不苦，但青民兩黨負責人看法如何，準備怎樣，我久未預聞其事，不敢妄加臆測，這又將爲三黨所面臨對地方選舉一種新的考驗。如果在朝黨對本年度地方選舉將鑼鼓敲得震天價響，而在野黨反噤若寒蟬，以冷場相待，則所謂選舉也者，所謂民主政治也者，在其面龐上，將再披上一層薄紗，越顯其黯淡無光了。

一個理想的制度和價值，絕不能憑空得來，必須付出很大氣力去爭取，其理想和價值的境界愈高，則其所付出的氣力也必然愈大。民主政治是一個理想。在朝在野政黨，各善盡其責職，也是一個理想。依循選舉軌道，根據選果結果，政黨應該進而在朝者進，應該退而在野者退，這是民主政治最後的理想形態。民主政治的本質，是排斥革命手段的，它對於目的的完成，是不主張流血的，但對民主政治的爭取，也不是輕易可以達到目的的，有時須流汗，有時還要流淚，有志追求民主政治理想的人，須要有積極而又樂觀的想法，也要有不含糊不畏難的精神。因之，對於臺灣省本年度的地方選舉，以其對於民主政治的前途，依然有其重大的影響。我雖未預聞本年度臺灣省地方選舉準備的程度，但我還是要提出有關地方選舉若干基本問題，向各方面有所請教。

首先我要向國民黨請教的，事實很明顯，中國國民黨是自由中國唯一的大黨，並且大得與青民兩黨不成比例。就中央級的民意代表說，國民大會代表以及立監兩院委員，以現有在臺人數來計算，國民黨籍者若干人，青民兩黨黨籍者各若干人，無黨籍者又若干人，其百分比何如？盡人皆知國民黨居絕對多數，而且多得使在野黨相形見拙。再就省議會說，在六十餘名的省議員中，非國民黨籍者，不過寥寥數人而已。在第三屆縣市長的選舉中，青民兩黨，更無一人當選。若再就全體公教人員，軍警人員，各色各類公營企業中，各種社會團體，職業團體，人民團體，如將上列所屬人員，黨籍分別清理公佈，則具有在野黨黨籍者，幾等於零，以偌大的一個在朝黨，和兩個渺小的在野黨要在地方選舉中較一較身手，則在野黨只有自認甘拜下風。這一個形態的造成，本非一朝一夕之故，也非三言兩語所能說明其因果，因此，國民黨假定用盡其全部所能控制的力量的話，則省議員縣市長以及鄉鎮長的選舉，國民黨黨外人士，甚少有當選的可能。國民黨如要造成臺灣省省議員及縣市長選舉的結果成爲清一色或近乎清一色，這可以說國民黨力能辦到，游刃有餘！但國家在這樣的長期獨佔的形態下，要說這就是民主政治，這就是政黨政治，也是民意的歸向，理性的結果，這是欺負人的話，在野的人，如何能心服呢？我們當然不能希望在朝黨培養出一個強大的在野黨，在野黨固然要自己爭氣，但在朝黨也要尊重在野黨的立場，並支持其獨立與團結，然後它才有資格支持政府，共赴國難。因此，今天在朝黨首先要考慮今天這一個清一色或近乎清一色的局面，要不要長期維持下去，一切失去平衡，反面的意見不願聽取，這對國家的前途，以及對國民黨的本身前途有利還是有害，實值得深加考慮。我的意思，國民黨是自由中國唯一的大黨，已成定局；但民主政治絕不是一黨政治，雖然今天中央級民意代表的變動，久已宣告凍結，無法進行改選，但臺灣省地方選舉，應爲促進實施民主政治的契機，使在朝在野各所支持的候選人，在公平平等的原則下，讓大多數無任何黨籍的選民對三黨及無黨籍參加競選的候選人去自由的選擇，使當選落選完全決之於選民的支持與否，而不取決於其他的任何因素，這樣，在野黨才能鼓勵它的同志踴躍參加競選。這本是最起碼的要求，不過，這還要看在朝黨對於地方選舉的基本態度如何，如依然是固步自封，鰲頭獨佔，我們雖言之諄諄，仍不值在朝黨之一顧，則任何粉飾遁辭，在野黨只有望而却步，敬謝不敏了。

其次，我想要談的：參加競選，就個人而言，本是一件極苦之事；既要花費很多金錢，又要動員大批親友；如對手勢強力大，則所須付出的代價更鉅。更有若干競選人往往中途耗盡財力，進既無力，退又不可，不得已東挪西借，爲孤注的一擲，自己還要逢人低頭，處處謙虛，如孝子的奔喪，只有鞠躬行禮；如有人經過一次激烈競選失敗後而又競選者，則這一個人的毅力，便值得十分佩服。況且當選後，對於競選時期所許下的諾言，以及親友支助的人情債；層出不窮，償還不已，一旦落選，則等於闖下一場大禍，無法善後；其心靈上所受的打擊與精神上所感的痛苦，非身歷其境者，絕難體驗其滋味。因此，任何人參加競選，必須其本人自信有可能當選的公算，支持其人的競選集團，也必多數認爲可以一試，然後始有勇氣爲之奔走呼號。如果在朝黨所提出的候選人，除其本人具有相當的名望和力量，更可得到在朝黨利用各種權力，予以支持，或更利用不正當的手法，使其所提出的候選人，必然當選，選舉投票，僅是一個形式，在朝黨心目中要某人當選，某人就可以當選，這樣發展演變下去，就會造成縣市長的一人選舉，則人民對於選舉，不僅投票不感興趣，而且在心理上就輕視或鄙視這種選舉。故選舉之不能違法舞弊，任何人不得利用不當權力，改變選舉結果，其理甚明。如前所言，參加選舉是既費金錢，又傷腦筋，誰願意白白賠選？冒險而又必然失敗，誰還願意輕於嘗試？故臺灣省鄉鎮長及縣市長的選舉，一人選舉的結果，徒使人民對選舉失去信心，如今徒用空言鼓勵在朝黨以外的人士參加競選，也必無號召效力，必須由於事實的表示，青民兩黨所提的候選人，也一樣可以當選縣市長或鄉鎮長，然後才能逐漸改變人民信心。總之，選舉必須使參加競選的人，各皆自信有幾分把握，否則，一人選舉的現象，必然普遍發生。如在朝黨所提出的多數候選人，無競爭而當選，這就不是民選，而是名副其實的「黨選」了。

再其次，政黨是民主政治的原動力，選舉是政黨表示政見或獲取政權的基本手段。民主政治、政黨、選舉，幾乎是一體的三位，彼此需要，相互爲依。故嚴格說來，參加選舉的活動，政黨實比個人重要得多。比方說：經過政黨提出來的候選人，已經爲選民做了初選的工作，不僅要選擇其聲望與才能，也要選擇其品德。如果當選後，其人作姦犯科，本人固要承受法律責任，政黨也要受其影響。其次政黨是有共同政見的，在議會中自然成爲一個集團，可以明顯地形成一種正面或反面的集體意見。如議會中祇有無黨派人士，而無在野黨份子，則這一個議會卽無所謂有反對黨的意見。因各個無黨派人士，祇是各個人的意見，可能同於在朝黨共同的意見，也可能祇是個人意見。這樣的議會，也就是無反對黨的議會。這種議會所能代表人民發言的價值也就大有問題。故選舉的活動應重視政黨，而不重視個人，已屬理所當然。再其次選舉是要花錢的，卽先進民主國家也所不免，願意當議員的人，未必皆是富翁，黨內同志有錢者可以出錢，黨部也可予黨員以輔助，如個人競選，自已無錢就必須借貸，借貸必須償還，卽使當選，又必千方百計，籌措債欵，也就容易利用職權，非法胡爲，甚或自蹈法網，身入囹圄，因之，無黨派人士參加競選，其困難自然較多。更其次，任何政治性的地方選舉，必須有多數人爲之助選活動，政黨則可以發動所屬黨員，個人則親友有限，如在縣境，地區也受限制，比如每一投開票所，候選人請求設置一二觀察員，以一縣範圍來說，政黨可以辦到，個人甚難辦到。由上種種，可以證明，選舉活動，當然應該以各政黨爲主體。恕我放肆之言，我以爲所謂無黨派人士，在選舉活動以及在議會中，祇是不關重要的配角，甚難發生領導的作用。我更以爲在臺灣省未來的地方選舉中，應鼓勵無黨派的人士，參加政黨，爲集體的政治活動，逐漸形成有力的在野黨，使選舉的實質，步入正軌。不要以爲有若干無黨派人士參加在內，便可以代替在野黨，而把在野黨視爲可有可無，形成一個議會內以一個大黨對極少數的個人，這樣依然是一個大黨在唱獨角戲，與民主政治的基本精神，實在太不調和。至於在野黨不爲一般人所重視，而又無法形成新的在野黨，因而也不願參加現有的在野黨，這也是不甚健全的看法，但因此非本文範圍，故不詳論。更有人以爲顯明地具有在野黨黨籍，一旦加入競選活動，反較無黨派人士更易遭受打擊及破壞，因此，在競選過程中，有在野黨黨籍者，反不願暴露身分，增加其所受的壓力。在朝黨主持選務的人，會以此爲責難，試問，此一現象，誰爲爲之？孰令致之？故選舉之實施，應重視各政黨之地位，已屬天經地義。我認爲臺灣省本年度地方選舉，青民兩黨以及有志參加競選之無黨派人士，應構成一聯誼性的組合，交換分推候選人的意見，主要目的在避免一人選舉的現象，對在朝黨提出共同的意見，力求公平選舉的實施，預防歷屆選舉中所屢經發現的弊端或缺陷。在朝黨也應在心理上有所檢討，蓋民主政治的實現，須要朝野有共同的懷抱與決心，各行其是，則只有南轅而北轍。在野黨所爭者決不是一二議席，或一二縣市長，祇是要根據政黨政治的原則來辦理選舉，如不講原則，祇顧自肥，失敗固然可鄙，成功也依然可鄙。今天在野黨應該自重自愛者在此，別人應該考驗在野黨者亦在此。

最後關於選舉事務和監察制度之爭辯，也略加申論。此類問題，爭論多年，始終未獲共同承諾與認可的結論。首先我們承認民主政治與選舉制度，至今天我們依然還是在學習時期，我們固然不能偷胎換骨，一舉而趕上民主先進國家的標準，但要有好的結果，必須要有好的開始。各民主國家關於選舉制度的執行和監督，各因其歷史背景的淵源，固不盡相同，但選舉制度的執行方面，應以政府爲主體；選舉實施的監察方面，則應以各政黨爲主體，此則大半如斯。政黨何以要負其監察的責任？則以參加選舉的候選人，絕大多數是各政黨所屬的黨員，它不且要監察對手方有無不法的行爲，而且也要約束自已的黨員在選舉過程中，不能隨便逾越範圍，致干法紀。況且我們選舉風氣，既不理想；選舉道德，更大有問題；如根據過去若干次地方各項選舉的經驗，違法舞弊的種種事實，不勝枚擧，這絕不能說是「少數野心份子，製造謠言，故意破壞」。這種不顧事實的說法，徒惹他人反感。若干年來，青民兩黨及無黨派人士，對於地方選舉監察權的行使，屢有建議，希望主辦選務機關，能予接納。乃主辦選務機關，我行我素，置之不理。這一點最起碼最低限度的要求，還要遭受拒絕，無怪乎時至今日，距離選舉日期，爲時甚近；而各方反應冷淡，悶聲不響，這還不應該從長考慮嗎？主持選務機關的成見，我至今想不明白，如不想掩護作弊，試問對投開票所的監察權的公開，對在朝黨所提的候選人，有什麼不利之處？人家一而再再而三向你爭取，要求公開，你却死死把牢，永不放手。人家說你是準備作弊，你却緊握雙拳不放手，還說人家是製造謠言，還要人民來一致歌頌你是大公無私，光明磊落，這不是緣木求魚嗎？

總之，今天我們侷處臺灣，光陰易過，彈指十年有餘！中央級各民意機關的選舉，在未光復大陸以前，無法辦理，早成凍結狀態，然歲月悠悠，等閒白髮，個人老了，會議的氣氛也老了，蹉跎應付，難得新機，有心的朋友，已覺有無限的傷感，這算是爲事實所限，無可如何。但臺灣省既爲我們復國的基地，經濟建設固然重要，政治建設尤爲重要。談政治建設總是離不開民主政治、政黨、選舉、等等較重大的問題，所以我們才重視臺灣省的地方選舉，因爲這是促進民主政治的重要階梯。不僅政府對地方選政，要認眞而公平去善盡其責職，朝野各黨更應該承認，在我們這一代手裏，並未好好辦過像樣的選舉，逝者已矣，此時此地，我們再不能不認眞辦理地方選舉。選舉不僅是政府的事，也是政黨的事。選舉而不重視政黨，等於不辦選舉。有關選舉問題的商洽，應該是在朝在野各黨的事，如果在朝黨忽視此中道理，則選舉的場面日趨冷落，投票的比率日趨低降，在野人士被逼而袖手傍觀，在朝黨可以大獲全勝。這對於民主政治的前途，將產生如何惡劣的後果，將發生如何嚴重的影響，這是值得憂慮的。因此，臺灣省第四屆省議員縣市長的選舉卽將來臨，過去數月朝野之間，已有不甚愉快的言論表示，但我還是主張，此事關係甚大，必須堅强爭取，此而不爭，我們還爭什麼呢？

割除選癌・收拾民心

王　地

這該是最淺顯的一種道理：要談民主政治，就必須要尊重法治，一切選務都能依法辦理，循法行事，則選民們所熱切希冀的公正合理的選擧，就不難止於至善了。記得在去年，省府周主席在答覆省議員質詢時，就曾說過如下至理名言：要辦好選擧，必須選務機關依法從事，候選人守法競選，及選民能秉自由意志去投票。若三方面能相輔相成地密切合作，定能達到弊絕風清的地步。

不過，選擧流弊，並非僅憑漂亮的絕妙好辭，所能加以根除的。觀諸臺灣十年來的各級選擧，實是道高一尺，魔高一丈，積弊日深，怨言日重，眞是令人搖頭嘆息！尤其是自執政黨辦理提名候選人參加各級選擧以來，流毒益烈。揆其癥結所在，說穿了，還不是「黨的榮譽第一」，「黨的利益至上」在興風作浪。國民黨的基層負責人，多數爲了偏狹的榮譽，和鞏固已得的利益，而不顧一切地蠻幹橫行。那些喪心病狂的黨工人員，雖然口口聲聲地大喊，擁護組織，服從命令。但却將最高當局昭示的「選賢與能」及「公平合法」等置諸腦後，怎不叫人痛心疾首!?

因此，事實擺在眼前，儘管執政黨最高當局，疾聲厲叫「民主法治」，到最後還是一套不兌現的漂亮口號而已。且瞧瞧其骨子裏的極醜極惡如何!?她通過政府的堂皇選務機關，背地裏幹着偷偷摸摸的勾當。她通過龐大的組織，公然幹着非法、違法的助選活動。而被提名的候選人，更多自視爲「天之驕子」，在組織的支持衞護下，更不擇手段的胡來亂搞一通。當然啦！他們就是非法的競選，也可獲得所謂「合法」的保障了。至於選民呢？說也可憐，其意志較爲薄弱、認識較爲膚淺的，在特殊勢力的威迫利誘、明欺暗騙下，也就心驚膽戰茫茫然喪失了「自由意志」，被迫投下了最不光榮、最不神聖的一票。但話也得說回來，少數有良知、有腦筋、有勇氣的選民，還是不屈不撓地，本着堅强的民主意志，作了明確的抉擇；然而，那是多麼「鳳毛麟角」啊!?

所以，在現階段若要辦好選擧，如果執政黨及其政府，沒有誠意和膽識的話，則其高唱得震天價響的所謂「依法執行，合法競選，和選民自由投票」等，均將成爲美麗的謊言；於事無補，徒增齒冷而已！現在，筆者謹掬衷誠，就親身所經歷和所見所聞的眞實資料，隨手拈來述下，以促請握有神聖選票的選民們，深思猛省；並期執政黨及其政府，早知癥結，除對症下藥外，更能痛下決心，從事割除「選癌」，收拾民心的工作。

㊀迅將服務處（站）關門大吉：全省各縣市鄉鎭區，都設有所謂「民衆服務處（站）」，表面上掛着服務的響亮招牌，實質上只是國民黨的外圍觸角；平常在地方上攬派系，到了選擧時，却又專門爲黨的候選人舖路助選，甚而造謠中傷黨外候選人的信譽地位。尤以在選後，製造選擧糾紛，更令人嘔心。例如：臺中縣梧棲鎭選民李銅之被該鎭民衆服務站主任林望毆辱，潭子鄉選民陳清和等被迫傳訊，到該鄉民衆服務站强令蓋章，誣陷黨外人士鄉長當選人林大亨違法競選等事實，眞是不勝枚擧。

該等服務處站人員說是「民衆團體」人員吧!?但吃的住的穿的，都是民脂民膏，無論縣市政府，鄉鎭區公所，和各級農會，每年都編列一筆爲數甚鉅的補助費。例如臺中縣府四九年度預算中，即公開編有七一六、〇八〇元。此外，尙有擧辦鄉鎭自治人員短期訓練經費四〇、〇〇〇元，雖列在民政局中，而款落却在黨部手裏呢？至於來自其他縣市及鄉鎭公所者，尙不知多少啊！更具有莫大權威，影響着政府行政。說他們是官吧！則「旣」不是行政教育人員，更非司法人員，何況在縣市鄉鎭區中，早有農會、工會、婦女會、調解委員會等之設置，自不必再來此架床疊屋地服務處（站）了。所以在一般人心目中，所謂服務處（站），除了加强黨員控制，製造地方紛爭，便利黨方提名人從事選擧外，一無是處。似此衆矢之的，爲符羣意，最賢明的措置，自莫過於早日關門大吉了。

㊁嚴禁利用三軍部隊違憲助選：據憲法第一三八條明文規定：「全國陸海空軍，須超出於個人、地域、及黨派關係以外，效忠國家，愛護人民」。而一三九條，更明示：「任何黨派及個人，不可以武裝力量爲政爭工具」。故軍隊國家化，確不得流爲政爭工具，憲法規定得異常明白。但執政的國民黨基層負責人，爲保地方選擧的勝利，經常通過軍中「黨」的組織，利用軍中人力物力參加助選；事實昭彰，已非新聞。過去的姑不談，即以行將來臨的縣市長、省議員選擧言，在臺中縣境，早已發現國民黨縣長候選人何金生等，終日乘坐軍用吉普車風馳電駛地從事非法競選活動了。車是軍車，油是軍油，何某焉來此種方便，明眼人洞若觀火；其惹人側目，引起議評，亦屬天公地道。再如烏日××嶺，原是後備軍人教育召集訓練基地，數以萬計的後備軍人，都是握有投票權的。是故執政黨眼明手快，認爲那是活動選票的大本營。於是通過組織，公然集結隊伍，安排黨方所提名候選人藉名「慰問」，前往「發表政見」拉票一番。而筆者以臺中縣議長身份，代表全縣民衆之理所當然慰問，却被擯諸門外呢！而且據結訓返鄉的後備軍人說：當他們結訓回鄉時，軍中政工人員，一再指示他們應服從命令，切實支持黨方提名候選人競選。所以，嚴禁三軍部隊違憲助選，杜絕煩言，亦是當務之急。

㊂糾正公教警察人員可以助選說法：據國民黨省黨部主任委員上官業佑指示黨內同志們說：「從政從業同志，不利用職權，在公務外，以黨員身份依法助選，是其應盡的責任，不是干預選擧」。又說：「黨的成敗榮辱，是整體的，而非分立的；任何一部份的成功，是全體的成功。任何一部份失敗，就是全體的失敗，尤以選擧的成敗爲然」。從此可以看出國民黨爲了黨的成功與榮譽，是如何鼓舞黨內同志，以黨員身份去爲所提名的候選人助選呢！這眞是天大的玩弄選擧把戲。然而，根據臺灣省妨害選擧罷免取締辦法第十三條規定：現役軍人或警察、辦理選擧罷免事務人員、及公敎人員、自治人員、是一律不得協助選擧罷免活動的；違者嚴處，或分別送交軍法或司法機關辦理。依該條

文，顯係硬性規定軍警公教人員一律不得助選。但堂堂省黨部負責人，却明白指示可以以黨員身份去助選。試問：一個人同時兼有黨員與軍警公教人員身份時，怎樣去分別他們何時是黨員身份，何時又是公職人員身份呢？舉例言之，一位有黨員身份的警察，利用警察身份爲提名候選人助選，則屬顯然違法。可是依上官業佑的妙論，他可以轉過來說：「我是以黨員身份去爲同志助選」！則又成了「不是干預選舉」，合乎其法了！似此，何不乾脆取銷「取締」，再玩此種令人啼笑皆非的選舉魔術幹麼！所以，此種模稜兩可的欺人說法之糾正，也是刻不容緩。

㈣監察權必須完全公開：政黨共同辦理選舉，係各民主國家常規，也是能把選舉辦好的不二法門。而本省實施地方自治後，所辦理之各種大小選舉，均由國民黨及其政府所一手把持包辦，故違法舞弊叢生，世所詬病。諸如選舉監察、及選務機構之產生、及其組成份子，美其名曰各黨各派，及社會公正人士共同參加；實則執政黨及其政府，却是牢牢地控制着選監機關。其中人員十之八九，均是國民黨籍人員。故在執政黨的暗示，及所謂服從組織的原則下，不僅可以「偷天換日」，就是明目張膽公開了，也是無可奈何呢！所謂「安全措施」，直是叫人聞虎色變，無怪乎歷來大小選舉，多成「一人無爭」局面了。因爲在安全措施卵翼下的監察制度，可能造成大量「黑市選票」，黨外人士只好「明哲保身」裹足不前了。所以，爲使選舉公正無私，符合「選賢與能」古訓，其監察權必須完全公開，其理至明。況執政黨當局一再聲明選舉大公無私，毫無歪哥黑市，爲何慳吝公開監察權，眞是令人大惑不解之至！

㈤競選手段必須合法：在選舉中，只求達到目的，而不擇手段，是最使人不肯甘服者。所謂選戰，有如運動場中競技，贏者要贏得光明磊落，而後才能使輸者輸得服貼心願。是故收買或利用報章雜誌，揑造莫須有事實，誣賴他人，詆譭異已；甚至製造「巧合」，利用權勢，逼人俯首低頭，入營當兵，倖倖然放棄權利，則其所得實難償其所失，笨得天眞可憐。例如：筆者以庸愚之身，在參加第二屆臺中縣補選縣長時，則先有「限地醫」和不够競選縣長資格之「人身攻擊」；繼有蜚語流言，暗箭中傷；終而巧合入營爲軍醫情事。而應屆縣長選舉前夕之最近幾月來，又以先聲奪人，謠言紛飛，謾駡交加；既說接受四十萬元鉅欵，放棄競選於前；又稱貪汚有據，必被取銷資格於後。至於草頭醫生，花柳大夫，青年黨員，佔地建屋，藉機歛財等明槍暗箭，更紛至沓來，深使筆者既好氣，又好笑，眞是何苦來哉！所以，因親歷其境，認爲對選舉力求勝利亦須顧及手段，深盼互加共勉共勵。

總而言之：筆者抱着無上熱誠，謹以親身所經歷及所見所聞之大者數端，坦述於前。謹請執政黨及其政府當局，早具決心，以壯士斷腕心情，迅卽動手割除那些「選癌」，用以收拾民心。否則，事態愈演愈烈，病症越來越重，就是名醫亦將束手。是不啻臺灣民主政治的致命傷，更是富强康樂新中國遠景的莫大障碍矣！

讀者投書

(一) 如此擁護連任！

南瀛

三月十二日臺南縣許多從政黨員校長接到從政黨員教育科長令，要每校學生以家長名義，寫一封信寄到國大秘書處，擁護總統連選連任。校長那敢怠慢，花了幾百元的郵費、信封、信紙沒關係，當日的報紙已登出國民黨決定好了總統副總統候選人，國民黨包辦的臨時條欵修改已通過，如此擁護連任，豈不是勞民傷財，多此一舉！

讀者投書

(二) 請問政府用意何在？

陳衷言

編輯先生：

爲了現實生活的壓力，使我不得不在此大聲疾呼，並向政府提出沉痛的呼籲！

去年的「八、七」水災，使自由中國幾至癱瘓，焦頭爛額，費了九牛二虎之力，刻仍未復舊觀。新年前後，政府不顧自己的威信，與論反映，一意堅持因水災而附加的復興捐，透過立法院，變成正式加價，人民的負擔已够沉重了。春節以來，中央爲了表示德意，公開透露擬自七月份起，要爲清苦的軍公教員，在待遇方面，作適度的調整。因此：而有官員不斷的談話，濫開支票，施放烟幕，刺激物價。然而距今爲時仍有四月，而市面物價卽已漸次上爬，請問當局如此做法，窮公教員所得幾何？也許將來得不償失呢！且在這未來的四個月中，誰敢保證不再來次類似「八、七」的天災或人禍。而目前的旱災，便咄咄逼人而來。各報地方專欄，天天報導，各地水荒普遍嚴重，日月潭水近枯竭。(據當天徵信新聞地方欄報導)，如此，農工兩種生產，勢必同時受到不利的影響，這是無法抹煞的事實。上蒼果眞無情，硬要這樣懲罰我們，其後果是不堪想像的。假如目前所開支票，屆時無法兌現，而刺激上漲的物價，則已造成鐵的事實，政府將何以慰嗷嗷之民，以維生計。(去年好在事前沒有開出支票)所以我眞懷疑，中央官員爲何偏要採此愚笨的下策，難道眞是別有用心？請當局衰衰諸公，看看這無情的現實，和聽聽我們這沉痛的呻吟吧！貴刊素來爲民喉舌，敬請割愛寶貴篇幅代爲披露，以伸民苦，是幸。敬祝

撰安

讀者陳衷言敬上　三月五日

執政黨控制下的臺北市議會如此總質詢！

宋霖康

臺北市是今日自由中國的首都，爲全國以及全世界愛好民主自由人士之關心所寄，因而臺北市議會的一舉一動，猶爲世人所注目。今年三月二十二日，當臺北市議會舉行總質詢之時，筆者忝爲在野無黨派市議員之一而有感於衷，茲將當日親臨其境之事，略述一二。事雖昨日黃花，然關繫於人心之得失，實爲重大，而有不已於言者也。

按臺北市議員人數計有七十七人，除李丙心爲遞補省議員，王飛龍任民政局長，蔡萬得服兵役外，現在實數共七十四人。其中執政黨籍五十二人，黨外議員僅二十二人：此二十二人之中，有一部份係所謂親市長派。平時比較肯說話的，僅有臺北市議員李福春、李賜卿、楊玉城及本人等四個在野市議員。

議長張祥傳，也許對於我們的發言，感覺難於應付，於是，百方設計，以機巧的方法，控制我們四人：其機巧之具體事實，茲本春秋責賢者之義，不能不坦白提出，以告天下人。三月二十二日的總質詢，係於是日上午九時開始。但事實上，則於是日上午十一時開始，時間竟拖延了二小時。蓋因研究雙園區農會扣發水災救濟金問題專案小組，討論至上午十一時，纔開始總質詢。質詢之次序，係依簽到簿是日上午之簽到，照規定應於開會前半小時開始，但李福春等市議員四人，於是日上午八時半到達時，早有鍾文金黃盧小珠等七人，於八時半以前先來簽到，所以我們四人的質詢次序，排在第八至十一名了。

此四人之發言次序聯貫在一起，共計每人七分鐘，約有半小時的時間，這半小時，可能是此次黃市長在任期間議會總質詢最後的一大精彩場面。但在執政黨控制下的臺北市議會，爲此而恐慌，於是花樣翻新，將總質詢時間，拖延到上午十一時開始。第一名女議員鍾文金，以及黃盧小珠等六人，共計七位黨方議員之質詢，共計佔了四十九分鐘的時間，她(他)們除了爲黃市長歌功頌德之外，筆者看不出有什麼替市民說話的服務熱誠。輪到第八名，時間已近正午。是日當然第八名以下之李福春等四人，因時間已到，已經失去了發言的機會。是日上午，李等四人，終而無法發表意見。黃市長因此亦避免了我們的質詢。其擺佈的機巧，此爲歷屆臺北市長總質詢時所絕無僅有之事。

下午的總質詢，亦拖延了一小時，直拖到三時才開始，次序依據下午之簽到簿。按規定應於詢始前半小時簽到，但李等四人簽到之前，早有黨方市議員多人簽到，故下午總質詢亦輪不到李等四人。且下午之出面質詢者，僅有三人，合併上午七人，共計十人。黃市長對此十人，應答敷衍到下午五時，卽宣告結束。並且此次總質詢只有一天，亦乏先例。

可以說，這一次的臺北市議會，沒有舉行什麼總質詢了。當議會於三月十四日開幕以前三天，卽十一日至十三日，有所謂黨團大會之召開，此時絕對不許黨外議員參加，不許新聞記者旁聽，出席者只限執政黨籍市議員與臺北市政府市長及各單位主管。我們無從知道他們在講什麼？在搞什麼？也許這個黨團大會，就是這一次市議會的重要會議，是秘密而不是公開的，眞使臺北市民莫測高深。我們全體臺北市民的民主市議會，原來是這樣的！

那麼，我們執政黨控制下的臺北市議員，個個非變成啞子不可了。不過，他們運用的手段是很機巧的，是無形的控制，而不是有形的控制，比較日治時代，由警方派員涖場監視，必要時由警方下令停止發言的不高明辦法，其佈置的機巧，可以令人不知盧山眞面目，實使我們如墜五里霧中。

日治時代，因爲官方控制言論，結果，官方聽不到老百姓眞正的呼聲，以爲「皇民」運動已成功了，「國民」精神的涵養已做到了。然而，當中山堂的屋頂，光復旗幟飄揚，全省同胞，家家戶戶，告祭乃翁的一瞬，纔使日本當局感到駭異，始知所謂皇民運動及國民精神的涵養，都是臺灣同胞欺騙日本人的把戲。因爲日本人，一向不願聽臺胞眞正的呼聲，把自己弄成了聾子和瞎子，對於民情，什麼都不懂。今天執政黨當局，不無陷於類似日治時代的錯誤，控制言論，不願細聽逆耳忠言，對於省胞眞正的輿情，漠不關心。這不是等於當年日治當局在臺灣的聾子瞎子式的爲政作風嗎？

所以，我們站在愛護執政黨當局的立場，願效野人獻曝之旨，不能無一言奉告。今天臺灣的省胞，均已認爲執政黨的封建作風，和當年日本帝國主義在臺灣的孤芳自賞，僅有五十步與百步之差而已。當年省胞，必須改爲日本姓，始能獲得公敎人員之資格，今天省胞，如參加其他在野政黨，同時便失去了做官的機會。前後作風，名異而實同。當年日治時代，派警臨場控制言論，這是易躲之明槍；今天是民主時代，擧世注目的臺北市議會竟敢運用機巧的手段，控制了在野及無黨派議員的發言，眞是難防的暗箭。

試問：這些議員們，他們肯甘心嗎？他們受了市民付託之重，而不能盡其言責，不但問心有愧；而且我們的黃市長，雖然能够一時逃避了他們的質詢，但終不能永久逃避全體市民的公評。筆者與黃市長，本無仇怨，因愛之深，故言之切。願我執政黨當局，登高一呼，鼓勵黃市長，公開接受在野及無黨派市議員的公正質詢，不特臺北市政前途的光明在此，我們政黨政治議會政治的前途，一線曙光，亦由此而出現，國家幸甚！人民幸甚！

最後建議張議長祥傳先生，今後不應再弄玄虛和機巧的花樣了。筆者並馨香預祝，張議長的樹立民主議會作風的成功，就此擱筆。

寫在「臺灣地方自治與選擧的檢討」之前

——代序

雷震

臺灣省第四屆縣市長和省議員的選擧，雖早定於今年四月擧行，但在野黨及無黨無派人士要求與國民黨共同辦理管理和監察工作的問題，却至今都得不到結論。對於臺灣地方選擧實情比較清楚的人，固然都知道在野黨和無黨無派人士的此種要求，實在是勢在必爭。但是，這却未必是今天在臺灣的每一位選民所瞭解的。因此，有些關心地方選擧的朋友和讀者便建議我們，把「自由中國」半月刋幾年來所發表的專論和社論彙集攏來，出版一冊單行本。經過我們仔細的考慮，深感這不但是對「自由中國」讀者的服務，而且是對今天在臺灣的每一位選民服務，所以決定臨時趕出一冊單行本。但由於地方選擧是地方自治的一部分，而且兩者有密切不可分的關係，因此把有關地方自治的文字，也搜集在一起。這就是我們現在出版的這冊單行本，其所以稱爲「臺灣地方自治與選擧的檢討」的緣故。

這個單行本雖然是由我們出版，但並非只是反映「自由中國」同仁的意見。事實上，其中除掉我們的社論十六篇之外，還包括有楊金虎、郭雨新、包平、王地、傅正、王嵐僧、朱文伯、蔣匀田、沈雲龍、楊基振、李福春、李賜卿、林觀道等十三位先生的二十一篇專論，可見這本小冊子是代表各方面的意見。這一點，是要特別向大家報告的。

這冊單行本裏所檢討到的，雖沒有包括地方自治與選擧中的一切問題，但大體上說來，我們在這三十七篇文章，將近二十萬字之中，的確已經把一些比較重要的問題都檢討過了，大家只要翻翻目錄，便可以有一個初步的瞭解。例如我們在地方自治方面，關於省政部分，大家非但可以看到對「我們的地方政制」所作的通盤檢討，而且還可以看到「一個臺灣人對建設臺灣成模範省的看法」，以及對全省行政會議，地方行政改革，地方黨治所提的各種批評，乃至於對解決省政體制問題所提出的民選省長的意見。至於在縣市行政部分，我們雖然未能把臺灣各縣市的問題都談到，但已經把幾個主要縣市所發生的重大問題都談到了。諸如臺北的市政問題，臺北市黃市長在公共汽車加價案中的「玩法弄權」，嘉義縣議會議長王國柱自殺身死，高雄市長的罷免案，都已包括在內。至於對自治法規，我們在現行七種地方自治法規還是草案時，便分別做了一次概括的和詳盡的分析，並指出其中種種與地方自治原則不合的條文；而且對於設置選擧投票觀察員的辦法，也在當時便提出了嚴正的批判。

又如我們在地方選擧方面佔的篇幅更多，從四十三年的第二屆，而四十六年的第三屆，以至今年的第四屆，其中所提供的意見和批評，就是當做一部臺灣地方選擧史來看，也無不可。例如在「對於第二屆選擧的建議和檢討」中，大家可以看到，我們在事前是如何的建議政府放寬競選活動的各種不合理限制，在事後又是怎樣誠懇的希望國民黨，能因爲國民黨市長候選人之慘敗於高玉樹，而澈底反省。至於在「對於第三屆選擧的意見」中，我們曾經再三呼籲政府要糾正地方選擧的弊端，並希望樹立政黨提名制，由各黨共同推派管理員和監察員，以及千萬要依法不利用軍、警、公、敎人員替國民黨候選人助選；尤其特別强調到「人心重要」，懇勸國民黨絕不要不擇手段的爭取選票，而不知道爭取人心。可是，由於第三屆選擧的事實經過，與各方面的希望恰恰相反，因此，大家在我們「對於第三屆選擧的檢討」中，可以一清二楚的看到，國民黨在選擧過程中違法舞弊的手法到了何種地步，以及我們又是如何的在勸告國民黨，趕快收拾已經失去的人心。現在，又面臨第四屆選擧了。因此我們根據過去的經驗和敎訓，向國民黨提供了一些看法、要求、意見，希望地方選擧眞能向公平合法的方向做去。

不過，我們要在這裏加以特別說明的，就是對於國民黨的把持地方自治，乃至操縱地方選擧的種種非法行爲，雖然已經不止一次的由希望而失望，但到今天爲止，我們並不認爲已經到達最後絕望的階段。我們仍然懇切的希望，國民黨能有承認錯誤的勇氣，拿出痛改前非的決心，把地方自治和選擧帶上正軌。現在，我們之所以願意根據各方面的建議，把過去發表過的文字，印成這冊單行本，也無非是對國民黨並未絕望，而是希望借此提請全臺灣選民的注意，來共同勸導和督促國民黨拿出誠意來推行地方自治和選擧。

時至今日，我們雖然號稱民主國家，但由於中央的民意代表目前尙無法改選，使得選民早就喪失了控制中央政治的權力，實質上不成其爲民主。不過，假使臺灣的地方自治和選擧，眞能依法辦理，未始不可以多少發生一點補救作用。事實上，政府決定在臺灣先實施地方自治，在國內或國外，也的確獲得了不少讚譽。可是，不幸此一明智的決策，却由於國民黨表現的種種做法，而逐漸引起了人民的失望和反感。因此，我們不得不趁此機會呼籲國民黨當局，請冷靜下來把我們這冊單行本裏的文字，從頭到尾的仔細看看，趕快謀求彌補過去錯誤的辦法。

現在，第四屆縣市長和省議員的選擧，正在辦理，國民黨究竟有無誠意向革新的道路上走，這便是擺在大家眼前的最好考驗，但願大家睜開眼睛做一次見證。

寫於民國四十九年三月二十二日深夜二點。

美國大選前途的展望

紐約通訊・三月二日

南園

一九六〇年是政治年，是美國大選之年。再過十個月後美國新任總統經過人民普選決定，就準備遷入白宮了，國會改選後的新議員亦同時產生出來了。目前共和黨及民主黨早已展開全面活動，鈎心鬪角，競爭異常熱烈。究竟結果如何，勝利誰屬。搞政治的美國人把這件事作爲談話資料。更有一些人把共和黨及民主黨這次競選的勝敗作爲賭注的，他們以此當爲一種遊戲(Game)，可見美國人到處尋開心。民主集團國家的人士當然關心美國這次大選，以爲一九六一年美國聯邦政府的改組，也許發生政治的波動，由對外政策的更張，影響到整個國際間的局勢。

有一位美國政論家說：「美國下一任總統無論他是屬於民主黨或是共和黨，他一定是一位『容與中流』的穩健份子。」

他說政治的動態如同海潮一樣，但自一九四八年以後，美國的政局一直是在政治的憩潮裏面(Slack Water)，在潮漲與潮落之間。美國現在聯邦政府中，任何一黨不能在同一時期支配國會與政府，同時有行政權和立法權。這表示民主黨一直是在倒流。目前它還沒有自動明顯的旋轉回來。一九六〇年的大選，可說很重要。這裏也許告訴我們上兩次艾森豪的勝利，已使政治氣候有了根本轉變，以後民主黨或將繼續在政治的落潮裏面。

他又說：一九六〇年共和黨的前途頗有希望。因爲副總統尼克森在迎合政治新潮流方面，比對方民主黨做得好。

記者觀察今後的趨勢，美國在兩黨統治下的政治局面，很可能照這樣的維持兩年下去。將來行政方面仍然屬於共和黨，立法方面屬於民主黨。兩黨在聯邦政府中平分秋色，分權而治。記者先以數字的比例，預測十個月後兩黨在新國會的勢力消長。

自一九五二年艾森豪總統執政以來，每次國會改選新議員的時候，共和黨在各州競選，多數是失敗的。民主黨在國會裏面是多數黨，擁有超過半數以上的議席。總統送到國會的提案，往往給多數黨留難，或者引起許多不必要的爭議。到了投票表決的時候，自然多數黨佔有優勢，有時在黨內因發生不同的意見而自己分裂的，但這也不多見的。好在艾森豪在美國有壓倒一切的聲望，他那氣度汪洋，有中國古大臣「調和鼎鼐」的賢才。他雍容折衝於國會多數黨領袖諸人，他的提案有時就在這種妥協的空氣中順利通過了。

目前美國國會兩院中民主黨及共和黨所佔的議席，分布如次：

(甲)參議院(上院)議員總額一百人。民主黨參議員六十五席。共和黨參議員三十五席。

(乙)衆議院(下院)議員總額四百三十七人。民主黨議員二百八十席。共和黨議員一百五十二席。缺席五人。

美國憲法規定衆議院議員兩年改選一次。現任衆議員到一九六一年一月三日任滿。如果共和黨將來要控制衆議院的話，至少需要佔有二百一十九席，才超過半數。這就要除了保有現在一百五十二席外，再增加上六十七位新任衆議員。記者估計共和黨在各州的活動範圍及其勢力，很難獲得這樣的成果。因爲美國南部諸州(Solid South)是傳統的在民主黨掌握之下，每年國會議員及地方首長改選時，民主黨多獲勝利。(佛吉尼亞、南北卡羅蘭拉、喬爾其亞、田納西、佛羅里答、德克塞斯、魯意斯安拉、密席西庇等州，在美國南北美戰爭時一八六一—一八六五反對林肯解放黑奴，對共和黨留下印象不佳，使民主黨歷年得以利用機會操縱把持。）下屆衆議院改選，共和黨要把南方及邊區各州以外的選舉票，席捲而囊括之，可能出現一次奇跡。因爲共和黨這次需要得到超過一九五八年在各州競選的票數百分之十一以上，才有希望把民主黨擊敗。

美國參議院(上院)目前共和黨佔三十五席，民主黨佔六十五席。美國憲法規定參議員任期是六年。一九六〇年任期屆滿的參議員，民主黨二十二人，共和黨十二人。今年十一月兩黨在各州競選後的成果，如果共和黨任滿的十二位參議員，經過改選完畢之後，新選的參議員依然是屬於共和黨的。同時共和黨在其他各州競選，再增加產生十六位新參議員，這樣一九六一年共和黨參議員總數，佔有五十一席(過半數)。

任期屆滿的民主黨參議員二十二人內有十人是從南方選出來的。該黨在南方各州選舉地盤把持得很確實，似沒有給共和黨攫取的機會。餘下改選的民主黨參議員十二人，即使共和黨能够全部爭取過來，結果在參議院所得的議員總數，尚差四席。從數字的表現，一九六一年共和黨在參議院內似難取得過半數的控制權。

關於美國國會中兩黨爭取控制權的前途，由於數字上的解說似可得到了一個預想。至於一九六一年的美國新總統的人選，究竟屬於民主黨或共和黨，記者以情理的觀察，作一個大膽的估計。

如果共和黨今年能够和緩國際間的緊急局面，進而保有執政當局年來致力於經濟繁榮的政治成果，下一屆的美國新總統還是屬於共和黨的。自然民主黨現在隨時可以抓住執政當局的弱點，如國防問題等。在國會提出合理的爭議，造成社會與論的非難。用各種手段激動選民對共和黨總統候選人的反感。然而在政治史上，人民的選舉票很少由於些許刺激就把一個執政黨推翻了的。美國在經濟方面，去年下半年工商業的繁榮，打破了有史以來的紀錄今年仍在蒸蒸日上。美國執政當局和人民對此頗具有信心。從一九五八年的工商業後退到一九五九年的經濟景氣現象，是共和黨年來當政者的輝煌成就。同時艾森豪在國際間的奔走活躍，爲了和緩緊張局勢，這種和平姿態，迎合了美國人的心理，使將來每個選民對共和黨發生好感。

自從去年年底共和黨紐約州長洛克斐爾氏宣布取消他自己競選提名爲共和黨總統候選人以後，今年在芝加哥舉行的共和黨全國大會，副總統尼克遜將被提名爲該黨總統候選人，已成定局。尼克遜與洛克斐爾同是屬於共和黨，同是知名之士。這兩位的大名在美國選民中是熟識的。美國很多人喜歡洛克斐爾的風度和品德。他有他自己一套的政治理想和新的作法，他做過一九四四年羅斯福總統任內的助理國務卿，民主黨方面人士對他競選提名表示無惡意，然而他突然宣布決定不參加競選了。他說爲了黨的前途，爲了黨的團結，爲了自己還需要在州長任內做些事業，所以放棄競選。同時表示他也不要做下一屆的共和黨的副總統。洛氏去年也曾由美國東部到西岸各州做了一個全國性的訪問旅行，他觀察到政治行情不投機，他知道假如參加競選的話，沒有得到黨的方面有力支持，在全國大會提名的時候是不十分容易通過的。這裏面是否還有文章，記者只說到此處爲止。

尼克遜的人望，在現在政治圈裏認爲他是共和黨最有力的提名總統候選人。自一九五二年艾森豪選擇了尼氏擔當他兩任總統任內的副總統，這一位年輕政治家可以說是艾老一手提拔培養出來的。共和黨內的領袖巨頭對尼克遜大都有好感。在尼氏過去七年副總統任內對於黨內先輩及同人政治鬪爭及在各州地方選舉的時候，無不盡力斡旋，平時幫了他們不少的忙，此時尼氏在黨內競選提名，他們當然樂予支持。

尼克森去年到蘇俄訪問的時候，因爲「囚犯國家」一語，與赫魯雪夫有一段激烈的爭辯，他那不客氣的反擊，美國人認爲「硬是要得」。（註：囚犯國家 Captive Nation 意思說共產極權國家的人民，均被奴役了當作囚犯俘虜一般的看待。）他後來到波蘭在國民狂熱歡迎之下，不辱使命的歸國了。

一九五九年除夕之夜，尼克森圓滿調解了美國有史以來最久的鋼鐵業大罷工。這次罷工參加人數五十萬人，非鋼鐵業受罷工影響因而失業者二十二萬人。自去年七月十五日罷工開始至十二月底止，時間五一百六十餘日。到了十月中旬至十一月的時候，罷工影響擴大到其他工業，尤以汽車製造廠爲甚。尼克森在這個緊張時期，以迅速而秘密的會談方式，召集勞資雙方領袖協商，調停圓滿解決。這次工方獲得空前的勝利，工人總代表麥克唐納譽尼氏爲鋼鐵工人的福星，到了十一月總統大選的日子，這批工人爲了報答尼氏，可能都來投他一票。鋼鐵業這次罷工，是美國一件動搖國本的事件，美國朝野焦慮不獲解決而驟然的解決了。美國工商業由此蘇了一口氣，共和黨執政當局如釋重負，艾森豪爲之解顏。尼克森亦因此增加了一筆政治資本。

自一九五二年艾森豪總統執政以來，所有經國大計的時候，副總統尼克森無不參與其事。艾老到了下台的時候，希望一個有能力及有魄力的繼承人，完成其未竟之志，這筆政治遺產是要移交給一個理想上的人物接收的。以尼克森豐富的政治經驗和潑辣的政治手腕，較諸黨內外一般老政治家並無多讓。尼氏近年來的政治作風，日趨於穩重保守，除有時宜揚艾森豪的政績外，却不自亂步驟，隨便發表政見和放大砲。今天的美國人希望安定和平，尼克森懂得一套心理。

尼克遜是共和黨的驕子。該黨七月二十五日在芝加哥舉行的全國大會被提名爲總統候選人當然非此君莫屬。尼氏在黨內是一人獨尊，已操勝券。他從此到十一月總統競選的期間，更將全力以赴，志在必得。

二月二十四日于美國。

讀者投書

（三）「陳情書」

第二光盛輪難屬代表

爲第二光盛輪海難死亡者百餘難屬再緊急呼籲，懇請對該案重予調查由。

竊查第二光盛輪於民國四十五年十一月十五日在高港於颶風七級之際，被李漢川、顏春木等強迫開航馬公。十六日被颶風吹襲，誤出航線，觸礁西吉島無人，往救，而告沉沒。軍民乘客及船員除生還六人外，全部一〇四人葬身魚腹，其悲慘情形震驚中外。當時監察院司法行政部調查局曾派大員調查，高雄地檢處亦提起公訴，公認李漢川、顏春木，強迫開航超載，尚且無救生設備，其船是拖船改造有瑕疵，而被告在檢處及當庭亦均承認，並以臺幣四千元爲賠償，以顏留作謀介誘部份難屬與之和解，企圖脫罪。而高雄地方法院明定其判以被告李漢川、顏春木過失致人於死，處分徒刑二年三年，該案移上峯高等法院臺南分院由高推事嵩辦理，當時市井謠言突起，遺屬等曾申請高推事迴避，但無濟於事，而仍判被告無罪，更是議論紛紛。難屬等雖認法律是公平，但處在民主法治國家，雖是少小交通事故，亦有被罰數元銀元以爲懲效。今被告等過失致人於死一〇四人，其罪責又昭彰明甚，而且震驚中外之巨案，而無半點罪責否？豈不令世人懷疑，而難屬更是不服。幸蒙公義檢察官明鏡高懸，上訴再上訴，使難屬尚存一縷光明之日。但懸案未決，於茲三載有餘，死者含寃海底望報，生者悽慘到處呼號，其情其景，雖土木之人，亦掬酸心之淚！數百難屬所依賴者，國家法律之保障，公庭公理。今辦理該案之主審推事高嵩因另案被押，前承辦該案是否和高市建信案件有同樣情形，懇請鈞座重視該案予以覆查，倘能撥雲霓以見天日，平服衆議，而維司法尊嚴，並期早日定讞，則國家甚幸，衆難屬亦幸甚矣！謹呈

具呈人 第二光盛輪難屬代表

洪建和 高雄市五福四路二二三號
翁媽逢 高雄市前金區三川里扶里橫巷十七號
胡海波 高雄鼓山區德樹里德南巷九八號
武建章 高雄市鼓山區共生里南巷二十六號
莊開月 澎湖縣馬公鎮石泉里四十七號
陳李阿玉 高雄市新興區建成里忠孝路十二號
外難屬一同

中華民國四十九年三月十六日

「黑馬」與「寵兒」

美語新詮之二

喬志高

外國記者在美國，對於四年一度的總統大選多樂於報導，因爲這是美式民主中最富有戲劇性的一幕。一九四〇年羅斯福對威爾基競選時，我曾替上海某雜誌寫通訊，其中一篇是彙集美國人選擧總統所用的各種名詞而加以注解。事隔二十年，當時有些口頭禪現在已經成爲過去，比方共和黨以雙關語駡擁護羅斯福連任三任的人爲「三任蛀蟲」（Third termites）。二十年來，美國話中也有不少新名詞出現，比方自從史蒂文生初露頭角，凡是智識份子搞政治的就被目爲「雞蛋頭」（Egghead）。不過大體而言，每屆總統選擧總不免沿用許多傳統的名詞、標語、和口號。本屆的競選運動已經春雲漸展，不久行將白熱化，我們咬文嚼字亦可作一種側面觀。

「總統競走」Presidential race。一國元首的繼承問題解決時自不免明爭暗鬬，等到勝負分明，一紙電報道賀了事，頗有運動員的美德。美國總統競選實際上就叫「競走」，好比一場賽跑。競選（動詞）就是「跑」to run。兩大政黨各自先擧行預賽，產生本黨正副總統候選人，彼此稱爲「跑伴」running mate。選擧揭曉之後，名落孫山者謂之「也跑過」also-ran（名詞）。

「帽子在圈中」hat in the ring。一位政客公開宣佈參加競選，卽謂「某某人的帽子擲在圈中了」。相傳英國有「單棍對打」single-stick 的比武，打擂台的將帽子投入圈內以示挑戰，後來拳鬬場中亦沿用此語。截至一九五九年年底爲止，只有一人正式宣佈參加明年的總統競選（民主黨的亨福利），有人正式宣佈不參加（共和黨的洛基菲勒），但一般認爲「帽子在圈中」的人物已有好幾位。民主黨在野八年亟問鼎白宮，躍躍欲試的有三位國會參議員：麻州的肯納第，明尼蘇達州的亨福利，和米蘇里州的賽明頓。此外上兩屆的候選人史蒂文生仍孚衆望，參議院多數黨領袖德薩斯州的林登，約翰生有局部勢力。當政的共和黨以逸待勞，副總統尼克遜已是當然的候選人。風頭一時的紐約州州長納爾遜、洛基菲勒，帽子本已在圈中，聖誕後突然發表聲明又收回了。

「寵兒」favorite son。競選人中常有各州州長或議員，本州以家鄉面子關係全力擁護，謂之「寵兒」。此番如加里福尼亞的州長布朗，密西根的州長威廉士，和紐澤西的州長邁納爾，都是民主黨裏的「寵兒」。到了七月間開黨代表大會推選總統候選人，一州的寵兒縱然不能當選，本州代表團在第一次投票時亦往往用全部票數去支持，一來對其人表示愛戴，二來做爲與其他競選人講價的政治本錢。

「黑馬」dark horse。卽跑馬場中所謂「冷門」，不在人們意料中，但僥倖入選，甚至於會奪得錦標者。香港「新聞天地」等刊物文字新穎，談起宦海升沉，影壇選美，亦常用「黑馬」等字樣。一九四四年羅斯福被推競選第四任，問題只在副總統候選人的人選。當時華勒士與貝爾納斯競爭激烈，兩不相下，結果跑出杜魯門一匹「黑馬」（時人譏之曰「米蘇里州的大妥協 The Missouri Compromise」）。後來杜氏由副總統而升大總統，華勒士則走左派路線一落千丈，眞是命中注定，有幸有不幸的了。

G.O.P. 卽「老大黨」Grand Old Party 之縮寫，共和黨的混名。在漫畫中共和黨以大肥象做黨徽，民主黨以長耳驢來代表。「老大黨」自詡爲林肯和西奧道、羅斯福的政黨；民主黨每逢集會則抬出傑佛遜、賈克遜、威爾遜和富蘭克林、羅斯福的招牌。共和黨傳統的比較保守，有代表大資本家之嫌，民主黨似乎傾向於自由前進，但內部份子複雜，有南部幾州頑固堅强的陣線，叫做 Solid South，也有各大都市的嚴密組織，號招勞工與有薪階級。

「政黨機器」Party machine。組織嚴密而手段難免卑鄙齷齪的地方黨部，稱爲「機器」。操縱機器的領袖名曰「老板」boss。如紐約昔年炙手可熱的民主黨機關「老虎堂」Tammany Hall，目前老板祖籍意大利的第薩皮奧，爲民主黨內開明份子所不齒。然而此公以及過去芝加哥市長凱利等輩，對於左右代表大會，內定候選人不無相當勢力。本來搞現實政治全靠中堅幹部，下層工作。這次洛基菲勒的退出競選，據他自己說，也是因爲共和黨「組織」方面不予贊助。

本文第一篇談美國人喜歡把體育界的術語應用到其他場合。像洛基菲勒這樣，正當緊鑼密鼓準備登台時，突然自動宣告退出，不但出乎一般意料之外，連他自己的擁護者也驚愕不知所措。最有趣的是剛剛成立的「美京擁洛委員會」的主席某君，記者問他有何反應，他很慨嘆地說（根據華盛頓晚星報載）：「這樣一來把我們叫出球場了。也罷，壘球就是這麼一回事。就算我不能未卜先知好了。」“This takes us out of the ball park. Well, that's baseball. I guess I'm no seer.” 人生如球戲。從這位先生看來，眞是一點也不錯！

一九五九年十二月卅日

論今本紅樓夢的後四十回（下）

趙岡

（三）

今本紅樓夢後四十回的眞正作者一時不易查出。除此以外這個續書人的續書動機也很值得研究。對於這個問題最簡單的答案當然是：此人覺得全書未完是一件遺憾，所以給此書加上一個收緣結尾。這種解釋細想起來有許多不能令人滿意的地方：

第一、此人爲什麽不具名，而把自己辛苦努力的結晶算在別人帳上？「附驥尾以流傳」對於他本人又有什麽實惠？

第二、既然是爲了要使石頭記的故事能有始有終，而且希望借曹雪芹之名以流傳，却爲什麽寫成之後又不廣爲傳佈。在程甲本出版以前，我們只知道楊畹耕曾經得到過這樣一個抄本。程小泉是化費了幾年的時間才在故紙堆中和鼓擔上搜羅到後四十回的抄本。由此可見此人續書之目的似乎不是爲了對外公佈行世。在這裏讀者千萬不要過份武斷的認爲程小泉和高鶚在他們的序言中全說的是謊話。過去大家覺得高程序中全是假話，是因爲大家先接受了「後四十回是高鶚所續」這一個假設才推斷出來的。如果我們放棄了，或是其他證據推翻了「後四十回是高鶚所續」這個假設、我們就沒有絲毫理由和證據來認定高程在序中所言不實。相反的，今天很多材料已經證明高程序言中的話是眞實的。例如，「然原目一百廿卷」，已經舒煒元序本證實，「書中前八十回抄本各家互異……繁簡歧出，前後錯見，即如六十七回，此有彼無，題同文異……」也得到幾個脂評本的證實。

第三、紅樓夢的續書不下三四十種，它們都有一個特徵，那就是不但賈家的家道中興，而且賈寶玉的戀愛故事以各種不同的方式得到「圓滿」的結局。從續書內容來看，他們眞正的趣味中心還不是要爲賈府維持一個良好的結局，而是要把寶玉的戀愛故事加以圓滿的結束。唯獨這一個續書與衆不同。它使賈府「復世職沐天恩」，「家道復初」，但却按雪芹原意將寶玉的戀愛故事維持一個悲劇的結尾。此人的續書重心不在於寶玉個人，而在於賈府這一家的下場。這是一個很值得注意的特徵。如果這位續書人眞是一個所謂的「俗人」，他要爲紅樓夢搞一個大團圓的結局，却又爲什麽不讓它來一個澈底的「大團圓」呢？

第四、有很多跡象表示這位續書人很可能有一部完整的石頭記原稿，包括後三十回。如果眞是如此，他爲什麽又要續書？這與我們前面所假定的續書動機完全衝突。即令此人當時並沒有原書的後三十回，起碼他是看過了全部脂批。不然的話，他不會對脂批中所提到的許多有關後文的伏線，關照得這麽週到。這許多伏線是正文中無法得到的。如果這位續書人是純然站在客觀的立場來續書，他一定會依照下列兩個原則之一來從事續書。第一、他拋開全部前八十回中的伏線，澈底按照自己的意思與情感把故事發展下去。這就是其他一般續石頭記的作法。第二、如果他是爲了要「附驥尾而流傳」，那麽就索性利用全部伏線，忠忠實實的把故事續寫下去。這樣做，文筆好壞是另一個問題，起碼從故事的結構與情節的發展上，與前八十回一定吻合，將來被人發現作僞的可能性就很小。但是我們知道這位後四十回的續作者，完全沒有依照這兩個原則的任何一條。一方面他非常忠實地利用了許多伏線，可是在另一方面又根本拋棄許多十分明顯的伏線而不顧。難道他不會想到別人也會看到脂評本上的脂批，而發現他的僞作嗎？

根據這種種疑點，我覺得這位續書人的動機別有所屬。第二種可能的解釋是這位續書人是曹家的本家，他的目的不是要續書而是要改寫後半部。他可能覺得雪芹原書所描寫的賈家敗落的情形太慘、太露骨。從家族觀念上，他反對這種寫法，或者說他不忍讓其如此。他改寫後半部的目的是要把一切對賈家敗落情形的露骨描寫改掉，而對寶玉個人的戀愛故事以及一切人物的性格都儘量維持原狀。第二種解釋比第一種解釋來得合理多了。但是這樣還無法消除全部疑團。說起來很幸運，最近發現許多清朝人的筆記，其中有幾種很可以幫助我們設立另外一種有關此人續書的動機之假說：現在讓我先引一段萬松山房刊本「飲水詩詞集」唯我跋：

「余往嘗見石頭記，舊版不止一百二十回，事跡較多於今本……某筆記載其刪削原委，謂某時高廟臨幸滿人某家，適某外出，檢書籍，得石頭記，挾其一冊而去。某歸大懼，急就原本刪改進呈……」

這一條筆記很有意思。清朝文人的筆記有時固然是道聽途說，不見得有什麽根據，有的却是本有其事，但以訛傳訛，以致走了原樣，如果我們仔細推敲研究，也未嘗不能得出一點線索和啓示。這一條筆記可能就是此類情形，未必全眞，也未必毫無根據。譬如說從脂評本來推斷，雪芹原著全部雖然不比一百二十回多，但當時的每一回文字較多，事跡較多於今本是可能的。其中所提到的刪削原委也有可信之處，起碼可供我們參考。現在我分爲數點略加說明：

(A)雪芹撰寫石頭記以及後來百二十回本紅樓夢之出現都是乾隆年間的事。時間方面是對的，乾隆皇帝在晚年(乾隆四十幾年以後)，不但常常出巡，而且常常私自出遊。不但私自出遊，而且宿娼，關於這類的記載甚多。蕭一山的「清代通史」中還引用了不少。當時乾隆最可能私幸的人家是和珅家。乾隆與和珅的關係有一個時期確是超出一般君臣的關係，所以當時有各種傳說，說和珅面貌像雍正的某個妃子，而乾隆即位以前曾與此妃有愛情關係。事發後此妃自經死云云。現在我再舉一個有趣的線索：

能靜居筆記：「……謁宋于庭丈於葑溪精舍，于翁言：曹雪芹紅樓夢，高廟末年，和珅以呈上，然不知所指。高廟閱而然之，曰：此蓋爲明珠家作也。後遂以此書爲珠遺事。」

可見此時乾隆是第一次看到紅樓夢全書。卽令此「某滿人」不是和珅，也可能是其他滿人之家。雪芹在世時及其卒後最初幾年，石頭記這部小說只是在雪芹至友之間流傳，所以瑤華在評永忠詩時曾說「紅楊夢非傳世小說」。雪芹自己是滿人，屬正白旂包衣。他的要好的朋友也都是滿人，例如敦敏、敦誠兄弟，明義、明琳等人。更重要的是，根據目前所發現的材料，當時流傳到外面去的都是八十回或不足八十回的石頭記，而沒有一本是超過八十回的。除了那些聽到別人說「眞本」「原本」如何如何的記載外，眞正親自讀過全部紅樓夢，而且確係雪芹原著的，人數不多。脂硯當然讀過，此外明義會在雪芹家中讀過全部紅樓夢，而且確係雪芹原著的，人數不多。脂硯當然讀過，此外明義會在雪芹家中讀過全本紅樓夢，而且作有長詩「題紅樓夢」。永忠於雪芹卒後五年曾在敦誠叔輩墨香家中讀過紅樓夢，並有「因墨香得觀紅樓夢小說弔雪芹詩」之作，他未提「未窺全豹」，想來很可能也是一部完整的抄本。因此我們知道，當時雪芹的原著全本紅樓夢，除了在雪芹及脂硯家中有以外，只有這幾個滿人家中能有。飲水詩詞集中說刪削部份在後半部。這些情形都很吻合。

(B)我們知道一七九一年程偉元得到後四十回的抄本，而刊印出「程甲本」，從此此書到處風行。第二年程乙本又出版了。同年江浙一帶也都有刊本百二十回紅樓夢流通。據當時差不多家家戶戶案頭上都有一部紅樓夢，其轟動之盛，流傳之廣，可以想見。但是說來奇怪，除了敦城是在一七九一年去世的，其他幾位雪芹的至友以及讀過其原著之人如敦敏、永忠、明義等都尙在人間。他們不會不知道有這樣一部百二十回本紅樓夢出現。爲什麼竟沒有一個人寫下片言隻字，說明這部書後四十回與雪芹原著後半部不同。想來他們大概都知道這件「刪削進呈」的事，而這部百二十回本紅樓夢之後四十回就是這個來源。如果他們有人點明此事，萬一傳出去，豈不有「欺君」之罪嗎？

(C)其次我們要問爲什麼「刪削」然後才「進呈」呢。一種可能是因爲有淫穢語。不過想來這種可能不大。前八十回賈府正處繁盛期，而八十回以後則多是家敗人亡的事。如果有淫穢的描寫也應該是前八十回多於八十回以後之部份。第二種可能是政治上的顧慮。在這裡我再抄錄瑤華在永忠「因墨香得觀紅樓夢小說弔雪芹詩」上端的評註：

「此三章詩極妙。第紅樓夢非傳世小說，余聞之久矣，而終不欲一見，恐其中有碍語也。」

所謂「碍語」，很可能是政治上的碍語，而非道德上的「碍語」。就好像大陸上的人民不敢看「反動」書刊一樣。我們知道紅樓夢後半部正是描寫賈家如何家敗人亡。從脂評中可以看出賈家後來情形非常凄慘。寶玉是「寒冬噎酸虀，雪夜圍破毡」，鳳姐親自「掃雪」，惜春爲尼後無處存身而不得不外出「乞食」，種種慘況不一而足。賈家之所以一敗塗地，主要關鍵在於抄家。後來之種種慘況可能是抄家抄得太澈底的原因。事實上雍正皇帝（曹家是在雍正六年抄的家）的作風正是如此殘酷。他不但對付政敵是採這種殘酷的手段，對於一般臣下也是動輒抄家處刑。例如雍正四年蘇州織造胡鳳翬獲罪籍家，舉家自經死，其後任海保不久也被籍沒，後亦自盡。雍正自己也說過：「朕卽位以來，外間流言有謂朕好抄人之家產……」。想來雪芹在原書後半部曾詳細描寫抄家的經過，寫得或許相當眞實而不加含蓄。這類文字如果讓乾隆看見，自然會有不快之感。此滿人某要將原書刪削，然後才敢進呈皇帝。僅僅刪削尙不足，因爲刪削以後文字一定要不連貫。而且抄家這一段如果完全刪去，後半部書可能根本就無法存在。所以我想，此人一定是連刪削帶改寫，然後進呈。抄家部份不便全刪，唯一的辦法就是另加補救。於是有了後來發還家財，復襲世職等情節。如果眞象確是如此，則此人改寫的動機，倒不是可憐賈府的下場，而是要强調「復世職」「沐天恩」「延世澤」之事，以免引起皇帝的不快。除了這類有關的情節外，此人是儘量維持原著的本意，並且儘量照顧前八十回的文字。如果我們接受這種解釋，附帶就可以解答爲什麼這個後四十回的續書沒有大量向外流傳。此人改寫的目的是在應付皇帝，而不是要它眞的從此「附驥尾以流傳」，因此也沒有讓它大量傳抄出去。此滿人後來可能因爲某種原因而敗落，其原稿流散到北京的故紙堆及鼓擔上，最後終于被程小泉費了幾年時間，才將這批稿子湊攏起來。

(D)我們也可以從石頭記的版本和鈔本來看這個問題。雪芹撰寫石頭記的時間很早，但是現在所獲得各種石頭記鈔本，大半是雪芹死後數年或十餘年才從脂硯家中傳播出去。最早最早的也不過是一七五九年（己卯本）左右被人從曹家的底本鈔寫過錄而成。在這以前石頭記確是地地道道的「非傳世小說」。我們到現在爲止還沒有發現一部過錄的石頭記鈔本是在一七五九以前就流傳到外面來的。雪芹爲什麼不讓這本小說傳世呢？他辛辛苦苦撰寫了一部小說，難道只是爲了供親友鑑賞嗎？石頭記這部小說之精彩偉大已經沒人否認。程偉元序中就提到在程甲本刊行以前，「好事者每傳抄一部，置廟市中，昂其值得數十金。」可見社會上對此書的評價與反應是如何良好。雪芹晚年經濟狀況非常惡劣，甚至到了「舉家食粥」的程度。他爲什麼辛辛苦苦寫了小說，而不想設法抄幾部拿出去試着賣點錢？總之這部小說在早期是「非傳世小說」一定有某種重大的緣故。其次，我們再看後來流傳到外面來的脂評本石頭記。現在被發現屬於脂評本一類的石頭記過錄本已有五六種之多。但是沒有一種是超過八十回。對於這個問題，過去考證紅樓夢學者的解釋大致不出下列兩類：

①石頭記是陸續寫成的。當時流傳到外面也是

分幾個步驟，就如像現在長篇小說之分上、中、下三集，分次發行一樣。先發行前四十回，然後發行四十至八十回，八十回以後則沒有來得及發行，因此現在各種鈔本石頭記都沒有超過八十回。

②石頭記不是分次流傳出來的。不過八十回以後的稿子散失，所以沒有人曾經抄錄過八十回以後的石頭記。關於八十回後文稿遺失的事情，脂批曾一再提到，應當是事實。

不過我們仔細研究一下，就會發現這兩種解釋完全不能成立。第一，石頭記之成書甚早，明義曾經在雪芹家中讀過此書，而且故事完整無缺。隋園詩話中曾引錄明義「題紅樓夢」詩中之詩句。據胡適先生考訂隋園詩話作於一七四九，所以明義一定是在一七四九以前讀過此書。換言之在一七四九以前紅樓夢已經是一個完整的小說了。這比所有過錄脂評本最早的可能過錄的時間起碼早十年以上。所以石頭記是分集寫成的解釋無法成立。第二，我們再看這些過錄本脂評石頭記的可能過錄時間與其回數。雪芹成書時間甚早，但是後來屢次修改。脂批所說「此書未成而芹逝矣」，是說雪芹最後一次的修改工作未完成而去世。因爲脂硯自己就讀過八十回以後的文稿，甚至書末的「情榜」。雪芹先後修改過多次，脂硯也先後評過許多次書。每一次修改，脂硯就需要重新謄寫一份新的底本，這就是爲什麼過錄脂評本有許多不同的底本之原因。脂硯每一次謄清就把原來批於書眉或兩行之間的評語，改成小字的雙行夾批。後來的新批語則又寫在新底本的書眉或行間。我們可以從批語的位置，或批語的存量來估計過錄本過錄的時間。現依此原則將各種脂評本分列如後：

(a)已卯本，這本過錄本可能是所有過錄脂評本中最早從脂硯家中流傳出來的。已卯年冬天脂硯曾批過一次書，這就是庚辰本上署名「已卯冬夜」的脂批，但是已卯本上沒有一條「已卯冬夜」的脂批。可見已卯本在過錄好以後立即離開了脂硯手中，也就是說此過錄本的過錄時間是已卯年冬(一七五九)，而且在脂硯批書之前。此本到七十回止。

(b)戚序本(卽有正本)，在一七六九年以前，就已傳出一七六九年時已落到戚蓼生手中。確實過錄時間不詳。此本到八十回止。

(c)庚辰本，此本有丁亥脂批(畸笏卽脂硯)，所以傳到外間的時間一定在丁亥年(一七六七)以後，想來過錄時間應比戚序本晚。此書至八十回止。

(d)甲戌本，此本上有甲午脂批一條，故過錄時間一定在甲午年(一七七四)以後。諸本中此鈔本是最晚才從脂硯手中流傳出來的。此本僅至二十八回。

有人認爲甲戌本相當於石頭記之「上集」，只有四十回，以後諸本是「上中合集」，包括八十回。現在我們根據前述的時間序列，可以看出此說完全不通。甲戌本只到廿八回，是因爲後來收藏家將其餘文稿遺失的結果。絕沒有先出版「上中合集」後出版「上集」的道理。

其次甲戌本是否如某些人所想像最多不超過四十回，還是一個問題。甲戌本中脂批也提到「後半部」書及「獄神廟」等情節，可見是不止四十回。不但不止四十回，劉鈺福當年手中的甲戌本可能也是只有八十回。每十回裝成一卷，共八卷。劉鈺福所說：「惜止存八卷，海內收藏家更有副本，願抄補全之……」。這「八卷」大概就是指八十回，劉鈺福當時認爲此本應有百廿回，或百回，所缺的不算太多，所以希望「補全」。如果只有十六回，則爲數太少，「補全」的希望不大。這部八十回甲戌本到達胡適之先生手中時只殘存了十六回。這十六回分爲三個段落，很難想像當初是如何排列才能分裝成八卷。今天所看到的庚辰本和已卯本都是每十回自成一卷。此外有些有關抄本石頭記的記載也提到過「八卷」「八册」等字樣，例如李葆恂在「獨坐幽篁圖」題詞中所說「端方藏稿本八册」。足證當時八十回分成八卷裝，是很普遍的。胡適之先生得到甲戌本時，尚未見到庚卯本及已卯本，否則胡先生早就會聯想到這一層。

第一種解釋不能成立。現在讓我們看看第二種解釋能否成立。也就是說，諸種石頭記抄本只有八十回是否因爲後面文稿遺失所致？第一，根據脂硯所報告的文稿遺失的淸單，所遺失的是「獄神廟五六稿」。「五六稿」究竟有多少，我們無法肯定，但我們可以斷言「五六稿」決非八十回以後的全部文稿。既然八十回以後的文稿未曾全部遺失，爲什麼諸種抄本又都到第八十回爲止？除非這五六稿就是從第八十一回開始，否則斷不會有此種現象。譬如說這遺失的五六稿是第九十一回至九十六回，則起碼會有一種抄本應抄到第九十回，以下缺。第二，根據脂硯之記載，這些文稿之遺失是發生在壬午(一七六二)至丁亥(一七六七)年間。有關文稿遺失的脂批是丁亥年寫上去的，寫的位置是書眉。在已卯本上沒有這些記載，庚辰本的雙行小字夾批也沒有此類的記載。這些都足證文稿之遺失是發生在一七六二至一七六七年間。既然如此，爲什麼在一七五九年就抄成了的已卯過錄本也沒有八十回以後的文稿呢？第三，上述四種脂評本又可以爲兩類，或者兩個系統。庚辰本及甲戌本是一個系統，他們的底本是在脂硯家中，後來經人過錄而流傳到外間的。已卯本和戚序本又是一個系統。戚序本是已卯本後來又被人加上回首回末總批而成的。這些回首回末總批不是出於脂硯之手筆，而很像是出於另一個人的手筆。此人很可能是曹家人。他在第五十四回總批中寫「都中旺族首吾門」，可見是雪芹本家。此人在加寫回首回末總批時，八十回以後的部份還在手，所以戚序本第二回之回首總評寫道：

「以百回之大文，先以此回作兩大筆以冒之，誠是大觀。……」

其第七十九回回末總評又有：

「一點一逗，爲下文引線……」。

從這些跡象可以看出，有一位曹家本家的人，在脂硯家根據已卯年底本抄了一份抄本，然後自己又加上許多回首回末總評。當時他自己手中是一部完整的百回本石頭記。後來又有外間人利用他的抄本而抄成今天戚序本的樣子。這樣一來，事情就很奇怪了。既然是兩個系統，難道兩處都把後半部文稿遺失了嗎？而且都是從八十一回遺失的嗎？因此我們個人的想法是：雪芹在世時，石頭記未能「傳世」，有其重要的原因，而後來流傳出來的脂評本石頭記又都不超過八十回，也是一個有計劃的一致行動。眞正的原因可能就是後半部那些有關賈府敗落的「碍語」。雪芹和他的至親好友一致認爲不便「傳世」，於是能在自己人之間流傳。後來開始向外流傳，八十回以後的文稿也被藏起未讓外人抄去。換言之，全部抄本不能讓它傳出去，只有前八十回可以讓人傳抄出去。

(E)最後，我們再從此書的書名來看這個問題。現在大家都知道此書叫「紅樓夢」，這個書名是通用的書名，毫無可疑之處。但是如果追溯各種版本的流傳情形，我們就可以發現「紅樓夢」這個書名很奇怪，它可以提供一個重要的線索。根據現在所能看到的材料，我們知道在一七八幾年以前所流行的此書鈔本都是用「石頭記」這個名字。甲戌本，已卯本，庚辰本，甲辰本都一律是用「石頭記」一名爲書名。現在所看到的有正本書名是「紅樓夢」。但是這個名字是有正書局老板給加上去的。書內中縫都寫的是「石頭記」。書中戚蓼生的序也是寫的「石頭記序」，而非「紅樓夢序」。序內他也寫道：「……而竟得之『石頭記』一書……」。可見有正書局所根據的原本也是以「石頭記」爲名。到現在爲止沒還有人發現過任何一種八十回本的「紅樓夢」。在一七八幾年以前，市面上所見到的鈔本的的確確都是以「石頭記」爲名。但是到了一七八〇年以後突然有以「紅樓夢」爲名的百二十回本。周春的筆記中曾記載楊畹耕以重價購鈔本兩部，「一爲石頭記八十回，一爲紅樓夢一百二十回。」程偉元在程甲本的序文中一開首就說：「紅樓夢小說本名石頭記」。這些地方很值得注意。遺憾的是程偉元沒有說明爲什麼不用原名「石頭記」，而用「紅樓夢」一名。總之百二十回本與「紅樓夢」這個書名有很密切的關係。百二十回本一出現就用的是「紅樓夢」之名。因此我們對於「紅樓夢」一名之來歷，就要追查一番。

「紅樓夢」這個名字與脂硯齋有密切的關係。雪芹最早是以「石頭記」爲書名。脂硯在初評石頭記的時候，建議將此書改名爲「紅樓夢」。雪芹當時接受了這個建議。雪芹或者是脂硯自己又寫了一個「紅樓夢凡例」冠於書首。這就是甲戌本中的「紅樓夢凡例」。「吳玉峯」就是脂硯的化名。裕瑞曾經見過這種初評本。裕瑞的「棗窗閒筆」寫道：

「曾見抄本，卷額本有其叔脂硯齋之批語，引當年事甚確，易其名曰紅樓夢。」

所謂「其叔脂硯齋」是出於裕瑞的揣測，因脂批中有很多口氣是長輩的口氣。但是脂硯齋，絕不會自己在書上批道「我是雪芹叔叔」的字樣。不過裕瑞這句話中的其他部份則很可能是事實。他提到「脂硯齋」這個名字就很正確。「易其名曰紅樓夢」想來也是確有其事。脂硯齋在初評時建議用「紅樓夢」一名，但是在再評時又想把書名改回爲「石頭記」，所以甲戌年的再評本上就說「仍用石頭記」，不久以後他又把「至吳玉峯題曰紅樓夢」一句刪去。當初他建議改名「紅樓夢」，現在他又主張仍用「石頭記」之名，這句話就可以刪去了。不但如此，他還把「紅樓夢凡例」前半段整個刪去。這表示他要把當年改書名的事整個除掉。所以後來的一切脂評本都是用「石頭記」的名字，再也沒有用「紅樓夢」之名者。

雖然如此，現在我們還是知道下面幾件事情。第一，紅樓夢一名曾經被使用過，但時間不長，是從脂硯齋初評到再評這一段時間內。第二，就在這段時間內，以紅樓夢爲名的抄本也有人見過，而且也有人傳抄出來。這些人都是雪芹的至友和親戚。明義是其中之一，他在雪芹家中看過「紅樓夢」，而且作過「題紅樓夢」的詩，第二個見於記載的是庚辰本第二十一回回首所記爲紅樓夢題詩之「客」，可惜此人失其姓氏。庚辰本第二十一回首脂批：

「有客題紅樓夢一律，失其姓氏，惟見詩意駁警，故錄於斯：自執金矛又執戈，自相戕戳自張羅。茜紗公子情無限，脂硯先生恨幾多。是幻是眞空歷遍，閑風閑月空吟哦。情機轉得情天破，情不情兮奈我何。凡是書題者不可此爲絕調。詩句警拔，且深知擬書底裏。惜乎失名矣。」

另外一人就是裕瑞，此人是明義明琳的晚輩，可能就是從他們家中看到的。另外敦誠的叔輩墨香有一部「紅樓夢」，後爲永忠所見。總之，讀過此種鈔本的人爲數不多。他們或是雪芹親戚或是至交好友。第三，當時的「紅樓夢」，與今本一百廿回本不同，但却是完整無缺的鈔本，這可以從明義的詩中看出。

綜合以上這些線索，我們似乎有理由相信，當時以紅樓夢爲名的小說，只是流傳在雪芹親友的幾個滿人家中，此書完整無缺，但是不能傳世。石頭記是後來流傳出去的，它之所以能傳世，是因爲它只有「八十回」。後來有某一位執有「紅樓夢」的滿人被乾隆皇帝臨幸，而且携走一冊書。此人不得已而將後半部改寫進呈。這個改寫的稿子輾轉被程偉元搜得，印成今本百二十回的小說。又因爲此種續書當時所根據的是一部名叫「紅樓夢」的抄本，所以百二十回本一開始就用的是「紅樓夢」之名。

最後，我再附帶擧出一點有趣的線索如下：倪鴻之「桐陰淸話」卷七：「樗散軒叢談載：紅樓夢實才子書也……巨家間有之，然皆抄錄，無刋本。乾隆某年蘇大司寇家因是書被鼠傷，付琉璃廠書坊裝訂，坊中人借以抄出，刋板刷印漁利。」

乾隆年間的刋本紅樓夢只有程偉元本。更值得注意的是「蘇大司寇」此人。此人是蘇凌阿，滿州正白旂，與李煦、曹家同旂(曹是包衣)。而且此人與和珅和琳兄弟是姻戚。和珅在嘉慶四年獲罪伏誅，其十大罪之一就牽涉到蘇凌阿。此人在乾隆五十年(一七八五)由外任回京歷任兵、工、戶，三部侍郎，五十七年(一七九二)任刑部尙書，五十九年(一七九四)又外放兩江總督。他留京這段時間正是程本刋行的時間。莫非程偉元的後四十回紅樓夢就是抄自蘇家的抄本，但諱言是從「故紙堆」及「鼓擔上」買來的？果係如此，也就算不得「奇巧」了。

(本文與筆者前刋於「文學雜誌七卷四期」一文，有不合之處，文學雜誌之文在先，本文在後，此爲筆者之最近觀點。)

江湖行（十八續）

徐訏

八十七

我很難敘述這長長暑假的生活，一個人訴苦易，訴樂難。多少年前，當野鳳凰忙于與李白飛交往的時候，我同容裳在一起機會很多，可是那時候她還跟陸夢標學唱，她母親也正希望她到上海打天下。現在她是一個學生，她母親也已經是一個很幸福的太太。我那時候還不知自己該幹什麼，現在則已經有了生活的重心。那時候我還常掛着紫裳，現在紫裳也已經嫁了人，時間的變化使我們什麼都改變了。

容裳在家裏仍是很用功，她說她已經比一般的同學大了兩三年，所以她一定要有更好的成績，她同一個同學合聘了一個家庭教師在補習英文與數學。她一星期要去市區兩次。我也總是在她去市區的時候去新文書店，等她下課後一同回來。

因爲學校已經放假，余子聰也比較多有時間幫我編校文學雜誌，所以我就空了許多。天氣又熱，因此有時候我就不再進市。

這是一段最安寧與幸福的生活，不光是容裳與我，也是曇姨與舵伯。現在我們似乎不必懷疑我們的愛情，也不必懷疑我們可以結合。我們像舵伯與曇姨一樣的美滿。但是我心裏竟還有一個陰影，每當這陰影浮起時候，我就不知道該怎麼才好。幾次三番我都想把阿清的事情同曇姨或容裳談談，但實在因爲我們的生活太和諧幸福與美滿，我怕我會使她們失望，而破壞了我們當時的幸福。

我早已寫信給韓濤壽，要他把我存在他那裏的箱子帶來。我還託他把我箱子內那束紫裳的頭髮寄還給她。我坦白地告訴他我與容裳舊情新愛的情形，以及我們辦文學雜誌的種種。我告訴他我打算不再回桂林了，預備在重慶長住下來。我還告訴他我很感謝他當初提醒我關于愛情的錯覺，我對阿清確是一種自作多情的英雄綜錯。我沒有愛她。我希望她可以諒解，我還是可以像是她哥哥一樣的愛護她，我懇託韓濤壽慢慢的勸解她使她了解，如果覺得現在不適宜提這件事，那麼請他于阿清健康恢復後再談也好。阿清識字不多，我不必直接同她通信，這使我省了不少困難。因爲祇同韓濤壽通信，也不會引起曇姨與容裳的注意。

我良心上自己覺得沒有對不起阿清，我想韓濤壽應該會同情我的心境，我希望我在經濟上可以幫助阿清，並託韓濤壽常常帶些朋友去看她，也許由此可使她碰到一個合式的男人，病體復原時可以有個歸宿。

韓濤壽常有信來，箱子已經爲我帶到重慶，紫裳的頭髮也已經爲我寄去。黃文娟有很多機會把我的錢撥到內地，韓濤壽問我要不要劃到重慶，因爲阿清療養院的開銷，還用不了這許多。他每封信都說到阿清健康的改進，但她總是對我痴情，一見韓濤壽就談我，並且常常提到將來同我成家以後的種種，韓濤壽看了這種情形，只好支支吾吾，不但無法透露我的意思，還只好撒謊說我去信怎麼關念她。韓濤壽是當時爲我仔細考慮同阿清結婚的人，現在來信，似乎反而在怪我薄倖，見夷思棄。他說阿清的健康尚未恢復，他無法把我意思告訴她。照他看來，如果阿清知道我不愛她，她絕不肯接受療養的。所以還是讓她安詳地多養一個時期等完全恢復了健康，由我自己去桂林親自同她談一次，比較好些。韓濤壽說，除了我自己，誰也無法爲我處理我愛情的公案的。

韓濤壽還轉給我黃文娟的信，她那時還不知道我到了重慶。她報告我關于爲我滙撥錢的種種，還告訴我上海的許多事情。她說小江湖同唐光毅合作得很好，他們舊汽車的買賣，因爲汽油困難，已經很少。但是他們貨車改用柴油，又出租，又駕駛，又修理的，生意甚興隆。小江湖比以前忙，但收入比以前好了許多。唐默蕾因爲得罪了敵僞的特務份子，他們跟她爲難，所以她不做舞女，預備下星期動身到內地。文娟已經把地址告訴她，到桂林一定會來找我的。說到衣情，說她的神經錯亂時好時發的，但每次重發時總比一上次要厲害。小壯子在文娟家裏倒是很頑健，衣情有時候很想念他，有時候偏又把他完全忘了。每次衣情見他就說要帶他回去，見不到他倒不再提起，所以文娟索性不讓他們見面。文娟最後說他們已把老江湖接到上海，他身體還是很好，不過他們要他退休，在家裏納福。她說老江湖每天抱孫子，還教他們耍玩藝兒，小壯子也喜歡他，家裏多了老江湖不但熱鬧很多，還有了一個幫手。讀了文娟的信，我有許多感觸。老江湖眞是好福氣，有這樣的一個賢慧媳婦。我想到老耿他爲什麼就無法享兒子的福。照常理來說，老江湖的兒子娶了太太，自然比沒有太太的更難相處，可是事實恰好相反。這裏面因素自然很複雜，譬如老江湖與小江湖在父子關係以外，還有一種友情，老耿的父子間是沒有友誼的；老江湖性格與老耿不同；但是最大的關係，自然是文娟的賢淑，這自然也可以說是老江湖的命運了。人間往往就是這些偶然機緣的輻合。

重慶與桂林的航空信很快，所以我同韓濤壽通信最多。我後來特別同他談到唐默蕾，她到桂林找我時，請他代爲照拂，並請他告訴她我重慶的地址。韓濤壽每封信都提到阿淸對我的痴情，這實在使我非常煩惱。

我到重慶後，曾經寫過一封簡短的信給姚翠君，向她道謝請我吃飯與幫我辦機票的事情。我也收到了姚翠君的回信，她首先謝謝我上次打牌時的幫忙，很坦白的告訴我我的發現一點不錯，那位姓丁的果然是通同郭鳴岐的。她說姓丁的一面向她擺濶，一面向她行騙，她現與他翻臉不再來往了。姚翠君還提到紫裳，說有朋友從昆明告訴她，紫裳現在完全同以前不同，過着非常簡樸的生活，但是很愉快。姚翠君的信很誠懇的當我是她的朋友，我自又回她一封信。就這樣的，她成了我在桂林同我通信的第二個朋友了。

文學雜誌出版時我曾寄了一本給宋逸塵。我到內地後一直想寫封信給紫裳與逸塵，但總不知道怎麼措辭才好。現在我終于寫了一封信給他們，告訴他們我從姚翠君那裏知道一點紫裳近狀，並爲他們祝福。我對于自己沒有什麼辯護或解釋，我只是說，我只求朋友原諒，並不敢奢望朋友對我了解。一切過去的都已過去，我希望我還可以做他們的朋友。接着我提到我寄出的文學雜誌，盼他寫稿，並請他合作在昆明拉點稿子，共同使這本雜誌能夠保持他父親主編時一樣的水準。最後我提到紫裳的那束頭髮，說我已經託韓濤壽寄奉他們。我說對紫裳決無不敬不愛不忠實之心，現在仍想以我最忠誠的心做他們的朋友。這封信很快的獲得了逸塵的回信，他簡單地說他與紫裳很感激我的友情美意，希望不要再提過去；此外長長的信，就是對于文學雜誌的意見與鼓勵，他說他隔幾天就會寄稿子給我。

我所以在這裏提及這些朋友間信札的往還，因爲這實在佔了我當時重慶生活很重要的部分。除了與容裳在一起以外，我生活就是工作，閱讀是我唯一的娛樂，同朋友寫信則是我生活的另一種調濟。

暑假開始，我的生活有了變化；我好像不能離開容裳一樣的整天要對着她，我們一起散步，常常兩個人帶着書到溪邊閱讀，我們有時候也去釣魚。我們曾到南溫泉去旅行一次，參加過幾次晚會；其他的時間，除了一星期兩次到市區以外，我總是在家裏，但是我寫作不多，通信也少，我不知道這時間是怎麼過去的。我與容裳現在已經忘去了自己，但是我們並沒有談到將來。這倒並不是我們不想到將來，而是我們太相信自己，也太相信這世界，好像一切的幸福都在我們手裏一樣。時間在歡樂中永遠是比在憂苦中容易消逝，悠長的暑假就悄悄地過去了。

容裳又重新住到學校去。

八十八

世界的戰爭正在進行，因爲中國空軍的建立與飛虎隊的活躍，重慶的警報已經少了。我們對于抗戰勝利的信心，使我們的生活充滿着希望。但是另一方面，中國內政的腐敗，幣制的不穩定，士兵待遇的菲薄，後方豪富生活的靡爛以及國共的暗鬭，各種令人憂慮的現象使我們又不知道應該怎麼樣生活才對。

我們文學雜誌成績很好，當時文藝界左右兩派暗鬭得很尖銳，我們始終保持一個超然不牽涉政治的地位，所以都很安定。我個人寫作也很有收穫，只是交際日廣，應酬也多了起來。余子聰要我搬到市區去住，我沒有答應。我雖然來回跑得麻煩一點，但因爲住在鄉下，可以推託許多應酬，多有點自己的時間。我間天在新文書店辦公，其他時間就在舵園裏。生活得很有規律。

日子在平靜安詳中過去，一陣風，一陣雨，天氣就冷了下來。

韓濤壽來信，一直沒有提起唐默蕾，我也慢慢把她來內地的事情忘了。但有一天，記得是一個下雨的下午。她忽然到新文書店來找我。她打扮非常華麗，使我楞了很久。

「默蕾。」我最後才認出是她。

「你不認識我了？」

「我們這裏從來沒有這樣漂亮的小姐駕臨的。」我說着招呼她坐下，又說：「你什麼時候到重慶的？文娟來信說你早進來了，怎麼一直沒有來看我？」

「我祇有你桂林的地址。」她說。

「我接到文娟的信時已經在重慶，可是她那時還不知道。不過我託了朋友，說也許你會去找我，請他照拂你。」

「可是我沒有去桂林。」

「那麼，這許多日子在哪裏呀？」

「我已經嫁了人，你相信麼？」

「怎麼不相信，」我說：「這麼漂亮的小姐，只要你想嫁，自然大家都要搶了。你是不是結了婚再一同進來的？」

她搖搖頭。

「你有工夫麼？」我說：「我們一同到外面去喝杯茶。」

「只要你有工夫。」她說。

當時我和唐默蕾出來，到了旅歐同學會，叫了茶點。唐默蕾這時候坐在我的對面，微笑着一直望着我。

「怎麼？你這樣看我。」

「你胖了。」她說：「好像你又有了愛情。」

「你眞是聰敏。」我說。

「因爲你神色同在上海完全不同了。」她說：「在上海你認識我時，你正在失戀；這一次見面，你又在戀愛了。女朋友呢？讓我見見。」

「哪一天我帶她來看你，現在請你先告訴我你自己。」我說：「聽文娟說，敵僞的特務跟你爲難，所以你脫離了舞場。」

默蕾吸上一支烟，很豪爽的說：

「你走了以後，我眞是大走桃花運。好些人要我嫁他們。他們爭風吃醋，其中有七十六號的人，他威脅我。我就索性不幹了。我在黃文娟家住了三個星期，天天在家裏，後來父親有一批走單幫的朋友來內地，我就跟他們來了。」

「你嫁了其中一個走單幫的朋友？」

「胡說。」她說：「我嫁人眞是意外。你猜我嫁給誰？」

「那怎麼猜得到。」

「實際上我只是做人家的姨太太。」

「我不懂，這我可眞的不懂了。」

「我嫁給了S司令長官。」

「啊，那你是……眞的？我在桂林碰見過他，他看起來有四十幾歲，很英俊。一個人的命運眞是不能想像。」

「這講起來倒很有趣的。」

「怎麼？」

「我到了衡陽，去找一個朋友，恰巧那個朋友去了柳州，要一星期以後才回來。我等在衡陽沒有事，而且天天有警報，所以就到南嶽去玩了一趟。」

「你一個人去的？」

「我一個人去的。一個人才有趣。」她笑着說：「從衡陽到南嶽，先要搭小輪船到衡山，由衡山坐人力車到南嶽。到南嶽的時候，已經是下午二時，我投宿在中國旅行社的招待所裏，我預備休息一晚，第二天上山。我叫旅館裏爲我預訂一頂轎子，可是到了五點鐘，突然來了七八個軍人，當地縣長警察都褰攏了照拂，很吵鬧，我知道一定是什麼要人來了。就一個人出去散步。回來的時候天已黑了，我吃了點東西，就就寢，預備第二天一清早上山去。

「第二天一早，我盥洗完了，問我昨天定的轎子。旅館裏的人居然說轎子沒有來，等一回替我再去找；我說我昨天約定六點半的，怎麼忽然沒有了？他只是支吾其辭。可是當我走到門口，就看到七頂轎子等在那裏，當時我心頭一氣，就上去坐進一頂轎子，要他出發。轎夫先不以爲意，就想抬我入山，可是旅館的人出來叫他不許抬我，我就同他們爭起來。後來又出來了一個副官，說這是他們司令長官的，同我理論，要我讓出來。

「當時我眞是發火了，我想我是一個女人，他們總不至于用武力拉我出去，我就坐在那裏不讓。這樣爭持了約有二十分鐘，于是七八個軍官出來了，爲首那一個就是S司令長官。當時就有人報告他情形，他走過來看我一看。我就告訴他這是我昨天三點鐘定的轎子，你們如果一定要，也應好好的事先同我商量通融，怎能就作威作福，强佔了我的轎子。

「當時你猜怎麼樣。那位S司令長官，一句話也不說，他只是揮一揮他手中的手杖，叫轎夫把我抬走。轎夫抬我入山時，我在轎內竟一直想念那個S司令長官的風度。

「到了山頂，我住在上峯寺，吃晚飯時又碰見了他們。他們就叫和尙來請我同他們一起吃飯。以後我就做了他的朋友。我們一同回到衡陽，又一同到柳州，到貴陽，我就糊裏糊塗的做了他的情婦。」

我聽了她的羅曼史，覺得這正是唐默蕾應有的機遇。一個人的際遇往往是配合着個性而來的，換了一個人，碰到這種場合，一定不會有這樣的發展的。我當時問她：

「你現在住在什麼地方？」

「歌樂山。」

「你的先生呢，他不是在前線麼？」

「他去去來來的我從來不管他，也從來不問他。」

「但是你愛他？」

「自然，他是一個最有度量的男人。」

「你是說你同我在這裏喝茶，他知道了不會不開心的。」

「你眞會開玩笑。」她說：「哪一天我請你到我家來玩，我們家裏朋友很多。」

「你常常進城？」

「一星期總有三四次。」

「在家裏幹什麼？」

「他們打仗，我們打牌。」唐默蕾笑着說：「有時候我們也開舞會，許多年輕的軍官們都來，很熱鬧。」

當時，我也告訴她一些我的情形。我說我常常同容裳參加晚會，她家開晚會的時候通知我，我一定會去參加的。臨別的時候，我告訴她一星期兩次我一定來新文書店，她如果上午來市區，希望隨時可以一同吃中飯談談。

這以後，唐默蕾就常常到新文書店來看我，有時候一起吃中飯，有時候吃吃茶；有時候她只在我辦事室中坐一回就走了，有時候她來買東西，大包小包的暫時在我地方存放，隔一回再來拿去。唐默蕾住在歌樂山應當很靜，可是她竟三天兩頭的進城，好像總有許多事情似的。我知道她是一個好動的人，無法一個人住在鄉下，市區裏有她許多朋友，自然常常有應酬，有時候她要帶我去看她的朋友，有時候她也帶朋友來看我。不過我一星期只有兩天進城，一進城自然有很多事情又有許多約會，所以雖然碰見過她的許多朋友，但都沒有熟稔起來，成爲我的朋友。

唐默蕾是一個很豪放的女性，有一天我們在心心茶室吃茶，她看我好一回，忽然笑起來說：「眞奇怪，我們倆來往那麼久，會沒有……」

「沒有什麼？」

「沒有戀愛。」

「男女來往不一定就是戀愛。」我說。

「可是在我的經驗中，同我來往的男人，很少沒有別的心思的。」

「你是說男女之間沒有友誼了。」

「男女之間的關係：不是仇人，就是路人；不是路人，就是情人；不是情人，就是夫妻；不是夫妻，就是寃家。」

「這是你發現的？」

「這是你自已同我說的，你忘了？」

「我說過這些話？」我想了一想又說：「也許，那時候我還不很認識你。」

「認識我以後怎麼樣？」

「認識你以後我就發現你是我一個眞正的女朋友。」

「眞的，連我自己都不相信起來，怎麼我們倆來往還麼久，眞的會同兄妹一樣，一點沒有……」

「連你父親都不相信我和你只是朋友。」我說：「他要我娶你。」

「我沒有這樣的好福氣。」

「這是我沒有福氣。」我說：「你知道我們來往時我的情形麼？」

「我知道，你剛剛失戀。」

「等我們熟稔了？」

「我們進了賭場。」

「這就是了。」我說。

「你知道我是一個賭博的贊美者麼？」

「你應當說你是一個賭徒。」我說。

「一點不錯。」她說：「我有一個秘密，沒有告訴過別人。」

「什麼？」

「我做舞女的時候，如果碰到一個對我有壞念的人，我就帶他去賭場；等他賭盡了他的所有，他連對我的慾望都沒有了。這個辦法，萬試萬靈。」

「啊，所以你那時候帶我去賭場。」我開玩笑地說。

「這就是我第二種經驗，對于我喜歡的但對我沒有慾望的人，我也帶他進賭場，等我幫他贏了錢以後，他對我就會有情慾了。」她豪爽地笑着說：「你們男人都很簡單。」

「可是我一直當你是我的朋友。」

「這所以我對你很尊敬，也因此我們可以合作去賭錢了。」

「默蕾，你知道我爲什麼對你只有朋友的感覺？」

「這因爲我們一開始就是朋友。」

「那麼以後就祇能是朋友了？」

「這因爲愛情是突然發生的事情，眞正的戀愛總是一見鍾情的。」

「但是也有許多多年的朋友變成情人的。」

「可是那也一定是突然的，這因爲友誼與愛情總是兩件東西。」默蕾笑着忽然說：「其實，最美麗還是初戀。」

「你從來沒有告訴我你的初戀。」

「我正想告訴你，我那天碰到了我眞正的初戀的男人。」

「誰？」

「他現在在外交部做事。」

「你們是同學？」

「不是，我們是在船上碰見的，在從上海到天津的船上，我同家裏在一起，他也同家裏在一起。」

「那麼後來呢？」

「沒有什麼羅曼史。」她說：「我們到天津，他們由天津轉到北平。那時候我眞還是個小女孩子，他也是一個學生，大家沒有表示什麼，可是我以後很想念他，我們通了很多信。」

「後來呢？」

「後來我有了別的男朋友，就懶得寫信了。可是我還是常常想念他。」

「而這次在重慶碰見了？」

「上星期在一個朋友家裏。」

「你還覺得愛他麼？」

「不；我只希望可以同他做一個朋友。」她說：「我變了許多，他也變了。」

「這算是很美麗的事。」我說：「他始終不知道你愛過他。」

「我想他不會知道的。」

「他叫什麼名字？」

「叫呂頻原，他現在外交部做事。」

「呂頻原？你是說呂頻原。是這樣寫的麼？」我說。

「怎麼？你認識他。」

「如果是一個人，那他與我可眞是很老的朋友了。」我說。（待續）

讀者投書

（四）

敬向教育廳劉廳長請教

譚益齋

敬愛的劉廳長：我今天懷着萬分沉痛的心情，來寫這封信，向您請敎幾個問題。首先我要敘明我所以要向您請敎的原因：我是一個被臺北縣立雙溪初級中學卸任校長丁靜如無故停聘陷生活於絕境的人。關於無故停聘大批敎員一事，社會早有公論，丁校長亦已引咎辭職，正義既已伸張，當可不再追述，所不能平的，就是在任敎期間應得的職務加給等，到今天還沒有如數領到，辦案失當的人員未受處分。緣齋於民國四十六年夏，以服務中學三年以上資歷及二項拙著申請登記爲中學敎員。經鈞廳核准給予（46）（7）（26）敎人字第○二六九二號通知列爲中等學校備聘敎員在案。嗣於民國四十七年八月應聘臺北縣立雙溪初中任敎，並即依照臺灣省中等學校敎員聘（派）用及敘薪辦法第十四條規定，塡具申請檢定履歷表等，於九月十四日交由校方人事管理員辦理申請檢定及敘薪手續，人事管理員收到後，即於九月廿二日呈報臺北縣政府敘薪。然臺北縣政府辦事卻慢得驚人，等到敘薪下來，已是十一月三日了，（有雙中收文簿可查）隨即於十一月四日請校方將申請檢定之公文發出，但已超過了規定送檢期間三天。

公文發出後又過了一個多月，到十二月中旬鈞廳通知臺北縣政府「請派員視敎，並限一星期內將視敎情形報廳憑辦。」校方亦於十二月十九日呈請縣府派員蒞校視敎，詎臺北縣政府督學關頡同卻置之不理，一直拖延到四十八年一月九日纔到校視敎，我眞不懂他是什麼意思？視敎完畢後，開了一張視敎證明書，上面寫道：「該員敎學準備充實，批改作業認眞，敎授方法，亦具研究。」不幸的是這張證明書竟被臺北縣政府敎育科中等敎育股長馮國壐壓了一個月又十餘天，到二月廿九日才報到鈞廳去，其間齋曾親到臺北縣政府敎育科催報四次，記得有一次是在農曆除夕，我到敎育科晤見馮股長，問他有沒有報出去，他說已經報出了，我請他示知發文號數，他當時查遍該科發文簿查不出文號來，原來該公文根本沒有發出，還是在承辦人的抽屜內放着。從鈞廳通知臺北縣政府派員視敎起，至視敎證明書報廳止，公文在敎育科旅行，爲時足二個半月，這個敎育科辦事情，眞不知馬虎到了什麼程度。

天下事常有出人意料之外的，公文到達鈞廳後，鈞廳又以視敎證明書上沒有述明優良，（大概是缺少「優良」兩個字）予以駁回，遂又呈報臺北縣政府另行出具證明，文曰：「該員敎學準備充實，作業批改認眞，敎學可稱優良。」再向鈞廳申請檢定。滿以爲從此不會有問題了，但公文到了鈞廳後，又批示：「著作審查後再核。」我看到這個批示後，眞大惑不解，拙著早經四十六年夏就審核合格了的，爲什麼還要再核，徒費時日，經問明後，方知是臺北縣政府敎育科不請「登記合格敎員送檢手續。」（即四十六年夏間敎育廳學辦之備聘敎員登記）不應該附送著作的也附送著作，使鈞廳誤爲一般代用敎員送檢，但鈞廳也應負失察之咎，公文上面明明附有四十六年七月登記合格通知書，（四六、七、二六教人字第○二六九二號）爲什麼不看看呢？爲什麼不查查呢？

經過一波三折後，終於四十八年五月十二日接獲檢定合格通知，枵腹從公，歷九閱月，生活之苦，誠非筆墨所能形容。校方以齋經檢定合格，當即備文呈請臺北縣政府補發職務加給等。此項職務加給應自到職之日起支，方爲合情合法，而臺北縣政府卻任意援用法令，視齋爲逾期送檢，及以著作申請檢定（即視同一般代用敎員以著作送檢）僅自四十八年四月份補發，經申復後，又准自四十八年三月份起支，以前的（四十七年八月份至四十八年二月份）就不予補發了。齋以逾期送檢之責，並不在齋，拿稽壓公文來說，那是敎育科的事；拿辦理送檢手續錯誤來說，也是敎育科的事；拿拖延視敎期間，及視敎證明書來述明「優良」兩字，還是敎育科的事，與齋完全無關，當然不能令齋蒙受損失，因向臺北縣政府敎育科申述理由，請予合法處理。詎始終不理，且暗示丁前校長不予續聘，迨齋獲悉停聘消息後，已是八月終了，各校人事已定，致遭失業。臺北縣政府敎育主管人員的手段，可謂陰狠毒辣。齋在無可如何之中，只好向鈞長申訴，請求申張正義，依法處理。第一次申訴是四十八年七月廿二日，鈞廳以四八、九、二五敎人字第○三六二三號函請臺北縣政府查復，第二次申訴是四十八年九月廿八日，鈞廳又以四八、一○、二九敎人字第五五三九六號函請臺北縣政府查明處理，都沒有合理的答覆。到四十九年一月十四日，鈞廳才根據臺北縣政府的查報，函覆臺北縣政府，並將副本送給齋，副本上說：「四八、一二、三一北府德敎一字第七一○三號函敬悉。關於貴屬前雙溪初中敎員譚益齋申訴貴府對該員申請檢定措施失當一案，茲准查覆該員所稱各節多非事實，仍希逕覆譚君知照。副本抄送譚益齋君。」此案拖延七閱月得到「多非事實」四字的含糊答覆，問題始終沒有解決。

敬愛的廳長，請您想想，一個受盡打擊，受盡委屈，失業了半年多的人，讀了這樣的公文，能不斷腸，若仍以申訴方式，則永無解決之望，這就是我要寫信向您請敎的原因，我的問題如下：

一、爲臺北縣府敎育科辦理敎員檢定違法失職一案，齋曾向鈞廳申訴兩次，已如上述，鈞廳爲何不以超然地位直接派員徹查，反函請臺北縣政府查報？臺北縣政府是當事人，叫當事人查報，如何能得到正確的答案？臺北縣府敎育科稽壓公文，辦理送檢手續錯誤，任意援用法令，隨意變更措施等等，事實俱在，且有雙溪中學收發文簿可作證明，鈞廳亦有案可稽，何得謂「該員所稱各節多非事實」？查報人員實有曲袒朦報之嫌。

二、我向鈞廳申訴，何以鈞廳不直接答覆，而要交臺北縣政府答覆？這種辦公文方式眞可說是破天荒，怪不得臺北縣政府到今天還沒有理會。

三、臺北縣政府敎育科稽壓公文，拖延視敎時間，不諳送檢手續，（如不應附送著作也附送著作）錯援規定，任意變更措施，造成損害，此種責任，應否由齋擔負，而作爲扣發職務加給之理由？這些瀆職人員，應不應受懲處？

四、臺北縣政府出具之視教證明書，「未經述明優良」，此係處理公文之方式問題，（此種方式縱使錯誤，亦應由經辦人員負責）能否視爲齋之資歷不合？

五、第一張視教證明書：「該員教學準備充實，批改作業認眞，教授方法，亦具研究。」第二張證明書是：「該員教學準備充實，作業批改認眞，教學可稱優良。」請問這兩張證明書在本質上有何不同？何以前一張就不能表示優良？後一張就能表示優良？是否因爲後一張有「優良」兩個字？請予解釋。

六、臺北縣政府核發職務加給，第一次核自四月份起補發，過一會又准自三月份起支，這種任意變更措施對不對？應不應受懲處？

以上這些問題，務請鈞長給予答覆。

敬愛的廳長：辦教育跟做官是不同的，絕不容有官僚習氣，當然，您是沒有官僚習氣的，可是其他的人就不盡然了。一些身膺全縣教育要職的人，那種威靈顯赫的氣概，令人可怕，做起事來就推、拖、拉、腐化到了極點，他們心目中何嘗有教員，他們早把教員看成草芥了！這樣的人怎麼能辦教育呢？我的信暫時寫到這裏爲止，其餘的話留到以後再談。敬祝

政躬康泰

譚益齋敬上
四十九年三月一日

在野黨及無黨無派人士對於本屆地方選舉向國民黨及政府提出的十五點要求（來件）

本省第四屆縣市長及第二屆省議員選舉，距投票日期無多，關心地方選舉之在野黨及無黨派人士，曾於二月底在臺北市舉行選舉問題座談會，參加者有李萬居、吳三連、雷震、蔣勻田、夏濤聲、朱文伯、謝漢儒、高玉樹、楊金虎、石錫勳、何只經、陸雲皆、郭雨新、林丕讓、李福春、郭發、王地、李秋遠、李源棧、葉炳煌、黃千里、許世賢、郭國基、李賜卿、王新順、余登發、宋霖康、林虛中、吳拜、楊玉城、李連麗卿、黃玉嬌等三十餘人，大部均爲現在申請備案中之「中國民主自治研究會」發起人。座談會由李萬居主持，由於參加座談人士，多擬準備參加縣市長或省議員競選，且歷經數屆選舉百折不撓之鬪士，故發言之熱烈，爲黨外人士過去任何集會所未曾見。渠等認爲過去選舉之所以弊端百出，多認係執政黨當局之包辦操縱有以致之。在冗長的座談時間中，對于選舉的實質問題，選舉法規以及有關選舉制度，均曾詳細交換意見，最後推舉兩在野黨及無黨派人士謝漢儒、朱文伯、楊金虎、郭發、李福春等組成五人小組，負責將結論予以整理。茲據確息，該項結論經整理列舉十五點要求，作成建議書，於三月十八日分函國民黨中央黨部及該黨臺灣省黨部、行政院、內政部及臺灣省政府。該項建議書，係列舉具體事實，抓住問題重點，爲收攬民心，籲請執政黨及政府當局，迅速切實革新。茲將該十五點意見，錄述於次：

㈠政黨共同辦理選舉，乃民主國家常規，爲期達成公平選舉目的，國民黨及政府當局應會同在野黨協商共同辦理選舉事務。

㈡基于前項認識，全省各級選舉罷免監察機構，須由各黨派出代表共同組織之：省選舉罷免監察委員會及各縣市監察小組之組成份子，應有在野黨半數名額參加，各投開票所之監察員則須有在野黨及無黨無派共同推選代表二人以上參加。

㈢選舉事務所印製選舉票時，應邀各黨參加監察機構之監察委員共同決定選票總額，選票格式，紙張，質料，印刷工廠之地點及其印製能力，然後，請由各候選人親簽姓名再予製版付印，在製版、印刷封存過程中，各黨派出參加監察之人員，須集中一處，食宿嚴加管理，絕對不得擅自外出，選票印就後並須當衆將原版毀棄。

㈣具有黨籍之軍憲警公教人員，不論在辦公時間或在辦公時間外，或在請假中，均須嚴守法規，絕對不得爲其本黨候選人助選。

㈤主辦選舉機關，對于公民名冊經依法公告確定後，應將該名冊分繕三份，分送當地三黨黨部備查。

㈥投票所管理員發給選舉票時，應由該所在野黨監察員推舉代表一人於選票背面蓋章，以杜流弊。

㈦各投票開票所之選擇、佈置，必須配合選民數額，使其無擁擠之處。圈票處尤須絕對秘密，以不被窺見爲原則。經佈置就緒後，應邀在野黨監察員巡視，如有不合，應予糾正。

㈧在競選中，候選人如有違反法規情形時，選舉監督不得任意取消其候選人資格，除依法警告外，應俟其當選後，再予檢證提出當選無效之控告。

㈨候選人競選演說之時間、地點，事前不須報備，如有批評或不滿政府措施之言詞，不應視爲違反法規。

㈩選票紙質不得太薄，面積不得太小，須使選民於圈選後確能保守秘密投入票箱。

(十一)選民投票，須憑其本人所持之國民身份證換領選票，至於部隊之補給證或機關團體臨時發給之任何身份證明書均告無效。

(十二)投開票所秩序之維持，係管理員之責任，已於「臺灣省各縣市選舉罷免事務所組織規程」第十三條明文規定，所有投開票所除依法規定人員外，不得藉口派遣軍、憲、警協助，或任意指派類似觀察人員妨害秩序。

(十三)指導文盲投票，須依照投票人之願望爲之，並經在場全體監察員證明無訛。

(十四)在野黨參加之監察員，得與「臺灣省各縣市選舉罷免事務所組織規程」第十六、十七、十八、十九、二十、廿三、廿四條規定中之主任監察員行使同等職權。

(十五)在野黨參加監察機關之監察委員，對于選舉機關之工作，如候選人登記，投開票所之選定及公告，選票之製發及保密，與選舉費用之開支情形，依法得有隨時監察之權，如有舞弊情事，併得依法糾舉之。

以上十五點，均係針對歷年之選舉弊端而提出，執政黨及政府當局，果有實行地方自治之誠意與決心，對此合理合法，且爲民主國家通例之意見，當能接納。茲以第四屆縣市長及第二屆省議員選舉迫在眉睫，甚願執政黨及政府當局對上擧十五點意見，儘速提出答覆，是所企盼。

痔
的患者如怕開刀
怕塗药的請服用
內服
滅痔丸
滅痔丸
主治；內外痔瘡，痔漏
服用本劑安全可靠無副作用，孕婦無忌。
保証癒後不再復發，男女均可服用。
(說明書備索)
中華民國內政部許可第二〇三〇号
婦女界的福音!!
雀斑，面疱 特効药
環球药膏
內政部許可第一七二一七号
保証一瓶見効，繼續使用保証根除
並使您面肌幼膩可愛！
台湾永生製药社二大栄誉出品 宜蘭

自由中國　第二十二卷　第七期　內政部雜誌登記證內警臺誌字第三八一號　臺灣省雜誌事業協會會員　二三六

給讀者的報告

現在，國民大會已經閉幕，我們除再發表社論㊀「蔣總統，如何向歷史交待？」外，在很多投書之中，只選擇了一篇「如此擁護連任！」刊出。至於謝扶雅先生遠從美國寄來的投書，主張「即使此次國大選出蔣公重再連任總統，伊必須立請辭去」云云，經我們考慮再三，決定不發表了，謹致歉意，務請謝先生原諒。另有臺北署名南山廬外客寄來的「敬向國代先生們進一言」，臺中署名愛國老翁寄來的「國代三次大會」詩一首，鹿港（？）力×先生寄來的「對總統連任─在高三學生心中的反應」，花蓮祝××先生寄來的「如此代表！」等投書，雖然都是說的眞情實話，確可給國大代表一些警戒，但因一切已事過境遷，不想發表了，特向各位致歉。至於臺北市楊××先生寄來的那本批過很多感想和意見的上一期本刊，我們早就收到，並且一字一句的看過。除掉先生認爲國民大會是「猪仔會議的重演」之類，我們不忍再表示意見外，但對先生說我們：「你們怎麼說，不過是像搔癢而已，能發生甚麼作用？」一類的話，不得不略加說明：政治局面弄到今天這種地步，我們非但深知道說了未必有用，而且還可能惹來痳煩，甚至闖下言禍；但我們身爲言論界的一分子，卻有根據事實、眞理、良知而坦坦白白說話的責任，故不忍不說，也不得不說。區區苦衷，如此而已！

不過，國民大會雖使大家失望，但對於地方選舉，我們還是應該寄予希望。因此，本刊這一期除掉另有社論㊁「韓國的流血選舉與反對派的榜樣」是討論韓國問題外，其餘社論㊂以及朱文伯、楊金虎、王嵐僭、王地四位先生的大文，都是一針對這一次的地方選舉而說話。至於宋霖康先生一文，雖非討論地方選舉，但可以啟示我們議會由一黨把持的結果，便足以造成議員們連眞正的質詢都無從進行。上面這五位先生，又包括了在野黨和無黨無派人士在內。例如朱先生和王嵐僭先生是青年黨的領導人物；楊先生是民社黨臺灣省黨部的主任委員；王地先生現任臺中縣議會議長，而且是以無黨無派身份在臺灣出任縣議會議長的唯一人物；宋先生是現任臺北市議員，也是無黨無派中以敢言著稱的議員。所以，這五位先生的意見，自然更有向各位讀者推介的必要。至於本刊發行人雷震先生的「寫在『臺灣地方自治與選舉的檢討』之前」一文，雖是本社最近所出單行本的「代序」，但大家卻可從文內明瞭全書的大要，尤其是對於十年來的地方自治和選舉，能獲得一個概括的瞭解。

臺北程××先生的來函已收到，所提某書刊張某某的那篇文字：「讀後令人失笑」，我們也有同感；至於所述此人在三十七、八年那一段「歷史」，有若干倒是聞所未聞。不過，對於這種人，恕我們不想再說甚麼了，所以來函決定保留，請原諒。臺灣大學××社×××先生來信嘗附來貴刊均收到，所說被迫簽署了一封不利於我們的「辯白書」一事，我們會諒解先生處境的，望放心。至於說那份「辯白書」，在「黨老爺」們的支持下正展開簽名，並將投寄各報刊發表一節，我們倒要看看他們究竟如何曲解事實！臺中梅××先生來信收到，所說「最不公平之事莫過於此」一稿未收到；至於對退役士兵的問題，並非我們不關心，實在是瞭解不深，如先生能完全根據事實，再寫一稿寄下，自可考慮。屏東一臺現役兵宗×等先生來信已收到，所謂本刊是經內政部登記，爲何禁止閱讀一節，我們也想不出道理來，暫時只有請勞駕到各書店和書攤去看看；至於對軍中問題所發表的意見，似乎太刺激，只有保留不發表了。臺北徐××先生送來的那封投書早就看過，我們爲先生着想，還是自認晦氣算了，何必去開罪那種人呢？所以不想發表，希諒解。屏東署名忠實讀者的來信及剪報均收到，高嵩一案，既已在訴訟中，來信自只有依法不刊登了。臺北章××先生投書「介紹××日報一節有意義的報道」早收到，上期本想發表，因稿擠而延擱，現一切已成事實，又用不着刊登了，只有請原諒。臺中川×先生的「相信事實」一稿已收到，因稿擠恕不發表了。臺北明×先生來函已收到，先生所言，是不是沒有把本刊上一期那篇專論的整個意思弄清楚呢？經過我們仔細考慮，覺得和本刊的一貫看法並不衝突，請先生再細細想一想。

臺北鳴不平先生的「整肅貪風，此其時矣！」稿早收到，本想提前發表，但因文內所涉若干事，需當面一談，請在最近一週內辭候電話連絡爲荷。

自由中國 半月刊 第廿二卷第七期 總第二五〇號

中華民國四十九年四月一日出版

發行人　雷震

主編　『自由中國』編輯委員會

出版者　自由中國社

社址：臺北市和平東路二段十八巷一號

Free China Fortnightly, 1, Lane 18, Ho Ping East Road (Section 2), Taipei, Taiwan.

電話：二 八 五 七 〇

總經銷　臺灣　自由中國社發行部

航空版　香港　友聯書報發行公司（香港九龍窩打老道一一〇號）電話：五九一六四、五九一六五

經售處

美國　紐約　友方圖書公司 Hansan Trading Company, 65, Bayerd Street, New York 13, N.Y., U.S.A.

紐約　光明雜誌社 Sun Publishing Co., 112, Mulberry St., New York 13, N.Y., U.S.A.

馬尼剌　新疆書店

緬甸　仰光振成書報店

北婆羅洲　西利亞坡青年書店

星加坡　友聯書報發行公司（小坡大馬路四六九號）

吉隆坡　友聯書報發行公司（馬華公會大厦三樓七室）

怡保　友聯書報發行公司（希尼華沙甘街十六號）

檳城　友聯書報發行公司（林連登律七十二號）

澳門　友聯圖書公司

印刷者　精華印書館股份有限公司　廠址：臺北市長沙街二段七一號　電話：三 三 四 二 九 號

本刊經中華郵政登記認爲第一類新聞紙類　臺灣郵政管理局新聞紙類登記執照第五九七號　臺灣郵政劃撥儲金帳戶第八一三九號

（零售：臺灣每份臺幣五元，海外平寄美金一角五分，航寄美金三角五分）

自由中國

FREE CHINA

第廿二卷第八期

中華民國四十九年四月十六日出版
社址：臺北市和平東路二段十八巷一號

半月大事記

三月廿七日(星期日)
在赫魯雪夫抵達以前，馬賽發生衝突，共黨與反共人士交戰。
德日對共黨政策採取堅定立場。

三月廿八日(星期一)
市選所公佈競選須知，本市二屆省議員及四屆市長候選人，俟候選人名單公告後，始可進行競選活動。
西方在裁軍會議提出國際裁軍組織的一項計劃，由該組織管制每一項裁軍步驟。
麥米倫分晤艾森豪、赫特，商討禁試核子問題。

三月廿九日(星期二)
艾森豪麥米倫發表會談聲明，美英同意向俄表示短期停試小型核子，主張訂立條約，禁止大規模試爆，並要求建立視察制度，防止違約。

三月卅日(星期三)
美發射北極星飛彈試驗完全成功。

三月卅一日(星期四)
北大西洋公約國防部長集會，討論軍事基地問題，西德要求在國外設基地，堆儲補給品與訓練軍隊。
美英正式向俄提出禁試核子問題建議。

四月一日(星期五)
共匪推行城市「公社」。
法在撒哈拉沙漠作第二次原子試驗。
美射「新手」衛星，進入環繞地球軌道。
美在裁軍會建議，促俄立即同意禁止太空武器。
安全理事會通過決議案，促請南非聯邦政府，放棄種族歧視政策。

四月二日(星期六)
戴高樂與赫魯雪夫作最後會談。
戴高樂告知赫魯雪夫，法將繼續試爆核子，直到法成為第一等的核子國家。赫氏對法原子試驗表示「遺憾」。
戴、赫發表會談公報，盼裁軍能達成協議，兩國同意交換科學研究與合作，專家將集會磋商延長交換貿易。

四月三日(星期日)
臺北市長以及省議員候選人登記截止。
美國務院發表嚴正聲明，西方在西柏林權利絕不容許任何剝奪，謂俄揚言單獨簽約毫無法律根據，西柏林地位不因俄行動而改變。

四月四日(星期一)
俄拒絕西方建議，裁軍會議又陷僵局。俄副外長左林悍然指責美提議不能接受，謂西方利用談判剝奪俄軍優勢。
美國務卿赫特發表演說，保證在高層會議中，繼續保持堅定立場。
赫魯雪夫揚言將與東德單獨締和，對裁軍看法謂與戴高樂一致。

四月五日(星期二)
臺北市候選人登記書，完成初步審核，計市長候選三人，省議員十一人。
西方在裁軍會上拒絕俄裁軍計劃。美代表謂美不簽訂危及美國安全之條約。
戴高樂抵英訪問。
美助理國務卿柏森斯告國會，美對遠東政策不變，決與盟國友好互利。

四月六日(星期三)
戴高樂與麥米倫會談高層會議的問題。戴高樂向麥米倫保證，美英法將聯合一致與俄舉行高層會議。戴氏在英國會聯席會中演說，願有條件的停止核子。
艾森豪批准加強擊天神北極星計劃。

四月八日(星期五)
戴高樂結束訪英，返抵巴黎。
俄提裁軍談判新原則，西方予以拒絕。

四月九日(星期六)
南非種族危機嚴重之際，總理維伍德突被刺。維氏為荷蘭傳教士之子，嚴格主張種族隔離主義。
裁軍會議陷於僵局，宣佈本月底起休會。
美國防部發表白皮書，美國在總軍力方面，對俄居於壓倒優勢。美能產生任何數目飛彈，轟炸機代表數萬兆噸核子潛力。

「自由中國」的宗旨

第一、我們要向全國國民宣傳自由與民主的真實價值，並且要督促政府(各級的政府)，切實改革政治經濟，努力建立自由民主的社會。

第二、我們要支持並督促政府用種種力量抵抗共產黨鐵幕之下剝奪一切自由的極權政治，不讓他擴張他的勢力範圍。

第三、我們要盡我們的努力，援助淪陷區域的同胞，幫助他們早日恢復自由。

第四、我們的最後目標是要使整個中華民國成為自由的中國。

社論

（一）

請投在野黨和無黨無派候選人一票！

臺灣省議員和縣、市長改選的時間，已經快到了。爲着使臺灣地方自治做到眞正的地方自治，而非純粹的官治或黨治，我們究該選舉甚麽樣的候選人，來擔任現行地方自治的職務，很值得在行使選舉權之前，冷靜地仔細想想。

所謂地方自治，是指地方上的各項公共事務，由我們老百姓自己作主，依據我們大家的共同意志，來加以處理。很明顯，這絕不是按照「官意」所實施的「官治」，尤其不是遵從已脫離了民意乃至違背了民意的「黨意」所推行的「黨治」，而是根據「民意」所施行的「民治」。因此，我們在選舉省議員時，是希望選出一個人民的代言人，能在省議會運用權力的過程中，隨時把民意反映出來，監督省政府爲全省人民服務；我們在選舉縣、市長時，是希望選出一個人民的公僕，能在縣、市議會的監督之下，永遠根據民意，領導縣、市政府爲全縣、市人民服務。可是，近十年來，省議員是否眞的盡到了代言人的責任呢？縣、市長又是否眞的盡到了公僕的責任呢？這兩個問題，都是我們必須從客觀事實中求解答的。

說到省議員是否盡到了代言人的責任，這可由省議會對於省政府行政措施的監督中求得證明。由於臺灣省主席是官派而非民選，省政府也就自然而然的只知有官權而不知有民權；這些年來，也就任意擴展省政府的官權，以推行省政府官治爲本旨。諸如每年透過「各縣市施政準則」，侵越縣市自治的範圍；透過「預算編審辦法」，控制縣市預算的編審；利用「臺灣省統一縣市財政收支命令辦法」及「臺灣省各縣市執行預算注意事項」，干涉縣、市財政的收支；利用「人事集中管理制」，剝奪了縣、市長的人事權等等，早爲全省人民所不滿，並引起民間輿論的猛烈抨擊。然而，儘管如此，却始終未聞負有監督責任的省議會加以有效的制止和糾正。甚至等到去年年初總統府臨時行政改革委員會也認爲事態嚴重，提出「改進臺灣省縣市權責劃分及指揮系統案」以後，省議會還是無動於衷；反而是到了去年三月二十日至二十四日召開的臺灣全省行政會議中，由省政府提出一個「省級機關與縣市機關權責劃分方案」來敷衍，直到今年三月二十七日，才經行政院核定交由省政府試辦。至於在前年十二月二日由省政府研擬送請省議會審議的七種地方自治法規修正草案，由於省政府又乘機擴大了對縣、市長的停職權、免職權，以及對自治法規的解釋權，乃至對地方選舉的控制等等，而引起了民營報刊的一致批評，但省議會在去年三月進行審議時，居然在幾乎未加修改的情形下，而予以順利通過。甚至一個國民黨的省黨部，每年照例可由省政府獲得兩、三千萬元的津貼，省議員居然也可以慷人民之慨，而不予制止。很明顯，假使省議會眞已發揮了監督的作用，便絕不會弄到這個地步！

至於縣、市長是否盡到了公僕的責任，這可由縣、市政府爲民服務的情形中求得證明。最近發生在新竹縣的一幕慘劇，便不失爲最有力的例證。在新竹市南寮到舊港里之間的頭前溪口，本來有一座木橋作爲交通工具，但只要遇到大雨，山洪暴發，木橋便會隨水流失。到了四十五年八、九月間，這一座木橋，終於在一次洪水之中，連橋基也爲之冲失。於是，那裏的交通，便以一條輕便的渡船來維持，而且是由一位今年已達七十一歲高齡的老翁、以及一個現在也還只有十七歲的兒童來負責。這四年多以來，當地的居民因爲明知道渡船隨時會失事，便一直在奔走呼籲，要求政府「重建舊港橋」。在三年以前，現任縣長鄒滌之在國民黨提名後參加競選時，更是以「興建舊港橋」作號召，而獲得了當地選民的一致支持。然而，整整三年的時間已經過去了，一座長不過二一〇公尺，寬也只有二·五公尺的舊港橋，非但沒有建成，而且根本沒有動工。結果就在今年三月二十二日的早晨，由於渡船的沉沒，終於同時淹死了十八個活活潑潑的小學生和一個賣菜的老婦，造成了十九人死難的慘劇。很明顯，假使縣、市長眞是在爲人民服務，則鄒滌之那會對於一座明知急須興建的小橋，一拖就是三年呢？不過，絕大多數的縣、市長儘管不爲人民服務，爲自己的黨服務時，却十分熱心。僅僅是縣、市長把公欵黨用，就我們記憶所及，近年來經過公開揭發的：在去年四月間，便有嘉義縣長黃宗焜耗費公欵約三萬元，替國民黨縣黨部主任委員修理座車和購買輪胎，以及臺中市長林金標一次撥欵三萬餘元，給國民黨市黨部主任委員購置新車。至於基隆市長謝貫一，更乾脆把基隆海水浴場，交給國民黨基隆市黨部經營；以至一次便撥欵二十萬元，給國民黨基隆市黨部作爲「市黨部緊急應變費」。這種種，都說明了原該爲人民服務的縣、市長，却在利用職權，用公欵專爲國民黨服務了。等而下之，縣、市長乃至動用公欵，專爲自己服務。例如近據三月十九日「聯合報」報導：雲林縣長林金生，爲了忙於第四屆縣長的競選活動，而沒有出席縣議會開幕禮，因此遭到休會抗議後，居然用「紀念品代金」的名義，給縣議員每人分送六百元或一千二百元的現欵，用來糊議員的嘴，替自己做收買工作。就以臺北市長黃啓瑞而言，近忽擧辦老人郊遊會，除對老人大爲招待之外，並各送壽杖一把，便已被某報譏爲：「競選熾烈，這也是別開生面的方法」，固不必再說；至於對臺北市貧民的請求救濟，却硬說是「有意參加選戰者之有計劃行動」，難怪要遭到各報的責難了！諸如此類，眞是舉不勝舉。很顯然，假使縣、市長眞是爲人民服務，則這一類的事便不至發生了！

可是，我們要進一步追問：今天臺灣施行的所謂地方自治，爲甚麼會弄到這種地步呢？歸根究底的說來，這便是由於臺灣政治的清一色局面。今天的臺灣，由於國民黨造成的特殊地位和環境，保障了國民黨在地方政治上的獨霸局面。現在，非但官派的省政府，完全由國民黨所掌握；卽使是民選的省議會，也同樣的被國民黨所控制；至於縣、市長和縣、市議會，也是百分之九十以上爲國民黨所把持。由於事實上旣沒有一個强大的反對黨，可以與國民黨向選民競爭。國民黨深深知道：反正臺灣是國民黨的天下已成定局，也就無所顧忌，獨斷專行，完全不問民意。因此，在國民黨一黨操縱之下，無論是省議會和縣、市議會，非但不能發生充分的監督作用，反而與同級的省政府和縣、市政府互相勾結，沆瀣一氣，造成今天爲衆所詬病的所謂「府會一家」。充其量，「也只在一些不太重要的問題上」，「說幾句不關痛癢的話而已！到了緊要關頭，甚至運用控制會場的手法，倒過來歌功頌德。例如最近召開的臺北市議會，據「公論報」在三月二十三日報導：「這是二十世紀民主議會裏的怪現象，臺北市議會裏昨日的市政總詢問，全體執政黨的議員合力抵制四名黨外議員的發言，整個會場充滿了對黃啓瑞市長的歌功頌德聲。那動聽的言辭，眞是如誦詩歌，如飲醇醪。……連去年在市政總質詢中痛罵黃市長政績不如高玉樹的黨內議員，也都閉起眼睛，愧對選民地爲黃市長唱歌。」甚至據同一天的「聯合報」透露，由於黨內議員對黃市長的「捧場」，「反而搞得黃市長似乎有點不好意思。」其結果，民意機構旣不想反映民意，成爲人民的眞正代言人，行政首長自可有恃無恐，不必爲人民服務，成爲人民的眞正公僕，一切唯「黨意」是從。時至今日，民意機構已只是以反映黨意爲最高任務，行政首長更只以爲黨服務爲最後目的了！其實，在國民黨獨霸地方政治的局面下，任何由國民黨提名而當選的省議員和縣、市長，也只有如此。因爲他們的心裏都很清楚，自己之所以能當選，是完全依靠國民黨運用組織的力量以及軍、公、警、教人員的非法助選，乃至於投票所開票所人員的舞弊措施。他們的靠山，旣然是國民黨而非選民，自只有聽命於黨，一切以黨的忠實幹部姿態出現。因爲他們心裏更淸楚，只要能討得國民黨當局的歡心，便可以獲得黨的提名，以及黨所策動的各種合法、非法、違法的支持，而繼續連任。相反的，如果違背黨意，而眞的想做民意代表或人民公僕，在下一次競選時，非但不可能獲得黨的提名，而且假使仍舊參加競選時，還會如同在野黨和無黨無派候選人一樣，遭到種種合法、非法、違法的打擊，很難有再度當選的希望。

根據以上所述，可見在今日臺灣地方自治之中，民意之被忽視、抹煞、以至否定，實在是導源於國民黨的獨霸局面。因此，我們如果希望省議會和縣、市議會眞能反映民意，而充分發揮監督作用，使得省政府和縣、市政府眞正爲人民服務，便必須打破這種局面。現在要做到這一點，便該運用我們的選舉權，從打破「府會一家」做起。就是說，要使得同級的民意機構和行政首長，不再同時控制在國民黨一黨之手。

可是，現在由於省政府之來自官派，已完全被國民黨所控制，以及縣、市議會又已百分之九十以上控制在國民黨手裏，都不是我們現在所能運用選擧權加以改變的。今天可成爲由「府會一家」到「府會制衡」的唯一途徑，便是如何經由這一次的選擧，使得省議會和縣、市長不再完全控制在國民黨手裏。所以，每一位希望地方自治進步的選民，便該抓住這次選擧省議員和縣、市長的機會，把最神聖的一票，投給在野黨和無黨無派候選人。事實上，今天也只有省議會不再被國民黨所完全控制，才能對官派的省政府發生一點點的監督作用；而省政府也就不得不多多少少接受其監督。同時也只有縣、市長是在野黨和無黨無派人士擔任，才不敢不根據民意，爲大家服務；而國民黨控制下的縣、市議會，才不致成爲縣、市長的「啦啦隊」。其實，眼前的事實，便是最好的說明。今天在各級議會中眞能代表民意說話的，諸如省議員李萬居、吳三連、郭雨新、臺中縣議會議長王地、以及臺北市議員李福春、李賜卿、宋霖康各位先生，有那一個不是在野黨或無黨無派人士？可惜人數太少，不能在議會中發生決定性的作用而已！至於縣、市長之中，現任唯一非國民黨的臺南市市長葉廷珪，旣然身爲無黨無派，自非如同國民黨縣、市長之有組織做後盾，可以爲所欲爲而不得不在各方面的嚴密監督之下，戰戰兢兢地爲臺南市民服務，更是顯而易見的事實。這道理很簡單，因爲他們的後臺是眞正的選民而非國民黨，如果不能盡到人民的代言人或公僕的責任，勢必失去選民的支持，斷送自己的政治前途。

總之，我們爲了促使臺灣地方自治的進步，進步到除掉投票時我們能像個主人之外，平時也能成爲一個眞正的主人，使得地方上各種公共事務的處理，都能以我們人民的意見爲意見，以我們老百姓的利益爲利益，便只有選擧在野黨和無黨無派的候選人爲省議員和縣、市長。老實說，在今天這種省政府被國民黨所控制的情形下，只有非國民黨的候選人當選省議員，才會眞正替我們老百姓說話，眞正盡到代言人的責任。同時，在縣、市議會已百分之九十以上控制在國民黨手裏的局面下，也只有非國民黨的候選人當選縣、市長，才會眞正替我們老百姓服務，眞正盡到公僕的責任。這一次選擧的結果，我們如果眞能因此而把國民黨的獨霸局面多多少少打破，則在今天這種沒有强大反對黨的情形下，國民黨也就不致有恃無恐，而不得不隨時尊重民意，自求進步，領導從事地方自治的黨員，也去眞正的做一個人民的代言人和公僕。因此，歸結一句話，我們爲了希望臺灣地方自治能够進步，並附帶的促使國民黨的反省以至進步，從而改善國內外對現行地方自治的觀感，只有在這次投票選擧省議員和縣、市長時，都能把神聖的一票，投給在野黨和無黨無派的候選人。

社論

(二)

物價，公教待遇與財政

最近三幾個月來的物價漲風，相當驚險。尤其是最基本的民生必需品食米一項，漲勢更猛。在農曆年關以前，蓬萊白米在臺北市每臺斤祇賣到二元三、四角上下，年關過後，在短期間內卽上漲到每臺斤三元五、六角上下。這樣的漲勢，確實爲近年間所未見。三月中旬，政府在五大都市採取配售戶口米及無限制向米商批售自由米措施；戶口米初時售價是二元五角五分，已較諸漲風發生以前的市價爲高，後來又提高至二元七角；至於自由米之批價，則定爲糙米每百臺斤三百元，乾脆向節節上漲的市價看齊。米價如此，其它屬於食品類的消費物資，如豆類、油類、以及魚肉蔬菜等，價格也都一齊上漲。一般工業產品的價格雖比較穩定，但如水泥等建築類物資，價格亦呈飛漲現象，且至今居高不下。

當然，這次的物價漲風，與去年本省中南部的水災有密切的因果關係。水災使農作物歉收，災區的重建工作則使建築材料的需要增加；同時，政府爲籌措重建經費，自不免增加財政調度之困難與通貨膨脹的壓力。這樣說來，好像一切都是由於天災，實屬無可奈何。但是，我們仍能從許多方面看出：政府對於平抑物價，不僅沒有作必要的努力，甚且沒有這樣的意圖；相反的，爲應付日益龐大的政府開支，竟不惜爲增闢財源而隨時在領導漲風。

試以米價而論：食米之所謂市價，事實上並不是眞正的「市場價格」。本省食米，大部分由政府直接掌握，舉凡軍糧、公教配給、輸出，以至一部分市場供應之所需，均由政府以一定價格向農民徵購。糧政當局既一再宣稱儲存充沛，不虞匱乏，則祇要運用得適當，米價就應絕無飛漲之理，市價稍有上漲，政府卽可拋售存糧，以爲調節。此次米價上漲，政府採取行動，已嫌過遲；而在行動之時，批售價格，又偏偏與上漲的市價看齊。對此種情形，我們祇可能作兩種解釋：一種解釋是，所謂儲存充沛云云，完全是騙人的空話。關於這一點，連中央日報的經濟記者都發生了疑問，他在四月四日該報的專欄中說：「上級不能不予注意，諸如存糧有無盜賣或出借情事，存糧數字與實際數量是否相符，以及產銷量之統計數字是否準確等，上級應特予注意。」對於這一個問題，我們確實是無法詰究，因爲不僅存糧的實況不得而知，甚至連帳面的數字也被視爲一種高度機密而從來未見發表。如果存糧確屬充沛，則第二種可能的解釋是政府明明有力量平抑米價而根本不準備平抑，却打算趁着漲風的機會向民間多撈幾文，以彌補財政的赤字；不然的話，爲什麼戶口米既一再抬價，配售米又要與市價看齊？

政府當局，每逢物價漲風，總喜歡用「人爲因素」這四個字來解釋；而他們所說的「人爲因素」，就是明示或暗示民間有人操縱，恨不得找幾個「奸商」來祭刀，藉以委卸自己的責任。如前所述，米價上漲的「人爲因素」究竟是什麼，已經非常明顯：政府果有充沛存糧，則糧食局就是最大的囤積居奇者，民間還有誰能與它相比？再說水泥，政府也說有人囤積，四月六日中央日報登載一條消息，答覆了究竟誰在囤積的問題。這消息說：「省府建設廳已調查到鐵路局在彰化存有水泥四萬包。這四萬包水泥是本年元月配購到的，存在彰化倉庫已三個月。根據建設廳的調查，這些水泥存放的倉庫非常簡陋，風雨可吹襲得到，而且大多是二三十包高疊在一起，看樣子兩三個月來還未翻倉過，現在已有不少發生硬化，不能使用。」像這種公家機關的超額申購與提前申購，難道不也是造成供不應求及黑市猖獗的重要「人爲因素」之一？

再說到政府之領導漲風，也有許多實例可舉。去年「八七」水災以後，全省各公用事業曾普遍的就原來的收費附徵建設捐約三成左右，此項附徵所根據的是總統的緊急處分令，爲救災與重建工作所必要，大家自無話可說；但緊急處分令原規定附徵至去年年底止，無異是對人民的一項諾言，政府自應嚴格遵守，誰知從今年元旦起，暫時性的附徵却被歸併到正式收費中去，成了永久性的加價。上月二十九日，政府又以迅雷不及掩耳的手段，把一部分菸酒公賣價格提高。據說，經此次提高，公賣收益每年可增加三億元，而這三億元是爲了應付公教人員待遇之調整；而事實上，調整待遇至今尙未成定案，最早也得要到本年下半年才能實施。諸如此類的事，均曾遭逢輿論界猛烈的反對；但政府則我行我素，充耳不聞。

政府當局也許會說，這幾年來百貨價格齊漲，政府經營的公用事業與公賣事業之收價，自應與一般物價水準看齊，這不能說是「領導」漲價，而祇是「跟進」。誠如此，爲什麼公教人員的待遇就該被長期的凍結起來，不能隨時按物價指數調整呢？不錯，公教待遇，政府目前已在作調整的準備了。但說來也眞可憐，照尙在擬議中的一些未定方案，如一律增加月薪五百元而將各種名義的津貼取消等類辦法，仔細一算，每人所加，眞是有限得很，還抵不上最近三個月間食品類消費物資漲價的幅度。現在是薪水未加而物價先漲；在加薪以來，照目前這樣的財政政策，更難保不繼續促使物價上升，這樣的惡性循環一經開始，我們眞不知道政府將如何收拾，難道眞準備讓曾在大陸遭逢過的慘禍，再現於此時此地！

說到物價問題，有識之士莫不知道這在本質上是一個財政問題；財政長期間的不能平衡，就永遠存在着一個促使物價上漲的膨脹壓力。早在兩年半以前，我們已在「今日的問題」一序列社論中，探本尋源的提出了「經濟害於財政，財政害於軍事」的診斷。這個診斷，不僅到今天仍完全正確，並且已成爲各方面所一致接受的觀點。其實，政府高級人員，對此何嘗不知：軍費負擔不減，財政無法解決；財政不能解決，經濟將永受其累。約在一年以前，且曾一度傳聞有將軍費略事緊縮之議，後來不知又遭逢了什麼不可抗拒的阻力，始終未有下文。到今天，就政府要員的文告、報告、談話等來看，似乎又顯得軍費部分，一分一毫也不容減削的樣子。對這個最爲基本的問題，一位負責任的政治家，應該以去就來力爭，決不能把非做不可之事一年年的因循延誤下去。

專就財政而言，現在各方已一致公認；正當的開源之道，應從建立以直接稅爲中心的租稅制度着手，節流則首應杜絕浪費。這些話，事實上已成老生常談，幾次三番的說，眞有點令人生厭。政府當局，也知道應該如此，却竟是一步都不能推行。他們也在那裏說要整理稅收，成立小組，從事研究，但一研究就是一年兩年，還是不能定案，又要聘請外籍專家來幫忙設計。這一切過程，說穿了，無非是打太極拳的手法，目的祇是在推拖敷衍。到最後，財政首長竟表示直接稅之推行，卽在行政效率極高的先進國家，都不能盡如理想，彷彿我們就應該讓效率長期的低落，永遠不求上進似的。當然，推行直接稅沒有像加價那樣方便而速效；但如專爲方便着想，印鈔票豈不更爲方便嗎？到了無法繼續加價之時，是否眞準備採用那一個最方便的辦法呢？

杜絕浪費，也是像整頓稅收一樣的祇說不行。政府一天到晚要人民節約，而自身的開支却始終不願稍事緊縮。監察院曾爲此提出糾正案，未能收到糾正之效；各方面所提的節約方案，事實上也都束之高閣，從不實施。去年水災後，曾準備在各項政費方面撙節二億元，以充實重建經費，我們迄今也看不到究竟撙節在什麼處所。我們所能看到的是，政府機構依然龐大，人事依然浮濫，在多數場合，開支竟是有增無減。例如省府遷疏以後，原來祇配給一所住宅與一輛汽車的機關首長，現在變得在臺北與臺中兩處均有住宅與汽車。再如開了一次國民大會，所花費至少是三千萬元，甚至有人估計可能近億數（詳見三月二十六日英文中國郵報），代表們均滿載而歸；又由於一念之差，承諾了國大代表今後待遇與立監委拉平，計算起來，國庫今後就每年都要負擔四、五千萬元。政府花錢的手面愈來愈濶綽，使窮公教人員爲之側目，使老百姓爲之搖頭歎氣。老這樣下去，財政安得不長期的困難，物價安得不時時受到財政方面的膨脹壓力？在這樣的情形下調整公教人員待遇，又如何能眞正改善其生活？

情形縱然如此，我們仍不願使用「危機」等類字眼來聳動聽聞。如果政府能及時採取大刀濶斧的措施，在軍事與財政各方面厲行改革，局面還是可以挽回過來，現在最重要的，還是政府的決心與誠意。但如老是這樣的因循沓泄，過一天算一天，那我們就眞不知該如何說法了。

社論

（三）

國民黨豈可重演違法競選的故技？

競選必須守法，這是選舉的起碼要求。現代法治國家，說到守法，是指人人都須守法。所謂「法律之前，人人平等」，正是這個意思。事實上，臺灣限制競選活動的法規，在三年以前，儘管有「臺灣省妨害選舉取締辦法」；到今天，儘管又有「臺灣省妨害選舉罷免取締辦法」；可是，從過去到現在，所有此類辦法，好像專門用來束縛非國民黨候選人的；至於對國民黨而言，却完全不發生效力。統觀國民黨違法競選的活動，過去如此，現在還是如此。

在三年前舉辦的第三屆地方選舉過程中，國民黨違法競選之事，層出不窮。僅就違法利用軍、公、教人員助選而言，我們在四十六年五月十六日發表「選票與人心」社論時，便只發表了很少的一部分。至於全省各地有關的違法利用軍人助選的證據，當時鑒於各地選舉官司，已經弄到無法了結，如果我們再把這些證據發表，則由於由國民黨提名而當選的有二十名縣市長和四十四名臨時省議員，勢將引起臺灣地方政治的軒然大波，所以保留了下來。現在鑒於這一屆的地方選舉中，據說又在重演故技，由三軍黨部連續發出幾個工作指示，指令軍中黨員普遍爭取非黨員親友投票，甚至需要各親友親自簽名蓋章，保證投票，違法利用軍人「助選」。其實，按照「臺灣省妨害選舉罷免取締辦法」第十三條規定，軍人「不得協助選舉」，說得明明白白，但最近由國民黨中央黨部秘書長唐縱之談話，而內政部田部長之招待記者，竟辯稱「公餘之暇可以協助選舉」，這說法之不能成立，本期雷震先生專論已加駁正，自不必再述。我們正感有先將上次所獲證據加以發表的必要，作爲對國民黨的警告，湊巧又獲得國民黨臺北市黨部違法提前作競選活動的新證據，所以決定一併刊出，希望有關當局能立刻予以適當制裁。同時，也藉以證明國民黨臺灣省黨部所稱「野心份子」「製造謠言」（去年十一月十二日聯合報）之說，完全是抹煞事實。

關於我們所要發表的證據，可分爲兩大部分：第一部分是四十六年第三屆選舉時違法利用軍人「助選」，第二部分是四十九年本屆選舉中違法提前作競選活動。

× × ×

現在我們先把第一部分證據中最主要的四件，分別製版附刊在文後，並作簡單說明如下：

第一件證據(附件一)是國民黨三軍黨部以周國光的化名，(三軍黨部正式名稱爲「特種黨部」，其對各單位行文用化名，此時用周國光，後改劉光漢，現爲王師凱)，在「中華民國四十六年三月七日」以「尙行字三〇九五八號」發出的「工作指示」。這是指示全臺灣各軍隊黨部，「服從黨的決策，達成助選任務」。在這一指示之內，首先說明「除對全省各地本黨候選人決予全力支持外，並對本部所產生假退除役軍官同志省議員候選人予以適當輔導部署競選活動」，接着又「明確劃分權責」，規定「主辦助選單位」應如何開會協調，「一般助選單位」應如何掌握運用，以及「黨員同志」應如何「保證正確達成投票任務」。

第二件證據(附件二)是國民黨三軍黨部以周國光的化名，在四十六年四月二十五日，也就是第三屆選舉投票後的第四天，發表的一封致謝信。在這封寫給「親愛的同志們」的信中，國民黨三軍黨部已正式承認：「本屆市長黃啓瑞及省議員李良榮兩同志的競選，經我全體同志的熱烈支持，業已獲得澈底而光榮的勝利。」

第三件證據(附件三)是黃啓瑞、李良榮、程冠珊等三人在四十六年四月二十四日，也就是當選後第三天，以當選者的姿態所寫「向組織致敬、向同志道謝」的致謝信。這是寫給國民黨三軍黨部「並請轉各位親愛的同志們」的。在這封信裏，黃啓瑞等也坦白承認：「沒有同志們的愛護，我們是無法當選的。」

第四件證據(附件四)是國民黨三軍黨部在完成違法助選任務後，經由「委員會第二屆第四十三次會議通過」的「特種黨部對所屬及有關助選有功單位人員獎慰辦法」。在此項辦法內，首先說明「本部辦理輔導黨員參加臺灣省第三屆省議員縣市長選舉，獲得了全面勝利」，是「端賴我全體同志，暨所屬及有關人士熱心助選」，「玆爲獎慰有功同志及人員，特訂定本辦法」，分別決定了「獎慰種類」、「獎慰原則」等等。在團體獎一類內，包括有獎狀、慰勞、招待等三項。在個人獎一類內，包括有獎狀、記大功、記功、嘉獎、獎金或禮物，招待等六項。最令人驚奇的，在「有關單位人員」項下，居然包括有「各地軍友分社軍眷服務處，各眷村村長，及特別出力軍眷」，更證明已透過違法利用軍人助選的力量，進而控制軍眷票了。

僅僅由上列四件第一部分的證據證明，在四十六年第三屆選舉時，國民黨的確是利用了違法設立的三軍黨部，進行違法利用軍人助選的活動；尤其是國民黨提名當選的黃啓瑞等，更承認自己的當選，是完全由於這種違法的助選所造成。

× × ×

至於第二部分的證據，我們暫時決定把其中最重要的兩件證據分別附刊在文後，並作扼要說明如下：

第一件證據是一張「出席證」。由於這張「出席證」的正反兩面包括有六部分，我們暫把其中三部分編成附件五、六、七發表。附件五已明白註明這是「中國國民黨臺灣省黨部臺北市各種黨部輔導黨員參加第二屆省議員第四屆市長選舉黨員動員大會」的「出席證」。附件六又明明說明，這一動員大會，是在「本(四九)年三月二十六日(星期六)下午七時假臺北市三軍球場」舉行。附件七又特別指明「出席證會後焚燬不可遺失。」透露國民黨也知道這時從事「介紹候選人並致詞」(載於「出席證」反面的程序內)的競選活動，是違法的！

第二件證據（附件八）是一本從封面到封底共有二十頁的「動員公報」，這是今年三月二十六日三軍球場公開發給參加「動員大會」的人的。這本公報的封面已說明是「輔導黨員參加第二屆臺灣省議員第四屆臺北市市長選舉」；下面橫排的「黨內文件，對外機密」八個字，與上述「出席證會後焚燬」的字樣，有異曲同工之妙，同樣在證明國民黨也知道這種提前從事競選活動的做法是違法的！因爲在這本「動員公報」之中，還分別刊登有國民黨提名的「市長候選人黃啓瑞簡介」的相片和文字，以及國民黨提名的「省議員候選人」呂錦花、郭岐、陳愷、陳重光、姚冬聲、李丙心等六人的照片乃至「政見」。

觀於上列兩件第二部分的證據，可見在這一次的選舉中，當候選人剛剛開始申請登記，而候選人名單尙未公告的時候，便已違法從事競選活動了。按照規定，競選活動應至四月十四日候選人名單公告後。可是，這個規定，只是限制非國民黨的候選人，而國民黨却可違法提前從事競選活動！

× × ×

總之，儘管選擧必須守法，國民黨却憑藉特殊地位，公然一再違法。我們在痛心之餘，特別願提醒國民黨當局：任何違法的行爲，除非不做，只要做了，終有被人公開拆穿的一天；千萬不要以爲用上甚麼「會後焚燬」或「對外機密」之類字樣，便可以鬼鬼祟祟的從事任何違法的競選活動。我們希望此類活動必須立刻中止，以免日後引起無窮政治紛擾，這便是我們把若干證據公開發表的原因。

(附件八)

（註：因版面限制，將附件八，排在前面，然後再依一、二次序排版。）

（附件一）

工作指示　中華民國四十六年三月七日（四六）行字三〇九五八號

——服從黨的決策，達成助選任務——

[illegible]

周國光

（附件二）

親愛的同志們：

本屆市長黃啓瑞及省議員李良榮兩同志的競選，經我全體同志的熱烈支持，業已獲得徹底而光榮的勝利；在組織戰的運用上，開創了光明而燦爛的前途。這足以證明同志們全心全力執行了黨的任務，不折不扣貫徹了黨的命令；不但為個人爭取了榮譽，而且也充份代表了革命人的榮譽，革命的榮譽；特種黨部全體同志的榮譽。這一切榮譽，都是由於中央的正確領導和同志們辛勤換來的成果。我們除了向臺北市各種黨部分別致謝能與我們真誠合作外，並以無比的熱誠向同志們致以最高的敬意，並且希望於此次勝利之後，保持成果，再加檢討，共迎即將來臨的縣市議員選舉，做好準備工作，以贏得下一次的光榮勝利！

祝

勝利

周國光　46年4月25日

（附件三）

向組織致敬　向同志道謝

周國光先生並請轉各位親愛的同志們：

在組織的力量下，我們已經贏得了勝利。讓我們向黨致敬，向同志們道謝，沒有黨的支持，這次勝利是不容易得的；沒有同志們的愛護，我們是無法當選的。組織的力量真是偉大，同志們的鼓勵與支持，將使我們永誌不忘。

我們一定好好的努力，為黨、為革命做好我們的工作。

敬祝

勝利！

黃啓瑞
李良榮　敬上
程冠珊

四月廿四日

（附件四）

特種黨部對所屬及有關助選有功單位人員獎懲辦法

特種黨部委員會第二屆第四十三次會議通過

[illegible]

（附件五）

國民黨臺灣省臺北市各種黨部

黨員參加第二屆省議員、第四屆市長選舉黨員動員大會

出席證

憑證入場三軍球場第六區

（附件六）

親愛的同志：

茲訂於本（四九）年三月二十六日（星期六）下午七時假臺北市三軍球場舉行臺北市各種黨部輔導黨員參加第二屆省議員、四屆市長選舉黨員動員大會務請準時出席

（附件七）

一、黨員動員大會，務希親自出席。

二、出席證會後繳還不可遺失。

三、入場時請將簽到卡投入簽到箱。

臺灣的選舉爲什麼辦不好？

陳咸森

這幾個月正是我們自由中國的選舉季節。由去年十二月臺灣全省各鄉鎮長的全部任滿改選，到今年三月的第三任總統副總統的選舉，以及即將來臨的本月二十四日第四屆臺灣省各縣市長和第二屆省議員的選舉，眞可以說這幾個月正是自由中國的「普選年」或「大選年」。照民主國家的常例，在這選舉的季節裏，正是政治新聞狂熱的季節，正是各政黨的政綱政策的批評辯護爭論的季節，正是執政黨向選民交政績賬單的季節，也正是競選政黨向選民開出優美的預期允諾的季節，甚至是競選者的對手方相互的「挖瘡疤」，「攪糞缸」的季節。然而我們在這選舉的季節裏，就已經舉行過的兩次選舉看來，既沒有熱烈的競選，又沒有政綱政策的辯護和爭論，一切都顯得平靜冷落。這種平靜冷落是違反民主政治選舉常情的，同時也暴露了我們的民主政治與選舉有其嚴重的缺陷和弱點。

選舉在整套的民主政治制度中是非常重要的一環。沒有公正的選舉制度，民主政治固然無法圓滿運行；單有選舉制度，而缺乏整套民主政治制度中的其他各方面的自由民主的條件相配合，不能算是眞正的民主政治制度，也不會有實質的自由民主。鐵幕國家亦有其一套選舉制度，但因其根本沒有其他自由民主制度的條件相配合，其選舉就不是自由意志的選舉，故其政治仍是道地的極權專制，所謂「選舉」不過是極權專制的御用工具之一而已。所以我們談選舉，不能把選舉孤立起來談，應該從全盤的民主政治制度的面的觀察到選舉的點的觀察，從其他自由民主的配合條件的缺陷去瞭解反映於選舉上的缺陷與弱點，然後我們纔能知道臺灣的選舉爲何不能辦得有聲有色的癥結。關於選舉制度本身的主要的問題，留在後面討論，茲先提出影響於選舉的主要配合條件的缺陷加以研討。

㈠缺乏強有力的反對黨　在民主政治下的選舉，是以力量相當的政黨競爭爲其骨幹的；但我們今日的情況，却缺少了民主政治下最主要的一環，而無有力的反對黨能正面的和執政黨作全面的競選。所以我們的選舉—由中央的總統副總統的選舉到地方基層的鄉鎮長選舉，都可以事前判斷執政黨全盤勝利。這種無競而選局面的造成，一方面由於我國開始學步民主，反對黨還未強大到能與執政黨爭衡，一方面也由於執政黨數十年長期執政的優勢地位以及其革命組織排他性的傳統，而缺乏容許反對黨日益壯大的雅量。這種情況下的選舉，好比坐在汽車上的人和徒步的人賽跑，其勝負是早經注定了的。要改變這種情況的選舉以達到公正平等的競選，祇有希望坐汽車的人下汽車，大家徒步平等競賽；也就是希望執政黨退居普通政黨的地位，停止憑藉掌握政府權力的方便，不搞軍隊警察法院學校產業等黨的組織，和其他普通政黨在平等的基礎上，作公正和平的競賽。否則，反對黨固無法在優勢的執政黨的壓抑下壯大起來，自由中國平靜冷落的選舉情況和一人競選的尷尬局面，則永遠改變不過來的。

㈡社會力量未能生長壯大　各種社會力量的生長與壯大，是和民主政治的建立與發展有其不可分的關係。有了各種強有力的社會力量的存在，才能限制政治權力的濫用，促進民主政治的正常發展；反過來，有了民主政治的存在，社會力量也才能日益生長壯大；這是就社會力量與民主政治的關係說。若就各民主國家的社會力量在選舉期間所發生的功能和影響說，其關係則更爲重大。因爲各種社會力量的多數意向，常常是決定選舉勝利的主要因素。各色各樣的社團力量，各有其自己的利益和志趣的目標，它們有的支持執政黨，有的支持反對黨；它們有時投甲黨的票，有時又投乙黨的票。各政黨的競選拉票對象，是以各種社會力量下的一羣一羣的人爲對象，並非以孤立的一個一個的個人爲對象。所以各政黨的政策之擬訂，都是以多數社會力量的意向爲依據的。而政黨的政策在競選期間所引起的辯護和爭論，更易導致社會對某一政策的辯護和爭論，使政治新聞成爲狂熱的季節。我們回頭來看臺灣的社會，它仍然是一個「平鋪散漫的社會」，祇有高高在上的政治權力控制一切，而無壯大的社會力量存在，可與政治權力發生制衡作用。近幾年來工商業的逐步發展，各種社會力量雖有逐步發芽生長的趨勢，但這些初生的嫩芽都依附政治權力而生存。一切有形的社團組織，都在政府或官員的指導與控制之下，工會、農會、婦女、青年等社團固如此，即名之爲學術的團體亦很少例外。再就輿論力量說，是民主政治下最能限制政治權力濫用的社會力量，可是臺灣的輿論工具—報紙、雜誌、廣播、通訊社等，絕大多數都控制在政府或執政黨手中，眞正獨立民營的輿論工具太少了。因此臺灣所表現的言論，是政府和執政黨的觀念宣傳，多於人民和社會意向的公共意見。在這種沒有強有力的社會力量的存在，而又爲政府和執政黨全面控制下的臺灣社會，反對黨和獨立人士在無支持的情況下，那能和執政黨在選舉中去競賽爭衡？所以臺灣在選舉季節中表現得平靜冷落，也是勢所必然了。

㈢不完整的地方自治　政府最初開始在臺灣實行地方自治的時候，料想其心目中至少有「不放心」的心理存在，而祇是一種試辦性質。否則爲何不由立法院去完成「省縣自治通則」的立法，而搞一套暫行辦法來施行？由於這種「不放心」的心理作祟的結果，使今日臺灣的地方自治，祇是一個「半開放」而不完整的地方自治。縣市長鄉鎮長由人民選舉產生，而省政府却仍維持訓政時期的老辦法，由中央令派。就已開放了的縣市政府和縣市議會來說，又何嘗眞正有權？縣市政府任何重要的工作，都要經過省政府的批准或核定後，纔能開始辦理。縣市議會的主要權限是預算審議權，但經過議會過後的預算，還是要經過省政府的核定後纔能實行。縣市議會如此無權，何能與縣市政府發生制衡作用。難怪基隆市長謝貫一在議長蔡火炮因走私案發被捕後向記者表示「領導無方」，而且議長議員爲其部屬了。如此這般的地方自治，在地方政府方面正表示「政府無能」，在議會方面正表示「人民無權」，那能希望賢能才智之士踴躍參加競選？結果祇有將地方自治的選舉陷於一人競選，當地對立的派系競選，地方有力士紳個人與執政黨競選的不倫不類的冷落選舉局面。

上文我們研討了影響於今日臺灣的選舉不能辦得有聲有色的三大缺陷後，再來談談有關選舉的本身問題。根據上屆選舉時在野黨及無黨派候選人於四十六年四月十一日在臺中市舉行座談會共同決議的五點建議（見四十六年四月十二日聯合報及七卷八期民主潮），及最近在野黨及無黨無派人士於本年二月底在臺北舉行座談會，對當前選舉問題提出十五點要求（見三月十九日公論報及上期本刊）的分析，我們可以歸納其意見的重點爲臺灣選舉的兩大問題。一爲嚴格禁止軍警公敎人員的助選問題，一爲政黨共同辦理選舉問題。茲分別討論於後。

嚴格禁止軍警公敎人員的助選問題　妨害選舉取締辦法中明白規定公敎軍警人員不得協助候選人爲競選活動，但事實上在每次選舉以後都聽到許許多多軍警公敎違法助選的事實。關於這些違法事實，在四十六年五月卅一日「在野黨及無黨無派第三屆縣市長暨省議員競選人共同聲明」中，曾有一項極簡明的記載，茲節錄如下：

「一、公敎及治安人員公開助選。此種情形極爲普遍，任何人均不難發現。試舉數例：經濟部長江杓曾分函所屬機構人員，爲臺北市及臺北縣之國民黨籍候選人拉票；嘉義縣民防指揮部某分部負責人郭烈在其致縣指揮部之公文中，曾明白報告其『配合忠服本黨官兵同志，並聯絡友軍及地方組織，日夜進行』，爲國民黨籍候選人作競選活動之經過；多數縣市之警察均曾挨戶訪問，軟硬兼施，令選民必須圈選國民黨籍候選人；自四月初起，各地學校即行輪流停課，所有敎員四出活動，爲國民黨籍候選人拉票，甚至國民學校學童，如在雲林縣所見，亦被命令去收集非國民黨籍候選人散發之競選名片，學校人員，則以每支鉛筆交換四張名片作爲鼓勵。公敎人員不得作助選活動，已明載於選舉法規。由以上諸種情形，可見選舉法規已受到公開破壞。」

這種違法事實的造成，我想是因爲今日臺灣的軍警公敎人員大多都是執政黨員的關係，由於黨部的動員黨員爲同志助選，而促成了軍警公敎人員的違法助選。爲了爭取選舉勝利而不惜違法破壞選舉法規的事實造成，結果使人民對臺灣地方自治的選舉失去興趣，認爲臺灣的選舉是不公正不公平的選舉，認爲臺灣的選舉是政府和人民對立的選舉。這就政府與執政黨的信譽來說，恐怕是得不償失。少數省議員和縣市長的得失事小，政府的信譽和民心的得失事大，更何況地方自治的選舉根本不會影響執政黨的整個政權呢！權衡利害得失，爲了政府的信譽和國家選政的前途，政府和執政黨應該嚴令禁止軍警公敎人員違法助選，犯者應予以嚴處，纔爲得策。

政黨共同辦理選舉問題　三黨共同辦理選舉問題是今年在野黨及無黨無派人士的十五點要求之一，亦是由在野黨與執政黨爭執多年的要求派駐各投開票所監察員的問題演變而來。政府對選舉監察權愈不肯開放，非執政黨的競選人愈懷疑到辦理選務的不公正以至舞弊。故此一問題，成爲每次選舉前爭論的焦點。儘管政府一再保證選務要辦得公正無私，可是不幸地在上屆選舉中的選務確是百弊叢生。如上屆縣市長和省議員競選人共同聲明中指責的有「漁民出海前被留下身分證代爲投票」，「高雄縣某一投票所，至下午四時許有二百餘選民持身份證前往投票，竟無票可領」，「臺中縣沿海線於開票當晚自六時以後停電，直到十二時，遂使規定之公開計票變爲秘密開票」，「對於文盲投票之指導，尤其充分利用機會，不惜違反投票人意志，任意代爲圈選以達助選之目的」。高雄縣長落選人函啓指責的「高雄縣長選舉訴訟，由高等法院臺南分院核對首批十五個投票所選票，發現未投票選民三二五人中，有六十人被投開票所工作人員領選票，代圈選國民黨提名候選人陳皆興」又如傳說中的「安全措施」等等。這樣的選舉，難怪競選人共同聲明中指責其「不公正，不合理，不合法」了。爲了杜絕選舉的流弊，祇有採納在野人士的意見，由三黨共同辦理選務。退一步說，至少要公開選舉監察權，由各黨均派員駐各選舉事務所和各投開票所；大家共同監察，互相監督，纔能使選務辦得公正不偏，建立人民對選務公正的信心。政黨共同辦理選舉或共同監督選舉的選務制度的建立，對政府與選政說，都是有百利而無一弊的，既可由三黨共同保證選舉絕對公正的結果，又可減少選舉糾紛與訴訟，更可解除人民懷疑選舉公正的心理以增加對政府向心力，何樂而不爲呢？然而執政黨與政府竟拒絕採納，我們是百思不得其解的，難道眞的如一般人的推測是「存心舞弊」麼？現在距離第四屆縣市長和二屆省議員的選舉祇有幾天了，我們還沒有看到政府和執政黨對這問題有採納的跡象；雖傳說政府可以考慮各縣市在野黨的選舉監察委員推薦各投開票所的工作人員，但還沒看到報上證實這個消息。假如政府和執政黨仍是一意孤行，我行我素，對這問題決置之不理，則內政部田部長和周主席所說的「一定要把這屆選舉辦得公正辦得好」的想法和希望，一定是要落空的。

本來臺灣的選舉有其良好的基礎。第一是戶籍辦得比較好，選舉名冊亦較爲確實，不像大陸上那樣臨時僞造選民册，根本沒有選民的確切數字。第二是投票時可以辦到選民人手一票投入票櫃，不像大陸上那種由士紳配票分票，除去少數大都市外，選民根本就沒有看見選票，更何況投票。假如政府和執政黨有在臺灣實行眞正的地方自治的誠意，在這優良的基礎上，進一步杜絕弊端，把前面的兩大問題解決，嚴格禁止軍警公教的助選，實行三黨共同辦理選舉，人民的疑慮可以卽除；臺灣的選舉是可以做得到公正合法大公無私的。這還是把選舉這件事孤立起來說，若要說到自由中國是否能眞正做到自由民主，選舉季節是否能表現得有聲有色，對政府能發生防腐作用，對人民能發生政治敎育作用，還得把前面所提到的三大缺陷解決了纔能做到。三大缺陷中的第三點，是比較容解決的，祇要由立法院把「省縣自治通則」完成立法手續，公佈施行，卽可以使臺灣的地方自治成爲完整無缺的地方自治。而一二兩點缺陷，看來是比較複雜，似乎不能卽行解決。然而問題的關鍵也很簡單，祇要今日的執政黨眞心誠意的希望中國成爲道地的自由民主國家，趕快放棄與這一目標不一致的「一黨專政」的各項做法，把軍警學校各級黨部完全撤銷；退居普通政黨的地位，與各民主政黨公正平等的競賽。反對黨和各種社會力量，在不受阻撓與壓迫的環境下，是不難日益壯大起來的。國家的前途，民主的前途，選舉的前途，都在執政黨能不能退爲普通政黨的一轉念之間，希望執政黨能作深切的考慮。

讀者投書（一）

請問黃市長

沈澤清

近閱本月五日中央日報載：黃啓瑞市長在臺北青年商會午餐席上發表他做了三年市長的感想：說是「在他的任內用水泥或柏油所鋪的巷弄道路要比過增多三、四倍」「他要把全市的巷弄道路都鋪好，使臺北市變成沒有灰塵的城市。」這確是一條好消息。但鄙人所住的杭州南路二段六十五巷，因爲沒有達官貴人居住，這條巷子始終沒有加鋪水泥和柏油，一到下雨天，泥濘不堪，三年來市政當局從未有人過問。去年底經里民大會議決，請市府加鋪柏油路面，並每戶征收二百元，一共一萬餘元，負擔工程經費之一半，里長出具收據，迄今時隔三月，尚未動工。現在黃市長競選「連任」，已在分別免費贈送本里黨籍同志每戶某某晚報一份兩個月，以爭取選票。可是，却把加鋪六十五巷道路這件事完全忘記了，難道還等到當選「連任」以後或交給新任才開始興工嗎？這一點，希望黃市長能有滿意的答覆。

讀者投書（二）

怪哉！所謂葉廷珪政見「語句刺激」！

高心平

編者先生：

頃因臺南市長候選人葉廷珪擬定的政見內有云：「此次參加選舉，旨在維護民主制度，打破一人競選局面，使臺南市府會免同遭私利集團所把持，以消除地方未來隱憂。」現此已不幸被選務所認爲「語句刺激」，迫令修改。按「臺灣省選舉罷免取締辦法」第十六條第十二欵僅規定，不得「發表政見違背國策或無事實謾罵政府。」按此等規定，已有商討餘地，今選務所竟擅加「語句刺激」之限制，誠不知從何說起！

按法規之尊嚴性，在其能依法定程序制定，且按法定程序執行，非任何人可假借權力，私自「立法」「執法」。豈臺南市選務所諸公，竟對此區區道理，亦不明白乎？可憐！可悲！

高心平　四月五日。

「江湖行」（下一）發行單行本預告

本刊連續刊登的徐訏先生「江湖行」長篇小說，現已由本社印行單行本「江湖行（下一）」，與從前已印單行本上、中銜接，每册定價新臺幣十五元，卽日開始發售，特此敬告各讀者。

自由中國社發行部啓

希望能得到公平！

——談我這次參加臺中市長競選的觀感

何春木

臺灣近年來軍事經濟等方面有其長足的進展，這是千眞萬確的事實，但我們也不能否認臺灣在某些方面它的進步却很遲緩，最顯著的就是歐美最倡行的「民主政治」，在臺灣却一直停滯在「欲進不前」的狀態中，說起來眞是爲每一個關心政治、關懷國家前途的人感到痛惜的事。

我是一個出身民間，但却熱愛民主政治的人。當初我進入社會，側身議壇，即以服務廣大民衆、促進臺灣政治民主而自期，所以在我過去及現在在臺中市議會中，我無時不念念不忘的要切實爲我們的臺中市民做事，要把臺中市搞好。我是一個議員，我必須竭力做到善盡我的「言責」。這在中市議會的紀錄上，是「有案可稽」的。

爲切實做到我「爲民服務」的素志，我最近又參加了臺中市市長的競選。我很清楚和我競爭的，是有着組織支持的「有勢」的人，但我決心苦戰到底，我希望廣大的民衆會給予同情，賜我以道義正義的支持。

在這一月來，雖然還沒有正式展開選擧活動，但我遭受到的打擊，却從四方八面而來，假如我不够堅强，眞是會被擊倒的。我自信我不是一個弱者，愈受打擊，我愈要苦幹下去，但願廣大的親愛選民能給予我大力的支撑。

我遭遇到的折磨的確是太多太多，我沒有錢，但爲此每會爲朋友不諒，也正爲此我祇能在爭取道義上下工夫；我是無黨無派的人，所以某些方面，甚不願我抬頭讓我有機會爲民服務。有時我會爲他們手段的幼稚陰毒，而可氣可笑。昨日我從朋友處得到了一份某組織的資料，這是一項傳單式的油印文件，它的內容是這樣的：「茲送上競選參考資料敷則計×份，希針對各該區選民心理斟酌需要，妥爲運用『耳語宣傳』，尤希能運用公正選民自創口號，擴展宣傳，以利選擧爲荷！此致　各區×部　各同鄕會連絡人」。競選口號計有十條，如「明明有黨派關係支持，硬說自己是社會賢達，那就是欺騙選民」、「在議會裏從不會提出過有關地方建設的重要方案，只會攻擊政府，漫罵他人，這已證明他既無政治修養，又無政治遠見，專爲自私自利打算，邱欽洲從來不這樣做的」。……某些御用的報紙，甚至以這些口號寫起評論來。這些作法是否是民主政治階段中政黨所當爲？我雖受到誣蔑攻擊，我但願正義會在每一個人心頭。

在三月十五日的下午五時許，我曾特地跑到遠在彰化××山的軍營，去探視我入營接受一個月徵召敎育的胞弟何春樹。胞兄探望弟弟，人情之常，然而我遭受到該營區某保防官的拒絕。他的理由是「不是星期天，不准會客」。據我所知，不是星期天仍准會客的事例以前很多，以後也曾有過，只要特准一下即可以。我當時穿着整齊，而且佩掛了臺中市議會的證章，然而他却絕對一點都不予通融。但後兩日（三月十七日）情形却例外了，那天臺中市的國民黨提名候選人邱欽洲、徐灶生、賴榮木等三位先生，由中市林市長陪同前往該營區訪問，却受到「熱烈」的歡迎，由政治部主任陪伴到每一個營房作「親切」的訪問。這一個對照說明了什麼？這一不公平的待遇出現于談「民主法治」的臺灣，是多大的諷刺！？

猶憶在二月底各地糧價正飛躍上漲的時候，我在臺中市議會第十二次臨時大會中，爲民請命，提出「籲請糧局增加戶口配售米數量以有效平抑糧價」的議案。我認爲這個時候正是民意代表應該爲老百姓說話的時候，但我沒有想到，我的提案竟遭受到國民黨籍議員「大多數」的反對，而遭「決議保留」。我當時很氣，但有什麼辦法呢！？

我熱愛民主，但我同時也絕對擁戴我們的政府，我願政府好好的搞好了經濟軍事以後，也能致力的搞好民主政治。我要出而爲民服務，當然一方面也是爲政府推行政策。我沒有黨派的色彩，但我却有國家民族的强烈觀念。我希望從事政治的人要有決心把臺灣的政治搞好，而千萬別讓那些黨棍之流把良好的秩序搞壞。

四九、四、九、于臺中市。

人心！人心！人心！

——從臺中縣、臺南市、雲林縣事例說到唐秘書長和田部長的談話

雷震

「選擧，在眞正民主法治的國家，是可以代表人心的。但是，如果人心與選票脫離了關係，乃至成爲『負相關』的時候，政府就得量一量：選票與人心孰重。」

上面這一段話，是三年以前的四十六年五月十六日，發表在本刊社論「選票與人心」中的最後一段話。那時候，我們鑒於國民黨在第三屆地方選擧中，雖然以絕對壓倒的優勢，掌握了縣市長和省議員的席次，却不幸而同時喪失了人心。我們感覺到情況嚴重，所以發表那篇社論，目的無非是希望國民黨能注意到人心的重要。

近幾個月來，我們對於這一屆的縣市長和省議員選舉，曾經陸續發表過不少社論和專論，甚至還特地出版了「臺灣地方自治與選舉的檢討」單行本，希望能藉此喚起國民黨黨政當局的反省和改革。其實，說來說去，千言萬語，最後還是可以歸結到兩個字：「人心」！換言之，我們主張由各黨及無黨無派候選人共同辦理管理和監察工作也好，我們希望國民黨千萬不要再違法利用軍、警、公、教等人員助選也好，乃至我們終於忍痛在這一次的社論㈢「國民黨豈可重演違法競選的故技？」中，把國民黨若干違法競選的證據製版公佈也好，都無非在勸告和警告國民黨：必須循由公平守法的途徑競選，來收拾三年前失去的人心。

然而，儘管在最近幾個月之內，我們也聽到政府主管當局呼籲大家熱烈參加競選，甚至强調公平守法，但最近種種事實的發展，却是適得其反。綜括言之：政府首先對於在野黨之共同辦理管理和監察工作的要求，一味推拖（見本期中國民主社會黨的聲明和高玉樹退出臺北市長競選），已暴露了不願「公平」競選的本意，乃至違法舞弊的企圖。等到登記工作開始，臺中縣的國民黨黨部，由於三月十六日出版的本刊，載有楊基振先生「爭取臺灣地方選舉的重點」，和林觀道先生「從臺中地方選舉實例談到公平合法」兩文，對於國民黨在選舉中若干不公平不合法的事實，有所批評，居然普遍通令該縣持有本刊的讀者，交出本刊（見三月三十一日公論報），而暴露出非法控制言論，以求造成清一色替國民黨候選人做競選宣傳的局面，來打擊無黨無派候選人王地、楊秋澤、周清泰、周林密等。臺南市的選務所，居然又藉口葉廷珪的政見：「語句刺激」，强令修改內容，而暴露出干涉競選宣傳，以求打擊無黨無派市長候選人葉廷珪。在雲林縣的國民黨人士，甚至不惜採「捉人」、「搶皮包」、「搶兩萬塊錢」等手法，以求阻止決心違紀競選的黃文斗依法登記。在臺北市的國民黨中央黨部，非但暗中做種種違法利用軍、警、公、教等人員助選的部署，並由秘書長唐縱發表所謂「公教、警察於公餘之暇可以協助選舉」的於法不合之說，企圖達到違法利用軍、警、公、教等人員助選的目的。

以上所述，固已令人失望，然更使人引爲悲觀者，據四月九日聯合報載，內政部長田炯錦在記者招待會上，居然自認：「他從前所說的公教警察人員不得干預選舉一事，與國民黨中央黨部唐縱日前所說：『公教、警察於公餘之暇可以協助選舉』，並無矛盾之處」。此種說法，眞是駭人聽聞。其實，按照臺灣省妨害選舉罷免取締辦法第十三條規定：

「左列人員不得協助選舉罷免活動，違者經選舉監督或臺灣省縣市公職人員選舉罷免監察委員會查明屬實後，送各該上級機關，從嚴懲處，觸犯刑事者，並應分別送交軍法或司法機關辦理：

一、現役軍人或警察；

二、辦理選舉罷免事務人員；

三、公教人員及自治人員。」

可見只要具有軍、警、選務、公、教、及自治人員等六種身分的人，便「不得協助選舉」活動。其中既無「公餘之暇可以協助選舉」的例外規定，自不容任何人擅作謬妄解釋。老實說，假使唐秘書長等的說法能夠成立，此項辦法事實上便不能對上列人員發生一點拘束作用，也就等於不存在了。事實上，法規的解釋，那裏可以置條文的規定於不顧？我們不妨隨便舉一個例子來做進一步的說明：按照陸海空軍刑法第六十一條規定：「有左列行爲之一者，處五年以下有期徒刑。一、包庇賭博。二、調戲婦女。三、吸用鴉片或其代用品。」假使現在有一個陸海空軍軍人在電影院看電影的時候，發生了「調戲婦女」的行爲，誰也不能說這是「公餘之暇」，可以不受這一條法律的限制。很明顯，臺灣省妨害選舉罷免取締辦法第十三條的規定，就在硬性限制軍警等六種特定身分的人，從事「協助選舉活動」，無所謂「公餘」不公餘。細究立法本意，因爲上列這六種人，縱然是在「公餘之暇」，而從事助選活動，也無法完全拋開原有身分的影響力。例如一個警察人員，假使是在晚上換上便衣到一個攤販或三輪車夫家裏拉票，從事助選活動，那個攤販或三輪車伕怎會因爲他不是穿的警察制服，便可以忘記他是一個有權取締他的工作的警察呢？所以我們現在要請教唐秘書長：這「公餘之暇可以協助選舉」的話，是根據甚麼法規說的？我們更要請田部長明確的說明：這「公餘之暇可以協助選舉」的說法，究竟與臺灣省妨害選舉罷免取締辦法第十三條的規定是否符合？如果田部長認爲符合，那就請把道理說出來給大家聽聽。因爲我們細讀四月九日聯合報的報導，並未發現針對「公餘之暇可以助選」之說，作正面的答覆。其實，我根本不懷疑唐秘書長和田部長能否看懂這樣簡單的條文，而是擔心唐秘書長和田部長的這一唱一和，只是在鼓勵下級地方黨部和行政人員，有恃無恐的違法利用軍警公、敎、等人員助選而已！

現在距離投票雖然還有一段時間，但由最近這一連串的事實來看，已顯示國民黨並無誠意從事公平合法的競選。因此，等到候選人名單公告後，從競選活動展開、到選民參加投票、以至開票所開票，這一最後關頭，國民黨究將用何種非法手段而干擾在野黨和無黨無派候選人的競選活動，以及又將採何種違法手段，而利用軍、警、公、教等各種人員助選，乃至利用選務人員違法舞弊，固非局外人所可預知，但國民黨如眞不擇手段而爲，則其在全省選民心目中將造成的惡劣後果，却是可以斷言的！

不過，儘管最近這一連串的事實令人失望，又儘管未來的局面令人悲觀，但我們在關心地方選舉的立場，總不願公平守法之競選被一黨破壞。尤其像我們本着主張反共人士堅强團結的一貫態度，更不忍由於不公平不守法的選舉，造成在野人士尤其是地方人士與政府之間發生裂痕。因此在競選的最後關頭屆臨前夕，仍不能不一掬至誠，呼籲國民黨當局懸崖勒馬，立刻中止任何違法舞弊的措施，尤其停止利用軍警和公教人員助選，而循由公平守法的途徑來競選。歸根到底一句話：人心第一！人心比選票重要！

寫於民國四十九年四月十一日夜一點。

黃啓瑞能向臺北市民交代嗎？

傅　正

臺北市市長黃啓瑞的任期，轉眼就要屆滿了。記得三年前黃市長上任時，有些人鑒於前任市長高玉樹主持下的市政，遭受到國民黨直接間接的各種牽制，總希望黃啓瑞擔任市長後能充分爲臺北市市民服務，至少把自己競選時的政見一一實現。可是，現在三年的時間卽將匆匆而去，黃市長究竟爲市民們做了些甚麼呢？這當然是大家都想問的，而且也是全臺北市市民有權問的。因此，我們趁這機會，把黃市長的市政結一次總賬，當然是有必要的。

不過，三年的時間實在很長，可說的話也太多，已經不是一篇短短的文章所能容納。所幸我們「自由中國」在去年八月十六日出版的第二十一卷第四期上，已經以「臺北市政問題還容忽視嗎？」爲題，發表過一篇社論，指出臺北市政在人事任用、財政稅收、工務建設、民政社會、政治風氣等五大部分的嚴重問題，使大家對於臺北市政獲得一個深刻印象。三年來，黃市長固然也多少做了一點事，例如增建教室、舖設道路、乃至修建公共汽車停車站等，在形式上說，都還差強人意。但若深一層看，也不盡然。現在爲了節省篇幅起見，僅就那篇社論發表以後到現在爲止，仍然存在的各種嚴重問題而言，藉以證明黃市長主持臺北市政三年，到了快任滿前還有些甚麼問題。當然，結賬須憑單據，而且絕不可用僞造的單據。因此決定僅選擇各方面已經公開揭露過的資料，作爲現在給黃市長結總賬的單據；至於很多未經公開揭露過的單據，也就只有放棄了。現在就把市政工作概括地分爲六大部分，來和黃市長結一次總賬。

一、民政自治部分：說到這一部分的工作，所謂「提高行政效率，簡化辦事手續」，是黃市長當年競選的二十二項政見中的第一項，然李賜卿議員對於「市政府與中美文化協會爲中正路房屋糾紛事，他在第五次臨時大會（筆者註：去年七月二十日至八月五日）就提案，但市政府始終不答覆，直到十一月三日本報登出該房屋糾紛新聞後，才接到答覆。」（四八年十一月廿五日聯合報）對於議員的依法詢問，尚且如此拖延，難怪對於「本市遠東戲院，於去年十二月十六日正式開業，但是一張營業執照，向市警局請領，到現在還沒有發下來。市議員李福春，昨在市議會綜合詢問時，特質詢於市警局。」（四八年十一月廿八日公論報）可見事實與政見，恰恰適得其反。因此，類如鍾文金議員所說：「一件公文到公務局中，往往一個月都無下文，既不辦又不查，顯屬違法。」（四九年三月十八日徵信新聞報）更是司空見慣，不足爲奇了！至於「充實自治基層組織」，「確定民防幹部編制經費」云云，又是黃市長二十二項政見中的第二項；然而黃市長對於市民依法競選里長的事，也居然出面干擾。在中華路龍華里里長競選時，除對國民黨脫黨競選的尹毅，「市長黃啓瑞，對這件事也忙着衛命『勸導』，」（四八年十二月十四日公論報）外，對於非國民黨人士，亦復如此！據參加臺北市中華路龍華里里長競選的非國民黨蘇秀峯對外表示：「國民黨臺北市黨部主任委員羅正亮及市長黃啓瑞，均曾一再勸他放棄。」（四九年十二月十一日聯合報）這種做法，那裏是「充實自治基層組織」，簡直就是濫權破壞！說到民防，據王明宗議員指證：「本市民防經費預算，每年編列四五百萬元之鉅，而實際上沒有做出甚麼樣的民防工作，連防空洞積水也不清除，防空洞門損壞也不修理，民防工作那裏還談上甚麼成績？」（四八年十一月廿九日聯合報）這情形，已經極爲不當；況直至今年三月，據沈應松議員指出：「警察局雖列有區里民防指導員二百名，却未納入正式編制，每人每月領着四百元乾薪，投閒置散。」（四九年三月十七日公論報）則實際情形之違背政見，還消多說嗎？

二、警政治安部分：說到這一部分的工作，所謂「確保治安」，非但是警政主要使命，而且是黃市長去年所强調的八大中心工作之一。但去年九月發生在臺北市鬧區西門町的搶奪警察槍枝案，儘管市政府一再懸賞，也未聞破案，這已是人所共知，姑不去說。現僅就取締流氓一事而言，這本來也强調是基於治安上的需要。此一辦法本身之違法，固不應由市政府負責，然臺北市普遍假借這一辦法濫權的責任，自不容推委。據鄭建信議員指出：「一些警察機關經常濫捕良民，指爲流氓，予以扣禁；尤其對一些三輪車夫、小販、動不動在與警察發生爭執時，警察卽隨便爲之戴上一頂『流氓』的帽子。」（四九年三月十七日公論報）甚至據李賜卿議員舉例證明說：「在我們七十七名議員中間，就有一位平素共譽最厚道的議員，因爲房屋被治安人員所踞，發生訴訟，卽被以『流氓』之名扣了九十九天。」（四九年三月十七日公論報）像這種侵害人權的行爲，居然已擴大到民意代表的身上，難怪到了今年三月市議會召開第七次大會時，對於「臺北市的警察嫁禍無辜，濫指良民爲流氓，在昨日臺北市議會的警政詢問中，曾經掀起軒然大波，成爲整日議場討論的重心。議員鄭建信、陳清標、廖鐘脈、李賜卿、陸阿龍、楊玉焜、周祖貽、邱長成、陳鄭岐曾就此紛紛向臺北市警察局長潘敦義提出嚴厲的指斥。」（四九年三月十七日公論報）至於警政部分的其他各項重要工作，諸如攤販、違建、三輪車之取締，情形亦復相仿，以致使得「一向替官方說話的議長張祥傳，昨日亦不客氣的批評說：『部份警察人員實在太過份了，需要改善』。」（四八年十月十五日聯合報）最駭人聽聞的，此類所謂取締工作，流弊所至，據葉依坤議員揭發稱：「每逢過年過節，無論大小攤販，每人至少要出錢一百元以上，湊起來向管區的警員送禮，攤販們無不敢怒而不敢言，這種情形已經越來越公開。至於食堂、妓女戶、及酒家，那更不用說了。」（四八年十一月廿六日聯合報）諸如此類，顯然不是「確保治安」，而是在破壞社會秩序了。至於違建拆除之後，不善爲安頓，也就成了號稱「拆屋市長」黃市長主持市政下的必然結果。其中像民權路被拆違章建築二百多戶中，「大部份居民已遷往東園街市府指定撥供重建的基地搭棚暫住，因東園街爲低窪地區，這次芙瑞達颱風過境帶來大雨，該地卽被水淹沒成災，居民的棚屋及東西均被水流失，災情頗重」，乃至一個應該是公僕的黃市長，却「被擱着請願」。（四八年十一月廿四日聯合報）這雖然是民主時代的奇聞，却只是「拆屋市長」主政下的許多怪現象中之一例而已！

三、財政稅收部分：說到這一部分的工作，嚴格執行預算，是財政上的起碼原則，然僅就國防部準備遷建三軍球場，而改建體育館一事而言，市政府便擅行代墊出征收地價稅二百六十萬元，因而在議會中引起普遍不滿，「認爲市府無理由代墊這筆經費，因爲此一體育館的興建，國防部將邀請商人投資辦理。此二百六十萬的征收地價，不是主管機關該付，就是商人該付，市府既沒有這筆經費的預算，又不依照撥欵程序，並且未提經市議會審核，於法不合。」（四八年十一月廿七日公論報）但市府對於預算之執行，一直未見依法辦理，所以到了今年三月黃市長聽取最後一次詢問時，「市議員沈應松昨在市議會大會中，對臺北市財政漫無體制，破壞預算系統，專經庶務。屆時對預備金的編列，動輒成爲市政府的人情補貼和禮品，痛加指斥。」（四九年三月十六日公論報）同時，余木成議員又指出了另一件事實：「財政局在每次拓寬道路，及各項公共工程建設時，到處征收市民土地，然而却不立刻將賠償價欵付給市民，以致三年來積欠市民土地征收賠償金達三千餘萬元之鉅，市民怨聲載道。」進而「希望市政府亟須編列預算。」（四九年三月十六日公論報）可見眞正的預算制度，根本是不存在的！至於公平課稅，理當是稅收的重要原則；況所謂「取消戶稅」，又是黃市長競選時喊得最響亮的一大口號。然而，結果取消沒有呢？最後事實證明：「自黃市長上任以來，在二年多之內，每一次市議會大會，均有不少議員提出質詢。黃市長對議員的答覆，除說明其困難經過外，總是說還要繼續據理力爭，但終於未達成任務。」（四九年三月十五日聯合報）換言之，這是一張騙取選票的空頭支票。此一結果，固令人遺憾，何況又弄到「防空洞也要課征房捐，議員紛提指責。」（四八年十二月二日聯合報）實更出全市市民意外。至於「本市房捐全面增加五成，昨日市議會大會掀起一片指責！」（四八年十二月二日公論報）只不過對於黃市長競選號召，做了一個極端的反面證明而已！

四、市政建設部分：說到這一部分的工作，黃市長的口號喊得最多，但實際的成績表現却很少。現就「重訂都市計劃」而言，是黃市長去年提出的八大重點工作之一，然直至去年年底，事實却是這樣：「臺北市重新擬定都市計劃，因調査資料遲不提供，目前研擬工作幾陷於停頓狀態，要完成這項各方面殷切期望的新的都市計劃，還是遙遙無期。」（四八年十一月十九日聯合報）原來是市政府把搜集資料的重要工作，委託給一個幾乎無人知道的所謂私人辦理之「敷明地理研究所」，難怪消息傳出，立卽引起了輿論界的驚奇了。正因爲重訂都市計劃，成了空中樓閣，所以到了今年三月，「臺北市建國南路一帶的一千餘戶居民」，還不得不「向政府當局提出請願，請廢止依照日據時代所訂都市計劃中的『園林大道』。」（四九年三月十五日徵信新聞報。）等而下之，據陳運祿議員指責工務局都市計劃課課長王天祥時說：「臺北市的都市計劃，在王課長的手下，破壞無餘。應予建築者不准建築，不准建築者在其太太的一紙繪圖下，（其夫人爲繪圖師，開業於赤峯街）有請必准。」（四九年三月十八日公論報）更無都市計劃之可言了！至於「興建市場」，非但是黃市長競選時的政見之一，且又是去年重行强調的八大重點工作之一，但却遲至去年九月，才成立臺北市市場興建委員會，擬定預收租金興建市場辦法。此種「羊毛出在羊身上」的不合理辦法，首先在臺北市信義市場推行時，卽遭到該地攤販「一百廿多人聯名向市議會及市政府請願，他們反對新市場的建設地址及預繳租金辦法。」（四八年九月七日聯合報）至於照安市場的興建，儘管黃市長拖到去年終於「限令九月中旬着手興建」，且「希望他的任期內改建完成。」（四八年八月廿九日聯合報）却將被事實所否定了！其餘如直興市場和中央市場的遷建，到了今年三月市議會舉行第七次大會時，「對臺北市的市場建設問題，許振緒議員和鄭建信議員認爲市政府做得太差。他們說：市政府對直興市場的興建，和中央市場的遷建，都是醞釀了二、三年，然而一往都只空雷無雨，他們希望市府應迅予解決。」（四八年三月十五日公論報）但是，黃市長已無從「迅予解決」了！至於「興建市民住宅」，旣是黃市長當初競選的政見之一，又是黃市長去年所强調的八大重點工作之一。然而，事實證明，連市政府土政科長古正廷也不得不公開指責說：「臺北市四十八年度征收土地增值稅欵，計有二千萬元，依照省政府規定應有一千四百萬元，是撥充作建築市民住宅經費，但由於市民住宅興建委員會沒有提出興建計劃，將是筆數字可觀的欵項流予別用了。而本年度土地增值稅欵，市府所編預算估計有一千三百萬元，亦應有六百萬元可撥建市民住宅經費，但聞市民住宅委員會迄今猶無提出計劃的準備。」（四八年十一月十五日徵信新聞報）甚至據公論報記者陳均以「市宅會一篇『爛』賬」爲題，報導了「市議員黃文章在歷次大會對市宅會的偷工減料，舞弊瀆職，掩減簿據，人員冗雜等不法事實多所指責」（四八年十月十九日公論報）的詳細情形，幾令人不敢相信，但又無法不相信。至於修鍪公園及行道樹美化都市，雖也是黃市長競選時的政見之一，但却造成了「工務局長林永倉的岳丈高榮式大量吃草皮」的結果。據市議員沈應松指責是這樣：「一般商人每坪草坪的舖設，都是六元五角，然而工務局長却利用職權，將全臺北市的安全島及公園的草坪，全部由其岳丈高榮式一手承包，其價格每坪高達廿元，相差價格每坪達十三元五角。歷年以來，其岳丈撈獲不下百萬。」（四九年三月十八日公論報）這顯然是把所謂市政建設，作爲替私人「建設」不當利潤的手段了！

五、交通管理部分：說到這一部分的工作，所謂「改善公共汽車管理」、「添購車輛」、及「注意服務態度」之類，不但是黃市長競選政見之一，而且是黃市長去年提出的八大重點工作之一，尤其是黃市長自以爲最有成績的工作之一。假使我們只注意到若干表面工作，可能也會發生錯覺，然而只要認淸事實眞相，便知道大謬不然。關於改善公共汽車管理，僅就去年九月一日擅行提高票價一事而言，李福春議員等八人，曾經「均對市府的措施失當嚴加指責。」（四八年十月十四日聯合報）早已爲臺北市民所不滿，自毋庸多說。可是，經過加價之後，「多數議員認爲公車票價調整後，公車的營運業務仍未見改善。」（四八年十一月廿七日聯合報）由此觀之，足證公共汽車管理之不當了。至於添購新車，更有驚人內幕：「臺北市議會對市府新購的五十輛公共汽車，認爲標購的方式不對，價欵亦有問題。」（四八年十一月廿四日聯合報）此事據楊玉焜議員進一步「以數字比較，指出公共汽車每輛比較公路局車輛價高達二百六十五元美金之鉅。」（四八年十一月廿四日聯合報）難怪到了公共汽車管理處又計劃向臺灣銀行申請貸欵三千萬元，以作添購新車之用時，市議員楊玉焜對之大不爲然的提出指責說：「此筆借欵，每月將訂息二分二厘，三千萬元借欵每月要負擔利息六十六萬元，一年七百九十二萬元，而且條件還得以所購新車爲抵押，每輛保險金五千元，再加上這筆保險金及利息，總計一年中管理處得負擔九百八十一萬六千元利息及保險金，三年卽相等於貸欵的總數，公共汽車管理處是不是負得起這筆負擔。現在票價已從七角調整爲一元，爲甚麼不從加價所得撙節購買？」（四八年十一月廿七日公論報）至於注意服務態度，直到去年十一月，監察委員王澍霖還不得不指責說：「司機超車，車掌態度不好，常見小學生上學，放學時，乘公共汽車，因人多擁擠，有被車掌推下的情形。」（四八年十一月二十六日聯合報）僅此一點，也就不難想見一般了。

六、環境衞生部分：說到這一部分的工作，所謂「增建公共厠所，改善水肥垃圾處理」，也是黃市長競選時的政見，尤其是黃市長去年提出的八大重點工作的第一項。然而，事實如何呢？所謂「黃禍」問題，三年來一直隨黃市長而威脅着臺北市民。由於情形之過於嚴重，弄到連一向負有使命替黃市長做宣傳的「中央日報」，也不得不特別在「短評」欄內，以「如此水肥會」爲題，歷述水肥會「標購水肥拖車三十二輛，得標人進達機器行取得第一期工程費四十二萬餘元後，惡性倒閉」；「總務組職員譚葆君招標受賄萬元，被處徒刑」；「華南機器廠復私刻水肥會總務組長圖章，冒領去該會公欵四萬五千元」；「市府秘書室於今年五月代水肥會向震旦機器廠購買一批車輛」；「市府官員指責水肥會經營不善」種種事實後，進而指責稱：「天氣炎熱，水肥漲溢，許多市民未見水肥車的蹤影，卻先看到有關水肥會的一連串的糾紛」；歸結到「水肥有待淘淸，水肥會本身似應先水肥而淘淸。」（四八年八月廿四日中央日報）難怪到了去年十月市政府發表統計，列舉自四十六年六月至四十八年五月內兩年之間的工作時，也只有自行承認：「至於環境衞生，如水肥處理，垃圾淸除，兩年來曾盡很大力量，在技術上及效率上加以改進，也是因爲人力與工具的缺乏，未能做得很理想。……下水道本來是一個都市環境衞生的重要設施，現在市府已經積極在設計，明年度可以正式着手進行建築，一旦下水道系統完成，水肥問題可以根本解決。」（四八年十月廿五日公論報）由於黃市長把問題的解決，推到下水道系統完成後，所以「黃禍」問題，也就仍然隨着黃市長的在任，而成爲臺北市民的威脅。因此，直到去年十二月，由於「水肥淸理工作辦的不好，技術上尤有問題」，終又引起「多位議員紛加指責」，乃至有「李賜卿、蔡永堃、林炳輝、周祖貽、李福春、張紫雲等議員，均舉例說明，請黃市長迅速解決。」（四八年十二月二日聯合報）然而，黃市長旣早已把問題的解決，推到遙遙無期的「下水道系統完成」後，當然也就不去「迅速解決。」所以，其他像違章建築地區之普遍缺乏厠所，以致便溺滿地，蚊蚋亂飛，弄到糟不可言，雖早經各方面一再呼籲注意改善，黃市長自更可不聞不問了！

以上所述六大部分，雖只是臺北市政問題中的犖犖大者，但已經足以證明：黃市長主持市政三年的最後結果是怎樣了。很明顯，三年以來，黃市長在黨報、官報的一致維護以至捧場之下，一般市民如果不留心民營報紙所刊出的若干零星消息，可能便不容易知道黃市長主持市政三年的結果，在快到任滿之前，非但沒有把一切應該解決的問題解決，反而造成了上面所說的這許多嚴重問題；而這些問題，幾乎又是包括了臺北市政的各個部門。所以，三年以來，雖不能說黃市長根本沒有做絲毫有益於臺北市民的事，但只要把事實和黃市長的政見對照起來看，至少便可以發現：黃市長的政見，眞正實現的實在太少太少，少到都成了一些騙人的空頭支票。

現在，黃市長又已鐵定爲下屆市長了，而且照例又發表了許多動人的所謂「政見」。對於這一點，雖然不想說甚麼，但卻不得不請求大家把上面所指出的問題想想，尤其希望黃市長自己檢討檢討。

——四九、四、十二。

對本屆地方選舉應有的認識和態度

楊基振

臺灣省第四屆縣市長暨第二屆省議員選舉，在廿餘日後就要舉行投票了。大勢如何，默默中早已有了決定性的安排。人們只要不太遲鈍和健忘，心目中自有估量。能瞭解臺灣現階段的政治，便可不因天眞的熱望而感覺詫異，亦可不因意中的失望而轉爲沮喪。我們崇信民主，羡慕法治和愛護民族國家的人，無論如何處身於逆流，面臨著不祥，總不能迷亂了認識，鬆懈了努力。

按當前的情況，我們所期望於地方自治的，無非在政治方面做到選舉公平，在人民方面避免情緒低落。現在先從這兩點來說：

第一、選舉公平的關鍵，對症下藥，繫於選舉的管理和監察，上期「自由中國」雜誌社論㈢「對於地方選舉的兩點起碼要求」已經說的淸淸楚楚。在野黨及無黨派人士在三月十八日分函國民黨及政府當局的十五點要求，（見本年三月廿九日公論報第二版及四月一日自由中國半月刊與民主潮半月刊）完全是公平坦率，憑最起碼的常識所能瞭解的道理。這明明是輿論民情，歷年來奔走呼號，熱烈爭取，而被執政黨和政府多方阻撓，一貫拒絕的。但是謀國以忠，愛人以德，迫於當前之時機，決不以過去之失望爲失望。依然滙集衆意，概括積案，代表今日臺灣尙未失望之人心，簡約陳情，奉獻九年之艾，實抱有至高至深之忍耐與虔誠，任重道遠，寫下了在自由中國臺灣的人民爲爭取民主政治的歷史性文獻！

反共復國，在使政治民主，而本屆地方選舉，尤爲搶救臺灣民主政治之最後機會，稍縱卽逝。所以這十五點要求，確屬人同此心，言之不能再遲，而再遲亦不能再言之最後願望。幸勿以狹隘之胸襟，短視之目光，誤認爲在野黨及無黨派之少數候選人說法舖路！謬之千里，將難逃歷史的裁判！雖然盱衡現勢，選舉辦得無論如何公開與公平，執政黨之把握全面絕對勝利，同樣是決無問題的，僅此十五點要求之及時提出，行之並不匆迫，而能否被全部採納，則猶在未定之天，亦卽我自由中國之是否能長此溷跡於民主國際的行列，將以此爲占卜。思之竦然！執政黨與政府，不乏開明遠見，公忠體國之士，願發揮其政治家之風格與克服環境之最大魄力，深思而愼擇之！

第二、在人民方面，自己怎樣？論投票，論競選，大致在情緒上却有了急劇的轉變！究竟應當持何態度，亦值得我們檢討的。在喁喁私議的選民中，有些人說：當初投下票匭的，自己認定了堪以自傲的神聖一票，等到從票匭裏開出來，或者事後被發表的選果，就使我太不安心，而我那一票難免不成爲罪惡！有些人說：我親自不去投票，亦自會有人代勞的，何必多此一番形式？有些人說：我們要選的人，無法出頭，貪污豪劣枉法走私之流，適合黨性，就被提名支持，配給選票，當選已成定局。出賣人民利益，何必由我？所以一人競選也好，一黨提名也好，既不代表民意，何必汚辱我的選票？這些雖是街頭巷議，酒後茶餘，但是事實的積累，選政的造因，刺人心腑，許多老百姓只在無聲中抗議了。姑不論本屆投票率將較前三屆是否有何不同，惟有選民對投票的意識如何？選票本身的價值如何？纔是眞正代表民主政治的實質。地方自治如再經這一番的考驗，而依舊不能滿足人民的慾望，挽回已失的人心，恐怕以後就難於救藥，這是值得我們警惕的。但是我們仍要希望每一位選民，今後以更多的容忍，確能發現充份可慰的資料來說服自己，那就是在本屆選舉中贏回了反共復國的最大資本！

選風疲靡，至於今玆，準備參加競選的人，除受權力支持，蠅附求利，助桀爲虐者，比比皆是，不予計量外，正人君子，有的是接受地方人望的付託，有的是代表事業或職業階層的利益，有的是抱著實現民主政治的理想，甘願犧牲金錢精力，而獻身地方自治，不幸同樣得到歷屆選民心頭所累積的一切煩惱，必然是勇氣無法伸展。更不幸的是大家看透了臺灣選舉，實質上不是人民競選，而是官民角力！光榮失敗，災情慘重，銘謝當選，如坐針毡！君子道消，則在本屆選舉中恐將寧願放棄登記，保存實力，不受無謂之犧牲。臺灣地方自治果眞落到這種境地，無疑是與民主政治背道而馳，愈離愈遠了！這又不能不說是反共大業的悲哀和自由中國的危險！然則我們如何能對情緒低潮的人們逐一打氣呢？或是集體說服呢？憑此扭轉本屆選舉的頹勢，拉近執政黨和人民的距離，正是我們千方百計，寤寐以求的！現在抱定我們搶救臺灣最後一分民主的決心，必須更進一步找出一些造因的現實理由和確實證據，用以把握我們最準確的努力方向。

針對現實，國民黨中央强調了新的指示；「一人競選不是本黨的責任！」「從政從業黨員助選，並不是干涉選舉……爲選舉法令所不限制！」（見中央半月刊一七四期）國民黨的下級幹部中，原本就充滿了這類偏狹短視的意識，憑這兩句話，原本不足爲怪。但看國民黨中央定期刊物爲本屆助選，除照例以金錢官位，規定賄誘的尺度外，充其篇幅，毫無政治理論與實質，而祇是狂嘶怒號，頤指氣使，激盪癲奔，酷似脫韁之馬。在民主法治的人民眼光中，該將何等驚駭恐怖！所以不得不舉此爲例，推原其出發於定型的思想，而稍加警覺，便於本屆選舉新趨勢之所以形成，本源可得。

國民黨在最近廿餘年來，凡在政府議會，除掌握絕對重心外，幾乎無不欲友黨參加點綴，如對日抗戰，容納各黨各派參政，行憲前後，亦邀請各黨提名競選。爲什麼？對民主國際，總還標榜自己是民主政體！對大陸同胞，亦還標榜在臺灣實行憲政！告朔餼羊，尙非友黨不可。如所周知；國民黨自容共而學來一套極權專政的手法，繩墨謹守，始終持爲立國之本，所以回頭反共，只有以組織對組織之一技，而於民主政治，格格不入，內容空虛已極。尤其在臺灣與人民的距離每況愈遠，更失掉了一切自信，恐非靠組織無以自存。論到競選，自然只有使用極權組織的毒刄，對付人民！但是海內外人民，偏偏一致以民主法治，期待於國民黨之覺悟，是時間不夠呢？還是根本錯誤呢？請再看以上兩句話語的姿態，是一反以往沒有友黨參加而心有未安的心理，摘下了民主的面具，就在最近幾天之前說出未曾說過的「一人競選，不由本黨負責！」明明意識著這在民主政治中最不正常而足使地方自治變質的現象，現已無關宏旨！誠恐物議無情，而提出所謂責任問題，輕輕從旁諉卸，藉以自欺！其實是行憲以來，國民黨從無一次被追問過責任，事實既成，而責任已成最輕鬆之字彙！同時在積極方面，却爲指示下級：今後的憲政之下，不必需多黨競選，一黨專政，大可無所顧忌，同志們拿出「革命」的勇氣，放手幹吧！除此以外，實在找不出是否還能作何別解？

再說從政從業黨員助選，當然不一定爲干涉選擧，而所謂選擧法令，姑不論其原爲自己方便而設，自亦不能規定不從政不從業之國民黨員爲有權以助選干涉選擧！似通非通，似明非明，何必多此一句呢？無疑是弦外之音，包含著多方面之意義，對下指示！黨員們自能仰承，黨外人又何嘗不識司馬？爲節省篇幅，雅不欲在此贅述。總之，國民黨之違法助選，惟恐不力，已不是什麼新奇故事，而其心目中之法治，亦是人所共知的，何況今天僅關乎幾種地方選擧的法令呢？話說至此，大家祗須警覺：這是國民黨在四十九年三月開始公開轉變的新姿態，先只是針對本屆選擧所表露而已。

民主以法治爲基礎，而革命則不擇手段，今天談臺灣地方選擧，在國民黨實已訓練有素，駕輕就熟。保留選務的不公平，保留監察的不公開，爲選擧魔術之再演與翻新，是意中事。但是我們爲民主而努力，千萬不可意志鬆懈，胡適之先生有一句名言：自由民主是要從爭取中得來的！但願此十五點要求，不要和機關公文一樣，送出大門就不過問！但願在野黨和無黨無派中有志有力素孚衆望者，照常參加競選，勿憚險阻，勿惜犧牲，爲臺灣地方自治而奮鬥！臺灣民主的基礎，建築在地方自治，而反共復國的前途，又寄託於選擧的自由和民意的伸張！

（一九六〇、四、一二）

綜合報導・四月十二日

看臺灣各縣市羣雄角逐！

關於全省二十一縣市選局報導

本刊資料室

臺灣省第二屆省議員和第四屆縣市長的選舉，到了四月二十四日，就要在全省二十一縣市同時進行投票。由於日期迫近，各方面早就到了短兵相接的地步，情形已經十分緊張。當此投票前夕，關于各縣市候選人的背景如何？決定因素何在？可能結果怎樣？以及造成「一人競選」、「臨陣撤退」等內幕是什麼？想必爲本刊讀者所關心。我們爲求使大家對于此次選舉，有一個全盤的瞭解，特由編輯同仁根據從各方面採訪所得，做一次客觀的綜合報導。但因爲限於篇幅，只能給大家描述一個輪廓，同時在報導中，只能特別着重在縣市長方面。至於我們描述的原則是：當詳則詳，可略則略。

臺北市高玉樹被逼撤退

關於臺北市的選舉，最爲大家所關心的，當然是高玉樹是否東山再起，參加市長角逐。就是在高玉樹于三月十二日出國考察的時候，各方面仍把目標集中在高玉樹是否回國競選的問題上：尤其是國民黨臺北市黨部還在三月二十日特地下了一個指令給所屬各單位，要大家繼續努力準備。因此在高玉樹終於申請登記爲市長候選人，便使得局面更緊張起來。

高玉樹在四十三年以無黨無派身份競選，居然獲得十一萬多張票，而使國民黨的候選人王民寧出乎意外的慘敗。在四十六年儘管以五萬票之差敗于黃啓瑞，但由于投票所開票所違法舞弊的若干事實，始終沒有使人心服，甚至更引起不少人對高玉樹的同情。這三年來，由於黃啓瑞上臺以後，一切都是聽憑國民黨的安排，自己有些像傀儡，所以又使得若干本來支持的人失望。加以在黃啓瑞任內，由于用非法手段取締違章建築、三輪車、攤販，引起了市民的普遍不滿；而高玉樹走的正是羣衆路線。同時，由于國民黨在近年的做法漸在人民心目中引起惡感，也就連帶的影響了黃啓瑞。所以凡是希望改革，不滿現實的公教人員以及知識分子，特別是知識青年，都比較傾向於國民黨的反對面，也就自然而然的把希望寄托於高玉樹。因此，高玉樹除了基本票之外，可以取得不少「同情票」，以及對國民黨的「反感票」。不過，黃啓瑞有國民黨的全力支持，無論在人力上或財力上都佔優勢；而且國民黨的無理拒絕共辦監察工作，暴露違法舞弊企圖，高玉樹眼見缺少合法保障，終於宣告撤退。

至于參加省議員競選的十一人之內，其中李福春、宋霖康、郭國基、李連麗卿、黃明珠等五人，都是屬於無黨無派，非但各有各的基本票，而且爲了迎戰國民黨的競選，已經有形無形中結成一條陣線。例如李福春向延平、大同、建成等地區爭取選票，宋霖康在古亭、大安、松山等區努力，郭國基則在龍山和城中等地區角逐，李連麗卿便鑽呂錦花的空隙。國民黨提名的六個候選人，一般預料除掉郭岐由於是退役軍人，在國民黨特種黨部的全力支持下，可能當選沒有問題外，其他各人由于互相拉票，彼此對立，例如陳重光和陳愷衝突，姚冬聲又擠陳愷的票，已經使國民黨的原定計劃動搖；特別是姚冬聲的提名，始終未獲三年前支持陳大拔人士的諒解，以及呂錦花之遇上李連麗卿和黃明珠，更感到吃力。所以在六名省議員中，國民黨已經有人喊出「得二望四」的口號，恐怕最多也不會超出四名，這是可以推斷的。

基隆市林番王苦撐待變

說到基隆的選舉，情形比較單純，完全在市長的角逐上面。因爲省議員候選人只有國民黨提名的張振生、謝清雲，剛好是應選名額，可以坐而待選，但是在市長方面，却是一波三折，險象叢生。僅就國民黨提名登記時來說，其中參加的蔡火炮，由于是基隆土生土長，同時由于基隆在謝貫一主持十一年之久以後，早就希望有一個基隆人出山，所以形成現獲提名的基隆市黨部主任委員李國俊的威脅。等到蔡火炮因走私案被押，李國俊終於獲國民黨提名，又遇到基隆港務局課長張金鐘打算違紀競選，直至陳副總統出面「召見」，才算決定放棄；到後來又殺出個律師楊聾，終于也在登記截止前數小時正式勒馬收兵；最後却又蹦上了林番王。

林番王是隸屬民社黨，在第一屆競選失敗後，到了上一屆本來說要出來，却又沒有參加，所以聲譽多少受了點影響。然而，這次林番王不但首先登記，向基隆市民暗示競選決心，而且不惜跪在媽祖娘娘神前發誓，已經使基隆市民不再懷疑他堅持到底的決心。現在林番王的口號是：「這一屆的市長，一定要基隆人來幹。」這對于基隆市民，的確是一個很富于刺激、引誘、挑逗的口號。加以謝貫一在做了十一年市長之後的今天，又在運用各種方法支持李國俊，例如在登記截止前用長期午餐的辦法拖住了謝謙甫，又一手把張金鐘和楊聾兩人拖下馬來，企圖左右未來的基隆市政，更引起了全基隆的不滿。所以，林番王可獲得四種最基本的羣衆支持：一是基隆本土人士，二是國民黨外對國民黨有反感的人士，三是國民黨內外對謝貫一最近支持李國俊的若干做法不滿的人，四是國民黨內堅決反對李國俊的人。特別是由于張金鐘不出馬，基隆本土人的票，可能都走向林番王，所以，儘管李國俊既有黨的支持，又有謝貫一派爲後盾，但從目前情形看來，仍是凶多吉少。

臺中市何春木捲土重來

臺中市市長的競選，始終便顯得緊張。現在國民黨提名的雖然是邱欽洲，但在登記時本來是有廖炳輝、徐灶生、張啓仲，好容易經過地方上一些前輩的安排，徐灶生才決心逐鹿省議員，但廖炳輝又一度要違紀競選，好容易才中途止兵，但最後與邱欽洲正式參加市長競選的，又是個選舉場上的宿將。

何春木三個字，在臺中市議壇上是很打得響的。這由于何春木在市議會上，一直能仗義執言，以至有「小鋼砲」之稱。也就憑這「小鋼砲」三個字，特別能獲得基層羣衆的支持。在三年前和國民黨的林金標角逐市長，最後雖然失敗，但却獲有三萬四千多票，僅較林金標少三千票。三年來，更一直在步步爲營，深入基層，志在雪恥。原來國民黨在提名登記時，就怕何春木出馬，而邱欽洲之所以終獲提名，據說多少便是由于邱欽洲對外宣傳：何春木是他的好朋友，如果他獲提名，何春木便不至于出馬。然而何春木還是絲毫不動搖競選市長的決心，他認爲：「友誼是友誼，政治是政治，這是兩回事。」本來，邱欽洲的基本地盤，在臺中市的八個區內是中、西、北三區，何春木基本地盤是東、南兩區，至于三個屯區，則何佔南、北二屯，西屯彼此平分秋色，看來倒還不相上下。但邱欽洲的基本地盤內，由于若干私人之間的嫌怨，已經形成了「倒邱」的形勢，甚至一向被認爲支持他的軍眷票和外省票，也因何廷揚的違紀競選省議員，而與何春木配合，終呈動搖之勢。加以何春木的所謂「十大天王」像何開三等，又都是些能跑能戰的有力助手。不過，邱欽洲在十多年來，由市議員，而副議長，而市黨部主任委員，而市議會議長，在臺中市上層人物中，當然有較爲良好的關係，加上國民黨人有所謂：「臺中市市長寶座，是不能讓給黨外人士的」說法，自會傾全力相援，何況國民黨省黨部近在咫尺，自更易于調兵遣將；所以何春木縱然勝利，也一定是一場險勝。

至于省議員方面，一般說來，國民黨提名的徐灶生和賴榮木，不至如同市長候選人邱欽洲危險；但國民黨違紀競選的何廷揚，在軍眷區和外省籍之間有雄厚基礎，加以如果與何春木配合，可能擊敗賴榮木也未可知。

臺南市葉廷珪志在蟬聯

提到臺南市，大家便會想到葉廷珪。因爲他是三年前上屆選舉時，在全省二十一縣市長中唯一打敗國民黨候選人楊請的市長，而且選票比楊請超出兩萬餘張之多。現在，經過三年爲臺南市民服務，由于自己是個無黨無派人士，做事處處小心謹愼，所以很能獲得一般選民的好感。三年來，非但國民黨想拔除這根眼中釘，而且以楊請爲中心的楊請派，也想報一箭之仇。而這次提名競選的辛文炳，正是所謂楊請派的核心人物，加以又是現任市議會議長，當然也不是十分容易對付的。所幸國民黨的吳國信，本來也要違紀競選，終因財力及健康關係而放棄，使得葉廷珪的西區基本票不致受到損失。

但是，辛文炳的基本票是中上層，而葉廷珪的基本票是在下層；而臺南市的中上層選票，據估計只佔十分之二、三，絕大部份的票還是在下層，辛文炳要想動搖葉廷珪的下層票，却又不大可能。最近，因爲葉廷珪擬定政見時首先宣稱：「此次參加選舉，旨在維護民主制度，打破一人競選局面，使南市府會免同遭私利集團所把持，以清除地方未來隱憂。」正擊中要害，獲得選民普遍支持，而選務所偏又認爲「語句刺激」，迫令葉廷珪修改，更引起選民同情。至于辛文炳雖然「偷」了一些葉廷珪的政見，由五項而變成十二項，但與葉廷珪的政見相比，在字句上畢竟顯得彆扭。所以，這一次葉廷珪雖然仍須苦鬪，但當選成分還是很大的。

至於省議員方面，國民黨原來提名黃業和林全祿兩人，但因爲黃業志在爭市長，對于黨方以提名省議員來撫慰，他感到不滿，終於放棄競選。而國民黨又決定不另提名，然林全祿又和辛文炳有宿怨，無法忠誠合作，無黨無派人士魏東安却與葉廷珪合作無間。因此在應選的兩名議員中，國民黨提名的林全祿能否當選，恐怕會有問題。

高雄市陳啓川「一人競選」

高雄市在全省五個省轄市的市長競選中，雖然是唯一可以不競而選的一個市，但這種「一人競選」局面的造成，就國民黨而言，倒也是煞費苦心，其經過且極盡曲折之能事。

原來在高雄市這個地方，地方派系之爭，一向相當激烈，有所謂三大派之稱，卽臺南派、澎湖派、高雄派(也就是所謂在地派)。早在去年十月國民黨提名時，三派都各提出了一人，臺南派是現任市長陳武璋，澎湖派是澎湖旅高同鄉會理事長陳玉波，高雄派是享有「家長」之譽的陳啓川。至于同時參加登記的，雖然尚另有高雄派的黃載德和蔡崇禮，但因爲這兩人都是脚踏兩條船，從事「雙料登記」，實際上根本不足以代表高雄派的意向。在上面三位主要代表人物之中，陳啓川却無意角逐，而是高雄派的少壯分子爲了達到「倒南」目的，組織了一個十二人的「勸進團」，硬把陳啓川抬出來的；甚至連黨內的申請登記手續，據說也是高雄派的有力人士陳漢平代辦的。直至國民黨正式提名陳啓川後，他還堅決請辭。其中原因雖說是「孝順母親」，但很可能是因爲遠在第二屆市長改選時，國民黨中央曾經授意他出來化除地方派系的鴻溝，但等他參加登記後，國民黨却提了謝掙强。現在陳啓川既無意政治，所以在提名後懇切請辭，一直到二月十二日上午十點半在高雄某地奉國民黨蔣總裁之召，勸他「移孝爲忠」之後才勉强接受下來。至于國民黨這次爲何堅決的要陳啓川出馬，希望借重他在高雄的聲譽，出來消滅派系，固然是原因；而國民黨認爲非陳啓川這樣的耆宿出馬，不足以對付可能第三度出馬的民社黨省黨部主任委員楊金虎，實在是主要原因。國民黨這一着果然做得有效，結果在高雄市呼聲很高，並造成國民黨選局最大威脅的楊金虎，終于在三月二十八日正式宣布「讓賢」，才造成今日高雄市「一人競選」的局面。

高雄市剩下的三名省議員競選，國民黨在登記的五人之中，雖只有蔡文玉和林澄增兩人，但由于陳武璋的放棄省議員，據說是以國民黨支持臺南派的非國民黨人士洪地利競選爲條件，所以實際上還是等于三人。現因林澄增所屬的澎湖派，近以黃堯的提名落選，而呈現出不團結的局面，使無黨無派李源棧，可以乘機拉票，聲勢更因而大增。加以林澄增和蔡文玉又因爲都是住在鼓山區，所以又自相殘殺。儘管由於國民黨方面的勸阻工作收效，使得原已登記的林惠民在四月四日撤銷登記，成爲四人競選三名省議員的局面，但國民黨正式提名的兩人，却未必都能當選，因爲李源棧和洪地利兩人當選的成分都很高。

臺北桃園兩縣由三變一

說到臺北和桃園兩縣，參加縣長登記的，都有三人之多，一時形勢緊張。但是還沒有到候選人公告名單，局面忽急轉直下。在臺北縣縣長候選人中，初以決心脫黨競選姿態出現的國民黨籍的李梅樹，先在四月八日向選務所辦理撤銷手續，另一黨外人士劉秉義，眼見國民黨提名的謝文程聲勢大增，也相繼傳出放棄之說。至於桃園，初傳徐言、陳昌瑞、乃至簡欣哲都將脫黨競選，甚至黨外人士曹成金、翁廷允、蔡義等多人都要參加角逐，但眞正辦妥登記手續的，除國民黨提名的吳鴻麟外，只有黨外人士周朝王和曹成金二人。但僅僅就在此三角局面下，吳鴻麟已陷于腹背受敵。吳靈機一動，透過有關方面利用現任縣長張芳燮等，展開勸讓攻勢，於是周朝王在四月十日中午以「尊重地方意見」而宣佈讓賢，剩下的曹成金又遇到內外夾攻，勢將又步周朝王後塵而去。

新竹縣林維洲可望殺出重圍

在新竹縣本來有所謂鄒（滌之）派和朱（盛淇）派的分野，但這一次的縣長候選人林維洲，旣屬于朱派人物，又得鄒派支持，加以又聯合住在市區的鄭宋柳，結成聯合陣線，形成對國民黨提名的彭瑞鷺重大威脅。於是，起初傳出以五十萬元爲條件，請林維洲退讓被拒的傳說。接着，國民黨中央眼看形勢危急，于四月十日特派副秘書長郭驥專程抵新竹，對前任縣長朱盛淇、現任縣長鄒滌之等進行說服工作，企圖迫使朱鄒兩人公開發表聲明支持黨提名的彭瑞鷺。同時，又派出省黨部設計委員鍾正君坐鎭新竹，動員軍、政各方面力量助選。以現在形況推測，固可能迫使林維洲不戰而退，也可能激起新竹人民反感，但林維洲遭遇局面的艱苦，却已顯而易見了。

臺中縣王地將得最後勝利

至於臺中縣，無黨無派的縣長候選人王地，是現任臺中縣議會議長，而且是臺灣唯一的無黨無派縣議長，在臺中縣幾乎是家喻戶曉的人物，且是因參加第二屆臺中縣長競選被國民黨下令征召「入營服役」，而成爲全省聞名的民主鬪士。近十年來，對地方供獻甚多，尤其是縣議長任內，更能勇于替人民說話，例如近在糧價暴漲之時對李連春的猛烈抨擊，更在選民中留下深刻印象。加以獲得林派的支持，以及和省議員候選人楊秋澤、周淸泰、周林密訂下攻守同盟，早已立于不敗之地。但也由于王地雖是臺中選民心目中的理想縣長，却一向是國民黨的眼中釘，於是眼看用正當方法不足以打敗王地，便走旁門左道：起初是發動謠言攻勢：說他「已接某方四十萬元，私下『搓圓仔湯』。」以及「若王地膽敢出來競選縣長，則某方決再取消其候選人資格，或續演『巧合』變故。」迫得王地在三月三十一日發表聲明，特別表示：「王地係不怕死的硬漢，既已決心競選到底，中途絕不受威脅利誘而變節。以此爲誓言，不移不渝，請勿輕信謠言。」接着，國民黨又進行感情攻勢：把前任議長臺中縣耆宿、也是現在監察小組召集人的李晨鐘先生抬出來，迫使李老先生對王地進行「勸退」工作，同時還傳出了「退讓」的四大條件之一是六〇萬元；但由于王地一心想爲地方服務，而婉轉拒絕。隨着而來的，國民黨又發動包圍攻勢：一方面派出臺中糧食事務所所長何錫鑫到豐原，以訪問配售食米情形爲由，挨戶訪問各戶口米配售商和輾米工廠，實際上是「啣命越境輔選」。一方面又由國民黨縣黨部的民衆服務處組織了一隊「所謂農村服務隊」，進行變相的助選工作。所以，國民黨提名的何金生，雖已處于失敗地位，但在國民黨的層層攻勢，以及其他一切不可想像的手法之下，王地勢須充分發揮民主鬪士的精神，好好的打一次硬仗，奪取最後勝利。

彰化縣石錫勳經驗豐富

彰化縣縣長候選人雖有三人登記，包括有黨外人士石錫勳、楊連基、和國民黨提名的呂世明，但大家的目標，却集中在石錫勳和呂世明的一爭長短。石錫勳雖然沒有黨的支持，但在彰化却是有名人物，尤其因爲過去曾參加第二屆第三屆縣長的角逐，更是地方選舉中大家所注目的人物。所以，遠在國民黨辦理提名登記時，便已經唯恐石錫勳第三次出馬。由于石錫勳和呂世明私交不壞，於是傳出如果提名呂世明，石錫勳便可能揠旗息鼓；而國民黨內參加提名登記的若干人士，爲爭取提名，更紛紛揚言對付石錫勳如何有辦法，終於激怒了這位沙場宿將。現在由於國民黨提名的呂世明，在黨內已經樹敵太多，加以另一候選人人又是因違紀競選湖溪鎭長而被開除黨籍的國民黨人士，已與石錫勳聯合作戰，對于呂世明自然是害多利少。

雲林縣黃文斗資本雄厚

雲林縣縣長本來只有靑年黨的蘇東啓和國民黨的林金生二人登記，林金生原可佔優勢。但在四月三日登記截止前，現任國民黨雲林縣黨部委員兼東勢鄉長的黃文斗，忽然辦理登記，使選局全部改觀。關係之重要，大家由本刊這一期所載張恩海先生的投書中所述「捉人」一幕，便可想像。原來黃文斗在地方上雖未必有很高的政治地位，但却是雲林縣數一數二的大財主，據估計約有一千萬元的資產，可見財力雄厚。同時由於黃文斗是雲林人，而林金生却是嘉義人；何況三年以來，林金生在縣長任內的表現，都很使雲林的人失望。因此，現在勢將搶去國民黨提名人的縣長寶座的，不是靑年黨的蘇東啓，而是國民黨違紀競選的黃文斗。於是，國民黨首先在四月九日，把拖延了五個月的嘉南水利會評議常務委員的選舉正式舉辦，而把黃文斗那位非國民黨的兒子黃蔴，推爲常務委員，以此爲作政治買賣的資本，迫使黃文斗退讓。但黃文斗到我們執筆爲止，尚無退讓跡象。以目前選局推測，只要黃文斗能堅持到底，在縣長爭奪戰中，一定是勝多敗少。

嘉義縣許竹模勝利在握

嘉義縣長競選，雖只有候選人兩人，但却旗鼓相當，不至造成一面倒的結局。黨外人士許竹模，本來無意競選，是在嘉義縣社會賢達和黨外人士的一致敦促下參加的，由此可見其號召力。同樣的，國民黨提名的黃宗焜，又是國民黨在五位參加提名登記的黨員之外「徵調」出來的，由此也可見其地位。其實，除此之外，兩人在很多方面，都可說得上棋逢敵手：例如兩人同爲嘉義縣土生土長的人物，同是日本中央大學的留學生，同爲嘉義縣的名律師，甚至同樣都是五十一歲。同鄉、同學、同業、同年，兼而有之。現在只是政治背景不同：許竹模獲非國民黨人士支持，黃宗焜則以國民黨爲靠山，各有千秋。但嘉義縣國民黨的基礎較爲薄弱，倒是青年黨的力量來得雄厚，加以許的禮賢下士，深入民間，乃至僻靜的阿里山，也能不辭勞苦而去，都成了促使許竹模勝利的因素。至于黃宗焜在三年縣長任內，雖無重大過失，却也無良好建樹，一切平平而過，可能爲希望改進的知識階層所不滿，成爲失敗的關鍵。

高雄縣余登發再接再厲

高雄縣縣長登記的，有黨外人士余登發和國民黨的戴良慶。余登發雖然上次參加縣長競選失敗，但三年來一直在做捲土重來的打算。加以上次的失敗，由于投票所開票所有違法舞弊事件發生，雖未獲法律的公正裁判，却給選民留下了極深刻的印象，對余登發表示同情。由于他所採取的滲透戰略，現在每一鄉都有支持他的羣衆，其中像橋頭鄉、茄萣鄉、湖內鄉、永安鄉、阿蓮鄉、燕巢鄉、仁武鄉、大社鄉、鳳山鎮等，都成了他的基本地盤。何況他的精力旺盛，活動力强，已構成對戴良慶的嚴重威脅。不過，在拉楊潛闓競選省議員，用來對抗國民黨的王國秀一着上，已經因楊潛闓的終於撤銷登記，而初步失敗。至於戴良慶本身的條件，雖然較余登發差，却有國民黨做靠山。國民黨爲了推動所謂「輔選」工作，早在今年二月份的上半月成立輔導委員會時，把被戴良慶在黨內提名時擊敗，而又與站在對立派系的陳新安和陳清文，也拉在輔導會內，如果眞能竭力相助，對余登發的威脅自然較大。所以余登發的孤軍奮鬥，畢竟顯得十分吃力。

屏東何只經乘機奪魁

屏東縣縣長的角逐，形式上雖是黨外人士何只經和國民黨的李世昌之爭，實際上却另有一段複雜內幕。由于參加國民黨提名登記時，曾有十二人之多，在李世昌被提名的消息傳出後，先有所謂「客家人大團結」的口號提出於前，又有「落選人大團結」的口號出之於後，甚至紛紛投書揭李世昌的「瘡疤」，造成國民黨的內部分裂，轉而想支持何只經出面奪取縣長寶座。但因何只經的太太和李世昌的太太是堂姐妹，具有姻親關係，非但李世昌起初以爲何只經不至出馬，而且連支持何只經的反李集團也不敢過于信任。然而，最後事實證明，何只經非但出馬，甚至不惜宣佈脫離民社黨。何況屏東的首屆縣長張山鐘，和他有姻親關係，當年何曾做過張的機要秘書，而且同進同退，所以也在鼓勵何只經。不過，國民黨也早注意這一局面的演變，非但早在强調全縣黨員必須團結，而且硬用組織力量，把張山鐘拖出來替李世昌助選。因此，似有退讓跡象，如果何只經始終能堅持到底，還是可以打敗李世昌的。

臺東林德村呼聲很高

臺東縣縣長候選人黨外人士林德村的對手，雖然是國民黨提名的現任縣長黃拓榮，但由于臺東本有「吳派」和「黃派」的鴻溝。而林德村的出馬，却又是出于吳派及黨外人士的一致推舉。加以又是本省人林獻堂的姪兒，在現任臺東地方法院推事期中，由于辦案嚴明，還享有包公再世的美譽，擁有司法界、知識階層，以及雲林和臺中旅臺東同鄉，乃至黨外人士和山地領袖現任國大代表黃忠的支持，聲勢自不同凡響。反之，黃拓榮在三年縣長任內，非但毫無建樹，對臺東人民沒有供獻，而且又樹敵太多，先後兩次所醞釀的「罷免案」，便暗示有一股强烈的反黃力量。所以，儘管黃拓榮佔了現任縣長的方便，也吃了現任縣長的虧，可能就因爲是現任縣長而終於名落孫山。

花蓮縣徐輝國廣結人緣

至於花蓮縣縣長競選，不要以爲黨外人士徐輝國現在只是一名縣議員，地位比不上國民黨提名的柯丁選是議長；更不要以爲他在上屆縣長選舉中曾敗於胡子萍，但由于他在議會中肯說話，而且能不只爲自己的客家籍而說話，深獲各方好評。至於柯丁選雖然是花蓮縣的政壇紅人，由于是新進的緣故，鄉民對他並不熟悉。現在最主要的勝敗關鍵，又可能是當年支持柯丁選做議長的現任縣長胡子萍，因提名失敗而含恨在心，在選舉中不至支持柯反而倒向徐，以至柯的「福老派」人士，不可能像徐的客家籍人士那樣全力支持，所以柯的失敗成分較胡爲多。

宜蘭縣郭雨新蟬聯有望

至於其餘像苗栗、臺南、澎湖、宜蘭、南投等五縣，縣長已經只有一個候選人，可以「不競而選」，自無報導必要。但這裏值得特別一提的，是宜蘭縣的省議員選舉。

宜蘭縣的省議員現在成爲焦點的，是國民黨想支持非國民黨人士，把現任省議員郭雨新打垮。這是由于郭雨新近十年來，一向能確守人民代表的立場，反映民間疾苦，以敢言著稱，在省議會被稱爲「小鋼砲」，所以國民黨必欲去之而後快，便支持林振炎來對付郭雨新，乃至不惜正式下令各級黨部支持。但由于郭雨新平素與選民甚爲接近，選民對于郭的爲人也很信任。至于林振炎，却一直住在臺北的員山鄉，平時根本足不入宜蘭，直至最近才趕同宜蘭，去臨時抱佛脚。可惜選民對他缺乏認識，於是只有採用謠言攻勢，說是郭雨新也將接受條件退讓了。但由於郭雨新的堅決否認而澄清，並使選民對于造謠者失望。因此，依目前跡象看，郭雨新保持省議員席次，可能不會發生問題。

最後，要特別向大家聲明的：選舉形勢，瞬息萬變，有若干偶然因素，固已非我們所能預知；而國民黨在緊要關頭，究將採取何種非法乃至違法手段，更非我們所能想像；因此若干預測只是根據目前的形態，並假定國民黨循由公正合法的途徑來競選爲基礎。這一點小小聲明，不得不附帶一提。

江湖行（十九續）

徐訏

八十九

呂頻原是誰呢？你也許已經記不起這個名字了。

在我們生命中，有許多人碰見過一次就此不再見面，有許多人有過很密切的關係，而後來忽然就不再來往，也有許多人先有過一度來往，以後就各自東西，可是忽然又重聚一起，影響了彼此的生命。

呂頻原是我到上海時第一個朋友，他的父親，我叫呂叔叔，是舵伯介紹我去看他的。呂頻原是爲我安排補習學校，後來又一同進大學的朋友。

我很疏忽的沒有把那一段生活仔細敍述，原因是以爲這對我生命是沒有什麼大影響的。現在唐默蕾提到了這個名字，我不得不重新再來追敍一下。

呂叔叔有一個兩開間的煤炭店，樓上是辦事處及職員宿舍，我初到上海，先就擱在職員宿舍裏，後來他們撥了一間小房間給我，我也付了一點膳宿的費用。呂叔叔家並不住在那裏，自然呂頻原也並不同我一起，但過年過節，有時候呂叔叔也請我到他家去吃飯，吃了飯也就散了。呂叔叔似乎很忙，煤炭店以外還有許多事情，他不但很少同我往還，同他自己的兒子也像很疏遠的。

呂頻原比我年輕，同我同時進大學，他進的是法學院，因此見面不多。我進大學後就住在宿舍裏，呂頻原偶而來看我，或者約我到他家去，我們的過從並不親密。他很用功，對政治，對學生會什麼都不感興趣，他很像他父親，不愛說話，很冷峻。同我完全是兩種人。他進大學一年後，他的家裏要搬到北平去，他也就轉學到清華大學，起初我們還通一二封信，以後就再沒有消息。舵伯到上海時，呂家已搬走，所以他們也沒有會面。現在唐默蕾談到船上同呂頻原相識，大概就是他們搬到北平去那次的船上了。

當時我告訴默蕾我與呂頻原的過去，我說我很想見他。

默蕾本想馬上打電話給他，可是已經過了辦公的時間，所以她于第三天下午帶了呂頻原來看我。

呂頻原眞的完全不是以前的呂頻原了，要是在路上或在別處碰見，我一定不會認識他的。他的頭髮原來是平頭式的，想在已經分開，他戴了一付金脚的眼鏡，穿一套灰色的西裝，非常整齊。我同他握握手，收拾起我桌上的東西，就同他們出來到心心茶室去喝茶。

原來呂頻原家裏搬到北平後，他父親事業一直很好。呂頻原進了清華大學，畢業後參加高考，進了外交部。現在他父親還在北平，因爲有點產業，沒有離開。呂頻原談話聲音很低沉，可是很有條理。我講到當初介紹我到上海看他父親的舵伯，他說他聽見他父親談起過他，但從來沒有見過面。我說哪一天我帶他去看舵伯。

默蕾當時忽然提到呂頻原可能會派到加拿大去。她說他應當在重慶結婚才對，不然很可能會娶加拿大的女子了。

我們談了很久才散，我回家後就把我碰見呂頻原的事情告訴舵伯，舵伯也很想見他。于是我約定一個星期六請唐默蕾與呂頻原來家裏吃便飯。

那天由我陪默蕾與呂頻原到了家裏，爲他們介紹舵伯曇姨同容裳。容裳與曇姨都打扮得非常漂亮。因此。雖是便飯，這空氣倒顯得很正式。

起初是舵伯與呂頻原談談他父親的情形，後來大家閒談起來。容裳與默蕾很快就熟了，呂頻原忽然向容裳說：

「我們是不是在什麼地方見過？」

「啊，啊，我想是的，也許在什麼家庭舞會裏吧。」

「啊，對啦，在王家。」呂頻原說。

「你們跳過舞？」我問。

「沒有，我舞跳得不好。」呂頻原笑笑說：「不過我很喜歡音樂。」

這樣，我們的談話就越來越自然了。

吃飯的時候舵伯要默蕾報告一些上海的情形。呂頻原與他在北平的父親家常有信札往還，也告訴我們許多北平的情形。曇姨與容裳都聽得很有興趣。

菜並不多，但很精緻，我們還喝了一點酒。飯後大家還聽了一回音樂。曇姨鼓勵我們跳舞，我們就在客廳裏跳了一回舞。默蕾以前是職業的舞女，當然跳得好，容裳因爲常參加舞會，現在也跳得很好了，呂頻原同我差不多，都跳得不很好。

我們一直歡敍到十一點多才散。

以後，默蕾與呂頻原常常到舵園來。後來S司令長官回渝，默蕾也請我們到他家去。

他們家在歌樂山，房子就在一個小山的頂上。有很大的客廳，客廳外有很大的草坪。

S司令長官風度很好，很威嚴又很和氣，他同舵伯在銀行俱樂部裏見過，所以有很多話可以說，我們一直很自由的由默蕾招待着。默蕾說，等司令長官離渝以後，她打算舉辦一個舞會，要我與容裳呂頻原大家發起，玩一個通宵。

是這樣的一種關係，我們就有了很密切的交往。

日子一天一天的過去，天氣冷了下來。舵園的草已不靑，樹葉開始凋落，一陣霧。一陣雨，秋已經深了。

當我在重慶的事業生活與戀愛生活、甚至社交生活都很順利的時候，想到在桂林療養院中的阿清，竟覺得是一個負擔，甚至是一個陰影了。我曾經以爲我與阿清的關係是愛情，也曾經以爲對她的幫助是我的道義，但我竟怕把這件事告訴曇姨與容裳。現在我不但怕提起，而且怕想起了。可是韓濤壽每封信都向我談到阿清，他說到阿清的健康，也說到她的感情，還說她的夢想。我現在幾乎很少寫信給他，有信也非常簡短，我從上海來的錢足够給阿清開銷，我希望韓濤壽可以爲我安排才好。現在韓濤壽忽然來信說阿清又照了X光，醫生說已經可以出院了，他要我回桂林一趟，關于感情方面的事情，最好我親自去解說。我讀了信，眞不知道應該怎麼處置，我實在怕見阿清，老實說也怕想到我與她的情感，韓濤壽越誇讚她的感情的眞摯，我越覺得無法同她見面。我把這封信壓了一星期，不知道該怎麼回答才對，但是我並不能把這件事情忘懷，我每天在思索與憂慮之中。最後我忽然想到了姚翠君，我想如果阿清可以暫時住在姚翠君那裏，那就是最理想的處置了。姚翠君那裏來往人多，也許可以交到了會愛她的朋友。而且姚翠君過的是交際花的生活，阿清也許可以幫她點忙。等阿清稍稍習慣了以後，我再託姚翠君告訴她我對她衹是朋友的感情。或者對于她不會有什麼打擊的。我自然還希望阿清對我的愛情並不如韓濤壽所說一樣堅貞，我想這不難託姚翠君留心，請她看情形告訴我阿清的意見。

這樣我就詳詳細細寫了一封信給姚翠君，把一切經過都告訴了她，我並且告訴她我心裏的痛苦，希望她可以了解我給我幫助。我同時也寫了一封信給韓濤壽，但我附在給姚翠君的信裏，求他幫忙接阿清到姚翠君那裏，並爲我解說我因爲工作無法離開，所以暫時不能够來桂林。我特別託他把我的錢給姚翠君，請翠君爲阿清置辦一些衣服首飾，並且最好爲她請一個家庭教師，讓她識一點字。

姚翠君接到我的信後，就有回信給我，她很熱誠地應允了一切。並且告訴我給韓濤壽的信也已經當面交給他，說他也答應明後天就去接阿清。接着韓濤壽也有信來，說已經把阿清接到姚翠君那裏。他說他以前並不是不肯幫我忙，實在阿清對我太痴情。他本來就勸我不要隨便同她結婚，但後來看到她太痴情，就覺得我不應該辜負她了，現在姚翠君肯幫我忙，把阿清安頓在她哪裏，倒是一個較好的辦法。但是照他看，阿清也決不會就此會忘了我的。最後他說阿清在醫院中已經識不少字，她本來讀過幾年書，所以學得很快，他現在已經爲她請了一個家庭教師，每天到姚翠君哪裏去教她，叫我放心。

我當時就寫了一封信給韓濤壽，我說我很感謝他幫我忙，阿清已經在姚翠君哪裏，我很放心。我說我本打算自己到桂林的，衹怕見了阿清，更使她對我抱別種希望，我說現在我淸淸楚楚看到我沒有愛她，我希望她可以早點忘去我。……

是這樣的一種安排，我以爲是再妥當沒有了。所以我開始把這件事情淡忘下來。

日子悄悄的過去，不知不覺聖誕節已經近了。唐默蕾一直要開一個熱鬧的舞會，因爲大家事情忙，容裳又在學校裏，所以沒有實現，現在她決定在聖誕節前夜舉行一個舞會，她要把她的房子與花園作一個華麗的佈置。她非常有興趣的買這樣哪樣，還同我與呂頻原商量請些什麼人。

重慶所謂家庭的舞會，雖也有大有小，但大部分都是很簡單，無非是一些年輕人的熱鬧。現在唐默蕾的舞會，則特別隆重。我起初總以爲是女人的虛榮心與喜愛排場，後來我發現倒並不是如此，而是她想借此事有點事情忙忙而已。

九十

離聖誕節祇有幾天時，默蕾說她的先生，那位S司令長官也預備回家過節。舞會的舉行在飯後，主人並不預備晚飯的，現在默蕾要另組織一個牌局，她請舵伯與曇姨下午就去。所以這場面也就越來越大了。

默蕾的家是一所很寬敞的洋房，高高地矗立在小丘上，小丘的下面雖也有別的房屋，但都沒有她哪所房子觸目。聖誕節那天晚上，他們的燈光顯耀，老遠就可以看到。

歌樂山離市區很遠，那天參加舞會的人許多都是有車子，或者是搭別人的車子去的，但是S司令長官還撥了兩架車接賓客的卡車。我與容裳那天在市區吃飯，偕同呂頻原同他的伴侶孫小姐搭這個卡車。到默蕾的家裏，大概是九點半鐘。

就在他們門口，我忽然看見一個衣服襤褸，滿面鬍子的人。他手裏拿着手杖，一面在空中揮舞，一面在罵：

「媽的，前線在打仗，你們倒在作樂。……你做司令的住在洋房裏，娶姨太太，開跳舞會，我們當兵的在挨餓挨凍，睡在地上……」他顯然是喝醉了酒的。

那天天氣很冷，有點微雨，雨沾在那個酒鬼的鬍子上，閃着晶晶的光亮。

門口有兩衛兵，正在把那個醉鬼趕開去，看見我們到了，就招待我們進去。我們同車來的人，都沒有理會，又因天有微雨，怕打濕衣服，都怱忙的照拂着女伴進去了。我因爲聽這些辱罵的言辭有點刺耳，所以遲走一步。這時我忽然發現我是認識這個人的，雖然我想不起在何時何地碰見過他。我當時就請呂頻原照拂容裳先進去，我就走近了那個醉鬼去看看。他一面推開衛兵，一面還在罵：

「你是什麼東西？我是少校團長，叫你們司令出來，我到要問問他，他到底吃了我們多少軍餉。」

這時候，就有人吆喝着要把他扣押起來，那個醉鬼一面躲着，繞着圍子，一面還在罵。于是有三四個人過去抓他。我搶步走上去，恍然我認出他是誰了，我不禁又害怕又高興的叫了出來：

「穆鬍子，你是穆鬍子。」

「我是穆鬍子，怎麼樣？」他大聲的嚷着說：「我穆鬍子坐不改名行不改姓，我就是穆鬍子，怎麼樣？」

「你不認識我了，你看看我。我就是野壯子，野壯子。」

穆翳子于是摔開那幾個想拉他的人，他用粗壯的兩手緊握我的兩臂，用充滿紅絲的醉眼盯着我，大聲的嚷着：

「野壯子，眞是野壯子！想不到在這裏碰見你，我還以爲你還在上海呢？」

「說來話長。穆翳子，你現在先到裏面去吃點東西，睡一覺。明天我們慢慢再談。」

我說着一面拉他到裏面門房裏，請衞兵及佣人招呼他一下；一面我到裏面告訴默蕾，我告訴她我碰到了一個多年的老友，現在竟落魄像一個叫化子，希望她再叮嚀門房招待他一晚，讓他在床上睡一個覺，等舞會散了，我帶他回舵園去。

當時舞會已經開始，這裏有許多閨閣名媛，有青年的軍官，有貴官的子弟，有名太太與交際花以及在政府機關任事的美麗小姐。默蕾一一爲我介紹。呂頻原似乎很適合這樣的環境，他彬彬有禮的東西招呼着，容裳同幾個小姐混在青年軍官中間。我覺得我不能習慣于這個氣氛；我很想念穆翳子，我想去看看他。我沒有穿大衣，一個人溜到外面，才知道穆翳子已被安頓在花匠房中，他早已沉沉入睡了。

我沒有驚醒穆翳子，回到裏面，音樂已經響起，我隨便請了小姐太太們跳了幾支舞。

在同容裳跳舞時，我同她談到那個醉鬼是我的老朋友，以及過去一些故事時，她竟一點也沒有興趣。她不斷的告訴我場中有名的太太與小姐。不知怎麼，我忽然感到了一種說不出的寂寞。音樂停時，我離開了容裳。這時候我看到曇姨從裏面出來，我就過去同她去談話，我告訴她關于碰見穆翳子的事情，以及我想暫時帶他到家裏去住的意思。曇姨不但一口表示歡迎，還非常同情的穆翳子的種種。她的眼睛閃出熱忱的光，要我馬上去帶他來爲她介紹。我告訴她穆翳子已經在外面睡覺，我預備我們回家去時帶他一起回去。她對于我有這些奇怪的朋友感到很驕傲愉快。這態度與容裳的態度對照，我覺得我竟是屬于曇姨一代的人了。

我請曇姨跳舞，曇姨還是不斷的問我穆翳子的過去。這時候，很奇怪我忽然想到了阿清。如果我把穆翳子這樣一個朋友介紹給阿清的時候，阿清的態度會像容裳這樣的冷淡麼？我于是想到我當初投到阿清家中的日子，不正是現在的穆翳子麼？我心中一時有說不出的感觸。我眞想把曇姨帶引一個靜靜的環境中，像過去我們在雅片榻上一樣，把我心中的苦悶疑問同阿清的關係向她低訴。但是音樂中止的時候，有人過來與曇姨招呼，我祇好强作歡笑的混入人羣當中。

穆翳子的出現，使我的心理起了很大的波瀾，我對于這熱鬧溫馨的場合竟像是不能吸收一樣的覺得隔膜，對于所謂風趣的談話感到厭煩，我很想一個人在一間斗室裏躭一回，于是我就找默蕾帶我到一間小廳裏讓我休息一回。

那間小小的廳房佈置得很簡單，絲絨的窗帘，白色的牆，放着一部像專爲裝飾用的二十四史的書箱。有一張方桌與幾張綠色套子的沙發，沙發後是一盞宮燈型的脚燈，我開亮了那燈，看到燈絹上的工筆畫，像是黛玉葬花一類的故事。燈光是黃色的，很幽靜。我于是關了頂燈，坐在沙發上，伸直了兩條腿；覺得很舒服。我隱隱約約的聽到前面的音樂，但感覺上竟像離我很遠了。

我不知道我坐在哪裏想些什麼，我當時思緒非常紊亂。我總覺得這樣的舞會不是我的社會。我在那些年輕的人中覺得太大，在那些有錢的人中覺得太窮。我不懂呂頻原爲什麼會適應得這樣自然。他的態度彬彬有禮，對誰談話都不疏不親。一個人坐在角落時也像是在享受那熱鬧的氣氛。我于是想到穆翳子，他怎麼會到重慶，又爲什麼弄倒潦倒至此？他剛才的話雖是醉中狂言，但也句句都是眞話。究竟我們民族是在生死存亡中掙扎，而我們竟都在醉生夢死。

就在我靜靜地坐在那裏，大概有二十分鐘的時間，我正想找一本書看看的時候，我忽然聽到窗戶上有一種粗澀聲音，仔細聽時，我斷定有人在撬窗聲。

窗前掛的是絲絨的窗帘，我無從看到是什麼；我先是很想過去看看，但繼而想這一定是一個賊，我走過去一定會把他駭跑了；不如等他進來了容易捉他。當時我就關上了燈，等在書架右側的電燈開關旁邊。

這時我聽到窗戶像是已經開了，窗帘慢慢地在掀動，我看到一個黑影子從窗外跳了進來。他到了裏面，站了一回，才拿出洋火劃了一根，四周照照，這時候我突然看出這個人正是穆翳子，我當時很快的撥開電燈開關。這突然的光亮使來人吃了一驚，我站了出去，叫：

「穆翳子。」

穆翳子擺了一下，不知道該怎麼樣才好，最後他退到窗戶前，很不好意思的似笑非笑的說：

「野壯子，是你？」

「幸虧碰到我在這裏。」我說：「你怎麼會又弄到這樣地步？請坐請坐，我們談談。」

「我看不慣這羣王八……」

「你坐下慢慢談，好不好？」我說。

穆翳子這才慢慢的走過來，坐倒在沙發上。

「到底怎麼回事，你什麼時候來重慶的？」

「我來了三個多月了。」

「你在第四號山區不是很好麼？」

「很好，你來看我的時候我們很好。」

「後來怎麼樣？」

「後來，共軍方面派了人來，給我們政治指導。抗戰爆發，我們弟兄都要打日本人，可是政治指導員反對，同我有點衝突。接着我被邀到後方去開會。在共區躭了七個月。」

「後來呢？」

「我在那邊每天閒着，什麼事都沒有，我想念我的弟兄們，我要出來打游擊，他們不給我回來。」

「你有沒有看見唐凌雲？」

「看見過，我很想同他談談，但是我們沒有單獨的機會，我發覺他變了，他祇同我打官話。」他又接着說：

「在那面沒有一個朋友。我想念我在第四山區的弟兄們，但是他們把我的兄弟們都害了。」他很憤慨的說：「當時我的弟兄們都要回去，不聽那個指導員領導，于是他就調了共軍把他們繳械了，一部分被調到後方，一部分就此散了，還有一些想自己成立隊伍的，被他們在一個山谷裏全數掃射死了。」

「你就這樣出來了？」

「這些是我後來才知道的。」他說：「後來你知道，日本軍隊來了，國軍撤退、共軍擴張了；我在那時候跑出來，我原想到第四號山區去，但是一個人都沒有了，我到附近農家去打聽，才碰到一個我們的弟兄，他詳細告訴我一切的經過。這樣我就跑了出來，我投到國軍陣營裏，我就在這S司令長官的部下，我掛了彩，進了傷兵醫院。日本人來了，大家撤退，許多傷兵都沒有人管。我逃了出來，一個人，沒有一個機構收容我照顧我，你看他們軍長師長們，大公館小公館的，吃的是什麼？住的是什麼？可是兵士，你知道他們過的是什麼生活？吃，吃不飽；穿，穿不暖；病了沒有醫藥。傷兵醫院裏，睡的是稻草，吃的是雜糧，到處是蚊子臭蟲蒼蠅，都沒有人管，你說我們爲什麼要抗日，難道就是爲保護你們這些貪官汚吏公子少爺跳舞看戲麼？」

穆翳子很興奮的談着，我沒有作聲，等他講完的時候，我說：

「你現在同我講這些幹什麼？我們老朋友了，你現在沒有地方去，且到我地方去住些日子。慢慢想個辦法，你跳窗戶進來想偷東西，這總不是辦法，是不？」

穆翳子看我指出他以前的毛病，就有點氣餒，他說：

「我想離開這裏，我祇想找點盤纏。」

「慢慢再說，你要去哪裏，我們再商量，盤纏也用不着偷，我也許同你一起去，也說不定。」

就在我們這樣談的時候，有人敲門了，穆翳子有點不安，我叫他不要動，一面說：

「請進來。」

進來的是唐默蕾。她看見是剛才那個鬼醉同我在一起，就關上門。我當時就替她介紹：

「這就是我的朋友穆翳子。」

穆翳子很難爲情似的點點頭。

「你要不要什麼？」唐默蕾問。

「不要什麼，不要什麼。」我說着，忽然想到我不如先帶穆翳子回家去，以免這裏打擾他們，我走近默蕾，我對她說：「我想帶他先回去了。最好不驚動別人，你借我一輛車子，怎麼樣？」

「我可以叫一個司機送你們回去的。」她躊躕一下，又說：「不過，我想你等一等，我先去找點衣服讓他換換再出去。」

唐默蕾去了大概有一刻鐘工夫，她抱了一堆衣服進來。她說：

「先讓他換了衣服吧。我去預備車子。」

唐默蕾放下衣服出去，我叫穆翳子換去破衣。

唐默蕾拿來的衣服是一襲中國絲綿袍子與全套內衣袴與夾襖袴，袍子是綢質的，夾襖袴是呢絨的。穆翳子實在太髒，也沒有洗澡洗臉，換上了整潔的衣服也不像是這裏的客人。他好像還是第一次穿這樣的衣服。穿上了就不知道如何動作。衣服雖稍短些，但大小都還合式。而那雙脚則汚髒不堪，他還穿着破了的樹膠底布鞋。當時我很怕別人看到穆翳子，我覺得換了這襲綢衣比不換還要見不得人。

幸虧唐默蕾來說，她已爲我安排好車子，我就帶穆翳子出來。外廳正在跳舞，電燈暗着。甬道上人進進出出很多，倒沒有人注意我們。

我拜託默蕾代向容裳同曇姨致意，就帶着穆翳子出門，上了汽車。

（待續）

來函照登

自由中國社請轉譚益齋先生大鑒：四月一日自由中國讀者投書欄載有先生致本廳劉廳長函敬悉。先生申請檢定一案轉折費時，劉廳長至爲注意，囑由本室查明本案辦理經過情形。玆據主辦單位簽註意見，對詢問各節分別答復如下：

一、縣市政府爲縣市學校之主管機關。凡屬縣市學校教員登記及檢定之案件，例由各該縣市政府初核層轉，如有問題亦通知縣市政府查復憑辦。

二、本廳對先生呈訴之處理，一面通知臺北縣政府將查復事實直接向先生說明，一面以副本抄送先生營照，就行文方式而言，似無不當之處。

三、臺北縣政府教育科對先生送檢案件以及派員視教郵遞往返計達五十七日，實嫌遲緩，本廳已予糾正。

四、凡學校教員以著作送檢案件依照規定必須派員考核教學情形（包括編擬教案及歷年考績之查核）始可決定能否合格。查臺北縣政府初次所報視教情形，既無教案，又無考績，復未說明優良之具體意見，本廳不得不再函該縣政府補具優良證明書，此在公務處理上，應視爲未具備規定之要件，並非認爲先生資歷之不合。

五、本廳再准臺北縣政府補送視教優良證明書後，即提經學校教師登記及檢定委員會第二次會議通過，核准先生爲初中國文科教師。查本廳主辦單位處理本案係依照規定程序，並無任何積壓及不當情事。

六、關於核發職務加給問題，四十六年四月十五日府教人字第三七九六四號令（見四六夏字第十七期公報）已有詳細規定，便請參閱。特此函復，順頌

台祺

臺灣省政府教育廳啓　四月六日

頃見四十九年三月十六日出版

貴刊第二十二卷第六期第一八五頁「揭穿國民黨所謂安全措施下的選舉舞弊」㈠「代蓋指模『冒領選票』」，所指『高雄縣第（一四〇）投票所』之情形，完全與事實不符，查本（一四〇）投票所選舉人名册有選民一、〇六三人，開票結果，縣長暨省議員候選人得票數，均爲八六一票，剩餘票空白未投之選票，各二〇二張有投開票結果，報告表及選票可查，且經監察院派員實地調查，並經臺灣高雄地方法院檢察處一再開庭調證偵查，認爲毫無錯誤，既無代蓋指模幕，更無冒領選票之情事，有高雄地方法院檢察官不起訴處分書爲證，（附該院檢察官四六年不字第一四七〇號不起訴處分書抄本乙張）至原文所指「開票結果，投票縣長者達一、〇六二票，投票省議員者，一〇六〇票」一節，係因開票時，開票人員遭受騷擾，以致發生重複唱票重複計票二百張之錯誤，當時開票人員淸點選票自行發覺錯誤時，已立即更正，而騷擾開票之人，企圖陷人于罪，乃强將錯誤之開票紀錄表搶去，並拍照作爲誣控選務人員之證據，亦經司法當局查實駁斥，再其原文所指「當天下午四時許有二百餘選民持身份證到投票所已經無票可領」一節，乃支持落選人余登發之助選人員收集選民身份證于當日下午四時許持赴投票所希圖冒名頂替，未獲通融，嗣投票時間截止，（當日下午五時以後）落選人余登發之助選人員再率十數選民（因其助選人員冒名頂替未獲通融，乃再拉選民本人前來，）要求補行投票，投票所依法未予准許，因而落選人歪曲事實，提出指控，均經司法當局查明駁復，現事隔數年，「李福春、李賜卿兩先生」仍將不實之事實其大作，未免過于牽强，本人爲當事人，未便緘默，爰將事實敍明，素仰

貴刊言論正確敬希

惠予披露以正視聽　此致

自由中國半月刊社

前高雄縣第（一四〇）投票所

主任管理員　梁財源

主任監察員　蘇朝清

四十九年三月二十四日

讀者投書

（三）有感於雲林縣長候選人黃文斗登記受阻撓

張思海

編者先生：

前些日子，我看到貴刊第二十二卷第七期上面，看到在「就地方選舉向國民黨再進一言」社論裏面，說到希望國民黨不要阻撓人家參加登記競選。在當時，我總是感到你們有些神經過敏。因爲我已經有好幾次在報上看到，國民黨的負責人和政府的內政部部長，都是異口同聲的呼籲熱烈參加這一次競選，打破過去那種「一人競選」的局面。

就在我看到貴刊的第二天，也就是四月三日，偏偏就在我住的雲林縣，發生了一幕熱烈、緊張，而又相當刺激的阻撓競選的活劇。這件事現已成爲雲林縣的街談巷議的材料。不過有的人說得過于平淡，又有的人說得過于厲害。我也是當場親眼看到這幕活劇的觀衆。我覺得四月七日公論報在一篇「安全措施一例」—從雲林縣長候選人登記說起的通訊中，已經把經過說得十分淸楚，而且相當正確，所以我爲了偷一點懶，就先把公論報上的那節報導抄一段在下面，也好讓貴刊的讀者看看：

東勢鄉鄉長黃文斗是國民黨員：…可是三日黃鄉長往辦登記之前，警察局虎尾分局長前來啓發旅社勸阻，這談使靈敏 周新傳（黃鄉長的朋友）想到有關方面會阻撓，故臨時決定他本人亦要陪黃鄉長去辦登記。

他們雇了小包車，于下午四時三十五分自虎尾出發，車到榮橋時，縣府的一輛吉普車在橋頭攔截，有三個人揮手叫他停車，他們不理，叫司機直開過去。進入斗六鎭，在鎭西國校的西側的十字路頭，謝芳慶副議長在那裏攔駕，黃鄉長仍是不理。到鄖局要轉向縣府的路口，又有人在那裏阻擋，黃鄉長的車還是直衝過去。

當黃鄉長的車到縣府門口時，門已經有許多人在等他。黃鄉長出了車，就有人搶了他的皮包，擲給另外一個拿跑，另外有二個人，每人各捉黃鄉長的一隻手，扭轉到背後硬推進林金生縣長（也是現在第四屆縣長的候選人）的橋車，押往民衆服務處。同車來的周傳新手裏拿着二萬塊錢，有人要把錢搶去，在爭奪時，錢掉到地上，周新傳終于大叫起來：「縣政府出土匪……」搶他錢的人才停手，讓周將錢拾起來，但他們還是把周連人帶錢押入一輛吉普車，載往民衆服務處。跟來抄寫登記書類的周豐盛（周新傳的兒子），今年十九歲，就讀于虎尾中學，這個小孩也被扭手臂，痛得流出眼淚來。這一場捉人，搶皮包，搶兩萬塊錢的地點：是縣政府大門口，也就是斗六警察分局斗六分駐所的門前。

黃鄉長被人押入車內時，大罵：「你們太野蠻了，太豈有此理！」他也罵了林縣長的司機王淸海（其實王淸海被罵是有點寃枉的，因爲他是個司機，只有聽林縣長的吩咐啊！）：「×你娘！你要載我到那裏？」在服務站時，黃文斗氣得直發抖，違紀當選的縣議長吳興旺，教周新傳勸黃鄉長打消競選之念（我眞不知吳議長爲什麽當初不勸勸自己？）。周新傳眼看登記截止時間僅剩三、四十分鐘，乃叫黃鄉長離開民衆服務站，吳興旺議長也跟黃鄉長出來，帶他到縣議會招待所，黃勸他不要登記。就是這個時候，另一登記候選人蘇東啓（青年黨籍，現任縣議員）聞訊趕至，將黃鄉長自招待所請出來，用他的車，載黃文斗到縣政府選舉事務所，由于蘇東啓是青年黨員，黃文斗在蘇東啓的保護下，並沒受到阻碍。但是大家都以爲黃文斗的皮包已被搶走，而離登記時間僅有幾十分鐘，再申請領表塡寫也來不及登記，可是出乎國民黨及大家意料之外，黃文斗自他衣袋裏掏出寫就的候選登記書類，大家都爲之震驚，黃文斗終于順利辦妥登記手續。原來周新傳料想到黃鄉長要登記時，會遇到阻碍，乃用計，將登記書類放在身上，而不放皮包裏。」

抄到這裏爲止，想必大家一定可以知道一個大概了。

現在我把這件事的經過大概敍完後，想請敎幾個問題：國民黨員願意脫黨競選是不是犯法？假使並不犯法，那些參加「捉人，搶皮包，搶兩萬塊新臺幣」的人是不是犯法？特別是一些在後面指使別人「捉人，搶皮包，搶兩萬塊新臺幣」的人是不是犯法？假使黃文斗登記沒有成功，這責任該誰來負？在縣政府的大門口發生那些事，同時又是用現任縣長林金生的轎車把黃文斗「押往民衆服務」的，林金生是不是也應該負責任？如果林金生可以用這種辦法阻止黃文斗和他競選，別人是不是也可以用同樣的辦法對付林金生？是不是在我們雲林縣，只有國民黨提名的人可以競選縣長？也只有國民黨提名的可以做縣長？是不是雲林縣已經是國民黨的私產？是不是雲林縣已經不是我們雲林人的雲林？……

我的這些問題，最好請雲林縣這次參加「捉人，搶皮包，搶兩萬塊新臺幣」的人想想，特別是請那少數幾個在背後指使別人做這種事的人公開向雲林縣的人做一次答覆。

我要鄭重的勸告那些想硬用不正當的手段阻止黃文斗登記的人：雲林縣也跟臺北市或其他任何縣市一樣，雲林人是有選擧權的，怎麽可以在光天化日之下，做這種無法無天的事呢？

張思海上四月八日。

讀者投書（四）

由蔡金塗被捕談法治

文漢瑞

臺灣警備總部於四月三日援引取締流氓的辦法，逮捕蔡金塗，當天卽送外島管訓。消息外傳後，引起社會人士普遍的注意，在警總未公佈「罪狀」前，臺北的民間，有許多傳說，例如有人認爲本案的發生與這屆市長競選問題有點關連，這種說法，成爲本市民營日晚報社會版的頭條新聞，與社論及短評的題材。

如果臺北的讀者不太健忘的話，大家總可記得蔡金塗在上屆市長競選時，他是黃啓瑞助選的功臣之一，那時在國民黨的安排下，蔡金塗追隨游彌堅等分別在松山與龍山寺一帶演說，並痛斥另一位市長候選人高玉樹。於此可見，蔡金塗名列「聞人」，是國民黨所提拔的。此次蔡金塗拒絕某方的邀請，不願重作馮婦，再爲黃市長助選幕後「談判」破裂，而蔡金塗在氣憤之餘遠去南部云云。

監察院四十八年度總檢討會政治小組報告第一號第三十一條指出：「臺灣省警備總司令部亦常依據違警罰法第二十八條逮捕流氓予以管訓」。「人數幾相當於目前各監獄執行徒刑之受刑人，而其執行期間，有長至五年者，但監獄有監獄條例，監獄行刑法，行刑累進處罰條例等法律作爲依據。而保安場所之組織及執行程序則尙無完整之法律可資適用。此對被執行人之權利自有妨害之處」。故監察院委員有主張廢止「違警罰法」的言論了。

監察委員陶百川在監察院五九五次院會中說：「在某一個場合，我們很嚴重的向有關當局要求說，你們對憲法第八條(人權保障)的尊嚴務必顧到」。陶委員又說：「我們還發現警察人員——包括有權逮捕的機關——對於人身的保障，沒有做到，就是用刑逼供，到現在恐怕仍懷疑沒有多少改善」！因此，陶委員「認爲執行保安處分，一定要有法律根據，嚴厲的規定，不能由執行的人隨便處理，由執行的人隨便處理，不合理，也不合法」。

監察院的意見，送請行政院注意改善，行政院在「人身保障」方面有沒有改善呢？下面的事實，便是最佳的例證，證明自由中國根據中華民國憲法產生的政府，仍然有違憲違法的措施，同時，也是一個不尊重民意機關意見的政府。根據聯合報四月五日的新聞報導：臺灣流氓頭蔡金塗的被捕，『是三日上午十時四十分，一位治安人員乘輛黑色吉普車，停在本市南京西路四十三號二樓蔡金塗的寓所門前，這位治安人員身穿便衣，從車上走下來，卽登四十三號二樓，會見蔡金塗後，很客氣的對蔡說；「今天星期天，我們局長請你到公館有點事情談談。」蔡金塗馬上穿上衣服很快的與治安人員下樓，從容的登上吉普車，當車抵保安街附近時，又有一位高級警官跳上吉普車，與蔡金塗打過招呼後，彼此在車上談笑風生，蔡金塗在車上順便問了一句：「禮拜天找我什麼事情？」陪他的治安人員告訴他，見了面就知道了。此時車已從延平北路轉至西寧南路，蔡在車上還是有說有笑，不料中途車子並未向武昌街轉彎（市警局在中山堂左旁武昌街），竟向路邊一座大門內駛去（按：警總看守所在西寧南路），蔡金塗的臉色馬上變了，認爲苗頭不對：：。警備總部的人員見到蔡金塗後很客氣，並告訴他說：「我們是執行國家的法律，決不會隨便逮捕人，你犯了什麼罪，我不說你一定很明白的。』

如果聯合報的消息與民族晚報等報的社論，及民間傳說都不假的話，則蔡金塗的被捕，顯然的是沒有經過法定的程序，再根據警備總部公佈蔡金塗的罪狀（四月八日臺北各報）而言，則蔡金塗非現行「刑法及有關法令」與「國家總動員法」暨「妨害國家總動員懲罰暫行條例」中所規定的嫌疑犯，而警備總部於四月六日晚上邀宴臺北各報記者時，指出蔡金塗『今年以來，甚且有開「香堂」擴大收納徒弟之議』云云，警總負責招待記者的人，也未提出在「何時何地」開香堂，收納「何人」爲徒弟的報告！而四月七日各報的新聞也沒有報導！則蔡金塗現在忽於選擧前夕被捕，又如何不使人想到：係不願被人作政治工具而以「莫須有」罪名被捕的。

在任何一個民主法治國家事，絕不會先將人逮捕起來，然後再去搜集被告罪證的資料。

其次也是更重要的一點，蔡金塗是警民協會的負責人。治安當局既然早已將他列爲「丙級流氓」，那末，爲什麼又要這位「丙級流氓」來擔任警民間的事務呢？這種事實，任由治安當局自圓其說，都是矛盾的，不邏輯的，更不能平服民心的。

政府爲了保障社會秩序，取締流氓，管訓流氓，我們是支持的。不過，取締的態度，時而偏頗姑息，時而强硬，貽社會以翻覆之感。同時，以非法的手段，以清算蔡金塗的老賬，而逮捕他。這『不是導人從善的做法，且易招致「欲加之罪何患無辭」的誤解』（民族晚報社論）。像這樣的做法，豈不要釀成天下大亂嗎？今天臺灣的民心，實在不堪想像了。

四十九年四月九日。

讀者投書

（五）

請看基隆市海水浴場一篇濫賬是誰搞的！

——從去年十月我反對提名李國俊競選市長說起

江秀文

基隆海水浴場這篇濫賬，曾由徐耀忠、包平等，分別揭發於前，又有余建中「來函更正」於後：無論是揭發，或是辯駁，其對象都是為的一個人「李國俊」。大家都知道，海水浴場是民衆服務處所經營，民衆服務處的主任是葛子明；而李國俊是市黨部的主任委員，是兼任民衆服務處的理事長。照表面看來，李國俊對海水浴場並無什麽關係，為什麽這篇濫賬，大家不攻擊葛子明，而都攻擊李國俊呢？請看下面的分析，便知分曉。

一　自我介紹

我在未分析本文以前，先來個自我介紹。我名江秀文，原籍山東省即墨縣，現住基隆市中山一路一二七號，也就是包平先生在「國民黨的李國俊配當基隆市長候選人嗎？」一文中所指的「基隆市第四區黨部某某小組黨員×××」者。我是國民黨的黨員，我愛護國民黨，我愛護國家和領袖是決不後人的。從什麽地方可以證明我愛黨愛國愛領袖呢？謹舉數點事實於後：①我對領袖的文告或訓詞，有的一千多字，有的兩千多字，至今隨時可以背誦出來。②我恪遵領袖「以檢討求團結，以批評求進步」的訓示，曾向李國俊提出多次的批評，結果呢？他曾給我揑上一個「神經病」的誣名。但我在痛心忍受這一被誣時期，始終不斷的義務擔任某項訓練工作，同時我對中央某種幹部訓練教材一級用本，二級用本等書籍，閱讀後將書內排印遺漏錯誤字句等，馬上列表報請中央更正，有中央電覆「益屬難能可貴」等函件可證。這是我愛黨愛國愛領袖的一部份表現。

二　我的報告書的提出

海水浴場一篇濫賬，我早在去(48)年七月即知其大略，十月下旬，我接獲上級的指示，着對基隆市已登記為市長提名各候選人的如何如何，加以分析，呈報上級作為提名的參考。李國俊平日之對人處事，我是略知一二的，所以我在致劉用中先生函內有「李國俊是一般民衆最不擁護者」之句，並附呈有關證明多件。此乃我恪遵領袖「選賢與能」的訓示，及服從上級指示而上的函件。李國俊搞派系，搞貪汚，是違反領袖「養成其公正光明之風度」的訓示。他並且在爭取提名期間，常向各方說：「我是奉命登記候選的，上級某人某人都是我的老同事」等語。李國俊這種說法，我總以為「不成事實」。為了萬一成了事實，造成競選的失敗，所以我又於本年元月初，又向有關上級寄呈報告及附件多份。並特別强調，上級組織如果眞的提他為市長候選人，他就成為臺北市王民寧的第二了。同時並加繕一份連同附件四冊，寄呈李主委國俊，勸其自己量力，知難而退。以上各件，都是用的雙掛號，我有回執為憑。

三　余建中的「來函照登」

海水浴場這篇濫賬，曾經徐耀忠先生於本年一月十六日，在民主潮第十卷二期，詳細刊登一次；本年二月十六日，又經包平先生在自由中國第廿二卷四期，又詳細刊登出來，但這次出版剛到基隆，即被某要人全部買光，使得一般市民無法看到，該社復於二月廿三日又出再版。據此足證一般市民，都關心這一醜劇。近在衆口之矢，人言嘖嘖之下，海水浴場管委會迫不得已，始於三月十六日，用管委會主任委員余建中的頭銜，以短短的五百九十一字，隱隱約約的語句，發出這篇「來函照登」來。這位李國俊的同鄉老友余先生，想用這篇「來函照登」文字：第一、想擺脫他管委會管理不善的職責；第二、想掩飾海水浴場一篇濫賬的醜劇。但我們看過這篇文字以後，不但感覺好笑！同時也感覺可憐！這篇文字共分五小段，合計是五百九十一個字。我們前後對照，很清晰的看出這篇文字，不但不能擺脫管委會管理不善的職責暨掩飾海水浴場一篇濫賬的醜劇，相反的正是管委會管理不善的自白書，暨海水浴場營私舞弊的反光鏡！

四　駁正余建中「來函照登」

現在我就根據基隆市海水浴場管委會審查小組兩次所提出的意見報告書，及這篇「來函照登」，前後對照綜合分析如後：

㈠「來函照登」有云：「前曾租與商人經營，未臻理想」等句：查四十三年至四十五年間，係以招標十三萬餘元，出租與商人呂相臣者，該呂君復以十五萬餘元轉租與他人。以此類推，如果我們自已經營，每年收入最少尚在五萬餘元以上，雖云未臻理想，但每年尙有四、五萬元的收入。那麽四十六、七兩年為什麽還虧本呢？本文有云「該場營業，『已』無虧損」之已字。顯然是「原」有虧損，經過左頂右頂後，始有『已』無虧損」之句，請想這是臻理想嗎？

㈡「來函照登」又云：「四十六年度函准市議會，決定以場養場為原則，交與基隆市民衆服務處經營」等句；據此則該場一切業務，自應由民衆服務處主任葛子明去主辦。詎料李國俊利用其民衆服務處理事長的職權，將該場營業大權一手奪去交給黃鏗經辦，難道你余建中不知道嗎？又「民衆服務處」經營海水浴場等字，早已蛻化成「基隆市黨部」經營海水浴場等字，你也不知道嗎？營委會審核報告書，兩次都有：「至收入部份，核無原始憑證，據報係由市黨部逕行收取，其數目究有多少，無從審核」等句，你又不知道嗎？既知道，爲什麼不管呢？你是否怕李國俊呢？

㈢「來函照登」、「所謂以場養場」云云：查營委會審核意見書內，列有：市黨部修理汽車三七〇元，修理汽車棚九〇元，修理宿舍、水池、水溝等一、五四七元，吊扇裝換及新購電扇八三九元，汽油費四九五〇元，新購自車行三、五九七元，及#784單據遊日月潭費四、四六一元，這都是以弄場嗎？

㈣「來函照登」又云：「四十六年所有計劃報告以及經費之收支均按規定手續報核」等句：經查海水浴場四十七年檢送單據核銷意見報告書內第二項第十五欵列有：「李主任委員支領四十六年五至九月份交際費一、五〇〇元，張書記支六至九月份一、二〇〇元，車陽明一、五〇〇元」等句：以上三筆，合計是四、二〇〇元。查四十六年度決無此賬，且決無車陽明其人。是否僞造文書，侵吞公欵，留待依法追究。但來函照登所稱「四十六年所有計劃報告以及經費之收支均按規定手續報核」之句，顯與事實不符。

㈤「來函照登」又云：「四十七年度以部份賬目手續尙欠完備送，審後經本會於四十八年八月十七日以基浴字第六號代電通知民衆服務處……」等句：請大家算算日期，四十七年浴期的報核賬，直到四十八年八月十七日才批復，豈非笑話！老實說：這篇濫賬，如果不是被人揭發，恐怕千年萬世也不會批復的。

五　最後的話

以上這篇濫賬，名目是基隆市民衆服務處搞的，實際是基隆市黨部的創作，外表好像是主任葛子明的失職，內情實則是理事長李國俊的舞弊。

總之，李國俊不是賢能，更沒有公正光明之風度，他近幾年的言行品格，步步落伍，他的一切不法，我將依法檢擧，我是中華民國的國民，我是三民主義的信徒，爲了國家的聲譽，爲了基隆市民的幸福，所以我自去年十月一日看到報載上官主委說：「組織在決定提名人選前，決依其已往表現作抉擇」之句起，直至現在，始終是不贊成李國俊當基隆市長的，此外別無用意。

基隆市民江秀文謹啓四月五日

中國民主社會黨對臺灣省本屆地方選擧的聲明

四月十日民社黨發言人發表談話如下：民社黨負責人自四十八年十一月七日與國民黨負責人開始商談臺灣省本屆地方選擧問題，復推出錢天任王培基劉道行程緝之樊緝虎五人小組主持其事，賡續八次，目的不在選擧的勝敗，而在改進選擧的弊端，作到自由投票、公平選擧。民社黨，提名競選的條件，只要求推薦投開票所的管理員與監察員。

國民黨負責人認定選擧管理系統屬於地方行政，政黨不便參與；但自省監察委員至投票所監察員，屬於監察系統，應由三黨共同參商。

民社黨負責人顧慮地方行政人員經多年黨化的結果，已非民主國家的文官對政黨競選客觀之可比，每一投票所僅恃民青兩黨二位監察員，恐難勝防弊的責任。三次協商，未獲結論。

四十九年一月十九日晚，國民黨負責人宴民社黨負責人，再次懇談。民社黨仍不願放棄投開票所管理員的要求，國民黨負責人允許針對過去弊端，「擴大監察系統職權」，使民青兩黨在投開票所的監察員，得盡量發揮監察職能，以杜選弊。民社黨負責人欲打開僵局，因放棄投開票所管理員的要求，接受擴大監察系統職權的允諾，願冒險以投開票所監察員的參與，作保證公平選擧的嘗試。民社黨乃進而要求派充投開票所監察員的保證方式，國民黨唐縱秘書長於是介紹倪文亞主任負責續談投開票所監察員的產生方式。民社黨派楊毓滋副秘書長與謝漢儒書記長二人與倪主任洽談。

民社黨鑑於第三屆選擧投開票所監察員的允諾，最後被民政廳長藉故拒絕的教訓，堅請國民黨中央負責保證，不至臨時被拒。倪文亞氏則以中央意見，不易貫澈至地方爲辭，只允盡力協助，拒絕保證。經多次無結論的商談，而候選人登記已經截止。民社黨擬卽發表聲明，陶希聖氏出而斡旋，請民社黨先提省監察委員一名，由省監委提出各縣市監委二名，再分別提各投開票所監察員一名。民社黨以試探的態度，先於四月一日由值月孫副主席亞夫向陶希聖氏提出省監察委員一名；又於四月二日函倪文亞氏催請發表。今已九日，尙未發表，當然無法提出縣市監委；更談不到投票所的監察員。現距投票日期無多，民社黨建立投開票所公平監察制度的要求，又遭一次拖延戰的頓挫，只有展望臺灣選擧的進步，再寄希望於將來。特將洽商經過情形，作簡略的聲明。盼全省選民與候選人依法施行神聖的選擧權與被選權，努力不懈，以求民主力量日張，地方自治日進云云。

痔的患者如怕開刀
怕塗的药請服用
内服滅痔丸
滅痔丸
主治；内外痔瘡，痔漏
服用本劑安全可靠無副作用，孕婦無忌。
保証癒後不再復發，男女均可服用。
（說明書備索）
中華民國内政部許可第二〇三〇号
婦女界的福音!!
雀斑，面疱　特効药
環球药膏
環球
药膏
強
保証一瓶見効，継續使用保証根除
並使您面肌幼膩可愛！
内政部許可第一七二二七号
台湾永生製药社　三大栄誉出品　宜蘭

給讀者的報告

本屆省議員和縣市長的選舉，在四月二十四日便將分別在全省各地舉行，我們基於大家對地方選舉的關切，所以把重點完全放在地方選舉上。至於其他的問題，我們只選擇了現在影響大家生活的物價問題，發表社論㈡「物價，公教待遇，與財政」，特別指出這三者之間的連帶關係，我們懇切的希望政府，能密切注意到這一點。

至於說到臺灣地方選舉，儘管幾個月來，大家都在要求政府同意由各黨和無黨無派候選人共同辦理管理和監察工作，最低限度是同辦監察工作，使得在野黨和無黨無派人士，也能在各投票所開票所派監察員。可是，就在我們截稿前夕，民社黨由於政府在一味推拖之下終又拒絕，被迫而不得不發表聲明，以至於迫使高玉樹也只有在全省所關注的臺北市長競選中撤退。但根據本刊資料室「綜合報導」的「看臺灣各縣市羣雄角逐」中顯示，除掉幾個「一人競選」的縣市以外，非國民黨的候選人，特別是非國民黨的縣市長候選人，仍然處於勝多敗少的優勢。不過，由於國民黨在決心把持投票所開票所之外，一方面發表「公教警察於公餘之暇可以協助選舉」之說。這說法之不能成立，可由雷震先生「人心！人心！人心！」中看出。一方面又進行違法利用軍、警、公、教等人員助選，使得非國民黨的候選人，失去了公平合法的競選保障。具體事實，可由社論㈢「國民黨豈可重演違法競選的故技？」中證明。但是，即令如此，全省各縣市決心、誠心、熱心爲地方服務的自由民主人士，仍在作最艱苦的奮鬪。我們要特別呼籲全省有良心、有正義的選民，睁開眼睛看看這許多民主鬪士，已經是在國民黨造成的不公平、不合法的局面下從事競選。因此，我們特別請求大家投在野黨和無黨無派候選人一票。事實上，各縣市的選民，如果眞想找一個爲大家服務的公僕，便只有選舉在野黨和無黨無派候選人做縣市長；如果眞想找一個爲大家說話的代言人，也只有選舉在野黨和無黨無派候選人做省議員。這一層道理，我們在社論㈠「請投在野黨和無黨無派候選人一票！」中，說得很坦白。所以，我們希望大家爲自己的切身利益着想，請投在野黨和無黨無派候選人一票。這是我們保證地方政治進步的唯一辦法，也是我們促使地方政治革新的良好的機會，大家務必要認淸自己選舉權的重要，愼重的投下神聖的一票。

當然，儘管大家都投在野黨和無黨無派候選人一票，但由於國民黨把持了投票所開票所，則由上屆普遍進行的「安全措施」推測，究將違法舞弊到何種程度，實在不是我們所能想像。因此我們還要提醒大家，特別注意到在投票所開票所被一黨把持之下的任何違法舞弊的行爲，保證我們選民的意志，能在開票結果中眞正反映出來。

至於最近各地讀者來的投書，我們因爲篇幅限制，只選擇了其中五篇多少與地方選舉有關的發表，至於其他各種投書，只有容後再作決定和答覆，希原諒。

自由中國 半月刊 第廿二卷第八期 總第二五一號

中華民國四十九年四月十六日出版

發行人　雷震

主編　『自由中國』編輯委員會

出版者　自由中國社

社址：臺北市和平東路二段十八巷一號

Free China Fortnightly, 1, Lane 18, Ho Ping East Road (Section 2), Taipei, Taiwan.

電話：二八五七〇

總經銷　臺灣　自由中國社發行部

航空版　香港　友聯書報發行公司（香港九龍窩打老道一一〇號）電話：五九一六四、五九一六五

經售處

美國　紐約友方圖書公司 Hansan Trading Company, 65, Bayerd Street, New York 13, N.Y., U.S.A.
紐約光明雜誌社 Sun Publishing Co., 112, Mulberry St., New York 13, N.Y., U.S.A.

馬尼剌　新疆書店

緬甸　仰光振成書報店

北婆羅洲　西利亞坡青年書店

星加坡　友聯書報發行公司（小坡大馬路四六九號）

吉隆坡　友聯書報發行公司（馬華公會大廈三樓七室）

怡保　友聯書報發行公司（希尼華沙甘街十六號）

檳城　友聯書報發行公司（林連登律七十二號）

澳門　友聯圖書公司

印刷者　精華印書館股份有限公司　廠址：臺北市長沙街二段七一號　電話：三三四二九號

自由中國　第二十二卷　第八期　內政部雜誌登記證內警臺誌字第三八一號　臺灣省雜誌事業協會會員

本刊經中華郵政登記認爲第一類新聞紙類　臺灣郵政管理局新聞紙類登記執照第五九七號　臺灣郵政劃撥儲金帳戶第八一三九號

（零售：臺灣每份臺幣五元，海外平寄美金一角五分，航寄美金三角五分）

自由中國

FREE CHINA

第廿二卷 第九期

社論

中華民國四十九年五月一日出版
社址：臺北市和平東路二段十八巷一號

半月大事記

四月十日(星期日)

太平洋區六國空軍首長在臺集會。

美國防部爲答覆各方對美防務批評，發表白皮書，謂美轟炸機對俄居壓倒優勢，惟亦坦白承認俄飛彈領先。

美國防部長蓋茨暗示，美決調整國防計劃，改進武器加强軍力。

四月十一日(星期一)

西方外長在美集會，統一對高階層會議立場，討論範圍將涉及柏林裁軍冷戰各問題。

西方擬與蘇俄約定，停援非洲新國，均不再對非洲供給軍火，將在高階層會議與赫魯雪夫磋商。

匪又照會印度政府，要求取得拉達克區。

四月十二日(星期二)

韓國騷亂，馬山羣衆萬人示威反對政府，警察開槍，發生流血。

韓人騷動聲勢蔓延，大邱警民起衝突，反對黨示威者與警察發生打鬪，馬山民衆繼續示威反對政府。

四月十三日(星期三)

關於德國及柏林政策，西方盟國商獲協議，促俄允許東德千萬人民自決，警告赫魯雪夫西方決不放棄柏林。

美在裁軍會上斥責蘇俄，指其計劃欺騙世界。俄態度頑强，使會議又陷於僵局。

韓羣衆反政府，馬山續有騷動。

四月十四日(星期四)

西方五國外長發表聯合聲明，盼俄接受國際裁軍管制，西方亦允考慮俄裁減武器建議。赫特提倡加强與俄文化新聞交流。外長會議結束。

省議員縣市長改選，候選人名單公佈，三五人角逐縣市長，一二六人競選省議員。

四月十五日(星期五)

韓國釜山等四城市均發生騷亂，羣衆示威多人被捕，李承晚指其企圖奪取政權。

美副國務卿狄倫發表演說，爲對付蘇俄赤化陰謀，美決繼續實施援外。

四月十六日(星期六)

匪僞北大校長馬寅初被免職。

美軍方在衆院作證時宣稱，發展太空飛車，美有樂觀計劃，太空飛車可將巨大物體送往太空。

尼赫魯向印人保證，印與匪會議，將不致屈服。

英國計劃自製核子彈頭，保持獨立嚇阻力量，美英雙方原則獲致了解。

四月十七日(星期日)

美駐遠東顧問團長在珍珠港集會，商討美對盟國軍援問題。

印度民衆遊行示威，要求對匪談判保持堅定立場。

四月十八日(星期一)

漢城釜山兩地學生又舉行新的示威。

四月十九日(星期二)

韓國六個城市宣佈戒嚴，控制學生反政府示威，陸軍受命維護首都安全。

周恩來抵印訪問，印人紛起示威。

石門水庫改壩，立委提出嚴詞質詢。

四月二十日(星期三)

李承晚發表聲明，呼籲韓人服從命令，强調秩序恢復後即撤銷戒嚴，嚴令部隊不得濫開槍及逮捕。

韓鎮壓騷亂措置失當，美促韓國糾正，並向韓國提出正式照會。

南韓大部地區，騷亂業已平息。

四月二十一日(星期四)

美軍經援助非共國家，美參院外委會通過授權法案，總額共四十一億美元。

韓內閣引咎總辭。

韓民主黨領袖張勉堅持大選無效，表示進一步示威爲必要，並籲美國出面調解。

漢城恢復平靜，被捕韓人多已獲釋，部份騷動份子隱入山地。

四月二十三日(星期六)

韓國政府醞釀改組，恢復責任內閣制，李承晚將辭自由黨總裁，李起鵬決定放棄副總統當選人，現任副總統張勉辭職促重新選舉。

共黨要求通往西柏林高架鐵路管轄權，西柏林當局已立即拒絕。

『自由中國』的宗旨

第一、我們要向全國國民宣傳自由與民主的真實價值，並且要督促政府(各級的政府)，切實改革政治經濟，努力建立自由民主的社會。

第二、我們要支持並督促政府用種種力量抵抗共產黨鐵幕之下剝奪一切自由的極權政治，不讓他擴張他的勢力範圍。

第三、我們要盡我們的努力，援助淪陷區域的同胞，幫助他們早日恢復自由。

第四、我們的最後目標是要使整個中華民國成為自由的中國。

社論

(一)「五四」是我們的燈塔！

革命是什麼呢？革命是蛻變時代不安的羣衆，受空想家鼓動，受野心分子在幕後操縱、組織、利用，爲了實現幻夢中的天國，採用一切暴烈和陰謀手段，來摧毁既成社會建構的羣衆運動。這樣的羣衆運動，所激發出來的力量是巨大的，鏡頭是壯觀的，然而結果很少不是悲劇性的。革命愈是「激底」，它的結果將愈是悲慘。顯然得很，革命是社會病態發展的產品。社會病態發展的產品，有什麼值得歌頌，有什麼可以神聖化的呢？

當革命初起時，馴良的人變得暴戾，文雅的人變得粗獷，保守的人變得激進，膽小的人變得敢于胡作妄爲，肆意打殺。在革命中，法律無靈，道德失去維繫力，理智成爲嘲諷的對象。整個社會陷入狂激的風暴之中。舊的制度，舊的統治型態，被風暴的狂力推倒了。這時，鮫龍在羣衆中突起，他以革命首領的姿態出現，要組織「革命政府」，來建立「革命秩序」。在建立「革命秩序」中，首先遭到肅清和鎭壓的，不是別人，正是這些「革命的」從龍之衆。在建立「革命秩序」的過程中，他需要集中權力，統一指揮。於是，一個獨裁的政權在革命羣衆的肩頭上出現。

一個獨裁的政權在革命羣衆的肩頭上建立起來的時候，就是革命的狂想曲告終的時候，也是革命羣衆嚐到革命苦果的時候。權力是甜美的東西，愈吃愈有味。權力又像海洛英，越中毒越想抽。嚐到權力甜頭的人，他們人生最高的目標就是怎樣保持權力，擴大權力，和延續權力。人一到了拋開理想，唯權力是務時，便可以不擇手段了。但是，他們的權力來自革命。他們必須繼續維持羣衆對革命的幻覺，他們的權力才不致喪失。他們必須繼續裝出革命的姿態，他們的權力之存在才似乎有理由。尤其是在巨大變動中受到迎頭衝擊的時候，他們更需强調革命來保持搖搖欲墜的權力。復次，近代帶頭鬧革命的人，幾無不倡言經濟事業之「國有」、「國營」。於是，「革命成功」以後，工廠、鑛山、銀行、生產機構，都變成「革命果實」，在「國家」的名義之下，悉予接收。這麼一來，爲一羣「吃現成飯」者大開方便之門。祇要你肯附和「革命」，加入黨籍，甘作爪牙，便不愁無「革命飯」可吃，不愁無汽車洋房可以享受。既然經濟的誘惑這樣强烈，於是以革命首領自居者和甘作爪牙者凝作一塊不可分解的利害結合。而蒙在這一利害結合外面的，是那些偉大的目標，偉大的諾言，偉大的口號，以及「爲國爲民」的樣子。這種結合一經凝成，便不愁不能到一處吃一處。

在這一聯鎖中，獨裁的權力又轉而成爲保持這種「吃霸王飯」的現狀之最佳工具。在這種情況之下，除了作欺騙的幌子以外，民主萌芽之遭受摧折，何能避免？

自古以來，一切私圖，都要在「爲公」的掩飾之下進行才有羣衆效忠；一切壞事，都要藉美名才能行得通；一切不可告人之隱，必須假借堂堂正正的理由才能遮住。口稱「革命」而心嗜權力的人物，在初期階段，藉以欺蒙與驅策羣衆的，是這種那種「主義」。一旦羣衆信仰了「主義」，跟着搖旗吶喊，跟着「奮鬪犧牲」，跟着作火牛衝鋒陷陣，於是他們從中形成了組織，由組織而套取了權力。但是，「主義」久久不能兌現，天國永不降臨。羣衆再愚蠢，也沒有不由懷疑，而失望，而解體，甚至叛離的。到了這一關頭，就是獨裁權力崩潰的時候。但是，這一類型的人物最善利用機會。他們不放過每一個可資利用的機會。他們能把絕大的失敗責任推到別人頭上。他們也能將失敗扭成再度攫取權力的局面。他們從新寫歷史。過去的一切好像與他們全不相干。他們又搬出一大套口號作再度登臺的藉口。他們又許下一些諾言來做政治資本。他們再度以救世主的姿態出現。這些做作，使得他們的存在和控制，看起來似乎很有道理的樣子。在這看起來似乎很有道理的蒙被之下，他們又混過了許多歲月。然而，歲月是無情的。世界局勢的變化，在在對他們不利。他們所許下的諾言，看來實現的希望愈來愈渺茫。在漫長的歲月中，他們所開的空頭支票一直不能兌現。而在掌握之下的無辜者却已支付了重大的代價，肩負着沉重的負擔。顯然得很，這樣的代價是永遠得不到補償的。面對着這樣的現實，大羣的人由懷疑，而失望，而麻木，而厭棄。職業革命家們的「革命」再度流產了。他們的那一套口號，那一些符咒，那一些大題目，逐漸在現實面前粉碎，慢慢失靈，慢慢失去壓人的作用。但是，權勢是不可失的。他們最大的敵人不是別的，而是日漸改變的冷酷現實。爲了維持權勢，他們必須在羣衆和冷酷的現實之間隔一道牆。隔一道什麼牆呢？既然主義，口號，大題目逐漸失靈，祇有在廢墟裏請出「古人」。自號革命者而要假借被革掉的古人之威靈，這是爲的要搬出古人來壓人，這是爲的拿古法統治思想，這是爲的搬出古董來使大家忘記當前的痛苦和絕望。這種行事背後所潛藏的心理狀態，是反乎進步的，是迴避事實的，是蒙昧主義的。這類心理狀態，根本是反科學的。

根據以上的分析，我們知道搞「革命」的結果，就是反民主和反科學。反民主和反科學的結果，就是天下大亂。國家弄到今天這樣的局面，再要鬧「革命」，除了「革老百姓的命」以外，再沒有更眞實的結果。現在還鬧「革命」的人，在訓練黨羽時，口口聲聲「黨國」、「黨國」的。既然他們把他們的「黨」放在大家的「國」之上，於是考慮「黨」的問題，總是優先于考慮「國」的問題。這些人士常常要人「愛國」，並且把「愛國」與否列爲屬員的考績項目之一。可是，在事實上呢？當着「國家的利益」與「黨的利益」一致時，他們似乎很是「愛國」；然而一旦顧到「國家的利益」就顧不到「黨的利益」時，他們就在種種藉口和掩飾之下，犧牲「國家的利益」以成就「黨的利益」。這些人士又侈談「以主義對主義」，「以組織對組織」。這一套來自蘇俄的辦法，除了束縛和壓制手無寸鐵的自己人以外，任何有常識的人都看得出毫無積極的用處。搞「革命」的人士近幾十年來何嘗沒有「以主義對主義」，「以組織對組織」？怎麼只有反效果？但是，這些搞「革命」的人士只會這一套。他們迷信這一套。他們認爲不用這一套就會天翻地覆，末日來臨。因此，他們要將再三失敗的這一套實施到底。他們要用這一套，必須製造神話。在二十世紀六十年代，居然還有人用筆墨，用口舌，把跟大家一樣的人神化起來，說成怎樣聖明偉大。如果茫茫衆生之中眞個有這樣的超人出現，那末我們也不致陷在這裏十餘年之久了！談經濟，重要工作就是發展印鈔工業，虛報統計數字，製造表面繁榮，而骨子裏則危機重重，脆弱不堪，物價日益高漲，一般人民的生活一天困苦一天。可是，在這樣的情形之下，闊「革命」的人士對于長面子，送往迎來，屯養龐大的統治工具，製造「萬衆歸心」的印象，則一擲千萬金，手面濶綽之至。阿克頓爵士有句名言：「權力使人腐爛，絕對的權力使人絕對地腐爛。」十餘年來，我們看見這個絕對的權力，在一個大題目的藉口之下，像奔馳于一片無人的原野，橫衝直闖，爲所欲爲，沒有任何力量能對它發生一點制衡作用。我們看見這個權力絕對驕縱地腐爛下去。

歸根究底說來，這是反民主反科學所造成的結果。我們要消弭這種結果，根本的辦法，還得從民主與科學着手。

依據經驗事實，我們必須承認，要救中國，必須眞正實行民主。十餘年來的事實已經足够證明，大家面前這個樣子的「領導中心」根本負不起他們自己所標榜的大責任。第一，這些人士最大的興趣在維持一己的權勢。他們的一切作爲都是從這一點出發，置國家大體于不顧。他們連一個反共救國會議都不肯召開可作明證。第二，氣量狹小，因而圈子愈來愈小。第三，只會搞小動作，要小聰明，製造鏡頭，於是弄得「小人道長，君子道消」，風氣愈來愈澆薄。第四，製造灰暗的恐怖空氣，使整個社會懾伏于一隻冥冥之手底下，生機斷喪殆盡。第五，除了這些本領以外，這些人士可說智窮力竭，一無所長。如果我們要保持一點中國人的乾淨土，我們必須實行民主。這裏所說實行民主，不是實行窗櫥裏的民主，而是包括下列兩方面。第一，實行人民有決定權的民主；第二，把這個權威主義籠罩之下的社會轉變而爲在民主生活方式之下的社會。這種轉變，不是形式的轉變，而是實質的轉變。

十餘年來的經驗告訴我們，政治上的措施，無論怎樣乖謬，大家只有眼睜睜地看着它陷溺下去，沒有任何人能够予以改正。之所以致此，根本原因之一，就是因爲不民主。我們知道，民主國邦的政府行政並非絕無錯誤。但是，因爲民主國邦有輿論，而且輿論有力量，政府不聽就行不通，所以錯了隨時可以改正。在若干年前，有人希望一二個有權力的人士改正觀念，發發善心，國事才有辦法。這種想法根本就是帝制思想的餘毒。何況幾十年來的事實表現與這種想法相反？祇有民主是最可靠的抑制個人攬權自私的制度。也唯有實行民主，發揮大家的力量和智慧，才能改正政治上的錯誤，導社會于進步之途。

照常理說來，政治是服務衆人之事。既然政治是服務衆人之事，應該輕鬆愉快，文明有禮，讓大家有充分機會效力才對。任何文明民主國家莫不如此。然而，此時此地，却大謬不然。中國人一談到「搞政治」，便給人一種緊張感覺。爲什麼呢？因爲，中國反民主者「搞政治」就是「包辦」。近幾十年來的「黨化」是「包辦」政治的最高型態。在「黨化」之下，政權、政事，視同禁臠。除非權力者爲了塞人之口不得已而分你一杯羹，否則「搞政治」就是一件危險的事。所以，中國人一「搞政治」，輕則勾心鬪角，吵嘴罵人，這還不要緊；重則打人，捕人，殺人；至於用金錢收買，白天撒黑謊，要弄權術，那還算軟性動作哩！尤其嚴重的，近幾十年來，爲了政見之爭，動輒揮戈相向，幾十萬，幾百萬人，擺開陣勢開火。這是何等慘酷暴烈的事！我們要避免這類的事，唯一可走的路，就是實行民主。祇有在民主政治中，以會場代替戰場，談政治不會威脅人身，不會危及生命。

許多人士以爲科學知識和科學技術是愈新的愈好，而道德倫範是古的好。這類人士極力鼓吹恢復舊有道德倫範。這是很令人費解的事。如果現在有人提倡包小脚，一定被大家引爲笑談，那末爲什麼道德倫範是古時的好呢？古時父母死了，子女要守孝三年，這在今天如何行得通？古時丈夫死了，做妻子的人只得守寡，這在今天如何行得通？……這也行不通，那也行不通，古時道德倫範有那些可以行得通的？古時的道德倫範，係以古代社會爲背景，針對古人的行爲而制作的。現在，我們所處的社會與古代大不相同，今人的行爲模式也與古人大不相同。怎樣令現在的人超越自己所在的現實環境去迎合古制？又有誰能够證明天下有永恒不變而可適用于萬世的道德倫範？古裝已經穿舊了，不適用了。時至今日，我們所面臨的問題，不是利用權威扯着人走回頭路，而是怎樣創建適合新社會的新道德倫範。我們要創建這樣的道德倫範，必須充分拿心理學、社會學、經濟學等行爲科學作基礎。我們要做這類的工作，就得切實研究科學了。

談到研究科學，許多人所知道的是吸收科學的知識和科學的技術。這當然是很重要的事。不過，我們還得有進一層的認識。我們必須明瞭，站在科學知識和科學技術背後的，還有科學的態度及科學的精神。從認知的程序說，科學知識和科學技術是科學的態度及科學的精神之產品。如果沒有科學的態度及科學的精神，那是不可能產生科學知識和科學技術的。所以，認眞說來，我們要學習科學，必須從培養科學的態度及科學精神着手。如果我們僅僅掠取了別人若干科學知識和科學技術，那末，不僅科學終歸學不好，而且我們儘管有現代化的工具，但是我們的頭腦還是原始落伍的。頭腦原始落伍而手上的裝備現代化的人，頗像滿腦筋的神話迷信而手上拿衝鋒槍的雲南土司。這樣的人眞是太危險了。什麼是科學的態度和科學的精神呢？這得分幾方面來述說。

第一，就對人而言，我們不承認有超人。一切製造「人身崇拜」的辦法簡直是原始性的巫術。任何人都有血有肉，而且有七情六欲。因此，任何人都不免于有錯誤。所謂「天生聖哲」，所謂「領袖不會有錯誤」，不是幻想的產品，便是無聊文人筆端的產品，在實際上沒有這回事。我們只能承認有比較能幹的人，有品格比一般人好的人。他們的能幹和品格，多由自我訓練得來。

第二，就對學說思想而言，我們認為人間找不到絕對的眞理。沒有任何的說教，能夠一網打盡所有的道理。既然如此，於是我們找不到任何理由來罷黜百家，獨尊一家之言。既然我們找不到任何理由來獨尊一家之言，於是我們對一切思想學說平等看待。「定于一尊」根本就是中古形式的思想統治。人不妨有各人自己的信仰。信仰自由是歐洲人經過長期努力爭出來的。所以，時至今日，凡文明的國邦，沒有人可以藉政治的力量來强迫人一定得信奉一種「國教」。之所以如此，係包括一種更深的含義，即尊重人的「良心自由」。尊重「良心自由」，是人類文明和民主自由的最高表現。極權統治地區最要消滅的就是這種基本自由。所以，在那些地區，動不動要人「洗腦」，動不動要人「交心」。在我們這裏，如果一羣人拿反對什麼作藉口，運用政治力量，把其一黨的「黨見」强迫大家接受，要大家奉若敎條，要學生學習，那末與他們所反對的東西有什麼分別？

第三，非權威。科學並不以「反權威 (anti-authority)」為能事；但科學的態度是「非權威 (non-authority)」的。這話是什麼意思呢？科學家所說的話，並非完全沒有錯誤。凡自認說話絕對沒有錯誤的人，不是自欺者就是欺人者。科學家不怕錯誤，因為他能自我改正或者接受旁人的改正。科學家所說的，有一大特點，就是：如果它是對的，它不是靠權威來支持的。權威不能使一句眞話變假。如果它是假的，權威也不能使它變眞。總而言之，科學家對于眞假的決定，只靠證據和推演。學術知識以外的權威，對于科學是毫不相干的。在我們所居住的這個地球上，如果有任何人或一幫子人所講的話，大家只有洗耳恭聽的份兒，聽了不許懷疑，更不許反駁，那末這種話是否說得對是大成問題的。在事實上，支持這類語言的，不是證據，而是權威。這種權威產生於槍桿與金錢。所以，當着人們碰到這類語言時，他們就要考慮到站在這種語言背後的槍桿和金錢。這該是多麼不順理成章！科學的眞理不隨槍桿和金錢之倒塌一起倒塌。我們經常聽到的堂哉皇哉的訓詞，當着槍桿多而且金錢豐富時，不愁沒有人隨聲附和。可是，一旦槍桿和金錢失靈時，就會寂然無聞了。

第四，實事求是。依據科學的態度作事就會實事求是。科學對我們最重要的啓示，是尊重事實。能尊重事實的人才能面對事實。能面對事實的人，才能勇敢地承認什麼就是什麼。一個人或一羣人有勇氣承認什麼就是什麼，才能不亂開空頭支票，才能不大言欺世，才能不騙取人的希望心。這種態度和精神，表現在行為上，就是「實事求是」。能夠實事求是的人，不做那些做不到的事，而只切切實實地做力之所及的事。

我們在上面已經將民主與科學的要點從反面和正面陳述出來。從這一番陳述，我們可以知道實行民主學習科學是中國人可行的陽關大道。早在四十多年前的五四運動裏，胡適之等先生致力提倡的就是這個坦易的道理。可惜得很，言者諄諄，聽者藐藐。這幾十年來，中國人愛講這個那個主義，為主義殺人盈野，廬舍為墟，生靈塗炭。言念及此，不禁令人浩歎！我們回顧過去，默察癥結之所在，還是由于不實行民主，不肯採納科學所致。今後欲救中國於深淵，並沒有其他奇徑可走，還是只有實行民主採納科學。五四又過了四十一年了。在這個特別值得紀念的節日，我們將我們的見解從新提出，讓大家有個眞切努力的方向。

我們尤其希望年青的一代，再不要做衝陣的火牛，再不要做撲燈之蛾，拿定主意，堅强地進步，讓一個合理的社會經由民主與科學的程序在我們手裏實現！

社論

(二)

韓國人民的憤怒驚醒了美國政府！

自三月十五日以來，韓國各主要城市即不斷發生反政府示威遊行，加以韓國政府未能即時採取平息步驟，以緩和此一情勢，以致這種反政府行動，遂日趨惡化，規模愈來愈大。至四月十九日，漢城、釜山、光州、大邱等地示威遊行演變至最高潮時，這一反對政府的行動，實際已普及全國各地區，而示威者的態度非常堅決，其中少數爲維護民主而誓死奮鬬的分子，甚至即在韓政府宣布實施戒嚴令後的數日，仍不肯聽命，準備繼續與政府作對。計這一事件中示威羣衆與警察衝突所受損失，即以四月二十二日韓官方正式所公佈的漢城一地的數字來看，死亡者已達一百二十四人，受傷者達七百四十八人。

大韓民國爲自由世界一分子，又爲鐵幕邊緣的主要民主櫥窗，對己對人，都負有重大責任。今韓國政爭竟演變爲如此大規模流血，對韓國自屬不幸，對整個自由世界亦爲一極大損失。尤其我們站在韓國近鄰與反共盟友的立場，對這種不幸事故，除了表示衷心的惋惜外，希望今後不再見這種事件的重演。

不過，韓國這次流血事件的發生，其主要責任與其說是在於示威遊行的羣衆，還不如說是在於韓國政府本身。當這一事件發生之後，美駐韓大使馬康衞即告李承晚總統說：「要設法維持法律與秩序，就得顧及造成這一事件的基本原因及其怨憤」。接着，韓民主黨領袖和身爲副總統的張勉對記者說：「李承晚政府唯有再舉行一次選舉，才能平息人民的激動情緒。人民反抗的唯一原因，是不公平的選舉」。四月十一日，美國務卿赫特在美參院外委會秘密會上亦說：「韓國選舉原不應在那種方式下舉行」。依照這些說法，任何人都會明瞭韓國這次大流血事件的眞正原因究竟何在。假若韓國政府自始即由「公平合法」的途徑辦理選舉，使反對派的民主黨能有一平等競爭的機會，一切訴諸民意選擇，這一事件的可能性根本就不會存在。甚至就在選舉揭曉之後，韓國政府能立時察覺民意的憤懣不平，即刻設法予以安撫，這種事件亦絕不可能繼續演化到這一程度。所以歸根究底，韓國這一歷史性悲劇的終於出現，一是由於韓國執政黨不顧民意，蠻橫實行選舉舞弊；二是由於韓國政府未能清楚體認和平息韓國人民對政府的長期反感，致一觸即發，馴至不可收拾。在這個時代任何政府要想一手遮盡天下耳目，而胡行妄爲，事實已不允許；何況民智大開，公衆政治意識極爲強烈，當然更難容忍一個政府公然作違法行動。所以對於這一事件，韓國政府現在除了自我譴責檢討之外，實不應再歸罪於任何別人。

由於這一大流血事件的爆發幾已動搖了韓國的國本，所以作爲韓國最密切盟友與支持者的美國，對此一事的關懷，絕不下於韓國本身。四月十九日，美國務卿赫特於召見韓駐美大使梁裕燦後，立即發表一嚴厲聲明，公開指責韓國政府造成和應付這一事件的不當。這一聲明說：「美國相信韓國國內的示威行動是人民不滿最近選舉作風的反映，所採取的鎮壓措施不適宜於一個自由民主的國家。……韓國政府爲了其本身的最佳利益，爲了恢復公衆的信任，應該採取必要及有效的行動，以保護言論自由，集會自由及新聞自由的權利，並維護投票秘密，避免對於執政黨的政治反對者的不公平差別待遇」。赫特國務卿這一歷史性聲明，不但表示美國已放棄過去對盟國事務的優柔寡斷的態度，毅然負起了作爲自由世界領導者的應有責任，而且亦可由此看出美國已察覺了一項事實，即美國的過問(有些人不高興干涉字樣，我們就以過問二字來代替吧)有些盟國的內政，在某些情況下爲絕對不可避免。假若面對最近韓國這種流血鬬爭，美國仍如過去，置若罔聞，任其局勢不斷惡化，其結果勢將使韓國由此分崩離析，陷於長期騷亂與不安，甚至還會引起內戰，試問這對韓國、美國及自由世界有何好處？所以這次赫特國務卿的採取空前行動，斥責韓國政府的作法不當，以期彌補和糾正韓國局勢，既爲韓國現時安全及美國與自由世界長遠利益所需要，亦屬一具有遠見與道德勇氣的明智行動。正由於此，所以這種行動對美國在國際間的聲望與地位，有百利而無一害；也正由於此，所以絕大多數人民對赫特國務卿的這一作法，也莫不予以衷心的讚譽和支持。

同時再從過去數年來所發生的一連串重大事實來說，尼克森副總統在南美的受辱，以及伊拉克、黎巴嫩和古巴諸國情況的變化，已把美國教訓得夠了。假若美國現在仍不改變態度，聽任某些盟國的獨裁政府照舊自行其是，結果不但將完全斷送它們自己的命運，而且也將使美國失盡世界人心。獨裁者自我毀滅，固係咎由自取；可是使美國連帶喪失人心，則所付代價也實在太大了。亡羊補牢，爲時未晚，所幸今日美國總算已認清了這一嚴重事實，總算已開始覺醒了。祇可惜美國此次所採行動在時效上稍嫌延誤，致許多損失已成無可挽救，假若在韓國尚未舉行選舉之前，美國就能如此表示，則韓國政爭絕不會有這樣惡化，一百多人的犧牲也可避免了。所以我們雖然認爲赫特國務卿這一作法，極爲適當，但仍有事後的焦頭爛額遠不如事先的曲突徙薪更爲有益。對此一點，我們亦希望美國今後能予特別注意。

這一事件發生後，頗有人懷疑其幕後是否受共黨煽動影響，韓駐美大使梁裕燦談話，更暗示其中某些反美跡象。但梁氏這種說法，立即爲美國務院發言人所堅決否認，最後連他自己也公開承認錯誤。大致來看，前韓總理卞榮泰對此一事所持態度，比較公正合理。卞榮泰說：「除了警察之外，沒有人相信這次騷動是共黨煽動的，甚至李總統也不相信，而他確知當時的情形」。由此看出，雖然韓國兩黨已因政爭而發生流血慘劇，而李承晚總統畢竟受過良好的西方教育，而他所領導的自由黨畢竟也具有起碼的政治道德及節操，明辨分際，沒有把在野的民主黨與共黨混而爲一，也沒有把民主黨視爲共黨同路人。假若韓國這種情形在其他民主不上軌道的國家內發生，說不定這一和執政黨同樣反共與親美的韓國民主黨，早已被染成紅色，準備要打下十八層地獄了。

總之，由韓國最近這一事件，我們可得出三點結論：即㊀赫特國務卿是一位非常出色與有魄力的國務卿，㊁韓國民族是一種偉大的民族，㊂李承晚總統具有良好的政治風度。尤其他的不對政敵亂戴帽子，及公開承認自己過錯，更屬可貴。

社論

（三）

這樣的地方選舉能算「公平合法」嗎？

臺灣省議員和縣市長的改選，已經於四月二十四日辦理完竣。根據統計，國民黨在兩項選舉中，獲得了「絕大多數勝利」：在二十一位縣市長中，僅僅損失了基隆市和高雄縣兩席；在七十三名省議員中，在野黨和無黨無派候選人當選的雖有十五人，然因國民黨正式提名的只有五十八人，現已有五十四人當選，所以實際上落選的只有四人。因此，國民黨臺灣省黨部主任委員上官業佑便在投票揭曉的當天，以一種躊躇滿志的神氣，發表了一次談話，除對於所謂「勝利因素」做了一些不符實情的分析外，居然還在「最後特別指出」：「選舉之進行，完全在公平的基礎上作公開合法的競爭。」

所謂「公平合法」，本來是政府以及國民黨在口頭上所一再强調的，尤其是在野人士所眞正希望的。現在上官業佑既然又「特別指出」這一點，我們不妨根據客觀的事實，證明上官業佑的說法，到底有沒有一點點眞實性？

說到「公平」，最有效的保證，當然是選舉中的管理工作和監察工作，特別是各投票所開票所的管理員和監察員的派聘。遠在三年以前，由於國民黨在第三屆地方選舉中，利用把持投票所開票所的方便，所採取的種種違法舞弊措施，陸續被揭發，所以每一個關心地方選舉的人士，都一致希望政府能有勇氣開放選舉工作；尤其從去年十一月起，民社黨更積極與國民黨當局進行交涉。但是，國民黨起初以管理工作「屬於地方行政，政黨不便參與」爲理由來拒絕，僅同意共辦選舉中的監察工作，甚至提出「擴大監察系統」的主張。到了今年二月底，在野黨及無黨無派人士在向國民黨提出的十五點要求中，更特別强調共同辦理選舉，尤其是共同擔任監察工作。結果，國民黨還是重演一拖再拖的故技，一直拖到四月十日，民社黨眼見又一次受欺騙和愚弄，終於對外發表聲明，報告與國民黨交涉已全盤失敗的經過。到了這時，國民黨不願公平辦理選舉之心，已昭然大白，路人皆知。因此，投票所開票所的管理員和監察員，又幾乎都是由國民黨內若干被認爲黨性堅强的忠實同志擔任。

在國民黨一手把持管理工作和監察工作的情形下，由於違法舞弊的手法，易於做得沒有漏洞，所以實際情形到何種地步，便不是局外人所能明瞭了。然而，僅僅由報紙上有限的透露，則蛛絲馬跡，並不難推測全局。關於臺北市的情形，據四月二十五日「聯合報」報導：「第六十一號投票所設在仁愛路掬水軒糖菓工廠的走廊，……投票所服務人員大都未掛識別的紙條，亦有閒雜人等坐在裏面大擺龍門陣……很像是一個簡單的茶會。」其實，臺北市三百零一所投票所中，我們走遍了幾十所，有「閒雜人等」的，並不止這一所；至於爲何讓這種人進去，而這種人進去的企圖又何在，却無從揣測！由於國民黨把持了管理工作，於是，選票居然也可以在管理員的所謂「管理」之下，順利的冒領到手。據四月二十五日「聯合報」證實，僅僅桃園一縣，冒領選票被發現的，便有兩起之多；尤其是投票日下午四點多鐘，在大竹國校投票所，就「發現一選民手拿十張選票準備投下票箱，被當場發現而加以制止。」請大家想想此一選民可以領到「十張選票」的事，便不難想像到管理工作黑暗到什麼地步了！正因爲投票所的管理工作，是由國民黨所把持，所以嘉義市萬安里八鄰的女選民黃清音，在領票時「發現已被蓋指模盜領」後，據四月二十五日「公論報」透露，儘管「投票所自認係被誤蓋非盜領」，「但在場圍觀民衆，均認此舉係企圖再演『安全措施』，冒領選票，欲盜投的醜劇。」可見選民的眼睛是明亮的！至於監察員之妨害選舉，宜蘭縣便有被人當場揭發的事實發生。這件事的經過情形，據四月二十五日「中央日報」報導：宜蘭縣新生里居民許吳阿芒，因已有七十多歲，眼力不好，就「請主任監察員楊來添代爲圈選」，並「聲明省議員是圈選郭雨新的」，但是，「楊來添接受委託後，却在另一候選人林振炎的名字上加蓋圈印」，終被在場人發現。郭雨新是大家所知道的青年黨籍，這次在競選中遭受到國民黨的四面圍攻；而林振炎又正是國民黨支持出來對抗郭雨新的。楊來添正是利用職權，違法幫助林振炎。由此一點，即可想見國民黨把持監察工作的眞實用意。至於臺中縣出現的廢票，據四月二十五日「聯合報」透露，竟「較歷屆選舉爲多，」這是否出於國民黨選派擔任管理員和監察員的「忠實同志」所一手造成，恐怕只有他們自己心裏清楚了！

然而，以上提到的幾件事實，不過是不幸而被公開的幾個例子而已。至於國民黨利用管理工作和監察工作的權力，究竟違法舞弊到何種地步，雖不是局外人所能想像。但僅由上述事例推測，也就不難瞭解國民黨堅決拒絕由各黨及無黨無派候選人共同擔任管理工作和監察工作的本意。實際情況如此，誰還有厚顏說已做到「公平」？

至於說到「合法」，當然是指一切有關選舉的措施和活動，都必須遵守法規的規定。可是，統觀此次地方選舉中，國民黨對於非國民黨提名的候選人，則竭盡非法乃至違法阻撓之能事；對於國民黨提名的候選人，則又不惜公然主張以至採用違法助選手段。

就國民黨對付非國民黨提名的候選人而言，從登記開始到競選活動終了爲止，國民黨所採各種違法阻撓手段，眞是無奇不有，擧不勝擧。例如基隆市由謝貫一用「長期午餐」的辦法，阻撓謝謙甫，楊倉貴，及王宗仁等登記；雲林縣用「捉人」，「搶皮包」，「搶兩萬塊錢」以及「政治收買」的辦法，逼退黃文斗。等而下之，在桃園和屛東兩縣，國民黨由於不敢讓選民作抉擇，仍企圖造成縣長由「一人坐選」，於是便發動地方人士展開勸讓攻勢，終至各報紛傳以「金錢賄讓」的消息。至於「軟騙」、「硬逼」、「政治收買」、「金錢賄讓」不成，便另採非法干擾乃至違法威脅。現僅以臺中縣無黨無派的省議員候選人楊秋澤的遭遇為例，據四月十七日「公論報」刊載：四月十五日在該縣新社鄉的公辦政見發表會中，楊秋澤發表政見時，竟「有一頭高大的狼犬，由講臺後門跳出，向着楊氏狂吠怒吼。那頭似經訓練過的可怕狼犬，虎視眈眈的，大有擒咬楊氏之狀，頓時全場陷於混亂狀態。臺下有少數人便趁此紛亂的不幸騷擾狀態中，又高聲喊打。罵他是青年黨的黨員，滾下臺去！」可是，「站在會場維持秩序的警衛人員，及有關主持政見發表會的人員，均置之不理，未加制止。」於是，到了四月十八日在梧棲鎮的公辦政見發表會中，楊秋澤發表政見到中途，據四月十九日「公論報」指出：「臺下突有民衆服務站（編者註：民衆服務站是國民黨區黨部對外化身）人員，及鎮民陳滄洲等驟然站立起來，謾罵他是『打架』議員，並制止他繼續發表政見。接着又有穿制服的聽衆，高聲喊打，一時情況異常惡劣。而在場維持秩序之警衛人員，及主辦政見發表會的選務所人員，均置若罔聞，聽任情況益形惡化。」正因為警衛人員和選務人員的聽任惡化，到了四月二十一日的最後一天政見發表會中，由於楊秋澤主張裁減民衆服務站數百萬元經費，據四月二十二日「公論報」報導：竟有所謂「少數選民」，「怒吼地舉起拳頭，並走向發言臺，高聲叫罵喊打；罵楊候選人是王八蛋，是共產黨，並怒不可遏的尖聲喊叫：『槍斃他』！」老實說，像楊秋澤所遭遇到的種種情事，實在是我們地方選舉史上最可恥的一頁！由於參加者以及有責任制止而置若罔聞的人員，都是直接間接與國民黨有關，所以國民黨無法擺脫非法干擾和違法威脅的責任！至於其他在野黨和無黨無派候選人所遇到的干擾乃至威脅，也十分普遍，我們實在無法再一件件的說下去了！

反之，國民黨對於一切由國民黨提名的候選人，則又不惜公然主張以至採取違法助選的手段。其中最為人所深知的，便是違法利用軍、公、警、教等人員助選。按照「臺灣省妨害選舉罷免取締辦法」第十三條規定，舉凡是軍、警、選務人員、公、教、自治人員，都「不得協助選舉」，條文規定清清楚楚。這種硬性限制，沒有任何伸縮餘地，本刊在最近已經說得很多，自不必再說。事實上，據四月十日「聯合報」刊載，選舉監督委員會工作座談會通過的選舉監察工作執行要點中，還特別重申此項規定。然而，國民黨由省黨部主任委員上官業佑，而中央黨部秘書長唐縱，却公然認為軍、公、警、教等人員，在「公餘之暇」可以助選，乃至所謂「以黨員身份依法協助其本黨候選人競選，這是政黨政治的常軌」。其中特別是不知法律為何物的上官業佑，居然一再提出可以「助選」的違法主張。然而，等到國民黨的說法，遭受到與論的駁斥後，連起初也採取類似說法的省民政廳長連震東，也不敢正面答覆問題，乃至認為上官業佑之類的說法不能代表政府後，就在四月二十三日的「聯合報」上，看到內政部長田烱錦的談話中，居然還認為公教人員等「基於私人情感，是可以助選的。」以堂堂內政部長而說出這種違背法規的話，幾令人不敢相信！倒是省主席周至柔，到了四月十四日，眼見上官業佑等人的主張與法規牴觸，還特別鄭重下令，嚴禁軍、公、警、教等人員助選。據說此種基本觀點，却遭受到國民黨內部的尖銳抨擊。也許正因此故，周主席到了投票前夕發表談話時，也只能希望不「利用職權來助選」了。所以，有關官員中，眞正能依法言法的，只有臺北市選舉事務所監察小組召集人楊鳴鐸一人，曾在選舉簡報中公開向連震東提出：「我不贊成公教軍警人員在辦公時間外可以助選。」難怪有人說：楊先生畢竟不愧為臺北地方法院檢察處首席檢察官。

由於國民黨違法利用軍、警、公、教等人員助選的決策，是早已決定了的，因此在這次選舉中，違法利用軍、警、公、教等人員助選的事，便十分普遍；其中例如利用教員對小學生進行「助選教育」，由小學生回家展開「助選活動」，已是人所共知，不必細述；現由於違法利用現役軍人助選，這次推行極為澈底而有效，僅就我們手邊的資料，略舉一點事例做證據。國民黨「特種黨部臺北市聯合助選委員會」在四月三日以(49)師訓第二〇〇九一號發出的一項註有「密」字及「限發黨員」字樣的「宣傳指示」中，便特別强調到一點：

「尤其因為我們不獨是黨員，而且是軍人身份，在宣傳上，行動上必須巧為運用，不宜顯示黨員身份的，就要掩藏黨員身份；不宜用軍人身份的，就要化裝平民身份」。

大家在看了所謂「掩藏」、「化裝」之類的指示後，便可知道國民黨的「公餘之暇」，以至「不利用職權」之說，完全是違法助選的飾詞。這種違法利用軍人助選的事，在臺中市也不例外，曾經在一項所謂「輔導工作要點」中指示：「請轉飭所屬官兵及眷屬運用與民間關係，為本黨候選人拉票(宜發起一人一票運動)。」正因國民黨澈底違法利用軍人助選，結果僅僅在新竹縣投票時，據四月二十五日「公論報」指出：「設在湖口鄉湖鏡村三元宮第一一九號投票所正門口，一大早就來了一輛中型吉普，上面貼着紅紙寫的『協助地方自治軍眷專車』字條」，儘管「民衆看了議論紛紛」，但投票所主任管理員和警察人員也莫可奈何，最後還是選務所秉主席鄒滌之到達後，才把「專車」勸導開遠一點，並將「協助地方自治」字樣塗去。難怪「公論報」記者要說：「這大都是黨提名候選人的鐵票，很少意外。」足見國民黨在違法利用軍人助選方面，如何做得澈底有效了！

可是，以上所說到的國民黨用非法乃至違法手段，干擾和至威脅非國民黨提名的候選人；以及不惜用違法手段為國民黨提名的候選人助選；只不過無數事例中的一小部分而已！但僅由這一小部分觀之，也就知道根本無「合法」之可言了！

綜括以上所述，國民黨既然是在一種既不公平又不合法的基礎上，而控制這次地方選舉，那有不獲得「絕大多數勝利(？)」的道理。然而，這樣的勝利，非但不是國民黨的光榮，適足增加國民黨黨史上可恥的篇頁，也就是喪失人心最大的地方。因此，很多熱心地方自治的在野黨及無黨無派候選人，雖然沒有能當選，但完全以個人的力量來有組織的國民黨鬪爭，已經是失敗的成分居多，何況國民黨又不願循由「公平合法」的途徑競選呢！所以，從深一層來看，這未必便是各個落選的候選人的失敗，而是我們地方選舉的整個失敗！

但是，我們的地方選舉，還能老是讓國民黨一手把持操縱而這樣胡搞下去麼？凡是篤信民主政治的人，面對這樣局勢，應該起來設法補救。民主自由是要靠大家努力爭取得來的。今後唯一有效的補救方法，就是要靠這些篤信民主政治的人士，大家聯合起來組織一個强有力的反對黨，以與國民黨抗爭。

社論

（四）

政府不應縱容中廣公司違法！

臺灣全省二十七家民營廣播電臺，爲了中國廣播公司(以下簡稱中廣公司)違法承攬商業廣告，經過一年多要求政府主管當局依法制止無效後，到了今年三月間，終又公開向各界寄發了一本「迫切的呼籲」小册子。當我們細細看完了其中的正文和十項附件，總以爲像這樣單純的法律糾紛，經過「迫切的呼籲」，必可很快獲得合法的解決。

可是，直到四月十八日，當我們又在各民營報紙上看到全省民營電臺的巨幅啓事，才知道糾紛非但沒有解決，而且由於中廣公司副總經理羅學濂的「狂妄作爲」而更形惡化，以致被迫不得不在啓事的結尾時鄭重聲明說：「假使我們這些呼籲和努力，都不能得到黨政當局的重視的話，我們全省民營廣播電臺只有全體停止廣播，作無言的抗議！」我們基於維護新聞和廣播自由的基本立場，覺得事態嚴重，不得不依據法律觀點，提出一點意見。

很明顯，此項糾紛之造成，是導源於中廣公司承攬商業廣告。依據無線電廣播電臺設置規則的明文規定，電臺分爲民營與公營兩種；其中只有民營電臺，准許播送商業廣告；至於公營電臺，則禁止播送商業廣告。因爲這是我國唯一的廣播法規，也是任何電臺必須遵守的根本規章，所以中廣公司能不能承攬商業廣告，全在其究竟是民營還是公營。

中廣公司本來是國民黨的黨營事業，當然理該是屬於民營的性質。然而，由於中廣公司利用國民黨執政的特殊關係，「與政府訂有合約」，在實質上已變爲公營的性質。正因爲這種性質上的根本轉變，才使得中廣公司取得了任何民營電臺所不能享有的特殊地位。現在中廣公司的情形，誠如全省民營廣播電臺在去年八月所指證：「整個開支，都由政府編成預算，完成立法程序，由國庫支付；員工的實物配給，眷屬婚喪醫藥費的補助，政府都按給予標準核發；公用房屋，眷屬宿舍，政府也援例撥配；進口器材的關稅，房屋和土地的稅捐，政府也特予豁免；臨時擴建費用，如修建房屋，改善和增加設備，購買器材，政府更專案撥欵。」試想想：諸如此類的情形，有那一點不是證明公營性質？假使中廣公司還硬要說是民營而非公營，則無異公然承認：我們的中華「民」國，是十足的中華「黨」國！

事實上，遠在四十六年十月四日，中廣公司爲了請求免辦營業登記和免課戶稅時便聲稱：「本公司受政府委託，宣揚政令，經費由政府撥補，其性質與一般電臺迥然不同。」這一說法，卽無異自認爲屬於公營的性質。否則，還有甚麼「性質與一般電臺迥然不同」之可言？難怪到了四十八年四月二十五日，交通部在行文裁定此一糾紛時宣稱：「經查中國廣播公司係屬一般公司組織，向經濟部登記立案，惟自四十六年一月起與政府訂有合約，在合約有效期間自不宜辦理普通商業廣告。」並同時「轉知中國廣播公司」。這一公文書發佈之後，始終沒有聽到中廣公司依法定程序向交通部申覆，因此我們有理由推定：連中廣公司本身，也不得不承認主管部的裁定是完全合法的。

國家的法令，是任何單位都該遵守的。可是，中廣公司非但違法承攬商業廣告，而且在接到交通部的裁定電文後，反而變本加厲，大量播送商業廣告，公然抗拒主管部的裁定。近據全省民營電臺在四月十八日各報刊登的啓事中揭發：中廣公司竟「更不待政府核准，擅自裝置機器，架設電臺，籌建第三廣播部份，來同樣承播商業廣告。」統觀此等無法無天的行爲，竟可一再連續發生，而政府主管機關又可一再縱容，不加以制止，怎不令人驚奇？不過，我們今天所驚奇的：已經不是中廣公司的違法抗令行爲，而是政府主管機關一味縱容的態度。現在，我們要請問政府主管機關：對於中廣公司的違法抗令行爲，爲甚麼不加以制止？難道中廣公司眞是「特權」單位？我們還要進一步請問：假使中廣公司的行爲出於任何一個民營電臺，究竟管不管？究竟干涉不干涉？

老實說，中廣公司的此類做法，固然是心目中不承認有「法」；但政府主管機關的這種態度，也同樣是心目中不承認有「法」。因此，這樣的法律糾紛，才會發生，才會得不到合法的解決。說到這裏，我們實在不能不替國家的法治前途悲，尤其不能不爲政府的前途悲！不過，追本窮源，還是由於中廣公司憑藉了國民黨的特殊關係。因此，在實際上成爲公營事業，甚至享有了超過公營待遇以後，居然還可以硬不承認是公營！

現在，事情既鬧到這種地步，我們建議政府主管機關，從速依法制止中廣公司違法抗令，企圖利用公營所具有的雄厚財力、人力、物力、以及其他一切優越條件，一手扼殺全省二十七家民營廣播電臺的行爲。不過，如果中廣公司眞願意恢復原有的民營性質，我們非但絕不反對，而且十分贊成。但所謂民營，必須是眞正的民營，絕不能由政府獲得種種公營的待遇，在實質上仍然公營，卻以民營的姿態出現。因此，我們願提醒中廣公司特別注意：在回到民營之前，必須把過去向政府領用的公用房屋和眷屬宿舍等所有資產財物，全部歸還政府；同時把歷年由國庫動用的添置設備和補充器材等所有耗費欵項，悉數繳回國庫。在回到民營之後，便該停止向國庫支領經費、員工待遇配給、以及眷屬婚喪醫藥補助；同時不得再享受外滙配額、關稅、以及房地稅捐的豁免待遇。總之，完全如同全省的二十七家民營電臺一樣，不在政府方面獲得任何優越的待遇。只有做到這樣，才配稱民營，才可以大量播送商業廣告，才能夠與民營電臺爭利。

至於中廣公司在政府大力支助之下，現在虧欠竟達二千萬元之鉅，其中原因何在，顯然値得追究。關於該公司的經營不當，社會上已早有傳聞。在政府財政困難，高喊節約的今日，希望立、監兩院，對於中廣公司的編制是否過於龐雜？開支是否過於浪費？依法澈底查究。

斲害「五四精神」的幽靈

——現代中國社會心理的分析

謝文孫

「五四」又來臨了。這個日子，常使人們腦海裏湧現出中國現代啓蒙運動中一個壯濶的浪峯。這個浪峯，冲盪全國；流注在社會文化各面，便表現爲一連串追求現代化、民主化和科學化的努力。努力的結果，不能說是沒有收穫。但是事實擺在眼前：國人的頭腦大多未脫「中世紀」的型模；科學仍然落後；民主的成就更令人心酸。遙望大陸，固然是赤氛瀰漫，淸算胡適，至今未已；就是在標榜自由的地區，也仍有人在指責熱心啓蒙的人士爲文化叛徒，更有人戒懼民主自由，尤甚於戒懼共產極權，甚至還有人硬把大陸變色的責任歸於五四運動。

「五四」所代表的啓蒙運動，這些年來，所受的種種打擊阻撓，可以大略歸併成兩種主要的型態：復古主義和共黨運動。這兩股勢力，盛衰雖異，但它們的心理根源却是相同的，兩者對五四精神的心理反應也多相似之點。本文擬從現代心理分析派的觀點，對這些心理狀態加以剖析。這一工作，對于五四成敗的評價，對于中國社會心理的了解，都可提供一點幫助。

一　挫折和「護痛反應」

鴉片戰爭以來，中西交往的一連串結果，在國人心理上所鑄刻的「挫折」，其深其切，無法言喻。掌權者的愚昧又加重這種挫折之感。野心之士更進而操弄這種心理，將羣衆驅作「火牛」，聚爲「階磚」；無論他們成王敗寇，國人的病態心理只有愈益深固。倡導啓蒙之士，縱使摸準了症候，「五四」這劑丹方也嫌藥力不濟。

西方文明的撞擊，除了影響到「民族尊嚴」之類面子問題以外，還牽涉到遠爲嚴重的生存適應問題。千百年來極少變動，早近僵凝的傳統生活習慣、反應方式、乃至整個意識型態，都被逼着作全面而澈底的調整。面臨這樣巨大的刺激，中國人必須應付。

人們遭遇挫折後的反應，若干心理學家分成三類：①「外懲的反應」(extra punitive reaction)，向外攻擊，攻擊的對象與挫折原因可以有關，也可毫無關連。這是動物自衛的本能。對外反擊失敗，可能轉而作②「內懲的反應」(intra-punitive reaction)，歸罪於己，自責乃至自罰、自殺。長期的「試誤」(trial and error) 之餘，人們會逐漸養成③非攻擊性的反應 (non-punitive reaction)。這是理智的反應方式，也是教育修養的目標。只有心理年齡趨於成熟的人們才能表現。

國人坐挫於西方强力，初期的反應大多是向外盲目攻擊的。就知識程度言，上層有倭仁徐桐的典型，倭仁徐桐的陰魂至今未散；下層便出諸義和團式的原始發洩。義和團可被硬壓於一時，這種心理却仍在各種事例中不斷冒現。遠之如廣州沙面慘案，近的有臺北「五二四」事件。共黨之倡導「反對外國資本主義」，「反對美帝」，都植基於這種心理反應。「資本主義」或「美帝」究竟是友是敵，無關宏旨，要緊的是在某一特定「時」「空」，它們正好合宜於作爲箭靶，可供洩憤出氣。

盲目仇外，十九吃虧。於是轉而向內尋找目標。清廷、北洋、國民政府先後成爲攻擊對象，導演羣衆運動的人也會把羣衆的視線引向下列焦點：軍閥、買辦、豪門……。這些對象，也許罪有應得，也許是無辜的，但是那不重要。決定它是否成爲「衆矢之的」底關鍵在於，它能否供人發洩最多的鬱憤，也因此能否吸引最大數目的羣衆。譬如，慈禧太后倒底是不是像革命黨人所攻擊的那麼十惡不赦，這是史學家的題目。當時，實在找不到一個比她更醒目的箭靶，此所以連保皇黨也得攻擊那拉氏，才能爭取羣衆的支持。政府當局如果手腕高明，也可巧妙地轉變羣衆的視線，並可進而利用這股忿積難抒的心理，所謂「民氣可用」。如果應付不善，則往往惹火燒身。

少數明智之士也未嘗不能作理智的適應。在文化思想方面，五四所表徵的啓蒙運動便是一個典型，胡適的性格恰正是這種非攻擊反應方式的化身。五四也自有其破壞的一面，但它的基本精神是積極的、建設性的、冷靜實踐的、訴諸理智的。丁文江的生平作爲是很好的例證。五四健將中不乏狂熱之徒，但這些狂徒不久便紛投左派或右派的漩渦之中。有人爲之婉惜，其實性情使然，無可挽回的。五四精神顯然同這種社會心理扞格難合。自五四以來介紹民主和科學的知識份子，便一直在腹背受敵的困境中苦撐。在復古之士心目中，他們是「不肖子孫」，是「二毛子」；在左派的叫囂聲中，他們又成了「文化買辦」、「資產階級幫凶」。胡適，「謗滿天下」，非自今日始。

這種攻擊的態度，幾乎表現在社會生活的每一小節中。試看家庭中老式的鈎心鬪角，新式的勃逆不孝，共黨之鼓勵淸算父母，可謂登峯造極。家庭以外的人際關係，也隨處現出猜疑、嫉恨，易於激怒，缺乏涵容。只有阿諛逢迎，而罕聞由衷的讚賞；倡導敷衍隨和，而難得謹嚴的辯難。有人說，世風澆薄，沒有同情心，其實環境逼處，何忍深責？一位外籍教授說：「十個中國人中，八個有怨氣。」

這股怨厲之氣，也折磨自我。自懲自責之餘，覺得自我竟是一切痛苦的根源，於是厭棄自我，「自慚形穢」。這種心理作用的發展未必人人能自覺到，但大都表現爲兩類病態心理：①「自卑錯綜」(inferiority complex) 和②「逃避」心理。

①自卑感對行爲思想的深刻影響，心理分析派名家 Alfred Adler 曾有很好的說明。但它的表現方式却極隱微周折。根據心理分析派一般的理論，自卑錯綜之類心理，根深蒂固地潛藏在下意識裏，壓抑極嚴，而作祟亦極凶，每每改頭換面，以僞裝的形態，閃過意識的「驗關」而表現爲許多病態行爲。國人長期屈辱所積壓的自卑心理，第一種表現方式是對西洋事物的盲目崇拜。「媚洋」「迷洋」的病態心理不可勝數。由羨慕、而效顰、而挾洋以傲視同胞，都是很自然的。「朝蘇俄老大哥一邊倒」的口號，也只有深陷自卑的人才會信從。諂媚權勢、迷戀權勢原同媚洋迷洋出自同一心理。對于自己的生存和創造能力失去了信心的人，無法站立在自己的脚跟上，所以才要攀附權力，死抓不放。只有當他抓牢權力，跨在別人頸子上的刹那，才能證明給自己看，自己是有力量有作爲的「强人」「要人」，不是廢物，不是窩囊。另有一些自卑的人，只有當他們給別人騎跨，爲有權者賣命的刹那，才覺得與權力「結合」，暫時克服自卑。古代的太監，今天的共黨黨棍，都受這種心理的煎迫。權力對于他們像嗎啡一樣，可帶來暫時的安寧。失去權力，便失去了鎮懾自卑的符物。人們往往誤認「自由」「獨立」是人人喜愛的珍物。其實，並不盡然。作爲一個自由人，得有勇氣，有擔當，肯負責，尤其是要能「自信」「自尊」。在一羣自卑的人羣裏尋找「賽先生」，難怪「自由」、「民主」至今沒有着落。

自卑心理的另一症候是「妄自尊大」。虛驕自負的背後往往潛伏着自卑。口口聲聲「五千年文化」是這種心理的宣洩；强調六億人口，狂熱抗美援朝，也是利用這種心理。盲目鄙夷，乃至攻擊西方文明，與盲目崇拜，都出於同一套「自衛的心理軌輪」(self-defense mechanism) 的運作，通俗地可稱之爲「護痛反應」。

在妄自尊大、鄙夷西方的氣氛裏，五四以來的啓蒙運動要大張旗鼓地介紹西方的民主、科學……，正招大忌。「科學」尤其是罪魁禍首，洋人正是挾了科學的成果來使咱們苦頭喫到如今。既沒有力氣把這惡物趕走，便只好口誅筆伐——詬駡正是體力不勝時的攻擊方式。「奇技淫巧」是陳舊的駡法，今天的復古大師們則駡科學是「冷冰冰的」、「低一層的」、「虛無的」、「缺乏價值的」、「道德墮落的」……。有趣的現象却是他們一面又强調中國往昔的科學成就。「咱們先發明了羅盤、火藥……」，等而下之的愛談木牛、流馬……。這兒，對于科學既妬又羨的心理表露無遺。民主也是舶來品。但是至少在口頭上不得不談民主自由的今天，傳統主義者便硬把民主同他們所標榜的「歷史文化」接上筍頭。所以要用「君臣忠恕之道」來「貫通」民主政治。要以「舊內聖」加上「新外王」作爲政治原則。他們堅持中國古代有民主政治，至少有「民主的種子」。這顆埋種了五千年而未萌發成民主政治的種子是什麼呢？復古大師們這樣說過：「我們不能說中國文化無民主政治者，則以儒道兩家的政治思想皆認爲君主不當濫用權力，而望君主之無爲而治，爲政以德。」原來他們所望的是一個「爲政以德」的「仁君」。然而「仁君獨裁」等于民主政治麽？傳統主義者之所以要「魚目混珠」，還是出于上述「咱們也有」「咱們『先』有」的自卑錯綜。

共黨對付「民主」和「科學」的手法不同，因爲涉及其它心理作用，併在末節「父親意象」中討論。

②逃避心理的表現則更爲規模「盛大」。我們至少看出五種逃避方式：(甲)逃入想像世界，嚴重的成爲妄想症 (paranoia)；(乙)逃入集團，想托庇於團體或權威的護翼；(丙)逃避於未來，寄望於天國、來世、征服世界；(丁)逃於往昔，拿回憶、傳統做護符；(戊)逃入自我，可成「自閉症」(autism)。這些「遁法」常相交織成一幅精緻的網，圍困自我，如蛹作繭。我們思想界的人士，嚐盡困頓之餘而遁入此途者，頗不乏人。但是他們的言行，絕不露出絲毫畏怯的迹兆，反而常作悲壯的豪語。這正是自衛心理的作用。我們可分別就復古主義和共黨運動兩者來檢查透視。

復古主義者隱退於往昔的追憶之中，所以對舊東西有極端的偏愛。打太極拳，提倡中醫治癌，作文言文，强迫讀經都還只是淺薄的表現。深沉的傳統主義信徒們，更痛心於「世風日下」，「人心固蔽」，發奮要倡明「絕學」，承繼「道統」，以「歷史文化」的千斤重擔自戒自勵。這種「世衰道微」的感嘆自古有之。今天的大師們默禱聖人復出；孔子自己却把理想的盛世推得更遠更早。唐虞三代的傳說是否孔子「托古改制」，我們不必在此討論。但是這類遠古黃金世界的美麗故事，在希臘、猶太乃至印度的原始神話裏都可找到，文化人類學家已經對此做了不少比較研究的工作。心理分析家則用「逆退」(regression) 心理來解釋。人們的生活經驗裏，愈是年幼愈力挫折，因爲那時的困難大都由別人，尤其由父母，代爲解決了。成人遭遇無法克服的挫折時，便想拿過去曾經奏功的適應方法來再度應用。可是，年青時的適應方法現在往往不能合用了，於是只好繼續上溯，退至童年，退至襁褓，甚至最最安逸的胎兒狀態裏去。這種心理常常不能自覺到，可是往往在行爲中表現出來。譬如氣極便哭鬧、跺脚、亂扔東西，原來他曾在童年靠了這些舉動來獲得關懷和幫助。更有人情急脫口喊出「媽！」來。至於到了精神病地步的人，則連語言能力、飲食習慣、便溺控制都逆退到幼兒的程度。一個人羣遭遇重大困境，也會產生集體的逆退心理，想逆退到這個羣體的幼年時代去。現在卑微屈辱，便回想歷史上威鎮四方屈辱別人的朝代。如果歷史上找不到，或找到的不够滿意，也可加以修潤竄改，甚至不妨憑空構想一個理想世界。當然愈古遠，才愈顯得崇高，也愈難被史實對穿。我們這個民族便是不幸而從那個完美的世界墜落下來的，愈跌愈遠，所處的世界也愈不完美。所以「今不如古」。古代的盜跖彷彿也比今天的强盜面目可親些。盜跖雖古，離那理想世界已遠。在那世界裏，盜賊絕跡，即使有，也不算是盜賊了。所以，希臘神話中的普魯美修士縱然竊火，仍是受人歌頌。生活在那個世界裏的人們——咱們的祖先，都是俊美、逸樂、强而有力，可以克服各種大難。他們媲美於神仙，或竟是神仙的子孫。希臘神話充分表現這一點。猶太的祖先原住在伊甸樂園裏，風和日麗，不愁衣食。連大哲如柏拉圖都擺脫不了這種心理。中國神話雖多湮沒，少數却被聖人刻意保存下來了。三代盛世、大同世界的美談又何嘗遜色於別的原始民族？遠古的黃金世界，不但給困頓的人們提供一個避難勝境，而且對於式微的子孫也有「償補」的作用，使他們可以傲視周圍的西方「暴發戶」：「想當年，你們還披毛戴角的時候，我們已有絲綢、瓷器、……」今天西方人已進步到能造原子彈，可惜仍「似隨時要從手中滑跌出去」；他們縱使征服太空，「一人飛上一個星球」，結果還將「沉入……虛無！」傳統主義者深信西方文明必將沒落。等而下之的則樂道「風水東漸」之說，「氣運」已繞球一匝，行將復歸中土，光祖耀宗的日子又近了。且撇開這些可笑的附會，上面各種說法所表現的「一相情願」，正是逃避心理的另一徵候——逃入妄想。西方的卓越成就即使逼臨鼻尖，復古大師也慣於眼一閉，手一搖，一聲「末技！」便擋了開去。避視現實情勢，盛道「鵝湖之會」，無非「自閉症」的病狀。也唯賴自我封閉，方能自我陶醉於歷史和夢想之中。

共黨運動的操縱者，多少能直覺到這種普遍的「逃避」心理。沮喪幻滅的人們，渴欲逃避現實，渴欲攻擊發洩，也渴欲拋棄這個鄙瑣屈辱的自我。共黨高揭羣衆運動的天羅地網，正好等待他們自動投入。個人加入了狂熱的羣衆行列之中，已不再孤獨，自覺已同「神聖」的「大我」合一，拋脫了「小我」的「蛻殼」；個人要洩憤破壞，共黨鼓勵他行動，促他「立功」；個人的生存原覺卑賤無聊，現在爲了團體的「永久生存」而努力，爲了「偉大使命」而奮鬪，生命變得有「光」、有「熱」；個人可以免於困惑徬徨了，因爲黨代他決定了一切，奉行教條不是遠比獨立思考省事省力麼？個人也不必再顧慮「責任」，團體和領袖將負起一切責任，個人只要「服從」「效忠」就够了。共黨不但提供這樣的集團讓人托庇，而且編造美麗的遠景發人憧憬。「征服全世界」「共產天堂」之類描繪，甚至比堯舜世界更能引人，因爲不怕史學家的考證。但共黨也利用歷史傳統，唯當輝煌崇高的往昔和燦爛奪目的未來聯結成一道上溯千古下通萬世的時間巨流，才能對比出現實的短暫、卑小，才能使人忽視今天的得失，爲「明天」而努力、熬苦、乃至賣命。多少年趕上英國、美國，這類宣傳有其「工具價值」。大量重印古籍，北平重修宮庭，除了對外宣傳，對內也可滿足某些心理需要。如果以爲大陸上的共產政權完全不顧歷史傳統，那只是窺豹一斑而已。其實歷史傳統正被這羣操縱羣衆運動的魔術師們在空前地利用、扭曲、誇大和「偷樑換柱」地重新塑造。必須看清這一點，才能透視大陸上的一幕幕連臺怪戲。至於共黨運動顯露的「自閉症」，比復古主義更嚴重。共黨派出來的代表或團體常拒絕與外界接觸，鬧些社交禮節上的笑話，都是病態的表現。他們的言論也常露出對於經驗事實的隔膜或忽視。「鐵幕」「竹幕」之類，正是自我封閉的絕妙好例。共黨梟魁也必知道，出入境控制只能煩擾良善百姓，「國特」「美諜」照樣滲透得進去。但是，病態心理正需要這種同外界的自我隔離。今日自由世界的領袖國家戒懼北平有甚於莫斯科。現在莫斯科掌權的是一批狡詐而現實的政客，精打細算，不敢賭命的；北平則是一羣或輕或重的精神病患者，騎在億萬善良而無知的民衆肩上，橫衝直撞。瘋子和狂徒什麼都敢做出來。

二　長期閉塞的惡果

上面一節所分析的種種心理軌序，都發動於挫折。然而中西交往所帶來的無數挫折只是「誘因」。這個誘因正巧作用於一個特殊的心理場合——中國知識份子由於長期閉塞所養成的適應能力退化。在交通技術沒有發達的時候，中國地理環境原易造成閉塞。中國知識份子全來自紳良 (gentry) 社會。紳良在社會上有特殊的權利和聲望。他們的權利和聲望並不是建築在自己的勞力上面，而是架構在另一套複雜的社會軌序之上。本文不便詳述。這套社會軌序須要安定，而不宜於動亂。知識紳良們便致力於如何維持長治久安的局面。對內鼓勵忍耐、知足、反求諸己、寧靜無爲；對外盡可能隔絕一切刺激、騷擾。至少從宋代以來，這種安頓停滯保守不變的情形便保持下來。再加上淸人入關後政治上的設計，文化思想的「一潭死水」遂成定局。

個人經長期幽禁之後，人格尙且失常；中國思想界執領導地位的士大夫們跟其它文明人類長期缺乏接觸和競爭的結果，至少有兩點惡果：①心理年齡仍滯留在幼稚或原始狀態，未臻成熟。英國人的歷史並沒咱們的「久」，平均智力也未必比我們的高出多少，但由於島國的條件，使他們有同外界接觸的豐富經驗，所以心理狀態遠較我們成熟。今日大英帝國已失去了昔日的聲威，英國人也有沮喪之感，但他們不會發狂，不作義和團式的原始發洩，至今也沒有飢不擇食地吞下共產媚藥，以求返老還童。②强烈的自我中心論斷 (ego-centric predicament) 導源於對外的隔絕和知識的貧乏。中國人一向以爲自己居臨世界的中央，自己的文明是人類的精華。「四夷來朝」的觀念，經過長期的「制約反應」(conditioning reaction) 已深植人心。一旦受到西方力量的敲擊，整個的認知系統和價值觀念都起動搖，這種心理影響之巨大眞是無法形容。

三　崇拜「父親意像」的傳統

精神困厄之餘，爲什麼主要地演發成復古主義和共黨運動兩種型態呢？爲什麼五四所代表的啓蒙工作不能阻遏它們呢？這裏得注意到另一心理因素——對於「父親意像」(father-image) 的傳統崇拜。

(13)

依據心理分析派瓊恩(C. G. Jung)等人的學說，人類有普遍的宗教意識，但其投射的對象和方式並不一致。大樹、猛獸、力士、巫覡、日月、圖騰乃至自己的背影、性器的象徵、想像的人格，以及茫茫宇宙，都可以成為敬畏膜拜的對象。大概社會愈文明，宗教的對象也愈抽象化。中國人的宗教意識，傳統上最顯著的投射於「父親意像」之上。

崇拜父親意像的情緒，其複雜，其強烈，遠非普通的「親子之情」所能比擬。「父親」是一個標徵(symbol)，代表權力和生命，提供安全，代禦困難。凡是具有這種屬性的人，無論叔伯、祖父、族長、君王、法師……都可作為父親意像，對他信從，獲得保護。這一父親意像的功用，逐漸由現實的工具價值，發展成信徒們精神上的「靠山」。膜拜着它，大家獲得安頓之感；失去了它，隨即感到惶惑不安。長期信奉會使效忠的觀念替代了責任感，權威崇拜替代了獨立思考。

崇拜父親意像的傳統和中國社會的建構，正好配合，互為因果。由於故意的安排，這一崇拜傳統已成為中國農業社會、氏族制度和保守風氣的「靈魂」。中國社會的每一層建構都有獨特的父親意象之設計。在家為家長，在族有族長；政治方面，上則有君主，下則有愛民如「赤子」的「父母官」；幫會固然拜「老頭子」，各行各業也都供奉「祖師爺」，人際關係都要拉成伯叔兄弟的親子關係，至今的書信稱呼中還有殘迹依稀可尋。孔子是最權威的一個「父親意像」了。這位「素王」君臨中國書生的頭腦何止千年？兒童談話愛拿「爸爸說的」來給自已撐腰，成人作文則滿篇「子曰」。以維護歷史文化自命的傳統主義者，近年來有意發展成一個宗教運動，以挽頹勢，於是便拼命在孔子言論中找出一絲一縷的宗教成份來，可惜孔子不語怪力亂神的態度太確定了，他們只好轉而把個「天」字談得玄之又玄。其實是這一父親意像的擴大和抽象。他們所誓死保衛的歷史傳統，其實是這一崇拜「父親意像」的傳統。這個「意像」的破碎，將給他們帶來幻滅，他們的世界也將因而失去均衡、秩序和依恃。傳統主義者正是懷了這份「失恃」的恐懼，來奮力保衛他們精神上的「長城」。

復古之士也痛恨共黨，倒並不是因為他們厭惡共產極權的權威崇拜底習性，而是為了這一崇拜習性被赤色野心份子利用了，把崇拜的內容和對像偷換掉了。「忠黨」代替了「忠君」，「馬克斯說」「列寧說」代替了「詩云」「子曰」，「新民主主義」「毛澤東全集」代替了四書五經。復古人士有一股被人輕騙硬詐而吃了大虧的冤憤。這種心情大家當然同情。但是期望中國走上民主化科學化的人士，根本就希望中國人能一個個昂起頭來，站在自己脚跟上，作自己的主人。「給孔夫子牽着鼻子走，不算好漢，給馬克斯牽着鼻子走，也不算好漢。」在「權威崇拜」這一點上，五四精神和傳統主義針鋒相對，毫無妥協餘地。新文化運動的口號：「打倒孔家店！」「線裝書丟進茅厠坑裏去！」今天看來，這些口號所眞正要推倒的是這一父親意像底崇拜傳統。只有從這一角度去看，才能把幾十年來的論戰一目瞭然。醉心民主科學的人士至今還罵傳統主義與極權統治狼狽為奸，「歷史文化」派大聲呼寃，其實相同之處不多，只在這「權威崇拜」一點上。復古人士又罵五四健將為赤禍罪魁，也出於這一衞護傳統的立場。這場「父親意像」的攻守戰，雙方戰術迥異：啓蒙之士，大張旗鼓，公然討伐；傳統主義則負隅頑抗，却又根本不承認所保衞的只是這一崇拜傳統，當然這也是自衞軌輪的掩護作用。共黨份子，却趁雙方攻守正酣之際，迂迴偷襲，坐收漁利。共黨也講「科學」，但是他們的科學與唯物主義合一，換句話說，科學離不了教條，這樣的「冒牌科學」無法為啓蒙人士承認，但是却能魚目混珠，而且對於羣衆的心理習性也較適合。他們也掛民主招牌，但是民主其名，極權其實。旣坐享五四所倡導的美名，又能滿足慣於崇拜權威和傳統的心理反應。崇拜孔夫子到崇拜「毛夫子」的轉變，遠較根本不崇拜任何人的學習來得輕易。五四精神在左右夾擊之下，苦戰了四十多年，眼看還須奮戰下去。

為了中國人的心理健康着想，但願五四精神日益昌盛，使中國人的頭腦愈來愈清醒、理智、穩健。

郝希曼論平衡發展

馬逢華

在近年來對於經濟發展問題的討論中，「平衡發展」(balanced growth)與「重點發展」的取捨，是一個重要的論題。現在哥倫比亞大學執教的郝希曼，去年發表了經濟發展的策略一書，(Albert O. Hirschman: The Strategy of Economic Development, Yale University Press, 1958) 其中第三、四兩章，對於平衡發展的理論，加以批判。郝希曼持論雖然並非完全公允，但是頗能言之成理。本文節述該書上述兩章的要義，以供尚未讀到原書者的參考。以下各節，全為郝希曼對此問題的看法，並無筆者意見在內。

一

平衡發展的理論，大體上可以分為兩類，一類强調在供應方面的平衡，認為一個在發展過程中的經濟體系，各部門 (sectors) 間不應脫節，否則在供應方面，將會發生困難。比如社會基本資本 (運輸、動力、自來水等)，必須能够充分供應，以支持工業的發展。爲了同樣的理由，工業也不宜跑在農業前面太遠。另外一類的平衡發展理論，着重需求方面。依照這一派的說法，一個新的企業，如果孤獨地建立在經濟落後地區，一定很難維持長久，因爲這個企業的職工，顯然不能買盡自己底全部產品。而這個落後地區底其他人口，又是處於「經濟落後的均衡」(Underdeveloped equilibrium)，他們只能互相交易和消費彼此底小量產品，沒有餘力來購買新企業底出產。因此，如要發展經濟，只有同時興建許多新的工業，這些工業底職工，可以互爲顧主，解決對於產品的需求問題。後一理論，以今春去世的諾克賽教授爲主要創作者之一。諾克賽在這方面的名著，(Ragnar Nurkse: Problems of Capital Formation in Underdeveloped Countries)，五年前已由楊樹人教授向國內作了極精闢的介紹(見「自由中國的工業」，第二卷第一期，頁一—五)。

郝希曼對平衡發展論的批評，由駁斥後一類的理論入手。

二

郝希曼認爲這種平衡發展的說法，不能構成一個「發展」理論。因爲經濟發展是指由一種經濟形態演變到另一種較高級的形態。但是平衡發展論者認爲這種演變的步驟爲不可能。他們認爲「經濟落後的均衡」不可能在某一點上被突破。因此，他們底結論是把一整套嶄新的、自足的、現代化工業經濟擺架在停滯的、同樣自足的傳統經濟上面。賽氏定律 (Say's law) 在兩個互不相干的經濟體系內，各自爲政。郝希曼說，這不是生長，也談不上接枝，而純粹是一個「二元經濟」的 (dualistic) 局面。他認爲這種想把落後經濟撇開不管，而夢想建立一套全新的現代經濟，是一個逃避主義者或失敗主義者的答案。

平衡發展論一方面對落後經濟的「發展可能」持着失敗主義的態度，忽略了在實際上經濟落後國家的人民常常可以減少傳統的消費或窖藏，或者加倍努力工作，藉以換取若干現代工業產品(如手電筒、無線電、自行車)；另一方面，雖然這些人連這些事情都作不到，平衡發展論者却又期望他們能够動員足够的創業和經理能力，來同時建立一大套現代工業，互相消費彼此的產品。我們很難想像一個故步自封的「一層樓」的經濟，能够憑着自己的力量或有限的外援來添建這樣一層摩登的「二層樓」。除了淪爲外國底殖民地之外，這幾乎簡直是不可能的。郝希曼說，一個能够實現平衡發展的國家，根本上已經不能被稱爲經濟落後的國家了。

平衡發展論可能是受了凱因斯對蕭條經濟分析底影響。在一個「就業不足的均衡」(Underemployment equilibrium) 之下，一個工廠單獨增產可能是毫無意義，因爲這一增產所引起的需求及其倍數作用，並不能集中輻射到該廠自己底產品。一定要有由政府財政政策所促成的消費開支大量增加，引起許多工廠同時增產，才能導致經濟底普遍復蘇。在一個經濟循環的復蘇階段，各種生產活動之平衡恢復是順理成章的事，因爲工業設備，管理人材，技術工人以及消費習慣，都是現成地擺在那裏，等待着恢復其暫時中止了的功能。但在經濟落後的國家，情形並不如此。所以，平衡發展論實際上是把對「就業不足」症所開的藥方，用到「發展不足」的毛病上。因此顯然不能藥到病除，無論有無政府底參與。

三

在批評由需求方面着眼的平衡發展論的時候，郝希曼附帶着也批評了一種「外在節省內部化」(Internalization of external economies) 的學說。這派學說分析企業家底短見，而主張由政府來統籌一國底經濟發展。若森斯坦・若丹 (P.N. Rosenstein-Rodan) 是這派學說底健將之一。他認爲在私營企業制度下，企業家們像是一盤散沙，體會不到他們底投資活動所能發生的「外在節省」。因而他們所願意投下的資本數量，比從整個社會的觀點來看，可以獲利的投資數量，少得很多。他底結論是由一個中央機構來統籌兼顧各種生產活動，因爲只有如此，外在的節省才可以「內部化」，而使企業家們對利潤的估計提高。這種說法，在實質上是平衡發展論的一個變形。它等於說：如果十個生產事業能够聯合並舉，在需求方面互相支持，則其中任何一個生產事業，都比單獨興辦更爲有利。

郝布曼對這派學說提出了兩點批評：㈠雖然許多企業同時舉辦，比較有利，但是一個國家並不能單憑主觀願望，想辦多少企業，就辦多少。在任何一段時間內，一國可以動員的企業人才，構成該國所能同時興辦的生產事業數目的一個「上限」。㈡許多企業同時舉辦，可以發生外在節省，也可以發生外在浪費 (external diseconomies)。前者固然可以「內部化」，後者同時也會成爲內部的負擔。二者相抵，淨餘結果如何，是一個不定之數。除非能够把新企業底一切外在浪費和社會成本嚴格地摒斥於中央當局所計劃發展的事業範圍之外，我們不能肯定地說，由中央集中計劃投資是可以促進經濟發展的。如果眞能作到在中央計劃之下的經濟部門只享受「內部化」了的外在節省，而讓計劃範圍之外的經濟部門去負擔外在的浪費和社會成本，則又形成了前面提及的二元經濟的局面，不是經濟發展底原意。戰後經濟的重建，和對落後地區的殖民地式的開發，是這種二元經濟底例子。在這種例子，新建生產事業之互相依賴，其共同利益可能大於舊有生產活動所遭受的損失。但在一般的經濟發展中，新事業對傳統生活方式與生產活動所發生的破壞作用，則是不應忽視的。

四

在提出了上述各論點之後，郝希曼接着對從供給方面着眼的平衡發展理論，也表示了意見。這一派平衡發展的學說，認爲從「投入」方面或經濟結構方面來考慮，爲使經濟生長不受阻滯，各個經濟部門 (sectors) 應該按照某一比例(不必是相等地)來聯合發展，而不宜使某一部門底發展特別突出。

郝希曼認爲，這種平衡發展論實際上是一種比較靜態的分析。如果我們從兩個不同的時點來觀察一個正在發展中的經濟，自然我們會發現，這個經濟底許多部門(如工業與農業，資本器材與消費品工業)，都已分別依照各自底每年平均生長率向前推進了。但是，郝希曼說，這些經濟部門，在整個一段時期之內，決不是全都按着一定的生長率，同時並進的。例如，當「投入」因價格變動而在各種用途之間重新分配時，供給方面就可以有孤立的突出與落後。在事實上，經濟發展底過程總是由先進部門傳佈到在後面追趕的部門，從一個工業傳到另一工業，從一個單位傳到另一單位。在兩個不同的時點攝得的兩張照片中，所顯示的平衡發展，只能表現一連串的領先與追踪活動之最後結果，並不能表現「領」與「追」的過程。而經濟發展正是指這些「領」與「追」的活動。如果追的部門不僅迎頭趕上，並且超過了領先的部門，則後者又要開始更進一步的新推動。這種蹺板式的前進，優於齊步走式的同時並進，因爲前者同時爲「誘發的投資決心」(induced investment decisions) 鋪好了路，因而能夠最節約地使用經濟落後國家所最缺少的一種資源：企業家底決心。

古典經濟學是建築在價格機構和牟利動機的基礎上，它假定二者可以迅速消除生長過程中可能發生的任何失衡 (disequilibrium) 現象，因而沒有特別討論生長過程中的不均衡問題。但是批評古典經濟學的人，則是往往挑出一些市場力量不能充分發揮的特例，從而認爲市場調整機構已經遇到了不可克服的阻力，於是其中有人就採取了失敗主義的立場，以爲經濟發展若非自始即爲「平衡的」，則根本就不能移動一步。

郝希曼認爲與其追問：如果發生了失衡現象，專靠市場力量，是否可以恢復均衡？何不提出一個比較廣濶的問題：這個失衡情況，是不是已經完全不可救藥了？是不是市場力量，非市場力量，或二者底聯合力量，都已無補於事？他指出，非市場力量不見得沒有市場力量那麼「自動」，我們用不着把價格信號 (price signals) 和牟利之輩視爲唯一救星。他說，如果某些沒有私人企業的經濟部門，因爲不平衡的進步而引起了供給方面的困難，(比如，學校教育和公用事業供應不足)，負責當局自會感到一種壓力，而力謀補救，因爲我們可以假設，他們底政治慾望至少是和商人底牟利慾望同樣的强。他接着說，雖然市場力量與非市場力量聯合起來，也並一定能解決一切的失衡情況，但是如果一個社會不能產生上述的那種「誘發的決心」和行動，來對付不平衡發展過程中的供給失衡，則我們更沒有理由來想像這個社會能夠產生「平衡發展」所需要的那一整套「自發的決心」。換句話說，如果上述的調整機構整個崩潰，則等於表示這個社會拒絕把經濟發展作爲其首要目標。

郝希曼接着聲明，把非市場力量包括在上面的推理中，並不蘊涵着私人企業所達不到的某種經濟目標，政府一定可以達到。

五

在原書第四章中，郝希曼一再申述，經濟發展是一個長期的過程，認爲有些經濟學家太沒有耐心，只觀察這個過程底始點和終點，或者只分析怎樣由不均衡重新達到均衡。他說，發展程序中底每一步驟都是由前一個失衡狀態所引來，而這步驟又要創造出一個新的失衡狀態，因而又誘發下一個發展的步驟。這是因爲甲工業之擴展創造了對甲爲「外在」而對乙工業爲「內部」的節省。(例如，乙使用甲底產品爲原料，甲擴充生產則乙底原料價格降低)。乙因有利可圖而隨之擴充，這樣又發生了對乙爲「外在」而對甲 (或丙工業) 爲「內在」的節省。如此類推。在經濟發展的過程中，不止是兩個或三個工業之間彼此互相影響激盪，這種影響和激盪在實際上是上下縱橫於這一經濟社會底整個「投入與產出」方陣之間，可以持續達數十年之久。一般說來，經濟發展的政策，不是要把上述一連串的反響壓制約束，而是應該扶持培育這種在競爭制度下面有盈有虧的不均衡狀態，運用政策來維持各個經濟部門之間的緊張，不成比例，和不均衡。古典經濟學所視如夢魘的失衡狀態，和再也環繞不盡的「盤絲洞」(endlessly spinning cobweb)，正是助長經濟發展的無價之寶。

前面一段提到的「外在節省」，實際上是來自投資底「互輔作用」。(complementarities)。互輔作用底定義可以說是這樣：對甲商品之需求增加，和隨之而來的甲商品生產底擴充，引來了對乙商品在其現行價格下的需求之增加。即令甲與乙在生產程序中並無關係，這種互輔的情形也可以存在。撇開甲與乙必須以固定比例聯合使用的情形，我們在經濟發展底過程中仍可看到，某一商品底供應增加，雖不直接迫使另一商品底供給增加，但是由於在使用上的某種廣義的疏遠的互輔性，却無形中把另一商品底需求曲線向上移動了。

郝希曼舉出下例來說明廣義的互輔性在發展中的重要。狹義的使用上的互輔性可以建造辦公大樓工程中的水泥與鋼筋爲例。廣義的，「發展」性的互輔性，則可以辦公大樓落成之後對於許多貨物與勞務的需求爲例。後一類的貨物與勞務可以包括傢俱、辦公設備 (仍是狹義的互輔)、停車場、飯館、漂亮女秘書，甚至於由於示範作用 (demonstration effect) 而引來的更多的辦公大樓。由此可見，投資底互輔作用，使得下一步的投資決心非常容易下，或者非常迫切。也可以說，互輔作用引起一種新意義的「誘發投資」(induced investment)。通常所謂的誘發投資，是指上一期生產增加所直接引來的投資，而此處所說的新意義的誘發投資，則是指投資之傳染性，或者「滾雪球性」。郝希曼認爲，這種新意義的誘發投資，對於落後經濟底發展，具有特別的意義。

談軍人待遇與生活實況

——兼論其對於士氣和建軍的影響

彭觀清

本年五、六月份的時候，各級民意機關和社會與論，對於軍公教人員的待遇，曾經大聲疾呼，要求政府予以合理的調整。而且監察院所屬的審計部，還特別向立法院提出了一個中央公務人員待遇調查報告。關於中央一般機關和國營事業機構所有員工的待遇，都已經在報紙上公佈過。其間名目繁多，明暗兼備，標準不一，差異懸殊的情形，早已為衆所詬病了。惟有軍人的待遇則尚未見公佈，而九月十五日行政院陳誠院長向立法院作施政報告時，提到調整待遇的問題又說：「大家知道，目前軍公教人員的生活，以軍人最為清苦。因此，不得不採取重點主義，對軍人的待遇，將優先重點，酌量調整，然後才能擴及全面」。軍人的待遇，究竟是怎樣的？其生活究已清苦到了什麼程度？在社會人士的心目中，或者尚是一個疑問。因此，筆者要將軍人現行待遇與生活實況，以及其因此而發生的影響，作一公開的陳述，藉以釋羣疑，並用以希望政府當局因而更加深對於軍人待遇問題的重視。

一　軍人現行待遇

1　官兵給與規定

區分	階級	統一新俸新臺幣(元)	加給 主官	加給 非主官	特別費	備考
軍官	上將	三四〇	五〇〇	三〇〇	二、五〇〇	非主官無特別費
	中將	三一五	四〇〇	二五〇	㊀一、三〇〇 ㊁八〇〇 ㊂六〇〇	按中少將分為一、二、三級故其特別費有三種
	少將	二九五	三五〇	二〇〇	㊀五〇〇 ㊁一五〇 ㊂×××	
	上校	二七五	二三〇	一五〇		
	中校	二五五	一八〇	一〇〇		
	少校	二三五	一三〇	五〇		
	上尉	二一五	七〇			
	中尉	一九〇				
	少尉	一六五				
	准尉	一三五				
士官與士兵	士官長	一一一—二〇一	士官長分為三等九級，最低級為一一一元，最高級為二〇一元			
	士	六九—九〇	士分三等九級最低級為六七元，最高級為九〇元			
	兵	四〇—四八	兵分一、二、三等最低為四〇元最高為四八元			
附註	一、每人每日另發大米二三市兩副食代金二元八角，黃豆油及食鹽約一斤，官兵同樣。 二、士官及士另依服務年資，有部份年資加給未列入表內。 三、本給與係以陸軍為標準，海軍按其本階比照陸軍高一級支薪，空軍高二級支薪。					

(據聞：自四十八年十月份起，官兵每月已增加副食費七元八角，少校已加薪三十元，尉官已一律加薪六十元，右表未計算在內，編者註)

2　軍眷補助

眷口／數量／品類	大米(公斤)	煤(公斤)	黃豆油(公分)	食鹽(公分)	眷補費新臺幣(元)	備考
大口	一四	二五	六二五	五〇〇	三〇	
中口	一〇	一二、五	三一二	二五〇	三〇	六歲以上
小口	五	一二、五	三一二	二五〇	三〇	六歲以下

二　軍人生活實況

看了上面的兩個表，軍人的生活情形，本來已可瞭解其大概了。惟生活的內容，通常須包括食、衣、住、行、育、樂等項目。這許多項目，是不可能在待遇表上完全看得出來的。何況軍人的待遇，亦同樣有明有暗，上表的規定，僅不過是明的，而未包括暗的。換言之，若干高級將領的待遇，除了明的以外，少不了還有暗的。因此，高級將領的生活，與中下級官兵的生活，是不可同日而語的。故不得不予分別敍述。

1. 中下級官兵的生活

一般的說：中下級官兵的待遇，是沒有暗的，故其生活，便須完全靠規定的薪餉來維持。究竟怎樣在維持，現在卽按食、衣、住、行、育、樂等來分項予以說明：

①食：食的方面，主食沒有問題，有問題的是副食。爲了敍述方便，並使讀者能得到一個具體的輪廓起見，特以一個有四口之家的中校非主官軍官爲標準（在全部軍人中，主官是佔極少數的，中校軍官又大都是有家室了的，而且四口之家，除本人以外，只有眷屬三口，也是一個比較折衷的數字）來分析其食的情形。一個四口之家的中校非主官軍官，依據前表計算，本人每月的全部收入爲四百二十五元，減去必須扣繳的保險費與若干單位所施行的同胞互助費，約十元左右，可剩下四百一十五元，另加三個眷口的眷補費九十元，合計爲五百零五元。四人分攤，每人可得一百三十五元，每日可得四元五角。如果全部用來購買蔬菜，以現今普通蔬菜每斤市價（臺北市）三元五角計算，可以買一斤又三兩。四個人合起來，則有四斤十二兩，一日三餐，每餐平均有蔬菜一斤四兩（早餐可以少一點吧），總算還可以點綴過去。可是誰都知道：「食」，不過是生活的一部份，如果要將一個人的全部收入，完全塞入口腹，這是絕不可能的事。所以至少須留下百分之五十以上的錢，來作爲其他的支配。如日常生活必需品哪！眷屬衣着哪！子女學雜費用哪！水費電費哪！理髮哪！以及應付「紅禍」哪！（婚喪喜帖在軍中通稱之爲「紅禍」）這都是無法節省的。因此，這位四口之家的中校，就最多只能拿出二百五十二元五角錢來購買蔬菜了。則平均每人每日買不到蔬菜十兩，較之簞食瓢飲的古人，雖未必算是苦，但醫學家們所强調的什麼熱量？什麼營養？便只好當作純學理看待了。四口之家的中校軍官尙且是這樣，其他眷口多的，或者階級低的，其處境的難堪，更可以想見了。

②衣：中下級官兵的衣，通常分爲夏服與冬服兩種。夏服，大抵每年可由公家製發一套：冬服則需二、三年不等方可製發一套。好在臺灣氣候溫暖，問題還不十分嚴重。但爲參加各項典禮，臨時換洗不過來，而趁在夜間趕洗趕燙，則是常有的事。雖不曰寒酸，卻是够狼狽的了。

③住：住的方面，士兵和無眷的軍官，大都是以營爲家，乃是沒有問題的。惟有有眷的中下級軍官，他們自己既沒有能力租建住宅，而公家在原則上雖可配給眷舍，但事實上卻始終是僧多粥少，供不應求。在我們的國度裏，任何人，事，物，只要遇上了供求不能平衡的情形，問題便愈加複雜了。眷舍的分配，自然也不能例外。因此，有眷的中下級軍官，如果要想由公家配給一處聊可以蔽風雨的所在，首先便得三番五次的上報告，然後找關係，拉人情，遲早才有希望達到目的。另外還有一個近似苦肉計的辦法：就是强佔民房或公共場所，不惜與老百姓發生糾紛，讓老百姓呈文滿天飛，甚至硬起頭皮跟他上法院。這樣，使上級的大官們知道了，認爲有沾軍譽，挨一頓官腔或者行政處分以後，也可以附帶的達到目的。除開這些辦法，如果要等候公家主動的配給，雖不是束手待斃，至少也是束手待「蔽」的了。君不見，中下級軍官中至今尙在束手待「蔽」的人，正還多着呢!?再說：公家配給的眷舍又是怎樣的呢？一言以蔽之：因陋就簡，聊足以蔽風雨而已。因爲現有中下級軍官的眷舍，一部份是由國欵興建的，一部份則是由蔣夫人募捐興建的。一般的說：雖是後者優於前者，但卽使是後者，每幢的建造費亦不過新臺幣七千元（報紙上經常報導的）。七千元建一幢房子，其好壞的情形原是可以想見的。因此中下級軍官的眷舍，既不能與一般公教人員的眷舍相比，更不能與高級將領的厨房厠所相比。而「一家八口一張床」的現象，也不是什麼稀罕的事。

④行：中下級官兵的全部生活項目中，惟有行的問題最少，因爲團體的行，有軍隊建制的運輸工具可以使用，而個別的行則鐵路慢車（有一列所謂普通快車包括在內）公路普通車、和市區公共汽車、都可以購買半票，縱然這半票，在那有限的薪給內仍不容易支出，但總算是政府的優待了。縱然這半票有似「李耳與韓非同傳」，不倫不類，（軍警票和孩童票不是一樣嗎）對于軍人的自尊心不免有點彆扭，但既無力與大人濶人同登於對號快車和金馬汽車之上，則亦只好甘於委屈了。

⑤育：育的問題，要算是中下級官兵最受困擾的了。因爲就大多數的士兵而言，無論環境和力量都不許可娶妻，自然談不上生育，（民生主義育樂兩篇補述解釋育爲生育養育敎育）顧不了什麼「不孝有三，無後爲大」。雖然：前此曾有好心的女議員主張將妓女配給無眷官兵。卽使我們的官兵們能捐棄門第觀念，但事實上却還是可望而不可卽的。最近南投所發生的慘案，不就是由於育的問題困擾所致嗎!?就已經有眷的中下級軍官而言，生育問題雖可解決。但養育與敎育較之不生育所受的困擾更深。因爲每一眷口三十元的補助費，買奶粉不到一聽，上幼稚園不够繳點心費，其餘穿的玩的病的以及上中學進大學的鉅額學雜費用，都要在那有限的薪俸內來分攤，卽使天下第一流的預算家，恐亦無法作有效的支配吧!?

⑥樂：樂雖亦爲生活的一部份，但因中下級官兵的生活環境，大都在戰場，所謂「兵凶戰危」是不易有康樂的環境出現的。更以現行待遇的菲薄，中下級官兵無時無刻不在受生活的煎熬，身心上的康樂更是大大的打了折扣。故可以說：中下級官兵對於樂的三大問題，都不可能獲得解決。（民生主義育樂兩篇補述：謂樂、包括康樂的環境、身體的康樂、心理的康樂三大問題）卽就世俗所稱的娛樂而言：買一張半價的電影票，亦須花掉一個中校軍官兩天的菜金，（以臺北爲準）雖可偶然爲之，但仍是一種奢侈的行爲。至於所謂名伶名票的平劇公演，名音樂家的獨唱或演奏，東洋西洋的歌舞溜冰等，其票價動輒在數十元乃至百元以上，便只好望「樂」與嘆了。

2.　高級將領的生活

高級將領的待遇，就前表所規定的，與一般中下級官兵的待遇，原沒有什麼了不起的差別。如果單憑此一明的待遇來維持其生活，是沒有什麼特別可說的。惟據一般傳聞，一位上將級的主官，每月還另有鉅額的特支費，非主官的，或者中少將級的，亦有其不等的例行津貼，和過年過節的鉅額犒賞，（中下級官兵除了總統的一元加菜金而外，是沒有其他犒賞的。）總之，這種暗的收入，一般都是超過明的甚遠。雖然軍事當局對于這些暗的待遇數字，一向諱莫如深，但由於高級將領在生活上的表現，已作了事實的證明。換言之：高級將領如果沒有暗的待遇，便不可能有現在這樣的生活享受。君不見，我們的高級將領，在食的方面：不是經常有各式各樣的酒會嗎⁉在衣的方面：不全都是帕來品中高貴的質料嗎⁉在住的方面：不是每人都有花園洋房嗎⁉（縱使原來是住了普通的眷舍，但只要佔了少將以上編階的職務，就可領到五萬元以上甚至數十萬元的公欵來從新興建）在行的方面：只要是中將編階職務的，不是都有一輛專用的轎車嗎⁉（經常所見的那些38 48 58 68 78 89車號號頭的車輛便是）至於育的方面：只要先天沒有毛病，則生育有嬌妻，養育有褓姆，教育可以進貴族化的幼稚園和小學，以及放洋讀中學，上大學，甚且還可長久打算，作黃金國—美國的公民。樂的方面：則公開的有各種慶典的舞會，（當然是以招待外賓作名義）秘密的有家庭派對。而凡名伶名票的公演，明星歌星的大會串，名音樂家的演奏獨唱……等，照例是高踞首位。而且出入國門，上下飛機，還少不了明伶明星，名媛閨淑，名女人等獻花獻旗，眞可說是樂也融融。總而言之：我們的高級將領，雖未必「先天下之憂而憂」，但是確已做到先中下級官兵之樂而樂了。

三　異哉所謂「平等的偏差觀念」

由於前面所說的具體事實，可以得出一個結論：就是國軍自建軍以來，中下級官兵的生活，無論物質的精神的，都以今天最為困苦。（抗戰期間，軍人待遇雖亦微薄，但大都有家可歸，甚少受眷屬的拖累，有的並可以獲得家庭的經濟支持：而且那時候，高級將領的收入雖然要比中下級官兵高出許多，但生活享受則是相差不遠的，因之，在情緒上少有刺激。）而高級將領的生活，相反的却以今天最為優裕（在大陸時中上將大都是沒有轎車可坐的，而穿的也通常是一套陰丹士林布制服而已）。兩者之間成了鮮明的，最具刺激的對照。時代進步了，我們雖無意以古代名將：「與士卒最下者同衣食，臥不設席，行不乘騎，親裹羸糧與士卒爲勞苦。」（吳起）以及「士未張蓋，將不張蓋。」「士未先飲，將不先飲」的尺度，來衡量我們的高級將領。但此時此地，如果下級官兵一天的薪餉，連買一斤小菜都不够，則高級將領的各種酒會，無論如何是應該儘量減少的。又如中下級軍官，連一個蔽風雨的所在尚有許多沒有找到的，則高級將領有了普通的眷舍住了，也自可以心安理得，而不應該要以鉅額公欵來另建花園洋房的。（其餘的亦應該以此類推）何況國軍的一槍一彈，一車一砲，都是別人所援助的。我們雖不必以「君子不食嗟來之食」的心情而「自慚形穢。」然而在別人的援助下來盡情享受，鋪張，在面子上也不見得十分光彩吧⁉更何況身為高級將領的，還要照例以「臥薪嘗膽」、「克難救國」、「節儉樸實」等大道理來經常訓示其部屬呢⁉雖然這些大道理，僅是為部屬講的，但言不由衷，良心上總難免有多少譴責吧⁉

就我們所知：國軍善良的中下級官兵，希望待遇有所增加，生活有所改善，則是無可諱言的事實。但可並沒有要與高級將領看齊的觀念。當然更談不上要求。依據「不平則鳴」的道理，我們認為：卽使要求平均一點，也是不足為怪的。最奇怪的倒是負責軍中政治教育的機關，竟無中生有的認為中下級官兵對平等的觀念發生了偏差，有意要求與高級將領「待遇平等」，「生活平等」。（另外還有所謂職務平等，升遷平等，統稱之為平等的四大偏差觀念）乃為此特別頒發了一種叫做「澄清平等觀念」的政治教材，要求中下級官兵研讀。這一教材的內容，首先說：軍中如何如何發生了這些偏差觀念；接着說：這種觀念是如何如何的有害；最後則訓誡官兵絕對不可有這些觀念。至於中下級官兵困苦的生活情形，則一字未提。綜其用意，無非認定中下級官兵的受苦，高級將領的享樂，乃是天經地義，千萬應該的；而完全否定了自己平日所倡導的「上級為下級服務，」以及「官兵共甘苦」的口號，更忘記了其本身的立場。軍中政治課程，一至如此莫測高深，不算怪異，還能算什麼？且又怎能不敎人啼笑皆非。

四　對於士氣的影響

管子說：「倉廩實則知禮節，衣食足則知榮辱。」雖在古人也已承認人總是人，而不是機械。並已說明人最重要的就是生活條件。大家知道：軍隊最重要的是士氣，但編成軍隊的個體是人。因此，要使軍隊有昂揚的士氣，並使之能够持久不衰，則軍人的待遇，必須能够滿足其生活上的適當要求。惟這所謂「適當」，原是沒有一成不變的標準的。比方說：今天大多數中下級官兵的生活，雖然是困苦，但較之茹毛飲血時代的原始人的生活，則是優裕多了。又如今天高級將領的生活雖然是優裕，但較之盟邦——美軍相當地位的高級將領的生活，則未始不仍是困苦。故這所謂「適當」，乃是要以全體國民的生活水準，和全體公務人員的待遇標準，來作決定。換言之：軍人的生活，無論如何，不能低於一般國民的生活水準，軍人的待遇更是不能低於一般公務人員的待遇標準。必須這樣，才能保障軍人的社會地位；亦必須這樣，才能平衡軍人的情緒；更必須這樣，才足以談士氣。——這乃是事實，而非教條式的理論所能說得通的。然而，今天國軍中絕對大多數的中下級官兵的待遇和生活情形，既不能與一般國民相比；也不能與一般公務人員相比（陳誠院長說：今天軍公教人員的生活以軍人最為清苦），更不能與少數高級將領相比。在這樣的環境之下，如果要軍隊能產生昂揚的士氣，並且可大可久，除非伯夷叔齊，或者文天祥史可法以及高唱「餓死事小，失節事大」的那些道學先生復生、可以辦到外；若此芸芸衆生者，則恐怕是等於癡人說夢了。

雖然，我們的軍事當局，仍然常在宣傳國軍的士氣，如何如何的高昂。但是同時不又在爲士兵的逃亡和軍中暴行的層出不窮而苦惱而頭痛嗎？士兵爲什麼要逃亡？軍中又爲什麼發生暴行？我們的看法：原因縱不止一端，但待遇微薄，生活困苦，情緒失却平衡，乃是最大的癥結。這裏我們無妨引述某一半官方刊物本年九月號「一月漫談」中的一段話來作補充說明：

「近來情殺之風，時有所聞，而這次南投縣所發生的情殺血案，竟造成十一人死亡，四人重傷的重大悲劇，對於這一慘案的善後，固已由有關機關處理。但這一慘案的造因，和這件事今後可能發生的影響，實值得政府和社會人士的重視。……這一位兇手，各方面都很好，而且兩人一見傾心。後來她爲何不願下嫁給他？顯然的不是因爲情感的關係，而是因他太窮，待遇太低而拋棄了他。於是青年人在自卑、失戀、種種錯綜情緒之下，萬念俱灰，遂萌生殺機，一拼了事。不僅這一血案的造因如此，即以前許多的血案，也莫不在同一心理因素之下所造成。我們相信：今後軍人的待遇如不能作合理的改善，而社會上這種看不起窮光蛋的心理，又不能及時改變，則將來更嚴重的問題，可能會不斷發生。」

由於上面的這段話，我們以爲：與其說今天的國軍是士氣高昂，倒不如說是戾氣充塞。可是這個責任，不是軍隊本身所能負的，而必須要政府來擔當。

五　對於建軍的影響

衆所周知，今天已進入了原子的科學時代，而軍事在本質上，原是各種科學的綜合體。因此軍人的素質，乃是必須隨科學的進步而相對提高的。尤其是作爲軍隊骨幹的職業軍官的養成，更須選拔最優秀的青年人不可。然而，我們的各軍事學校每次招生的情形又如何呢？就我們所知：大多數的青年人都是望而却步的。雖竭盡了宣傳鼓舞的能事，而投考的人，始終是寥若晨星。故每次都是未能招足預定的名額，和所望的標準。而所錄取的學生，多半是投考普通大學落伍下來，或者經濟能力不許可其進入普通大學，甚或是各中等學校爲爭取成績而以攤派方式所保送的。（據聞：各中等學校每次畢業的學生，經規定有若干比例的人數必須投考軍事學校，而且是要列爲考成的）易言之：即大多是出於勉强。這裏有一個具體的事實可以證明：就是當某一四年制的軍官學校招考第××期學生的時候，考試的結果，勉强够錄取標準的，僅佔預定招考名額的三分之二。但這錄取的三分之二，實際入學的則僅剩下二分之一，其餘的二分之一，卻又中途變卦而不願入學了。（有自己不願的，也有家長阻止的）衞國保民的神聖事業，青年人竟如此規避不前，試想：又怎麼可以培養得出「民之司命，國家安危之主也」（孫子語）的優秀將領。

上面這一事實，我們的總統聽了以後，曾感慨系之的認爲：乃是國民人格的墮落。（見國軍幹部必讀，總統訓詞所載）但我們以爲：國民人格墮落，固不失爲原因之一，而最主要的卻仍是因爲軍人的待遇太低，生活太苦，社會地位低落所致。因爲誰也不能否認：一個人在二十歲到四十歲至多五十歲，正是其需要成家立業的時候，而且中國人傳統的倫理觀念：凡做父母的，撫育兒女，總希望老來能得到兒女的報答，至少能養老送終。而做兒女的亦認爲仰事俯蓄乃人子應盡的責任。然而四年制的軍事學校畢業後，年齡至少已超過二十歲。出來任一個少尉軍官，每月一百六十五元的新臺幣，固然談不上成家立業，即使幹到四十五十，升到上校或者少將，也仍是不能仰事俯蓄，到最後有限的一點退役金，也還是不能終其餘年。何況必要時，還得從容就義，慷慨成仁。至於談到軍人的社會地位，不必作過多的說明，單以上不了對號快車，以及南投血案的造因，便可以瞭解其大概了。在這樣嚴酷的現實環境之下，凡芸芸衆生的人，怎麼可以眞的做到「以國作家」和「移孝作忠」呢？故我們認爲：當前青年人之不願獻身軍事，與一般家長之阻止其子弟獻身軍事，實乃人情之常，而不忍有所深責。

再說：我們不正在徵兵嗎？而竟有不少役齡國民，千方百計的逃避兵役，（臺中中醫學院的新聞，可以具體證明）爲什麼要逃避兵役，依我們的考察，也大都是因爲軍人待遇太低，生活太苦。

又如：我們不是要辦理官兵退除役嗎？而當退的不想退，（年齡老了，謀生無力，政府雖有就業輔導，但多半是要做苦工，有限的一點退役金，並不能終餘年，軍人生活雖苦，但總不至於挨餓，所以不想退）不當退的倒想退。（年輕的，退了以後，可以謀得較好的生活，所以想退。）且當退的即使退了以後，也還是要麻煩政府，來輔導其就業，來照顧其生活，不然，便要成爲社會問題。譬如不久以前，報載基隆有一個姓王的退役軍官，因妻的病死，把有限的一點退役金花光後，悲痛之餘，而且生活無法維持，乃率子女六人投水自殺（獲救未死）不便是一個悲慘的例子嗎？因此，使得政府對於退除役制度的實施，不得不瞻前顧後，抱一種拖泥帶水的態度。越拖，問題越嚴重，問題越嚴重，便越難解決。惡因與惡果相互激盪，便成了政府一嚴重的困擾。但是又誰能否認這一困擾的根由，不是由於軍人沒有合理的待遇所造成呢？

老實說：一個國家，對於軍人的待遇尚無合理的標準，軍人的生活尚在困苦煎熬之中，致使青年人以學習軍事爲畏途，國民以規避兵役爲能事，循爲至使軍隊產生新陳代謝的退除役制度，抑且不能有效的實施，則又那裏談得上建設現代化的軍隊呢？

六　結　論

幾年前，蘇俄派在聯合國的代表，於討論聯合國的經費問題時，建議降低聯合國職員的待遇，以減輕各會員國的負擔。美國的代表曾斥責這一建議，乃是一種違背人道的行爲。今天國軍官兵的待遇，依前面所說的情形，既是患了寡，而又患了不均的大毛病，其於中下級官兵的生活而言，也可以說是到了違背人道的地步。說得更明白一點，就是已近於虐待的了。在這一近於虐待的狀況之下，國軍中現所產生的問題，和將來可能產生些什麼更嚴重的問題。我們相信：政府比我們知道得更清楚，用不着我們作過多的推測。然而，必須提起政府和軍事當局的注意的：就是二十世紀的時代，已是科學的羣衆時代。任何問題的解決，都必須以科學的方法，符合羣衆的實際要求，才可以見功的。換言之：今天國軍因爲待遇不合理所產生的各種問題：諸如士氣的低落，戾氣的滋長，青年士子的不願學習軍事，一般國民的逃避兵役……等等，我們的政府必須面對現實，切切實實，從改善軍人的待遇入手，才算是科學的，有效的解決辦法。如果離開現實，單單在軍隊裏面搞些不着邊際的「克難運動」和「以軍爲家運動」，或者編幾套「澄清什麼觀念」的政治課程，以及在社會上開設些有名無實的「軍人之友社」再來一番「敬軍運動」……等。要想解決軍中現存的若干問題並避免問題的繼續發生，則是徒見其心勞日拙，而不可能奏效了的。老實說：今天大多數的中下級官兵，他們在飽受生活困擾之餘，無不是以「吃飯」(生活)要緊。對於上述的這些運動和課程，雖然可以獲得空虛的榮譽，但於實際的生活則毫無所裨益。故已引不起多少興趣，相反的，且不免起了抗生作用。就是我們古人所說的：「衣食足，而知榮辱」的道理。我們對之是只可同情而不可深責的。

國步艱難，對於軍人的待遇，固然談不上作怎樣優厚的打算，但無論如何應使其在生活上不受困擾(當然須包括仰事俯蓄)，才能要求其克盡保國衛民的職責。退一萬步說：也應該做到舉國上下，尤其是高級將領，要苦大家苦，才能以公平合理的原則，平衡中下級官兵的情緒。(這一點最爲重要，只要政府有決心便可做到，而其功效是可以與加薪同樣，甚且要超過的；如勾踐之臥薪嘗膽，以激勵國人，吳起，李廣，田橫，拿破崙……等中外名將之與士卒同甘苦，竟能將疲憊之師，團結一致，發揚奮厲無前之士氣，都是很好的例子，也是最好的精神教育。惟這樣的精神教育，是需要高級將領以實際行動來實施的，並不是幾篇訓詞，或者白紙寫黑字的幾套政治教材所能收效的。)如果連這兩個最低標準，都不能做到，那無異便是物質與精神的雙重虐待。在虐待的情形下，來要求軍人克盡厥職，固然是奢望。卽使求其不發生問題，亦是萬不可能的。

「自由中國」在本年四月一日社論——「軍事改革的起點」中有一段話說：「軍隊是我們反共反攻的資本，但資本並不永遠是資本。如果安排得不好，調配得不當，資本就變成負債。」在那些慣於自我陶醉、諱疾忌醫的人看來，自然要認爲這是危言聳聽。然而根據筆者的切身體驗看來：政府對于軍人當前不合理的待遇，如果老是以財政困難爲理由，既不作合理的改善，而又反對採取釜底抽薪的辦法——裁減些不必要的員額以資挹注。長此一拖再拖的拖下去，則所謂「資本就變成負債」。實還是最樂觀的說法哩！悲觀一點，則便只好用「後果不堪想像」的詞句了。

話說回來，本文雖說了這許多使人大煞風景的話，但筆者的心情，並不悲觀。因爲深信：政府既經常在喊「軍事第一」的口號，則對於這一點有限的資本，一定會好好的珍惜的。

——民國四十八年九月二十九日。

讀者投書

(一) 請解禁攝影範圍

一攝影者

攝影機已爲今日文化生活的伴侶，攝影術進入藝術範圍時代，美國大使館等文化機構續辦攝影比賽以鼓勵攝影娛樂的發展，然本省的禁止攝影的範圍太多了，治安當局雖曾發表放寬攝影的範圍，其實命令未澈底，執行人員却未明瞭，禁止範圍仍然存在，到處監視人民的攝影活動。本人春頭一天在三軍球場向總統府對準鏡頭的時候，一位穿制服的警官叩我的肩說：「這地區不可以攝影，除了節日有行列以外，平日不准攝影，如果雖到憲兵來的時候，你就麻煩了。」該警官的話如果眞實不欺人的話，政府此種措施，就是不合理，試問，有行列的總統府與平日的總統府，這個建物築，能否有兩種的變化？何況時代已進入太空、武器已到核子時代，原子攝影可把幾千哩外的東西，隨便加以拍照的時候！我們政府的攝影禁止令，未知有何用處？禁止總統府的拍照，有何意義？該建物從日據時代至今不知被人拍照了好幾千幾萬張去了，假如現在仍具有秘密性的話，普通攝影術的發達，也使你無法未然防止被人盜攝的。因此這種措置，不僅愚昧無知，也不合理不合法的，會被識者失笑的。臺北橋、螢橋地區也是如此，也是無標示的禁止攝影地區。

希望治安最高當局加以考慮，撤銷這個獨善無用的措置，並放寬本省攝影的範圍，及通令治安人員澈底執行，不准干涉人民攝影，以尊重人民自由並利康樂活動。

介紹明年美國新總統

香港通訊・二月廿五日

董鼎山

當國人注意力正在集中于總統大選及「修憲連任」問題之時，另一個國家下屆總統屬誰，也是一項不容忽視的大事。美國總統選擧的結果，關係我國前途極爲重大。美國明年如由民主黨總統當權，政策必有轉變，而各項問題亦隨之而起：美國會不會承認中共，允許中共入聯合國？美國會不會主張「兩個中國」？美國政策會不會傾向于讓臺灣交由聯合國託管？由于民主黨總統競選人凱乃迪(Kenedy)最近的言論，我們更覺得有對美國總統競選人逐一發生認識的必要。

據合衆國際社的電訊，凱乃迪于二月十二日在加利福尼亞州向史丹福大學學生發表演說，說是他認爲美國應在「相當條件下」承認中共。他的言辭直譯如下：「如果紅色中國能相當地表示與保證其爲可信託者，美國應該予以承認。僅僅因爲它是共黨國家，而不予承認，是無用的。」凱乃迪這話顯示共和黨政府雖然對承認中共問題尙在猶豫拖延，民主黨政府一握大權，此項不承認政策必有轉變。

美國共和黨競選總統者，自從洛克斐勒(Rockefeller)聲明退出以來，僅餘現任副總統尼克森(Nixon)一人，黨內無人相爭。民主黨方面則有凱乃迪，强森(Johnson)，韓福萊(Humphrey)，賽明頓(Symington)，史蒂文生(Stevenson)五人。美國下屆總統必出于這六個人無疑。筆者特在這裏將此六人逐一介紹，使關心國家前途的國人，能對美國未來總統在事先有相當的認識。

據民主黨內部人士的意見，該黨相爭者，目前以凱乃廸與强森最佔優勢，勢均力敵，可能在競爭提名時形成僵局。民主黨大會可能希望將其中一個作爲副總統候選人的提名。但兩氏如不欲退居次位，大會將不得不另找人選，這人選可能是賽明頓，其次是史蒂文生，再其次才是韓福萊。在目前而言，民主黨黨內操縱人員認韓氏之被提名的已希望消滅，但仍可能爲副總統人選的提名。美國民主黨由于有南派（保守）北派（開明）之分，總統人選的提名須獲雙方的多數擁護。而韓福萊乃一極端開明派，堅決反對種族歧視，向爲南方人士所不喜。關于這一點，筆者在不久以前「新年初論美國總統競選」一文（第二十二卷第一期）中已有論及。

上述六個人之中，誰是下屆的總統？他的背景與經驗如何？他的參加政治成績如何？他當了總統後的立場與政策傾向如何？這些都是我們所要知道的。兩黨將于六名提名中，大選將于十一月擧行。到明年一月二十日，六人之一將正式遷入白宮做四年的主人。

一、尼克森

尼克森現任副總統高職，七年餘來曾受艾森豪總統個人的訓練。他的獲得共和黨提名，既已安全無虞，現在已可放心爲十一月間的競選而活動。政治專家認爲他至少有百分之五十獲勝希望。另有一個可能性是，艾總統到處旅行之時，萬一發生不測，他可立即升入白宮，如此則其當選的希望更大。尼克森到底是怎樣一個人物呢？

尼氏生于一九一三年一月九日，今年四十七歲。（美國歷史三十四任總統中僅三個在當選時年紀較輕。）聶氏之父母祖先爲蘇格蘭與愛爾蘭種。他的宗敎是「敎友派」(Quaker 信仰和平，不信戰爭)。但他本人的言行表明他並不是一個和平主義者 (pacifist)。他通常則在美以美會敎堂做禮拜。

尼氏出生在加利福尼亞州一個小鎭，全家兄弟五個，他是第二個。他的父親在洛杉磯附近開雜貨舖與汽車加油站爲生。尼氏在當地進學，開來幫助父親工作。中學畢業後，他升入當地一個「敎友派」所設的小規模大學，畢業後獲獎學金，赴北加洛理那州的杜克大學攻讀法律，于一九三七年獲法律學士學位，爲全班第三名。他身高五尺十一寸，體重一百七十磅，身體健康，從未患重病。他不吸烟，僅在社交場合中飲酒。他于一九四〇年結婚，生有二個女兒。

尼氏畢業後即在故鄉操律師業。大戰時加入海軍，在南太平洋爲戰時空運部門服務。他于戰後參加政治，于一九四六年當選爲衆議員，于一九四八年獲選連任，于一九五〇年當選爲參議員。尼氏于該數年內競選參衆議員時之所用策略曾引起不少批評。他的競選的手段，乃是將敵對的民主黨競選人戴上親共的紅帽子因而獲得選民同情，而一帆風順，直赴華盛頓。

于一九五二年時，他交了好運。他在較早當衆議員時，曾因希斯 (Alger Hiss) 案而名氣大揚。希斯曾在羅斯福總統時代的國務院中任高職，後被控爲蘇俄當間諜，由于尼議員的堅持調查，終被送入監獄。一九五二年當艾森豪競選總統時，將年僅卅九歲的尼克森提名爲共和黨副總統候選人。尼氏被提名後，立即開始猛烈的競選運動，將重心放在共黨問題上。他的不擇手段濫加紅帽子的作風造成不少仇敵。自由主義派開明人士對他特別憎恨。他在競選運動時曾將杜魯門總統稱呼爲「賣國叛徒」，使杜氏今日猶恨恨不忘。競選緊張之時，「記者雜誌」及「聖路易郵報」突然揭露，加州一批富有商人贈欵一萬二千元幫他當選參議員。此訊一出，全國譁然，尼克森的道德聲譽一落千丈。艾森豪幾乎要將他除去共和黨副總統候選人的提名。但他聰敏圓滑，終于在向全國人民作電視廣播時嚎啕作泣，表示誠意。一掬眼淚博得人民同情後，尼克森終而獲得副總統寶位，青雲直上。

美國政府中，副總統一向僅是名義上的虛位，毫無實權，甚至不能參加重要會議。但是艾森豪當選總統後將尼克森一手提携，好似總統學徒。他不但參加所有高級決策會議，包括內閣會議與國家安全理事會議，而且分擔艾總統的職責。他曾爲艾總統欽差大臣，週遊遠東、非洲、拉丁美洲各國。在拉丁美洲時遭受當地人民侮辱的故事仍膾炙人口。去年夏季他赴莫斯科，在美國展覽會中與赫魯雪夫當場舌戰，收入電視鏡頭，使美國人民對他的估價更高一層。擁護尼氏者的意見是，這些經驗足使他更有做總統的資格。

尼克森做衆議員時，富含保守傾向，在國會投票時，常反對杜魯門政府之有關平民福利的「公政」(Fair Deal) 政策，反對全國性醫藥保險，反對重稅與「浪費」。他同時又爲衆議院「反美活動委員會」之一員。一般而言，他所代表的是富人利益，而不是平民利益。可是在當了副總統後他搖身一變而爲共和黨的開明派，支持艾森豪的「現代共和黨主義」(Modern Republicanism)。在民權法案方面，尼克森則確趨開明，一向反對種族歧視。因此他可能獲得不少黑人票數。統而言之，尼克森機敏圓滑，在政治上是一個機會主義者，見風駛舵，順流而行，對各種問題無固定立場與主義。可是正因爲如此，他甚有當選的希望。

二、凱乃迪

在民主黨陣營之中，目前以凱乃迪呼聲最高。凱氏今年四十二歲，如果當選，將爲除了西奥陀羅斯福 (Theodore Roosevelt) 以外之最年輕總統。他出身富貴，父親是一個百萬富翁，曾在佛蘭克林羅斯福 (Franklin D. Roosevelt) 總統下任職，曾爲駐英大使，後來因對外交意見不合，與羅斯福決裂。凱乃迪的祖父與外祖父也獻身政治。外祖父曾任波士頓市長，祖父曾二度任麻州 (Massachusetts) 州議員。他是愛爾蘭種天主教徒，于一九一七年五月廿九日在波士頓郊外出生，兄弟姊妹共有九名，他是第二個。他的父親鼓勵兒女比賽體育，並贈每一兒女一百萬元，使他們可不愁生計，而專心于政治。凱乃迪畢業於哈佛大學，成績極爲優良。他的父親任駐英大使時，他曾協助外交工作，因此對第二次大戰的迫近，很有認識。戰時他寫過一本書：「英國爲何睡眠不醒」，頗獲好評。數年前他寫了一本「勇氣中的側影」，討論政治，曾經獲獎。

凱氏歸自英國後，完成學業，于一九四〇年畢業于哈佛，即加入海軍，而成爲眞實道地的戰時英雄。當時他官階爲海軍中尉，在所羅門島海面任一魚雷巡邏艇艇長。某晚該艇被日本驅逐艦擊沉。凱氏率領下屬，游泳一島上，終獲救援。他的脊髓受傷，未能完全痊愈。一九五四年時，他曾因此向參議院請假八個月。目前他已相當復原。他工作效率極高，身高六尺，體重一百六十磅。平時難得抽烟喝酒。

凱乃廸于當選參議員後，始于一九五三年結婚，育有女兒一個。妻子出身富有，原在華盛頓一家報館任攝影記者。當大戰結束後他開首擔任新聞工作，後來深入政治。一九四六年他當選爲衆議員，一九四八年，一九五〇年繼續競選勝利。一九五二年他與麻州當時之共和黨參議員勞治 (Lodge 現爲駐聯合國常任代表) 競爭，擊敗勞治，而當選爲參議員。一九五六年民主黨大會在提名正副總統候選人時，他幾乎獲得副總統的提名，一九五八年，他再度獲選爲參議員。

在政治方面，凱乃廸努力支持民權法案。他在參議院的投票紀錄，傾向于開明派，贊成增加公共福利節目，贊成平民房屋建設計劃，贊成政府津貼學校，贊成增加國防預算，反對限制大理院法權。在外交方面，他竭聲疾呼外援節目的重要。

但是凱乃廸的競選總統有二個障碍。第一，他面目英俊，容相顯得年輕，選民或將認他不够老成。第二，他信奉天主教。美國是一個耶教徒佔多數的國家，而天主教的教義，奉梵蒂岡教宗爲最高權威。一般人士懼怕天主教的總統，在理政上將受梵蒂岡教廷的影響，因此可能對他猶豫投票。

三、强森

自從美國南北內戰以來，沒有南方人當選過總統。强森是這次南方人民的希望。他與凱乃廸相同，出身于一政治家庭。他的故鄉是德克薩斯州 (Texas)，祖父在內戰時曾向北方作戰。他的祖父與父親都曾當過本州州議員。强森今年五十一歲，身高六尺三寸，體重一百八十五磅。一九五五年時，他曾患心臟病，于六月內痊愈，返參議院任多數黨領袖。病後他已戒烟，但偶然飲酒。强森于一九三四年結婚，育有二個女兒。

在參議院會場中，他以充任仲裁調解人出名，拉攏意見相對的參議員。其他民主黨人士常批評他對艾森豪政府妥協。强森生于一九〇八年八月廿七日，幼時在父親的農場中做幫手，十五歲即畢業于中學，然後赴德州師範大學半工半讀，于一九三〇年畢業，曾當教師數年。他後來充任德州一個衆議員的秘書，隨赴華盛頓。數年後，于一九三七年他本人亦當選爲衆議員，連任五次。後來他競選參議員失敗過一次，但終于一九四八年當選。他于首次參議員任內即被選爲會場民主黨領袖，當時年僅四十四歲。一九五三年艾森豪當政開始，他又被選爲參議院民主黨領袖。

在共和黨政權之下，强森在反對黨民主黨中，一向主張對政府政策採「溫和」的反對，不少開明派民主黨參議員曾對他的領導權表不滿，但未能有足够票數迫他退位。强森在國會中施用的手段，常與衆議院院長雷朋 (Rayburn) 密切合作。雷朋亦爲德州人。他們常自稱爲民主黨的「穩健派」。

强森乃羅斯福總統生前的密友，常投票支持羅斯福的「新政」(New Deal) 節目，後來也支持杜魯門總統的「公政」節目。他這類投票，常激怒德州其他保守派參議員。但歸根結底而言，他實代表南方的權益，不能被目爲開明派；尤其是在關于種旋平等的民權法案方面，他常受人批評。他如競選總統，難題乃在如何不觸犯南方人士之下吸引北方開明人士的票數。民主黨大會中工會領袖及北方開明派佔龐大勢力。强森如要獲得提名，首先必須贏得此批人士的支持。但南方人士則將擁戴强森而不支持凱乃廸。

四、賽明頓

强森與凱乃廸在民主黨大會中競爭提名時如果形成僵局，賽明頓可能被折衷選出。賽參議員代表處于南北之間的邊省密蘇里州。他家道富有，原是一個已獲成功的大商家。年輕時，他由富有叔父的資助而自辦實業致富。他的太太亦出身于富有家庭。他于一九二四年結婚，育有二兒，岳父爲紐約州一個參議員。

賽明頓除了善于經商之外，曾在政府中有不少政治經驗。在杜魯門總統下，他曾擔任不少要職，最後官位高至空軍部長。他在密蘇里州受選民愛戴。

賽氏今年五十八歲，高六尺三寸，重一百八十五磅，身體健康，但曾于一九四七年因血壓過高動手術。他生性愛羣，善于社交，偶然飲酒，但不吸烟，嚼橡皮糖代替。賽氏出身于南方瑪里蘭州大家，父親曾于麻州亞姆斯德大學任教授。他于一九〇一年六月二十日出生于麻州。父親後來移往瑪州波鐵摩居住。他在十七歲時，謊報年紀入伍，但未曾被派往歐州作戰。一九二三年他畢業于耶魯大學，但因數學成績不佳，未獲學位，耶魯後來頒予榮譽學位。

賽氏在大學畢業後，就去他叔父的工廠中服務，最後終由叔父資助，開設一個陶器工廠，賺錢不少。賽氏隨卽並開設電器用具廠，鋼鐵廠，都甚成功，終成爲大富翁。一九三八年時，密蘇里州一家電器用具製造廠虧本，聞賽氏之名，請他前往當經理，不但予以高薪，而且贈予股票。當時該廠並發生勞工問題，賽氏與工會領袖交涉後解決問題，這個工廠乃蒸蒸向上。他的才幹乃引起另一密蘇里州人杜魯門的注意，請他在政府任職。

賽明頓官運亨通，于一九四八年升任美國政府機構中第一個空軍部長。從那時開始，他便一直主張加强國防實力。一九五〇年，國會將空軍方面的預算費用減少，他乃辭職抗議。但是在杜魯門重用之下，他又被任爲「國家安全資源委員會」主席。一九五二年他在密蘇里州競選參議員成功。數度連選，保留參議員職位。

至今爲止，賽明頓還未公開宣稱要競選總統，但同時他到處發表演說，希望能夠爭取民主黨提名大會中的票數。在參議院投票紀錄方面，他是一個開明派。但是他雖然贊同民權法案，在學校黑白共校方面，他却甚是謹愼。前者使他獲得黑人支持，後者使他博得南方白人洽意。此外，美國工商界不少閒人對他甚具好感。

賽明頓最關切的是國防問題。他常批評政府因爲要省錢，結果造成美國國防實力不及蘇俄的現象。在國內政治方面，他處事圓滑，未曾造成敵人。擁護他當總統的人士指出，他是惟一能夠團結民主黨內各派（黑人，南方白人，工會，農民）的人物；由于美國民主黨人民多于共和黨人民，他的當選總統必不成問題。

美國各州民主黨領袖擁護賽明頓的也頗不少。因此，凱乃迪與强森的競爭如果發生旗鼓相當的現象，不少代表在民主黨提名大會中，可能將票數轉投賽明頓。若干專家也認爲，强森如果自知不敵，也必轉而將其勢力支持賽氏，不會支持凱乃迪。

五、史蒂文生

史蒂文生兩度敗于艾森豪，今年已六十歲，身體甚健。他的職業是律師，並化多量時間週遊世界各國，以求熟悉國際局勢。史氏生于洛杉磯，他的祖父曾在克里芙倫總統下任副總統。出生後不久，史氏全家卽移往伊里諾州居住，他的家道相當富有。他于一九二八年結婚，于一九四九年離婚。

史氏自幼由母親教學，後來入普林斯頓大學，轉赴哈佛攻讀法律，但未完成學業，一度在新聞界服務後，始在芝加哥郊外之西北大學獲得法律學位。他在操律師業之時，曾于羅斯福執行「新政」初期，赴華盛頓服務。他所任之職，包括當時海軍部長的助理，國務院各種職務等。一九四五年，聯合國開始在舊金山着手組織，他任美國代表團顧問。

一九四七年，史氏回返伊里諾州，民主黨捧他競選一九四八年度之州長，果以極大多數票當選。一九五二年，民主黨將他提名爲總統候選人。當時他的競選演說以富機智聞名，思想進步，言論精闢。但是敵手是共和黨所舉出的戰時英雄艾森豪。當時由于美國人民的英雄崇拜的心理，不少民主黨人民及獨立派人民亦投共和黨之票。艾森豪當選，史蒂文生落選票數爲三三、九三六、〇〇〇對二七、三一五、〇〇〇。

一九五六年，民主黨再度提名史蒂文生，但艾森豪號召力仍强。此次票數差別更大，爲三五、五八五、〇〇〇對二六、〇三一、〇〇〇。

史蒂文生今年繼續到處旅行，發表演說，並常批評政府的外交與內務政策。民主黨的一部份開明派仍對他表忠心。但他本人並未積極競爭提名。民主黨提名大會中，凱乃廸與强森如相持不下，賽明頓如未獲多數支持，史蒂文生可能又有獲得提名的希望。但是黨內有勢力者，特別是杜魯門，由于史氏之曾二度失敗，無意再加支持。史氏雖不一定當總統，可是明年總統如果屬民主黨，他必毫無疑問，將被派任國務卿。

六、韓福萊

參議員韓福萊正在努力爭取民主黨總統候選人的提名。韓氏富自信心，能言善辯，爲一演講天才。他今年四十八歲，身體健康，生平從未患過重病，但曾開割盲腸炎。他身高五尺十一寸，體重一百七十磅，早已于多年前戒煙，偶然與友飲酒暢談。他在大學畢業後，卽與一女同學結婚，育有四個兒女。近日來他忙于競選，無暇享家庭天倫之樂。

學術自由在臺大？

臺大通訊・四月五日

石翠

學術應該自由這是沒有人敢於否認的。因爲如果沒有學術自由，從事學術研究的工作者，便只能把自己的思想閉錮在一些死的教條、口號、和禁忌之中，慢慢的進入了冬眠的狀態。在這樣的國家，眞正的學術，便不會有人去鑽研，大家只有在敎條的闡釋、發揚上動腦筋，終至於連辨別黑白的能力也爲之喪失。

臺灣大學可能是今日臺灣各專科以上學校中，比較注重學術自由的，因此甚至有「自由精神堡壘」之稱。可是，臺大在學術自由方面的實際情形怎樣呢？我不妨隨便舉幾個例證來說明！

㈠「華僑青年」第二卷第六期張貼的封面廣告上有一頗爲迷人的題目：「人是不是人？」是殷海光教授寫的。編者在編後記中也曾很詳細地介紹它。我們都好奇地待閱該文。然而，等該期「華僑青年」發下來後，整本雜誌都找不到這篇文章。仔細一看，封面要目上該篇題目不見了，編後記中的介紹也剔出了。而該雜誌却缺了第九第十兩頁。我們立刻直覺地推想：該篇文章一定是被學校「審掉」了。這種現象我們並不驚奇，因爲歷來在學校出版的學生刊物上被塗掉(如「臺大青年」四十八年元旦特刊號第四頁)、貼掉(如上開特刊第三十二頁許曹德作「讓新的一代去創造」之被貼掉)、「審掉」的先例很多。但是有一點我們不能理解的是，爲何堂堂一位本校敎授寫的文章，也竟然在被課外活動組織職員「審掉」之列。想必其中大有文章。

後來在一個偶然的機會裏，聽一位知悉其中底情的同學說，那篇文章是被學校無理審掉了的。

據說：「華僑青年」第二卷第六期將出版的時候，適逢期中考試。負責編輯的同學爲趕時出版，有一小部分的稿件得到課外活動組事先允許，等排印好以後再送審查(學校學生出版物，照例一律要經過課外活動組的審查)。該期文稿全部排印好即將裝訂的時候，負責同學就把未經審查的文稿送給課外活動組審查。審查結果：「人是不是人？」一篇不准登。負責同學聽到以後，非常氣憤地跑到課外活動組去質問。據當時在場聽到的同學說，在論理中，有一段非常微妙的問答。

負責同學某君問：「請問這篇文章爲什麼不能登？」

課外活動組負責人某先生說：「因爲含有諷刺！」

某君問：「請問那一點諷刺？」

某先生啞然。

某君問：「請問自由中國 是不是一個 自由的國家？」

某先生搶着說：「當然是喲！」

某君問：「那末，請問爲什麼臺大教授寫的文章不能在臺大學生辦的刊物上發表？」

某先生啞然。

最後，某先生說：「讓我研究看看，並請示『上司』」。那位先生並且透露他所謂「上司」是指黨部。至於什麼黨的黨部，則我民不可得而知之了。

在那位先生「研究」與「請示上司」期間，負責「華僑青年」的兩三位同學，分別到訓導長處及校長處爭取這篇文章的出版。在百忙的期中考試期間，經整整六天的奔波呼籲，結果是校長不作可否的表示，而訓導長及課外活動組則說黨部不准。但負責同學問，根據什麼理由不准，學校却說不出。最後，課外活動組無理地做了一個令人不服氣的鄙視的結論：「叫你不登，你偏要登；登則可以，但①學校不補助經費，②自此以後停刊。」負責同學爲了種種顧慮，最後只好被迫忍氣屈從。學校在這件事情裏施出最大的「恩典」是：重印封面多增的費用，學校慷慨補貼。

大家也許會以爲那篇文章一定是如何的「大逆不道」「影響士氣」或「爲匪張目」呢？現在一字不漏地照原稿排在下面給大家看看。

韓氏之母出生于挪威，父親是南達科他州 (South Dakota) 一個藥房主人，對政治極具興趣，常與兒子作政治討論。韓福萊雖非出身貧窮，但家道並不富有。他出生于南達科他州，生於一九一一年五月廿七日。長成時受不景氣現象影響，不得不中途輟學，回家在藥房助理父親，但終于半工半讀，在明尼蘇打 (Minnesota) 州立大學畢業，入路易西安那 (Louisiana) 州大學研究院，獲碩士學位，論文題目爲「新政的哲學」。當時韓氏對羅斯福總統的爲人爲政，極表欽慕。

此後韓氏對政治發生興趣，于一九四三年回明州之明尼亞波立斯城競選市長，一度失敗，但于一九四五年競選而成功，當時年僅三十三歲。一九四七年他又被重選爲市長。他的引起全國性的注意乃是在一九四八年。當時他在民主黨大會中堅持提出民權政綱，引起南方代表團的退出會場。同時，在明州本境，他促成州內農工黨的加入民主黨。以此種聯合勢力支持，韓氏予一九四八年當選爲參議員，于一九五四年連選連任。

韓福萊自稱爲「平民的代表」；對革除種族歧視的民權法案，及其他有利于工人農民的法案，他特別宣揚。由美國開明人士組成的「美民主行動促進會」，他是第一任會長。這會的會員包括史蒂文生，羅斯福夫人等。

此外，韓氏並對外交事務具有興趣，特別是在裁軍問題方面。去年冬天，他赴莫斯科訪問，在克里姆林宮中與赫魯雪夫接連長談八小時。這事對他的競選大有幫助。

但是一般專家認韓氏之被民主黨提名，希望甚小。南方人士及其他地區的保守派人士對他的自由主義開明主張，絕對不能接受。

× × ×

除了上述諸人以外，美國輿論近又常提到鮑爾斯 (Chaster Bowles) 之名。但鮑氏希望也小。他是康州 (Cannecticut) 衆議員，思想與史蒂文生相似，受知識份子歡迎。且曾任康州州長。杜魯門曾派他做駐印度大使。在印度時他全家不搭架子，與平民打成一片，極獲印度朝野好感。凱乃廸競選運動，已請他當外交問題顧問。

二月廿五日于紐約

人是不是人？

殷海光

假若我向你提出一個問題：「人是不是人？」也許，你會答道：「人當然是人，這還有什麼問題？」

好！我再問你：「人是不是動物？」受過新式教育的人會很不在乎地答道：「人當然是一種動物。」

好！我進一步問你：「你是不是猴子的表親？」

在解答這個問題的時候，你的心情也許就沒有解答前兩個問題時那樣輕鬆了。即令人本來是猴子的表親乃一事實，但是乍一說出，人的尊嚴受到打擊，所以你「碍難承認」了。

我有一次到一家很有名的照相館去照相。當時正碰見一對夫婦——似乎是新婚的樣子——和照相師打交道。他們之間有這麼一段對白：新婚夫：「你怎麼把我耳後兩旁照出腮來？」

照相師：「先生！並不是我們照出來的，你的腮本來就有那樣寬嘛！」

新婚夫：「不行！耳後見腮，這很難看！」

照相師：「那怎麼辦呢？」

新婚夫：「勞煩你修窄一點不就行了嗎？」

照相師（作苦笑狀）：「……哦……那也好，請您過三天再來拿。」

我當時面對此情此景，頗爲驚愕。我不禁很感慨地對我的明友說：「嚇！連這樣頂眞的事也硬要作假！」

照相是一個人面容的直接反映。把照片修改了並不能改變「耳後見腮」這一事實。這位新婚人居然要改他的影子，這就是：「不敢面對事實」。

同樣，麻面婦人不敢照鏡子。

我想，她會恨發明鏡子的人，可能也恨世上一切有眼睛的人。

爲什麼呢？

愛美心太切故也！

愛美愛到「罔顧事實」，眞是勇氣過剩。

見微而知著：我們從這一個「展望孔」來想，並且加以推廣，將會獲致有關人生的豐富的果實。

當人被情感、意欲、利害關係、以至於傳統所蒙蔽、所牽制、所左右時，他是看不清楚事實的，他甚至不願看見不利的事實。四十多年來胡適先生動不動說「拿證據來」！也許，他以爲人畏懼證據：人在證據面前，不得不低頭。而在事實上呢？自古至今，有許許多多人是「證據吊在鼻子上也不相信！」

人，就是這麼一種奇妙的動物。奇妙到連自己也不甚了解。

古往今來，有許多人所行所言是不堪與事實對照的。一對照就垮了！一對照，一切都成泡影曇花，一切皆是鏡花水月！所以，這樣的人最懼怕的是，事實。沙漠的駝鳥，當被獵人追急而無處可逃時，牠就把頭埋在沙裡。牠自已忖度：這很安全了。同樣，迴避事實的人常需建立起一個「封閉系統（closed system）」。而這樣那樣的「幕」，就是封閉系統之不同的實例。

封閉系統之最顯而易見的一面，是交通、電訊、土地，以至於貿易的封鎖。但是，封閉系統之最不易察覺的一面，是精神封鎖。精神封鎖是封閉系統之最重要和最基本的建築。精神封鎖，是：在一方面遮斷外來的消息，使幕內之人茫然無知，或者有選擇地使幕外消息之有利於主觀意欲者透漏於幕內，而幕外消息之不利於主觀意欲者則排而拒之；在另一方面，藉教育、宣傳、廣播等等工具揑造一個世界觀，描繪一個世界圖象，這麼一來，就使幕內之人「蟪蛄不知有春秋」，而一任其擺佈了。

人生到此境地，實大可哀！

與封閉系統剛好相反的，是「開放系統（open system）」。開放系統有許多特色。在開放系統裏，沒有神化的人；而是人人平等。沒有人高入雲端，奇妙莫名；而是和「商展小姐」一般，人人可看可賞。沒有人需要心勞日拙地壟斷教育、宣傳、和廣播；更不需要選擇新聞，遮斷消息，揑造世界觀，代人衆描繪一幅世界山水畫。在這樣的世界裏，大家可以坦坦蕩蕩，自由自在，放眼看清這個世界的眞相。他們也可以到處旅行，舒暢筋骨。

這樣的地方，是一個光光朗朗、明明白白的地方。

也許，坐牢成性的人，不喜歡這樣的地方。是的。我有一次捉到一隻松鼠，樂不可支，趕緊幽禁在一個木匣子裏，日飼以梨核。久之，忽發善心，開匣縱之去，曰：「還你自由吧！」詎知該隻松鼠因幽居日久，竟失去爬樹能力，在樹下徘徊良久。我想，當牠仰視樹梢跳躍如飛的松鼠，可能正襟危坐而言曰：「瞧！你們這些目無法紀之徒，松鼠國就是你們這些分子搞壞的！」

近年以來，若干政治言論家常把我們這個住人的世界劃分作「自由地區」和「極權地區」——恐怕，在不久的將來，月球及火星也需這樣劃分。這一劃分，當然甚有理由。可是，在我這個有解析習慣的人看來，這一劃分既不夠清晰又不夠根本。

我的劃分是什麼呢？

我的劃分是：

一種地區能是什麼就說是什麼，道理直直爽爽。

另一種地區是什麼偏不能說是什麼，道理總是蹩蹩扭扭，怪不順氣的。

這一分別實在太基本了。你從這一基本的分別來觀察，我們將會透過形形色色的表面文章，而對這個世界得到許多基本的了解。

朋友？你願愛活在哪一種地區呢？這是一個價值判斷。恕不代辦。代人作價值判斷，強迫銷售價值標準，似乎是古往今來最大的暴政。我們一介書生，不想和尼羅王媲美，更不敢和道德價值的大獨裁爭雄。讀書數十年，愧乏建樹，我在這裏只能貢獻一點似乎味同嚼蠟的一句話給年青朋友：

人是人，而不是非人。

這篇文章，儘管臺大訓導長及課外活動組硬不准刊登，但是，這篇文章那一個字，那一句話「干犯刑章」「抵觸國策」或「違反校規」？卻始終不能明明白白地給我們列指出來。

一位知悉這件事的華僑同學對學校黨部的這種作法，非常氣憤而感慨說：「我們海外青年，要往大陸去或到自由中國來，都有選擇的自由。當時我們爲什麼決定來臺灣呢？無非是嚮往這裏的自由。現在在這裏看到的所作所爲，我們自胸有成竹了。」到底他的胸成了什麼竹，他並沒有說出來。但我們卻在另一羣華僑同學在另一件事中，約略地可以看出。

㊁「海洋月刊」也是一羣臺大華僑同學創辦的刊物。去年十二月，該刊負責人爲紀念臺大傅故校長逝世八週年，特在十二月出版的革新號第三卷第二期上，登了兩篇紀念文字。其中一篇，一方面對傅故校長所象徵的果敢的自由精神特表思念，另一方面則對今日大學生所表現的「未老先衰」的「萎靡明哲」精神表示慨嘆。據說該期出版後，臺大課外活動組看到了便大動肝火，就想假借該期事先沒有經過送審爲由，給該刊全體負責同學記過處分。不過聽說他們動火的實際原因是：①當局對傅故校長所象徵的果敢的自由精神深懷忌諱與厭棄；②該期登了一首「反戰」的詩，而「抵觸國策」。這首被判做「反戰」的詩，是這樣的(該期第十九頁)：

在砲火中

什麼是舞臺上的立影，什麼？
那些彈片踩的脚印，那殘跡，
當眞也說够一種藝術了，
我要彈一支戰亡的狂想曲。

戰爭的販子走向我；
那閃光，那泥土的擺舞，
在砲火中，我流着明天的眼淚……

兩造爭執的結果，學校怕事情鬧大，不敢以記過來處分該刊全體負責同學。但該刊卻被勒令停刊一個學期(截至執筆時尙未看到復刊)；聽說該刊全體負責同學，也被停止活動一個學期。後來，聽說這羣熱忱的海外青年對學校課外活動組的這種抑壓言論自由的作法深表不滿，有的甚至說，等他們回到海外時再來「結算」。

㊂年前西藏暴亂湧起以後，臺大某社團曾請本校黃祝貴教授(「國際組織與國際關係」課教授)就「西藏問題」作學術性的公開演講。黃教授在演講中曾從純粹學理上嚴肅地評論蔣總統就西藏問題所發表的「民族自決」的宣言。認爲任何個人就可能導致變更中華民國領土主權的問題發表「民族自決」的宣言，是違反中華民國憲法的。

其實，這種看法並不自黃教授始。當報章刊登蔣總統對西藏問題發表「民族自決」的宣言時，我們很多同學就直截了當地指出這種「宣言」是違憲的。因爲，「民族自決」的可能結果，是變更西藏的領土主權，而依中華民國憲法第四條：「中華民國領土依其固有之疆域，非經國民大會之決議，不得變更之。」之規定，只有國民大會之決議才有權變更中華民國之領土，因而，除了國民大會之外，任何人，卽使是上帝也不例外，都無權做可能變更中華民國領土之意思表示或宣言，否則就是違反中華民國憲法。

黃教授演講以後幾天，很奇怪地，同學中傳出說黃教授上次的演講發生「問題」了。據說，國民黨當局認爲黃教授在散佈「邪說」，於是乎，在短短的一個多星期內，通過學校學生社團，邀請校外兩三位「御用大法師」陶某曾某馬某等，分別就相類似的題目，來學校演講，從事「驅邪」與「趕鬼」的工作。到底黃教授的演講發生了什麼「問題」，我們始終莫名其妙。直到黃教授在演講「毛澤東下臺」問題時，鄭重地說明他上次演講發生的「問題」之後，我們才明白。

黃教授說，有人曾把他上次「西藏問題」的演講打報告給國民黨當局。國民黨當局認爲他的批評「宣言」是弗順的言論，於是便派遣臺大某高級黨員向他「勸戒」與忠告。據那位黨員說，上次的演講有人打報告給國民黨當局，報告中曾列舉十大要點。那十大點到底是什麼，黃教授也不知道，不過從那位黨員的口述中，大概知其六七。其中有一點是說，當他說到「民族自決」的宣言是違憲時，帶有「煽動性」。天呀！這眞是無理取鬧！我們自始至終凝神諦聽黃教授演講的人，一點也沒有聽出黃教授有什麼「煽動」，我們只知道他非常冷靜地分析問題而已。

黃教授講畢他的「問題」之後，發表感想說：①以後不再就國內問題作公開演講了；②希望當局對學校內的學術言論能放寬尺度；③希望以後打報告的人要打得眞實些，不要捕風捉影。

提起打小報告的人卒，不禁令我們想起克魯泡特金(P. A. Kropotkin)的話來。他說：「靠打小報告吃飯的人，是人間最可憐的動物，因爲除此以外，他便無謀生的辦法；同時這種人也是人間最可厭惡與鄙視的動物，因爲他經常無端製造人間的糾紛與仇恨。」

㊃前些時某同學爲找論文參考材料，向學校圖書館借香港出版的「祖國周刊」。連借了十幾期(去年註銷內銷登記證以前的)，一本也沒借到。後來才知道，原來藏存在圖書館裏的「祖國周刊」都被校外某「特權機關」搜走了。

以上只不過是點點滴滴地舉了一些例子而已。相信這些例子已足够使大家明白我們今日大學裏的學術自由受到如何的阻害，同時也將知道誰是我們學術自由的剋星！這個剋星存在的一天，我們的靈智仍將停滯於「冬眠」的一天。年青的朋友們！我們的「冬眠」期已够長了，難道大家不想想呼吸新春的氣息嗎？

談美國的總統預選

黃錫照

威士康辛州(Wisconsin)在四月五日的總統預選，似乎是給今年十一月的總統大選來一段前奏曲，已經公開宣佈參加這一個預選的民主黨人物有明尼蘇打州(Minnesota)參議員韓福萊和麻州(Massachusett)的參議員凱乃廸兩位，日來正互相攻擊甚烈，希望可以將對方淘汰下來。

我們如果深刻地研究一下這一次預選，我們得提出一些問題。第一：威士康辛州的預選結果對全國性政治的影響是怎樣？第二：即使一位競選人在州預選中勝利，他在全黨大會裏的號召力又如何？第三：總統預選法自從一九〇五年設立至今天，雖然在一九二〇年左右有近一半的州抄用這個方法，但在目前却祇有十九州依然習用，然則這個預選法倒底在大選的時候，有什麼關係和影響？

在我們沒有向這三個問題尋求解答之前，我們先簡單地談一談這個預選法是怎麼一回事。

我們先要分辯清楚這所謂總統預選並不像另外一種地方性的直接預選(Direct Primary)。前者是專爲總統競選人向一州的黨員爭取支持，因而希望黨員在這預選上投對他表示忠誠的州代表的票，而選出這些代表出席全黨大會。但這些代表雖然被選出來，却不是絕對的被約束着要在大會裏投這位競選人的票，他們可以在大會裏隨機應變。因爲十九州的州立法，祇有麻麗蘭(Maryland)、蒙天那(Montana)、那巴斯加(Nebraska)、奥利幹(Oregon)四州，是州代表一定要向已中選的競選人投票，其餘十五州祇不過是在名義上及道義上表示支持和擁護。換句話說：一位競選人雖然在州預選中得勝，却並不是擔保他能够在全黨大會中勝利。首先十九州不能代表全國，其次競選人又不能絕對控制他的州代表，他的唯一給人優勝之處，只不過是心理上和道義上。至於地方性的直接預選，却是另外一回事。這種預選是州長、參衆兩種議員和地方官員爭取黨的提名。在一個較爲狹小的範圍裏，他們的勝利是等於得到提名一樣，這種預選因爲和本文沒有關係，我們且放下它不談。

總統預選的另一種特色是：在名義上這不過是一黨自己的黨員投票選出他們所擁護的一位黨內競選人，但在事實上有明尼蘇打、威士康辛和南達哥打(South Dakota)三洲却准許黨外人士參加投票。他們稱呼這是公開預選(open primary)。我們很容易想到後果是怎樣。民主黨人在一九五二年大量的「過境」投票時，加利福利亞州(California)州長共和黨的華倫(Warren)的票希望可推倒民主黨不喜歡的塔夫脫(Taft)。今年的預測，可能有許多共和黨的黨員會參加這民主黨的預選。他們大概會投凱乃廸的票，希望淘汰韓福萊。這倒並不是說他們不喜歡韓福萊，而是恐怕韓得到勝利，在中西部建立了一個不容易打倒的團結勢力。將來會影響大選，韓本身是來自中西部，威州是中西部的一員。而凱，來自東北部，他的勝利會因此使中西部從此分裂。這種所謂公開預選，無形中造成反對黨「搗蛋」的機會。至於其他的十六州是不公開預選的 (Closed Primary)，祇有黨員才能參加。

我們已經談過預選法的兩種特色（或許可以稱作弱點），現在我們回到第一個問題：威士康辛州的預選在全國上有什麼影響？

威士康辛一向在政治上自成一派。他是第一個州提出和採用這預選法。在政治上他是在共和黨勢力之下，在宗教上大多是天主教，種族上有很多德國的血統，在區域上人口大多數分佈在農村，在國際關係上它是傾向孤立主義。這些現象，在目前是絕對不能代表全國。

在一九五二年和一九五六年，基夫化(Kefauver)兩度在威州爭取到提名。但在全國大會裏兩次失敗在史蒂文生(Stevson)手裏，在一九四八年史達生(Stassen)得到提名而結果杜威勝利。在一九五二年塔夫脫打敗華倫，結果又敗在艾森豪。一九四零年選擇杜威，最後威爾基得到全國大會提名。一九三六年選布拉(Borrah)而蘭登得到黨提名。從上面結果推論威士康辛州預選，是沒有什麼大不了。

上面談的幾個預選例子，結果都不能在大會中引起作用，也可以算是美國總統預選的另一特色。現在我們再來談一談它和全國黨大會的關係。

我們知道一位最後正式出任總統的候選人，是必須經過全黨大會多數的贊同，才可以和其他黨的候選人競選。（我的意思是說美國在大選的時候，祇不過是兩位候選人，其他奇形怪狀的小黨，亦提出他們的候選人，但他們不過是湊熱鬧的參加，是絕對不會中選的）所以事實上，最後的選擇權力，還是在大會手裏，而並不是在預選上。後者除了在心理上和道義上支持之外，在大會裏是，起不了作用。換句話說：大會才是值得注意的地方，誰能控制黨大會，誰就有希望得到提名。

問題就是：倒底誰能控制大會呢？

在六十多年前民主黨的極端自由派人物威省州長乃福星(Lafollette)提倡預選法時曾經說過：「我們應廢除小組和黨大會，而將選擇的權力交回在選民手裏」。他是指當時控制政黨和黨的提名的小組組織。這些小組是由幾位黨內有權勢的人物私自擧出候選人，而「強迫」黨的同意，且往往同時控制黨大會。乃福里是希望把提名變成民主化，預選法在理論上是將提名交在中下級黨員手裏。

理想是一回事，但政治現實又是另一回事！結果總統預選法在多年來已走下坡，照例似的實行，而權力仍然在少數的人手裏。我們已經提出上面一些預選法的弱點，政治離不了現實，關鍵在取捨和妥協。民主政治尤其是美國、一個政黨在這許多利益關係和矛盾之下，非得留下餘地作互相妥協和交換不可，誰能滿足大多數人要求的人，就誰得選了。

上面曾經談到，在歷史上，州預選出來的人往往不是政黨選出的候選人，這也可能解釋爲什麼許多對總統職位有野心的民主黨人，並不參加這些預選，只是暗底裏在黨大會上層裏下工夫，德克薩州 (Texas) 的強森 Johnson 和密蘇里州的賽明頓(Symington) 就是例子，相反地，那些沒有把握在上層爭取到支持的才在預選中費工夫。

不管是凱乃迪或韓福萊在威省得到勝利，值得我們注意的，倒還是強森和賽明頓和夏天的全黨大會競選！

三月七日舊金山。

江湖行（二十續）

徐訏

九十一

回到家裏，我先打發穆鬍子沐浴修面，掃除了他身上的積垢，我拿舵伯的舊鞋舊襪給他換上，以後又叫他穿上默蕾給他的衣服，這樣穆鬍子才開始像一個人。接着我又要胡媽弄點東西給他吃。他要喝酒，我沒有給他。吃了東西，我帶他到我的房間內，才同他談敍別後的種種。我告訴他老耿與大夏大冬的事情，我從我認識老耿開始，講到他們父子重會，無法相處，又講到抗戰開始後，他們到了內地。老耿翻車慘死與大夏大冬去了延安的種種。

「他們去了延安？」穆鬍子說。

「你沒有碰見他們？」

「他們什麼時候去的？」

我計算了一個大概的時期，告訴了他。

「那麼，我們應當同時候在那邊。」

「你沒有碰見？」

「沒有，沒有。」穆鬍子說着沉吟了許久，像是婉惜什麼似的，他忽然問我：「他們怎麼樣？眞的相信共產主義麼？」

「我想是的。」

「那麼即使碰見了，他們也不會是我的朋友。」

穆鬍子說着忽然凝視我很久說：

「日子過得眞快！還是你，你大概發了點財了。」

「我沒有發財，」我說：「不過我算是改行了。」

「你本來不是入什麼行？是不？」穆鬍子忽然笑了。

「也行，那麼現在算是有行了。」

「你一直在上海？」

「是的。」

「老江湖呢？」

「他一直在跑碼頭，但現在聽說回到上海享福了。」

「怎麼？小江湖發財了嗎？」

「小江湖開了一個舖子，很好。」

「你們都有辦法了，我聽了很高興。」

「穆鬍子，你現在是不是想做點別的，比方做點小生意，或者種點田。」

「你是說你給我一點本錢。」

「自然，我願意幫你忙的。」

「謝謝你，我不會種田，也不會做生意。」

「那麼想幹什麼呢？總不能一輩子都……都這樣不安定。」

「我想出家。」他很認眞地說。

在這樣的談話中，我忽然發現穆鬍子眞是變了。他的外型除了鬍子灰了一些外，可說沒有什麼變化，可是他談說的神情竟換了一個人，我想到他剛才激昂興奮的態度，一定還是酒精的力量，現在他可是清醒了，我說：

「你是不是常常喝醉酒的。」

「我並不常喝醉，但是喝酒是我最大的快樂。」

「那麼你喝點酒吧。」我說着站起來，我到裏面找出舵伯的一瓶白蘭地，我說：「我請你喝一杯好酒。」

我斟了一杯給他。

他喝乾了，我又斟給他一杯。于是他自己斟了第三杯。

「我想這樣够了，」我說：「現在天快亮了，他們也許快回來。你先休息去，就睡在我床上好了。」

我要穆鬍子早點就寢，省得舵伯他們回來了，有許多不方便。第二天，我們在後面平房裏爲他佈置了一間房子。穆鬍子就開始住在舵園裏了。

穆鬍子在舵園裏，正像鳥籠裏多了一隻耗子，或者像魚缸裏多了一隻青蛙，他與周圍都不容易調和，第一不喜歡他的是佣人，特別是胡媽。第二則是容裳。曇姨與舵伯對他雖很諒解，但也覺得應當爲他安頓一下才是辦法。

穆鬍子生活太隨便，沒有禮貌；有時一早起來便出門去了，有時睡到中午才起身；別人吃飯時找不到他，別人吃完飯，他到廚房裏自己找東西吃；有酒吃酒，有肉吃肉，有時別人晚回來，想吃點什麽，發現廚房裏的東西都已經光了。

起初我勸勸他，他還接受，可是隔了幾天，舊病復發，一切同過去一樣。後來我說他，他竟說我是對他擺架子。這還不算，以後他竟引來了一羣窮朋友，他把食物拿出去分給他們，他不是說他們是他以前的部下，就是說傷兵醫院裏的舊伙伴。這使曇姨感到非常困難。我們商量很久，覺得唯一的辦法是替穆鬍子找一份職業。可是他既不識什麼字，也沒有什麼技能，要是做工役或勤務兵，他倒也是一個軍官，自然太委屈他了。舵伯爲他留意了很久都沒有機會。最後，碰巧有一位內江公路站長過重慶，他要一個看守倉庫及打雜的人，我們覺得于穆鬍子還合式，我就去問他。我當時很怕他閒住吃慣了，不肯去做事，誰知同他一說，他竟非常高興，他說：

「野壯子，我正想這樣在你們這裏住下去不是辦法。可是我沒有地方去。我自己一個人自然不怕什麼，祇是那些窮朋友，我不能不爲他們想到。現在你爲我找了事，再，再好沒有。我這次一定好好的去做事了，我第一要戒酒。」

「穆鬍子，你是一個好人，祇是不適合這個社會。我希望你換一個樣子做人。不要嫌事情小錢少，安安定定的就下來，看有機會再換。省得一個人流落。能戒酒自然好，不戒，能少吃不醉，也沒有什麼。你現在是不是戒賭了？」

「自從我們當初一同離開上海後，就沒有賭過。」

「那就不要破戒了。」

「沒有對手，沒有錢……」

「可是你做了事，有了薪水以後，我怕你會破戒的。」

「大丈夫戒酒戒賭都不難，你放心好了。」

「那就再好沒有了。」我說。

穆鬍子去內江，就是預備偕那位內江公路站站長同行，當時我知道他于一月後才有薪水，所以給了他一點錢。曇姨也檢出一些舵伯的舊衣服給他。

在他動身的前一晚，我在他房內坐了許久。我們談了許多過去的事情，他很感激舵伯與曇姨，說以後要找機會圖報。我當時一再勸他以後少喝酒少罵人。我們談到一點鐘，我告辭出來，可是他忽然叫住了我：

「野壯子。」

「怎麼？還有什麼？」

「你勸我許多，都很對，我也有一句話想勸你。」

「什麼？」

「我問你，你眞的打算同容裳結婚麼？」

「大概會的。」

「我想勸你，你還是多考慮考慮。」

「怎麼？因爲她不喜歡你，你就……」

「不是這個意思。」穆鬍子說：「我冷眼旁觀，你娶了她決不會幸福，這不是說她不好，是你們倆不合適。」

「怎麼不合適？」

「就是不合適。」他很有信心地說。忽然他望着我，笑了。

「你笑什麼？」

「也難怪你，你不酗酒，不賭錢；一個人總有一關，你太喜歡漂亮女人。」

「你不要這樣說好麼？」

「我穆鬍子走遍了江湖，看穿了世界。我見過不少英雄好漢。野壯子，我沒有寃枉你，你太好色。」

「穆鬍子，我們是老朋友了，你知道我，我從來沒有尋花問柳，現在我愛容裳，我們預備結婚，你不應該這樣說我，是不？」

「你如果知道玩弄女人，倒不是什麼好色了。你這樣祇是被女人在玩弄。容裳也許是一個很好的女孩子，可是被你寵壞了，你知道你在她面前眞像一個沒有用的傢伙麼？」穆鬍子一面說着一面斜着嘴笑。我一氣，就把他推了一下，他坐倒在床上，兩手支在床沿，一面說：

「你如果要成家，我勸你娶一個你敢罵敢打會伺候你的女人。」

「不要你胡說。」我一揮手打了他一個耳光，反身就走出他房間，重重地關了房門。

但是穆鬍子並沒有對我生氣，第二天一早他來敲我房門，同我告別。我起來，一直送他到門外坡下。

舵伯也送他到門口，站在那裏，一直望我們，我們沉默地走了好一回，我開始低聲地說：

「穆鬍子，你眞好，昨天你沒有對我生氣。」

穆鬍子笑了笑，忽然靠在我身邊說：

「野壯子，你眞的這樣愛容裳嗎？」

「是的。」

「我覺得她不够愛你。」

「怎麼？」

「她不够眞誠。」

「爲什麼你要提這件事呢？」

「我祇是想提醒你一點就是了。」

「謝謝你。」我說：「我們結婚時一定會請你來吃喜酒的。」

「那麼你常常給我一點消息。」

「自然自然，到內江也不遠，也許我會看你的。」我說。

同穆鬍子分手後，我回到家裏，舵伯還站在門口，他說：

「他倒是很難得的。」

「你的意思是……？」

「是一個可以共患難的朋友。」他說。

九十二

人與人的往還與相得，似乎都有一種機緣，容裳與穆鬍子眞是一開始就不相投。

那天在唐默嗇家裏，我帶了穆鬍子先回家，沒有通知容裳，得她同意，容裳回家後對我發了很大的脾氣。她認爲我重視朋友不重視她，實際上，如果在交際或應酬的禮貌上講，我當然是不對的。可是容裳不是我邀她去參加舞會的舞伴，而是一個小妹妹一樣的家庭的一份子，我看見她與許多年輕空軍們玩得很快樂，所以沒有去打擾她。當時穆鬍子的情形狼狽，我祇想早點帶他回家，我就煩默嗇轉知容裳一聲，而且舵伯與曇姨都在，自然會照拂她回家的，所以就沒有想到別的。容裳回家後，一直沒有理我，我還以爲她有什麼別的事情不開心，第二天我找她，她還是不理我，等我一再央求，她才對我抱怨。說我輕視她，說每個小姐都有舞伴護侍回家，而她竟半途被我捨棄，于她面子太過不去。當時我自然一再賠罪，請她寬恕，一面我自然還把穆鬍子情形告訴她，祇隱去了穆鬍子意圖行竊的一點，我說我怕他出事丟臉，所以要把他送回。容裳說這也不怪我，說我把他送到家裏後應該再去陪她，怎麼就此就不管她了，我再三怪自己當時沒有想到這點，還因爲去安頓穆鬍子，所以太晚了。總之，經過我一再陪罪求恕，才得容裳化涕爲笑。這是第一次容裳對我發脾氣，她的眼淚好像使她更可愛了，等她煥然冰釋後，我們的感情好像增加了許多。我也更覺得少不了她。

但自從這一次以後，容裳竟常對我發脾氣了。

容裳于陽曆年過後就回學校去了，一個月以後她有寒假，整個寒假幾乎三天兩頭對我發脾氣，每一次脾氣使我對她更覺可愛與可憐，也更覺得她越來越接近我與需要我，我也一次一次的更深的愛惜她，越順從她。她的脾氣有時發得很大，有幾次竟是一生氣出去一天。這使我坐立不安，出去到處找她，找不到回到家裏又一直等她，等到她回來了，求她回心轉意，破涕笑後才覺得心快神怡。她每次生氣原因往往很小，譬如有一次我約她到新文書店找我一同去看電影，恰巧有兩位女作家在座，好像爲討論一篇稿子事情，我就請容裳在客廳裏等我一會。等我談好事情，出去看容裳時，她已經不在。我知道她生氣了，到處找她找不到。原來她找了呂頻原陪她去看電影，電影散後，呂頻原知道她對我生氣，才來找我，我同他們一起吃飯，我才知道。飯後我帶容裳回家，我就責怪她不應該這樣，不過等我幾分鐘時間，我就可以辦完事情，爲什麼要生氣走呢。她說我如果對那個女作家沒有別的心理，她去了爲什麼不替她介紹，說我要她到會客室等我，明明是對她一種輕視。當時說不得還是由我陪罪認錯，才得她原諒，我還答應她隔幾天特別請幾位朋友，包括那兩位女作家，同她介紹。諸如此類小小風波，好像使我嘗到我從未嘗過的戀愛的各種滋味，而我下意識地竟也像很需要這種小小波折所產生的刺激，好像就因爲我喜歡容裳在生氣後對我諒解的溫柔。那時候，我們會偎抱着流淚，重新山誓海盟的互證相愛，她的手會摸着我的頭髮，唇吻着我的前額，告訴我她覺得她比我長八歲十歲一樣的。奇怪的是，我對容裳的愛戀越來越深，迷醉越來越切的時候，而容裳的疑慮妒忌也越來越多，她對我的事業，對我社會，甚至對唐默蕾對穆翳子都會發生誤會妒忌而生氣。而這一些妒忌生氣竟使我覺得是她對我的愛情的明證。她比我年輕許多，我自然要多多愛護她原諒她，而最使我覺得內疚而覺得她有權對我責備的則是我一直隱瞞着她的阿清的事情。

穆翳子走後，我想想穆翳子的話，開始反省到我與容裳情緒的變化。我發覺我們的愛情好像有點不很正常，我雖是愛她，但在有些地方似乎還在把她當作小孩子，或者把她當作中學生，我沒有像對待別的女人如唐默蕾姚翠君一樣的對她。如果同唐默蕾在一起，不知怎麼，大家都把容裳看成低了一輩一樣。唐默蕾雖是比曇姨年輕許多，但因爲她丈夫與舵伯關係，竟像是平等的朋友，這就顯得容裳更小了。可是容裳的年齡本來大于她的學齡，她曾經一個人跑過碼頭，單獨接觸過人羣，自然她要自視爲大人；不把她當作成人，就像是看輕她了。我因爲始終把她當作小孩子，一方面我對她不夠尊重，有時候也缺少對女性的應有禮貌，一方則又太縱容，把她嬌養壞了。我們中國人對女性的禮儀早已變易，像容裳這一代的女孩子，她們從電影裏看到紳士們對于淑女的禮貌，很自然的在要求男子對她們有同樣禮儀。而這種西洋的禮貌正是一般的空軍軍官及呂頻原一類的人士所遵守的，那麼我自然一方面要改變自己，以後要完全當容裳是一個女人才對，另一方面，我必須不縱容她嬌養她才好，我應當糾正她發脾氣的習慣，使她對我有更多的信任與諒解。

我的自省自覺的確是很對的，可是要糾正這些，事實上並不是很容易。最大的原因，還是阿清的問題始終在我心上，當時阿清早已出院，她住在姚翠君的家裏。姚翠君過的是交際花生活，阿清幫助她倒是很好。我很希望有人會喜歡阿清，使她可以對我忘去。可是姚翠君每次來信，總說阿清非常靜默，不愛交際，許多人對她有興趣，她都不理，總是不肯單獨同人家出去。她非常用功，每天上午到補習學校讀書，下午還請了家庭教師。我每次接到姚翠君這樣的信，心裏總說不出的煩惱。我很想忘去有那麼一件事情有那麼一個人在那面，所以自欺欺人的不願想它也不要有人提它，我常常擱了很久不回信。姚翠君以外，那就是韓濤壽。他一直是同情阿清的，現在好像更對她關切。我在上海的錢不斷有進來，我叫他全數保留給阿清，希望她可以找到一個對象，把這些錢做她的嫁粧。可是韓濤壽來信總是說阿清的痴情難移，他已盡他的力量旁敲側擊的叫阿清多找快樂，並給她一些暗示，他說他自然無法明說，因爲怕對她的打擊太大。韓濤壽最後說，看情形阿清對我的愛眞是終身不移的，我不應該辜負她。他說他知道我不是一個忘恩負義的人，也不是勢利的人，希望我看重這份難得的愛情。韓濤壽這種話顯然是一種激功，他之所以一變以前的態度，顯然是被阿清所感動的。我對于他這種信實在很有反感，我也無法對他理論，所以也總是置之不理，去信則了了數行，祇說我的意志已決，請他設法幫忙解決。我從姚翠君與韓濤壽的來信中，發現阿清似乎把心事都告訴了韓濤壽，但還沒有告訴姚翠君；所以韓濤壽的信有時更反映她的心緒。

如今，忽然發生了一件意外的事情，韓濤壽最近來信，忽然談到阿清很想到重慶來找我。這眞是一個晴天的霹靂，我一直以爲日子多了，很自然可使她對我淡忘或者可使她找到別的對象。另一方面，我後來實在怕想到阿清，也怕提到阿清，因爲我一直瞞着容裳，一想到阿清在我下意識中就覺得非常慚愧與不安。

接到阿清想來重慶的消息，我頓悟到這事情實在無法再拖延了。就在寒假中容裳對我常常爲妒忌與疑慮而發脾氣的時候，我特別擔憂，如果容裳知道阿清的事情，眞不知道該起了什麼風波。我知道韓濤壽太衛護阿清，一定不肯爲難，所以我寫了一封信給姚翠君，請她幫忙，設法斷絕阿清到重慶的念頭；實在沒有辦法，則祇好直接了當對阿清說我已經同另外一個人結婚，並且一同出國了。我覺得這等於一個病人遲早要動手術一樣，再拖延也是難免的，究竟我同阿清並沒有什麼山誓海盟，即使痛苦，也很容易忘去的。

沒有想到一件想不到的可怕的事情發生了：就在容裳開學兩星期後，一個陽光和煦的早晨，我接到韓濤壽一個電報：

「阿清自殺，請即飛桂。」

這個可怕的消息，一時使我眞是又驚又怕又苦又急。我很奇怪的想到阿清自殺的原因可能不是爲我。我很自私的希望她別有男友，或者爲別的緣故而尋短見。我還希望她雖是自殺，但沒有死。但不管我怎麼自諒與自解，我還是知道這是很難有挽救的可能了。我當時先打了一個回電，我說：

「電悉，即辦機票飛桂，先請照拂。」（待續）

讀者投書

（二）從美國看臺灣

玉　東

儆寰先生：

三月十六日惠書敬悉。所補寄三份「自由中國」亦一併收到，謝謝。但三月十六日及四月一日的則至今仍未收到，相信是咱大中華民國管人民的「官署」扣去了，希望貴刊能在臺北與論界提出抗議。這種情形實在是太不成話的，無疑從檢扣入口到檢扣出口是權貴們統治技術的一大發展，（或者可以說是發明罷？）不過不以此來反共復國，卻用來管「爲邦本」的人「民」，未免是大才小用罷！

我並不是哈佛學生，而是麻省理工學院的電機工程系四年生，來美三年，深感中國自然科學之不能發達乃受落後的社會科學的觀念所影響，因而對祖國事自未敢忘懷。三年以來一直都訂閱貴刊及香港的祖國等，故雖然此間報紙對自由中國的報導殊少，但我對臺灣近年的作風也相當了然，尤其是我來美前有緣在臺大讀了一年；撫今思昔，對那些一日不如一日的作風，實在是不勝感慨的！

此次連任問題，勸進者固然好像挾全球函電以俱來之勢，但就我所接觸到的此間同學，對此事的反應毋寧是漠不關心者多。其所以漠不關心，大抵是學理工的人比較冷靜，早就看透了人家腦子內從就沒有法治觀念，像你們這樣苦心維護中華民國的法統，在勸進者們看來，大抵是入于「書呆子」之見之類罷？革了數十年命的中國統治者們，可能由于聯俄時學了俄共的法治觀念，—法律是統治工具而已—在他們，固無所謂憲法或臨時條款也。發之以函電交馳，出之以製造民意，與其說是他們假借名義，無寧說是他們客氣了。不然的話，有了軍、警、特，大權在手，憲法又豈奈我何？總之是今朝有權今朝享，因夕陽無限好也。現在連任已成定局，而且的確是衆望所歸的，君不見候選人的名單乎？此之謂天與之民與之也。咱們是「孔孟之邦」，而孟子早就說過，政權的交替是「天與賢，則與賢；天與子，則與子」，既是「天命所歸」，我希望貴刊暫時不必再論此事了，歷史家自然會對千秋百世有交代的。否則激起「老」羞成怒，萬一連貴刊也給陳懷琪封了的話，則中國的民主前途更形暗淡了！

有時和一些美國人談起他們今年的大選，他們都多數說投民主黨的票，理由既不是因他們是民主黨員，也非否定共和黨的政策，而是：「不管是誰，總之不能佔有白宮太久，到了相當日子便要換了」。我當時忍不住問了一聲：「羅斯福時民主黨卻住了廿年多呢？」他們的答案的是老套，「總之要換人」，作爲中國人聽了能有何感想呢？人家的說民主法治，是一種生活方式；咱們呢？如果說只止于喊口號，未免不公平，也不恰當。我覺得最恰當的莫如說是「民主示範表演」，不特恰到好處，也可以說得上「巧」。既曰示範表演，自當輯成專集，藏諸名山，傳諸其人，固所謂百世師天下法者流也。這大抵不會損害了某些人的感情，而使之「赫然震怒」了罷？不過，我仍然願意再說一遍，民主是一種生活方式，這就是所以「唐人街」的雜貨店的伙計—雖無法律常識—也知道所謂函電交馳是怎麼一回子事也。也因此，那些「受命于天，愛民如子」的大人們，如果眞想行民主政治于中國，與其示範表演，是不如讓國民們作一下實驗的！

蒙囑爲貴刊寫稿，但不是我客氣，由于貴刊的專論一般都是既有主張也有解析的嚴格之作，我以才疏，倒不想浪費貴刊篇幅，有機會倒可爲貴刊寫些通訊，教育制度方面的或社會制度方面的，如果身歷後的一得之見，能得到教育當局回頭去看一看臺大，則雖浪費了貴刊的篇幅，大抵也非毫無所獲的！此外，對貴刊二月一日的「紅白壽慶」一篇社論，有一點感想，如社論所寫的，固非無中生有，不過，該篇社論詞句用字之間，屬于尖刻者似乎太多。我以爲這不是好的態度，這種筆法，常人激于義憤，固所難免，但卻非一向以嚴謹著稱之貴刊所宜。五年來我一直都很敬佩貴刊—貴刊的精神、論著的態度等等—我希望「自由中國」半月刊能永遠保有這種嚴謹的態度，固不可授人以柄也。冒昧直言，想當爲先生所諒！

匆匆作覆，即頌

撰安！

玉東敬啓

一九六〇、四、八

（三）一腔孤憤話醫療

黃漢昇

編者先生：

我是一個假退役軍官，於七年前（四十二）因公務積勞成疾的，雖然當時就得到了住院療養的機會，可是自那時至今天止（四十九），而夾在軍方醫院和輔導會各個階段裏。所害着的肺病，始終沒有獲得了合理，與治本澈底的醫治呢！揆其癥結所在，乃我一年一度「週期性」大吐血，只見是頭痛，醫頭腳痛醫腳，登時應付，專過便算，並無顧全醫德同情病者底，仁懷！

再說這退除役官兵輔導會，和軍方（軍醫署）兩機構；從去（48）年一月迄今，對于住院的假退役軍官們：可謂置之度外漠不關心！似乎竟把這一羣當做踢皮球一樣地兒戲着；因爲雙方推諉責任都不願收醫，而倒楣的卻是我個人每年一次嚴重危險「週期性」血疾，經過了七年長期歲月的摧殘！眞是苦，痛極了，況今天舉目何親？孤零天涯！如果爾後仍然坐視下去，那麼這可貴，底生命，不能死在抗日和反共戰場上，竟冤枉，斷送於無人理睬勢成不治狀態下，豈不是有負政府一向眷念我們的德意呢？但忠貞報國，因公致疾的下場難道活該這樣嗎？所以我有理由要求雙方要劃明權責重視病人！發揚醫德，力存國脈；否則人鬼關頭，安危所繫，當局諸公，怎能充耳不聞!?

黃漢昇四九、三、廿九、

自由中國　第二十二卷　第九期　內政部雜誌登記證內警臺誌字第三八一號　臺灣省雜誌事業協會會員　三〇〇

本刊經中華郵政登記認為第一類新聞紙類　臺灣郵政管理局新聞紙類登記執照第五九七號　臺灣郵政劃撥儲金帳戶第八一三九號
（零售：臺灣每份臺幣五元，海外平寄美金一角五分，航寄美金三角五分）

給讀者的報告

民國四十九年的五四又快到了，我們除發表社論㈠「『五四』是我們的燈塔！」之外，還同時發表了謝文孫先生「斲害『五四精神』的幽靈」，提供了一些對於「五四」的看法，希望我們能共同加以反省和檢討。

韓國由於李承晚之企圖把持政權，而不循由「公平合法」的途徑辦理選舉，而激起了全國的示威遊行；更由於政府處理不當，終於造成了流血事件，實在是一件不幸的事。但是，由於此一流血事件，已使美國對於韓國政府那種反民主的作風，深表不滿，甚至提出照會，重新堅持民主反共的原則，可謂不幸中之大幸。因此，我們發表了社論㈡「韓國人民的憤怒驚醒了美國政府！」

臺灣地方選舉已經在四月二十四日舉辦，國民黨又獲得了所謂「絕大多數勝利」，但這種勝利是否建立在「公平合法」的基礎上呢？請大家看看社論㈢「這樣的地方選舉能算『公平合法』嗎？我們」一文中根據客觀事實所提的答案。至於臺中市洪××先生寄來的「從南投省議員六十萬退讓交易論選舉改進之我見」，臺南市李先生寄來的「如此歡迎熱烈參加競選？如此公平合法？」及木柵郵政第二號信箱仲××先生談臺北市選舉的投書，都不想發表了，請原諒。

關於中國廣播公司企圖利用「公營」的優越地位，而一手扼殺全省二十七家「民營」電臺的事，我們覺得事態嚴重，特發表社論㈣「政府不應縱容中廣公司違法！」希望政府迅予依法制止。

馬逢華先生的「郝希曼論平衡發展」大文，主要是介紹在美國哥倫比亞大學執教的郝希曼「經濟發展的策略」一書中有關「平衡發展」的理論，值得大家參考。

軍公教人員的待遇，我們一直很關心。當我們遠在去年十月，承蒙彭觀清先生送來「談軍人待遇與生活實況」後，我們深覺資料詳盡，分析深刻，也就立刻發排。但又經過仔細考慮，覺得八七水災之後，政府財政特別困難，不宜提出此一問題，便擱置下來。近因政府雖一再宣傳從七月份起全面調整待遇，卻又未聞有具體方案，特將本文發表，希望促使政府當局注意，萬勿再事拖延。至於苗栗陳××先生「敬告監院諸公」談物價的投書，我們不想發表了，希原諒。

石翠先生的「學術自由在臺大？」可看出今日連一點學術自由都談不上，去年在政大，教授李聲庭文章之被審掉，政經半月刊已經登得很詳細。

高雄市林××先生投書早收到，所述高雄市立第×中學校長會××在二月十七日校務會議上答覆某教員的話，如果沒有傳聞失實之處，的確值得重視。但現因無從查證，決定保留，希諒解。南投張××先生「駁矛盾底『幻滅』」投書已收到，因爲這不是一種純文藝的批評，而這類的駁斥，大家已經做得很多，我們限於篇幅，只有割愛了，謹致歉意。嘉義郵局第七一四八之一號信箱王××先生及屏東葉××先生來函都收到。關於「以軍爲家」問題的爭論，限於篇幅，不想發表了。基隆王××先生來函已收到，承蒙嘉許，愧不敢當，但願隨時指正，以求改進則幸。

臺北市潮州街馬××先生寄來的原件，及臺中市鼎×先生寄來的抄件，都已收到，並在社論中加以引用，對於兩位先生的熱心，我們特此敬致最大的謝意，並請今後隨時指教。

自由中國　半月刊　第廿二卷第九期　總第二五二號
中華民國四十九年五月一日出版
發行人　雷震
主編　『自由中國』編輯委員會
出版者　自由中國社
社址：臺北市和平東路二段十八巷一號
Free China Fortnightly, 1, Lane 18, Ho Ping East Road (Section 2), Taipei, Taiwan.
電話：二八五七〇
總經銷　臺灣　自由中國社發行部
　　　　香港　友聯書報發行公司（香港九龍窩打老道一一〇號）電話：五九一六四、五九二六五
航空版
經售處
美國　紐約友方圖書公司 Hansan Trading Company, 65, Bayerd Street, New York 13, N.Y., U.S.A.
　　　紐約光明雜誌社 Sun Publishing Co., 112, Mulberry St., New York 13, N.Y., U.S.A.
馬尼刺　新疆書店
緬甸　仰光振成書報店
北婆羅洲　西利亞坡青年書店
星加坡　友聯書報發行公司（小坡大馬路四六九號）
吉隆坡　友聯書報發行公司（馬華公會大廈三樓七室）
怡保　友聯書報發行公司（希尼華沙甘街十六號）
檳城　友聯書報發行公司（林連登律七十二號）
澳門　友聯圖書公司
印刷者　精華印書館股份有限公司
廠址：臺北市長沙街二段七一號
電話：三三四二九號

自由中國

FREE CHINA

第廿二卷　第十期

中華民國四十九年五月十六日出版
社址：臺北市和平東路二段十八巷一號

半月大事記

四月二十四日(星期日)
韓總統李承晚宣佈，辭去自由黨總裁職位。
艾森豪戴高樂飛蓋茨堡會談。白宮發表艾戴會談聲明，對高階層會議進行問題，美法雙方獲致協議。
臺灣省議員縣市長投票選出。

四月二十五日(星期一)
李承晚邀獨立人士，負責籌組韓新內閣。
韓反對黨議員要求李承晚等引咎辭職。

四月二十六日(星期二)
李承晚爲穩定政局，順應民意，已同意辭職，並已下令舉行新選舉。
戴高樂結束五日訪美日程返法。

四月二十七日(星期三)
李承晚正式辭職，表示尊重國會決議。新任外長許政暫代總統職務。

四月二十八日(星期四)
韓國副總統當選人李起鵬全家自殺。
韓代總統籌組新閣，發表六位部長。

四月二十九日(星期五)
韓新內閣決定撤換全部省長，改組全國各地警察機構，國會籌選正副議長。

四月三十日(星期六)
韓前內政部長崔仁圭供認操縱選舉。

五月一日(星期日)
韓國全面展開政治改革，肅清特務警察，懲辦貪污，廢除過去一切違反民主的法律，新聞自由已獲普遍提高。

五月二日(星期一)
菲總統賈西亞訪華。
北約外長會議批准西方盟國裁軍建議。艾森豪電稱勿對高階層會存奢望。
艾森豪向盟國保證，美將繼續支持共同安全計劃原則。
韓選出議長。民主黨郭上勳當選議長，保證修憲改行議會制度。
美參院修正通過美下年度援外計劃，計四一億二千餘萬美元，對援助阿拉伯聯合共和國附有限制條件。

五月三日(星期二)
韓國會全場通過李承晚辭總統職務。議長宣佈李承晚的辭去現職和放棄不任總統當選資格均已接受，並謂李氏的辭職書明白表示他永遠在野。
共黨高階層會議在莫斯科舉行，商討與西方高階層會的策略。

五月四日(星期三)
蘇俄同意西方禁止核子武器的建議，在完成管制小型地下爆炸研究前，願永久禁止除小規模地下試驗以外的核子試驗。
北大西洋公約組織理事會議發表最後公報，警告蘇俄停止攻擊他們同盟的盟友，否則不可能有和平共存。
俄統治階層大調動，科茲羅夫改任俄共中央委員會書記，顯示科氏從此取得實權。

五月五日(星期四)
赫魯雪夫指控美機犯境，聲稱下令擊落一架。

五月六日(星期五)
美兩院對援外款項，折衷協議爲四十億；衆院通過國防經費法案，較艾森豪要求者多十五億美元。
俄地面部隊司令揚言，美機係用一枚火箭一舉擊落的。
美對測候機被俄擊落事，已遞照會，促俄報導詳情。

五月七日(星期六)
菲總統賈西亞離華返國。
艾森豪宣佈恢復核子地下試爆。
赫魯雪夫宣佈，美飛行員仍生存，將依間諜罪受審。
蘇俄最高蘇維埃主席團主席伏羅希洛夫下臺，改由布萊斯尼夫接替。
美國務院發表聲明，承認美機從事偵察，旨在取得鐵幕內的情報。並表示美從事邊境偵探已進行四年，在於消除突擊的危機。

五月九日(星期一)
赫特嚴正聲明解釋偵察用意；暗示除非蘇俄同意提供防範突擊的保證，美將繼續空中偵察。
美機偵察事件，盟國反響不佳，認將在高階層會中處劣勢。
赫魯雪夫致函西方領袖，仍將出席高階層會議，不因美機事件而受影響。

五月十日(星期二)
關於美機飛俄偵察事件，俄向美提出抗議，並將依俄法律審判美飛行員。美方要求探視鮑爾斯。

『自由中國』的宗旨

第一、我們要向全國國民宣傳自由與民主的真實價值，並且要督促政府(各級的政府)，切實改革政治經濟，努力建立自由民主的社會。

第二、我們要支持並督促政府用種種力量抵抗共產黨鐵幕之下剝奪一切自由的極權政治，不讓他擴張他的勢力範圍。

第三、我們要盡我們的努力，援助淪陷區域的同胞，幫助他們早日恢復自由。

第四、我們的最後目標是要使整個中華民國成為自由的中國。

社論

（一）

「反共」不是黑暗統治的護符！

大韓民國李承晚政權瓦解了。這個事件對于自由世界的前途具有重大而深遠的意義和影響。近十幾年來，在太平洋西岸，出現了若干標揭「反共」的政權。這些政權窮力之所及，製造了一個鐵的「邏輯」。這個鐵的「邏輯」說：凡批評或反對「反共」政府的人都是共產黨。凡是共產黨殺無赦。你們批評或反對政府，所以也當殺無赦。

在這十幾年來，如所周知，大規模的共黨政權尚未傾覆也未根本動搖，而首當其衝受到打擊的，卻是各地的自由民主運動者。然而，這次瓦解李承晚政權的，並非來自北韓的共黨金日成，而是南韓的反共青年、反共學人、和反共民衆，以及來自美國的同情和嚴正態度。這個事實具體地證明給全世界的自由國家看：

批評或反對所謂「反共」政府的並不就是共產黨。

於是，標揭「反共」的政權所製的這個鐵的「邏輯」被事實所粉碎了。李承晚藉反共爲護符的黑暗統治也給戳穿了！

當然，如果說李承晚先生對于大韓民國的建國沒有貢獻，那也是不合事實的。他大半生策動反日，志在把韓國從日本的奴役之下解放出來。大韓民國成立以後，韓國又遭來自北方的共黨之侵略。總算李承晚領導有方，應付得法，在盟國部隊的翼護之下，搶救了半個韓國。這些，都是不可抹煞的功勞。然而，李承晚有無功勞是一件事，應否居功而長久貪戀權力則係另一回事。邱吉爾在第二次世界大戰期間領導英國抵抗納粹，使英國轉危爲安，並且最後獲致勝利，這總不能說沒有很大的功勞吧！可是，戰後選舉，英國人民覺得不再需要他而不選他。他也只得服從公意，悄然引退。這是民主國家的常軌。一個國民爲國家服務，無論是當總統也好，當首相也好，當士兵也好，都是國民應盡的天職，他自己應該覺得並無什麼功勞可言。萬一人民爲了表示愛戴之忱，選他當一次總統或首相，當然也可以；但是，如果他趁此機會用各種不高明的手法，攬權自固，想一輩子搞下去，那末本來有功的也就弄得罪過滿身，最後就要被人民踢下臺去的。李承晚先生的悲劇就出在這裏。

不僅如此，人的壽命和可工作的年齡都是有天然限制的。一般而論，人到了七十歲以後，大腦神經微血管漸漸硬化，中樞神經漸漸失去控制力。所以，到了這種年齡的人，不僅記憶力大減，而且判斷力、思考力、自我控制力，都大爲衰退。人到了這種年齡，漸漸神智不清，於是就要發生「返老還童」的現象。歷代帝王，有許多到了晚年變成昏君，受小人包圍，生理和心理的原因使然。美國艾森豪總統表示任滿不再競選總統的時候說，人到七十歲都應該退休。這是明智之言。老人的毛病還不止此。古人說：「及其老也，戒之在得」。人到老年，在潛意識深處受到「死亡之恐懼」的侵襲，於是貪念甚熾，患得患失的心轉强。國家大事怎麼可以交給這樣的人辦？從反共的觀點看，更不宜由老人當位。隨便那一個有常識的人都可看出，反共的事，決非三年五載可了，而將爲一項長期抗爭。假如說，領導反共的事業非一些七八十歲的老翁不可，沒有這些老翁頂住的話天都要塌一塊下來，那末這些老翁隨時都有撒手西歸的可能，反共大業是否也隨時散夥呢？僅僅從這一方面着想，李承晚先生也早應引退了。

然而，權位令人迷。權位有如鴉片煙。鴉片煙抽久了會上癮，權位佔久了也愛莫能釋手。鴉片煙抽上癮的人，爲了過癮，傾家蕩產，厚着臉皮向人借錢，甚至小偷扒手，一切下流事都可以做得出來。顯然得很，抽鴉片煙的人並非個個都是糊塗蟲，人人都是下流種子。而其所以弄得出此下策，係因煙癮難熬。同樣，貪權戀位的人並非個個都是壞人。可是，一朝權位在手，嘗出甜頭了，便無以解脫，必須戀棧下去。貪權戀位到了這個地步，就會不擇手段了。而適逢其會，共黨作亂，於是「反共」「抗俄」，很自然而然地成了這類人物鞏固權位的藉口。李承晚先生不過是其中之一例而已。我們且看他爲了鞏固權位做了那些勾當。

韓國在日本統治時代，警察是壓制人民的工具。想不到靠反抗日本統治起家的李承晚先生當政以後，也把警察作爲鎮壓人民以鞏固私人權位的工具，以致韓國變成一個「警察國」。這種辦法，引起韓國人民普遍的憎恨，視警察崗亭爲獨裁統治的象徵。鉗制言論自由是實行獨裁的必要手段。例如，他下令查封反對黨的報紙「京鄉新聞」。李承晚當政期間，韓國這幾年的政治已是貪污成風。美援本來的用意是幫助軍經建設的。可是，李承晚的自由黨藉着手握政權的便利，揩油美援以自肥。據其反對黨稱：「李承晚政權爲了自己之政治目標，每年至少濫用二千萬美元。」（法新社漢城四月十九日電）這是李氏統治下韓國境況之一面。

李承晚爲人個性甚强，他建國有功，自信韓國非他治理就要沉淪。他這一念頭，正好給他貪權戀位的動機以堂堂正正的理由。加之受一層「人爲的牆壁」所包圍，使他的這種想法不能遏制，而必須終身在位。爲了達到這個目標，他從幾方面來進行：首先像一切假民主之名而行獨霸之實的權力飢渴者一樣，從修改憲法上打主意。韓國于一九四八年七月十七日公佈的憲法第五十五條明明寫着「大統領、副大統領之任期爲四年，連選得連任一次。」到一九五二年執政黨失去對議會的絕對控制，但李承晚當時正領導韓戰，在韓國人民心目中聲望極高，於是修改憲法，規定總統和副總統由人民直接投票選舉。然而，到了一九五五年他的聲望低落，直接選舉對他不利，於是又把憲法修改得對他有利的地位。總而言之，憲法改來改去，目標只有一個，就是使他總能當得成總統。可是，僅僅修憲是不夠的。他還需要施用一點霸道來幫忙。依據韓國前任內政部長崔仁主的供述，我們知道韓國警察成爲强制選舉的爪牙。他說：「我遵照內閣的決定，下令所有政府官員替李承晚及李起鵬競選。」又說：「我曾召見各市長、村長、警察局長及其他地方官員，並命令他們確使自由黨候選人能當選。我要他們先提出辭呈，以便他們只許成功不許失敗地遵守我的命令。我並且製造出一種比賽精神。只要我保證你們不丟官，你們便不必擔心違法。」這是典型的「安全措施」！

亂戴紅帽子，也是打擊政敵、保證選舉勝利的一個現成而有力的辦法。韓國進步黨領袖曹奉岩的政見與李承晚不同，且擁有很多年青的黨員。一九五六年大選時，李承晚政府加他「共諜」和「叛國罪」予以逮捕，一九五八年處以死刑。不過僅用霸道還是不夠的，必須「剛柔兼濟」才行。收買，賄賂，則是針對「人性」弱點的好辦法。自由黨收買馬山議員許潤秀是顯著的例子。除此以外，戲劇性的插曲也是不可少的。例如，有位無黨無派的張澤相在辦理申請競選總統手續途中竟遇着暴徒，將他的申請文件搶走。結果，他因此失去了參加競選的機會。諸如此類妙事，不一而足。

凡此等等勾當，都是在「反共的需要」這塊招牌背後幹出來的。

然而，自古至今，統治者太專橫、太霸道、太自私，以致叫人忍無可忍的時候，大家就要冒着生命的危險來反抗的。這種反抗一起，任何大帽子都壓不住了。最後傾倒的是違拂衆意的統治者。三月十日漢城首先發生示威、抗議選舉之違法。接着十五日馬山發生大規模示威。警察開槍鎮壓，造成重大的死傷。於是羣情沸騰，示威事件在南韓各重要城市展開，範圍愈來愈大。

面對這一情勢，李承晚使出他的殺手鐗了。他對示威羣衆提出嚴厲的警告，說這些行動背後有共黨操縱。他親自宣佈：「馬山暴動是共產黨陰謀」。復次，韓國警察為了證實李承晚所說的話為眞，事後用屈打成招的方法逼取學生的口供。據韓國律師公會宣佈：「韓國警察千方百計收集證物，要把此次事件羅織為共產黨的陰謀暴動；他們甚至把被捕的青年屈打成招，要他們承認曾參加共產黨的陰謀組織，否則便把他們裝進蔴袋，活活地丟到海中去。」這也就是說，只要加上一頂「共諜」紅帽子，一切「眞理」便都在統治者方面，老百姓方面就算宣告死刑了。

然而，這一次可不靈了！

李承晚這一宣佈，他指揮之下的警察的這一套做工，「共諜」的紅帽子，不僅沒有壓下韓國人民的憤怒，反而激起更大的憤怒，反而使事態更加惡化，反而引起國際間的惡感。美國國務卿赫特告知韓國駐美大使梁裕燦稱：「美國相信韓國國內的示威行動是人民不滿最近選舉作風的反映，所採取的鎮壓措施不適宜於一個自由民主國家。」梁裕燦大使又在美國廣播，向美國人為他的主子大聲疾呼，說「反美分子或共黨分子和反對李承晚總統的政府的示威運動有關係。」梁氏援引示威者曾攻擊漢城一座麥克阿塞將軍的銅像及散發傳單要求美國和聯合國部隊退出韓國這兩件事，以證明他認為此項示威運動是由共黨煽動或有共黨參與其事的說法。但是，美國國務院在招待記者會上予以反駁。事後梁裕燦也坦白承認：「他發覺他指摘韓國反政府浪潮係由共黨煽動一點不正確。」

李承晚使出的戴紅帽子的殺手鐗完全不靈了！一切貪權戀位的人都應該覺悟：世事是多變的，世上並無永保權位的萬靈丹！

統治者的重要本錢是警察與軍隊。但是，警察與軍隊也是人做的。他們會永遠盲目地聽獨裁者指揮嗎？他們會永遠為了鞏固私人的權位而屠殺自己的同胞嗎？四月二十六日，當韓國政變到達高潮時，「平素一直倚為國家權力支柱的警察，却在請願人民的吼聲中銷聲匿跡了。」「軍隊呢？」「和請願羣衆周旋的只有剛由郊區開進來的陸軍第十五師的裝甲兵，而士兵們對學生們的行動毋寧是友好而同情的。因為韓國士兵都是民間優秀青年被徵入伍的。他們的政治感情一直和一般人民有着緊密聯繫的。有幾個場面，是士兵們站在學生羣衆的前面的。」

警察力量瓦解了，軍隊也不能用作大規模屠殺人民的工具，韓國國會內部且發生毆鬬事件，李承晚成為一個光桿了。終于，他不能不放棄他捨不得放棄的權位，結束了他十二年的獨裁統治生涯。

韓國這次政變的意義是很大的。它給我們揭穿了一個反共的獨裁統治的內幕。這一個內幕是怎樣編排的呢？它是由一個非彼莫屬的無可代替的人身作永久性的核心；用一個黨派作統治的羽翼；套取美援並利用國庫豢養這一羽翼的資本；拿警察和特務作監視和壓制人民的力量，必要時並用以助選。這一內幕是怎樣導演的呢？它是：為了達到政治目標，輭則收買賄賂，硬則抓拿監禁；明則利用司法程序，暗則施行逮捕處決；輕則取消飯碗，重則威脅生命；緩則放言恫嚇，急則暴力相加；遠則招待逢迎唯恐不及，近則視同芻狗糞土。而掩蔽這一內幕的一張幕，就是叫得響亮的「反共」。

我們必須作進一步的認識：李承晚這種內幕的建構形態，組成力量，和運用方式，可以算得是一個「型模」。它有普遍性。有些藉「反共」而建立的政權在基本上都具有這個「型模」所具有的因素、性徵、和作風，並沒有新的創造和新的發明。

南韓在這一次政變中，學者、學生、和人民，勇敢而又理智地棄絕了這個黑暗的統治。我們知道，近十幾年來，東亞地區出現了一個新的政治問題。它就是：反共，民主，獨裁三者之間的關係沒有調整好。獨裁者在事實上──不是口頭上──肯定「要反共就得聽我的」。這麼一來，民主即令不被取消也至少大受壓制。在反共過程中把民主予以壓制或取消，那末，反共者與共黨的實際距離，至多是五十步與百步之差而已。反民主的「反共」過程，可能根本就消滅了反共的理由和目標的。這是民主自由人士所不能贊同的。於是，發生了「民主的反共」與「獨裁的反共」之論戰和對立形勢。在這一形勢中，獨裁的反共者檢盡了一切便宜，同時因為藉口反共而打煞民主自由的發展，於是自己變成了黑暗的統治。這是東亞反共運動中種種內在政治問題的基本癥結。這個癥結一日不解，則反共運動不可能順利展開。這個癥結怎樣解開呢？現在韓國的政變給這個問題以具體的答案：反共不是黑暗統治之護符；反共不能使人成為神聖。任何人不能藉着「反共」招牌做盡一切壞事。自由人不做「反共的奴隸」。「反共」而不照着正當的道理行的時候，人民還是有理由要求獨裁的反共者下台，而代之以眞正的民主反共。現在，在民主的反共道路上前進的韓國，才算走上反共的正路。韓國成了東亞民主反共的典型模範了！

社論

(二) 違法舞弊的臺南市長選舉應宣告無效

關於本屆地方選擧不公平不合法之處，在投票之前，我們就已經於四月十六日出版的那一期社論——「國民黨豈可重演違法競選的故技?」——中指出；在投票之後，我們又接着在五月一日出版的那一期社論——「這樣的地方選擧能算『公平合法』嗎?」——中指出。在最近不到半個月以內，有關選擧違法的消息，更是紛至沓來，報紙不斷揭載。然而，在臺灣這種現實政治環境中，大多數人都是敢怒而不敢言，只能在私人場合抱怨、指摘、唾罵、憤恨。例如臺中市有一位讀者，把司法人員召集同仁開會助選的鐵證送給我們，但同時又要求我們爲他的飯碗和安全着想，千萬不要發表。其實，這只是我們所接觸到的事例中的一件而已。

可是，最近有臺南市選民陳碧琳、林得旺、林金塗、陳柏陽等四人，鑒於臺南市長當選人辛文炳種種「妨害選擧辦法……之行爲」，終於忍無可忍，而在五月六日聯名向臺灣省縣市公職人員選擧罷免監察委員會提出檢擧書，同時把副本送來本社。當我們細細看完這份檢擧書，以及臺南市選民黃柏衡等二百多人「受領市長當選人辛文炳唆使他人(其中一部爲里長)交付之金錢實物自動檢擧」之蓋章名册一本，再與現行選擧法規對照，發覺只要辛文炳有其中一件行爲，便已構成當選無效之條件，法院便可作當選無效之判決；同時，也只要投票所開票所有其中所指情事，便已構成選擧無效之條件，法院並應作選擧無效之判決。然而，就在五月六日我們接到檢擧書的時候，便聽到國民黨方面正派人前往臺南市向落選人葉廷珪疏通的傳說，接着又在五月七日「公論報」上，看到周主席正派省府委員侯全成對葉廷珪面致慰問，並表示如願至省政府服務，將作妥善安排的消息；前後對照，若合符節。

選擧如果違法舞弊，必須依法解決；也唯有依法解決，才可平抑民憤，安定人心；如用任何政治收買的方式來處理，都是邪徑，人民的積憤也只有加深。因此，我們站在主張依法辦理地方選擧的一貫立場，根據檢擧書所列事件，扼要指出違反法規之處，讓全臺灣選民公正裁判，並喚起政府當局及立監兩院的注意，以求促使這一案件的依法解決。

根據檢擧書所述，國民黨提名當選爲臺南市長的辛文炳，在競選期間，涉嫌違法舞弊的行爲，包括有唆使他人「以金錢實物給與投票人」、「利誘投票人對於投票權爲一定之行使」、及「以非法之方法使投票發生不正確之結果」等情事。至於主辦選擧機關，在投票開票期間，涉嫌違法舞弊的情事，又包括有管理員不依法「維持投票秩序」、「掌管公民册及投票匭並經發選票」、「維持開票秩序」，監察員不依法監察「管理員辦理投票開票有無違法情事」、「監察投票人投票時有無違法情事」，以及主任管理員和主任監察員不令「冒名頂替」的投票人退出，並將選票收回等情事。我們爲求存眞起見，完全按檢擧書所述，擇要指出下面十項：

第一：「市民黃柏衡等二百三十二人受領市長當選人辛文炳唆使他人(其中一部爲里長) 交付之金錢實物自動檢擧之檢擧書及附表全份，均經簽名蓋章，記載身份證號碼及居住所，乃信而有徵之書證」。本刊在接到檢擧書副本時，同時也接到了經當事人蓋章的這件二百多人提出的「書證」。其中將受領實物人之姓名、年齡、職業、住所、身份證字號、受領物品之品名、數量、及經手人姓名，均逐一詳細塡明。

第二：「安南區青草里里民張文章在里民中會表示支持落選人葉廷珪，四月廿日該里里民王富，以當選人辛文炳允以萬元收買該里全部選票。値該里于上(48)年初設電燈，里民分擔之安裝費一萬元，迄無着落，係以王富名義向農會貸欵，一再展期，已十個月。要求張文章參加里民座談會，至二十二日，王富通知該張文章，當選人辛文炳已命其登記助選人郭仲由，會同市議員林石柱持第三人吳清誥出票四月二十三日付欵之農會支票，給付王富，並切囑該張文章勿再搗亂。業經張文章于擧發時，自我錄音。有錄音帶足證，並以附呈。」

第三：「選民城朝震曾于四月二十日收受辛文炳親自交付之戲票四張，城朝震于受訪問時曾經錄音，亦有錄音帶足爲佐證。」

第四：「辛文炳……四月二十三日向郊區選民以金錢賄選，而恐受領金錢之選民，不行使選擧權，或故圈廢票，或相反的圈選他人，爾詐我虞，因而廿三日以後，辛文炳深入郊區，收買選民之身份證，而由其爪牙持證投票。但郊區選民，例不肯以印章交付他人，故辛氏收購身份證而派人投票，在選擧名册上領票，均用他人之手印，一經核對，安南區各投票所，均有同一指印領取十餘份甚至五十份選票者。」

第五：「當選人辛文炳使其助選人向安南區溪心里第一百投票所 選民 吳乃昭、吳永、以新臺幣各五十元，另白米各一斗，收買其身份證，由他人領票圈選。」

第六：「安南區顯宮里四鄰一二七號之六選民林連廷及妻林陳金玉，因値分娩，其夫婦均未行使投票權，但由辛文炳在顯宮里之負責助選人林石柱，持林氏夫婦身份證投票。」

第七：「投票所發票員唐傳在陳丁山向區公所人員顏牛根報告，九十九投票所選擧舞弊，係由辛文炳之爪牙吳清誥持以金錢收買之身份證，前後三次，每次領票十五六張，監察員楊國華及發票員唐傳在加以干涉，在場警員竟偏袒吳清誥，並以加害生命身體威脅唐發票員。當時在場投票之陳在生，且目擊其事。選擧名册上，有吳清誥之指印可稽。一經覆按，唐傳在、陳丁山、顏牛根、陳在生可爲人證，而選擧人名册之指印，則爲確切之書證。」

第八：「南區鯤鯓地方龍岡國校第(25)投票所管理員包陽和，發現有不知姓名之老婦人及一青年漁民，先後多次進入投票所，持他人身份證領票投票，曾加阻止，竟受發票員王春龍之威脅。該所管理員多爲郊區小學教師，遠在郊區，生命身體受有威脅，以故無可奈何，任其一再持他人身份證投票，終經主任監察員張先正(臺南地院書記官)發覺，始加制止。至下午六時選擧結束，該發票員王春龍竟以自己之指印，在選擧人名册上，加蓋領票，一次投入達百張以上，主任監察員張先正目擊其事，而無可奈何。」

第九：「市長當選人利用黨政關係，勾結軍中政工人員，爲不在臺南之軍人軍眷投票，並於開票唱票之時顚倒黑白」：「北區富臺新村第四十九投票所選擧人當日不在市區者，有①張明淸②楊有材③易禮恭(女)④楊通臣⑤梁協承及⑥居住富臺新村常姓選民離市均久，但在選擧人名册上則有領票之紀錄。」

第十：「設置西區區公所之第三十九投票所，于選擧結束，公開唱票之時，選民進入投票所參觀唱票之初，由管理員李坤山先生唱票，遇有廢票，以作廢原因昭示在場選民，而後列爲廢票。在場選民有目共睹，圈選當選人辛文炳而在票上加蓋選擧人名章者，凡數十票，經李坤山列爲廢票以後，……唱票中途，因李坤山休息，由其他管理員更替，竟以經李先生因記名而列爲廢票之選票，計入當選人辛文炳之得票。勾結選務人員舞弊，以致選擧有不正確之結果，自爲當選無效之原因。此項事實應請鑑定選票。」

根據「臺灣省妨害選擧罷免取締辦法」第十六條第二、三、四各欵之規定，候選人不得「利誘投票人不行使其投票權或爲一定之行使」、「以金錢實物或其他財產上之利益期約給與投票人」、以「其他非法之方法使投票發生不正確之結果」。如果候選人違反上列任何一項，則依同法第二十條及「臺灣省各縣市公職人員選擧罷免規程」第四十六條之規定，便構成當選無效。另據「臺灣省各縣市公職人員選擧罷免事務所組織規程」第十三條規定：管理員應「維持投票秩序」，「掌管公民名册及投票匭並經發選票」，「維持開票秩序」；及同法第十四條規定：監察員應監察「管理員辦理投票開票有無違法情事」，「監察投票人投票時有無違法情事」；以及同法第十八條規定：主任管理員和主任監察員，遇有投票人「冒名頂替」時，應令投票人退出，並將所持選票收回。如果管理人員或監察人員違反上列任何一項，依「臺灣省各縣市公職人員選擧規程」第四十三條規定，便構成選擧無效。因此，就上面擇要引證檢擧書所述十項而論，只要辛文炳有其中所指控之一，便足以構成當選無效的條件了；也只要管理人員或監察人員有其中所指控之一，也足以構成選擧無效的條件了。

然而，據檢擧書所述，臺南市長選擧過程中，涉嫌違法舞弊情事，居然不止上引十項。所以在選擧揭曉之後，辛文炳竟以超出葉廷珪五千餘票而當選時，據檢擧書宣稱：「市民憤慨，自動組織印製表格，分頭簽名蓋章，自我檢擧其分別收受當選人餽贈之金錢實物之情事，並分別趨訪落選人葉廷珪先生，使提出當選無效之訴。」據說就在投票揭曉後葉廷珪向市民「鳴謝賜票」時，市民們竟大放鞭炮，表示擁護；甚至分別趨訪人數，竟達數萬人以上。自案發以來，民營的「公論報」、「聯合報」等報，更連日以重要地位，陸續刋登有關檢擧人積極進行檢擧之消息。凡此種種，都可看出臺南市民內心之憤恨不平到如何程度了。

現在，臺南市長選擧違法舞弊案，旣經臺南市選民依法提出檢擧，只要各有關單位都能依法解決，相信民憤必可平息。尤其在鑑定技術進步之今日，指印甚易鑑定。否則，如果政府竟聽任或幫助國民黨利用政治收買方式解決，只不過欲蓋彌彰而已！如果竟利用監察委員會以至法院權力，不予依法處理，恐只有更加深和刺激民憤而已！

最近在南韓發生的流血事件，終至造成李承晚政府之崩潰，顯然就是由於選擧期間的違法舞弊，及選擧後又不從速依法處理。其中違法舞弊之內幕，自從南韓內政部長崔仁圭坦白供認後，接着在五月三日，最足以反映地方人士意見的「公論報」，便以「有感於崔仁圭的坦白」爲題發表社論，指出南韓崔仁圭所述「各種違法舞弊的花樣，臺灣地方選擧時都曾有過。」老實說，當我們看了這篇社論，再想想歷屆地方選擧中違法舞弊情事，竟可一而再再而三的發生，並可一而再再而三的經大家揭發後仍不依法解決，以致現又在臺南市長的選擧中，發生這樣違法舞弊的情事，弄到民怨沸騰，眞令人不寒而慄！

十多年來，我們之所以一直闡揚民主，即由於在眞正的民主政治之下，至少可以避免像南韓所發生的流血悲劇。我們之所以自始反對共產黨的暴力革命主張，乃至於反對國民黨的革命八股論調，便由於革命勢必帶來流血的悲劇。因此，當我們看到由於歷屆地方選擧之違法舞弊，特別是本屆選擧中候選人之賄賂公行，使「選賢」變爲「選錢」，「讓賢」實即「讓錢」，致選風澈底敗壞，國民道德因而淪喪，而在人民內心深處留下的一股怨恨之情時，總是呼籲政府收拾「人心」，特別强調「人心」重要。現在，臺南市長選擧涉嫌違法舞弊案，旣經臺南市選民依法檢擧，我們便不得不再鄭重呼籲政府依法處理。儘管到我們截稿時爲止，還未進入司法程序，但我們應該督責政府拿出改革選政的決心，維護司法獨立審判的精神，對於違法舞弊的臺南市長選擧案，宣告無效。

我們為什麼迫切需要一個强有力的反對黨

雷震

一

民主政治是基於「人民主權」、「人人都是皇帝」的觀念，國家一切事情，不論大小，不問內外，由人民自作主張、由人民自己來管理的政治。從另一角度來說，民主政治是不發生流血慘劇而能和平交替政權的政治。在廣土衆民的地方，人民是無法直接參與實際政治的，故必須「選擧」一個代表，以其代表人民而參與實際政治，由這些代表集合攏來討論政治問題。一般人稱呼此種政治爲「代議政治」，稱呼這些代表爲「代議士」或「議員」，稱呼代議士、議員集合的場所爲「代議院」、「議會」、「國會」或「巴列門」，稱呼這種政治制度爲「代議制度」或「議會制度」的政治。這一切的一切，都是說明這個代表是「代表人民」的意思。職是之故，這些代表乃是反映人民的意見和權利，乃是代着人民去過問實際政治。當然，這些代表本身也是人民之一，他們自己的意見也應該包括在內。如果這些代表不能忠誠的代表人民的利益而善盡職責，人民則有權利去罷免他們而另行選擧代表，代表他們去過問實際政治。此所以人民在選擧權之外，尙有「罷免權」的由來。

人民的意見或權利，彼此能够完全一致麼？不能，不能，絕對不可能的，除非像共產黨和法西斯那種極權政治，或其孿生兄弟如標榜一個主義、一個政府和一個領袖……等等類似形態的政治，以生呑活剝的方式，硬把所有人民的意見强迫納入一個他們自己所鑄造的範疇之內以外，在一般的場合，人民的意見、人民對於每一事物的看法，常常是紛歧的，是不一致的，甚至是彼此互相衝突的。人民的利害關係，更是錯綜複雜、千頭萬緖的。工人的利益自不能與老闆一致，而農民的利益也不能和工人相同；卽在工人的當中，由於工業種類的不同，彼此的利益也往往不能完全一致。政治既是衆人之事，就要照顧到大衆的利益。更正確的說，就要照顧到全民的利益。此民主國家與極權國家在觀念上根本不同之點之所在也。

因此，民主國家必須使這些不同的意見，對於事物不同的看法，儘量的表示出來、反映出來，賴言論自由和新聞自由的功用，把這些不同的意見和看法，反映之於輿論；由於各級民意機關的設立，使這些不同的意見和看法，反映之於實際政治。而民意代表的任務，就是把人民的意見傳達於民意機關，使其透過民意機關的決議，在實際政治上發生影響，乃至產生決定性的作用。

由此觀之，「選擧代表」爲民主制度中最重要的一環，而「選擧」一事則爲實行民主政治上最基本的要件。英國學者約翰穆勒 (John Stuart Mill) 在論投票的重要性曾這樣說過：「在任何政治選擧中，即使在普通選擧權之下，一個投票人須在絕對的道德責任下去考慮公共的而非他自己的利益，要用他最好的判斷去投票，正假如他是唯一的投票人，而選擧結果的決定全在於他一個人。」(論「代議政府 (Representative Government)」第十章)。因此，如果選擧辦得不好或辦理不善，不能讓投票人能够自由表示意志，不能使投票人有自由選擇的機會，則民主政治不會行得好的，也就不會有好的結果出現的。如果選擧是有名無實，或竟出之於違法舞弊，則其政治在實質上必非民主政治無疑，儘管在表面上是以民主政治作裝璜招牌。我們看看英國在實行議會制度之後，對於選擧制度的改革，該是花了多麼大的心血，一而再，再而三的提案改革，始造成今日通行的進步的「普通選擧」、「平等選擧」和「直接選擧」的制度。英國促使選擧制度的改革，當時的朝野兩黨都是盡了很大的努力。他們知道如果選擧制度不好，則選擧自然不會辦好，由此而產生的代表也就不會好，民主政治就不會有其基礎的。以後由澳洲發明了「秘密投票」的制度，才使選擧制度益臻完善的地步，投票人完全可以本着自己良心的驅使去投票，不受任何威脅和利誘。所以，我們今天要談民主政治，就不能不特別重視「選擧」這一件事情。

中國過去的政治思想，也有一些民主政治或民本政治一類的思想，惟因沒有發明選擧這個實現民主政治的方法，故民主政治或民本政治的思想，僅僅止於思想的階段，而沒有創出實際的結果。猶之如中國過去也有「格物致知」一套思想，因爲沒有發明「科學的方法」，其格物致知的理論，僅僅止於思想的階段而未能創出實際的結果是一樣的。英美之所以能够推行民主政治，就是因爲他們發明了選擧的制度，其實行民主政治而有成果，就是由於他們建立了優良的選擧制度——普通、平等、直接、秘密——的緣故。

二

我們行憲已有十多年的歷史了。對於中央級民意代表的選擧，當年在大陸上確實沒有辦好，其中理由很多，此時此地，不必推究贅述。臺灣省自民國四十年開始實施地方自治起，於今已有九年多的歷史，縣市長及省議員的選擧，已擧行過四次；縣市議員的選擧，已有過三次。我們對於選擧的經驗，應該豐富充足，選擧上可能發生的毛病，應該知道得一淸二楚。在辦理選擧上最重要的戶口名簿，由於日本人過去的努力，編製得相當完備。照理說，臺灣省的地方選擧，應該辦得很好很好，縱不能做得十全十美，最少最少，應該使選擧一事走上了軌道，臺灣的地方自治，做得像個名符其實的地方自治。可是過去幾次地方選擧，包括最近一次的選擧在內，沒有一次辦得像個樣子，這是有目共覩的事情。這裏面，執政的國民黨當然要負極大部分的責任，如違法舞弊，利用軍警公教人員助選，不許候選人在投票所開票所設置監察員等等。在野的民社黨和青年黨以及熱心民主政治的人們也要負上一部分責任。最少最少，是他們糾正執政黨的錯失的努力，做得不够勁，有些地方則過於「明哲保身。」

這次臺灣省二十一縣市首長的選舉，有九個單位是「一人競選」。如果把臺北市和臺北縣首長選舉計算在內，就有十一個縣市首長是「一人競選」，超過全部百分之五十以上(臺北市和臺北縣的首長選舉，名義上雖然有兩人競選，那一位只是陪襯陪襯而已。覩於臺北市長候選人林清安的選舉事務所設在自己的診所樓上，助選員一人也沒有，而臺北縣長候選人劉秉義年僅三十二歲，就可知他們完全是陪選了)。基隆市區應選出的省議員，在名額上規定爲兩名，而出來競選的候選人又恰恰就是兩名，也是「一人競選」的局面。一個區域的選舉，如果只有一名候選人出來競選，這不能算是選舉，更說不上是「競選」，因爲僅僅得到「一票」，即可當選也，當然用不着去「競」了。

所謂「選賢與能」，必需有「幾個」賢者、「幾個」能者出來候選，讓投票人有自由選擇的機會。「選」字的意義，就是要在「幾個」標的物當中，選出「一個」或「數個」出來，若僅僅只有一個候選人交投票人去投票，那就不是「選」了，因爲根本沒有選擇的機會。沒有選擇的機會，則不能算是選舉，當然不會提高選舉人的興趣。覩於這次地方選舉，更可明瞭其中情形。這次選舉，凡是「一人競選」的區域，投票率一般的都很低，而已投入之選票，廢票率則特別的高。可見選民是討厭「一人競選」的局面。這次縣市長選舉與省議員選舉乃是同時舉行的。有的選民只希望投省議員的票，故對「一人競選」之縣市長則投廢票，廢票率特別高的原因就在此。臺北市和臺北縣的選舉，正好說明了這件事。

選舉必須有幾個候選人出來候選的道理，朱伴耘先生在論「反對黨！反對黨！反對黨！」的文章裏(本刊已發表了朱先生六論反對黨，載在本刊第十六卷第七期，第十七卷第六期，第十八卷第四期和第九期，第十九卷第五期，第二十卷第十期。至「七論反對黨」來稿甚久，且已排好，下幾期內當可刊出)，說得十分詳盡，用的比喻也很恰當。他以廚司或工友爲例，必須有兩名以上的廚司或工友出來應徵僱用，主人始可在兩者或兩者以上的當中，選擇他認爲比較合意的來僱用。如果試用之後，廚司或工友工作不努力或不够滿意，或不合主人的胃口，主人下次可以另行選擇一名來僱用。如果廚司或工友的候補人只有一名，而且始終就是一名，主人勢非僱用不可，那末，主人就失去挑選的機會與權利了。這就不能叫做選賢與能，即令明知其「愚劣無能」、或竟「頑固自私」而仍非選他不可，這樣的選舉，實質上就等於指派了。

爲什麼造成「一人競選」的局面呢？這一點，大家應該用心去檢討檢討的。尤其是努力於建立民主政治的人們，更應該深思熟慮來研討這個問題。照我看，其間原因固然很多，如國民黨不准候選人推派投票所和開票所的管理員和監察員(這次臺北市長選舉，如果准許候選人推派投票所開票所的管理員和監察員，一定會多一兩人出來競選)等等，其中最重要的，還是沒有一個强有力的反對黨存在，可以和執政黨一決雌雄，可以與國民黨對壘抗爭。

今日民青兩黨勢單力薄，在國民黨長期獨覇與全面控制之下，無法壯大起來，其結果國民黨對各區選舉提出了候選人，民青兩黨鑒於上次選舉受了國民黨的欺騙(民國四十六年度地方選舉，國民黨原允民青兩黨候選人可在投票所開票所推派管理員和監察員，故兩黨在若干區域提出了候選人。不料選舉前夕，國民黨竟食言自肥，故兩黨所提候選人，除極少數者外，絕大部分都在不公平的選舉下，甚至在違法舞弊和安全措施的選舉下，慘遭失敗)而未提候選人，在各選區內，只有個人有志競選者出來參加競選耳。故許多選區，現出「一人競選」的局面。這裏面只有國民黨在自吹自擂的唱獨脚戲，而無敵對的政黨也大張旗鼓的出來競爭。選舉乃是政權的和平交替，我們不僅是選什麼人，更重要的，還要選什麼政策。就是希望有什麼樣的政治家和什麼樣的政治出現。故在選舉之前，各黨必須宣布自己的政策給人民看，讓人民去衡量評定。

假定說，競爭是推動進步的原動力，在經濟上是如是，在政治上亦應如是。中山先生說：「一國之政治，必須有黨爭，始能進步。」「謀以國家進步、國事幸福而生之主張，是爲黨見，因此而生之競爭是爲黨爭。」「互相更迭，互相監督，而後政治始能進步，……而政爭爲絕好之事也。須知所爭者，非爭勢力，乃爭公道，可見黨爭實不可少。」「輪流互易，國家之進步無窮，國民之幸福無窮。」「政府善則扶持之，不善則推翻之。」這些話，都是說明政治必須有敵對的政黨相互競爭而後始有進步。執此以觀臺灣這幾年的政治，沒有黨見，缺乏黨爭，故毫無進步。臺灣的地方選舉，從開始到現在，場面均顯得平靜冷落，就是由於缺乏敵對政黨競爭的緣故。事實上，在一黨獨裁之局面下，這是當然的現象，毫不足異。對於這一點，陳咸森先生在「臺灣的選舉爲甚麼辦不好？」(本刊第二十二卷第八期，四十九年四月十六日出版)一文裏，說得十分明白。他說：

「照民主國家的常例，在這選舉的季節裏，正是政治新聞狂熱的季節，正是各政黨的政綱政策的批評辯護爭論的季節，正是執政黨向選民交政績賬單的季節，也正是競選政黨向選民開出優美的預期允諾的季節，甚至是競選者的對手方相互的「挖瘡疤」、「攪糞缸」的季節。然而我們在這選舉的季節裏，就已經舉行過的兩次選舉看來，既沒有熱烈的競選，又沒有政綱政策的辯護和爭論，一切都顯得平靜冷落。這種平靜冷落是違反民主政治常情的，同時也暴露了我們的民主政治與選舉有其嚴重的缺陷和弱點。」

因此，在選舉時期必須具有「旗鼓相當」或「聲勢相若」的兩個以上的政黨，大家擺出本黨的政綱政策於居於主人地位的選民面前，懇求主人作明智的抉擇。在各個別選區之內，候選人也可以發表個人的政見，但這只能在其所屬政黨的政綱政策的籠罩下面。每個政黨不僅要宣傳自黨的政策好，是老牌王麻子，貨眞而價實，還可以找出對方政黨的弱點，批評其政綱政策之不合實際。雙方大吹大擂，各顯神通，讓人民深思熟慮去作最後的裁定。那末，不僅一人競選的尷尬無聊的局面可以沒有，而平靜冷落的場面也可以打破，使選舉搞得有聲有色，人民對於政治的興趣，自然而然就可以提高了。像今日臺灣的地方選舉，只有個人政見的發表，而無政黨政策的宣布，好像選舉和政黨脫離了關係似的。誠然，國民黨方面曾就全省二十一縣市首長及省議員候選人，一一提出人選，可是其他在野黨派並未提出候選人。其所以未提者，只是因爲國民黨要操縱選舉，竟不允許各候選人對投票所開票所推派管理員和監察員，上文已述及之。國民黨這種獨霸的局面，即「勝亦不武」，何況還有利用軍警公教人員違法舞弊情事。一般老百姓對於這種作法，只有深惡痛絕的。我們若想使民主政治走上軌道，這種選舉局面亟應從速矯正。選舉乃是一種功能，是決定政治方向，是爲完成政治上的重大使命；在積極方面，是表示一種願望，願望有怎樣的政治家和政治出現；在消極方面，是運用一種控制大權，不使某些人或某些政黨出頭露面。

三

往者已矣，來者要急起直追！

政黨組織的目的，不論革命政黨也罷，民主政黨也罷，在於「推翻」現有的而已經喪失人心的政府而奪取政權。但民主政黨之奪取政權，決不靠着槍桿子的力量，惟有依賴民衆意見，透過選舉方式而獲得之。政權既得之後，其維持政權也是靠着施政的得道而獲取民心的支持。在民主政治之下，一切既以民意爲依歸，故選舉一事，乃民主政黨所爭取的最重要的目的。至於革命政黨，一切惟武力是尚，把政黨的基礎也要建立在武力之上，連保衞國土、防止敵人侵襲的武力的軍隊裏面，也要設立自已的黨部——叫什麼特種黨部，什麼民意不民意，什麼人心不人心，在他們則是漠不關心的。

民主政黨之獵取政權，旣靠選舉爲唯一的途徑，故當選舉時期，各個政黨必須提出自已黨內學識能力優秀的黨員作爲候選人，以冀人民的賞識而求其支持。這種工作乃是一個政黨最重要工作之一。故在平時一面要細心考察各個同志的學識能力，一面要縝密觀察民衆的意向所在，庶可在選舉之前，把握住人心的指向而提出適當的候選人。一個政黨，其「組織」工作的重心點，就在這些地方。設若平時沒有準備，或準備得不够充分，臨時抱佛脚是沒有用處的。這次臺灣的地方選舉，只有標榜「革命民主」的執政黨提出了候選人，而以「完全民主」爲號召的在野的民社黨和青年黨，均未提出候選人，其理由在上文業已述及；惟據我們冷眼旁觀，民青兩黨對於地方選舉，似乎未曾特別重視，最少最少是努力不够。如果一個政黨而不重視各級的選舉，我們誠不知其組黨的目的何在！

臺灣地方選舉，今後省議員和縣市議員是三年一次，縣市首長是四年一次。下一次地方選舉，當在民國五十二年和五十三年四五月之間。光陰如箭，三、四年的期間，轉眼即到，我們要想把臺灣的地方自治辦好，辦成名符其實的地方自治，則我們今日必須爲下一屆地方選舉而着手準備。因此，我們在第四屆選舉之後，應該趕快的組織一個强有力的反對黨，負起推動民主政治的艱鉅責任。這個黨的組成人物，不論是大陸來的人也好，或是臺灣土生土長的人也好，或是僑居海外的人也好，都要眞正相信民主政治是今日反共唯一有利的武器，都要相信民主政治是今後建國唯一可靠的工具，篤信言論自由、新聞自由，而不寄望於什麼革命、革命、或革命民主。老實說，革命就是革命，民主就是民主，革命與民主是不能並行不悖的。妄想並行的人，其心目中只是相信革命而不相信民主的，其所以還要掛上民主的招牌者，不過是在反共階段中，還想站在民主國家的陣營，則不得不以此爲幌子而希望獲得援助耳。還有，一個國家也不是僅僅有了一部憲法，就算得上是民主政治，必須把各級選舉辦得公平無弊，才算是民主政治。

我們希望這些相信民主政治的人，趕快的集合攏來，組織一個强有力的反對黨，以爲下屆選舉的準備，以打破國民黨這種獨霸的局面。這個黨的組成分子，除了包括無黨無派的人士之外，也可能包括國民黨籍及民青兩黨篤信民主自由之人士。我且引用朱伴耘先生論「反對黨！反對黨！反對黨！」文章裏幾句話，說明這個反對黨的功用：

「在民主制度中，我們如指政府是工具，那麼，反對黨便是工具的代替品。譬如，政府是煤油火爐，則反對黨便是酒精火爐，二者皆能達到烹飪取暖的任務，歡喜用那一種爐子，全待人民的選擇與決定。假如政府是僕人的話，反對黨便是傭工介紹所內的候補僕人。第一個僕人工作不力，或工作不合主人的胃口，可以隨時撤換，不受只此一家別無分店的要挾。」

臺灣今天是民主國際的一員，依照我們的憲法第十四條的規定：「人民有集會及結社之自由」，這個新的反對黨不僅立刻可組織起來，且應受到法律上的保障。因此，我們今天當然有組織反對黨的權利。而且反對黨的組成，並不需要站在同等地位的其他政黨，或由其政黨所組成的政府之承認。今日的問題，是這些篤信民主的人士，是不是有勇氣和決心來組織這個新的反對黨耳。

四

這個反對黨完全是一個新起的組織，一切均須從頭做起，完全要「自力更生」，依賴自己所具備的力量使其成長發展。惟新黨要與獨霸局面至三十年之久而今天仍以武力爲靠山的國民黨從事競爭，其間困難殊多。爲使新黨能够成長發展，爲使中國的政治能够步入民主軌道，我們要求國民黨最少最少要能做到下面三個條件。這是民主政治天經地義的事情，也是爲了國民黨的「最佳利益」。不然，我們這個國家的前途，還是多災多難的，政府與人民的鴻溝，也只有一天一天的加深的了。

第一、國民黨須退出軍隊、警察、和學校與司法機關。這在我們憲法上是有其根據的。此外，鐵路黨部，公路黨部和產業黨部等等一律撤銷，做到民主國家的政黨的體制。

第二、國民黨的黨費，不由國庫開支，直接的或間接的，正式的或變相的。國民黨如果相信自己是塊金字招牌，人民會衷誠擁護，就應該不用人民的血汗錢和「美援」(間接的)來爲自己擴充勢力，而立於平等地位與其他政黨從事競爭。

第三、變相的國民黨的機構，如社會服務站，青年救國團，文化工作隊，和學校的課外活勳組等等之類的組織，一律撤銷。

這樣，新黨才有成長的希望。不然的話，新黨至多也和現有的民青兩黨一樣。因爲國民黨是在坐汽車、坐飛機，而反對黨如果是走路，是步行，雙方是無法比武的，是不待比賽而勝負已經決定了的。國民黨人如果良心未泯而相信公道正義和公平競爭的話，國民黨人如果不想步滿洲人的後塵（滿洲人一生下來，就有口糧配給，由人民供養。今總統蔣主席當年在重慶紀念週時，公開告訴黨員要努力，不要做滿洲人，作者在場親自聽到的。）的話，就應該接受這個最起碼的要求。國民黨如果執迷不悟，自私自利，不肯接受這個平等的條件而必須覇佔到底，則中國的民主政治，在目前是沒有希望的了。那末，只有等待着再革命吧！再流血吧！我們目前的民主政治的運動可能會失敗的。即令是失敗了，不久的將來我們一定會成功的。因爲民衆是站在我們這一邊。如果有人不相信我這句話，他們可以走遍臺灣明查暗訪！我不相信他們會覇佔得很久的。當年戴季陶先生在重慶時說過：「周朝的天下是八百年，國民黨至少要掌握政權一千年」。這句話是民國三十三年在重慶曾家岩主席官邸說的，不料五年之後的民國三十八年，國民黨在大陸上就被人家打垮了。及身而敗的事情有的是。我今天引用這段話的意思：是要國民黨覺悟到一切進步是要靠着努力來獲取，而不是靠着武力來維持的。關於這一點，陳咸森先生在上述文章裏說得十分透澈，我再把他引用在下面。這可說是國民黨當權派以外的人士的「人同此心」的看法，陳先生現在是青年黨黨員。

「反對黨還未强大到能與執政黨爭衡，一方面也由於執政黨數十年長期執政的優勢地位，以及其革命組織排他性的傳統，而缺乏容許反對黨日益壯大的雅量。這種情況下的選擧，好比坐在汽車上的人和徒步的人賽跑，其勝負是早經注定了的。要改變這種情況的選擧以達到公正平等的競選，祇有希望坐汽車的人下汽車，大家徒步平等競賽。也就是希望執政黨退居普通政黨的地位，停止憑藉掌握政府權力的方便，不搞軍隊、警察、法院、學校、產業等黨的組織，和其他政黨在平等的基礎上，作公正和平的競賽。否則，反對黨固無法在優勢的執政黨的壓抑下壯大起來，自由中國平靜冷落的選擧的情況和一人競選的尷尬局面，則永遠改變不過來的。」

根據上面這段建議，希望新黨組成之後，國民黨要退居於普通政黨的地位，彼此均依賴自己的政綱政策，用民主的方式去號召，依公理法律去角逐。這樣，中國的政治，自然而然的可以走上民主的軌道，民主國家自然把我們當做朋友，不再視我們的政治形態是共產黨或法西斯的孿生兄弟。

總之，這是實現民主政治的康莊大道，希望對於民主政治有志之士，大家挺起胸膛，趕快起來組織新黨。這個新黨是民主政治的「新生機」，也就是國民黨的「防腐劑」。我再引用幾段中山先生關於政黨的言論，以爲本文的結束。

一、「政黨之要義在爲國家造幸福，爲人民謀福利。凡一黨秉政，不能事事皆臻完善，必有在野黨從旁觀察以監督其擧動，可以隨時指明。國民見在位黨之政策不利於國家，必思有以改弦更張，因而贊成在野黨之政策者必居多數。在野黨得多數國民之信仰，即可起而代握政權，變爲在位黨。蓋一黨之精神才力，必有缺乏之時，而世界狀態，變遷無常，不能以一種政策永久不變，必須兩黨在位在野互相替代，國家之政治方能日有進步。」

二、「各政黨之中，若逢政策與自己黨見不合之事，可以質問，可以發揮黨見，逐日改革，則無積滯。無積滯即無變亂之禍患。變亂云者，有大小，大則流血革命，少則妨碍治安。是故立憲之國，時有黨爭，爭之以公理法律，是爲文明之爭，圖國事進步之爭也。若無黨爭，勢必積成亂禍，爲無規則之行爲耳。……蓋黨爭爲文明之爭，能代流血之爭也。」

給雷震先生的一封公開信

殷海光

雷震先生：昨天讀到自由中國第二二卷第九期署名「石翠」所寫的「學術自由在臺大？」一篇通訊。這篇「通訊」裏有涉及我的地方，並且把我應「華僑青年」主編人之請而寫的「人是不是人？」但遭臺大訓導處同仁「審掉」的這篇文章登出。這類事件我本不願聲張的。因爲，我深知道，近十多年來，千千萬萬教育界同仁正低着頭彎着腰過日子。中國知識分子正遭受空前未有的折磨。共產黨把我們不當人，自稱「反共」者又何嘗把我們當人？對于不是人的動物而言，受這點委曲又算什麼？所謂「師道尊嚴」，所謂「學術尊嚴」，在臺灣老早成爲歷史名詞了。不過，「石翠」公然將它揭露出來，這簡直是把我「逼上梁山」。旣然如此，我爲了使海內外的讀者能更進一步地明瞭這類事件之底蘊起見，現在寫這封信給自由中國發行人的你。這封信底每一個字每一話句由我個人負完全的責任，希望你隱照自由中國底編輯先生不要改動，完全照我寫的發表。

我在臺灣大學任教，算來有十一個年頭了。我教的科目，不是政治，也不是歷史，而是邏輯，羅素哲學，解析哲學，理論語意學，這類東西。我在這十一年裏，偶爾爲學生辦的刊物寫點文章，也有時被學生請去講演。這些工作；是任何教師份內的工作。只要有學生請，教師們是沒有正當理由拒絕的。我底寫作和講演，從前也沒有出過什麼「問題」。可是，自從一九五八年十二月十五日我講演「胡適與國運」以後，「問題」就來了。這一天下午七點鐘，我在校本部開講，由于題目很有吸引力——我不認爲我自己有什麼吸引力，當時連走廊上和窗戶上都爬滿了青年。我講演底內容大致與在自由中國第二卷第九期所發表的相同。在這篇講演中，我提到對于中國現代思想最有影響的人物時，只列舉了康有爲、梁啓超、陳獨秀、和胡適之四位先生，而沒有列舉別的人物。我這樣做係基于我自己所作的種種考慮。我底這些考慮對不對，有而且只有就學術思想的觀點去衡量才可。講演完畢以後，照例由學生提出問題。有一位學生問：「殷教授認爲三民主義怎樣？」我當時答覆說：「三民主義係四十年前的政治統戰工具。它是爲了迎合當時複雜的政治思想而設計的，所以也就十分糅雜。」我的確沒有在這篇講演中恭維某黨人士硬要天下人恭維的偶像；我的確也沒有說半句恭維三民主義的話。除了當作壓制思想的權威以外，我想不出任何理由必須把任何人的話捧若聖經，更何況那些幾十年前的方便說法！大概這招致了某黨人士極度的不滿。自此以後呢？每逢有學生請我講演，不是因訓導處同仁說「教室不够」，便是說「題目不行」，而給打消掉了。對我而言，反正這類事件平常得很，懶得去記憶。世道衰微如此，有什麼可說的呢？可是，給我印象最深的，則是去年秋季的那一次。

去年秋季，一位剛進哲學系二年級的女生劉玉英小姐來找我。爲了便于表達清楚起見，我現在把我們之間交談的情形擬成對話形式於下：

第一天

女生：「您是不是殷教授？」

教授：「是的，你有什麼事？」

女生：「久慕大名，我們想請您作一次公開講演。」

教授：「咦！(作驚訝狀)哼！請我講演？……你有沒有弄清楚臺灣的行情？……我勸你還是趕快打消這個念頭，好好念書吧！」

女生(臉上充滿了倔强和自信)：「難道本校學生請本校教授講演，有什麼不對嗎？」

教授：「請別的教授可以，請殷海光可不行的。……據同學告訴我，已往他們到訓導處辦理准許講演手續時，一提到請我講演，訓導處的人總是說：『臺大的教授多得很，爲什麼總要請殷教授呢？』我希望你另找別人吧。」

女生：「不，我們希望聽您的。我們到訓導處辦交涉去。」

教授：「好！我希望你有好運道。」

第二天

女生(滿臉的高興)：「殷教授！訓導處答應我們請你講演了！」

教授：「哦！(作遲疑狀)眞的嗎？……那末，手續正式辦妥沒有？你可有把握？」

女生：「訓導處的人說不成問題，明天就辦。」

教授：「等你眞正辦妥再來通知我。我祇要被允許講演，我是不會偷懶的。」

第三天

女生(站在教授客廳裏，眼睛望着窗外的一片綠草。倔强的表情底下，仍然蓋不住懊喪的神色)：「殷教授！你知道我今天來是做什麼的？……」

教授：「唔！(大笑)不用說啦！我知道了！……你失敗了！……不是的，失敗的不是你，而是這個社會，是這種教育。……可是，也好，這也是人生經驗之一種。讓你嘗嘗味道，有進一層的了解。」

雷先生！這些事情對我是毫無所謂的，我見的事太多了；可是，這對于一位剛進大學、雄心勃勃、滿心想求知識的女孩子的打擊該是多麼大呢？

我再說說去年華僑青年主編人請我寫那篇文章的經過吧！我記得那次同來的學生至少有三位。爲了表達方便起見，我還是用對話形式寫在下面：

男生甲：「殷教授，我們要請您爲華僑青年寫點文章。」

教授(連忙搖手)：「呃！呃！不要找我寫吧！這年頭，寫文章沒有用。況且，我寫文章平白給你們添麻煩。何必呢？」

男生乙：「我們不喜歡八股教條。同學們都喜歡看您的文章，所以務必請你寫一篇。」

教授：「不要，不要。我現在眞是沒有辦法。如果稍有辦法，我要隱居起來，不見這些面孔，專心做思想工作。」

男生丙：「殷老師不要這樣消極嘛！你爲我們寫一篇，可以表示我們的刊物與黨的路線不同。」

教授(皺着眉頭，拗他們不過)：「好好！請後天來拿。」

以上就是「人是不是人？」這篇短文產生的經過情形。這篇短文產生了以後所惹出的「問題」，石翠在那篇通訊裏說了一個大概，不必我贅述。我在這裏只補述一點。爲了便于表達起見，我還是用對話形式：

男生甲：「哎！老師！眞是對不起，您的那篇文章，訓導處硬是不許登。」

教授：「沒有關係！沒有關係！文章不登眞是小事，我還沒有被清算鬪爭哩！」

男生甲：「我們印華僑青年花了一千多塊。校方要我們改版這次特別慷慨，特撥一千多塊。所以，一共花了二千多塊。」

教授：「我那篇文章才不過兩千字，就因它而花了兩千多塊，合一千多塊一千字。我賣稿費從來沒有這麼高哩！我不應該很感滿意嗎？哈哈！」

雷先生！這種種作風，對于華僑青年是什麼教育呢？他們將來回到各地以後，對于臺灣現況會作怎樣的報導和批評呢？

我在上面所說的，只是陳述事實。一絲一毫也沒有責怪訓導處同仁的意思。人是要生活的動物。一般而論，在人底生活過程中，人總是趨利避害的。這才眞是「人性」。雖然，某黨喪失了在中國大陸的地盤，可是十多年來確乎在這個小島上硬造成「唯我獨尊」的局面：它成了臺灣所有軍民人等底「司命之神」，也成了千萬人衆底「禍福之源」。當着這個島上任何人底言論行動合於它底「路線」時，輕則可以免禍，重則可以得好處。觀音山上泥製的菩薩尚且有那末多人不辭勞苦去頂禮膜拜，何況這樣的一羣活菩薩哩！任何大專學校底訓導處之設立，重要作用之一，本來就是執行這羣活菩薩底意旨的。凡屬訓導人員，對于學生的措施、言論和行動的監察，合于這羣菩薩之意旨的，在消極方面可以保住飯碗，在積極方面可以得好處。訓導處底同仁也是人，他們也要吃飯。當然更不拒絕吃好飯，他們爲了自身着想而執行這羣活菩薩底意旨，無寧乃「人之常情」。如果我們撇開站在他們頭頂上的這羣活菩薩之作威作福而不談，而一味地責怪他們如何如何不以青年爲重，如何如何不謹守中國讀書人底風格，我認爲是頗不公正的，而且太强人所難了。

我並不預備在這裏爲他們辯護。我只是陳述我所知道的事實。近幾年來，我常常聽見有學生閒談起，說有些青年小夥子不知黨治的這些底蘊，在訓導處爲了言論思想管制問題鬧彆扭。訓導處底同仁搞急了，有時就高聲說：「你不要把我底飯碗摳掉了好不好？」我相信訓導處底同仁和我們一樣愛青年。但是，在臺灣這種情況之下，誰不怕「摳飯碗」呢？無論怎樣，我認爲這筆賬是應該記到這羣活菩薩身上去的。我有理由相信，在臺灣所有大專學校底訓導處之中，我們臺灣大學底訓導處是最少作威作福的一個。至于人選問題，也有可愛可敬的。像前任訓導長查良釗先生，我在西南聯大求學時他就是訓導長。當時我們替他取個外號，叫他「查婆婆」。其熱愛青年並受青年敬愛可以想見。如果一個學校都坐着這樣的一位「婆婆」，那末年青人將會感到多麼溫暖！

石羣所說臺大裏面尅害學術自由的情形，更與錢思亮先生毫不相干。我無意在這裏公開恭維錢校長。但是，從事實出發，作客觀的剖析時所得到的結果，如果能給辦教育的人一點精神鼓勵的話，這也未嘗不是當敎授的人所當仁不讓的事。我偶爾與人談起臺灣大學時，我總是說：「臺灣大學誠然令人不太滿人意，但幸喜是錢思亮先生當校長。如果換個別的有私心的人來當校長，那末將會不知糟到什麼樣子。」爲什麼呢？時至今日，在臺灣眞正想辦好教育的人，正如一切想認眞作事的人一樣，一方面得應付頭頂上的活菩薩，一方面還得辦事，處境困難極了。在臺灣辦教育的人，如果稍存私心，在用人和作風上迎合那羣活菩薩底旨意，那末他將萬事亨通。如果不然，那末他個人所遭遇到的困難一定增加，但是敎育糟糕的程度却可以減少一點。這麼多年來的事實告訴我們，錢校長不是爲他自己謀出路而辦教育，而是純粹站在爲教育而辦敎育的立場來辦教育。任何懂事的人都可以知道，這個立場雖然是我們每個以青年爲重的人所極力贊同的。但是，在臺灣這種乖謬之氣充塞的環境裏要能謹守這個立場，是一件多麼困難的事。在黨毒瀰漫的地方，那裏可能完全免于發生像石羣所舉的那些尅害學術自由的事件呢？我有理由相信，臺灣大學是黨毒最輕的一個學校。除了臺灣大學以外，其餘學校受毒之深，只有「慘不忍聞」四字差堪形容。咱們臺灣大學雖然沒有百分之百的學術自由。但是大致有百分之五十的學術自由。即令這大致百分之五十的學術自由，得來也頗不易。當然，如前所述，主要地歸功於錢校長。可是，像毛子水，李濟之，沈剛伯這些老教授也是有些幫助的。除了李濟之先生以外，如果說這些老教授們曾在學術自由的爭取上作過積極的努力，至少我是看不出來的，不過他們確乎有點潛力，盡到了一點消極的作用。這也就是說，至少至少，那些太離譜的事，太不合大學規格的事，太戕害學術研究的事，他們不會因着自已底利益而「欣然同意」。讀者也許要說：「這點學術自由太可憐了。」是的，我承認這是可憐的學術自由。但是，即此可憐的學術自由，在黨化氣焰萬丈的今天，也是得來不易的，而且也是付了代價的。我們應須知道，此時此地該有多少所謂的「敎授」在出賣他們底「清高」，換取自身的利益！

最後，我要簡單地談談我那篇勞煩訓導處同仁操心的文章「人是不是人？」。這篇文章底中心命意很簡單，就是：事實是什麼，我們就說是什麼，而不說「不是什麼」。這是我們明理致知的起點。這一點保不住，一切都完了，還談什麼「反共」？我覺得我必須從這一基本起點開始敎導青年。我一有機會就闡釋這一點。我是一位哲學教師。我深深覺得這是我底天職。也許有人感到奇怪：「難道這還成其爲問題嗎？難道我們不能够按照事實談話嗎？」我底答覆是：古時趙高「指鹿爲馬」不過偶一爲之，所以千古傳爲佳話。今日我們在臺灣所碰到的，是一羣有組織的「趙高」，我們在「指鹿爲馬」中悶過了十幾年的光陰。現在，在臺灣能說老實話的人快要絕種了。人間何世！現代趙高們捏造的「政治神話」，「歷史神話」，「人身神話」，「空頭支票」，「諾言公債」，在訓練機構，在學校場所，在官式講演，在新聞紙張上，在廣播機器中，無處不見，無處不聞。這類語言有一個共同的特點，就是不能「是什麼就說什麼」，而是「是什麼要說成「不是什麼」。這些趙高必須如此顛倒黑白，枉顧是非，他們底魔術才玩得成。獨裁的魔術集團，必須把「是什麼」說成「不是什麼」才能過着這種騎在大家頭上的生涯。我現在隨手學舉例子吧！在目前的臺灣我們能向活菩薩們請教下列問題嗎？我們能得到「白是白，黑是黑」式的答覆嗎？

一、是誰把共產黨勾引到中國來的？

二、究竟大陸是怎樣變色的？什

麼人對大陸變色應負最大的責任？

三、「反共抗俄」這塊牌子底實際用意是什麼？它是側重在「反共」呢？還是藉此壓制內部以維持一黨底殘餘權勢？

四、所謂「反攻大陸」叫了十幾年了，究竟那一天開始？

五、俄國有强力火箭，地球衞星，原子武器，連美國也不敢貿然言戰，臺灣什麼也沒有，如何「反」法「抗」法？我眞想不通。

六、中國共產黨當年在江西落草爲寇祇有八百條槍，尚且沒有撲滅掉它。現在，共黨佔據中國大陸，手握世界第三强大的武裝力量。臺灣及其外島需要美國第七艦隊保護和支援。這證明它自衞尚成問題，怎樣能够「反攻大陸」？況且，蔣杜宣言明明白白說「不使用武力反攻大陸」，那末怎樣去「反攻」呢？我實在想不通。

七、現在這些職業「革命英雄」們，當他們對于大的目標根本無可奈何時，是否轉移目標，槍口對內，拿手無寸鐵的老百姓們作施展革命英雄事業的對象？

諸如此類的問題，我現在公開提出，也許「革」萬人之「命」的人士認爲「豈有此理」，「動搖人心」，不必再這麼說吧！早已沒有「人心」了，從何「動搖」起？關于此點，大可「放心」了。動不動拿大帽子壓人，更不足以服「人心」。我之所以提出諸如此類的問題，係因「反共抗俄」這樣重大的事，既然要我們大家生死相從，「矢志靡他」，於是一定有其顛撲不破的「眞理基礎」。如果說這些問題連提都提不得，那未免太叫人莫測高深了！我是十分迷惘的。

近幾十年來，中國各種各色擁有武力的集團爲了這種藉口而屠殺的人民何止三千萬，這麼多枉死鬼魂又向誰去算賬？然而，上面這些問題實在與大家關係太密切了，所以不能不在問一下。如果這樣與大家關係密切的問題連問都不能問，那末，我是不是可以改問這樣的一個問題：

八、是否不許我們問，只許沒頭沒腦地跟着坐汽車擁衞兵的人後面拖，一直到把生命拖乾爲止？

如果眞這樣，那末我十分懷疑我們活在臺灣究竟還有什麼意義呵！就此擱筆吧！這封信似乎說的不少了。

謹祝爲民主自由努力

殷海光 五月四日

讀者投書

(一) 看交通部的疏遷德政！

一鳴

幹總務的生財之道首在營建，交部亦如法泡製。袁先生接任不到二年，即整修交通大厦，一幢堅固結實的大樓，無緣無故將完好的內部敲壞後，再來大修一番，歷時半年，耗費公帑七十萬元。據說許多無法報銷的爛汚賬，借此良機而一勞永逸了。事後郵電兩局員工衆皆搖頭嘆息，部裏有位富于正義感的四川籍同仁大罵說：「龜兒子幹啥子化這冤枉錢」！實際上，他僅知其一而不知其他，如果另外一件消耗千餘萬元疏散房屋工程事件，給他知道了的話，我保證他不僅要氣壞，而且會嚇壞哩！

事情的肇因是行政院爲避免空襲的無謂損害，因此通令疏散，意善法良，未可厚非。交部在四十五年三月擇定臺北縣新店鎭五城新村大興土木，建造大批疏散房屋，其中有辦公室及職員宿舍，工程分三期進行，據悉其第一期工程費爲臺幣九十九萬九千元，第二期爲四百九十九萬元，另有追加工欵十五萬零五十元；電話機房三萬七千三百零三元一角；日光燈一萬九千四百零八元五角；第三期爲一百九十三萬七千七百三十五元七角一分；其他附屬工程費爲一百八十三萬四千五百九十七元四角五分，總計九百九十六萬四千餘，此後工程費猶未計算在內，況且現今還在繼續興工，無法估量。以此將近千萬元鉅欵，費時三年，可見工程之浩大。在讀者看來，交部的疏散房屋一定是高樓大厦，富麗堂皇，實際不然，且出乎意料之外，除部長官邸用去百萬元尚能名符其實外，其餘的辦公室和職員宿舍則像鷄籠一般，與郵政管理局在新店青潭五百多萬元與建的疏散房屋來比較，眞有天淵之別！郵局疏散房屋除職員爲二層高樓的宿舍外，還有一座大禮堂。交部多用一倍以上的錢，既無高大禮堂，也沒有半幢有樓的房子，用龐大數額的金錢建些鷄籠似的房子，請問這些錢用到那裏去了？當交部員工奉命搬遷五城後，發現宿舍太不像話，住未久，其中百分之八十五皆自動回臺北。大官員的官舍雖類似宮殿，却無人去住，於是鬧成好房子無人去住，壞房子人不願住的僵局，這也是疏散中的插曲。

交通部的疏散工程係交由該部所屬新中國工程公司承建，這家靠借債度日的公司，原是專門從事海底打撈的，由於主持非人，經營無方，爲勢所迫，由海上强行登陸，幹起陸上工程。該公司董事長又是交部的主計處長兼任，所以得天獨厚，獲得獨家議價承造權，其中不無關連。俗語說得妙「自家人無事不可商量」，就因爲是自家人，便易於勾結，於是浮報價格，偷工減料，粗製濫造，百弊因而叢生。有人說這種房屋怎能通過審計部驗收這一難關，審計部的代表莫朝豪則未免慷國家之慨，實有愧職責。交部這一大德政，總算是功德圓滿，袁先生當也引爲豐功偉績了。可是事實如何？水泥路未經踐踏已四分五裂，空心磚牆逢雨透水，室內水泥地龜裂破爛，更有趣的是廁所木板薄如紙板，身體略重即會坍落，該部有位專員文星山首當其難，不幸掉下糞坑，一時傳爲笑柄。交部職員莫不氣憤塡膺，於是痛罵承建公司的經理吳與幹爲「無心肝」，倒眞是名與實符哩！千夫所指，作賊畢竟心虛，事後又鳩工修理，磚牆敷水泥，道路再舖，裝紗窗紗門，圍竹籬，各司長房子雖無人住，自覺太少，又各加建一間，其他小職員任憑擠不下，也置之不理。如此這般，既可稍撫人怨，又可混水摸魚，又何樂而不爲？倒霉的是國庫裏的臺幣呀！

人類乘太空船進入太空問題

方子衛

太空旅行已是非常迫近了，據去年紗紐約時報載，在一兩年內，載人旅行太空，登陸月球或其他行星，勢在必行。工程師方面對于建造太空船，不遺餘力，其成就已有百分之九十之可靠性，因此升空工具似乎沒有多大的問題。問題仍在：醫藥生物學家 (medical biologists) 尙未確信人類怎樣能在太空中生存。

美國陸軍醫藥研究試驗所環境醫藥部主任 (Director of Environmental Medicine for the U. S. Army Medical Research Laboratory) 戴維斯博士 (Thomas R. A. Davis, M. D.) 近于本年三月的大西洋月刊中，發表「人類在太空中生活」"Man Alive in Outer Space" 一文，提出許多重要問題，很值得介紹與進一步的研究。

戴氏認爲，除了頗狹窄的範圍內，我們無法改變人類現時的生活方式 (Existing modus operandi)，因此推論人類進入太空，祇能本着現時的生物學知識。

主要問題有四：第一、必須在實際的眞空裏活動；第二、無重量，那就是在零度或減低了的引力下活動之結果；第三、防禦劇烈的太陽和核子放射線；第四、適應于劇烈的加速度及減速度 (deceleration)。

以吾人迄今所知，沒有任何生物能在眞空裏活動的，因此我們必須設計合乎人類生理上需要的人造環境。養氣、氣壓、二養化炭、濕度、和溫度：這五項都是直接影響人類的生活的。此中包括許多問題，例如人體組織中新陳代謝所需的養氣百分率之過多或過少，與氣壓有關，其複雜性實超過前此所估量的。

太空中的溫度——這是不能用溫度計來較量的，因爲實際上是沒有什麼可較量的。如果我們把一具溫度計放在太空裏，我們就是較量溫度計本身；這是放射熱的結果，溫度計從面對太陽的那一面所接受的，却在背面消失了。

太空船不像地球之有緩衝的大氣圈環繞；因此我們揣測該船的陽面 (面對太陽的一面) 之潛存溫度 (potential temperature) 約華氏二百五十度，背面約爲華氏零下二百五十度，實際還未必完全如此。

太空船重入地球圈時，因爲該船高速的磨擦，可能產生華氏三千度以上的溫度。此項高溫係現時飛箭有類似彈道式的性質所形成。倘若成本高昂的運儎能夠增加，以携帶充足的燃料，使太空船減低速度以着陸，則重返氣圈之高溫可以避免；但現時還沒有做到，我們天空航行家就須經驗相當的高溫了。據現已宣稱的，太空航行者在進入氣圈時，其太空旅行囊中的溫度約爲華氏一百五十度。

無重量——這是太空中一個困難問題，有些科學家如此相信。別的科學家認爲這不過形成部分的困難，像暈船一般。更有些科學家認爲無重量不會形成生理上或心理上的任何困難。

無重量狀態係太空中無引力所造成的，而人們無法在地球環境裏作一段時期內的模倣的。還有一層，人們對于旋轉之忍耐，亦非容易，而不免嘔吐，面轉色青，或竟需臥床休息。職業跳舞家和走繩索的人的此項忍耐力比較强些。現時太空船設計工程師注意到工程上的許多條件，可是對于生物學方面的許多條件還缺乏充份的注意。

核子放射線 (nuclear radiation)——太空中的核子放射線已由傑姆斯亞蘭 (James van Allan) 及其同僚發表了，認爲那是弧形帶，環繞地球的，主要的係集中于地球的赤道和溫帶，最近的邊際係位于距地球四百至一千英里，另一邊則距地球約七萬英里。雖則所謂亞蘭放射線帶之程度 (intensity) 經描述頗詳，但我們不知其對生物之影響如何。我們更不知道這帶的放射性是那一類型的放射線。在人們升空以前，還應該用動物來試驗其是否有害。當然，爲免于持久暴露于亞蘭放射線，我們應該使太空船以高速通過那亞蘭放射線帶。

在亞蘭放射線帶之下，之內，和之外，我們還須應付頗重的宇宙微粒 (cosmic particles)，那微粒的直徑約爲二十個紅血球一般大，却具有巨大的力量，損傷動物的身體構造。眞實的詳況，尙待進一步的試驗研究。

加速度與減速度——牛頓第一條定律，謂動者恒動，靜者恒靜。因爲太空中既無阻力，物體進行的速度就一直維持着，而無需任何推進力了。物體的速率，它的方向，及其對地球的距離，決定了該物體是否升空，或墜回地球，或進入軌道運行。

我們推動太空船入太空的方法，是先用很高的加速度推動太空船，一時期後就任其自由飛行，不加助力了。爲達到此速度，就需頗高的加速度。初期需有每秒鐘七英里的速度纔能逸脫地球的引力。相反的，返回地球時，就需頗高的減速度了。這個加速度和減速度對于人類的循環系統之影響如何，就是醫藥方面的主要關切了。

太空中的視覺——這是在太空醫藥中較小的難題。太空中既然沒有地球大氣圈之緩衝物，則視覺的光 (visual light)，紅外線 (infra-red) 和紫外線都會達到最大限度，因此航行人需有保護。

也許航行人視覺上最嚴重的困難，係眞空的太空的近視情形 (condition of empty-space myopia)。在靜止時，我們的眼睛常趨向于看六英尺以內的東西，故此距離以外的物體不在焦點以內，而不會被立刻看見的。在地面及尋常飛行中，此情形不生嚴重問題，因爲我們的眼睛能够調節。可是在太空中旅行，人的眼睛就沒有調節的標準，不知他所注目的究竟是六英尺，或是無限。其結果則百英尺以內的物體，他可能全看不見哩。

結語——有關人類升空的問題甚多，正待設法解決；如何解決，還需在科學上作根本的研究。

評「工商日報」對南韓政治風暴的看法

傅　正

南韓在最近發生的政治風暴，自始至終，都爲各國所關注；特別是從四月十九日那天，漢城學生示威時遭受到警察濫殺後，更震撼了整個自由世界，引起各地的熱烈評論。在臺灣所能看到的報刊評論中，香港工商日報的看法，顯得甚爲突出。該報從四月二十一日到二十四日連續發表的四篇社論，及以後又間斷發表的幾篇社論，都是在替李承晚政府辯護，並對美國外交加以譴責。其實，那幾篇社論，只要細心看過的人便不難發現：非但所據事實大有出入，而且所採論點也難成立。然而，其中在四月二十二日發表的一篇社論，居然打破了臺北黨報官報保持的緘默，被一家官報引爲知音，在四月二十五日加以全文轉載。那一篇社論，是以「再論漢城事件」爲題，另以「美國的『民主』尺度適用於批評南韓嗎？」爲副題。儘管如此，我總以爲該報不久便會向事實和眞理低頭，但直到倔强如李承晚也不得不接受民意離職後，該報所發表的幾篇社論，還是採取一貫的說法。

按道理說，像南韓那樣一件與整個自由世界有密切關係的大事，我們每一個自由反共人士，都應該以客觀的態度，求得眞切的認識。因此，我有一點與工商日報不同的意見，便不得不提出來談談。現在爲了討論方便起見，就以該報那篇被這裏的官報轉載過的社論爲對象。那一篇社論，全文分爲四大段；其中第一段，是屬於開場白的性質，主要的三層意思，都在後面的三大段裏。下面便針對原文的次序，分別提出一點意見。

該報那篇社論的第一層意思，主要的是談責任問題。按照該報的說法：「我們以爲在漢城事件的整個發展過程中，……南韓政府之不惜以嚴厲手段對付示威羣衆，就當時情勢言，確有實迫處此，情非得已，而捨此之外，又幾乎沒有更和平穩當的辦法。」於是接着又指出：「當馬山的示威運動發生了之後，南韓當局本已在漢城等地頒佈戒嚴令」，因此，「即令稍有過當，亦決非『不教而誅』。」很明顯，問題的焦點，是在所謂「漢城事件的整個發展過程中。」

說到此一事件的過程，自須根據全盤事實，而不能割裂其中一部分事實，以至抹煞其中一部分事實。所謂漢城事件，只是南韓政治風暴中的一段，而非憑空而來。因此，我們不能把四月十九日漢城示威羣衆的遭受搶殺一事，加以孤立的看。根據外國電訊的報導，漢城事件的整個發展過程是這樣：在三月九日晚上，民主黨駐「育蘇」地方支部人員，便有一人「被身份不明的行兇者以鐵枝及木棒所毆擊而喪命，另一被擊至重傷」。到了三月十三日早晨，民主黨的選務人員兩人，又在仁川，金州兩地，「被不知名之無賴襲擊」，而造成重傷。漢城學生一千人的示威，也就在這一天的中午發生。到三月十四日，民主黨宣稱已有「競選運動人員五十二人受傷」，以及「兩人死亡」。但到三月十五日進行的投票，李承晚政府爲了把持政權，所採取的違法舞弊措施，又達到登峯造極的地步。據李承晚手下負責完成違法舞弊任務的內政部長崔仁圭事後坦白供認：「曾召見各市長、村長、警察局長、及其他地方官員，並命令他們確使自由黨候選人能當選。「要他們先提出辭呈，以便他們只許成功不許失敗地遵守我的命令。」甚至公然告訴地方官員說：「只要我保證你們不丟官，你們便不必擔心違法與犯法。」可是，就在投票的那天，當馬山的羣衆，示威抗議「騙人的選舉」時，警察又用實彈射擊來鎭壓，造成一死八傷的慘劇。由於李承晚政府的這一連串違法濫權的措施，才激起了南韓人民的全面憤怒，終至有四月十九日的漢城示威發生。但李承晚政府還企圖以警察的槍殺來鎭壓，甚至據南韓師律公會指證：「韓國警察千方百計收集證物，要把此次事件羅織爲共產黨的陰謀暴動；他們甚至把被捕的青年屈打成招，要他們承認曾參加共產黨的陰謀組織，否則便把他們裝進蔴袋，活活地丟到海中去。」試想想：用這種手法對付青年學生，和共產極權暴政，還有甚麼兩樣？可見由整個發展過程來看，「實迫處此，情非得已」的，是南韓人民，而非李承晚政府。假使該報還要硬認爲李承晚政府的做法是「實迫處此」，請問究竟誰曾迫着警察人員用羅織成罪，屈打成招，活活地丟到海中去的殘暴手段，來對付青年學生？

其實，民主政治的最大優點，就是可以避免流血革命。在一個眞正的民主國家，人民既可循由合法的途徑，制止政府任何違法濫權的行爲，誰也不願去犧牲生命。至於南韓人民之不得不採取示威乃至騷動的方式，實在是由於李承晚政府過分逼迫人民，才忍無可忍，終於鋌而走險，不惜以鮮血頭顱做代價。因此，自由世界把過失歸於李承晚政府，又有甚麼不「公允」？假使說李承晚爲了把持政權，竟可違法濫權到如此地步還不需負責，反而把責任推在示威的人民身上；難道今日天下，只有不是的人民，沒有不是的政府麼？

該報那篇社論的第二層意思，主要的是在批評美國外交。該報基於對整個事件過程之不合事實的認識，又進一步指出：「此次美國政府那種好像『急不擇言』的對南韓當局的指摘，公開說它『不民主』，是『對政敵的不公平歧視』，」之類，是美國「外交的失態，觀念的錯誤」，而認爲「美國以這種態度去對待一個合作的盟友，這殊有干涉他人內政之嫌，其足使亞洲盟國感到寒心，自不難於想像。」這段話，正回顧那篇社論的開始時所說：「因此眼前的局面，不僅是南韓政府因備遭各方責難而受到巨大的打擊，即亞洲人民也不免因此影響而同感沮喪。」該報由於對美國外交抱這種看法，於是又進而論斷說：「美國一方面要協助南韓去反共，一方面又指摘它不够民主而『羞與爲伍』，在此人們可以冷靜的想想，那又何異響應金日成號召，鼓勵南韓人民反對其政府，而堅定北韓人民對共黨政權的向心呢？」

其實，在國際政治上，所謂「干涉」或「勸告」，往往不易加以絕對明確的劃分。所以，僅如該報所指，與其說是「干涉」，毋寧說是「勸告」。現在，姑不問是否已構成干涉，僅就美國維護民主的外交態度而言，對於反民主的李承晚政府，的確是一次「巨大的打擊」，甚至可說是致命的打擊。但是，如果沒有充分的證據，並不能因爲李承晚政府的受到打擊，就說「亞洲人民不免因此影響而同感沮喪」，以至「足使亞洲盟國感到寒心」。因此，該報既然沒有拿出證據，便下這種論斷，自只能看做一種大膽的臆測之談。其實，按常理推論，美國此種維護民主的外交態度，自由亞洲的人民和盟國，站在反極權爭民主的立場，只有同感快慰和興奮，根本用不到沮喪和寒心。事實上，南韓的實際反映，已足以用來做具體的說明。根據外國電訊的報導，由反對黨領袖張勉於四月二十一日向記者公開呼籲艾森豪協助採取有效措施，而前任總理卞榮泰在四月二十三日發表深恐美國對南韓表示厭倦的談話，而國會首席議員於四月二十五日宣稱：「美國應該『掌握』這位八十五歲的總統」，而漢城學生在四月二十五日示威時高呼：「讓我們到美國大使館請願！」一切都在說明，大家所迫切希望的，正是美國採取維護民主的外交措施。僅僅由南韓的此等事實觀之，便不難發現該報的那些臆測之談，實在過於大膽。至於該報之所以如此臆測，是否由於過分贊賞李承晚政府的心情所造成的錯覺？又是否由於對亞洲人民和盟國反極權的願望缺乏瞭解？都不得而知！不過，有一事可以特別指出的：在自由亞洲地區，可能因李承晚政府受到打擊而同感沮喪和寒心的，想必是某些李承晚式的政府，也就是某些口頭反共實質反民主的政府。因爲李承晚政府的遭遇，就像一面鏡子，當某些政府已經在鏡子中看到了自己的命運時，怎能不沮喪？更怎能不寒心？

至於該報認爲美國指摘李承晚政府不民主之類，便無異是響應金日成號召云云，初聽來，好像很有道理，但深一層想想，便知道恰恰相反。這一問題的關鍵，是美國爲甚麼在外交上援助南韓？以及南韓人民又爲甚麼支持南韓政府？顯然得很，美國既不是單純的爲了援助李承晚反對金日成，南韓人民更不是單純的爲了幫助李承晚打倒金日成，而是爲了保障南韓人民的自由生活，以免如同北韓人民在北韓共產極權統治下一樣，過一種不自由的奴役生活。可見南韓和北韓之爭，在美國當局和南韓人民的心目中，必定是民主與極權之爭，而非李承晚和金日成的政權之爭。所以，等到李承晚政府，由選擧前的暗殺，而選擧時的違法舞弊，而示威時的大肆屠殺，已經在實際政治上把南韓變成北韓時，如果美國還不出面勸阻，竟一味的替李承晚政府撐腰，那就等於告訴南韓人民：所謂反共，實際上只是爭政權而已，此外別無意義。如果南韓的情形已到如此地步，則青年學生們，眼看着在李承晚統治之下與金日成統治之下，非但實質上沒有甚麼兩樣，而且隨時會被警察「活活地丢到海中去」，最後到了走投無路，倒很可能乾脆投到金日成的旗下。最近，美國專家們對華盛頓當局發出警告時，已特別强調到這一點：「不可認那些自稱反共，而在確切獲得美國支持時，卽破壞民主權利之別國領袖，是美國之眞實盟友。……如果美國政府繼續支持聲名狼藉或已落伍之外國領袖，會使共諜於各該等國家內對民衆之影響力量迅速增加。」所以，美國這種維護民主的外交政策，正是把是非和利害分得清清楚楚，無異給金日成一次重大的打擊。

該報那篇社論的第三層意思，主要的是在說明亞洲的國情民俗。該報基於上述那種對美國外交的錯誤認識，於是又進而認爲：「美國政府那種觀念的錯誤，主要還是由於對亞洲國情民俗認識不深，因而要以美國的民主尺度，去作爲衡量亞洲民主的標準。」可見問題的癥結，是在「亞洲國情民俗」上面。但是，所謂亞洲國情民俗到底是甚麼？以及由此而延伸出來的亞洲民主究該用何種標準衡量，都未見該報在同一社論中加以進一步的具體說明。好在現已在該報四月二十八日「値得檢討的我們教育政策」中，找到幾句可作爲具體說明的話：「亞洲國家的情形就顯然不同。它們一般都尙保留着農業社會或半農業社會的狀態，人們所眞切關心的，乃是兩餐是否吃得飽，而不在乎政治形式或民主程度如何。像今天亞洲的若干新興國家，人民所希望的是生活的安定，故祇要他們的政治領袖能够滿足其要求，人民就不反對他們統治者施行『鐵腕政策』。這一點事實，就是亞洲民主與西方民主的有所差別的最好解釋。」這一段說法，雖然說得好像很有把握，但不知究竟根據的是甚麼？

其實，現在的亞洲國家，雖然「尙保留有農業社會或半農業社會的狀態」，但要說「人們所眞切關心的，乃是兩餐是否吃得飽，而不在乎政治形式或民主程度如何」，却顯然與事實不符。現在就以南韓來說，在此次的政治風暴中，先有青年學生由要求公平選擧，而示威時高呼「打倒出賣民主政治的人物！」及「驅逐民主政治的叛逆敵人！」接着當一百名五十歲以上的老人在馬山港示威時，又在標語牌寫着：「李承晚滾蛋！」好「讓我們有眞正的民主政治！」然後當二百名以上的大學教授在漢城示威時，先導者的標語更寫明：「三月十五日選擧無效，成立「完全」議會制政府，以及李承晚立刻辭職。這一切，正說明南韓的國情民俗，並非「不在乎政治形式或民主程度如何」，相反的，爲了追求政治民主，已經到了不惜任何犧牲的地步。但是，南韓人民所追求的，顯然是以南韓的憲法爲根據，要求李承晚政府實現憲法所確定的民主原則，特別是大韓民國憲法第八條至第三十條所保障的人民自由權利。因此，儘管美國國務卿赫特與南韓駐美大使梁裕燦會談時，曾經建議李承晚政府「採取必要及有效的行動，以保護言論自由、集會自由及新聞自由的民主權利，並維護投票秘密，避免對於執政黨的政治反對者的不公平差別待遇。」但這都只是希望李承晚政府，能實現南韓人民所要求的民主，而非如該報所說：「以美國的民主尺度，去作爲衡量亞洲民主的標準。」因爲美國國務卿赫特所建議的各項，早在一九四八年七月十二日制定的大韓民國憲法中，規定得一清二楚。其實，李承晚政府所搞的那一套，已經不成其爲民主，而是共產極權的翻版。

上面所舉南韓的例子，已足以把該報所說的「亞洲國情民俗」，以及由此延伸出來的所謂「亞洲民主」之說，加以有力的否定。現在，我們不妨再以越南和中國爲例。在四月三十日，越南的一羣政治領袖，便在一項陳訴書中，要求大舉改革吳廷琰政府的政治與經濟。據美聯社在西貢發出的電訊中指出：這羣領袖的名單，好像該國的一本名人錄；至於要求改革的內容，卻「好像是在韓國本週革命前對李承晚政府指控的複寫本。」至於自由中國，近幾年來，從縣市議會，省議會，立法院，監察院，國民大會，以至在野黨、無黨無派，海內外自由反共人士，以及民營報刊，都一直在提出政治民主的要求。很顯然，這兩個國家的實例，更可以進一步否定該報的亞洲國情民俗之說。

現在，除非該報能推翻上述三國的實例，乃至能否認今天自由亞洲的反共與爭民主有關，並確定大家全在關心兩餐是否吃得飽，則所謂亞洲國情民俗云云，只是憑空想像之談而已。至於該報之所以提出此種說法，是否誤把亞洲某些李承晚式的政府所一手造成的政治現狀，當做了國情民俗？又是否誤把李承晚政府所搞的暗殺反對黨，操縱選舉，屠殺人民，乃至把青年人屈打成招，準備活活地丟到海中去，看成了亞洲民主的典型？那就不得而知了！

老實說，此次南韓的政治風暴，在南韓人民以至亞洲人民爲民主而奮鬥的歷史上，將是可歌可泣永不能抹煞的一頁。漢城外文學院學生會在四月二十七日發表的聲明中說得好：李承晚垮臺，就是「韓國的第二次解放」，「它的意義與英國大憲章，法國一七八九年大革命，及朝鮮一九一九年獨立運動等量齊觀。」不過，在一個號稱民主的南韓，人民爲了要求政治的民主，竟被迫不得不以鮮血頭顱做代價，這實在也是一幕悲劇。假使整個自由亞洲的人，特別是某些李承晚式的政府及其支持者，面對着血淋淋的教訓，竟不能有所醒悟，而要眼睜睜的製造悲劇，那更是悲劇的悲劇了！

時至今日，李承晚的時代畢竟已經過去了！一切李承晚式的政府，也已經近尾聲了！至於這類政府目前所採的種種反民主的做法，只不過是垂死前的掙扎，一點可憐的迴光返照而已。歷史將證明：無論是共產黨式的左傾極權，或是李承晚式的右傾極權，都會在民主的洪流下，被澈底沖毀！任何形式的極權政治，只是歷史上的小小逆流，小小反動而已！

四九年五月三日夜三點擱筆。

讀者投書

（二）再向教育廳劉廳長請教

譚益齋

劉廳長勛鑒：我曾經懷著萬分痛沉的心情，寫了一封向你請教的信，刊在四月一日出版的「自由中國」雜誌上，滿心以爲多少會得到你一點同情心，想不到你竟會置我的痛苦於不顧，指示你的部下代覆了一封前後矛盾的信在四月十六日出版的「自由中國」雜誌來函照登欄發表，（那封信的頭段說「囑由本室查明本案辦理經過情形」是你屬下某單位的口氣，後面寫「臺灣省政府教育廳啓」又不是你屬下某一個單位的口氣了，不是前後矛盾是什麼？）冷酷至此，眞令人寒心。

那封回信太令人失望了！除了第四項還算差強人意外，其餘都是所答非所問，且不合邏輯，如第一項說：「縣市政府爲縣市學校之主管機關，凡屬縣市學校教員登記及檢定之案件，例由各該縣市政府初核層轉，如有問題亦通知縣市政府查復憑辦，」對於一般性的問題當然這樣，對於因受害而提出申訴的問題，就非直接派員調查不可了，即使通知臺北縣政府查復爲手續所不可免，亦應於通知臺北縣政府查復之後，再派員徹查，調閱有關案卷、互相印證，才能明瞭事實眞相。又如第二項：「本廳對先生申訴之處理，一面通知臺北縣政府將查復事實直接向先生說明，一面以副本抄送先生查照，就行文方式而言，似無不當之處。」這也是自欺欺人的說法，我向你申訴，你應該根據事實，依法秉公處理，答覆我，並將副本抄送臺北縣政府，這是行文的常軌，你那種行文方式也說「似無不當之處，」眞虧代你覆信的那位先生講得出口。說到鈞廳處理我的檢定案件沒有不當之處，也是不能令人心服的，鈞廳處理我的檢定案件，至少有兩點不當，①早經審查合格的著作，再批交審查，即爲不當。②駁回臺北縣政府的視教證明書，即爲不當。（這跟我的問題㈤有關，請解釋那個問題，即前後兩張視教證明書在本質上有什麼不同？）這兩點都是不可原諒的錯失，除了自認糊塗勉可解嘲外，沒有別的辦法。若說送檢時未附教案，那是臺北縣政府關頡同督學的過錯，我是有教案交給他的，（必要時我可提出人證）他要扣留不送，我有什麼辦法呢？

臺北縣政府教育科處理我的送檢案件，自四十七年九月中旬辦理起，至十一月三日發還證件止，公文旅行了一個半月：自四十七年十二月中旬鈞廳通知該縣政府派員視教起，至四十八年二月二十九日將視教證明書報廳止，公文積壓了兩個半月餘，一共四個多月，（以後的還沒有計算在內）你們說是「五十七日」不知是怎樣算的？

臺北縣政府教育科核發我的職務加給時，錯援法令，是顯而易見的，㈡他們認我是逾期送檢，但逾期送檢的責任並不在我，㈢他們認爲視教證明書未敍明優良而被駁回即是我的資歷不合，當然是說不通的，鈞廳所說爲「此在公文處理上，應視爲未具備規定之要件，並非認爲先生資歷之不合。」㈣他們認我之送檢爲以著作申請檢定，此亦不合情理，因我是經四十六年備聘教員登記合格了的，如何能與未經登記合格之代用教員以著作申請檢定相比擬。乃該教育科初則從四十八年四月份起核發職務加給，繼又准自四十八年三月份起發給，不知是根據什麼法令？

我向你申訴兩次，你都沒有直接派員徹查，只函請臺北縣政府查覆，憑臺北縣政府片面之詞，就認定我「所稱各節多非事實」，這是極不公平的。臺北縣政府的稽壓公文，送檢手續辦理錯誤，拖延視教時間，錯援法規，任意變更措施，均係臺北縣政府教育科所造成，怎樣說我「所稱各節多非事實」？你這種做法，實有官官相護曲爲偏袒之嫌，難道非訴諸法律不可麼？

沒有答覆的問題，祈求你予以答覆，並在這裏補充一點，即臺北縣政府教育科錯援法令是不是就讓它錯下去？我寫這封信的時候，內心痛苦極了，如果你自居高位，不顧下面的實情，我只有在不已之下，盡一切可能掙扎到底，使正義申張而後已！

敬祝

公綏

譚益齋謹啓

四月廿四日

赫魯雪夫法國之行

巴黎通訊・四月十二日

程天牧

一、政治感冒

二十四天和兩萬四千里的東南亞旅行，在六十度攝氏氣溫的變化下，赫氏竟安然無事，而正在準備三月十五日前赴巴黎訪問時，忽然患了流行性感冒致而延期訪問，使西方新聞界十分驚奇。一九五九年春天，赫氏不能伴同訪問莫斯科的麥米倫紳士前往烏克蘭首都基輔(Kiew)和列寧格勒等地去參觀，據說是由於患牙病。西方新聞界於去年三月裏，都推測赫氏之牙病是政治病，因爲在他患牙病之前，曾和麥米倫有過不愉快的爭執。同樣，本年三月裏，西方報界對赫氏這次感冒也都推論爲外交政治病。唯有法國報紙則獨論赫氏患感冒是事實，不是所謂「裝病」。其論調和去年三月之異趣，充份暴露了自私的怪形：如果法國報紙也評論赫氏所患感冒是政治病，無異是諷刺自已，同時也凌辱了他們的領袖——戴高樂。然而，西方新聞界已證實了赫氏所患之流行性感冒，乃政治感冒。

法國政府對赫氏訪法程序之推諉，是他患政治感冒之病源。所謂「感冒」只不過是向法國政府施壓力而已，以達到他預期的陰謀鵠的。原來赫氏向法國政府提出以下各點：㈠赫氏願於中午抵巴黎。照法國政府原定時間爲上午十一點鐘。赫氏選擇正午時間，想利用工人的捧場，增高其身價。㈡赫氏願以共黨最高領袖訪問法國，並接見親共人士和親共組織，如參觀共黨基地——「聯盟城」等，而法國僅願將赫氏以蘇俄負責人去歡迎。㈢赫氏要求法國政府準其和艾森豪總統有同樣權利：在巴黎市政府演說。此要求爲法國政府所拒絕，因艾克並非以美國總統而是以巴黎解放者，在市政府廳前作了演說。

由此看來，法國政府本不應答應赫氏三點無理要求！但法國人的「國家主義狂」促使政府忍氣吞聲，向赫魯雪夫低頭讓步。法國政府的「投降」，成了赫氏「感冒」的金漿玉醴。從此，赫魯雪夫顧盼自雄地決定三月二十三日飛法訪問。

法國政府歡迎赫氏三月十五日飛法的準備工作，已於十四日完竣。赫氏之政治感冒，不但使法國官民的忙碌心血付諸流水，而且還浪費了法國國庫二百十九萬新法郎。此外，西方國家的領導人，按着「政治日曆」編排好的訪問節目，也只好隨着赫氏之延期訪法而後推。

二、訪法目的

三月二十三日上午十一點，赫魯雪夫於奧爾里(Orly)機場安然降落，是時巴黎上空鳴放禮炮一百零一響。當赫魯雪夫走出飛機時，便開門見山的說：「我這次來，不是旅行！」

究竟赫魯雪夫如何訪法？根據筆者半個月來的精細觀察不外以下二點：一、利用法德過去世仇粉碎法德友好關係；二、掌握法人心理弱點進行瓦解西方陰謀，現在逐一分述如下：

一、赫魯雪夫爲了達到粉碎法德友誼的第一個目的，在遊法時間內，常是唱着一個調子的政治論調。一下飛機，就將他帶來的政治包裹打給西方人看：「我來不是旅行！」赫氏於機場的致詞中指出：「每個國家之負責人當向工兵學習，將悲慘戰爭所留下的殘餘，從我們古老美麗的地面上加以除清，亦即清楚一下我們兩個民族，併肩所打垮的敵人留下之戰爭殘餘。」所謂二次世界大戰殘餘卽目前的柏林問題。赫氏認爲：柏林問題一天存在，就一天威脅世界和平。柏林問題是希特勒留下的未曾爆炸的炸彈，如果不以適當方法予以解決，它可隨時燃起三次大戰的火焰：「我們蘇俄人和你們法國人一樣，有時也發現希特勒敗軍所留下的未曾爆炸過的炮彈，怎樣用適當方法加以處理是困難的，但是，如果任之不管將要造成更大的危機！」(機場致詞)

赫氏在巴黎的三天，每次談話或演說都不忘他所負有的消除「德禍」的「神聖任務」。在他於三月二十三日下午接見親共組織——和平運動負責人時說：「法國人必須清楚的瞭解：首先受到威脅的是法國而不是蘇俄，德國人對我們並不怎樣危險，因爲一個德國軍國主義者決不敢再輕意發動一個自殺的侵略戰爭！」三月二十四日又兩次以「德禍」爲其談話起點。在午夕時的乾杯時說：「那樣快就忘記德國軍國主義的侵略是不可能的，我們不能太天眞，認爲德國再起的危機已不存在了，『德禍』不僅威脅蘇俄，對法國却是更大危機！」接着說：「爲了制止戰爭之再度爆發，需要我們共同努力，蘇俄和法國是足够强大以維護歐洲和平。」同日，赫氏於巴黎市政府的演詞中指出：「蘇法急應聯合起來，以防止戰爭和軍國主義的再起！」第一天晚上在總統府擧行的夜晚歡迎會上，赫氏向大家敬酒時曾說：「歐洲是要生活在軍國主義的威脅之下呢？還是要生活在一個共同合作的和平情況之下呢？」三月二十五日早上，赫氏於記者招待會上說：「拒絕減火的人，就犯有嫌疑，而且有一天他將燃火自焚。」赫氏在波爾多(Bordeaus)指出：「我們曾共同打敗了德國法西斯侵略主義者！」於利姆斯(Reims)市政府又老調重談：「爲了改變目前國境，德國之報復力量將重新燃起戰火！」

二、赫魯雪夫爲了達到瓦解西方的第二個目的，常是利用西方內部矛盾，出爾反爾。所謂法國人的心裏弱點卽法國人的自尊心，自傲感，殖民主義思想等。赫氏認爲讚美戴高樂和法國人，是軟化和腐化他們的最好方法，也是他製造西方內部互不信任、互相排斥的得意算盤：赫氏願將戴高樂造成「

北大」政治舞台上更加瘋狂自大的主角，然後利用他向西方攤牌。

赫氏在機場的致詞：「偉大的法國愛國者戴高樂，沒有向希特勒佔領軍低頭！為了法國的獨立而奮鬪到底！」又「歐洲的政局，甚至整個世界的政局，都寄托在蘇法兩國的關係發展上。假如歐洲之兩大强國——蘇法能聯合起來，並對當前問題齊一步驟，則絕不會再有任何一個侵略者還敢抬頭破壞歐洲和平。同樣，我們兩個民族對當前裁軍問題亦能發生重大作用。」

此外，赫氏於二十三日下午在巴黎西郊公墓(Mont Valerien)向反抗希特勒佔領軍的無名英雄獻花致敬，又於三月二十八日訪問了凡爾登（Verdun）戰場，向第一次大戰時流血犧牲的法國戰士們低頭追悼。西方政治觀察家都指出這是用沉默代替演說，激起法國人仇恨德國人的最有力宣傳。

赫氏於三月二十四日指出：蘇法必須為了保衞持久和平繼續共同奮鬪！同時又說：「我們決非希望法國和其友邦斷絕友好關係，蘇法同盟也不要求法國毀壞其政體和其固有理想。」於二十四日的晚會上，赫氏為了轉移戴高樂的話題唱出了令法國人聽後入迷的論調：「雖然，我們兩國有不同的歷史背景，生長在不同的環境制度裏，但是，蘇法是歐洲大陸不可忽視之兩兄弟。」

赫氏表示對戴高樂感到十分滿意：「因為巴黎和莫斯科有一個共同的感覺：蘇法兩國間需要的是和平與友誼。」西方的觀察家對於「赫氏大讚大擂戴高樂和法國」，認為實是最大陰謀，從赫氏之表演，不難推知他是至為狡滑之政治家。

在二十五日舉行的招待會上，有位記者曾問赫氏對戴高樂印像若何？赫氏說：「我對戴高樂表示滿意，因他決心為法國服務。他是一個愛國者，他有一套保護法國利益的政治。」當天上午，戴赫二人舉行了二個小時的政治密談。雖然這次會談討論之範圍為經濟合作與文化交流，而法國官員也都在保證，會談中對柏林及德國問題都保持了法國之一貫堅定立場，然而赫氏却說：「與戴高樂感情之融洽及思想之一致為外人不足道也」，此話無異又是政治宣傳。

在三月三十日，赫氏訪問凡爾登戰場時，向給他獻花的兩個兒童說：「我們決心保衞世界和平，並使所有的兒童已不再曉得戰爭是什麼，你們和戴高樂將軍共同合作吧！」於三月三十一日，赫氏於開向盧昂(Ruen)專車上所舉行的臨時記者招待會上，對這次法國之行表示十分滿意說：「一切都超出我預料之外。」又說：「我非常看重戴高樂對和平之努力，我們的會談已給世界和平帶來了極大保證！」

從以上的發言看來，不難知道赫氏為了達成分裂法德進而瓦解西方的陰謀，除了利用法德世仇和歌頌戴高樂的把戲外，還利用了「蘇法常是戰友」的觀念。孰敵孰友，讓法國人自己去選擇。另外還有一點特別值得注意的是，赫氏不但僅僅攻擊軍國主義的納粹德國，而且還對今日的西德加以無情辱罵，這是赫氏反德宣傳失敗的一點，本文將予說明。赫氏於三月二十九日曾說：「艾德諾於訪問羅馬時曾說：『天主號召德國挽救歐洲。』此話使我日夜不安，我認為，這句話無異是給希特勒『德國民族乃特殊民族』的理論加以引證和標榜。」雖然赫氏於訪法期內沒有公開提出攻擊西德的口號，但從上面的發言就不難推知；他所攻擊的軍國主義德國即今日之西德。赫氏在法的演說主題是叫法國人恨與愛，恨他們應當恨的「侵略者」德國，愛他們必須愛的「戰友」蘇俄。

三、赫氏策略

a. 赫氏反德看風駛舵：戴高樂對赫魯雪夫的表演，有時採取很冷靜的態度，對赫氏之「德禍」叫囂僅用「我們兩國所有威脅已不存在」幾個字回答的很清楚，另外還向赫氏聲明：目前法蘇的敵對處境並不是使東西兩大集團分裂的基本原因。此外，赫氏還發覺了百分之七十五的法國人，都聽不慣他的「德禍」宣傳不符合現實，因而在法共的一家機關報上，曾刊登了赫氏這麼一句話：「我不是外交家，我是同馬路上的孩子和工人一齊長大的，我的迅速發表意見，只是我坦白的一個記號。」西方觀察家都懷疑此話的眞實性，並認為法共此報之如此宣傳，無疑是給赫氏宣傳「德禍」所犯的嚴重錯誤，找出值得原諒的藉口。

赫氏深心體會到他的「德禍」宣傳到處碰壁，如此下去絕不能得到預期效果，因而他採取了一個新的攻勢：

㈠笑臉攻勢：赫氏三天在巴黎時，一勸就火，當他週遊法國內地時，則是「笑容」可掬，微笑成了他宣傳的至高武器。赫氏有一次微笑地說：「我們也可能和德國人做朋友，因為德國人是法國的朋友，而法國則是我們的朋友呀！」

㈡假仁假義：赫氏於訪問提仲(Dijon)時曾說：「對德國我應該小心，不然人家又要說我反德宣傳了。但是我心裏想的和你們心中所想的完全相同。」又說：「我這次訪問法國，並非使法國拋棄友邦，而只不過是為了加强蘇法兩國友誼。再說，法國也不應該因為和我們做朋友而失去其他朋友！蘇俄有句成語：一百個朋友總比一百壞盧布好。」

㈢以沉默代替演說：赫氏於三月卅日訪問了凡爾登(Verdun)戰場。一次大戰時德法酷戰於此地，雙方為了國家聲譽演出了悽慘的流血悲劇。赫氏原計劃在那裏作一次激烈的反德演說，然而他竟以沉默代替說話，想用他的心有所感的面容、作出激起法國人忿恨德國人的有力宣傳。

笑臉攻勢以及假仁假義是赫氏用慣了的騙人魔術；同樣，這次也欺騙不了法國人民。而他的沉默攻勢，似乎得到了成功。然根據筆者的觀察和分析，其失敗較成功為大。理由是：法德世仇已成為歷史上的名詞：㈠戰後至今，已沒有人再提出調解法德的世仇問題，因為法德世仇已不存在；㈡法國當局在凡爾登戰場，不向任何一個訪問凡爾登戰場的國家代表懸旗慶祝。此說明法國人願意忘記已往仇恨。一年前，柏林市長勃郎特(Willy Brandt)訪問凡爾登戰場時亦如此。而這位患政治感冒的赫先生，還念念不忘四十六年前法德雙方由於忿恨而最後不惜一戰的歷史。這次在凡爾登竟以向無名英雄獻花和追悼的沉默方式提醒法國人，使之重新生活在過去的仇恨之中。但是，或者赫先生的確不瞭解現實，或者故意玩弄事實，他仍舊拿法德過去的仇恨來衡量今日法德之友好關係，結果是慘遭失敗。

b.赫氏高唱「和平共存」：根據西方政治家一般地推論，「我來不是旅行」一語，是在指明赫魯雪夫訪法的主要目標是在探試戴高樂對柏林、德國和裁軍問題的態度。赫魯雪夫曾兩次提出「北大西洋公約」及「華沙公約國」應早日簽訂互不侵犯條約。一次是在二十四日晚上擧行的宴會上，赫氏向大家敬酒時說：「共同合作的可能性是存在着，目前被東西兩大集團所分裂爲二的歐洲，其緊張局勢並非不能克服，『北大』和『華沙』應簽訂互不侵犯條約。另外，我們當早日對德簽訂和約，所有反對希特勒的盟友們都當參加這個和約之簽訂。尤其是，我們必須符合德國人民的利益。」另一次是在二十五日早晨擧行的記者招待會上，赫氏說：「我是一個和平共存論者，我認爲蘇法兩國的合作並沒有受到任何限制。也沒有存在着什麼可以值得爭執的問題。『北大』和『華沙』簽訂互不侵犯條約：乃是東西兩大集團和平共處的必要條件。」

赫氏對柏林、德國以及裁軍問題的態度究竟怎樣呢？

㈠對柏林問題：赫氏曾向記者指出：柏林問題當以適當方法予以解決，柏林之現狀將使世界和平受到嚴重威脅。對一個記者提出的問題：「蘇俄在柏林的駐軍遠勝過西方國家駐軍的實力，但貴政府對柏林目前現狀爲何不能容忍？」赫氏如此答覆：「我還要說：如果從軍事觀點去看，西方在柏林根本站不住脚，那一萬一千的西方駐軍毫無意義，根本不敢發動侵略我們的戰爭！」

㈡對德國問題：赫氏一再强調，蘇俄對德政治的堅定立場不可能有任何讓步，如果西方不願同蘇俄一致行動，東方集團將和東德單獨媾和，赫氏說：「我們希望全面對德簽訂和約，以解決二次大戰所留下來的而到現在還沒有解決的問題，如果我們的努力不爲西方所重視，我們被迫着只好和東德單獨媾和。這將說明過去和德國所有的一切協定將全部作廢。」

㈢對裁軍問題：在開向盧昂專車上所擧行的臨時記者招待會上，赫氏將西方的裁軍建議——西方建議分三期裁軍，而裁軍控制委員會之成立爲實行全面裁軍的先決條件——用一個簡單的「不」字加以拒絕。他認爲西方所提出之建議，不符合他在聯合國所提出之裁軍建議，而且根本違反了全面裁軍的基本原則。

根據赫氏兩次提出簽訂互不侵犯條約的和平攻勢，以及對柏林、德國和裁軍三大問題的紅色基本立場之暴露，使法國人淸楚的認識到，赫氏沒有合理解決問題的誠心，所謂「和平共存」，不過是再一次欺騙西方人所玩弄的美麗名詞而已。

c.種瓜得瓜種豆得豆：迷信「一句謊言說上一百次以上，就會變爲眞理」論調的赫魯雪夫，又將蘇俄如何强大，共產主義必勝的怪論搬了出來。他自稱爲是和平的救世者，共產主義的宗徒。另外，他還無情指責那些不會利用共產主義奴役人民的人們：「你們法國人和德國人將共產主義送給了我們，而現在你們却又指責我們實行共產主義。我們理當十分感謝。你們不會利用共產主義，但是我們會。」赫魯雪夫知道他的宣傳在基督化的西歐不會發生驚人效果，但是，他願意先撒下種子，然後忍耐地等待着它們開花結果。

赫氏二十四日於巴黎總統府自擂自吹的說：「蘇俄目前相當强大，它自己足可應付任何可以發生的危機，蘇俄報復能力遠較世界上任何國家爲大。但是，這並不是其他國家當怕之理由，因爲我們願意和世界上所有的國家共同努力，以謀取世界持久和平。」

當赫氏開始週遊法國內地時曾指出：社會主義理想必將得到最後勝利。在他離開巴黎時曾說：「我們對法國人作的宣傳還不够，因此他們對我們偉大的主義無法澈底了解。」赫氏認爲：世界共產主義化是人類最理想的生活方式，人們必須設法使他們的民族了解共產主義的意義、變化以及它對人類所能發生的作用。赫氏自以爲是共產主義的宗徒：「我將走遍天下，廣傳共產福音，俾使每個人都能進入共產天國。」他的這種自信和自覺，使他難以相信爲什麼有很多民族竟不願對共產主義有所了解？赫氏又自稱是共產主義的先知：「假如你們不願承認什麼對你們有益——你們的下兩代必定將成爲共產主義者。」「我來不是旅行」是在說明赫魯雪夫以政治宗徒和政治先知的身分走遍天下，廣揚共產主義。而他的口號是「和平」和「裁軍」。那些從未生活在共產極權政權下的人們，聽了他的口號，眞容易相信赫氏是一位「和平使者」和偉大的「人類救星」！一路陪伴赫氏的莫列特(Guy Mollet)先生曾說：「赫魯雪夫是他畢生中所見到的，政治舞臺上最大的演員。」的確，赫氏會哭會笑，會怒會喜的面孔，並非每個政治家能學得來的。但是，赫魯雪夫的哭笑喜怒好像是被動的，有一次他說：「如果人們向我提出我所高興聽的問題，我將心平氣和地予以答覆；反之，如果有人提出氣我的問題，我將怒髮冲冠，給他個顏色看。」

四、最後公報

戴赫二人的數次會談及最後的公報並沒有發現什麼新奇的東西，不過是互相攤牌，將各人的立場重新坦白一下而已。

在三大問題上，戴赫二人各有企圖，各有異趣：

㈠赫魯雪夫願意知道戴高樂之對德政治；

㈡戴高樂願意知道赫魯雪夫之北非政治；

㈢赫氏知道法國願意進入四强原子俱樂部，而戴氏則無所不爲，非達成原子强國不可。

關於最後一個問題：赫氏於最後一次記者接見會上(四月二日)指出，雙方雖有願意談判之誠心，但缺乏願意彼此了解的誠意。關於第二個問題，亦即阿爾及利亞問題，赫氏表示：他非常贊同戴高樂去年「民族自決」的明智聲明。但是，法國當局不可忘記蘇俄對殖民主義的一貫立場。關於第一個問題：赫氏是爲了德國問題而訪問法國，但赫氏將戴高樂對德政治絲毫不能接受地留在巴黎，而將東帶來的德國政治原封不動地帶同莫斯科。戴赫二人最後公報的唯一協議是，所有問題皆不用武力而以和平的談判方法去解決。

赫氏的對德政治在最後公報中很清楚地指明：

㈠柏林應化爲自由城，此乃目前「最好之解決辦法」。

㈡如果西方國家不能和蘇俄齊一步驟，共同簽訂對德和約，則蘇俄將同其他東歐國家和東德單獨媾和。

㈢裁軍問題爲當前最大問題，但柏林及德國問題不可與裁軍問題同時並談。德國問題是世界政治最大問題，同時也是最後問題，如果裁軍問題不能解決，柏林德國問題也隨之不能解決。赫氏建議五月在巴黎召開之高層會議，僅僅以裁軍問題爲討論對象。

從以上三點可以看出，赫氏毫無誠心合理解決問題，揚湯止沸，莫如去火抽薪！解決世界最大政治問題，不從問題本身去開始，以根本不能有所成果的裁軍會議爲解決基本問題之先決條件。這是赫氏之矛盾，也是他的本來面目。

戴高樂也指出他的對德政治：統一德國不能在蘇俄旗幟下去進行！必須在尊重人權的基本條件下以民選方式去完成。

赫氏訪法之又一陰謀，是在探知西方國家對未來高階層會議討論的德國問題有否讓步。戴高樂十分清楚的向赫魯雪夫代表了西方的堅定立場。至於高階層會議之是否召開，筆者認爲：㈠討論德國統一問題的高階層會議開不成，因爲雙方立場已很清楚，不必再到齊大罵一場。㈡變質的高層會議——僅討論裁軍的高階層會議——不但開得成，而且一定要開。因爲蘇俄願將這個沒有結果的問題永遠談下去，以談判去瓦解西方。

五、輿論反應

赫魯雪夫，這個正如同莫列特所說的「政治舞臺上最大的演員」，在法國以「和平使者」表演了十一天之久。今列出歐洲大報對赫氏出演前後的評語以供參考。

一、法德報紙對赫氏訪法之前的反應：

巴黎「維加祿」(Le Figaro) 日報於三月二十三日對赫魯雪夫之訪法曾如此寫到：「我們歡迎一位客人。因此，我們必須有大國民風度，那些公開的抗議是不必要的。感到不滿意的法國人，最好沉默或是走開。戴赫二人的政治會談，適於高層會召開之前，有其價值和意義！但是，如果赫魯雪夫僅將這次訪問看成是鐵鎚鏈刀旗的一個慶祝會，那不僅是非常值得惋惜，而且也是對我們法國人的莫大凌辱。」

巴黎大衆報 (Le Populaire) 說：「赫魯雪夫在法國的政友們，都在號召大家在他到達巴黎時懸旗慶祝。但是，我們却將等待，一直等到四月二日以及法蘇最後談判的結果爲止。如果我們發覺到赫先生已不再要求西方國家放棄它們在西柏林的權利，並同意德國人民可以自由選擇許諾給他們的國度政體，如果赫先生承兌一個普遍的而同時受到控制的全面裁軍，假如赫先生肯撲滅近東戰爭的火焰；又假如赫先生許我們的書籍和發表的意見無阻地可以運到蘇俄去，那麼我們將與高彩烈地懸掛起我們歡迎的旗幟！」

關於赫魯雪夫這次巴黎之行，西德各大報皆於三月二十三日二十四日刊出社論兩篇，共同指出：赫魯雪夫巴黎之行，滿懷陰謀。假如戴高樂順從這位東方主子，赫氏可許給他什麼呢？緩和蘇俄對法國北非政治的敵對態度以及贊成法國參加原子俱樂部者，是赫氏很可能付出的最高代價。但是，戴高樂本人當十分清醒，他對西方盟國的任何不忠行爲，以及不管他將怎樣玩弄西方盟友，破壞原來協議，都將爲蘇俄所利用，並造成法國自己的悲劇。戴高樂向來不爲暫時的利益和數天的甜言蜜語所迷惑，相信他這次也不應當被狡滑的赫先生所欺騙！

二、德荷報紙對赫氏訪法之後的批評：

西德「威新報」社論指出：「……赫氏之訪法，考驗了法國人的智慧。法國人的反應和態度，證明了他們的英明和偉大。通過這次訪問，法國人更認清了赫氏之本來面目，同時也深深領悟到，究竟誰是朋友，誰是敵人。」

法國巴黎維加祿報說：「赫魯雪夫錯了，假如他相信已博得了法國人的歡心。法國人對赫氏外表上很客氣，這是禮貌問題；因爲法國人對每一個聞名世界的人物都是好奇地、密切地和眞實地去招待。法國人有其熱情、親切、幽默和善於交際的性格；但是，雖然他們外表上表示出他們對一國元首應有的歡迎和慶祝，內心中却大都抱有冷淡和謹愼的態度。赫氏走過的地方，人們大都沉默無聲，只有那些共黨拉拉隊參加的行列才鼓掌和喝采。這說明：法國人對赫魯雪夫是憎厭而非愛護。在很多問題上，例如在柏林、德國問題上，赫氏非但不改變原有立場，而且相反，假如西方不能和他取得協議，他將和東德單獨協議，以毀滅西强義務和破壞目前有效局面。」

荷蘭一周報 (Elseviers Weekbland) 對赫氏訪法曾如此評論：「赫魯雪夫反德宣傳落爲空論。並不是因爲法國人還念念不忘希史（希特勒史大林——筆者註）簽訂的互不侵犯條約，而是因爲他們有比英國人較爲健全的理智和回憶。戴高樂的立場很清楚：或者赫氏眞心願意緩和世界緊張局勢，或者赫氏是個玩弄西方人的僞君子。然而「自由柏林」之提出，證明赫氏根本無緩和緊張局勢的決心。西方國家向蘇俄投降，並放棄西方在柏林應有的權利，是戴高樂從未有過的思想。西方的最大弱點和唯一瑕疵，是英國麥米倫紳士」。

六、訪法分析

赫魯雪夫訪法之主要目的是：㈠燃起法德過去

仇恨以破壞法德目前友誼，㊂進一步認清戴高樂，並不惜付出至高代價，以將戴氏鑄成能够利用的傀儡。關於這兩點，上文已有說明，赫氏到處碰壁，離間法德友好關係的企圖，遭到了可恥的失敗。但是，如果將這次「訪法」加以分析，赫魯雪夫失敗之中還有相當成就。筆者認爲，離間法德友好關係之失敗，原是赫氏訪法之前早已料到的；不過，赫氏是有遠見之人，這次的失敗更促成他分離西方和軟化西方的可怕陰謀：

㊀諷刺西方人：赫氏這次訪問法國和上次訪問美國一樣，必要的時候，不惜呼出天主聖名。赫氏於二十四日晚上的宴會上向希臘駐法大使斐龍(Philon)說：「我們終究是基督之內兄弟。」斐大使感到莫明奇妙，但赫氏接着說：「是的，希臘將公教主義帶給了我們，我們十分感激！」赫魯雪夫訪美時曾教訓美國的政治家們：「你們復須遵守天主十誡：不可殺人！」(不可殺人乃十誡中第五誡，諒赫氏顛倒了次序——筆者註) 一個無神論者口中喊出「天主」二字是不可能的，尤其是爲獨裁者以及無神論共產黨的最高領袖赫魯雪夫，竟開口天主閉口天主的大談聖經，豈不是共產無神主義有史以來空前的一頁!?但赫氏究竟爲何這樣做？筆者願以三點作簡單說明：

a.歷史背景：赫魯雪夫小時信仰天主，並和史大林一樣在修道院曾念過書。赫氏曾說：「我每一天到修道院去，學習做一個好教友。有一次我竟得了獎，因爲我對四部福音背的很熟，而且在聖堂裏一字不錯的朗誦過。」有一次，赫氏在波蘭廣播演說：「當我還在小學的時候，對聖詠很感興趣。聖詠和聖經是我在卡里諾夫加(Kalinowka)識字以來第一次讀到的兩本書。」由是觀之，赫氏熟習教會名詞，會利用聖經詞句，並不是值得驚奇的事情。

b.政治宣傳：赫氏引用「天主」二字，不過是在攻擊西方國家領導人，尤其諷刺艾德諾。赫氏去年曾說：「假如西方的信徒們都祈求天主，將我們蘇俄人從共產主義中解救出來，而我們也呼求天主，將西方人民從資本主義中解放出來，那麼，我們將使天主爲難。因爲，如果天主選擇多數，無疑將答應我們的祈求。」

c.心理宣傳：赫氏以爲在基督化的歐洲，僅用政治宣傳，不能得到效果。心理宣傳是很重要的，因而他願意引用聖經上的句子，以幫助西方人認識其資本主義造成的罪惡，並瞭解共產主義的「偉大使命」。蘇俄專家葛拉爾茨(Walter Kolarz)在英國指出：他早就理解到赫魯雪夫是個僞君子，並拆穿了他的假面具。他又證明赫氏怎樣利用宗教心理宣傳，比利用政治宣傳格外感到興趣。

㊁麻痺西方人：赫氏除了用「使法國人可怕的不是共產主義，而是艾德諾的德國」麻醉法國人之外，還用「蘇俄不是西方可怕的最大敵人，中共將是世界上最大强國」麻醉西方人。赫氏曾數次向西方透露：「風並不是從正面吹來，而是，我從來沒有談論過背後要吹來的風。」換言之，蘇俄的最後顧慮不是西方的資本主義侵略，而是東方實行共產主義的中共。赫氏如此說法，是在轉移西方主力應付蘇俄的目標。戴高樂對赫氏「風從東面來」的論調特別感與趣，有一天戴高樂在巴黎曾說了一句很有趣的話：「中共的新聞界認爲沒有必要報導赫魯雪夫訪問法國。」

戴高樂認爲：共產主義之盲從阻礙了赫氏看清歐洲應走的道路和歐洲的前途。但是，共產主義也將逼迫蘇俄重新投到歐洲的懷抱裏。戴氏於去年的一個記者招待會上曾說：「蘇俄還是蘇俄，一個征服了亞洲一塊土地的歐洲白人國家。和蘇聯緊緊相連並具有廣大土地和無數人口的中國，在不斷强大起來，中國人正以他們可怕的犧牲埋頭苦幹，在將他們的祖國創造成世界上最大的强國。有一天他們將要向外發展。」

赫氏之「風從東邊來」論調，不但影響了西方國家的負責人如戴高樂等，而且也麻醉了西方的新聞界。在西方報紙上不時見到「東方睡醒的巨獅」和「黃禍」等字樣。筆者有一次和一位中國問題專家談到這個問題：「西方人爲何怕中共？」他向筆者說明兩點：㊀中共握有一塊不可忽視的廣大土地和不可忽視的强大人口(此語和康隆報告論點相同——筆者註)，㊁中共實行共產主義，而共產主義是歐洲東西，歐洲人都怕這個世界革命主義，所以怕中共。另外，此專家指出一點，值得筆者向大家介紹。「西方人由於怕共產主義，所以對中共估價太高，並暗中替中共的强大作宣傳。對共產主義的怕懼，蒙住了西方人的眼睛，使他們忽略了中國的歷史和中國民心。其實中共並不像他們宣傳的那樣强大，我以爲共產主義也不可能適合中國民族。假如蔣介石對歐洲歷史和歐洲人思想方法有起碼的基本知識，他就不會再被害怕中共的西方人所約束；相反，他早就以中國歷史，中國民心和民主政治爲武器，反攻大陸，我相信蔣介石一定會打垮中共的。但事實却使人非常傷心！」

㊂恐嚇西方人：赫魯雪夫去年七月二十四日曾向美國副總統尼克遜說：「美國面臨的：是戰爭還是和平共存？你們選擇吧！」同樣，赫氏這次訪法也是宣傳兩點：㊀或是和平共存，㊁或是戰爭。如果和平共存，則需簽訂「北大」和「華沙」互不侵犯條約，則需全面簽訂對德和約，否則就是一戰，如果戰爭則共產世界一定勝利！因爲「蘇俄相當强大，它有世界上任何國家所沒有的報復力」。又「共產主義必定得到最後勝利！」赫氏知道西方怕戰弱點，因而西方只有遷就蘇俄，選擇和平共存。

正當赫氏訪法時，麥米倫訪問華府。其主要訪問目標並不是裁軍問題，也不是爲了控訴以法德爲首的「六國共同市場」破壞了英國人所謂「歐洲經濟團結」，而是願意向華府表示英國有意承認東德政權，和化柏林爲自由城的企圖。

由以上三點看來，赫魯雪夫由諷刺而麻痺西方人，又由恐嚇而利用西方人。去年，赫氏爲了「和平共存」而訪美，結果是陰謀「兩個中國」的實現。同樣，赫魯雪夫這次訪法之最大目標也是爲了實現「保障東德政權」的「和平共存」！

臺中市通訊・五月三日

痛話臺中市選舉

柯一民

臺中市的第二屆省議員暨第四屆市長選舉，在國民黨方面來說，已「順利」和「勝利」的完成，而且已如願以償的達到了目的——囊括市長和兩位省議員。不過，以國民黨地方黨部對這次選舉的「無所不用其極」爲目的不擇手段的做法，和國民黨市長候選人的目無法紀，公開違法的情形，及黨外人士的戰戰兢兢嚴守法律的事實表現，我們可以說：國民黨在臺中市選舉的勝利是「不光榮的成功」，而黨外人士的落選，却是「光榮的失敗」。爲加强這兩句論斷的證據，我願根據黨外人士候選人及其助選人員的口述，列舉出事實來。

我舉出的事實分爲兩部份，前者爲國民黨市長候選人的違法事實，後者爲黨外人士市長候選人遭受的種種無理違法被壓迫例證，俾省內外人士對臺中市的選舉實情能有進一步的瞭解。

一、國民黨市長候選人的違法事實：

①請客：當國民黨決定臺中市長候選人邱欽洲後，中市各酒家食堂卽開始生意興隆，一日一小宴，三日一大宴，一直到投票前一日，光顧最多的是醉月樓、金城、新陶芳、東亞和魚平食堂等多家。

②銀彈攻勢：這次選舉，中市大部份里長對國民黨候選人特別幫忙出力，原因是他們每個人……。如他的一位女助選員家裏新裝了一部電話機，還「暗中收下」了兩萬多元。這一事實，中部某一報紙會有新聞揭露。

③違法助選：國民黨籍的市議員張賴彩蓮、蔡志昌、及廖學泉等人，站立國民黨市長候選人的宣傳車上公開對民衆宣傳，詆譭對方，說何春木未滿四十歲不能做事，也不會做好事等等。實際上，現在國民黨籍的縣市長未滿四十歲的也不少，如南投縣長洪樵榕卅七歲，嘉義市長蘇玉衡年僅卅四歲，卽其例證。

④違法運用軍車：軍用車輛非軍事人員不能乘坐，而這次選舉，臺中某軍方竟撥出將近二十輛大小車輛，交市黨部轉交國民黨市長候選人選舉事務所應用，女市議員張賴彩蓮及婦女會理事葉陶等，成日均坐軍用吉普到屯區作助選活動。又投票那一天，軍用大卡車到處接送選民投票。

以上都是千眞萬確的事實，假如黨外人士候選人有上面任何一點違法的事實，我相信，他在投票前一定會被取消候選資格，然而國民黨候選人雖然違法事實繁多，將來也一定平安無事。這是臺灣司法獨立的一個考驗。

二、黨外人士候選人所遭受的迫害：

①被無理毆辱：四月十八日，當黨外人士市長候選人何春木的宣傳車剛到東區東橋里的一個小橋上時，忽有測量學校兩個軍人共乘一輛脚踏車到該宣傳車旁時自動的倒下，藉端說被撞傷，扭打該宣傳車司機，撕毁廣告牌，有一老百姓看不過眼出而說話，也被該軍人毆打，這一事件，在臺中憲兵隊及警局第三分局已有案可稽。

②車輛被迫停用：何春木于四月十日左右向中市某瓦工廠借用一輛中型吉普，擬作競選活動之用，不到幾天該車主卽接到「車輛動員會」名義的命令，命該車停止使用十五天。它的藉口是某國軍事首長將來台中，須徵調應用，但事後證明這十五天中並無某國軍事首長來台中。計算日期，正好係選擧結束後一日才停止徵用。這一事實除了可矇騙三歲小孩子外，其他的人誰不淸楚。

③助選員被迫退出：何春木原登記的西區兩名助選員，因受某方一再的壓迫恐嚇，不得已臨時請求撤消他兩人助選員的登記。這一卑鄙的做法，出于民主時代的政黨候選人方面，能不叫人寒心。

④散發非法傳單：以上級黨部名義印發詆譭黨外人士候選人何春木宣傳單，分送各區黨部、各同鄉會轉發各小組組長和連絡人，對黨外人士作謾駡式的惡毒宣傳。這一傳單，何春木已獲得一份，他經常在政見演說會上，以此籲請選民主持正義。

⑤强迫人民團體動員助選：命令市商會市農會市婦女會等人民團體主管，派人挨戶作助選宣傳。根據法令非經登記之助選員不得作助選活動，然某方竟敢公然蔑視法令！

⑥公教警人員違法助選：警察人員在中市助選，已是家喻戶曉的事。至于教員助選也公開進行，如市內各國民學校教員竟在上課時，假借學生「民意測驗」名義，考察學生態度，如發現支持黨外人士，卽作家庭訪問，對家長作軟硬兼施的威嚇。此外稅務人員「奉處長之命」利用分發稅單機會，向商人示意支持國民黨候選人，爲邱欽洲助選。第一分局刑警對市民公開詆譭黨外候選人，謂何春木包庇流氓小偷。透過戶籍人員向全市選民寄發大批拜託信件，據說全市已寄發數萬份，郵差先生說這是本市有史以來最忙于送信的一次。戶籍人員是公務員，助選當然是違法的。在政府三令五申禁止公教警人員助選的時候，這些人仍敢視若無睹，置政府威信于何地!?（但這些下屬人員可能都是奉上司命令而作的）

另外還有一點更叫人又好氣又好笑的，就是市府農林課人員「奉命」下鄉訪問農民，作非法助選活動時，竟對農民說：國民黨實施「三七五」減租以後，農民生活提高，所以應擁護國民黨人士，假如擁護黨外人士的話，則「三七五」將撤消，農民又將回復過去奴隸一樣的生活。這是什麽話？聽了這話，眞叫人氣破吐皮，笑脫門牙呢！

此番選擧是國民黨的一件大事，正如國民黨某負責人說的，此次國民黨提名七十九人，已當選了七十三人，全省廿一縣市國民黨已攫取了十九個縣市，已是很「成功」了，但這是不是臺灣民主政治的成功？那只有天曉得了！

四九、四、廿五深夜于臺中。

高階層會議不會解決基本問題

紐約通訊・五月三日

董鼎山

舉世囑目的高階層會議，終將于五月十六日正式在巴黎揭幕。根據近來西方各國的徵象與言論，英美法三國似已同意不在會議中採取過份强硬的態度。西方的採取和緩態度，是基于下列幾個原因：一、希望會議盡可能有相當程度的成功；二、相信赫魯雪夫不致在會議中堅持提出柏林問題，而造成決裂，柏林問題因此或可暫時延擱；三、在裁軍問題方面，赫魯雪夫似將會同意有限性的局部裁軍，因而鬆弛緊張局勢。

高階層會議最令人注意的問題，即是柏林與裁軍二個問題。我們在上段先作了幾個預測，但這幾個預測即使實現，也不能證明會議的成功。重要問題的未獲基本上的解決，不能算爲會議的成功，那末高階層會議爲何要舉行呢？

對這個問題最簡單的答覆，即是：因爲蘇俄要開，因爲蘇俄一直在向美國與盟國加施壓力。蘇俄早于二年半前首先提此建議，當時布加寧尚任總理，而美國國務卿爲已故的杜勒斯。但是莫斯科爲何要高階層會議呢？美國又爲何轉意，于去年九月赫魯雪夫訪美時改變態度呢？

三個動機

我們這裏先談談赫酋要開會的動機。第一個因素，是赫酋本人的聲望。赫酋已週訪世界所有重要國家首都，包括華盛頓在內，他的國際聲望已經大增。高階層會議如果開成，他的世界聲望即可達到頂點，正式成爲在共黨統治下的全世界三分之一人口唯一代言人。一九五五年的日內瓦高階層會議中，赫酋以共黨頭子資格參加，屈居于布加寧總理之下。在本月巴黎會議中，他的地位將相等于德黑蘭，雅爾達，波茨坦時代的史大林。

第二個原因，是蘇俄內部的壓力，使赫酋覺得有舉行高階層會議的必要。蘇俄人民已在逐漸醒覺，要求改良物質與精神生活，希望能在世界和平安全的氣氛中達到此目的。赫酋爲欲求獲得人民擁戴，不得不謀與西方列强首腦相會，使能達到裁軍，而將軍費移用改良人民生活。

第三個原因，也許是更重要的；赫酋希望借用高階層會議，來作爲他的世界性宣傳戰的材料。他在週訪各國時，已以「和平使者」自居。這次參加高階層會議，更可使他對中立世界留下良好印象。

但是，美國既明瞭赫魯雪夫的動機，爲何改變以前堅決反對高階層會議的立場，轉而同意赫酋的要求呢？我們應該記得，美國以前的堅硬外交政策，乃是杜勒斯個人的意志。杜氏逝世後，艾森豪總統親自參與外交政策。由于艾杜二氏個性的不同，政策當然有所轉變。可是最重要者，還是在于赫魯雪夫所採迫使美國轉意的手段。赫酋所採的是與杜勒斯相類似的「戰爭邊緣」恫嚇手段。他首先創造一個柏林危機，說是要將西方佔領軍逐出西柏林。繼這個危機所掀起的是第三次大戰的危險。去年六月，日內瓦外長會議的失敗，爲危機的頂點。爲了不使柏林危機爆發爲戰爭起見，艾森豪乃于去年七月不得不告知蘇俄副總理考玆洛夫，表示歡迎赫魯雪夫來訪。到去年九月，艾森豪乃在大衞營中達成一項交易，即是以同意高階層會議，來交換赫酋取消有關柏林問題的限期。簡言之，西方國因懼怕觸發大戰，不敢拒絕高階層會議的建議。美國不但怕蘇俄已經有了核子彈，而且怕蘇俄的洲際飛彈强于美國。

在這種情形下高階層會議含有什麼結果呢？我們的猜測是：舊問題仍存在不變，不過和平的保障較爲安全而已。

就赫魯雪夫而言，他所最希望者不是在于各項問題獲得解決，而是在于一般性緊張局勢的鬆弛。國際局勢的鬆弛，對蘇俄有下列各有利點：一、北大西洋公約組織的團結與防務亦隨而鬆弛。二、在這種氣氛下，中立國家將更信任蘇俄，而逐漸在經濟與技術援助上，更傾向蘇俄求援。三、國際局勢鬆弛後，赫酋能有多餘時間發展本國，使蘇俄所認爲最重要的經濟戰爭將更有成效。赫酋前曾發表「我們必埋葬你們」的「名言」。他的用意並非武力戰爭性的，而是經濟競爭性的。

二個問題

高階層會議的二個重要問題，乃是柏林問題與裁軍問題。

關于柏林問題，無論赫魯夫再提威脅與否，會議不致因此決裂，而造成戰爭危機。但會議在短促時間內，也當然決可能取得斷然的解決。各國首腦可能在會議中同意西方國暫時仍保留其在西柏林的佔領地位，而由各國外長會議討論這種「暫時地位」的措置，直至下一個高階層會議爲止，但下一個高階層會議可能遙遙無期。因此，柏林問題的實際解決，又將無限期的延擱。具體而言，根據我們的推測，蘇俄將同意西方暫時保留其在西柏林的權利與地位。而西方則將應許逐漸削減佔領軍，並保證不准西柏林用作宣傳或間諜工作的基地。

關于裁軍問題，東西雙方十國在日內瓦舉行的會議已成僵局。共方堅持西方在原則上受蘇俄的全球裁軍建議爲裁軍的出發點，而西方則堅持局部裁軍，每一步驟都應詳細計劃。四國首腦無疑將對這個僵局再作研討。但爲求打破僵局起見，東西雙方可能先同意各强國軍隊數目的限制，突然襲擊(surprise attack)的禁止，衞星載運核子彈的禁止等。而難以解決的問題，可能是核子禁試問題，因强國將拒絕參與。

高階層會議的意義到底何在呢？東西雙方似早預知，歸根結蒂，其目的不過是和緩國際緊張局勢，艾森豪于六月訪莫斯科，其用意何嘗不是在此！

蝸居和漂鳥

叢甦

在華盛頓大學村附近幾條並排的街道兩旁，遠望過去，是兩排樹葉疏疏的高樹，樹外靠馬路邊停着尾巴咬尾巴的汽車，樹內是灰白的行道，和兩排式樣大致相同的紅頂灰身子的二層樓房。在那些樓房裏，除了幾家私人住宅外，多住着一個灰白頭髮，寡居多年的老太太，或是一個矮矮胖胖，兩腮通紅的老頭子。而不時，你又可以看見一些抱着滿懷書籍的大學生們，在屋前的洋灰臺階上，匆忙地出進。有時在那些屋子的玻璃窗上，偶爾會出現一張告示：「租屋兼包伙」，或者僅是：「房間招租」。這些房子就是所謂的「出租間」(Rooming-house)。「出租間」不同於公寓，多是由私人住宅改造的，主人多是一個「子女棄他而去」，「老伴又撒手西歸」的老頭子，或者是一個乾癟的、記性不太好、而又永遠不會忘記月頭、月尾日子的老太太，而出租的對象則多是一些蹦蹦跳跳走路帶風的年輕學生們。

四個月以前，我由一個在中國傳教卅多年、會說「對不起」「馬馬虎虎」的「中國通」老牧師的介紹，走進這麼一間「出租間」裏來。按電鈴後，門縫啓處，首先探出一個滿臉皺紋、頭髮灰白的頭來，接着跳出一個精瘦、渾黑、兩眼暴突、背裏皮背心、大小如狸猫樣的怪物來，狂跳狂吠不已。細看，原來是個精靈樣的小狗。被引進門後，又引下樓梯，在樓梯轉口處，我幾乎滾下。主人才邊道歉邊扭開樓梯口的電燈。下了樓梯，來到地下層，原來別有天地，臥室，淋浴，現代化的廚廁，「一應俱全」。走進臥室，褐色的地毯，紅色的燈罩，白色的書架、書桌、彈簧床。我邊點頭，邊四下望着，好像又缺少了點什麼。最後，當我熄滅了架燈，又走到通街的邊門前，掀起垂下在門玻璃上的黃膠布簾子而向外窺看的時候，從毗鄰的房子龐大的身影側，我看見一角藍得出奇的天空，陽光下的樹，和路邊一個穿紅裙子的小女孩子。放下簾子，站在黑暗裏，我知道我缺少了什麼。

於是，就這樣，我搬進這一幢「出租間」裏來。地下層有三個臥房，住着四個女孩子。一個學音樂的美國女孩子和我同屋。也許因爲我們還都是學生，而且我的同屋又非「極端典型的美國女孩子」，所以使我們在這個不太寬廣而傢俱都「雙料」的斗室裏朝夕相處還不太困難。另外兩個女孩子是「職業婦女」，不同的類型，過着不同的生活。褐髮、褐眼、尖尖鼻子的戴安娜是銀行的會計，說話音調懶散，而發音硬澀，自稱祖先有波希米亞和德國人的血統。入晚以後，她慣以足蹬拖鞋，全身僅裹一件和她髮色相同的大浴巾，邊哼着歌四處週旋。戴安娜的笑聲常使我想起在臺時看到的鄰居的火鷄。而她笑時兩個雪白的膀子拼命前後搖動，像兩條大雪糕。

黑髮，高頭大馬型的茱廸是一個私人醫生的護士。臉腮永遠通紅，眼時常笑得瞇成一條縫。她和戴安娜是中學同學，兩人的家都在距西雅圖百餘里的泡德蘭，畢業後又一起來西雅圖「打天下」。除工作外，兩人形影不離，而赴約會時也多是由一對男士迎出。因爲這出租間不兼包伙，所以房客都自己做飯。茱廸是肉食者，常愛嚷：「嘔，戴安，今晚豬排是炸還是煎呢？」但又嫌腰身過於豐滿：「唉，老天，這個月體重和上月還是一樣呢！」說着，猶疑一會，但終於又把一塊已經剝開紙的巧克力塞進嘴裏，又瞇起眼睛笑着。

同房桃樂賽，身材瘦挺，鼻子挺直，渾身乾淨俐落，手脚也輕快，棕色的髮剪得齊耳。動人的是眼鏡後一雙眼睛，深而且亮，說話笑聲都很響亮，動作不拖泥帶水，走路像一陣風，每當樓梯上響起一陣驟雨樣的脚步聲時，準是她回來了。她毫無忸怩之態，也嘗自稱是「湯姆型」的女孩子，但精攻小提琴，每天忙得像架嶄新的風車，一會轉到學校練琴，一會轉到附近長老教堂演奏，一會又爲某個家庭晚會增色去，一會又陪某個爲愛情煩惱的女朋友到咖啡館去解悶。住在這「出租間」裏總共八人中，每日她接到的電話最多。電話機旁有一個小電鈴，每個房客以不同的鈴聲做招呼的記號。「噠，噠，噠——」，二短一長，是桃樂賽的。因爲她腿最輕，跑的最快，而電話又最多，所以她幾乎成了大家的義務接話生了。起先桃樂絲的電話多是女孩子們打來的，但在我搬進兩個月之後，一個低沉的男聲時常在電話裏問：「桃樂絲在嗎？」，於是她跑得腿更快了。以後電話鈴一響，她就像反射反應一樣，也像被按上了電扭一樣，她會「磞」地一聲自坐位上跳起，扔下筆或是碗匙，蹬蹬地跳上樓梯。如果是丹．寶偉(她的男友)打來的，則可能談上個把小時，否則，在撳過招呼鈴以後，就又蹬蹬跑下。她做事手脚快，做什麼都像一陣風，但打字時却像夏天的驟雨打在水門汀上，天花板都震得搖動。如在每學期緊張期間，我們誰也不饒誰，關上房門，她的桌上響着夏天急雨打芭蕉的聲音，我的桌上響着秋風掃落葉的刷刷聲。只是在入夜兩三點鐘以後，我們邊工作，邊傾着耳朵聽就在我們頭頂上的房間裏房東太太沉重的皮鞋聲是否已經停止了。

住在樓上的是房東康耐爾太太和她獨身的姐姐露絲小姐。康太太早寡，無兒無女。自康先生去世後，她就買下了大學村附近的兩幢房子，靠房租過日子。人還風趣，但有時倚老賣老，常愛談起：「唉，我丈夫在時，我們在加立福尼亞——」她算盤也很精，隨時留意關樓梯口的五燭光的電燈，不怕我們從樓梯上摔下把脖子跌斷。那個精靈樣的小狗隨時跟在她脚邊，隨時狂跳狂吠。康太太對於年輕女孩子交男朋友的事特感興趣，嘗對茱迪說：「啊，茱迪，愛倫眞是個英俊的男孩子，如果他是你僅有的，你可抓着別放呀！如果還有其他的，那麼不妨鬆一些……」胖胖的茱迪邊笑着點頭說是，邊回頭向我扮鬼臉，眼睛瞇成一條縫。愛倫是茱迪的男友，會開過出租汽車，現在華大讀遠東系，「研究」中文，會用中文說「你好嗎」，是個堅決不相信黑人的血和白人的一樣紅的種族歧視家兼人性懷疑者。

康耐爾太太的姐姐露絲小姐，六十多歲，經常戴着助聽器，但是當你向她問候「早安」的時候，得用着吵架的聲音和力氣。她經常裹着一件陳舊的灰大衣，方頭的皮鞋後跟有洗衣棒槌那麼粗。每天早晨當我們還在被窩裏的時候，我可以聽見她沉重的皮鞋聲挪下樓梯，來取走我們厨厠裏的垃圾。每逢相遇，每當我扯着嗓子向她喊：「你好嗎」的時候，當我望着她那皺得像橘子乾兒樣的臉（而上面又泛着一層薄薄的粉！），我總有一種悲哀的感覺，我知道在她那微駝的臃腫的身影裏所包含的，某種東西是過份沉重了，那是一種近於枯乾的孤寂，無依和憊疲。

記得在去年耶誕節前，住在地下室的女孩子們紛紛準備返家度假，我則應一個美國朋友的邀請要到她家裏小住兩天，當我提着旅行袋走出房門的時候，在臺階上正遇見露絲小姐佝僂的身影：

「你，你也要走嗎！」她注視着我的臉問。

我點頭。

「哦，哦，都走了。……我願意屋子裏總要有個人才好呀……」

「過兩天我就會回來，」我說。

「哦，哦，我願意屋子裏總要有人才好呀！」她重覆着說。接着又說：「雖然瑪麗（康太太閨名）在，珍妮在，湯米在（那個精靈般的小狗），布朗太太要到溫哥華去……」她喃喃着走開了。

當我走下洋灰臺階的時候，我尋思着她渴望的不只是「人」，而是「生命」，是蓬蓬勃勃的、活的生命力！珍妮和布朗太太是住在二樓的兩位房客。前者是一位戴銀絲眼鏡，愛穿紫紅色連身裙的五十餘歲的老小姐，後者是一位說話唧唧喳喳的老太太。瑪麗在，珍妮在，湯米在，露絲也在，還愁屋子裏沒有人嗎？少的只是地下層四個女孩子和樓梯上時爾響起咚咚的脚步聲罷了。然而那些脚步聲和電話機旁吃吃的笑聲和頻響的門鈴聲對於六十餘歲的未婚的露絲小姐來說，代表着什麼呢？如果你不嫌俗，何妨稱它做「逝去的春天」。陽光和夢！

地下室裏的確經常響着春雷，清脆的。每天晚飯前後一段時間裏，女孩子們出進廚房或過道裏。茱迪會揮着胖手向戴安娜說：「咦，戴安，昨天我們班上新來了一個傢伙，好帥！」（為了解悶，茱迪和戴安娜在華大夜校各修了一門功課）或者，後者會應道：「老天，坐在我鄰桌的那個男孩子睫毛好長！三、四寸，嗞，茱迪，下個月我就要升做出納了！」接着她們會談起一九六二年她們要旅行歐洲的計劃，又會眩耀地吐出一兩個發音不太正確的法文字來。最後兩人會笑做一團，戴安娜搖着膀子吃力地做火鷄叫，茱迪瞇着眼睛，搖擺着身子。雖然她們都是月入四、五百元的「薪水階級」，但有時却窘得厲害。在月初，茱迪會嚷着：「吃肉，吃肉！猪排比牛排有營養！」但是，有時在月尾，她會笑瞇瞇地向我走來：「啊，叢，借給我們兩片麵包和兩個鷄蛋吧！我們會儘快地還你！」

記得在不久以前，在發薪的前三、四天，她們又吃緊了。有好幾天晚上我發現她們回來時樓梯上的脚步聲不太響亮了，笑聲也少了，戴安娜淋浴時也不哼爵士音樂了。原來同房告訴我茱迪和戴安娜有好幾天只喝牛奶吃萵苣過日子了。第二天巧為週末，桃樂絲告訴我茱和戴已經借了路費回泡德蘭去了，因為如果留在這裏，在發薪以前，她們只有喝白開水，而茱迪又是一個堅決的肉食者和營養學家！

每逢週末這「出租間」總是熱鬧的。電話鈴不時地響着，茱迪和戴安娜的高跟鞋也就不時地響着，桃樂絲也風樣地吹進吹出。但是，有時在雨天的晚上，譬如今夜，當門鈴和電話鈴都沉默的時候，我也許正在刷刷地寫着家信，偶爾翻閱一下來自東半球的消息。桃樂絲正在為教堂裏兒童唱詩班編造名冊，她會突然地抬起頭向我說：「叢，後天丹・寶偉過生日，我要烤個蛋糕送他！」我抬頭，微笑應着。這時地下室邊門外屋簷下滴水的聲音很響，過道裏響着茱迪的脚步聲和憒憒的聲音：「戴安，沒有電話，我要換睡衣睡覺了！」

「隨便，夫人……哦，吉姆也許會打來呢，我還沒有完全放棄，……」是戴自她房間裏傳來的懶懶的聲音。

於是在星期一的早晨，當我們還在朦朧睡鄉中的時候，戴和茱早已起身。她們淋浴時花花的水聲常使尚未完全清醒的我誤以為是門外下暴雨。七點鐘，鬧鐘響了，桃樂絲夢囈着：「哦，還早呢！」邊探身撳止鬧鈴，又翻身重睡。八點三刻左右，我突地由惡夢中跳起，屋子裏尚一片漆黑，匆匆梳洗，塞過早餐，捧着書籍去趕九點十分的「歐洲文學」的時候，不遠處校園裏正傳出清脆的鐘聲，在早晨的空氣裏。一週又開始了！

就這樣日復一日地，自我來到這出租間，一百廿多個日子悄悄地溜了，雜着笑聲，也雜着辛酸，不眠夜門外的雨聲，期考時填鴨式的「硬工夫」等。但回想起來，總有着朱自清寫「匆匆」時的惶恐與惆悵。

走在早晨的陽光裏，我想，不久當春天來的時候，我要搬出這間「出租間」了。目前我還不知道要到那裏去，但是要到一些經常能看見陽光的地方去。來西雅圖不及半年，已經三度搬家了，昔孟母三遷，傳為美談，我不敢效賢，却也在無意中媲美了古人。而通訊地址却已歷五易之變，非當事人誰能識「個中眞味」？記得一次與一位友人偶然談起搬家事來。他輕描淡寫地說：「嗯，很方便，我初來時兩個月內搬了幾次，只兩個小包裏，提起來就走！」

於是每次當我也提起不只「兩個小包裹」就走的時候，我常憶起「飛鴻踏雪泥」的詩句來。我們就這樣挪着，搬着，偶爾在這裏留下兩個足痕，那邊留下兩聲笑聲，只為以後的日子裏留下回憶的碎片，或者根本不成回憶，多少年後，康耐爾太太的屋子和萊廸的笑聲，都要像一張被雨水冲淡的水彩畫一樣，畫裏的遠山樹影都隱在秋天的霧裏。

也許，就在這樣「不計東西」的飄蕩裏，我感到一種漂鳥式的顫動和姿勢，有些瀟洒，也有些蒼涼；同時，我也悟出一個哲理：當任何地方都不是家的時候，任何地方也都是家。

雖然，我常憶起東方，在落葉的日子裏。

四十九年一月廿四日夜於西雅圖

江湖行（二十一續）

徐訏

九十三

當時交通非常困難，我費了九牛二虎之力，通過唐獸蕾的關係，才弄到了一個飛機的位子。但動身飛桂林已是六天以後了。

桂林的一切依舊，我趕到姚翠君那裏，知道阿清的喪事已過，現在停頓在郊外水鏡菴。姚翠君當時很熱心的就陪我去那邊，路上她告訴我阿清自殺的經過。

原來，姚翠君接到我的信，並沒有把我要她說的話同阿清說，她覺得，說我已同別人結婚就打算出國這種謊話不很妥當。她發現阿清雖有到重慶找我的意思，但並不是急于動身。翠君覺得還是慢慢告訴阿清我另有所愛，再告訴她，我與她結合會有害于我的前途。如果阿清眞是愛我，應當爲我的幸福着想而不妨礙我的前途才對。翠君覺得她以第三者立場說這樣的話比較不會太傷她心，也可以多使她諒解。

「那麼你同她講了？」我聽了翠君向我解說後問。

「我沒有，我想應當找一個合式一點的機會再同她講。」

「那麼她又爲什麼自殺？」我說，于是一種自私的希望在我心頭浮起，我說：「是不是她有別的朋友，或者……。」

「啊！你眞是狠心的男人，也太沒有良心了。她對你作如此痴情，爲你自殺，你還在疑心她。」姚翠君很生氣的說。

「我不是這個意思，我祇是希望她不要單純的爲我而死，使我覺得罪衍不太重才好。」

「她是爲你而死的。」姚翠君說：「她看了你給我的那封信。」

「她看得懂我給你的信？」

「她這些日子來進步很多。」姚翠君說：「我也沒有想到她會看我的信，否則我應當把它收起來才好。」

「你怎麼知道她是看了你的信？」

「她留了一封遺書。」

「遺書呢？」

「在韓濤壽那裏。」翠君說：「裏面沒有說什麼，祇說謝謝你，謝謝我，還謝謝韓濤壽。她說可惜她不值得我們這樣愛護她。她覺得她的父母都在地下，她仔細想過，還是跟她們最好。」

姚翠君說到這裏忽然啜泣起來。我自聽到阿清自殺，趕到桂林，一直驚惶不安，但沒有流淚。這時候，因爲翠君的啜泣，我也一陣鼻酸，禁不住也流起淚來。

韓濤壽在水鏡菴照料，他見了我祇是拉拉我的手拍拍我的背，一直沒有說什麼。我知道他是很責怪我的，但是我希望他會諒解我。

水鏡菴是一家在山脚下的小菴。因爲主持人慧正尼姑是江南人，與韓濤壽相識，所以停櫬在這裏。阿清的靈前還供着香燭，我痴呆地在靈前站了很久，不知怎麼，它使我想到了當年紫雲庵裏爲何老辦理喪事的情境。

姚翠君歇了一回就回去了。我在水鏡菴住了一夜，與韓濤壽同居一室。我們都沒有睡眠，在植物油燈的光線下，板床對着板床，我們吸着紙煙。開始彼此竟沒有說話，後來我先提到爲阿清購置墓地的問題，這才開了話題，以後韓濤壽就一直談到阿清的種種。

韓濤壽從阿清的爲人，談到她美麗聰慧的性格。他說她從醫院出來，不但身體恢復健康，而且精神趣味都變了。她幾乎完全是兩個人。韓濤壽說倘若我那時可以來桂林，也許我會非常喜歡她的。阿清到了姚翠君那裏，沒有好久，就成了姚翠君的至友，她會理家，姚翠君幾乎把整個家都交了給她。姚翠君那裏來往的朋友，男女老幼個個都喜歡她。所以前天在殯儀舘裏，認得她的人個個都來吊唁，也很熱鬧。

姚翠君常常失眠，有服安眠藥的習慣，阿清因爲有機會爲翠君拿安眠藥，所以很熟識，她偷服了足足一瓶，到第二天才發現，送到醫院後，不到兩小時就去世了。

最後韓濤壽在懷裏，拿出那封阿清的遺書同一些照片給我。

阿清的遺書是寫給姚翠君的，雖是很簡單，但也說盡了要說的話，她說：

「翠君姊：我偷看了你的信，還想偷吃了你的藥。我一百分的感謝你像姊妹一樣的對我。我不怪別人，祇怪我自己的命運。請你代我謝謝韓叔叔，他眞是像父親一樣的愛護我。還請你爲我致意周先生。他救我出火坑，爲我醫病，我都很感激。我發覺我活在世上祇有增加你們麻煩，想到父母在地下或者會更需要我，所以我決心跟他們去了。我對不起你。妹清」

我讀了三遍，當時我的眼淚已經使我的視覺模糊，我揩乾了眼淚，再看那些照片。

我對于照片向來不感什麼興趣，但是這些照片裏的阿清，竟使我有一種奇怪的感覺。這些照片都是在她出院以後照的，可是竟不是我在衡陽看到的阿清。而像是恢復了多年前在她的家鄉，站在村口送我時的阿清。

我于是想到其中有幾張是曾經由韓濤壽寄給我過，但是我從未注意過它，我祇是隨隨便便看一看就放在信封裏了。我後悔我當時怎麼會這樣疏忽，連阿淸的變化都沒有發現。其中有些照片是有很多人在一起的，顯然是在姚翠君家裏照的。

我看完了把這些都還給韓濤壽。

「你不想留幾張麼？」

「我沒有留人，留照片作什麼呢？」

這一瞬間，我忽然想到了阿淸當初送給我的那把木梳——那把鑲着螺鈿的木梳。那把木梳是同紫裳頭髮放在一起。我託韓濤壽把紫裳的頭髮寄給紫裳，木梳一直在我的箱子裏，運到重慶後我從未把它拿出來，現在我已經好久沒有看到想到，也不知道是否還在了。我感到說不出的內疚與慚愧。當時我說：

「我還有她最好的紀念品。」

「那把木梳是不？」韓濤壽馬上接着說。

我點點頭，但我忽然又想到了另一件東西，那是一條花綢圍巾是紫裳包着頭髮送我，後來我把它當作定情之物送給阿淸的。我問韓濤壽：

「是不是有一條花綢圍巾？你知道那是我送給她的。」

「她服毒時，包在她的頭上。」韓濤壽說：「送到醫院後就取下來了。入殮時我放在她的枕邊。」

「謝謝你。」我說。

隔了許久，韓濤壽忽然長歎一聲，說：

「野壯子，你知道有一件事情我一直不舒服。」

「什麼？」

「我當初勸你不要娶她，勸你多考慮考慮。甚至罵你自作多情。這是多麼可恥。我有時候眞以爲是我害她的。要是當你想同她結婚的時候，我促進你，鼓勵你，成人之美。也許……」

「老韓，這決不是你的錯。你說哪些話時候還不認識她，你一認識她就沒有批評過她。而我，我並沒有受過你的影響，相反的，你說她不好的時候，我倒想娶她，你說她好的時候，我倒變了心。你知道什麼原因麼？現在她死了，才知道她的高貴。你知道，那些照片嗎？有幾張你寄給我過，我看了從來沒有注意，一直覺得她是我救出火坑的一個妓女。剛才我看的時候，竟發現她已經恢復當初我在她家裏初會時的她了。這祇是我的庸俗與無知。」

「你眞的是愛小鳳凰麼？」

「我這個人還談什麼愛情，我沒有資格接受任何人的愛情。我恨我自己，我眞的不了解自己。」

韓濤壽沒有再說什麼。一時顯得十分靜寂。

植物油燈像是油水已盡，漸趨昏黯，我們都靠在床上，沒有再說什麼。

這時候，我忽然聽到窗外有脚步聲。我很奇怪，仔細聽時，這脚步聲由近而遠，又由遠而近，輕輕的，緩緩的。像是一個穿着平底布鞋女子的步聲。玻璃窗是關着的。我很想起來到窗口去望望。但是我沒有那麼做，我怕驚動了那在窗外輕步的人。最後這聲音由近而遠，慢慢地消失在寂靜中。

「你聽見沒有？」韓濤壽忽然問。

「我聽見沒有？」我說：「但是我不相信鬼怪。」

「你也不相信有靈魂麼？」

「我希望我沒有靈魂。」

「這是什麼意思？」

「如果靈魂是不滅的，那不是死後還要苦惱麼？我們活在世上難道苦得還不够麼？」

九十四

我與韓濤壽在水鏡庵不遠的地方，爲阿淸購買一塊墓地，我們都想把阿淸的坟墓造得講究一點。所以很費點時日。

入葬那天，我們也爲阿淸舉行一點傳統的儀式。送葬的人有幾十個。除了我與韓濤壽之外，都是阿淸到姚翠君家後認識的朋友。像阿淸這樣低微的人，來送她葬的自然不是有什麼別的企圖，而是眞正對她有好感的人們。

這些朋友，除了三四個我曾經碰見過的以外，我都不熟，韓濤壽與姚翠君雖曾一一同我介紹，可是因爲大家忽忽的就出發去送葬，沒有多交際，入士以後，大家也就散了。其中一個蕭旣勳，是新聞界的朋友，據韓濤壽說，他很傾慕阿淸，可是阿淸一直沒有接受過他的好意。這次阿淸自殺，蕭君聽說與我有關，恐怕對我很有誤解。韓濤壽很想約他吃飯談談。我當時心情不好，覺得阿淸已經死了，何必再談這些。一個人很難得人諒解，何況是陌生的人，所以我覺得沒有必要。

阿淸的死雖不能說是我直接害她，但也絕不能說不是爲我所害。我把她從流妓中救出來，給她養病，恢復健康，雖說總是一種善意，可是這善意有什麼用呢。也許我不救她，她會有機會被一個有錢的司機娶作姨太太，她可以很安詳的生活，她的病也痊愈。她也就決不至于自殺的。我再分析自己的責任，覺得我的過錯，實在遠在我在她家投宿的那晚。當時我窮途末路，得她們一家的招待，我的確有就此歸農的想法，而阿淸的含羞的天眞的自然的健康的少女美，無論如何是打動了我的心的。要不然，我爲什麼要同他們作一年的約，又爲什麼同她交換禮物？我以後一再否認對阿淸有愛情，這祇是一種懦弱的遁辭而已。我在爲李白飛工作時候，我有多少次都想回到阿淸那裏去，可是我還是回到了都市。我好像每在失敗的時候想回到阿淸那裏，而在成功的時候則想去找紫裳的。甚至當我船到上海的那天，我站在甲板上感到渺小無依的時候，我還是想回到阿淸身邊的。一瞬間我對自己忽然輕視起來。我像是始終把阿淸當作我的退步一樣，沒有珍貴她，也不願意放棄她。

阿淸也許自己不知道什麼是愛，但是她是愛我的，她的愛我，正是遠超過衣情容裳甚至于紫裳的愛我，是如此純潔高貴，不帶有任何其他的雜質的愛情，而我竟在她死後才了解，這也可以說我的不幸。

因爲對于阿淸的內疚，使我對容裳的感覺有了奇怪的變化，我怕想到容裳，也怕提到容裳，正如我在重慶時，怕想到阿淸與提到阿淸一樣。我曾經寫了幾封信給容裳，但都非常簡短，我祇告訴她我因爲有要緊事情，所以來桂林，始終沒有告訴她阿淸種種。容裳來信也不長，她的功課很忙，生活也很愉快，情緒也很平靜。我自然也寫信去上海，我覺得眞正可以讓我訴述我的痛苦的人還是黃文娟，她對我不但了解，而且還能原諒。我給他的信比給容裳的信有更多的話可說。但是我也無法詳細告訴她阿淸自殺的種種，我祇是對她說自己的痛苦與內疚。

當時湘西的戰爭相當緊張，桂林有新聞文化界赴前線犒軍訪問的組織，我為驅除我個人心頭的煩惱，參加了這個團體。我在湘西走了半個月，後來我又到江西，又到福建，我跑了很多地方，接觸了很多人；我看見忠勇的前線兵士，他們待遇之低，生活之苦，眞是在我們的想像以外的。我看到流連失所的難民，也看到暴發的商人。我還看到沒有書讀的學生，許多女生在旅店中流落為賣淫的妓女。這使我不得不時時想到阿淸。在吉安，我會見一個中學敎員，他在旅店中生病，盤費用盡，進退兩難。他手上有一部關于地理的著作，他叫他太太到處兜售；竟沒有人接受。有一個書店老板拒絕了那部稿子，而無恥地情願買他十六歲的女兒，她太太不敢告訴他，一個人在哭。而那個書店老闆偏挽了旅店掌櫃的來做媒，要娶他女兒做姨太太。我們到旅店掌櫃那裏知道這個故事，就拼湊一筆錢，以重價買了那部稿子。這是一部很用功的著作，作者把中國地名演革變化的歷史，源源本本淸淸楚楚的很有條理記述下來。當時同行有一個姓戎的朋友，是一個新聞記者，他很喜歡這本書，搶着要看，並且答應到桂林後就為他出版。以後，我去武夷山，他先回桂林，誰知他在中途翻車身死，這部稿子就失蹤了。大概沒有人當他是一件有價值的東西吧。

這一個多月的旅行，我在身體上的影響是黑了許多，瘦了許多，在心理方面的影響則是苦了許多。

我把所見所聞歸納一下，則是好人到處吃虧，壞人到處占便宜；廉潔的貧窮，貪污的發財；愛國守法的走頭無路，作奸犯科的無門不通。到底這世界要怎麼演變，這社會要如何改革，我無從解答；我所體驗到的是這世界一定要動，這社會一定要變。這樣的情形是無法維持下去的。

從福建回到桂林，已經是春天。當時我住在環山旅館韓濤壽來看我，帶給我很多的郵件。

我離重慶以後，文學雜誌由余子聽在編。他很忙，來信總是催我快點回去，並叫我在桂林拉點稿子。我對于他的信總不以為有什麼重要的事。所以沒有馬上打開。

黃文娟也有信來，她已經接到我從桂林寄她的信，她對我的痛苦有很多的勸慰。她說她接到唐默蓄的信，知道我與容裳相愛，很為幸福。想不到我們有這許多痛苦。她告訴我上海的情形，說衣情神經病好像越來越厲害，大家正計劃，送她進天主教一個神經病院去。小壯子長得很頑健，衣情現在反而很少想到兒子，也不再給錢給文娟。小江湖投身汽車生意以後，收入不錯。所以錢很够用，文娟又說她一定會像自己孩子一樣的撫育小壯子，叫我完全放心。

我在旅途中曾經有信給容裳，容裳有兩封信來，第一封信裏她還表示很想念我，對我很鼓勵。可是第二封，則眞是晴天一個霹靂，這封信是這樣寫的：

「野壯子：想不到你是這樣一個人，算我愛錯了一個無恥的小人，現在你不能再騙我，我也不能再糊塗下去，免得將來自殺。再會。愛過你的容裳，四月三日」

我看了這封信後，眞是不知怎麼樣才好。一定是因為她聽到了關于阿淸的消息，使她對我有很多的誤會。我當時不知怎麼，覺得我實在不能再失去容裳，我非常焦急的擬了一個急電：

「容裳，辦機票中，容面釋一切，壯。」

一面我急切地去找姚翠君，請她設法為我購置機票。當時我竟沒有想到容裳的信是兩星期前就到了的。我于晚上才有冷靜地思索的機會，我很後悔當初沒有把阿淸的事情告訴曇姨，我怕現在連曇姨都很難對我有所諒解了。

韓濤壽對我雖是很同情，但無能安慰。他說着急沒有用，唯一的辦法就是早點回重慶去。但是飛機票是一點沒有把握的事情，很可能要一二星期才有。如果搭公路車，也許更慢。沒有辦法，我祇有在痛苦中等待。

我于第二天才發覺我還沒有拆余子聽的信，我拆開信，發現他信裏附有一張剪報。那是發表在重慶報上的桂林通信，是一篇關于我的文章。

文章裏雖然沒有直指我的名字，但誰看了都知道裏面說的就是我。作者署名奇梁，顯然是一個筆名，他說有一位有名的作家，在沒有成名時曾經流落在一個鄉村裏，貧病交迫，得一家慈善的農夫收留，在那裏住了好幾個月，同那家女孩戀愛，訂了婚。後來因他說要回上海一次，再來迎親，當時女家還供給他旅費。可是他到上海後，騙上了一個電影明星，生活完全賴她供給。幾年來，他寫了幾本書，居然哄動一時。他得意之餘竟把他在家鄉的未婚妻完全忘了。抗戰爆發後，那位作家的未婚妻，拼擋一切不遠千里的來找他，與父母失散，到了衡陽淪落為妓，賣淫為生，困頓萬分。幸事有湊巧，那個薄倖的作家也到了衡陽，在一個宴會中，兩個人竟碰到了。當時他帶她到桂林，給了她一點錢，叫她養病，騙她說等她病好了同她結婚，自己就此飛到重慶。女的對他一片痴情，起初以為他總會回來，誰知一年過去，消息杳然，女的絕望之餘，服毒自殺。她的遺書裏並沒有怪她的薄倖的未婚夫，大家都無從知道其自殺原因。後因那位作家聞訊後，良心復活，趕到桂林。在墓前懺悔，才傳開一時。人說那位作家既很有才華，大可以把親身經歷之事寫成小說也。……

文章有一萬多字，我也無從細述，總之，說他沒有根據，實在也事出有因；說他有事實根據，則又是滿篇謠言，我猜想這個人至少對我與阿淸是有點認識的，我想來想去，祇能想出一個韓濤壽，但是我又相信他不會這樣害我的，我于第二天，把那篇文章給韓濤壽看，韓濤壽思索了一回，他說：

「你大概不記得了，在送阿淸葬的那天，我不是對你說，你應該同那位蕭旣勳談談，免得人家對你誤會嗎？」

韓濤壽的話，使我恍然大悟，那篇文章一定是那位愛阿淸的蕭先生寫的。阿淸也許同他解釋過她與我的關係，如今竟變成了攻擊我的材料了。但是阿淸為我而死，一個愛她的人為她報仇洩恨，我覺得沒有不對，我應當尊敬他才對。

阿淸已經死了，任何說明都是沒有意義的，緘默還是最勇敢的表現。

唯一應該說明與解釋的地方，那是容裳。容裳顯然是讀了蕭旣勳的文章而對我絕交的。更有可能的是有人想破壞我，才拿了那篇文章給容裳去看的。

但要對容裳的解釋，自然沒有比等見了面，兩個人單獨談話更好了，所以我當時也沒有寫信與打電報。

（待續）

讀者投書

(三)

我支持臺南市選民檢擧辛文炳

洪安邦

本人是一個寄居臺南市的小市民。臺南市此次市長選擧當選人辛文炳公開賄選舞弊，已經爲臺南市民檢擧，各報記載，用不到我來說話。可是，辛文炳在民國四十三年推行三七五減租平均地權之初，勾結臺南市一批亦官亦商的權勢集團，向臺灣省農會承買坐落臺南市後甲日據期間的競馬場耕地五十三甲以上，折合十五萬坪，曾因違反三七五減租，由農民檢擧經臺灣省政府派員詳查，認有勾結區公所地用人員，圖利情事，移送最高法院檢察署檢察長發交高雄地方法院檢察官偵查，今日中國國民黨臺南市黨部居然推荐違反三民主義中國國民黨基本政策的刑事部份被告爲候選人。雖然一部份處分不起訴處分，其餘尚無下文，可是仍然違反中國國民黨的政策黨綱。黨部竟提名使之競選。因其不孚衆望，不能由正當途徑競選，只好行賄以爭取選票，甚至收買身份證由他人投票，以把握選票；以及由投票所公然舞弊，由發票員于選擧結束時領票代投，這是國民黨提名不當的當然結果。

五月一日「新生報」南部版刊有臺南市「後甲」地價上漲的新聞，剪報如下：

南市後甲地價上漲

因道路近期興修商業將趨繁榮

【臺南訊】臺南市後甲土地，自辛文炳當選市長後，土地價格已告暴漲，從前每坪一千元者已漲至一千八百元一坪，從前每坪兩百元者，現在已漲至每坪六百元。據有關方面告記者稱：自東寧路至後甲道路，辛市長接任以後，即將着手興修，以促進臺南市與臺南縣間之交通與商業繁榮。

促進臺南市繁榮是假的，使權勢集團發財是眞的。五月五日「新生報」南部版又刊出投資選擧的新聞一則，剪報如下：

投資選擧新企業

選訟謠言滿天飛

△臺南市最近出現一項新企業，那就是投資於選擧。據說：投資的對象如果能够當選，即將獲取十倍以上甚至二十倍以上的鉅利。技術的資本家都是大地主，他們希望投資以一、兩百萬元以後，支持他的「股東」當選，然後再請這位「股東老爺」在他的大片土地上優先開上一條馬路。於是地價暴漲，他即能坐收鉅利。這是三百六十行以外的又一行，有錢而有政治眼光的大資本家應該「學習」！

△有部份臺南市民，現正醞釀着一種暗流，就是抗議臺南市長的選擧不公平，並將訴諸於法。這種謠言滿天飛，幾乎是家喻戶曉，是天記者訪問葉廷珪市長求證時，他鄭重地說：「這是事實，決不是謠言」。這位競選市長，已沒銷假辦公。即將卸任的市長第四屆市長失敗，一談起選擧，就顯得很激動。記者詢問他的感想時，他說了一句孟夫子的話：「上下交征利，而國危矣！」現在出自一位政府官員之口，倒是發人深省思。

政府遷臺，中國國民黨改造，勵精圖治，尤其在實行地方自治方面，不能謂無相當成就。此次選擧，進行之初，總統及副總統，一再號召公平選擧，並且表示不可選拿錢買票的人，以免羊毛出在羊身上，增加選民的負擔。執政政黨領袖，言之諄諄，但執行黨務的各級幹部，仍不改在大陸的一套，製造新官僚資本。這不僅是一黨一派的悲哀，也是國家的損失。我們希望中國國民黨的最高領袖以壯士斷腕的決心，來制裁這種破壞民主鼓勵賄選的作風，以堅全省人民對政府的信仰。

選擧訴訟，又將在臺南高分院審理，我們希望該院本于超越黨派獨立審判的精神，爲適當合法的裁判，以洗前因「高嵩事件」而引起人民對于該院的懷疑；同時執政政黨似乎不必再爲人作嫁，干涉審判，自毁紀綱。是關懷國事者所切盼。

來函照登

敬啓者：

一、頃閱本年五月一日貴刊第二十二卷第九期，讀者投書(一攝影者)一則，略以渠曾於春頭一天，在三軍球場向總統府攝影時，爲一穿着制服之警官所制止，謂：「這地區不可以攝影，除了節日有行列以外，平日不准攝影：如果碰到憲兵來的時候，你就麻煩了」云云；該「攝影者」並謂：「臺北橋，螢橋地區，也是如此，也是無標示的禁止攝影地區」云云。

二、查該「攝影者」所云各處，——總統府、臺北橋、螢橋——均非禁止攝影地區，如有任何人禁止於各該處攝影則均屬非法。本局茲爲查明該警官爲誰，俾予懲處起見，敬煩貴刊迅賜向該「攝影者」查示所云禁止攝影之警官其姓名爲何？(或其所佩之號碼章號碼，本局官警均佩有很明顯之號碼章)並請其告知所云臺北橋、螢橋等處亦有禁止攝影情事之具體事實，一併惠復，以憑辦理爲荷。

三、本件副本抄呈臺灣省警務處。

此致

自由中國半月刊社

臺北市警察局敬啓五月六日

讀者投書

（四）

立法委員唐嗣堯對行政院五十年度總預算之質詢

李子

近年來，儘管立法院所表現頗令人失望，但頃在友人處所見立委唐君質詢，深感全文所言，雖似喜笑怒罵，但其中有眼淚在焉！因確能反映全國人民之心聲，特將原件迻上，希刊出以餉國人。原文如下：

一、本席爲國家財政困難計，爲人民生活困苦計，不贊同政府以提高公營事業售價，爲改善公教人員待遇的財源。因爲這種加薪的結果，在軍公教人員，則未能得到實惠，在一般人民，則普遍受到重大的損害，惟盼行政當局，俯察民意，痛下決心，嚴令公營事業，今後不再領導漲價，力求物價穩定，貨幣保值，則嘉惠於公教人員之生活，實優於點滴之加薪。而且道路傳聞報紙刊載，政府此次調整待遇，除國大代表陡增千餘元外，一般高級人員，僅實加一兩百元，最苦之低級人員，反有減少之說，是否屬實，請予答覆！

二、行政當局，如認爲不加薪，不足以表示政府的德意，本席希望先行增加舉國矚目之大法官，與國大代表之薪給，其他不妨從長計議，以免物價之上漲，則更爲重要也。

本席所以主張先行增加大法官與國大代表者，因大法官法學淵博，守正不阿，熟讀憲法，別具慧心，解釋國民大會，監察院，立法院，同爲中華民國之國會，使中國在中外歷史上，能夠曠古絕今，罕有其匹，具有四千餘人之三大國會，俾中國立成世界最偉大最民主之國家，因之全國民心向往，國際地位提高，實賴大法官一言興邦之力也。政府若能俯順民意，爲之破格加薪，略表酬功之意，國人聞之，只有衷心敬服，誰曰不宜。

至於國大代表，更是立言立德，於國民大會第三次開始之際，即有千餘代表，根據憲法二十七條所負神聖職責，不顧本身利害，拼老命，拼小命，拼男命，拼女命，簽署提案，拼爲全國人民爭取創制複決兩權提前之行使，使大陸苦難人民，海外望治同胞，遠道聞之，莫不感恩戴德。尤其本省軍民，青年學生，聽到國代諸公嘉言懿行，更是口碑載道，刮目相待，敬之若神明，譽謂昔日北京國會望塵莫能及。本席敬請王副院長雲五，在國民大會，曾以買賣人的信用，公開宣佈第四款之保證，早日見諸實行，庶使全國民衆，得以稍報國大諸公大德於萬一，不然，全國民衆，因大德未報，耿耿於懷，實感寢饋難安也。

三、本席根據憲法六十三條之規定，立法院有議決法律案，預算案等及其他事項之權，謹以下列三項，恭請行政當局，賜予採擇，以符輿情！

(甲)大法官精研法學，善解憲法，功在國家，流芳千古，擬請自下年度，每位配給新式大洋房一棟，美國新型轎車一輛，秘書一人，女打字員一人，侍役三人，月支法律研究費兩萬元，不必單據報銷，以表政府與人民崇德報功之意也。

(乙)國大代表爲全國人民，力爭創制複決兩權之實現，不惜唇槍舌劍，以及創制複決兩拳實地之練習。情況熱烈，盛會空前，其嘉惠於人民者，眞是澤被蒼生，惠及子孫，凡我國民，稍具良知者，無不感激零涕，永矢不忘也。擬請政府自下年度起，每位配房一所，新式三輪車一輛，秘書一人，女打字員一人，侍役二人，月支憲法調查研究費一萬元，不必單據報銷。以上兩費，須隨物價調整，不能像普通公教人員，凍結八九年之久，如秦人之視越，漠不關心，就非國家尊賢養士之道也。

(丙)大法官，既解釋國民大會，立監兩院，均爲國會，尚請行政當局，遵照大法官金玉之法言，今後政府施政報告，以及法律案，預算案，分送以上三機關，審議通過，以示遵行大法官口啣天憲，朕即法典之權威，否則，大法官之言，則成胡說八道也。

四、國大代表，要求與立監委員待遇看齊，本席聞之，深感國代諸公謙德可風，彌足敬佩！但未免貽世人以妄自菲薄之譏，因立法委員，僅能遵守憲法規定，仿照歐美國會先例，行使立法權，預算權，及同意行政院長之任免。而我國大代表，則代表人民行使政權，具有選舉罷免正副總統及修改憲法之大權，任大責重，地位崇高，焉可與區區立監委員，相提並論也。況立監委員，每月收入，一切在內，僅有兩千餘元，除房租水電，天天開會，交通用費，人情捐稅，子女教育，以及一家數口，青菜豆腐之需外，所餘尚能有幾？若同立監委員一樣，殊不足以養國代諸公口體之奉也。

五、報載國民大會，議決設立憲政研究委員會，以實現創制複決兩權爲主要之目的，本席亦感國代諸公，既對待遇，降格一求，已是高風亮節，廉德可風，若對修憲重責，再事謙抑，諉諸研究，殊失大陸選民殷切希望。況國代諸公，既認憲法二十七條明白規定，不合國家要求，人民需要，就應俯順輿情，把握大法官解釋國大開會，出席總額，不受限制，千載難逢機會，從新製訂憲法，取銷五院制度，免得立法院職權過大，十餘年來，時常通過類似新聞出版法等案，違背政府意志，民主要求，世界潮流，反共號召法案之重演也。

至於新憲法，海內外人民，以及各黨各派反共人士，均希只設總統府，國民大會，大法官，其它五院一律取銷。更希明白規定，一、民意代表得兼任官吏，政權治權，一手包辦，免除現行憲法七十五條，一百零三條，不合理之規定。二、大法官、國大代表爲世襲終身職。三、國大終年開會，不必總統召集。以期適應戰時體制，號召海內外同胞，早日光復大陸，救民水火，何必另設機關，曠廢時日，予世人以浪費公帑之譏也。而且僅以行使創制複決兩權爲已足，實屬罔顧民意。國代諸公，計不及此，可謂不智之甚也。

以上所陳，乃係本席，全是根據民意，代表輿論，謹以至誠恭謹心情，貢獻行政當局，絕無本席與國代諸公多有師友之情，以私廢公之意。區區愚悃，倘蒙採納，則國家民族前途幸甚，如言有未當，亦請賜予諒宥是幸！

自由中國　第二十二卷第十期　內政部雜誌登記證內警臺誌字第三八一號　臺灣省雜誌事業協會會員　三三二

給讀者的報告

南韓在上月發生的政治風暴，已經震撼了整個自由世界，引起普遍的關切。我們特再在本期發表「『反共』不是黑暗統治的護符！」社論，及傅正先生「評『工商日報』對南韓政治風暴的看法」一專論。前者是在提供我們自己的意見，後者是評論一種很突出却又特別為官方所欣賞的看法。在我們看來，南韓的事已經是一幕悲劇，如果我們還不能用冷靜客觀的態度，認清這幕悲劇的意義，那實在是悲劇的悲劇，所以願再發表這兩篇文章，以求促請大家認清此事的眞實意義。

本屆地方選舉揭曉後，我們聽到了種種違法舞弊的消息，其中以臺南市長選舉的情形為最嚴重，以致引起臺南市選民的怨憤不平，而正式提出檢舉。我們鑒於事態之嚴重，特根據檢舉書所述，採取純法律觀點，發表社論㈢「違法舞弊的臺南市長選舉應宣告無效」；同時，洪安邦先生「我支持臺南市選民檢舉辛文炳」讀者投書，可一併參看。至於臺北縣汐止紀×先生的「笑話一則」，公正人士與指導選舉」投書，擬不發表了。

不過，由於地方選舉中，在野黨和無黨無派的候選人，儘管個人的才智、能力、學識、品格等，都普遍超出國民黨候選人之上，但在國民黨有計劃、有步驟、有組織所推行的種種合法、非法、違法的打擊之下，絕大多數總是落選。雷震先生有見於此，特根據眼前此種現實教訓，發表「我們為甚麼迫切需要一個強有的反對黨」。

殷海光先生「給雷震先生的一封公開信」，是看了本刊上期石翠先生「學術自由在臺大？」的通訊而寫。我們從殷先生的大文中，便知道學術自由已被限制到何種程度？以及其眞正的原因又在那裏？

方子衞先生的「人類乘太空船進入太空問題」大文，至少已告訴我們科學已進入到何種地步，以及人類關心的應該是些甚麼問題了。

「赫魯雪夫法國之行」的通訊，是程天牧先生根據自己在法國親見親聞的事實而寫，資料特別豐富，報導尤其詳盡，可使我們對赫氏此行有一清晰的瞭解。

王況裴、田功震、耿汝冰三先生寄來的投書已收到，我們看了這篇以「中華民國究竟是一黨專政乎？三黨協同乎？」為正題，並以「國民黨中的倪文亞究竟是一個甚麼樣的人物？」為副題的文字，提到國民黨所玩的那套政治手法以及先生等被愚弄的情形，眞是啼笑皆非。限於篇幅，只有割愛了！

宜蘭市海×先生的來函已收到，倘所稱校長與主計主任勾結貪汚一節屬實，自可依法檢舉。至於先生不是國民黨員，在法律上說，擔任公務員應無問題。來函不擬發表，希原諒。

嘉義秋×先生寄來的「一元臺幣上的奇蹟」，及嘉義縣大林鎭樊××先生寄來的「一個中學生對於政治措施之期望」，都早就收到；本想發表，但斟酌再三，現已決定保留，請原諒。

臺北市李×先生的來函及啓事已收到，對於先生的處境，我們甚表同情，但因仔細考慮，覺得這種啓事在本刊登出來，恐怕不會有甚麼實際效果，所以請你最好還是找有關單位或一般報紙為妥，希諒解。

自由中國　半月刊　第廿二卷第十期　總第二五三號

中華民國四十九年五月十六日出版

發行人　雷　震

主編　『自由中國』編輯委員會

出版者　自由中國社

社址：臺北市和平東路二段十八巷一號

Free China Fortnightly, 1, Lane 18, Ho Ping East Road (Section 2), Taipei, Taiwan.

電話：二八五七〇

總經銷　臺灣　自由中國社發行部

航空版　香港　友聯書報發行公司（香港九龍窩打老道一一〇號）電話：五九一六四、五九一一六五

經售處

美國　紐約友方圖書公司 Hansan Trading Company, 65, Bayerd Street, New York 13, N.Y., U.S.A.

紐約光明雜誌社 Sun Publishing Co., 112, Mulberry St., New York 13, N.Y., U.S.A.

馬尼刺　新疆書店

緬甸　仰光振成書報店

北婆羅洲　西利亞坡青年書店

星加坡　友聯書報發行公司（小坡大馬路四六九號）

吉隆坡　友聯書報發行公司（馬華公會大厦三樓七室）

怡保　友聯書報發行公司（希尼華沙甘街十六號）

檳城　友聯書報發行公司（林連登律七十二號）

澳門　友聯圖書公司

印刷者　精華印書館股份有限公司

廠址：臺北市長沙街二段七一號

電話：三三四二九號

本刊經中華郵政登記認為第一類新聞紙類　臺灣郵政管理局新聞紙類登記執照第五九七號　臺灣郵政劃撥儲金帳戶第八一三九號

（零售：臺灣每份臺幣五元，海外平寄美金一角五分，航寄美金三角五分）

自由中國

FREE CHINA

第廿二卷 第十一期

再版

中華民國四十九年六月一日出版
中華民國四十九年六月七日再版
社址：臺北市和平東路二段十八巷一號

半月大事記

五月十一日(星期三)

葛羅米柯復述赫魯雪夫指控，抨擊美機蓄意挑釁。

美不對俄畏懾，決續監視鐵幕，將用偵測衛星代U2機，任何空防無法予以擊落。

俄機偵探西方基地，美曾攝有照片爲證。

五月十二日(星期四)

赫魯雪夫對記者稱，美機再探鐵幕，勢將導致戰爭。

美對飛機事件覆照蘇俄，指斥俄藉題發揮，企圖破壞高階層會議。

五月十三日(星期五)

西班牙軍事訪華團抵臺。

五月十四日(星期六)

赫魯雪夫偕隨員百人飛抵巴黎，赴高階層會議。

俄向土耳其、巴基斯坦、挪威抗議並恫嚇，指其助美偵察鐵幕。挪威曾對美照會抗議。

五月十五日(星期日)

俄衛星太空船發射成功，重四噸餘，載有傀儡太空人，每小時半繞地球一週。

古巴射擊美國潛艇，美政府提抗議。

艾森豪抵法發表聲明，呼籲排除偏見，覓致世界和平。

五月十六日(星期一)

四國高階層會議揭幕。赫魯雪夫撤消邀請艾森豪訪俄；促美保證放棄高空偵察飛機，並主張會議延至半年後舉行。

西方外長集會研究對俄行動。艾森豪聲明停止偵察飛行；麥米倫呼籲會議應繼續。

全世界美軍指揮部完成備戰警戒演習。美國防部發言人稱爲通訊戒備。

五月十七日(星期二)

高階層會議瀕臨破裂，赫魯雪夫於會議中缺席。

對於高空偵察事件，赫魯雪夫迫美公開道歉，以拒絕出席而要脅高階層會議。

德共否認與俄締約。

赫魯雪夫蓄意破壞之下，高階層會議宣告瓦解。西方三國領袖發表聯合公報，謂會議無法進行，並重申和平解決信念。

五月十九日(星期四)

北大西洋公約國家支持西方立場續作和平談判，對赫魯雪夫態度表遺憾。

赫特告北約理事會，美偵察飛行已有四年歷史，所獲情報對防護自由世界極重要。

赫魯雪夫抵東德。

美照會古巴，拒卡斯楚誣控美國企圖推翻其政權。

五月二十日(星期五)

第三任總統副總統就職。

赫魯雪夫返莫斯科。赫氏行動詭譎，柏林問題暫維現狀。

五月二十一日(星期六)

美在日建U—2基地，俄向日提照會抗議。

美空運飛機迫降東德，駐歐美軍照會俄方，促將人機立即交還。

五月二十二日(星期日)

艾森豪分函盟國，揭發赫魯雪夫誣賴陰謀。

五月二十三日(星期一)

安理會辯論俄控案。

美俄均正研究秘密新武器中子死光彈。

東南亞公約組織提出警告，指中共擴張威脅是永存的危險。

五月二十四日(星期二)

俄駐德軍司令宣佈，釋放美機及其人員。

艾森豪召開國家安全會議。

美計劃運用新策略粉碎蘇俄誣控陰謀，並擬暫緩提出開放天空建議，亦不考慮任何折衷妥協辦法。

美在安理會駁斥俄誣控，並發表美破獲俄諜名單。

美第一個偵察衛星業已順利射發。

五月二十五日(星期三)

安理會復辯論俄控美案，西方國家同聲責俄過份渲染飛機事件。

東南亞公約軍事顧問會揭幕，費爾特提出警告，指中共將侵犯鄰邦。

「自由中國」的宗旨

第一、我們要向全國國民宣傳自由與民主的真實價值，並且要督促政府(各級的政府)，切實改革政治經濟，努力建立自由民主的社會。

第二、我們要支持並督促政府用種種力量抵抗共產黨鐵幕之下剝奪一切自由的極權政治，不讓他擴張他的勢力範圍。

第三、我們要盡我們的努力，援助淪陷區域的同胞，幫助他們早日恢復自由。

第四、我們的最後目標是要使整個中華民國成為自由的中國。

社論

（一）國庫不是國民黨的私囊！

——從民社黨拒受宣傳補助費說到國民黨把國庫當作黨庫

「現在，爲了加強民主制度之推行，樹立政黨政治的優良傳統，我們更願提出『黨費不應由國庫開支』的建議。而且自我檢討，決定將本黨向受政府補助之反共抗俄宣傳經費，率先予以停止。……環顧當世各先進民主國家，沒有一國的政黨經費准許由國庫開支，這是民主制度上一個鐵定的原則。可惜，我們自行憲以來，還沒有建立起這項優良制度。」這段話，是在上月十四日民社黨發表拒絕由國庫撥給反共抗俄宣傳補助費的書面聲明中所說。

這筆反共抗俄宣傳補助費，自三十八年開始由政府撥給，特別是從四十三年起又公然列入中央政府總預算後，常引起外界對於民、青兩黨的誤解乃至譏評。因爲每年列在預算上之五百五十三萬餘元的經費中，分配給民、青兩黨的，雖然各爲九十六萬元，合起來也只約略相當於國民黨從這筆經費中所得的半數，但這畢竟有與國民黨「同流合污」之嫌。現在民社黨基於維護民主政治的原則，毅然決然的拒絕接受這筆補助費，的確值得大家同聲讚揚。這半月來，當大家眼看着幾十年來把國庫當黨庫的國民黨，對於民社黨所提「黨費不應由國庫開支」的建議竟無絲毫反應，的確感到失望。這可能已使國民黨十分狼狽，但我們仍不能不趁此機會，呼籲大家制止國民黨把國庫當做一黨的私囊！

國民黨把持中國政權幾十年以來，其間雖歷經軍政、訓政、而憲政，但卻始終以革命英雄自居，以爲天下是老子打來的，中華民國只是國民黨一黨的私產。因此，國民黨經常把國庫看成了黨庫，予取予求；甚至透過政府的權力，運用種種手法，搜刮黨費。這幾十年來，國民黨由國庫中掠奪所得，究竟到何種地步？又究竟龐大到何種地步？非但局外人無從瞭解，卽連國民黨當局，恐怕也由於掠奪的時間過久、範圍過廣、方式過多、數字過大，已經無從計算了。

不過，現僅就擺在大家眼前的事實，列舉出一些具體的例證，便不難舉一反三，進而對於國民黨幾十年來把國庫看成黨庫的情形，獲得更深一層的瞭解。

國民黨自從把整個大陸斷送，撤退臺灣以來，由於黨員叛的叛、散的散、逃的逃，弄到人員大減。但在三十九年實行改造後，組織型態，並未縮小；相反的，爲了加強組織的控制，甚至有擴充的現象。例如就產業黨部而言，有臺灣區產業黨部，又有臺灣省產業黨部，還有縣市產業黨部，已經是重床疊屋，現又在臺灣省產業黨部之下，增設支黨部。到目前爲止，直屬於中央黨部的單位，便包括有臺灣省黨部、臺灣區公路黨部、臺灣區鐵路黨部、臺灣區郵電黨部、臺灣區產業黨部、中華航業海員黨部、特種黨部（卽黨化軍隊的軍隊黨部）、以及直屬知識青年黨部、直屬區黨部等，還另有海外黨部、以及所謂敵後黨部。這類隸屬於中央黨部的一級黨部之下，又有各級下級黨部。例如臺灣省黨部之下，有二十一個縣市黨部及一個陽明山黨部；縣市黨部之下，還另有區黨部、區分部的組織。在各級黨部的正式編制之外，還有各種附屬單位，諸如革命實踐研究院、及革命實踐研究院分院、名稱改變而內容未改的國防研究院、青年救國團、文化工作隊等等。所有這類單位，除掉地方黨部的區分部外，都養了一大批吃黨飯的黨工幹部，以黨務工作爲養家活口的職業。在難以數計的黨工幹部推動之下，各級大小黨部，又要隨時辦理各種形式的集會、訓練、講習、演習、宣傳、考察、招待、展覽、補助、救濟等等，乃至於彙集各種紀錄、卡片、圖表、照片、統計等等資料；最近，又在臺灣各大學的研究所尚沒有固定經費的今日，爲了豢養幾個專吃主義理論飯的食客，還耗費四十萬元的開辦費，添設了一個三民主義研究所；甚至在大專畢業學生連自費出國也十分困難的今日，爲了培植國民黨忠貞幹部，又耗費美金三、四萬元以上，辦理中山獎學金留學考試。國民黨由於組織如此龐大，人員如此衆多，活動如此頻繁，開支之浩大，自在意料之中。至於詳細數字，雖無法加以統計，但由青年救國團每年便需三億以上的情形來推測，如果國民黨的一切直接間接開支全部合併起來，每年勢非超出十億以上，便絕無法應付。假使國民黨當局硬想否認，試問能否把數字公佈出來？

可是，國民黨每年由黨員每月一元兩元等所繳納的黨費，數字卻微不足道。以四十七年度的情形爲例，據中央黨部的統計，從四十七年七月至十二月之間，各級黨部解繳到中央黨部的黨員黨費，在縣市地方黨部中黨員最多的臺北市黨部，只繳了四萬二千餘元(四二、八二一．四一元)；在各種黨部中擁有黨員最多的特種黨部，也只繳了三十二萬三千餘元（三二三、七〇一．九七元）；所以，各黨部在半年之內解繳到中央黨部的黨員黨費，總共只有一百三十五萬三千餘元（一、三五三、八九四．五四元）而已！這區區一百三十餘萬元，作爲中央黨部一個組的人事費和業務費，恐怕還差得太遠，當然更說不上供給整個中央黨部的龐大開銷了！至於各下級黨部所保留的那點爲數更少的黨費，其不足以應付開支，自不必細說。

那麼，國民黨的經費，又從那裏來呢？說到這裏，我們便不得不指出國民黨搜刮黨費的種種手法。

國民黨搜刮黨費的主要手法，便是透過政府主管單位的權力，公開列入政府預算，甚至乾脆將整個組織納入政府機關，變成行政單位的一部分。普遍設立在軍隊中的特種黨部，人員都已列入政工編制之內，一切費用由佔全國總預算百分之八十五以上的軍費項下開支，已經是人所共憤。普遍設立在各公營事業內的產業黨部、郵電黨部、公路黨部、鐵路黨部等，其人員或列入正式編制，或寄名在所隸行政單位，其經費更照例編入各單位預算；有的黨部甚至把黨部招牌，公然掛在所隸行政單位的大門之上；這些也已經是人所共知。現在我們僅舉臺灣省黨部和縣市黨部的情形，來稍加說明。臺灣省黨部雖未納入省政府編制內，但每年却照例可由省政府獲得經費，完全如同省政府的附屬單位。臺灣省黨部每年由省政府各單位所得欵項，遠在四十五年便已高達二千八百多萬元，四十六年又增加到三千一百多萬元，現更年有增加。這些都是在教育廳、社會處、警務處等預算內列支的。至於縣市黨部，形式上雖未納入政府組織之內，實際上却和政府單位一樣，每年可由縣市政府獲得固定經費。當最近我們細細看完去年六、七月內臺北市議會內國民黨黨團的黨員大會紀錄、幹事會紀錄、各小組會議紀錄彙輯、黨員大會座談會紀錄、以及幹事小組長及審查會召集人同志聯席會議紀錄等，發現國民黨的市議員，在討論審議四十八年度總預算時，居然一再作成「黨務經費分筆支持通過」之類的決議。好像這些人出來競選市議員，就是爲國民黨搜刮黨費而來；就在使得臺北市黨部的經費，也由全臺北市的市民來負擔。至於各縣市黨部以下的區黨部，更假借「民衆服務站」的名義，變成了縣市政府的一個附屬單位，一切人事費業務費由縣市政府負擔，列有正式預算。這類所謂民衆服務處、站，在全省各地竟達三百八十個以上！在本屆地方選舉中，當臺中縣省議員候選人楊秋澤在發表政見，主張裁除該縣數百萬元的民衆服務站經費時，那些打着民衆服務的招牌實際上吃黨飯的服務站人員，深恐斷了自己生路，竟形同瘋狂的罵楊秋澤是「共匪作風」，甚至說要「槍斃楊秋澤」。綜觀以上所述，可見國民黨的各級黨部，已經有形無形構成政府單位的一部分，可以把政費當做黨費！至於國民黨各級大小單位，早已如同政府單位分別佔有大量的公有房屋土地。大家只要看看臺北市一個小小區黨部，便在中山北路用「中山區民衆服務站」的名義，佔有一幢三層樓的大樓，就可想見一切了！

國民黨由於開支過大，所以對於黨費的搜刮，除掉上述方式之外，還另有其他各種手法。例如臺北市的臺灣、國際、大世界、新世界等幾家大的電影院，以及全省各地若干旅館，本來是日產，由於全國人民浴血抗戰的結果，終於從日本人手裏接收過來，當然應該是國家的公產，現在却成了國民黨一黨的私產來營利。至於電燈的製造，本來有若干民營公司，但由國民黨經營的「中國電器公司」，却利用政府權力，硬性合併了其他幾家公司，造成獨佔市場，以便粗製濫造營利。至於中國廣播公司，本來是國民黨一黨的黨營事業，却又在利用政府權力造成公營地位，享受一切優越待遇後，近又企圖扼殺全省民營電臺，造成獨佔市場，作爲「養黨」的手段。乃至於蘋菓的進口、沙糖的出口、馬戲團之類娛樂團體的來臺出演等等，也無一不被國民黨利用爲搜刮黨費的手段！至於各種黨營事業如中央日報社、中華日報社，乃至青年救國團的幼獅出版公司等等，都可以動輒向臺灣銀行貸欵百萬元之多，無異把臺灣銀行當做國民黨的基金保管會了！等而下之，作爲國民黨黨報的中央日報，非但平時可利用黨和政府的力量強銷，而且還可以隨時藉故強迫機關、團體、公司、商行刊登廣告。去年二月一日，中央日報利用創刊三十週年和遷臺復刊十周年的名義，公開分函各方強登廣告，而且刊費最低在一千元以上。這僅是引起各方責難的一例而已。

總之，國民黨搜刮黨費的手法，早已到了無所不用其極的地步了！

很顯然，由於國民黨的黨部組織可以正式納入政府單位，黨工人員可以正式納入編制，黨部經費可以正式列入預算，所以人民向政府繳納的稅欵，實際上已有一大部分變成向國民黨繳黨費了。又由於國民黨在郵電、鐵路、產業等單位，也普遍設立了黨部，動用各有關單位的經費，所以美國在這方面的經濟援助，實際上又有一大部分變成援助國民黨的黨費了。

老實說，像國民黨這種搜刮黨費的手法，已經不止是違反民主政治的原則，而是與古今中外的專制極權政府，在本質上毫無兩樣。試想想：國民黨把國家當做一黨私產，而予取予求的做法，與古代專制王朝及今日蘇俄中共等共產極權，在本質上那裏會有絲毫的差異？中國畢竟是中國人的中國，而非國民黨的中國。中華民國是屬於全中華民國的國民，而非屬於國民黨，尤非屬於國民黨的少數當權分子。時至今日，如果國民黨還不接受民社黨所提「黨費不應由國庫開支」的建議，硬把國庫當做黨庫，乃至把國家當做一黨私產，不過是自絕於人民，自取滅亡而已！

社論

（二）警備總部不應根據盛世才挾嫌誣告而濫行捕人

上月十一日及十八日立法院司法委員會開會的時候，國防部次長、軍法覆判局局長、軍法處處長、及臺灣省警備總司令部軍法處長等出席報告軍法業務概況。接着由立法委員廣祿、梁肅戎、李宏基、余凌雲、王述先、謝澄宇諸先生分別提出質詢。質詢的內容，涉及最近警備總司令部非法拘禁、非法逮捕、非法審判案件。其中使立委們最爲憤慨的爲林伯雅、宋念慈、王立士及王崇熙四件案子。

林伯雅先生現任香港時報（國民黨黨報）的主筆及國大代表。抗戰時期做過國民黨新疆省黨部的委員，戰後在廣州擔任過中山日報的社長，最近幾年他也是

(5)

香港「自由人」半月刊的撰稿人之一。這次他由港來臺，是因爲出席國民大會。他原定四月三日乘飛機返港。四月二日警備部通知他去辦理出境手續。林先生即刻前往，殊不知一到警備部，即被扣押、審訊。當時外間無人知情。

林君與香港時報的社長許孝炎先生、國民黨中央黨部設計考核委員會主任委員李壽雍先生、立法委員吳鑄人先生，係北大同學而相知有素的老朋友。林君被扣押的那一天，正是許、李、吳爲他設宴餞行的一天。當時主人席前候客，久候不到。嗣經多方探詢，才知道林君曾接到警備部通知，請其前往辦理出境手續。於是許、李、吳三人向警備部問訊，該部堅不承認有扣押林先生情事。接着許孝炎先生往訪警備總司令黃杰，起初，黃總司令也說不知道這件事，後經查詢，始承認林君確已押在該部。

經過四十八小時的扣押與審訊，林先生幸未陷於冤獄，靠的是許、李、吳三人的力保得以釋放。林先生現已離臺返港。當他臨行與知交道別的時候，曾悲憤地說，今日臺灣與當年盛世才淫威統治下的新疆幾乎沒有兩樣。因爲民國卅三年林君任國民黨新疆省黨部委員時，曾在廸化的大規模冤獄中受過慘刑。他這次被臺灣省警備總部扣押審訊，據說，遠因是他在「自由人」發表過批評臺灣政情的文章，近因是盛世才的挾嫌誣告。

另一位被警備部非法逮捕審訊的，是現任國民黨中央黨部第四組的專門委員宋念慈先生。在抗戰期間，宋君曾做過新疆日報的社長。民國卅三年四月也被盛世才非法拘捕。中國邊政學會四十三年出版的那本盛世才血腥史——「盛世才怎樣統治新疆」一書的編輯者共十八人，宋君是其中的一位。據說，他這次之被警備部逮捕，也是由於盛世才的挾嫌報復。

宋先生之被捕，是在林伯雅先生被扣押之前的六天。被捕後，在刑拷及疲勞審訊下，宋君已作了不利於已的口供。由於林伯雅案的伸雪，宋也就幸而免於生命危險得以釋放了。

此外的兩位受害人，一爲國大代表王崇熙，一爲臺灣省立工業專科學校的教員王立士。這兩位先生被警備部非法逮捕，據說也是由盛世才的誣告。現在也因林伯雅案的伸雪得以釋放。

以上的簡述，都是立法院司法委員會對有關的軍法當局質詢時所涉及的事實。當時發言的立委們，有的是當年在新疆被盛世才冤陷過的人，有的是事後參與清理新疆冤獄的承辦人。所以他們在質詢本案時，說到盛世才統治新疆的淫威，無不悲憤填膺而心有餘悸。他們的結論有下列三點：

一、盛世才在新疆製造冤獄的作風，不應在臺灣滋長，否則人民的生命財產毫無保障。

二、反共的政府，應該眞正反共，應該反眞正的共匪，不應隨便加人以「共匪」罪名誣陷善良。

三、誣告的人，應從嚴課以刑事責任，隨便接受誣告而非法逮捕審訊的軍法人員，也應從嚴懲處。

立法委員們提出嚴厲的質詢以後，國防部次長張彝鼎的答覆，是說毫不知情，他要求立法院司法委員會提出書面，以憑查覆。覆判局局長汪道淵也說林等被捕審訊事對他爲一新聞，同時並聲明，即在座的警備部軍法處長也不知道這些事。

以上這些話，在立法院司法委員會的會議紀錄上，有更詳細的記載，這裏不過敍述其要點而已。我們現在就事論事，一述我們的觀感如下。

構成人民基本權利的身體自由應予保障，這是中華民國憲法第二章第八條大書特書的莊嚴條欵。立法委員們本着職責，對於這幾件案子提出嚴厲質詢，這是我們與論界應該力予支持的。

這幾件案子，尤其是宋念慈案，據警備部的說明(見五月廿八日聯合報)，宋先生在民國十四年至廿八年曾加入「中共」與「聯共」，由於盛世才的「檢舉」而被捕。可是就我們想，如果宋過去曾加入「中共」與「聯共」，後來當已自首，否則警備部這次不會拘捕又放掉他。可是，我們又想到，如果不是因林案得到有力者的出面伸雪，宋念慈先生也許有生命的危險，而林伯雅、王崇熙、王立士三先生的命運也在不可知之數。如此，我們不得不要問，一個政權下的人民生命安危，隨着政治上人事關係的有無爲轉移，而沒有一點是非標準，這是一個什麼局面？受害人林伯雅先生把今日臺灣與當年盛世才血腥統治下的新疆相提並論，雖然是出之於極度的悲憤，未免有點過火，但是，假如讓這類事件不時地在此時此地發生，那末，怎能叫人不把今日臺灣與當年新疆作比較而認爲只是小巫大巫程度上的差異，而不是什麼法治與淫威的黑白區分呢？

盛世才統治新疆的罪惡，現有一本「盛世才怎樣統治新疆」一書作鐵證。因爲該書的編輯，有十八人具名負責，他們大都是當年身歷其境的見證人。書中所涉及的人物，也有許多來到臺灣的。像盛世才這樣的人物，應爲國法所不容(如果盛世才心目中還有國法的話，他所應該檢舉的是他自己，而不別人。)爲什麼在今日標榜法治的臺灣，他還能夠借助政府的軍法機構來作威作福呢？原因在那裏？這是個很嚴重的問題。爲着保障人民生命財產的安全，爲着整肅政府的軍法機構，對於這個問題，我們不得不追問。

警備總司令部不遵照法定程序隨便捉人，對於挾嫌誣告隨便接受而施以酷刑，這種無法無天的搞法，究竟由誰負責呢？總司令說不知情，軍法處長也不知情，是不是說一句「不知情」就沒有責任了呢？近年來軍法與司法機關本身違法作惡的事件，層出不窮。經揭發後，官官相衞，百方掩蓋，人民的生命財產，自由權利，橫遭摧殘而無可告訴者比比皆是。號稱反共的政府，竟這樣不斷地倒行逆施，增加民怨，而爲共匪鋪路！這種反共其名，助共其實的政風，如不扭轉過來，我們政府還配稱爲反共的政府嗎？

扭轉惡劣的政風，是我們歷年來的呼籲。我們決不因過去的事實失望，而不再存任何希望。我們對這次警備部摧殘人民身體自由的幾件案子，特別支持立法委員們質詢時所提出的三點意見，希望政府切切實實地做到。

社論 (三)

韓政演變的光明啓示

——人類理性時代的展開

大韓民國的政局演變，自從貪權戀位的李承晚傾倒以後，像一部嶄新的人類理性發展之歷史，一頁一頁地展現在亞洲反共人民面前。這一頁一頁的嶄新歷史，不僅具有永久性，而且爲亞洲反共人民在荆棘橫生的反共途程中開闢了一條坦途。它的啓示作用是亟應爲一切眞誠反共並反一黨奴役的亞洲人民共同深切體認的。

李承晚政權傾倒以後，韓國新政府所面臨的大問題，是掃除李承晚十二年來的暴虐統治，並且積極建立眞實的民主自由政治。

我們必須認清，近十幾年來，亞洲若干地區的人民淪入一種「雙重的奴役」之中：他們在一方面受共黨禍亂的迫害；在另一方面又受藉口「反共」的攬權自恣的集團之壓制、熬煎、折磨、和愚弄。在這種情況之下，他們反共之利未見，而首先受到標榜「反共」者的殘害。李承晚鐵腕統治之下的韓國就是一個實例。

李承晚鐵腕統治之下的韓國，由于有大量美援的挹注，公路修理得很不錯，士兵和警察穿的制服很整齊，新興的建設也不算太少。凡此等等，俱可予外來觀察力較差的遊客以不壞的印象。然而，包藏在這一整齊外衣裏面的統治原理則與此剛好相反：李承晚治下包藏在這一整齊外衣裏面的統治原理是一個與共黨相同的「恐怖主義」。執行這一恐怖主義的工具，明則爲警察，暗則爲特務；文則爲各種煩瑣法令手續條規之訂立，武則爲對人身之直接或間接的威脅及殘害。在這一恐怖主義氣氛的籠罩之下，韓國人民過着戰戰兢兢的日子，和動輒得咎的生涯。這一次韓國的政變，算是把李承晚的這種統治的眞相截穿了。

韓國新政府成立以後，第一件重要的事就是把李承晚所佈置的統治爪牙拔掉：代理總統許政先生在他所召開的過渡內閣第一次會議中，第一個行動便是把韓國所有九個省長完全撤職，並決議實行急遽改組全國各地警察機構。操縱選擧的內政部長崔仁圭被捕。韓錫熙是李承晚政府競選主持人，因總統選擧違法，以操縱投票而被捕。張景根、白夢文等自由黨人也因違背選擧法的罪而被捕。另有自由黨六位最高級官員被捕。前政府高級首領被捕的至此達六十一名之多。

個人獨裁和官吏貪汚二者如影之隨形。個人獨裁的眞正目標，常常只是爲保持權位而保持權位，並沒有理想的目的，更無道德力可言。而擁護這種獨裁的人，常常是些無是無非，趨附利祿，存心互相利用之徒。獨裁者必須藉着這樣的一幫子人來支持。於是，他不能不睜一隻眼閉一隻眼給予他們一些好處，否則不會有人爲他效忠。因此之故，李承晚主政十二年，弄得韓國貪汚遍地。

韓國新政府成立以後的重要事情就是收拾這筆爛賬。韓國內閣決定：「肅淸政府中的腐敗人員；建立一個淸廉的政府，以贏取人民及外國的支持與信任。」

無論怎樣說，反共總不能「反」到把老百姓踏到脚底下，總不能把一般無辜的人民視同反共的俘虜，總不能把一般無辜的人民當做洩恨的對象。然而，就李承晚式的政權而論，反共與個人及其黨羽的權勢利益既然密切關聯而不可分，於是，對于鞏固和擴張權勢及利益而言，反共正好成爲「借風過河」的工具。於是，特務橫行，摧殘言論自由，摧殘基本人權，殆成「事有必至」的結果。韓國新政府成立以後，代理總統許政先生就着手改革這些惡劣的情況：

第一、廢除秘密警察權力，撤消「特別情報處」。

韓國警察原來藉着施行暴虐，迫使韓國人民俯首支持李承晚的自由黨。李承晚倒臺以後，韓國新政府鏟除這種殘民以逞的惡勢力。於是韓國人民才得以召蘇，抬起頭過日子。

第二、不許軍隊中的反間諜組織參預政治活動。

我們知道，拿軍隊及特殊勢力作維持政權和掩護獨裁的本錢，本是一黨攬權自私之下的司空見慣之事。有此本錢在手，赤手空拳的在野黨完全暴露於在朝集團的暴力威脅之下。在這種威脅之下，在野黨的言論自由，批評自由，縱然不被完全消滅，也必被壓縮到不起重要作用的限度以內。至於集會結社的自由，更藉口「非常時期」受到嚴格的限制。在韓國新政府之下，這些爲掩護一黨攬權自私的措施取消了。韓國的民主力量才可抬頭。

第三、淸除上述李承晚以前任命的所有省長以後，代以政治獨立的官員。

第四、放寬嚴厲的管制措施，將改革擴張到全國鄉間。

第五、除了懲罰前述被控操縱三月大選的所有官員以外，又懲罰騷亂中向示威者開槍的警察。

第六、修改不民主的法律，諸如國家安全法，出版許可法，及一九五八年廢止合法市長選擧的法令。

第七、修訂憲法，以成立一個責任內閣制的政府，並且保證未來領袖不致變成像李承晚那樣。總統應由國會聯席會議選出。他的職務大抵爲主持各種典禮。他必須無黨無派。

第八、保障人民基本權利、新聞及言論自由。

我們閱讀這些改革要點，覺得現在的新韓國與李承晚時代相比，簡直是黑暗與光明的對照：李承晚的黑暗統治已成過去，韓國新的光明政治正在開始。韓國新政府像在寫一部理性政治的經典。眞是令人不勝其羨艷和嚮往之至！

任何人都可知道，前面所說李承晚統治之下的秘密警察權力，特別情報網，嚴厲的管制措施，國家安全法，出版許可法，對人民基本權利及新聞與言論自由之摧殘，集大權于總統一身，這種種等舉措，都是在「反共的需要」藉口之下搬出來的。我們現在要請問：選舉舞弊與「反共」有什麼關係？又有什麼「必要」？拿秘密的力量來監視威脅和對付人民，與「反共」有什麼關係？又有什麼「必要」？對內的嚴厲管制措施，與「反共」有什麼關係？又有什麼「必要」？出版許可法之訂立與反共有什麼關係？又有什麼「必要」？對人民基本權利及新聞言論自由之摧殘，與「反共」有什麼？又有什麼「必要」？總括起來說，搞這一套把戲，與共黨暴徒之所爲有什麼基本的分別？東亞人民之所以反共，就是爲了反對共黨暴徒的這一套，並不是爲了擁護姓張姓李的政權。如果自稱「反共」者之所作所爲，在基本上與共黨暴徒之所作所爲並無不同之處，頂多只有些許程度之別，那末憑什麼理由一定要人民在「反共」的幌子之下接受與共黨暴徒統治同一類型的統治？

顯然得很，李承晚式的這種藉「反共」而建立的統治形態，弄得大家混身都不舒服，不爲大家所接受。於是，他不能不在「反共」這頂大帽子之下，從事上面所說的種種壓制性的措施，來維持他個人及其黨羽的權勢和利益。李承晚的這種統治形態像小孩堆積木一樣，在平時表面似乎好看，但是經不起考驗的。我們看看這個實倒就可窺見李承晚反共的眞實成績之一般。在日本及美國贊助之下的志願遣僑中，二百韓僑裏面，就有一百三十人選擇了前往北韓。一九五九年十二月十四日前往北韓的共九百七十五人。另一批前往的有一千零七十人。……數批合共人數在一萬六千人以上。這不是一個可以忽視的數目。韓僑之所以自己作這一選擇，形勢是很明顯地擺在大家眼前的：無論他們的政治思想是什麼，他們認爲，既然反正要做奴隸，還不如選擇一個比較有希望的主人。「反共」而「反」出這樣的一個可悲的結果，可以說是「反共的破產」了。李承晚式的政權及其統治方式，便是逐步導向這種反共破產的有力軌序。亞洲許多地區的「反共」之發展趨向都可作如是觀。美國的專家說得十分正確：「不可認爲那些自稱反共，而在確切獲得美國支持時，卽破壞民主權利的別國領袖，是美國的眞實盟友。……如果美國政府繼續支持聲名狼藉或已落伍的外國領袖，會使共諜於各該等國家內對人民的影響力量迅速增加。」這眞是明智之言。共黨暴徒只怕你和他們比好，他們不怕你和他們比狠。你和他們比狠，無寧是爲他們鋪路。爲他們鋪路的伙伴，他們豈有不歡迎之理？這是自由世界應予正視的一個內在發展的問題。

現在，韓國新政府停止了爲共黨征服鋪路的工作。韓國新政府在許政先生領導之下，將李承晚的那些暴政一一予以廢除或改變了。韓國的新政府這樣做，並沒有停止反共。韓國實行這些民主的改革已經一個多月了，任何有心肝的人也沒有看出這些改革有一絲一毫妨害反共事業的跡象。關于這種情形，我們從美國的態度也可以觀察出來。據合衆國際電的報導：「據美國官員今日稱，美國將繼續對大韓民國警察及公報處予以技術援助，以便協助新政府實施改革過去那些名譽不好的機構。」又說：「國務院及國際合作總署的官員說，大韓民國新政府獲得它所需要的一切美國援助，以便迅速達成它既定的目標──使得國家警察成爲公正的，而非玩弄政治的機構。」由此可見，並非任何集團一旦標榜「反共」，便成神聖不可侵犯的天神，更非批評反共的措施不當者卽爲共產黨，而民主的改革，確爲反共之所需。如果有人在一方面口頭高唱「反共」，而在另一方面拒絕民主的改革，並且更進一步地加緊黨化軍隊，加緊黨化警察，加緊黨化教育，加緊黨化司法，加緊黨化青年，那末，除了爲的在「反共」名義之下維持一個私人及其黨羽的權勢和利益以外，我們找不到別的合理解釋。這樣高度自私而罔顧國家利益的一撮子人，還能不受時代淘汰嗎？

韓國政治的演變，給我們一個再明白也沒有的啓示：人民長期在一黨高壓之下「反共」，大家的基本人權不保，新聞言論自由大打折扣，集會結社自由全遭剝奪，長年陷於恐怖氣氛之中，思想被禁錮，經濟被統制；在暴力所掩護的謊言籠罩之下，過着灰色和無望的鬱悶歲月。這就是做「反共的奴隸」。做「反共的奴隸」的人，在外圈受共黨暴徒的威脅，在內圈受借名「反共」者的麻醉和奴役。內外交迫，眞是人生最大的不幸！然而，如果在民主的政治之下反共，反共的人民根本用不着受這些活罪，而是大家的人身安全有確實的保障，大家的意見受到尊重，經濟不受無理的管制，過着自由、合理、有朝氣、有希望的日子。過着這種日子的反共人民，才是「反共的主人」，而不是反共的奴隸。

當然，無可否認，李承晚政權傾倒以後，韓國政局有若干動盪。但是，動盪並不一定就是壞事。僵化才是壞事。把僵化看作穩定，更是觀念的錯誤。僵化是死亡的前奏；合理的動盪則是新生的前奏。現在韓國的政情，正如漢城法新社五月二十六日電所載：「韓國的政治已呈現一片活躍氣象」。我們要問：是這樣的好？還是被一個老黨扼住而弄得死氣沉沉的好？爲了新的嬰兒產生出來，受一點痛苦是值得的。我們能說爲了維護腐朽的舊軀殼之苟延殘喘而寧願讓嬰兒「胎死腹中」嗎？我們極不贊成暴力革命，但是我們極力贊成普遍展開一個民主的改革運動。策進民主的改革運動，是亞洲人民脫離雙重暴政唯一可走的道路。我們希望大家起來，切實在這條道路上努力。

本刊對臺南市「萬人簽署請願書」代表蔡炎崁、吳旺根、蔡德郁、林再傳、翁余森櫻等的答覆

關於臺南市長選舉涉嫌違法舞弊案，本刊已在五月十六日出版的第廿二卷第十期中，根據臺南市選民陳碧琳、林得旺、林金塗、陳柏陽等四人送來的檢舉書，用「違法舞弊的臺南市長選舉應宣告無效」爲題發表過社論。現在此案既已進入訴訟階段，先生等送來的此項「萬人簽署請願書」又已送呈總統府、監察院、司法行政部、省政府等各單位；想必更能促起政府當局的重視，倘政府不想自絕於人民，諒不至以行政干涉司法。倘法官果能依法獨立審判，諒可宣告臺南市長選舉無效與當選無效。臺南市選民依法請願是對的，但務請大家保持高度冷靜，聽候法院裁判，勿作法外行動。本刊站在維護民主法治的立場，始終支持臺南市選民的合法要求，現本案已進司法階段，暫不作評論，務請原諒。但願各位所追求的公道正義，最後能得到伸張。

西德聯邦憲法法院與自由民主

劉慶瑞

近代成文憲法的國家大率承認憲法的效力高於普通法律，普通法律如有牴觸憲法，則爲無效。至於如何保障憲法的最高優越性，各國制度不一，或由普通法院或設置憲法法院，以審查法律有無違憲。歐洲大陸國家常於普通法院之外，設置憲法法院，以司憲法的解釋和法律的審查。第二次世界大戰後，西德憲法所設置的聯邦憲法法院（Bundesverfassungsgericht）乃屬於此種類型。西德聯邦憲法法院的制度與吾國大法官會議的制度，相似之處甚多，故特就西德憲法及一九五一年三月十二日的聯邦憲法法院組織法（Gesetz über das Bundesverfassungsgericht）（註一），說明其組織、職權、及運用之情形，以供國人參考。

一　聯邦憲法法院的組織

西德聯邦憲法法院由法官二十四人組織之，分爲兩庭（Senat），各庭均有法官十二人（組織法第二條）。聯邦憲法法院法官須具備下列資格：㈠年滿四十歲；㈡具有聯邦衆議院（Bundestag）議員之被選資格；㈢具有推事或高級行政官員之資格；㈣於公法有特別研究並富有公務經驗。聯邦憲法法院法官不得同時兼任聯邦衆議院、聯邦參議院（Bundesrat）、聯邦政府（Bundesregierung）、以及各邦相當機關之職務，故被任命時應辭去上列各項職務（憲法第九十四條第一項、組織法第三條）。聯邦憲法法院法官一半由衆議院，一半由參議院選出，其中八人須就高級聯邦法院推事中選任之，任期終身，其餘十六人則就具有上述資格之人士中選出之，任期八年，連選得連任。惟第一屆選出之有一定任期的法官十六人中，一半僅得任職四年，故實際上衆議院及參議院每四年應改選聯邦憲法 法院法官八人（憲法第九十四條第一項、組織法第四條）。每屆選擧時，聯邦司法行政部部長應向衆議院及參議院提出兩種候選人名單：一是聯邦法院之全體推事名單；二是衆議院內各黨派、聯邦政府或各邦政府推薦之全體候選人名單（組織法第八條）。衆議院選擧聯邦憲法法院法官採用間接選擧法，先就衆議院議員中依比例代表法選出選擧人（Wahlmänner）十二人（院內各黨派至少得選出選擧人一人），然後由選擧人投票選出聯邦憲法法院法官，以得九票爲當選（組織法第六條）。參議院採用直接選擧法，以得三分之二多數票爲當選（組織法第七條）。聯邦憲法法院法官當選後由聯邦總統正式任命之（組織法第十條）。聯邦憲法法院置院長副院長各一人，由衆議院與參議院輪流選擧。惟第一屆院長由衆議院選擧，而副院長乃由參議院選擧之。院長與副院長不得屬於同一庭（組織法第八條）。

上述西德聯邦憲法法院的組織，可擧出兩個優點。第一、聯邦憲法法院法官二十四人中，三分之一爲終身職，其餘三分之二爲任期八年，故聯邦憲法法院一方面可賴其終身職法官以保持憲法解釋的連續性，一方面又可每四年改選三分之一法官八人，以更新陣容使其適應新的政治情勢。蓋憲法法院司憲法的解釋，而憲法的解釋固應尊重法理，但亦不得完全忽視新的政治潮流。從此觀點言之，憲法法院的組織單獨採用終身制或任期制均不甚妥當。因爲法官任期採終身制，則容易增加保守性而阻礙政治的進步，但採用任期制，則法官奔競之事在所難免，外來干涉更爲可慮。因此，西德聯邦憲法法院之組織折衷終身制與任期制，可謂係一良善辦法。第二、西德聯邦憲法法官雖由衆議院及參議院選出，但聯邦憲法法院組織法關於憲法法院之獨立性的維持，却有相當周密的考慮。這種用意可在下列各點看出：㈠候選人名單雖由聯邦司法行政部部長提出，但此名單應包括衆議院內各黨派所推薦的一切候選人在內，不得遺漏，故候選人不可能由多數黨或執政黨一手包辦；㈡衆議院之憲法法院法官選擧人十二人中，各黨派均得推出選擧人至少一人，且候選人非得九票（即四分之三票）不得當選爲法官，故一黨控制選擧之情事不容易發生；㈢衆議院及參議院每四年僅得改選聯邦憲法法院三分之一法官八人，故即使有一政黨在某一選擧年可控制此八人法官之選擧，但此時聯邦憲法法院內之法官中仍有八人係終身職，另有八人係四年前選出者，現屆衆議院及參議院對此等法官不易加以控制（按西德衆議院每四年改選一次），如斯則每四年的聯邦憲法法院法官之選擧，雖或難免受當時政治環境的影響，但總不至於根本動搖憲法法院的獨立地位。

二　聯邦憲法法院的職權與程序

依據西德憲法及聯邦憲法法院組織之規定，西德聯邦憲法法院的職權如左：

㈠依聯邦總統、衆議院、參議院、或衆議院常置委員會之請求，解釋聯邦最高機關（如總統、衆議院、參議院、或聯邦政府）之權責範圍的疑義（憲法第九十三條第一項第一欵，組織法第六十三條）。

㈡依聯邦政府、各邦政府、或聯邦衆議院三分之一議員之請求，審查聯邦法律，或各邦法律有無牴觸聯邦憲法，或各邦法律有無牴觸聯邦法律（憲法第九十三條第一項第二欵，組織法第七十六條）。

㈢依聯邦政府或各邦政府之請求，裁決聯邦與各邦間之權責紛爭（憲法第九十三條第一項第三欵，組織法第六十八條）。

㈣依聯邦政府或各邦政府之請求，裁決聯邦與各邦間，各邦彼此間，及各邦內之其他公法上紛爭（憲法第九十三條第一項第四欵，組織法第七十一條）。

㊄憲法所規定的其他事項（憲法第九十三條第一項第五欵）。屬於此欵規定的權限甚多。例如：①依聯邦衆議院、聯邦政府或各邦政府之請求，對濫用基本權之人，宣告基本權之剝奪以及剝奪之範圍（憲法第十八條、組織法第三十六條）；②依聯邦衆議院、參議院、聯邦政府或各邦政府之請求，裁定極權政黨是否違憲（憲法第二十一條第二項、組織法第四十三條）；③依資格被剝奪之議員或選舉人之請求，審查衆議院關於選舉結果及議員資格之審查的裁定（憲法第四十一條、組織法第四十八條）；④依聯邦衆議院或參議院之請求，審判聯邦總統及聯邦法官之彈刻案（憲法第六十一條第九十八條第二項、組織法第四十九條第五十八條）；⑤依各邦最高機關之請求，裁定該邦內之憲法紛爭（憲法第九十九條、組織法第七十三條）；⑥依普通法院之請求，裁定該法院審判案件時所適用的聯邦法律有無違反聯邦憲法，或各邦法律有無違反聯邦憲法和聯邦法律（憲法第一百條第一項、組織法第八十條）；⑦依普通法院之請求裁定國際法則是否構成聯邦法律之一部分（憲法第一百條第二項）；⑧依邦憲法法院之請求，裁決該邦憲法法院之決定（憲法第一百條第三項）；⑨解決現行法規是否仍有聯邦法律之效力（憲法第一百二十六條）。

㊅聯邦法律所規定的其他事項（憲法第九十三條第二項）。依據一九五一年的聯邦憲法法院組織法，聯邦憲法法院尙有下列職權：①審判個人提起的憲法訴訟。依組織法第九十條規定，凡基本權或憲法所保障的其他權利受公權之侵害者，得向聯邦憲法法院提起憲法訴訟（Verfassungsbeschwerde），惟其所受損害得依普通訴訟求得救濟者，在未盡普遍救濟手段之前，不得提起憲法訴訟，但聯邦憲法法院若認爲案件的性質與一般利益有關，或認爲訴訟人依普通訴訟手段會受重大且不可恢復之不利時，得在未盡普通救濟手段之前，卽時受理憲法訴訟；②審判地方團體提起的憲法訴訟。依組織法第九十一條規定，憲法所保障之地方團體的自治權，苟受聯邦法律或各邦法律的侵害，該地方團體得向聯邦憲法法院提起憲法訴訟；③依聯邦總統的請求，或依聯邦衆議院、參議院、及聯邦政府的共同請求，就特定憲法問題表示意見（組織法第九十七條）。

關於上述西德聯邦憲法法院的權限，有兩點值得吾人注意。第一、西德聯邦憲法法院不但可解決政府機關間或聯邦與各邦間之憲法上及公法上爭議，且可維護自由民主之基本秩序，並保障人民的自由權利，其職權之廣泛在歐洲各國憲法法院中尙不見其例。第二、歐洲大陸之制，一向只許政府機關聲請解釋憲法，不許個人聲請解釋，這種制度從保障人民憲法上權利的立場言之，甚不妥善。一九五一年的西德聯邦憲法法院組織法，不但允許政府機關（如聯邦總統、衆議院、參議院、聯邦政府、各邦政府）聲請解釋，且允許人民提起憲法訴訟，可謂係一大改進，值得讚揚。

聯邦憲法法院的職權分由兩庭個別管轄。第一庭（Ersta Senat）管轄有關基本權之剝奪、政黨違憲之審判、選舉訴訟之審查、法律違憲之審查等事項，第二庭（Zweite Senat）管轄有關政府機關或聯邦與各邦間之權責爭議，聯邦總統及法官彈劾案之審判等事項（組織法第十四條）。大體言之：第一院的主要職務，在於一方面維護自由民主之基本秩序免受極權主義的推翻，一方面保護個人之自由權利免受國家權力的非法侵犯；而第二院的主要職務則在於解決政府機關間或聯邦與各邦間之權責爭執，以調整政府機關及聯邦制度於合憲運用。各庭開會時，以院長或副院長爲主席，院長或副院長不能主持時，以年高之出席法官爲主席。會議非有法官九人（卽四分之三）出席，不得議決。議決原則上以出席法官之過半數爲之，惟關於基本權之剝奪、政黨違憲之宣告、總統及法官之彈劾，非經八票同意，不得對被告作不利之決定（組織法第十五條）。兩庭間關於職權的歸屬如發生疑義，或某一庭關於同一法律問題欲作與他庭所持解釋不同解釋時，應由全院會議裁定之。此外，聯邦總統、或衆議院、參議院及聯邦政府請求聯邦憲法法院就特定憲法問題表示意見時，亦由全院會議決定之。全院會議非有各庭法官九人出席，不得議決（組織法第十六條、第九十七條），聯邦憲法法院審判案件原則上可適用法院組織法、民事訴訟法、及刑事訴訟法之有關規定（組織法第十七條、第二十八條）。審判採用辯論審判之原則，其判決得拘束聯邦機關、各邦機關、以及一切法院與官員。又關於法律是否違憲、國際法規是否構成聯邦法之一部分、或法規是否繼續有聯邦法律之效力等問題，聯邦憲法法院之判決具有法律效力。聯邦憲法法院之判決，由聯邦司法行政部部長公布於聯邦公報（組織法第二十五條第三十一條）。

三　聯邦憲法法院的運用

西德聯邦憲法法院於一九五一年九月七日第一次集會，至今已有八年多的歷史。在此期間，西德聯邦憲法法院所下的判決或裁定每年均不下數十件(註二)。茲就其判決中選擇兩個重要案件摘要說明，以窺其運用的實際情形。

其一、是一九五一年十月二十三日的「西南邦」(Südweststaat)案件(註三)。一九四五年戰爭結束，盟國佔領德國，爲管理方便起見，將德國原來的Baden及 Württemberg 兩邦劃爲下列三邦：㈠ Württemberg-Baden（包括原來Baden 及 Württemberg 兩邦之北部）；㈡ Baden（卽相當於原來 Baden 邦之南部）；㈢ Württemberg-Hohenzollern 卽相當於原來 Württemberg 邦之南部）。此種邦域之劃分，顯然違背德國各邦之歷史背景與傳統，故德國人民於一九四九年制定西德憲法時，乃於第十一章過渡條項內第一百十八條特別規定此等三邦得互相協議重新調整其邦域，協議如不成立，則由聯邦國會以聯邦法律規定之，惟此項法律應規定依人民投票之方式決定邦域之調整。一九五〇年十一月，上述三邦間關於邦域調整之協議終歸失敗，於是一九五一年一月乃有兩個邦域調整法案提出於聯邦衆議院。第一案主張將三邦之原有領域劃分爲四個人民投票區，人民投票之結果，如能得三區多數票之贊同，則合併三邦而設立一新邦(卽西南邦)，否則恢復原來之 Baden 及 Württemberg 兩邦。而第二案則建議依 Baden 及 Württemberg 之原有邦域設立兩個人民投票區，人民投票之結果，須得兩區多數票之贊同，始得設立西南邦，否則恢復原來之 Baden 及 Württemberg 兩邦。依一九五〇年九月之人民測驗的結果，可預測如依第一案，則西南邦成立之可能性甚大；反之，如依第二案，則恢復原來之 Baden 及 Württemberg 兩邦之可能性較大。因之，贊同設立西南邦者乃極力支持第一案，而贊成恢復原來之 Baden 及 Württemberg 兩邦者，則主張採用第二案。

上述兩案在衆議院熱烈討論中，附帶發生一件問題。就是：Baden 及 Württemberg-Hohenzollern 兩邦邦議會之任期，係在一九五一年五月屆滿，依法應於四月改選，惟邦域調整之人民投票不久則可實行，而人民投票之結果，勢非合併三邦而成立西南邦，則恢復原來之 Baden 及 Württemberg 兩邦，無論如何邦域總有變更而須重新制定邦憲法，故 Baden 及 Württemberg-Hohenzollern 兩邦均感覺與其如期改選而濫費公帑，不如待人民投票之結果使邦域確定而新憲法制定後，始行選舉較爲適宜。於是兩邦政府乃爲權宜之計，要求聯邦國會制定法律，延長其邦議會之任期至邦域調整完了時止。此項法案於一九五一年三月十五日提出於聯邦衆議院。衆議院不經討論，約在三分鐘內幾乎以全體一致完成三讀程序，而移交參議院。參議院以此法案有違憲之嫌，乃依西德憲法第七十七條要求召開兩院協議委員會討論法案。協議委員會對原案加以修改，規定「Baden 及 Württemberg-Hohenzollern 兩邦邦議會之任期得延長至邦域調整完結時止，惟最遲不得超過一九五二年三月三十一日」。對此協議委員會之修改案，雖仍有部分議員斥爲違憲，但終於一九五一年四月五日及六日，分別通過於衆議院及參議院，是爲「有關Baden, Württemberg-Baden, Württemberg-Hohenzollern 等邦邦域調整之第一法律」(以後略稱第一法律)。

第一法律通過後，衆議院仍繼續討論上述有關邦域調整之人民投票的第一案和第二案。在衆議院內，主張設立西南邦之議員佔多數，故乃於一九五一年四月二十五日通過第一案，規定：「將 Baden, Württemberg- Baden, Württemberg-Hohenzollern 三邦領域分爲四個人民投票區，於一九五一年九月十六日前舉行人民投票，投票結果若有三區多數票之贊同，則合併設立一個西南邦，否則恢復原來的 Badern 及 Württembeg 兩邦」是爲「有關 Baden, Württemberg-Baden, Wurttemberg-Hohenzollern 等邦邦域調整之第二法律」(以後略稱第二法律)。此兩個有關三邦邦域調整之法律乃於一九五一年五月五日同時正式公布。

Baden 邦反對上述邦域調整之方式，乃於一九五一年五月二十五日向聯邦憲法法院提出控訴，要求聯邦憲法法院宣告此兩個邦域調整法爲違憲。反之，聯邦政府、聯邦衆議院、Württemberg-Baden 及 Württemberg-Hohanzollern 兩邦，則主張此等法律爲合憲。聯邦憲法法院第一次集會受理此案件時，離開預定人民投票日期僅有一週，而在此短期內實無法審完案件，於是聯邦憲法法院及依組織法第三十二條之規定，於一九五一年九月九日先發出暫時命令 (Einstweilige Anordnung)，延期人民投票至聯邦憲法法院宣告判決之後。聯邦憲法法院於一九五一年十月二十三日宣布判決，宣告邦域調整之第一法律全部違憲，第二法律部分違憲。

西德聯邦憲法法院宣告第一法律全部違憲，其所持理由有二：一是民主主義的原則；二是聯邦主義的原則。聯邦憲法法院說：西德憲法的基本原則乃是民主主義和聯邦主義(憲法第二十條)，而憲法的解釋當不得離開此等基本原則。依民主主義的原則，人民不但得選出議員以組織議會而監督政府，且人民行使其投票權非有憲法特別規定不得加以限制或剝奪，故議會任期之延長或變更非依合憲程序，不得爲之。今聯邦國會以法律擅自延長 Baden 及 Württemberg-Hohenzollern 兩邦邦議會之任期，實有違背民主主義的原則。再者，依聯邦主義的原則，各邦在聯邦內有獨立的權限，而在此權限中最重要之一者乃是邦之自主組織權，卽各邦得自己制定邦憲法以組織邦政府，祇要邦憲法不違背聯邦憲法之民主共和的基本原則，聯邦不得加以干涉(憲法第二十八條)，而邦議會之任期如何規定乃屬各邦之權限，聯邦不應侵犯。因之，第一法律延長 Baden 及 Württemberg-Hohenzollern 兩邦邦議會之任期，不但違背民主主義的原則，且亦破壞聯邦主義的原則，故應宣告爲違憲。關於第二法律，聯邦憲法法院原則上支持其爲合憲，卽承認依憲法第一百十八條之規定聯邦國會得以聯邦法律規定 Baden, Württemberg-Baden, Württemberg-Hohenzollern 等三邦之邦域調整，惟此法律中的兩個細節規定却被法院宣告爲違憲。第一是該法第二十七條之規定。此條授權聯邦內政部部長發布有法律效力之必要命令以補充該法。按照西德憲法第八十條規定，聯邦法律得授權聯邦政府、聯邦各部部長或各邦政府發出法規命令 (Rechtsverordnung)，惟授權時法律應明確規定其內容、目的、及範圍。第二法律第二十七條關於授權之內容、目的、及範圍並無明確規定，故聯邦憲法法院認爲此種授權乃超過憲法第八十條之範圍而爲違憲。第二是該法第十四條之規定。此條規定人民投票之結果如贊同合併成立一個西南邦，此西南邦邦憲法之制憲會議在制憲工作結束後得直接改組而成爲西南邦之第一屆邦議會。聯邦憲法法院說：制憲權與立法權不同，不應將制憲機關直接改爲立法機關，且邦憲法之制憲機關除受聯邦憲法第二十八條之限制應符合共和、民主及社會國家之原則外，其制憲權不應受其他任何限制，故第二法律第十四條硬性規定西南邦之制憲會議應改組爲該邦第一屆邦議會乃侵犯邦制憲會議的制憲權，應宣告爲違憲。

一九五一年十月二十三日聯邦憲法法院宣布西南邦案件之判決後，Baden, Württemberg-Baden, Württemberg-Hohenzollern 三邦乃依聯邦憲法法院之判決，於同年十二月舉行人民投票，投票結果，人民贊同合併成立西南邦，故三邦乃於一九五二年三月選舉制憲會議之代表以制定西南邦憲法。西南邦案件係德國法院宣告聯邦法律違憲的第一個案件，不但在德國憲法史上具有極大意義，且亦奠定聯邦憲法法院後日解釋憲法的基礎，堪與一八〇三年美國最高法院對 Marbury V. Maddison 案件之判決相比擬。

其二、是一九五六年八月十七日的「共產黨」案件(註四)。西德人民鑒於納粹獨裁的痛苦經驗，爲避免自由民主的秩序再次受極權主義運動的推翻，乃於西德憲法第二十一條第二項規定：政黨凡其目的或其黨員之行動欲損害或廢止自由民主之基本秩序或欲破壞聯邦共和國之存立者爲違憲，其是否違憲由聯邦憲法法院判決之。一九五一年十一月聯邦政府請求聯邦憲法 法院解釋國社黨(Sozialistische Reichspartei) 及德國共產黨 (Kommunistische Partei Deutschlands) 等兩個極權主義政黨是否違憲。國社黨係戰後成立的極右派政黨，其性質與戰前的納粹黨相似。關於國社黨，聯邦憲法法院於一九五二年十月二十三日則宣告其爲違憲(註五)，但關於共產黨却費時五年，至一九五六年八月十七日始宣告其判決。「共產黨」案件之判決書長達三百多頁。在這案件中，聯邦憲法法院對於馬列主義之理論、德國共產黨之起源、發展、目的及其活動一一詳細分析，而後認爲德國共產黨之究極目的，乃在於採用無產革命與無產獨裁之手段以建立共產主義的社會。聯邦憲法法院認爲這種無產獨裁與自由民主之基本秩序無法相容。蓋自由民主之基本秩序乃以相對主義爲原則，容許異論及反對黨的存在，反之，無產獨裁則以絕對主義爲原則，不許異已之意思及反對黨之存在，故在無產獨裁之下，西德憲法的根本原則，如人之尊嚴、自由及平等，將無法繼續生存。根據上述理由，聯邦憲法法院依憲法第二十一條第二項之規定，宣告德國共產黨爲違憲，令其解散組織，禁止組織代替性政黨，並沒收其財產以充公用，而授權聯邦內政部部長及各邦內政部部長執行此項判決。

在此案件辯論中，德國共產黨提出許多論點要求聯邦憲法法院不作違憲之宣告，但均由聯邦憲法法院一一反駁。第一、共產黨主張政黨若尙未採取明白行動（如革命之實際準備）以期推翻自由民主之基本秩序時，不得認爲係違憲。但聯邦憲法法院對此解釋說：德國共產黨所主張的無產革命和無產獨裁，在短期內或許不會立刻實現，但德國共產黨既以無產革命和無產獨裁爲其長期目標而有組織地開始訓練其黨員並做宣傳工作，其目的顯然在於推翻西德憲法所保障的自由民主之基本秩序，依憲法第二十一條自應宣告爲違憲。第二、共產黨又主張共產主義是一種科學理論，而依西德憲法第五條第三項之規定，科學研究及講學之自由應予保障，故不得宣告共產黨爲違憲。但聯邦憲法法院對此解釋說：共產黨的目的是欲實現無產獨裁的政治目標，這與關於國家或社會之發展的純粹科學理論的研究不能相提並論。而不能受憲法第五條之保障。最後共產黨復主張德國共產黨是盟國佔領德國時，依一九四五年波茨坦協定之原則所承認的民主政黨之一，故不應視爲西德憲法第二十一條所指的違憲政黨。但聯邦憲法法院對此解釋說：波茨坦協定德國並無參加，其在國際法上有無拘束德國之效力頗有問題，而一九四九年的西德憲法經盟國批准後，管理政黨之權力已由盟國轉到德國政府；且德國共產黨在一九四五年曾宣言擁護代議民主政體及人民之一切民主權利和自由，所以當時或可視爲民主政黨之一，但後來該黨於一九四八年已放棄此項原則，不能再視爲民主政黨；故西德憲法實施後，德國共產黨的活動應受憲法第二十一條之限制，不能再沿用其在憲法實施前之地位以資辯護。西德聯邦憲法法院在這案件中所採取的理論，與美國最高法院在一九五一年 Dennis v. U.S. 案件中宣告 Dennis等十一人共產黨領袖有罪時所採取的理論頗爲相似，值得吾人注意(註六)。

從上述兩個案件，可知戰後新設立的西德聯邦憲法法院如何竭力維護民主主義與聯邦主義的原則，以奠定西德民主憲政的鞏固基礎。

（註一） 關於西德聯邦憲法法院組織法，請參照 W. Geiger, Gesetz über das Bundesverfassungsgericht, Berlin, 1951.

（註二） 關於西德聯邦憲法法院之判決摘要，請參照 F. Giese, Grundgesetz für die Bundesrepublik Deutschland, 4 Auf., 1955, ss. 227-245.

（註三） Urteil v. 23. Okt. 1951 (2 BvG 1/51), Entscheidungen des Bundesverfassungsgerichts, 1. Band, ss. 14-66. 關於此案件可參照下列論文：A. T. von Mehren, Constitutionálism in Germany—The First Decision of the New Constitutional Court (The American Journal of Comparative Law, Vol. 1, pp. 70-94, 1920); G. Leibholz, The Federal Constitutional Court in Germany and the "Southwest Case" (The American Political Science Review, Vol. 47, pp. 723-731, 1952)

（註四） Urteil vom 17. August 1956 (1 BvB 2/51), Entscheidungen des Bundesverfassungsgerichts, 5. Band, ss. 85-393. 關於此案件可參照 Edward McWhinney, The German Federal Constitutional Court and the Communist Party Decision (Indiana Law Journal, Vol. 32, pp. 295-312, 1957)

（註五） Urteil vom 23. Oktober 1952 (1 Bv B 1/51)

（註六） 關於 Dennis v. U.S. 案件，請參照拙著「比較憲法研究」內之「論明白而立刻的危險原則」。

一九五九年十二月十七日於哈佛大學。

從「國際難民年」看香港區的中國難民

佘　陽

「難民」這兩個字，據國際難民機構所下的定義，是指一些受軍事或政治壓迫或戰爭影響，隻身離開其原來居留地，而在生活上——住屋、衣服、糧食都徬徨無依的人。

「難民年」與難民分佈

對於分佈於世界各地難民的救濟照顧問題，一九五八年十二月的聯合國第十三屆大會，曾通過一項決議，號召發動一次世界性的運動，以去年七月一日開始到今年的六月卅日止，爲「國際難民年」，集全世界各關心難民問題的國家、各民間團體及一般熱心人士，研究具體辦法，提供金錢物質，協力的解決世界難民問題，使流落在各地的難民在較有計劃的援助下，獲得安頓。

去年六月廿八日，聯合國秘書長哈馬紹發表特別文告，呼籲各國爲「國際難民年」而努力，當時參加國際難民年的國家，計有：阿根廷、澳洲、奧地利、比利時、玻利維亞、巴西、美國、加拿大、錫蘭、智利、中華民國、哥倫比亞、古巴、丹麥、哥斯達黎加、多明尼亞、厄瓜多爾、西德、芬蘭、法國、加納、希臘、危地馬拉、海地、梵蒂岡、洪都拉斯、冰島、伊朗、愛爾蘭、以色列、義大利、盧森堡、馬來亞、墨西哥、摩洛哥、摩納哥、荷蘭、紐西蘭、挪威、菲律賓、秘魯、葡萄牙、瑞典、瑞士、突尼西亞、土耳其、阿拉伯聯合共和國、美國、烏拉圭、委內瑞拉、南越及南斯拉夫等五十二國。各國的難民機構，可以自由決定其目標。若干年前，世界難民問題的重點在歐洲，近年來問題的中心已轉移到亞洲，而香港區的難民尤爲一般人所注意。

二次世界大戰結束後，因戰爭及政治局面的變化，難民的人數最多曾達四千萬人，目前約有一千二百萬仍是難民，其中需要積極救濟的有兩百萬。這兩百萬人，住屋非常惡劣，空氣陽光等衞生問題都談不到，沒有固定的工作，沒有收入，衣服及食糧都要依賴救濟，學校和醫院當然更爲缺乏。

這兩百萬亟待積極救濟的難民，約有六十萬是中東地區的阿拉伯的難民，廿萬是北韓及北越南逃的難民，其餘一百二十萬是由中國大陸逃至香港、印度、緬甸及泰國等地的中國難民。

約一千二百萬難民中，包括有十多年來絡繹由東德逃奔西德的三百五十萬東德難民；分佈在以色列邊境的約九十萬阿拉伯難民；逃避到突尼西亞、利比亞和埃及的約十萬阿拉伯難民；從捷克、波蘭、匈牙利、保加利亞、羅馬尼亞、阿爾巴尼亞等地逃到西歐南歐的五十萬東歐難民；因韓戰由北韓南逃的四百萬北韓難民；因越戰由北越逃到南越的一百萬北越難民；與因中共控制中國大陸由廣東、雲南、西藏等地逃到香港、緬甸、印度等處的約二百萬中國難民。

在這一千二百萬難民中，逃往西德的東德難民，大都在住屋、工作等各方面獲得理想的安置。北韓和北越的韓越難民，也因南韓南越政府的妥爲安頓，而與其他南韓南越人民溶爲一體。自匈牙利逃出的約二十萬難民，於進入奧地利、美國及其他西歐國家後，由於各國的熱心救助，也大都得到安定的生活。約九十萬阿拉伯難民，有三分之二尚未得到永久性的安置，但由聯合國負責予以救濟。

中國難民分佈情形

在中國大陸逃出的約二百萬難民，最集中的是香港區，其餘各地根據歷年辦理救濟工作有關組織之統計約爲：

緬甸：五五、〇〇〇人(多係自雲南逃入者)
澳門：七五、〇〇〇人(多自廣東逃入者，轉往香港者不包括在內)
泰國：一五、〇〇〇人(部份自雲南逃入，部份自香港等地移入者)
南越：二八、〇〇〇人(多自廣西逃入者)
寮國：八、〇〇〇人(多自雲南逃入者)
高棉：六、〇〇〇人(多自南越寮國轉移者)
星馬：二〇、〇〇〇人(多自廣東福建及泰越等地逃入者)
北婆羅洲三邦：六、〇〇〇人(多自香港星馬轉移者)
日本南韓：四、〇〇〇人(多自東北華北及華東逃入者)
土耳其、巴基斯坦、沙地阿拉伯：四、五〇〇人(多係自大陸西北經新疆逃往之回教同胞)
印度：二〇、〇〇〇人(多係自康藏逃入之佛教同胞)

上述各地之中國難民，合共約爲二十四萬一千五百人，其中泰國、南越、高棉、寮國、新加坡、馬來亞、英屬北婆羅洲三邦、日本、南韓等地，因爲多有華僑親友可依附照顧，衣食住及工作，多勉强可解決，其需要有關救濟機構進一步調查和予以積極援手的，是澳門、緬甸及印度三地的中國難民。

急待以難民看待的一羣人

在緬甸的五萬五千難民中，估計有二萬人已經或者可能獲得當地的華僑親友所照顧，其餘的約二萬五千人，目前仍被困於緬甸東北山林區中，這一羣幾可說是當前最被國際難民機構所疏忽的。他們不但居住屋宇、衞生和教育環境非常惡劣，且仍面受戰爭的威脅——中共軍隊固然不時攻擊(追殺)他們，緬甸政府軍則把他們目爲武裝游擊隊，也在找機會消滅他們！

據在緬甸東北山林區輾轉逃生者指出：在那裏約二萬五千難民中，百分之二十可能備有簡單的武器；他們的武器絕不可能構成有效的攻擊中共，也不會對緬甸進行所謂「侵擾」，他們祇為生存，不得不於極端絕境之時作為自衛之用。而其中約百分之八十的老弱婦孺，既得不到救濟，且被追逐殺害，卽實在是當今——世界難民年運動之下一件殘酷的慘絕人寰的事！

在這裏，筆者覺得應有此呼籲，希望國際難民機構對該地區的難民，從速進行調查和救濟，也深盼政府救濟當局面對此一事實，與國際難民機構切取合作，提供資料，使此一批難民，特別是婦人兒童，確定其「難民身份」，使能避去受圍困及屠殺威脅。

在澳門的難民中，大多數依賴當地天主教的照顧，那顯然不是長遠的辦法。有人提出其救濟實施，可與香港區的難民合併辦理，事實上澳門與香港雖交通方便，兩地的環境却差別頗大；但由於澳門（葡方）與國府有正常之外交關係，相信若政府救濟當局能積極加以處置，該批難民或移來臺灣或移往帝汶島，在生活上可能更趨安定。

香港區難民數目的爭論

在香港區（包括九龍半島及其他離島），其數量及「難民身份」，過去曾有所爭辯；香港區的中國難民究竟有多少？就所知，過去有如下的幾個估計：

第一、去年年初，有人說：流落在香港區的中國難民，估計有六十萬人，此六十萬人大都是住在木屋區中，他們都是中共控制大陸後逃到香港，而立卽感受生活困難的。

第二、另一種見解則懷疑六十萬的數字似乎多了一點，他們以為香港區的中國難民，大約是二十萬人，那二十萬人卽就是那一批最缺乏被照顧的木屋居民。所謂最缺乏被照顧，是尚未受香港的「徙置計劃」所收容的木屋居民，在那些木屋區中，可能沒有救濟性的診療所、學校、自來水等設備。

第三、中國難民祇有二十萬人的估計，所引起的指評頗劇烈，評論者並指出：香港區的中國難民，不但不止二十萬人，且亦不止六十萬人。易於舉出的證明是：集居於徙置區的人數已達二十七萬人，非徙置區的木屋居民至少仍有三十萬人，分散在天臺的木屋居民約有十多萬人，此外分散在市區內困集在殘舊樓宇中其居住環境並不比木屋好的居民（如所謂一家八口一張床者）、和在梯口街道過流蕩式生活的居民，爲數至少是二十萬人。評論者又指出，被收容在徙置屋宇的人，並未等於改變其難民的身份，他們雖然住的環境比木屋好，但衣食醫療教育等等仍急待援助；更何況他們在未被收容於徙置屋宇之前，大都曾慘受火災的洗刼。

經過一次爭論與及經過一些有心人的進一步研究調查後，流落在香港區的中國難民數字，概念比較清楚，逃至香港的中國人，至少是一百七十五萬人，其中有三分之一是力能解決生活者，有三分之二是需要積極救濟的。

有多少中國難民逃入香港區？

逃入香港區的中國人，為數達一百七十五萬人。此一數字，筆者可舉出兩項統計加以證明：

一、香港在一九三一年以前，曾有過幾次人口調查，一九三一年後卽未見有官方的調查統計。一九三一年的調查，港九的人口是八四九、七五一人。中日戰爭初期，港九的人口曾一度增加，但太平洋戰爭爆發後，港九居民又向大陸內移避亂。至一九四八年，據港府官方估計，港九的人口大約是九十五萬人。現在港九的人口，據香港華僑日報一九六〇年香港年鑑說已有三百萬人，且說官方亦作此估計。三百萬人中，除原有人口及十多年來人口的自然增加約三十萬人外，其餘一百七十五萬，就是由中國大陸逃難而來的。

二、自一九四八年後，香港人口急劇增加，至一九五一年止香港政府進行人口登記第一個段落的統計，不包括十二歲以下的兒童，人口登記局發出的登記證是一、六二二、六二四張，連同十二歲以下兒童，一九五一年港九的人口，約為一百九十六萬人。換言之，自一九四八年至一九五一年三年間，由中國大陸逃入港九的人數，已達一百萬人。一九五一年以來，雖然香港當局也經限制自由入口，但對於由大陸逃入港九的中國難民（方式當然不是公開的）仍取來者不加嚴究態度，繼續發給人口登記證。據深知內幕者稱，十年來自中國大陸逃至港九的難民，每日由二百人至三百五十人不等；也卽是說，每年陸續由大陸逃到香港區的難民，約為七萬人至十二萬人。此一逃入港九區的人數，與十年來香港人口登記的增加紀錄是頗為符合的。據香港人口登記局發表：一九五二年至五三年發出的登記證為七三、八八三宗；五三年至五四年為八六、三〇九宗；五四年至五五年為一二四、五一六宗；五五年至五六年為一三九、九〇三宗；五六年至五七年為一五八、七一二宗；五七年至五八年為一八六、九五〇宗；五八年至五九年為一六〇、〇五六宗，至一九五九年三月卅一日止，香港人口登記證共發出二百五十八萬九千八百九十八宗，估計至今年的四月底止，發出的人口登記證至少是二百七十萬宗，加上十二歲以下的兒童，香港的人口，無疑的已在三百萬人以上了。

待救濟的有多少人？

由中國大陸逃入香港區的約一百七十五萬人中，當然不是每一個人都是需要救濟的，大約有三十萬人是經濟情況良好的，另大約有十五萬人因港九增加的工廠獲得較固定的工作的，此外有約二十萬人是東南亞各處華僑的家屬或親友，依靠僑滙維持生活的。

除此之外，沒有固定工作且收入低微、住屋環境惡劣、糧食缺乏，子女教育失常的約達百十多萬人。這百十多萬人，應該就是急待積極救濟的香港區的中國難民了。

對於這百十多萬中國難民的處境，筆者於去年年初，即作有計劃的注意，一方面借閱幾家大報社有關資料，一方面訪問若干救濟機構並參觀實地救濟實施，同時往各難民集居的地區訪問調查，所得的了解是；

徙置區的難民

第一、分佈在徙置屋宇的人，據香港政府公佈，一九五八年底的統計是二七三、四三五人，其中包括七層永久大厦的一八六、一五〇人，兩層臨時屋宇六、七九三人及一層臨時小屋八〇、四九二人，這些人數的統計，祇是根據遷入時的登記，實際居住人數當會更多。至去年年底止，徙置屋宇實際的居住人數，可能已超過四十萬人（如黃大仙徙置大厦，一九五八年以前祇容納二萬人，去年全部廿五座次第落成，已容納至六萬人），其中兒童約十三萬人（一九五八年九月底徙置區事務處統計，徙置區兒童計有九萬餘人）。據港府公佈，今年十一月廿六日將有第一百座七層高的永久大厦落成。徙置大厦除現有的石硤尾、李鄭屋村、黃大仙、紅磡、老虎岩、荃灣等處外，港府已分別在大環山、東頭村、佐敦谷、大窩口、何文田、官塘、竹園村、荔枝角、摩星嶺、掃捍埔、柴灣、健康村等處繼續建築徙置大厦。港府雖沒有說明將建築容納多少人的徙置大厦，但就其建設規模估計，上述各地的徙置大厦建築成功後，將可容納八十萬至一百萬人。這數目字幾乎就是分佈在港九的木屋區居民的數字。

在徙置區中的居民居住，環境可說已經改良，現在，這四十萬人所缺乏的是衛生和教育設施，這兩項，香港當局正在分別進行中，祇是進展慢了一點，這可能與預算有關。

目前教育方面，各大厦之頂層及天臺，已有部份設立簡單的小學校，那是由熱心教育的人士和教會向香港教育當局及徙置區管理當局申請辦理的。以頂層爲課室，天臺爲運動場。筆者所認識的友人中，就有人已申請開辦一處平民小學，容納二三百名學生，他們憑一片熱心，由有錢的友人出資萬餘元購置簡單桌椅和器材，就將一個學校辦成。一切設施雖稍嫌簡陋，但是能使數百兒童有書讀，已算是個可貴的值得讚揚的現象了。

醫療方面可說十分缺乏，香港地方的公立醫療設備，本來已非常欠缺，這些收容性的徙置區，醫療環境當更差劣，這一方面的改善工作，港府及各教育團體都在努力，其進展情況則大大趕不上實際需要。

徙置區中最成問題的是工作，沒有工作就沒有收入，衣食就隨之發生問題，甚至屋租亦無法繳納（徙置屋宇仍然要繳納租金，每個居住單位租金約十數元）。近年來，香港工業頗發達，大型織布廠製衣廠等，固生意甚佳，小型之塑膠工業、製衣工業等等，亦如雨後春筍，且製品銷路極暢，徙置區中的居民，大多每日能領得多少雜工可做，以一個六口之家的居住單位爲例，祇要有二人領得工作（如串珠、車衣、裝膠花等等）每天即三元至五元多的入息，如是加上一點點救濟品，最低的生活即勉强可渡過。就調查（一九五八年至一九五九年十二月，這段期間尙算是香港工業最好景的時期），徙置區中的居住單位，約有百分之四十每月可領到一百五十港元的散工收入；約有百分之二十每月可領到二百港元左右的散工（手工）收入；約有百分之十至十五每月可領到二百港元至三百五十元的散工收入（後者可能有兩個熟練車衣工人經常領到手工者）。此外，百分之二十五至三十是陷於失業狀態中。

這是一個特有的現象，小型工業與徙置區的工力，兩者是相依爲命的，徙置區的居民，以領取得零件加工來維持生活，而小型工廠則以徙置區的廉價工力減輕其成本，使能以低價取得外來定貨單。香港的低廉人工，早已引起世界各廠家所注意，事實上，人工最低廉的地區，就是難民集中區。此一問題，似乎國際難民機構應該注意到，特別是那些要限制香港工業製成品輸入的國家，更應該注意到；英國和美國都在醞釀和實行限制香港部份出產品的輸入，但是這兩個國家却亦對香港區的難民，在負起最大的救濟責任。

木屋區的難民

第二、分佈在港九郊區和市區中若干山麓的木屋居民，保守的估計有三十萬人，這三十萬人中約半數比較集中，約半數零星分散，集中的木屋居民，獲得零件加工之散工，機會僅比徙置區差一點，估計有百分之廿五至卅五可取得散工，其餘零星分散的，則很不容易有小型工廠願意將加工製品分派到那些地區去。因此木屋區居民，除了住的環境比不上徙置區外，獲取半固定的工作機會亦告減少，而兒童更不容易有就學的機會。散居於較僻落的木屋區居民，能耐操勞者，多從事如建築、搥石子、碼頭工人等煩重工作，數年來，不時聽到從前國軍一些中級軍官或公務人員亦因環境所迫，在港淪爲街頭小販或建築工人。這一羣木屋區居民，如果沒有家室兒女的負擔，能挨苦尙能渡日，若有家室而收入不常，生活之艱難，是可以想像得到的。

這一羣人，過去獲得救濟的機會比徙置區的還要少，事實上在杯水車薪的救濟情況下，他們幾夢想也不敢希望能够領取到一份救濟品！筆者曾與幾個居住在這種環境的人談過話，詢問他們有沒有領過救濟包（糧食包），他們答得很妙很可憐，說那是要有孩子在天主教學校讀書，才有機會。他們有孩子，而因爲無法使孩子上天主教學校讀書，便以爲因是而失却領糧食包的機會。這也可說是個畸形的現象，在香港，天主敎學校收費較廉，在某一個角度看，不失是個帶有救濟性的教育場合，可是學額有限，且被視爲有利的環境，於是入天主教學校，比普通學校更存有面子關係，於是乎，天主教學校所容納的學生，窮苦的難民子弟爲數並不多。筆者就此一現象與天主教中人交換意見，他們也坦白承認，不少天主教學校，特別是較具規模的學校，已被修飾得莊嚴化和貴族化，與天主教所進行的某些救濟事業，完全是兩回事。根據此一現象，過去美國的不少救濟包經由天主教團體轉發，而天主教學校的學生有優先領得之利便，這是否算合理，深願有關救濟當局冷靜的想一想。

露宿難民與漁民

第三、分佈在市區內天臺木屋的居民，或困集在殘舊樓宇中，或在梯口街邊露宿的難民，保守的估計約有三十五萬人，這些人生活形式和遭遇最複雜，但日常生活都很困難，詳細觀察，至少有百分三十的食宿環境還比不上郊區木屋的居民；露宿於梯口街邊的固不必說，那些殘舊樓宇，不少丁方三方丈一層樓住上近百人，「祿架床」上下連疊，一張床位，就是一家人，就空氣衞生方面說，那是比不上郊區清新的。這一類居民，屬於天臺木屋的一部份，已被港府列爲徙置對象，就目前的情況看，這一類居民要進行有計劃的救濟，事前需要一方甄別，但其中大部份急需救濟，那是不容懷疑的。

第四、分佈在水上的漁民及居民，數量不下十萬人，其中不少是近年來冒生命危險，由廣東沿海逃出共區的漁民。這一部份人，單就近年來逃出大陸的漁民，就已急需予以有計劃和有效的救濟，因爲他們既不能在陸上找到適當的工作，在海中捕魚，又因中共艦艇在港海外出沒，不敢遠出而致漁獲減少，生活發生困難。據一項有關漁民由大陸逃港的資料指出：逃至港海的漁民近三千戶，漁民約二萬餘，以一九五八年初大陸實施「人民公社」前逃出者最多，這近二萬多人（在香港漁民救濟會登記者）幾乎非被救濟卽無以長久生存。

香港漁民救濟會對漁民的救濟，是每月每人發給米碎五磅，麵粉五磅，另三人均得奶粉五磅，此項救濟數量，對有魚可捕的漁民，誠然不無小補，但對全無收穫的漁民來說，則是不足的，據調查，在救濟下能免日常生活發生困難的漁民，最多不過半數，換言之，仍約有一萬五千人陷於半飢餓中。

救濟難民的組織

現在讓我們簡略的來介紹目前香港擔負着救濟難民的機構。最主要的當然是香港政府，而其主辦機構則是社會福利署，該署所主持的救濟事業，是以全香港的居民爲對象，就全香港的貧苦居民擬具計劃，嚴格的說，並沒有單獨將某一部份人劃明爲「中國難民」然後另行擬訂特別的救濟計劃，因爲每一居港的人，都發給人口登記證，卽成爲香港居民之一，在居留資格上旣沒有分別爲普通居民或難民，在救濟計劃上就也沒有分開進行的必要。例如徙置大厦的建設，徙置區的建立，在香港政府的計劃中，是認爲木屋區火災、水災，應該加以安置，或在建設上需要折遷某一部份木屋，那些被折遷者亦應該加上安置。在建築徙置屋宇中，香港政府撥出一筆欵項交給（也可說是貸借）主管單位建屋，在建屋落成後，遷入居住者每月仍要繳納屋租，就黃大仙的徙置大厦廿五座計算，總共建築費約二千萬港元，建成後容納居住單位約一萬四千個，每一居住單位每月納租約十五港元，每年可收回租金約二百五十萬元，除卻辦費及利息外，二十年內就可收回墊出的建築費用。

雖然沒有特別列明徙置中國難民，但那些被徙置者，幾乎全部是由中國大陸逃入香港的難民。每逢木屋區遭遇到火災或水災，居民食宿都發生困難時，這個臨時的救濟責任，就落在該經管機構身上，這種每年常見的救濟，雖然是香港當局對每一個居民應負的責任，但事實上也等如對中國難民負起一部份責任。

除香港政府外，天主教、世界基督教會、基督教信義宗等等，可說是幾個比較有力的救濟單位，但它們的救濟計劃仍未能顧及到全部的難民，而且在進行上各自爲政。

天主教的救濟工作，是一套盡人皆知的方式，那是以教堂爲中心，與教堂有關係或受到神甫注意到的範圍，就可能得到某些救濟。就所知，香港天主教並沒有一整套包括全香港的爲數達百萬人的救濟計劃，據筆者觀察，甚至一個區（教堂轄區）的救濟計劃，也偏疏不劃一的。在對難民的了解上和實行救濟方面，都嫌不夠。美國慈善人士組織的「美國援助中國難民協會」所寄到香港的糧食包，天主教是個主要的分配機構之一，但是卻分發得不大理想，可能它們已經盡了心和盡了力量。

世界基督教會和基督教信義宗所進行的救濟活動，多在臨時的救濟事件上配合社會福利署，例如木屋火災，社會福利署前往登記及分派災民的食宿，它們亦同時向災民派發救濟物品。可以說，它們對難民需要的情況，也都未作通盤的調查和設計，也許它們因爲經濟上的理由，根本不可能作通盤的計劃。但就多宗臨時的救濟事件的表現上看，它們的精神也是可嘉佩的。

前年聯合國提出國際難民年之時，香港的一部份人士，紛紛借教會名義組織難民救濟團體，有者且說動其他團體，舉行聯合性的座談會，交換聯合組織意見，希望成立一個香港區總的難民救濟機構，其中不乏有人對管理救濟機構發生遐想。

香港需要不需要一個總的難民救濟機構？這一問題，自前年一部份團體醞釀倡組後，就有兩個意見爭論不決；一個意見是認爲香港需要一個總的難民救濟機構，來管理分配來自世界各地與及本地熱心人士捐助的物品和金錢。另一個意見是認爲香港政府既有掌理救濟事務的機構如社會福利署者，實在不需要另成立一個組織，且難民既已被視爲香港居民的一部份，不容易再行甄別，也不便另案辦理救濟。最後雖有一個「世界難民年香港委員會」的組織產生，但未見對香港區百多萬中國難民有過引人注意的表現。

所期望於臺北及聯合國救濟當局者

以一年爲期的國際難民年已將屆滿，對於香港區的百多萬中國難民的救濟，仍然看不出有何重大的表現，此種趨勢，有不少人希望聯合國難民救濟機構，應從速採取更有效措施，派出專家與港府合作，使香港政府的救濟計劃能兼及聯合國所希望做到的「關於救濟百多萬中國難民」的計劃。同時聯合國本身亦應從速確立一個完整的救濟百多萬中國難民的計劃。

聯合國能直接照顧到近百萬阿拉伯難民，而對香港區的中國難民却遲遲未予有效的救濟辦法，這是聯合國救濟機構的弱點，特別是在國際難民年中，表現得如此空泛，更是亞洲人士所意料不到的！

臺北國府的救濟當局這一年來的表現也頗令人失望，就幾位既熱心又研究此一類問題的朋友檢討，認爲幾件事是國府救濟當局所疏忽了的：

一、臺北國府救濟大陸難民當局，顯然對流落在港的難民數字沒有深一層的調查統計，究竟有多少人？壯年的佔多少？老弱的佔多少？他們現在怎樣生活？他們的環境怎樣？他們的希望又怎樣？這些調查資料，相信如果聯合國國際難民機構請臺北提供，負責其事者可能瞠目結舌——如果聯合國突然決定對流落在香港區的中國難民負起救濟責任，必然是需要此項詳細資料的。

二、臺北救濟經管機構對香港當局所進行的關係到中國難民的救濟措施，了解可能相當隔膜，此項可從谷正綱先生指責港府沒有將應用之於中國難民的千萬之捐欵用在中國難民身上一事估量到。就筆者過去所得印象，谷先生在社會部任內對應經管之事，明瞭得甚細微，其處理反應亦非常機警，特別是決斷上兼有圓通而不含糊之妙，何乃此次發言突如其來，頗有不分皂白一筆勾銷港方多年來收容及安頓難民所有事蹟及開銷之慨，豈谷先生也有年事漸高不勝積煩之處耶。

就事務的需要上着想，臺北救濟經管當局不但對港方所有關係到中國難民的照顧工作及態度應隨時注意，同時應盡可能派幹員擔任聯絡及協助工作，即使在外交關係上有多少不方便，但應盡力去把事情打通。

一位不願透露姓名的港方辦理救濟事務的高級人員這樣說：香港政府祇是沒有特別將用出的救濟財物列明是「救濟中國難民的」，而決非「不把救濟欵用在難民身上」。事實上，單就救濟一九五八年以後逃入港海的漁民，香港所付出的救濟金，恐怕已接近千萬元之數，而一年來對木屋區居民的徙置支出亦達千萬元以上，難道漁民和木屋居民不就是中國難民？我們歡迎各有關方面提供種種救濟意見與歡迎捐助救濟財物，同樣欣切，但是我們願意請批評者不要有成見，尤其是請先了解港方辦理救濟的實情然後才說話。

該高級人員又說：世界各地凡有捐欵指明用途的，港方是絕對的尊重且協助使之實現，如挪威世界難民年全國委員會撥一百二十八萬元救濟香港中國難民，指定在調景嶺及將軍澳辦理居民X光檢驗，並設立一間有七十五張病床之肺病等痼疾療養所和一個兒童防病療養所及學校等，港方完全依照其原意加以協助。

三、臺北國府當局究竟有無一整套解決香港區百多萬中國難民的計劃，一般人都表示懷疑；香港方面對由大陸逃入者，所提的收容態度，那是不能厚非的，可是臺灣對中國難民限制入境的苛嚴，一直以來使人懷疑到國府對中國難民的態度！

四、在過去一年多以來，臺北所做到的關於世界各國救助香港區中國難民的宣傳工作，許多人亦嫌其做得不够。

有關的救濟計劃

去年國際難民年決定後，香港雖有不少人想組織救濟團體，但提出像樣的救濟計劃却甚少見。曾有人主張分貸助及救助兩項方式進行，貸助方式中，有建議由國際熱心人士籌集或由聯合國難民基金會，撥一筆數約五千萬元的基金，交給香港難民救濟機構，設立一所香港中國難民生產銀行，使從事貸助難民發展工業農業。救助方式則籌集約一千萬元爲基金，舉凡難民火災、水災、疾病、生育、死葬、教育等等，都作有計劃的進行。

五千萬元設「生產銀行」是否切合？一千萬元對百多萬難民舉辦那麼多的事，是否會過少，這些問題，很奇怪的却未見有人展開研究討論。

香港政府方面亦針對國際難民年提出籌集四千二百萬元的計劃，以改善徙置區環境爲主着，其主要的幾項設施是，設立康樂中心，公衆會堂六間；設小學中學若干間；設各項專門技術訓練班；設幼童教養所；設圖書館、運動場；設肺疾療養所；設殘廢居民更生中心等等。

將港府所提四千二百萬元計劃與上述一千萬元救助計劃比較，顯然的，一千萬元是太少了。除此之外很可惜的，我們沒有發現更精細的有關救濟香港區中國難民的計劃。大額的救濟金不容易籌得到，可能是完整計劃沒有產生的原因。

許多人覺得，香港的人太密集了，對於安頓難民的較爲長遠的計劃，仍是設法使難民移徙到巴西、北婆羅洲或者臺灣等地去。綜觀將已過去的「國際難民年」的成就，像這樣艱鉅的事，恐怕更難有實行之可能。

來函照登

自由中國社請轉譚益齋先生大鑒：頃閱「自由中國」雜誌第二十二卷十期刊載先生第二次來函，敬悉一是。本人對於學校同仁申訴或請求的事，向極注意，只是由於所屬學校太多，事務甚繁，對於本廳業務範圍內的每一件事，無法親自處理，而承辦單位也由於同樣的原因，有時難免疏忽之處。如本廳中小學教員檢定會，每月承辦檢定案達兩千餘件，而且初檢複檢，情形諸多不一，手續亦頗繁複，以致發生此次臺北縣政府教育科承轉 先生檢定案因延誤時間，而引起 先生不滿的事，就是一個例子。關於這件事，本廳除前經函請該縣府對承辦人員予以糾正外，現已另派專門委員葉桐前往臺北縣政府教育科調查本案處理經過情形，以明事實眞象與責任所在，希望能得到合理的解決，煩請 先生就近與葉先生聯繫（葉先生住臺北南昌街一段三十一巷二號）。至於上次本廳答復函，確係由本廳秘書室備函請自由中國社刊登。耑復順頌
教綏

劉眞 啓　五月十七日

敬啓者頃閱：貴社第廿二卷第十期刊後載有函復關於王況裘、田功震、耿汝冰等投書以「中華民國究竟是否一黨專政乎？是三黨協同乎？」爲正題及其副題等一節查本人並無此項投稿顯係有人假借名義別有用心應請 賜即更正爲荷。此致
自由中國社

田功震、耿汝冰 同啓　五月十九日

競選縣長三次落選感言

石錫勳

在民主國家，選舉是奠定民主政治的基礎。有選舉便有競選，而選舉能否在自由常規中圓滿進行，則須視辦理選舉事務是否有公平、合理、合法的制度。

筆者自民國四十三年以來，爲爭取本省民主政治光明前途起見，以無黨無派身分，繼續參加彰化縣長競選三次，結果均在不公平的競選制度下而告落選。

筆者鑒於前在第二屆競選中所遭遇的苦難，不願復蹈前轍，與在野黨以及黨外人士共策如何爭取在公平合理合法的選舉制度下競選起見，曾於四十六年四月十二日，邀請在野黨以及參加第三屆縣市長暨省議員黨外候選人，在臺中就有關改進選舉事項開座談會，並共同決議五點建議，籲請政府採納：㈠有關取締辦理選務監察人員以及公教治安人員違法助選事宜，㈡有關黨主委不得兼任監察小組召集人事宜，㈢請政府准許民青兩黨共同推舉投票所監察員事宜，㈣有關各投票所開票、唱票事宜，（請看民主潮第七卷第八期）但未能見諸實行。旋經第三屆選舉結束後，黨外候選人爲求今後選舉之改善，與本省地方自治之進步起見，于四十六年五月十八日復在臺北開選舉檢討座談會，結果共同發表聲明，指出必須糾正之事四點：㈠公教人員公開助選破壞法規之事實，㈡選務機構違法之事實，㈢各投票所監察人員干涉投票不公之事實，㈣政府機關憑藉巧妙名目爲掩護，利用公款，協助黨提名人之事實。（請看民主潮第七卷第十二期）至於本屆縣市長暨省議員選舉未開始前，在野黨及黨外人士於二月底，復在臺北舉行選舉問題座談會，經討論結果，就有關共同辦理選務和公開監察等，向國民黨及政府提出十五點要求，（請看自由中國第廿二卷第七期）可是，以上所作的多次努力，不僅未能被有關當局採納，而本屆情形，更屬變本加厲。此次彰化縣之「縣長選舉戰」，實爲本縣歷屆縣長選戰中最激烈之一次。何以說？縣黨部因要創造本省最高之勝利記錄，故不但發動全縣公敎警人員，甚至將所有的人民團體，以雷霆萬鈞之勢，要脅投入此次選戰。其違法競選之花樣，與舞弊之多，眞是筆舌難盡。

玆將國民黨候選人非法競選活動之情形，擇要概述於後：

一、非法僱用宣傳用汽車六十餘輛，違反了法規的硬性限制。

在法規上規定，每候選人最多得使用宣傳車三輛，然而國民黨候選人故意違背，僱用宣傳汽車六十餘輛，雖經筆者向監察小組提出檢擧，但未能及時制止，故造成國民黨候選人之車輛的滿街飛。

二、發動公敎警學生違法助選。

禁止公敎警人員之助選，不僅在法規上有明文之規定，且在本屆選擧前，政府也曾三令五申：如三月十二日周主席向選擧工作人員的談話，田內政部長在立法院內政委員會之報告等，均有明顯的表示。但是國民黨對黨提名候選人只許勝利，不許失敗，偏偏發動二萬餘人之黨公敎警人員出面助選：①如彰化商業職業學校校長古鼐，身爲監察小組召集人，竟公然發動該校敎職員於四月十日起三天，以出差名義下鄉助選，其費用一切，于四月十八日由黨候選人呂世明交給古鼐，而轉給參加助選之敎職員。②中山國民學校校長吳江水，於四月二十二日召開母姊會，由縣長候選人呂世明太太主持，但滿口所說，完全只是有關選擧運動。③國民黨縣長候選人之弟弟呂英明，利用員林農業學校校長身分，以召開家長會名義，赴各地從事選擧活動，又命令該校音樂敎員，在音樂正課上課時，向學生敎授國民黨候選人呂世明之助選歌。④彰化市長賴通堯身爲公務人員，公然坐在助選車上，爲國民黨縣長候選人宣傳，並令全體職員，爲呂世明助選。⑤鹿港警察分局長，不論穿公服或私服，以軟硬兼施的手段，令選民必須圈選國民黨候選人。⑥員林農業學校學生，奉學校命令，在員林、社頭地區投票所前拉票。

三、縣黨部命令縣轄各人民團體，出名、出資、出力爲黨提名候選人助選。

依據法規，不得以人民團體名義助選任何候選人，而本縣各級人民團體，竟違法出名出資出力公開助選。例如：①四月十一日，彰化縣農會及其他十四個人民團體聯名，將支持國民黨候選人呂世明的推薦單，擅自散發全縣各地。②彰化縣棉布商業同業公會及其他十二個公會，不但出資支持黨提名候選人，並輪流樂捐助選車，以及助派座車宣傳人員。

四、彰化市中山投票所唱票員故意唱反對票。

彰化市中山投票所唱票員，故意將石錫勳之票，唱作呂世明之票，連續數張，經選民當場指出唱票錯誤後，始行改正。

五、蒐集身份證，以金錢物質收買選票。

①在線西和美方面，以金錢、物質收買選民，並由里長蒐集身份證，代替投票。

②縣議員黃某某，于四月二十二日，代表彰化市里長，向黨提名候選人呂世明，領取收買里長費一萬八千二百元，並分發每里長二百元。

六、開票當時，故意停電，以便舞弊。例如二林二水員林社頭方面一部份投票所，在開票當時，故意停電，以便舞弊。

七、全縣四百二十個投票所選務員，均由國民黨推派。

在野黨以及黨外人士爲期待選舉公正起見，曾要求每個投票所，得派一人的建議，國民黨均不接受。而國民黨則獨自推派一千二百六十名，分佈於各投票所任選務員。其用意何在，不言而知。

八、故意僞造事實，及散發謠言的宣傳單，挑撥選民對黨外候選人發生反感。

國民黨候選人，印製謠言宣傳單，借假姓名及無住址的人士，散發全縣，其主要內容如下：①石錫勳不是彰化縣人，②曾侵公欵，③三度競選志在搓圓仔湯等。

九、國民黨候選人，亦使用日本海軍行進曲，未受取締。

國民黨縣長候選人，亦利用日本海軍行進曲，未受取締，何以在臺北的黨外候選人，因利用此歌譜，即時受取締。一樣的事，何以處理有此差別？

十、其他還有借用他人之名義宴客，供給選民長期免費坐車劵等，其違法舞弊競選活動之多，一一不勝枚擧。

總而言之，國民黨是執政黨，有龐大的組織，有強大的人力財力，而無黨派人士，是只靠自己的信譽，憑個人的力量參加競選。所以我們不但在平等條件之下競選，難以取勝，在不平等條件之下競選，實更無法取勝了。此次縣長競選，國民黨候選人已獲得大勝利，但在整個過程中，所發生之種種不合理、不合法、不公平之現象，將永爲本縣人民記憶中的一大汚點。此種不公平、不合理，不合法的選擧作風，國民黨雖在表面上獲得勝利，但是人民心裏，却深深地刻下了不滿的創痕。

最後我請願有關當局，快下決心，培養民主風氣，不僅要求修改選擧法規，及建立眞正公平合理合法的選擧制度；更願積極建議我們的執政黨，樹立眞正守法及遵守道德的社會風氣，拿出決心來做，這是收拾民心以利反攻的基本工作。

論設置「憲政研討委員會」的法律根據

龍在天

依照民國三十七年前國民政府公佈的動員戡亂時期臨時條欵最後一欵的規定：「第一屆國民大會應由總統至遲於民國三十九年十二月二十五日以前召集臨時會，討論修改憲法各案，如屆時動員戡亂時期尚未依前項規定宣告終止，國民大會臨時會應決定臨時條欵應否延長或廢止。」是知行憲之初，即有所謂「修改憲法各案」。只以行憲不久，大陸即告變色，而戡亂時期迄無終止之望，因此，不僅三十九年沒有能召集臨時國大，即四十三年第一屆國大代表第二次集會時，也不得不決議將該項條欵繼續施行，直到本年第三次集會時始將該項條欵予以修改。

此次臨時條欵的修改內容，與其名之爲修正，不如謂爲擴展或增加，尚較切於事實。對於臨時條欵原列各點仍多保留，如予總統以緊急處分之權，在適當時期召集國大臨時會討論有關修憲各案，總統有宣告終止動員戡亂時期之權等悉仍舊觀，但却新增了下列各點：

①動員戡亂時期總統副總統得連選連任，不受憲法第四十七條連任一次之限制；

②國民大會對於創制，複決兩權之行使，於國民大會第三次會議閉會後，設置機構，研擬辦法，連同有關修改憲法各案，由總統召集國民大會臨時會討論之；

③臨時條欵之修訂或廢止，由國民大會決定之。

這新增的三點，第一點是這次國大集會的唯一目的，俾使蔣總統得以連任；第三點則將行之已久的實際手續，予以明文規定；均無新異之感。只有第二點的規定，關於創制複決兩權的行使，則爲國大第三次集會引起紛爭的中心問題。若干國民黨籍的代表們所提出的修憲案或修臨案，均以行使兩權與總統連任相提並論，堅持甚力，嗣經國民黨總裁於三月三日召集國民黨籍代表的座談會上，對此爭議作了如下的決定：

①此時此地不宜修改憲法；

②行使創制複決兩權，於大會結束後，成立個特別委員會研究這個問題；

③在今後六年以內的適當時期召開國民大會臨時會議，討論修改憲法及行使創制複決權問題；

於是大會根據此項指示，將臨時條欵作如上之修正，但是國大代表們仍認爲修正原文中，有兩點不够明確，深恐將來落空：

①「設置機構」或「成立特別委員會」將如何具體化？

②召集臨時國大的適當時期，究竟在「今後六年」中的那一年？國大代表因爲上兩問題尤以召集臨時國大的確切日期一點沒有明確規定，深恐將來陷於延宕的局面，所以大會在三讀通過臨時條欵修正文的時候，特作了一項決議：「關於臨時條欵規定設置之機構，由國民大會主席團擬定組織原則，提大會通過，送由政府照案辦理。」就此項決議研究，似乎只解決了「設置機構」的問題，但是根據大會通過之「臨時條欵規定設置機構之組織原則」第五項第一、二兩欵規定：「國民大會憲政研討委員會於四十九年七月一日成立，研究工

作限於五十年十二月二十五日以前完成。」再證之原則第二項任務：「研擬創制、複決兩權之行使辦法，連同有關修改憲法各案，於廣泛徵求各方意見後，彙咨總統作爲召集國民大會臨時會期之參考。」則憲政研討完成之日，應爲國大臨時集會之期，五十一年該爲召集臨時國大的適當時期了！

茲所探討者，爲國民大會設置憲政研討委員會之法律根據及權力來源。依照國民大會原決議案的規定，該項委員會係由國民大會主席團擬定了組織原則，提經大會通過後，「送由政府照案辦理。」並在該組織原則最後規定：「本委員會之存廢，由國民大會決定之。」是則該委員會的設置存廢，完全取決於國民大會，政府只有照案辦理的「義務」，爲了表明這個委員會是屬於國民大會的，所以定名爲「國民大會憲政研討委員會」。究竟國民大會有沒有設置委員會，決定組織原則，送由政府照案辦理的權力呢？有沒有法律的根據呢？按國民大會的職權，依憲法第二十七條的規定：①選擧總統副總統；②罷免總統副總統；③修改憲法；④複決立法院所提之憲法修正案。又同條第二項規定關於行使創制、複決兩權，應「俟全國有半數之縣市，曾經行使創制、複決兩項政權時，由國民大會制定辦法並行使之。」此或即爲此次國民大會決議設立憲政研討委員會法律根據，以爲行使創制複決兩權既應由國民大會制定辦法並行使之，遂延伸爲也可以「設置機構」，研議辦法而行使之，因而規定這個委員會的任務在「研擬創制、複決兩權之行使辦法，連同有關修憲各案，廣泛徵求各方意見。」可是憲法第二十七條第二項明明規定：「關於創制、複決兩權……由國民大會制定辦法並行使之。」並非請由國民大會制定辦法，「組織機構」，研擬兩權如何行使，更未涉及修憲各案。茲經國民大會通過了「臨時條欵規定設置機構之組織原則」，「交由政府照案辦理」，如果係以憲法第二十七條第二項爲法律根據，未免歪曲解釋了該項條文！若謂係根據修正之臨時條欵而來，則原條欵並沒有說明由國民大會去「設置機構，研議辦法。」其所以如此決定的原因，實以國民大會在閉會期間無任何權力，國民大會代表除了憲法規定的職權外——也無任何其他職權。

國民大會是代表全國國民行使政權的機關，其職權範圍，憲法上均有明確規定，已如上述。即按之國民大會組織法，也特別强調此點。據國民大會組織法第二條規定：「國民大會行使憲法所賦予之職權。」同法第四條又規定，國民大會代表於每次集會之先，應行宣誓，其誓詞爲：「某某誓以至誠，恪遵憲法，代表中華民國人民依法行使職權。」此所謂依法，當指依照憲法，國民大會組織法及其他經過立法程序之法律而言，而行使職權應僅限於集會期間，所以國民大會組織法第十四條明白規定：「國民大會每次集會，於任務終了時即行閉會。」國民大會代表在閉會期間與一般國民無異，可以從事其所經營之事業，所以國民大會代表爲無給職，不禁止兼職。政府遷臺之初，仍能維持此項制度，自四十三年選擧第二任總統以後，才將國大代表改爲有給職；而國大代表們又要求設置一常設機構，但因於法無據，國民大會不能產生常設機構，政府只好把行政院的設計委員會，擴大爲光復大陸設計研究委員會，延攬全部國大代表爲委員。那是政府根據行政權力所設置的設計研究機構，與國民大會本身無關，不能指爲國民大會的常設機構。又因光復大陸設計研究委員會有若干非國大代表的委員，更不是爲國大代表們特設的常設機構。此外另有國大代表聯誼會的組織，顧名思義，也只是國大代表聯繫友誼的社交團體而已，也不是國民大會的常設機構。

如果憲政研討委員會在不久的將來，由「政府照案辦理」而告成立，該委員會既以全部國大代表爲委員，以總統（係國大代表）副總統（非國大代表）爲正副主任委員，以國民大會秘書長爲秘書長，每三個月擧行綜合會議一次，每年十二月二十五日擧行全體會議一次，是無異將這個國民大會無限期的延展下去，把國民大會變成一個常設機構，只是名稱更換了一下而已！試問此項不倫不類的組織，國大主席團根據何種法律可以擬定原則，更根據何種法律可以提請大會通過？依照國民大會組織法第五條之規定，國民大會主席團的職掌僅限於下列三項：

①關於議事程序事項；

②關於國民大會行政事項；

③本法規定其他事項；

所謂本法規定其他事項者，係指同法第十一條代表懲戒事項，第十二條秘書處之組織及處務規程之訂定事項，及第十三條國民大會議事規則之擬訂事項，此外則依照總統副總統選擧罷免法規定國大主席團應致送當選證書予當選人或將罷免案正式通知被罷免人。可見各種法律上並沒有賦予國大主席團以「擬定原則，設置機構」之權，至於大會之通過該項設置機構的原則，更無法律根據，前已言之甚詳，不再贅述。

再就大會原決議文「交政府照案辦理」一節言：按照現行國民大會議事規則中規定大會開會期間，國大代表可以聽取施政報告，提出詢問並檢討國事，實已溢出憲法所賦予國民大會之職權範圍，時人論之甚詳。但事實上國民大會所爲之詢問，所作之檢討，不無足供政府施政參考的價值，却沒有拘束政府施政的效力。因而每次國民大會的若干決議案，無論其決議文爲「請政府辦理」，「請政府切實辦理」或「請政府迅速辦理」，均無拘束政府「照案辦理」的法律效力，因爲中華民國的國民大會既不是極權組織的「人代會」，也不是三權國家的議會，其權責載明在憲法，何能爲了自身的權益，作此違背憲法、逾越職權的決議。眞不知政府最近又將根據何種法律去「照案辦理」？更不知國大代表們將如何解釋他們是在如何的「代表國民，行使政權」？這或許就是國大代表們初步行使創制權的小試牛刀罷？可是辦法尚未制定，又何從而行使此權，實爲吾人所百思而不得其解者。如果違憲越權之例從此一開，則國大代表們可以爲所欲爲，對於這個憲政體制，影響極大，深望邦人君子，對於此一問題，加以注意！

在野黨及無黨無派人士擧行本屆地方選擧檢討會紀錄摘要

時間：中華民國四十九年五月十八日下午三時——九時

地點：臺北市和平東路二段二二五巷六號中國民主社會黨總部

出席：吳三連、高玉樹、李萬居、郭雨新、郭國基、郭　發、謝漢儒、夏濤聲、朱文伯、楊基振、李牲源、齊世英、雷　震、蔣勻田、成舍我、沈雲龍、孫亞夫、萬鴻圖、楊毓滋、王漢生、葉時修、劉永濟、王嵐僧、傅　正、宋霖康、李福春、李連麗卿、李賜卿、王子鵬、李秋遠、張高懷、林丕讓、諸寶恆、趙　和、葉炳煌、鄭宋柳、林維洲、黃千里、傅添榮、蔡坤山、洪添祿、陳　肯、洪　錐、王　地、蘇東啓、吳光遠、張火源、許竹模、許世賢、李火煙、胡能晃、葉廷珪（林鶴壽代）、魏東安、陸雲皆、林清景、楊金虎、李順德、黃振三、何春木、蔡德彬、蘇祖繼、翁道源等數十人。

謝漢儒先生：在沒有正式開會之前，我想先講幾句話：

過去在每次選擧之後，我們都擧行檢討會。第三次選擧以後，我們曾有地方自治研究會的組織，但因客觀環境的不許可，我們檢討的結果，都未能達到理想的目標。

在第二屆省議員暨第四屆縣市長選擧以前，我們曾向國民黨政府當局提出十五點建議，結果我們的建議，沒有得到回音，選擧投票已經開始了。因爲在這種情形之下，不管是在野黨出來競選的，或無黨無派人士出來競選的，這一次所遭受的許多困難和打擊，眞是罄竹難書。住在臺北關心這一次選擧的人士認爲有來一次檢討的必要，所以今天邀請各位光臨，希望大家能來一番切實的檢討，指出此次選擧不當的地方。將來可以向政府建議，希望慢慢的能把選擧辦好。

以上是簡單報告這一次擧行檢討會的意義。

其次，現在主席尚未選出，因爲這一次的檢討會恐怕時間會拖得很長，請一位主席似太辛苦，兄弟建議先行組織一個主席團，由幾位老前輩出來主持會議，（鼓掌贊成）。爲爭取時間，本席擬了一份主席團的名單，擬請各位表示意見，第一位雷震先生，第二位吳三連先生；第三位李萬居先生，第四位楊金虎先生；第五位許世賢先生，第六位高玉樹先生，第七位王地先生（衆鼓掌贊成）。

現在就請七位做主席團的，上主席臺執行職務。

（主席推定李萬居）

主　席（李萬居先生）：

記得三年前的今天，即民國四十六年五月十八日，我們在本市新蓬萊公共食堂召開了一次「在野黨及無黨無派第三屆省議員及縣市長候選人選擧檢討座談會」。時間過得眞快，轉眼間已經三年了！在這三年的中間，國際局勢不知道發生了多少的變化？許多國家的人文科學和自然科學的發展進步，尤其使人驚嘆不已。然而回頭看看這幾年來我們的政治，究竟進步抑是退步？眞不禁令人感慨萬端！

本屆——第二屆省議員和第四屆縣市長的選擧已經結束了，但選擧的過程如何？是不是公平合理？比較上一屆有沒有進步？有沒有像過去所謂「安全措施」？軍公敎人員有沒有干涉選擧？如果有，干涉的程度到怎樣？雖然這已是明日黃花，已經成爲過去的問題；但今天再提出來檢討檢討，似乎是有意義的事。而本省各縣市議員的選擧，在今年十一月裏即將擧行。因此，在臺北一班熱心於民主政治和地方自治的朋友們商量的結果，決定今天在這裏擧行這一個選擧問題檢討座談會。今天承蒙各位在百忙之中，遠道撥冗光臨參加，令人萬分感謝。一個民主國家的政治要辦得好，政治要眞正走上民主這條路，先要辦好地方自治。地方自治的基礎即在各基層的選擧；但是選擧是不是公平合理，這點關係於地方自治的前途非常重大。孫中山先生在他的遺敎中，對於地方自治異常注意。他畢生努力，謀求實現的地方自治是其中的一項。他不斷地提到中國政治要辦得好，首先要從地方自治做起。今日執政黨黨員都是孫先生的忠實信徒，依照常理來說，他們應該把地方自治辦好，這是毫無疑義的。「選賢與能，天下爲公」，應該是他們所追求的理想。但是事實上是不是這樣？他們有沒有這種誠意？這就使人不無懷疑的地方。這裏且讓我擧出三兩個例子來看看。

一、共同辦理選務問題：凡是民主國家，選擧事務一定由各政黨共同辦理，即各個投票所和開票所共同派人管理和監察，才算是公平合理。所以上屆本屆的選擧之前，我們都曾提出這個願望和要求，特別是本年三月十七日曾經向有關當局和國民黨方面所提出的十五點，其中也特別强調要求監察員由各黨派共同的推派，原因就是在此。結果呢？政府和執政黨方面都置之不理。他們對於地方自治的誠意如何，於此可見一斑。

二、軍公敎人員干涉選擧的問題：軍公敎人員不能干涉選擧，這是無可爭辯的事。但是我們這個所謂民主國度裏面，竟有人解釋軍警人員脫下制服，改穿便衣，以及公敎人員在辦公時間外，即可用另一種身分幫忙他們的同志競選，不受任何限制。請問這是不是詭辯？至於臺灣省妨害選擧取締辦法第四條所明白規定的，那他們更可不理了。事實的確是這樣，僅就選擧比較不大干涉的雲林縣來說，警察和一般公敎人員便有奉命挨家挨戶勸告選民應該圈選某某人的事實。

三、關於秘密投票問題：「一人一票，秘密投票」，這是民主政治下的選擧的通例。但就我本人親身的經驗，所謂秘密投票大有問題；這次雲林縣的選擧，其情形應該比較好的。不過一般投票所的佈置顯然有問題；圈票的處所很簡陋地用屏風遮住，任何選務人員或警察人員站在遠遠的地方，都可看見選民在圈選那一個人。所謂秘密投票，實屬欺人之談。

因爲時間有限，我祗能擧出幾個簡單的例證來給大家作參考。至於省議會縣市長的職權的不合理限制，在在可看出政府和執政黨還沒有誠意把地方自治辦好。各位都是身歷其境的人，一定有好的多的寶貴材料，來貢獻給大家。今天因爲時間不多，每位發言擬定爲十五分鐘，請各位多多原諒。先請雷先生講話。

雷震先生：我想選舉要公正，要公平，這一件事應該是天經地義的。假定說選舉還要舞弊，那就不要選舉。假定政府對選舉都不能相信，認為靠不住，那就不要地方自治好了，對地方官吏與省縣議員都派好了。既然要實行地方自治，就要眞正的做到地方自治。地方自治的基礎就是選舉，選舉也可以說是今天民主政治最重要的一環。

假使政府或國民黨一方面既要在臺灣實行地方自治，又要使選舉不公平，這一點在國民黨說起來是錯誤的。我始終想不通，為什麼他們既要實行地方自治，又不讓選舉公平？假使要實行地方自治，首先對於選舉非公正不可，所以各位今天為選舉而爭公這一件事是應該的。我以為這種不公正的選舉，在執政當講起來，也是一個很大的損失。如果選舉公平公正，張三票多，張三當選，李四票多，李四當選。這樣，則競選失敗的人心悅誠服，沒有話講。但今天臺灣的選舉，據我曉得，嚴格地講起來，二十一縣市的選舉，都有毛病。所以今天各位先生遠道趕來臺北參加這個座談會，大家的心情是很沉重的。我們為選舉公正，要求派管理員和監察員，我想沒有人可以反對這件事，政府也不能干涉這一件事，因為這是天經地義的。執政黨難道敢說：「你們不應該爭取選舉公正，你們不應該反對選舉舞弊。」他們敢這樣說嗎？我們為杜絕選舉舞弊，希望選舉公平公正，我們的要求是正大光明的。

其次，今天在座各位先生，有幾位已經當選，還有失敗的。但無論成功與失敗，大家的立場都是相同的，都希望選舉公正，所以我們大家要團結一致，因為單靠一二人的力量是不夠的。一定要大家團結，力量循正當合法途徑，向執政黨爭，相信總有一天，一定會達到選舉公正的目的。所以今天我們在此地開檢討會，就是要團結一切力量，團結在野黨和無黨無派所有候選人與關心選舉的人士，來要求選舉公正。

綜合我的意見，第一、選舉必須公正，這是沒有人否認的，國民黨更不能否認。第二、我們要求選舉公正大家要團結一致，團結力量來要求選舉公正。我相信我們的出發點是正確的，是光明正大的，沒有人敢反對的。尤其我們這一種要求選舉公正的結合，是合法的。我們要求選舉公正，就是投票所的管理員、監察員問題，假定這一次選舉的管理員、監察員，民青兩黨可以派員參加，各候選人也可以派人參加，我相信今天落選的人可以當選，我不敢說全部可以當選，但至少一半以上可以當選，或三分之一可以當選。所以我們為達到此一目的，我們必須團結起來，為這件事而奮闘。我自己雖不是候選人，但我很關心這一件事，我願意追隨各位之後，為選舉公正而奮闘。

主席：剛才雷先生提出的兩點意見很寶貴，也是大家一致的希望，現在請大家發表意見。等大家的意見發表以後，再請民青兩黨的領袖們給我們指教。同時我們想先聽聽各候選人的意見。

現在請楊金虎先生擔任主席。

楊金虎先生：在擔任主席以前，我想向各位講幾句話。

記得開國民大會時，有一天總統副總統邀請六十歲以上的代表在臺北賓館吃飯，本席也是第二天被招待者之一。飯後，我認為機會難得，於是站起來代表臺灣同胞向最高領袖表示一點意見。當時我講話的內容，大概是這樣：

「臺灣自光復以後，無論軍事、政治、經濟、文化、社會，各方面都有進步，只有臺灣地方自治，尤其是選舉舞弊，老百姓非常不滿意。因為過去臺灣幾次選舉，辦理選舉的人，都沒有辦好，我相信最高領袖絕對無意不要把選舉辦好，但今天在臺灣的情形，我可以不客氣的說，大家都不滿意辦理選舉的人。我們要反攻復國，必須收拾人心。選舉辦得好，是收拾人心最好的方法。所以我希望最高領袖對於這個問題要特別關心，應督責辦理選舉的人要好好的去做，收攬臺灣民心。

臺灣同胞過去在日治時代，在日本人的暴力壓迫和極權統治下，過着非人的生活，但那時日本人辦理的選舉，比諸現在的各項選舉似乎還略勝一籌。所以現在當我們看到辦理選舉各種違法舞弊的情形，能不感慨系之，希望最高領袖以後對於這個問題要特別關心。

其次，希望總統副總統對於臺灣省長民選問題要特別注意。現在各縣(市)鄉鎮長都是民選，單單省長是派任的，老百姓對這一點很看不慣，希望對於臺灣省長能儘快實行民選，把臺灣地方自治制度全面推行。」

上面是那天我對總統副總統說的話。想不到不久韓國發生了大政潮，我不敢說總統副總統是否受了我那天說話的影響，以後我在聯合報等看到總統副總統發表談話，對於臺灣選舉，應力求公平，當我看到這一項報導，內心感到很高興，最低限度，我們瞭解最高領袖是要把選舉辦好的。但是國民黨辦理選舉的人，沒有仰體總統的意旨，仍舊我行我素，在這一次選舉中，更是變本加厲，毛病百出。我之所以不參加這一次高雄市市長的競選，就是這個道理。在不公平的氣氛下競選，我們在野黨是無法勝利。等於打麻將，甲方舞弊，乙方不舞弊，那乙方是穩輸的。這一次的選舉，民青兩黨要求派管理員與監察員，國民黨連這一點要求都不答應，就是存心要使選舉不公平。

所以想將來臺灣的選舉能夠辦好，我們把希望寄託在執政黨，那是永遠，沒有希望的。除非各位先生，大家能聯合團結起來，組織一個強有力在野黨，來對抗國民黨，否則是沒有辦法的。

諸寶恒先生：對於此次選舉辦得好壞，大家有目共睹，不必多說。我認為今天我們應該把握這個機會，以今天在場出席人員的名義，發表一個宣言

成立一個新的政黨，才是根本辦法。

郭國基先生：過去的事不必多說，為寶貴時間，我們應該就將來怎麼樣團結，怎麼樣把臺灣的選舉辦好這個問題上，多發表意見。

李順德先生：今天國民黨在各地這樣胡作非為，這樣蠻橫，就是因為他們可以動用政府的預算，才有那樣大的力量。而過去民青兩黨，對於這事不予干涉，實在是沒有盡到在野黨的責任。我們希望民青兩黨早日解散，另外由大家來組織一個新的政黨。

許竹模先生：我是嘉義縣第四屆縣長候選人。郭先生說：過去選舉不公平，國民黨用種種手段，壓迫黨外競選

人士，大家都知道。今後我們應如何想法，來對抗國民黨的違法舞弊，我認爲這是目前最重要的課題。

民主政治需要反對黨，今天很顯然，國民黨一黨包辦，雖然還有民青兩黨，但民青兩黨的力量，不足以對付國民黨。我同意郭先生和李先生的意見，現在由民青兩黨人士，再加上無黨無派人士，大家聯合起來組織一個强有力的反對黨，來對付國民黨。

至於這一次臺灣實行地方自治，沒有進步，各地都已經有選舉訴訟，至於嘉義雖然沒有選舉訴訟，並不證明選舉辦得好。國民黨之所以敢用種種方法打擊民青兩黨暨無黨無派的競選人，是由於一般人民不知道民主政治究竟爲何物，大家不瞭解民主政治的眞諦，所以今後如何提高一般人民對民主政治的意識，才能做到選舉公平，也是値得大家深切注意的。

郭國基先生：今天民青兩黨的力量委實太小了，我也無意批評民青兩黨，我希望民青兩黨自動解散，另外組織一個强有力的新黨。我們知道在三國後期，是司馬氏的天下，自司法懿、司馬師、司馬昭以下，他們以爲漢朝的江山，都是他們司馬氏的祖宗打下來，所以唯我獨尊。現在國民黨一黨專政，也是認爲中華民國的創立，是國民黨一黨的貢獻，現在應該由他們一黨來享受革命勝利的果實。所以他們目中無人，一向專制獨裁。所以他們對民青兩黨對於他們種種不滿意的行爲，可以置諸不理。這是由於民青兩黨本身的力量不够大。所以我希望把民青兩黨整個全部解散，和臺灣一般民主人士共同來組織一個强有力的在野黨，發揮民主的力量。

何春木先生：我這一次參加臺中市長的競選，已是第二次了。

我的競選方式，是絕對不化錢。大家都知道我何春木是一個窮人，根本無錢可化，就是有錢可化，也絕對以不化錢爲原則。所以我競選的方式是：第一普遍訪問選民，第二參加政見發表會。

經我普遍訪問選民結果，得到選民熱烈的支持，許多選民都一致說，像何春木那樣的人來當市長，一定會眞正的爲市民做一點事的。所以我不敢說百分之百的選民都是支持我的，但我敢說至少有百分之七八十的選民對我有好感的。

其次，我參加公家辦的政見發表會以及我自已辦的政見發表會，我攻擊對手方，盡量根據事實。我指出國民黨地方黨部在過去欺侮民衆，壓迫民衆，浪費公帑，絕對根據事實，不作無的放矢。結果每一場的競選演說，都得到熱烈的掌聲；尤其最後幾天，差不多一天要講二十幾個地方，在投票的前一天，我一共在三十五個地方發表政見。都得到市民一致的支持。在投票前一天晚上，我坐了汽車在臺中市每條街道上，向市民作最後的拜託，跟在車子後面爲我加油的市民，總在五、六千人以上，情況空前。公共汽車繞道行駛，在火車站前廣場上，斷絕交通一小時又半。但像這樣熱烈的情況，最後我還是落選了。

上次臺中市長選舉時，我與當選人的票，相差一萬三千票。這一次據一般市民觀察，認爲何春木一定當選，預測何春木的票，可以多出國民黨候選人邱欽洲二萬票，殊不知最後開票結果，我還是失敗了。我比當選人仍少一萬多票。這裏邊當然有很多原因。有一般熱心的市民，在選舉以後，給了很多證據，要我向法院控告。但我感覺到此時此地，社會需要安定，所以市民的一番好意，只有心領。

這一次選舉的舞弊，花樣百出，茲擇要言之。

第一是張冠李戴：明明這張票是圈何春木的，結果唱爲邱欽洲。某一區上次選舉時，我得三百多票，這一次只得了七十五票。某一區上次選舉時我得兩百多票，這一次只得三十多票。有一區的投票所，上次只有兩個里投票，這一次有三個里投票，按理我的票應該增加，結果開出來我的票比上次還少。像這種例子，在臺中市發現很多。開始唱票時，我的得票數一直領先，比邱欽洲的票多了一半。到了晚上，唱票唱到一半以後，我的票突然減少了。甚至於到最後，我的票根本沒有了。難道選民在上午都投我的票，下午都投邱欽洲的票？我想不會有這種事吧！很明顯的，這是一種最嚴重的選舉舞弊方式。大家如果不信，可以再重新檢查選票，我敢說，沒有問題的，我絕對能當選。

第二是偷票：投票所的人，到了下午五點半，剩下半小時的時間，把沒有人來投票的空白選票，由他們自已打指模，偷偷的投進去了。當然這些票絕對不是投黨外的人，一定是投國民黨候選人的，因爲國民黨事先請投票所的管理員監察員里幹事吃了幾頓飯。我有兩位親戚，在選舉當天身體不好，一直等到下午六時以前十分鐘，才去某國民學校投票，結果他們兩人的票，已經有人給他們投進去了。他們要求查明，投票所的人說：這件事可由我們來調查，將來一定會水落石出的，其實還不是欺騙之詞。

第三製造廢票：在四千多張廢票中，我佔了三千多票，邱欽洲只有一千二百票。我的廢票，圈圈大部份蓋在格子以內，小部份在格子以外的，都不採納，至於邱欽洲的票，圈圈離開格子很遠，都採納了。

此外動員軍隊車輛。在投票前，動員了五十輛軍車，交給市黨部轉交邱欽洲使用。在投票那一天，差不多動員了一百輛十輪大卡車，接送選民。選舉以後，市議會開會，我會就此事質詢林市長，林市長也承認在選舉那一天有很多軍車裝載選民去投票。我問林市長爲什麼不制止。林市長說這是軍隊的事，無法干涉。

此外爲杜絕選舉舞弊，我有幾點建議：

第一、在各投票所，應由黨外候選人推舉監察員執行監察職務。

第二、廢除蓋指模的辦法，杜絕偷票行爲。

第三、選舉辦法中應增加一項，在選舉之後，應讓候選人請求檢驗選票，只限於一次。

第四、軍公教人員助選，絕對要設法禁絕，政府應提出一種有力的保證。

此外，我還有兩點意見：

第一、我同意李順德郭國基兩位先生的意見，但我不贊成把民青兩黨解散。我認爲民青兩黨可以重新徹底密切合作。現在馬上開始籌劃，組織一個新的强有力的政黨，並容納全國無黨無派熱心政治的人踴躍參加。

第二、希望在野黨暨無黨無派當選省議員的諸位先生在今後三年任期中，絕對不要遷就國民黨，在省議會裏，希望儘量多多發揮在野黨暨無黨無派的力量，國民黨任何需索、要求，不要隨便給他們幫忙；通過任何一個議案，都要以大衆的利益爲前題。

李甡源先生：我認爲民青兩黨，一方面應如何努力加强本身的力量，一方面歡迎無黨無派人士踴躍參加民青兩黨，加强團結，最後能出現一個最大最有力量的在野黨。

李連麗卿女士：今天我們在這裏只是說民青兩黨過去的缺點是沒有用的，我們應該積極的請民青兩黨人士拿出切實的辦法來，以作爲將來團結組黨的參考。

王　地先生：

一、國民黨一黨包辦選舉，所有發生選舉舞弊的事情，我想都是大同小異。

二、這次本人參加臺中縣長競選，縣民都認爲本人可以當選，但結果竟告落選。

三、這次選舉有如打仗，所有舞弊不說，這次臺中有四個訓練中心，國民黨動員軍車三五〇輛，並命令軍人打人，故各投票所幾乎都有打人事件。

四、至於安全措施和過去一樣，故唱錯票，弄成本人廢票達一八、〇〇〇餘票。

五、選舉以後本人曾在報紙上呼籲，希望這次國民黨在臺中的選舉行動，運用於反攻大陸。

六、臺中國民學校全部停課，動員小學生助選。

蔡德彬先生：過去檢討不要再講了，今天就開始組織反對黨，推舉籌備委員。

李順德先生：把民青兩黨解散，另外組織新黨，才有力量。

蘇東啓先生：第一、我們今天對外應該有個聲明，雖然我們這一般候選人瞭解這一次選舉國民黨如何舞弊，但一般老百姓暨若干民主國家，只是看到表面。我們說這一次選舉各地方情形是大同小異，話雖不錯，但有的地方有控告，有的地方沒有控告，那是不是說沒有控告的縣市，就沒有發生舞弊呢？絕對不是的，所以我認爲對於這一點也應該有個聲明。

第二、訴訟的縣市我們應該怎樣去幫忙。剛才楊先生說國民黨辦理選舉舞弊，此不是總統的意思，那是下面辦理選舉的人，亂七八糟在胡搞，我對此一論點不敢苟同。韓國的李承晚，如果他不授意他的副總統和內政部長，他們自已敢作主嗎？所以我認爲上面的負責人不能推卸責任。所以對外的聲明很重要，這是要點。

第三、我希望各縣市競選人，最好能再寫一點各縣市選舉的觀感，送給主席團，作爲對外發表聲明的參考。

對於此次選舉舞弊的情形，因限於時間，不能多說。總之國民黨此次辦理選舉的動員，剛才王地先生認爲好像反攻大陸，我認爲比八七水災動員更厲害。我認爲今天檢討會最主要的，是對外發表一個聲明。政府業已對外說明，他們認爲這一次的選舉比過去進步，究竟有沒有進步？我們也應該有個聲明。讓海內外人士瞭解這一次選舉的眞相，特別是有些縣市爲什麼不訴訟，是因爲他們知道訴訟沒有用。至于另組一個反對黨，這都是大家所贊成的。我們是不是請民青兩黨表示意見看他們意見怎樣？

黃振三先生：民青兩黨應自我整頓，去蕪存菁，然後兩黨再聯合起來，組織一個强有力的反對黨。

傅添榮先生：反攻大陸人人有責，不是一黨可以包辦的。首先要把臺灣的地方自治辦好，然後才能談到反攻大陸。當前急務是要組織一個新的民主政黨，督促政府實行地方自治，反攻大陸。

洪添祿先生：解散民青兩黨，不是憑一句話可以做得到的，我希望在座同仁推舉籌備委員，着手組織新黨並歡迎民青兩黨人士參加。大家聯合起來，把臺灣省的選舉改進，實現眞正的民主政治。

陸雲皆先生：我是高雄縣一位無黨無派的人，但對國民黨來說，他們不相信我是無黨無派的，他們都說我是青年黨。我也知道從事政治工作的人，一定要參加一個政黨。有朋友曾勸我參加民社黨，但我感到民青兩黨毫無力量，介入進去又有什麼用呢？所以我始終沒有介入政黨，所以我很贊成在今天的情勢下，一定要組織一個强有力的新黨，這個新黨的力量，足以和國民黨相抗。

其次，希望國大代表參加研究機構開會時，一定要堅持軍人不能介入政黨。如果軍人介入政黨，從事黨務工作，民主政治不但不能發揚光大，甚至將被破壞無遺。

李福春先生：

我得到一個結論，就是今天在臺灣，國民黨在任何一屆選舉中，無論省議員選舉也好，縣市長選舉也好，縣市議員選舉也好，鄉鎭長、村里長選舉也好，除了違法舞弊以外，就沒有辦法當選。今天民主潮流所趨，已經要民青兩黨結合起來。我相信不出十年，除了立監委員國大代表無法改選外，所有臺灣省各項選舉中，都沒有國民黨的份。因爲如果民青兩黨今後所作所爲，完全爲人民的利益着想，完全能合乎人民的要求，那人民自然會站在這一邊的。相反的，執政黨所做的一切事，不能合乎人民的要求，處處得罪老百姓，被老姓看輕，處處與老百姓背道而馳，這就無形中增加民青兩黨的力量，無形中替民青兩黨拉了幾百萬黨員過來。所以今天臺灣已有無數黨員，在等待着民青兩黨去吸收。民青兩黨的老大哥們，只要你們有準確政綱、方針，只要你們登高一呼，定是萬民敬從，大家會跟着你們去和執政黨鬪爭的。

但是很不幸的，就是民青兩黨的老大哥們，都太謹愼了，沒有想到要去奪取政權。各位老大哥，在個人的表現上，那是做得最好了，但是在正當場合應該爭的時候，可說完全沒有發揮反對黨或在野黨的力量，這是使我們很痛心的。所以剛才有幾位先生講的話，雖然未免過份，但決不是無的放矢。是否要解散民青兩黨，我沒有意見，這是他們兩黨自己的事情，黨外人無權加以干涉。我們只能以一番好意來建議他們，看看民青兩黨有沒有辦法加以合作，或解散後另外組織一個在野黨，這樣才有辦法對抗執政黨。

再談到臺灣的選舉，任何那一縣市的選舉，假定國民黨不違法舞弊，他們註定要失敗。因爲他們自己已深深瞭解這一點，他們從各方面去打採消息回來，知道如果在投票所，不派他們自己的管理員與監察員來控制，他們一定會慘敗。所以他們不敢答應黨外人士推舉管理員監察員。這種情形，他們自己很清楚的。他們說每次選舉都有進步，但大家都知道，所謂進步不過是舞弊手法的進步而已。現在他們對選舉舞弊，可說是應有盡有，無奇不有，所有舞弊的花樣都搬出來了。因爲他們自己曉得，好像他們的政權到明天就要丟掉一樣，因此無所不用其極。他們如能像黨外人士那樣光明磊落的競選，我相信國民黨員能當選的一定是寥寥無幾，大概不會超過五分之一，或十分之一。這是情勢逼人，因爲老百姓都對國民黨無好感。所以今天民青兩黨有這樣有利的條件，爲什麽不振作起來幹一下呢？今天民青兩黨正是爭取民心的時候，因爲國民黨不要民心，我們便該把民心接收過來。

（晚餐後，繼續開會，由高玉樹先生主席。）

主　席（高玉樹先生）：各位先生：今天開會應該有兩個目的，第一個目的，是鑒於過去選舉舞弊特別多。過去選舉舞弊的情形，今天在座各位先生中，有許多位是參加過競選的，大家都很明瞭，但國際一般輿論，都不知道臺灣選舉有這樣多的舞弊情形。所以今天我們要作成結論，並發表一個宣言，針對國民黨辦理選舉的種種舞弊情形，公諸世人，使大家瞭解，然後謀求改進的辦法。

我競選過兩次臺北市長，這一次沒有參加競選。國民黨標準的作弊辦法，舉其犖犖大者，可說有如下四種：第一個辦法是收買選民的身份證，代蓋指模，代投票。這種毛病很普遍，譬如李連麗卿與郭國基向法院告發，今天已檢查了一個票箱，已經發現有十八個人沒有去投票，而選務所的人說，已經投過了。我看臺北市像這種特別製造的票，總有一成多。第二個辦法，是故意製造廢票，非黨員的票，圈得稍爲偏差一點，就當作廢票。有時唱票的人在頭髮上塗了墨水，假如看到是投高玉樹的票，故意將票往頭上一抹，票上就沾了墨水，即當作廢票。第三個辦法，是最齷齪的，是第一、二屆選舉所沒有過，到第三次新發明的，就是張冠李戴，在唱票時，看到是非黨員的票，就唱成國民黨的票。譬如上次的選舉，我雖然落選，但還是市長，我曾到各選務所去視察。郭國基有三萬多票，都唱到李良榮那裏去了。這一次臺北市省議員的選舉，郭國基事實上不止四萬多票，還有兩萬多票被唱到姚冬聲和郭岐上面去了。還有李福春也不止一萬票，李連麗卿也不止一萬票，他們奉到命令，李福春的票要唱給李丙心，李連麗卿的票唱給呂錦花，宋霖康的票唱給陳愷。這種消息，當然是他們自己的黨員透露出來的。第四種辦法就是威脅，投票不能保持秘密。除了以上這四種舞弊的方法外，當然另外還有很多的很巧妙的舞弊方法。當然今天我們要爭到公平合法的地步，當然事實上不可能，因爲執政黨什麽都控制在手裏。但至少我們對於上述幾種舞弊辦法，要設法加防止。現在只有一個辦法，就是我們要求派一二個人在投票所裏，從早晨站到晚上，只要這一點能做到，其餘的都無所謂。

李福春先生：剛才主席說「張冠李戴」的舞弊方式，以臺北市來說，各區情形不同，因爲他要配合得天衣無縫，使大家看不出來，譬如雙園區是加在一號上的，大同區建成區延平區是加在九號，龍山區是唱給陳愷。

（有三位用臺語發表意見略）

主　席：還有一件事，我要特別報告的。我曾和美國朋友談過，告訴他們國民黨對選舉舞弊的種種情形，他們說：國民黨既然如此舞弊，爲什麽你在一九五四年能當選市長？我說那時國民黨知道我不會當選，結果我才當選了。如果知道我能當選，就絕對不會讓我當選了。第一、二屆選舉的投票所管理員監察員，都由國民學校教員擔任，到了上一屆選舉，就絕對不用這些人了，說起來眞是豈有此理。連國民學校教員都不信任，認爲他們不公正，難道他們還能做教員嗎？現在是特別調來一批不明身份的人做管理員監察員。

現在請青年黨的領袖夏濤聲先生給我們指教。

夏濤聲先生：主席、各位先生，剛才聽到各位先生對民青兩黨有責備，也有鼓勵。我們對於各位的責備，我覺得完全可以領受，我們很感謝，我們兩黨實在應該受到責備。對於各位的鼓勵，我們覺得慚愧。我是青年黨，我站在青年黨的立場，我們沒有負到在野黨的責任，我們的努力不够。但是我們對於實現民主政治的熱忱，還是和各位一樣。所以各位今天對民青兩黨的鼓勵和鞭策，我們非常感謝。剛才高先生所宣讀第二項結論，我們絕對支持。今後我們願意忠誠的和各位共同努力，共同奮鬥。

主　席：剛才經過大家的熱烈的討論修正，我們的結論如下：

在這一次的地方選舉中，由于國民黨肆無忌憚的違法舞弊，使得絕大多數在野黨及無黨無派候選人，遭遇到落選的打擊。我們認爲：選舉是民主政治的基礎，如果選舉辦不好，民主政治是會落空的。至於地方自治，民主政治的基礎，如果選舉辦不好，民主政治是會落空的。至於地方自治，民

勢將更成爲空談。因此，我們對于地方選舉的改革，一定要盡最大努力，用一切辦法來促進，以求革除一切弊端，使得任何候選人在競選時，都能獲得「公平合法」的保障。

根據我們的檢討，本屆地方選舉的違法舞弊，主要的關鍵，就是在各個投票所開票所的管理工作和監察工作。所以，現在爲了促進地方選舉的改革，特別是爲了使得今年十一月的縣市議員選舉，不再發生違法舞弊，我們作成下列四點決議：

第一、由在野黨和無黨無派當選爲本屆的省議員，向省議會正式提案根據今年三月十七日「在野黨及無黨無派人士選舉座談會」向國民黨及政府當局建議改善選舉十五點意見，修改有關地方自治法規，並明文規定由各黨及無黨無派候選人，共同辦理各投票所開票所的管理工作和監察工作。

第二、請民社黨和青年黨兩黨站在在野黨的立場，繼續要求國民黨，透過政府主管單位，促成第一項決議的實現。

第三、請在野黨和無黨無派的報刊，站在言論界的立場，向政府及社會呼籲，並促起各級民意機構和各縣市選民的瞭解和同情，促進第一項決議的實現。

第四、即日組織地方選舉改進座談會。在座出席人員爲當然會員，各地得設分會。爲了實行方便起見，由主席團推出約略三十人，擔任促進選舉改進工作。至於另組新的强大反對黨問題，由座談會與民青兩黨協商進行。

主　席：宣佈散會。

宜蘭通訊・四月三十日

從郭雨新當選看人心

張健生

宜蘭縣第二屆省議員選舉，較過去則緊張、熱烈，以前是選而不競，因爲法定名額兩名，而競選者又是兩人，但這次的情形却不同。

筆者是公論報的記者，四月中旬由社方派我去宜蘭採訪省議員競選活動的新聞。現在便就專門採訪所得，加以報導。

自由中國半月刊社長雷震，於四月十六日在該刊發表「人心！人心！人心！」一文，其結論：「人心第一！人心比選票重要！」的確，誠如大家所知道的，人心比什麼都重要。從郭雨新競選省議員，在宜蘭地方居然以最高票當選，就可以看出人心了，這也是「人心比選票重要」的鐵證。

宜蘭縣國民黨地方黨務工作人員，竟漠視人心的向背，使用各種不同的方式，甚至不擇手段，運用種種關係，甚至對該黨中央提名的省議員候選人，起初亦置之不顧，而支持「無黨無派」有財勢後臺的候選人林振炎，意欲打垮沒有財勢的候選人郭雨新。這是爲甚麼？因爲某從政黨員視郭雨新爲最不合作者，認爲郭議員在省議會行使質詢權時，是「專挑壞的講」，誠爲「大逆不道」者。所以這位身爲「中常委」而又大權在握的「政要」，乃濫用權勢，命令地方黨部支持非黨員的省政府參議林振炎競選省議員。此說外洩後，宜蘭前任市長陳金波等，曾面詢黎元譽主委此說是否正確？黎主委的答復是肯定的，不過，這是上級的命令，黎某係奉命行事而已。因而全縣區級黨部均接到支持林振炎的命令，於是各地民衆服務站乃分別召集「地方建設座談會」。凡是與會者，都是地方上的頭兒腦兒的人物，會後的餘興節目，是「醇酒美女」的慰勞。

假使非黨員而拒絕與會，則由縣黨部黎主委召見一番，如頂埔和下埔地方的人士，因未與會而被召見，即是一例。至於「花酒」費，由候選人負擔一半，另外一半則由鄉公所與鄉農會平均分擔。五結鄉的「建設會」餐費，鄉公所和農會各負擔一千元，這是一位與會的里長公開說的。（按：該里長姓名姑隱，以免受累）此外，像員山鄉惠好派出所陳主管及警員魏某，與員山鄉公所朱蒼悟課長，於四月二十二日晚上起，在惠好村一帶活動助選，到二十三日早晨一時許始止，而大湖派出所警員朱普通和鄉公所民政課員林長庚，在同月二十三日爲某候選人拉票。即連宜蘭市民燃炮歡迎郭雨新的宣傳車，也遭到某方面的干涉和調查、訪問。住在宜蘭新生里的刑警，也經常光臨選民家裏，訪問一番。類似此情，不勝枚舉。但在未獲得「證據」前，我還是存「疑」？在經過當事人——選民證實後，這又不能不信，因爲檢舉者都是以負責的態度告訴我的。

五結鄉鄉長吳阿長，鄉民代表會主席黃阿熱，區黨部常委何連煌等三人，於四月十二日連名邀請地方人士參加「地方建設座談會」的原函原文如下：

「××仁兄勛鑒，敬啓者，弟等秉主鄉政，服務鄉民，深感地方團結之力量，能促進各項建設之成就，玆爲檢討本鄉各項建設事項，訂於本㊃月十三日下午三時，假鄉公所中山堂舉開座談會，敢煩仁兄撥忙參加指教，是爲至禱，特函敬請，順祝公祺」。

據羅東鎭的一位里長林錫楠（公論報駐羅東記者）於四月二十日對我說：他參加座談會，已經有六次了，每次會議都有黨部的指導員蒞臨指導，會中不是檢討什麼地方建設，而是抨擊郭雨新如何如何的壞？希望與會者支持陳世叫，會後到羅東「羣英樓」大嚼一頓。

宜蘭挑挽工會，於四月十七日下午七時許，在宜蘭勞工之家開大會，縣黨部的田指導，在大會中公開抨擊省議員候選人郭雨新，後來郭氏應該會代表之邀，乃親往列席而聽到的。

公論報駐宜蘭記者，家住員山鄉，他看到惠好派出所主管和警員於二十二日夜間在惠好村一帶拉票。他將上情及刑警黃某在宜蘭新生里爲另一候選人助選活動的情形告訴縣警察局長之後，林修瑜局長乃下令所屬警察機構，「各級警察人員，應恪遵政府規定，不得干涉選舉或與人助選，如有故違，當即依法嚴辦」。事實上，這道命令是官樣文章。四月二十四日上午十時左右，我陪立法委員夏濤聲，在員山鄉四十二投票所，親眼看到警察——警衞人員，站在投票所門口，與某候選人的運動員密談，且任其從事拉票活動。此外，同日上午十時半，設在宜蘭新生派出所內的第十三投票所，發生主任管理陳國華（宜市公所職員）和主任監察員楊來添（市民代表會代表，即林振炎的運動員）二人弄權，將八十二歲盲老太太許吳黃芒投給郭雨新的一票，擅自圈選林振炎，因而發生糾紛。當時，監察小組委員王子鵰、陳立生、林修瑜等三人巡視該投票所，案由王委員發覺，曾着將選票帶出投票所到宜縣選舉事務所請示的陳國華，請選民許吳黃芒來解決這個問題時，陳國華要求派警察同去，而身兼監察小組委員的警察局長林修瑜，當即毫不考慮而同意陳某的請求，假如不是王子鵰委員面予糾正的話，則又增加一件警察人員干涉選舉的案件。准此！誰說警察人員不助選？不干涉選舉？這事證能否定嗎？

宜蘭縣選務所張貼在蘇澳榮民醫院圖書室、康樂室、福利社的省議員候選人公告，其中被撕下兩張，而候選人郭雨新印在公告上的相片，也被挖去，如此目無法紀的事件，榮民醫院院長陸軍少校李英傑是否要負道義上和法律上的責任？至於像省立宜中某教員，在上三民主義課的時候，公然爲林振炎助選而誹謗郭雨新（有學生可證，該教員是救國團宜蘭支隊部秘書，又係蘭陽女中教員及基隆聯合版的記者）。類此有人證物證的事件，眞是不勝枚擧。

儘管地方黨部想盡方法在打擊郭雨新，然而選民心目中的好人與壞人，是清楚的。而黨部越打擊，反而使選民越抱不平，所以大家皆願支持郭雨新。選民用燃放鞭炮擁護郭雨新，用實際行動——選擧前張貼紅紙黑字標語來支持郭雨新，用掌聲和歌謠來反抗壓迫威脅。像最後一次的政見會，在宜蘭天后宮擧行時，就有萬人以上的聽衆，大家以爭聽郭雨新的政見爲榮。而二十二日夜，郭氏在中央魚市場擧行私辦政見會時，聽衆之多，達到空前的地步，街頭巷尾都擠滿了人。到了二十三日，即投票的前夕，選民更狂熱了，只要看到郭雨新的宣傳車，人像沙丁魚一樣的多，前呼後擁，鞭砲響徹雲霄，甚至燃放「烟火」而示支持。各鄉鎭的選民皆自動出動宣傳車，爲郭雨新，到處宣傳。這種富有歷史性的鏡頭，都是郭雨新的，而不是黨提名的候選人及無黨無派的候選人所能得到的。尤其在郭雨新「危急」之際，選民紛紛解囊相助；送錢、送米、送煙、送錢及送茶者，接踵而來，其中以員山鄉的三十六位中學生，合捐三千六百元，送給郭雨新作競選經費，這是多麼感人的故事！

投票前的行動，證諸投票後的所得票數，足見人心的傾向了。像宜市第一投票所，揆諸常理，郭雨新的票是極少的。因爲該投票所所屬的四里：民權、和睦、神農、民生里等，都是住的公務員，有黨籍的選民，在二千七百○九票中佔絕大多數，可是投給郭雨新的票，將近一千五百張之多，足證黨票也是支持他的。全宜蘭市的黨票有六千多，而黨支持的林振炎和黨提名的陳世叫二人，總共得了四千九百○二票，其餘的黨票都走了。由此可見，人心的重要了。地方黨部捨人心而求選票，意欲打埼郭雨新，這不祇是緣木求魚！四十九年四月三十日

讀者投書

（一）再看交通部的疏建德政

路誠

關於交通部疏建中所發生的事實，貴刊上期讀者投書已有翔實的披露，玆特將另幾件奇特事件報導于後，以補缺如。

交部的疏建工程，自始即由少數「疏建專家」負責主持，且在「極端機密」的方式之下策劃進行，擧凡有關工程之一切事項，悉在總務司與會計處秘密洽商決定，局外人祇知其鬼鬼祟祟，不明其攪什麼鬼把戲？然而究不知是內鬨，還是利潤不勻，致令機密消息，仍時常外洩。

據權威人士透露，交部的疏建費用之總數，早已突破新臺幣一千六百萬元的大關，此項極爲可靠的確數，尙未包含疏建土地租金在內。交部租用五城荒僻山地，每年須支付可觀的租金，即四十五年一年之中，總共便支付了九萬四千一百十元零九角七分，如以四十五年的數字爲基礎來累積計算，則四年累積租金總數已達三十七萬六千四百四十三元八角八分。今後仍將繼續支付，要非租金中可拿回扣，以此數的臺幣足夠買下十倍于現在的土地。倘不是國家太富，交部的錢太多，實在使人百思而不解其用心何在。

交部在這幾年中，毫不費力的消耗了公帑一千六百萬元，雖然審計部僅承認一千四百萬元，事情猶在進行交涉中。但是，交部仍意有未盡，心還不足，因此又想方設法，要建樹幾項偉大的工程。

去年歲暮之時，交部又發動建造工友眷舍和工友單身宿舍，另外並籌建檔案室。事情傳開之後，羣情嘩然，衆皆驚愕，不知所措，咸認爲單身工友已建有一座價値十四萬八千餘元的宿舍，何必如此無謂的浪費金錢？況且五城疏散宿舍有屋無人住者比比都是，有不少高級官員的官舍，事實上早已有部份工友「鵲巢鳩佔」，乘隙進居，爲時頗久，相安無事。在工人地位與待遇均屬低微的此際，能僥倖有所高級官舍居住，在精神上確視爲是生活的享受，聊足自慰。至於工眷早已爲總務司遺忘，任其自生自滅，要不是向人情商借住，靠收入非薄的工資租屋居住實勢不可能。否則，經過長期的露宿曝晒，恐拍早已在五城嗚呼哀哉了。不期總務司現今如此垂愛，特別照顧無屋可住的工眷，不知是心血來潮，抑係別有目的和用心，難怪交部的工友先生受寵若驚。

總務司對於營建幹勁百倍，效率特佳，工眷宿舍既已決定建造，於是立即進行估價。這次且破除慣例，交該部木工吳榮細設估，每幢眷舍估出了一萬六千六百餘元造價。估單交出後，留此字底，立即交由新中國打撈工程公司估建。由於新中國公司畢竟是交部的老主顧，經驗宏富，深諳交部估價的奧秘，竟估出每幢二萬三千九百元的高價，但終因超出過多，在交部同人衆目睽睽之下，終由木工承造，聊表愛惜公帑之意。

但在另一方面，由新中國公司承建檔案室工程，非但估價達二十八萬的高價，且除保留其積癖難返的惡劣作風外，還另有空前絕後「最新的發明」。它發明的建築方法，就是「拆屋建屋」、「就便取材」，這或許是「太空時代」的傑出貢獻。事情的經過是這樣的：交部爲維護大小汽車，避免日晒雨淋起見，曾耗費三十四萬一千餘元之多，建造一座鋁片瓦、檜木柱、水泥地的停車庫，雖然工程費大的嚇人，但使用至今也不過一年多點，不料新中國公司爲了建造一幢價金二十八萬元的檔案室，需用木料孔急，竟擅自將價値三十四萬餘元的車庫予以拆除，將拆卸的木料用來建造檔案室等。爲建屋而拆屋，這眞不知是破壞抑是建設？一座巨大的車庫不到幾天功夫，拆除了十分之九，餘下的十分之一，巍然孤立於五城。這種奇景怪事，實使人怵目驚心；大膽的程度，也令人嘆爲觀止；罔顧國家利益，更是叫人疾首痛心！

交部同仁都說，袁先生待人寬厚，安坑一位張錫榮先生因爲對交部及袁先生私事，曾盡過棉力，因此特別循張先生的請求，而任命爲交部的額外專員，月支交通費三百元。此外，交部爲美化環境，又在辦公室對面高地，化一萬一千餘元舖蓋草皮。總之，由交通部此種措施，可見政府單位的浪費，而軍公敎待遇調整，却難如登天，眞令人百思不解！

瀑布（詩）

周策縱

——奈格拉大瀑布 (Niagara Falls) 位於美國紐約州西部和加拿大交界處，每晚在人工有色燈光照耀下，五彩繽紛，成爲壯觀。

是時代的眼淚，
流不盡的，流不盡的
傷心！
在瘟疫，饑荒，
和戰爭的陰影下，
孤兒冒着暴風雨啼哭。
瘋狂的棄婦
披散一頭蓬髮，
撕破了喉嚨，
痛撻着大地的
裸露的胸脯，
放聲號啕。
烈士當着暮年
在秋風的鬚鬢裏，
對出岫的幻雲
呻吟，呻吟……
啊，你絕望的一羣啊！
你穿戴如雪的衣冠
替草木生靈弔喪。
上流捲來了史前以來的
糾纏不清的
思想旋渦
——高潮和低潮，
觸在星羅棋布的，
錯綜矛盾的
典章制度之礁石上，
引起了不盡的論爭，
責罵，抗議，和吵鬧……
每個崖石都裂開嘴巴，
漆黑的罅隙邊
講得滿口白沫，
噴在傾聽的沙灘的臉上。
把魚龍都嚇得啞了。
整個的紛擾
挾着偏見和罪惡的潮流
一齊擠上
這供一剎時炫耀的堰額，
縱身向深淵一跳，
就痛快地
掙斷了所有的亂源，
跌碎了一切的夢。
你歷史累贅的化身啊！
你把前代的糾紛和罪惡
呈現做繽紛的異彩：
揭開宇宙舞臺慘白的幕布，
水國女神披着稀薄的衣裙，
舞成了雲霞，
細腰上裊裊的縹帶
像一陣水綠色的風！
泡沫開出各色動盪的花球：
玫瑰的紅，
雛菊的黃，
芭蕉的綠，
鬱金香鮮豔的水花，
紫羅蘭淒麗的水花：
啊，水仙花，水仙花啊！
這兒是嬌妍的臉紅，
睡衣的桃紅，
吃人的口紅，
夜總會紅酒的紅——
富人們生活的顏色。
又一陣烟霧
冒出慘綠的年華，
照見一切衆生
共同的悲運。
這朦朧惝恍，
像初戀時的害羞；
這變幻無常，
像酒後的調情；
這一切的動作裏洋溢着
淫靡，奢華，和放蕩，
像這裏大都市的良宵。
啊，你浪漫的水
害病的水啊，
你人慾的狂潮！
可是在人的魔手操縱下
一剎時感情變了色。
一切都成了殷紅的火海。
像一羣蜂樣的，
頭上插着紅羽毛的，
心坎充滿紅色熱情的，
紅烈的精靈，
你印第安人之魂
飛奔在，
呼嘯在，
呀，掙扎在
腥紅的血泊裏！
濤聲咆哮出
生死鬬爭的戰歌。
呀，呀，這滔滔的紅潮，
大地在噴吐鮮血！
她要吐出心來
對她的兒女們說：
「別吵鬧啊，
孩子們，
安息，安息！……」
看吧！
就在這瘋狂的堰頭
舞着那「烟霞的女兒」。
你啊，你印第安人之花！
人們說：在遠古的時代，
伊羅魁族
年年當收穫之後，
要派遣使者去答謝
稼穡之神。
把族裏最美麗的姑娘
都穿上濃裝豔服，
在廣場上
站成一個圓圈，
那羽冠被褂的酋長
跪在中央，
拉滿長弓
向天空
發出媒婆般多事的
命運的一箭，
看牠射落在誰的身邊，
她就被挑選，
選做民族的使節和新娘，
簇擁在鑼鼓聲中，
扮演迷人的歌舞，
從堰頭跳下江心，
把她處女的青春
獻給那稼穡之神……
從此這烟霞的女兒
就日夜在水花雷聲裏現身：
那霓虹不就是她的腰帶？
浪花不就是她的裙角？
那邊漾的水波
不就是她裊娜的腰支
和臂部在擺動和顫簸？
啊你哀豔的放蕩的姑娘，
你使我流浪的心兒迷惘！
我本來也來自你的故鄉，
看到過你的姐姐，阿伯的新娘；
我曾飛過巫山，
衣衫上還沾着暮雨朝雲，
和神女的芬芳。
但她們蘊藉的深情，
也沒有你這般頑豔的放浪。
哦，哦，你印第安人的女兒啊！
你我本來有血肉的淵源，
你是我的表妹，
你的浪花吻着了我的嘴唇，
重新溫暖了我童年的愛情。
你的野性激起了
我血液裏的風潮，
我的熱血在沸騰了，
我的脈搏在爆裂了，
我全身都是雷雨了，
我滿心都是閃電了，
我和你潑剌的浪花一齊粉碎了！
浪花啊，
你終於爆破了喧嘩，
在紫色的創痕裏，
從漆黑的潭底翻身；
壓抑着起伏的心潮，
在漣漪裏露出微笑；
忘了你歷史的恐怖和劇痛，
像忘了前夜的惡夢。
看啊，你多麼深的心，
埋藏了億萬年的古蹟和舊話；
你眼睛多麼澄澈，
照清了兩岸垂楊的每一根頭髮。
從今以後
你慢慢地，
慢慢地，
但是穩健地，
肯定地，
淌着汗水和遺愛，
走向永恒的大海。

——一九五五、七、十一、於密西根

江湖行（二十二續）

徐訏

九十五

盡了很大的人事，姚翠君于第五天為我弄到了一張飛機票；我可以于第六天清晨起飛了。我打電話給韓濤壽，韓濤壽晚上來看我，他帶給我當天到的郵件。裏面有一封外交部信封的航空掛號，信封上寫着呂頻原的名字，呂頻原從來不同我通信，我知道這封信有點蹊蹺。打開一看，第一，竟是一張觸目的喜柬。

容裳與呂頻原已定于五月三日結婚了。喜柬是由雙方家長出面的。

另外則是呂頻原一封信。他說他一直尊敬我與容裳的愛情。所以他雖然很傾慕容裳，始終沒有對她有任何表示。自從我這次事情暴露以後，容裳非常傷心。他覺得任何一個愛容裳的人都有安慰她的責任。他希望我會對他諒解。他說他因為奉部命要去加拿大威涅克任領事，六月底動身，所以要提早結婚，預備一同出國。他希望我可以參加他們的婚禮。

我看了這封信，一時又氣又恨。我想他們結婚既然在五月三日，我明天動身，也許還來得及挽回。我即使無法重有容裳，我也一定要破壞呂頻原。

當時韓濤壽接過喜柬去，他看我一直楞在那裏，又拿過信去，讀了信以後，他說：

「你現在打算怎麼樣呢？」

「我打算殺人。」我拍了一下桌子站起來說。

「你看，野壯子，你的手在抖索。」韓濤壽說：「你需要的是勇氣，鎮定，冷靜，淡泊與果敢。」

韓濤壽的話好像揭穿了我的虛驕的堅強，當時我就軟弱下來了，我說：

「你說我應當怎麼樣呢？」

「你應當同我去喝幾杯酒。」

我跟隨韓濤壽出來，他帶我到一家小酒店，悶着陪我喝了幾杯酒，于是他開口了，他說：

「野壯子，你相信報應嗎？」

「我不相信，如果報應是有的，為什麼這世上好人個個都苦，而壞人個個都得意呢？」

「如果一個社會一個民族的好人都受苦，壞人都得意，那麼那個社會那個民族就已經腐敗了。其報應將是整個的社會，整個的民族。好的社會好的民族有好報，壞的社會壞的民族一定有壞報。這也就是總報應。」

「可是在那樣的社會裏，個人報應又在那裏呢？」

「我想這祇有當事人自己才能知道的。」

「你以為我是一個應當受這許多打擊的壞人嗎？」

「我覺得容裳給你的打擊還不正是你給阿清的打擊的報應。」

我在接到呂頻原的信後，已經沒有想到阿清，現在我重新意識到，阿清正是因我一封信而自殺的。我沒有說話，祇是慢慢地喝酒。韓濤壽忽然說：

「阿清自殺後，姚翠君曾經把你給她的信讓我看，你還記得起你想撒的謊話嗎？你說你要同人結婚，預備相偕出國，現在不正是容裳的結局嗎？」

「韓濤壽，你眞是一個奇蹟！」

「如果你相信報應，你一定可以冷靜淡泊一點。」

「謝謝你，老韓，那麼讓我們痛快地喝吧。」

「酒醉不一定使你忘去現實，但會使你無法冷靜。在這樣的時候，你應當特別清醒，清醒得可以看得更遠更深。」韓濤壽說：「你現在已經比剛才冷靜些了，讓我送你回旅館。你靜靜的想一晚，你會知道怎麼做是最對的。」

韓濤壽付了賬，就帶我回到旅館，他等我睡下，就為我關了燈出去了。

那一夜我失眠了。旅館的茶役隔一兩個鐘點就來看我，問我要水要茶的，後來我知道這是韓濤壽託他們的，他怕我會學阿清去自殺。一個想殺人的人往往會自殺，一個想自殺的也會殺人。

而我是一個沒有自殺勇氣的人。

為什麼阿清不殺我而要自殺呢？

細細想想韓濤壽報應的理論，我的心像是一缸震動的水靜止下來，所有的渣滓沉下，顯得清澈透明了。

我心中產生了一種酸葡萄的安慰，我想到容裳受了一些教育後已經變成一個低俗的女性，她之不能容納穆翡子，就可見她是一個勢利的心竅，她是不能與她母親相比的。

我想到呂頻原這種整飭的外貌，現實的性格，迎合時尚，湊奉社會的人物，恐怕遠比我會使容裳幸福的。那麼我正應當非常大方的祝他們快樂才對。

我還想到緘默是最勇敢的表現。我既然對蕭某的誣蔑不予答辯與更正，為什麼我要把我的痛苦暴露給人看呢？我知道沒人會同情我的痛苦，我的痛苦所能引起的恐怕祇有對我譏笑與幸災樂禍的。

我還想到容裳之傾向于呂頻原，一定是很早的事情，蕭君的文章，或者不過是給容裳移情的一個藉口而已。穆翡子曾經勸我不要太相信容裳，是不是他早已看到容裳的愛情並不太忠實，祇是不好意思明說而已。如果是如此；我有什麼能力可以挽回容裳的心？愛情正如精緻無比的藝術品，些微的損折就是無法填補的斑痕，即使容裳再回到我的懷抱，她也決不會是以前的容裳了。如果我不想破壞呂頻原，如果我不想挽回容裳，那麼我自然暫時沒有回重慶的必要。我不是聖人也不是超人，能夠看他們結婚而無動于衷。那麼我就索興等他們出國後再回重慶好了。

七點鐘的時候，韓濤壽就來看我，他一進來就笑着說：

「你還沒有自殺。」

「我沒有勇氣。」

「那很好。」

「我決定暫時不去重慶了。」

「眞的？」

我點點頭。

「那是最聰敏的決定。」他說：「那麼你應該打電話把飛機票退了。」

「還來得及麼？」

「自然，你知道有很多人在等機位呢？」

「你替我去打，好麼？」

「你不會後悔。」

「你替我退了，正是省得我後悔，再改變主意。」

「野壯子，你眞是很可愛的。」韓濤壽拿了我桌上機票就去打電話，不知怎麼，這時候我才感到孤獨無依，我伏在枕上開始哭了。

我因爲衣情而失去紫裳，又因爲阿清而失去容裳，事情的變化綜錯雖完全不同，但也正有可比較之處。現在衣情神經錯亂，阿清也自殺了。衣情的神經錯亂，雖與我無關，但如果我不來內地，她的病也許就不會發生的，阿清的自殺雖然是爲我，但如果我在衡陽不認她，不理她，不幫助她，她也不會演變到這一步的。這一切命運的變化，正像在與我的意志作對一樣。善行不一定有善果，惡意不一定有惡報，團聚的結局是更久的分離，痛苦的發展往往有喜劇的結尾。人生是一個謎，無法了解的謎；但個人的經驗使我們了解人生，正如歷史的教訓使我們了解民族的命運一樣。但是我們竟無法控制一切違背我們意願的發展，我們明知有危險而無法避免，明知是錯誤而無能改正，這就要使一個悲觀者會相信是定數了。

韓濤壽回來時，我把所想的同他講，他說：

「沒有失戀過的人，不會了解戀愛；沒有窮過的人，不會了解生活。如果一個人一生一帆風順，活在人世等于活在天堂一樣，那不是等于沒有接觸過人生嗎？」

「但是多麼順利的人也逃不了生老病死，可見人世怎麼樣也不會是天堂，是不？」

「這就是了，所以一個人在這個世上，也該多嘗些人生的甜酸苦辣的滋味。」

「也許是的。」

「那麼你的痛苦，也祇等于多嘗一種你沒有吃過的菜肴吧了。」

「希望我忘去痛苦，像忘去一種菜肴的滋味一樣容易。」我說。

「那麼你不去重慶，在這裏打算做些什麼呢？」

「我不知道。」

「你高興到哪裏去玩玩麼？」

「哪裏？」

「譬如陽朔，就是很值得去的一個地方。」韓濤壽說：「我來桂林這麼久，也還沒有去過陽朔。」

「你走得開麼？我們一同去，怎麼樣？」我說。

「我走得開，我去安排一下。」韓濤壽高興地說：「能多有幾個朋友一齊去也好，是不？」

韓濤壽走後，我寫了一封信給余子聰，請他爲我于五月三日在容裳與呂頻原結婚時送一個花籃，我還謝謝他寄我那張剪報。我說我這些日子的經歷，眞是一言難盡，我希望他會了解我些，容我慢慢再告訴他。最後我告訴他我一時大概不會來重慶，文學雜誌祇得請他多負責任，我在桂林當爲他盡力爲文學雜誌拉點稿子的。

韓濤壽知道我這次所受的打擊很重。他大概想到我不去重慶，一定無法忘去容裳，所以他要約我去陽朔旅行。這種朋友的關心眞使我非常感激。

第二天，我們出發搭船去陽朔，除了我與韓濤壽以外，還有四個朋友，兩個男的，兩個女的。

九十六

從桂林到陽朔，有公路車可搭，也有木船可僱，我們想一程走水路，一程走陸路，陸路，公路車大概一天可達；水路，則因爲水流的關係，上行祇要三天，下行可要六天，所以我們打算搭船去，搭車子回來。

這條水路幾乎全部是湍急的水灘，清澈見底，船完全靠桿子撐的，舟子三四人，撐的時候唱着一種特殊的歌曲。兩岸風景奇秀，路徑曲折，隨地是奇峯險嚴，在桂林所見到的山都沒有樹木，所以山色都呈現黃灰，這裏則有的山竟碧綠如江南，有的則呈紅呈紫，有的則似黃似赭，在雲起霧開，日落月升中，時時變幻成瑰麗無比似眞似幻的色澤。

在這奇美的風景中，我坐在木船上，時時想到我童年時與舵伯在船上生活的日子，我自然也想到我的初戀。我非常感謝韓濤壽的促我來陽朔旅行。與大自然接近，正如靈魂的沐浴，這對于失戀的心情縱不能說是解救，也可說是一種遣懷。特別是同行的那羣朋友，他們唱歌、下棋、喝酒、歡笑……種種的歡樂正像新鮮的空氣流進悶濁的房間一樣，我的心境也自然的開朗了許多。

韓濤壽認識陽朔的一個國民學校，他們撥了兩間房間給我們住。我們在那面住了十天，這十天中，我很有機會一個人在大自然中反省。我常常于清晨深夜趁別人尚未起身或已睡時出來散步，望着山，望着雲，望着星月，有時就痴坐在石巖上忘了時間的過去。

在這靜思默想的生活中，我雖然仍是不能忘懷于容裳，但好像已不是以前單純失戀的痛苦，而摸索到一種新的境界，我開始對生命懷疑，對命運恐懼。我想到我一生的際遇都像冥冥之中有人在擺佈一樣，而我脆弱的性格正好像爲配合這命運而存在，我不但毫無能力超越命運可怕的安排，反而處處湊合着命運完成了所望的結果。

我很奇怪我在衡陽會碰見阿清，我也不了解爲什麼我當時竟要認她，救助她，甚至要娶她。而後來爲什麼我又發現不愛她了。我還想不出有什麼理由不去告訴曇姨。如果我早告訴曇姨，她會很早就使容裳對我有諒解也說不定的。

且不說這些，呂頻原的出現也眞是一件想不到的事。阿清的自殺尤其蹊蹺。如果我不寫那封信給姚翠君，早聽韓濤壽的話，來一趟桂林，當面慢慢的同阿清解釋，也許可以使她諒解，即使也難免痛苦，總想也不至于自殺的。阿清自殺，我來桂林並不能救她。等她葬好，我本來可以馬上回重慶的。爲什麼偏偏那時候有那麼一個去湘西的團體，使我不但沒有去重慶，而且也離開了桂林？倘若我在桂林，容裳的信不會壓了兩個禮拜，哪麼我于接信後就去重慶。向她解釋懇求，那時她一定還沒有與呂頻原接近，自然仍很容易挽回的。

這一切一切，大小因素輻合綜錯，湊成了這樣一個結局，這不竟是命運的擺佈嗎？而我的個性不正是逐步的在做事件演變的配角嗎？

于是我想到了曇姨。

如果當初在C城不碰到曇姨，我的命運又是怎麼樣呢？我想很可能我會把阿清接到C城，而與她成家的。我當時雖時時想到上海，但是並沒有勇氣，也沒有錢，一拖兩拖，我很可能會回到阿清心上去的。

倘若我在衡陽碰到阿清，換成我在C城碰到阿清；我在C城碰到曇姨，換成碰到阿清，這又是怎麼樣呢？

許多許多偶然的機遇變成必然的因果，而我竟永無勇氣與能力與這些機遇反抗一樣的，一步一步陷入最苦惱最悲慘的情境，這是多麼可怕的人生呢？

如今我想我不但與容裳關係完了，就是與曇姨及舵伯的關係，也一定很難與以前相同了。我不知道現在曇姨對我的想法是怎麼樣，是不是在看到了那篇蕭某的文章以後，也像容裳一樣，覺得我是太卑鄙與無恥了呢？還是對我可以有一種了解？如果有一種了解，爲什麼她沒有爲我向容裳解釋呢？容裳于談到蕭某那篇文章，到她與呂頻原結婚的決定，其中祇有幾星期的工夫，究竟是怎麼一回事，有沒有曇姨在促成那件婚事呢？

不知怎麼，那時候我會忽然想到了曇姨。她是容裳的母親，可是是我的好友，是不是因爲我與容裳的破裂而她也同我疏遠了呢？如果她是我的朋友，她在發覺這件事時，總應該先有信給我，或者可以使我早點趕回去挽回這個局面。

我作這些思索，事實上正是我未能忘懷容裳。愛情本身也許就是一種痛苦。我在衣情身上受過很多痛苦，但衣情也正爲我受到許多苦難。紫裳也是，我在聽到她結婚時幾乎自毀，可是她在聽到我與衣情有孩子時，也一定有晴天霹靂之感的。我也無法知道容裳讀到那篇蕭君的文章時，所受的氣恨比她給我的氣恨是多是少？至于阿清，那更不必說了，我給她的打擊不正是她自殺的動機麼？

一個情人在受到打擊後的變化，不是自毀自殺，就會是不擇對象的同人結婚，事實上這種結婚也正是自殺一樣，好像是不把自己當一件事情來處理了。我也會細細分析自已，覺得我雖也使我所愛的人痛苦，但是我都出發于愛。我總是想使每一個人都快樂，而結果則是使每個人都痛苦，包括自己在內。如果人沒有愛情，祇有肉慾，那也許就沒有這些痛苦，祇是同禽獸沒有分別了。

我越是有這許多思想，這越是使我未能忘懷于這紛亂的環境。我不能够跳出紅塵，但是我至少可以不再去重慶。我可以在桂林找一個職業，一面好好寫作，安定下來，忘却過去重新做人。

當時我曾把我的打算告訴韓濤壽，他很贊成。因此我于從陽朔回到桂林後，就打算找兩三間房子安定下來。我寫信給余千聽把我的計劃告訴他，我還想寫一封信告訴舵伯與曇姨。但是我竟不知該怎麼措辭。我回到桂林是五月六日，容裳的婚期早已過了，我很希望我可以先接到曇姨一封信，讓我知道她對我們事變的感想。可使我容易措辭寫信給她。但她竟沒有來信。倒是唐默蕾寫了一封信給我，她說自從我來桂林後，她很少碰見呂頻原，也沒有同曇姨及容裳來往。想不到短短的時日有這許多變化，如說到自從蕭君的文章在重慶報上出現，我已變成重慶人人談論的資料，這大概也是所謂「盛名之累」了。她是聽別人談起才去找來看的，看了那篇文章就去找曇姨。曇姨正在勸容裳。但那時她知道呂頻原已經同容裳好了。她一想到呂頻原是她介紹給我，感到很難過。但容裳總是太脆弱一點，那篇蕭君的文章，雖然不能毫無根據，但是了解我的，都不會完全相信。曇姨也不相信，不過因爲我一直沒有同她談起過那個女子，覺得有點蹊蹺。容裳怎麼就會完全當作眞事，不加調査就如此輕信了呢？默蕾又說她也參加了呂頻原與容裳的婚禮，知道她們于五月底就要出國。最後她勸我能達觀一點，不要想不開。男女的事情完全是「機」，夫妻則是「緣」，冥冥之中是有命運的安排的。正如她自已，當初在上海，怎麼會想到嫁給司令長官？而現在居然也很幸福。所以還是聽其自然最好。

默蕾的信給我許多慰藉，最重要的是讓我知道她與曇姨都並不完全相信那篇蕭某的文章。當時我還想到曇姨沒有來信的緣故，一定是忙于容裳的結婚與出國的種種。那麼我也索興等過了五月底後再寫信給她好了。

桂林當時是人多屋少，找房子很不容易，後來還是姚翠君給我找到了兩間房子，那是她的朋友的。那個朋友要去重慶，所以房子空出來，可是他並不放棄。說隨時回來隨時要收回的。所以房屋不貴，而且傢俱齊備，因此我就暫時安頓下來。我預備多寫點東西，讀點書。

天氣已經熱起來了。六月中的時候，我接到曇姨一封信，她的信並不長，但是太感動我了。我少說說也讀了二三千遍，它是這樣寫的：

「野壯子：今天我方才靜一點，可以寫這封信給你，我知道你也許會怪我，但我也知道你會原諒我的。正如我很怪你沒有告訴我你還有一個愛你的女人，而我仍能原諒你一樣。

當我發現容裳移愛于呂頻原，當我看到那篇關于你在桂林的報導，我心裏非常難過，一時我幾乎不知所措，想寫信給你也不知該怎麼措辭。但是現在已經平靜下來。我想你現在也許也可以寧靜一點。所以現在寫信給你也許比較是較好的時間。

容裳已經于六月二日與呂頻原去加拿大。我們都不怪容裳作這個選擇，你要知道現在的學生們都想出國，容裳何能例外。我們也不怪呂頻原，他眞的很愛容裳，對你也很尊敬。我們有時想想，容裳眞是很幸運，有你這樣一個情人，而有呂頻原這樣一個丈夫，作爲情人而論，呂頻原沒有你可愛，可是作爲丈夫而論，你就不如呂頻原了。你會原諒我這樣說麼？

舵伯對于你在婚姻的失敗，正如我一樣，覺得失望；但是他認爲你對婚姻本來就少誠意，也許下意識的根本想逃避結婚成家。你一個人流浪久了，對有責任的安定生活會可能有一種反感的害怕。祇是在你失去了情人以後，才覺得你也是需要結婚的。

你暫時不來重慶，我想是對的；不過等你心情好轉時，希望你會早點回來，這裏永遠是你的家。舵伯需要你，我于容裳走後，自然更需要你。

倘若你會帶一個女孩子來做我的女兒，我們的空氣還是同以前一樣，決不會有什麼改變。這一點你總可以信託我的。

永久是你的朋友

曇姨　六月十四日」

(待續)

讀者投書

(二)

給臺大石翠同學的一封公開信

師大學生 季玉

石翠同學：

讀了你在自由中國廿二卷第九期發表的「學術自由在臺大」的大文，引起了我一點感慨。我以爲你們臺大同學太不知足了，你們生活在天堂裏還喊著不好過，請看看小弟們所在的師大又如何呢？我略舉幾件事來講講吧！

說到學術自由，起碼在內政部登記有案的各出版物，我們該有選擇閱讀的權力吧！你也許答：「這當然。」不過我要告訴你的事實卻不然。敝校的閱覽室，大致說，各種報章雜誌尚能勉可稱全，但是有些雜誌儘管是有，卻與同學們無緣。就以「自由中國」這本雜誌來說吧！上學期祇在閱覽室驚鴻一瞥地出現過三次，本學期就率性根本不拿出來跟大家見面。試問這件事你們能不能忍受得了呢！那麼我們又是如何忍受的呢？告訴你，我們自然有我們忍受的方法。我們雖然比上不足與你們相抗，但我們自然也有我們可資比較的對象，就以貴校隔鄰的一所學校說吧！他們的同學訂閱聯合版都要遭到干涉呢！你也許要說：「他們與普通大學的性質不同。」是的，但是你能說他們不是學生嗎？他們不是青年嗎？「無是非之心非人也！」他們連最低限度的是非要求都不容許呢！與這些近鄰一比，我們也就能自安其樂了；最低我們還蒙沐了准看公論報、聯合版的厚恩。唉！石翠同學，我勸你們還是別太倔强了，我們師大的同學都是得過且過，倒也少掉不少的煩惱，學校裏不給我們「自由中國」看，我們自己買來看就是，何必爭！你不曉得，我們學生商店還不准賣「自由中國」呢！以前我們學生商店原也賣「自由中國」的，後來聽說軍訓教官很客氣地勸學生商店說：「最好不要賣。」從此「自由中國」就在學生商店絕跡了。但這有什麼關係呢！學校裏不准賣，學校外面總是有賣的。校外買雖然不能享受七折的優待，這樣不也可給我們所愛的自由中國社多幾塊錢收入麼！

我總覺得：臺大的同學們愛使意氣。就以去年擁護蔣總統連任來說，貼標語就貼吧！反正落得紅紅綠綠的牆壁上多貼些紙頭還好看些，何必管它寫些什麼？其實祇要以輕鬆的心情去看，縱使寫的東西是不順眼，也包管會變成有趣的笑料；偏是貴校，還鬧出撕標語抓人的大風波，被抓的那位同學回來了嗎？唉！眞是何苦來哉。我們就不管它，標語愛貼不貼，與我何關！級長拿來學校早印好的擁護總統的簽名表冊要大家簽名，簽就簽嘛！這又與我何損！哈哈……

你們也許都怨你們學校不好，校長不好，不過我相信殷海光教授在「給雷震先生的一封公開信」中所說的是全眞，「臺灣大學誠然令人不太滿意，但幸喜是錢思亮先生當校長。如果換個別的有私心的人來當校長，那末將會不知糟到什麼樣子。」我有理由相信，臺灣大學是黨毒最輕的一個學校。除了臺灣大學以外，其餘學校受毒之深，祇有『慘不忍聞』四字堪以形容。咱們臺灣大學雖然沒有百分之百的學術自由，但是大致有百分之五十的學術自由。」石翠同學！你們該自豪自足了啊！你們學校裏，同學們不樂意研究的功課，不樂意接近的教授，儘可不去聽他們的講，自己研究。我們却不然啦！不樂意也得樂意。教授們自有他們的法寶，點名一次不到算四堂缺課，每一課程如果缺課鐘點超過三分之一就不准參加考試，要重修呢！你想在這種制度之下，誰敢缺課呢？還有誰敢談學術自由呢？我們的教授，有些授課方法也很妙。上學期我聽一位一年級的同學告訴我，教他們三民主義的教授，上課時拿了一份講稿，在臺上逐字逐句地唸，要同學們跟著一字一句地抄，同學們不勝其苦。我問他教授爲什麼不發講義呢？他說：「教授說，發了講義大家根本就不聽講了。」想想吧！在我們這裏能像你們那樣，敢奢談學術自由嗎？我們接受的根本是塡鴨子式的教育，同樣是人，差別何其如此之大！

殷海光教授在給雷震先生的公開信中，提到「黨毒」二字，這也使我興起了不少的愁思。平日我跟貴校或者他校的同學交往中，也常受到「黨化大學的學生」的譏諷。每當面臨這些字眼，我總默默然無以對。事實如此，我們能有什麼辦法呢？譬如今年五月十五號那天，我們原有一個學會早就預借好本校樂羣堂於該日開會，可是後來國民黨師大校黨部也決定是日開會，結果儘管那個學會早就商借好了，也祇得讓出樂羣堂，雖然心裏是老大不願意，但不願意又能怎樣呢？另外，今年臺北市選舉時，曾聘請本校一百多位同學擔任監察人員，校方表面上雖以選品學兼優的同學去擔任，實則「品學兼優」四字的靈魂却是「國民黨員」。唉！儘談這些惱人的事幹嗎？還是「明哲保身」點好。石翠同學！願我們共以此言相勉勵吧！敝校同學現在都做到了這一地步。雖然明哲保身四字，是那些精神衰老、沒有勇氣與惡勢力相抗、而又怕人譏笑無能者的託辭，但此四字究竟確也保全了不少軟骨動物的生命與安寧。我們何必充硬漢，這年頭，不妨多向烏龜學習，不能出頭就便沒要强出頭。尊意以爲然否？

師大學生 季玉寫 五月二十日。

自由中國　第二十二卷第十一期　內政部雜誌登記證內警臺誌字第三八一號　臺灣省雜誌事業協會會員　三六四

給讀者的報告

本期的社論共有三篇：社論㈠「國庫不是國民黨的私囊！」是根據客觀事實，扼要指出國民黨搜刮黨費的種種違法手段，希望全國人民制止此種把國庫當作黨庫的反民主行為。社論㈡「警備總部不應根據盛世才挾嫌誣告而濫行捕人」，是對於立法院司法委員會最近抨擊警備總部濫肆捕人一案所提的意見，加以支持。社論㈢「韓政演變的光明啓示」，是再就南韓新政府上台後的新氣象，提出我們的意見。

劉慶瑞先生的「西德聯邦憲法法院與自由民主」大文所介紹西德的政制運用情形，很值得大法官會議常常濫用解釋權的我們中國參考和借鏡，希望大家特別注意。近因若干有時間性稿件必須提前發表，以致把劉先生的大文積壓甚久，謹向作者與讀者致歉。至於其他很多篇積壓已久的較無時間性大作，也將在最近陸續刊出，務請諸位作者先生原諒。

佘陽先生一從『國際難民年』看香港區的中國難民」大作，對於香港區中國難民的情形，有極為詳盡的報導與分析。我們希望中國政府、國際難民機構、以至聯合國，都能共同協力拿出辦法來，安頓中國難民。

本屆地方選舉中，國民黨黨政雙方所合力策動的違法舞弊措施，本刊在最近雖已有檢討，但終因事例太多，近又接獲幾篇專論與投書。本期除再發表石錫勳先生的「競選縣長三次落選感言」的專論外，還另以整整五頁的篇幅，把五月十八日「在野黨及無黨無派人士舉行本屆地方選舉檢討會紀錄摘要」，加以全文發表，讓大家對於本屆地方選舉的眞相、以及在野黨及無黨無派人士促進改革選舉的決心，獲得更深一層的認識。國民黨過去的做法不但是在摧毀地方選舉，而是在抹煞大家的自由意志，否定大家的神聖選舉權，所以還希望大家共同努力以求選舉的改革。至於臺北市李連麗卿、宋霖康、郭國基三先生送來的控告資料，臺中市吳一儒先生寄來的「陳情書」和「起訴狀」副本，以及臺中縣大甲鎮曹先生寄來的「臺中縣省議員和縣長選舉情形」一稿，暫時只有留作參考了，希原諒。

國民大會決議設置的「憲政研討委員會」，現已在立法院進入立法審議階段。此項決議的法律問題何在？龍在天先生在「論設置憲政研討委員會的法律根據」一文中，有簡要評論。

師大學生季玉先生的投書所說，其他學校以前也有類似投書寄到，尤其本刊之遭受迫害，更是普遍的情形。「季玉」是筆名，特此聲明。

伊衣先生的「談違憲」投書早收到，本擬發表，但因稿擠而一再延擱，現仍無篇幅發表，且已失時間性，只有保留，事非得已，希原諒。

臺南縣學甲國校王×先生的投書兩則、屛東某先生寄來載有「屛軍友分社總幹事金先陶等涉嫌舞弊十餘萬元」的五月二十二日某報一份、宜蘭市程先生送來有關「加薪」和「民情」方面的投書、及岡山黃×先生寄來對「以軍為家運動」看法的投書，都已收到，限於篇幅，恕不發表了。

唐嗣堯先生的來信拜讀。本刊上期所載李子先生的「立委唐嗣堯對行政院五十年度總預算之質詢」投書，確係李先生送來。貴院幾個刊物的編者以為是唐先生送來，實在是誤會。

自由中國 半月刊　第廿二卷第十一期　總第二五四號

中華民國四十九年六月七日再版

發行人　雷震

主編　『自由中國』編輯委員會

出版者　自由中國社

社址：臺北市和平東路二段十八巷一號

Free China Fortnightly, 1, Lane 18, Ho Ping East Road (Section 2), Taipei, Taiwan.

電話：二八五七〇

總經銷　臺灣　自由中國社發行部

航空版　香港　友聯書報發行公司　(香港九龍窩打老道一一〇號)　電話：五九一六四、五九一六五

經售處
美國　紐約友方圖書公司 Hansan Trading Company, 65, Bayerd Street, New York 13, N.Y., U.S.A.
紐約光明雜誌社 Sun Publishing Co., 112, Mulberry St., New York 13, N.Y., U.S.A.
馬尼剌　新疆書店
緬甸　仰光振成書報店
北婆羅洲　西利亞坡青年書店
星加坡　友聯書報發行公司（小坡大馬路四六九號）
吉隆坡　友聯書報發行公司（馬華公會大厦三樓七室）
怡保　友聯書報發行公司（希尼華沙甘街十六號）
檳城　友聯書報發行公司（林連登律七十二號）
澳門　友聯圖書公司

印刷者　精華印書館股份有限公司
廠址：臺北市長沙街二段七一號
電話：三三四二九號

本刊經中華郵政登記認為第一類新聞紙類　臺灣郵政管理局新聞紙類登記執照第五九七號　臺灣郵政劃撥儲金帳戶第八一三九號
（零售：臺灣每份臺幣五元，海外平寄美金一角五分，航寄美金三角五分）

自由中國

FREE CHINA

第廿二卷 第十二期

中華民國四十九年六月十六日出版

社址：臺北市和平東路二段十八巷一號

半月大事記

五月廿六日(星期四)

安理會再度開會辯論俄控美案，以七對二票否決。

日本爲討論美日安全條約，政潮激盪未已。日本參議院通過本屆國會延期；反對黨議員拒出席日本國會。

韓有七個新黨成立，角逐國會議席。

艾森豪向盟國保證，充分支持世界自由，强調不可鬆懈共同安全努力。

五月廿七日(星期五)

土耳其發生政變，陸軍接管政府機構，總統及內閣首長等均被拘捕；政變領袖保證舉行自由選舉。土耳其看守政府成立，宣佈忠於西方盟約。

赫特警告西方，俄在近數月內將有驚人行動，圖進一步威脅西方。

美國務院宣佈停止經援古巴。

五月廿八日(星期六)

土耳其新政權成立，古爾塞暫代理國家元首，下令禁止政治活動，全境治安逐漸恢復。

安理會表決東西恢復裁軍談判，否決了蘇俄對四國議案的修正案。

赫魯雪夫主張擴大高階層會議，應邀中共、印度、印尼參加，促西方與中共建立關係，並承認不能擊落美U2機。

五月廿九日(星期日)

土耳其新政府通知英美，保證忠於西方聯盟，繼續負擔一切國際條約義務。古爾塞表示無時間訪問蘇俄。

五月卅日(星期一)

美英各國宣佈承認土耳其新政府。

土耳其實施新政，社會秩序恢復常態。

行政院局部改組：內政部長連震東，外交部長沈昌煥，交通部長沈怡，司法行政部長鄭彥棻，蒙藏委員會委員長田炯錦，僑務委員會委員長周書楷。

五月卅一日(星期二)

東南亞公約組織的盟國開秘密會議，防範共黨軍事侵略。

美總統艾森豪定十八日訪華。

立法院院會對中華民國五十年度中央政府總預算案修正案編製經過進行質詢。

六月一日(星期三)

日社會黨國會議員宣佈全體辭職，企圖迫使岸信介下臺。

韓自由黨瓦解，一〇四名議員脫黨，聲明係爲順應民主精神。

中央銀行決定復業，臺灣銀行亦將改組。

六月二日(星期四)

赫魯雪夫又提出俄裁軍新方案，由葛羅米柯交各國使節。

美國防部長告參院外交委員會，美U2機飛俄偵察，獲得重要軍事機密，包括原子武器、飛彈、潛艇、機場及飛機等設施秘密資料。

臺灣省二屆省議會成立。新縣市長分別就職。

六月三日(星期五)

東南亞公約理事會議閉幕，協議加强防衛以對付共黨在東方的顛覆與軍事侵略威脅。

赫魯雪夫招待記者，公佈新裁軍計劃。

六月四日(星期六)

日本反岸信介、反美運動達高潮，東京三萬市民示威，交通工人一度罷工。

美對俄新裁軍計劃，允予考慮，惟亦對俄提出要求，同樣考慮西方計劃。

古巴官方策動反美，美向古巴提出强硬抗議，卡斯楚聲明決斷然拒絕。

艾森豪在共和黨大會中演說，由於赫魯雪夫暴燥態度，已使盟國更爲團結。

六月六日(星期一)

日本反對派社會黨通過其國會議員集體辭職，以圖傾全力來阻撓美日安全條約的批准。

六月七日(星期二)

十國裁軍會議復會。

日社會黨議員鑒於國人反應惡劣，暫緩集體辭職；民社黨將出面試行調解，謀使尖銳政爭轉趨緩和。

赫特向參院作證，堅持總統如期訪日，籲請參院批准美日新約。

美對俄提裁軍新方案，照會蘇俄，促其努力找出正確途徑，美願審慎考慮俄新方案。

六月八日(星期三)

美參議院撥欵小組通過國防預算法案，總數爲四百億，另撥二億八千五百萬元，全面發展時速二千哩的轟炸機。

「自由中國」的宗旨

第一、我們要向全國國民宣傳自由與民主的真實價值，並且要督促政府(各級的政府)，切實改革政治經濟，努力建立自由民主的社會。

第二、我們要支持並督促政府用種種力量抵抗共產黨鐵幕之下剝奪一切自由的極權政治，不讓他擴張他的勢力範圍。

第三、我們要盡我們的努力，援助淪陷區域的同胞，幫助他們早日恢復自由。

第四、我們的最後目標是要使整個中華民國成為自由的中國。

社論

(一) 歡迎艾森豪總統訪華

美國艾森豪總統定於十八日前來訪問自由中國，雖然他預定的逗留時間，祇有短短的一日，却已經給我全國朝野帶來無比的興奮，我全國人民無分階級，無分黨派，沒有一個人不由衷歡迎這一位貴賓之來訪。這幾年來，中、美兩國在軍事、經濟、文化各方面均能合作得非常順利而圓滿，兩國政府之間，可以說沒有什麼糾結的問題，縱有問題(如駐華美軍地位問題之類)，也可以經由一般外交途徑獲得解決，似無需乎兩國元首直接折衝。艾森豪總統來華，完全是友好訪問的性質。但這種訪問，對我們却是一個至爲有力的精神鼓勵與道義支持，其意義與價值，將是無法估計的。

在艾森豪總統訪華以前，世界局勢正發生了一些變化，雖然這些變化祇是表面的而非本質的，在本質上，整個世界局還是一個武裝相持，但對自由世界特別是對美國的一般人心，却有深切的影響。蘇俄總理赫魯雪夫悍然破壞東西最高階層會議以及撤消對艾森豪總統的訪問邀請，已使美國藉談判來與共產集團謀取和平共處的希望漸趨幻滅，而再度感覺到，維持世界和平的最有效方法，莫過於美國自己保持力量，並對外爭取友誼。艾森豪總統最初的訪問計劃，原來並不包含中華民國在內，由於廣泛爭取友誼的動機，乃重行安排，把訪問的範圍擴大。此一抉擇，至爲明智，它將大大的加強亞洲反共國家人民對美國的信賴，鞏固了美國在整個自由世界的領導地位。

我們深深感覺，今天整個自由世界所面臨的危機，主要不是在歐洲，而是在亞洲。僅僅表面的事象，就可使這種情勢顯現出來。歐洲最具有爆炸性的地區，莫過於西柏林，但赫魯雪夫在破壞了高階層會議之後，仍宣布西柏林將維持現狀，直到六個月或八個月之後舉行新的高階層會議之後再說。西柏林安然無事，說明俄國尚不準備在歐洲採取任何激烈的挑釁行動。但是，繼承了史大林主義衣鉢的中共暴徒們，則始終叫囂不已，無時無刻不在我尋隙縫，從事擴張。西方國家人士，也早就看出了俄國與中共，不僅立場上有若干距離，甚且在性格上都開始生出了若干差別，因而對中共較諸對俄國更具戒心。

亞洲面臨的危機之所以大於歐洲，還有一個重要原因：那就是亞洲國家對共產主義所能發生的抵抗力量，較諸歐洲爲薄弱。在歐洲，還有英、法、西德這些國家，可以分擔美國一部分責任。在亞洲，許多國家在政治、經濟各方面都沒有深厚基礎，以致幾乎整個擔子都壓在美國的肩頭；爲此，亞洲國家是否能有效的抵抗共產主義，也幾乎完全要看美國在此一地區如何作法。

誠然，亞洲有不少國家的政府，都堅持反共立場，美國也已各就其需要，給予適當的軍事與經濟援助。這些國家，多半已把共黨視爲非法，並强力制裁其活動。從表面看去，它們既可藉美國的協防擋住外來的侵略，又可藉嚴密的組織防制內部的顛覆，似乎一切都很好，不必作過多的憂慮。而且事實上，自由亞洲與共產鐵幕之間，亦已劃定鴻溝，中共暴徒們儘管時時在找尋隙縫，終不能輕易越雷池一步。但無論如何，我們仍不免感覺還缺少着什麼東西似的。這亞洲國家所缺少的東西，無以名之，姑名之曰「反共的精神要素」。美國自己與一部分西歐國家都具備這種精神要素，而亞洲國家則並不具備。

現在世界兩大集團之間的鬬爭，並不是霸權之爭奪，而是兩個絕不相同的社會制度，兩個絕不相同的思想體系之間的鬬爭。這二種社會制度與思想體系應該顯示一種至爲鮮明的對照，而鬬爭成敗之最後關鍵，卽繫諸廣大人民在此鮮明對照下所作的選擇。美國自己就已經能做到這一點。包含在所謂「美國生活方式」這個廣泛名詞之內的種種，就是美國人民的反共精神要素。此種生活方式有其至爲鮮明的特點，而且幾乎沒有一點不與共產制度的特點形成强烈而絕不含混的對照。美國絕大多數人民，由衷的愛好並珍惜這種生活方式，因此就用不到宣傳，用不到敎育，甚至用不到把共黨及左傾團體視爲非法，在人民之間就自然而然的生出一種反共力量；這一代人如此，下一代人也仍將是如此，少數共產黨徒及左傾分子在這樣的情形下將自始至終沒有發展的機會，永遠是這麼一個無能爲力的少數。

多數亞洲國家的情形就並不如此。在這些國家，沒有眞正的民主，沒有眞正的自由，沒有眞正的法治，也沒有眞正的人權保障。有些國家的政府，甚至於模倣着共產黨徒的方法，拿這種方法來反共，同時也拿這種方法來統治人民。這些情形與共產主義，幾乎沒有本質的不同，而祇有程度的差異。人民所面臨的，不是一種絕對的選擇，而祇是一種相對的選擇，是一種五十步與百步的選擇。截至今日爲止，我們還是確信亞洲國家人民，仍然多數反共，這特別要感謝中共暴徒們之過於倒行逆施，使程度的差異變得顯著，因而還能發生一些作用。但程度的差異是可以改變的。說不定有一天，共產黨徒們的統治方式變得稍稍溫和，而同時却以人造衞星、經濟建設、反帝國主義之類的號召來炫惑人心，這些缺乏反共精神要素的國家就面臨考驗，這些國家的政府很可能不得不採取更强烈的手段來應付內部的不安情勢，以致使程度的差異也趨於消滅。萬一差異竟不復存在，或已小到令人無從覺察，到那時候，我們眞不敢想像廣大人民會作如何的選擇了。人心有變，不必定要從反共變到親共，卽使祇是從反共變到中立，就已經是一個够嚴重的事態。反共事業如得不到廣大人民的合作，單靠少數上層分子在撐持，那就發生不了眞正的力量。

亞洲人民像美國與西歐人民一樣，需要有一些爲他們所愛好、爲他們所珍惜的東西，需要一些他們願意付出任何代價來維護的東西。他們知道這些東西是什麼。現在，你可以隨便找一個人問他「爲什麼反共」，他們都會脫口而出的答覆說：是爲了反極權、反奴役。但極權的反面是民主，奴役的反面是自由。他們的民主在那裏？他們的自由在那裏？他們都沒有得到。他們的心靈是空虛的，這種空虛才是亞洲反共陣線上的一個最爲可怕的隙縫。

我們相信，美國對亞洲國家的情形，瞭解得相當深刻，決不是如有些人所說的那樣隔膜。美國知道亞洲國家的政府需要些什麼，亞洲國家的人民又需要些什麼。那些需要，有一部分爲政府與人民所共同，但也有一部分並不完全一樣。美國既已在亞洲地區擔當起了防止共產主義發展的艱鉅責任，亞洲國家自己所無法滿足的需要，美國正在使之獲得滿足。一種需要如爲政府與人民所共同，問題至爲簡單，如軍經援助，就爲各國政府與人民同樣的歡迎。但如果有一種需要政府人民並不相同，或甚且正相背馳，那就使美國陷於一種爲難的境地。美國對亞洲人民的願望，知道得非常清楚，但常常是無能爲力，以致反共陣線上一個潛在的隙縫始終未能塡補起來。

美國是今日世界首屈一指的强國，但它不是霸主，所以它有不干涉它國內政的傳統；我們極願美國能把這優良傳統保留下來，因爲這也正是民主精神之一重要部分。但美國却拘謹到了連道德的影響力都無從發揮，不能拿一種精神武器來裝備亞洲反共國家，這却是重大的損失。譬如美國如發現有什麼不妥當的處所，提出一些友誼的忠告，這總不該算是干涉吧；雖僅止於忠告，以美國今天所處的這種領導地位，也可以有多方面的影響。美國倘能發揮一種更爲偉大的道德影響力，不僅有利於美國，有利於亞洲國家，且更有利於我們大家所共同的反共目標。

此番艾森豪總統訪問我國，雖然爲時至爲短暫，却是一個千萬不能輕易放過的機會，我們一定要乘這機會來表達我們對整個亞洲反共問題的觀感，也希望能聽到艾森豪總統對這問題的觀感。簡單說，我們需要民主改革，反共事業才有確切的憑藉。我國人民並不準備走韓國的路，更不準備走土耳其的路，而是希望能出現一種新的情勢，使韓國那樣的流血與土耳其那樣的政變成爲沒有必要。但我們經多年的努力，這種新的情勢仍然未能出現。試想，如果由上而下的改革竟被事實證明爲無法走通之路，則中國將面臨怎樣一個可怕的選擇，流血？政變？還是讓絕望來銷蝕人民的反共意志？而這一切，均非我們所願見，當亦非美國所願聞。艾森豪總統是中國的朋友，他關切中國的事，就一定會看到這整個問題的嚴重性，並站在朋友地位，設法幫助我們把一個潛伏的危機消滅。

社論

（二）從行政院改組說到陳院長觀念中的經濟建設

這一次行政院改組，除掉在政治圈鑽進鑽出的人們，事先蠅營狗苟，事後議論紛紜以外，看透了今日政局病根的人，對於這件事似乎都不太關心。因爲他們覺得，改組不改組，反正總是那麼一回事。

但是，這件事，畢竟是報紙上第一版的政治新聞。作爲一個政論性的本刊，又不得不說說我們的觀感。

首先，我們要指出，本月三日立法委員一百六十一人對行政院提出的書面質詢，值得大家支持擁護。這一質詢的提出，爲的是這一任的行政院長未依照憲法第五十條之規定，由總統提名，經立法院同意，而自行組閣。質詢的全文見本月四日報紙（全文刊在本期上面）。其要點是根據憲法第五十五條的規定，反覆申論第二屆總統提名，經立法院同意的行政院長，其任期應隨第二屆總統任期的屆滿而終結；第三屆總統任內的行政院長，應由第三屆總統就職後依法提名，經立法院同意；不管前後任的行政院長是否同一個人，這個法定程序都應該遵守，否則就是違憲。所以質詢的結語說，像現在這樣，「其何以維憲法尊嚴，其何以正國內外之視聽？」

本文脫稿時，行政院對於這個質詢尚未答覆。照我們想，如果政府眞有尊重憲法的誠意而不是一味地只圖自己便利的話，對於立法院這個質詢，就應該馬上認錯，並即補辦行政院長的提名以徵求同意。假若不如此，而只是在文字上做些工夫，曲解憲法條文以敷衍立法院，那末這又是給憲政多添一個惡例。

關於行政院改組後的人事更動，我們只覺得沈怡出任交通部長，算得是差强人意的一點。沈氏爲水利專家，過去他在水利建設和一般行政方面的政績，都不算壞。在這次陳內閣中添了這樣一位新人，未始不是可以慶幸的。臺灣省籍的連震東出任內政部長，似乎是爲的示好於臺灣同胞。可是連氏是歷任臺灣地方選擧監督，地方選擧的違法舞弊，連震東是要負重大的責任，他這次出任內政部，不免使人覺得這是選擧違法舞弊的酬勞。其餘的閣員，留任的多，新任的少，我們不必一一提及了。

談到行政院改組後的施政方針，因爲陳院長這次出任院長未經立法院同意程序，所以他沒有甚麼正式的施政方針向立法院提出。可是本月三日他在記者招待會上那一番話，我們也可把它當作施政方針看。這番話可歸納為下列三點：①軍事方面加强戰備，應付共匪挑釁，②政治方面重申政府召開反共救國會議的誠意，並希望有一個强有力的反對黨成立，③財經方面，除為調整軍公教人員待遇方案辯護外，特別强調經濟發展，說是要做到「經濟上的自給自足」。

陳院長這番話所涉及的一些問題，其中有的是我們早已討論過的，有的我們將用專題來討論(如軍公教人員待遇調整問題)。這裏我們只就財經方面說說一般性的話。

財經問題，是近年來政府不敢正視而又一味藉自我宣傳來掩飾的問題，因而這個問題不僅沒有漸趨緩和，而且一天嚴重一天。這次行政院改組，關於財經方面的負責人，沒有更動，這就表明今後的財經政策(如有所謂政策的話)，不會有什麼新的趨向，不會解決任何財經問題，而仍然是在粉飾宣傳之下，讓這個問題更加嚴重化。

過去，我們對於財經問題曾經多次討論。兩年前我們即已指出經濟害於財政，財政害於軍事。現在我們可以說得更確切一點：財經問題害於我們這個政權本身的自私自利和其虛張聲勢。我們這樣講，是有充份事實——尤其是最近的事實作根據的。財經問題的眞正癥結既在這裏，如果對於這個癥結沒有辦法割治，財經問題也就不會有效的根本解決辦法。

再從較低的層次來看財經問題，也即是就陳院長權力所能及的財經問題來講，過去幾年陳院長所留下的成績，遠不及敗績來得多。關於財政方面，我們將在軍公教人員待遇調整那篇社論中論及。本文只談經濟方面。經濟建設是陳院長常常强調或自誇的。可是陳院長對於經濟建設的觀念和其作風，大可以石門水庫所表現的一切事象，作為一個例證來說明。首先，我們要指出，石門水庫是一大規模的經濟建設，建設既屬於經濟範疇，主持的人必須具備經濟事業最基本的一個觀念，即成本觀念。沒有「成本觀念」，就不配主持甚麼經濟建設事業，這是最最重要的一點。可是我們從陳院長主持石門水庫的建設看來，他正缺乏成本觀念。他只曉得建設的規模或氣概，愈「偉大」愈好。而他所說的「偉大」，就是肉眼所能看到的龐然大物。至於這個龐然大物的造成，犧牲了一些什麼，他的肉眼看不見，他的心眼也不去索尋。這就是說，成本方面他根本不會考慮，也許他認為不屑考慮。於是浪費的開支，數額龐大（見兩月前立法院的質詢），而不乾不淨的花樣，也就夾雜着層出不窮了。（據傳聞，石門水庫預付水泥公司的貨欵，帳面上寫的是新臺幣一千萬元，實際付給水泥公司的只二百萬元，像這一類不乾不淨的事，有關機關應該嚴查。）陳院長也經常强調節約與廉潔，而他所主持的石門水庫恰好是一個强烈對照。兩月前立法院對於石門水庫問題的質詢，特別注意到築壩計劃的改變。其實，關於築壩計劃本身，倒是一個純技術問題。設計的工程師們應該負責。我們似乎不好把技術上的責任，完全歸之於陳院長一身。可是，我們要特別指出，經濟建設必須基於成本觀念。不計成本，就是不經濟，反經濟。不經濟的設施，反經濟的運作，縱然造出了一些肉眼可看見的大東西出來，可是另一方面肉眼沒有看見的經濟資源的消耗却不算，這就不是經濟建設，而是經濟浪費。石門水庫建設委員會，開始的時候，由於陳院長當時是以副總統的身份兼任主任委員，所以場面擺得像個大衙門，冗員充斥，因而內部的人事糾紛也特別多。對外則經常大事宣傳，宣傳與招待費用，也開支很大。其實，電力公司主辦的達見水壩工程以及谷關工程，並不比石門水庫的規模為小，但谷關達見工程不聲不響地在埋頭苦幹，大體上是合乎經濟原則的。而石門水庫建設委員會則是事業機關衙門化，因而把經濟建設化成了經濟的浪費。

本文的重點並不在於批評石門水庫的一切事象，而是藉石門水庫這一事例，指出陳院長所說的或所嚮往的經濟建設，實際上並不是經濟「建設」，而是經濟「浪費」。因為經濟建設，脫離不了成本觀念。成本觀念是冷冷靜靜地從計算機上面得出來的。戰場上的衝鋒號角，政治劇的鼓吹手，都不能用在經濟建設方面以代替計算機。否則就是「建設」其名，「浪費」其實。

陳院長在行政院改組後的第一次記者招待會上，又在說要做到經濟上的「自給自足」。經濟上的自給自足，這一口號似乎是令人神往的。可是如何做到「自給自足」，我們要請陳院長好好地去請教計算機，不要把「自給自足」當做符咒來唸，以為唸幾唸就可唸得到來；或者以為唸幾唸就可唸得大家相信。

社論

(三)

為軍公教人員叫不平

去年中南部水災引起的物價漲風快近尾聲的時候，本年二月召開的國民大會，由於臺幣的大量出籠，又給物價起了推波助瀾的作用。對於這一事態的發展，民間的報刊，有的予以嚴肅的批評，有的加以幽默的諷刺。前者可以中國郵報(China Post)三月十八日及四月十五日的社論為代表；後者以「人間世」第四卷第四期社論㈠和其封面漫畫及題詞為代表。大家對於政府汚七八糟的搞法所感到的憤懣，究不是幾份官方黨方的報刊閉着眼睛說瞎話所可掩飾得了的。

國民大會期間臺幣大量出籠，助長了物價漲風，這還不是問題的全部。為達到修憲連任的目的，蔣總統給予國大代表們提高待遇與立監委員相等的諾言，現在到了要兌現的時候了。最近行政院向立法院提出的總預算案修正案的附件——關於調整軍公教人員待遇標準暨經費分配表，就是實現上述諾言的一個具體方案。

在原預算案裏面，這項經費總額是四億六千萬元。現在的修正案則減少到二億八千八百餘萬元。這一減少，據陳院長在立法院所講的，爲的是「國計民生亦不得不統籌兼顧」。那末，我們不得不問：行政院在編製原預算的時候，是不是沒有顧及國計民生呢？所以陳院長這一辯解，無法叫人信服。於是大家有些猜測的話了。有的人說，陳院長在提出原預算案的時候，以爲他自己不會再連任行政院長，所以對於調整軍公教待遇的經費總額，樂得多列一點以示惠。至於執行起來有無困難，那是別人的事。這個猜測我們覺得未免有傷忠厚，我們可以不必如此想。另外有些人說，原預算案所列的這筆經費只有總額數字，沒有附上分配明細表；後來由於立法院要求行政院提出分配明細表，於是原列的總額就減爲現在的總額了。因爲只有總額而沒有明細表的經費，行政院保有自由分配的便利，有了明細表，他們就不能自由分配了。這一說法，或許就是實情。如果實情眞的如此，那末，政府在財政方面所慣耍的把戲，又給人窺出一個破綻來。

照調整待遇的經費分配表所列，經費總額是二億八千八百餘萬元，其中分配給人數達六十餘萬的中央武職人員（包括警備總部）的是二億三千六百餘萬元，此外，人數一萬多的公教人員只分配三千一百餘萬元，而人數一千左右的國大代表卻分配了一千零八十萬元（在海外的國大代表向不領薪）。簡單一句話，國大代表的人數，還不到全體軍公敎人數的六百分之一，但是爲他們所增加的待遇，卻佔了全部加薪經費的二十八分之一。如僅把公敎人員與國大代表相比，前者的人數多於後者十五、六倍，而加薪的經費只是等於後者的三倍？

我們再進一步來看這個分配表，文職人員在待遇調整後，最高的特任官每月可增加二百三十三元；最低的，同委任官增加四十三元。武職人員最高的，一級上將可增加二百〇六元；最低的，二等兵增加十六元。（見六月一日中央日報）至於國大代表每月增加多少，中央日報沒有報道，但我們不難從其人數推算出來。總而言之，這次待遇調整，受實惠的，只是國大代表，而軍公敎人員，在物價已經高漲的今天，名目薪金，雖有微乎其微的增加，而實質薪金，已經大打折扣。換句話說，這次調整待遇，完全爲的是國大代表，完全爲的是前此的諾言要兌現，而一般軍公敎人員不過是做做陪襯而已。

這個待遇調整方案揭曉以後，軍公敎人員的家庭裏面，各機關的辦公室裏面，各學校的敎員休息室裏面，乃至茶樓酒館、火車及公共汽車上，到處都可聽冷嘲熱罵，政府在道義上的權威幾乎掃地無遺了。去年八七水災帶來的損害，是有形的，物質的。有形的物質的損害，尙不難於補救。而這次待遇調整方案所帶來的損害，是無形的精神的。無形的精神的損害，雖然一下子看不見，摸不着，但其醞釀中的危機，比八七水災要可怕到千百倍。

立法委員畢竟有許多明察事理而天良未泯的人士：在最近一兩週的立法院會議中，立法委員對於這次待遇調整案予以嚴厲批評的大有人在。而且由徐源泉、陳洪、費希平等委員提出了兩個修正案，這兩個提案的簽署人都有一百多人。其內容大致一樣，即主張中央級的民意代表，高級特任官以及高級軍官的待遇，目前不必調整。把這筆騰出來的錢，移作調整中下級軍公敎人員待遇之用。我們知道，立法院的法定權力，只能核減預算，不能增加預算，在這個權力限制之下，上述的那個提案，不失爲一個補救的辦法」。現在誰都知道，高級的文武官員，不是靠法定的俸給過生活的，尤其不是靠法定的俸給來撐持他們官派場面的。增加一兩百元的法定加入，對於他們來講，可以說是毫不在乎。至於國大代表的待遇要提高，那是屬於另一性質的支付，屬於特種政治性的交換條件；爲人民監視錢包的立法委員們，不僅沒有義務負起這個責任，相反地他們有責任否決它。而且立法院爲着挽救政府在道義上的自我損毀，也應該不惜得罪千把人的國大代表，而堅持自己的立場，爲幾十萬軍公敎人員講話。兩年前出版法修正案在立法院討論的時候，也曾很激烈地反映過當時的輿論。可是那個出版法，後來竟以多數通過了。這一次軍公敎人員待遇調整案的前途如何，又是給立法院的一大考驗。立法院的聲譽已經大大地貶損了一次。

行政院陳院長給這次待遇調整的辯解，說是要顧及「國計民生」，這好像是說軍公敎人員的日常生活不在所謂的「國計民生」範圍之內。我們眞不知道作爲政府機關基幹的中下級軍公敎人員活不下去的時候，還有什麼「國計民生」可言。陳院長又說，我們不能爲軍公敎人員待遇調整而增加人民負擔或增加發行，以致引起通貨膨脹。這一說詞，似乎是很動聽的。可是我們要問問：除掉增加人民負擔和增加發行以外，是不是還有第三個途徑可以設法提高軍公敎人員待遇呢？近年來，我們一談到財政問題的時候，總不煩費詞地要指出黨政方面的浪費國帑。這筆鉅額的浪費，大都是在國家預算百分之八十以上的國防經費項下開支的。「軍事秘密」這一頂大帽子，使國防經費掩護了各形各色見不得人的開支。立法院審查預算時，不能過問它的細目，老百姓更是莫名其妙。這筆浪費數額究有多大，我們雖也說不出一個確數來，但就大家耳目所經常觸及的事象看來，它在國防費中所佔的比例總相當可觀。這些開支不僅完全是經濟財政方面的浪費；而且有些部份是用在腐化政治風氣和斲喪國民道德方面的。陳院長對於這方面的浪費開支，總不能說不知道吧。爲着調整軍公敎人員待遇，既不能開源，爲什麼不能從這方面節流呢？但陳院長絕不提及這方面，這是不能叫人心服的。

西諺有句話：「有格格之聲的車軸，才能擦到油。」這次軍公敎人員待遇調整案之所以特惠於國大代表，而不顧及一般軍公敎人員，似乎也是理所當然的。可是這個「理」究竟是開車的司機所了解的「物」理，而不是主政者所應了解的「人」理。人，究竟不是物，政府機構也不是一部物質的機器。政府機構的運作，靠的不是物質建構，而是心意合作，主政者不要把軍公敎人員當作無聲車軸看！

社論

(四)

土耳其政變的教訓

——兼論反對黨的正面價值——

近來亞洲地區連續發生震撼世界的政變事件：緊接着大韓民國政變而起的，有土耳其的政變。雖然，大韓民國的政變係由知識分子作主導，而土耳其的政變係由現役軍人來執行的，可是二者的基本原因是一樣的。我們觀察並且分析土耳其政變的種種，對于自由世界的領導國家應該提供若干了解，對于摧毀基本人權的政治集團應該有所警惕，對于追求民主自由的人民應該引起深切的認識。

土耳其這次政變，是由執政黨的孟德斯政府在四月二十七日透過議會通過一項授權調查顚覆委員會，全權調查在野黨的人民共和黨員的「顚覆及非法活動」法案而激起的。依照這項法案，調查顚覆委員會的第一步行動是在三個月內，禁止一切政治活動，實施新聞封鎖，沒收報紙，並得對于反對政府的人民判處一年到三年的徒刑。當這項法案通過的時候，在野的人民共和黨領袖前任總統伊納諾卽指摘孟德斯政府爲達到一黨專政自恣的目的，竟不惜犧牲人民的自由。四月二十八日，伊斯坦堡大學的學生八百餘人首先拒絕上課，以示對孟德斯政權乖謬舉措的抗議，繼而遊行示威，接着有別校的學生參加。於是，遊行行列驟然增加到一萬多人。憤怒的學生羣衆奔往伊斯坦堡市內各處，大聲要求孟德斯總理辭職。在遊行示威中，學生與警察發生衝突，當場死亡學生三人，受傷的有四十多人。這樣一開端，於是騷亂展開，蔓延到土耳其各地。

四月二十九日，學生反政府示威運動擴張到土耳其京城安哥拉。在安哥拉的示威遊行中，學生羣衆與警察發生猛烈的衝突達五小時之久。結果有三十多人受傷。於是，京城軍事當局宣佈戒嚴，並且命令騷動區的學校停課。五月三日，在伊斯坦堡的學生示威運動中，有一百名律師參加遊行，中途有三十名律師遭軍隊逮捕。五月五日，孟德斯總理在安哥拉京城受到四千多名學生包圍。這些學生高聲要求孟德斯總理辭職。五月二十一日，居然有土耳其陸軍軍事學校的學生一千多人參加遊行，表示支持土耳其青年反對孟德斯政權的示威運動。事態遂益趨嚴重。

當學生反政府示威運動爆發後的第四天，孟德斯譴責示威羣衆有意製造事端。外交部長又要搬出紅帽子，說示威運動「有共產勢力影響的可能」。五月三日，孟德斯更明白地說是在野黨煽動學生意圖反叛，下令軍隊必要時可使用武器制止示威。據事後的調查，孟德斯曾下令將示威學生集體處死。在安哥拉和伊斯坦堡發現集體坟塚，有些屍體被裝在冰箱裏。爲了維持政權，孟德斯政權竟不惜草菅人命殘暴到這種地步。

詎知五月二十七日土耳其陸軍古爾塞將軍突起，以迅雷不及掩耳的手段發動政變，拘捕總統拜爾，總理孟德斯，及大部閣員，並接管全國的軍事和民政部門。土國政權，至此落入古爾塞將軍手中。古爾塞將軍在政變發動以後，對全國演說稱：「我不欲變成一個獨裁者。我的目的是建立民主的新秩序並將它交付國家。我希望你們信任我。」

孟德斯政府百般好說不聽，使得土國陸軍不得不採取這一非常手段，逼使孟德斯下臺。土國陸軍的這次行動誠然事非得已，可是，就民主政治的常軌而論，我們認爲這種行動不足爲訓。現在，土國局勢初定，大權掌握在軍事領袖手中。如果我們要在此時對土國未來的發展作預測，無寧失之太早。古爾塞將軍是否會實踐他的諾言，「建立民主的新秩序並將它交付國家」，而不乘機建立軍事獨裁，這也只有等待事實的證明。不過，無論怎樣，我們現在趁這個機會來檢討土國政變的基本造因及其意義，可以增進並且加深大家對于民主政治的認識。

在亞洲民主基礎尙未穩固的國家裏，已經取得政權的集團，如果存心永久覇佔政權，那末他們心中總是打着一套如意算盤：爲了永久覇佔政權，必須實行「全盤控制」。爲了實行「全盤控制」，必須通過諸如「安全法」，「出版許可法」之類的法規。如果這類法規失靈，就直接訴諸警察及軍隊的武力。他們總是認爲這樣必可「控制得住」。在反共期間，更有一頂現成的紅帽子威脅。任何反對者一被戴上紅帽子，便是末日來臨。在法規、暴力、和恐嚇聯合使用之下，能夠站立起來的人便寥寥可數了。辦法不止如此。除了剛性的法寳以外，還可輔之以軟性的法寳。軟性的法寳就是寵之以官爵，買之以金錢。這樣一來，能打過這一關頭而挺立得住的人更是寥若晨星了。不僅如此，更厲害的辦法，是對于年紀較大的人製造出一種社會環境，使泡在這種環境裏的人，除了志氣消磨，拿酒色財勢作追逐的目標以外，別無排遣茫茫歲月之道。對于年青的人，則利用敎育機構以及種種青年團體，軟則施行蜜餞、醃製，硬則施行壓柿餅，製磚瓦，等等方法，務使青年不是變成極端鄙視理想、趨慕現實、鑽營利祿之徒，就是變成化石、木偶、傀儡、痲木不仁，因而任人隨意擺佈的材料。

無論是李承晚還是孟德斯，凡屬搞這類把戲的人，都有一個共同的想法，卽自以爲「算無遺策」：憑這一套法術可以長保權威，永保黨祚。然而，他們却不知道，一個人或一撮子人，無論怎樣精於計算，無論怎樣精於佈置，無論怎樣精於控制，總難免有疏漏之處。而且，在這個人間世，並沒有任何組織、集團、暴力、以及大的藉口，可以使一個人或一撮子人永保權勢和利益的。古往今來的朝代興衰，各種勢力的盈虛消長，人事的滄桑之變，足爲我們證明這一道理。如其不然，今日地球上的千萬庶黎，百姓子女，豈不還是法老王，尼羅王，秦始皇這些人物後代的奴隸？然而，這些風流人物及其統治業績，如今都到那裏去了？「安知夫後之視今，不猶今之視昔？」目前這些心勞日拙地爲自已打算的人物爲什麼不想通這一點？爲什麼不了解這一無情的歷史演變法則？爲什麼不爲生民造一點福而留點良好的記憶給後代？孟德斯及其集團的下場豈不是最明顯的鑑戒？

任何有常識的人都可明瞭：無論什麼國家，無論在什麼時機，要避免動亂，要達到長治久安的境地，唯一可循的方式就是實行民主。然而，無論共產統治也好，無論口稱「反共」而實際則行李承晚式的統治也好，都是反民主的。反民主的統治形態，是建立在金錢收買、暴力威脅、秘密恐怖、空大口號、欺騙愚弄、個人偶像、黨羽控制之上的統治形態。這種統治形態，爲所有的正常人深惡痛絕。這種統治有一大特色，就是不能鬆手。一鬆手就立刻瓦解，表面的榮華富貴隨之煙消雲散。這種統治的形態像小孩玩的陀螺。這種玩具上大下小。玩陀螺的人必須不斷地抽打，使陀螺急速旋轉，才能使它維持暫時的平穩而不倒墜。同樣，從事孟德斯式統治的人時時刻刻惟恐別人打他們的主意。他們不能讓大家過一點人的正常日子，必須抓住大的題目，藉着大的題目，製造緊張，來維持他們的這種統治。這是亘古未有的澈底自私。

走民主的道路，便用不着搞這些心勞日拙的勾當了。民主的政權，係由公意和公共的付託所產生的。公意和公共的付託的具體表現是公正而合法的選擧。公意和公共的付託是基礎廣大的。所以，由此而產生的政權是置基於廣大的基礎之上的。既然它是置基於廣大的基礎之上的，所以根本用不着怕人打主意。這樣的政權，不像小孩玩的陀螺，而是像埃及的金字塔。金字塔之建立，遠者在紀元前四千七百五十年，近者也有紀元前三千年之久。這些金字塔巍然聳立在埃及廣大的原野上，不怕地震，不怕雨打，不怕風吹。民主政治也是一樣的。英國自一二一五年大憲章（Magna Carta）頒訂以來，美國自立國以來，在這麼悠長的歲月裏，政權之轉移，眞不知有多少次了。可是，我們從來沒有聽說英美爲了政權之轉移，發生殺人盈城，暴骨原野，血流漂杵的事。可是，李承晚式和孟德斯式的統治就要激成流血慘變。這是多麼不幸，又是多麼愚蠢！如果政治眞是服務衆人之事，那末有什麼理由一定弄到非犧牲人命不能解決？這種辦法是原始的，是野蠻的，也是落後的。我們衷誠地希望孟德斯式的下場，不再見于歷史。我們衷誠地希望政治之事唯循合法、合理、和平、文明的途徑解決。而要政治的事循着這樣的途徑解決，只有實行民主。

實行民主如果要不徒託空言而是有其眞實的內容，必須有強大的反對黨。反對黨的作用至少有三點：第一、申張公意。公意是政治的基本依歸。如果政治違背公意而行，那末我們眞不知道何貴乎有政治。可是，在李承晚式或孟德斯式的統治之下，政治的決定因素和出發點是極少數人的是非，意志、權勢、利益、甚至于個人的好惡之情。在這類地區，最大多數人必須以此最少數人的是非爲是非，最大多數人必須屈從于此極少數人的權力意志之下，最大多數人甚至必須以此極少數人的感情好惡爲好惡。因此，在這種統治之下，千千萬萬人的是非，意志，和好惡，在此最少數人的高壓和淫威之下，祇得收藏起來，束之高閣。當然，在這樣的地區，也有報章雜誌，也有所謂輿論。但是，這些報章雜誌只爲表達此極少數人的是非、意志、權勢、利益、甚至個人的好惡而服務。這類地區所謂輿論只是「沒有沉默的自由」者，被榨出的「口是心非」的聲音。惟有強大的反對黨出現，才能打破這種強奸民意的局面，而眞正把最大多數人的是非、意志、利益、感情眞誠地表露出來。第二、在一黨橫行無忌的地區，極少數人往往腦筋裏想着要怎樣做便怎樣做。這樣的一撮子人口口聲聲講「要負責任」。其實，他們所謂的「要負責任」不過是「要永久把持」的代名詞而已。其實，這樣的一撮子人最沒有責任心。他們無論闖下了什麼滔天大禍，他們毫無愧悔之色，而一味諉過于別人。他們對于國家大事的態度好像賭博和下棋一樣，輸了再來，再輸再來。這些人之所以能够如此肆無忌憚，就是因爲沒有強大的反對黨制衡、監督、和認眞批評所致。在英美民主國家，這種「錯到底」的事是根本不會發生的。之所以如此，就是因爲有強大的反對黨制衡、監督、和認眞批評所致。所以，我們要避免國事被一個專橫自私的集團敗壞到底，必須有強大的反對黨。第三、和平轉移政權。除了共產黨，及孟德斯式的人物認爲政權只應爲少數人所壟斷以外，眞正主張民主的人士沒有認爲政權不是大家的公器的。政權既然是大家的公器，因此，如果甲黨做得不孚衆意，那末在下次選擧中可由大家選擧的乙黨來輪替。人總是難免有惰性的。攬權太久的人物及其政黨，在用人上易于偏私，在作風上易趨腐化。偏私與腐化既久，不爲大家所容，於是久而久之他們的政權就脫離了羣衆的基礎。他們的政權失去了羣衆的基礎，於是爲了繼續保持政權，便做出種種不擇手段的事了。這樣發展下去，不是弄得大禍滔天，便是弄出李承晚和孟德斯政權的結局。如果一個國家平時就有一個強大的反對黨存在，發揮它的制衡、監督、和認眞批評的作用，必要時通過公平合法的選擧程序來和平輪替在朝黨，那末人民就可免因政爭而流血的浩刼，社會也可免于動盪，國家的元氣也可不致斵喪。

這樣看來，反對黨之成立是任何國家走上民主軌道必要的條件。我們必須明瞭，任何民主國家的憲法都規定人民有集會結社之自由。所以，組織反對黨，是人民應享的基本權利，它不是任何集團的「恩賜」，也不是任何集團可拿任何大帽子或「非常時期」之類的藉口來橫加剝奪的。依據這些理由，我們竭誠希望自由中國有一個強大有力的反對黨出現。祇有這個政黨出現，才能眞實地將中國的民主政治帶着前進一步，而奠我們的國家於長治久安之途。

我對于三民主義的看法和建議

殷海光

我在自由中國第二十二卷第十期發表的「給雷震先生的一封公開信」，在一個文明的民主國家，實在是平常得很。想不到這封信竟引起許許多多誤解。誤解的基本原因之一，是若干人士拒絕對我在信裏所說的種種論點作理智的思考，而祇把各人心中畫好了的影像投射 (project) 到我身上去。這是一個值得研究的羣衆心理學的問題。關于這個問題，我認爲應須讓心理學專家去研究。我們現願意在這裏解釋一下的，是我對于三民主義的看法，並且提出建議。

第一、我在那封信裏說「我的確也沒有說半句恭維三民主義的話」。有些人士把這句話解釋作「殷海光瞧不起三民主義」。這不知是什麽推理方式！一般思想方式未經訓練的人之思想常常被一些習慣性的格子所囿。例如，「不左卽右」，「不白卽黑」，「不是唯心就是唯物」，「不是窮人就是富人」……。我要插說一句，共產黨就是靠利用這種錯誤的思想方式起家的。其實，世界的範疇和事物那有這麽簡單！在白與黑之間有灰，在白與黑之外有紅、橙、青、藍、紫。在唯心與唯物之外的思想更多得很。在富人與窮人之間有許許多多級次。依此，我們怎麽能夠從「沒有恭維」而推斷是「瞧不起」？

如果三民主義的確是一種思想學說，那末我們對它既不應該持「恭維」又不應該持「瞧不起」的態度。這是「對人」的態度，而不是對思想學說的態度。對思想學說，只可研究，以定其對錯，或是否行得通。

第二、我爲什麽在「胡適與國運」這個講演裏沒有提到三民主義？這是有一番苦楚的。任何稍有常識的人都不難明瞭，在我們這裏的空氣，對於三民主義，像中世紀的教皇僧侶們對于宗教教義，或共產黨徒對于馬列主義是一類的。在這些統治之下的人們，對于這類教義或主義，祇有「信服的自由」，沒有「反對及批評的自由」。如其不然，便視同異教事件辦理。從表面看來，這種動作是爲了維護他們堅持的眞理。但是，這種狂熱的情形卽令並非沒有，也祇在這類運動的初期；到了政權到手，這類教義或主義就變成從思想上維持統治的工具。這類工具最重要的一面是權威性；至于內容的眞假對錯根本是次要的事。因此，如果有人反對或批評教義或主義，那末就表示你敢于冒犯權威。冒犯權威就是從基本上動搖統治的象徵。所以，在共產統治之下，「思想犯」是一個嚴重的罪行。我因既不願被目爲異端，又不願說「違心之論」，所以在那次講演中保持了緘默，沒有提到三民主義。可是，當時有一位學生問到頭上來了，我因爲不願對青年說敷衍話，所以說三民主義底內容「十分糅雜」。

如果任何一種思想學說是眞理，那末用不着藉槍桿保護。如果任何一種思想學說要藉槍桿保護，那末就證明它不是眞理。我們從來沒有聽說羅素思想須要槍桿保護的。

說到這裏，我願意提醒國民黨的朋友一聲。據已故崔書琴先生告訴我：「他在天津南開讀書時，天津還在北洋軍人統治之下。當時三民主義是禁書。讀三民主義如被查出，是一件非常危險的事。可是他們總是秘密地放在桌子底下讀，或者半夜起來讀。」如果當時三民主義像現在一樣得靠政治力量來掩護其權威並强使大家信從，那末怎能在北洋軍人統治之下「深入人心」？

第三、三民主義是否「統戰工具」？我的答覆：「是的」。我說它是一種政治思想，係從它底思想性質方面着眼的；我說它是統戰工具，係從它底政治功能着眼的。二者毫不相妨。這一看三民主義產生的背景便知。民國初年，承孔制大一統崩潰之後，新學說，新思潮湧入。當時的中國知識分子，在一方面由于好奇好新鮮，在另一方面由于迫切想抓住一個什麽主義來救國，於是有人講無政府主義，有人講社會主義，有人講民治主義，有人講共產主義，……「思想龐雜」極了。由于「思想龐雜」，表現在政治上的就是行動紛亂，力量紛散。孫中山先生看到這種光景，於是創建三民主義。三民主義中的民族、民權、民生可以看作政治問題底三大基本範疇 (three primary categories)。試問上述各種思想學說，有那一種能逃出這三大基本範疇以外？這眞是各路孫悟空跳不出佛爺底手掌心也！就四十年前孫先生所處的時代而論，這眞是一個偉大的天才創建。因爲三民主義確乎比當時一般政治思想高出一籌，而且富於廣含性 (comprehensiveness)，所以把當時那些思想都吸收了，都兼消了。因爲思想上的吸收和兼消作用，於是許許多多政治醒覺分子漸漸歸依到三民主義的懷抱而滋長出一種一致的政治意識。這種政治意識之滋長，日後成爲北伐運動的推動巨力。我想，凡屬中國現代史的公正研究者，都應該對于這一段歷史發展作一番客觀的解析。

從這個觀標來看，三民主義不是「統戰工具」又是什麽？當然，那個時候，似乎沒有這個名詞，而且孫先生本人未必「意識到」這一點。不過，這不是實質，所以無關緊要。我們並且還可推廣一步來想：不僅三民主義是一統戰工具，而且就國民黨底發展史看，凡是它「革命」順利的時候，也就是它的統戰做得好的時候。只因後來「革命成功」，自以爲政權在握，武力可恃，驕念橫生，以爲天下莫我若也，不肯虛心把統戰認眞做好，所以後來弄得處處荆棘横生，以至於一敗塗地。孫先生本人就是統戰的大發明家。同盟會是統戰的初嚐，「聯俄容共政策」是大規模的統戰、並且是「國際統戰」，抗日戰爭初期搞的是很可欣賞的統戰。到了抗戰末期，戰爭及人事因素把國民黨底政治機能腐蝕了，弄得它逐漸在統戰中失去主動力，政協失敗就是顯明的實例。於是它對于統戰滋生出畏懼，戒愼，甚至厭憎的心情。今日臺灣國民黨底政治心理就是這種心理底延續。所以它很難打開一條大的出路，而僵守在這裏，日以捉蚊蟲跳蚤、吹毛求疵爲務。

第四、國民黨應須將三民主義來一番改造。三民主義底大間架還是可用的。然而，它底內容和鋪陳，幾十年來，毫無修正、翻新、和充實。我極不贊成國民黨藉着政治權勢把三民主義變成國教；但是我極其贊成國民黨享有不藉政治權勢來宏揚其三民主義的自由。近十幾年來，對于三民主義研究得最努力的，我所知道的只有任卓宣先生。可是，他所走的路是鑽到三民主義裏面加以詮釋。這種工作，類似中世紀的煩瑣哲學家之註解亞里士多德哲學。這種路線越走越窄。所以，三民主義的煩瑣哲學，到了任卓宣先生便是登峯造極，不能再有進境了。三民主義的閱讀呢！從崔書琴先生之冒險秘密閱讀而演變到今日必須以高壓手段喂塡鴨，必須拿考績和利祿來作鼓勵，相去何遠！世變何極！這是三民主義的悲劇。這一悲劇之形成，絲毫不能怪任先生。自從國民黨得勢以來，就把三民主義捧若聖經，自黨員以至人衆，只許信奉，不許批評。這一種心理狀態表現得最强烈的代表人物可推胡漢民先生。在這種傳統氣氛高壓之下，卽令任先生有柏拉圖底才華也施展不出來的。國民黨底這種「意識形態」之作用，不僅禁錮了自己底思想，而且也禁錮了三民主義。眞是令人惋惜！

我們看孫先生所作三民主義序文，可知他自己並沒有像他底信徒那樣把三民主義當作天經地義的意思。而且，就我們從前一輩人所述孫先生底行誼中，得知他很喜歡和青年詰難辯論。如果當初孫先生對于三民主義採取像現在一部分國民黨人士這種專橫武斷的態度，那末三民主義何能在無武裝保護之下爬起來？何能暢行天下？杜威說：「民主必須每代更新」。大家奉行的政治思想，那裏是動都不能動的列祖列宗相傳的「朱子家訓」？三民主義是四十年前的產品。這四十年來，世界進步得太快了，中國人底知識也有些進步。如果要它跟上時代，永遠常新，並且使青年們讀起來眞正從內心發生興趣，那末必須來一次改造。改造的工作，必須從吸收現代心理學、拉斯威爾政治學，波柏底社會思想評導、文化人類學，等等着手。這種工作是一件比石門水庫還要鉅大的工程。這樣鉅大的工程，決非一個人所能進行，而必須成立一個機構，網羅這些方面的人才以從事。國民黨內至今還是有些聰明才智飽學之士。像陶希聖先生這樣的人就可主持其事，期以三年有成。那時三民主義可以一嶄新的面目與大家相見，在中國政治思想上重放異彩。

試談文化問題

楊懋春

一　引　言

自從中國和西洋各國發生關係以來，歷史學者和社會思想家就開始談論中西文化的問題。淸末民初的「中學爲體，西學爲用。」是第一期的代表主張。第一次世界大戰期間及以後數年，東方學者鑒於西洋人利用科學發明，和現代技術，自相殘殺。其橫暴之極，破壞之甚，爲亞洲人所未曾見；乃對於整個歐美文化起了懷疑，以爲那種「鐵血」權勢的生活方式，萬不可使和平禮讓的東方人學來。因爲對於西洋的起了懷疑，自然就要回過頭來珍貴自己的。於是有梁啓超的歐遊心影錄，報導西洋人缺少華夏的禮讓和倫理道德。有梁漱溟的東西文化及其哲學，以爲西洋文明在道德和精神等方面，趕不上佛學和儒家思想。以後更有整理國故和發揚國粹等運動。這是第二期的現象。不久，有英美學者如羅素、杜威等人，先後來中國講學，把西洋的較深哲學和民主思想，作有系統的介紹，中國人對西洋文化又起了興趣和信心。同時，我們的名流學者如吳敬恒(稚暉)，陳獨秀等人，也極力反對復古，或提倡國故等趨向。於是在教育界和社會運動方面，西洋文化，尤其是民治精神，已在中國得到了地位。這是第三期。民國廿四、廿五兩年間，有若干大學教授在胡適主編的獨立評論上發起了「中國應否西化」問題的激烈辯論。有主全盤西化者，有主部分西化者，有主採合中西之長而造一新文化者。在當時的國民黨內，有些有勢力而又主張復興中國固有文化的人，支持着十位大學教授，出來主張其所謂「中國本位文化」，創刋文化與建設雜誌，發表十教授對於文化問題的宣言。獨立評論和文化與建設旗鋒相對，爭論的很有聲色。這可以說是文化問題討論的第四期。以後抗日戰興，爲期八年，窮苦教授日爲國運及生活壓迫所煩惱，沒有餘力去談文化問題。戰爭完結，共產黨勢力囂張，多數知識分子爲共黨宣傳所惑，凡有寫作，大半是站在共黨立場上，談社會、政治、經濟等問題，只有錢穆，顧琇等人尙在闡述中國固有文化的優秀。最近，好像在臺灣和香港等處，又有教授和學者在重提這個問題，已經有數篇文章發表。前輩學者蔣夢麟最近寫了一篇短文，題目是「中西文化的接龍」，就是一例。

以上是中國國內中西文化問題討論的沿革。在國外，華僑集中之處，也早已有了這個問題。尤以馬來亞和南洋一帶的華僑，對這個問題最有敏感。華僑的文化問題是個比較迫切的實際社會問題，又有民族主義的成分混雜在裏頭。他們的問題有兩方面：一方面是華僑的老輩和他們在當地生的子女們有文化上的齟齬。老輩有很深的中國傳統習俗，而子女們則多已沾染了當地的生活習慣，其對事物的思想看法也和家中所有者不同。老輩看不慣青年人的「洋派」「番俗」，青年人也不贊成父母的頑固守舊。老幼之間就有了文化的衝突。同時，華僑在馬來亞和南洋一帶者，又和握政權的歐洲人及土生的本地人，有文化上的取捨問題。執政的歐洲人在某些事上希望或勉強華僑學習他們的作事方法，而在另一些事上，則又不願華僑和他們一樣。本地人的文化比較低，在這點上似乎不應當和華僑發生問題。但因受了近來發生的偏狹民族主義之激動，又加上一些壞人的挑撥，於是也「東施效顰」的責華僑不和他們同化，或怨華僑固守自己的生活習慣是表示不與當地社會合作，或不忠於所在地的國家。

但是，無論在國內或海外，很少人從文化的本性上及文化的發生、長大、傳播和新舊更替等原理上，作比較合於科學的研究。這大概是因爲「文化人類學」(cultural anthropology) 這門學問還年幼。其在中國更不普遍。這篇文章就是想從這幾方面作嘗試的探討。成績如何，殊乏把握。希望能有點拋磚引玉的作用。

二　什麽是文化？

照「文化人類學」的說法，一個文化就是一個社會的人所同有的行爲和行爲的結果。例如一個農村，大多數的村民都去種田。於是種田以及和種田有關的各項活動，就是村民同有的行爲，種田種的久了，就有了特製的農具倉廩、土地制度，灌溉方法，畜植技術，季節時序，社稷信仰，糧食加工，農業經濟，以及種種和種田有關的風俗習慣，種田的行爲和所產生的這一切，日久年深，就互相結合成一個有順序的安排，多數人都能在這個安排中動作生息，沒有難處。每個人也都能不費力的想像出來這個安排是怎樣一回事，這就是一個文化。我們稱牠爲農業文化。

一種行爲和牠的結果能否眞是一個文化，要看牠們是否有下列的幾個條件。第一，那種行爲必須是後天學得的，不是與生俱來的。第二，必須爲一個地方的多數人所同有，不只是一個人的行爲。第三，行爲的結果必須爲該地方的人所同有，並可以彼此傳授具備這些條件的行爲和行爲結果，就是一個文化，或一種文化成分 (cultural treat)。

一個文化是由好多文化成分構成的。例如所提到的農業文化，其中含着無數的文化成分。農夫踏着水車灌田，就是其中的一個。一個社會中可以有好幾個文化。例如在生活方面，有農業、工業、貿易等文化；在種族延續方面，有婚姻，家庭敎育等文化。在一個範圍小的社會中，往往某一類行爲結果，比其他各類顯得重要，其他各類都要以此爲中心而與之配合。例如在一個農村中，雖然也有手工業，有簡單的交易行爲，但這些都不像農業那樣重要，並且都要和農業適應配合。因此，農村是個農業文化的社會。

一個社會中的一切文化，都是以某一個，或某數個主要的文化爲中心，互相結合成一個大的有順序的安排。(單獨的一個文化是個小的有順序的安排。) 這就是一個社會中的文化體系。互相接近的若干社會，牠們的文化體系是相同的，或有若干特點是相同的，就互相結合成一個區域文化體系。例如中國的江南文化、華北文化、嶺南文化、西北文化等。若一個國家是由一個單純的民族經過長久時期發展而成的，如中國，全國的文化必在許多基本點上，如歷史、文字、民族信仰等，是一致的。這樣，就有了以國爲範圍的文化體系。國之上，還有所謂東洋文化、西洋文化、近東文化等等。這也是因爲各個區域裏的文化都有其共同之點。

文化和文明 (civilization) 不是一件東西，雖然二者有密切的關係。在一個最原始的社會中，一羣人聚居在一個地方，大家都用石斧木棒去獵取野獸以爲食料。都住在稍爲整理過的石穴內，又都有簡略的夫婦子女關係和生活。文化人類學家說這些人已經有了文化。他們的獵取行爲，他們的石斧木棒，他們的石穴居處，他們的夫婦子女關係，他們的羣居生活，都是他們的文化。但沒有人說，這樣的人是文明人。必須等到他們的各種文化更有進步，更爲複雜，更彼此安排的妥貼固定，才能說他們是文明人。因此，我們可以說，文明是文化的高度發展，但要發展到多麽高才算文明，倒很難確定，也沒有一定的客觀尺度。

三　文化的普遍性

上文說到，一種行爲要成爲文化，必須是一個社會的人羣所同有的行爲。這似乎證明一個文化必須爲一個社會的全體人士所遵行的事。其實不然，一個社會內同時可以有好多種文化。以奉行的人數而論，可以把牠們歸納爲四類。第一類，我們叫牠普遍性的文化 (universals)。這是全社會的人所奉行的，多少帶些强迫性。你只要是這個社會的一分子，就要遵照這些制度或禮俗而生活；否則要感覺不方便，甚或受到制裁；第二類，可以稱爲特有性的文化 (specialties)。這是特別屬於某些人的，或某個階級的。例如一個社會中的男人，有一些行爲和禮俗是該社會的女人所不能有，或不應該有的；女人的一些行爲和禮俗是男人所不能有，或不應該有的。又如在階級嚴明的社會，一個階級所有的制度禮俗，絕對不能爲另一階級的人所使用。若某一個人不遵行他所屬階級的禮俗，他就有被逐出階級的危險。所以這一類的文化也是有勉强性的。第三類，是交替性的文化 (alternatives)。在同一社會內，同時有兩種或三種方法可以完成某項工作或解決某項問題。有些人是用第一種方法，另一些人用第二種，或者還有些人使用第三種。各人可以隨意採用或改換，別人不得干涉。使用第一種方法的人或可批評使用第二種的人；但反過來，使用第二種的也可以說使用第一種的是愚笨。末後一類是獨異性的文化 (personal peculiarities)。這是指一個社會中有一個或兩個性情執拗而又好標奇立異的人，把一種早已過時的風俗或器物還牢守着，不肯放棄。例如有些老頑固，大家都早已經剪髮了，而他一定要保留着那根辮子。嚴格的說：一種風俗到了只有一兩個人奉行的時候，就不能再算是一個文化了。不過因牠過去曾經稱爲文化，在未完全消滅之前，還可以看牠爲一種文化罷了。

四　文化的變動

一個社會的文化是時常有變動的。其變動的形式和程序是值得研究的。前述的那四類文化，在一個社會中的安排次序是這樣：第一類和第二類即普遍性的和特有性的文化，形成一個穩固的文化中堅。在這個中堅區域的周圍，環繞着那些屬第三類的交替性的文化。在這個區域裏的文化是很流動的，所以可稱這一帶爲流動區域。由此再向外，就有一個若隱若顯，時有時無的區域，是由第四類的獨異性文化形成的。說牠時有時無，因這類獨異性的文化是時有時無的。

在這個次序中，有一些文化交流在時常動盪不息。在一個時候，中堅區域裏的一個文化起了變化，失掉了牠的普遍化和強制性，有些人不奉行牠了。於是牠流到外層的區域裏，成了個交替性的文化。還有人使用牠，但別人可以使用另一種辦法完成同樣的工作。又過了些時期，牠在那個交替性文化的區域裏也站不住了，因爲牠不及另一個方法有效，也不受人歡迎。多數人都不要牠了，只有一兩個人仍然死守着牠。於是牠流到最外邊的那個區域裏去。那時，牠的壽命就可以屈指計算了。以上是說一個文化如何從那個中堅區域一步一步流到文化體系的最外層。同時，這個社會裏的某一個人，因到外邊去，或和一個外邊人有過接觸，就學來一種新的治事方法，最初，在這個社會中只有他一個人使用。不久，他的鄰居看到了，覺得滿意，也就學會使用。又不久，有好多平地的人都採用了。但舊有的方法仍然存在着，並有人使用。又過了一個時期以後，全社會的人都相信這個新方法比舊的優良；於是各家和各機關的負責人，都規定作子女或作學徒者必須學習這個新方法，並用牠爲治理某事的標準辦法。這就是一個外來的新方法如何第一步成爲一個社會的獨異性文化，第二步變爲交替性文化，最後成爲普遍性或特有性的文化，而成爲那個社會的文化次序的中堅區域之經過。

一個社會的文化，無論是屬物質的，屬社會制度的，或屬精神生活的，都時常有變動，變動的原因多半是外來的，但也有內起的。某一個聰明人忽然發明了一個新的方法，或在某種工具上加了一番改造。起初由他自己使用，以後別人也仿效了，於是對於那個社會的文化起了影響，使之有改變。或者在這個社會的區域內，發生了激烈的自然災害，如地震、火山爆發、水災、瘟疫等，使當地的生活起了大變化，或人口起了大變化，則當地的文化一定要受到很大影響，使之變新或消滅。一般說來，內起的原因遠比外來的原因少。因此，一個社會若不和其他的社會發生關係，其文化的變動必很微少。

文化變動的速度是隨時而異的。一個時期變動的很激烈，另一個時期，則很遲緩。當一個社會於長期閉關之後，忽然和外界發生了頻繁的接觸，其文化的變動必很激烈，文化中堅和其外圍各層間的對流必高漲而急速。中國自清末到現代，其文化上的變動，可以說正是處在這樣一個時期。等到頻繁的接觸經過了相當時期之後，若是原有的文化尚未解體或被消滅，則其變動會歸趨到一個正常的速度上，既不太緩，也不太衝激。比較言之，今日英國及美國的小城市及鄉村間文化，和北歐各小國的文化，就是在這種狀態中變動。

一個社會若久不和外界有接觸，其人民又均以已有的生活方式爲滿意，其社會領袖又多方壓抑新觀念和新事物之產生或提倡，則其文化的變動必甚微弱，甚至看不出來。我們稱這種狀態爲文化停滯。中國過去曾有若干次是陷在文化停滯的狀態中。一個陷在文化停滯中的社會一旦和外界發生頻繁的接觸，立時會感受到文化的劇變。停滯和劇變都不是健全的現象。

五　文化的傳佈

古今中外，無論那一個社會的文化，無論那一種文化，都有一個通性，就是要從其發源地，一步一步的向外傳佈開去。所以說：「文化無國界」。這句話含有兩個意義。一個是，文化不能爲國界所限住而不透過；另一個是，無論那個國家或社會的文化，不會是完全由一個地方的人所孕育培養，不受外來文化的影響的。換言之，即沒有可以稱爲純地方性，或純民族性的文化。正如同在今日的世界上，找不出一個純血統的民族來。

文化如何傳佈？是否像植物種籽那樣，具有一種向外傳佈的天性和媒介物？有些草種籽，天生的重量小，而又長着細長的絨毛，很容易藉着風散佈到遠處去。又有些樹木，像櫻桃之類，其種籽是包在甘美的菓肉中，飛鳥和小動物吃了小菓子，就把種籽帶到各處去。我們可以說，植物的種籽具備着向外散佈的天賦。風、飛鳥、或小動物，是由自然預備好了，爲之作媒介的。人類的文化是否也是如此？答復是：文化不是天生的，所以不能說牠具着向外傳佈的天性。但我們會說，文化是人類後天學習得來的行爲和行爲結果。既是學習得來的，也就可能被別人學去。學來學去，就是一種傳佈的歷程。這樣，可以說文化具着傳佈的特性。又各個社會中都設立着使人學習文化的機關和學習的獎勵，這也可以說，文化是帶着作傳佈之用的「絨毛」或「菓肉」。

不過，文化和植物種籽到底是不相同的，造物者使植物種籽具備着利用風和飛鳥作媒介的條件，植物種籽是主動，風和飛鳥是被動。換言之，風和飛鳥沒有意識要把種籽傳佈開，牠們對於種籽根本沒有興趣。人和他的文化的關係就不是這樣。人不是文化的媒介，而是文化的主人。人不但能學習文化，他也能創造，或孕育文化，也能選擇取捨文化。無論是學習、創造、或選擇，人都是照着自己的興趣或需要，不是照着文化的興趣或需要。文化本身沒有興趣或需要。所以說：「安息日是爲人設立的，人不是爲安息日設立的。」還有一點，植物種籽和風或飛鳥不能合而爲一，而人和文化却能合而爲一。人雖是文化的主人，但人的大部分又是文化的產物。以人格而論，除了牠的靈魂之外，完全是個文化體。人幾乎不能離開文化而生存。由此可知，人與文化關係之密切。

文化的傳佈歷程，照淺處說，是一個人在一個地方，因需要或興趣，學會了一種治事方法，或一件工具的製造和使用，或一個社會制度的設立或管理，而又把所學的運用在自己的生活上。以後他因故到別的地方去，或回到自己的社會來，他就把那新的東西帶了去，並使用出來。別的人看見了，也從他學習而使用。經過相當時間之後，這新事物就成爲這個社會的一種文化。照深處說，每個人的人格，生活習慣，和他所有有形的和無形的財產，都是些文化體。他走到那裏，他所代表的文化也就走到那裏。他在那裏停留，那裏就有他留下的印象和遺跡。這些印象和遺跡是會起作用的，也會生長的。正如植物種籽散佈到什麼地方，和土壤水分發生關係之後，就要發芽生長。天地間，何處有人類，何處卽有滋生文化的土壤和水分。文化種籽落下之後，就發芽生長。人類在不斷的遷徙往還，文化也就不斷的互相傳佈。人類的往還愈加頻繁迅速，文化的傳佈也就愈加廣泛而且容易，時至今日，恐怕沒有一個重要文化不是早已廣佈到全世界了。

文化的傳佈又如水上的波紋，向外一圈一圈的推進。近中心之處波紋較强而顯著，愈向外，則愈低弱，以至於停止。一種文化發生於某地之後，首先是其近鄰之處受到影響，以後卽由近而遠。不過文化之傳佈和水紋之推延亦有其不同處。水紋之推延是有規則的，一圈跟一圈，沒有間斷，中間的距離也沒有長短不同。文化的向外傳佈則不是如此。牠常受到交通情形的限制，高山和不能航行的大河，可以把文化阻止住了，雖兩地相距甚近，而其人民却異風異俗。反之，若兩個地方間的交通情形順利，有可以航行的河流或內海，或一片高平原，則兩地間的文化一定傳佈甚遠，並且依照水紋式而傳佈。又如上述，水上的波紋向外推延之時起初是中心强而顯，外圍微而弱。但過了一刻之後，則見發源之處波紋已平，而在外圍的波紋仍很顯然，且能繼續向外推延一個時候。文化的傳佈也是這樣。常有一些文化，在其發源之處已經不見了，或已經成爲古董了，但在其較晚到達之處，則仍存在，成爲那個地方的生活習慣，或治事工具。例如，中國古代的人是席地而坐。以後，這種風俗傳到高麗和日本去，也成了這兩地人的生活習慣。今日中國人早已放棄了這種習慣，而日本人却仍在固執的實行着。又如我們在中國市鎮中所見的煤油燈，是十九世紀歐美人普通用的燈。在今日的美國，這種燈大體上已經成了「古物」，但在極少數最偏僻的山區，還有人使用。而在中國大多數鄉間人正在把美孚牌的煤油燈看爲一種新東西，要在比較「講究」的家庭中，或公共場所，才能見到。好多中國的老風俗，老倫理觀念，在國內已經不見了，或被新時代的人所唾棄了，但在海外的華僑社會中，却仍被牢固的遵守着。

六　文化的解體

前文曾經說過，每個社會的文化都時常在變動。變動的原因大半是由外來的。卽另一個社會或地區裏的文化，或文化成分，進入到這個社會裏來，就使這個社會的文化發生變動。若是外邊的文化來的比較和緩，並且不是一大批的湧來，則接受的社會有時間去對每一件東西加以考驗，選擇，認爲合宜者，就容納進來，安排在自己原有的文化體系內。這樣，就使自己的文化體系時常有新的成分，新的血液，可以助其發育擴大。但若新的文化成分是藉着政治勢力，或藉着其本身的優越性，由四面八方，像洪水一樣，萬馬奔騰的打進來，則這個社會的原有文化體系，一定會被牠們衝破，陷於淩亂阢隉狀態之中。當一個社會有安定的文化體系時，個人的生活是被安排在這個體系裏。思想動作各有已定的禮俗可以遵循。每個人知道如何接待別人，也知道自己應當如何被接待。大家都被一些確定的禮俗，也就是文化體系，聯結起來，生活在一套社會秩序中。在每個人的心裏都能或多或少，或深或淺，有一種感覺，卽感覺這個社會的人同屬一體，同在一個維繫力之內。這個感覺是由於有一個共同的文化體系而產生的；但牠又能增加那個文化體系的强固性。一旦這個文化體系被外來的文化勢力衝破，陷於淩亂阢隉中，人們的這種心理感覺就要降低，以至於消滅。

當一個社會的文化體系被外來的文化勢力所衝破而陷於淩亂阢隉中，那種情況，就叫做「文化解體」(cultural disintegration)。原來是一個有順序的安排；現在順序變成淩亂，安排也沒有了，所以稱爲「解體」。文化解體之更深遠的意義是，使人失掉了生活的軌道，使人無法和別人作社會的來往。我不知道如何去接待別人，也不知道別人要對我的動作起何種反應。這種情況使人最覺痛苦，因爲人不能離開社會而生活。而所謂人類社會者，一羣生活在一個安定的文化體系中的人而已。一旦此文化體系被破壞，也就等於社會被破壞了。

一個社會的文化陷於解體，雖由於外來文化勢力之衝擊，但自己人所起的變態心理也是個主要原因。在許多所謂新舊交替的社會中，大多數人都爲新的文化勢力所震驚、陶醉、或困惑，因而失掉了心理的平衡。由此而發生盲從、偏激、頑固、自卑等心理。對於原有文化失掉信心、對於外來文化不敢評判。心理亂了，生活卽陷於無主張。於是原有的文化體系就沒有人能維持了。如果在外力衝來時，大家仍能心平情穩，不失掉其統一的，遠大的眼光，對於新來事物都能以理智的態度加以考驗、選擇，對於原有文化體系力加維持，將新事物之合宜者一一安排在體系中，使在原有的骨架上發生作用，則到了適當時期，舊的文化體系，可以在平和的歷程中變成個全新的文化體系。這樣，就避免了那個可怕的文化解體。我們不要頑固的維持那些已經失却效用的文化部分，但要維持一個社會的文化體系。維持的方法是隨時用客觀的，深遠的眼光，淘汰腐舊的部份，選擇外來的新事物，並立即把牠們安排在那個原有的體系中，使成爲日常生活的指導。舉例言之，我們不要維持五世同堂的舊風俗，但家庭制度是要維持的，並要時時把別的家庭中的優點（自我們的立場上看是優點）取來，安排在我們的家庭制度中，使我們的家庭生活更完美。這樣，我們的家庭文化體系可以不被破壞，而有推陳出新的發展了。

事實上，凡是一個在文化上尚有其獨立性的社會，在吸收外來的新文化時，都是要經過一番修改和調整的。沒有一個社會願意把一件外國東西整個搬來使用，除非那個社會的人眞是不關心有沒有自己的文化。一般的情形是要加以修改。如係一件物質的東西，就喜歡在自己的地方仿造，在其輕微部份上加以增減。若不能仿造，或仿造不經濟，則至少要把外國出品的牌子，或名字，換成本國的。

文化能消滅嗎？這是個可以爭論的問題。嚴格的說，無論是一個單獨的文化，或一個文化的體系，是不能消滅的。牠能被改變，改變得和原來的面目完全不同；牠也能被吸收，被完全吸收到另一個文化體系裏去。但牠不能被消滅。文化只有解體，沒有消滅。在今日的世界上，沒有一個主要的文化是純「血統」的。換言之，一切文化都是「混血」的。這也足以證明沒有一個文化是完全從這個世界消滅了。有的是已經分散開被容納在現存的若干文化中了。古羅馬和古希臘的文化並未消滅，牠們是被吸收消化在今日的西洋文化中。孔子嘆息「觚不觚，觚哉，觚哉。」那個觚並未消滅，不過改變了形狀而已。

七　文化與感情

一般說來，個人、社會、或民族，都有一種文化上的感情。對於自己的文化有熱情，要愛護，覺得可以自豪。在新舊交替時，還要戀戀不捨。對於別人的文化則淡然視之，笑爲怪異，甚至於憎惡仇恨。何以有此不同心理？人情使然耳。人人都愛自己的父母，因而也愛自己父母所使用的器皿，所舉行之禮俗，以及所信仰的神祇。把這種心情上下延長了，就有對於祖先所遺文物制度之愛護。愛護至切，則只見其長，而不覺其短，終至養成對固有文化之偏愛。又多數人的社交來往只限於族黨鄰里間，因而只與族黨鄰里相熟識，彼此間的摹仿學習亦頻繁。結果，自己之生活方式與族黨鄰里之生活方式無大差別。久之，即習以爲常，視爲當然。在交通便利之處，族黨鄰里的範圍可以擴大，那個被視以爲常的文化區域也隨之擴大。

反之，人對於和自己沒有直接血緣關係或地域關係的「外邊人」，往往感覺生疏、可疑、以至於可怪。對人是這樣，對他們的生活方式和禮俗器物也是這樣。當我們和「外邊人」異地而居，各不相涉時，彼此相對的感情也只限於生疏、可疑、和可怪而已。若一旦「外邊人」到我們這裏來，或我們到「外邊人」那裏去，彼此同居一處，接觸頻繁，不但有實際生活的衝突，更有心理上的誤會，於是生疏疑怪的感情可以加深而成爲憎惡和仇視。於是各方面愈覺自己的文化好，愈覺對方的文化壞。編造各種歷史神奇故事，一方面以增加對自己文化的信心，與熱情，另一方面，以中傷或侮藐對方的文化價値。

八　結論

根據以上所述，我們可以得到幾個結論。第一，文化非他，不過是人的生活工具而已。方式和工具，有簡單，有複雜；形體不一，而功用則同，即都能助人經營其生活，滿足其需要。今日之輪船火車是交通工具，昔日之木筏雪橇也是交通工具，雖有複雜簡單之別，但其爲人的生活工具則一，所以牠們都是文化。今日乘輪船火車的人，不要再說那些乘木筏雪橇的人沒有文化。

第二，人既然有學習能力，會適應環境，他的生活方式和生活工具就不會是一成不變的；並且必須常有變動，人才能在各種環境中經營其生活，滿足其需要。所以一個社會的文化須能時常變動，推陳出新，才是正常現象。不過爲維持一個社會的團結穩定，爲使人在其生活上有可以遵循的軌道，就必須有一個普遍性的文化，並有一個安定的文化體系。但這是有限止的。如有人以此爲藉口，想把他們認爲好的文化，一律用政治權力，規定爲普遍性的和強制性的生活法規，使個人沒有選擇的機會，那就是剝奪了個人的生活自由。這個社會的文化要歸於停滯僵化，失掉功能的。

第三，只要世界上有交通，人類有來往，文化就要互相傳佈。文化不同的一羣人，一旦聚居一處，雖然兩方面都想固守自己的，不沾染別人的；但事實上絕不能不互相影響，彼此摹仿。交通發達，人類往來密切的今日，文化的傳佈與混合更加急劇。社會當局對於這個問題應有的態度和政策，是一方面使他們的社會盡量成一個文化冶爐，讓各種生活方法和文物制度均接受文化上的「物競天擇」，而歸於「優勝劣敗。」另一方面則透過教育的方法，給人民以指導，使其認識何爲高尚的有意義的生活，何謂低下的單調的生活，並採取何種生活方式，何種生活工具，始得實現高尚有意義的生活。

末後一點，人應當對於自己的社會和民族有信心，但不應當對於自己的某一種生活方式或生活工具抱固執不變的態度。我們要堅信我們的社會和民族能創造，能學習，能改進，並能摹仿任何一種文化，無論是簡單的或複雜的，物質的或精神的。但不應當迷信我們的某種社會制度，或某一治事方法，一定合於天經地義，或永遠盡善盡美。我們對於自己的固有文化可以有熱情，但不要爲這種熱情的蔽阻，而不在實用的觀點上採取別人更有效的文化。一個兩全的辦法，是在實際生活上盡量尋求並採用更有效的技術和方法，把自己文化中一部份失了效的東西收藏起來。具有形體者保存在博物院裏，屬精神者寫成歷史和文學，存於圖書館中，或特設的文化機關中。大家於謀生之餘，可以到博物院或圖書館中，去欣賞我們祖先的遺產，既可寄託我們的懷古熱情，也能增加我們對社會民族創造力的信心！

唱票員要做到魔術師之重視觀衆

李賜卿

梁啓超曾說過一句話：「朝鮮血未乾，臺灣心先死。」半世紀以前的朝鮮人與臺灣人的命運，可以相提而並論，眞是一對同病相憐的好伙伴。然而朝鮮究竟在亡國以前，曾是一個歷史悠久的國家，朝鮮人自安重根刺殺伊藤博文之後，仁人志士，爲國犧牲，前仆後繼，有其可歌可泣的歷史經過。臺灣人呢！它的心眞是已死了嗎？這一點，好像梁啓超先生的估計錯誤了。臺灣以三年一大亂，五年一小亂，著稱於世，歷代統治者，對於臺灣人民抵抗力之强，素有臺灣難治之歎。於是清廷把難治的臺灣，割讓於日，日本在半世紀之間，沒有辦法使用壓力治服臺灣人民。不過，臺灣究竟僅是中國的一部份地方，它的人民獨力難支大厦，曾寄絕大希望於祖國同胞。唯其希望之大，而失望更大，此事亦可從本屆選舉中見之。

臺灣之光復，祖國同胞確曾替「陷士必爭」的臺灣人，吐了一口氣，然而國民黨的少數當政者，却帶來了「揩油」「馬虎」「欺騙」「不老實」「舞弊」……等等的壞習慣，可以說把臺灣人民弄到啼笑皆非。尤其是對選舉公然舞弊的各種事實，使臺灣人民頓足扼腕，喟然長嘆。六十歲以下的臺灣人民，受過日本教育，他們以「正直無欺」爲美德，年久月深，習慣成了自然。他們在光復之後，也學會了「揩油」「馬虎」「欺騙」「不老實」及「舞弊」的習慣。說起來很慚愧，他們如入「鮑魚之肆久而不聞其臭」了。今天在寶島社會裏一千萬人口，發生了極大的同化作用，他們也認識處於今日時代，老實人必然經不起天然的淘汰。在社會新聞欄內，我們可以發掘了許許多多臺灣人民的不正當行爲。例如：本屆選舉的唱票員，有不少臺灣人，他們昧於選務當局的密令，爲着保全金飯碗，不得不屈從上峯的意旨，竟敢掩耳盜鈴，指鹿爲馬，把李四唱爲張三，弄到民衆對於選擧不平之聲，不絕於耳。選擧之舞弊，成爲當然、必然、可然之現象，好像「舞弊是眞理」，不舞弊纔是奇蹟的出現。但是，筆者可以斷言，現在一般民衆及落選者，對於唱票員之混淆黑白，恨入骨髓。他們的心不是梁啓超先生所估計的那樣接近於死的邊緣，從他們的心，發出了一股鬱憤不平之氣，籠罩在臺灣每個選民的胸中，這種險象一旦爆發，恐怕臺灣的命運，將是南韓第二？

李起鵬固然忠於李承晚，然而結果反害了李承晚總統。今日在臺北市主持選務的負責人，是前任國民黨市黨部主任委員羅才榮。此次選務當局，特別再請他出馬，駕輕就熟，務期使其收穫必勝的結果。但羅才榮雖忠於執政黨，其結果反害了執政黨，因爲損失了廣大臺北市民的人心。讀者試執臺北市民於途而問之曰：唱票技術怎樣？諸位必能聽到，雖三歲小孩亦必將發出不平之鳴。

我們看過表演魔術，魔術師必先要求羣衆派人登台，檢查箱內是否無物之後，忽然跳出了幾隻白鴿，羣衆雖疑信各半，然而疑之者，亦無話可說，蓋已派人檢查。今天主持投開票所之人，不如一普通之魔術師，不敢要求羣衆派人登台檢查，掩耳而盜鈴，指鹿而爲馬，呼李四而曰張三，任令唱票員一人獨唱，爲所欲爲，並有警憲林立，保護此一不如魔術師之唱票員，表演獨幕劇，只爭選票，不爭民心。現在擧兩個例：

〇〇投開票所唱票員×××，親自向筆者陳述，渠之唱票舞弊，係受主任監察員之命令。渠願充爲證人，一賭個人之生命，公開宣佈此種內幕。渠與筆者之談話，有錄音爲證。

〇〇投開票所主任××員×××，當衆脫下衣服，自告奮勇登高呼籲，老實道出辦理選務人員舞弊內幕，把它公開宣佈，並要求民衆，渠如因此而獲罪，家中數口之生活，請仁人君子支持，博得全場鼓掌稱讚。

其他舞弊實例，不必細述，且看落選人李連麗卿、宋霖康二人，提出控訴，他日在法庭上，自有水落石出之一天。

韓國駐華金大使曾介紹該國情況說：南韓憲法已改三次，均爲自由黨之利益立場，人民雖然信仰李承晚總統，但不滿內政部長之舞弊。南韓人民痛恨警察，因爲它是殖民地時代的遺物，（此點與臺灣相同）。選擧的不公平，不過是一種導火線而已。人民之中雖有四百萬，由北韓而來，但非受共產黨之領導。自由黨爲本身利益執迷不誤，最終走頭無路，採取了自殺的一途。非李總統之決心快，和軍隊處理的適當，韓國內情更是不堪設想云云。

其實，臺灣已走向南韓第二了。不過，現在只是看不見的心理鬪爭而已。筆者認爲，看得見的鬪爭，政府還有辦法處理，但看不見的心理鬪爭，政府是無法處理的。一旦爆發起來，恐終不可收拾？因此，筆者呼籲，筆者警告，臺灣正存在着看不見的心理鬪爭中，從某一角度看，它的危險性比較南韓爲猶甚。所以，要求我們選政當局，事先必有一種準備，即改革選擧作風及唱票辦法，當場由羣衆中派人登臺監唱，或預先由候選人派員協助唱票，以昭大信於天下。最低限度，我們政府當局的措施，不能比一魔術師的作風猶不如。是則國家幸甚！人民幸甚！

筆者之不憚煩述，完全基於善意之忠告。筆者茲以臺北市議員身份，再向臺北市選務當局，敢效孟子之垂涕而道之。最起碼唱票員要做到魔術師之重視觀衆，能使他們無可置疑的餘地。

論修正考試院組織法

龍在天

依照中華民國憲法第八十八條規定：「考試委員須超出黨派之外，依據法律獨立行使職權。」究竟此項條文中所謂「職權」的含義如何，其行使職權的方式又如何，依照同法第八十三條規定考試院之職權爲「國家最高考試機關、掌理考試、任用、銓敘、考績、級俸、陞遷、保障、褒獎、撫卹、退休、養老等事項」，如果說考試院所掌理的事項都是考試委員的職權，則將以何種方式來行使職權呢？依照現行的考試院組織法第三條規定：「考試院置考試委員十九人，考試委員之任期爲六年。」又同法第四條規定：「考試院會議，以院長、副院長及考試委員組織之，統籌有關考試事項。」此已明白規定以考試委員會議行使職權，統籌有關考試事項，但現制：事實上所謂統籌「有關考試事項」即指考試院所掌之十一項職權，而以集體的會議方式行之，似與憲法第八十八條「獨立行使職權」之精神不符，按憲法上規定超出黨派獨立行使職權的地方尚有第八十條：「法官須超出黨派以外，依據法律，獨立審判，不受任何干涉。」而在事實上法官也該「依據法律，獨立審判，不受任何干涉。」所以說，如果考試委員行使之職權能够「獨立行使」，則其職權不應該包括考試院所掌之職權十一項全部在內，而只應指十一項中的第一項「考試」。但是，現行考試院會議討論的事項則爲左列七項：(考試院會議規則第十七條)

①關於考銓施政方針工作計畫及預算之審定與分配事項；
②關於提出立法院之法律事項；
③關於院部會公佈及應由院核准之重要規程章則事項；
④關於舉行考試與分區決定及主持考試之入選事項；
⑤關於分區視導考銓行政計畫之決定事項；
⑥關於考選部銓敘部共同關係事項；
⑦院長，副院長，考試委員提議有關考銓事項；

由是可知考試院會議所能決定的事項，除憲法第八十三條所規定考試院的十一項職權以外，還要管到其所屬部門的經費預算，根據考試院會議紀錄的記載，雖修理汽車房屋等瑣屑之事，也須經過決定考試政策的考試院會議通過，是則現制：考試院會議的職掌已經超過憲法所規定的十一項職權，雖考試院的事務處理也在考試委員的「統籌有關考試事項」之內了！此爲考試院現行制度與憲法規定未盡相符者一。

其次，現行行使考試院職權的考試院會議由院長，副院長及考試委員組織之，而舉行會議時，又規定考選部、銓敘部兩部部長均「應」列席，按考銓兩部在各該部的組織法第一條規定，與行政院各部組織法的立法原義，亦有不同：

①考選部掌理全國考選行政事宜；
②銓敘部掌理全國文職公務員之銓敘，及各機關人事機構之管理事項；

因爲考試權爲中央政府的行政權，不發生地方政府違法或不當處分的問題，但「考試院對於各公務員之任用，除法律另有規定外，如查有不合法定資格時，得不逕懲戒程序，逕請降免。」(考試院組織法第十九條)此項糾正錯誤權自必因銓敘部之呈請，而衡之現行制度，又必須經過考試院會議之決定，此正如行政院各部就主管事項對於地方政府之違法或不當處分的糾正必須提經行政院會議通過的情形相同。可是考銓兩部部長在考試院會議席上只「應」列席，無提案及表決之權，至於列席說明，也只是備諮詢而已，因此，院會與各部之間，顯然是從屬的關係，考銓兩部在現制之下事實上已成爲純事務性的機構，與行政院的部的政治地位不同。又行政院雖以行政院會議決定一切政務，似爲會議制的組織，但是行政院院會的決議如果主管部不同意，可以呈經行政院院長以命令行之，即行政院院長對於行政院會議的決議仍保有否決權，而今天考試院院長則無此權，一切均由佔院會出席人百分之九十五的考試委員決定之，即使考試院長不同意之決議，也無法拒絕執行，考試院會議之職權既已超越憲法乃至考試院組織法所規定之職權，而行使職權之方法又變爲絕對的集議制，以致形成考試院長的虛位「首長」制，而流弊所及，委員與考銓兩部的職掌，難以協調，考試委員的職權有日益擴大之勢。此爲考試院現行制度與憲法規定未盡相符者二。

考試委員的職權現在究竟擴大到何種程度呢？考試委員既以百分之九十五的人數控制考試院會議，而院會所討論的又無所不包，舉凡考銓兩部之一切規章乃至經費預算都在「統籌」之列，於是在政務上凡大小考試均由考試委員主試，在事務上各部會動支已核定的預備金也須經院會通過，更因現行考試法與試法上若干條文中所規定的規章均由考試院訂之，即考試院會議操有委任立法權，從而各種規章均由考試委員去決定，於是典試大權規定必須由考試委員優先行使，所以各種考試的典試委員與典試委員長均以考試委員優先充任，因爲考試委員本身沒有任職的資格限制，在現任考試委員中固然多數受過良好教育、學有專長，堪以主持典試事宜的，但也有些委員雖富有政治經驗，而不以學術修養見知於世，如何能去負荷典試的責任呢？於是帶人入闈的有之，以不懂法律的人去典試司法官的有之，以不懂外文的人去典試外交官的有之，以不懂心理學的人去辦心理測驗的有之，這些缺點固然可以設法避免，但總不如以某一類的專門人才去辦要較爲理想。總之，現任的考試委員既無資格條款的限制，又集考政、典政及事務於一身，在考試院會議中根據法律上的委任立法權可以爲所欲爲，又不像行政院除了向總統負責外，還得向立法院負責，在現任考試委員通才多而專家少的情形下，考政實難期其推行盡善。從而憲法所規定的「獨立行使職權」也就無法解釋，此考試院現行制度與現行憲法規定未盡相符者三。

究竟憲法上規定考試委員應該超出黨派，依據法律獨立行使的職權是不是指考試院的十一項職權全部在內？詳考憲法第八十八條所列十一款職權，其中僅考試一款由考選部掌理，其餘十款均由銓敍部掌理，然則考試院的委員又將如何高居兩部以上去獨立行使十一項職權呢？依據筆者的意見，考試委員依據法律獨立行使的職權，應該是典試權，因爲依照中國傳統的歷史精神，典試的人應該以超然客觀的立場去衡文取士，不能受任何外力的干擾，細細研究憲法的用意，似乎希望在考試院內延攬若干專家學者爲考試委員以備典試時能夠超出黨派獨立行使職權，正如司法院設置若干法律專家的大法官以備統一解釋法令和命令一樣，而非總攬考試院的十一項職權及一切行政大權而言。如果說考試委員應該綜攬大權，則「獨立行使職權」一語，將無法解釋。又因爲現行制度上委任立法的原因，考試委員自行立法，考試院院長必須無條件的執行，以致考試院會議的權限日漸擴大，甚而有時忽視法律而自作主張，例如依照考試院組織法第十六條規定：「考試院於必要時得設各種委員會，其組織以法律定之。」現在考試院設了三個委員會，只有法規委員會是經過立法程序的，其餘考試技術研究及銓政督導兩個委員會的設立，都沒有經過立法程序，而這兩個委員會的職權不是侵佔了考試院長的行政監督權，就是代替了考銓兩部的執行權，而其成立的根據，只是考試院會議自已通過的組織規程而已！

按考試院舉辦考試已有三十年的歷史，考試及格人員估計當在五萬人以上，此五萬人中當不乏知名之士。可是現任十七名考試委員中卻沒有一名是考試及格的。當然非考試及格的人辦理考試未必不能勝任，但是對於應考人的甘苦，終不如由此中過來人的體味深切。所以中國歷史上主持考試的人必須由「翰林」出身，其意義在此，而讀書人也以此爲榮譽職，不似今天典試的人斤斤計較於閱卷費和飲食招待！今天談考試者往往說英美如何如何，日本如何如何，而忽視中國固有的考試精神，殊堪惋惜。

反攻復國，首在改革政治，而考試用人，爲一切施政的起立，愚以爲考試制度之亟待改革者，莫如修改現行之考試院組織法，使現行制度中之一切矛盾不合理現象，加以消除，茲擬具意見如下：

①修改考試院組織法第四條，考試院無設置會議之必要，因爲既採會議制，將何以實行憲法上獨立行使職權之規定？如仍保存此一會議，亦應限於「統籌有關典試事項。」因憲法規定考試院之十一項職掌，現正分由考選銓敍兩部掌理，而由考試院院長監督指揮，系統分明，實無由考試委員控制之考試委員會議越俎代庖之必要。

②考試委員應做照司法院大法官之先例，增加任職資格條欵，俾能勝任典試之重責。茲擬具條文如下：

①曾任大學教授十年以上並有專門著作者；

②學識豐富有特殊著作或發明，或富有政治經驗聲譽卓著者；

③曾任考試委員成績卓著者；

④曾任高等考試典試委員長而富有貢獻者；

前項任何一款資格之考試委員，不得超過總名額三分之一，高等考試以上考試及格而具有前項各款資格之一者，應佔考試委員總額五分之一。

③如果考試院仍保留考試院會議，則考銓兩部部長應均爲當然考試委員，以求協調院部間之關係。

④重視典試人選，在各種典試委員會中應規定考試及格人員充任委員之一定比額爲五分之一或十分之一，則一方面獎掖考試及格人員參加典試工作，一方面可以消除典試與應試間的隔閡。

在中國歷史上以考試用人，爲求長治久安的不二法門。今天如欲從事政治建設，則考試制度的改進，實有刻不容緩之勢，而改進的原則當使考試制度符合憲法的精神。目前最要的步驟則爲修改考試院組織法，而修改考試院組織法，不必希望考試院的現當局會提出如上的修改方案，其理甚明，惟聞立法委員吳延環劉錫五等三十餘人已自動提出修正案，內容與筆者所擬相彷彿，深望立法院在此次會期中完成修改程序，付諸施行。良以考試院依法在八月前必須改組，如能將考試院組織法適時修改，對於憲政推行，政治建設，必能發生重大的影響並促其進步。

來函照登

敬啓者：貴刊第二十二卷十期讀者投書「㈠看交通部的疏遷德政！」一文，對本部疏散辦公房舍籌建經過及新中國工程打撈公司營業情形，所述各點，多與事實不符，特擇要說明如次：

一、本部長沙街郵電辦公處，原爲日據時期之遞信部大廈，二次大戰時遭盟機轟炸，附近落彈頗多，曾受強烈之震動。外牆四週彈痕纍纍，內部損裂情形尤屬嚴重。臺灣光復以後，郵政電信兩局奉命接收使用，四十四年初經郵電兩局委請建築師查勘，認爲如不即予整修，危險堪虞。同年十一月公開招標交商修理，該項修理工程費用約計二十八萬元，均係郵電兩局自行辦理，本部並未參與其事。

二、本部奉令疏散辦公，所需建之房舍工程均係依照法定手續辦理。當時曾分別通知臺灣省建設廳營建處，新中國工程打撈公司及經濟部機械工程處等三家公營工程機構議價承建，並經函請審計部派員監議，屆時除新中國工程打撈公司參加外，其餘兩家均以工程繁忙不克參加函復有案。經依據審計法令規定與新中國工程打撈公司以議價方式辦理，並非指定該公司承建。再者，關於是項疏建工程，因限於經費，原定單價較低，在施工期間，曾經常由承辦之建築師指派專人駐在工池嚴格監督，遇有不符規定情形，並經隨時糾正。因此工程完竣依法驗收結果，均符合原訂計劃，所傳不符工程標準等等現象，並非事實。

三、查本部疏散房屋，原計劃包括部長宿舍在內，但在未施工前即已變更原議，將預定建築部長宿舍之地址及經費，改建爲會議廳，約計建築費用三十餘萬元，故疏建區中並無部長官邸房屋，所謂用去百萬元一節，自非事實。

四、本部遵奉政府決策，爲配合軍事需要，於四十一年六月成立「新中國打撈公司」，一面從事打撈作業，一面訓練打撈技術人員。嗣以打撈工作季節每年僅有六個月（四至九月），其餘半年時間，因受氣候影響，不能出海，所有人工器材，閒置可惜，復按諸歐美各國及日本所有打撈公司，均設有工程部門，或兼營建，或作折解等業務，以資養護打撈事業。故于四十三年六月呈奉行政院臺四十三經字第四〇四一號令准，並由主管官署核定，更名爲「新中國工程打撈公司」，兼辦工程業務，以期達成設置該公司原有之使命。

上述概要，至祈　惠予刊佈，以明眞相爲荷。此致

自由中國半月刊社

交通部秘書室啓　四十九年五月廿七日

選舉改進座談會的聲明

根據本年五月十八日舉行的本屆地方選舉檢討會的決議，由主席團經多次研討，謹決定發表聲明如下：

中央政府遷至臺灣，時逾十年，國民黨黨政當局在口頭上高喊反共，並自稱是民主憲政。但實際上每藉口「反共」來剝奪憲法上賦予人民的各項權利與自由，絲毫沒有一點實行民主憲政的誠意。一切措施，皆以自私為基點，以專政為指歸。不僅對一般人民，視如草芥；甚至對捍衛國家、執行公務的中下級軍、公、敎人員，明知其生活艱困，已瀕絕境，但也從無一種良知的關切表現和誠意的改善辦法。以致政風一天敗壞一天，士氣一天低落一天，人心一天渙散一天。此種局勢，如不能及時扭轉，勢將導致反攻基地的自我崩潰，使反共復國永成空談。因此，我們決定先由臺灣地方自治的改革着手，進而促成政治的全面革新。

歷年以來，國民黨黨政當局對於地方自治基礎的地方選舉，竟一貫地不擇手段，違法舞弊，毫無忌憚。我們曾經再三要求，再四呼籲，務必要把選舉辦得「公平合法」；最低限度，應該同意民、靑兩黨及無黨無派的候選人也可推派管理人員和監察人員，在投票所開票所參與管理監察工作，作為保障「公平合法」的起碼條件。然而，這點起碼條件，竟被毫無理由地始終予以拒絕。

四十六年那一次地方選舉時是如此，這一次還是如此。

國民黨黨政當局在選舉中的違法舞弊，種種手段，無所不用其極。我們大多數都是參加過本屆省議員和縣市長競選的，曾經身受苦痛。事例甚多，不勝枚舉，茲擇要略述如下：

㈠在登記尚未開始時：國民黨的候選人，便利用黨的各級組織和各種關係做掩護，竟違反法規而提早展開競選活動。但非國民黨的候選人，則無法享有這種提早活動的法外特權。

㈡在籌辦選務工作期間：國民黨黨政當局又利用選舉監督的權力，把持選舉事務所，不使非國民黨人員參加，關於選票印製的數字，投票所佈置的情形，均保持秘密，預作違法舞弊的安排。而且在各投票所開票所，選派清一色的管理員，並利用省政府的權力，透過「選舉罷免監察委員會」及縣市監察小組，不使非國民黨人員擔任投票所開票所監察員，以便達成違法舞弊的目的。

㈢登記開始時：國民黨黨政當局又利用黨政壓力，及選舉事務所的權力，橫加阻撓，使非國民黨的候選人不能順利登記。

㈣競選活動期間：國民黨黨政當局又利用選舉事務所和監察小組的權力，強迫非國民黨的候選人修改政見，並利用民衆服務站（即國民黨區黨部對外化名）人員或搗亂份子，阻碍非國民黨候選人的政見發表；甚至公然曲解選舉法規，利用軍、公、警、敎人員為國民黨候選人助選。

㈤投票時：國民黨黨政當局又指使清一色的管理員和監察員，進行種種違法舞弊的措施。其中包括：將已圈好了的國民黨候選人的選票，預先塞入票箱；監視投票人投票，並使投票人將選票「亮相」；不遵照文盲投票人的意旨，而擅圈國民黨候選人；遇有選民棄權時，便搜集他們的身份證，代領代投；甚至乾脆偽蓋指模，冒領冒投。

㈥開票時：國民黨黨政當局又指使清一色的管理員和監察員，在唱票時，故意用手指塗污非國民黨候選人的選票，造成廢票；或故意把非國民黨候選人的有效票，唱成國民黨候選人的票。

國民黨黨政當局所策動的種種違法舞弊措施，雖然達到了把持地方選舉的目的，但同時也喪失了全部的民心，引起一致的公憤和抗議。例如臺南市長的選舉，國民黨候選人辛文炳的當選，是出於違法舞弊，所以引起臺南市選民二百多人的檢舉，及萬人簽署請願。當法院開庭審訊時，萬人空巷，鑼鼓鞭砲齊鳴，表示對落選人的聲援，以致治安當局也不得不派出二百名以上的憲警人員到場防範。即此可見，人心已激怒到何種程度。又如臺北市選舉的違法舞弊，也已經進入訴訟程序，無數公正的選民，都正在密切注視其發展。至於臺中市、臺中縣、彰化縣、雲林縣、嘉義縣、新竹縣及其他縣市選舉的違法舞弊，也無一處不引起選民的強烈反感。但並非每一縣市，都已經提起訴訟。這原因，也是由於過去事實證明：凡屬非國民黨人士所提起的選舉訴訟，無一不是在黨化司法之下註定敗訴，所以大家多半已經不願再白費氣力。現在我們要求：凡已進行訴訟地區，一律開票重驗；並願為一切非國民黨候選人做後盾。

地方自治，是民主政治的基礎，地方選舉，又是地方自治的基礎。但目前這種情形，不但使我們對於地方自治的前途感到失望，而且也使我們對民主政治的前途感到悲觀。可是，中國是中國人的中國，絕不容斷送於少數人的自私專政。因此，我們做了下面兩點決定：

第一、我們為了澈底改革地方選舉，促進地方自治，已經成立「選舉改進座談會」，並已由主席團依據檢討會的授權，在不分省籍不分黨派的原則下，遴選委員五十五人。我們要督促政府從今年十一月縣市議員選舉時開始，即革除一切違法舞弊的措施，並促請臺灣省議會修正有關地方自治法規，使秘密投票、公開監票得以完全實現。為保證這一點，國民黨黨政當局必須同意在野黨、及無黨無派候選人都能在每一個投票所、開票所推派管理員和監察員。倘國民黨黨政當局仍然拒絕，我們當昭告全國，指出選舉的非法，並否認選舉的結果。

第二、我們為了全面改革中國政治，鞏固反共復國的基地，促成民主政治之實現，決定團結海內外民主反共人士，並與民靑兩黨協商，立即籌組一個新的政黨，為眞正的反共、眞正的民主而奮鬥，務使一黨專政之局，永遠絕迹於中國。至於我們對於若干當前問題的具體主張，將在發表政策時，詳細列舉；並隨時體察自由中國海內外人民的需要，陸續提出，以就敎於國人。

日美條約閃電式通過引起的日本政治風暴

東京通訊・六月一日

黃　洋

一、强制通過的經過

岸信介政府於一九五八年九月獲得美國政府同意改訂一九五一年九月簽訂的「日本國與美利堅合衆國間之安全保障條約」後，經過時逾一年的交涉，與美方完全達成協議，於一月十九日由岸首相親自前往華盛頓簽訂「日本國與美利堅合衆國間之相互合作及安全保障條約」及「關於第六條之施設及區域與合衆國軍隊在日本國之地位之協定」，並於二月五日提出刻在開會中的日本國會請求予以批准。其間，因此項問題關係日本安全重大，又牽涉到各方面的立場，致歧見叢生，國民輿論分成贊成與反對兩派，展開激烈的論爭。不但社會黨、共產黨、工會及一些左傾分子起而反對，力主廢止，不斷的提出抗議，多方阻撓，展開反對運動，糾衆示威，甚至政府黨——自民黨——內也意見紛紜。

雖然經過許多曲折與阻撓，但岸內閣的方針已定，岸信介首相更以其政治生命作賭注，決心設法將此條約成立，一方面煞費苦心，調整自民黨內歧見，另一方面對付反對黨的攻訐。日本國會於二月五日接到新條約、新協定以及各項有關法案後，在大會、預算委員會、衆議院安保特別委員會中連日舉行會議審查，岸首相、藤山外相等政府高級官員應詢，就新條約之背景、性質及內容作詳細的說明，但無論如何都不能使見解根本相反、堅持廢止日美條約的反對黨滿意。由日本社會黨、民主社會黨及共產黨構成的反對黨方面，即盡其吹毛求疵，爲難挖苦之能事，想藉此找出一些破綻向國民宣傳，激起輿論，迫使岸政府垮臺，甚至不擇手段，抵賴胡鬧，企圖拖延時間，使條約不能在本會期內審查完畢，致告流產。

經過三個月的攻守戰，政府、自民黨與反對黨間的歧見一直無從獲致調整，完全僵持，政情益加緊張。於是，自民黨鑒於會期將於五月二十六日屆滿，決定在五月二十日左右强行票決的方針。對此，社會黨擬一方面造成在票決前解散國會的態勢，另一方面，取得民社黨緊密的合作，迫使自民黨單獨審查。至於民社黨，因西尾委員長之原則上不應該拒不參加審查的意見，與水谷團長之拒不參加審查的主張相鑿枘，經過調整後決定：應採若何態度視最後的情勢而定。

在此種情勢之下，岸首相決心無論如何都要新條約在本屆國會會期內獲得通過，開始調整黨內意見，在五月六日召開幹部、顧問會議表示：「新條約與日本命運攸關，又與國際信義問題關係重大。擬儘可能採取民主手段以取得國會通過」，並呼籲大家予以合作。但河野一郎、松村謙三、三木武夫、石橋湛山等反主力派實力人物却不顧大野副裁、川島幹事長、池田通產相的勸說，表示冷淡的態度。五月十七日自民黨擧行議員大會，就新條約衆議院通過的時期與方法洽商，決定委任執行部酌辦。

五月十九日上午，自民黨由國會對策委員長福永向衆議院議長清瀨一郎提出延長會期五十天案，又向安保特別委員會理事會提案正式結束有關質詢。惟因理事會未獲協議，自民黨委員即在議事運用委員會單獨決議延長會期，完成只待大會通過的態勢。社會黨方面也不肯示弱，施展故技，動員議員及秘書團，封閉議長室，企圖阻止清瀨議長進入大會會場，衆議院的空氣頓時緊張起來。如此僵持到深夜，清瀨議長爲了維持秩序，竟於十一點鐘電召警察五百人，將坐在議長室門口及走廊上的社會黨議員、秘書逐出，發生一場打鬪，九十多人受傷。

此時，自民黨首腦人物們的判斷：與其重演這種紛亂，不如將條約票決與會期延長一起解決，立即改變當初的方針，當晚在安保特別委員會中提出結束質詢動議，而在一場紛亂中强制通過新條約及協定。結果，衆議院正式會議在當晚十一時五十分宣佈開會，雖然沒有一個社會黨及民社黨議員參加，也未經討論，即刻通過延長會期五十天，繼而於二十日上午零時六分通過新日美安保條約及協定。

自民黨即日將新條約及新協定送達參議院，而依照日本憲法第六十一條規定，法案送達參議院後經過三十天即可獲得「自然承認」，因此，即使未經參議院決議通過，除非在此三十天期間解散國會，否則新條約及協定在六月十九日晨將完成國會批准手續，然後祇要日本政府作成批准書在東京與美方交換，則新條約及新協定將即日生效。

二、引起的反應

清瀨議長以非常手段——憑藉警察力量進入正式會議議場，不管反對黨不出席，宣佈決議，岸政府及自民黨由而確保新日美安保條約及協定的國會批准。但以閃電式的手法，强制決議延長會期及通過新條約，致使岸政府及自民黨受到反對黨各派及國民輿論，甚至自民黨內反主力派激烈的攻訐與批評，掀起激烈的政治風暴。反對黨不承認上述兩項決議之效力，拒不參加一切審查，國會之運用，完全陷於麻木狀態。輿論界一致起而反對岸政府及自民黨的作法，報刊連日刊登攻擊岸政府、主張內閣辭職、國會解散的文章。反對派糾衆遊行示威，數以千萬計，鬧得滿城風雨。自民黨內的團結也崩潰，反主力派拒予合作，圖謀迫使岸首相下臺。

社會黨於五月二十日由中央委員會決定：①今後拒不參加一切國會審查；②要求清瀨議長引咎辭職；③新安保條約之票決無效的三項。民主社會黨也在兩院議員團大會中決定：㊀今後對國會之運用不予合作；㊁追究正副兩議長的責任；㊂要求岸內閣下臺及解散國會。兩反對黨除了分別發表聲明指責岸政府及自民黨外，一致採取：迫使衆議院於三十天內解散，使新安保條約獲得自然承認前成爲廢案的方針，拒不接受自民黨重開審查的要求，態度極爲强硬，並決定從五月二十七日起開始展開「阻止安保條約、迫使岸內閣下臺」的遊說活動。結果，日本國會完全失去機能，出現眞空狀態，政府反對兩黨的僵持狀態無從獲得解決。

另一方面，以「新安保條約阻止國民會議」爲中心，而由左傾份子主持的民衆運動，從二十日起頓趨激烈，連日結隊前往國會及首相官邸示威，高呼「推翻岸政府」「解散國會」，到處和警察發生衝突。十九日晚約有三萬人不顧傾盆大雨，包圍國會通宵；二十一日晚有全學連學生襲擊首相官邸；二十二日有三萬人，二十四日有大學教授及文化界人士多數前往首相官邸抗議；二十六日更有十五萬人前往國會示威，街道充滿着紅旗。國民會議更計劃在六月四日實行有時間限制的總罷工。

向來對於改訂安保條約問題主張審愼用事的日本輿論界，對於國會的這種發展當然不能保持緘默而置之罔聞，自二十日起一齊提起此一問題，一致攻擊岸政府及自民黨作法不民主，並要求內閣引咎辭職，重行選擧，問信於民。例如朝日新聞，從二十日起連日刋登社論，題爲「政府與黨非民主的行動」「要求岸下臺與擧行普選」「收拾事態之責任」「應以重建議會主義爲第一」「何爲現在之輿論」「議會史無前例的不正常國會」「缺少政治良心的首相答詢」「示威切勿過份」「民衆行動應有節度」等。每日新聞也登出社論如「令人遺憾萬分的單獨審查」「完全是岸首相的責任」「內閣應該迅速的總辭職」「國民對於强制通過安保條約的批評」「淸瀨議長的責任」「勿以反岸與反美混在一起」「毫無反省之跡象」。除此之外，另有許多讀者致報刋登出公開信，無不對岸政府及自由黨指責。

這些國民輿論一致指責的地方，即是岸政府及自民黨對於國民關心的條約既未儘量釋疑，又憑藉警察力量排除社會黨的阻礙，以閃電式的手法，單獨通過條約，漠視民意，違背民主主義，破壞議會政治。並且，一致要求岸政府辭職，解散國會，重建議會政治。

在這種情勢下，自民黨本身的內部也極其複雜。岸首相決心在新安保條約完全獲准成立前絕不辭職，也不解散國會，於五月二十三、二十四兩日分別會晤大野副總裁、川島幹事長、石井總務會長、船田總務會長、益谷副總理、佐藤藏相、池田通產相、三木武夫、河野一郎等人，籲請合作，以使國會獲得正常化，安保條約獲准成立。對此，首相胞弟佐藤的一派表示同意。池田、大野、石井等派表示：「先傾聽首相收拾事態後方始決定。」河野、三木、松村、石橋等派卽表示：「對事態認識根本不同」而不允合作。因爲佐藤派與岸派構成主力派，非盡力支持岸首相不可；池田、大野、石井等派採中立立場，繼續觀望；河野、三木、松村、石橋等反主力派早已存心迫使岸首相下臺，甚至在衆議院票決安保條約時也未曾出席，事後又發表聲明譴責岸首相，此時正在想藉此機會追究岸首相的責任，以達到目的。

五月二十五日，除了岸、佐藤兩派之外的六派擧行磋商，以期協議今後的態度，惟中立派與反主力派，意見分歧，未達成協議。二十六日擧行的顧問會議，也發生同樣的歧見。二十七日由大野、川島、石井、佐藤、池田、石橋、松村、河野、三木等實力人物擧行的九人會議，竟發生爭執，舌劍唇槍，不歡而散。自民黨早已爲了下屆總裁人選，黨內各派展開明爭暗鬪，更夾雜着許多政策的歧見，發生內閧，今日面臨岸政府及自民黨的危機，黨內却不但不團結以赴，又仍分成兩大派相爭，更使情勢趨於嚴重。

三、今後的展望

如上所述，由於岸政府及自民黨以閃電式的手法强制通過日美新安保條約及協定，掀起一次政治風暴，國會陷於痲木狀態，左傾份子糾衆搗亂示威，輿論沸騰。面對這種嚴重的事態，岸首相等以成立新條約爲最大目標的人們，似不能不改變樂觀的看法，但在內外夾攻下，岸首相仍表現非常堅決，在五月二十八日接見新聞記者，就對現狀的政治責任及收拾政局的途徑表示：①雖然擬儘本人的力量，收拾紛亂，可是，絕不屈服於示威活動而總辭職或解散國會；②安保條約獲准後本人應該如何進退，作爲一個首相的人，現在不宜表明，但仍需要建立新體制(似在表示決心繼續執政)；③如何收拾政局，應由黨的正式機構討論、決定、實行，實力人物會談不相宜。

綜合上述各項，由於新安保條約引致的政治風暴，因政府反對兩黨雙方都堅持本身的立場，毫無妥協之跡象，預料不易獲得解決，並且雙方都在黨內有着隱憂，今後可能越演越複雜，對於今後的發展，此時似可展望如下：

一、岸首相不致那麼簡單的辭職。因爲此時辭職，等於其政治生命結束。岸首相表示不管內閣命運如何，新安保條約非成立不可，卽在於坦白承認新條約的通過乃岸內閣存立的絕對條件。

二、卽使岸首相辭職而內閣垮臺，自民黨也勢必設法阻止反對黨或聯合政府之出現。因爲自民黨的實力人物們雖然吳越同舟，但關於此點，意思完全一致。

三、卽使因岸內閣總辭職而自民黨發生分裂，也還是組織聯合戰線以保持衆議院超過半數的議席通過條約的。因爲堅持通過安保條約而表示毫無妥協餘地的吉田前首相兩位親信——池田、佐藤，現在黨內擁有雄厚的力量，並且大野副總裁也可能予以合作。

四、這一批贊成安保條約的勢力，在條約已經通過衆議院的今天，最害怕發生政變，致使條約受到影響。因此，在條約完全成立前，他們不可能採取阻礙岸首相的行動。

五、岸內閣的總辭職既然不易發生，則次一個問題即是岸首相是否敢解散衆議院。據聞，岸首相在數個月前會考慮過解散。因爲重行選擧，自民黨又獲勝，則等於安保條約重新獲得國民的支持而足以封閉反對說。現在岸首相依然不相信經過普選的結果反對安保條約者可能佔去多數。

六、從岸首相言，毋寧應該擔心：由於造成解散、普選的新階段而破壞自民黨內現有的力量均衡，種下將來致使岸政府荏弱化之原因。

七、但是，最近岸首相或許在考慮：儘管冒着這種危險，也應該解散衆議院。即是，爲了避免總辭職而成立安保條約，因情勢改變，或許不能不解散衆議院。

八、一旦解散國會，則在艾森豪總統預定訪日的六月十九日以前安保條約就不得成立。不過，旣然有解散的決心，則當然應該也有請求艾總統展延訪日的日期，甚至取消訪問的決心。對於岸首相，這是丟臉的，但是，與其總辭職，不如採此策，對他爲較宜。

九、如此看來，以阻止安保條約爲目的之政黨或國民運動，殊難推翻岸內閣，而祇能在解散後的普選中一決雌雄。目的祇在推翻岸內閣則可，但認爲岸內閣垮臺則安保條約也流產，是不正確的。

一〇、最近的反對運動，的確，已經情緒沸騰。在這種嚴重的情勢下要收拾紛亂，必須由自民、社會、民社三黨間本於國家的觀點負責磋商。而磋商的先決條件即是，多數也應該尊重少數意見的「政治原則」，及無論國會內外絕不許漠視法規的「法律原則」。這兩項原則，似乎現在都被日本政府反對兩黨完全置之腦後。

讀者投書

(一) 一羣士兵的幾個疑問

刁免戈

自由中國社編輯先生：

我們是一羣爲國服役十多年的老兵。我們對政府遷臺十餘年來，以民主自由作號召，作爲擊敗毛匪的唯一有力武器，極具信心。但我們也常常對政府的種種措施與手段泛起很多疑問。我們很不希望這些疑問變爲政府航程中的暗礁，因此我們於此提出幾點，盼政府給我們個滿意的答覆！

一、政府於去年七月間將兵役法原四十九條修訂爲「志願在營服士兵役者，此期間以五年爲準，期滿後，得依國防需要或其志願，予以繼續留營或分期退伍」，該條文中所說「國防需要」，究竟何時才不需要？是不是指反攻大陸後就不需要了？又有所謂「分期退伍」，是以一年爲一期抑是十年辦理一期？一期應該退伍一個人嗎？那一種人應列第一期退伍，又什麼樣人該拖在最後期？諸如此類，政府爲甚麼不明白向我們佈達呢？

二、當初「以軍爲家」在各部隊掀起熱潮之際，我們本不願捲身這一漩渦，所以拒辦「以軍爲家」的宣誓簽約等手續，無奈我們的各層主官暨政工人員不放過我們，找我們個別上課，精神「灌輸」；說以軍爲家運動，此目的在擁護總統連任。且說總統把我們帶來臺灣，我們不擁護他老人家連任而來反對嗎！情理充分，因此我們簽約了。但現在，我們有人向國防部要求退伍，結果層峯轉查，該我們罪過；要求退伍的人送進「頑劣隊」去了。試問，以這種高壓手段對待部屬應該嗎？要求退伍的人便屬「頑劣」嗎？大陸來臺的戰士不能退伍而在臺入營的爲甚麼就可以依法退伍呢？兵役法有沒有這樣一條限制？抑或因我們隻身在臺又係一羣無知走卒愚魯可欺吧？

三、我們於卅六、七、八先後三年間入營，當時的平均年齡至多僅近雙十，從不知道自己有過殃民禍國之罪。但自來臺灣後，常常聽到長官們給予訓斥，說「我們把大陸丟了」；這才恍然醒悟——大陸原係由我們這一羣無知幼輩斷送掉的。——我們想，我們之屢次依法請求退伍而不能獲得目的，也許就是自己創下滔天洪禍而罰以「以役贖罪」吧！對了，古時候不也有很多犯了法被罰「充軍」去！可是，我們無期限的充軍（服役），豈不等於宣判爲終生褫奪公權麼？這種制裁，如說罪有應得，實顯太輕。否則，我們便屬寃屈了，太寃屈了。

四、三月中旬，上峯派一位上校蒞軍區講解軍中問題時，說現在一個二等兵月薪俱有三百多元，可說够高了。但事實上我們現在的月薪——一等兵是四十五元，上等兵四十八元，下士七十元，當然一個二等兵便屬更少了。我們實得月薪與那位上校所說出的既相差如此之多，究竟是誰在耍弄欺蒙的手法？而「可說够高了」這句話，是不是意味着七月份加薪問題。果眞如是，請大可不必爲我們丘八操心了；多下放幾個幹部可以了！

我們在軍中生活了十多年，心中積結了許多憤懣不平之事，無處伸訴，今寫出如上四點，猶盼貴刊惠予一角披露！此祝

撰安

讀者　刁免戈等三人　五月七日同上

大選年美國朝野在國防問題上之爭論

朱心恒

紐約通訊・三月十日

赤色的新威脅

據本年一月二十日中央社檀香山合衆國際電的報導，一個強烈的「爆炸」曾於當日在夏威夷附近一千一百哩海面發生；美國國防部長蓋茨根據未經證實的消息說，蘇俄已經發射其超級太空火箭。翌日，赫魯雪夫在最高蘇維埃委員會中，宣稱蘇俄已經登上世界最大強國的途中，美國將不復擁有世界上最強的軍事力量。赫魔之所以作此大言，首要的當不外是上述「爆炸」所帶來而傳遍世界的消息：赫魔所謂的「奇妙」武器 (Fantastic weapon)——蘇俄超級太空火箭的圓錐鼻已在飛越七千八百十二哩之後落在中太平洋距離目標一哩多的地方。美國人所感受到的威脅，倒是赫魔的其它各點。第一，自從「史潑尼克」進入軌道，中經月球火箭的高峯以來，「蘇俄已擁有足以從地球上毀滅任何來襲國家的核子武器和火箭」。第二，「蘇俄空軍已大量地爲火箭裝備所取代；蘇俄海軍正集中全力建造核子潛艇，後者將使所有往昔的水面艦隻變爲廢物」。第三，「爲證實美國在飛彈方面之落後，蘇俄決定停止其有人駕駛轟炸機的製造，並裁減其地面部隊三分之一」。然於同時，共匪却宣稱卽將召集新兵一百萬人。這使得美國又面臨着雙重而相反的挑戰：一方面是蘇俄在裁軍上「具體行動」的叫囂，一方面則是共匪龐大地面部隊的威脅。

美國朝野的反響

西方對這新形勢的發展尚未決定其應持的態度，美國朝野已普遍地在國防問題上爭論起來：「美國在武器競賽中落後了嗎？」「美國的安全是否受到了威脅？」

首先是艾森豪總統的反應：「我已終身致力於美國國防，我相信我比任何人更能够了解這一方面的事……，我認爲美國國防一直做得很好。任何人如果想把這個問題變成政黨的攻擊武器而加以利用，均將有損於美國國民的利益」。這是他給國內批評其國防政策者的答覆，也是他對赫魔軍事挑戰的答覆。但是，美國人是否都因爲艾森豪的這一態度而獲得了安全保證呢？在過去，由於他是美國最有經驗而卓越的統帥，很少有人能辯駁他在軍事上的意見。然而一種舉國不安的現象却日趨明朗，並且立卽爲野心的政客們加以運用。對民主黨而言，這更是大選年中批評共和黨政績的最佳把柄。

民主黨人士認爲總統和國防部都犯了如下的幾個錯誤：第一，在對付蘇俄的威脅上缺乏主動的積極性；第二，坐視美國失去飛彈發展上領先的地位；第三，總統僅注意到財政預算的平衡而不關切新武器的補充。民主黨可望爲總統候選人的前美國空軍部長錫明頓 (Symington) 參議員曾譏諷地說：「總統先生未在國防部任職已爲時數年矣！」

然而艾森豪總統也獲得了有力的支持。新任國防部長蓋茨認爲，一般所謂蘇俄在軍事上已駕乎美國之上乃不實之論。他承認蘇俄「很可能」於最近將來在洲際飛彈數量上超過美國。但他同時強調，美國的有人駕駛轟炸機仍將爲絕對強大的報復力量和嚇阻武力，而美國的「飛彈落後」，也將於一九六二年以前全然克服。

民主黨中包括競爭總統候選人提名的康尼德都認爲，美國在製造飛彈的速度上尚不近理想。甚至總統的閣員也有批評他的某些決策者。爭論最烈的是 B-70 型超級轟炸機的製造問題。艾森豪已因這型飛機的軍事價值「可疑」，並因它最早要在一九六五年底以前出廠而決心停止它的製造。前美國空軍參謀長(二次大戰期間曾任歐洲美國戰略空軍司令)史巴茲上將則說這是美國在今日世界軍備競賽中所犯最嚴重的錯誤。他認爲際此蘇俄在太空發展方面領先的當兒，這種三倍音速、航程七千哩的 B-70 型超級轟炸機乃均衡世界武力和進而使美國獲取優勢的有力憑藉。

爭論轉趨激烈

在美國國家戰略所基的大前提上，美國朝野的態度是沒有分歧的：美國必須保有足够強大的力量使任何國家不敢冒險來犯。這種力量就是投擲大量氫原子彈的能力，也就是美國的嚇阻武力。建設嚇阻武力卽是美國的基本政策。爭論的轉趨激烈正起於此。國防部長蓋茨相信蘇俄的飛彈實力遠不如一般猜想之強，並認爲對蘇俄戰力的估計當不以蘇俄的能力爲基礎，而應以它「可能將採什麼行動」爲依據。參議院太空與戰備委員會主席及多數黨領袖林登・約翰遜遂針對這一言論而發動他尖刻的抨擊：「國防部長所呈令人樂觀的畫面原來是以猜度蘇俄的思想爲基礎。飛彈落後之事實並非自我安慰的詞句所能勾消。……我們決不能把一億八千萬人的生命和前途寄託在某些官員揣度赫魔之所思所想的能力上。任何一幅憑猜測所描繪的玫瑰色畫面，赫魔都能立刻使它變成血紅」。

這確然是一席振振雄辯，也是帶有政黨色彩的言論。但就在總統的周圍或五角大廈的裏面，同時也能聽到無黨派色彩者的評論。中央情報局局長艾倫・杜勒斯在參衆兩院委員會中的秘密作證，據說就是「令人氣餒」的。戰略空軍司令鮑爾上將在一次演說中稱，蘇俄單藉它現有的三百顆導向飛彈，就足以摧毀美國的核子報復武力。陸軍部長布魯格和陸軍參謀長李尼茲上將也警告說，正當蘇俄在軍事上漸趨優越之際，美國地面部隊的加強却受着政府的忽視。

這些相反的論點都代表着直接負責美國安危之士的意見，他們在各自的人格和愛國心上都可說是完整而不容懷疑的。然而他們的言論總難免帶有一點政治性的寓意。祇有把「大選年」的因素加進考慮而作冷靜的分析，才能從正反雙方的爭論中看出問題的癥結。下面是美國朝野對美國國防問題的兩種看法。

當局的樂觀面

第一，美國擁有投擲氫原子彈以毀滅蘇俄所必需的轟炸機。戰略空軍司令部現有飛機二千九百架，其中包括轟炸機及支援機。據該司令部估計，美國的報復力量將有百分七十五至九十能突破蘇俄的防禦系統而達於目標。

第二，美國的基地散佈遼濶，用國防部長的話來說，「即使蘇俄運用它所有的飛彈來突襲美國，也不可能把美國的報復力量摧毀至不能報復的程度」。為期一舉摧毀美國的戰力，蘇俄將必須擊中各種距離外的目標，這些目標包括：戰略空軍司令部分散國內的四十四處基地和海外的二十六處基地；加利福尼亞洲范登堡空軍基地的三個擎天神洲際彈道飛彈發射架；空軍在靠近蘇俄或其衛星國附近多達二百處的戰鬪轟炸機基地；在英國的六十個雷神中程彈道飛彈以及航空母艦上為數一百五十架的原子轟炸機。即使在今年年底以前，敵人如果想遂行其侵略目的也相當困難。此後則有兩艘配備北極星飛彈的原子潛艇入海待命。預計在一九六三年以前將有十五艘同型的潛艇準備作戰，而在一九七〇年前增加至五十艘。這些潛艇每艘將携帶射程一千五百哩至二千五百哩的飛彈十六枚，並能在敵國海岸外潛航數月無需浮出，而在敵人發動攻擊的三、五分鐘內猛烈地還擊敵國的內陸目標。然而它們的戰略價值則在於能保持高度的機動和具有隱匿性，使敵人無從加以襲擊。因此不論敵人想怎樣地設計着一舉摧毀美國的陸上基地，也不得不顧忌北極星的攻擊力。的確，海軍論者且認為北極星潛艇防禦網的本身就已構成了對共產主義飛彈國家的嚇阻武力。

第三，蘇俄在彈道飛彈方面的領先程度有限，且正逐漸抵消中。經常批評美國當局國防政策的現空軍研究發展司令施芮佛中將認為，美國人「有理由相信」從發射擎天神作戰飛彈時起，美國就已經趕上蘇俄而取得在飛彈上的均勢。

值得正視的問題

從一個職業戰略家的觀點來看，美國政府當局值得正視的約有下列數端：

第一，為美國嚇阻武力之骨幹的B-47型和B-52型轟炸機正日趨落伍，瞬將不能服役。用這兩型飛機來一舉毀滅蘇俄將需時八至十二小時。由於蘇俄防空飛彈的威力日增，美國轟炸機將很少能突破其防禦網而達於目標。

第二，蘇俄所知美國戰略目標的位置，遠較美國所知蘇俄者為詳細而精確。

第三，美國的戰略空軍並未保持廿四小時的警戒。

第四，美國的先期警報雷達網並非衝越不破。

第五，不論在軍事上或心理上，美國的城市居民對核子襲擊還一無準備。很多高級官員都坦率的表示他們在憂慮着，美國人民於遭受全面性核子突襲後是否有能力回復原狀。

國防部某些高級官員曾在私人間表示，一旦敵人發動攻擊，美國的報復力量很可能在尚未迎戰前而被摧毀。有些甚至公開地作過這種說法。據戰略空軍司令鮑爾上將估計，美國在全世界僅有約一百個基地可以起飛或發射携有氫原子彈的飛機或飛彈。也就是說，祇要用三百枚彈道飛彈，蘇俄就能確確實實地在三十分鐘內把美國的全部核子攻擊力錘擊粉碎。

其他對當局的批評所涉範圍也很廣泛，有謂國防預算控制太緊，有謂在太空方面缺乏想像力。曾任空軍部長的參議員錫明頓很不保留地說：「飛彈落後的事實非用新的看法或新的字眼所能掩飾或拭去。說國防部能够否定蘇俄在飛彈上的領先地位也非眞話。美國人民所能獲得的是未經保密區分的資料，這種資料總不外顯示些美國和蘇俄同樣强大或者更為强大的『證據』，而國會於同時却得到加上保密區分的報告，這種報告則承認了美國落後的事實。……今天的情形是，在飛彈方面蘇俄比美國優越，在太空方面蘇俄更遙遙領先。他們的潛艇比我們多，他們的地面部隊也比我們强。祇有在長程轟炸機上目前還能說是美國淩駕蘇俄。即使如此，我們的轟炸機也因日趨落伍而減低了它們對嚇阻政策的價值」。

美國的實力

綜上以觀，一般美國國民對美國本身的國防應作什麼看法呢？有人在對他們說謊嗎？誰？

看起來沒有人在故意說謊。但在一般人尚無從客觀觀察的某些問題上，總不免會有一方因權宜之計而作其染有政黨色彩的解釋。最顯明的例子是對蘇俄飛彈的情報分析。單提樂觀的一面當然有利於政府當局，然而像蓋茨那樣身為國防部長而說美國應從蘇俄的「可能行動」上來判斷蘇俄的實力，則宜乎要受到民主黨無情的攻擊了。實際上，據無政黨偏見的內幕人士看，蘇俄在飛彈上的進步是有着確鑿的情報可證的。這些情報並且顯示，蘇俄在製造飛彈上尚未發揮其最大潛能。但同等有力的是另外一個客觀的事實：英國國防部發言人曾稱，英國政府依舊相信美國的核子成就在對嚇阻政策的繼續支持上綽有餘力。在美國國內，儘管大選是使國防問題之爭論轉熱的因素，如果正反雙方的相對意見可以輾轉消除，則其餘數仍然是：美國人民對政府當局的樂觀具有信心。太陽神洲際彈道飛彈在本月二日的試射成功，更鞏固了這一信心的基礎。

江湖行（二十三續）

徐訏

花，人間無常新的記憶，人間無不散的筵席。

我很感謝曇姨，他的信給我很大的安慰，但是我並沒有馬上回重慶去，舵園裏太多我與容裳的回憶，我怕已舊的記憶復活，我沒有勇氣去重臨舊地。

一切風浪就是這樣過去！

這就是人間。人間無不醒的夢，人間無不謝的

九十七

我在桂林住了四個月，天氣一天天熱起來，這一段時間，我與黃文娟通信較多，我很想念小壯子。衣情的神經病越來越深，五月底的時候，她被送進曹河涇一家天主教的神經病院裏；六月中，文娟來信，說她的下肢有點麻痺；七月中，黃文娟說她已經完全認不出人了。不知怎麼，我很想回去看看衣情。那時候，桂林有許多商人，回上海看家眷再出來，順便做點生意的很多，我很想結伴回去一趟，但是文娟來信勸阻了我，她說如果我想會衣情，而衣情也已經不能再認識我了，我去對她沒有幫助，還不如保留一個較美的印象；如果我想念小壯子，她可以託人帶來給我；不過她認為留在她那裏一定比我這裏好。等我成了家，則隨時可以把小壯子接過來的。她說我已經是一個有盛名的人，去上海一定會被人扣留利用的。所以不能同別人一樣的隨便。文娟的信自然很有道理，韓濤壽也反對我回去，所以我就放棄這個念頭。七月底我生了一場瘧疾。瘧疾剛好，我突然接到了曇姨的一個電報，說是舵伯中風，已進醫院，叫我馬上飛重慶去。

我很難敍述我當時的心情，但是我預感舵伯一定是救不了的。

曇姨很周到，已經設法通知桂林航空檢查處，我一去就為我安排一個最近的機位。

我于第二天八月四日中午到了重慶，但舵伯已經于清晨七點鐘的時候逝世，我連見他一面的機會都沒有。下午兩時，紫裳自昆明飛來，是一個人，這是我在她婚後第一次見她，我們表面上客氣得像是陌生人一樣，但是我看出她心裏的波動。我自然更有說不出的感覺，但是我什麼都沒有表示，我們跟着就忙于舵伯的喪事了。

當時治喪委員會決定第二天在殯儀館入殮，入殮後再運柩到法華寺舉行公祭，以後再辦佛事。當時場面相當龐大。

入殮的時候，在舵伯的遺容前，我與紫裳都哭了起來。不知怎麼，一瞬間我覺得我們突然接近起來，我牽着她的手，她的手是冰冷的。她一手用手帕掩着淚眼，于是一陣嗚咽，她突然靠在我身上暈了過去。

把紫裳安頓在後面榻上，舵伯也已經入木。

那天舵伯入殮，來送喪的人就有七八百人。許多人都是很久沒有來往的舊友，看了報上的訃聞來的，其中就有陸夢標的一些朋友，他們剛剛從貴陽回來。在法華寺舉行公祭，來弔奠的人少說也有五六千，雖說治喪委員會有人幫忙，我們眷屬的送迎應酬也實在夠忙了。

我從這些來弔奠的人，才知道舵伯交友的廣泛。那些當初在上海不知道舵伯結婚沒有來道喜的，現在，凡是到重慶的人好像都來了。我也開始知道舵伯來內地後還創辦了四個孤兒院與兩家小學校，其他捐房屋及現金給慈善機關的更是不勝數舉，那四個孤兒院同小學校的全體學生都來祭奠，其他的也都派了代表。

舵伯喪事場面的盛大，使我聯想到何老歸天時的淒寂。我與舵伯的關係自然深于我與何老的關係，但我竟覺得我于何老之死所感到的哀傷，竟有過于舵老之死。這原因是何老死時，我守在旁邊！舵伯臨終，我竟沒有趕到。還有是何老死後，一切喪事都是我一手經辦，簡單淒涼，現在則是熱鬧擁擠，我們忙于應對照料，倒把心頭的哀傷冲淡了。

喪事過後，舵伯靈柩仍供祭在法華寺，待找到墓地後再行遷葬。我們在法華寺住了五天，就回到舵園。那時候，我們三個人——曇姨紫裳與我像同時重新發現失去了舵伯一樣，一進客廳都倒在沙發哭了。

胡嬤打來手巾，我們都勸曇姨在房內休息，她事實也已經有七八天沒有好好睡眠了。

紫裳楞坐在哪裏，不斷地用手帕揩她發紅的眼睛。我說：

「你也去休息一回吧？」

「我現在不想睡。」她說。

紫裳全身縞素，一點沒有化粧，眼睛有點浮腫，我突然發現她像是瘦了許多。

接着，我們就再沒有話說。我吸了一支烟，紫裳站起來走到舵伯的書房裏去，一面說：

「你自己去休息一回吧。」

我的房間仍沒有變動，但是我發現空氣竟完全同以前兩樣了。我自下飛機後，除了偶而瞌睡一下以外，沒有睡過，但當時我躺在床上，竟無法入睡，我全身熱燥，頭腦昏重。于是我問胡嬤要了熱水，我洗了一個很熱的熱水澡，然後我回到房內，才開始有了睡意。接着我很快的就睡着了。

一覺醒來，正是深夜，看錶是四點半。我想到大概因為我睡得很甜，他們沒有叫我吃飯。我並沒有餓，祇是感到口渴。

我正想起身找點水渴時候，忽然我聽到隱隱約約的啜泣聲。我想一定是曇姨或是紫裳。

我披衣出去，在飯廳裏看見曇姨坐在椅子上，凝視着舵伯的照相在啜泣。

「曇姨。」

她抬起頭看我。忽然放聲哭了出來。

「曇姨，你不再傷心了。死的已經死了。多哭也沒有用，我們還是要活下去的，是不？」

「眞的，他實在去得太快了。」曇姨揩着眼淚說：「那天早晨還是好好的，午睡起來，說有點不舒服，吃晚飯的時候，就從椅上滑下去，說話已經不清楚了。我們馬上送他到重慶醫院，他從此就不能說話，可是他神志非常清楚，醫生替他打針，我同他說話，他都知道。」曇姨說着又哭起來。

「她身體素來强健，眞是誰也想不到。我眞不該不早點回來。」我說。

「這也是命定的，你去桂林，紫裳在昆明，容裳又剛剛出國了。」

「但是有你在旁邊。」我說：「舵伯一生總算是很有福氣的。」

「他後來眞希望你可以同容裳結合。」

「這也是命運。」

「到底是怎麽回事，野壯子。」

「我總希望使每個人都快活，結果總是使每個人都痛苦。」

「你難道也眞的愛那個在桂林的女孩子？」

「沒有，我想我祇是可憐她。」我說：「不過，後來我也發現，作爲我太太的話，也許她比容裳會合式的。」

「你太多情，野壯子。」曇姨忽然說：「可是你並沒有眞正的愛。」

「也許是的。」我說：「我實在也沒有想到那個女孩子會那麽痴情。」

「作爲一個女人的話，我覺得做你的太太不如做你的情人，做你的情人不如做你的膩友。」

「那麽你是說沒有人肯做我的太太了。」

「除非她是最聰敏的人或者是最笨的人。」

「這是怎麽說呢？」

「最聰敏的會知道如何同丈夫保持一個情人的距離。最笨的當然根本不會想到這些，祇像你身上的一部份跟着你。」

「爲什麽要考慮到這些，而不說『愛』呢？」我說：「難道一個女孩子就不能因『愛』而信託一個男人麽？」

「我知道那個自殺的女孩子是太信託你了。」

「不是那麽回事。」我說：「曇姨，我們什麽話都談，但是我不知爲什麽，我會一直沒有把這事情詳細告訴你。如果你願意聽，我現在告訴你好麽？」

「你講吧。我去叫胡嬷弄點點心來。我們都沒有吃過晚飯，你也該餓了。」

窗外的天色已經白了，風蕭蕭地打着樹葉，園後響起了鷄啼。這使我回憶到我與曇姨在C城她家的那些日子。我望曇姨的後影，發覺這些年來，她眞老了不少。

九十八

我雖是與紫裳天天在一起，但是一直沒有能親切地談談。起初是整個房子籠罩着悲哀的空氣，曇姨幾乎每天要哭泣兩三次，紫裳則總是莊嚴沉默地很少說話。初虞二虞以後，曇姨的哭泣較少，紫裳則還是沉默靜穆的不苟言笑。我很想找機會同她談談過去，但她總像有預感似的先躲開了。這使我感到非常不安。

在三虞祭日那天，曇姨忽然病倒，我與紫裳兩個人去法華寺。在舵伯靈幃面前，我忽然有在何老靈幃前的感覺。我站在那裏，看紫裳焚香燒箔，心裏有說不出奇怪的遐想，我想念何老，悲悼舵伯，我感慨于時間的飛越與生命的渺茫。我忽然想到如果在紫雲庵裏那時候我與紫裳定情結婚，那麽現在會是怎麽樣呢？我還會蹤見曇姨？曇姨還會與舵老舊鏡重圓與紫裳母女團聚嗎？自然紫裳不會成紅星，我也不會後來去從事寫作，或許成了農夫，或許像小江湖與黃文娟那樣的安詳地過活：誰知道！人生中有人注定有轟天轟地的事業，有人注定有甜酸苦辣的波難，我當時沒有與紫裳定情而結合，也竟是注定我以後有這許多要使舵老與曇姨重聚，曇姨與紫裳母女團圓……等的使命呢！

如果第二次，紫裳不嫁給宋逸塵，等我進內地後同我結婚，這生命又是怎麽樣呢？我會不認識唐默蕾，我會碰不到阿淸，我也無法再會到呂頻原，我也決不會去參加她公館裏的派對，也不會碰見穆鬍子……那麽這人生又將是另外一回事了。

總之，一切一切是不可測度的一種機合，不可摸索的一種密緣。那麽我又何必斤斤的未能忘懷于我的得失呢？

這樣想着想着，我的心像是透明起來。我已經沒有悲哀，我也已經沒有痛苦，我祇感到一種說不出的空虛，我一個人步出院中，在一株樹下我回頭看殿內的香燭。那時正有八個尼姑進去誦經，紫裳接着走出來。我迎上去說：

「我們去散散步吧。」

穿出院子，繞到佛殿。我看紫裳臉上仍浮着傷感，我說：

「我已經不再悲傷。死的已經死了。」

紫裳不響。

「人生眞是一場夢，活着何必這樣認眞。」我說。

紫裳忽然很認眞地諷刺地說：

「這倒是你的人生哲學。怪不得你戀愛也這樣隨隨便便的。」

「紫裳，你眞是還這樣想我。這些日子來，我很想可以同你坦白的談談，但是你都避着我。」

「談它有什麽用。」她莊嚴地望着我說。

「至少我還是你們朋友，是不？」

「可是我們不僅僅是朋友。」

「你可以老實地告訴我一句話麽？」

「什麽？」

「你婚後幸福麽？」

擺渡船上

周夢蝶

1

負載着那麽多那麽多的鞋子！
船啊，負載着那麽多那麽多
相向和相背的
三角形的夢。

擺盪着——深深地
流動着——隱隱地
人在船上，船在水上
水在無盡上，無盡在……

無盡在存在而不存在的
存在上——存在麽？
纔上來呢！纔一轉眼
便又被不存在接引了下來。

我底船還沒開動哩！

2

揮舞着盈盈和默默
凝立在流轉。遺我一軸
愈展愈長的風景的東岸
倒退着！冉冉地，遠了……

我底船還沒開動哩，
猛回頭！那接引我的西岸
(縱橫着瞭望的脚印的)
已貼抱着我船舷底邊邊了。
我底船還沒開動哩！

是水負馱着船和我行走？
抑是我行走？負馱着船和水？

暝色撩人
愛因斯坦底笑很玄。很蒼涼。

「很幸福，謝謝你。」紫裳莊嚴地說：「所以我不喜歡你再談過去了。」

「好的，我答應你以後決不談過去好了，不過我覺得我們可以自然一點，我不是一個壞人，你知道。」

「衣情呢？」

「你沒有聽說潘宗嶽被刺了麽？」我說：「她就得了神經病，現在已經在神經病院裏，很厲害。」

「那麽你們的孩子呢？」

「在黃文娟那裏。」我說。

紫裳歇了半晌，看了我一眼，又說：

「其實後來我們很希望你會同容裳結合的。」

「都是我的過錯。」我說：「但是我現在覺得一切都是命運。」

紫裳沒有說什麽，這時候我們從佛殿後面繞到殿前，我挽着紫裳的手走下石階，前面是一個空曠的很大的院落。

「我希望你會相信我，我沒有把人生當作遊戲，也沒有玩弄別人的情感。如果我是可以這樣，我也不會這樣痛苦了。」

紫裳還是不作聲。

「那時候，你也許不知道我的情形。我在日本人的牢獄裏，斷了腿，如果沒有衣情，我早就死了。我養傷的時候，你不知道我是多麽苦，唯一安慰我的是衣情，而我是一個男人是不？」

「但是衣情是有夫之婦。」

「可是潘宗嶽外面有許多女人，他並沒有愛衣情。」

「你愛衣情，爲什麽不叫她離婚嫁你？」

「我要同衣情結婚，那也不等到她嫁給潘宗嶽了。」我說：「我知道你不會了解的。但是好好壞壞都已經過去，你也已經很幸福。我想告訴你的祇是人生是無限的複雜，而人是無限的渺小。人間有無數種的人生，而我們則祇有一種生活。你沒有被炸傷過；你沒有被日本人捕去過；你沒有坐過牢；你沒有一個人整天在床上，過着又焦急又苦悶的日子。請你不要用狹小的眼光輕視別人，請你不要用你淺薄生活中的道德觀批評別人。你之輕視我，正如你以前輕視你母親一樣。你無法了解你母親遺留你在家而自己情奔的複雜心情與痛苦經驗，你就以爲別人對不起你。你眞是可以在任何困難之中保住你的高貴嗎？」

這時候，我已經站在空曠的院中面對着紫裳，聲音也越來越高，最後幾乎是像責罵她的口吻了。

紫裳突然伏在我胸前哭了起來。我說：

「紫裳，凡是你所不了解的請寬容與原諒。」

紫裳一直在我懷中哭泣。

「祇要你知道寬恕我，我就很感激你了。我們回去吧。」我說着用手帕揩她的眼淚。又說：「這也不是你如此，許多生活環境順利的人，沒有經過甜酸苦辣的人都會如此。有錢的人譏笑窮人行乞，大家閨秀輕視舞女妓女，都是一樣的道理。我相信宋逸塵也正是這樣的認爲我是一個多麽卑汚的人了。你大概已經知道容裳爲什麽遺棄我嫁給呂頻原的？他們也正是這樣的以爲我是多麽可恨可恥的人，在桂林養着一個妓女還同她談戀愛？你知道那位寫文章罵我的人嗎？他不也是責怪我怎麽樣不顧信義的，喜新厭舊麽？這些都是正人君子的眼光。而我是一個江湖上流浪漢，我不想對他們辯明是非，但是我知道我的良心，而我還相信，祇要你們過了我同樣的生活，你們不一定會有我一樣的高貴的。」

拉着紫裳的手從寺門出來，我從她嗚咽的呼吸中知道她已經對我諒解，我感到說不出的快慰。

要是我可以在她結婚前趕到對她說這些話是多麽好呢。

而現在竟是什麽都過去了。

「凡是你所不能了解的，請你寬容與原諒吧。」我輕輕地對我自己說着，突然我的眼淚竟模糊了我的視線。

（待續）

「跛鴨」與「拉夫」

美語新詮之三

喬志高

「跛鴨」lame duck。現任民選官員，任期行將屆滿而未能當選連任者。通常指議員。目前美國最大的一隻跛鴨乃是艾森豪爾總統。美國總統不連任兩次以上的慣例，自國父華盛頓創始以來，由富蘭克林、羅斯福打破，羅氏死後在杜魯門任內國會通過憲法修正案第二十二條，明文規定總統任期以兩任(八年)爲限，故本屆競選艾總統法律上不能參加。最近「艾克」十九天訪問三洲十一國，飛行二萬二千多哩，今年在任最後一年還計劃去南美、莫斯科，參加一連串高峯會議，看來這位「跛鴨總統」倒是健步如飛呢！

「拉夫」draft，美國總統一職係國家元首兼行政最高長官，說者謂選舉時不應人謀事而應事謀人。因此之故競選者與其「毛遂自薦」不如「衆望所歸」，由擁護者敦請下海，强迫出山，這就叫做「拉夫運動」。本屆民主黨的史蒂文生已經是「兩擊不中」的敗將，可是他代表自由派有相當號召力，本人聲望亦可與共和黨的尼克遜抗衡。他的策略是：在競選初期不置可否，等到時機成熟，其他後起之秀彼此火併，然後接受「拉夫」運動，三度出山，勉爲其難。

「推動」stampede。「拉夫」至少在表面上是因爲衆望所歸，出乎民意要求；「推動」則完全是由政客手腕去造成。在黨代表大會裏，當幾個競選人勢均力敵，難解難分之際，少數人可以製造空氣，設法推動大多數使之盲從。源出美國西部平原羣牛奔竄，一動百動也。

「平地一聲雷」boom。無名小卒加入競選，忽然被人鼓吹起來，呼聲轉高之謂。如後來其人聲勢日壯以至勝利在握，則叫做「軍樂車」bandwagon轉動，浩浩蕩蕩，勢不可當。乘機附和的人紛紛跳上「軍樂車」，搖旗吶喊。一九四〇年共和黨內威爾基的後來居上即是一個好例。

「爬樹根」take the stump。美西城市文明未發達時，演說者以大樹根做講臺，爬上去大聲疾呼。(「樹根」一字亦用做動詞。) 故以之形容候選人遊說各地做競選演講。亦稱 barnstorming，與「走江湖」的意思彷彿。時至今日，雖然有無線電與電視把政客要人的聲音笑貌傳播全國，但老法的「爬樹根」和「走江湖」仍爲競選運動中的必要步驟，可以接近選民，贏得人心。一九四八年杜魯門出人意料的戰勝杜威，多半得力於這種功夫。

「滾木頭」log-rolling和「賣馬」horse-trading。又是兩個出典於美西開墾時代的字眼，用以形容黨代表大會中的不良手段。按拓荒者自己蓋居屋，鄰友皆來相幫滾木頭；比擬選舉會場中某派硬要舉上私人，友派暗中狼狽爲奸，玉成其事。然而幫忙也有代價的，如獲選後分贓送缺等，雙方事前言定，其斤斤論價有如賣馬商人。

「烟霧瀰漫室」smoke-filled room。兩黨推選總統候選人，表面上雖是會場公開民主化，實際上往往重要決議皆由操縱者在背後私下內定。歷來黑幕以一九二〇年產生哈定總統的共和黨代表大會爲最。據云當時某派「老板」事先公然聲稱選舉結果不在會場全體代表，而在某旅館一間「烟霧瀰漫室」內幾個人手中。

「散步」take a walk。一黨內有時意見分歧，發生內哄，有不願服從者可暫時脫離，採不合作主義，叫做「出去散散步」。一稱「滑脚」bolt。「滑脚」之後，可暫時倒戈去擁護敵黨競選，如民主黨要人阿爾·史密士一九三六年之擁護共和黨候選人蘭登；亦可另樹一幟，組織第三黨，如一九一二年共和黨的西奧道。羅斯福(小名「泰弟」)，因本黨無意選他再任總統，一怒之下出去另組綽號「野鹿」Bull Moose 的進步黨，又如華勒士一九四八年也組進步黨。

「爭端」issue。選舉總統不但是人的問題，也是事的問題，是兩黨政見的紛爭。可是辯論也得有題目，所謂「爭端」就是競選辯論的題目。通常當政一黨總是誇揚本黨政績，宣傳可以再來四年，反對黨則拼命找題目，攻擊當局怎樣誤國殃民。本屆共和黨競選的主題是「和平」與「繁榮」，民主黨提出來的爭端包括美國國防比蘇俄落後，國內經濟萎縮、百事不舉，等等。除了這種全國性的問題，還有各種局部的、個別的「爭端」。比方針對南部的競選人，可以提出「公民法權」的問題；抵制天主教徒的競選人，可以提出「節育」問題。

「黨臺」party platform。今年七月十一日民主黨在洛杉磯開代表大會，七月二十五日共和黨在芝加哥開代表大會。黨代表大會不但推舉候選人，而且要制定本黨的政綱，名曰「黨臺」；其中每項條欵謂之「木條」planks，如「外交政策木條」，「公民法權木條」，「農業木條」，等等。中國人稱做官曰上臺，想不到美國人竟認眞用文字去砌成一座戲臺，以爲競選總統的立場，招徠選民的廣告！

「草選」straw vote。選舉日公民正式投票之前，可以來試驗性質的假投票，以覘民意的動向。所謂「草」乃「稻草」。有「風裏的稻草」straws in the wind 一語，彷彿「風吹草動」之意。胡適在他的留美劄記中記他在一九一二年美國大選前夕，在康南耳（今譯作康乃爾）大學世界學生會裏，發起作這種「草選」（他叫做「游戲投票」），在四個候選人中(共和黨塔夫脫、民主黨威爾遜、「野鹿黨」泰弟、羅斯福、和社會黨德卜)，中國學生投威爾遜票的人最多。那年選舉揭曉，果然是威爾遜獲勝。截至一九三六年爲止，美國「時代」週刊之前的權威新聞雜誌「文藝摘要」「The Literary Digest，每屆總統競選期間舉行大規模的「草選」，發出無數「草票」，根據收到的票數來預測選擧結果。三六那年，該誌肯定地預言，「新政」伊始的羅斯福將不敵共和黨代表蘭登。豈料眞投票結果羅氏大獲全勝，不但輿論震驚，「文藝摘要」本身也威信掃地，不久卽壽終正寢。這是美國新聞史上一個劃時代的事件。從此以後，發明了新法的「民意測驗」public opinion poll，根據統計學原理，採用市場分析的方法，加上按戶訪問的嚴密調查。最有名的如蓋勒甫博士創辦的「美國民意測驗社」，羅泊爾主持的「幸福雜誌測驗」等，他們屢次表現所謂科學化的測驗比老式按照電話簿盲目寄出千萬份「草選票」要來得高明許多，而且有時精確的程度驚人。可是好景不常，到了一九四八年所有民意測驗和國內外輿論一致認爲杜魯門必敗，連對手杜威本人都太過相信測驗以致競選鬆懈，共和黨選民更有許多懶得出門投票，認爲多此一擧。經過這次的大教訓，美國無論政客、學者、報人，對於所謂「民意」有了新的認識——不但難以左右，而且無從捉摸！民意測驗者經此一番打擊，也努力改善技術，避免漏洞，到今天仍不失爲民主政治中一個有用的工具。

講回本屆大選，在民主黨陣線中，初期的民意測驗多半表示肯納第參議員領先。肯氏已於今年元月二日發表參加競選。他和以前的紐約州長史密士一樣，是天主敎徒。（史氏一九二八年代表民主黨，慘敗於共和黨胡佛之手。）一般觀察認爲這是他「先天」不足的地方。

「排山倒海」landslide。卽總統選擧結果，一方大勝的形容詞，有「一面倒」，「壓倒的優勢」之意。一九三六年羅斯福以四十六州的勝利當選第二任，其對敵蘭登僅得新英倫區梅恩與淴蒙兩小州的選票。美國政治裏有一句格言：「梅恩所之，擧國嚮之」"As Maine goes, so goes the nation." 當年謔者將它改爲「梅恩所之，淴蒙嚮之！」近年來，艾豪爾兩次競選的勝利地都有「排山倒海」之勢。

一般說來，美國人也沒有「官癮」，却有的是總統夢。少數人一旦做過總統夢或害過總統病，那簡直就像中國人上了官癮一樣，是很難救藥的。美國人管這種人叫「被總統蟲子咬過的」Bitten by the Presidential bug。

一九六〇年一月五日

讀者投書

（二）給公費留學倡議諸公的幾點建議

愼和

見棄已久的公費留學制度，因諸公的倡議推動，行將實現。這是諸公爲國辛勤的值得崇仰的一件事。

但據說最初由官方建議採取保薦，繼則折衷爲限制資格及由各大學教授推薦等方法，以取代公開普遍的考試方式。朝議紛紛，使諸公取捨爲難。敝意以爲諸公在作任何最後決定之前，有幾個前題，不可不愼重考衡的。

一、「考試」拔才是中國自古相沿的一種優良制度。它的前身是「察擧」、「九品中正」、……由官薦賢良方正孝廉之士。實行的結果大多是流弊叢生，浸至完全失去拔擧賢能的功效。考試制度發明以後，遂完全取代了「推薦」制度。這是中國科擧制度的褫嬗，是合理而自然的演變結果。

二、考試制度的最大特色，在於它的方式是公開的，只有優勝劣敗的合理競爭，沒有門閥師黨的偏見畛域；它的取捨是公平的，只有程度高下的比較，沒有學歷資歷的特殊限制。它的精神在此，它的優點亦在此。

三、公費留學的經費出自國庫，是國民大衆的公帑。用之於民，應盡量求其公平合理。公費留學的機會，凡具有相當程度的公民都應有同樣的資格參加競試，不該只是一般科班出身的畢業生所得而專的！

四、歷史是前進的。「天子聖明，臣罪當誅」的時代早成過去了。任何動議，只要它是短視的、不合理的、開倒車的、蠹害國家百年大計的，縱使來自上級，亦應予以揚棄。更無需有所折衷或者變相妥協！我們學人的作爲，應該務求對自我的良知交代，對全國國民交代，對歷史交代！而不是對上級交代。

公費留學考試之恢復，是一件值得推崇的措施。但其方案細節，應盡其公平合理，維持考試制度所應有的基本精神。對於應考資格，與其從嚴，毋寧從寬。最低限度，似亦不便較之自費留學考試資格之限定尤嚴。鑒於此一制度是國家百年樹人大計重要之一環，尤盼諸公明辨謹愼，不負國家的付託；更希望諸公有從善如流的雅量，察納嘉言；使得這一制度能够更完整地確立。

書刊評介

「西遊記與中國古代政治」

楊正之

薩孟武著　臺大法學院事務組經售　四十六年十二月初版

從來我國社會科學的著作，往往偏重於事象本身的探討，即多屬靜態的平面的研究，其能將事象與在該事象背後之思想上文化上各種背景治於一爐，通盤觀察，互相印證者似不多見，因此往往未能把握到問題之核心，無法得到全貌的認識，結果其對於問題所提出之對策，不是流於膚淺，便是失之偏畸，從而問題本身也就難於獲致適切根本的解決。良以社會現象是有機的，無論在結構上功能上其存在每每與其他現象互相關聯，交互影響。易言之，其發生通常是多元的，而非單元的。政治現象既然是社會現象，所以也是錯綜複雜，多彩多姿，它不是憑空發生的，其發生每有其時間和空間的背景，且常根源於社會、經濟、文化、歷史等各方面之因素。因此我們對於政治現象如採多元的觀點，就社會、經濟、文化各方面加以考察，從其結構與功能上作一種動態的、立體的研究，則較能洞悉事物之眞象，而獲得正確之結論。

薩孟武先生近著「西遊記與中國古代政治」一書，就是把握了這個原則，利用國人家喻戶曉的西遊記之情節，借題發揮，研究吾國古代的政治現象與政治思想，進而闡釋政治之原理的。此中緣因作者在本書開頭曾有所說明，他說：「人類的一切觀念，甚至於一切幻想，都不能離開現實社會，從空創造出來。倫理、宗教、政治、法律的思想固然如此，而人類所想像的神仙鬼怪也是一樣。西遊記一書談仙說佛，語及惡魔毒怪，然其所描寫的仙佛魔怪也是受了中國社會現象的影響。……所以仙佛怎麼樣，魔怪怎麼樣，常隨各國社會情況而不同，而吾人由於小說所描寫的仙佛魔怪，亦可以知道各國的社會情況。」（第一頁）通俗小說既是社會實相之反映，是以其中往往有許多活生生的題材可資吾人猛省或啓發，但向來人們囿於故常，多知道從文藝的眼光或考證的方法研究通俗小說，少有知道從其中取材闡釋社會科學上的原理，而本書作者則獨具隻眼，能夠把握到此點，選取西遊記中之事例，借題發揮，說明深奧精微的政治原理，從事實導出理論，以學理批判事實，二者互相印證，故能事半功倍，處理得異常成功，把政治之學自從來有流於學者或士大夫階級之專利品之嫌的那種艱深刻板之形式下解放出來，使它趨於大衆化，通俗化，趣味化。前此，關於利用我國通俗小說的材料，研究社會科學上之問題，本書作者雖早於十年前即已有「水滸傳與中國社會」一書問世，惟該書係利用水滸傳之題材，側重於吾國社會的描述，非如本書側重在吾國政治現象的探討，而且本書在內容上較諸該書尤爲充實，材料亦較豐富。因此本書在體裁上風格上固頗具特色，不同凡響；而且在方法上亦迥異於舊日政治學著作，故雖謂爲吾國政治學之研究開闢一新途徑，創造一新紀元，諒亦不爲過。

其次，在內容上作者以其淵博的史學知識與深邃的政治學素養，就各有關政治問題，歷引吾國歷代史實，以多方面的觀點，詳述其歷史文化社會經濟各種背景，旁徵博引，窮源竟委，考其得失之故，利病之由，將我國古代政治現象與政治思想打成一片，互相參證，互相發明，而一以現代政治學之眼光加以評釋，並發抒一己獨到之見解。加以作者又能以其微妙的寫作技巧，深入淺出，鞭辟入裏，以致論斷深刻，引人入勝。在此種處理之下，一羣政治現象已不復是雜亂無章，彼此孤立不相聯屬，而是脈絡相通，體系整然，充滿了鮮血活肉、富有生命靈魂的東西了。因此不特使讀者對政治原理獲得深刻的了解，並且對於吾國古代政治思想與政治情形之觀感爲之一新，政治學素養高者既能獲得新的啓發，而對初學之士更能予以全盤的槪念。

本書在結構上既因事發揮，以故似未能如一般學術著作綱舉目張，且或限於西遊記上之素材，對於吾國古代政治諸問題未必皆能加以論列，但此乃由於體裁之關係，固不足爲本書病，且一般說來吾國政治上根本問題，本書類皆有所論述。尤其關于我國昔日民權無由伸張，憲政不能成立，數千年來國家常陷於一治一亂之惡性循環之根竅，在本書更有詳盡精闢的說明。例如作者在本書第八節及第十四節就西遊記上太宗與鬼龍，唐僧與寇家之訴訟一事，指出我國人民不知爭取權利，維護法律尊嚴爲昔日法治不進步民權不發達之一原因。他說：「人民的權利，即生命的權利，財產的權利，自由的權利，都是人民經過許多鬪爭，才能獲得的。……所以權利之獲得是由鬪爭，法律不過將人民已得的權利，用黑字寫在白紙之上而已。所有權制度，身體自由，契約自由，營業自由，思想自由，結社自由都是人民經過數世紀鬪爭，而後獲得的。法律所經過的路程不是香花舖路，而是腥血塗地，吾人讀歐洲歷史，就可知道。」（頁九二至九三）「對於不法行爲而作勇敢的鬪爭，這是法律能夠發揮效用的條件。故凡勸告被害人忍受損害，無異於勸告被害人聽人破壞法律。不法行爲遇到權利人的堅決反抗，往往會因之中止。耶林 (Rudolf von Ihering) 說過，『勿爲不法』(thue kein Unrecht) 固然可嘉。『勿寬容不法』(dulde kein Unrecht) 尤爲可貴。」（頁九四－九五）「英國所以成爲憲政的母國，據耶林說，乃是因爲英國人民能夠保護自己的私權，他們寧願犧牲十倍的金錢以保護一便士的財產，這種鬪爭精神可使政府有所顧慮，不敢隨意徵斂。這是現代民權發生的原因，也是現代憲政成立的條件。」（一六一－一六二頁）「個人關於私權之主張冷淡而又卑怯，受了惡法律和惡制度的壓迫，只有忍氣吞聲，不敢反抗，一旦遇到政府破壞憲法或外國侵略領土，而希望他們奮然而起，爲憲政而鬪爭，爲祖國而鬪爭，事所難能。……吾國人民又如何呢？數千年來受了專制政治的壓迫，權利雖受侵害，亦不敢依法爭辯，最多不過利用邪巧的方法，排除障礙，以恢復自己的權利。」（九八｜九九頁）「於是正正堂堂的權利鬪爭遂一變而爲偷偷摸摸的虧法舞弊。這是吾國政治的黑暗現象。」（九二頁）

其次作者在本書第九節及第十六節又指出吾國先哲雖亦主張法治，但由于不能提出具體可行的方案，以致無法防止君主濫用權力，終於無由實現法治。他說：「……如何控制政府濫用權力，更切實言之，如何控制組織政府的自然人濫用權力，那就需要『緊箍兒』了。……自古迄今，人君如堯舜者少，人臣如皐契稷夔者亦少。……貞信之士既然不可多得，則爲預防政府不會濫用其權力，亦有緊箍兒的必要。這個緊箍兒就是法律。法律不但拘束服從者，且又拘束命令者。……倘法律是由人主制定，則人主將依自己的利害，隨時改變法律。『利在故法前令則道之，利在新法後令則道之』，此乃必然之勢，無可避免。……但是法之不行，往往是自上犯之，如何防止人主不至犯法，吾國法家對這問題，常避而不說，所以他們雖然主張法治，而他們所謂的法治乃無法使之實現。歐洲的政治思想對這問題，確比吾國進步，孟德斯鳩說：『依吾人日常經驗，凡有權力的人往往濫用其權力。要防止權力的濫用，只有用權力以制止權力』。孟氏對于人性既同吾國法家一樣，不予信任，故其結果，亦主張法治而反對人治。至于實現法治的方法，則爲三權分立。所謂三權分立，是將國家的權力分爲立法行政司法三種，分屬於三個機關，使它們互相牽制。三種權力均以別種權力爲緊箍兒，則濫用權力之事當然可以減少。……制衡原理比之唐僧之控制孫行者似更進步。何以說呢？唐僧能够控制孫行者，孫行者不能控制唐僧。孫行者神通廣大，識皀白，辨邪正……唐僧肉眼凡胎，不識魔怪，孫行者勸他『收起慈悲之心』，他偏要『一心向善』，認妖精爲好人。……孫行者不能拘束唐僧，又沒有別的力量能够拘束唐僧。唐僧會不會濫念呪語，一唯良心是視，既沒有法律可循，而又不受任何掣肘，一切問題都是由此發生。孫行者『怕念緊箍兒咒』，往往遇到妖精，不敢打殺，而聽唐僧入了妖精圈套，最後還是孫行者『勞苦萬端，方救得出』。由此可知孫行者固然要受緊箍兒咒的拘束，而唐僧如何應用緊箍兒咒，似亦有拘束之必要。否則他將不聽良言，自作主張，其尤甚者，或將利用咒語以控制孫行者，再利用孫行者之神通廣大，做出各種枉法之事，以滿足他個人的野心。這是西遊記的漏洞，其實就是吾國政治思想的漏洞。」（第一〇一｜一〇一頁）其結果「歐洲能够由極端專制漸次進化爲民主國家，吾國數千年來，一朝亡，一朝興，而均是『以暴易暴』，永久停止于專制階段。」（第一九〇頁）這番議論，足以增加吾人對於民主法治的認識，使吾人益信實行民主法治才是吾國今後唯一的出路，也唯有勵行憲政才能使國家長治久安，臻于康樂富强之域。

以上所揭，不過欲藉此以覘本書內容之一端而已，其他精彩之處，所在皆是，茲爲篇幅所限，未能詳舉。一言以蔽之，本書係近年來出版界極有價值之著作，既可作專門書籍讀，亦可作補充常識讀；不僅爲研究法政者所應讀，抑亦爲攻修文史者所應讀；關心吾國歷史文化者固須讀，留意民主法治者亦不可不讀；要之，本書乃人人所必讀之書也。

立法委員一百六十一人對於總統未依憲法規定將行政院長提請同意之質詢

為行政院院長未依照憲法第五十五條之規定，由總統提名，經立法院同意，而自行組閣，特提出書面質詢。（中華民國四十九年六月三日）

行政院為我國最高行政機關，按憲法第五十五條規定：「行政院院長由總統提名，經立法院同意任命之。立法院休會期間，行政院院長辭職或出缺時，由行政院副院長代理其職務，但總統須於四十日內咨請立法院召集會議，提出行政院院長人選徵求同意。行政院院長職務，在總統所提行政院院長人選未經立法院同意前，由行政院副院長暫行代理」行政院長人選之擇定，權操總統，行政院長人選之決定，權在立院。蔣總統三屆連任，雖新舊總統同屬一人，其法律地位，實無異首次當選之新任總統。對行政院院長一職，無論另選新人，或續用舊人，均應依照憲法規定，方為合法產生。陳院長前次之被提名，係由二屆總統所提出；立法院前次對陳院長之同意，是同意二屆總統所提出之人選。二屆總統任期屆滿，此種提名同意之意義，即告消失，並非一經提名同意，其任期即可無限延長。今三屆總統就職伊始，總統及立法院對新任行政院長人選，皆有重行擇決之必要，倘行政院長，未經提名、同意、任命程序，而即行組閣，憲法賦予總統及立法院之職權，俱遭剝奪。有謂行政院院長之任期，憲法未有規定，殊不知行政院長以政策為進退，實無從規定其任期。且因行政院長之任用，既須經總統提名與立法院同意，則其任期自不能超越立法委員任期，更不能超越總統任期。新任總統如仍提名原任行政院長於立法院，以徵求同意，在總統為行使憲法第五十五條之提名大權，固為名正言順；而原任行政院長如能藉此機會，再度獲得立法院之同意，其出處尤為正大光明。如謂行政院院長任期與總統屆別無關，則行政院在二屆總統任滿前，何必總辭。

陳院長既經總辭，在新院長資格未經依法取得立法院同意，何能重組新閣？縱稱辭職已被慰留，其慰留祇可視為提名之前奏，絕不能代替提名與同意。今陳院長再度組閣而忽視憲法第五十五條之規定，其何以維憲法之尊嚴，其何以正國內外之視聽。源泉等職責所在，不敢緘默，特聯名提出質詢，敬請答覆。

質詢人

徐源泉 劉志平 陸京士 彭善承 嚴廷颺 王子野 劉兆勳 王漢生 周雍能 林樹藝 汪漁洋 張明經

陳紫楓 許紹棣 王世憲 張子揚 牟尚齋 李公權 董微 周樹聲 楊致煥 王竹咸 汪新民 何人豪

文羣 夏濤聲 鄭震宇 張季春 梁肅戎 藍文徵 解子清 黃煥如 齊世英 李繼武 劉湘女 田誼民

楊俊生 鄧翔宇 李慶麐 楊覺天 趙珮 石堅 孫秉權 謝澄宇 李雅仙 張志智 達穆林旺楚克 周敏

成舍我 程毅志 祁志厚 孫繼緒 朱有為 莫寒竹 劉漢 廖競存 金養浩 黃佩蘭 楊一如

薩孟武 羅貢華 胡鈍俞 楊寶琳 薛興儒 費希平 解文超 譚學融 于錫來 馮大轟 滿鑿雲 張鴻學

張金鑑 伍家宥 陳洪 劉錫五 許占魁 王述先 戰慶輝 朱貫三 朱文德 呂雲章 袁其炯 王俊

魏壽永 林競忠 陳壽民 梅恕曾 牛進祿 趙炳琪 王漢倬 林可璣 崔璞珍 李祖謙 郎冰俠 陳素

胡秋原 劉博崑 楊粹 韓中石 李宏基 董其政 邵華 金紹賢 漆中權 程福剛 李毓華

唐嗣堯 黃哲眞 李永懋 石宏規 黃節文 李薌蘅 錢雲階 錢納水 蘇汝淦 黃雲煥 傅晉媛

王夢雲 王孝英 謝剛傑 劉蘅靜 王南復 陳康和 張清源 張廣仁 溫士源 劉崇齡 魏佩蘭

冉寅谷 畢圃仙 朱點 曾華英 李郁廷 沈友梅 徐漢豪 喻孝權 莊靜 盧宗濂 劉平

林炳康 李郁才 陳鐵夫 王兆民 王澤民 王子蘭 李漢鳴 朱世龍 馬木齋 杭嘉驤 劉秋芳

郭中興 吳竹銘 駱啓蓮 張雨生 趙允義 李清 任培道 商文立 湯汝梅 雷鳴龍 于汝洲

讀者投書

（三）請問戰時海外特別滙欵何時解凍？

郭海浪

編者先生：我人是於日據時代出國謀生而於光復後歸臺者。其時我人各在僑居地經營各種事業，而慘淡經營結果均獲有薄利，為維持在臺家眷親屬生活計，按月將一家所需生活費滙歸，初日政府尚無何限制。惟二次大戰末期，日軍節節敗退，國內整日受盟機轟炸，物資珍貴，人心恐惶，且其時由海外各地滙歸之欵項日益見多，日政府為防止通貨澎脹，貫澈戰時經濟政策，仍將所有海外滙欵加以限制。規定每家每月可得支取之最低生活費外，不許額外支取，而將其所餘之數，悉予轉入臺銀儲蓄。

不久日本投降，本省光復，一切復歸平時狀態，照理斯項錢欵亦應開放，由我人自由支取。但政府以與日本國交未復，賠償事項未確定為由，復將此欵予以凍結，不許我人支領。是時我人甫由海外被遣回，生活無着。政府隣我人之困境，仍臨時頒佈一辦法，囑臺銀辦理，使我人以其臨時辦法領取若干欵項。而期待政府與日方復交後，才予以正式解決云云。

然時至今日，本省光復後已逾十餘年，政府與日方結束戰爭狀態恢復國交亦有五、六年；而日本亦已由廢墟之中，重建一新。至今未聞政府將此事提起予以解決。我人誠不知政府在辦何外交，維護人民何種利益。

二次大戰中曾受日軍蹂躪破壞之東南亞各國，現已先後受日本之賠償；唯受害最鉅最重之我國，尤其此區區之欵項（據臺銀調查數字為臺幣三百多萬），至今未能與之交涉，受其適當賠償者，國家威嚴何在，實不得而知也。今我人願借用貴刊一角，謹向政府當局質詢：戰時海外特別凍欵，究竟何時解凍，諒不見拒於外矣。即頌

筆安

讀者 郭海浪上 五、九。

自由中國　第二十二卷　第十二期　內政部雜誌登記證內警臺誌字第三八一號　臺灣省雜誌事業協會會員　三九六

給讀者的報告

本期就國內國際上幾件比較重要的事，發表了四篇社論：㈠「歡迎艾森豪總統訪華」、㈡「從行政院改組說到陳院長觀念中的經濟建設」、㈢「爲軍公敎人員叫不平」、㈣「土耳其政變的敎訓」，詳細內容，恕不贅述；特別需要介紹的，便是社論㈡提到的立法委員一百六十一人質詢全文，已附載封底裏了。

殷海光先生「我對於三民主義的看法和建議」大文，是以純客觀態度提供的意見，值得國民黨當局深思。

楊懋春先生的「試談文化問題」大文，對於當前的此一重大問題，有廣泛而詳盡的探討。楊先生的大文，曾在幾年前海外的刋物上發表過，承交本刋，我們因希望能引起國內普遍重視，所以樂於刋出。本文因稿擠積壓甚久，特向楊先生致歉。

我們由於上一期把「在野黨及無黨無派人士舉行本屆地方選舉檢討會紀錄」登出後，曾獲得大家的一致關注，所以本期除發表李賜卿先生「唱票員要做到魔術師之重視觀衆」之外，特再把「選舉改進座談會的聲明」發表，讓大家獲得進一步的瞭解。今後有關這方面的文字，我們都願抽出篇幅刋登。至於彰化縣溪州鄉詹××先生有關地方選舉的投書，恕不發表了。

龍在天先生的「論修正考試院組織法」大作，是就純法理觀點而提出的意見。我們特別希望諸位立法委員，對於此事能加以注意。

省立臺南高工林××先生投書所指慶祝連任的遊行是「浪費」、新竹林××先生投書所評新竹火車站正門走廊某女中木板製壁報內容、及臺南永康李××先生投書所斥救國團幼獅社某一電訊，我們均有同感；但限於篇幅，只有留作參考了。

臺中市朱×先生投書早收到，所述現任軍人之友總社總幹事勞聲寰在南投縣分社總幹事任內所爲，我們擬加以進一步探訪、查證，決定暫時保留。

「基隆市五堵國校敎職員一同」的來信已收到，所述貴校四、五兩月薪水上的問題，如屬實情，貴校校長自須負責。但因來信並無一人署名，本社無從查證，故決定保留。倘此事仍未解決，而希望在本刋發表投書，請再與本刋連絡。

雲林北港蔡××先生來信、及所附「致臺灣省勞工保險局的一封公開信」，都早已收到。所述該局延遲退還身份證，以致先生失去選舉權一節，按信中所稱時間推測，可能是出於辦公人員的疏忽，未必是故意，所以希望先生加以原諒，希望勞工保險局加以注意，我們不想發表了。

基隆暖暖孟××先生「對『雙槍黃八妹』事件之我見」投書已收到。先生所言，雖然很有道理，但因此事各報評論甚多，我們不想再登了，希原諒。

臺南市季××先生來信及附致立法院函均收到，我們決代爲轉達，希釋念。

基隆「一愛讀者」來信已收到，所囑調查某一兇殺案一事，我們限於人力，實難辦到，望原諒。

花蓮縣新城鄉黃××先生來信及附來刋物均收到，謝謝！承蒙關注，至感！該刋所載資料，我們決於近幾月內發表社論引證，以符尊意，並答厚愛。

自由中國 半月刊　第廿二卷第十二期　總第二五五號
中華民國四十九年六月十六日出版

發行人　雷震
主編　『自由中國』編輯委員會
出版者　自由中國社
社址：臺北市和平東路二段十八巷一號
Free China Fortnightly, 1, Lane 18, Ho Ping East Road (Section 2), Taipei, Taiwan.
電話：二八五七〇

總經銷　臺灣　自由中國社發行部
航空版　香港　友聯書報發行公司（香港九龍窩打老道一一〇號）電話：五九一六四、五九一六五

經售處
美國　紐約友方圖書公司 Hansan Trading Company, 65, Bayerd Street, New York 13, N.Y., U.S.A.
　　　紐約光明雜誌社 Sun Publishing Co., 112, Mulberry St., New York 13, N.Y., U.S.A.
馬尼剌　新疆書店
緬甸　仰光振成書報店
北婆羅洲　西利亞坡青年書店
星加坡　友聯書報發行公司（小坡大馬路四六九號）
吉隆坡　友聯書報發行公司（馬華公會大廈三樓七室）
怡保　友聯書報發行公司（希尼華沙甘街十六號）
檳城　友聯書報發行公司（林連登律七十二號）
澳門　友聯圖書公司

印刷者　精華印書館股份有限公司
廠址：臺北市長沙街二段七一號
電話：三三四二九號

本刊經中華郵政登記認爲第一類新聞紙類　臺灣郵政管理局新聞紙類登記執照第五九七號　臺灣郵政劃撥儲金帳戶第八一三九號
（零售：臺灣每份臺幣五元，海外平寄美金一角五分，航寄美金三角五分）

自由中國
第二十一集

第二十二卷第一期至第二十二卷第十二期
1960.01-1960.06

數位重製・印刷　秀威資訊科技股份有限公司
http://www.showwe.com.tw
114 台北市內湖區瑞光路 76 巷 65 號 1 樓
電話：+886-2-2796-3638
傳真：+886-2-2796-1377
劃　撥　帳　號　19563868　戶名：秀威資訊科技股份有限公司
讀者服務信箱：service@showwe.com.tw
網　路　訂　購　秀威網路書店：https://store.showwe.tw
網路訂購：order@showwe.com.tw

2013 年 9 月
全套精裝印製工本費：新台幣 50,000 元（不分售）

Printed in Taiwan

自由中國

FREE CHINA

第廿三卷第五期

中華民國四十九年九月一日出版
社址：臺北市和平東路二段十八巷一號

半月大事記

八月九日(星期二)

剛果政府宣佈全國進入緊急狀態，下令封閉比領館，限令比大使離剛，指責比國煽動剛果叛亂。

美正式抗議古巴沒收美人財產。

寮國突發政變，少壯軍人取得政權，標榜中立，維持君主立憲政體，尊重聯合國憲章，並遵守對外一切協定。

安理會通過決議，聯軍應即進入卡淡加省。

卓姆貝提出八項條件，允許聯軍進入卡省，堅拒迦納及幾內亞部隊入境。

八月十日(星期三)

寮政府軍分兩路夾攻永珍。政變領袖康立(李光)宣稱要求外國軍隊撤出。

八月十一日(星期四)

卓姆貝同意商談，哈瑪紹赴剛果。

寮國情勢仍未明朗，皇室和叛軍進行商談。

八月十二日(星期五)

尹潽善當選大韓民國總統。

哈瑪紹率聯軍進入卡淡加省。

東南亞公約組織將開緊急會議討論寮國不安局勢。美宣佈不承認永珍政變集團。

美國巨型衛星發射進入軌道，並播回艾森豪文告。

八月十三日(星期六)

哈瑪紹與卓姆貝會談已告成功。卓姆貝允聯軍接管卡淡加省比軍防務；哈瑪紹同意不介入卡剛間政爭。

寮叛軍以戰爭威脅，迫親西方的政府辭職。

八月十四日(星期日)

法屬剛果獨立。

塞浦路斯共和國正式獨立。

八月十五日(星期一)

盧默貝致函哈瑪紹，要求解除卡省部隊武裝，武器移交剛果政府。

大法官會議通過解釋，各法院應隸屬司法院。

寮王任命佛瑪組閣。

八月十六日(星期二)

佛瑪組成寮新內閣，宣佈中立睦鄰政策，揚言將結束所謂「外國的干預」，新閣名單中無政變分子。

美洲外長緊急會議在哥斯達黎加的聖約瑟揭幕，商討應付蘇俄嚴重威脅。

裁軍會議復會。美向裁軍會提建議，大舉削減核子武器，提供三萬公斤鈾作爲和平用途，逐漸關閉生產鈾鋅工廠。

監察院通過三屆考試委員人選。

剛果局勢轉趨複雜，安理會將緊急會商，盧默貝提出五項要求，並不信任聯合國。哈瑪紹憤然離剛返紐約。

八月十七日(星期三)

印尼蘇卡諾宣佈與荷蘭絕交。

佛米統率寮政府軍進抵永珍附近。康立(李光)強烈表示，叛軍將保留積極政治控制權，計劃形成一黨專政。

『自由中國』的宗旨

第一、我們要向全國國民宣傳自由與民主的真實價值，並且要督促政府(各級的政府)，切實改革政治經濟，努力建立自由民主的社會。

第二、我們要支持並督促政府用種種力量抵抗共產黨鐵幕之下剝奪一切自由的極權政治，不讓他擴張他的勢力範圍。

第三、我們要盡我們的努力，援助淪陷區域的同胞，幫助他們早日恢復自由。

第四、我們的最後目標是要使整個中華民國成為自由的中國。

剛果政府頒佈全剛果戒嚴令，期間為六個月，要求聯軍瑞典部隊撤離。

哈瑪紹向非洲壓力讓步，同意將召開安理會，對剛果問題進行攤牌。

八月十八日(星期四)

寮國新總理佛瑪接掌政權，宣稱將與寮共合作。佛瑪向美提保證，不干擾美機構。美是否繼續軍經援助寮國，國務院稱未決定。

八月十九日(星期五)

蘇俄軍事法庭宣判美國U—2機駕駛員鮑爾斯十五年徒刑。

美衛星彈出太空艙，第一次從空中收回。

張勉當選韓新總理。

馬利聯邦宣佈進入緊急狀態，塞內加爾、蘇丹兩邦爭奪總統職位。

八月廿日(星期六)

張勉組閣遇障礙，民主黨舊派宣佈不參加。

前寮政府國防部長領導的「反政變委員會」宣佈寮國全國實行戒嚴，迫使政變集團投降。

八月廿一日(星期日)

馬利聯邦分裂，前任總理被逐。

八月廿二日(星期一)

安理會辯論剛果問題，除蘇俄與波蘭外，安理會表示一致支持哈瑪紹的軍事與民政政策。

八月廿三日(星期二)

佛瑪飛寮國南部，會晤佛米商討避戰。

社論

(一) 三論青年反共救國團撤銷問題

在臺灣實施了七年多的高中以上學校軍訓工作，從七月一日起，已由青年救國團移歸教育部接管。原在青年救國團的軍訓組人員，也全部併入教育部，由該部設立一個叫軍訓處的臨時機構，掌管全國學校軍訓。因此，有人認爲這是本刊兩次發表社論評論的結果，甚至有人認爲這是政府接受了我們的建議。

我們在四十七年一月一日發表的「青年反共救國團問題」社論中，的確說過這樣的話：「軍訓根本便該劃歸教育行政機構辦理，有何特殊之可言？充其量，在教育部之內，設立一個委員會負專責便已足够了！」不過，我們當時提出此項意見，只是在進一步說明：假定學校軍訓也有必要，但青年救國團仍該撤銷。

可是，現在軍訓雖已劃歸教育部另設機構主管其事，却未聞青年救國團隨之撤銷。相反的，青年救國團非但依然存在，而且照例在濫用國家巨額公欵，大事舉辦各項活動。例如從七月二十一日起，該團便舉辦了所謂青年學術年會的活動，分爲理工、農學、文史、法政、教育、醫學等六個年會，包括有三十八個隊之多，竭盡浪費之能事。到了八月二日，年會的活動還沒有結束，儘管臺灣因爲「八一水災」的發生，老百姓的生活感受到新的威脅，但該團竟又學辦大規模的暑期戰鬪訓練，組織了三十三個戰訓隊之多，弄得像是翻天覆地。

現在的問題是：在軍訓已劃歸教育部主管後，青年救國團是否還有非存在不可的理由？

青年救國團原是一個未經立法程序，沒有法律地位的黑機構，就法律的觀點言，根本便不應成立，已經是人所共知，用不着再事申論。現在姑且拋開該團的法律地位不言，專談其成立的理由。關於這一點，最好還是採取該團自己的解釋來說明。據該團在四十七年二月五日公開發表的「告全體團員書」中說：「民國四十一年七月三十一日，行政院爲實現文武合一的教育政策，培養術德兼備的優秀人才，乃令頒『臺灣省高級中等學校及專科以上學校學生軍訓實施辦法』，限令高中以上學校學生，一律接受在校軍訓，並規定由國防部成立救國團，負責實施學校軍訓。」根據此項解釋，可以很清楚的看出：行政院是爲了「實施學校軍訓」，所以才規定「由國防部成立救國團」。因此，青年救國團之所以成立，便是爲了「負責實施學校軍訓」。換言之，該團是以「負責實施學校軍訓」爲成立的唯一理由，如果不是「負責實施學校軍訓」，根本便沒有理由成立。

然而，青年救國團之唯一使命，儘管是「負責實施學校軍訓」，但結果究竟如何呢？關於這方面，在四十七年一月一日，我們發表「青年反共救國團問題」的社論中便首先指出：由於該團負責策劃人員的「不學無術」，所以「一切顯得全無計劃，自高中以至大學，雖有七年之久的軍訓時間，但既沒有分別規定一定的訓練進度，又沒有規定學科和術科的全部內容。其結果，高中是這一套，大學還是這一套，事事雜亂無章，處處手忙脚亂，一大堆的軍事和政治課程，便由少數軍訓教官臨時應付。」接着在同年四月十四日，臺灣大學校長錢思亮在總統府臨時行政改革委員會召開的文教座談會上，也不得不坦白表示：「軍訓課程，應前後銜接，不重複。」「課程內容及教學方法，須加研究。必須有新內容，引起學生興趣。」因此，該團根本無法達到成立開始時宣稱的學校軍訓目標：「救國團所實施的軍訓，在高級中等學校是預備士官教育的準備訓練，在大專學校是預備軍官教育打基礎。」近兩年來，青年救國團對於負責實施的學校軍訓，在各方面的批評和在校師生的指責下，雖也發表了若干所謂改革的辦法和計劃，但最後事實證明，都是些「自欺欺人」的宣傳。關於這一層，我們實在不必多事引證，僅僅借用出自該團高級人員之口的幾句良心話，便不難瞭解實情。在去年年底，該團某副主任在離職前的某次週會上，曾以「臨別贈言」的口氣向該團人員很率直的指出：外界批評該團的十六個字：「橫行霸道，買空賣空，不學無術，自欺欺人」，是正確的。某副主任同時並進一步指出：「國民黨腐化，救國團幼稚，黨團幹部庸俗。腐化，幼稚，加上庸俗，便等於黨團工作。」我們僅僅由某副主任這幾句話中，便可知道青年救國團所負責實施的學校軍訓，最後結果是如何的失敗了！正因如此，青年救國團明知本身是爲「負責實施學校軍訓」而成立，終不得不在去年「正式向行政院建議」，將軍訓劃歸教育部主管，企圖將來推卸實施軍訓毫無成績的責任。其實，這正是自認實施軍訓失敗的證明。

現在，軍訓正式劃歸教育部主管，固然是明智的措施，但政府究竟還有甚麼必不可少的業務，必須保留此一早該撤銷的青年救國團來主辦？

青年救國團在軍訓組併入教育部以後，還剩下一室五組。這一室五組是：秘書室、活動組、文教組、青年服務組、公共關係組、總務組。現在就此一室五組的業務而論，無論是秘書室、總務組、公共關係組，都是辦理該團的秘書、總務、和公共關係工作，因該團的存在而有；如果沒有青年救國團，自不必另辦該團的秘書、總務、和公共關係工作。所以，青年救國團現在實際上所辦理的業務，僅僅限於活動組、文教組、青年服務組三個組。這三個組的工作，大致是這樣：活動組是主辦團員的調查、審核、登記、考核、及冬季和暑期的青年活動等工作。例如青年年會及暑期戰鬪訓練之類，便是屬於這一組的工作範圍。文教組是主辦團員文教活動的設計、指導、考核等工作。例如青年

（4）

寫作協會的指導，出版書刊之類，便是屬於這一組的工作範圍。青年服務組是主辦團員的輔導、服務等工作。例如報考軍校輔導，軍中服務的輔導之類，便是屬於這一組的工作範圍。但是，統觀這三個組的業務，有那一樣是爲了「負責實施學校軍訓」？既非爲了「實施學校軍訓」，則無論是爲了活動組的活動工作，或是爲了文教組的文教工作，或是爲了青年服務組的服務工作，都顯然與行政院規定「由國防部成立救國團」的理由不符。何況這三個組的工作，儘管外表上搞得熱熱鬧鬧，實際上却正如同該團某副主任所承認：全是些「買空賣空」、「自欺欺人」的事！那麽，政府究還有甚麽非保留這樣一個龐大機構，每年浪費數億臺幣不可的理由？

根據以上所說，足見青年救國團這個原無法律地位的機構，在軍訓劃歸教育部主管後，連當初由行政院規定成立的唯一理由也喪失了。因此，照理說，政府更該趕早撤銷青年救國團了！

但是，政府爲何還要聽任青年救國團繼續存在呢？簡括的說：這是掩護國民黨當局製造國民黨的預備隊，甚至如同國民黨的若干權要所說：這是幫助國民黨的當權派做增加私人政治資本的工作。既如此，又爲甚麽不乾脆以過去三民主義青年團的姿態出現？這道理也很簡單，因爲借着「負責實施學校軍訓」的藉口，便可濫用巨額國帑，公然在各高中以上學校，建立支隊、大隊、分隊之類的層層組織，並把學生一律強迫納入組織，發揮黨化教育、控制青年的妙用！事實上，該團於四十七年學辦幹部講習會時，在一項「如何改革縣市支隊工作專題研討綜合結論」中便明白表示：「學校大隊之組織不能退出，否則異黨分子將乘虛而入」。這裏稱「異黨」而非稱「匪黨」，顯然是指在臺的民、青兩黨而言。卽此一點，便可認淸該團在校活動的本意了！所以，儘管現在軍訓已劃歸教育部主管，但青年救國團仍將照常在各高中以上學校活動。

其實，行政院根本不應以「負責實施學校軍訓」爲由，而擅准成立青年救國團。現在既然連軍訓也劃歸教育部主管，自然更該撤銷青年救國團了！

社論

（二）

大江東流擋不住！

這幾個月來，臺灣熱忱于自由民主憲政救國的人士，積極籌組一個新黨，希望拿這個新黨來作實現這一抱負的機構。這些人士，不避溽暑，不辭跋涉，不避艱險，在重重威脅和阻撓之下，努力促致這一新黨之誕生。這一新黨之誕生，至少有下列幾項對于國家的利益：

第一，一新自由世界的耳目。任何稍識外國文字和稍具國際常識的人士都已知道，臺灣十幾年來在新聞電訊報導方面已成一個半封鎖狀態：凡與臺灣官方不利的消息都在極端排斥之列；刊載的大都是經過「過濾」的有利于官方的片斷稱頌之詞，或有利的報導。因此，十幾年來，世界在怎樣變，一般自由國家對于臺灣的觀感如何，許許多多人像蒙在鼓裏一樣，並不太清楚。官方這種作法，誠然多少達到一點愚民的目標，可是却蒙蔽不了別人。近年以來，國外輿論，包括西德的在內，常常說臺灣是一個警察國，實行的是一黨獨裁。美國若干以大學教授爲主的知識分子，照他們的研究和觀察，認爲臺灣的統治形態和政治作風，與赤色大陸在基本上是一樣的。順着這一認定，他們很自然地下這樣的結論，卽是說：既然兩邊差不多，而且都是中國人，何必不用談判來解決問題？何必還要打仗？我們知道這種看法是有不符合事實的地方。但是，持這種看法的人在西方世界一天多一天。所謂「承認中共問題」，就是以這種看法爲心理背景的。無論怎樣，這種看法對于我們自由中國今後的處境是日趨不利的。然而，人家既然持此看法，我們憑口頭宣傳怎能打消？如果自由中國出現一個新的反對黨，那末就是拿事實給自由世界看，我們不是警察國。「事實勝於雄辯」。這豈不是眞正有利于自由中國的辯證？

第二，誰都知道，世界共黨的統治型模是：一個政黨，一個領袖，一個主義。什麽都只許「一個」。在這樣的絕對一元主義之下，除了政治花瓶以外，其他任何具有獨立性的政黨，一概在嚴格排斥之列。如果自由中國出現了一個新的在野黨，那末可使大陸受苦難的人民知道，自由中國究竟與赤色統治不同。從而他們在內心得到一點安慰。他們會認爲，自己卽令在赤色鐵蹄之下過日子，可是他們在臺灣的親戚朋友却生活在光天化日之下，沒有受魔掌的摧折。人常常認爲與自己有關係的人享受幸福，也就是自己在享受幸福。這種心理的滋生，可以給他們精神上一點鼓舞，也就是多給共黨暴徒一點困難。

第三，我們知道，中國近幾十年來的禍亂，最直接的動因，就是黨派鬪爭所引起的武裝暴力衝突：政見之爭，不能在會場解決，而一定迫着在戰場相見。這是民主制度在中國沒有堅實基礎的表現。如果中國不穩定地步入民主政治之途，政見之爭永遠必須以武力相拼，那末國家永遠不得太平，人民永遠不得安居樂業。這幾十年的教訓够慘痛了。爲了避免這些禍亂並使國家眞正進步，所以必須實行民主。

第四，這十幾年來，國民黨的權勢核心在臺灣藉「國家」和「政府」等等名義所行的玩弄、恐嚇、和榨取，積的惡因實在不少了。凡屬有眼睛能看，有耳朵能聽的人，都應該知道，民間的不滿之情是與日俱增的。這種存在于人心甚至見之于選舉過程中的種種表現，決不是粉飾太平、拿美麗的言詞所能遮掩的。這一類的積憤、積恨、積怨，一經爆發，便橫決不可收拾。南韓李承晚式的統治結果，便是最新鮮的例子。任何有常識的人都可知道，這類禍亂之防止，貴在事先消弭禍亂釀成的原因。消弭之最高明的方法，就是眞正實行民主政治。在民主政治中，公意得以伸張，奸邪無所隱藏。大多數人的情緒和意見既得到正當的發洩和疏導，就不致橫決而不可收拾了。

基于上述四大理因，所以熱忱於民主政治的人士一經發出籌組新黨的呼聲，便立即得到海內外眞正民主愛國人士的響應和支持。大家深盼這個新黨早日組成，俾得發揮民主政黨的正常機能。這是常識和公意的表現。然而，中國的事，也有出乎常識和公意之外者。近來在國民黨權勢核心策動之下的言論、報刊，竟不惜違拂常識和公意，拗逆世界民主潮流，對于籌組新黨的民主愛國人士橫加侮辱威脅，對于尙未出世的新黨，先期妄肆批評攻擊。在這一類被動的言論之中，居有代表性的，要算中央日報七月二十九日「政黨的承認問題」一篇社論。

這篇社論開頭就說：「自 國父組黨革命，至今六十餘年。本黨親身遭遇的反動風潮，不止一次，同時本黨親眼看見的新黨運動，亦不止一次。現在又有所謂『地方選舉改進座談會』其名而組黨其實的運動在進行中。我們並不重視，亦決不予以承認。」接着它以國民黨爲歷史中心來敘述自「辛亥革命」以來中國政治組織起伏生滅的歷史。之後，又說：「在抗戰的前夕，及抗戰期間，有所謂抗日救國會，有所謂民主同盟，有所謂鄉村建設派，有所謂民主科學社，又有第三黨，職敎社，如是等等。到了抗戰結束之後，一一暴露其原形。這些外圍團體和尾巴主義者今日到何處去了？他們今日都在大陸匪區，在共匪的侮弄和壓迫之下，供共匪的利用與役使。」

我們讀完了這篇論著，心中起了無窮的感喟。我們深知這篇論著裏所說的，決不足以代表中國國民黨全體的意思。中國國民黨在孫中山先生領導之下時，在締造民國上，確有不朽的功勞。然而，近十幾年來，在少數權勢核心藉暴力與飯碗的控制之下，早已變質而成爲少數權勢人物的御用工具了。此時此地，最大多數國民黨人士的處境，無寧是值得同情的。目前在臺灣使千千萬萬人感到窒息的，只有這極少數分子而已。

我們非常驚訝，這篇文章所表露的基本思想方式，心理反應習慣，對于事實妄加歪曲的勇氣，還是和大陸即將淪陷以前一模一樣。這樣的深創鉅痛，國破家亡的事實，竟不能使這一撮權勢分子接受絲毫經驗敎訓，而將思想和作風作絲毫修正，這眞是國家民族的大不幸！

大陸即將陷赤以前的一段政治歷史，稍有常識和愛國心的人，每一提及，無不同有「往事那堪回首」的慨歎。所以，大家儘可能避免提及。然而，該篇社論對于這一段歷史，竟如此津津樂道。這種勇氣，殊屬驚人。我們要請敎撰寫這篇社論的主筆先生：這一段歷史，究竟是國民黨的痛史，還是光榮史？究竟是國民黨的成功史，還是失敗史？這篇社論又問過去大陸上「鄉村建設派」等等「外圍團體和尾巴主義者今日到何處去了？」我們想凡有政治常識的自由中國人民也禁不住要請問一聲：「大陸的國民黨今日到何處去了？大陸的國民黨政權今日到何處去了？」

許多評論家說，這篇社論所流露的，是一股驕矜之氣，和優越之感。我們自由中國的全體人民又不禁要請敎：國民黨權勢核心人物的這股驕矜之氣和優越之感，是從那裏來的？難道十幾年來他們是「勝利返臺」不成？

這少數人物之所以有這種驕矜優越的心理狀態，在基本上還是由于「黨國觀念」在作怪。所謂「黨國觀念」，即是「黨」即是「國」。「國」是「黨」造的。所以「黨」騎在「國」頭上。而「國」必有「政府」，所以「黨」必騎在「政府」頭上。於是乎「黨」，「國」，與「政府」成了「三位一體」。許多人士提倡「固有文化」。這種「黨國」思想，在「固有文化」裡是找不到的。它是十足的蘇俄來路貨。照民主國家的常理常例而論，任何一羣人要組織政黨，這根本就是他們自己的事。別的政黨承認不承認，這是別黨自已的事，與要組織政黨的人毫不相干。這與一個人姓張用不着姓李的人承認是一樣的。以自由中國而論，行憲已經十幾年了。組織政黨是人民依據憲法所應享有的基本權利，任何人不得拿任何藉口來剝奪。同時，任何政黨在法律上完全平等。這在歐美民主國度的政治家簡直是不值一提的常識。然而，國民黨少數權勢核心人物的想頭則與衆不同。他們深染蘇俄傳來的「黨國」思想，於是，他們認爲在他們勢力範圍以內，任何政黨必須得到他們點頭，才算是個政黨。

他們的這種念頭，就是從「黨國」思想裏滋生出來的碼頭獨佔主義。他們所講其他一切主義完全是假的。我們把一切欺人的幌子揭開，直截透視他們的基本心理狀態，用兩句話就可包括殆盡：「因爲我們能控制你們，所以我們總是比你們有理」。依此，他們總是認爲：「只要我們能控制你們，怎麼樣幹都沒有關係，你們不同意，其奈我何？」撤退臺灣十幾年來，一切動作仍然是從這一「唯控制主義」出發的。任何失敗的事實都不足以改變他們的這一念頭。

近十幾年來，國民黨權勢核心人物，使出渾身的力量，實行「加緊控制」，他們是否收到什麼效果呢？從一方面看，他們的確收到了一時的效果。在這個小島上，他們確會收買了一些無思想無原則唯利是視之徒。他們正同在大陸掌握政權時代一樣，在臺灣把有人格有氣節有抱負的人很有效地消滅殆盡了。他們控制了一羣以說謊造謠爲專業者。他們控制着一羣藉着幫同作惡以自肥的人。他們控制着藉唱萬歲而飛皇騰達的「聰明人」。他們製造了成千成萬當面喊擁護叫口號的政治演員。他們控制着臺灣一千萬人的身體。然而，除此以外，他們還控制着什麼呢？

這個世界不是爲這少數人創造的。這少數人要百分之百地實現他們「唯控制主義」的夢想，必須把臺灣造成一個百分之百的「封閉系統」：絕對不與外界交通，不要外國人的錢，不要外國的武力保護。而且，還要有一座化石似的永不改變的社會基礎。然而，世界上沒有永不腐爛的積水，沒有永遠可被欺騙的人衆，也沒有永遠看不清楚的世界大勢。於是，他們的「唯控制主義」不能不在颱風，海浪，和年華的消逝中腐蝕下去！

他們不能控制的東西太多了。國際局勢的演變他們不能控制。臺灣人心他們不能控制。貪官污吏他們不能控制。盜伐森林，偷工減料，所形成的一年一度的水災，他們也莫可奈何。通貨膨脹，生活艱苦的事實，他們也祇有在新聞紙上拿語言來掩飾。他們除了大家的身體以外，究竟控制了什麼呢？一切都是空的。自古有以暴力得天下的，但從來絕對沒有以暴力統治天下於永久的。

「唯控制主義」者的迷夢可以醒了！

我們確信，祇有眞正實行民主政治，才能結束這一禍亂相尋的局面，而導致國家社會人民于長治久安之途。新的在野黨之組織，不過是企求這一目標之實現而已。也許有的人士說，現在正值「非常時期」，不宜另組新黨，以免「分散力量」。關于這個問題，我們想請問：「非常時期」已經過了十幾年了，究竟什麼時候終了？我們是否要一輩子「非常時期」下去？在「非常時期」名義之下，是否應該把一切凍結下去？在所謂「非常時期」，是否應該把一切正事停辦？如果說在「非常時期」不應籌組新黨，那末動輒浪費幾百萬以至于幾千萬充場面來招待外賓是否應該？大小選舉舞弊和榨取民意是否應該？藉「國家」的名義拿人民的血汗錢來樹植私人勢力是否應該？……

大江總是向東海奔流的。我們深信，凡屬大多數人合理的共同願望遲早總有實現的一天。自由，民主，人權保障這些要求，決不是霸佔國家權力的少數私人所能永久阻遏的。在不久的將來，我們可以看到共黨暴徒在大家這一共同願望之中倒下去。同樣的，少數人拿種種藉口來阻撓和打擊這一願望的動作，也將在公意之前停止。自由，民主，人權一定會在大家的醒覺和努力之中眞正現實。

社論

（三）

寮國政變對自由世界的教訓

上月九日，正當寮國政府大部份官員由永珍至皇都鑾巴拉邦，會商有關老國王的葬禮時，寮國傘兵第二營營長康立上尉領兵發動了一次不流血政變。由於寮國其他兵力分散於全國各地，又加交通運輸極為困難，所以康立這一股兵力的政變，一開始竟聲勢奪人，大有據要津而臨全國之勢。先是，這一政變集團宣布放棄前任寮國政府的反共的親西方政策，而改採嚴格的中立政策；接着，利用寮國議會作手段，迫使前任總理依例向議會提出總辭，圖謀造成政變的合法化；最後，便壓迫國王任命過去曾擔任兩屆總理的佛瑪親王重作馮婦，企圖挾天子以令諸侯，由此逐漸達成全面的軍政控制。假若寮國政變如此繼續下去，其結果正如康立本人所宣布的，必然是寮國出現一黨制度，由軍隊監督政治，最後由康立本人親自把持全國政權。

可是就在寮國議會在槍尖威脅下通過佛瑪任命，而尚未獲得國王正式勅令公佈以前，寮國的反政變集團，在前國防部長佛米、諸薩萬領導下，在寮國南部的沙旺納成立總部，公開宣布與永珍對立。在此以前，有人認為寮國政變已成為一既成事實，如英國者甚至已予以外交上的正式承認；可是由於佛米將軍的公開起而對抗，一時鑾巴拉邦的寮國皇室與其他地區的軍人的態度，也隨着起了變化。由此下去，寮國局勢一條道路是最後趨於和解，使佛瑪政府再經一次改組而為全國所接受；另一條道路便是最後走向內戰，以軍事解決爭執。但不論發展如何，寮國局勢若不能立時獲得穩定，而任其繼續混亂，其結果勢將為第三者—「自由寮」所利用。

寮國這次政變，不論對美國，對自由世界，和對亞洲的反共國家，都是非常不利的。可是我們所引為十分驚異的是，美法兩國在寮國都駐有一個人數龐大的軍事顧問團，何以事先竟毫無所悉？東南亞公約組織對寮國安全負有間接保護責任，何以亦全不知情？政變的領袖康立上尉曾在菲境美基地受過訓練，並與美國官員往來密切，何以美國對他毫無一點影響？自一九五五年以來美國給予寮國的軍經援助已達兩億五千萬以上，其數不為不多，何以這次政變還要發出反美的口號？由此看來，美國近年在寮國的工作縱不能說已完全失敗，也可說已失敗了一大半。所以造成這種失敗，其中原因部份可能是屬於技術的，部份也可能是屬於政策的。從技術方面講，美國軍事顧問團對寮軍的訓練顯然沒有作到十分理想的程度；從政策方面講，由於美國經援並未使寮國大多數人民受惠，以致寮國的眞正的民族主義者，特別是少壯派軍人並未對美國發生衷心的好感。假若不信這種說法，請看下面若干證據：

上月九日，即寮國政變剛發生之初，發動這一政變的「革命委員會」宣布公報稱：「我們將力謀廢除賄賂貪污，重整議會制度，整頓行政機構」。八月十日它又發表聲明謂：「宋沙尼總理的政府貪污腐敗，它絲毫沒有設法改進國家的情況」。八月十一日，又一項公報說：「此次政變並非由任何政治團體或黨派所促成，而是為了滿足人民的希望，並消滅貪污，為國家謀取繁榮與進步」。這種說法與過去埃及的政變及伊拉克的政變，前後完全如出一轍。這並不是說這種政變有何可以原諒之處，而是說作為寮國最重要支持者的美國，根本事前就未注意到寮國內部的政治情況，以致在技術上發生了疏忽，在政策上犯了錯誤。假若美國事先能對這種情況設法加以防止和緩和，寮國這次政變也許就可免於無形了。

寮國這次政變自開始之初，即高唱中立主義口號。發動政變的康立本人如此，政變集團所支持的佛瑪親王亦如此。由於我們現在尚弄不淸楚這次寮國政變與佛瑪親王之間究屬何種關係，所以也無法估量他們所說中立主義的眞正性質。究竟是佛瑪利用康立上尉發動政變作為重新上臺的手段？還是康立等這些少壯派軍人發動政變之後，利用佛瑪其人的聲望作為掩護？假若他們之間的關係是屬於前者，那麼他們今日所標榜的中立可能就是一九五八年以前佛瑪兩次總理任內所表現過的那種中立，這種中立對自由世界縱屬一種不幸，但尚不致成為一種重大的災難。反之，假若他們之間的關係是屬於後者，那麼他們今日所說的中立在實際演進中究竟發展到何種地步，那不是我們所能想像的。我們對康立其人瞭解不多，不願隨便猜測一個人的政治想法，但若一個國家的政權操在像康立這種少不更事的年青人手裏，實在是一件最危險不過的事情。

由於寮國情勢潛伏有如此重大的危機，所以我們也不能不特別提到與寮國問題具有密切關係的東南亞公約組織。東南亞公約組織自一九五四年成立至今，已經過許多年的培養與成長，在這些年內，東南亞公約組織不僅曾舉行過各種各樣的軍事策劃與演習，準備隨時抵抗來自外界的公然軍事侵略，而且還沒有反顚覆一類的組織，準備時刻應付發生於各國內部的顚覆活動。可是照這次寮國政變及其隨後發生的各種情形看來，東南亞公約實在沒有具備應付各種可能情況的適當準備。所幸這次政變尚不是「自由寮」本身發動的，否則，今日情況眞是不堪設想。姑不論這次寮國政變今後演變如何，對整個自由世界，特別是對美國，眞是一個很大的教訓。

七論反對黨——代結論

朱伴耘

在我爲全文結論的時候，我得一再强調政治走上民主是中國安定唯一的良藥，而强大反對黨的存在又是使戰禍連年的一黨專政無由產生的必要條件。民主政治之可貴，就在視政府爲人民服務的奴僕。這個政府是否爲人民的奴僕，其關鍵不僅在該政府的產生是否由人民公意之推選，而尤在於是否由人民在二個或二個以上的候選黨派中自由推選。後一個條件尤爲重要。否則僅有選擧的形式而無選擇的機會，主僕之位倒置，民主流爲空談。誠然大多數的決議，並不保證全然正確，可是在數黨交相於人民公選執政的前提下，不足爲害。下一次的大選，就可補救過來。人民必需有選擇的自由及選擇的對象，才可將幸福操諸自己之手，而不寄望於聖明天子或領袖的恩典。

寫到這裏，作者要向讀者諸君說明：主張今日中國應有强大反對黨的存在，其目的是在爲中國政治的民主，是全民的福利而不是這個「反對黨」本身的利益。是讓人民不僅有投票的自由，也有選擇的自由。作者對反對黨問題的文章，不是爲反對黨本身及將來籌組反對黨的人士寫的，而是爲全中國民主政治之實現而寫的。今日中國人民無論在國內也好，海外也好，弄得妻離子散，有家難歸，不是受了一黨專政之害嗎？我很感謝李子珍先生在議會雜誌上刋載「『新黨』人士企求特權難符民望」一文對作者的批評，他依法講理的態度一反其他對作者反對黨諸文加「反動」，「尾巴」，「親共」等帽子的作風，值得我答復他的「請敎」。並解釋這個反對黨是否會爲一新特權階級的候補者。

李先生質詢之點有三，先就批評作者在五論中提出「新黨人士出入國境問題之解決」一言：李先生說，如果朱先生進而根據憲法第七條主張全民均享出入境之便利把入境的限制，限到最低限度，豈不更符合憲法和民主原則嗎？而今日主張新黨人士享此特權，縱然出於一片愛護「新黨」之熱心，似亦難得國人的同情與諒解。就李先生自己的說法，出入境的便利問題，在臺灣已成了「特權」，而是全民應享而未享到的特權，在一黨專政的情況下，這一措施除了自動改變外，就成了鐵律。全民對此出入境問題感到不便，目前最可能的辦法，不過在報章雜誌上議論一番而已。政府如大量寬容，結果不過是批評讓你批評，我仍是以不變應萬變。假定政府更小量一點，可能報章雜誌對此辦法永遠只有歌頌的份兒。在一有强大反將黨存在的國家，情況就有點不同，在朝黨的辦法如不能獲得多數人民的滿意，在野黨就能藉此不滿的情緒提出更好的辦法而由人民選出執政。他們上臺，自然多行符合大多數人對某一問題所持的要求。試問反對黨在政治上的作用，是爲了本身的特權，抑是爲了全民的利益？這些主張反對黨及他日組黨的人士，是不是在爲了一己之私？

次就「新黨人士之各種合法保障言」：李先生說「民主是一種生活方式」，他以爲「黨同伐異」，由來已久，只有「普及社會民主運動才能澈底消除這種現象，不是單獨推行民主所能奏效。」朱先生爲新黨人士爭保障，不如爲全民求保障，主張政治民主，無妨兼及社會民主以期確保全民之權益……假如「人身安全」還有得不到憲法保障之處，我們也希望朱先生爲全民爭，不單爲新黨人士爭。如果朱先生說爲「新黨」人士爭，正所以爲全民爭，爲「新黨」人士爭乃爲全民爭的開始，「那麽我們就要向朱先生呼籲，這是人民的基本權利，人人平等，新黨人士何獨先天下之享而享呀？」誠然民主是一種生活方式，但對李先生所稱「只有普及社會民主運動……不是單獨推行政治民主所能奏效」一節，作者有點困惑：第一點社會民主與政治民主的因果關係及界限，何者爲因，何者爲果，或者互爲因果，至少値得爭辯。第二點，作者姑不認「社會民主」一詞較「政治民主」一詞所包括的內容更爲含糊，但由政治民主着手至少是促進社會民主的方式及表現之一。我們主張政治民主的人，是以言論自由、强大反對黨的成立、公平選擧等爲實現的方案。李先生如有推行社會民主運動的方案，不妨提出大家分頭努力。就吾人希望中國走上民主之途而言，作者願與李先生携手。至於李先生所稱「人民的基本權利，人人平等，新黨人士何獨先天下之享而享」一節，大有辯駁之餘地。爲了行文方便，這一節最好是與李先生對作者有關「言論及出版自由之確保問題」的反駁一併答辯。李先生說：朱先生愛護「新黨」之熱誠，溢於言表，一則曰「新黨」人士之出入境，再則曰「新黨」人士之保障，三則曰「新黨」之言論出版自由，而此三者悉屬人民之基本權利與自由，吾人至願朱先生爲全民主張，不只爲新黨爭，更不論新黨籌組進度如何？或籌組與否？均應爲全民主張，則其厥功偉矣：果如「五論反對黨」之只爲「新黨」人士爭，深恐國人疑新黨人士爲特殊階級也。特殊階級非國人之所期待，縱有「强大反對黨的存在」，而「以供人民選擇的機會也成幻想了！在野黨與在朝黨的平等地位問題」這是當然的，推而廣之，「新黨人士」應當和一般人士包括別黨人士和無黨人士也要平等，「新黨」人士企求特權則難符民望！

作者之所以費力將李先生的大文抄錄，主要原因是表明我們很了解李先生爲文的深意，他是想在讀者心目中，將主張反對黨及他日參加反對黨的人士，描化成一個新的特權階級，可惜李先生把特權二字用到錯誤的時間及錯誤的地方！

我且退一萬步，就一如李先生所肯定關於出入境、合法保障、及言論自由等問題是爲新黨人士爭取，明明如李先生所稱這些權利是載之於憲法，那麽何「特權」之有？今天是科學時代，談問題就得下定義，何謂特權？特權者，法律規定以外之權也。作者在過去的五篇討論反對黨這一問題的文章中，沒有一字一句是提到這個新黨的經費應由國庫支付，這個新黨一旦執政也要黨化軍隊等等，既然所爭的是憲法所賦有的權利，何以會使新黨人士成一「特權階級」？如果憲法所載之權可以稱之爲特權，請教什麽才不是特權呢？

其次，李先生一再强調的就是作者在「五論反對黨」中各節，僅是爲新黨人士爭而不是爲全民爭，大有責以「自私自利」之意。我很高興李先生提及「憲法」「全民」等字樣，這種依法論理的態度，能產生於帽子橫飛的時候，姑無論反對黨能否組成，在民主政治着重依法講理的前提下，作者數篇文章也許對中國民主運動不算白費心血——至少已有人認爲依法講理是較亂加帽子更爲合人民的味口了。

不錯，人民的權利義務都載之於憲法，但這並不等於人民就有實際而心願的享受。憲法條文是概括的，憲法是否被遵守及以什麽辦法去完成才是條文內容的實現，這個辦法才真關係人民本身的利害禍福。舉個例說，人民的生存權、工作權及財產權，應予保障，這是載之憲法。可是如何使這一條內容實現，辦法就各有千秋。如果一國之內只有一個甲黨，在不管人民是否同意的情況下，甲黨的辦法就是大家應在公社吃飯，每一個人由政府指派工作，財產是公有公管公用，這何常與憲法條文不符？假定這個國家有二黨或二套以上的辦法，人民就有選擇的餘地了，人民可能選用乙黨主張吃飯由太太烹飪，工作按能力及興趣自擇，財產自己負責照管的辦法，而推出乙黨上臺。由此可知，關乎人民切身利害的，不是概括的憲法條文，而是具體的完成條文內容的辦法。主張民主政治人士的重點，不在黨派提出的辦法，而在黨派執行權之來源是否在人民有數項選擇條件下自由所投的一票。這一張選擇之票握在人民手中，才能保有主人的地位，保障自己的權利，這也就是專政與民主的分野，爲了達成選擇的任務，人民不僅應有選擇權，同時也得有選擇的對象。試問這個負有被人民選擇使命的强大反對黨是爲一黨之私呢？抑爲全民的公利？作者不否認歷史上有聖明天子賢良領袖，可是人民自求多福的安全辦法，仍是希望這個公僕是由自己於幾個候補者中推選出來。如果李先生對於反對黨在民主政治中的運用稍加考慮，可知作者所陳各節不是爲了新黨人士的「先天下之享而享。」尤有進者，我們撇開新黨的成立不談，只是空空洞洞爲全民請命，名義上很好聽是爲了「全民」，實際上在一黨專政的傳統下，當局來個相應不理，李先生有何良策？爲了解決這一根本問題是否以在國內有力量相等數黨和平競爭爲上策呢？李先生提到黨同伐異一節，政治上的黨同伐異並不是個嚴重問題。反之甲黨上臺全用甲黨人士推行政務，作者認爲這是理之當然。也只有如此，才可以責任分明。今日美之行政當局，均屬共和黨員，誰也不以爲異。本年十一月的國會大選，人民已給了共和黨一個大耳光。兩年以後人民認爲該黨不堪使用的話，再投一票請他們全體下臺，簡單之至。可見得民主政治的特徵，不僅是着重政府上臺之方式，而且更着重人民有無選擇的機會！

話說回來，李先生批評作者在立論中所提新黨人士出入境等幾個問題，如在民主國家本屬多餘。可是，在咱們中國能不先問行情？青年黨也好，民社黨也好，如能自由發展，未始不能成爲一個强大的反對黨。可是李先生如看一下李璜先生「談反對黨」一文(自由中國第十七卷四期)，可見作者並非杞人憂天？

由於上列的答辨，讀者對於這個新黨是否爲特權階級？是否只爲了「先天下之享而享」？當有一個公正的判斷！

二

除了答復李先生的批評外，作者要自我反問，這些討論反對黨的文章是否只是爲了這一個不知能否成立的反對黨而故意與在朝黨敵視？寄語在朝黨的諸位先生，寄語加我「反動」「親共」等帽子的朋友，作者可以坦白承認我們之間對於一個問題的見解容有不同，若謂作者的立場是反動與親共，這種論調可以使作者及作者所有的朋友寒心。作者寫此問題的動機，不僅是爲了國家安定的政治前途，同時也是爲了在朝黨今後對中國的貢獻。這種說法，初看起來大有像欺人之談，你明明主張一個反對黨來與我們競爭，要以人民的選票將我們推下政治寶座，豈能說是爲了我們？可是如果諸位放開胸襟眼光朝着漫長的歷史看一下，作者反對黨的主張是值得諸位考慮的。

五年以前，作者寫了一篇「政治與自私」的謬論，對於一個政黨基於自私的心理設法保有政權，作者認爲是天經地義。基於人人都有權自私，有權在政治上發展抱負的前提下，我期望諸位不要以一己之私而忽視了旁人的自私。大陸的失敗，自然原因甚多，可是政治上未能民主，使許多本來只是意見不同的人，本來只對若干措施不滿的人，全部逼到敵對的方向，未始不是原因之一。文字的批評，人民的選擇，較動干戈更是爲國。在朝黨一再申言是爲國爲民，任何人也未否認在朝黨的苦心，難道有一强大反對黨的存在，讓政見不同的人多有在政治上用「文」之地，而消除在政治上用「武」的機會，是與在朝黨爲國爲民之旨相違嗎？

再就實際的政治情況言：在朝黨在中國有數十年的歷史，有辦法，有人才，有組織。這個新黨卽令組織成功，要想形成今日在朝黨的力量，豈是短期所能達到之事？只要在朝黨於執政期間不太使人失望，至少前三屆的大選可以連選連任。民主黨自羅斯福執政後，一上臺就是二十年，二十年來英國的保守黨僅於戰後失敗一次，誰也未說英美是一黨專政。在朝黨只要繼起有人，在中國政治上，只有執政的機會多而在野的機會少。在漫長的歲月中，偶而在野，休息一會，以清醒的頭腦抓住對方的弱點，提供更好的辦法，又會爲人民推選上臺。這個時候，儘管世人只見今日的在朝黨爲中國政治負責，誰人敢批評一個「一黨專政」以武力爲後盾呢？退一萬步言，即令在野的反對黨多爲傑出人才，今後中國之政治是演進到了互相交替的局面，在朝黨仍有在中國二分之一執政的機會。如果今天在朝黨不願見強大反對黨出現的原因，是深恐他們一旦形成，在朝黨就永遠無法抬頭，豈不對自己太無信心嗎？就加強在朝黨對本身的信心言，作者主張反對黨之成立，是否也有益於在朝黨的精益求精？

我們再談一下反對黨在野時的消極功用：我們知道民主國家政治比較清廉而不腐化貪污，除了輿論的揭發外，主要的是在野黨虎視耽耽地望着。在朝黨與其是怕輿論，不如是怕失去人心與選票，由在野黨接替。在一沒有強大反對黨的國家，縱令有輿論批評，效果仍是有限的，今日在朝諸公，如從另一個角度來看反對黨，不要以爲它是來搶飯碗的，而視它爲促使在朝黨消極去惡積極爲善，拿出更好的辦法以博得人民歡心的工具，豈不更有積極的意義？就反對黨這一功用而言，作者之數論反對黨是僅僅基於爲這個黨求政權呢？抑是爲了國家的利益同時也包括今日在朝黨之利益在內？

國民黨是個順「勢」而生的政黨，我在前文已經提及。就中國而言，滿清末葉，民族主義之勢盛行，是以中山先生登高一呼，清室瓦解。這一推翻異族統治的功績，誰也無法否認。今日之勢是民主政治，國民黨爲什麼不拿出勇氣來，使中國的民主政治也由國民黨手中奠下基礎？今日的美國民主黨是在臺下，可是幾十年來，美國老百姓幾個忘記了羅斯福的「新政」，今日美國之經濟措施如沒有羅斯福遺下的辦法，而對着蘇俄的挑寡，美社會將演成什麼局面？國民黨諸公爲什麼不以「中國民主政之基礎是由本黨奠定」爲今後的政治資本呢？這個光榮的紀錄是遠較任何辦法爲獲得人心的有效武器啊！諸位仔細想想：這只是作者如簧之舌呢？抑是由衷之論？

三

我除了再三向朝黨諸君致意請他們以濶大的胸襟、友善的眼光來看這一個反對黨的任務外，在結論中我還要向一切支持我的讀者朋友們致謝。此外，更以一個過來人的資格，向今日中國的青年朋友、尤其是在臺的青年朋友，來一個筆談。

十幾年前當我是大學生的時候，對國家的政治前途是感到焦慮與苦悶，今日諸君，儘管時代不同，我想苦悶與焦慮則一。作者在外快十年，除了苦悶與焦慮之外，更有狼狽之感，此間人士不是視你爲準敵國的人民，即是視你爲被人救濟只知伸手求援的可憐蟲。這種處境的造成，主要的是由於中國政治的不安定，當別國的青年正忙於歡樂，忙於戀愛，忙於擇業的時候，中國青年腦中却時常想到國家的何去何從？二十年前的青年如此，今日的青年亦如此，是否二十年以後的青年也應如此呢？青年是國家的命脈，這一點是不錯的。可是在政治場合中老生常談的「誰有青年誰有國家」的一句話，就值得大家注意，不要被人家抓昏了。青年是國家的青年，不是貨品由人家抓，也不是工具由人家利用。我切望今日之青年朋友，仍以自己的智慧自動作中國政治的平衡力量，使中國的民主政治得以實現。政治是人人有權力過問，而不是個個有才能搞的玩意兒。基於這點認識，我勸諸位不以目前一時的小惠作一切無謂的犧牲，在正常的情況下，搞政治是爲了理想而不是爲了飯碗。果然對政治有興趣的話，在加入任何政黨之前，請先自己考慮一下，自己自動入這個黨對於中國政治民主是否會發生平衡的作用，而不助長一黨專政的勢燄。政黨民主是政治民主的先決條件，黨內民主，則表現於政治上的才是一團和詳之氣而無肅殺之感。是以入黨之初，不必考慮對自己有何前途，不必考慮是否有什麼偉大領袖及洋洋大觀的主義，這是過時的產物。要考慮的是這個黨的作風民主到什麼程度？自己的意志是否有表達的機會？大多數同意的決定，即令與自己意見不一是有義務遵守的，個人的意志或命令則應視其合理與否而決定接受或拒絕。作者所提及的反對黨，諸位亦應以此態度決定是否參加。任何好聽的名詞都會爲人利用而加以曲解，「民主」一詞自然不屬例外。否則一經入黨，等於自套枷鎖，如何會成爲國家的命脈？

爲了作爲中國民主政治的平衡力量，上面貢獻諸位朋友參考的，是諸位在積極方面對政治有興趣決定參加政黨活動所持的態度，在消極方面，諸君也可大有貢獻的，那就是來一個不作爲，自己珍惜寶貴的時光進圖書館或實驗室。雷先生在十九卷十期報告他青年時參加救國運動的一篇自述，値得大家深思，實際上又豈僅雷先生一人而已？作者至今又何嘗不是年近不惑而一無所能？在今日的政治情況下，即令不少煊赫一時的人，那個又不是一言不合即一腳拋開？今日既是求學求知的寶貴時光，那麼我們如不能積極對民主政治有所作爲，就暫時安心於知識的發掘，自己在學術上愈有成就，他日發生的力量也愈大，這種態度一方面利己而不損人，同時也減少旁人利用的機會。青年朋友們千萬記住，靠自己勞力獲得的成就，誰也無法拿走。旁人的提携與培植，是靠不住的。諸位自己能好好把握過問政治的一票，中國的民主前途也就獲益匪淺！我們這一些人，過去在許多美麗的口號下作了旁人的墊脚石，吃過了虧，是以坦白地將自己痛苦的經驗告訴諸位不再上當。今日的青年朋友能負起「國家命脈」的使命，那麼二十年以後的青年才不敢再蹈我們苦悶與焦灼的覆轍！幾十年前叫旁人犧牲的人，至今仍各得其所。至於那些傻瓜哩，有的衣食不周，有的眞是「犧牲」了。一個人只能生一次，死一次，我非常崇拜爲了高尚目標作自我犧牲的人，可是我不願意任何人以青年爲政治實驗室中的小白鼠！

四

爲了不使讀者誤會，爲了不負欺騙讀者的罪名，在這最後的結論中，我得向讀者申明，我一再主張兩黨式的民主政治，並不因我流浪在美多年成了一個崇美狂！民主政治不是萬能政治，這一點從蘇俄第一個人造衞星上天後美方驚訝的反應可以看出，面對現實的美國輿論，不僅一反從前輕蘇的老調，凡是工業及科學方面超過美國的成就，一年多來美國不斷地報導出來自認不如。即令就人民生活水準一節而言，他們也承認十年之後可以與美國並駕齊驅。以原子能駕駛的飛機，美國高談甚久，模型尚在實驗室中，蘇俄已在機場上讓人展覽並試飛，美國人說他們已落了後。一位美國航空專家三年前曾去蘇參觀民航事業，認爲並不足道，今年再度訪蘇乘坐蘇俄各類噴射機旅行之後，大爲驚異，發現蘇俄境內人民多以噴射機爲旅行工具，一如美國用汽車然。他估計西方需要二十年所能完成的計劃，在蘇俄只需要三年，這類報導時有所聞。

關於蘇俄有迎頭趕上的能力，作者從未懷疑，自赫雪夫上台宣佈和平競存及與外界往來之後，我即說過這不是空口宣傳而是有內容的。我不是什麼蘇俄問題的專家，這個結論來自人性上的推斷。一個被人譏爲落後百年、並論言在極權政治下以人民一切被動不會有進步的國家，關門數十年之久，一旦半開鐵幕讓人出入，當然有可以眩耀之處，這種心情正同一個爲人輕視的人一旦發奮懸樑刺股以求報復一樣。西方的一切擺在面上，蘇俄官方瞭如指掌。到了自己與人相差有限而重要部門又超過美國時，爲了出這一口氣同時又爲了使蘇俄人民深信過去的血汗不是白費，爲什麼不向外表現一點？從這一點看，當可反證民主政治不是萬能，儘管如此我仍以爲民主政治可貴，因爲這是自然而合乎人情味。民主政治是有韌性的，有韌性就更持久，一個人只有一生，那麼這一生最好能平安活下去。我們固不要上一代照顧太週，也不必爲下一代躭心太切，每一代有每一代的任務，即令是爲了下一代的話，也在本身行有餘力之下來點投資。民主政治的社會，每人在精神上應自立，是以不需要「救星」，同時也不必以「救星」自命，即令蘇俄的下一代不錯，爲什麼要這一代人付出血肉的代價？這個立場也許很多自我願意爲下一代犧牲的朋友們所不同意（我這是指對國內求民主而言，假定國家爲異族侵佔，爲了打倒帝國主義而言，那麼總得有一代人犧牲，否則，永遠爲異族征服），不過我的聲明旨在提醒諸位讀者，民主政治不是萬能政治，正如一個人的能力是有其限度一樣，他不是萬能的上帝。

此外要在結論中向讀者交代的，就是一個好對政治發表意見的人，未一必就是一個對實際政治有興趣的人，政治是高度的藝術，是對人與人及人與事的合理安排，不是我們想像中的坐地分贓。就中國的歷史言，一個皇帝善於人與事的安排，天下就治，他個人也就是聖明天子，反之就是無道昏君，天下大亂。搞政治的人應具的才識器度，作者絲毫沒有具備，豈敢輕言從事政治活動。作者之所以一再爲文，因爲這是我除了一票之權外，惟一可以問政的資本，我希望中國能有一個重視個人尊嚴的政治環境。

個人尊嚴在今日中國的政治環境是很可憐的。記得作者是大學生的時候，不時有院長部長來訓而話之，儘管是教訓之詞，在「諸位同學」的稱呼之下，態度尚屬和顏悅色，大有家人之意，這是作者在「諸位同學」的集體名詞之下的我所得的享受。可是一入機關作事，同樣的我，同一訓而話之的長官，那種對你區區下屬不値一顧的神氣，實在令人難堪，偶不如意面加申飭，客氣的罵你一句「什麼東西」，下流一點還會給你一個「混蛋」的頭銜，走在他的面前對着一副凜然不可冒犯的冷酷面孔，心情眞是沉重萬端。過去如此，今日的小官見着了大吏都種戰戰兢兢的情況，我不相信會有多少改變。爲什麼人民與與官府小官與大吏之間有這種現象，主要的是他們地位權威之來源，不是出於人民一票之賞賜，自然是「目中無人！」我們固不必堅持孟子所稱「說大人則藐之」的態度，可是小人與大人之間，無論公事上的接洽也好，公餘後的碰面也好，來個和顏悅色，眞正做到「機關學校化」的那句口號，也不會有損於行政效能。

更可怕者，在權威政治之下，不僅人之尊嚴與人格，無法保全，而且人與人之間也失去了常情，親友之間，同學之間，乃至家人骨肉之間，你懷疑我是異黨，我猜忌你是間諜，彼此「逢人只說三分話，未可全拋一片心」，非要來一個「政治立場的統一」不可。人心不同各如其面，對任何事物皆可產生不同的看法與不同的評價，爲什麼獨對政治見解的歧見不允許其存在，讓人們從精神的桎梏中解放出來？假言你擁護甲黨我贊成乙黨，正如你欣賞菊花的孤傲，我歡喜牡丹的艷麗一樣，豈不皆大歡喜？

從上面幾點看來，作者一再得罪人，一再爲人咒駡，而且也一再地寫，不是爲己——因作者對實際政治無能力少興趣，也不是洩忿，——作者一位死去的忠厚直屬長官尙容許我拍桌反駁；而他以六十高齡受了上司的氣不但不對我這下屬報復，反而對着我流老淚嘆息；更不是攻擊任何具體的對象——因爲這只是偶然的代表；而是向這無形的千年傳統挑釁！爲了這個原則，作者不願要任何人犧牲，而作者本身決不怕犧牲，死於何時，死於何地，都是無關宏旨的。也因此之故，反對黨能組成也好，風消雲散也好，問題本身並不重要，重要的是在此此地的情況下，除了澈底的民主政治外，還有什麼比這更好的收拾人心的辦法！

最後，我擬向歷年來給我支持鼓勵與批評的讀者致謝，再見吧，朋友們！

一九五八、一二、三。

論組黨與反共復國的契機

傅添榮

我，特別强調的是：今天的臺灣，是中華民國的一省；臺灣的同胞，包括來自大陸和臺灣土生的，都是中華民國的國民，黃帝的子孫。國家的盛衰，就與全國人民的幸福有關。

今天，我們要摸一摸我們的良心，問一問我們的良知，我們的國家、民族、文化，已經到了什麼樣的地步⁉借三國西蜀諸葛亮先生前出師表的一句話：「此誠危急存亡之秋也！」是最爲恰當不過的了。

我們的國家、民族、文化，既然到了生死、存亡、絕續的關頭，故凡是我中華民國的國民，黃帝的子孫，均應該和衷共濟，風雨同舟地羣策羣力去爲反共復國而努力、而犧牲，這是義無反顧的事。但是，可惜由於主客觀的條件及人爲的因素，坐令韶光消失，政府仍舊是偏安於臺灣一隅，實在是令人痛心疾首，慚愧惶恐的事。

最近由於選舉改進座談會進而蛻變爲籌組一個新黨的運動，已經獲得海內外民主反共人士一致的支持，並爲國內外所共同關注。所以，我願站在一個本省人的立場，客觀地將我個人的意見提供幾點，爲執政及籌組新黨的人士進一言。

國民黨自國父孫中山先生手創到今日，垂六十年之久，這六十年的中間，經過了推翻專制腐敗的滿清政府，靖清了禍國殃民的軍閥，並領導八年抗戰，獲得勝利。但可惜的是好景不常，由於政府在勝利後的貪汚腐化，致令民心盡失，共匪坐大，以至整個大好神州淪爲俄帝附庸，四億多的同胞淪爲共匪的奴隸。當然執政黨今天仍可以謊言欺世，把責任推得一乾二淨，但事實畢竟勝於雄辯，絕無法靠一些抹煞事實的宣傳，洗刷掉失敗的恥辱。時至今日，我們只要一想到勝利後的那一幕：政府內無數以戰勝功臣自居的文官武將，滿以爲共匪癬疥之疾，不足爲慮，交互萌發了一種人類潛能上「自私」的劣根性，而以滿足個人私慾爲目的。這也難怪，除非這人是與生俱來的白癡，否則醇酒、美人、黃金、珠寶是沒有人不要的。既然江山是老子打來的，那麼在既然付出了代價則有酬償的原則下，誰又肯功成身退呢？殊想不到經過八年全國同胞浴血抗戰來的一點果實，在此等份子的貪汚腐化之下，就這樣地奉獻給共匪了。當這個美夢幻滅的剎那間，當然是會受到熱嘲冷譏和良知上的譴責，自尊的受傷當然不期而然地生出一種憤怒，由憤怒中則又引發一種自我雪恥的責任感。但是那時候退居本島之執政黨，正處於風雨危樓的時候，幸好是由於地理環境上的優越，和共匪正攫取了整個大陸正在狂熱的時候，執政黨却又慢慢地蘇甦過來；同時美國爲着共同的利害關係，及後悔和慚咎的心情下，又給予大量美援，不啻是一支起死回生的注射。十年來執政黨眼看臺灣由式微又走向比較安定的局面，其中迭遇風險，危而後安，便以爲天下已定，卽以盡力破壞民青兩黨爲能事，同時抬着反共復國的招牌，進行一黨權力的鞏固和擴大。於是，一黨專政的局面，就漸漸地又凝固成一道牢不可破的藩籬。

人和政治是不能分開或完全斷絕關係的；而人類的政治思想，也隨着國際潮流，社會或國民的需要而產生。爲什麼今天臺灣會掀起民主的口號呢？最主要的原因，莫如那藩籬裏的決策和施政不當；例如人事上的桎梏和限制，稅吏的別具用心的挑剔，治安人員的弄權，司法人員的風氣破產，地方自治的有名無實，加上民主的歐風撫育，國民與生俱來的好惡和喜新厭舊的心理。因此，民主的力量，也就在臺灣漸漸壯大，並有一舉而冲毀一黨專政之勢。

記得孫中山先生尚且這樣說過：政，就是衆人的事；治，就是管理；管理衆人的事就叫做政治。既然政治是衆人之事，那麼執政當局是不是可以獨斷獨行，而對於政治上不同意見的人，一味的採取高壓或者是排斥呢？照我的說法，是萬萬不可的！林語堂先生說得好：「成功的政治家，會放棄其政治成就。」我們翻翻歷史看看吧！在阿房宮裏的主人—暴君秦始皇統治之下，國民雖然是連憤怒都不敢表現，但道路以目示意却是無法防止的，卒起陳勝、吳廣，而後楚人一炬、豈不是一面很好的借鏡嗎？水盈則溢，不平則鳴，這個實是一個不能磨滅的定理。同時政治是動的，是新的，如果什麼決策不能適合潮流，適應國情及民意，這樣和派遣一批已經是老朽無能了的運動員，去參加奥林匹克運動場競賽一樣，如何能夠奪得錦標歸？豈不是等於人類的考古家，發現了一具比「北京人」更遠了若干年代的化石於太空一樣。

站在一個政治家的立場，應有大公無私的抱負與胸襟。記得我國不知那一位詩人遺留下一首這樣的詩：蒼田青山無限好，前人耕耘後人收，寄語後人且莫喜，更有後人樂逍遙。這眞是政壇上一種最好的形容了！至於維護個人的榮譽來說吧！不是幾個人製造的記功碑、墓誌銘、塑像就可以永存不朽的。這實在是一種荒謬錯誤的行爲，如果事後這些東西沒人去修葺、風化、潮解，不久便會給大自然侵蝕淨盡。

我們再觀察一下我們的國民向着什麼來做膜拜的對像，是歷代的黃帝嗎？不是的吧！由這一點看起來，權勢和財富不足以做成羣體的偶像，神只是人格昇華罷了。

忠言本來是逆耳的。我記得「菜根譚」裡有這樣的一句：言：悅耳；事：快心；便埋葬在鴆毒中。這眞是一句名言。不論一個任何人，如能虛心接受別人的批評和建議，總是好的、有益而無害的。我們試又翻開戰國策的鄒忌諷齊王納諫事：「鄒忌修八尺有餘，而形貌昳麗，朝服衣冠，窺鏡謂其妻曰：我孰與城北徐公美？其妻曰：君美甚！徐公何能及君也。城北徐公，齊國之美麗者也，忌不自信、而復問其妾曰：吾孰與徐公美？妾曰：徐公何能及君也。且日，客從外來，與坐談，問之：吾與徐公孰美？客曰：徐公不若君之美也。明日徐公來，孰視之，自以爲不如；窺鏡而自視，又弗如遠甚。暮寢而思之，曰：吾妻之美我者私我也；妾之美我者，畏我也；客之美我者，欲有求於我也。於是入朝見威王曰：臣誠知不如徐公美，臣之妻私臣，臣之妾畏臣，臣之客欲有求於臣，皆以美於徐公。今齊地方千里，百二十城，宮中左右莫不私王，朝廷之臣，莫不畏王；四境之內，莫不有求於王。由此觀之，王之蔽甚矣！王曰，善，乃下令：羣臣吏民，能面刺寡人之過者受上賞，上書諫寡人者受中賞，能謗譏於市朝，聞寡人之耳者受下賞。令初下，羣臣進諫，門庭若市。數月之後，時時而間進。朞年之後，雖欲言者，無可進者。燕趙韓魏聞之皆朝於齊。」由這段故事觀之，接納一個新黨「諍友」的誕生是勢在必行，或不可缺少的了。否則只聽幾個心腹的部屬或幾個將領的報告：政治上如何如何的清明，經濟上如何如何的進步和安定，如何地爭取了某國，士氣如何如何的高昂，便在萬歲聲中引爲自滿。這勢必又落到與歐陽修公論五代史宦者傳論所說的結局：「自古宦者、亂人之國，其源深於女禍。女，色而已，宦者之害，非一端也。蓋其用事也，近而習，其爲心也，專而忍。能以小善中人之意，小信固人之心，使人主必信而親之。待其已信，然後懼以禍福而把持之。雖有忠臣碩士，列於朝庭，而人主以爲去已疏遠，不若起居飲食，前後左右之親爲可恃也。故前後左右者日益親，則忠臣碩士日益疏，而人主之勢日益孤，勢孤則懼禍之心日益切，而把持者日益牢，安危出其喜怒，禍患伏於帷闥，則嚮之所謂可恃者，乃所以爲患也。患已深而覺之，欲與疏遠之臣，圖左右之親近，緩之則養禍而益深，急之則挾人主以爲質，雖有聖智，不能與謀；謀之而不可爲，爲之而不可成，至其甚則俱傷而兩敗。故其大者亡國，其次亡身，而使奸豪得借以爲資而起，至抉其種類，盡殺以快天下之心而後已。此前史所載宦者之禍，常如此者，非一世也。夫爲人主者，非欲養禍於內，而疏忠臣碩士於外，蓋其積漸而勢使之然也。夫女色之惑，不幸而不悟，則禍斯及矣！使其一悟，捽而去之，可也。宦者之爲禍，雖欲悔悟，而勢有不得而去也，唐昭宗之事是已。故曰：深於女禍者。謂此也，可不戒哉！」

我們現在再用邏輯去推演，凡是能自動去整理和糾正國家不當政治的人，是國民中的模範者，有熱血者，有遠見者。因此我呼籲執政黨不要用打擊、摧殘、迫害等手法對付，相反的應加以愛護，培植。

以上是我對執政黨所寫，已經付出了我最大的能力了。現在讓我回頭來討論一下新黨吧！

這個新黨到目前爲止，尚沒有提出它的——名字、黨綱、和政策，我當然無法去作詳盡的臆測。不過我認爲新黨不組則罷，如果要組，首先要推選幾位具有相當資望的「包括對國內外」的人爲領導。綜觀今天的我國，甚至到全球，能以言行爲天下法後世師的人實在不多，那麼新黨需要推舉什麼人爲領導呢？這是一件頗費周章的事，希望新黨籌組人員，深思熟慮，早日決定。

其次則是黨員的素質：我認爲勿濫竽充數，而該力求精英。雖然目前不至有重大發展，但是一心一德去爲國家、爲民族的幸福而奮鬪，所謂得道者多助，預想不久的將來，不僅是千、萬，就是全省、全國，也是新黨的黨員。否則就是目前黨員十萬、百萬，但所行不當，結果還不是替別人儲備人才罷了。古語說得好：紂有臣億萬，惟億萬心；周有臣三千，惟一心。其結果勝利仍舊是屬於後者。古諺云：衆志成城，則城可隕，金石爲開，眞千古名言也。

正確的政黨目標是必具的條件，那就是說：不管是遵行憲法也好，保障人權也好，首先重要的是襄助和策勵執政黨，光復大陸、解救同胞。兩黨之間，縱難免行爲的階梯上有所差別，但我們應該具備良好的政黨風度。執政的黨，如果不適合國民需要，固不必有吹毛求疵的行爲，如果眞是與民惡民欲大相逕庭時，憲法賦予第十七條的選擧權縱不能行使，那麼罷免權我們相信還是用得上的。

同時我更强調一句，國民不會白天和黑夜都盡是躺在床上的。

總之：組織一個新黨是在勢所必行的了。同時對執政黨來說，是有百利而無一害。那麼我現在呼籲執政黨千萬勿用非法手段去摧殘，迫害，打擊，讓它早日成長，茁壯。

四十九年八月廿四日寫於苗栗。

誘買試題案裏的人權問題

龔一中

升學考試在臺灣是一年一度的大事，也是報紙爭相採訪，不厭求詳的熱門新聞。在各種消息中，洩漏試題、舞弊夾帶之類的報導最是引人注意。今年，由於大專學校聯合招生委員會秘書程維賢君的擧發有人以重價誘買試題，更掀起了一陣風波，三個人因而失去身體自由。

事實簡單說來是這樣的：一所中學的童子軍教練張聰明，爲了想使他的內姪保險升入大學，而替舅嫂陳順設計，化名寫信給程維賢的夫人，請求預示試題，願出臺幣十萬爲酬，並先以黃金折付二成。程氏夫婦方正廉潔，不爲所動，是值得讚揚的。臺灣大學校長據報送請警察機關調查，也是合法合理的處置。警方接受此案，十分重視，立形緊張，由臺北市刑警隊會同七分局刑事組成立專案小組，負責辦理。他們努力工作了二星期，找到破案的線索，又派人化裝守候四晝夜，而於七月二十日捕獲張聰明，二十二日拘逮陳天機。其間，臺北市的警察還去臺中，一度搜索陳家。陳天機被拘後，在警察局以長途電話勸告乃妻陳順投案。二十五日陳順來臺北，向警察局報到。警察局當晚將張聰明等三人解移臺北地方法院，該院檢察官漏夜偵訊，全體收押。隔了一天，查明陳天機對於乃妻和妹婿的邪惡行爲確未參與，交保釋放，但是他已飽嘗囹圄風味。交保是認爲他尚有犯罪嫌疑未曾洗清，他的行動，在定案前，當然也受有限制。

臺灣大專學校的名額不敷需求，它們的通路是狹窄而擁擠的，所以每年招考，競爭總是非常的慘烈。高中三年級的學生知道畢業與升學二關都不易過，不甘落伍的無不開足夜車的準備，忘寢廢食，如醉如痴，鬧得心力交瘁，舉家不安。到了聯考的時候，有的珍惜機會，抱病應試，有的身體不支，當場昏厥，更有的因榜上無名，出走或自殺。張聰明和陳順誘買試題，雖然沒有轉賣牟利的意圖，倘竟如願以償，很可能排擠掉一個憑本領剛够考取的人。像這種卑劣的手段，非但足以躭誤別人的子弟，其實也可毀壞自己的兒女。張聰明幫助陳順化名投書，也許自以爲成敗都站在暗處，不至有被揭穿的危險。他沒有想到警察方面，使出獅子搏兎的力量，成立專案小組來對付他。聽明反被聰明誤，他終於隱蔽不住，身敗名裂之餘，還連累了內兄一家，也是他咎由自取，不足矜恤。不過，逮捕拘禁須依法律規定。一個人，如果德行有虧而沒有到犯罪的程度，便祇能以道德上的方法去制裁他，但不能剝奪他的身體自由。張聰明等之被拘捕羈押，有無充分的法律根據，這是一個嚴重的人權問題，我們萬不可以忽視。

七月二十七日中央日報發布一個消息，標題爲「賄買試題疑案，陳順行賄意圖，尚未構成刑責」。這個消息的重要部份照錄如下：「記者得悉：法學家的意見，認爲陳順意圖行賄，使程維賢出賣大專聯考的試題一案，陳順的行爲尚未具備刑法第一百二十二條第三項之條件，因而尚未構成該欵之罪。其理由如下：①程維賢並無取得試題足以出賣之職位。他不過是臺大秘書，只做考試事務，並無參加出題的機會。②卽令是一個出題的人員，亦只能以其自己所出之題目洩漏於人，仍不能斷定他自己所出的題目有何者爲考試委員會所錄用。程維賢既非出題的人員，則其取得試題足以出賣實爲不可能之事。③陳順雖有行賄之意圖，但其所意圖者乃是不可能之事。程維賢就其不可能之事而拒絕收受賄賂，此整個案情，純以一個不可能之事爲中心而進行，殊屬離奇而可笑。」

中央日報的法學家將誘買試題行爲不構成刑事責任的立論，完全建築在程維賢不參加出題的一點基礎上，是大有商討餘地的。刑法第一百二十二條第三項規定：「對於公務員或仲裁人關於違背職務之行爲，行求期約或交付賄賂或其他不正利益者處三年以下有期徒刑，得併科三千元以下罰金」。很顯然，賄賂的對象必須爲公務員。臺灣大學的秘書應否視爲公務員已經不無問題，程維賢之兼在聯合招生委員會工作更不是他那本職份內的任務。政府所辦的聯合考試早經廢止。現在大專學校自動聯合招生，參加者私立學校多於公立（包括國立與省立），今年又是私立東海大學校長擔任主任委員。這不是一個依據法令組織的委員會，當然不是什麼公務機關。非公務機關裏面那會有公務員？站在這樣的觀點上看誘買試題案，便會得着如下的結論：①聯合招生委員會秘書程維賢既然不是公務員，無論他有無參加出題的機會，當非上述法條上所稱賄賂的對象；②聯合招生委員會出題人員是以專家資格應聘參加工作，縱然他的本職可能是公立大專學校的教授，甚至於是職員，縱然所出題目約定必須使用，他仍然不是公務員，更不成其爲上述賄賂的對象。

若照中央日報的法學家所持基點推斷起來，結論不但和前面所說的不同，而且會推翻他自己的第三點理由。這位法學家沒有把國立臺灣大學與大專學校聯合招生委員會分淸楚，連帶的沒有把程維賢的雙重身份，一爲臺大秘書，一爲聯委會秘書，分淸楚，於是也就沒有把公務員與非公務員分淸楚。他之所以認爲陳順尚無刑事責任，是因爲程維賢沒有取得試題足以出賣的職位。反過來講，如果所居職位足以取得試題出賣，陳順便犯罪了。這不是先已認定辦理聯考的人員是公務員了嗎？最糟的是他認爲程維賢之不可能取得試題出賣，是因爲他不是出題人員。這無異是認定了出題人員也是公務員。他又說出題人員只能以其自己所出題目洩漏於人，並不能斷定題目何者爲聯委會所錄用。這句話是站不住的。在聯委會的事務或出題人員皆爲公務員的前提下，秘書雖不出題，別人出的題目送到聯委會裏，勢必經過他的手，這便是他在職務上所掌握的秘密；出題人員爲聯委會所擬題目，錄用與否雖不知，却仍是他在職務上所掌握的秘密。秘密在握，洩漏不是不可能的事，而且也就是違背職務的行爲。

這位法學家不知何許人，亦不詳其姓氏。中央日報既肯爲他隱名發表高論，他的來頭必定不小。他的動機本是想表明陳順等之無罪，可是他所持基點却不支持他的理論，反足以入陳順等於罪。現在陳順與張聰明已被起公訴了，姑且不問公訴的理由如何，其以程維賢爲公務員，以試題爲他職務上應保守之秘密，以誘賣爲使他做違背職務的事，那是可以斷言的。這樣的基點，與中央日報的法學家所持是完全相同的。中央日報是執政黨的機關報。聽說執政黨裏極重要的人物已經表示不願讀它了，偶然發表一個無名（隱名之謂也）法學家建築在不正確的基點上的議論，原不足奇。不過他的基點偏差到了足以影響人權的保障時，我們便不能不研究了。

其實，陳順的信是寫給程維賢的夫人的。卽使程維賢臨時兼任大專學校聯合招生委員會秘書仍一個是公務員身份，他的夫人並非當然的公務員。卽使他的夫人也是一位公務員，至少，她不是聯委會的職員，沒有中央日報的法學家所稱「取得試題足以出賣的職位」。據中央日報以外的法學家表示，她接到陳順的化名信和黃金，可能有幾個做法。第一，她不告訴他的丈夫，而將原件退回。如此，她阻却了陳順的意思，使達不到程維賢，因而刑法第一百二十二條第三項之罪便無從成立。第二，她將信毀掉，黃金收下（這是假想可能的做法，毫無侮辱程維賢夫人之意），不退回，也不告訴她的丈夫。如此，也使上述法條之罪不成立，理由同前。第三，她爲了同情或金錢（亦屬假想，無意侮辱），竟勸他的丈夫洩漏試題。如此，對方縱不允許，賄賂之意思表示已到，她便與陳順及張聰明同負上述法條之罪責。第四，便是她所已做的，淸廉自持，不爲利誘，告知乃夫，共同舉發，她實際上並非代達陳順的意思。如此，在法律上，可以發生兩種不同的說法，甲說陳順行賄之意已經間接的達到對方，便應認爲成立犯罪，乙說程維賢夫人是告發人不是陳順的媒介，嚴格的解釋，後者的意思並未達到對方，所以不成立犯罪。以上當然都是假定程維賢是公務員而言的。

中央日報發表的祇是私人意見，別人發表的也是私人意見。檢察官既已對陳順與張聰明提起公訴，有罪與否，要等最後判決才知道。但是，卽使有罪，最重本刑祇是三年以下的有期徒刑，陳順望子成龍，不擇手段，愚不可及，情却可憫，尤其自行投案，自白不諱，依法可有兩個減輕，亦得易科罰金或竟免除其刑。這一個案件，儘管在升學考試的社會心理上引起强烈的反應，在刑法的立場上實屬細微之至。警察方面牛刀殺雞，逮捕張聰明，起初或許懷疑有什麼大的買賣試題組織，且不去談它。張聰明已供明與陳順同謀，所說情節與給程維賢夫人的信不異，何必繼續的小題大做，巴巴兒的跑到臺中搜索陳天機的住宅，將陳天機拘來臺北？陳順投案，所供與張聰明一致，這不可能在事先串通，對於陳天機的無辜應該不再有何疑問了。乃又將三人一同移送法院，而檢察官匆匆一問之下，立卽全體收押，過了一天，才將陳天機交保，眞不知自由中國的人民的自由還有什麼保障可言？

刑法訴訟法第七十六條規定：「被告犯罪嫌重大而有左列情形之一者，得不經傳喚，逕行拘提：一、無一定住居所者，二、逃亡或有逃亡之虞者，三、有湮滅，僞造，變造證據或勾串共犯或證人之虞者，四、所犯爲死刑，無期徒刑或最輕本刑爲五年以上有期徒刑之罪者」。陳天機根本沒有罪嫌，更說不上有上述法條中任何一欵的情形，却寃寃枉枉的被拘押，失去五天的自由。同法第一百零一條規定，「被告經訊問後，認爲有第七十六條所定之情形者，於必要時得羈押之」。陳順與張聰明雖經檢察官認爲有犯罪嫌疑，而被起訴，證據口供，都不可能再有變更，實亦不會再有第七十六條的情形，不知爲什麼還沒有開釋的消息？

有追訴或處罰犯罪之公務員濫用職權爲逮捕、或羈押、或明知無罪之人而使其受追訴、或處罰，依據刑法第一百二十五條，應處一年以上七年以下有期徒刑。中央日報的法學家相信，別的法學家也相信，陳順與張聰明無罪。彼此立論，基點旣然不同，當然，檢察官一定有他的看法認爲陳順等犯有罪嫌，方行起訴，不至明知其爲無罪而使受追訴。但是他們被羈押的原因，在刑事訴訟法第七十六條上實在找不出解釋來。換句話說，自始便是出於職權的濫用。有人顧慮，爲了羈押在先，他們不會無罪了，否則，寃獄事小，賠償事大。其實，這倒是多慮，陳天機被拘押了五天，不是已經不予起訴了嗎？他的被拘禁是已確定了的寃獄。不過中國人民的自由是限價的，最高六塊銀元一天。陳天機的醫生業務並不壞，一個出診的收入已超過一天賠償額近十倍了。再說陳順等卽使有罪，也大不到那兒去，絕遮蓋不住「濫施羈押」的痕迹。

站在民主憲政的立場上看這誘賞試題案，由破案到起訴，處理的經過，呈現最明顯的是下列幾點非常的景象：㈠因爲政治上還保持着作之君、作之師的腐舊思想，上行下效，致使法律與道德分辨不清，時常利用司法，小題大做。㈡檢察官不能充分指揮負有司法警察任務的機關，倒過來由行政機關訂定辦法，派檢察官到警察機關辦公，便利後者濫施拘押，摧毀了提審法的效用。㈢凡經軍警機關拘禁的人民，加上一個罪名，解送法院，檢察官收案，不問輕重，照例收押，因循敷衍，損害司法威信。㈣寃獄賠償，法定數目太小，與憲法第二十四條裏「被害人民就其所受損害並得依法向國家請求賠償」之規定不符。在這種情形之下，每年不知有多少够不上刑事的案件，由警察機關移送法院，不知有多少毫無嫌疑的人民被奪去自由，祇是沒有像誘買試題案那末爲人重視罷了。這種情形一日不澈底改善，人權便一日失所保障。

附註：有人一定會認爲案件在偵査或審理中，隨便批評，是違背出版法的。但是中央日報的法學家的高論刊佈的那一天，不正是誘買試題案在偵査的時期嗎？這位法學家很聰明，沒有批評檢察官不應將陳順等收押，祇表示她所做的不構成刑事責任。現在公訴已提起了。那就是說偵査部份已經結束了。本文在寫的時候還不知道何日公開審理，不過從不同的角度響應這位法學家的結論，並認爲不構成刑事責任而已。至於在警察機關將案移送法院之後，在檢察官提起公訴之後，比中央日報的法學家爽直一點，將警察之拘禁陳天機，將檢察官之收押陳順等，提出研討，順隨談談現行制度的得失，志在促進法治，維護人權，何嘗有什麼觸犯出版法的地方？

再說，英美之所以視對審判未決案件的批評爲蔑視法庭，是爲了尊重司法獨立，他們的司法不受行政干涉，所以也防止輿論的不正當影響。在英美，法院的管轄絕不限於人民與人民間的爭執，尤其在美國，舉凡國會的立法，政治的措施與官吏的行爲，人民認爲有妨礙他的權利時，便可向法院起訴，請求裁判。他們的司法才眞正是人權的保障。反觀自由中國，比較一下所見到的是什麼情形呢？美國各州皆有州立大學，人家把校長與職員當官看，當官做嗎？人家的升學要考什麼華盛頓的遺教或執政黨的主義嗎？學校招生會如臨大敵嗎？考生應試會如上法場嗎？倘或不幸，美國竟也發生誘買試題案，他們的法院會容許警察將造意的、寫信的以及無辜的第三者拘禁於先，又自行收押於後嗎？像這樣的逮捕收押，美國人民會因恐懼蔑視法庭罪而坐視人權之受侵凌，金人緘口，無所批評嗎？

美國的克銳對哈雷案（331 U.S. 367, 67 S. Ct. 1249, 91 L. Ed. 1546 (1947), Craig V. Harney）裏，因爲一位軍人在訴訟中由於法院的裁定受到所謂「兇狠的處置」(raw deal)，被告在他的刊物上發表一篇社論，批評那項裁定爲「行爲武斷」(arbitrary action) 與「歪曲正義」(travesty on justice)，被判蔑視法庭罪。但是最高法院認爲被告的批評對司法不構成嚴重與危急的威脅 (a serious and imminent threat to the administration of justice)，撤銷了下級法院的判決。從這一個例子便可看到，在英美，大家並沒有利用蔑視法庭罪來鉗制言論自由。讀者諸君請想一想，像誘買試題案中三個人之被拘捕，二個人延不交保開釋，如果在美國，他們會用什麼樣的形容詞來批評警察與法院的行爲？本文不過繼中央日報之後，根據刑法與刑訴法提供一點有關人權保障的意見，那裏談得上批評呢？

自由本是爭取得來的。爲了身體自由，言論自由，我們要不斷奮鬪，直到司法健全獨立，足以保障人權爲止。本文原不觸犯出版法中任何條文。假使有人意圖藉出版法以鉗制言論自由，那便是比誘買試題案之逮捕爲更大更嚴重的錯誤。

解除留學生出國的難關

劉道孟

報載教育部主辦一年一度的留學考試已經放榜了，又有無數大專畢業學生期待出國深造。任人皆知，出國留學需用大量的金錢，也需要辦理若干項出國的手續，此外更需要得到前往留學國家的入境簽證。也許近些年來我國青年要出國深造的數目相當多，由是，卽使考取教育部主辦的留學考試，同時有錢和辦淸出國的一切手續，而因得不到外國使領館的入境簽證，被迫停滯于國門的，因歷年累積，數目相當可觀。這種欲「學」而「留」的現象，不但是他（她）們個人的不幸，也是國家的損失，希望有關當局體察實情，有效的解除出國留學的難關！

蓋自民國三十八、九年以來，我國自費留學生出國遭遇到空前難堪的遭遇：隻身在大陸上的大學畢業（或年齡稍長），學文法科、外省籍、男性，有以上條件的，幾乎沒有一個申請者能得到入境簽證！外人的藉口雖爲「你英文不及格」，可是骨子裏，却是另有一套不便明說的「理由」。他們幾年來堅持其「理由」，而以「藉口」擋在我們欲出國的青年們面前，顯然的就形成一個難關了。

最近由外國使領館主持的簽證英文考試的考題又變難，難到甚麽程度呢？連神經細胞 (neuron) 怎樣衝擊脊髓 (spinal cord)，宇宙射線 (cosmic rags)，以及語源學 (etymology) 與言語形態學 (morphology) 的區分都加了上去，還提到甚麽是新柏拉圖學派 (Neo-Platouism)。請問：卽使是一個說英語的外國人大學畢業了的，他又能考到多少分？對我們中國要去留學的人，硬性「規定」不論是學甚麽科系的，都非要考到七十分才算及格，才能得到入境簽證，是不是刻薄？留學生出國能否運用留學國語文隨班學習應該是他個人的事，而審斷自己國民有無運用外國語文的能力留學，也應該是本國政府的事。而今不幸，經過自己國家敎育部舉辦的留學考試及格錄取，其能否眞的出得了國，反倒大權操諸外國人手裏，致使那些可憐的要出國學習的青年人還要經過一番碰運氣的衝撞，當然這是措置上的不當。

我這裏無意給英文程度不好而想急于出國的同學辯護，反之，我認爲在國內期間如果不能說、寫、閱，乾乾脆脆就不必讓他們或她們到外國使領館去丢醜。況且因說或寫的不流利，時常招致主考人失却「外交官」應有的風度！

在教育部舉辦的留學考試中，我一直就建議，至少考本科的東西，應該用留學國語文答卷，那樣才能測驗出有志出國的人，有沒有足够的語文能力去「留」且「學」。因爲僅憑我們現在敎育當局所規定的敎學標準，由初中開始學習，一直到大學畢業，卽使在校的英文名列甲等甚至是專門學外國語文的，若說和外國同學和教授一起學習研究，老實說，十之八九都還差得遠。但這種困難及其彌補，應由我們政府在留學考試後彌補。

藉此篇幅，我要向有志出國迎接生活和學習戰鬪的諸同學們祝福，並希望社會人士予以鼓勵支持，更現實的向政府呼籲：加强愛護他們，請多爲他們解決出國的難題。目前可分四方面說：

㈠光復大陸之後多項建設事業蔚起，中上級的設計方面和執行方面需材何止萬千，這些人材在反攻之前不加以儲備又待何時呢？儘管外國人說我們的青年出去的已經相當多，而且多半是一兩年之內不會回來，可是我們自己國家的籌算又那能都爲其他國家「樂于」接受？與中國有留學生往還的國家都是盟邦，友邦，在我們自己的留學政策下，我政府應堅持自己的立場，顧全國家長期的利益。

我的提議是：我國政府應該根據當前臺灣的現況，向我國留學生最多的所在地政府提出我們的儲才計劃，希望能得盟邦友邦的支持和贊助，則留學生的數量和去留問題自可迎刄而解。

㈡國內若干人都對我們的學生一出國門就百般設法以求得外國籍加以奚落漫駡。其實該駡的僅是少數，據一般所知絕大多數的留學生，還是身在外國，遠懷祖國。如果有關機關尤其是教育與僑務部門在他們出國前後多給些溫暖與體卹，歸總來說，就是政府若能固持一項儲才政策，無疑地，他們是會多一些機會考慮早回來的，奚落漫駡將是拼逐他們背棄祖國的鞭子，這條鞭子足以促成他們不願回國。

㈢申請出國簽證，過去總是學社會科學的朋友被擋駕機會較多，但他們所學的評價並非因之抑低。社會科學的可貴，在培植理想而創造制度，以安排合理化的人生。它是行爲之本，技術之魂，萬事萬物的中樞，人民禍福，國運隆替，完全歸宗于此。

我們的政府爲了自己國家的前途，應該把眼光放遠，特別的選拔出若干文法科畢業而有處事經驗的青年，有目的，有計劃的遣送到那些在歷史記錄上有高度文化的國家去留學，並且要他們專修社會科學的理論方面。

㈣派遣留學生赴某國，是對該國的崇敬。旣然是友邦盟邦，實無不接受之理。而今對方雖以「復驗」英文和存欵爲名，而究竟未把拒絕兩字表面化起來，我們正好把復驗也收歸由自己政府來辦。其辦法是在留學考試中增加英文說、寫、閱讀科目，考取的人就現有的「英語訓練中心」施以短期的訓練，如此則願意留學深造的人不但不會再把命運交之于一二外國低級職員之手，卽便眞的出國之後，也不會再有語文的煩惱了。

選舉改進座談會緊急聲明

發言人　雷震　李萬居　高玉樹

選舉改進座談會除若干地區尚未舉行外，曾於臺中、嘉義、高雄及新竹等地區與地方人士舉行座談，討論選舉改進事宜。每次參加人員，非常踴躍，咸對目前國民黨操縱地方選舉，非法舞弊情事，提出甚多具體事實，其結論均認爲最大的選舉弊端，係發生於投票所。因絕對多數的投票所管理員及監察員，係由國民黨絕對控制的選舉事務所所挑選及委派（此種人員，多數身份不明。即以臺北市而言，到目前爲止，每一個投票所的管理員及監察員的姓名與身份，均未曾公佈）。他們從冒領選票開始，以至於代投、塞票、威脅選民投國民黨籍候選人的票、以及開票計票，都是一手包辦。雖然投票所外貯有民衆旁觀，但其間距離很遠。這些管理員和監察員並可利用警察，阻擾民衆進入投票所，以便其私自張冠李戴，將非國民黨籍的選票計算爲國民黨籍候選人的得票，俾使國民黨籍的候選人非法當選。

最近臺灣省政府委員會通過選舉監察辦法修正案，正送省議會審議中，其主要用意在於廢除觀察員（本來限定二十一名，故對防止選舉舞弊並無作用）制度，並規定「由候選人平均推薦」監察員，由縣市監察小組核定後委派。我們認爲這種改進辦法，敷衍應付，根本不能糾正選舉的舞弊。尤其是監察員的資格，限定爲民意代表、公教人員及公正人士，實不合理。就今日公教人員而言：大多數是國民黨員。即使非國民黨員，他們爲了自己的職務，也一定不敢隨便抗議國民黨所委派的人員所作的違法舞弊行爲。至於所謂地方公正人士，更無一定的標準，容易發生流弊。總之，如果眞心讓候選人推出監察員，就該聽其自己選人，因爲這些監察人員是替他維護權利的人，只須得他本人的信任即可，政府及國民黨決不應再保留核定之權，認爲誰的資格合或不合，而且限定只能補推一次，無法再補。在選舉時國民黨爲表演其選舉公平起見，特留出少數的投票所作爲表演場所，故意委派非黨員所推出的監察員，到這種投票所，或如兵工廠及軍眷區（這種地方爲清一色的黨票，無需作弊）等處；而把國民黨所推出的監察員派到要作弊的投票所，仍然可以作弊。再者國民黨可以利用公庫的錢，故意鼓勵多數的黨員登記爲候選人，使每個地區的非國民黨籍候選人的比例相對減低。那麼，每個地區的投票所的監察員由各非黨員所推的，亦比例減低。其結果，仍然絕大多數是由國民黨所委派的，還是與以前一樣的可以違法舞弊。所以我們現在建議省議會，最低限度應該採行下列修正意見：

「每一候選人均可有權在每一投票所推薦監察員一名。監察員的資格，應不加限定，只要具有中華民國公民資格者即可。」

我們鄭重聲明我們組織新黨，係基於愛國心切，不能坐視因國民黨的一黨專制，過份集中政治權力而誤人誤國。我們明知組織中的新黨在看得到的將來無法獲得政權，但是一個政黨在民主國家，不是沒有執政就無存在的意義。由於民主政治的優點，是執政黨和在野黨的相互制衡，使執政黨也不敢靠政治權力去侵犯人權，或在選舉中違法舞弊，或採取其他可能失去士氣、民心的種種不良措施。因此，每一個政黨都要自覺、自戒、自肅，進而一切的政治措施才不會喪失人心，使老百姓能在明朗而公正的情況之下，不會受到委曲冤枉。國家一旦如有緊急事故發生，每個國民才會自願決心捍衞國家，國家乃能永遠安泰。我們是基於這種愛國心理，而開始組織新黨的。而且我們如可做到眞正的民主，對共黨鬪爭，終歸我們勝利。新黨至今雖還未宣布成立，可是一切的籌備工作正在積極順利進行中。國民黨在表面上雖不重視新黨，可是暗中進行破壞工作，則不遺餘力。如不久以前國民黨以及黨所控制的報紙，均以頭條新聞的地位故意造謠說中共正透過其統戰組織向正在組織中的新黨滲透。這種亂戴帽子的作風，實在不值識者一笑。現在雖然海內外對新黨謠言甚多，但我們鄭重聲明：不久即要成立的新黨是絕對反共的，是全國性的，是堅決反對分化中華民國的任何國際陰謀的，尤其絕不是所謂本省人的離心運動的。

我們雖然一致團結努力籌組新黨，但到現在所受的阻碍干擾與分化等情事，眞是不勝枚舉。如每次開座談會總是受到警備司令部干擾。我們認爲政府不應該利用已經拖延十幾年的戒嚴令，來剝奪人民受憲法所保障的自由。又如我們發起人之一的吳三連於國民黨當局向他的事業集團施用壓力之下，不得不暫時出國六個月。對於一向是新黨籌備工作中心人物之一的雷震，則在自由中國社斜對面之大安區民衆服務站（國民黨區黨部）內，指派特務數十人成立專案小組，每日專負跟蹤監視之責，並配有一部吉普車（車號爲一五—〇四〇五八）和三部大旅行車（車號爲一五—〇四八九九、一五—〇四九〇一、一五—〇四三八七），分別追踪監視（目前已發現者，最少有這四部車子），每日自晨至暮，自辦公室辦公至飯館用餐，自木柵至臺北，乃至遠達中壢（一五—〇四九〇一號車和七八個特務），如影隨形，寸步不離，以致鄰里及附近三輪車夫皆知。其他負責籌備各人，亦均有大批特務跟踪，甚至散佈其住宅四週，如臨大敵。而且他們毫不隱藏，表示其跟踪監視的態度，給我們精神上以莫大的威脅。近更聞企圖利用駐港特務人員僞造函件，寄發新黨主要籌備人，以便構陷成罪。難怪美國衆院外交委員會遠東小組召集人柴布勞基（Clement Zablocki）要說：許多人批評臺灣是「警察國」。美國百科全書載：「在蘇俄與中國，個人的自由幾乎完全是靠着警察的慈悲。」過去有人說，臺灣特務有十二萬之多，照現在看起來，可能倍於此數。其實，我們的組黨，是完全採取公開的方式，毫無秘密可言。對於本會發起人之一的李萬居所主持的公論報，則製造種種紛擾。對於本會發起人之一的高玉樹更是利用法院，頻發傳票，其所據的事由無非都是幾年前他在市長任內拆除違章建築（中央黨部旁邊的違建，層峯命令拆除，被拆除人控告高市長侵佔他的黃金美鈔，至今還在傳訊）和計劃一條道路（像中山北路一樣沒有計劃成爲直線）的事要他擔負刑責，予以困擾。至於參加新黨的其他主要人士，亦均受到或多或少的干擾。

在此我們必須再作鄭重聲明：由於組織新黨的運動已經是海內外民主反共人士一致的願望，而在國內是由下起來的潮流。我們現在對於新黨的政綱、政策、黨名及黨章等都已有了初步的定案，預定在九月底以前即可宣告成立，我們敢斷定這不是任何干擾所能阻止的。

自國民黨的機關報「中央日報」於七月二十九日發表「政黨的承認問題」以來，曾引起民間輿論的重大譴責。除潘公展先生在紐約「華美日報」所發表的評論，因無法找到原文，不能刊登，以及雷震先生在本刊上期發表的駁斥文字，也不必再登外，特根據讀者要求，將「中央日報」社論、及香港獨立性民營大報「星島日報」社論、臺灣獨立性民營大報「公論報」社論、中國民主社會黨機關刊物「民主中國」社論、及中國青年黨機關刊物「民主潮」社論，按照發表時間先後，一字不改的全文轉載。

——編輯部

一、政黨的承認問題

中央日報

自國父組黨革命，至今六十餘年。本黨親身遭遇的反動風潮，不止一次，同時本黨親眼看見的新黨運動，亦不止一次。現在又有所謂「地方選擧改進座談會」其名而組黨其實的運動在進行中。我們並不重視，亦決不予以承認。

辛亥革命時期，一班官僚政客，一方面在本黨內部散播「革命軍起，革命黨銷」之說，瓦解本黨，一方面另組政黨，反對國民革命。實際上他們的作爲，無非是縱橫捭闔，挑撥搆煽，奔走於封建軍閥之間。到了民國六年至八年，三人一黨，兩人一派的笑劇，益爲有識者所鄙棄。

此後，蘇俄御用的共產國際，在中國組織支部。中共匪徒最初利用「新文化運動」，乘機散佈共產主義，接着又在北閥時期，伸張黨勢，企圖篡取國民革命的領導權，轉化中國爲蘇維埃極權專制的試驗場。北閥統一之後，國民政府一面建設，一面剿匪。至民國二十四年，江西剿匪勝利。本黨乃致力於團結海內外各方愛國家、尙自由的人士與黨派，滙合全民力量，抗日作戰。

在抗戰的前夕，及抗戰期間，有所謂抗日救國會，有所謂民主同盟，有所謂鄉村建設派，有所謂民主科學社，又有第三黨，職教社，如是等等。到了抗戰結束之後，一一暴露其原形。這些外圍團體和尾巴主義者今日到何處去了？他們今日都在大陸匪區，在共匪的侮弄和壓迫之下，供共匪的利用與役使。

這幾十年的中間，於本黨之外，有悠久的歷史，有確定的主張，自立自主，在愛國的前提之下，與本黨或分手，或合作，而抗戰以來，同休戚，共患難，並且一致努力，開始憲政，推行民主法治者，只有中國青年黨與民主社會黨。直至今年五月，本黨六屆中央臨時全會，重申信念，鄭重決議，對這些以反共抗俄爲職志的愛國民主政黨，互相尊重，互相信任，以共進於復國建國的大道。

我們認爲政黨與政黨之間的關係，不是法律的而是政治的。因而一個政黨對於另一政黨，決不可輕於承認。同時，一經相互承認之後，無論有無爭議，更無論是否合作，都應該互相尊重。

倘如今日再有「救國會」和「民主同盟」一類的組織，甘心爲共匪充外圍，做尾巴，從事顚覆國家的陰謀活動，我們決計沒有予以承認，與其交往之可能。今日所謂「反對黨」的組黨運動，其眞正企圖爲何，眞實目的何在，都未可知，我們自亦沒有予以承認而與其交往之可能。

我們呼籲海內外反共愛國人士的大團結。這一大團結應以本黨與青民兩黨的合作爲其初步的基礎。這一大團結尤須以民族大義爲前提，以反共抗俄爲宗旨，以反攻復國爲共同目標。若是否定反共抗俄的方針，破壞反攻復國的努力，自外於中華民國者，即不在全民團結之內。

民主不是混亂。法治須論是非。救國復國尤當辨明敵友。個人的訂交尙須愼重，政黨的承認更不可輕率。這不僅是一個淺顯的道理，並且有歷史的敎訓爲其確切的證明。（原載該報七月二十九日社論）

二、組政黨何需經過另一政黨承認？

星島日報

六月十九日，我們在社論中說過：「國民黨繼續執政，其領袖人物，曾再三申言要：民主，法治，革新，進步。爲了表示實踐，曾聲言贊成有反對黨。這是否眞的？是否誠意的？仍有待事實證明，因爲國民黨若干中級人物，在進行反對有反對黨，國民黨營的海外報刊，曾不斷刊登文字，公然反對有反對黨……。」

昨(廿九)天，「中央社」轉發的國民黨喉舌，臺北「中央日報」的社論「政黨的承認問題」，已露骨地說：「自國父組黨革命至今六十餘年，本黨親身遭遇的反動風潮，不止一次，同時本黨親眼看見的新黨運動，亦不止一次，現在又有所謂『地方選擧改進座談會』其名而組黨其實的運動在進行中，我們並不重視，亦決不予以承認。」

把組織新政黨，竟看作「反動風潮」，與國民黨領導人物的看法完全不同，豈國民黨的機關報，竟與其領導人物，採相反的態度？

更奇怪的，既曰：「我們並不重視」，爲什麼又要在黨的機關日報的社論上，加以抨擊？黨報的社論，斷斷不會是「並不重視」的文字呀！

至於說到決不予以承認，更令人莫明其妙。一個容許有多個政黨的民主國家，人民有組織政黨自由，祇消通知內政部登記便可，何需另一政黨的承認？

如果一個政黨所作所爲，違反國家利益，經國會反對，通過議案，可以請政府宣佈該政黨爲非法。這是國會與政府的事，並非一政黨對另一政黨的事。

該社論更說：「我們認爲政黨與政黨之間的關係，不是法律的，而是政治的，因而一個政黨對于另一政黨，決不可輕于承認。……今日所謂『反對黨』的組織運動，其眞正企圖如何，眞實目的何在，都未可知，我們自亦沒有予以承認而與其交往之可能。」

既然說：「今日所謂『反對黨』的組黨運動，其眞正企圖如何，眞實目的何在，都未可知，」又怎能斷定「沒有予以承認而與其交往之可能」？

反對一件「都未可知」之事，多麼滑稽？多麼幼稚？

企圖與目的，「都未可知」，憑什麼去反對？告訴人家反對的是什麼？

組織政黨，依法是不需經過另一政黨承認的；於情於理，亦不需經過另一政黨承認；要反對，何不留待新政黨宣佈組織及政綱之後？要反對，何不留待新政黨有行爲表現之後？要反對，何不先請示過黨的最高領導人物？（原載該報七月三十日社論）

三、也談談政黨的承認問題

前兩天執政黨的機關報社論談到政黨的承認問題，表示國民黨只願與中國青年黨中國民主社會黨，互相尊重，互相信任，對於「所謂『地方選舉改進座談會』其名，而組黨其實的運動」，「並不重視，亦決不予以承認」。此時此地，這一表示，其意義自然非同尋常，值得關心自由中國政治前途者的注意。

就我們所知，在野黨及無黨派人士爲了希望改進地方選舉，兩三年以前就會發起組織中國地方自治研究會，由於希望政府「承認」，鄭而重之的備文向臺北市政府申請登記，市政府表示這是全國性的人民團體，無權處理，原件退回，拒絕受理。乃改送臺灣省政府，拖延了很久，所得答復是，奉內政部指示，依據人民團體組織法(訓政時期的)規定，已經有了類似團體，不得另有新的組織。這些發起人又推派代表向內政部部長當面請示，用什麼組織名稱申請登記就可以奉准？同時聲明並非組織新的政黨。於是改以中國民主自治研究會名義申請登記。但呈文送出以後，迄今兩年，不見下文。今年第四屆地方選舉，仍然弊端百出，在野黨與無黨派人士發起組織地方選舉改進座談會，並有人提議籌組新的反對黨。他們鑒於過去經驗，申請登記，政府既不置理，現行憲法賦予人民集會結社自由，國家也還沒有政黨法，組座談會也好，組政黨也好，不向政府申請登記，並不違法，爲了民主反共的需要，也就開始進行了。從這些過程看來，國民黨對於該會的重視不重視，承認不承認，他們事前似乎沒有考慮過。

民主國家的人民，有結社集會的自由，亦即有組黨競選的權利。一個新黨的出現，在民主國家並不是什麼嚴重的問題，而新黨之能否壯大有力，其關鍵繫乎它是否能得到人民的同情和支持，而不在他黨的是否承認。例如日本去年新成立一個社會民主黨，並沒有發生執政的自民黨是否承認的問題；這個新黨在議會內有不少的議席，在社會上有相當的基礎，在不久的將來的大選中，也一定會得到選民的支持而再進入國會。日本的憲法保障它，日本的人民支持它，執政的自民黨憑什麼可以不承認它？它又爲什麼一定要獲得執政黨的承認？再以中國國民黨表示願意互相尊重互相信任的青年黨與民社黨而言，青年黨成立於民國十二年，始則反對國民黨的聯俄容共，繼則反對國民黨的一黨專政，可算是道地的反對黨；民社黨的前身是國家社會黨，成立後於青年黨，同樣的堅決反共並反對一黨專政。當時國民黨正實行訓政，黨即是政府，即是國家，並且公開聲稱「黨外無黨」，對於這兩個反對黨，甚至加以「反革命」的帽子，直到對日抗戰發生，爲了團結全國，共赴國難，始於民國二十七年夏，由國民黨副總裁汪精衛在漢口與國社黨領袖張君勱，青年黨領袖左舜生分別交換函件，這是國民黨正式「承認」青民兩黨，時距青年黨的創立已經過十五年之久。在國民黨不承認的這一段長時期中，青民兩黨照常活動，照常發展，照常獲得國人廣大的同情與支持。國民黨雖不承認它們的地位，但也不能否定他們的存在，甚至雖多方壓迫盡情打擊亦不能阻遏它們的壯大，最後且不得不加以承認。由此可見政黨與改黨彼此間是否承認，本來無關宏旨，似乎不應該成爲一個問題。

不過，過去國民黨在一黨專政時期，其正式承認青年黨與國社黨，一方面是表示放棄「黨外無黨」的標榜，尊重青民兩黨在政治上應有的地位，一方面是伸出友好之手，要求政治團結以一致對外。這在當時，尚有其需要與意義。今則行憲已逾十年，憲法上明白規定人民有結社集會之自由，而民主政治之運行，又離不了政黨；人民組黨競選，既爲憲法所容許，亦自應受到憲法之保障，既成政黨之是否承認，根本不應該成爲問題。更具體的說，假使現在的地方選舉改進座談會一旦成爲一個正式政黨，祇要它是反共愛國，同時和平合法，在今後的地方選舉中，提名競選，國民黨縱不承認，也無法剝奪他們候選人的被選舉權，更無法要選民不投票支持他們。可見新黨的前途，決定於人民是否同情，而不決定於執政黨之是否承認。即使執政黨不加承認，但青民兩黨一方面回憶本身過去被壓迫的慘痛歷史，一方面基於在野的立場，也應該不會和執政黨一鼻孔出氣，甘心做應聲蟲，不惜爲社會所鄙棄，而作不利於新黨的表示。

爲了團結朝野，一致反共，我們誠摯希望執政黨不要自居優越，唯我獨尊，如果仍不揚棄過去訓政時期的觀念和作風，爲便於政治上的控制壟斷，竟不許現有的三黨以外再有新黨，則不僅違反民主憲政精神，反共抗俄的前途也將不免因而黯淡。

公論報

（原載該報八月一日社論）

四、評「政黨的承認問題」

民主中國

七月廿九日中央日報社論，以「政黨的承認問題」為題，說明他們對於正在籌組中的反對黨，將持不承認的態度。中央日報是國民黨的黨報，這類政策性的社論，自然獲得國民黨和國民黨政府的同意，毫無疑問。（八月七日報載，國民黨中常委陶希聖答覆記者時說，此社論的意見，與國民黨政策相符合。）

目前正在籌組中的反對黨，是今年繼國民大會、地方選舉之後，最引人重視的問題。就國家當前的處境言，這個即將成立的反對黨，在某些方面說，其重要性並不下於三月間的國民大會，且遠過於最近的地方選舉。因此之故，在籌組中的反對黨，沒有正式成立之前，我們是持慎重的態度，始終未置一辭。現在執政的國民黨，在他們的黨報上，既然說出他們對於反對黨的不承認理由，而且該社論中，還有涉及我們民主社會黨之處，那我們也不必再事緘默，而不發一言。

中央日報在「政黨的承認問題」社論中，開始就說：「……現在又有所謂地方選舉改進座談會其名而組黨其實的運動在進行中，我們並不重視，亦決不予以承認。」這一段文字，在我們看來，充分表示國民黨當局的意氣用事。地方選舉改進座談會的成立，誰都知道，是針對國民黨一黨包辦地方選舉之不公；一般國民黨之外的候選人，深感到憑個人的力量，沒法與國民黨政府包辦的選舉競爭，所以才有組黨的要求，這完全是國民黨的逼上「梁山」。現在國民黨當局不從根本上設法解決問題，僅銜恨於地方選舉改進座談會，將他們過去一黨包辦的選舉舞弊內幕，層層拆穿，並憤怒於即將成立的反對黨，對他們有所不利，老氣橫秋的說出：「我們並不重視，亦決不予以承認」。這樣處理國事的態度，我們實在不敢苟同。

該社論接着又說：「我們認為政黨與政黨間之關係，不是法律的而是政治的。」上面這兩句話，在我們的解釋，是國民黨當局避免在法律方面的受人指責，因憲法第十四條規定：「人民有集會及結社之自由。」不過即使拋開法律不談，就從政治方面說，中央日報這個理由，也很牽強。民主政治是一種選舉的政治制度，目前正在籌組中的反對黨，臺灣人士佔絕大多數，而且他們之中一部分人的組黨目的，確為將來的地方選舉；在將來的鄉鎮選舉以及省市選舉，國民黨有何理由不讓將來的反對黨人士參加競選？既能參加競選，總有當選的，甚至是多數當選，他們在當選之後，在各級議會中，說他們是反對黨的議員。到那時候，國民黨在法律上既不能不承認反對黨，就是根據政治上的實際情形，也沒法不與反對黨從事交往。在大陸上國民黨可以不承認其他黨派，因為那時沒有實行地方選舉，黨派間之承認與不承認，全是根據本身的利害來決定。現在在憲法明文規定下，實行地方選舉，國民黨當局說基於政治上的理由，不承認即將成立的反對黨，在我們看來，也不過是目前的負氣之言，在將來終是行不通的理由。

該社論另外一段並說：「倘如今日再有『救國會』『民主同盟』一類的組織，甘心為共匪外圍，做尾巴，從事顛覆國家的陰謀活動，我們決計沒有予以承認，與其交往之可能，今日所謂反對黨的組黨運動，其真正企圖為何，真實目的何在，都未可知，我們自亦沒有予以承認與其交往的可能。」所謂「共產黨外圍」、「共產黨尾巴」這一類名詞，是國民黨加於反對他們的人，慣用的術語，也是黨天下的口脗。我們聽的很多，不足為奇。不過我們認為國民黨這種隨意給人戴帽子的作風，不僅有悖於情理，而且也有失於論事的態度。老實說，一個擔負國家重任的政黨，在民怨沸騰的情勢下，應該首先檢討自己行政上的得失，不應該推諉責任，而儘怪別人。目前正在籌組中的反對黨，其醞釀已非一日，又不是凌空而降，國民黨當局對其內幕情形，比任何人都要清楚，而反以「不知真正企圖為何，真實目的何在」的口實，作為不承認的理由，未免過於原諒自己。假定過去十一年中，沒有國民黨的高壓政策，與包辦選舉，自然不會有今天反對黨的組織。我們上面這段話，絕無偏袒反對黨的任何意思，而是說今後國民黨政府，如不從本身的錯誤去改正，一味用高壓政策，戴帽子作風，即使在今天能勉強消滅掉反對黨，而明天必將有另一個新的反對黨出現，可以斷言。反過來說，如果國民黨能在政績上去爭取民心，獲得人民的擁戴，就有再多的反對黨出現，也不必有所恐懼。

中央日報社論中，除表示不承認即將成立的反對黨之外，還有關於我們民青兩黨的一段文字，茲抄錄於下：「這幾十年的中間，於本黨之外，有悠久歷史的，有確定的主張，自立自主，在愛國的前提下，與本黨或分手，或合作，而抗戰以來，同休戚，共患難，並且一致努力，開始憲政，推行民主政治者，只有中國青年黨與民主社會黨。直至今年五月，本黨六屆中央臨時全會，重申信念，鄭重決議，對這些反共抗俄為職志的愛國民主政黨，互相尊重，互相信任，以共進於復國建國的大道。」關於上面的話，我們有同意者，有不能同意者。不能同意的部分，是說與我們互相尊重，互相信任。來臺灣之後，國民黨對我們民主社會黨，不僅沒有互相尊重，互相信任，反而仇視我們，壓迫我們，甚至還用各種卑劣手段分化我們。國民黨在各機構中，發現我們民社黨黨員時，不是歧視，便迫使去職。我們大陸來臺黨員，大多是傾家蕩產，隨政府來到臺灣，都是靠工作以糊口，處國民黨這樣的壓迫下，我們許多黨員都不敢暴露黨籍。在臺灣地方選舉中，國民黨對本黨候選人的壓迫，自不必說；甚至對本黨當選的黨員，也用盡方法，使之不安於位，因此本省人士，多認為加入民社黨是一種恐懼。以致我們大部分有力的本省黨員，現都準備參加新的反對黨。國民黨除壓迫我們黨員外，還製造我們黨的分裂，他們利用我們黨中少數敗類，加上跨黨份子，另起組織，以和我們中央總部對立。當國民黨所扶植的組織，力量不足時，國民黨當局用單刀直入的方式，藉調解的美名，來壓迫我們讓步。同時還在國民黨的報紙上，替那些偽組織來宣傳，使不明眞相的人，以為我們在鬧分裂。關於上述事實，數年以來，我們都隱忍不言，現在國民黨當局又在宣傳着，和我們民社黨互相尊重，互相信任，使我們不得不將近數年來的事實眞相，以供諸國人。同時我們鄭重表示，我們不能接受國民黨這種形式的「尊重與信任。」

該社論的最後一段，並呼籲海內外反共愛國人士的大團結，我們認為在當前國家危若累卵的局面下，凡愛國人士，固然應該以民族大義為前提，共同努力，以達反共復國的目標。然而這個團結的關鍵，權在政府。政府最低限度要做到下列兩點：一、應該拿出誠心去對待人民與黨派，不應該再用過去玩弄權術的一套作法。二、放棄黨天下的觀念。在愛國家與民族大義的前提下，我們決不後人，過去我們與國民黨合作參加抗戰，制訂憲法，都是為着國家與民族大義。假定今天國民黨當局所呼籲的團結，是為着保持國民黨少數人的權利，那我們無此義務，亦無此責任。（原載該刊八月十六日社論）

五、異哉所謂「政黨的承認問題」

民主潮

七月二十九日國民黨的中央日報發表一篇以「政黨的承認問題」為題的社論，說明國民黨對其他政黨的關係，及對即將出現的新黨的態度，其內容主要表示兩點：第一，近幾十年中，國民黨之外，有悠久的歷史與確定的主張，而自抗戰以來，與國民黨共患難，並共同開始憲政，推行民主者，只有青年黨與民社黨；今後海內外反共愛國人士的大團結，應以國民黨與青民兩黨合作為初步基礎。第二，對於反對黨的組織運動，亦即由「地方選舉改進座談會」所進行新黨運動，並不重視，亦決不承認；而且暗示了若干罪名準備加以誣衊。八月七日國民黨中常委陶希聖更明白表示這篇社論所持的見解與國民黨的政策是相符的。換言之，這就是國民黨當前的政策。

關於中央日報社論所表示的第一點，青民兩黨在抗戰時與國民黨共患難，勝利以後，共同制憲行憲，完全是事實。在新黨尚未正式成立的今天，自由中國只有國青民三黨，以這三黨的合作為海內外反共大團結的初步基礎，也是順理成章之事；不過中央日報社論這一表示，暗中還包含有另一個意義，即國民黨只承認青民兩黨，現在如此，將來也如此，這是極值得注意的。至於國民黨對青民兩黨表面上雖說互相尊重，互相信任，實際上三黨關係是不是建立在平等基礎之上？近年來青民兩黨內部是糾紛不已，其外在的因素究竟何在？在青民兩黨大多數黨員被壓迫被歧視的情況下，少數人的親善是否即可認為是黨派關係的良好？國民黨當局指名「徵召」青年黨一二領導人參加行政院，並準備與民社黨繼續商談，是否眞正有促成海內外反共大團結的誠意，抑或祇是想利用青民兩黨「做尾巴」，做工具，來打擊不久即將出現的新黨以及海外民主反共人士？對這種種問題，明眼人自有相當的認識，我們姑且存而不論。

關於第二點，中央日報社論說：「今日所謂『反對黨』的組黨運動，其眞正企圖為何；眞實目的何在，都未可知，我們自亦沒有予以承認而與其交往的可能」。對於中央日報這一表示，香港星島日報七月三十日社論已加以批評，認為：「既然說：『今日所謂「反對黨」的組黨運動，其眞正企圖為何，眞實目的何在，都未可知，』又怎能斷定沒有予以承認而與其交往之可能？反對一件『都未可知』之事，多麼滑稽？多麼幼稚？企圖與目的，『都未可知』，憑什麼去反對？告訴人家反對的是什麼？」我們對此完全同感，不必再事詞費。中央日報又說：「我們認為政黨與政黨之間的關係，不是法律的，而是政治的，因而一個政黨對於另一政黨，決不可輕於承認。」其實，就法律的觀點言，一個新政黨的成立，固然不需要另一個既成政黨的承認；就政治的觀點言，政黨與政黨之間，也根本不發生所謂承認問題。民主國家的政黨間的正常關係，祇是互相競爭，互相監督，互相批評，或必要時的互相合作，這都有民主的軌道可循，並不像國家與國家之間，需要彼此承認。中華民國憲法明白規定人民有結社集會的自由，組黨即是組織政治性的社團，乃人民的基本權利之一。國民黨雖然不承認目前的組黨運動，但它並無權否定人民組黨的權利，也無權阻止新黨的產生。行將在自由中國出現的新黨，只要它是一個愛國反共，以和平合法的手段從事競爭的民主政黨，即為憲法所許可，也應為憲法所保障。一個新成立的政黨，在三五年之內，絕對說不上在選舉中贏得勝利，取到政權，代替國民黨執政；即使它有這種企圖，有這種目的，也是正正當當的企圖，正正當當的目的，並不違反憲政的精神與民主的規範，一切誣衊都加不上。它的行動是否合法，應該由法律來裁定；它的目標是否正確，應該由人民來判斷。新黨成立以後所需要的，是多數選民的支持，而不是其他政黨的承認。它必須把對國事的主張，訴諸全國人民。它的前途決定於它是否符合人民的需要，能否得到人民的擁護，而非決定於執政的國民黨的是否承認。國民黨可以不和新黨交往，但總不能不以它爲競爭的對象。國民黨可以不承認新黨，但在將來的選擧中，它旣不能剝奪新黨候選人的被選擧權，也不能禁止選民投新黨的票，卽不能不承認新黨爲競選的對手，更不能不承認選擧的結果。國民黨現在宣示對新黨的「不承認主義」，實質上無異不承認憲法所保障的基本人權，不承認憲法所建立的民主規範。國民黨不承認新黨，祇不過表現它的優越感和自大的心理，並無損於新黨。如果國民黨不承認憲法所保障的基本人權，不承認憲法所建立的民主規範，那就充分證明自由中國的憲政是有名無實，更充分證明國民黨的反民主是信而有徵。

中央日報在「政黨承認的問題」社論中，一再談到青民兩黨，我們青年黨人更不禁感慨系之。青年黨成立於民國十二年，從十二年到十六年反對國民黨的聯俄容共，從十六年到對日抗戰前夕反對國民黨的一黨專政，本來就是一個反對黨。當國民黨聯俄容共，而清共以後仍實行一黨專政的時期，黨卽是政府，卽是國家，並且高喊「黨外無黨」的口號，青年黨始終被認爲「反動」「反革命」的政治集團。直到對日抗戰發生，國民黨爲了團結全國，一致抗日，始於民國二十七年夏，由其副總裁汪精衞在漢口與青年黨領袖左舜生交換函件，同時也與民社黨前身的國家社會黨領袖張君勱換函，這是國民黨正式「承認」青年黨與國社黨，時距青年黨的創立已經過十五年之久。在這悠悠十五年當中，青年黨雖備受壓迫，但仍照常活動，照常發展，照常獲得反共愛國要求民主的國人的同情與支持；國民黨並未能否定它的存在，阻遏它的成長，最後且不得不加以承認，要求合作。這一種不必要的承認，對青年黨與國社黨而言，原無足輕重，但在國民黨一黨專政時期，它正式承認青年黨與國社黨，一方面是表示放棄「黨外無黨」的標榜，承認人民有組黨自由，一方面是伸出友好之手，要求政治團結以一致對外，這在當時政治上尙有相當的意義。今則行憲已逾十三年，早已不是「黨卽國家」，「黨外無黨」的時代，憲法上明白規定人民有結社集會之自由，而民主政治之運行，又離不了政黨；人民組黨競選，爲憲法所容許，受憲法之保障，旣成政黨之是否承認，根本不應該成爲問題。潘公展先生在「論中國所謂反對黨」一文中會非常感慨地說：「在中華民國建立已四十九年，中華民國憲法公佈施行已超過十三年的今天，而中華民國政府目前所在地的臺灣寶島上的朝野人士，還在紛紛報導或辯論所謂『反對黨』，一方面看固是天大的笑話，另一方面却也令人引起無限的傷感。」我們回顧往事，覺得此時此地，還要討論「政黨的承認問題」，更是天大的笑話，也更引起我們無限的傷感。

八月三日中央日報社論「寄望於韓國的新執政黨」一文中有一段話：「無論是基於任何一項理由，如迎合世界的思潮，適應反共的需要，維護國家的安全，重整社會的秩序，乃至保障民主黨的政權，今後韓國政府都必須遵循民主政治的正軌向前邁進。如能一切以人民的意旨爲依歸，則一切黨派個人的利害得失可不致過分被重視，以往的恩怨及報復的心理也可完全消除，化乖戾爲祥和，實捨此莫由。」這段話說得非常好，祇可惜工於謀人而拙於謀己，明於責人而昧於責己，如果把文中「民主黨」改爲「國民黨」，「韓國政府」改爲「中國政府」，正是我們所寄望於中國執政黨者。「安定，團結，民主，反共」，是韓國當前面臨的四大課題，也是我國當前面臨的四大課題。我們認爲，只有「團結」，才能維持安定的局面，才能增强反共的力量。而只有「民主」，才能實現海內外反共大團結；只有遵循民主政治的正軌，才可以避免「混亂」，保持「安定」；也只有認眞推行民主，才是有效的反共。在這互相關連的四大課題之中、「民主」乃是最重要的一個環節。國民黨旣欲呼籲海內外反共愛國人士的大團結，卽必須本着天下爲公的精神，表現容忍異己的雅量，固不宜優越自大，驕矜凌人，更不可狹隘自私，示人不廣；而在憲法統治之下，民主正軌之上，更須確認「組黨自由」與「政黨平等」的兩大原則，所謂政黨的承認問題，最好不必再談。

（原載該刊八月十六日社論）

狀元及第

喬鵬 書

臺北市公立中學聯考放榜的下午，家家戶戶都很緊張地收聽廣播消息。

「媽！我考上了，建國中學。」，小明跑得一頭汗，連跳帶蹦地喊着，一進門便滾在媽媽的懷裏，一直氣喘吁吁地說：「媽！我考上了！」，小明的媽，撫着小明的頭，急着問小明：「眞的嗎？」，小明說：「眞的，一定沒有錯，王公館是落地收音機，今天廣播聲音，放得特別高，聽得淸淸楚楚。我一聽見報告我的號碼，念出我的名子。我就一口氣趕快跑回來。」小明一面說，一面緊緊地抱住媽媽，搖動媽媽的肩膀說：「媽！！我考上了！」，小明的媽，受不了這樣激動，終於哭了。小明也隨着哭，小明緊緊抱住媽媽，母子們在無言中雙雙啜泣。

小明的媽，爲了小明上學，眞是千辛萬苦！爸爸在外島擔任防禦工作，一年難得回臺北一趟，每月軍餉寄回來，數目很少，小明的媽，覺得孩子們上學，臺北總比別處好，將來升學容易，她一個人拖着三個孩子，住在軍眷區，小明是老大，還有一弟一妹。小明身體不好，常常鬧病，簡直什麼病都害遍了，每一次傳染病的襲擊，小明的媽，好像防禦颱風似的，給小明打預防針，吃抵抗病菌的藥，結果逃不出傳染病的魔掌。不管大大小小，小明總要生生病，應應景。

她縱然特別關心小明的學業，但是，從來不敢加給小明壓力。她恐怕過分的補習，糟塌了小明的身體。他暗中何常不時時爲小明作業着急？她總是强調着健康第一。

她不敢讓小明在遠處上學，同時也不上起貴族小學，只好在軍眷區附近國民學校，將就念念。這樣，她能隨時關照到小明的一切，小明和在她身旁一樣。

雖然住在軍眷區，不出什麼房租水電，四口之家，負擔也還不少。家中開支，除了爸爸的少數寄家軍餉外，就靠小明的媽在某機關當一個小職員的可憐薪水。不够，小明的媽，每天下了班還得替人家做點衣服來貼補，當然哪！她還要燒飯洗衣。買點好菜，先儘孩子們吃；自已常常吃鹹菜醬豆腐來下飯。她也是受過高等教育的人，明知這樣對自己健康不是好辦法，但是有什麼法子呢？孩子們健康要緊。她現在還不滿三十五歲，生活的忙碌和熬煎，臉上堆滿縐紋，看去至少在四十開外。

她的自信心很强，她認爲艱苦中，可以使自己身體健壯；實際生活鍛鍊，可以戰勝自然，她對於自已現狀，覺得無限光明。她有很滿意的丈夫和前途無量的兒女。她認爲這些，比金銀財寶都重要的多，她唯一的心事，就是小明的身體不好。十餘年來，爲了小明生病，眞是操碎心，嚇破膽。她爲了求醫生，受盡無限委曲；爲了奇難重症，冒過無數風險；爲了看守病人，在窮年累月中，熬過不眠不休的無盡長夜。

小明現在長成了，足足十二週歲，身體一天一天地健壯了。今天小明踏進了最難考的省中，十二年的辛苦，她沒有白費。她在軍眷區，大家把她當作女英雄看待。今天，她並不想拿小明的考取，來向大家誇耀；也不想拿這個討好她遠在外島的丈夫。她只覺得多年來的心血有了着落。她不拜神念佛，也不信任何宗教，她只是要對得起自已的良心。生性倔强、剛毅、果敢、從來不流眼淚的她，此時此刻，禁不住小明緊緊地抱住喊媽。喜極而悲的母子抱頭對泣，體現出天上人間無比的至愛。

劈拍！劈拍！屋外一串鞭炮聲。小明的媽急忙擦乾眼淚，起身迎接，連忙說：『不敢當！不敢當！』接着一羣人連嚷帶喊，擁進小明家中：「恭喜！恭喜！軍眷區出了狀元了！」砲是胡老公公特地買來放的。他是前淸的秀才，將近八十歲的人了，軍眷區沒有人不尊敬他。

小明家中擠滿的人，大家七嘴八舌地亂講。

「眞難呵！這比我們在前淸考試都難。」胡老公公搖着頭首先講話。

韓大媽拍着小明的肩膀說：「有本領！用功不用功，全靠自己。小明還不是住的最爛的國民學校，考得最好！王公館請的三個家庭教師，少爺沒考上。」

景少校激昂慷慨地說：「沒聽說過，總平均分數八十五分，連最蹩脚學校的夜間部，都考不上。考省中，最少要平均到九十五分。天曉得！這是什麼分數？說不定明年要考三百三十分纔能及格。」一句話引得大家都笑了。

「小孩家誰能吃得消？背書比背自已生辰都要瓜滾爛熟，我眞不懂？爲什麼要這樣背？背下這些，除了考試，有什麼用？小孩子不是鐵打的，這比趙生鐵還要兇。李小虎有一天從淸早六點，背到晚上十點，老師還拿着篠條逼着背書。李小虎急了，他向老師認輸，情願打死，不能再背。眞是豈有此理！」，黃副官摩拳擦掌地講完，向桌上拍的打了一下。

殷姥姥氣着說：「柏蔚文的小孩，考試完就病倒了！高燒到四十度，一直不退燒，聽說很危險哪！」

「我看算哪！何必上學呢？咱們老粗，還不是一樣替國家出力嗎？」，剛剛回來休假的武上士也開了腔。

「你！，沒念書，當上一輩子兵，到老還當兵，你一點智識都沒有，還想發明原子彈？」，楊書記官打斷了武上士的話頭。

「這樣背書，也不見得能發明原子彈？背來背去，把小孩子們背的比機器都要死板，個個變成木頭人，見鬼！還想發明？好傢伙，考中學是闖頭關，粗頭在後頭，還要考高中考大學，這叫跳三關，跳完，人也差不多了。這是誰出的主意？」，武上

我的母親（一）

雷震

一　七七事變發生以後

我的母親陳太夫人，係於民國二十七年（一九三八年），即對日抗戰的次年，陰曆正月二十一日（陽曆二月二十日）拂曉，遭遇到野蠻暴虐、世罕其匹而自稱爲「皇軍」的日本軍隊，於第五次竄擾我的鄉里——長興縣和平鄉吳山區雷家邊——中，用硫黃炮彈到處放火焚燒村落和民間房屋的時候，而被他們的硫黃彈擊中燒死的。距生於遜清光緒元年（一八七四年）陰曆九月初一日亥時，享年六十有四歲。其遇害的經過，容於次節述之，茲將抗戰發生前後的局勢，略爲說一說。

在七七蘆溝橋事變發生之前不久，政府爲諮詢如何應付日本人不斷的侵略和隨時的挑釁起見，擬趁學校暑假之便，特在避暑勝地的江西牯嶺地方，邀請全國各黨派領袖、文化界、學術界、教育界及實業界的領導人物和社會名流開幾次「談話會」，一面向到會人士說明政府年來備戰求和之苦心，和各項準備工作之實際情況；一面徵詢與會人士對於時局之意見，作爲政府決定今後應付方針的參考。並冀由於此次會談來團結各黨各派及各界人士，共赴國難。一般人咸稱此項會談爲「廬山談話會」。

談話會原擬分爲三次舉行，每次邀約上述人士二十人至三十人與會。人數不多，俾可彼此開誠布公，充分交換意見。不料排列在參與第一次談話會人員，政府雖已發柬邀請而會談尙未舉行的時候，七七事變就在蘆溝橋頭爆發出來，因而談話會在實際上只好好的舉行了第一次。第一次談話會舉行時間爲是年七月中旬，地點在牯嶺圖書館。

其時我任教育部總務司長。這一年（民國二十六年）暑假期間，政府在牯嶺舉辦教育人員訓練班，由教育部總其事。原定分爲兩期舉行，每期定爲四週。被徵調受訓的人員，爲全國省市立中等學校和著名的私立中等學校校長、教務主任和訓導主任。每校至少有上列三人中之一人參加，由各省市主管教育機關遴調。第一期應召受訓者約有五百餘人。

這一年舉辦的暑期訓練班計有三種。除教育人員訓練班設在牯嶺圖書館內，其他軍事人員等訓練班，則設在廬山之海會寺內。而開學典禮則擇於七月九日，即國民革命軍在廣州誓師北伐之日，在海會寺前面的廣場上舉行。是日天氣極爲炎熱，而海會寺地點並不高。一千五六百學員和辦事人員，穿着整齊的黃色卡其布中山裝，立於烈日如火的炎陽下面，聆聽蔣委員長長時間的講話，每人不准揮動扇子，甚至不准用手帕揩掉頭上的汗珠，其中體弱力衰者則紛紛猝然倒地。教育人員的年紀，平均比較大些，更是不勝其苦。而且這一天淸晨由牯嶺整隊步行下山，人疲腹饑，更易於中暑昏倒也。

吳稚暉先生爲當年（民國十五年）北伐軍在廣州誓師時擔任監誓授旗之人，是日特被邀請參加。他住在牯嶺，海會寺在廬山五老峯下面的山腰上，單程可能有上十華里。他下山上山均不肯坐轎子，認爲人抬人總是違反「人道主義」，違背時代精神。他是頭一天下去的，散會後則步行返牯嶺，可是到了晚間十二時左右，他尙未到寓。大家打電話互相詢問，復派人四出尋訪。其焦急情形，當可想而知。他老人家於午夜過後很久，始躑躅回來，悠哉

士並不服氣楊書記官的打岔，說完還呼呼地吹氣。

闊大鬍子生怕兩人鬧僵，慢騰騰地解釋：「這就叫成人不自在呀！慢慢熬，熬完小學熬中學，熬完中學熬大學，熬完大學熬留學。步步高陞。進學校念書，這是正途；正途出身纔是正牌貨，從前有句老話：萬般皆下品，惟有讀書高。」

這句話打動了胡老公公的心：「對了！讀書纔是正途。讀書，那有不背的道理？書要背得熟透，纔有味。不要怕難，書讀千遍，其難自見。千古文章一理。現在時代變了，可是念古書和念新書，還是一樣。要背到醒時、睡時、吃飯時，都會背。連那個字在第幾頁第幾行，一問便知，纔算眞工夫。學校先生們强迫學生們背書，背不會，非背不可。這就叫玉不琢不成器。鯉魚跳龍門，跳不過龍門，那能直上青雲？咱們今天是來給小明道喜，讓他一跳二跳三跳，一直成了洋博士。」，胡老公公說罷，順手掏出個紅紙帖來，有人接過，高高貼在小明的牆上，大家一齊向紅貼鼓掌！上寫着：「狀元及第」。

遊哉，毫無事事，其閒雲野鶴的精神，直視宇宙爲萬物之逆旅也。

教育人員訓練班的學員於典禮完畢後，解散團體的活動，任由各人分別遄返牯嶺。這一天午飯用的是自助餐，定量分配，大家平等待遇。而飯量大的人，很多未能吃飽。返程途中又無吃食店，很多學員向路旁的老百姓家中洽買飯吃。這一帶老百姓並不富有，家無餘糧，連殘膾餶粑都被他們買得吃光了。而後至者竟至無物可食，身體又感疲乏，就倒在路旁休息。故有很多人直至次晨拂曉始陸續歸隊，其狼狽情形，當可想見，而辦事人員之無計劃，則充分表露矣。

教育人員訓練班的主任，由教育部次長段書貽先生擔任，我與普通司司長顧樹森副之。教育部只管教務上的工作，學員生活起居，則一律軍隊化，編隊分組，置於軍事管理之下，由軍事委員會訓練總監部派員主持之。

我的主要工作，就是陪伴講師去上課。在上課之前，要預先通知他們，上課時要陪着他們同去，在開講前還要把他們的身世和履歷介紹一番，受訓人員則鼓掌歡迎如儀。然後由他開講，我則枯坐臺上陪同聽講，講完後陪同他們退出。牯嶺圖書館禮堂地方不大，安放椅子，則座位不多，學員必須站立在那裏聽講，年紀大的人很多吃勿消。至於像我要敬陪末座來陪同聽講，實在感到乏味無聊。因爲講得好的人，眞是鳳毛麟角。我且舉出一個親自聽到的例子，以覘其餘。

其時江西建設廳長爲楊君綽菴。當時頗有人認爲他有才幹，富學識，而報紙也不斷的替他吹噓宣傳，譽他爲研究行政效率的專家。對此溢美的讚詞，他也自覺受之而無愧色。他即以爲題，講了一點多鐘，完全是在自吹自擂，背誦個人經歷，誇耀他自己如何由一個信差而逐步高昇到廳長，鄙陋不堪入耳。其面目雖不甚可憎，而其語言實屬無味，道地十足是一個江湖上賣狗皮膏藥的走方郎中，何嘗懂得半點行政效率的學問！居然有人賞識他這一套吹騙之術，可見狗皮膏藥這一行買賣，在中國的社會上，還是具有相當效力的。

總之，這類訓練的工作，全是一套虛有其表的官樣文章，熱鬧好看或者有之，實際效果則談不到。就是在「黨化」、「造小圈子」這一目標上，也收效不宏，不僅糟塌了受訓人員和辦事人員的大好光陰而已，也就大大的浪費了國帑和民脂民膏。自國民黨執政之後，依樣葫蘆的訓練了數十年，把整個大陸訓垮了，今日還有人樂此不疲，一訓再訓者，豈眞中華民族只圖表面熱鬧好看，不求實際效果，而已陷於不可救藥的地步乎！

蘆溝橋事變發生的翌日，政府即下令中央軍隊開過永定河以北，中日戰爭之發生，殆已屆不可避免的最後關頭。我遂於七月十四日搭乘三北公司的長興輪返京，處理將因戰事而引起之諸般事務，如疏散檔案和辦公人員，建造防空設備等等。

母親此時在鄉間聽說時局不好，中國與日本一場肉搏的大戰，中華民族存亡絕續的大戰，很快的就要全面的發作起來。她因爲十分不放心，特地趕到南京來看我。這時正是政府各機關命令其職員要把眷屬疏散離京，以期避免日機來轟炸。我因爲主持教育部的總務司工作，不僅要疏散自己的家眷，還要幫助同事來疏散他們的家眷，復須尋覓可避空襲的辦公處所和建築防空壕等等，眞是忙亂不堪，簡直沒有功夫陪她談天說地，更談不到陪她出外遊覽消遣，連星期日都無法空閒出來。

母親過去每次來京，總喜歡把家鄉發生的大大小小的陳年事故講給我聽。她往往說到夜靜更深而毫無倦容，好像這個事故正在層出不窮而連續發展下去似的。因爲一個事故尙未講完，又接上另外一個有關連的事故，在她滔滔不絕的談話中，好像整個談話的經緯是一個事故的經緯。其實是兩件或三件獨立發生的事情，不過人物和地點，乃至在時間的前後上，多少有些關連耳。

母親是一位健談者。她閱歷既多，記憶力特別强，陳年古董，道路傳聞，鄉間瑣事，親朋家務，她可以源源本本的娓娓道來，有條不紊。而且說得有聲有色，活神活現。儘管我不大喜歡聽這些瑣碎細故，惟不欲使她掃興起見，也只有耐着性子聆聽下去，有時還要迎合她的興趣而追問幾句，她更可以說得津津有味。她喜歡吸烟，而支氣管一直在慢性發炎，吸烟時則易於咳嗽，晚年早晨起床後要咳上半個多鐘頭。故平時力戒多吸，自己規定每日不要超過十五支。等到話匣子打開了的時候，則一枝香烟將完，接着又燃上一枝，吸之不斷，而咳嗽也就跟着咳個不停。於是就要用很熱的茶來滋潤喉嚨，一杯將完，又要斟上第二杯。烟、茶、說話和咳嗽，則環繞不斷，瀰漫全室，而她並不以此爲苦。最後，或者我因要就寢，或者有事外出，或者要去辦公，總是把她的話中途打斷了。「音容宛在」，我今天腦筋裏老是浮現出她當時話家常、說故事的神情。

母親生育子女共有五人，除我一人外，此時均已先後謝世（我有一兄一弟二妹；兄名用邦，已結婚，遺下一子一女；弟名用國，已結婚，遺有一女；二個妹子未成年即已去世），她的心情是很寂寞的。因爲只留下我這個兒子，她總是覺得我是她在這個世界上最親愛、最可靠的一個人。況且一年之中，不過見到一次或兩次面，所以一見面就情不自禁的要把她的滿懷積愫和寂寞心情一齊吐出爲快。我萬沒有料到她不久會慘遭不幸，那次來京沒有讓她盡與說個痛快，今日回想起來，眞是感到萬分歉疚而罪孽深重，再沒有機會聽到她「訴苦」的聲音。再也看不到她那迫不及待的要告訴我家鄉諸般事情的神情。我的母親一生是受盡了人世間的「苦」——辛苦、勞苦、艱苦、痛苦，只有一個「苦」字可以代表她的一生經歷。

蘆溝橋事變發生後不久，政府就命各機關的職員，趕快的把各人眷屬疏散離京，避免損失，並作長期抗戰之準備。我是浙江長興縣人，而長興距離上海商埠很近，那裏有許多親朋故舊可以照料，故友人中有人極力勸我（段書貽先生也是這樣勸我）把家眷搬至上海租界居住，免得費錢勞神而山遙水遠的向內地播遷。我母親尤其願意我把家眷搬至上海租界寄居，這樣，她可以隨時來看看他們。我們這些生長在江浙地方而且住慣了這一帶的人，總是把內地看成茅塞未開、邊陲荒僻的地方，誰也不大願意向內地跑，儘管這種想法是謬見和無知。我是堅決主張「抗日圖存」的人。在戰事爆發以前，我寫了很多文章鼓吹抗日（我與友人徐逸樵，同學羅鴻詔馬宗榮諸兄，於民國二十三年在南京創辦「中國新論」雜誌，南港中央研究院圖書館保存有全份，其主要的目的就是督促政府奮起抗日。關於這一方面，我有一篇代表作，題爲「中國果不能與日本一戰乎？」就是說明中國必須長期抗戰，拖垮日本。）以冀喚起國人對日同仇敵愾之心。蘆溝橋事變發生後，我們既要和日本帝國主義打仗，我決不要依靠租界來庇護家屬的安全。何況我是最切齒痛恨租界這個藏垢納污的畸形地區的人。

八月六日我的家眷乘江輪西上。他們原擬由漢口登陸坐火車去長沙小住，觀望戰爭的發展後再說。因爲湖南大學校長皮皓白學長（他亦爲日本第八高等畢業）一再來信歡迎，並且說可以照料一切。旋因天氣酷熱，小孩們在船上受了暑而支持不住，乃改變行程。我買的是招商局江輪的官艙票，官艙一間房子共有三個舖位，我只買到兩個，還是託人在上海買的。不料另一個舖位的乘客，竟是一個男子。我的眷屬只有兩位年紀大的女性（一位是奶媽）和三個小孩子，擠在斗室的一個房間，簡直轉不過身子來，天氣又炎熱異常，而艙外通道裏，復堆滿了各色各樣大大小小的行李和傢俱，小孩們簡直無法行動一步，眞是弄得大家透不過氣來。不得已，他們到了九江後，乃棄舟登陸，改往牯嶺小住。直到南京撤退路過九江時，我始接他們經南昌至長沙小住，惟不久又遷至重慶。

當他們動身那一天，我在下關碼頭照料他們上船。因爲乘客擁擠而秩序凌亂，上船搞了很久很久，始找到自己購買的艙位。及將行李衣箱安置停當之後，我聽到開船的鑼聲響徹雲霄，而竟沒有法子走得出來，因爲船上的所有通路，統統被乘客們的行李和雜物塞住了。有人甚至把脚盆、馬桶、搖籃和晒衣服用的竹竿子都帶着走，而亂七八糟毫無秩序的堆在艙室外面的甬道裏，客人幾乎無法通行，我儘管目擊輪船慢慢的離開碼頭而只有望岸興歎！不得已隨着輪船開至蕪湖才能上岸，然後乘汽車返京。這一晚我尙約有教育部幾個同人在寓所吃飯，商量教育部的應變問題。

八月六日家眷離京西上之後，家中只有母親一個人。她舉目無親，往往枯坐終日，無人可與談話，其心情之寂寞和無聊，當可想像得到。我有時在外面吃午飯，早出深晚始歸，她無法排遣漫長的永晝，只有抽烟喝茶，跟我相隨十多年之湖州工人名桂寶者談天說地，以消磨時間。我回寓後本已疲乏不堪，還要強打精神陪她話古論今，她還是興致勃勃，樂此不疲，常常談到夜靜更深始上床就寢。她上床後，意猶未盡，還是叨叨不休。我因爲掛念明日需辦的事情很多，一再勸她早些就寢。現在回想起來，殊覺有愧子職，爲什麼當時不讓她說個痛快。古人說：「忠孝不能兩全」或「移孝作忠」，我今天只好以此語來自己安慰自己罷了。

在這個時候，教育部總務司的工作，實在忙亂不堪，爲應付行將爆發之全面戰事，需要防空疏散，下令各省學辦臨時中學，成立北方各校的聯合大學等等，有的需要總務司獨任其事，有的需要總務司參加會辦，有的更需要與有關機關洽商辦理。

八月十三日，日軍進攻上海的大戰終於展開了。母親聞此驚報，卽決定次日返里。我也恐怕戰事爆發之後，交通線會被切斷，也就未留她再住下去。她說她返里後要把地方上的青年壯丁組織起來，把地方上的零散槍枝集合攏來，擔任地方上的防衛工作，一則可以避免日軍之侵襲騷擾，二則可以防止土匪和宵小之輩，乘我軍撤退後而趁火打刼。過去每次內戰，包括民十六年的革命行軍在內，地方上的善良老百姓，總是遭殃受害，甚至家破人亡。

母親遂於八月十四日上午八時乘江南汽車公司的班車返里。當她動身的頭一天晚上，我見她身體不大好，又患着嚴重的咳嗽，擬僱小汽車送她返湖，減少顚簸勞頓，而她堅持不肯。她見我事情很忙，連我要求送到湖州也堅決拒絕。她說，這次對外戰事，關係國家盛衰和民族存亡，我們大家應該吃苦的，應該在困苦中掙扎求生存的，坐坐公共汽車又算得什麼！我們物資缺乏，如戰爭持久下去，將來恐怕連公共汽車都沒有坐了。日後我們撤退到後方，受到物資不足的困擾，時常感到她這幾句話的深長意義。

八月十四日上午七時許，我送她去城南白下路上江南汽車公司的公共汽車的時候，她還在車站上勉勵我許多話，並一再囑我要當心身體。對我一人留在京裏，她十分不放心，還擔心我的衣食起居等等，無人照應。父母愛子之心，正不以兒子的年齡長大而衰退也。我母親過去每次來京返里當我送行的時候，她從未掉過一滴眼淚，此次因戰亂關係，大家前途茫茫，吉凶禍福未卜，恐怕以後不容易見到面，當她話別上車時，她竟落淚不止，我也不知不覺的眼紅流淚了。當汽車開行的一瞬間，我看到她在車中的背影，瘦削的兩肩，斑白依稀的頭髮，和以巾擦淚的悽涼樣子，我的淚水益發湧溢不止，很想痛哭一場才好。萬未料到這次車站一別，竟成永訣，此後再也看不到她老人家的樣子了。日本人這場侵略的戰爭，除它自己係自作自受、死亡與損失無可計算外，不知道使多少中國人弄到無衣無食，妻離子散而家破人亡啊！

母親返里後卽發動勞軍的工作。那時軍隊正需要布鞋，她在鄉里中連襲帶募的竟湊到了一萬多雙布鞋捐給軍隊。及滬杭相繼棄守，城市一些有錢的人，陸續跑到我們的鄉里來避難。而地方上的流氓和地痞，則乘機搶刼，一時家鄉秩序大壞。母親看到情形不妙，而人心現出極度的不安，乃糾合鄉間的壯丁，成立「地方自衞隊」，藉以維持秩序，保境安民。

湖州城內駐紮有一隊相當數目的日軍，聽說我鄉有游擊隊存在，乃不斷的派軍前來掃蕩。其實，日軍每次到來，均係大張旗鼓，擺成聲勢浩大的陣容，其目的顯在耀武揚威，鎭壓中國老百姓，故除了强姦婦女、焚燒村莊之外，並沒有和游擊隊有任何的接觸。可以說，日軍連游擊隊的影子也沒有看到，因爲那裏根本沒有什麼游擊隊存在。我軍此時已退守孝豐縣境，而日軍經常駐紮在湖州和長興城內，兩者相距有一百六七十華里。我們家鄉恰在這個中間，已成了眞空地帶，而「地方自衞隊」的槍枝陳舊雜亂，有獨響毛瑟槍，有十三響的和五響的洋槍，而且數目極少，維持地方秩序的力量尙嫌不足，那裏有力量和配有近代裝備之日軍抵抗呀！可是日軍每次出動，總是疑神見鬼的小題大做，不是說這裏有多少游擊隊，就是說那裏有多少反日分子。而以掃蕩游擊隊，捕殺反日分子爲其出師之名。眞是欲加之罪，何患無辭！

我母親爲一鄉之望，鄉人和戚友都尊之爲「鄉長」（非鄉鎭長之意）。平素地方上遇到重要事情發生的時候，如修橋補路、迎神賽會、建造渡船、疏濬河道、救恤孤貧等等，首先必來和她商量，或者由她出面舉辦，或者和她商定辦法後交與保長們去執行。這類事情，均非錢莫辦，必須由她出面號召，始能籌集欵項。她自己必定拿出相當數目，有時還要預墊欵項。還有，鄉人爲打架吵嘴，銀錢糾紛，田產水路，以及兄弟析產或開店合夥之糾葛，也常常要請她出來調解。很遠的地方有了事情而不得解決的時候，常常抬着轎子或雇船來接她老人家去做仲裁人。奇怪得很，這些糾紛，往往由她一言以爲解決，而消弭了地方上許多糾紛。故她日常生活，除要管理自己的家務外，還要照料地方上的事情，雖不能說是席不暇暖，可是相當的忙碌。因爲她在晚年已成爲那一方面（不僅一鄉）的「大紳女」了。

湖州城內的日軍總部，曉得我母親在鄉里的地位及她與地方自衞隊的關係，故每次犯境的時候，總來我家及其附近的村莊大肆搜索和盤詢，好像我的家——住宅——就是游擊隊的大本營似的。由湖州出西門，經過小溪口鎭往安吉縣屬梅溪鎭和曉墅鎭的河道，叫做「苕溪」，卽「西苕溪」，發源於西天目山之陰。河岸距離我家的住宅不過數百步之遙。夜間河裏行船，其櫓槳的欸乃之聲和船伕們的杭育呼喚和唱山歌之聲，均淸晰可辨。日軍來犯的路線，大都從湖州城內坐小火輪出發。迨輪船駛到距離我家約有一公里遠的吳山渡口，或其附近的地方，則捨舟登陸，手携輕武器，整隊步行。於是沿途鳴槍示威，逢人則射擊斃命；遇到村莊民房草堆，則用硫黃彈擊中而焚燬之；遇到婦人女子，不問老少美醜，捉住輪流强姦。看見鷄子鴨子，則捉來殺得吃，看到犬吠狗跑，則一槍打死。故日軍所到之處，則行人絕跡，房屋燒光，連鷄犬禽獸也不能免於遭難。其殘暴野蠻，可謂世界上數一數二之軍隊矣。

日軍這種瘋狂殘忍的行徑，據一般人的解釋是：一爲耀武揚威，表示征服者的姿態，期以懾服中國人之反抗。一爲發洩獸性，以滿足個人之空閒無聊之情緒。三爲犯境日軍相互連絡的信號。蓋日軍侵入鄉間，常分數路進犯，但對地形路徑究不够熟悉，恐遭我方伏軍的暗算，故以焚燒民房爲彼此聯絡，互通情報的信號。日軍這樣燒殺作惡，慘絕人寰，中國人民自然恨之切骨，平常講話提到日軍，不曰日軍，而竟呼之爲「獸軍」或「野獸」或「畜生」，蓋其所作所爲，猶如野獸畜生一般，毫無人性理性之可言。玆擧我鄉所發生一個例子，以見八年抗戰期間，中國人受害的慘烈。

距離我家約有二公里的獨山抖，正沿西苕溪之旁，與我家住宅爲斜對河，由吳山渡向西岸起岸不遠便是。敵軍來犯時，常有一隊在吳山渡渡口西岸登陸，經過獨山抖抖埂而步行至小溪口鎭。有一位年紀已有七十幾歲的老農夫名畢國瑞者，住在獨山抖裏面，距吳山渡口大約有一公里。他與我父親爲世交，亦係由河南遷移來浙的。家道小康，差堪溫飽。他有一個兒子名畢騰靑者，其時正供職於中央航空學校任司書的工作，曾隨政府撤退至成都。

日軍有一次來犯時，聽說他家中有人在空軍工作，認爲這是「罪在不赦」之列，竟於大雪紛飛之中，把他的住宅和糧食等等，燒得寸草不留，藉以報復洩忿。其時畢老伯在不遠的鄰村避難，看見家中大火，則心如刀割，而施救無方。及日軍去後，他返家一看，什麼東西也沒有了，只剩下東一堆西一堆的餘燼殘烟。在冰天雪地之中，他竟無棲身之所。環顧左右，孑然一身，在悲憤交集之餘，卽向門前池塘投水自盡。其時他是一個人獨自返家，故他投水自盡之事，什麼人也不知道，只有死者一雙油鞋脫在池塘埂上而已。

他的家人逃在附近的山裏面，迨返家後不僅房屋變成白地，而糧食衣被則一無存留，正在搥胸痛哭的當兒，復發覺當家人投水自殺，眞是禍不單行了。畢老伯母在絕望之餘，亦欲投水殉難，幸經家人勸阻未遂。日軍在我們鄉里之殘暴罪行，和鄉人之受難遭殃，眞非今日的楮墨可以形容其情景於萬一也。

據云，日本人認爲中國人，尤其是南方人，狡黠多變，日本人要靠少數士兵來佔領中國的土地，必須用高度的暴力和殘忍的手段方可鎭壓得住，而燒、殺、姦三者，乃是鎭壓中最有力、最殘暴的方法云。（待續）

讀者投書

看嘉義大林中學梅山分部妄施黨化教育！

林亨

最近因爲看到中央日報「政黨的承認問題」社論中，說到國民黨與民、青兩黨如何「互相尊重，互相信任」之類，我不妨把一封嘉義縣民陳調榮的「陳情書」原文送上，請惠于發表：

(抄本)　陳情書

中華民國四十九年五月廿三日

陳情人　陳調榮

在嘉義縣六脚鄉灣北村二四二號

事由：爲嘉義縣立大林中學梅山分部導師鍾獻元妄施奴化教育，教員王人傑無理毆傷學生、誣告學生爲思想犯，管理組長喻代春要挾學生退學，校長劉慕唐並加鼓勵，請求澈查等。

竊陳情人之子陳英賢就讀於嘉義縣立大林中學梅山分部初中三年級平班，本(四九)年四月下旬，正值本省各縣市第四屆縣市長選舉結果，級任導師鍾獻元先生以本屆選舉之感想爲題，命作週記，英賢當爲如下之敍述：

本週是各候選人競選最激烈的一週，所以機關團體也分別做了各候選人的助選者。在這民主時代的今天，本着　總統的號召選賢與能的原則下，難道國民黨提名的都是賢能嗎？本縣這屆國民黨提名候選人黃宗焜先生，我們大家冷靜的回想，在他三年任內，對本縣做了些什麼事？這在七十多萬縣民雪亮的眼光下是很清楚的，國民黨何必用種種不民主的手段欺騙縣民來投給黃宗焜的票呢？一縣的好壞與縣長是有關連的。今天一般的縣民都很同情這一位青年黨出身的許竹模先生。我並不是因我不是國民黨，所以說許先生好。在此我們再冷靜的想想，如政府的官吏都是國民黨的人士，那別黨或無黨的人士都不能當大官，那還談什麼民主政治呢？此次縣長候選人青年黨的許先生，雖在國民黨的勝利下落選，我個人將很同情許竹模先生，並請他再拿出勇氣來，好好的奮鬪。將來青年黨的人士，一定有可當選的一天的。本週已隨着選情的緊張而過去了。

本年四月二十七日鍾導師予以批閱，評語是「思想不正確」。並以之公諸全體教職員之前，資爲談助。五月三日朝會分部主任簡維章先生主持完畢，教員王人傑突然登臺，指手劃脚，謂本校學生陳英賢思想大有問題，大家要知道青年黨是壞黨，壞黨由壞人出來競選，如在大陸是共匪的走狗，接着管理組長喻代春高嚷，陳英賢如不開除學籍，我即離開本校。繼之王人傑指英賢態度欠佳，罰站於操場烈日之下。英賢在此情形下，自難甘服，乃隨其他同學步向教室。王人傑遂以拳猛擊英賢左上胸部，左肩胛下部，右側腹部，左三角筋部成傷。如非喻代春從中阻止，則更不堪設想。事後王人傑並以電話報告嘉義縣警局所屬竹崎分局梅山分駐所王巡官，指英賢思想有問題，請加追究。同時由分部報請校長開除英賢學籍。但隔日又自行撤回，復威脅英賢退學。查英賢年僅十八，正在就學期間，從未參加任何活動，即除課本外，亦未閱讀其他書籍，此篇週記，不過就耳聞目擊，記諸文字而已，如何能謂思想不正確？而王人傑且向有追訴權之機關，告發英賢思想有問題。在今日反共抗俄之政策下，所謂思想問題，除共產思想外別何所指。似此教育現象，爲自由中國所應有乎？事後更變本加厲，於本月十二日指英賢吸煙，損壞公物，記大過一次，小過一次。按在三、四月前該校全體大檢查時，在英賢書包內搜得長枝雙喜煙濾嘴一個，當時因據其陳明係爲他人投入，並未加以追究。至損壞公物，係掃除教室，清理蛛網，不愼打壞鏡框玻璃一面，隨時賠償回復原狀。此亦爲三個月前之事，而於英賢被毆之後，以此爲報復手段而已。之後又以曠課爲理由，陳情人連接該分部本月十三、十四、十九三次通知，勒令英賢退學，且定於明(二十四)日由校長劉慕唐召集訓導會議，以英賢成績太差爲理由，決定開除學籍。

綜觀該校所採上開各項措施，實使陳情人有今世何世之感！爰向我臺灣省最高教育主管劉廳長請示，在目前所謂思想有問題是不是指共產思想？上開週記所述與共產思想有何關連？導師鍾獻元批思想不正確之教育立場是什麼？王人傑在升旗時公開指青年黨爲壞黨，在大陸是共產黨走狗，是不是教育政策？學生犯校規爲什麼不在當時處罰，而於時過境遷，且在「思想不正確」後加以處罰？學生過去從不曠課，何以最近連續曠課？(英賢自本(五)月三日被毆成傷後臥病一週，均經請假，過後即繼續上課，從未間斷此有同學可證)，是不是登記不實僞造文書？學生成績太差，學年學期均有考試予以評定，何以在行將畢業之時，特別召開訓導會議來決定開除？校長劉慕唐對於導師鍾獻元「思想不正確」評語，教員王人傑毆打學生，管理組長喻代春之狂妄言語，不獨置若罔聞，不加任何處分，反而召開會議，決定開除英賢學籍，是不是另有用心，鼓勵彼等作爲，造成反感？陳情人乃一泥腿篤農，固不知政黨爲何物，更談不上參加任何政黨，然而校方竟謂英賢之父爲青年黨，故有此思想，而予以打擊。陳情人實在不解，青年黨是否就是共產黨？如果說是，爲什麼不殺盡青年黨，讓無辜種田的人受他的累？如果說不是，就不應在學校裏如此教育青年。然而學校當局硬說陳情人是青年黨，有這樣不正確的情報，才有「思想不正確」的評語，豈不是可悲嗎？既誤了人家子弟，又誤了國家前途，所以我要向　鈞座陳訴，伏祈派員澈查，予各該員以應得處分，以維教育風氣，而正樹人楷模，無任迫切翹企盼禱之至。謹呈

臺灣省教育廳廳長劉鈞鑒

陳情人　陳調榮

臺灣省議會第二屆第一次大會總詢問發言要點

郭　雨　新

一、實施省長民選，完成臺灣地方自治

依據憲法規定，省是自治團體，省所具有的自治權力，中央政府也無權予以變更或侵犯。但我國自民國卅六年行憲迄今，已有十三年歷史，總統由民選產生，已有三屆之多。臺灣省自民國卅八年實施地方自治以來，至今也有十一年歷史，縣市長自民選產生更已有四屆之多。然而臺灣省政府却仍沿襲以往「訓政時期」的辦法，當做行政區域看待。不但省府委員由任命方式產生，卽主持全省政務之省主席，亦由任命方式產生。此種事實，已與憲法第十一章關於「地方制度」的規定不符。但今日的臺灣省政府組織，非但與憲法規定不符，且無法律根據。此事會經總統府臨時行政改革委員會於「調整臺灣省政府組織案」中坦白指出：「臺灣省政府現行組織與省政府組織法不合。」進而建議：「由行政院訂定臺灣省府組織條例，完成立法程序，使臺灣省政府獲得法律根據。」可見主持全省政務的省政府組織，非但違憲，而且於法無據。如此情形，可謂臺灣地方自治中之最大諷刺。十多年來，政府始終以推行民主政治，實施地方自治來對外宣傳，然而現在竟連省政府的體制尙維持「訓政時期」的狀態，這實在是太落伍太不應該的。嚴格一點說，這是政府不信任全臺灣的選民，沒有誠意實施眞正地方自治的有力證明。這眞是政府的一種重大錯誤，是應當趕快謀求補救的。

本席自臺灣省參議會以迄第一、二、三屆臨時省議會會期，對於應實施省長民選及成立臺灣省議會的問題，都曾數度聲言建議。結果到現在，在名義上總算有了一個臺灣省議會，惟民選省長一事，則仍毫無動靜。眞不曉得我政府當局對此一重大問題究爲何如此不予重視？實是令人百思不解的！如果有人說民選省長因在法律上還沒有依據，所以不能實施，那也只是似是而非的推諉之詞而已。省縣自治通則草案，早於十三年前卽已送往立法院審議，結果政府在未完成立法程序時又將其撤回，現在政府如果有決心要實施省長民選完成地方自治，則自治通則草案的完成立法手續，相信不會是一件太困難的事。總而言之，關於省長民選的問題，確是我們全面推行民主政治實施地方自治尙待完成的一件大事，也是不能再作拖延的一件大事，所以本席不厭其重複，現在特再度鄭重提出建議，除請主席轉陳中央採納外，並向主席請教幾點：

①主席對此一問題之看法如何？是否認爲這是一件急待實施的重大事情？

②本席以往對此一問題所作之建議，不知曾轉達中央否？當局對此意見如何？

③關於省縣自治通則草案，是否可請主席轉請中央早日完成立法程序？

④省縣自治通則草案迄今不能完成立法程序，及迄今不能實施民選省長的癥結到底何在？

二、制止政黨黨費由公庫支出，實行公庫歸公

在任何一個民主國家，各政黨的經費，絕不能由國庫支出。這道理非常淺明，國家的錢既取之於全國人民，自亦以用於全國人民爲限；而任何政黨，則僅僅乎是一部份人民的組織，自不能以取之於全民的錢而用於此少數人。可是在我們這個行憲已十數年的國家裏，這種不應該有之情形却仍舊普遍的存在着，甚至已嚴重到黨庫和國庫不分。這種現象，不能不說是我們推行民主政治的一大諷刺。

現在我們的國庫，每年都需要支出鉅額欵項，作爲國民黨的黨費，供國民黨使用，已是人所共知，用不着細說。僅僅就省以下的情形而言：國民黨的臺灣省省黨部，每年照例可由教育廳，社會處，警務處各單位內編列預算，獲得高達三、四千萬元的固定經費，臨時還可獲得各種爲數可觀的補助。國民黨的各縣市黨部，也可同樣由各縣市政府獲得大筆固定經費和特別補助。例如最近據聯合報報導：一個小小國民黨嘉義縣黨部，三年以前僅僅借用修建民衆服務處的名義，便從縣政府索取了一百二十萬元之多的補助費；但三年以來，這筆錢，却又一直成爲嘉義縣黨部放債生息之用。至於國民黨各縣市黨部以下的區黨部，更公然以「民衆服務站」的名義，變成縣市政府的附屬單位，由縣市政府及鄉鎭公所，負擔一切開支。這種利用把持政權的方便，不惜把公庫當黨庫的做法，是絕對違法的，應請政府切實制止。

現在本席願對此問題提出幾點請教：

①在實施民主政治的現況下，何以黨費仍由公庫支付？主席先生是省政府的負責人，又是國民黨的中央常務委員，對此事看法如何？

②省府現在每年撥付政黨黨費若干？又全省各縣市政府及鄉鎭公所每年需撥付此項黨費若干？請省府主計單位切實統計公布和答覆。

③全省三百八十多個民衆服務站，既然是國民黨的區黨部，爲甚麼可以公開在縣市政府和鄉鎭公所要經費？又爲甚麼可以霸佔公有房屋？請公開答覆。

④請主席速建議中央對此項黨費應停止由國家公庫支出，不知高見如何？

三、整飭政治風氣，建立政府信譽

政府在抗戰勝利之後，握有龐大人力、兵力、財力、物力，條件之優越，絕非縮在延安窰洞裏達十三年之

久的共匪所可比擬。到了三十八年，何以在一年之間竟把整個大陸，斷送於共匪之手？追究原因，政府部門的「腐化」，實在是最主要的關鍵。

自從政府退守臺灣以來，起初幾年，未始不想振作有爲。但近幾年來，政府當局雖然口口聲聲離不開反攻，實際上早已以偏安爲目的，日夕以小朝廷自娛，因此，大陸時期的故態復萌，甚至日甚一日。現在政風之敗壞，已經到空前未有之地步，違法濫權，營私舞弊，乃至浪費貪汚，可謂應有盡有。此種「腐化」的情景，完全是大陸時期的翻版，令人言之痛心。現在不必多費唇舌，只要略舉眼前事例，便可以證明情形之嚴重。

在違法濫權方面：憲法規定人民有出版之自由，出版法也未限制人民辦報之權利，甚至政府主管官署也不承認有禁止人民辦報的措施。然在「英文中國日報」創刊以後，由民間與論的主張取消辦報禁令，而立法委員程滄波等的質詢，而監察委員陶百川的提案，而立法委員成舍我依法辦理申請北平世界日報在臺復刊，却被政府當局無理拖延，這非違法濫權而何？在此種政府單位違法濫權的風氣下，上行下效的結果，已有不堪收拾之勢。高雄市博愛路派出所警員蔡朝邊等竟會同國民黨部(民衆服務站)幹事李玉書等，在深夜非法拘捕少婦蔡卿。乃至高雄縣警察人員抓不到刼犯，便擅將該縣林園國校教員黃文安抓去充數。此類事件可以一再發生，簡直是證明臺灣無法無天！

在營私舞弊方面：交通部的疏遷工程的營私舞弊案及該部前總務司長出售像片營私舞弊案，由於「自由中國」讀者的連續指證揭發，現已轟動整個社會。乃至蒙藏委員會也發生包庇蒙古各盟旗辦事處套購木材等，但迄至目前爲止，却未聞有關單位依法處理。流風所及，現在連宜蘭縣的某某林班，在地開墾人納租稅有據的農民等及眞正靠造林爲生的人，已無法承租得到，而是被遠在臺北的豪門、巨室、權貴所租。甚至連澎湖縣一個主任秘書，到差不久,便可利用職權，借支一萬元之多。此類案件之相繼被揭發,足見今日營私舞弊風氣之盛了。

在浪費貪汚方面：近在臺肥六廠工程錯誤,浪費國家龐大財力之後，又有高雄硫酸錏工廠工程錯誤，以及花蓮氮肥廠設備不符需要，無法達到預定生產目標之事發生，總計每年浪費數字，高達三、四百萬美元，約在臺幣一億以上。如此浪費國家財力之事，竟可在貧困之臺灣連續發生，已屬駭人聽聞，而貪汚案件，竟又此起彼落，層出不窮！僅僅在七月份內，據報章公開揭露者，便有基隆市保警三人在緝私時將沒收貨物私吞案，高雄縣美濃鎭農會職員侵佔公欵百萬元案，南投鎭公所財政課長串通辦事員侵佔津貼費案，南投水利會長利用公帑購禮品贈送國民黨省縣黨部有關單位主管等人員案，臺灣銀行公庫部兩襄理侵佔愛國公債三十二萬元案，中央信託局信託處營業科副主任套取員工優利存欵四十餘萬元案，由交通銀行投資之臺北紡織公司業務主任虧蝕公欵五百餘萬元案，彰化市倉庫利用合作社經理挪用公欵三十餘萬元潛逃案，雲林縣林內農會集體舞弊案，鐵路局鳳山貨運服務站主任挪用軍糧五萬餘斤案，高雄縣六龜鄉農會集體貪汚案等重要案件，可見今日政府各大小有關單位，已經普遍在利用職權貪汚了！

今日政治風氣，既然淪落到如此地步，難怪政府在老百姓的心目中，已到信用掃地的程度。本席基於愛護國家監督政府的一貫立場，絕不願此種惡劣的政治風氣，便這樣蔓延滋長下去，因此本席願提出幾點向主席請教：

①主席對於今天這種政治風氣，有何感想？臺灣老百姓普遍的說，這是政府從大陸帶來的，主席有何意見？

②政府當局今天聽任這種政治風氣滋長，是想反攻大陸呢？還是想把臺灣也腐爛掉送給共匪呢？

③政府當局是不是還想建立一點信譽？如果想建立信譽，請問主席是否可以一方面轉陳中央全面整飭，一方面在職權範圍內加以整飭，造成一種廉能的新風氣？

四、地方選舉法規的適用範圍問題

現行有關地方自治的選舉法規，對於監察制度與取締辦法，不管合理與否，總還列有專章，俾政府與人民有所依據。但當縣市議會選舉議長副議長，農會水利會選舉會長理事長常務評議委員或理監事等職位時，究竟何人負選舉監察之責，如有違法舞弊行爲，應依據何種法條由何機關取締，似乎混淆不清。近幾年來，此類選舉風氣之惡劣，比較一般地方選舉有過之而無不及。例如，賄買選票，集體出遊，結隊入場，選票亮相等等，已至明目張膽肆無忌憚的程度。報章揭載，騰笑國際，選舉當時，雖也有主管機關首長甚至法院院長在場監督，亦視若無睹，不加干涉，請問主席：

①地方選舉法規，對於此類間接選舉是否適用？

②如果不能適用，是否準備另訂單行法規？

③如果沒有單行法規，能否通令一律適用普通刑法第六章妨害投票罪的有關法條？

五、臺灣的糧食供需問題

去年十二月，中國農村經濟學會年會，曾就臺灣人口與糧食問題作專題檢討。結論是：「臺灣地狹人稠，糧食生產資源有限，爲避免糧食有缺乏之虞，對目前人口過高自然增殖率，有釐訂人口政策的必要。當前科學進步，提高人口的品質，實較增加數量爲重要。盼望政府面對現實，即時制定合理而有效的人口政策，俾能提高生活水準，加强經濟發展」。此外，該會並曾依據這個結論，向政府提出七項建議，希望盡量利用天然資源，增加糧食生產。

關於人口政策，茲事體大，自非

省政府職掌範圍以內。

關於糧食增產，我們也知道，農林水利糧食等機構在中央及主席指導之下，工作非常積極。可是，人民所不能瞭解者，糧食局長對於糧食供需問題，始終表示樂觀，曾大膽聲明十年以內，臺灣糧食決不會有供不應求的顧慮，即使人口增殖率保持目前的千分之三十五。事實上，近幾年來，出口的稻米遠不及進口的小麥大豆之多。主計處編印的物價統計月報，以四十五年的價格作爲基數，糧食價格漲了百分之六十六以上，除「其他南北貨」與「中藥」外，是最高的。今年的糧價飛漲之時，糧食局長仍然說糧米綽有餘裕。

請問主席：

①糧食局長這些聲明，是專爲安定人心穩定糧價對人民說的呢？對主席對中央是否也是如此說法？

②如果對主席也是如此說法，他的那些數目字是否確實可信？

③由於糧價的平抑不下來，由於進口安南米，人民對糧食局長的話是無法信賴的，爲了安定人心穩定糧價，政府有無其他更好辦法？

④在美援源源接濟之下，只要海運暢通，我們也相信臺灣糧食不會成爲問題，可是長期依賴他人不是辦法，政府對於人口與糧食的供需問題，有無長久基本的對策？

六、關於省政工作重點問題

主席在今年新年後的第一次省政府委員會席上，曾說明今年省政工作有三大重點，即完成「八七」災區重建工作，辦好第四屆地方選舉，與繼續進行各項經濟建設，特別提到糧食增產與交通水利的改進。要言不繁，切實符合本省當前的需要，人民均寄以感佩與期待的心情。現在年度已經去了三分之二，「八七」災區重建工作剛告完成，就遭逢到「八一」雪莉風災，災害僅次於去年的「八七」。第四屆地方選舉早經結束，表面上的糾紛似乎較第三屆爲少，實際上的弊端，仍然和過去一樣，辦好與辦壞，朝野官民的看法完全不同。經濟建設，尤其糧食增產交通水利，經過「八一」風災之後，可以說是損害多而成就少。

平心而論，風與水都是天災，選舉舞弊則是黨禍。前者固非人力所能抗拒，後者也可能非主席之所心願。關於選舉應如何改進以挽回已失人心，過去本席說得很多，這裏僅擬就防風水災害問題有所請教。臺灣住於西南太平洋的邊緣，颱風豪雨，每年要降臨多次，如果「一颱」就會「成災」，則人民的生命財產與地方的物質建設將毫無保障，政府所有農工增產努力，均將歸於徒勞。人民的一般看法，近來災害之所以多而且重，主要由於山林地的濫墾濫伐，政府不僅漠視「森林是臺灣命脈」這一警語，更因急功近利，一方面想在伐木製材方面籌財政收入，更大量獎勵開發山坡地，增加外銷農產品以爭取外滙，水土保持工作太不注意，才造成目前不易收拾的局面。

請問主席：

①政府當局過去誤認不久可以光復大陸，所有財經措施，只圖眼前小利，不計來日大患，時至今日，這種「作客思想」，與「建設臺灣爲三民主義模範省」的號召是否相符？

②經過兩年的重大災害以後，有關森林與水利計劃是否準備澈底加以檢討？

③現代化的大雪山林業公司，就伐木效率而言誠然很高，可是對於森林治水必然得不償失，政府是否考慮變更其作業計劃？

七、自治事項與委辦事項問題

自治事項與委辦事項，憲法與臺灣省各縣市實施地方自治綱要，均有明文列舉，劃分並非難事。可是，中華民國行憲已經十三年，臺灣實行縣市地方自治已經十年，何者爲自治事項，何者爲上級委辦事項，縣市政府與縣市議會，因爲省政府尚未有明令指示，到今天還沒有搞清楚。

民國四十七年，總統府行政改革委員會對此有劃分建議，省政府行政效率促進委員會，對此有劃分方案，四十八年，全省擴大行政會議對此又有中心議題。可是，直到今天，自治事項與委辦事項應該如何劃分，省政府還沒有研究一個定案來。

自治事項與委辦事項沒有清楚劃分，省與縣市政府的權責無法劃分，縣市政府與縣市議會的職權無法劃分，爲了充裕地方自治財源的財政收支劃分法，也無法建議中央修正。簡明言之，所謂地方自治，徒擁虛名，毫無實際，仍然和官治時代一樣，一切仰承省政府意旨辦理，於是一年一度的各縣市施政準則與收支預算編審辦法，省政府照舊頒發，適足證明政府沒有誠意推行地方自治。

請問主席：

①縣市自治事項與上級委辦事項的劃分方案，省政府何時可以脫稿？

②在頒發縣市以前，是否準備送本會審議？

③地方稅源能否同時建議劃分？

④由於少數主管官治意識特强，不願臺灣實行眞正的地方自治，因而故意長久拖延不予劃分？主席能否命令限期完卷？

⑤最重要的，地方自治綱要是省政府擬訂的，所列舉的十多種自治事項何以會不作數？如果發覺窒礙難行，十年來幾次修改地治法規，何以不予刪改？是否和所謂雞肋一樣，「食之無味，棄之可惜」？自我立法，自我違法，欺世盜名的政治作風，能否取信於人民？今後是否考慮加以改正？

八、人民集會結社的自由問題

兩個月來，我們爲了改進地方選舉，集合了部分志同道合的人組織了選舉改進座談會，會中同人，也有主張進一步籌組新的反對黨者。不管座談會也好，新的政黨也好，人民集會結社的自由，是中華民國憲法所賦與所保障的，政府不應任意加以侵害。

可是，上月三十一日在高雄，本

月十三日在中壢，幾十個會員的集會，當地警備司令部都會派員多方阻撓，指爲事前未報治安機關核准，有違戒嚴法的規定。但干涉人民集會結社自由，是一種違憲的行爲，問題並不簡單。

請問主席：

①臺灣並非金門馬祖，與大陸隔了一條寬闊的臺灣海峽，十年以來，社會秩序非常安定，有無適用戒嚴法的必要？如果大陸一天不光復，戒嚴令就一天不取消，試問要到那一年，臺灣人民才能恢復平時的生活？南韓與北韓之間，只隔一條三十八度的虛線，現在已經解嚴，臺灣無休止的長期戒嚴決不合理，主席能否建議中央暫行解嚴？

②兩三年前，我們發起組織地方自治研究會，報請登記，政府不准，改爲民主自治研究會再行申請，政府擱置不理。人民的結社自由是憲法賦與的，向政府申請所得的反應是不准不理，這次籌組選舉改進座談會的不申請登記，責任應該由政府負擔。而發起人與組織宗旨均在報刊揭載，每次開會也有新聞記者參加，並非秘密結社秘密集會，警備司令部何得指爲「身份不明」？主席能否轉知 加以糾正？

③臺灣各地區神賽會(拜拜)的風氣很普遍，臨時集合的人數，少者以千計，多者以萬計，臺北市每年農曆五月十三日的城隍祭，多至幾十萬人，延平建成全區與大同中山區的一部分，交通爲之斷絕，臺灣如果是戒嚴地區，這種集會可以影響社會治安，絕對不應任其風行，可是地方黨政要員，往往就是這些迎神賽會的倡導者。萬人以上的室外集會可以自由擧行，何以不足百人的室內集會應加干擾？

④政黨是人民的政治結社，也是一種人民團體。國民黨，青年黨，民社黨，尤其是國民黨，從中央到地方，各種各式的集會可以說沒有一天沒有，他們可以不必事先報請治安機關核准，何以選擧改進座談會集會就非事前申請不可？

⑤現在是民主時代，高壓政策已經行不通了，主席一向重視人民權益，能否建議中央放寬人民自由尺度，以免激起人民反感？

蒙藏委員會來函

八月十六日 貴刊讀者投書「向蒙藏委員會委員長請教！」，對本室就蒙古各盟旗聯合駐京辦事處（以下簡稱爲蒙古辦事處）轉請幹事李景凡自備價欵申配木材一案，所作說明「證明機關並無查驗之責」一語，認爲不當，要求解釋。本室此言確有依據，而且投書人所擧應負查驗之責的理由，都足以爲本會認爲毋庸負查驗之責的論據。茲分述之：

一、根據蒙藏委員會組織法第五條，本會有「監督所屬職員及各機關」之權，但李景凡非本會職員，蒙古辦事處並非本會所屬之「機關」，該辦事處係蒙古各盟旗所派代表組成，亦非政府機關。證之該辦事處主任，係由不得兼任政府官吏之立法委員（吳雲鵬代）所擔任，已彰彰明甚。因之本會對李景凡及該辦事處並無監督權。

二、根據蒙古辦事處組織簡章第一條：該辦事處雖「受蒙藏委員會之指導」，（汗之孫投書擅加「監督」二字而爲「監督指導」）但僅以辦理該簡章第一條所規定之五項事宜爲限（即1.中央各機關交辦事項2.蒙古各盟旗委辦事項3.宣達中央黨政情形於蒙地4.報告蒙古實際情況於中央5.照料蒙古因公來京人員及來京求學學生），而非該辦事處一切事務均歸本會指導之意。李景凡非蒙古因公來臺人員，亦非來臺求學學生，該辦事處以爲係其職員，轉請證明自費申請木材，本會對之並無指導之權。

三、根據臺灣省林產管理局木材申請書，該書確有紅字註明，木材若轉賣圖利證明機關須負責任。但該申請書以機關單位及經費中列有建築費及購置木材費預算者爲適用範圍，蒙古辦事處並非政府之機關單位，前已說明。李景凡自備價欵申請木材建屋，亦非出之政府預算。前提既均不同，結論自亦應有所異，而不能强爲一律。

四、實際困難問題，蒙藏委員會每年證明蒙藏子弟就學，蒙藏人員資歷，旅客出入境，應聘就業，參加考試等，何止千百件，蓋印證明以後所發生之效果如何，向少預聞，申請內容若有不實，亦由代爲申請者負其責任。而接受證明書之機關學校，亦從無將證明書之接納情形函復本會者，蓋證明以後即爲被證明人與適用機關雙方面之事，以蒙古辦事處幹事李景凡自費申配木材案爲例，本會蓋印證明後，林管機關從未將核准數量及李景凡價購情形通知本會，實際上本會亦無從查驗。且本會全部職員只有二十餘人，對千百件之申請證明事項，若事前事後均須一一查驗，勢必拖延日久，易生苛擾，恐非一般蒙胞所願者。

總之蒙古辦事處職員李景凡之自備價欵申配木材案，本會無論從法律上，理論上，實際上均無查驗之責。汗之孫者以似是而非之投書，故意淆亂聽聞，本室爲辯明是非，特作第二次說明。又所稱汗之孫者，經查並無其人，本會對不負責任之揑名投書，嗣後不再答復，併請 惠予披露爲荷 此致

自由中國半月刊社

蒙藏委員會秘書室敬啓

八月廿三日

師範大學來函

查敝校英語系已於本年八月十一日發送(49)師大教人兼字第11號兼任副教授聘書與費海璣先生並已應聘 貴刊程和先生所談費先生被本校停聘一節與事實不符請予更正 此致

自由中國社

臺灣省立師範大學啓

八月十八日

給讀者的報告

對於青年救國團此一問題機構，我們早在四十七年一月一日及同年六月一日發表兩次社論，主張撤銷。現因軍訓已於七月一日劃歸教育部主管，使行政院規定「由國防部成立救國團，負責實施學校軍訓」的那點理由，也爲之消失，所以特再發表社論㊀「三論青年反共救國團撤銷問題」。

我們在社論㊁「大江東流擋不住！」中，指出組織一個新的政黨，已經是大多數人合理的共同願望，決不是任何勢力所能阻擋的。至朱伴耘先生「七論反對黨——代結論」大作，是就組織反對黨問題，做一次總的回顧與表示。朱先生大作寄來已近兩年，我們因爲各方面組黨的事一直遲遲未能進行，所以積壓下來，特選定新黨成立前夕發表，一方面告慰讀者，一方面告慰朱先生。另有傅添榮先生的「論組黨與反共復國的契機」，語重心長，特別值得執政黨深思。關於有關選舉改進座談會一籌組新黨的事，我們除發表該會發言人緊急聲明一件外，並根據若干讀者的意見，就所謂「政黨的承認問題」，搜集各報刊社論，加以全文刊出，以饗讀者。至於署名「屠狗夫」先生寄來的長函，已拜讀，並轉達籌組新黨人士參考。臺北鄭××先生的來信收到，所述某報某記者之事，恕不表示意見；至於說有各色各樣的人監視跟蹤的事，不謝謝你的關懷。臺北中央黨部王××先生送來的長信已拜讀，承蒙關切，並指出國民黨當權分子打擊新黨的有關方法和步驟，十分感激，以後尚希在不妨害先生工作的原則下，隨時指教。至於所述某晚報社長及×記者，近因連續根據國民黨中央黨部第六組「資料」，而發表誣衊組織新黨的長篇報導後，已獲黨部嘉獎，一事，恕我們不屑於表示意見，請原諒。

本期社論㊂「寮國政變對自由世界的教訓」，是針對最近爆發的寮國政變，而提出的一些簡要說明。

龔一中先生的「誘買試題案裏的人權問題」大作，是站在保障人權的觀點，基於不觸犯出版法的原則，而評論誘買試題案的，因稿擠而積壓下來。在大家呼籲保障人權的今日，自不容忽視。

劉道孟先生的「解決留學生出國的難關」大文，是針對外國使領館的簽證而發，希望政府能切實改進。至於臺灣大學何××、章××、徐××等來信，要我們切實調查省議員黃占岸近在省議會公開揭發的特權階級子弟借「朝聖」名義而非法出國留學一事，我們當盡力辦理，並希望大家提供線索。

省議員郭雨新先生在臺灣省議會第二屆第一次大會的總詢問，已轟動各界，獲得廣泛共鳴，值得向大家鄭重介紹，所以特用「特載」欄全文刊出。

臺北蔡××先生的「拖不得了」投書，本想發表，但因稿擠而一再延誤，現又覺得時間已消失，故決定留作參考，請原諒。

豐原林××先生「爲重整孔孟學論與提高道德觀念」投書，及國立政治大學祁××先生的「申訴書」，均已收到，因稿擠恕不發表了。

寄於本市署名「一讀者」先生的來函已收到，函內所說：「在裝釘上有了改變，至使我閱讀，較爲困難」，而建議本刊「最好仍按以前方法裝釘」一節，查本刊迄未改變裝釘方法。先生所說，可能是指本刊因爲裝釘房切裁不徹底，以致偶有未切開的現象，但此絕非本刊企圖阻止「光看不買」的讀者。此後如發現有類似情形，可再翻閱同一書攤中同期另一本，或至另一書攤翻閱，便不難證明。對於像先生所說的「一批忠實的『偷讀者』，我們至感快慰。

自由中國　半月刊　第廿三卷第五期　總第二六〇號

中華民國四十九年九月一日出版

發行人　雷　震

主編　『自由中國』編輯委員會

出版者　自由中國社

社址：臺北市和平東路二段十八巷一號

Free China Fortnightly, 1, Lane 18, Ho Ping East Road (Section 2), Taipei Taiwan

電話：二八五七〇

總經銷　臺灣　自由中國社發行部

航空版　香港　友聯書報發行公司（香港九龍窩打老道一二〇號）電話：五九一六四、五九一六五

經銷處

美國　紐約　友方圖書公司 Hansan Trading Company, 65, Boyard Street, New York 13, N.Y., U.S.A

紐約　光明雜誌社 Sun Publishing Co., 112, Mulberry St., New York 13, N.Y., U.S.A.

馬尼剌　新疆書店

緬甸　仰光振成書報店

北婆羅洲　西利亞坡青年書店

星加坡　友聯書報發行公司（小坡大馬路四六九號）

吉隆坡　友聯書報發行公司（馬華公會大廈三樓七室）

怡保　友聯書報發行公司（希尼華沙甘街十六號）

檳城　友聯書報發行公司（林連登律七十二號）

澳門　友聯圖書公司

印刷者　精華印書館股份有限公司

廠址：臺北市長沙街二段七一號

電話：三三四二九

本刊經中華郵政登記認爲第一類新聞紙類　臺灣郵政管理局新聞紙類登記執照第五九七號　臺灣郵政劃撥儲金帳戶第八一三九號

（零售：臺灣每份臺幣五元，海外平寄美金一角五分，航寄美金三角五分）

「自由中國」叢書

我們必須選擇我們的方向……胡適著　定價臺幣五元
陳獨秀最後的見解……胡適著　定價臺幣五元
監察院之將來……雷震著　定價臺幣十三元
臺灣金融經濟論集……瞿荊洲著　定價臺幣十五元
美軍生活……辛之魯著　定價臺幣五元
權威與個人……何欣譯　定價臺幣五元
反資本主義的心理……夏道平譯　定價臺幣四元
幾番風雨……孟瑤著　定價臺幣八元
斜暉……孟瑤著　定價臺幣六元
葛藤……聶華苓著　定價臺幣五元
女畫家……雨初著　定價臺幣七元
落月……彭歌著　定價臺幣七元
制憲述要……雷震著　定價臺幣十元
中國共產黨之來源……沈雲龍著　特價臺幣七元
今日的問題……「自由中國」編輯委員會編著　定價臺幣八元
臺灣地方自治與選舉的檢討……「自由中國」編輯委員會編著　定價臺幣十元

自由中國合訂本第一集要目

自由中國合訂本第二集要目

第三卷第一期

第三卷第二期

第三卷第三期

第三卷第四期

第三卷第五期

第三卷第六期

定價

自由中國合訂本第三集要目

第四卷 第一期

第四卷 第二期

第四卷 第三期

第四卷 第四期

第四卷 第五期

第四卷 第六期

定價：精裝每冊陸拾元
平裝每冊伍拾元

自由中國合訂本第四集要目

第五卷　第一期

第五卷　第二期

第五卷　第三期

第五卷　第四期

第五卷　第五期

第五卷　第六期

定價：平裝每册三十五元　精裝每册四十五元

自由中國合訂本第五集要目

第六卷　第一期

第六卷　第二期

第六卷　第三期

第六卷　第四期

第六卷　第五期

第六卷　第六期

第六卷　第七期

第六卷　第八期

第六卷　第九期

第六卷　第十期

第六卷　第十一期

第六卷　第十二期

自由中國合訂本第六集要目

第七卷　第一期

第七卷　第二期

第七卷　第三期

第七卷　第四期

第七卷　第五期

第七卷　第六期

定價：精裝每冊六十元
平裝每冊五十元

自由中國合訂本第七集要目

第八卷 第一期

第八卷 第二期

第八卷 第三期

第八卷 第四期

第八卷 第五期

第八卷 第六期

定價：精裝每冊六十元　平裝每冊五十元

自由中國合訂本第八集要目

第九卷 第一期

第九卷 第二期

第九卷 第三期

第九卷 第四期

第九卷 第五期

第九卷 第六期

定價　精裝每冊陸拾元　平裝每冊伍拾元

自由中國合訂本第九集要目

定價：精裝每冊六十元
平裝每冊五十元

自由中國合訂本第十集要目

第十一卷　第一期

第十一卷　第二期

第十一卷　第三期

一卷　第四期

第十一卷　第五期

第十一卷　第六期

定價：精裝每期六十元
平裝每期五十元

自由中國合訂本第十一集要目

第十二卷　第一期

第十二卷　第二期

第十二卷　第三期

第十二卷　第四期

第十二卷　第五期

第十二卷　第六期

定價：精裝每冊六十元　平裝每冊五十元

自由中國合訂本第十二集要目

第十三卷　第一期

第十三卷　第二期

第十三卷　第三期

第十三卷　第四期

第十三卷　第五期

第十三卷　第六期

第十三卷　第七期

第十三卷　第八期

第十三卷　第九期

第十三卷　第十期

第十三卷　第十一期

第十三卷　第十二期

定價：精裝每冊六十元
平裝每冊五十元

自由中國合訂本第十三集要目

第十四卷　第一期

第十四卷　第二期

第十四卷　第三期

第十四卷　第四期

第十四卷　第五期

第十四卷　第六期

＊原第十四卷第八期之要目誤植爲第十三卷第八期之內容，今據第十四卷第八期之內容勘定之。

第十四卷　第七期

第十四卷　第八期

第十四卷　第九期

第十四卷　第十期

第十四卷　第十一期

第十四卷　第十二期

定價：精裝每冊七十元
平裝每冊五十元

自由中國合訂本第十四集要目

第十五卷　第一期

第十五卷　第二期

第十五卷　第三期

第十五卷　第四期

第十五卷　第五期

第十五卷　第六期

第十五卷　第七期

第十五卷　第八期

第十五卷　第九期

第十五卷　第十期

第十五卷　第十一期

第十五卷　第十二期

定價：精裝每册柒拾元　平裝每册伍拾元

自由中國合訂本第十五集要目

第十六卷　第一期

第十六卷　第二期

第十六卷　第三期

第十六卷　第四期

第十六卷　第五期

第十六卷　第六期

第十六卷 第七期

第十六卷 第八期

第十六卷 第九期

第十六卷 第十期

第十六卷 第十一期

第十六卷 第十二期

定價： 精裝每冊七十元 平裝每冊五十元

自由中國合訂本第十六集要目

第十七卷　第一期

第十七卷　第二期

第十七卷　第三期

第十七卷　第四期

第十七卷　第五期

第十七卷　第六期

第十七卷　第七期

第十七卷　第八期

第十七卷　第九期

第十七卷　第十期

第十七卷　第十一期

第十七卷　第十二期

定價：精裝每冊柒拾元
平裝每冊伍拾元

自由中國合訂本第十七集要目

定價：精裝每册七十元　平裝每册五十元

自由中國合訂本第十八集要目

第十九卷　第一期

第十九卷　第二期

第十九卷　第三期

第十九卷　第四期

第十九卷　第五期

第十九卷　第六期

定價： 精裝每冊七十元　平裝每冊五十元

自由中國合訂本第十九集要目

第二十卷　第一期

第二十卷　第二期

第二十卷　第三期

第二十卷　第四期

第二十卷　第五期

第二十卷　第六期

定價：精裝每冊六十元　平裝每冊五十元

自由中國合訂本第二十集要目

第廿一卷　第一期

第廿一卷　第二期

第廿一卷　第三期

第廿一卷　第四期

第廿一卷　第五期

第廿一卷　第六期

第廿一卷　第七期

第廿一卷　第八期

第廿一卷　第九期

第廿一卷　第十期

第廿一卷　第十一期

第廿一卷　第十二期

定價：精裝每冊七十元
平裝每冊五十元

自由中國合訂本第廿一集要目

第廿二卷　第一期

第廿二卷　第二期

第廿二卷　第三期

第廿二卷　第四期

第廿二卷　第五期

第廿二卷　第六期

定價：精裝每冊七十元　平裝每冊五十元

自由中國合訂本第廿三集要目

第廿三卷　第一期

第廿三卷　第二期

第廿三卷　第三期

第廿三卷　第四期

第廿三卷　第五期

本集第廿三卷第一至五期

定價新臺幣廿五元

合訂本　精裝七十元　平裝五十元

自由中國
第二十二集

第二十三卷第一期至第二十三卷第五期
1960.07-1960.09

數位重製・印刷　秀威資訊科技股份有限公司
http://www.showwe.com.tw
114 台北市內湖區瑞光路 76 巷 65 號 1 樓
電話：+886-2-2796-3638
傳真：+886-2-2796-1377
劃　撥　帳　號　19563868　戶名：秀威資訊科技股份有限公司
讀者服務信箱：service@showwe.com.tw
網　路　訂　購　秀威網路書店：https://store.showwe.tw
網路訂購：order@showwe.com.tw

2013 年 9 月
全套精裝印製工本費：新台幣 50,000 元（不分售）

Printed in Taiwan